내가 뽑은 원픽! 최신 출제경향에 맞춘 최고의 수험서

# 2026
# 생활스포츠 지도사 필기
## 초단기완성

김효승 · 스포츠지도사연구소 공저

2급

# 시험 안내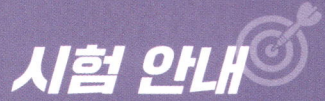

## 1. 필기시험 주요 일정

원서접수 (4.3.~4.4.) > 서류 접수 > 수수료 납부 > 시험일 (4.26.) > 합격자 발표 (5.16.)

※ 2025년 필기시험 시행공고를 참고한 자료입니다. 시험 일정은 변경될 수 있으므로 해당 연도 시험공고를 반드시 확인해주세요.

## 2. 필기시험과목

| 선택과목(7과목) | | | | | | |
|---|---|---|---|---|---|---|
| 스포츠사회학 | 스포츠교육학 | 스포츠심리학 | 한국체육사 | 운동생리학 | 운동역학 | 스포츠윤리 |

- 전문/생활스포츠지도사 : 선택과목(5과목)
- 장애인스포츠지도사 : 필수과목(특수체육론)+선택과목(4과목)
- 유소년스포츠지도사 : 필수과목(유아체육론)+선택과목(4과목)
- 노인스포츠지도사 : 필수과목(노인체육론)+선택과목(4과목)

## 3. 합격기준

- 필기시험 : 과목마다 만점의 40% 이상 득점하고 전 과목 평균 60% 이상 득점
- 실기·구술시험 : 실기시험과 구술시험 각각 만점의 70% 이상 득점
- 연수 : 연수과정의 100분의 90 이상을 참여하고, 연수태도·체육 지도·현장실습에 대한 평가점수 각각 만점의 100분의 60 이상

## 4. 일반사항

- 동일 자격등급에 한하여 연간 1인 1종목만 취득 가능(동·하계 중복 응시 불가)
- 접수 시 선택한 종목은 변경 불가(2025 신규 접수자부터 적용)
- 필기 및 실기구술시험 장소는 추후 체육지도자 홈페이지에 공지 예정
- 하계 필기시험 또는 동계 실기구술시험에 합격한 사람에 대해 다음 해에 실시되는 해당 자격검정 1회 면제
- 필기시험에 합격한 해의 12월 31일부터 3년 이내에 연수과정을 이수하여야 함. 단, 필기시험을 면제받거나 실기구술시험을 먼저 실시하는 경우에는 실기구술시험에 합격한 해의 12월 31일부터 3년 이내에 연수과정(연수면제자는 성폭력 등 폭력예방교육)을 이수하여야 함
- 나이 요건 충족 기준일은 각 자격요건별 취득절차상 첫 절차의 접수마감일 기준(2007년 출생자 중 해당 과정의 접수마감일 이전 출생)
- 졸업예정자의 경우 졸업증명서 최종제출일(2026.2.28.) 이후 3월에 자격증 발급(사전 발급 불가)

※ 체육지도자 자격응시와 관련하여 모든 지원 및 등록 절차는 체육지도자 홈페이지(sqms.kspo.or.kr)를 통하여 확인 가능하므로 수시로 홈페이지 확인 바랍니다.

# 도서의 구성과 특징

### STEP 1  2025 기출 분석 및 과목별 고난도 문제 심화 분석·해설

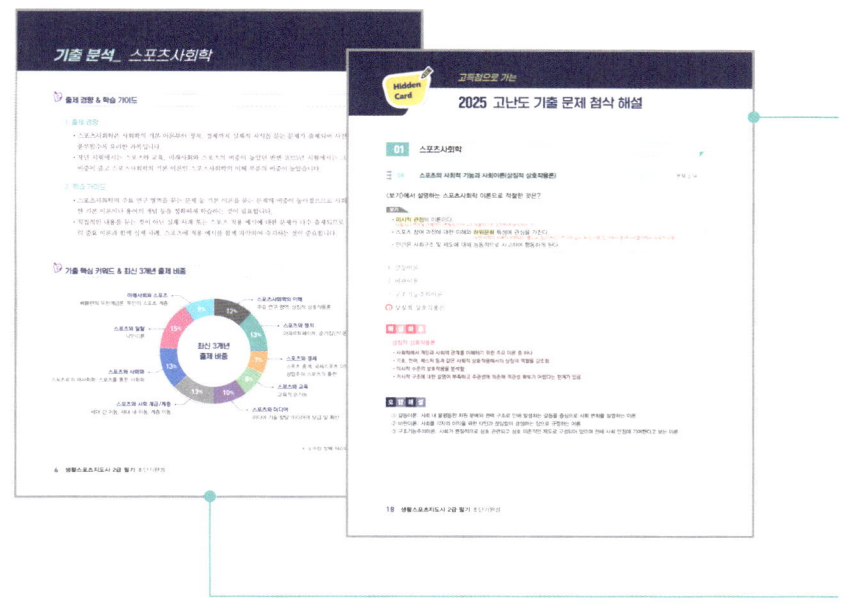

- 최신 시험에서 가장 어려웠던 문제 및 헷갈리기 쉬운 문제를 선정하여 상세하게 분석·해설하였습니다.

- 2025년의 출제 경향과 핵심 키워드를 수록하여 최근 시험의 흐름을 파악할 수 있게 하였습니다.
- 과목별 학습 가이드를 통해 자신에게 적합한 과목은 무엇인지, 어느 부분에 중점을 두고 학습해야 하는지를 파악할 수 있습니다.

### STEP 2  합격을 다지는 과목별 출제예상문제

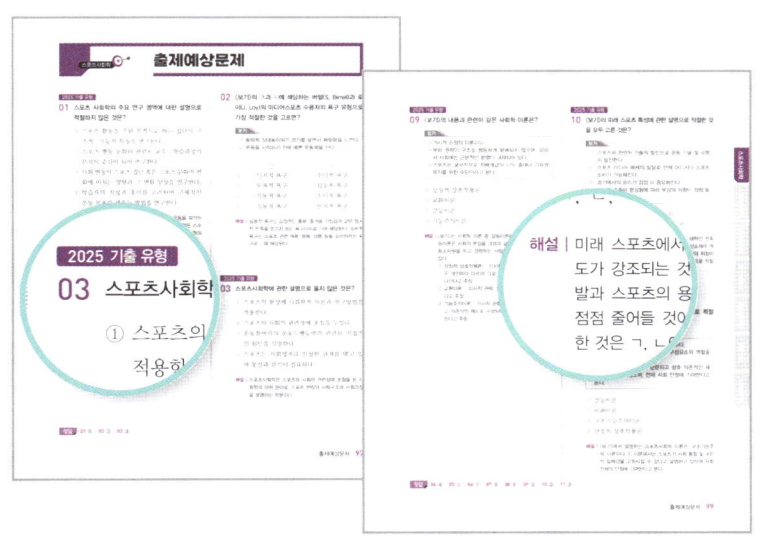

- 특히 2025년 출제 유형을 반영한 문제들을 대거 수록하여 최신 출제 경향에 확실하게 대비할 수 있도록 하였습니다.
- 문제 아래 해설을 수록함으로써 빠르게 학습할 수 있도록 구성하였습니다.

# 도서의 구성과 특징

### STEP3   스포츠지도사 선택과목 7과목 + 필수과목 3과목 핵심이론

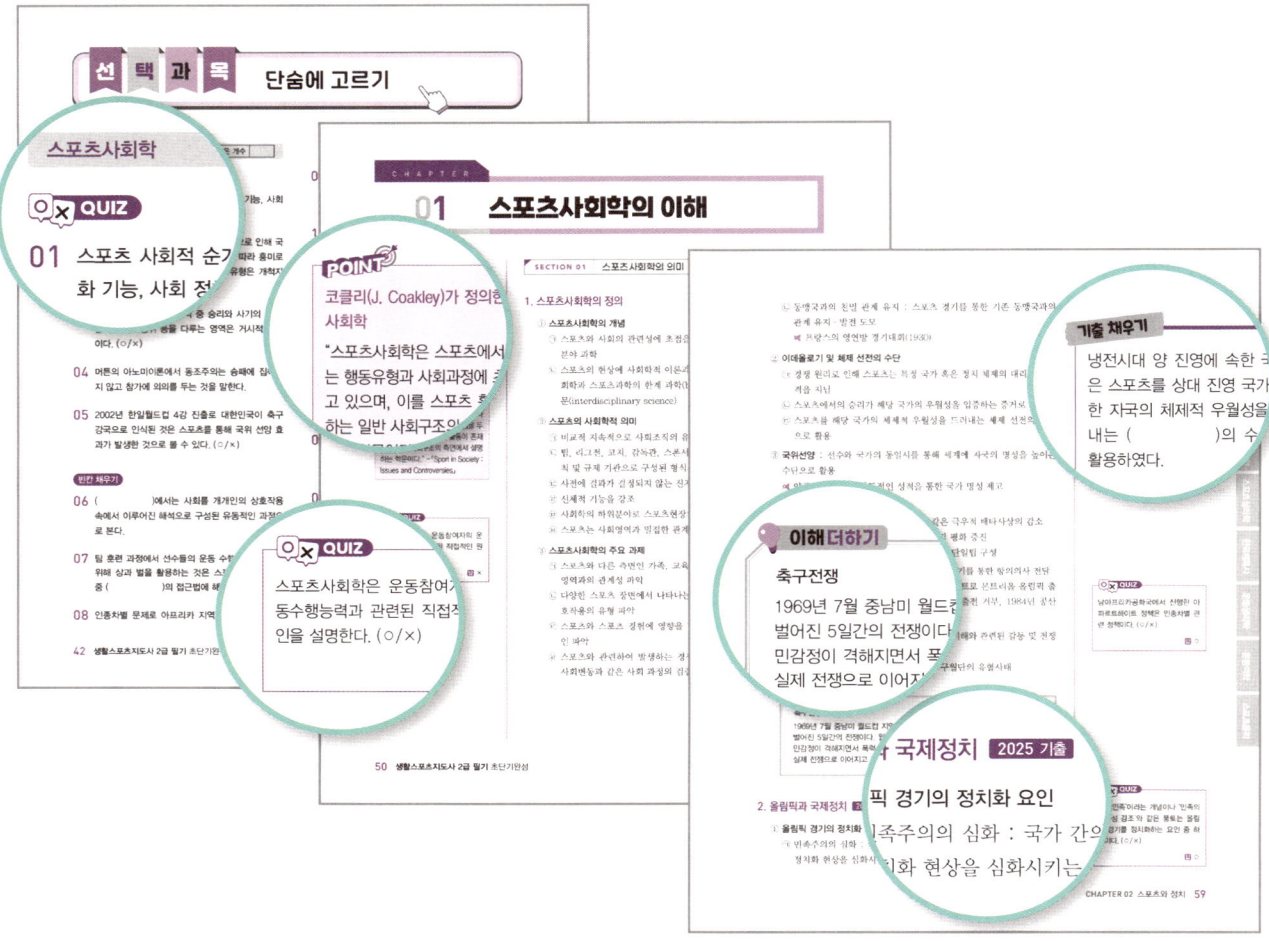

- 비전공자나 독학을 하는 수험생들을 위해 최적의 선택과목 결정을 도와줄 선택과목 단숨에 고르기를 수록하였습니다.
- 2025년 시험을 완벽하게 반영한 핵심이론, 효율적으로 배치된 다양한 학습요소들을 통해 더 빠르고 확실하게 합격할 수 있도록 구성하였습니다.

기출 표시   핵심이론 중 2025~2023년 시험에 출제되었던 개념은 알아보기 쉽게 표시하여 효율적인 학습이 가능하도록 했습니다.
이해더하기   핵심이론의 이해를 도와줄 개념 및 사례를 한눈에 파악할 수 있도록 정리하였습니다.
Point   헷갈리기 쉽거나 반드시 암기해야 할 부분을 보기 쉽게 정리하였습니다.
기출 채우기, OX QUIZ   그동안 출제되었던 보기 및 선지를 활용하여 중요 개념을 확실히 익힐 수 있도록 했습니다.

STEP4  최신 3개년 기출문제 + 완벽한 해설

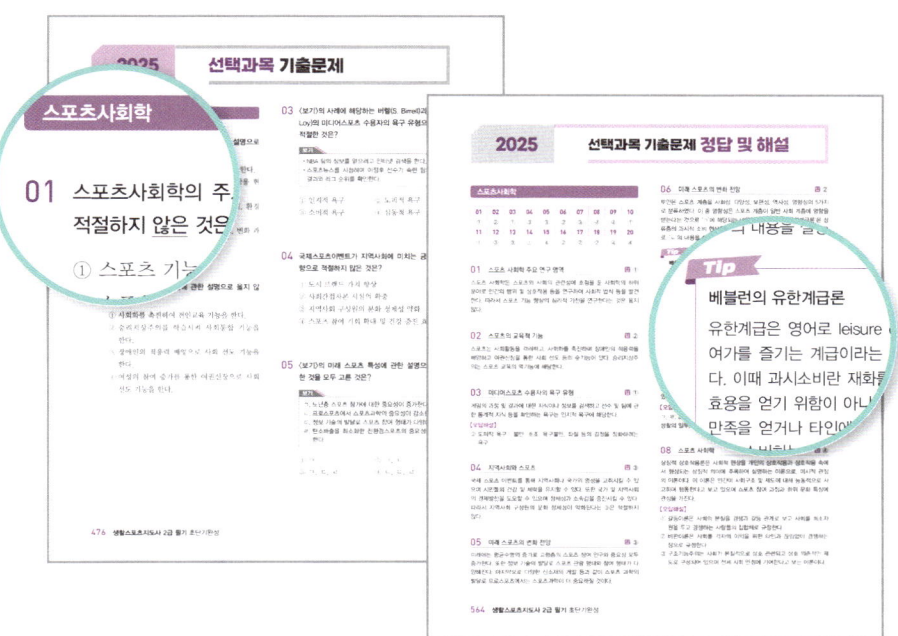

- 실제 시험 형식과 같게 구성된 2025년 시험을 포함한 최신 3개년 기출문제를 활용하여 실전감각을 키울 수 있습니다.
- 각 문항별로 해당 문항이 속한 세부 과목을 표시하여 부족한 부분은 빠르게 복습할 수 있도록 하였습니다. 또한 정답뿐만 아니라 오답에 대한 해설도 상세히 수록하였고, TIP 박스를 통해 이해와 암기를 동시에 할 수 있도록 하였습니다.

 합격부록

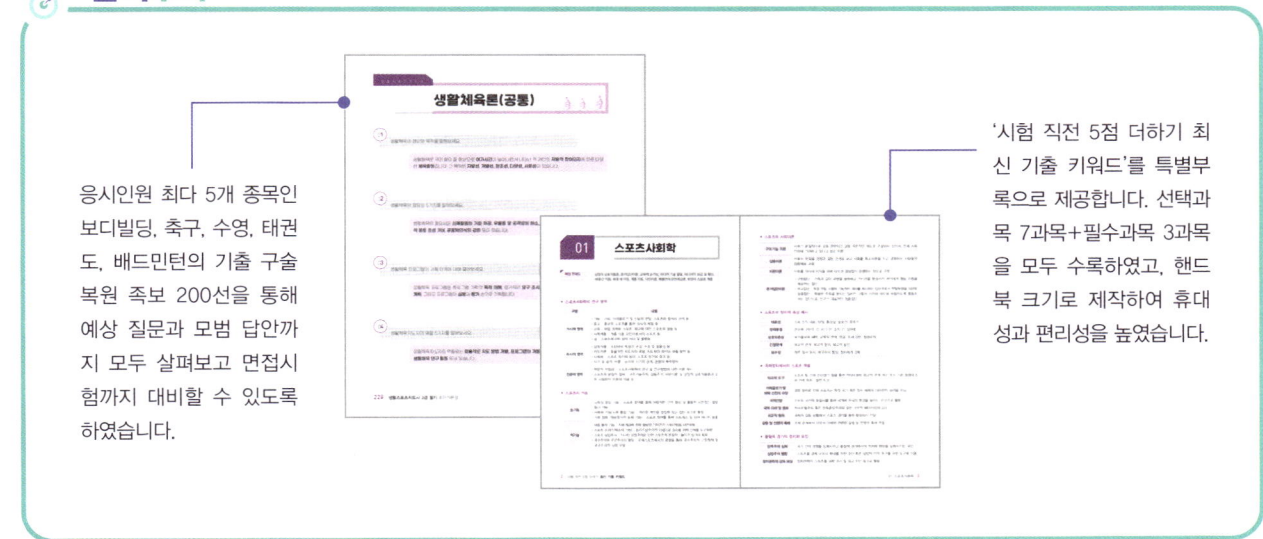

응시인원 최다 5개 종목인 보디빌딩, 축구, 수영, 태권도, 배드민턴의 기출 구술 복원 족보 200선을 통해 예상 질문과 모범 답안까지 모두 살펴보고 면접시험까지 대비할 수 있도록 하였습니다.

'시험 직전 5점 더하기 최신 기출 키워드'를 특별부록으로 제공합니다. 선택과목 7과목+필수과목 3과목을 모두 수록하였고, 핸드북 크기로 제작하여 휴대성과 편리성을 높였습니다.

도서의 구성과 특징 5

# 기출 분석_ 스포츠사회학

## 📋 출제 경향 & 학습 가이드

### 1. 출제 경향
- 스포츠사회학은 사회학의 기본 이론부터 정치, 경제까지 실제적 지식을 묻는 문제가 출제되어 사전 지식이 풍부할수록 유리한 과목입니다.
- 작년 시험에서는 스포츠와 교육, 미래사회와 스포츠의 비중이 높았던 반면 2025년 시험에서는 그에 대한 비중이 줄고 스포츠사회학의 기본 이론인 스포츠사회학의 이해 부분의 비중이 높았습니다.

### 2. 학습 가이드
- 스포츠사회학의 주요 연구 영역을 묻는 문제 등 기본 이론을 묻는 문제의 비중이 높아졌으므로 사회학에 관한 기본 이론이나 용어의 개념 등을 정확하게 학습하는 것이 필요합니다.
- 직접적인 내용을 묻는 것이 아닌 실제 사례 또는 스포츠 적용 예시에 대한 문제가 다수 출제되므로 각 파트의 중요 이론과 함께 실제 사례, 스포츠에 적용 예시를 함께 파악하여 숙지하는 것이 중요합니다.

## 📋 기출 핵심 키워드 & 최신 3개년 출제 비중

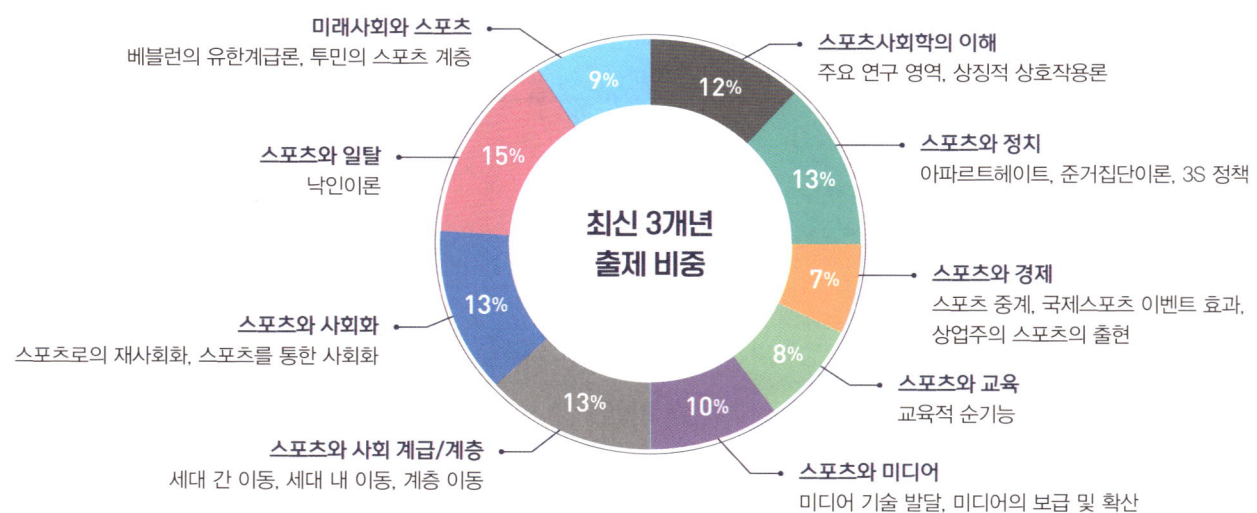

※ 소수점 첫째 자리에서 반올림함

# 기출 분석_ 스포츠교육학

## 출제 경향 & 학습 가이드

### 1. 출제 경향
- 2025년 시험은 지난 시험에 비해 교육 프로그램의 내용 선정 원리 등 기본적인 교육학 이론을 묻는 문제와 그동안 자주 출제되었던 스포츠 지도 방법이나 교수법 등의 세부 내용을 묻는 문제가 출제되었습니다.
- 개념을 활용한 사례 또는 새로운 정책 및 제도와 관련된 문제가 꾸준하게 등장하고 있습니다. 또한 게임 수행 평가 도구, 이해 중심 게임 수업 모형 등 실제 교수 모형을 활용하는 문제 등이 출제되었습니다.

### 2. 학습 가이드
- 스포츠교육의 지도방법론의 수업모형, 지도전략 등은 실제 교수 현장에서 사용하는 방법에 관해 묻는 문제가 출제되므로 수업모형 등의 관한 이론뿐만 아니라 실제 적용 사례들까지 꼼꼼하게 학습해야 합니다.
- 교육법과 관련된 내용은 해마다 1~2문제씩 출제되고 있으므로 생활체육진흥법, 국민체육 진흥법 등 관련 법령 등의 내용을 숙지하는 것이 중요하고 최근 개정된 부분 또한 확인해봐야 할 것입니다.

## 기출 핵심 키워드 & 최신 3개년 출제 비중

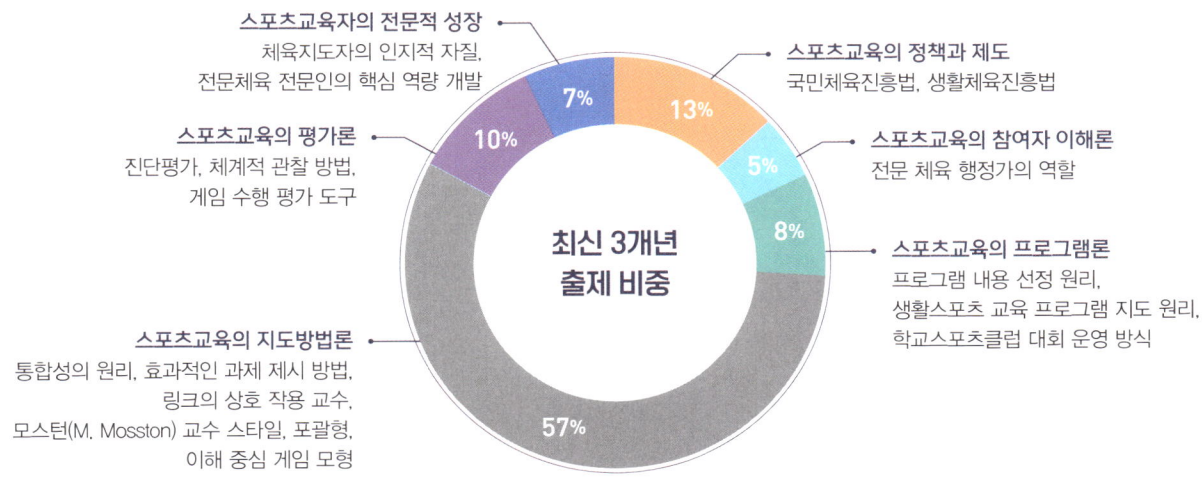

# 기출 분석_ 스포츠심리학

 **출제 경향 & 학습 가이드**

### 1. 출제 경향
- 2025년 시험은 지난 시험처럼 다소 어렵게 출제되었습니다. 새로운 개념이 등장하는 문제가 다수 출제되었고 스포츠수행의 심리적 요인의 출제 비중이 높았습니다.
- 심상, 내적동기, 체계적 둔감화 등 스포츠수행의 심리적 요인과 사회적 태만 등의 스포츠수행의 사회 심리적 요인에서 문제가 다수 출제되었습니다. 이 두 영역에서 절반이 넘게 문제가 출제되었음을 확인할 수 있습니다.

### 2. 학습 가이드
- 최근 3년 동안 인간 운동행동의 이해와 스포츠수행의 심리적 요인 두 개 영역에서 약 80%의 문제가 출제되었으므로 이 부분에 대한 정확하고 꼼꼼한 학습이 필요합니다.
- 개념을 묻는 문제와 더불어 그림과 예시를 활용한 〈보기〉를 제시한 후 그와 관련된 개념을 묻는 문제가 점차 늘고 있으므로 각 개념을 정확히 숙지하고 그것을 응용할 수 있는 능력을 기르는 것이 중요합니다.

 **기출 핵심 키워드 & 최신 3개년 출제 비중**

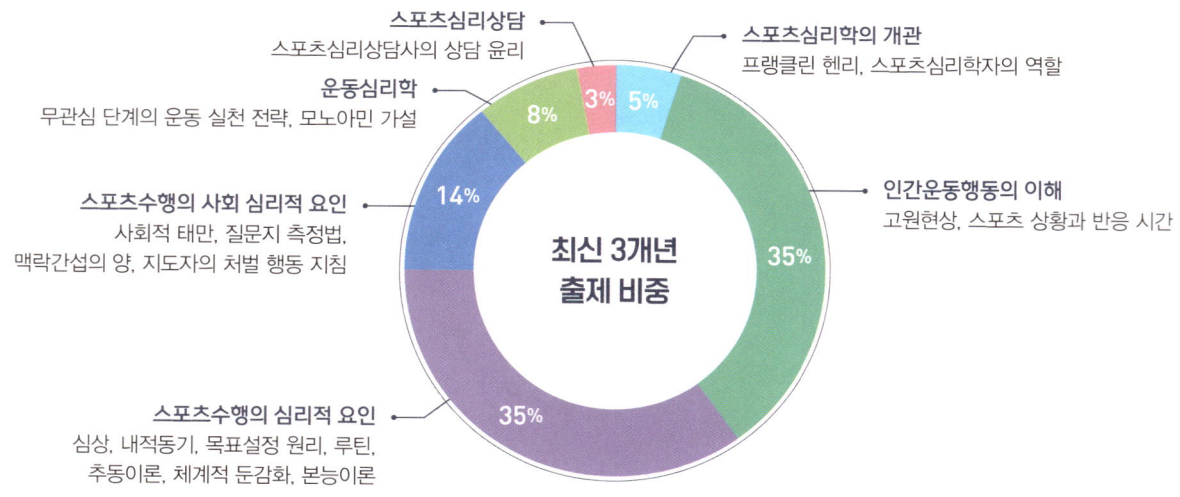

# 기출 분석_ 한국체육사

## 출제 경향 & 학습 가이드

### 1. 출제 경향
- 2025년 시험은 지난 시험과 유사한 난도로 출제되었으며 체육사의 의미, 삼국시대, 고려·조선시대, 근·현대별 각각 고르게 문제가 출제되는 양상을 띠었습니다.
- 시대별 체육활동과 그 특징에 대한 문제가 매년 꾸준하게 1~2문제씩 출제되고 있습니다.
- 근대스포츠의 도입 시기와 한국 근·현대의 체육단체 등의 포괄적인 이해를 요구하고 있으며, 국제스포츠대회와 관련된 문제가 다수 출제되었습니다.

### 2. 학습 가이드
- 시대별·시기별·정권별 체육사의 연도와 활동을 묻는 유형은 자주 출제되므로 꼼꼼하게 암기해야 합니다.
- 시대별 무예의 명칭과 특징을 묻는 문제는 매년 비슷하게 출제되고 있으므로 정확하게 구분할 수 있어야 합니다.
- 체육단체의 활동, 개화기 또는 일제 당시 체육, 스포츠의 도입은 꾸준하게 출제되고 있으므로 다소 양이 방대하더라도 연도와 연관지어 특징을 확실하게 학습하여야 합니다.
- 한국이 출전한 국제스포츠대회와 그 대회와 관련 있는 내용에 대해 확실하게 파악하고 있어야 합니다.

## 기출 핵심 키워드 & 최신 3개년 출제 비중

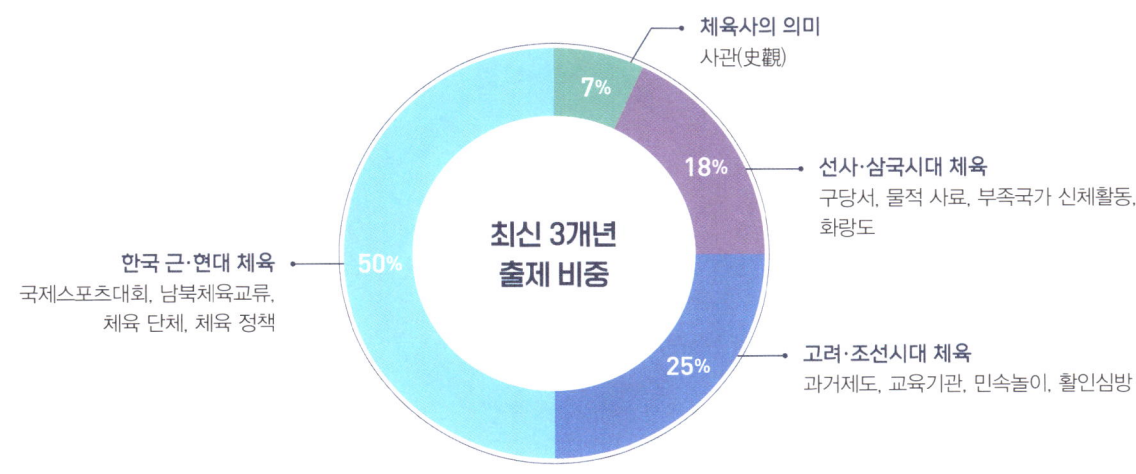

# 기출 분석_ 운동생리학

## 출제 경향 & 학습 가이드

### 1. 출제 경향
- 2025년 시험 또한 지난 시험과 비슷하게 다소 어려운 난이도로 출제되었습니다.
- 과목 특성상 고득점을 받기 어려우며, 단순 내용을 묻는 문제가 아닌 조건과 결과의 관계를 묻는 응용 문항이 증가하여 수험생들이 문제를 푸는 데 시간이 필요했을 것으로 예상됩니다.
- 이전까지 비중이 높았던 골격근과 운동, 호흡·순환계와 운동 부분과 더불어 내분비계와 운동 관련 내용이 비중 있게 다뤄졌고 여러 호르몬과 수용체 기타 세세한 내용을 묻는 문제로 인해 이런 내용이 낯선 수험생들은 혼란스러웠을 것이라 생각됩니다.

### 2. 학습 가이드
- 매년 골격근과 운동, 호흡·순환계와 운동 등의 출제 비중이 높기 때문에 개념을 정확히 이해하고, 다양한 유형의 문제에 적용할 수 있도록 학습해야 합니다. 또한 내분비계에 대한 출제 비중이 높아져 이름이 낯선 호르몬이 등장할 수 있으므로 이에 대한 확실한 대비가 필요합니다.
- 운동 관련하여 고온 환경, 장시간, 높은 강도 등의 학습한 조건이 나왔다고 하여도 '단'으로 이어지는 조건들이 결과를 바꾸는 경우가 있어 확실하게 확인하고 문제를 풀어야 합니다.

## 기출 핵심 키워드 & 최신 3개년 출제 비중

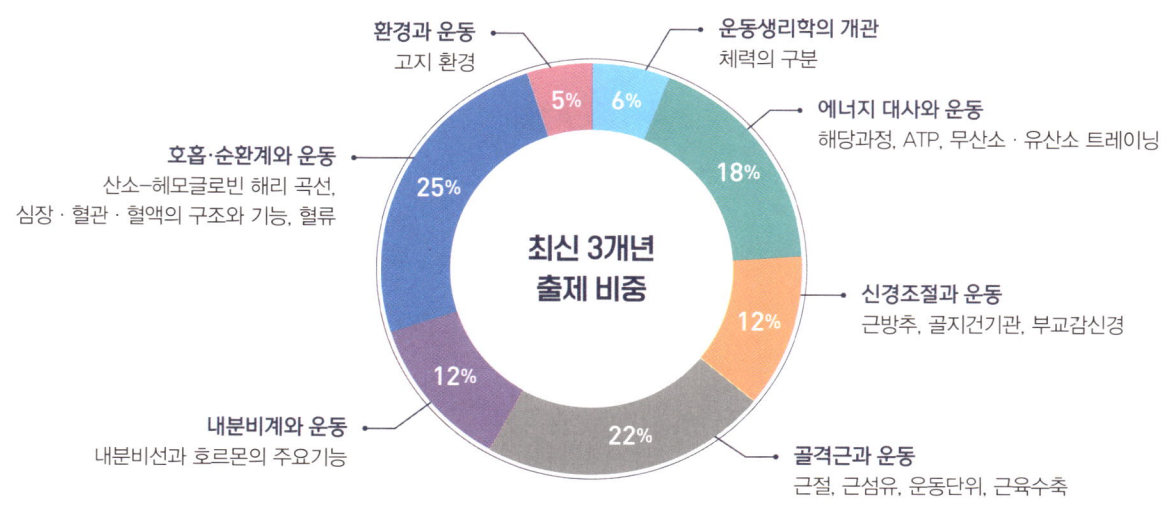

# 기출 분석_ 운동역학

## 출제 경향 & 학습 가이드

### 1. 출제 경향
- 2025년 시험은 전반적으로 난이도가 상승했습니다. 기본 개념 문제는 여전히 출제되었으나, 단순 암기 수준을 넘어서 응용과 해석 능력을 요구하는 문제가 증가하였고 기존에 다루지 않았던 개념(역학적 부하, 운동역학 사슬 등)을 묻는 문제가 출제되었습니다.
- 2025년 시험은 운동역학이 7문제 출제되어 비중이 가장 컸으며, 운동학의 비중이 그 다음으로 높았습니다.
- 보행속도, 선속도, 각가속도 등 운동역학 파트에서 가장 많은 계산 문제가 출제되었으며, 계산 문제의 난이도가 높고 비중도 커졌습니다.

### 2. 학습 가이드
- 개념 암기뿐만 아니라 계산 문제 해결 능력을 강화해야 하며, 기출된 공식(토크, 운동량, 일률 등)을 반복적으로 풀이하는 것이 중요합니다. 또한 운동학과 운동역학 파트에서 많은 문제가 출제되므로 기본 개념을 정확히 구분하고, 응용 사례까지 연결 지어 학습해야 합니다.
- 2023년에는 마그누스 효과, 2024년에는 부력, 2025년에는 운동역학 사슬 등 변별력을 갖추기 위해 생소한 개념을 묻는 고난도 문제가 있어 이에 대한 대비가 필요합니다.

## 기출 핵심 키워드 & 최신 3개년 출제 비중

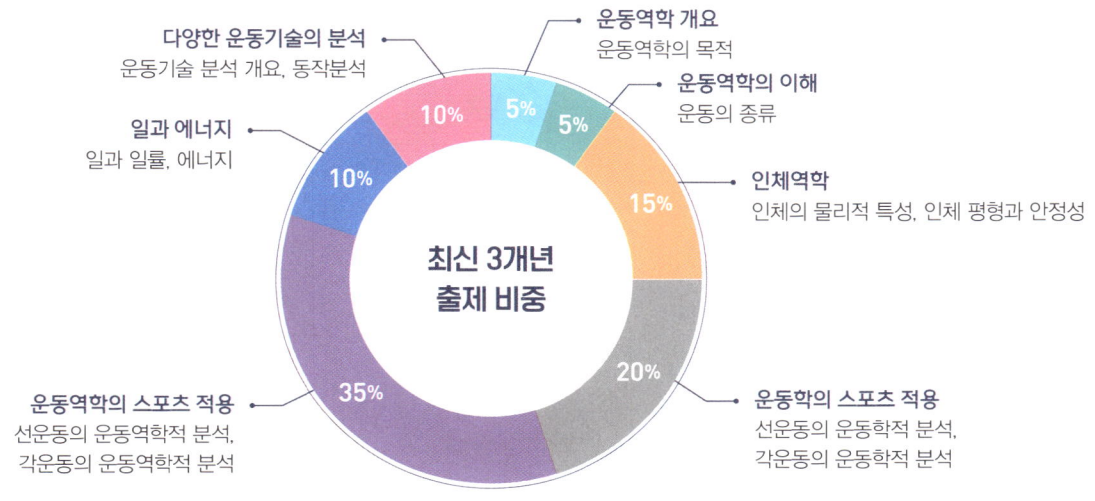

# 기출 분석_ 스포츠윤리

## 출제 경향 & 학습 가이드

### 1. 출제 경향
- 2025년 시험의 난이도는 전년도와 유사하며, 세부 영역에서 심화된 문제가 출제되었습니다.
- 칸트 의무론, 공리주의 등 기본 이론을 묻는 문제가 다수 출제되었으며 도핑, 차별, 인권 등 사회적 이슈와 연결된 사례형 문제가 출제되어, 기존 이론뿐만 아니라 실제 적용 능력을 평가하는 경향이 두드러졌습니다.
- 가치 판단과 사실 판단, 구성·규제 반칙 등의 유형을 사례와 연결하는 문제가 등장하며, 세부 개념 이해가 중요해졌습니다.

### 2. 학습 가이드
- 주요 윤리 이론(칸트, 공리주의 등)에 대한 학자별 사상 정리가 필요하며, '스포츠 상황에 어떻게 적용되는가'에 맞춰 학습하는 것이 중요합니다. 또한 빈출 학자 외에도 새로운 현대 철학자(아렌트, 레건, 뒤르켐 등)에 대한 문제가 출제되므로 학자와 주장을 연결하여 숙지할 필요가 있습니다.
- 스포츠윤리센터, 도핑 규정, 장애인 스포츠 조건, 인종차별 사례 등 제도적·사회적 영역을 강화하여, 이론과 사례를 함께 학습해야 합니다.
- 게발트(스포츠 폭력의 이중성), 희생양과 같은 개념도 빈출되므로 주의해야 합니다.

## 기출 핵심 키워드 & 최신 3개년 출제 비중

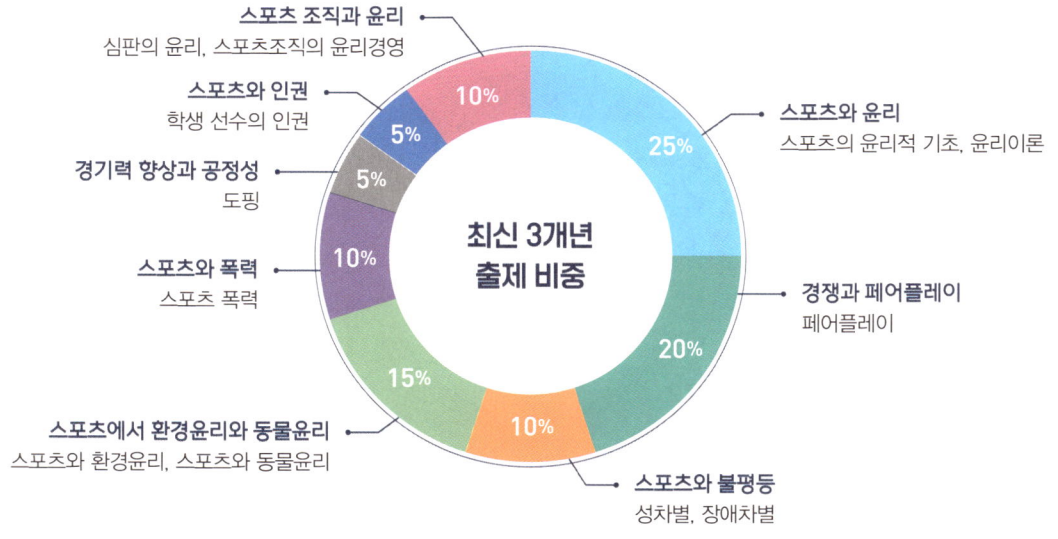

# 기출 분석_ 특수체육론

## 출제 경향 & 학습 가이드

### 1. 출제 경향
- 2025년 기출문제에서는 갤로핑과 같이 유아체육론에서 주로 출제되던 내용을 묻는 문제와 새로운 개념과 세부적인 내용을 묻는 문제가 출제되어 수험생들이 어려움을 겪었을 것으로 예상됩니다.
- 2025년 기출문제에서는 특수체육 지도전략 문제가 7문제 정도 출제되어 비중이 높았습니다. 개념을 묻는 문제뿐만 아니라 실제 지도 전략을 파악하는 문제, 지도 순서를 묻는 문제 등 구체적으로 실제 상황에서 적용하는 문제가 많이 출제되었습니다.

### 2. 학습 가이드
- 특수체육의 사정과 측정도구의 경우 스포츠심리학이나 스포츠교육학 등에서 학습해야 하는 개념들이 포함되는 경우가 있어 함께 선택하는 것도 좋은 전략이 될 수 있습니다.
- 장애유형별 체육지도 전략은 크게 각 장애의 정의 혹은 분류와 유형별 특징 및 지도 전략으로 나눌 수 있는데, 특히 지도전략의 경우는 각 장애 유형에 맞게 설계되어 있으므로 상당히 구체적이고 체계적입니다. 따라서 각 장애유형별 특징을 먼저 확실하게 파악하고, 이러한 특징들이 지도 전략에 어떤 형태로 영향을 주는지를 연결시켜서 파악해야 합니다.

## 기출 핵심 키워드 & 최신 3개년 출제 비중

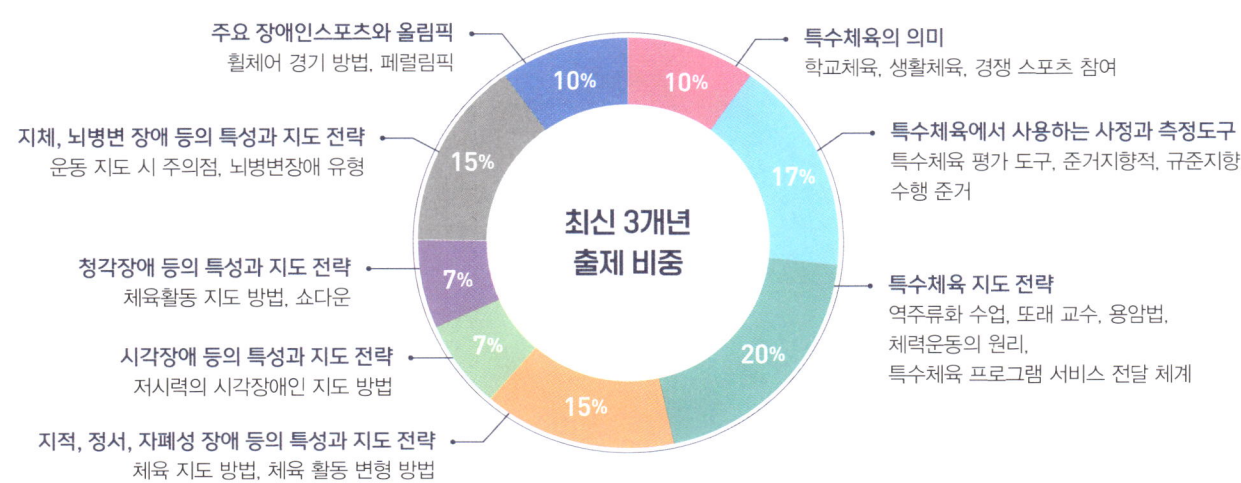

# 기출 분석_ 유아체육론

## 출제 경향 & 학습 가이드

### 1. 출제 경향
- 2025년 시험의 난이도는 지난 시험과 비슷한 수준이었으나 새롭게 추가된 개념과 세부적인 내용을 묻는 문제가 있어 수험생들이 어려움을 겪었을 것으로 예상됩니다.
- 유아기 운동발달 이론과 지도원리, 프로그램 구성 원리 등을 중심으로 문제가 출제되었고, 움직임 분류, 발달 검사 도구 등에 대한 내용이 등장하였습니다.
- 〈보기〉를 활용한 복합형 문제들이 등장하면서 이론의 개념뿐만 아니라 확실한 이해까지 변별력을 갖춘 문제가 출제되어 문제를 푸는 데 시간이 필요했을 것으로 예상됩니다.

### 2. 학습 가이드
- 운동발달 이론 중에서도 에릭슨, 피아제, 겔라휴의 이론 등은 매년 빠지지 않고 꾸준히 출제되고 있으므로 학자별 이론과 기본적인 특징을 반드시 학습해야 합니다.
- 프로그램 구성 요소와 기본움직임 발달단계, 운동기술 등의 상세한 요소를 묻는 문제가 출제되므로 개념을 정확히 이해하고, 다양한 문제의 유형에 적용할 수 있도록 학습해 두어야 합니다.
- 매년 새롭게 추가되는 유아체육 관련 법과 지침, 새로운 학자 등이 등장하고 있고, 또한 점점 높아짐에 따라 이에 대한 대비가 필요합니다.

## 기출 핵심 키워드 & 최신 3개년 출제 비중

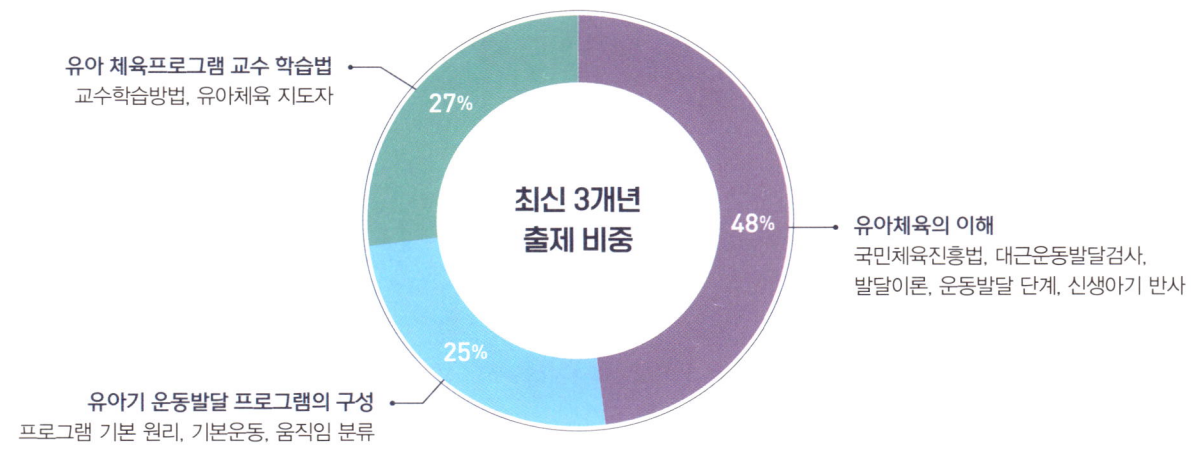

# 기출 분석_ 노인체육론

## 출제 경향 & 학습 가이드

### 1. 출제 경향
- 2025년 시험은 전반적으로 평이하였지만 노화 이론과 운동 프로그램 설계에서 어렵게 출제되었습니다.
- 노화 관련 이론(활동이론, 사용마모이론 등)이 빈출되고 있으며, 출제 비중 또한 다소 높아졌습니다.
- 운동 전후 안전관리, 응급상황 대응 등 위험관리 영역이 확대되었으며, 세부지침에 대한 이해가 중요해졌습니다.
- 근감소증, 당뇨병, 뇌졸중 등 노인성 질환에 대해 질문하는 문제가 많아졌으며, 질환별 프로그램 설계 또한 과년도와 비슷한 비중으로 출제되고 있습니다.

### 2. 학습 가이드
- 주요 노화 이론에 대한 개념 정리가 필요하며, 반복되는 개념이 많은 편이므로 빈출 개념 위주로 학습하는 것이 중요합니다.
- 운동 전후 준비운동·정리운동의 효과, 심혈관계 질환자의 응급대응 등 안전관리 지침을 강화하여 학습할 필요가 있으며 근감소증, 퇴행성관절염, 뇌졸중 등 질환별 특성과 운동 효과를 연결하여, 운동처방 원칙과 지도법을 사례 중심으로 숙지해야 합니다.

## 기출 핵심 키워드 & 최신 3개년 출제 비중

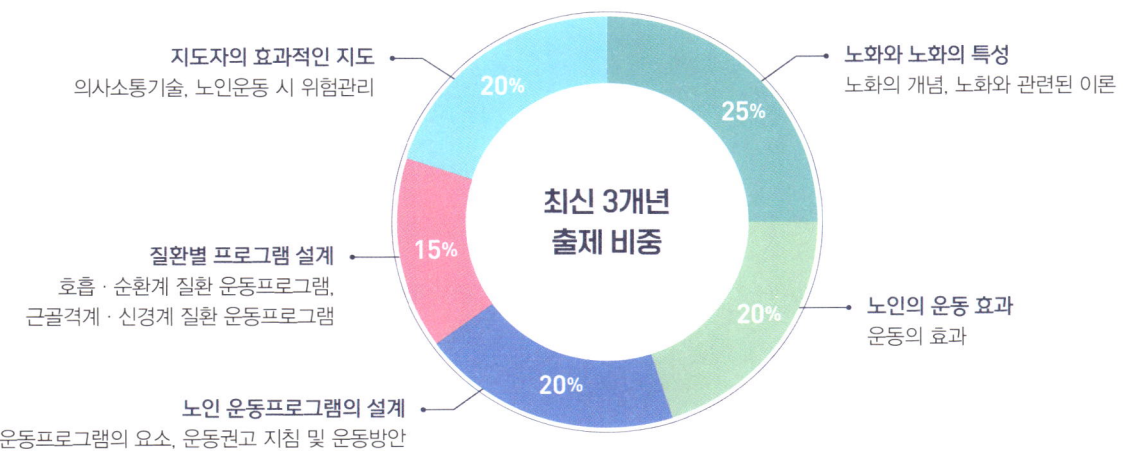

- 지도자의 효과적인 지도 20%
  의사소통기술, 노인운동 시 위험관리
- 질환별 프로그램 설계 15%
  호흡·순환계 질환 운동프로그램, 근골격계·신경계 질환 운동프로그램
- 노인 운동프로그램의 설계 20%
  운동프로그램의 요소, 운동권고 지침 및 운동방안
- 노인의 운동 효과 20%
  운동의 효과
- 노화와 노화의 특성 25%
  노화의 개념, 노화와 관련된 이론

최신 3개년 출제 비중

# 목 차

## 2급 전문·생활스포츠지도사 선택과목

**Hidden card** 고득점으로 가는 2025 고난도 기출 문제 첨삭 해설 ... 18

### PART 01 스포츠사회학

| CHAPTER 01 | 스포츠사회학의 이해 | 48 |
| CHAPTER 02 | 스포츠와 정치 | 53 |
| CHAPTER 03 | 스포츠와 경제 | 59 |
| CHAPTER 04 | 스포츠와 교육 | 64 |
| CHAPTER 05 | 스포츠와 미디어 | 67 |
| CHAPTER 06 | 스포츠와 사회계급/계층 | 72 |
| CHAPTER 07 | 스포츠와 사회화 | 78 |
| CHAPTER 08 | 스포츠와 일탈 | 84 |
| CHAPTER 09 | 미래사회와 스포츠 | 92 |
| 출제예상문제 | | 95 |

### PART 02 스포츠교육학

| CHAPTER 01 | 스포츠교육의 배경과 개념 | 108 |
| CHAPTER 02 | 스포츠교육의 정책과 제도 | 112 |
| CHAPTER 03 | 스포츠교육의 참여자 이해론 | 126 |
| CHAPTER 04 | 스포츠교육의 프로그램론 | 131 |
| CHAPTER 05 | 스포츠교육의 지도방법론 | 138 |
| CHAPTER 06 | 스포츠교육의 평가론 | 158 |
| CHAPTER 07 | 스포츠교육자의 전문적 성장 | 165 |
| 출제예상문제 | | 169 |

### PART 03 스포츠심리학

| CHAPTER 01 | 스포츠심리학의 개관 | 182 |
| CHAPTER 02 | 인간운동행동의 이해 | 186 |
| CHAPTER 03 | 스포츠수행의 심리적 요인 | 206 |
| CHAPTER 04 | 스포츠수행의 사회 심리적 요인 | 239 |
| CHAPTER 05 | 운동심리학 | 251 |
| CHAPTER 06 | 스포츠심리상담 | 257 |
| 출제예상문제 | | 260 |

### PART 04 한국체육사

| CHAPTER 01 | 체육사의 의미 | 274 |
| CHAPTER 02 | 선사·삼국시대 체육 | 276 |
| CHAPTER 03 | 고려·조선시대 체육 | 282 |
| CHAPTER 04 | 한국 근·현대 체육 | 287 |
| 출제예상문제 | | 300 |

## PART 05 운동생리학

| | | |
|---|---|---|
| CHAPTER 01 | 운동생리학의 개관 | 312 |
| CHAPTER 02 | 에너지 대사와 운동 | 315 |
| CHAPTER 03 | 신경조절과 운동 | 324 |
| CHAPTER 04 | 골격근과 운동 | 330 |
| CHAPTER 05 | 내분비계와 운동 | 337 |
| CHAPTER 06 | 호흡·순환계와 운동 | 343 |
| CHAPTER 07 | 환경과 운동 | 355 |
| 출제예상문제 | | 359 |

## PART 06 운동역학

| | | |
|---|---|---|
| CHAPTER 01 | 운동역학 개요 | 370 |
| CHAPTER 02 | 운동역학의 이해 | 372 |
| CHAPTER 03 | 인체역학 | 382 |
| CHAPTER 04 | 운동학의 스포츠 적용 | 387 |
| CHAPTER 05 | 운동역학의 스포츠 적용 | 391 |
| CHAPTER 06 | 일과 에너지 | 399 |
| CHAPTER 07 | 다양한 운동기술의 분석 | 402 |
| 출제예상문제 | | 406 |

## PART 07 스포츠윤리

| | | |
|---|---|---|
| CHAPTER 01 | 스포츠와 윤리 | 418 |
| CHAPTER 02 | 경쟁과 페어플레이 | 428 |
| CHAPTER 03 | 스포츠와 불평등 | 435 |
| CHAPTER 04 | 스포츠에서 환경윤리와 동물윤리 | 439 |
| CHAPTER 05 | 스포츠와 폭력 | 444 |
| CHAPTER 06 | 경기력 향상과 공정성 | 448 |
| CHAPTER 07 | 스포츠와 인권 | 452 |
| CHAPTER 08 | 스포츠 조직과 윤리 | 458 |
| 출제예상문제 | | 462 |

## 최신 3개년 기출문제(선택과목)

| | |
|---|---|
| 2025년 선택과목 기출문제 | 474 |
| 2024년 선택과목 기출문제 | 504 |
| 2023년 선택과목 기출문제 | 533 |
| 2025년 선택과목 기출문제 정답 및 해설 | 562 |
| 2024년 선택과목 기출문제 정답 및 해설 | 581 |
| 2023년 선택과목 기출문제 정답 및 해설 | 602 |

# 고득점으로 가는
# 2025 고난도 기출 문제 첨삭 해설

## 01 스포츠사회학

### 08 스포츠의 사회적 기능과 사회이론(상징적 상호작용론) 본책 p.52

〈보기〉에서 설명하는 스포츠사회학 이론으로 적절한 것은?

**보기**
- **미시적 관점**의 이론이다.
  (사물이나 현상을 전체적인 면에서가 아니라 개별적으로 포착하여 분석하는 것)
- 스포츠 참여 과정에 대한 이해와 **하위문화** 특성에 관심을 가진다.
  (어떤 사회의 지배적 문화와는 별도로 청소년이나 히피와 같은 특정 사회 집단에서 생겨나서 발전하는 독특한 문화)
- 인간은 사회구조 및 제도에 대해 능동적으로 사고하며 행동하게 된다.

① 갈등이론
② 비판이론
③ 구조기능주의이론
④ 상징적 상호작용론 ✓

**핵심이론**

**상징적 상호작용론**
- 사회학에서 개인과 사회의 관계를 이해하기 위한 주요 이론 중 하나
- 기호, 언어, 제스처 등과 같은 사회적 상호작용에서의 상징의 역할을 강조함
- 미시적 수준의 상호작용을 분석함
- 거시적 구조에 대한 설명이 부족하고 주관성에 의존해 객관성 확보가 어렵다는 한계가 있음

**오답해설**

① 갈등이론: 사회 내 불평등한 자원 분배와 권력 구조로 인해 발생하는 갈등을 중심으로 사회 변화를 설명하는 이론
② 비판이론: 사회를 각자의 이익을 위한 타인과 끊임없이 경쟁하는 장으로 규정하는 이론
③ 구조기능주의이론: 사회가 본질적으로 상호 관련되고 상호 의존적인 제도로 구성되어 있으며 전체 사회 안정에 기여한다고 보는 이론

**14** 스포츠사회학 연구 방법  
본책 p.66

〈보기〉는 스포츠사회학 수업에서 교수와 학생의 대화이다. ㉠, ㉡에 들어갈 내용으로 적절한 것은?

**보기**

학생 1 : 최근 테니스와 마라톤이 인기를 끌고 있는데, 사람들이 왜 이런 스포츠에 열광하는지 다양한 사례를 심층적으로 알아 보려면 어떤 연구 방법이 좋은가요?

교　수 : 참여관찰, 심층면담 등으로 자료를 수집하고 해석적인 절차에 따라 원인을 파악하는 ( ㉠ ) 방법이 적합해요.
*사물을 자세히 풀어서 분석적으로 연구하는 것*
*질적 연구에서 개인의 경험과 의미를 깊이 이해하기 위한 방법, 연구자는 참여자의 이야기를 경청하며 맥락적 의미를 탐색한다.*

학생 2 : 그러면 스포츠 육성 모델에는 어떤 것이 있나요?

교　수 : 국가별로 다양한 스포츠육성정책을 시행하고 있는데, 그릭스*에 따르면, 스포츠 선진국은 엘리트 스포츠의 성과가 일반시민의 스포츠 참가를 촉진하고, 그렇게 형성된 자원 속에서 다시 우수한 엘리트 선수가 탄생하여 국가이미지 향상에 기여하는 ( ㉡ )을 구축하고 있다고 해요.
*체제, 체계 따위의 기초를 닦아 세우다.*

*J. Grix(2016)

|  | ㉠ | ㉡ |
|---|---|---|
| ① | 질적 연구 | 선순환 모델 |
| ② | 양적 연구 | 선순환 모델 |
| ③ | 질적 연구 | 피라미드 모델 |
| ④ | 양적 연구 | 피라미드 모델 |

정답 ①

## 핵심이론

### 질적연구와 양적연구의 차이

|  | 양적연구 | 질적연구 |
|---|---|---|
| 개념 | • 표준화된 조사도구와 분석절차를 통해 진행되는 연구 방법<br>• 특정한 이론적 논의나 그를 바탕으로 수립된 가설을 검증하는 것을 목적으로 함 | • 사회적 현상, 인물, 문제 등과 같은 대상을 심층적으로 탐색하고 이해하고자 하는 연구방법<br>• 무슨 일들이 왜, 어떻게 일어나고 있으며 어떤 요인들이 그러한 현상과 관련되어 있는지 살펴보는 연구방법 |
| 특징 | • 자료수집 후 분석이 이루어짐<br>• 통계수치를 활용한 객관적 서술<br>• 가설을 세우고 검증하는 연역적 방법을 선호 | • 자료수집과 분석이 동시에 이루어짐<br>• 상황 속에서 의미를 발견하는 귀납적 분석 선호<br>• 연구참여자의 경험과 견해가 중요 |

### 오답해설

**피라미드 모델**

스포츠 참여기반이 확대되면 그 확대된 토양에서 기량이 좋은 선수들이 배양되고 꼭대기에서 세계적인 수준의 선수가 배출된다고 가정하는 이론으로 생활 체육의 중요성을 강조하는 이론

## 02 스포츠교육학

### 03 평가의 실천적 측면
본책 p.161

다음 설문지를 활용하는 데 가장 적절한 평가 단계는?

| 영역 | 질문 내용 | |
|---|---|---|
| 준비 | 준비된 개인 장비는? | ☐ 라켓  ☐ 운동화  ☐ 운동복 |
| | 테니스 강습 시 희망하는 강습 형태는? | ☐ 개인강습  ☐ 그룹강습  ☐ 상관없음 |
| | 최근 3년 이내 테니스 강습을 받은 경험은? | ☐ 있다  ☐ 없다 |
| 수준 | <mark>포핸드</mark> 그립을 잡을 수 있는가?<br>테니스·탁구 따위에서, 팔을 뻗은 채로 공을 치는 정상적인 타구법 | ☐ 그렇다  ☐ 보통이다  ☐ 아니다 |
| | <mark>백핸드</mark> 그립을 잡을 수 있는가?<br>탁구나 테니스 따위에서, 공을 치는 손의 손등이 상대편을 향하도록 하는 타구 방법 | ☐ 그렇다  ☐ 보통이다  ☐ 아니다 |
| | <mark>스플릿</mark> 스텝을 할 수 있는가?<br>역도에서, 앞뒤로 두 발을 벌리고 인상(引上)을 하는 자세.<br>바벨을 지면에서 들어 올리는 거리를 짧게 하려는 자세로서<br>전후 개각형(開脚型)이라고도 한다. | ☐ 그렇다  ☐ 보통이다  ☐ 아니다 |

**①** 진단평가
② 종합평가
③ 형성평가
④ 총괄평가

### 핵심이론

**평가의 유형**

진단평가 : 계획된 학습의 목표 달성을 위해 교육 프로그램 실시 이전에 학습자의 수준 및 상태를 파악하기 위한 평가이다. 교육 프로그램의 방향을 설정·수정하고 학습장애의 원인 및 정도의 파악에 도움을 줄 수 있다.

형성평가 : 교육 프로그램 운영 중 이루어지는 과정 중심의 평가로 지도자에게는 프로그램 및 지도 방법을 수정하기 위한 기초자료로 활용한다.

총괄평가 : 주어진 학습 과정을 끝마친 후 학습 목표의 달성도를 측정하기 위한 평가이다. 학습 결과를 토대로 개인별·집단별 평가를 진행, 성적을 작성한다.

## 06 협동 학습 모형의 교수 전략

**〈보기〉에서 설명하는 협동 학습 모형의 전략은?**

학생들이 소그룹으로 협력해 공동 목표를 달성하는 학습 방식으로 개인 책임과 집단 상호작용을 강조한다.

**보기**

- 1차 평가에서 모든 팀원의 점수를 합산하여 팀 점수로 발표한다.
- 지도자는 학생들과 토론하고 팀의 상호작용을 높일 수 있도록 조언한다.
  생물체 부분들의 기능 사이나, 생물체의 한 부분의 기능과 개체의 기능 사이에서 이루어지는 일정한 작용
- 모든 팀은 1차 평가와 동일한 과제를 반복해서 연습하고, 팀원 모두의 점수를 높이는 데 중점을 둔다.
- 2차 평가를 하여 1차 평가보다 향상된 정도에 따라 팀 점수를 부여한다.

① 직소(jigsaw)

② 팀 – 보조수업(team-assisted instruction)

③ 팀 게임 토너먼트(team games tournament)
   경기 대전 방식의 하나. 경기를 거듭할 때마다 진 편은 제외하면서 이긴 편끼리 겨루어 최후에 남은 두 편으로 우승을 가린다.

❹ 학생 팀 – 성취 배분(student teams-achievement division)

### 핵심이론

**학생 팀 – 성취 배분(Student Teams-Achievement Division)**

- Slavin에 의해 처음 개발되었다.
- 비경쟁적인 팀으로 학생들을 나누고 모든 팀에게 동일한 학습 과제와 필요한 자원을 제공한다.
- 교사는 과제를 명료화하고 팀에게 필요한 다른 자원을 제공하며 1차 연습 시간을 제시하고 팀별로 연습하도록 한다. 각 팀의 모든 팀원들은 학습한 지식이나 기능에 대해 평가를 받고 모든 팀원들의 점수가 합쳐 팀 점수가 된다.
- 동일한 과제를 연습하는 2차 연습 시간을 갖는다. 이때 팀원들의 협동심을 강조하고 팀원들의 점수를 높이는 데 중점을 둔다.
- 두 번째 평가는 향상도를 평가하는 것이기 때문에 2차 연습이 주어질 때 1차 시험 때보다 높은 점수를 받아야 한다는 것을 알려준다.
- 두 번의 시험에서 향상도에 따라 팀 점수가 부여되고 성적이 우수한 팀에게는 보상이 주어진다.
- 개인별 점수는 발표되지 않고 팀 점수만 발표되므로 팀 협동을 유발한다.

## 15 체계적 관찰 방법

다음은 지도자의 교수 행동을 사건 기록법으로 관찰·기록한 표이다. 이 체계적 관찰 방법에 관한 설명으로 가장 적절한 것은?

| 행동 | 피드백 유형 | | | |
|---|---|---|---|---|
| | 긍정적 | 부정적 | 교정적 | 가치적 |
| 횟수 | 正正正正 | 正正 | 正正正 | 正 |
| 합계 | 20회 | 10회 | 15회 | 5회 |
| 비율 | 40% | 20% | 30% | 10% |

① 교수-학습에 관한 질적 정보를 얻기 위해 주로 활용한다.
② 지도자와 학생의 상호작용에 관한 기록을 간단히 측정할 수 있다.
③ 일정한 시간 간격을 기준으로 학생의 행동을 관찰하고 측정한다.
④ 교수-학습 시간 활용에 관한 구체적 정보가 필요할 때 사용한다.

### 핵심이론

**체계적 관찰법**
① 사건 기록법 : 행동이 발생할 때마다 횟수를 체크하는 방식으로 기록하는 것으로 행동의 발생 횟수를 가장 직접적으로 정확하게 기록하는 방법이나, 시간을 기록하지는 못한다.
② 지속시간 기록법 : 행동의 횟수가 아닌 행동의 시간을 기록하는 방법으로 얼마나 오래 또는 얼마나 짧게 그 행동이 발생했는가에 대해 기록하는 것이다.
③ 동간(간격) 기록법 : 동일한 크기로 시간 간격을 나누어 관찰하는 방법으로 부분간격기록법 및 전체간격기록법을 사용하여 사건을 기록한다. 이 방법은 행동 발생 횟수와 시간 모두를 기록할 수 있다.
④ 집단적 시간 표집법 : 최소의 학생들이 참가하여 그 행동 범주를 측정하는 것으로 일정 간격을 두고 주기적인 표집을 하는데 정해져 있는 기록 시간에 그 행동이 나타났을 경우를 기록하는 방법이다. 동간 기록법은 기록을 위해 모든 시간을 투자하였다면 집단 시간 표집법은 순간 기록 타임의 행동만을 기록하는 것이므로 동간 기록법에 비해 시간적 여유가 있다.
⑤ 자기기록법 : 관심 있는 행동을 스스로 기록하는 것으로 다른 사람의 도움 없이 기록이 가능하다. 자신의 교수 수행을 어느 정도 스스로 통제할 수 있는지를 평가하는 기능을 가진다.

# 03 스포츠심리학

### 03 동기
본책 p.220

〈보기〉 중 **내적동기**를 향상하는 전략으로 옳은 것만을 모두 고른 것은?
*외부 보상이나 처벌이 아닌 개인의 흥미, 가치관, 자아 실현 욕구에서 비롯된 동기*

**보기**

ㄱ. 성공 경험을 갖게 한다.
ㄴ. 언어적, **비언어적** 칭찬을 자주 한다.
　*시선 처리, 얼굴 표정, 손동작, 신체 언어 등과 같이 의사소통 중 직접적인 언어표현을 제외한 것들을 말한다.*
ㄷ. 팀의 의사결정에 선수를 참여시킨다.
ㄹ. 물질적 보상과 처벌을 주로 활용한다.
ㅁ. 최대한 높은 결과목표를 설정하여 도전하게 한다.

① ㄱ, ㄴ, ㄷ
② ㄱ, ㄴ, ㄹ
③ ㄴ, ㄷ, ㄹ
④ ㄷ, ㄹ, ㅁ

### 핵심이론

**내적동기**

① 중요성 : 내적동기가 부여된 학습자는 깊은 학습을 추구하며 학습하여 얻은 정보를 더 잘 기억하고 적용한다. 또한 학습 과정에서 발생하는 어려움을 극복하는 것에 능숙하며 학습에 대한 긍정적인 태도를 유지할 수 있다.
② 내적동기 유발 방법
　㉠ 학습자의 흥미와 관심사 발굴 : 교육자는 학습자와의 대화, 관찰, 설문 조사 등을 통해 학습자의 관심사를 파악하고 그에 맞는 활동을 제공하는 것이 효과적이다.
　㉡ 자율성과 선택권 제공 : 학습자 스스로 학습 목표를 설정하고 그 목표를 달성하기 위한 방법을 결정할 수 있도록 격려해야 한다.
　㉢ 목표 설정과 진행 과정에서의 지원 : 구체적이고 도전적인 목표를 설정하도록 도와주고 그 목표 달성을 위한 단계별 계획을 세우도록 지원한다.
　㉣ 긍정적인 피드백과 격려 : 학습 과정에서 학습자의 노력과 성취를 인정하고 칭찬한다. 긍정적인 피드백은 학습자의 자신감을 증진시키고 학습에 대한 긍정적인 태도를 강화한다.
　㉤ 적절한 도전과 성취감 제공 : 학습 과정에서 적절한 수준의 도전을 제공한다. 너무 어려운 과제는 좌절감을 유발할 수 있으므로 학습자의 능력과 흥미를 고려하여 적절한 과제를 제공하여 성취감을 느낄 수 있도록 한다.

## 09 정서와 시합불안

**〈보기〉가 설명하는 심리기술훈련은?**

> **보기**
> - 1958년 월피(J. Wolpe)가 개발함
> - **불안**을 일으키는 상황을 중요도 순서에 따라 10단계 정도를 준비함
>   (마음이 편하지 아니하고 조마조마함)
> - 불안이 낮은 순서부터 **극도**의 불안을 일으키는 중요도가 높은 순서로 배열하고 훈련함
>   (마음이 편하지 아니하고 조마조마함)
> - 불안이나 **스트레스**를 유발하는 자극에 노출될 때 불안반응 대신 편안한 반응을 나타냄으로써 불안이나 스트레스를 감소하는 기법임
>   (마음이 편하지 아니하고 조마조마함)

① 자생훈련(**autogenic** training)
   (자가 생성의, 자율성)
② 점진적 이완(progressive relaxation)
③ 인지 재구성(cognitive restructuring)
④ 체계적 둔감화(systematic desensitization)

### 핵심이론

**체계적 둔감화(systematic desensitization)**

① 행동 요법의 한 유형으로 공포에 점진적으로 익숙해지도록 하여 공포를 줄이는 것이다. 안전한 환경에서 공포에 단계적으로 노출하여 공포 반응을 이완 반응으로 대체하는 것으로 공포증 및 기타 불안 장애를 극복하는 데 효과적이다.
② 주요 단계
   ㉠ 이완 훈련(Relaxation Training) : 공포 반응을 약화시키기 위해 이완 반응을 학습하는 과정으로 이 단계에서 학습자는 불안할 때 신체적 긴장을 푸는 방법(복식호흡, 근육 이완 훈련, 명상 등)을 배운다.
   ㉡ 불안 위계 목록 만들기(Anxiety Hierarchy) : 공포를 느끼는 상황을 난이도 순으로 정리하여 단계적으로 노출할 목록을 만든다. 공포의 강도를 0점에서부터 100점까지로 평가하여 낮은 것부터 정리한다.
   ㉢ 단계적 노출과 둔감화(Gradual Exposure & Desensitization) : 불안 위계 목록을 활용하여 가장 낮은 불안 수준에서부터 공포 대상에 노출한다. 이때 이완 훈련을 함께 적용하여 공포 반응을 차단하는 훈련을 한다.

### 오답해설

① 자생훈련(autogenic training) : 신체 부위의 따뜻함과 무거움을 느끼게 해주는 일련의 동작으로 구성된 방법
② 점진적 이완(progressive relaxation) : 앉거나 누운 상태로 실시하고, 각 신체부분에 긴장과 이완을 반복하는 방법
③ 인지 재구성(cognitive restructuring) : 불안을 극복하고 긍정적으로 해석하는 방법

## 15  운동심리 이론

그림에서 **무관심** 단계의 운동 실천 전략으로 가장 적절한 것은?
관심이나 흥미가 없음

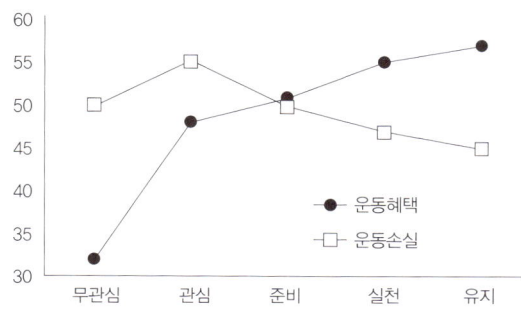

프로차스카(J. Prochaska) 운동변화단계이론

① 장시간 **고강도** 운동에 참여하도록 조언한다.
　　　강도가 높음
② 다른 사람의 운동 **멘토** 역할을 하도록 한다.
　　　　　　　　현명하고 동시에 신뢰할 수 있는 상담 상대, 지도자, 스승, 선생의 의미로 쓰이는 말
③ 운동의 긍정적 효과에 관한 정보를 제공한다.
④ **운동중독**의 위험성에 관한 자료를 공유한다.
　　본인의 운동능력보다 과한 운동을 지속하려는 행동

### 핵심이론

**프로차스카(Prochaska) 변화단계이론**

프로차스카의 변화단계이론은 운동행동의 변화는 여러 단계를 거치면서 점진적으로 변화한다는 이론으로 개인의 수준에 맞는 차별화된 운동 실천 중재전략을 개발하고 적용할 수 있다는 장점이 있다.

① 변화단계
　㉠ 무관심 단계 : 변화 계획이 없는 단계로 현재 운동을 하고 있지 않으며 6개월 이내에도 운동을 시작할 의도가 없는 단계
　㉡ 관심 단계 : 문제를 인식하고 행위의 변화를 일으키겠다는 생각을 하는 단계로 현재 운동을 하고 있지 않으나 6개월 이내에 운동을 시작할 의도가 있는 단계
　㉢ 준비 단계 : 구체적인 행위 실행이 잡혀 있는 단계로 현재 운동을 하고 있지만 운동 가이드라인을 충족하지는 못하는 수준의 단계
　㉣ 실천 단계 : 건강한 생활습관을 갖기 위해 노력하는 단계로 운동 가이드라인을 충족하는 수준의 운동을 하고 있으나 그 기간이 6개월 미만인 단계
　㉤ 유지 단계 : 새로운 생활습관이 6개월 이상 지속된 단계로 운동 가이드라인을 충족하는 수준의 운동을 6개월 이상 해 온 단계
② 단계별 운동 실천 전략
　㉠ 무관심기 : 운동의 이점과 중요성에 대한 교육 제공, 운동에 대한 두려움/오해 해소, 운동 성공 사례 제시
　㉡ 숙고기 : 장단점 분석 도와주기, 개인의 가치와 운동 연결짓기, 가족/친구의 지지 유도
　㉢ 준비기 : 구체적인 계획 세우기(언제, 어디서, 무엇을), 장애 요인 예측과 대비책 마련, 운동 파트너 구하기
　㉣ 실행기 : 운동일지 작성, 성취에 대한 보상 제공, 긍정적인 피드백 제공
　㉤ 유지기 : 운동 루틴의 다양화, 지루함/권태 극복 전략, 유혹 상황에서 대처 방법 강화

# 04 한국체육사

### 07 고려시대의 사회와 체육                                본책 p.281

〈보기〉에서 **방응(放鷹)**에 관한 설명을 모두 고른 것은?
<small>매를 놓아 사냥하던 일</small>

**보기**

ㄱ. 매를 조련하여 수렵에 활용하였다.
ㄴ. **응방도감**(鷹坊都監)에서 관장하였다.
   <small>고려·조선 시대에 매의 사육과 사냥을 맡아보던 관아</small>
ㄷ. 무예 훈련의 성격을 띠기도 하였다.
ㄹ. 삼국시대에도 전담하는 관청이 있었다.

① ㄱ, ㄴ, ㄷ
② ㄱ, ㄷ, ㄹ
③ ㄱ, ㄴ, ㄹ
④ ㄴ, ㄷ, ㄹ

### 핵심이론

**방응(放鷹)**

| | |
|---|---|
| 삼국시대 | • 사나운 매를 길들여 꿩이나 새를 사냥하는 일종의 수렵으로 고대사회에서 공통적으로 나타나는 생존활동이자 놀이<br>• 방응은 삼국시대의 민속스포츠와 오락 중 하나지만, 이를 전담하는 관청이 었었다는 기록은 없다. |
| 고려시대 | • 매를 놓아 사냥을 하는 것으로 고려시대에 매우 성행하였다.<br>• 귀족사회의 민속놀이와 오락 중 하나로 충렬왕의 응방, 응방도감 등 체계적 관리체제가 설치되었다.<br>• 사냥과 연계되어 무예의 훈련, 체력 및 용맹성을 기르기 위한 수단이었다. |
| 조선시대 | • 매를 훈련시켜 꿩이나 토끼 종류의 사냥감을 잡는 것이다.<br>• 귀족사회의 민속놀이와 오락 중 하나로 응방이 여전히 남아 있었다.<br>• 조선왕조실록을 통해 태종, 성종, 연산군 등이 방응을 자주 했다는 기록을 찾아볼 수 있다. |

## 19 현대 체육·스포츠

**'국민생활체육진흥종합계획(호돌이 계획)'의 내용으로 옳은 것은?**
1990년 노태우 정부 시기에 추진

① 제24회 서울 올림픽경기대회를 대비하고자 추진되었다.
    1988년 서울 올림픽 개최
② 「국민체육진흥법」을 제정하여 스포츠 클럽을 체계적으로 관리하였다.
❸ 국민생활체육협의회의 창설과 직장체육 프로그램의 보급이 이루어졌다.
④ 전문체육 육성을 위한 국가대표 연금과 우수선수 병역 혜택의 제도가 도입되었다.

### 핵심이론

**국민생활체육진흥종합계획(호돌이 계획)**

① 1986년 발표된 생활체육 활성화 정책으로, 1988년 서울올림픽을 앞두고 국민 체력 향상과 체육 참여 확대를 목표로 추진되었다.
② 1987년 국민생활체육협의회가 창설되었고, 직장체육 프로그램 보급 등 조직적인 생활체육 지원 체계를 마련하였다.
③ 걷기, 체조, 축구 등 다양한 생활체육 프로그램이 지역 단위로 확산되었으며, 지도자 양성과 공공 체육시설 확충도 함께 이루어졌다.
④ 엘리트 체육 중심에서 벗어나 국민 모두가 참여하는 생활체육 기반을 마련하는 전환점이 되었다.

### 오답해설

① 올림픽 대비는 전문체육 육성 정책 중심이고, 호돌이 계획은 생활체육 진흥을 위한 별도 계획이다.
② 「국민체육진흥법」은 1962년 제정되었으며, 호돌이 계획과는 시기가 다르다.
④ 국가대표 연금제도(경기력 향상 연금)와 병역 혜택은 엘리트 체육 중심 정책으로, 호돌이 계획의 주요 내용이 아니다.

# 05 운동생리학

## 07 골격근과 운동

본책 p.330

〈보기〉의 골격근 수축 과정에 관한 설명 중 ㉠~㉢에 들어갈 용어로 옳은 것은?

**보기**
- 활동전위(action potential)는 가로세관(T-tubles)으로 이동하여 ( ㉠ )에서 ( ㉡ ) 방출을 자극한다.
- ( ㉠ )에서 방출된 ( ㉡ )이 트로포닌(troponin)과 결합하게 되면 ( ㉢ )의 위치를 이동시켜 마이오신 머리(myosin head)와 액틴 필라멘트(actin filament)가 강하게 결합하게 한다.

|   | ㉠ | ㉡ | ㉢ |
|---|---|---|---|
| ① | 원형질막 | 아세틸콜린 (신경의 자극을 근육에 전달하는 화학물질) | 근절 (횡문근에서 근원섬유가 반복되는 단위로 가장 작은 기능적 수축 단위) |
| ② | 원형질막 | 칼슘이온 | 트로포마이오신 |
| ③ | 근형질세망 | 아세틸콜린 | 근절 |
| ④ | 근형질세망 (칼슘(Ca²⁺)을 저장하고 근 수축 시 칼슘 방출 및 재흡수를 담당) | 칼슘이온 | 트로포마이오신 |

### 핵심이론

**근육 수축의 단계**

축삭 종말에서 아세틸콜린 방출 → 근육세포의 활동전위 발생 → 근형질세망에서 칼슘이온 분비 → ATP 분해에 따른 근세사 활주 시작

| 안정 단계 | 액틴과 마이오신이 약한 결속 상태이거나 결속되지 않는 안정된 단계 |
|---|---|
| 자극과 결합 단계 | 운동뉴런을 통해 신경흥분이 신경근 접합부에 도달해 근육 내의 안정 시 전압이 깨지고 근육 활동전압이 생성됨. 이후 신경종말의 소포에 저장되어 있던 아세틸콜린이 분비되면 근형질세망으로부터 칼슘이 나와 액틴과 마이오신의 결합을 만들어 냄 |
| 수축 단계 | 액틴과 결합된 마이오신 머리에서 ADP, Pi로 방출되며 액틴이 마이오신으로 미끄러져 들어가 근육이 짧아지며 근수축이 발생함 |
| 재충전 단계 | 마이오신 머리에 ATP가 재충전되면서 더 큰 수축을 위해 액틴과 마이오신의 결합이 풀리고, 둘의 재결합을 위한 에너지 및 수축 순환 가능 |
| 이완 단계 | 신경자극이 아예 중지되면 마이오신과 액틴과의 반응은 일어나지 않고 근섬유는 이완상태로 다시 돌아감 |

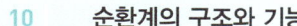

## 10 순환계의 구조와 기능

본책 p.348

〈보기〉에서 동방결절(SA node)에 관한 특성으로 옳은 것만을 모두 고른 것은?

**보기**
ㄱ. 심장의 페이스메이커(pacemaker)로 불림
ㄴ. 전도체계 중 가장 빠른 내인성 박동률을 가짐
ㄷ. 심실이 혈액을 충만하게 모을 수 있도록 자극전도 시간을 지연시킴
ㄹ. 다른 심장 전도 시스템보다 약 6배 빠르게 전기적 자극을 심실 전체로 전달하여 심실의 거의 모든 부위가 동시에 수축할 수 있게 함

① ㄱ, ㄴ
② ㄱ, ㄴ, ㄷ
③ ㄱ, ㄷ, ㄹ
④ ㄴ, ㄷ, ㄹ

### 핵심이론

**동방결절, 방실결절, 방실다발, 심실중격**

| | |
|---|---|
| 동방결절 | • 상대정맥 입구 쪽 가까운 우심방 벽에 특수화된 근육세포들로 구성<br>• 심장 수축을 일으키는 전기자극을 타 부위 세포보다 조금 빨리 생성함으로써 심장 전체의 전기적 신호를 주도하는 부분으로 페이스메이커라고 함 |
| 방실결절 | • 우심방벽의 관상동맥동 개구 근처에 위치하여 방실 속으로 연결<br>• 동방결절에서 심방으로 정해진 흥분을 방실 속에서 좌우 다발갈래와 퍼킨제 섬유 등의 방실계를 거쳐 양측의 심실 전체로 전달 |
| 방실다발 | • 방실결절에서 꼭지근 사이에 있는 부분<br>• 방실결절의 신호를 아래의 다발분지를 거쳐 퍼킨제섬유로 전달하는 중간 전기 신호 전도 체제 |
| 심실중격 | • 좌심실과 우심실 사이에 존재하는 벽<br>• 좌·우심실 간 혈액의 혼합을 방지 |

### 오답해설

ㄷ. 방실결절지연에 대한 설명으로 자극 전달을 일시적으로 지연시켜, 심방이 먼저 수축하고 심실이 수축하기 전에 혈액이 충분히 채워지도록 한다.
ㄹ. Purkinje 섬유에 대한 설명이다. Purkinje 섬유는 심실 전체로 전기 자극을 매우 빠르게 전달하여 심실이 거의 동시에 수축하도록 도와준다.

## 06 운동역학

### 13 각운동의 운동역학적 분석

본책 p.395

〈보기〉에서 설명한 내용 중 인체의 **관성모멘트(moment of inertia)**를 감소시킨 사례로 옳은 것만 모두 고른 것은?

외부의 회전력에 대해 물체의 운동 상태를 변화시키지 않으려는 저항 특성

**보기**

ㄱ. 피겨스케이팅에서 양팔을 벌리고 회전한다.
ㄴ. 달리기 시 체공기(swing phase)에 있는 다리를 굽힌다.
ㄷ. 다이빙에서 공중 앞돌기 시 터크(움크린) 자세를 만든다.
ㄹ. 골프 아이언 헤드의 질량 분포를 양 끝으로 넓게 하여 클럽 헤드의 관성을 조작한다.

① ㄱ, ㄴ    ② ㄴ, ㄷ
③ ㄱ, ㄴ, ㄷ    ④ ㄱ, ㄷ, ㄹ

**핵심이론**

① 회전력(토크, 힘의 모멘트)
  ㉠ 물체를 회전시켜 각운동량을 만드는 힘
  ㉡ 모멘트 : 힘이 어떤 물체의 회전중심선(회전축)에서 벗어나 작용하여 물체가 회전운동을 하게 되는 것
  ㉢ 회전력(토크)＝힘×모멘트 암＝관성모멘트×각가속도
  ※ 모멘트 암 : 힘과 축 사이의 거리
② 관성모멘트(회전모멘트)
  ㉠ 외부의 회전력에 대해 물체의 운동 상태를 변화시키지 않으려는 저항 특성
  ㉡ 단위 : $kg×m^2$
  ㉢ 결정 요인
    • 물체의 질량 : 물체의 질량이 클수록 회전에 대한 저항도 큼
    • 질량 분포 : 회전축으로부터 먼 곳에 질량이 더 많이 분포할수록 관성모멘트도 증가함
    • 관성모멘트＝질량×회전 반경$^2$
  ㉣ 외력이 없는 경우 관성모멘트가 클수록 각속도는 작아짐
③ 스포츠에서의 관성모멘트 활용
  ㉠ 다이빙 선수의 공중회전 동작에서는 다이빙 플랫폼 이지(take-off) 직후에 다리와 팔을 회전축 가까이 위치시켜 관성모멘트를 감소시킴으로써 각속도를 증가시킨다.
  ㉡ 다이빙 동작에서 몸을 펴면 관성모멘트가 증가하여 회전을 멈추게 된다.
  ㉢ 피겨스케이트 트리플 악셀 점프에서 팔을 몸쪽으로 붙이면 관성모멘트가 감소하여 더 빠르게 회전한다.

**오답해설**

ㄱ. 팔을 벌리면 회전축으로부터 먼 곳에 질량이 분포하게 되어 관성모멘트는 증가하고, 회전 속도는 느려진다.
ㄹ. 질량을 회전축에서 멀리 배치하면 관성모멘트는 증가한다. 이는 클럽 임팩트 시 흔들리지 않도록 안정성을 높이기 위한 설계이다.

**19** 인체 평형과 안정성   본책 p.384

### 인체의 안정성을 결정짓는 요인이 아닌 것은?
<small>물체가 정적 또는 동적 자세의 균형을 잃지 않으려는 상태</small>

① **기저면**의 크기와 관련이 있으며 형태와는 관련이 없다.
<small>물체 또는 인체 등이 지면과 접촉하는 각 점들로 이루어진 전체 면적</small>
② **무게중심선**이 기저면 밖에 있으면 불안정한 상태가 된다.
<small>물체의 무게중심을 통과하는 수직선</small>
③ 무게중심선이 기저면의 중심에 가까울수록 안정성은 높아진다.
④ 무게중심의 높이와 관련이 있으며 낮을수록 안정성은 높아진다.

---

### 핵심이론

① 무게중심
  ㉠ 물체의 무게를 균등하게 나누어 균형을 이루게 하는 점
  ㉡ 인체의 각 분절들이 갖는 중력의 회전력(토크) 합이 0으로 균형을 이루는 점
  ㉢ '균형점'이라고도 함
  ㉣ 인체의 내부 혹은 외부에 존재(높이뛰기에서 몸을 활처럼 휘는 자세를 취할 때는 무게중심이 외부에 존재)
② 인체 안정성의 결정 요인
  ㉠ 주요 요인

| 요인 | 안정적 | 불안정적 |
| --- | --- | --- |
| 기저면 | 넓을수록 | 좁을수록 |
| 무게중심의 높이 | 낮을수록 | 높을수록 |
| 무게중심선과 기저면의 한계점 | 가까울수록 | 멀수록 |
| 질량과 마찰력 | 클수록 | 작을수록 |

  ㉡ 외부의 힘이 가해지는 경우 힘이 가해지는 방향으로 기저면을 넓히면 안정성이 증가
  ㉢ 기타 시각적·심리적 영향에 따라 안정성이 변화
③ 인체의 운동과 안정성
  ㉠ 안정성은 인체의 운동 수행 전반에 많은 영향을 행사
  ㉡ 일반적으로 안정성과 신속성은 반비례의 관계
  ㉢ 동작 수행의 목적에 따라 의도적으로 안정성을 조절
    • 레슬링, 유도, 씨름 등에서는 안정성을 높여 경기를 유리하게 진행
    • 크라우칭 스타트 등 신속한 방향 전환이 필요한 경기에서는 의도적으로 안정성을 낮춤

---

### 오답해설

① 안정성은 물체가 정적 또는 동적 자세의 균형을 잃지 않으려는 상태로 기저면이 넓고, 무게중심선이 기저면 중앙에 가까울수록 안정성이 향상된다. 또한, 기저면의 형태가 균형 있게 분포되어 있을 때 인체의 안정성은 더욱 높아진다. 따라서 기저면의 크기, 형태 모두 인체의 안정성에 중요한 영향을 미친다.

# 07 스포츠윤리

## 06 스포츠와 동물윤리

본책 p.442

레건(T. Regan)의 **동물권리론**에 가장 부합하는 태도는?
동물 해방 윤리론적 입장

**①** 모든 동물에게 자유를 보장하고 스포츠에 동물을 이용하지 않도록 한다.

② 세계시민주의적 사고에 따라 재활승마에서는 기수와 말의 친화를 강조한다.

③ 천연 거위털 셔틀콕의 성능이 인조 거위털 셔틀콕보다 더 좋으므로 생산을 장려한다.

④ 경마나 소싸움은 합법적으로 동물을 활용할 수 있는 종목이며 경제적으로도 유용하다.

### 핵심이론

① 종차별주의
  ㉠ 자신의 종을 위해 다른 종의 이익에 배타적 태도를 보이는 것
  ㉡ 스포츠에서 동물들이 도구화되고 있는 상황
  ㉢ 동물에게 폭력적 훈련 및 경기를 강제함
  ㉣ 동물을 인간의 유희 대상으로 생각
② 동물 해방 윤리론

| 피터싱어 | • 공리주의 입장<br>• 이익 평등(동등) 고려의 원칙<br>• 고통을 느낄 수 있는(쾌고감수능력) 모든 존재의 이익 관심은 동등한 고려 가치가 있음을 주장<br>• 동물 학대의 가능성이 있는 스포츠 종목의 폐지 당위성을 제시 |
|---|---|
| 레건 | • 의무론적 입장<br>• 살아있는 존재라면 누구나 자신만의 삶을 영위할 권리가 있으므로 동물의 권리 또한 인정되어야 함<br>• 동물도 도덕적 지위를 가지므로 동물을 인간을 위한 수단으로 취급하는 것은 옳지 않음 |

③ 생명 중심의 윤리설

| 슈바이처 | • 생명 외경론으로 살아있는 모든 생명체를 진심으로 존중하고 조심스러워하며 사랑하자는 입장<br>• 생명을 유지, 촉진, 고양하는 행위는 선이고, 생명을 억압하고 파괴하는 행위를 악으로 정의함 |
|---|---|
| 테일러 | • 생명중심주의로 모든 생명체는 자신의 성장, 발전, 생존, 번식이라는 목적과 가치 추구를 주장<br>• 자신의 고유한 가치를 지니는 생명체를 도덕적으로 존중하는 태도를 가져야 함 |

### 오답해설

②, ③, ④는 종차별주의적 입장에 해당한다. 보기는 모두 동물을 도구화시키거나 인간의 이익을 추구하기 위해 동물의 이익에는 배타적 태도를 보이고 있다.

  **14  윤리이론**                                                                                          본책 p.422

**공리주의 윤리 규범을 스포츠에 바르게 적용한 것이 아닌 것은?**
공리성을 가치 판단의 기준으로 하는 결과론적 윤리체계의 대표적 사상

① 스포츠에서 결과에 따른 만족을 중시한다.
② 스포츠 규칙 제정은 공정과 평등의 원칙에 근거한다.
❸ 스포츠 상황에서 행위의 유용성보다 인성의 바름을 강조한다.
④ 스포츠에서 소수보다 다수의 이익을 우선하는 것이 정당화될 수 있다.

### 핵심이론

① 결과론적 윤리체계
　㉠ 결과론적 윤리체계의 특징과 한계

| 특징 | 주어진 상황에서 그 행동을 했을 때 어떤 결과를 가져오는지 예상해보고 더 좋은 결과를 가져오는 쪽으로 행동하는 것이 옳다고 주장 |
|---|---|
| 한계 | • 결과의 유용성만을 중시하여 목적이 수단을 정당화하는 문제가 나타남<br>• 결과로 행위를 평가하기 때문에 정의의 문제가 소홀해질 수 있음<br>• 일반적인 사실로부터 도덕적인 당위를 추론하지 못할 수 있음 |

　㉡ 공리주의의 특징과 한계

| 특징 | 어떤 행위의 옳고 그름은 그 행위가 인간의 이익과 행복을 늘리는 데 얼마나 기여하는가 하는 유용성과 결과에 따라 결정됨 |
|---|---|
| 한계 | 전체의 행복이나 다수의 이익을 중시하여 소수나 개인의 인권을 침해할 수 있음 |

　㉢ 벤담과 밀의 공리주의

| 벤담의 양적 공리주의 | • 다수에게 행복을 줄 수 있는 행위가 옳음<br>• '최대 다수의 최대 행복'을 가능하게 하는 것이 옳은 행위<br>• 모든 쾌락은 질적으로 동일 |
|---|---|
| 밀의 질적 공리주의 | • "행위는 행복을 증진하는 경향에 비례해서 옳고, 불행을 산출하는 경향에 비례해서 그르다."<br>• 쾌락(행복)을 질적으로 높은 '인간의 쾌락'과 질적으로 낮은 '동물의 쾌락'으로 구분 |

② 덕 윤리체계

| 특징 | • 결과가 아닌 행위 그 자체가 도덕 규칙을 판단하기 위한 기준<br>• 행위의 시비를 결정하기 위해 도덕 법칙이 이용됨<br>• 결과와 무관하게 의도가 도덕적이라면 도덕적이라고 봄 |
|---|---|
| 한계 | 공동체의 이상을 중시하고 공동체를 행동으로 실천할 때 도덕적이라고 평가하므로 개인의 자유와 권리를 축소시킬 가능성이 있음 |

### 오답해설

③ 스포츠 상황에서 행위의 유용성보다 인성의 바름을 강조하는 건 덕 윤리체계에 해당한다.

# 01 특수체육론

## 02 지적장애 지도 전략

〈보기〉에 해당하는 장애 유형의 체육활동 지도 방법으로 옳지 않은 것은?

> **보기**
> - **지적** 기능과 적응행동이 제한된다.
>   (지식이나 지성에 관한 것)
> - 쉽게 좌절하거나 동기 **유발**이 부족하다.
>   (어떤 것이 다른 일을 일어나게 함)
> - 주의 집중 시간이 짧고 **단기 기억**에 어려움이 있다.
>   (정보를 일시적으로 저장하고 처리하는 기억 체계로 20~30초 동안 유지되며 용량은 제한적이다.)

① 복잡한 계획이 필요하고 과제가 자주 바뀌는 활동을 강조한다.
② 활동 초기에 학생의 개별적 특성을 파악하여 **친밀감**을 형성한다.
   (지내는 사이가 매우 친하고 가까운 느낌)
③ 학생이 흥미를 보이는 활동에서 시작하여 다양한 형태로 발전시킨다.
④ 과제 활동을 제한하는 행동을 파악하고 개별적인 행동관리 계획을 수립한다.

### 핵심이론

**지적장애**
① 정의 : 정신 발육이 항구적으로 지체되어 지적 능력의 발달이 불충분하거나 불완전하고 자신의 일을 처리하는 것과 사회 생활에 적응하는 것이 상당히 곤란한 사람
② 지적장애의 특성 및 지도 전략
  ㉠ 지적장애의 특성
    - 인지행동 : 낮은 인지 수준, 주의력 결핍 및 기억력 결핍(장기기억 및 단기 기억 결함)
    - 사회적·감정적 : 상황에 대한 부적절한 반응, 상호작용 미숙, 사회성 결여
    - 신체적 : 심동적 영역 차이, 운동발달상의 지체, 낮은 수준의 체력 및 운동수행능력
  ㉡ 지적장애 지도 전략
    - 현재수행능력의 세밀한 파악 후 지도할 것
    - 언어지도, 시범지도, 직접지도 등을 적절히 활용할 것
    - 간단한 단어 및 설명을 사용할 것
    - 활동을 단순화하고 단순한 규칙의 놀이를 제공할 것
    - 가능한 참여자 스스로가 자신의 활동을 결정할 수 있도록 할 것
    - 주의를 집중할 수 있도록 관련된 단서를 제공할 것
    - 직접지도 시 최소한의 신체접촉을 유지할 것
    - 쉬운 과제에서 어려운 과제 순으로, 익숙한 과제에서 새로운 과제 순으로 과제를 제시할 것

## 11 장애인 대상 평가 도구

책 속의 책 p.13

**표의 지침과 준거를 사용하는 검사 도구에 관한 설명으로 옳은 것은?**

<단어 주석: 준거 — 사물의 정도나 성격 따위를 알기 위한 근거나 기준>

| 기술 | 지침 | 수행 준거 | 1차 | 2차 | 점수 |
|---|---|---|---|---|---|
| 두 손으로 정지된 공 치기 | • 배팅 티 위에 아동의 허리 높이로 공을 올려놓는다.<br>• 아동에게 공을 세게 치라고 지시한다. | 잘 쓰는 손을 위쪽에, 잘 안 쓰는 손은 아래쪽에 가도록 하여 배트를 잡는다. | | | |
| | | 아동이 잘 쓰지 않는 어깨와 엉덩이가 앞쪽으로 가도록 바라본다. | | | |
| | | 스윙하는 동안 어깨와 엉덩이를 회전시킨다. | | | |
| | | 잘 쓰지 않는 발을 공 쪽으로 내딛는다. | | | |
| | | 공을 쳐서 앞쪽으로 보낸다. | | | |

<주석: 스윙 — 골프나 야구, 크리켓, 탁구, 테니스, 배드민턴 처럼 도구를 휘둘러서 공을 맞추는 종목에서, 그 도구(골프채, 방망이, 라켓 등)를 휘두르는 행위>

① 준거지향적 방식과 규준지향적 방식 모두 활용이 가능하다.
   <주석: 준거지향 — 미리 정해진 기준(준거)에 따라 개인의 성취 수준을 절대적으로 평가하는 방식>
   <주석: 규준지향 — 상대적 기준, 보통 평균을 바탕으로 상대적 위치를 평가하는 방식>
② 5가지 이동 운동 기술과 6가지 공(ball) 조작 운동 기술을 측정한다.
③ 수행 준거를 어느 정도 성취했느냐에 따라 1점 또는 2점을 부여한다.
④ 발달장애 아동을 위한 검사 도구로 관찰과 면담을 통해 운동능력을 평가한다.

### 핵심이론

**대근운동발달 검사(TGMD-3(Test of Gross Motor Development Ⅲ))**

① 개요
   ㉠ 운동능력에 어려움이 있는 어린이를 식별하는 데 사용되는 표준 테스트
   ㉡ 장애 여부와 상관없이 3~11세 아동을 대상으로 하며 대근운동발달 정도에 대한 초기 진단 및 평가 목적으로 사용
   ㉢ 준거 및 규준지향검사로 사용될 수 있음
   ㉣ 각 검사항목의 수행 준거를 정확하게 수행하면 1점, 정확하게 수행하지 못하면 0점을 부여함
② 검사 종목

| | | | |
|---|---|---|---|
| 이동기술 | • Run<br>• Skip | • Gallop<br>• Horizontal jump | • Hop<br>• Slide |
| 물체조작기술 | • Two-hand strike<br>• Catch<br>• Underhand throw | • One-hand strike<br>• Kick | • Dribble<br>• Overhand throw |

**14** 기초이동 운동능력  책 속의 책 p.24

〈보기〉가 설명하는 이동 운동 기술은?

**보기**

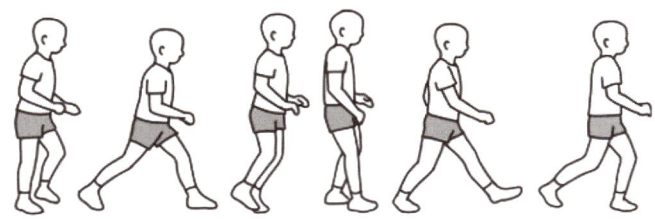

- **정면**을 보고 서서 한 발을 다른 쪽 발 앞에 놓는다.
  똑바로 마주 보이는 면
- 뒤쪽 발을 앞발 쪽으로 미끄러지듯 옮긴다.
- 그런 다음 앞쪽 발을 옮겨 놓는다.
- 양팔을 아래위로 움직이거나 교대로 움직인다.

① 호핑(hopping)
② 갤로핑(galloping)
③ 리핑(leaping)
④ 슬라이딩(sliding)

### 핵심이론

**8가지 이동기술**

① 워킹 : Walking, 걷는 동작. 두 발이 땅에 닿아 있는 동작
② 러닝 : Running, 가볍게 달리는 동작. 워킹과는 다르게 한 발만 땅에 닿아 있는 동작
③ 점핑 : Jumping, 제자리에서 높이 뛰는 동작. 양 발을 바닥에 디딘 후 점프하는 자세
④ 호핑 : Hopping, 한 발로 뛰는 동작. 흔히 깽깽이라고 표현하는 동작. 한 발로 도약해서 같은 발로 착지하는 것으로 한 발로 신체 무게를 지탱하며 원하는 방향으로의 이동, 균형감각, 근력이 필요한 기술
⑤ 사이드 스텝 : Sidestep, 옆으로 걷는 동작. 한발을 옆으로 디딘 후 다른 발이 한 발을 따라오게 하는 동작. 중심과 근력, 근지구력이 모두 필요한 동작
⑥ 갤로핑 : Galloping, 발을 앞뒤로 두고 말이 달리는 것처럼 뛰는 동작. 한 발은 앞으로 걷고 다른 발을 빨리 앞발에 붙이는 동작. 일상에서는 잘 사용하지 않지만 춤 동작이나 농구, 핸드볼에서 수비수가 공격을 막을 때 주로 사용하는 동작
⑦ 스키핑 : Skipping, 스머프처럼 무릎을 들어 한 발로 거듭 뛰는 동작. 워킹과 호핑 동작을 연속으로 수행하는 동작이기 때문에 이동 기술 중 습득이 가장 어려운 동작임
⑧ 리핑 : Leaping, 물 웅덩이를 넘듯 발을 내딛으며 달리는 동작. 한 발로 몸을 지탱하며 다른 발을 쭉 내밀어 앞으로 이동하는 동작으로 육상의 허들넘기, 축구에서 슈팅을 하기 전 도움닫기 동작으로 사용

# 02 유아체육론

## 07 유아기 운동발달 이론

책 속의 책 p.85

하비거스트(R. Havighurst)의 **발달 과제 이론**에서 ㉠~㉢에 들어갈 내용을 바르게 나열한 것은?
인간의 생애를 6단계로 나누고 시기별로 달성해야 할 발달 과업 제시

| 발달 단계 | 1단계(0~6세) 유아기 | 2단계(7~12세) 아동기 | 3단계(13~18세) 청소년기 |
|---|---|---|---|
| 성취 과업 | • 걷기 학습 | • 개인적 독립심 획득 | • 자신의 체격 수용 |
| | • 옳고 그름을 구별하는 학습의 발달 | • 일상 놀이에 필요한 신체적 기술의 학습 | • 성숙한 관계 형성 및 사회적 역할 획득 |
| | • ( ㉠ ) | • ( ㉡ ) | • ( ㉢ ) |

|   | ㉠ | ㉡ | ㉢ |
|---|---|---|---|
| ① | 사회적·물리적 실체 묘사를 위한 개념 습득 | 자신에 대한 건전한 태도 확립 | 행동을 이끄는 가치 체계 획득 |
| ② | 자신에 대한 건전한 태도 확립 | 행동을 이끄는 가치 체계 획득 | 사회적·물리적 실체 묘사를 위한 개념 습득 |
| ③ | 일상생활에 필요한 개념 발달 | 자신에 대한 건전한 태도 확립 | 사회적·물리적 실체 묘사를 위한 개념 습득 |
| ④ | 사회적·물리적 실체 묘사를 위한 개념 습득 | 자신에 대한 건전한 태도 확립 | 일상생활에 필요한 개념 발달 |

### 핵심이론

#### 하비거스트(Havighurst)의 발달 과업 이론

| 구분 | 연령 | 설명 |
|---|---|---|
| 1단계 유아기 | 0~6세 | 걷기, 말하기, 배변 훈련 등을 배우며 기본적인 신체 기능을 습득하고, 옳고 그름을 구별하며 사회적·물리적 실체를 인식하고 모방을 통한 학습을 시작한다. |
| 2단계 아동기 | 7~12세 | 읽기, 쓰기, 셈하기 같은 학문적 기술을 배우며, 또래와의 관계 및 독립심을 키우고, 자신에 대한 긍정적 태도와 도덕적 가치체계를 형성한다. |
| 3단계 청소년기 | 13~18세 | 자아정체감을 형성하고, 사회적 역할을 준비하며, 성숙한 인간관계를 맺고 가치체계를 확립한다. 이성에 대한 이해와 부모로부터의 심리적 독립도 이루어진다. |
| 4단계 성인 초기 | 19~30세 | 직업 선택과 준비, 배우자 선택 및 가족 형성, 성인으로서 책임을 수용하며 독립된 생활을 구축한다. |
| 5단계 성인 중기 | 30~60세 | 직업과 사회생활을 통해 생산성을 유지하고, 자녀 양육 및 시민으로서의 사회적 책임을 다하며 삶의 의미를 지속적으로 재정립한다. |
| 6단계 성인 후기 | 60세 이후 | 은퇴와 감소된 수입에 적응하고, 노화로 인한 신체 변화에 대처하며, 죽음을 준비하고 인생을 돌아보며 자아통합을 이루는 시기이다. |

## 16  유아기의 특징

책 속의 책 p.87

갤러휴(D. Gallahue)의 **움직임 기술 2차원 분류법**에서 이동 기술의 움직임 양식에 속하지 않는 것은?
3가지 움직임 기술(안정성, 이동, 조작)을 운동발달 단계에 따라 분류함

① **잡기(catching)**
　조작 움직임 기술(초보 움직임 단계)
② 걷기(walking)
　이동 움직임 기술(초보 움직임 단계)
③ 달리기(running)
　이동 움직임 기술(초보 움직임 단계)
④ 점프하기(jumping)
　이동 움직임 기술(초보 움직임 단계)

### 핵심이론

#### 갤러휴의 움직임 기술
- 안정성 운동 기술 : 정적·동적 움직임 상황에서 신체 균형을 강조한다.
- 이동 운동 기술 : 신체의 장소 이동을 강조한다.
- 조작 운동 기술 : 물체와 힘을 주고 받는 것을 강조한다.

#### 갤러휴(D. Gallahue)의 2차원적 움직임 분류

| 운동발달 단계 | 움직임 기술 | | |
| --- | --- | --- | --- |
| | 안정성 | 이동 | 조작 |
| 반사 움직임 단계 | • 직립반사<br>• 목 자세반사<br>• 몸통 자세반사 | • 기기반사<br>• 걷기반사<br>• 수영반사 | • 손바닥 파악반사<br>• 발바닥 파악반사<br>• 당김반사 |
| 초보 움직임 단계 | • 머리와 목 제어<br>• 지지 없이 앉기<br>• 서기 | • 포복하기<br>• 기기<br>• 직립하여 걷기 | • 내밀기<br>• 잡기<br>• 놓기 |
| 기본 움직임 단계 | • 한 발로 균형 잡기<br>• 축성 움직임 | • 걷기<br>• 달리기<br>• 깡충뛰기 | • 던지고 잡기<br>• 차기<br>• 치기 |
| 전문화된 움직임 단계 | • 체조의 평균대 연습하기<br>• 축구에서 골킥 막기 | • 100m 달리기 혹은 육상의 허들<br>• 사람 많은 거리에서 걷기 | • 축구에서 골킥하기<br>• 던진 공 치기 |

# 03 노인체육론

## 07 호흡·순환계 질환 운동프로그램

책 속의 책 p.136

**뇌졸중 노인을 위한 운동 지도 시 고려해야 할 사항은?**
뇌출혈과 뇌경색으로 구분되며, 뇌출혈은 뇌졸중의 10% 정도를 차지

① 우측마비 노인의 경우 언어지시보다 행동적 시범을 보인다.
② 마비가 없는 쪽에 집중적으로 스트레칭 운동을 실시하도록 한다.
③ 낙상 위험이 있으므로 균형감각과 기동성 향상을 위한 운동을 실시하지 않는다.
④ 장애 정도가 심한 노인의 경우 똑바로 선 상태에서 스테핑 운동을 빠르게 하도록 한다.

### 핵심이론

① 정의 : 뇌기능에 부분적 또는 전체적으로 급속하게 발생한 장애가 상당 기간 이상 지속되는 것
② 증상 : 반신 마비, 감각 장애, 언어 장애, 시력 장애, 운동 실조, 의식 장애 등
③ 운동 시 주의사항
 • 마비된 쪽과 건강한 쪽을 함께 운동할 것
 • 상지는 어깨관절에서 손가락 방향 순으로, 하지는 허벅지에서 발끝 방향 순으로 운동
 • 우측 마비 노인의 경우 언어지시보다는 행동적 시범이 효과적임
④ 운동프로그램

| 구분 | | 운동강도 | 운동시간 | 운동빈도 | 운동형태 |
| --- | --- | --- | --- | --- | --- |
| 질병 예방 | | 중·고강도 | 30분 이상 | 주 3회 이상 | 유산소 |
| 재활 | 부축이동가능 | 저강도 | 30~60분 | 매일 2회 | 보행운동, 관절운동 |
| | 보조기구사용 또는 부분독립보행 | 저·중강도 | 60분 | 매일 2회 | 보행운동, 자전거 타기, 수중운동 |
| | 완전독립보행 | 중강도 | 60분 | 주 3회 이상 | 유산소 운동, 근력운동 |

## 10 노화의 개념

책 속의 책 p.114

〈보기〉의 ㉠, ㉡에 들어갈 용어로 옳은 것은?

**보기**
- ( ㉠ ) 길이가 감소하면서 노화가 일어난다.
- 노화로 인한 대표적 관절 질환은 ( ㉡ )이다.

| | ㉠ | ㉡ |
|---|---|---|
| ① | 텔로미어 | 퇴행성 관절염 |
| ② | 글루코스 | 퇴행성 관절염 |
| ③ | 텔로미어 | 류마티스 관절염 |
| ④ | 글루코스 | 류마티스 관절염 |

※ 글루코스: 포도당을 형성하는 당분의 일종이며, 탄수화물 대사의 중심 화합물로 산소가 없는 상태에서 에탄올 등으로 발효될 수 있음

### 핵심이론

① 관절염
  ㉠ 구분

| 퇴행성 관절염 | 관절을 오랫동안, 빈번하게 사용하여 관절 연골이 마모된 경우 |
|---|---|
| 류마티스 관절염 | 자가면역질환으로 인해 발생 |

  ㉡ 관절의 상해와 통증이 발생하지 않는 범위에서 운동을 실시하고 통증이 지속될 시 운동을 중단할 것(무릎관절에 충격이 큰 체중부하 운동 금지)
  ㉢ 운동 전 충분한 준비운동이 필요
  ㉣ 운동프로그램
    - 주 2~3회, 1회의 운동시간을 짧게 하여 저·중강도 운동을 실시
    - 관절에 휴식을 주며 운동하고 운동 전후 냉·온찜질을 실시
    - 운동강도는 통증의 정도를 고려하여 결정하고, 운동 시에도 통증 완화를 중시할 것

② 텔로미어
  ㉠ 정의 : 염색체 말단부에 위치하는 5-TTAGGG-3 염기의 반복으로 이루어진 DNA
  ㉡ 특징 : 염색체 말단의 유전정보를 복제하지 못하기 때문에 세포 분열에 따라 텔로미어 길이가 짧아지고, 일정 길이 이하로 짧아진 경우 더 이상 세포 분열이 일어나지 않는 상태로 유지되거나 세포가 죽는다. 즉, 선천적으로 짧은 텔로미어를 갖고 태어나면 조로증의 원인이 될 수 있다.

# 선택과목 단숨에 고르기

## 스포츠사회학  맞은 개수 [    ]

### OX QUIZ

**01** 스포츠 사회적 순기능으로 사회성 함양 기능, 사회화 기능, 사회 정화 기능이 있다. (○/×)

**02** 스포츠 노동 이주 유형 중 종목의 특성으로 인해 국가 간 이동이 발생하고 개인의 취향에 따라 흥미로운 장소를 돌면서 스포츠를 즐기는 유형은 개척자형이다. (○/×)

**03** 스포츠사회학의 연구 영역 중 승리와 사기의 관계, 관중의 폭력행위 등을 다루는 영역은 거시적 영역이다. (○/×)

**04** 머튼의 아노미이론에서 동조주의는 승패에 집착하지 않고 참가에 의의를 두는 것을 말한다.

**05** 2002년 한일월드컵 4강 진출로 대한민국이 축구 강국으로 인식된 것은 스포츠를 통해 국위 선양 효과가 발생한 것으로 볼 수 있다. (○/×)

### 빈칸 채우기

**06** (          )에서는 사회를 개개인의 상호작용 속에서 이루어진 해석으로 구성된 유동적인 과정으로 본다.

**07** 팀 훈련 과정에서 선수들의 운동 수행 능력 향상을 위해 상과 벌을 활용하는 것은 스포츠사회화 이론 중 (          )의 접근법에 해당한다.

**08** 인종차별 문제로 아프리카 지역의 26개국이 불참한 올림픽은 (          )올림픽이다.

**09** 손목 수술 후유증으로 인해 골프 선수를 그만두게 되었다면 이는 스포츠사회화 중 (          )에 해당한다.

**10** 프로스포츠 제도 중 계약금 인상 경쟁과 신인선수 쟁탈에 따른 폐단을 막기 위해 도입된 것은 (          )이다.

### 정답

01 ○   02 ×   03 ×   04 ×   05 ○
06 상징적 상호작용론   07 사회학습이론   08 몬트리올
09 스포츠 탈사회화   10 드래프트

---

## 스포츠교육학  맞은 개수 [    ]

### OX QUIZ

**01** 스포츠 교육학이 추구하는 가치 영역 중 심리적 건강, 사회적 기술, 도덕적 인격에 관한 영역은 인지적 가치이다. (○/×)

**02** 직접교수모형은 확산형 질문을 통해 학습자가 다양한 대안을 찾을 수 있도록 한다. (○/×)

**03** 교수스타일의 구조는 과제 활동 전, 중, 후 결정군으로 구성된다. (○/×)

**04** 학교체육진흥법과 동 시행령에서 규정하고 있는 '스포츠강사'의 재임용 평가사항은 강사로서의 자질, 복무 태도, 학생의 만족도이다. (○/×)

05 링크의 내용발달 단계는 '시작과제 → 확대과제 → 세련과제 → 적용과제' 순이다. (○/×)

### 빈칸 채우기

06 국민체육진흥법 제2조에 따르면 (              )은 선수들이 행하는 운동경기 활동을 말한다.

07 스포츠지도사가 생활체육 프로그램을 설계할 때 시설 대여비, 용품구입비, 인건비, 홍보비 등의 경비를 예측해야 하는 것은 (              )요소이다.

08 (              ) 피드백의 예시는 "왼손으로 공을 가리키고 시선을 고정하면 정확하게 공을 맞힐 수 있어."이다.

09 학교스포츠클럽에서 배구를 가르칠 때 수시로 학생들의 기본기능을 확인하는 것은 평가방식 중 (              )의 사례에 해당한다.

10 (              ) 모형은 모든 팀원이 자신의 팀에 할당된 과제를 익힌 후, 교사가 되어 다른 팀에게 자신이 학습한 내용을 지도하는 것이다.

### 정답
01 ×　02 ○　03 ○　04 ○　05 ○
06 전문체육　07 예산　08 교정적
09 형성평가　10 협동학습

## 스포츠심리학

맞은 개수 [    ]

### ○× QUIZ

01 하위 움직임의 수를 측정할 수 있다면 전체 운동 시간과 목표물까지의 거리, 목표물의 넓이 등의 측정이 가능하다고 주장하는 이론은 반복수정모델이다. (○/×)

02 응용스포츠심리학은 지속적인 운동참여와 그것을 통해 얻을 수 있는 개인의 정신건강에 관한 연구 분야이다. (○/×)

03 욕구이론에 따르면 각성 수준과 운동수행수준은 비례한다. (○/×)

04 내담자에게 정신적 질환의 임상적 특징이 나타나 입원 치료의 필요성이 있다고 판단했을 때는 내담자에 대한 비밀보장의 원칙을 무시할 수 있다. (○/×)

05 실패의 결과를 미리 예측하는 것은 주의집중의 향상에 도움이 된다. (○/×)

### 빈칸 채우기

06 정보처리단계 중 (              )에서는 자극에 대한 확인을 완료하고 해당 자극에 대하여 어떻게 반응할지를 결정한다.

07 스케이트를 탈 때 고관절, 슬관절, 발목관절을 활용하여 추진력을 갖게 하는 것은 (              ) 단계에 해당한다.

08 지도자나 동료들로부터 부정적인 평가를 받고 싶지 않아 흥미가 없는 클럽 활동을 유지하고 있는 경우 해당 동기 유형은 (              )이다.

09 반두라의 자기효능감 이론에 따르면 경쟁상황에서 (              )에 대해 부정적으로 인식할 때 자기효능감은 떨어질 수 있다.

10 신체활동은 일련의 단계를 거쳐 변화한다는 것을 기본 전제로 하는 운동행동이론은 (              )이다.

**정답**

01 × 02 × 03 ○ 04 ○ 05 ×
06 반응 선택 단계 07 자유도 풀림 08 의무감 규제
09 각성상태 10 변화단계이론

## 한국체육사

맞은 개수 [ ]

### OX QUIZ

**01** 이화학당은 스크랜턴이 설립한 학교로 체조를 교과목으로 편성했다. (○/×)

**02** 황성기독교청년회운동부는 1916년 우리나라 최초의 체육관을 개관하여 스포츠 활동의 활기를 도모했다. (○/×)

**03** 관서체육회가 결성되어 전조선 빙상대회가 개최된 것은 개화기에 발생한 체육사적 사실이다. (○/×)

**04** 박정희 정부는 국군체육부대의 창설 정책을 시행했다. (○/×)

**05** 1991년 제41회 지바세계탁구선수권 대회에서 사상 첫 남북 스포츠 단일팀이 구성되었다. (○/×)

### 빈칸 채우기

**06** 고문헌, 고문서, 민요, 전설 등은 (       ) 사료라 한다.

**07** 고려시대의 무예 중 (       )은/는 무인집권시대 인재 선발의 중요한 수단으로 맨손으로 치기, 주먹지르기 등의 기술을 사용하는 일종의 격투기였다.

**08** (       )은/는 1903년 황성기독교청년회 초대 총무를 역임하고, 우리나라에 처음으로 야구와 농구를 소개하였다.

**09** 1936년 (       )에서 마라톤 종목에 출전하여 한국인 최초의 올림픽 금메달 획득한 손기정 선수는 회고록을 작성하였다.

**10** (       )은/는 우리나라가 대한민국 국호를 걸고 최초로 참가한 동계올림픽 경기대회이다.

**정답**

01 ○ 02 ○ 03 × 04 × 05 ○
06 기록 07 수박 08 질레트 09 베를린올림픽경기대회
10 생모리츠올림픽경기대회

## 운동생리학

맞은 개수 [ ]

### OX QUIZ

**01** 운동훈련의 원리 중 과부하의 원리는 신체의 적응 능력 이상의 부하를 주어야 적응 수준이 높아진다는 원리이다. (○/×)

**02** 무산소 시스템에 비해 유산소 시스템의 ATP 합성률이 빠르다. (○/×)

**03** 활동전위는 신경세포 막의 탈분극을 유도한다. (○/×)

**04** 속근은 지근에 비해 피로에 대한 저항성이 높다. (○/×)

**05** 비훈련자의 경우 운동 시 최대강도까지 운동강도에 비례하여 1회박출량이 증가한다. (○/×)

### 빈칸 채우기

**06** 고강도 운동 시 ATP 합성에 사용되는 주요 기질은 (       )이다.

선택과목 단숨에 고르기 43

07 근육 내에서 산소를 운반하는 물질은 (　　　　)이다.

08 (　　　　)은/는 혈당 저하 시 글리코겐과 중성지방의 분해를 증가시켜, 혈당을 높여주는 역할을 한다.

09 (　　　　)은/는 심실이 수축할 때 배출되는 혈액의 양으로 확장기말혈액량에서 수출기말 혈액량을 뺀 것을 말한다.

10 저온에서 운동 수행 시 말초혈관의 (　　　)(으)로 손발의 체온이 유지된다.

### 정답
01 ○　02 ×　03 ○　04 ×　05 ×
06 근육 글리코겐　07 미오글로빈　08 인슐린
09 1회박출량　10 확장

## 운동역학　　맞은 개수 [　　]

### O×QUIZ

01 둘 또는 그 이상의 뼈가 서로 연결된 부위로서 회전운동의 축 역할을 하는 부위는 관절이다. (○/×)

02 과신전은 해부학적 위치를 넘을 정도로 관절의 각도가 감소하는 동작이다. (○/×)

03 복합운동은 병진운동과 회전운동이 혼합된 운동이다. (○/×)

04 위치에너지는 물체의 질량과는 관계가 있으나 높이와는 관계가 없다. (○/×)

05 근전도 검사는 근수축과 관련된 전기적 신호를 측정하는 것이다. (○/×)

### 빈칸 채우기

06 좌우와 상하의 병진운동이 합쳐진 운동을 (　　　)(이)라고 한다.

07 각운동에서 각속도가 일정할 경우 반지름(회전반경)의 크기가 커지면 (　　　)은/는 빨라진다.

08 다이빙 공중 동작에서 각운동량이 동일할 때, 두 팔과 두 다리를 몸통 쪽으로 모으는 자세를 취하면 관성모멘트가 가장 (　　　).

09 영상분석은 (　　　)적 변인을 측정하기 위한 방법이다.

10 지면반력은 지면이 신체에 가하는 (　　　)을/를 말한다.

### 정답
01 ○　02 ×　03 ○　04 ×　05 ○
06 곡선운동　07 선속도　08 작아진다　09 운동학
10 반력(반작용)

## 스포츠윤리　　맞은 개수 [　　]

### O×QUIZ

01 칸트의 의무론적 윤리체계는 결과가 아닌 행위 그 자체가 도덕 규칙을 판단하기 위한 기준이 된다. (○/×)

02 롤스의 차등의 원칙은 사회적·경제적 불평등은 최소 수혜자에게 최대의 이익이 되도록 편성될 때 정당화된다. (○/×)

03 나딩스는 타인에 대한 공감과 수용으로 관계 속에서 배려가 완성된다고 주장한다. (○/×)

**04** 유조자 조작을 반대하는 입장에서는 유전자 도핑이 선수를 우생학적 개량의 대상으로 만든다고 주장한다. (○/×)

**05** 피터 싱어의 입장에서 경마(競馬)는 동물이 이익에 맞는 동등한 대우를 받지 못한다는 문제점이 있다. (○/×)

### 빈칸 채우기

**06** 도덕적 ( )이란 도덕적 문제에 대한 비판적, 독립적인 사고를 바탕으로 스포츠 상황에 적용하는 능력을 의미한다.

**07** 유교적 관점에서 ( )은/는 내면의 욕망을 조절하여 규칙을 지키고 예의를 갖추어 정정당당하게 페어플레이해야 한다고 한다.

**08** 스포츠에서의 목표를 이루고 경쟁에서 승리하는 것을 중시하는 것은 ( )이다.

**09** ( )은/는 도덕적인 선수가 갖추어야 할 내적인 태도이자 도덕적 행위의 필요충분조건으로서 칸트에게 도덕성의 기준이 된다.

**10** 심판의 덕목 중 ( )이 요구되는 이유는 한 번 내린 판정을 번복하기 힘들기 때문이며, 따라서 정확한 판정을 내릴 수 있는 오랜 경험과 훈련이 필요하다.

### 정답

01 ○　02 ○　03 ○　04 ○　05 ○
06 자율성　07 공자　08 아레테　09 선의지
10 전문성

## 최신 3개년 출제빈도표 (2025년~2023년)

| 구분 | 2025년 | 2024년 | 2023년 |
| --- | --- | --- | --- |
| 스포츠사회학의 이해 | 3 | 1 | 3 |
| 스포츠와 정치 | 3 | 3 | 2 |
| 스포츠와 경제 | 1 | 1 | 2 |
| 스포츠와 교육 | 1 | 3 | 1 |
| 스포츠와 미디어 | 2 | 1 | 3 |
| 스포츠와 사회계급/계층 | 3 | 2 | 3 |
| 스포츠와 사회화 | 3 | 3 | 2 |
| 스포츠와 일탈 | 3 | 3 | 3 |
| 미래사회와 스포츠 | 1 | 3 | 1 |

# PART 01

# 스포츠사회학

| | |
|---|---|
| CHAPTER 01 | 스포츠사회학의 이해 |
| CHAPTER 02 | 스포츠와 정치 |
| CHAPTER 03 | 스포츠와 경제 |
| CHAPTER 04 | 스포츠와 교육 |
| CHAPTER 05 | 스포츠와 미디어 |
| CHAPTER 06 | 스포츠와 사회계급/계층 |
| CHAPTER 07 | 스포츠와 사회화 |
| CHAPTER 08 | 스포츠와 일탈 |
| CHAPTER 09 | 미래사회와 스포츠 |

출제예상문제

# CHAPTER 01 스포츠사회학의 이해

## SECTION 01 스포츠사회학의 의미

### 1. 스포츠사회학의 정의

① **스포츠사회학의 개념**
  ㉠ 스포츠와 사회의 관련성에 초점을 둔 사회학의 하위 분야 혹은 일개 분야 과학
  ㉡ 스포츠의 현상에 사회학적 이론과 연구방법을 적용하여 연구하는 사회학과 스포츠과학의 한계 과학(boundary science) 혹은 학제적 학문(interdisciplinary science)

② **스포츠의 사회학적 의미**
  ㉠ 비교적 지속적으로 사회조직의 유형을 유지하는 특성
  ㉡ 팀, 리그전, 코치, 감독관, 스폰서, 지도자 충원과 인사교체, 경기 규칙 및 규제 기관으로 구성된 형식조직 내에서 행해짐
  ㉢ 사전에 결과가 결정되지 않는 진지한 경쟁
  ㉣ 신체적 기능을 강조
  ㉤ 사회학의 하위분야로 스포츠현장의 인간행동을 예측하고 이해함
  ㉥ 스포츠는 사회영역과 밀접한 관계를 맺고 있어 통찰과 분석이 필요

③ **스포츠사회학의 주요 과제**
  ㉠ 스포츠와 다른 측면인 가족, 교육, 정치, 경제, 종교 등의 타 사회학 영역과의 관계성 파악
  ㉡ 다양한 스포츠 장면에서 나타나는 집단행동, 사회조직 및 사회적 상호작용의 유형 파악
  ㉢ 스포츠와 스포츠 경험에 영향을 미치는 문화적·구조적·상황적 요인 파악
  ㉣ 스포츠와 관련하여 발생하는 경쟁, 협동, 갈등, 사회화, 사회계층, 사회변동과 같은 사회 과정의 검증

---

**POINT**
**코클리(J. Coakley)가 정의한 스포츠사회학**
"스포츠사회학은 스포츠에서 나타나는 행동유형과 사회과정에 초점을 두고 있으며, 이를 스포츠 활동이 존재하는 일반 사회구조의 측면에서 설명하는 학문이다." - 「Sport in Society : Issues and Controversies」

**QUIZ**
스포츠사회학은 운동참여자의 운동수행능력과 관련된 직접적인 원인을 설명한다. (O/X)
답 ×

④ **스포츠의 특징**

㉠ 놀이와 게임, 스포츠

| 놀이 | • 자발적인 행위로 정해진 공간과 시간의 범위 내에 한정되어 있음<br>• 활동 그 자체에서 만족과 즐거움을 찾는 것으로 결과보다 행위 및 활동 그 자체의 의미를 중시함 |
|---|---|
| 게임 | • 놀이에서 발전된 행동으로 보다 조직적, 구조적, 규칙적인 활동<br>• 가장 중요한 구성 요소는 행위자로서의 플레이어와 규칙임 |
| 스포츠 | • 항상 신체활동을 함께 한다는 점에서 게임과 크게 대비됨<br>• 게임보다 더 체계화되고 고도화된 경쟁적 활동<br>• 인간의 모든 행위가 동원된 신체활동 |

㉡ 스포츠 제도화 특성(Coakley)
- 경기규칙의 표준화
- 공식 규정 위원회의 규칙 집행
- 활동의 조직적·합리적 측면 강조
- 경기기술의 정형화

㉢ 근대스포츠의 특성(Guttman) **2023 기출**
- 세속화 : 스포츠가 종교 및 종교적 믿음으로부터 분리되어 즐거움, 건강, 물질적 보상 등의 세속적 가치에 목적을 두는 것
- 평등화 : 스포츠 참여의 기회가 평등하게 주어지는 것, 모든 참가자들이 동일한 조건에서 경쟁하는 것
- 전문화 : 포지션의 분화와 리그의 세분화 등 경기장 안팎으로 다양한 종류의 전문화된 역할이 존재하는 것
- 합리화 : 경기의 규칙이 목적의 달성에 유리한 방향으로 조작되고 변경되는 것
- 관료화 : 관료에 의해 스포츠의 규칙이 제정되고 경기가 조직적으로 운영되는 것
- 계량화 : 스포츠의 요소들을 정확히 측정하고 수치로 표현하는 것
- 기록 추구 : 이미 존재하는 기록을 뛰어넘기 위해 노력하는 것

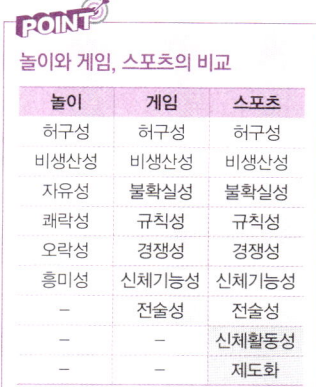

**POINT**

**놀이와 게임, 스포츠의 비교**

| 놀이 | 게임 | 스포츠 |
|---|---|---|
| 허구성 | 허구성 | 허구성 |
| 비생산성 | 비생산성 | 비생산성 |
| 자유성 | 불확실성 | 불확실성 |
| 쾌락성 | 규칙성 | 규칙성 |
| 오락성 | 경쟁성 | 경쟁성 |
| 흥미성 | 신체기능성 | 신체기능성 |
| – | 전술성 | 전술성 |
| – | – | 신체활동성 |
| – | – | 제도화 |

**QUIZ**

거트만이 정의한 근대스포츠의 특성 중 하나는 경기의 규칙이 관중의 흥미를 유발하기 위한 방향으로 조작되고 변경되는 것이다. (○/×)

답 ×

## 2. 스포츠사회학의 연구 영역

① **연구 내용 및 과제에 따른 영역**

| 구분 | 내용 |
|---|---|
| 사회적 행위 | • 특정 집단 혹은 범주에 속한 인간의 행위 및 상호작용을 연구하여 사회적 법칙을 발견<br>• 인격, 사회적 행동, 사회적 사실 등을 연구 |
| 집단 | • 스포츠 활동을 주된 목적으로 하는 집단의 구조적·기능적 특징을 연구<br>• 운동부, 학교 스포츠 집단, 스포츠 연맹 및 기타 조직 집단 등을 연구 |

| 구분 | 내용 |
|---|---|
| 문화 및 제도 | • 행동문화(제도 및 규율, 규칙), 정신문화(신념), 이데올로기, 스포츠맨십, 아마추어리즘 등을 연구<br>• 문화와 관련된 교수-학습과정의 분석이 중심이 되어 연구 |
| 사회 변동의 영향 | • 사회 변동이 스포츠 집단 혹은 스포츠 문화의 변화에 미치는 영향과 그 변화 양상을 연구<br>• 스포츠에 대한 사회적 요구의 변동, 스포츠와 관련된 사회 문제 현상 등을 연구 |

② 연구 범위에 따른 영역 **2025 기출**

| 구분 | 내용 |
|---|---|
| 거시적 영역 | • 기능 : 가치, 이데올로기 및 신념의 전달, 스포츠와 정치의 관계 등<br>• 종교 : 종교와 스포츠를 통한 의식의 체험 등<br>• 교육 : 학업 성취와 스포츠, 학교에 대한 스포츠의 영향 등<br>• 사회계층 : 계층 이동 요인으로서의 스포츠 등<br>• 성 : 스포츠에서의 성적 차이 및 불평등 |
| 미시적 영역 | • 상호작용 : 소집단의 특성과 구성, 구조 및 효율성 등<br>• 지도자론 : 효율적인 지도자의 유형, 지도자의 위치와 배출 방안 등<br>• 사회화 : 스포츠 참가의 동인, 스포츠 참가의 결과 등<br>• 사기 및 공격, 비행 : 승리와 사기의 관계, 관중의 폭력 행위, 스포츠를 통한 훌륭한 시민의 육성 등 |
| 전문적 영역 | • 학문적 적법성 : 스포츠사회학의 연구 및 연구방법에 대한 이론 제시<br>• 스포츠의 본질적 정체 : 구조기능주의, 갈등주의, 비판이론 및 상징적 상호작용론 등 사회학적 이론의 적용 등 |

> **QUIZ**
> 스포츠사회학의 연구 영역 중 승리와 사기의 관계, 관중의 폭력행위 등을 다루는 영역은 거시적 영역이다. (O/×)
>
> 답 ×

**이해더하기**

에티즌(Eitzen)과 세이지(Sage)의 스포츠사회학 연구 영역 분류

| 구분 | 내용 |
|---|---|
| 사회심리적 | 특정 사회 환경에서의 인간 행동 원리 |
| 거시적 | 사회 규범, 사회 가치, 사회적 지위와 역할, 정치, 경제, 교육, 종교, 가족 등의 대규모 사회제도와 스포츠의 관계 |
| 미시적 | 조직의 목표와 목적 달성을 위한 리더십, 상호작용, 경기력 향상을 위한 경쟁과 협동 등 소규모 사회체계에서의 사회현상과 스포츠 간의 관계를 연구 |

# SECTION 02 　 스포츠의 사회적 기능과 사회이론

## 1. 스포츠의 사회적 기능

### ① 스포츠의 사회적 순기능　2025 기출

| 사회성 함양 기능 | • 스포츠 참여를 통해 바람직한 인격 형성, 자기 수양, 경쟁적 생활 준비, 도덕적 발달, 훌륭한 시민정신 함양 등이 가능<br>• 사회화의 장으로서 여러 가지 사회적 경험을 쌓게 하여 긍정적 정서 형성에 기여 |
|---|---|
| 사회화 기능<br>(사회 통합 기능) | • 격리된 개인을 결집력 있는 집단 속으로 통합<br>• 개인 간의 유대성과 통일성 유지<br>• 구성원의 분열 방지, 사회 체계의 효과적 기능에 도움<br>• 구성원을 통제하는 요소를 포함 |
| 사회 정화 기능<br>(정서적 동화 기능) | • 스포츠 참여를 통해 스트레스 및 잉여 에너지를 분출<br>• 인간의 폭력성을 안전한 형태로 분출하게 함으로써 정서의 정화 효과 유발 |

> **기출 채우기**
> 2002년 한일월드컵에서 온 국민이 다 함께 길거리 응원에 참가하며 국가에 대한 애착심과 소속감을 고양하였던 것은 스포츠의 (　　　) 기능의 대표적인 사례이다.
> 📖 사회 통합

### ② 스포츠의 사회적 역기능

| 대중 통제 기능 | • 스포츠를 지배계급의 헤게모니 강화 수단으로 활용<br>• 지배계급에 의해 형성된 가치관과 사회규범을 내면화<br>• 스포츠에 대한 관심 증대를 통해 정치적 무관심을 유도하기도 함 |
|---|---|
| 스포츠 소외 | • 모든 자본주의적 생산 범주가 스포츠 관행에서 재현<br>• 승리지상주의적 성취 지향, 끊임없는 기록 추구, 상업화 등<br>• 승리를 위한 신체의 객체화·도구화 발생 |
| 스포츠 상업주의 | • 지나친 상업주의로 인한 스포츠의 본질적·놀이적 성격의 퇴화<br>• 재정적 이익이나 선전의 매체로 이용되어 자본주의의 팽창에 일조<br>• 물질적 가치의 숭배, 승리지상주의의 확산 등으로 과도한 경쟁 유발 |
| 국수주의와<br>국군주의의 팽창 | • 국제스포츠에서의 경쟁을 통해 국수주의적 고립정책 및 국군주의적 성향 유발<br>• 스포츠를 타국에 대한 자국의 위세 과시 및 선전의 도구로서 활용 |

> **QUIZ**
> 한국시리즈에서 투수가 어깨에 통증을 느꼈음에도 불구하고 감독이 승리를 위해 그를 계속해서 기용, 결국 큰 부상으로 이어지는 것은 신체 소외에 해당한다. (O/X)
> 📖 O

## 2. 스포츠와 사회이론　2025 기출　2024 기출　2023 기출

### ① 구조기능주의

　㉠ 사회가 본질적으로 상호 관련되고 상호 의존적인 제도로 구성되어 있으며, 전체 사회 안정에 기여한다고 보는 이론
　㉡ 균형 유지와 존속을 위한 사회적 구성요소의 역할을 분석
　㉢ 스포츠가 사회의 존속 및 유지에 필요한 네 가지의 체계요구를 충족시키는 방식에 초점
　예 올림픽과 같은 국제스포츠 이벤트 개최를 통한 사회 통합 및 국민적 일체감 고취

> **이해 더하기**
>
> **구조기능주의의 네 가지 체계요구(파슨즈의 AGIL 이론)** `2024 기출`
> - 적응(Adaptation) : 목표달성을 위해 필요한 자원을 외부 환경으로부터 획득(외부적·수단적인 기능요건)하고 이를 적절히 배분 및 사용한 기능
> - 목표성취(Goal-gratification) : 장기적인 목표를 설정하고 이를 달성하기 위해 다양한 과업을 수행한 기능(외부적·목적적인 기능요건)
> - 통합(Integration) : 하위체계 간의 알력과 갈등을 조정함으로써 상호관계를 유지하는 기능(내부적·목적적인 기능요건)
> - 체제 유지 및 긴장처리(Latency·Pattern-maintenance) : 사회체계의 형식 및 내용을 유지하기 위한 기능(내부적·수단적인 기능요건)

② 갈등이론
  ㉠ 사회의 본질을 경쟁과 갈등 관계로 보고 사회를 희소자원을 두고 경쟁하는 사람들의 집합체로 규정
  ㉡ 부와 권력이 구조상 평등하게 분배되지 않으며, 따라서 사회에는 근본적인 분열이 내재한 것으로 봄
  ㉢ 스포츠는 궁극적으로 지배계급의 이익 증대나 기득권 유지를 위한 수단이라고 봄
  예 제5공화국 시절의 3S(Sports, Screen, Sex) 정책을 통한 대중들의 정치적 무관심 유도

③ 비판이론
  ㉠ 사회를 각자의 이익을 위해 타인과 끊임없이 경쟁하는 장으로 규정
  ㉡ 사회 질서는 이념과 권력 투쟁을 통해 조정되는 것으로 봄
  ㉢ 사회현상의 이면에 있는 가치 판단 혹은 도덕적인 충동을 강조
  예 국제적 권력 과시를 위한 스포츠이벤트 개최

④ 준거집단이론
  ㉠ 개인이 스스로가 동일화하는 특정한 집단(준거집단)의 규범에 따라 행동·판단한다고 보는 이론
  ㉡ 3가지 준거집단

| 규범집단 | 가족과 같이 규범을 설정하고 가치관을 형성시켜 개인에게 행동 지침을 제공하는 집단 |
|---|---|
| 비교집단 | 특정 역할 수행의 기능적인 의미를 제시하는 집단으로서 역할모형을 의미함 |
| 청중집단 | 특별한 주목을 받지는 않지만 그들의 가치와 태도에 부합하도록 행동하려는 집단으로, 친구가 대표적인 청중집단에 해당함 |

⑤ 상징적 상호작용론
  ㉠ 미시적 관점의 이론
  ㉡ 사회를 개개인의 상호작용 속에서 이루어진 해석으로 구성된 유동적인 과정으로 봄
  ㉢ 상황에 대한 해석은 개인마다 다르며 그로 인해 사회가 유지·발전해 나간다고 주장

---

**QUIZ**
갈등이론의 관점에서 한국의 프로야구가 출범 이후 국가의 전폭적인 지원을 받았던 것은 대중의 정치적 무관심을 유도하기 위한 방법 중 하나였다. (○/×)
답 ○

**QUIZ**
준거집단이론은 사회의 본질을 경쟁과 갈등 관계로 보고 사회를 희소자원을 두고 경쟁하는 사람들의 집합체로 규정한다. (○/×)
답 ×

# CHAPTER 02 스포츠와 정치

## SECTION 01 스포츠와 정치의 결합

### 1. 스포츠와 정치 개요

① **스포츠와 정치의 관계**
  ㉠ 스포츠에서의 승리가 해당 국가의 정치·경제·군사·문화적 우월성 표출 수단으로 작용
  ㉡ 조직화로 인한 조직 과정의 권력 배분이 발생
  ㉢ 스포츠 조직 및 기구의 조세 감면 혜택
  ㉣ 스포츠를 통한 정치적 외교의 상호작용 효과
  ㉤ 보수적 질서 유지의 제도적 특성

> **이해더하기**
>
> **에티존(Eitzen)과 세이지(Sage)가 주장한 스포츠의 정치적 속성** `2024 기출` `2023 기출`
> - 올림픽이나 국제경기에서의 성적이 각국의 정치·경제·문화·군사적 우월성을 나타내는 수단이 된다.
> - 스포츠 조직은 불평등하게 배분되는 권력으로 인한 권력투쟁이 존재한다.
> - 일반기업이 프로스포츠 구단 창설 시 조세 감면 혜택을 받는 등의 사례에서 스포츠와 정치의 결합이 확연히 드러난다.
> - 스포츠의 제도적 특성은 질서와 법의 표본이 되며, 스포츠 경기에 수반되는 애국심은 정치 체계를 더욱 강화시키는 역할을 한다.
>
> **스포츠의 정치적 속성 예시** `2024 기출` `2023 기출`
>
> | 속성 | 예시 |
> | --- | --- |
> | 대표성 | 소속 조직 대표, 상징, 충성심, 슬로건, 응원가 |
> | 권력투쟁 | 선수와 구단주 간, 리그 간, 조직 간, 성차별 |
> | 상호의존성 | 국가홍보와 혜택, 군복무 면제, 연금, 조세 감면, 정경유착 |
> | 긴장관계 | 외교적 관계, 외교적 항의, 외교적 승인 |
> | 보수성 | 현존 질서 유지, 애국의식 향상, 정치체계 강화 |

**O X QUIZ**

권력투쟁이란 다양한 팀, 리그, 선수단체 및 행정기구가 각각의 특성에 따라 불평등하게 배분된 자원에 대해 더 많은 권한을 갖기 위해 대립적 갈등을 겪는 것을 말한다.
(O/X)

답 O

② 스포츠와 정치의 결합 방법

| 구분 | 내용 |
| --- | --- |
| 상징 | • 어떤 의미와 의의를 갖고, 그 자체와는 다른 무엇을 대리하고 지칭하는 것<br>• 상징을 통해 스포츠 경기는 선수 개인 차원의 경기가 아닌 집단 혹은 국가의 경쟁으로 변모<br>• 스포츠에서의 경쟁과 승리가 국가의 경쟁 및 승리로 해석됨<br>예 사전 국가 연주, 국기 게양 등 |
| 동일화 | • 자아가 그 역할을 수행하기 원하는 타자에게 감정을 이입시키거나 타자와 일체가 되어 동화하는 것<br>• 불특정 일반인의 생각을 '우리'의 생각과 감정으로 승화시킴으로써 관념을 실제 행동으로 나타내도록 하는 상징의 제2과정<br>• 스포츠를 매개로 대중이 선수 개인이나 대표팀을 자신과 일치시키는 태도<br>• 동일화가 지나칠 경우 훌리건과 같은 사회적 일탈행위를 유발<br>예 지역 연고 팀, 팬덤 현상 등 |
| 조작 | • 상징과 동일화의 효과 극대화를 위해 인위적으로 개입하는 행위<br>• 윤리성과 합리성보다는 효율성과 수단 지향성을 추구<br>• 정치권력은 여론을 통치에 용이한 방향으로 조작하여 현 체제의 유지 · 강화를 도모<br>예 한일전 경기를 앞두고 쏟아지는 한일 관계에 대한 수위 높은 발언 보도 |

**기출 채우기**

스포츠 경기에서 경기 시작 전 국가를 연주하고 출전 선수의 유니폼에 국기를 부착하는 등의 규정은 (　　　)을/를 일으키는 대표적인 사례이다.

답 상징화

### 이해더하기

**훌리한(B. Houlihan)이 제시한 정부(정치)의 스포츠 개입 목적 및 예시** 2024 기출

• 개입목적
- 공공질서 보호　　　- 지역사회나 국가의 명성 고취
- 시민들의 건강 및 체력 유지　　　- 국가 및 지역사회의 경제발전 도모
- 지배적인 정치 이데올로기 확산　　　- 정체성과 소속감 증진
- 정치지도자와 정부에 대한 지지 증인
• 개입예시
- 시민들의 건강 및 체력유지를 위해 반도핑 기구에 재원을 지원하였다.
- 게르만족의 우월성을 강조하기 위해 1936년 베를린 올림픽을 개최하였다.
- 공공질서를 보호하기 위해 공원에서 스케이트보드 금지, 헬멧 착용 등의 도시 조례가 제정되었다.

## 2. 스포츠의 정치적 기능

① 스포츠의 정치적 순기능

　㉠ 국민적 화합의 수단 : 구성원의 결속과 조직의 일체감 조성
　㉡ 외교적 수단 : 국제 스포츠 이벤트를 통한 타국과의 긍정적 교류
　㉢ 생산성 제고 : 경쟁적인 스포츠는 높은 성취 욕구를 불러일으켜 생산성을 높임
　㉣ 사회운동의 수단 : 스포츠 경기를 무대로 사회적 문제의 해결책을 모색

**POINT**

**사회운동 수단으로서의 스포츠**

미식축구 팀인 샌프란시스코 포티나이너스의 쿼너백인 콜린 캐퍼닉은 흑인을 향한 인종 차별과 경찰의 차별적 무력 진압 등에 항의하는 의미로 경기 전 국가 연주 시간에 기립을 거부하고 무릎을 꿇는 행위를 하였다.

② 스포츠의 정치적 역기능
- ㉠ 국제적 갈등 유발 : 대립 중인 국가들 간의 대결 및 국제적 갈등의 원인으로 작용
- ㉡ 권력의 형성과 유지를 정당화 : 스포츠를 통해 국민들의 정치적 무관심을 조장
- ㉢ 국수주의적 국민의식 조장 : 스포츠를 자국의 정치체제 및 이데올로기 등의 우수성 과시의 장으로 이용

### SECTION 02 | 스포츠와 국내정치

#### 1. 지역사회와 스포츠 [2025 기출]

① 지역사회 차원의 스포츠
- ㉠ 지역사회에 대한 향토애 진작과 지역 경제 활성화
- ㉡ 학원스포츠, 아마추어 스포츠, 지역 연고 프로스포츠, 생활체육활동 등을 촉진

② 스포츠와 정치의 상호관계

| 정치가 스포츠에 미치는 영향 | • 인구 구성 및 이동, 정치적 성향 등 : 스포츠 참여 기회의 제공 및 참여 확대의 기반을 결정<br>• 지역 스포츠 관련 단체의 정치적 관심 : 관심이 높을수록 지역 스포츠의 활성화와 발전이 용이함<br>• 지역사회 정치가의 스포츠 관심 : 지역 스포츠 활성화에 직접적인 영향<br>• 문화적 행사 프로그램 : 스포츠가 중요한 구성 요소로 간주됨 |
|---|---|
| 스포츠가 정치에 미치는 영향 | • 스포츠 시설의 확충 및 스포츠 활동 확산 : 지역사회의 개발 및 발전에 기여<br>• 지역주민의 스포츠 참여 : 지역주민의 주민 화합 및 단결을 도모하여 사회·정치적 지위를 고양시키는 데 기여 |

> **POINT**
> **정치가 스포츠에 미치는 영향**
> 다른 지역에 비해 인구밀도가 낮고 대규모 도시가 발달하지 못한 지역에 지역 연고 프로스포츠 구단의 창립이 어려운 것은 인구의 구성이 스포츠에 미치는 영향의 대표적인 사례이다.

#### 2. 스포츠에 대한 정치의 개입

① 국민 건강 증진과 여가 기회 제공
- ㉠ 국민의 건강 증진을 위해 정부가 스포츠에 개입
- ㉡ 국민의 삶의 질 및 사회적 행복도를 상승시키며 생산력과도 직접적으로 연관됨

② 사회 질서의 유지 및 보호
- ㉠ 스포츠가 영위되는 환경에서 발생하는 일탈 및 범법행위를 통제할 규칙을 제정
- ㉡ 지도자 및 선수 간의 폭력 혹은 성폭력 사건 개입, 학생선수의 학습권 보장을 위한 시정 등

ⓒ 국가 경제 위기, 인종·계급 간 불화 등 사회 문제의 해결을 위해 스포츠에 개입
ⓔ 스포츠 활동은 구성원 간의 정서적 일체감 형성을 통해 소속감을 고취하고 사회 통합에 기여한다.

③ **국가 및 지역사회의 경제 발전 촉진**
　㉠ 국가 및 지역사회의 경제적 발전을 위해 올림픽, 월드컵 등의 메가 이벤트 유치 → 지역사회의 사회적·인적 인프라 구축으로 이어짐
　㉡ 빈민 억압이 수반되는 비인간적 개발, 메가 이벤트 유치에 따른 부채 등의 문제 존재

④ **국위 선양** `2023 기출`
　㉠ 스포츠를 통한 지역 혹은 국가의 이미지 개선 효과
　㉡ 국제 스포츠 경기에서 좋은 성적을 낸 선수 및 팀에 대해 지원금, 병역 혜택 등을 제공

⑤ **정부 혹은 정치가에 대한 지지 확보**
　㉠ 스포츠가 가지는 중립적이고 건전한 이미지를 이용해 자신의 이미지를 제고
　㉡ 스포츠 이벤트에 참여함으로써 인지도 및 정치적 입지 강화를 노림

⑥ **지배 이데올로기에 부합하는 가치 및 성향의 강조**
　㉠ 스포츠를 통해 자본주의 사회에 부합하는 인내·근면·성실 등의 가치를 강조
　㉡ 스포츠 영웅을 조명함으로써 국민으로 하여금 사회적 모순에서 눈을 돌리고 성공 이데올로기를 내면화하도록 유도

### SECTION 03 　스포츠와 국제정치

## 1. 국제정치에서의 스포츠의 역할 `2024 기출` `2023 기출`

① **외교적 도구**
　㉠ 관계국과의 관계 개선 : 스포츠 팀 간의 친선경기 등을 통한 적대국과의 외교적 관계 개선
　　예 미국과 중국의 핑퐁외교(1971)

---

**QUIZ**
2002년 한일월드컵 4강 진출로 대한민국이 축구 강국으로 인식된 것은 스포츠를 통해 국위 선양 효과가 발생한 것으로 볼 수 있다. (O/×)
답 ○

**POINT**
**성공 이데올로기의 내면화**
김연아 선수와 같이 제도적 지원이나 훈련 시설 등이 열악한 환경에서도 좋은 결과를 낸 선수를 조명하는 것은 실제 개선되어야 할 제도적·환경적 부분에서 눈을 돌리게 하고 개인의 근면과 성실이라는 성공 이데올로기를 내면화하는 방법으로 악용될 수 있다.

**국제정치에서 스포츠의 역할**
- 적대적 관계국과의 관계 개선
- 친밀한 동맹국과의 관계 유지
- 자국 혹은 자기 진영의 체제 선전 수단
- 국위선양의 수단
- 국제 이해 및 평화의 수단
- 국가 정책 혹은 행위에 대한 항의 수단(외교적 항의)
- 갈등 및 전쟁의 촉매

ⓒ 동맹국과의 친밀 관계 유지 : 스포츠 경기를 통한 기존 동맹국과의 관계 유지·발전 도모
　　　예 프랑스의 영연방 경기대회(1930)
② 이데올로기 및 체제 선전의 수단
　　㉠ 경쟁 원리로 인해 스포츠는 특정 국가 혹은 정치 체제의 대리전적 성격을 지님
　　ⓒ 스포츠에서의 승리가 해당 국가의 우월성을 입증하는 증거로 여겨짐
　　ⓒ 스포츠를 해당 국가의 체제적 우월성을 드러내는 체제 선전의 수단으로 활용
③ **국위선양** : 선수와 국가의 동일시를 통해 세계에 자국의 명성을 높이는 수단으로 활용
　　예 양궁 종목에서의 압도적인 성적을 통한 국가 명성 제고
④ 국제 이해 및 평화
　　㉠ 자국우월주의 혹은 민족중심주의와 같은 극우적 배타사상의 감소
　　ⓒ 국가 간 상호 작용을 통한 이해, 친선 및 평화 증진
　　예 평창 동계올림픽에서의 아이스하키 남북 단일팀 구성
⑤ **외교적 항의** : 국제적 갈등 상황에서 스포츠 경기를 통한 항의의사 전달
　　예 1976년 남아프리카 공화국의 아파르트헤이트로 몬트리올 올림픽 출전 거절, 1980년 미국의 모스크바 올림픽 출전 거부, 1984년 공산 진영의 LA 올림픽 출전 거부
⑥ 갈등 및 전쟁의 촉매 : 국제 관계에서 각국의 이해와 관련된 갈등 및 전쟁의 촉매 역할
　　예 1972년 뮌헨 올림픽에서 발생한 검은 구월단의 유혈사태

> **이해 더하기**
>
> **축구전쟁**
> 1969년 7월 중남미 월드컵 지역 예선 경기에서 엘살바도르와 온두라스 사이에 벌어진 5일간의 전쟁이다. 월드컵 지역 예선 경기를 치르는 동안 양국 간에 국민감정이 격해지면서 폭력사태가 벌어졌고, 이로 인해 정치적 갈등이 폭발하여 실제 전쟁으로 이어지고 말았다.

## 2. 올림픽과 국제정치 [2025 기출]

① 올림픽 경기의 정치화 요인
　　㉠ 민족주의의 심화 : 국가 간의 경쟁을 심화시키고 올림픽 경기에서의 정치화 현상을 심화시키는 요인

---

**기출 채우기**

냉전시대 양 진영에 속한 국가들은 스포츠를 상대 진영 국가에 대한 자국의 체제적 우월성을 드러내는 (　　　　)의 수단으로 활용하였다.

답 체제 선전

**O X QUIZ**

남아프리카공화국에서 진행한 아파르트헤이트 정책은 인종차별 관련 정책이다. (O/X)

답 O

**O X QUIZ**

'단일민족'이라는 개념이나 '민족의 우수성 강조'와 같은 풍토는 올림픽 경기를 정치화하는 요인 중 하나이다. (O/X)

답 O

ⓛ 상업주의의 팽창 : 스포츠를 경제 규모의 확대를 위한 수단 혹은 상업적 이익 추구를 위한 도구로 이용
ⓒ 정치권력의 강화 보상 : 정치권력이 스포츠를 국력 과시 및 외교 수단 등으로 활용

② 올림픽 경기의 정치적 도구화
㉠ 아테네 올림픽(1896) : 그리스와의 적대관계로 인한 터키 불참
㉡ 안트베르펜 올림픽(1920) : 벨기에의 적대국인 독일, 오스트리아, 헝가리, 터키 미초청
㉢ 베를린 올림픽(1936) : 독일 나치스의 정치 선전에 이용
㉣ 헬싱키 올림픽(1952) : 올림픽 무대가 미국과 소련의 세력 각축장으로 변모
㉤ 멜버른 올림픽(1956) : 영국·프랑스의 수에즈 운하 침입으로 이집트·레바논·이라크가, 소련의 헝가리 침공으로 네덜란드·스위스·스페인이 불참
㉥ 뮌헨 올림픽(1972) : '검은 구월단'의 유혈사태 발생
㉦ 몬트리올 올림픽(1976) : 인종차별 문제로 아프리카 지역의 26개국 불참
㉧ 모스크바 올림픽(1980) : 구소련의 아프가니스탄 침공으로 미국을 비롯한 67개국 불참
㉨ 로스앤젤레스 올림픽(1984) : 모스크바 올림픽의 불참에 대한 보복으로 소련 및 동유럽권 국가 총 11개국이 불참

### 3. 스포츠와 남북관계

① **교류를 위한 노력**
㉠ 1964년 동경올림픽 남북 단일팀 구성을 위한 첫 접촉 이후 꾸준히 노력
㉡ 1990년 9월 '남북축구경평전' 개최로 스포츠 교류의 차원을 넘어 남북관계 유화 국면에 접어들었다는 평가
㉢ 1991년 4월 일본 지바 현에서 열린 세계탁구선수권 대회에서 최초로 남북 단일팀 구성
㉣ 2000년 시드니 올림픽 개막식에서 최초로 남북 선수단 공동 입장
㉤ 2018년 평창 동계올림픽 아이스하키 남북 단일팀 참가

② **통일을 위해 필요한 스포츠 교류**
㉠ 국제대회 출전 시 남북 단일팀 구성
㉡ 민족적 정체성 공유를 위한 남북 태권도 교류
㉢ 비무장 지대에 남북한 공동 이용 가능한 체육시설 설치

---

**POINT**

**검은 구월단 사건**
1972년 9월 5일 서독 뮌헨에서 개최된 올림픽에서 팔레스타인의 과격 단체 '검은 구월단' 소속 테러리스트 8명이 이스라엘 선수단 숙소를 습격해 이스라엘인 2명을 사살하고 선수 9명을 인질로 납치한 사건

**QUIZ**
미국은 구소련의 아프가니스탄 침공에 대한 항의의 표시로 몬트리올 올림픽에 참가하지 않았다. (O/X)
×

# CHAPTER 03 스포츠와 경제

## SECTION 01　상업주의와 스포츠

### 1. 상업주의와 스포츠의 변화

① **스포츠의 상업화 조건**
  ㉠ 자본주의적 시장경제의 형성 : 스포츠와 관련된 경제적 보상체계의 형성·발달
  ㉡ 인구 밀도가 높은 대도시 : 스포츠 관련 흥행 성공 가능성 상승
  ㉢ 자본의 집중 : 대규모 경기 기반 시설물의 유치 및 유지에 용이
  ㉣ 소비문화의 발전·장려 : 스포츠를 통한 소비 촉진

② **스포츠 본질의 변화**
  ㉠ 아마추어리즘의 퇴조
    - 국가주의와 상업주의의 대두, 금전적·물질적 이익을 추구하는 프로스포츠의 발달이 원인
    - 행위의 결과를 중시하고 외면적 보상을 추구하는 생계 유지 수단으로서의 스포츠가 강조

> **이해 더하기**
>
> **아마추어리즘**
> - 스포츠 자체를 위하여 신사적으로 경기에 임하고 스포츠를 애호하는 페어플레이 정신
> - 물질적인 이익을 추구하지 않고 공명정대한 방법으로 경기규칙을 준수하는 마음의 자세
> - 활동 자체를 중시하며 스포츠맨십을 가르치는 긍정적 영향으로 이론화
> - 스포츠 참가를 통해 내적 보상인 만족감, 즐거움, 욕구충족, 자아실현 등을 추구하는 것

  ㉡ 스포츠의 직업화
    - 스포츠를 재정적·물질적 보상을 받기 위한 생계 유지 수단으로 선택
    - 즐기기 위한 스포츠가 아닌 직업으로서의 스포츠로 변화
    - 스포츠의 직업화·상업화는 스포츠를 사회 계층 이동 기제로서 작용하게 함

> **기출 채우기**
>
> 현대 스포츠의 중요 발전 요소 중 하나는 인구의 (　　　)(으)로, 이는 스포츠 이벤트 등의 성공 가능성을 상승시키는 데 중요한 역할을 하였다.
>
> 답 고밀도화

**QUIZ**

야구의 신생팀 창단 제한 규정은 상업화에 따른 스포츠의 변화 중 관중의 흥미를 극대화하기 위한 구조 변화에 해당한다. (○/×)

답 ×

**기출 채우기**

현재 KBO의 구단들은 특정 기간에 여성 관중을 위한 이벤트를 개최하거나 직장인을 대상으로 하는 할인 프로모션을 진행한다. 또한 5월에는 가족 단위의 관중을 유치하기 위해 다양한 이벤트를 실시하기도 하는데, 이는 스포츠로 인한 (　　　　)의 변화를 보여주는 대표적인 사례이다.

답 스포츠 조직

③ **상업주의에 의한 스포츠의 변화** [2025 기출] [2024 기출] [2023 기출]

| 구조의 변화 | • 규칙과 제도, 프로그램 구성의 변화<br>예 경기 시간의 조정, 광고 시간 삽입을 위한 작전타임 증가, 농구 쿼터제 도입 등<br>• 규칙 변화의 4가지 원칙 : 속도감 있는 진행, 독점체제의 다양화, 휴식시간 부여, 종목에 따른 변화 |
|---|---|
| 내용의 변화 | • 경기 자체보다 세속적인 경기 외적 사실을 중시<br>• 관중이 심미적 가치(동작의 아름다움, 완성도)보다는 영웅적 가치(위험적 요소, 외적 스타일)를 선호 · 중시<br>※ 단, 스포츠 고유 팬에게는 여전히 심미적 가치가 중요<br>• 과감하고 위험한 플레이와 과장되고 극적인 표현의 증가(전시효과)<br>• 스포츠의 비본질적 요소를 중시하여 경기 외적인 득점과 승리 추구 |
| 조직의 변화 | • 대중매체, 팀, 구단주 등 경제적 후원자의 목적 영위를 위한 쇼(show)로서 스포츠 이벤트를 운영<br>• 중계방송, 치어리더 등 재정적 이익 창출을 위한 경기 외의 흥미 요소 중시<br>• 프로페셔널리즘 추구로 직업 선수의 등장, 스포츠 조직의 세계화 |
| 목적의 변화 | • 인간의 내면적 성취를 추구하는 아마추어리즘보다 이윤을 추구하는 프로페셔널리즘을 선호 · 추구<br>• 스포츠 관중 흥미 촉발 요인 : 결과의 불확실성, 경기의 재정적 보상, 선수의 탁월한 기량 |

### 2. 프로스포츠와 상업주의

① **프로스포츠의 출현과 발전**

㉠ 프로스포츠의 출현

| 18세기 | 산업혁명을 거쳐 자본주의 경제체제를 갖추게 되면서 시작 |
|---|---|
| 19세기 | 경기에 상금을 거는 것에 대한 의미로 해석되면서 프로페셔널리즘이 일반화 |
| 20세기 | 미국프로야구(MLB)와 미식축구(NFL)를 중심으로 각종 프로스포츠 리그 창설 |

㉡ 한국의 프로스포츠
- 1950년 프로레슬링연맹 창설
- 1982년 프로야구와 한국야구위원회(KBO)의 결성으로 프로스포츠 활동 본격화
- 1983년 프로축구, 프로씨름 창설
- 1996년 프로농구팀 창단

### 이해 더하기

**프로스포츠에서 시행되는 제도** `2023 기출`

| 제도 | 내용 |
|---|---|
| 보류조항<br>(Reserve clause) | • 일정 기간 선수들의 자유로운 계약과 이적을 막음으로써 과도한 연봉 상승을 방지하고 구단을 안정적으로 운영하기 위해 도입된 제도<br>• 선수들의 권리를 과도하게 침해한다는 비판이 있었으며 이를 보완하기 위해 자유계약제도, 웨이버 공시 제도 등이 함께 시행됨 |
| 자유계약제도<br>(Free Agent) | 선수가 일정 기간 자신이 속한 팀에서 활동한 뒤 다른 팀과 자유롭게 계약을 맺어 이적할 수 있도록 하는 제도 |
| 웨이버<br>(Waiver) | • 프로스포츠 구단 등에서 선수에 대한 권리를 포기하는 것<br>• 소속 선수를 일방적으로 방출하면서, 일정 기간 동안 다른 팀에 해당 선수를 데려갈 의향이 있는지를 묻는 것 |
| 최저연봉제<br>(Minimum salary) | 선수에게 지급해야 하는 최저연봉을 규정함으로써 신인 선수와 같은 무명 선수들도 기본적인 생활이 가능하도록 하기 위한 제도 |
| 샐러리 캡<br>(Salary cap) | • 한 구단에 소속된 전체 선수의 연봉 총액 상한선을 규정하는 제도<br>• 선수들의 지나친 몸값 상승, 구단의 적자 운영을 방지<br>• 특정 구단이 자금력을 동원해 리그 내 최고 수준의 선수를 독점함으로써 팀 간 과도한 실력 차가 나타나는 것을 방지 |
| 트레이드<br>(Trade) | • 구단이 선수와 선수 혹은 선수와 금전을 교환하는 행위<br>• 트레이드에 대한 권리는 전적으로 구단에 있음 |
| 드래프트<br>(Draft) | 팀 간 전력을 평준화시키기 위해 전년도 성적의 역순대로 돌아가면서 신인 선수를 선발하는 제도 |

**기출 채우기**

( )은/는 일정 기간 동안 선수들의 자유로운 계약과 이적을 막아 선수단의 운영 비용을 줄이기 위한 목적으로 도입되었다. 시행 당시 선수의 권리 침해라는 비판이 있었으며, 현재 이를 보완하기 위해 FA, Waiver 등의 제도가 함께 시행되고 있다.

📖 보류조항

② 프로스포츠의 사회적 기능

| 순기능 | 역기능 |
|---|---|
| • 생활의 활력소 역할<br>• 사회통합의 기능<br>• 아마추어 스포츠의 활성화<br>• 지역경제 발전 및 고용 증대<br>• 스포츠의 대중화 | • 아마추어리즘 퇴조<br>• 스포츠의 물질만능주의 확대<br>• 우수 선수의 스카우트 경쟁 심화<br>• 종목별 불균형 조장<br>• 삶의 수단적 가치를 추구하는 매개체로 전락<br>• 도박행위 및 불법행동 유발 |

## SECTION 02 스포츠 메가이벤트의 경제

### 1. 스포츠 메가이벤트의 효과

① 긍정적 효과

| | |
|---|---|
| 경제적 측면 | • 이벤트 개최가 도시의 경제개발을 위한 자극제로서 작용<br>• 지역경제의 활성화와 이벤트 개최 지역의 관광객 증가<br>• 스포츠 시설 및 인프라에 대한 투자 지출<br>• 관련 일자리 창출 및 지역경제 활성화, 중계권료 발생 |
| 사회적 측면 | • 스포츠 인프라를 통한 지역주민의 스포츠 여가생활 기회 제공<br>• 노동력의 유입과 생산으로 기술 발달<br>• 교육과 문화의 진보<br>• 지역주민 통합 및 결속, 화합과 단결 효과 |
| 정치적 측면 | 개최 국가 및 지역 · 도시의 인지도 상승 및 위상 제고 |

② 부정적 효과

| | |
|---|---|
| 경제적 측면 | • 스포츠 메가이벤트 개최를 위한 막대한 인적 · 재정적 자원 투입<br>• '비용과 편익 분석'을 하지 않는 경제효과 분석으로 개최 지역의 적자 유발 가능 |
| 사회적 측면 | • 지역사회 복지와 관련된 예산 축소<br>• 재정 투입으로 인한 과도한 세금 부과 |
| 정치적 측면 | 정치 권력의 기득권 및 정당성 강화 수단으로 악용 |

### 2. 스포츠 메가이벤트의 경제적 가치

① 스포츠 메가이벤트의 경제성
  ㉠ 올림픽 등 각종 국제 스포츠의 규모 증가에 따라 대회 유치를 통한 수익이 크게 증가
  ㉡ 스폰서십 도입을 통해 재정적 수익 도모

> **이해더하기**
>
> **스폰서십(Sponsorship)**
> • 스포츠 이벤트 주최 조직과 자금 · 서비스 제공 조직이 맺는 비즈니스 관계
> • 상호 상업적 혜택을 볼 수 있는 협약
> • 올림픽, 월드컵 등 스포츠 메가 이벤트에서 기업이 주최 측에 금전 및 물자 등을 제공하고 주최 측은 광고 유치권 및 공식 로고 사용권 등을 부여하는 것이 대표적 사례

---

**QUIZ**

국제 스포츠의 규모 증가와 스폰서십 도입 등으로 현재 올림픽 등 대부분의 스포츠 메가이벤트는 큰 경제적 수익을 얻고 있으며 모두 흑자로 운영된다. (○/×)

답 ×

② **스포츠 메가이벤트의 효과**
  ㉠ 경제적 효과

| 직접효과 | • 관광객의 소비 지출<br>• 스포츠 시설 및 인프라에 대한 투자 지출 |
|---|---|
| 간접효과 | • 대회시설 건설 등 관련 투자<br>• 관광객의 소비로 관련 산업에서 부가적으로 발생하는 효과 |
| 유발효과 | • 고용유발효과 : 신규 일자리 창출로 인한 지역의 고용 촉진<br>• 생산유발효과 : 인프라 구축 등 관련 경제활동이 가져오는 부가적 생산활동 창출<br>• 부가가치유발효과 : 국가 이미지 제고 및 브랜드 홍보효과, 자국 내 기업 이미지 제고, 외국인 투자 촉진 등 |

  ㉡ 사회적 효과
  - 국가와 지역에 대한 국민들의 자부심 증가와 국민 통합·결속 효과
  - 글로벌 시장에서의 자국 기업 이미지 제고
  - 개최 국가 및 지역의 기초 인프라 구축을 통한 지역 주민의 삶의 질 향상

# CHAPTER 04 스포츠와 교육

## SECTION 01 스포츠의 교육적 기능

### 1. 스포츠의 교육적 순기능 `2025 기출` `2024 기출` `2023 기출`

① 전인 교육

| 학업활동 격려 | 스포츠 참여를 통해 학업 활동에 충실해지거나 학업에 대한 흥미 증가 |
|---|---|
| 사회화 촉진 | 목표 도전, 스포츠맨십, 팀워크 등의 학습을 통해 사회화를 주관 |
| 정서 순화 | • 스포츠에서의 공정한 경쟁을 통해 도덕적으로 성숙<br>• 신체 활동에 대한 기본적 욕구 충족<br>• 사회 구조적·문화적 변동으로 인한 학생의 비행을 예방 |

② 사회 통합

| 학교 내 통합 | • 학교 내 구성원들이 공동의 목표를 공유하며 공동체 의식 형성<br>• 학교에 대한 소속감 고취로 학생 및 교직원을 하나로 통합 |
|---|---|
| 학교와<br>지역사회 통합 | • 스포츠 활동을 통해 학교에 대한 지역사회의 관심을 환기<br>• 지역 주민에게 위락을 제공하여 '학교와 주민' 사이의 이해 부족 해소 |

③ 사회 선도

| 여권 신장 | • 남녀평등의 개선<br>• 여학생의 권리 신장을 위한 사회 전반에 대한 관심과 기회 증대 |
|---|---|
| 장애인의 적응력 배양 | • 스포츠를 통해 장애인의 소외 의식 해소 및 신체 기능의 퇴화 방지<br>• 스포츠 활동은 장애인들의 원만한 사회생활 영위에 도움을 줌 |
| 평생 체육의 장려 | • 교육제도 내에서의 스포츠 참여는 스포츠 경험 및 참여 기회를 확대시켜 평생 체육의 기틀을 마련하도록 함<br>• 평생 즐길 수 있는 신체활동의 유형 및 실천 방법과 더불어 기능, 지식, 태도 등의 전수를 통해 미래의 삶을 더욱 가치 있게 향유하도록 함 |

---

**POINT**

**스포츠의 교육적 순기능**

| 전인 교육 | • 사회활동 격려<br>• 사회화 촉진<br>• 정서 순화 |
|---|---|
| 사회 통합 | • 학교 내 통합<br>• 학교와 지역사회 통합 |
| 사회 선도 | • 여권 신장<br>• 장애인의 적응력 배양<br>• 평생 체육의 장려 |

**O/X QUIZ**

스포츠 교육의 순기능 중 학교 내 통합기능은 학생 상호 간, 혹은 학생과 교사 간 교류 부족으로 '우리'라는 공동체 의식이 부족할 때 활용할 수 있다. (O/×)

답 O

## 2. 스포츠의 교육적 역기능  `2025 기출` `2024 기출` `2023 기출`

### ① 교육 목표의 결핍

| | |
|---|---|
| 승리지상주의 | • 노동의 형태로 스포츠 가치가 변질되고 과도한 경쟁이 유발됨<br>• 승리지상주의 심화로 인해 교육목표를 결핍시킴<br>• 학교와 팀의 성공을 위해 학생선수의 의도적 유급, 성적 위조 등을 조장 |
| 참여 기회 제한 | 소수의 신체 및 기능 우수자에게 참여 기회가 집중됨으로써 일반 학생의 참여 기회가 제한되고 일부 학생에게 엘리트 의식을 조장 |
| 성차별 | 성에 따른 상이한 역할 기대와 여성의 스포츠 참여에 대한 구조적 불평등이 존재 |

### ② 편협한 인간 육성

| | |
|---|---|
| 독재적 지도 | 지도자의 무조건적인 복종 강요로 인해 선수들이 독립된 성인으로 성장할 기회를 박탈당함 |
| 비인간적 훈련 | • 지도자가 자신의 성공을 위해 선수를 잔인하고 무자비하게 훈련<br>• 선수가 학교의 목적 달성을 위한 도구로 전락하여 인간성을 상실 |

### ③ 부정행위의 조장

| | |
|---|---|
| 스포츠 상업화 | 승리에 대한 경제적·상징적 보상을 제공함으로써 학교의 명성과 경제적 이익을 창출 |
| 위선과 착취 | 운동선수의 성적을 위조하거나 선수를 학교 경영 수단으로서 이용하여 선수로 하여금 제도적 무기력을 경험하게 함 |
| 일탈 조장 | • 좋은 성적을 위해 부정 선수를 출전하게 하거나 약물을 복용하게 함<br>• 선수는 스포츠를 통해 과도한 경쟁의식과 부도덕한 가치관을 내재화 |

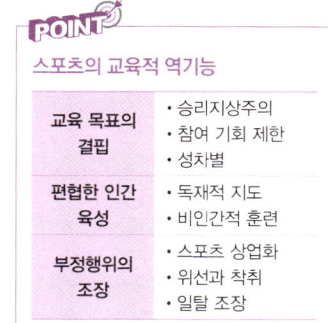

**POINT** 스포츠의 교육적 역기능

| 교육 목표의 결핍 | • 승리지상주의<br>• 참여 기회 제한<br>• 성차별 |
|---|---|
| 편협한 인간 육성 | • 독재적 지도<br>• 비인간적 훈련 |
| 부정행위의 조장 | • 스포츠 상업화<br>• 위선과 착취<br>• 일탈 조장 |

**QUIZ**

1. 참여기회의 제한으로 장애인의 적응력을 배양시키는 것은 스포츠의 교육적 역기능에 해당한다. (O/×)
   답 ×

2. 프로 전력감으로 평가받는 고등학교 축구선수 A에게 K학교로 전학을 와 전국대회에 출전할 경우 학비와 기숙사 등을 제공하겠다고 스카우트 제의를 한 사례는 스포츠의 교육적 역기능 중 참여 기회 제한에 해당한다. (O/×)
   답 ×

---

## SECTION 02 | 한국의 학원스포츠

## 1. 한국 학원스포츠의 문제

### ① 교육적 적합성 의심
  ㉠ 국가 주도의 통제와 관리하에 이루어짐
  ㉡ 소수의 엘리트 운동선수 육성 중심
  ㉢ 생활–학교–엘리트 체육 영역 간 불균형 및 단절
### ② 운동선수의 학습권 박탈 : 운동선수의 바람직한 사회생활 영위 저해 가능
### ③ 운동부 운영의 환경적 제약 : 예산 및 시설 부족, 우수 지도자의 부재 등이 학교 운동부 운영의 질을 저하

④ 중·고등학교 학생선수의 학업 성취 저하
  ㉠ 우리나라의 경우 학생선수 경험이 학업 성취에 매우 부정적인 영향
  ㉡ 상급학교 진학을 위해 최고의 운동 실적을 요구하는 특기생 제도 존재
  ㉢ 학업 성취 능력이 우수한 학생들의 경우 우리나라 체육과 운동선수에 대한 부정적인 인식으로 학생선수의 경험을 거부
  ㉣ 학생선수는 학생의 신분으로 학업 성취를 위한 격려와 제도적 지원이 필요함에도 불구하고 이를 방치
  ㉤ 학생선수들은 수업 결손을 당연시하게 되어 점점 더 학업성취에 대한 의욕을 상실

### 기출 채우기
한국의 학원스포츠에서 학생들은 외부와 단절된 합숙 생활, 일반 학생들과는 다른 생활 패턴과 문화적 환경 등으로 인해 (    )의 특징을 보일 수 있다.

답 섬 문화

### 이해 더하기
**우리나라 학원스포츠의 문화적 특성**

| | |
|---|---|
| 승리지상주의 문화 | 스포츠에 참가함으로써 얻는 다양한 가치가 경시되고 오직 승리만이 강조되는 것 |
| 군사주의 문화 | 엄격한 규율에 따라 생활함으로써 개인의 자율성이 제한되고 결국 타율적으로 살게 되는 것 |
| 섬 문화 | 외부와 격리되어 배타적이고 폐쇄적인 관계망을 형성, 집단 문화와 복종 문화 등 집단 외부와 구분되는 문화적 특성을 지니는 것 |
| 신체소외 문화 | 선수 개인이 승리 추구 수단이나 이윤 추구의 수단으로 전락해버리는 것 |

## 2. 학원스포츠 정상화를 위한 제도 변화
① 학생선수의 학업을 위한 새로운 가이드라인 설정
② **최저학력제 도입** : 학생선수에게 보장되어야 할 최저학력을 설정
③ **학생선수의 학습권 보장을 위한 제도 시행** : 합숙훈련 근절, 주말리그제 시행 등
④ 미래 사회생활을 위한 학업성취의 중요성 전파
⑤ 생활체육, 학교체육, 엘리트체육 간 불균형과 단절 극복을 위한 방안 모색
⑥ 학교 운동부 운영의 투명화, 지도자 처우 개선, 관련 예산 및 시설 확충

### POINT
**학원스포츠 개선방안**
- 학교 스포츠클럽 육성
- 운동부 지도자 처우 개선
- 공부하는 학생선수 육성(학습권 보장)

### QUIZ
중·고등학교 학생선수를 대상으로 한 최저학력 기준 설정, 주말리그제 시행, 상시 합숙제도 시행 등은 학원스포츠의 정상화를 위한 대표적인 정책이다. (○/×)

답 ×

### 이해 더하기
**학원스포츠 육성 정책 모형** 2024 기출

| | |
|---|---|
| 피라미드 모형 | • 밑에서부터 쌓아 올라가는 형태<br>• 생활체육부터 시작해 엘리트 체육으로 진행해 나가는 육성 모델 |
| 낙수효과 모형 | • 위로부터 아래로 내려가는 형태<br>• 엘리트 체육인을 육성하여 이들을 통해 전파되는 육성 모델 |
| 선순환 모형 | • 상호통합적인 접근방식 형태<br>• 어떤 것으로부터든 상관없이 서로 좋은 영향을 준다는 모형 |

# CHAPTER 05 스포츠와 미디어

## SECTION 01 스포츠와 미디어의 이해

### 1. 맥루한의 매체 이론

① **이론의 가정**
  ㉠ 미디어 매체 영향력 결정 요소 : 매체 자체의 정의성, 수용자의 감각 참여성과 감각 몰입성
  ㉡ 미디어 매체 영향력 구분 조건 : 매체가 지니고 있는 정의성의 상태, 매체를 수용하는 수용자의 수용 방법과 태도

② **매체의 유형**

| 핫 매체(Hot media) | 구분 | 쿨 매체(Cool media) |
|---|---|---|
| 문자 시대에 적합 | 시대적합성 | 전자 시대에 적합 |
| 높음 : 메시지의 논리성, 사전 계획, 직접적 전달 | 정의성 | 낮음 : 메시지의 비논리성, 즉흥적, 일시적 |
| 낮은 감각 참여와 낮은 감각 몰입성 | 수용자의 태도 | 높은 감각 참여와 높은 감각 몰입성 |
| 장시간 개별적 수용에 적절 | 정보의 전달 | 복잡한 정보의 제한적 제공에 적절 |
| 신문, 라디오, 잡지 등 | 매체 | TV, 영화 등 |

③ **매체 스포츠의 유형**

| 핫 매체 스포츠 | 쿨 매체 스포츠 |
|---|---|
| • 정적 스포츠, 개인 스포츠<br>• 기록 스포츠, 공격 · 수비가 구분된 스포츠<br>• 수영, 야구, 태권도, 역도, 요트, 스키, 육상, 테니스, 체조, 빙상, 사격 등 | • 동적 스포츠, 팀 스포츠<br>• 득점 스포츠, 공격 · 수비의 구분이 어려운 스포츠<br>• 경마, 농구, 배구, 축구, 핸드볼, 럭비, 미식축구, 아이스하키 등 |

> **이해더하기**
>
> **스포츠 중계의 보편적 접근권** 2023 기출
> • 국민적 관심이 높은 스포츠 경기나 이벤트 등은 누구나 볼 수 있어야 한다는 권리
> • 스포츠 중계 방송을 '공공재'로 간주하여 국민의 시청 권리를 보장해야 한다는 주장
> • 스포츠 콘텐츠의 획일화라는 부작용을 야기하기도 함

**QUIZ**
맥루한의 매체이론에 따르면 축구나 미식축구 등은 쿨 매체 스포츠로 분류된다. (○/×)

답 ○

## 2. 대중매체 이론 [2023 기출]

① **개인차 이론(Individual differences theory)**
  ㉠ 소비자가 개인의 독특한 심리적 욕구의 만족을 위해 미디어를 이용한다고 가정
  ㉡ 대중들은 능동적 수용자로서 심리적 욕구를 만족하기 위해 매스미디어 활용
  ㉢ 미디어를 통해 해결 가능한 욕구

| 인지적 욕구 | 게임의 과정 및 결과에 대한 지식, 선수 및 팀에 관한 통계적 지식 등을 제공 |
| --- | --- |
| 정의적 욕구 | 흥미, 흥분 등의 제공 |
| 도피적 욕구 | 불안, 초조, 욕구불만, 좌절 등의 감정을 정화함 |
| 통합적 욕구 | 다른 사회집단과의 친화를 가능케 하고 타인과 사회적 경험을 공유하게 하여 공동체 의식을 갖도록 함 |

> **이해 더하기**
>
> 버렐(S. Birrell)과 로이(J.Loy)가 제시한 미디어 스포츠 수용자의 욕구 유형
> ① 인지적 욕구(Cognitive needs) : 스포츠에 대한 지식과 정보를 얻고, 새로운 것을 배우거나 이해하고자 하는 욕구, 정보 탐색이나 이해가 목적이다.
> ② 도피적 욕구(Escapist needs) : 일상의 스트레스나 현실의 어려움에서 벗어나기 위해 스포츠를 소비하는 욕구, 여가 및 스트레스 해소가 목적이다.
> ③ 소비적 욕구(Consumption needs) : 스포츠 관련 제품, 용품, 상품 등을 소비하려는 욕구, 스포츠 의류 구매 등 직접 소비가 목적이다.
> ④ 심동적 욕구(Affective needs) : 감정적인 흥분, 즐거움과 같은 정서적 만족을 얻고자 하는 욕구, 즐거움을 얻는 것이 목적이다.

② **사회범주 이론(Social categories theory)**
  ㉠ 미디어에 대하여 상이하게 반응하는 하위 집단이 존재한다고 가정
  ㉡ 스포츠의 소비 형태가 성별·연령·사회 계층·교육 수준 등의 특정 범주에 따라 차이가 있다는 사실에 근거함
  ㉢ 미디어의 영향이 서로 다른 하위 집단의 구성원에게 획일적으로 미치지 않음을 드러냄

③ **사회관계 이론(Social relationships theory)**
  ㉠ 비공식적 사회관계가 개인이 미디어의 메시지에 반응하는 태도를 수정하도록 하는 중요한 역할을 담당한다고 봄
  ㉡ 미디어의 해석 및 선택 성향에 준거집단이 큰 영향을 미친다고 주장
  ㉢ 미디어를 통한 개인의 스포츠 소비 형태는 중요타자의 가치와 소비 행동에 의해 영향을 받음

④ **문화규범 이론(Cultural norms theory)**
  ㉠ 미디어가 현존하는 사상이나 가치를 선택적으로 제시하고 강조하며,

---

**기출 채우기**

1. ( ) 욕구는 스포츠에 대한 흥미와 흥분을 제공해준다.
   답 정의적

2. ( )에서는 개인이 기혼이냐 미혼이냐, 혹은 현재 속한 연령층이 어느 정도이냐에 따라 해당 개인의 대중매체 스포츠 소비 형태가 달라진다고 본다.
   답 사회범주 이론

**QUIZ**

문화규범이론은 문화적 차이에 의해 핫 미디어와 쿨 미디어로 나누어진다. (○/×)
답 ×

소비자는 이러한 규범에 따라 자신의 생각이나 행동을 취한다고 주장
- ⓒ 개인의 스포츠 소비 유형은 대중매체의 스포츠 취급 방식에 따라 다양하게 영향을 받음

### 3. 스포츠 미디어 윤리

① **스포츠 저널리즘**
- ㉠ 저널리즘
  - 과거 : 최근의 사건을 인쇄된 형태로 취재·보도하는 것
  - 20세기 라디오와 텔레비전 발명 이후 그 의미가 확대되어 시사문제를 다루는 인쇄물과 전자통신장비 등의 매체를 이용한 커뮤니케이션 일체를 포함함
- ㉡ 미디어 스포츠
  - 현장 경기 활동이 아닌 TV, 라디오, 신문, 잡지 등과 같은 미디어를 통해 간접적으로 스포츠팬에게 전달되는 스포츠에 관한 지식과 정보 그리고 경기 진행 모습 등을 의미
  - 스포츠를 바탕으로 스포츠 미디어의 이해관계자들을 통해 재생산된 콘텐츠이며, 수용자들에게 전달되어 소비되는 것
  - 현장에서 직접 관람할 수 없는 스포츠팬에게 간접적인 미디어를 제공함으로써 스포츠팬의 확보 가능
- ㉢ 스포츠 저널리즘
  - 올바른 가치관과 윤리의식에 따른 공정·정확한 보도가 요구됨
  - 스포츠 저널리즘은 기자의 주관을 어느 정도 허용하므로 다른 분야와 달리 객관성이 다소 결여된 기사가 나올 수 있음

> **POINT**
> **저널리즘의 대표적인 유형**
> - 옐로 저널리즘
> - 팩 저널리즘
> - 하이에나 저널리즘
> - 뉴 저널리즘

> **QUIZ**
> 국제적 인기를 끌고 있는 축구선수가 지난 밤 만난 여성은 누구인지 등을 스토킹하듯 따라 다니며 보도하는 행태를 '하이에나 저널리즘'이라고 한다. (O/X)
> 답 ×

#### 이해더하기

**스포츠 저널리즘과 관련된 용어** `2023 기출`

| 용어 | 설명 |
|---|---|
| 옐로 저널리즘<br>(Yellow journalism) | • 독자를 끌어들이기 위해 선정적이고 비도덕적인 기사들을 과도하게 취재·보도하는 경향<br>• 특정 선수 혹은 감독의 사생활을 의도적으로 파헤치거나 관계자를 웃음거리로 만드는 등의 기사를 보도하는 관행 |
| 팩 저널리즘<br>(Pack journalism) | 취재 방법이나 시각 등이 독창성이 없고 획일적이어서 개성이 없는 보도 |
| 하이에나 저널리즘<br>(Hyena journalism) | 권력이나 정치적인 영향력이 있는 사람에게는 무관심하고 힘없는 사람, 영향력을 잃은 사람만을 집중적으로 매도하는 보도 |
| 뉴 저널리즘<br>(New journalism) | 기존 저널리즘이 취해 왔던 속보성, 객관성의 관념을 거부하고 소설 작가의 기법을 적용하여 사건과 상황에 대한 표현을 독자에게 실감나게 전달하는 보도 |

② **스포츠 미디어의 이데올로기** `2024 기출`

| 자본주의 이데올로기 | • 미디어가 물질만능주의와 소비주의 전달의 기능<br>• 스폰서 언급, 광고 노출 등을 통해 기업의 이익을 대변 |
|---|---|
| 젠더(성차별) 이데올로기 | • 스포츠를 통한 여성에 대한 고정관념 강화<br>• 스포츠를 남성성 규정 및 남성의 지배적 위치 확인의 수단으로 이용<br>• 여성 선수의 능력이 아닌 외적인 요소에 초점을 두어 보도 |
| 영웅 이데올로기 | • 스포츠 영웅화를 통해 우수성을 재현<br>• 소수의 스타들을 부각시켜 엘리트주의 문화를 조장<br>• 국가적 성공과 연계시켜 민족의식 및 애국심 등을 자극 |
| 국가주의 이데올로기 | 국제 스포츠 이벤트에서의 승리를 이용하여 자국의 정치·경제적 우월성 등을 강조하도록 보도 |
| 민족주의 이데올로기 | 스포츠를 통해 민족의 우수성을 강조하고 홍보하는 방향으로 보도 |
| 개인주의 이데올로기 | 팀 스포츠임에도 불구하고 팀 전체가 아닌 특정 선수만을 중점적으로 보도 |

③ **스포츠와 미디어 윤리**

㉠ 미디어 윤리
- 기자나 저널리스트 등의 송신자가 지켜야 할 윤리
- 올바른 보도와 정확성, 공정성을 포함함

㉡ 미디어 윤리의 필요성
- 독자의 관심 유도를 위해 특정 선수 및 관계자에 대해 의도적인 선정적·비도덕적 취재 가능
- 궁극적으로 저널리스트의 직업적 윤리관에 어긋나는 행위이며 사회적 비난을 받는 행동
- 올바른 가치관과 윤리의식을 준수해 정확하고 공정한 보도를 하도록 해야 함

> **기출 채우기**
> 1. 미디어는 스포츠 중계를 통해 시청자들의 상품 소비를 촉진시키는 (　　) 이데올로기를 생산한다.
> 🔑 자본주의
>
> 2. 미디어는 남성스포츠 경기를 역사적 중요성을 갖고 있는 것처럼 묘사하며, 여성 스포츠를 실력보다 외모를 부각시키는 (　　) 이데올로기를 생산한다.
> 🔑 젠더

## SECTION 02 　 스포츠와 미디어의 상호관계

### 1. 스포츠가 미디어에 미치는 영향 `2025 기출`

① **미디어의 보급 및 확산 기여** : 대중의 주목을 받는 스포츠를 중계함으로써 미디어의 보급과 확산에 기여

② **미디어 기술의 발달**
㉠ 스카이 캠, 소형 카메라, 초고속 카메라 등 스포츠 중계를 위한 다양한 기술 발전에 기여
㉡ 스포츠 중계와 관련된 다양한 방송 포맷의 개발 유도

③ 미디어 콘텐츠 제공
  ㉠ 기타 미디어 상품에 비해 적은 매몰비용과 높고 안정된 시청률을 보장하는 콘텐츠
  ㉡ 중계 외에도 스포츠와 관련된 다양한 방송과 기사 제공

④ 미디어의 이윤 증대 기여
  ㉠ 올림픽과 같은 스포츠 메가이벤트는 높은 가시성과 희소성으로 높은 중계권료 확보 가능
  ㉡ 시청률이 높은 인기 스포츠는 높은 광고료 책정이 가능해 광고 수익이 증대

## 2. 미디어가 스포츠에 미치는 영향

① **스포츠 인구 증가**
  ㉠ 미디어 중계 및 뉴스 보도로 스포츠에 대한 대중의 관심 증대
  ㉡ '보는 스포츠'와 '하는 스포츠'의 인구를 모두 증가시킴

② **경기 환경의 변화**
  ㉠ 경기 규칙의 변경 : 경기 형태 및 규칙을 미디어 중계에 알맞도록 변화
  ㉡ 경기 일정의 변경 : 시청자 확보 및 광고 시간을 고려하여 경기 일정 편성
  ㉢ 스포츠 용구의 변화 : 미디어 중계에 적합한 형태로 용구의 형태·색 등을 변화

③ **스포츠 기술의 향상**
  ㉠ 중계 기술 발달 및 영상 장비 발달로 스포츠 기술의 전문화와 표준화에 기여
  ㉡ 비디오 판독 등 경기 진행 부분에서도 미디어 자료를 활용

④ **스포츠의 상업화**
  ㉠ 스포츠의 운영에 필요한 예산 중 미디어에 의한 수익 비율이 증가
  ㉡ 인기 위주의 중계 편성으로 스포츠 종목 간 양극화 심화
  ㉢ 여성 선수들에 대한 성 상품화 심화

⑤ **새로운 스포츠 종목 창출** : 다양한 소비자 욕구 충족을 위한 새로운 종목의 창출

> **이해더하기**
> **스포츠와 미디어의 공생관계**
> • 스포츠와 미디어는 상호보완적·상호의존적 관계
> • 미디어는 스포츠 콘텐츠를 통해 광고료, 중계권료, 광고 등의 경제적 이익 획득
> • 스포츠는 미디어를 통해 재정 자립, 대중의 관심 유도, 스포츠 발전의 기틀을 마련

---

**POINT**

**스포츠와 미디어의 상호 영향**

**스포츠 → 미디어**
• 미디어 보급·확산에 기여
• 미디어 기술의 발달
• 미디어 콘텐츠 제공
• 미디어의 이윤 증대 기여

**미디어 → 스포츠**
• 스포츠 인구 증가
• 경기 규칙의 변화
• 경기 일정의 변화
• 스포츠 용구의 변화
• 경기 기술의 전문화·표준화에 기여
• 새로운 스포츠 종목 창출

**QUIZ**
스포츠 인구의 증가, 경기 규칙 및 일정의 변경, 스포츠 용구의 변화, 새로운 스포츠 종목 창출 등은 미디어가 스포츠에 미치는 영향이다.
( O / X )
답 O

**기출 채우기**
( )의 등장으로 스포츠 콘텐츠의 생산자와 수용자의 경계가 모호해지고 있다.
답 뉴미디어

# CHAPTER 06 스포츠와 사회계급/계층

> **SECTION 01** 사회계층의 이해

## 1. 사회계층의 개념 및 정의

① **사회계층** : 사회집단(인종, 연령, 성, 민족 등)들의 계급조직의 배열 혹은 권력, 특권, 부 그리고 권위, 명성 등이 불평등하게 분배된 계급의 사회
② **스포츠 내에서의 사회계층** : 스포츠 제도라는 특정 사회체계 내에서 성, 연령, 근력, 신장, 사회적 지위, 특권, 경제력, 인성 등과 같은 사회적·문화적·생물학적 특성이 특정 집단이나 개인 및 종목에 차별적으로 배분됨으로써 상호 서열이 위계적인 체계를 이루고 있는 것

## 2. 사회계층 관련 이론

① **칼 마르크스-사회계급 이론**
  ㉠ 생산수단의 소유 여부에 따라 사회 구성원을 지배계급(자본가)과 피지배계급(노동자)으로 구분
  ㉡ 사회 계급으로 인해 사회적인 불평등이 발생
  ㉢ 개인의 계급은 생활양식과 정치적 성향, 신념, 가치관 등과 같은 사회적 속성을 규정

② **막스 베버-사회계급 이론**
  ㉠ 사회계급이 생산수단이라는 하나의 요인에 의해 결정되는 것이 아님
  ㉡ 재산, 신분, 권력 등의 추가적인 요인이 다방면으로 사회계급에 결정에 영향을 미침

③ **부르디외-계급론**
  ㉠ 인간은 '아비투스'를 바탕으로 행동
  ㉡ 아비투스와 사회의 계급적 등급이 호응하면서 일상생활 속의 실천을 구분
  ㉢ 사회문화적 요소가 계급 결정 요인이 되며, 이에 따라 스포츠 향유 양상도 변화

---

**기출 채우기**

마르크스(C. Marx)의 계급론에 따르면 운동선수는 (　　　)에 속한다.

 피지배계급

**POINT**

**아비투스**
특정한 사회적 환경에 의해 획득한 성향, 사고, 인지, 판단과 행동 체계

> **이해 더하기**
>
> **부르디외의 문화자본** `2023 기출`
>
> | 체화된 상태의 문화자본 | • 소유자와 물리적으로 분리할 수 없는 신체적 성향<br>• 품위, 세련됨, 교양 등 |
> |---|---|
> | 객관적 상태의 문화자본 | • 그림, 책, 사전, 도구, 물건 등 문화적 재화 형태의 자본<br>• 체화된 상태의 문화자본을 소유한 계급에 의해 이용될 때 그 가치를 발휘 |
> | 제도화된 상태의 문화자본 | • 학위 혹은 자격증<br>• 상징적인 능력의 지표로서 보유자를 사회적으로 능력 있는 사람으로 확인시켜주며 사회적 지위를 보장함 |

④ 베블런-베블런 효과 `2025 기출`

㉠ 베블런 효과 : 어떠한 제품의 가격이 오르는데도 불구하고 일부 계층의 과시욕이나 허영심 등으로 인해 그 수요가 줄어들지 않는 현상

㉡ 상류 계층이 골프나 승마 등의 스포츠를 즐기는 것은 자신의 지위와 재력을 과시하고자 하는 것

## 3. 스포츠 계층

① 스포츠 계층의 특성 `2025 기출` `2024 기출` `2023 기출`

| 사회성 | • 스포츠 계층 체계는 항상 사회의 다른 측면과 관련성을 가짐<br>• 광범위한 사회문화적 현상의 체현<br>• 스포츠 공동체의 보수 배분 방법이 스포츠 내의 규범이나 관행에 의해 결정 |
|---|---|
| 역사성<br>(고래성) | • 스포츠 계층은 사회제도의 일부로서 일반 사회의 불평등 역사와 맥을 같이함<br>• 특정 시대의 사회·문화적 배경에 따라 상이하게 나타남 |
| 편재성<br>(보편성) | • 스포츠 계층은 어디에나 존재하고 발견 가능한 보편적 사회문화 현상<br>• 종목 간 편재성 : 스포츠 종목 간 인기 스포츠와 비인기 스포츠로 구분<br>• 종목 내 편재성 : 경쟁의 공정성 확보를 위한 체급·능력별 급수 구분 |
| 다양성 | 이론상 스포츠에서의 불평등 정도는 권력, 재산, 위엄과 권위가 모든 사람에게 동등한 양으로 분배되어 있는 경우와 능력이나 재능에 따라 모든 것이 불평등하게 분배된 경우 사이에서 다양하게 나타남 |
| 영향성 | • 권력이나 재산, 평가, 심리적 만족 등의 불평등은 생활기회와 생활양식의 변화를 야기<br>• 스포츠 역할 및 선호도 또한 사회계층에 의해 영향을 받으며 여가생활의 사회계층적 차이에 따라 스포츠의 구체적 의미 및 형태가 상이해짐 |

> **POINT**
>
> **스포츠 계층의 특성**
> • 사회성 : 스포츠 계층은 일반 사회의 계층을 반영함
> • 고래성 : 일반 사회의 역사와 맥을 같이함
> • 보편성 : 어디에나 존재하는 보편적 현상
> • 다양성 : 완전 평등과 완전 불평등 사이의 다양한 형태로 나타남
> • 영향성 : 스포츠 계층은 일반 사회 계층에 영향을 받음

> **QUIZ**
>
> 1. '발은 다소 느리지만 타격 시 타구가 대부분 외야로 멀리 뻗어나가고 언제든지 홈런을 만들어 낼 수 있어 경기의 분위기를 단번에 가져올 수 있는 타자를 4번 타순에 배치하는 것'은 '지위의 서열화'의 사례이다. (○/×)
>
>    답 ○
>
> 2. 특정 선수를 선망의 대상으로 생각하거나 팬으로서 특정 선수를 좋아하는 것은 서열화에 해당한다. (○/×)
>
>    답 ×

② **스포츠 계층의 형성 과정**

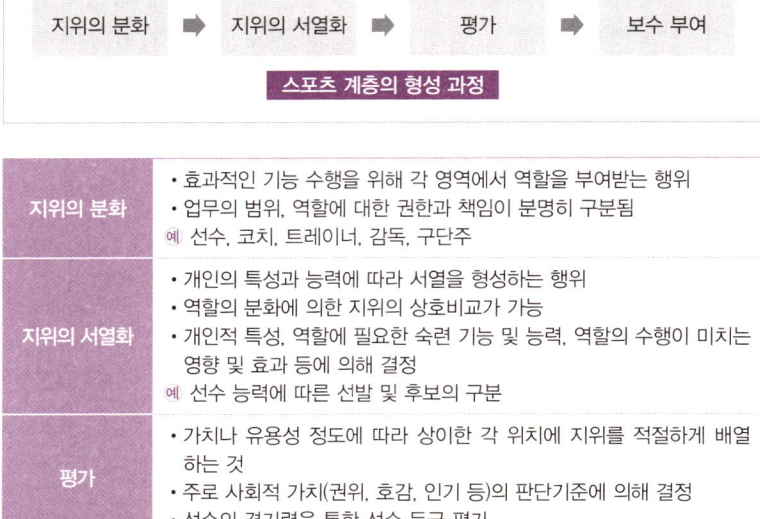

스포츠 계층의 형성 과정

| 지위의 분화 | • 효과적인 기능 수행을 위해 각 영역에서 역할을 부여받는 행위<br>• 업무의 범위, 역할에 대한 권한과 책임이 분명히 구분됨<br>예) 선수, 코치, 트레이너, 감독, 구단주 |
|---|---|
| 지위의 서열화 | • 개인의 특성과 능력에 따라 서열을 형성하는 행위<br>• 역할의 분화에 의한 지위의 상호비교가 가능<br>• 개인적 특성, 역할에 필요한 숙련 기능 및 능력, 역할의 수행이 미치는 영향 및 효과 등에 의해 결정<br>예) 선수 능력에 따른 선발 및 후보의 구분 |
| 평가 | • 가치나 유용성 정도에 따라 상이한 각 위치에 지위를 적절하게 배열하는 것<br>• 주로 사회적 가치(권위, 호감, 인기 등)의 판단기준에 의해 결정<br>• 선수의 경기력을 통한 선수 등급 평가 |
| 보수 부여 | 분화 및 서열화되고 평가가 완료된 지위에 대한 보수의 배분 행위 |

> **이해더하기**
>
> **투민(M. Tumin)의 서열화** `2025 기출`
> • 스포츠 팀 구성원으로 자신의 능력이 팀의 승리에 미치는 영향력이 커야 한다.
> • 뛰어난 운동신경과 능력뿐만 아니라 탁월한 개인적 특성을 갖추고 있어야 한다.
> • 특정 스포츠 영역에서 요구되는 운동기술이 특출한 기량을 발휘해야 한다.
>
> **보수의 구분**
> • 봉급 혹은 상금 등 재화나 용역에 관한 권리
> • 자신의 목적을 타인에게 실현시킬 수 있는 권한과 능력(감독의 권한, 주장의 권한 등)
> • 명성, 인기 등의 비물질적 보수

③ **스포츠 계층의 이론적 이해**

  ㉠ 기능주의적 접근
  • 스포츠에서 나타나는 계층은 일반사회의 가치체계를 반영하고 있으며 이는 사회통합과 체제유지의 기능을 담당
  • 스포츠에서의 보상체계는 사회에서의 차별적 보상체계의 필요성을 강화시키는 역할
  • 스포츠는 사회적 상승 이동을 위한 수단이 됨

ⓛ 갈등주의적 접근
- 스포츠는 권력 집단이 대중을 통제하기 위한 수단으로 이용됨
- 스포츠 계층은 불평등한 사회적 배분구조를 반영하며 이를 강화함
- 스포츠 계층은 자본가의 이익 추구 도구이자 착취의 수단
- 같은 스포츠에 참여하더라도 참여자 간의 소외를 조장함

## SECTION 02  사회계층과 스포츠 참가

### 1. 스포츠 참가 유형의 차이

① 시간적·경제적 여유가 변수로 작용하여 계층 간 차이 발생
② 상류층은 일차적 관람의 선호 비율이, 중·하류층은 이차적 관람의 비율이 높음
③ 상류층은 주로 자신의 재력이나 사회적 지위를 과시하는 수단으로서 스포츠에 참가
④ 하류층은 상대적으로 경제적·시간적 여유가 부족해 스포츠 참가가 제한됨

### 2. 스포츠 참가 종목의 차이

① 상류층은 경제적 여유를 전제로 하는 개인 종목에, 중·하류층은 단체 종목이나 투기 종목에 참가
② **상류층의 개인 종목 참여 비율이 높은 이유**
  ㉠ 개인 종목에는 많은 비용 및 시간이 필요
  ㉡ 상류층에는 특정 종목(골프, 승마 등)을 강조하는 분위기가 형성되어 자녀들이 스포츠 사회화 과정에서 해당 종목을 자연스럽게 경험하고 숙달시킴
  ㉢ 상류층의 과시적 소비 경향이 종목 선택에 영향
  ㉣ 직업적 특징으로 일과가 불규칙해 소수 인원이 즐길 수 있는 개인 종목이 더 적합함

---

**POINT**

**계층에 따른 스포츠 참가**

**상류층**
- 직접 참여 스포츠 비중 높음
- 직접 관람(경기장 방문) 비중 높음
- 개인 종목 선호
- 스포츠 활동 장비 및 용품의 활용
- 특정 종목을 강조하는 분위기에 따라 해당 종목을 경험하고 숙달됨

**중·하류층**
- 관람 스포츠 비중 높음
- 간접 관람(TV 중계 등) 비중 높음
- 단체 종목 및 투기 종목 선호
- 비용이 저렴한 관람 스포츠 선호
- 스포츠를 통한 일상생활의 감정 및 스트레스 해소

**QUIZ**

상류층은 자신의 부와 지위를 더욱 더 많은 사람들에게 과시하기 위해 단체 종목에 참여하는 것을 선호한다. (○/×)

답 ×

## SECTION 03  스포츠와 계층이동

### 1. 사회이동의 유형  [2025 기출] [2024 기출]

① **수직이동과 수평이동** : 사회이동의 방향에 따른 구분

| 수직이동 | • 계층구조 내에서 개인 또는 집단이 종전에 지녔던 지위의 상하 변화<br>• 상승이동 : 낮은 지위에서 높은 지위로 올라가는 것(예 선수에서 코치, 감독으로 승진)<br>• 하강이동 : 높은 지위에서 낮은 지위로 내려가는 것(예 주전 선수에서 후보 선수로 강등) |
|---|---|
| 수평이동 | 동일한 계층적 위치 내에서의 이동<br>예 A팀의 코치가 비슷한 수준의 B팀으로 동일한 수준의 역할과 대우를 받고 이동하는 경우 |

② **세대 간 이동과 세대 내 이동** : 사회이동이 이루어진 세대 범위에 따른 구분

| 세대 내 이동 | • 한 개인의 생애 동안에 계층적 위치가 변화되는 경우<br>• 주로 직업의 변동<br>예 A팀에 입단한 선수가 은퇴 후 A팀의 코치나 감독이 된 경우 |
|---|---|
| 세대 간 이동 | 부모 세대와 자녀 세대 간에 나타나는 계층적 위치 변화<br>예 어떤 운동선수가 자신의 부모보다 더 수입이 많고, 교육 수준도 높은 경우 |

③ **개인이동과 집단이동** : 사회이동의 원인에 따른 구분

| 개인이동 | • 개인의 의지와 노력으로 주어진 사회 계층 구조에서 계층적 위치가 변화되는 경우<br>• 스포츠는 실력 본위의 사회이동 체계로서 개인의 의지와 노력 여하에 따라 충분한 사회적 상승이동의 기회 제공 |
|---|---|
| 집단이동<br>(구조적 이동) | 사회의 급격한 변동에 따라 나타나는 계층적 위치의 변화<br>예 낮은 사회 계층적 지위를 점유하고 있던 것으로 인식되던 운동선수의 지위가 1980년대 프로스포츠의 태동과 발전을 거쳐 높게 평가된 것 |

※ 각 유형은 동시에 나타날 수 있음 예 개인적 세대 내 수직이동

④ **스포츠의 노동이주 유형(매기(J. Magee), 서덴(J. Sugden))**
[2025 기출] [2023 기출]

㉠ 유목민형 : 종목의 특성을 인해 국가 간 이동이 발생하고, 개인의 취향에 따라 흥미로운 장소를 돌면서 스포츠를 즐기는 유형
㉡ 정착민형 : 더 이상 떠돌아다니지 않고 일정한 곳에 스포츠를 즐기는 유형
㉢ 개척자형 : 새로운 종목을 처음으로 시도해보며 이를 즐기는 유형
㉣ 귀향민형 : 다시 기존에 즐기던 스포츠로 돌아오는 유형

---

**POINT**
사회이동의 유형
| 이동 방향 | 수직이동/수평이동 |
| 이동 기간 | 세대 간 이동/세대 내 이동 |
| 이동 주체 | 개인이동/집단이동 |

**기출 채우기**
( )은/는 운동선수가 부모보다 더 많은 수입과 명예를 얻게 되는 경우를 말한다.
답 세대 간 수직이동

**QUIZ**
스포츠의 참가 기회 및 결과는 공정하기 때문에 상승이동에 기여한다. (○/×)
답 ×

## 2. 사회이동 기제로서의 스포츠

① **사회이동의 기제로서 긍정적인 스포츠의 역할**
  ㉠ 스포츠 참가는 사회적 상승 이동을 촉진하는 매개체 역할을 수행
  ㉡ 조직적인 스포츠 참가는 은퇴 후 직업적 후원을 받을 수 있는 대인관계에 도움이 됨
  ㉢ 조직적인 스포츠 참가는 직·간접적으로 교육적 성취도를 향상시킴
  ㉣ 스포츠 참가는 사회에서 가치 있게 여겨지는 태도 및 사회적 기준을 발달시킴
  ㉤ 어린 시절부터 조직적인 스포츠에 참가하게 되면 최소한의 교육만으로 전문 직종의 기술을 습득할 수 있는 능력을 획득

② **사회이동의 기제로서 부정적인 스포츠의 역할**
  ㉠ 정부와 미디어는 성공 이데올로기의 일반화를 통해 누구나 노력하면 성공할 수 있다는 인식을 확산, 사회적 불평등에 대한 대중의 관심을 돌리거나 은폐함
  ㉡ 일부 사례의 일반화를 통해 신분상승 이데올로기를 부추겨 프로스포츠 선수에 대한 잘못된 인식이 발생함

# CHAPTER 07 스포츠와 사회화

## SECTION 01 스포츠사회화의 의미와 과정

### 1. 스포츠사회화의 정의

① **사회화** : 인간이 사회생활을 영위해 나가는 데 필요한 규범, 가치, 지식 등을 습득하는 복합적인 발달 과정
② **스포츠사회화** : 스포츠라는 소사회에서 개인이 스포츠를 통해 집단 구성원이 공통으로 가지고 있는 가치관, 신념, 태도 등을 집단 내의 다른 구성원과의 상호작용을 통해 자신의 지위에 상응하도록 습득하는 과정

### 2. 스포츠사회화의 과정

① 스포츠로의 사회화(socialization into sport)
② 스포츠를 통한 사회화(socialization via sport)
③ 스포츠로부터의 탈사회화(desocialization from sport)
④ 스포츠 재사회화(resocialization into sport)

> **이해더하기**
>
> 스포츠사회화 과정 모형
>
> 스포츠로의 개인의 사회화 : <u>스포츠로의 사회화</u>
> ⬇
> 스포츠 참가
> ⬇
> 스포츠 참가의 결과 : <u>스포츠를 통한 사회화</u>
> ⬇
> 스포츠 참가의 중단 : <u>스포츠로부터의 탈사회화</u>
> ⬇
> 스포츠로의 복귀 : <u>스포츠로의 재사회화</u>

## 3. 스포츠사회화의 이론적 접근

① **사회학습이론(W. Leonard II)** 2025 기출 2024 기출 2023 기출
- ㉠ 개인이 어떻게 사회적 행동을 습득하고 수행하는지를 밝히려는 이론
- ㉡ 상과 벌을 통하거나 사회화 주관자의 가르침을 통해 행동의 변화가 일어남
- ㉢ 다른 사람의 행동을 관찰하여 모방이 일어남
- ㉣ 사회화를 위한 학습방법을 강화, 코칭, 관찰학습의 3가지로 구분

| 강화 | 강화와 처벌을 통해 사회적 역할을 습득·수행 |
|---|---|
| 코칭 | 사회화의 대상이 사회화의 주관자를 통해 가르침을 받음 |
| 관찰학습 | 사회화의 대상이 다른 사람의 행동을 관찰하여 유사하게 행동함으로써 과제를 학습하고 수행 |

- ㉤ 사회화 과정의 역할학습에 관련된 세 가지 요소

| 개인적 특성 | 성, 연령, 사회·경제적 지위 등 |
|---|---|
| 주요 타자 | • 가족, 친구, 교사, 대중매체 등<br>• 이들의 태도, 가치관, 행동 등이 개인의 태도, 가치관, 행동 등의 형성에 결정적인 역할을 함 |
| 사회화 상황 | 스포츠 집단의 구조, 참여의 자발성 등 |

② **역할이론**
- ㉠ 개인은 사회적 구조 내에서 사회적 지위에 따라 그 지위에 기대되는 행위를 하고자 하며, 이 과정에서 사회화가 이루어짐
- ㉡ 사회를 하나의 무대로, 개인을 무대 위의 배우로 비유

③ **준거집단이론**
- ㉠ 사회화 주관자로서의 다양한 기능을 지닌 준거집단이 사회화 과정에서 중요한 역할을 수행
- ㉡ Kemper에 의해 3가지 준거집단 개념이 제시됨

| 규범집단 | 가족과 같이 규범을 설정하고 가치관을 형성시켜 개인에게 행동의 지침을 제공하는 집단 |
|---|---|
| 비교집단 | 특정 역할 수행의 기능적인 의미를 제시해주는 역할 모형을 의미 |
| 청중집단 | • 특정 개인의 특별한 주목을 받지는 않으나 그들의 가치와 태도에 부합하도록 행동하려는 집단<br>• 대표적으로 친구를 들 수 있음 |

---

**기출 채우기**

팀 훈련 과정에서 선수들의 운동 수행 능력 향상을 위해 상과 벌을 활용하는 것은 스포츠사회화 이론 중 ( )의 접근법에 해당한다.

📖 사회학습이론

**QUIZ**

사회학습이론에서는 스포츠 역할의 학습을 이해하기 위해 강화, 코칭, 보상의 개념을 활용한다.
(○/×)

📖 ×

## SECTION 02   스포츠로의 사회화와 스포츠를 통한 사회화

### 1. 스포츠로의 사회화

① **스포츠로의 사회화**
  ㉠ 의미 : 스포츠 참여의 경험에 의해 긍정적·부정적 영향을 받아 스포츠에 대한 개입 수준을 증가·감소시키는 것
  ㉡ 주요 타자와 준거집단의 가치관이 결정적인 영향을 미침

② **스포츠 개입 증진 요소**
  ㉠ 스포츠의 본질적 즐거움
  ㉡ 승리·금전·건강 등 외적 보상에 대한 기대
  ㉢ 개인의 정체의식
  ㉣ 주요 타자로부터 인정받을 때의 만족감
  ㉤ 개인의 정체감을 위협하는 부정적 제재로부터의 회피

③ **스포츠로의 사회화 요인**
  ㉠ 개인적 특성 : 나이, 성별, 신장, 사회적 위치 등의 개인적 요소
  ㉡ 스포츠 사회화의 주관자(주요 타자)

| | |
|---|---|
| 가족 | • 스포츠에 참가하는 데 있어 절대적인 역할을 수행<br>• 스포츠사회화 초기 단계는 대부분 부모, 형제, 자매로 인해 형성<br>• 아동기에 경제적·정서적 후원, 가치와 지식의 내면화를 위한 역할모형의 역할 수행 |
| 학교 | • 학교 내의 정규 수업시간, 교내 운동 프로그램, 학교 간 운동부 경기 관람 등<br>• 많은 학생들을 대상으로 스포츠로의 사회화를 실천 |
| 동료집단 | • 개인이 성장함에 따라 가정보다는 친구들로 이루어진 또래 집단의 영향력이 증대<br>• 개인이 가정에서 경험하지 못하는 평등한 관계, 독립심, 리더십 발현의 기회를 제공<br>• 유년기나 청소년기에 동료집단은 가장 큰 영향력을 지님 |
| 지역사회 | • 비영리 및 영리 목적의 스포츠 시설이 지역주민의 스포츠사회화 주관자 역할을 담당<br>• 최근 지역사회의 사회체육 활성화로 과거 학교체육이 전담하던 청소년기 체육을 각종 지역사회 체육조직이 분담 |
| 대중매체 | • 신문, TV, 잡지, 영화, 인터넷 등의 대중매체<br>• 청소년뿐만 아니라 성인과 여성에 이르기까지 다양한 연령, 계층의 사람들이 스포츠와 친숙해지는 기회를 제공<br>• 일반대중이 직·간접적으로 스포츠를 소비하고 스포츠에 참가하도록 유도 |

  ㉢ 사회적 상황
    • 스포츠 시설이나 용품·기구, 프로그램 등에 대한 접근성과 편리성
    • 사회의 정치·경제적 상황이나 문화, 제도, 역사, 종교, 지역 특성, 전통 등에 의해 제약

---

**QUIZ**
대중매체는 특히 청소년기의 스포츠 사회화 주관자 중 가장 큰 영향력을 미치는 주관자이다. (O/×)
답 ×

**기출 채우기**
여성의 신체 노출을 금기시하는 일부 국가의 문화가 여성의 스포츠 참가를 불가능하게 하는 것은 스포츠로의 사회화 요인 중 ( )의 사례에 해당한다.
답 사회적 상황

## 2. 스포츠를 통한 사회화

① **의미** : 스포츠에 참가한 후 이를 경험하면서 여러 가치와 규범, 행동양식을 학습하는 과정

② **스포츠 태도의 형성**
  ㉠ 스포츠 경험, 즉 스포츠 참가를 통해 스포츠에 대한 마음가짐(스포츠 태도)을 형성
  ㉡ 스포츠 참가의 형태와 정도, 수준에 따라 차이를 보임

③ **스포츠 참가의 형태**(G. Kenyon & Z. Schutz) 2023 기출
  ㉠ 참가의 유형

| | |
|---|---|
| 행동적 참가 | • 스포츠에 실질적으로 참가하는 형태<br>• 일차적 참가 : 선수 등 스포츠에 참가하는 경기자 자신의 활동<br>• 이차적 참가 : 선수 이외의 스포츠 생산자(직접 생산자, 간접 생산자) 혹은 스포츠 소비자(직접 소비자, 간접 소비자)로서의 스포츠 참가 |
| 인지적 참가 | • 학교, 사회기관, 미디어 등을 통해 스포츠에 관한 정보를 수용함으로써 이루어지는 참가<br>• 스포츠 역사, 규칙, 기술, 전술 등의 지식 혹은 정보 |
| 정의적 참가 | 특정 선수나 팀 또는 경기 상황에 대해 감정적 태도, 성향을 표출하는 간접적인 참가<br>예 열성적으로 팀을 응원하는 스포츠팬 |

  ㉡ 참가의 형태

| | |
|---|---|
| 일상적 참가 | 스포츠 활동에 정기적으로 참가하고 개인의 생활과 스포츠 활동이 조화로운 상태<br>예 매일 1시간씩 조깅 후 출근 |
| 주기적 참가 | 일정 간격을 유지한 채 스포츠에 지속적으로 참가하는 상태<br>예 2주에 한 번씩 사회인야구 참가 |
| 일탈적 참가 | • 일차적 일탈 : 중년층에서 대표적으로 나타나는 현상으로, 자신의 직업을 등한시하거나 포기하고 골프나 테니스와 같은 스포츠 활동에 모든 시간을 소비하는 스포츠 중독 상태<br>• 이차적 일탈 : 기분 전환을 위한 스포츠 관람의 차원을 넘어 경기 결과에 내기를 걸고 도박을 할 정도로 스포츠 관람을 탐닉하는 상태 |
| 참가 중단<br>(포기 · 비참가) | • 일탈적 참가와는 달리 모든 스포츠 참가를 혐오<br>• 스포츠 역할에 전혀 참가하지 않았거나 과거 스포츠 활동에 참가했더라도 기회의 제한, 관심의 부족, 스포츠로 인한 불쾌한 경험 등으로 인해 현재는 참가하지 않고 있는 상태 |

  ㉢ 참가의 수준

| | |
|---|---|
| 조직적 참가 | 구조적으로 안정된 활동으로 역할학습이나 수행 결과에 초점을 두고 스포츠 경험을 제공하는 활동 |
| 비조직적 참가 | • 구성원과의 상호작용을 강조하며 스포츠 활동 자체에 만족을 얻기 위한 자율적인 활동<br>• 구성원들의 참가 정도는 자유의사, 시간, 시설, 장소, 경제적 여유 등에 따라 달라짐 |

---

**QUIZ**
실제 스포츠에 참가하지는 않지만 특정 팀이나 선수를 응원하는 등 감정적인 태도나 성향을 표출하는 것은 정의적 참가에 해당한다.
(○/×)
답 ○

**QUIZ**
경마에 빠져 집안이 어려워질 정도로 재산을 탕진하는 것은 일탈적 참가 중 이차적 일탈에 해당한다.
(○/×)
답 ○

> **O/X QUIZ**
> 스나이더가 제시한 스포츠 사회화 전이 조건에는 '참가의 가치'가 포함된다. (O/×)
>
> 📖 ×

④ 스포츠를 통한 사회화의 전이 조건(E. Snyder) `2023 기출`
  ㉠ 참가의 정도 : 빈도와 강도, 지속성 등이 높을수록 전이가 잘 발생
  ㉡ 참가의 자발성 여부 : 자발적 선택은 보다 긍정적인 결과를 초래함
  ㉢ 참가자의 개인적·사회적 특성 : 스포츠 참가자의 기능 및 기능의 인지도 전이에 영향
  ㉣ 사회화 주관자의 위신 및 위력 : 주관자의 사회적 위신 및 위력이 클수록 큰 영향
  ㉤ 사회화 관계의 본질성 : 상호작용에서의 인간적 유대와 감정적 연대가 전이에 긍정적 영향

## SECTION 03 | 스포츠 탈사회화와 재사회화

### 1. 스포츠로부터의 탈사회화 `2024 기출`

① **스포츠 탈사회화 형태**

| 자발적 은퇴 | • 자발적으로 스포츠에서 이탈하는 것<br>• 은퇴는 다음 세대로 자신의 역할을 전달하여 '세대 순환'의 기능을 수행<br>• 주 요인은 교육 수준, 재정적 상황, 신체 능력의 저하 등 |
|---|---|
| 참여 중단과 중도 탈락 및 비자발적 은퇴 | • 큰 부상이나 팀으로부터의 해임과 같이 예기치 않게, 본의 아니게 일어나는 탈사회화<br>• 전 연령층에 걸쳐 일어나며 그 이유 역시 다양함<br>• 변화에 대한 반응 및 과정이 비자발적이며 예상 밖의 사건으로서 심리적 스트레스 및 적응 문제를 야기하는 경우가 많음 |

② **스포츠 탈사회화 후 타 분야 활동 적응 영향 요인**

| 환경 변인 | 성, 연령, 계층 및 교육 정도 |
|---|---|
| 취업 변인 | 스포츠 이외의 취업 기회에서 채용 가능성이 있는 잠재적 노동력 보유 여부 |
| 정서 변인 | 스포츠가 개인의 자아 정체 중심부에서 차지하는 정도 |
| 역할 사회화 변인 | 스포츠 이외의 선택이 가능한 타 역할에 대한 사전 계획 유무 혹은 사회화의 정도 |
| 인간관계 변인 | 스포츠로부터의 탈사회화 과정에 대한 주변인들의 지원 체계 |

### 2. 스포츠로의 재사회화

① **의미** : 스포츠 참가를 중단했던 개인이 어떤 계기로 다시 복귀하며 재참가하는 것
  ※ 스포츠 탈사회화를 한 모든 이들에게 재사회화가 나타나는 것은 아님

② 스포츠 재사회화의 유형
  ㉠ 유사 종목으로의 재사회화
  ㉡ 직접 참가에서 간접 참가로의 재사회화
  ㉢ 스포츠 관련 직업 또는 기타 역할 선택으로서의 재사회화

> **이해더하기**
>
> **스포츠 재사회화, 스포츠로의 사회화, 스포츠를 통한 사회화, 스포츠 탈사회화**
>
> | | |
> |---|---|
> | 스포츠 재사회화 | 스포츠 활동에 다시 참가하여 스포츠로의 사회화가 다시 시작하는 것<br>예) 테니스 지도자가 되어 초등학교에서 테니스를 가르치게 되었다. |
> | 스포츠로의 사회화 | 스포츠에 참가하는 활동 그 자체를 의미하며, 이러한 경험으로 영향을 받아 스포츠에 대한 개입 수준을 증가·감소시키는 것<br>예) 부모님의 권유로 테니스를 배우게 되었다. |
> | 스포츠를 통한 사회화 | 스포츠 참가와 활동을 통하여 가치나 역할, 태도를 학습해 가는 과정<br>예) 테니스 참여를 통해 사회성, 준법정신이 강한 선수가 되었다. |
> | 스포츠 탈사회화 | 지속적으로 스포츠 활동을 하던 사람이 중간에 포기하거나 아예 그만둠으로써 지속적인 스포츠 참여에서 이탈하는 일<br>예) 무릎 인대 손상으로 테니스 선수 생활을 그만두었다. |

**QUIZ**

운동선수는 스포츠 탈사회화 이후 모두 스포츠 재사회화의 과정을 겪는다. (○/×)

답 ×

# CHAPTER 08 스포츠와 일탈

> **SECTION 01** 스포츠 일탈의 이해

## 1. 스포츠 일탈의 개념과 원인

### ① 스포츠 일탈의 개념

㉠ 일탈의 의미
- 동조 : 사회적 가치와 규범에 부합하는 행동
- 일탈 : 사회에서 일반적으로 기대되는 규범을 벗어난 행동

㉡ 스포츠 일탈의 의미
- 경기 규칙을 위반하는 행동 등 스포츠의 보편적 가치인 스포츠맨십과 페어플레이 정신에 위배되는 행동
- 비합법적으로 사람 · 용구 · 재산 등에 손해를 가하는 행동

### ② 스포츠 일탈의 원인

| | |
|---|---|
| 양립 불가능한 가치 지향성 | • 스포츠맨십과 페어플레이 정신, 그리고 승리에 대한 목표의식이라는 서로 다른 성격의 보편적 가치 간 대립<br>• 승리에 대한 과도한 집착은 스포츠맨십과 페어플레이 정신에 위배되는 행동을 유발 |
| 가치 및 규범과 성공 강박 간의 불일치 | • 승리와 성공을 얻기 위해 공식적으로 규정된 시간의 훈련만으로는 부족<br>• 중 · 고등학교 팀의 경우 승리를 위해 규정시간 이외의 시간을 이용하여 훈련 |
| 역할 갈등 | • 학생으로서 수업에 참여하고 성적을 거두는 역할과 운동선수로서 시합에서 승리하는 역할을 동시에 하도록 기대받는 상황<br>• 양쪽 기대를 모두 충족시킬 시간 여유 및 능력의 불충분으로 역할 갈등이 발생, 일탈 행동으로 분출 |
| 상이한 역할 기대 간의 불일치 | 코치나 감독의 기술적 숙련 요구와 선수 자신이 느끼는 운동선수로서의 역할, 그리고 개인의 사회적 · 직업적 역할 수행에 대한 기대 등의 불일치로 인해 일탈 행동이 발생 |

> **POINT**
> **스포츠 일탈의 원인**
> • 양립 불가능한 가치 지향성
> • 가치 및 규범과 성공 간의 불일치
> • 역할 갈등
> • 상이한 역할 기대 간의 불일치

## 2. 스포츠 일탈의 이론적 접근

### ① 절대론적 접근

㉠ 절대론적 접근의 정의
- 절대적이고 불변하는 규칙과 이상이 존재한다는 믿음에 근거함
- 팬이나 미디어, 일반 대중의 접근 방식

- ⓒ 절대론적 접근에서의 일탈
  - 일탈을 해당 행동이 규범에서 벗어난 정도로 규정
  - 규정에서 많이 벗어난 행동일수록 더 심각한 일탈로 간주
  - 일탈은 규정을 준수하지 않고 기대에 부응하지 않는 행동
- ⓓ 절대론적 접근의 문제점
  - 성, 사회적 위치, 나이, 환경 등 각각의 사람들이 옳고 그름을 결정하는 데 영향을 미치는 수많은 요인이 있음을 간과함
  - 승리에 기여하는 '좋은 반칙' 용납 불가
  - 이미 존재하는 시스템과 규정이 옳다는 믿음은 일탈을 줄이기 위한 새로운 방안을 만들기 어렵게 함(창의성과 변화를 약화시킴)

② 상대론적 접근 2023 기출
- ㉠ 상대론적 접근의 정의
  - 문화적·상호작용적·구조적 이론의 조합, 즉 상호작용에 근거
  - 일탈을 개인의 윤리적 문제가 아닌 사회 구조적인 문제로 규정
- ㉡ 상대론적 접근에서의 일탈
  - 규범은 사회적 규정으로서 옳고 그름이 아닌 사회적으로 용인되는 범위를 의미
  - 일탈 또한 사회적으로 규정된 것이며 그 경계는 변화함
  - 권력은 일탈을 규정하는 경계를 결정하는 중요 결정 요인
  - 다수를 차지하는 생각과 특성, 행동이 규범으로서 작용하고 그 범주를 벗어나는 행동은 과잉동조 혹은 과소동조 행동으로 규정됨

> **이해 더하기**
>
> **과잉동조와 과소동조** 2024 기출 2023 기출
>
> | 과잉동조 | 집단의 규범을 지나치게 경직적으로, 과도하게 받아들이는 것<br>예 지나친 부상이나 고통에도 경기를 강행하는 것, 운동 수행 능력 향상을 위한 지나친 식이 제한 등 |
> |---|---|
> | 과소동조 | 집단의 규범을 무시하는 것<br>예 경기 중 음주, 금지약물 복용, 성적 학대 등 |
>
> **코클리(J. Coakley) 일탈적 과잉동조를 유발하는 스포츠 윤리규범** 2024 기출
>
> | 인내규범 | 운동선수는 위험을 받아들이고 고통 속에서도 경기에 참여해야 함 |
> |---|---|
> | 도전규범 | 운동선수는 장애물을 극복하고 역경을 헤쳐 나가는 노력을 해야 함 |
> | 몰입규범 | 운동선수는 경기에 헌신해야 하며 이를 그들의 삶에서 우선순위에 두어야 함 |
> | 구분짓기 규범 | 다른 선수와의 차별성을 강조하며, 운동선수는 경기에서 탁월함을 추구해야 함 |

---

**QUIZ**
절대론적 접근은 승리에 기여하는 '좋은 반칙'을 인정하지 않는다. (○/×)
답 ○

**QUIZ**
상대론적 접근에 따르면 스포츠 일탈이 용인되는 범위는 사회적으로 타협하는 과정을 통해 구성된다. (○/×)
답 ○

**QUIZ**
감독의 지시에 따라 상대 팀 선수에게 의도적으로 빈볼을 던지는 것은 과소동조 행위에 해당한다. (○/×)
답 ×

## 3. 스포츠 일탈에 관한 주요 이론 [2025 기출] [2024 기출]

### ① 구조기능이론
- ㉠ 일탈을 규범 위반의 관점에서 정의
- ㉡ 일탈은 가치관의 혼란으로 인해 발생
- ㉢ 일탈이 규범을 재확인함으로써 현존하는 사회 질서 유지에 기여

> **기출 채우기**
> ( )에서는 일탈을 현존하는 사회질서의 유지에 기여하는 정상적인 현상으로 간주한다.
> 📖 구조기능이론

### ② 갈등이론
- ㉠ 경제적, 인종적, 젠더 갈등 등으로 인해 일탈이 발생
- ㉡ 사회의 불평등하고 모순적인 시스템이 갈등의 원인이라고 봄

### ③ 차별교제이론
- ㉠ 개인이 일탈 유형과의 접촉을 통해 일탈을 학습, 일탈자로 변화
- ㉡ 일탈이 개인의 심리적 차이가 아닌 일탈적 행동을 장려하는 환경적 요인을 통해 학습되는 것으로 봄

### ④ 낙인이론
- ㉠ 일탈은 사회적 규정에 의해 개념화된 것
- ㉡ 특정인의 우연적이고 일시적인 미약한 일탈(일차적 일탈)이 다른 요인과 결합함으로써 타인이 해당 개인을 일탈자로 낙인찍고, 이렇게 낙인찍힌 개인은 일탈자로서의 자아를 형성, 점차 습관화되고 지속적인 일탈(이차적 일탈)을 저지르게 됨

> **이해 더하기**
> **하워드 S. 베커(S. Becker)의 낙인이론**
> 일탈 행동을 단순한 사회 병리 현상으로 다뤄 온 방식과는 구별해 일탈이 주위로부터의 낙인에 의해 만들어진다는 것을 말하며 '범죄자'라는 사람을 만드는 것은 바로 사회구조라고 주장한다. 즉, 위법행위를 저지른 사람을 다른 누군가가 비난하기 시작하면서부터 범죄자가 생긴다는 것이다. 이러한 범죄자에 대한 낙인은 낙인을 찍힌 사람(위법행위자)과 그 낙인을 찍은 사람(사법기관, 사회)과의 상호작용을 통해서 생기고 이를 통해 낙인을 찍힌 사람들은 '낙인자' 또는 범죄자가 되어 또 다른 범죄행위를 저지르게 된다고 주장한다.

### ⑤ 아노미이론(Merton)
- ㉠ 아노미 : 문화적 목표와 제도적 수단의 불일치 상태
- ㉡ 아노미 유형

| 개인 적응 양식 | 문화적 목표 | 제도적 수단 | 특징 |
|---|---|---|---|
| 동조형(순응형) | + | + | 합법적 수단으로 문화적 목표를 달성하려는 유형(일반인) |
| 혁신형(개혁형) | + | − | 금지된 수단으로 문화적 목표를 달성하려는 유형(일반 범죄자) |

> **POINT**
> **머튼의 아노미이론의 예**
> - 혁신형 : 벤 존슨은 불법약물복용으로 올림픽 금메달을 박탈당했다.
> - 의례형 : 승리에 대한 집념보다는 규칙을 지키며 최선을 다해 경기에 참여한다.
> - 도피형 : 스스로 실력의 한계를 느끼고 운동부에서 탈퇴한다.
> - 반역형 : 학생선수의 학습권을 보장하기 위해 최저학력제를 도입하였다.

| 개인 적응 양식 | 문화적 목표 | 제도적 수단 | 특징 |
|---|---|---|---|
| 의례형(의식형) | – | + | 합법적 수단으로 살아가는 유형(샐러리맨, 하급 관료) |
| 도피형(퇴행형) | – | – | 문화적 목표와 제도적 수단 모두를 포기하는 유형(알코올·마약 중독자) |
| 반항형(전복형) | ± | ± | 기존의 목표·수단을 거부하고 새로운 목표·수단을 추구하는 유형(확신범) |

⑥ **사회통제이론**
  ㉠ 다수의 사람들이 일탈행위를 저지르지 않는 이유를 찾고자 하는 이론
  ㉡ 일탈을 저지르지 않는 이유를 행동과 욕구가 내적·외적 요소에 따라 통제되기 때문이라고 봄

⑦ **문화전달이론**
  ㉠ 특정 지역의 지속적인 일탈행위를 설명하려는 이론
  ㉡ 범죄를 야기하는 사회적 요소가 주민들 간에 계승되어 고유한 비행 문화가 세대 간에 전달됨으로써 일탈이 발생한다고 봄

⑧ **문화규범이론**
  ㉠ 소비자는 미디어가 제시하는 규범에 따라 생각이나 행동을 취한다는 이론
  ㉡ 미디어가 현존하는 사상이나 가치를 선택적으로 제시 및 강조하고 있다고 봄

⑨ **개인차 이론**
  ㉠ 개인의 독특한 심리적 욕구 만족을 위해 일탈이 발생한다고 봄
  ㉡ 개인의 독특한 심리적 욕구 : 인지적, 정의적, 도피적, 통합적 욕구

⑩ **중화이론**
  ㉠ 범죄자들이 자신들의 범죄행위를 정당화하고 합리화하여 죄책감을 피하는 것으로 자신이 잘못됐다는 것을 알지만 그 행동에 대해 상황적 변명을 꾸며내고 그러한 부도덕한 행동에 대한 죄책감을 완화하기 위한 시도를 말한다.
  ㉡ 중화기술이란 범죄자들이 자신들의 범죄 행위를 정당화하고 책임 회피를 통해 죄책감을 희석하기 위한 기술적 전략을 말한다.
    • 사이크스(Gresham Sykes)와 마짜(David Matza)의 중화기술
      - 책임의 부정(denial of responsibility) : 범죄자가 자신의 행동이 자신의 통제 밖의 상황에 의해 발생했다고 믿는 것. 자신의 일탈을 외부 요인으로 본다.
      - 피해의 부정(denial of injury) : 자신의 부당한 행동으로 인해 실제로는 아무도 피해를 보지 않았다고 믿는 것

- 피해자의 부정(denial of the victim) : 비행이나 범죄에 대한 자신의 책임은 인정하지만 그러한 행위의 피해자는 진정한 피해자가 아니라고 믿는 것
- 비난자의 부정(condemnation of condemners) : 비행 청소년이나 범죄자들이 자신들을 비난하는 사람들을 위선자나 변절자로 믿으며 오히려 그들을 비난하는 것
- 더 높은 가치에 호소(appeal to higher loyalties) : 비행 청소년이나 범죄자들이 자신의 행동이 더 중요하고 더 높은 원칙이나 가치에 의해 정당화된다고 믿는 것

### 4. 스포츠 일탈의 기능 `2023 기출`

① **스포츠 일탈의 순기능**
  ㉠ 규범의 존재를 재확인시켜주어 규범에 대한 동조를 강화
  ㉡ 부분적인 스포츠 일탈이 사회적 안전판 역할을 수행
  ㉢ 사회에 개혁과 창의성을 가져다주는 역할을 할 수 있음

② **스포츠 일탈의 역기능**
  ㉠ 스포츠 체계의 질서 및 예측 가능성을 위협하고 긴장과 불안을 조성
  ㉡ 스포츠 참가자의 사회화에 부정적인 영향을 미침
  ㉢ 폭력, 공격, 규칙위반 등의 일탈행동의 제도화를 통한 부정적 행동 습득

## SECTION 02 | 스포츠 일탈의 유형

### 1. 폭력행위 `2024 기출`

① **폭력** : 타인에게 신체적으로 해를 끼치는 의도적인 행동
② **스포츠 폭력의 정의**
  ㉠ 행동적 정의(Behavioral definition) : 행동의 결과에 중심
  ㉡ 동기적 정의(Motivation definition) : 행위의 결과보다 동기에 중심
③ **스포츠 폭력의 유형**
  ㉠ 적대적 공격(Hostile aggression) : 승리가 아닌 타인의 부상을 목적으로 하는 폭력
  ㉡ 도구적 공격(Instrumental aggression) : 외적인 보상이나 목표 획득을 위해 하는 행위

---

**POINT**

**스포츠 일탈의 순기능 사례**
1966년 로베르타 깁은 당시 남성만 출전 가능했던 보스턴 마라톤에 '바비 깁'이라는 이름으로 참가하여 완주하였고, 이는 여성 마라톤의 시발점이 되었다.

**스포츠 일탈의 순기능과 역기능**

| 순기능 | 역기능 |
|---|---|
| • 규범의 존재 재확인을 통해 규범에 대한 동조 강화<br>• 사회의 안전판 역할<br>• 사회 개혁과 창의성 부여 | • 긴장과 불안 조성<br>• 스포츠 사회화에 부정적 영향<br>• 제도화를 통한 부정적 행동 습득 |

**POINT**

**적대적 공격과 도구적 공격의 사례**
- 적대적 공격 : 야구에서 타자를 향해 던지는 빈볼
- 도구적 공격 : 축구에서 공격 흐름을 끊기 위한 태클

### 이해더하기

**스미스(M. Smith)의 스포츠 폭력 유형**

| 격렬한 신체접촉 | • 특정스포츠에서 흔히 발생<br>• 스포츠 참가의 일부로 받아들여짐<br>예 충돌, 가격, 태클, 방해, 부딪힘 등 |
|---|---|
| 경계폭력 | • 경기 규칙에는 위반되지만, 스포츠 윤리의 규범에 부합하여 유용한 경기전략으로 받아들여짐.<br>• 상대방의 보복적 행동을 유발함<br>예 야구 빈볼, 축구, 농구의 팔꿈치, 아이스하키의 주먹질 등 |
| 유사범죄 폭력 | • 경기 규범과 공공의 법 그리고 선수들 사이의 비공식적인 규범을 함께 위반하는 행위<br>예 비열한 플레이, 불시의 공격 등 |
| 범죄폭력 | 집단의 규범을 무시하는 것<br>예 경기 중 음주, 금지약물 복용, 성적 학대 등 |

### 기출 채우기

대부분의 선수나 지도자들이 용인하는 폭력 형태인 (　　　)은/는 경기규칙을 위반하는 행위이지만, 경기전략의 하나로 볼 수도 있다.

답 경계폭력

④ **스포츠 폭력의 원인**

㉠ 스포츠의 상업화 : 영웅적 행동, 승리의 강조
  - 관중의 즐거움을 위한 폭력적 행동을 영웅시 함
  - 운동선수는 관중 동원이라는 경제적 이익을 위해 폭력적 행동을 유도함
  - 스포츠 폭력은 승리, 즉 성공과 금전적 보상의 증가로 이어져 경기의 흥미를 증가시킴

㉡ 팀의 구조적 특성
  - 스포츠 팀은 코치와 감독의 억압적 통제 체제하에 놓여 있는 구조
  - 팀은 선수로 하여금 경기에서 폭력을 일으키게 하고 그러한 행동이 용이하도록 조장함

### 이해더하기

**여성 선수에 대한 남성 선수의 폭력 연구**

크로젯(T. Crosset)은 1996년 'Male Student-Athletes and Violence Against Women'이라는 논문에서 여성 선수에 대한 남성 선수의 폭력과 남성 위주의 스포츠 문화의 관련성에 대한 연구 결과를 발표하였다. 이에 따르면 남성 선수들 사이에서 폭력 행위가 자신의 남성다움을 확립하고 여성 선수에 대한 자신의 통제력을 강화하는 데 효과적인 전략이라는 믿음이 존재하고 있으며, 크로젯은 이것이 여성 선수를 상대로 하는 폭력 발생의 주요 원인 중 하나라고 이야기하였다.

CHAPTER 08 스포츠와 일탈

## 2. 약물 복용

① **정의** : 운동선수의 육체적·심리적 기능을 한시적으로 증진시키는 화학적 합성물 혹은 천연물질을 사용하는 행위
  - 예) 아나볼릭 스테로이드, 암페타민, 마약성 진통제 등

② **약물 복용의 문제점**
  ㉠ 인위적 자극에 대한 윤리적 문제
  ㉡ 육체적 혹은 정신·신경적 부작용의 문제
  ㉢ 페어플레이 정신 위반

## 3. 부정 및 범죄행위

① **정의**
  ㉠ 경쟁상황에서 승리에 이르는 조건을 어느 한쪽 편에 유리하도록 명시적·묵시적으로 동의하는 행위
  ㉡ 목표에 도달하기 위해 비합법적인 수단을 동원하는 행위

② **부정행위의 형태**

| 제도적 부정행위 | 경쟁 상황을 유리하게 이끌어 가기 위한 제도적 속임수<br>예) 파울 판정을 유도하기 위한 헐리웃 액션 |
|---|---|
| 일탈적 부정행위 | • 사회에서 용인되지 않아 엄격한 제재를 받는 행위<br>• 그 정도가 심각하고 악의적이므로 사회적 비난을 받는 행위<br>예) 약물 투여, 승부 조작 등 |

## 4. 조직적 일탈

① **정의** : 영향력 있는 개인이나 집단, 조직, 기관 등에 의해 이루어지는 비윤리적·불법적 규범 위반 행위
  - 예) 선수 충원이나 스카웃과 관련된 부당한 금품 수수, 운동선수의 학업 성적 위조 및 부정선수 출전 등

② 일탈행위가 조직적 차원에서 용인되므로 통제가 어려움

## 5. 집합행동  2023 기출

① **전염이론**
  ㉠ 혼자 있을 때는 이성적인 사고를 할 수 있는 합리적인 존재라도 집단에서는 타인으로부터 영향을 받아 비이성적으로 변한다는 이론
  ㉡ 군중은 피암시성, 순환적 반작용에 의해 폭력적 집단행동이 나타남

② **수렴이론**
  ㉠ 일상생활에서 숨겨져 왔던 본연의 실제 자아가 사회적 익명성과 몰개성 상황에서 감정적 행동으로 표출된다는 이론

---

**QUIZ**
경기력 향상을 위한 금지약물 복용, 상급학교 진학을 위한 승부조작 등은 일탈적 부정행위에 해당한다.
(○/×)
답 ○

**기출 채우기**
축구 경기 도중 관중들의 야유 소리가 점점 커지며 관중폭력이 발생한 것은 (          )와/과 관련이 있다.
답 전염이론

ⓒ 군중들의 반사회적 성향이 익명성, 몰개성화에 의해 집합행동으로 나타남

③ 규범생성이론

㉠ 개인의 특수성과 장소 고유의 규범이 생성됨에 따라 동조압력에 의한 집합행동이 발생되는 것을 강조

ⓒ 특정 사회적 상황에서의 공유의식은 구성원의 감정과 정숙 정도, 수용성 등에 영향을 줌

④ 부가가치이론

㉠ 어떤 종류의 집합행동이 일어나려면 다양한 결정요인 또는 필요조건이 사전에 존재하게 되는데, 이러한 여러 요인이 일정한 형태나 계기의 순서에 따라 순차적으로 조합을 이루어 비로소 집합행동이 발생하는 결과를 가져온다는 이론

ⓒ 선행적 사회구조적·문화적 요인으로 인한 단계적 절차는 집합행동을 생성, 발전 및 소멸시킴

## 6. 관중폭력 [2023 기출]

① **정의** : 스포츠 경기장 내외에서 팀의 승리에 대한 축하 혹은 패배의 좌절 등으로 관중들이 집단적·자발적으로 비구조화되어 발생하는 폭력 행위

② **관중폭력 발생 관련 이론**

㉠ 전염이론 : 팀에 대한 관중의 동일시 정도에 따라 선수들의 폭력행동이 관중들의 폭력행위로 이어지기도 함

ⓒ 수렴이론 : 개인이 평소 지니고 있던 잠재적 본성을 군중 속의 익명성을 바탕으로 표출한다는 이론으로 비사회적, 반사회적 기질이 표출됨

ⓒ 사회문화적 맥락의 이해 : 인종문제, 역사적 영토문제, 사회적 불평등 문제 등 다양한 사회·문화적 문제가 공론화된 장소에서 벌어지는 스포츠경기는 단순한 경기 이상의 의미를 지님

㉣ 관중의 환경과 관중들의 역학관계 : 관중의 성, 연령, 사회계층, 경기에 부여하는 중요도, 팀과의 역사적 관계, 관중통제 조건, 음주 여부 등의 다양한 요소들이 복합적으로 작용하여 관중들의 폭력행위에 영향을 미침

**이해 더하기**

드워(C. Dewar)가 제시한 관중폭력의 요인
- 관중이 많을수록 발생 가능성이 높다.
- 경기의 후반부일수록 발생 가능성이 높다.
- 기온이 올라갈수록 발생 가능성이 높다.
- 시즌의 막바지로 접어들수록 발생 가능성이 높다.

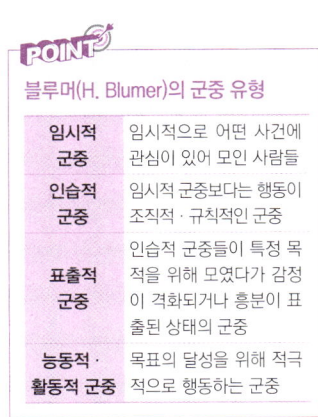

**블루머(H. Blumer)의 군중 유형**

| | |
|---|---|
| 임시적 군중 | 임시적으로 어떤 사건에 관심이 있어 모인 사람들 |
| 인습적 군중 | 임시적 군중보다는 행동이 조직적·규칙적인 군중 |
| 표출적 군중 | 인습적 군중들이 특정 목적을 위해 모였다가 감정이 격화되거나 흥분이 표출된 상태의 군중 |
| 능동적·활동적 군중 | 목표의 달성을 위해 적극적으로 행동하는 군중 |

# CHAPTER 09 미래사회와 스포츠

> **POINT**
> **VR의 발달과 스포츠 사례**
> VR 기기와 가상현실 스포츠의 발달은 노인을 대상으로 낙상의 위험 없이 평형성 및 안정성을 향상시키는 체력 증진 프로그램 등의 활용을 가능케 한다.

> **QUIZ**
> 프로야구 경기에서 VAR 시스템 적용은 인간심판의 역할을 강화시켰다. (○/×)
> 답 ×

## SECTION 01 스포츠 변화에 영향을 미치는 요인

### 1. 기술(테크놀로지)의 발달 [2024 기출]

① 스포츠와 관련된 기술의 발전으로 운동 기술 및 수행이 발전
② 첨단 장비의 개발과 효율적인 훈련 방법 개발
③ VR(Virtual Reality) 기기와 가상현실 스포츠의 발달
④ 기록 향상을 위한 스포츠 장비의 성능 향상 및 안정성 발달
⑤ VAR(Video Assistant Referee)의 도입으로 경기 중 판정에 대한 신뢰도 상승

### 2. 통신 및 전자매체의 발달

① 스포츠 미디어 매체의 발달로 언제 어디서나 스포츠 소비 가능
② 미디어 기업의 스포츠에 대한 영향력 증가
③ 실시간·양방향 소통 기반의 스포츠 콘텐츠 개발

### 3. 조직화 및 합리화

① 스포츠 참여의 즐거움보다는 결과를 중시
② 합리적으로 설정한 조건을 따르고 목표를 성취함으로써 스포츠의 즐거움 획득

### 4. 상업화 및 소비성향의 변화

① 소비자의 소비활동 촉진 및 소비성향 조장
② 경기의 내용 자체보다는 그로 인해 발생하는 이익에 더 집중

## SECTION 02 스포츠 세계화

### 1. 스포츠 세계화의 의미

① 스포츠 분야에서의 다양한 교류뿐만 아니라 국가의 경계를 가로질러 세계가 유기적으로 연결되는 것

② 스포츠는 지난 100여 년간 가장 활발히 세계화가 진행된 분야 중 하나이며 세계인이 공유하는 대표적인 문화현상

### 2. 스포츠 세계화의 동인  2024 기출  2023 기출

① 제국주의
  ㉠ 스포츠는 제국주의 시대 서구열강에 의해 전 세계로 전파
  ㉡ 스포츠는 피식민지 국민에게 문화적 수단을 활용한 동화정책으로 활용됨
  ㉢ 스포츠를 통해 체제의 지배를 정당화하고 강압이 아닌 동의를 획득
  ㉣ 식민국가는 스포츠를 통해 자신들의 정체성을 강화하고 민족적 자존감 회복을 꾀함

② 민족주의
  ㉠ 초창기부터 국제경기는 국가의 이름을 내걸고 시행됨
  ㉡ 스포츠는 민족이란 정체성을 명확히 확인시키고 민족이란 경계에 속한 사람들을 하나로 결속시켜 '민족 형성'에 결정적 영향을 미침
  ㉢ 스포츠가 국가 간 경쟁의 성격을 지니게 함으로써 스포츠 세계화 현상을 가속화

③ 종교
  ㉠ 빅토리아 시대 스포츠는 기독교와 연계되어 원주민의 종교적 거부감을 해소
  ㉡ 건강하고 강인한 남성성과 기독교 행동주의가 결합되어 스포츠가 내포하는 협동, 희생, 건강, 페어플레이 등의 가치를 강조
  ㉢ YMCA는 우리나라뿐만 아니라 전 세계 스포츠 보급에 큰 역할을 함

④ 기술(테크놀로지)의 진보
  ㉠ 발전된 중계기술로 경기 관람에 있어 시공간의 제약이 사라짐
  ㉡ 교통, 통신, 미디어 등의 고도로 발전된 테크놀로지는 스포츠의 세계화에 결정적 영향

### 3. 스포츠 세계화로 인한 변화  2024 기출

① 국제 스포츠 경쟁에서 '국가 간 경쟁'의 의미가 축소되고 국제 스포츠 조직의 확대를 통한 범세계적 교류가 증진될 것
② 스포츠 참여 및 관람에 있어 공간적 경계가 무의미해지고 스포츠 정보의 거래에 드는 비용 및 시간의 가치가 더 중요시됨
③ 국제 스포츠 무대에서의 배분의 불평등이 해소될 수 있으나 한편으로는 서구 스포츠의 영향력이 전 세계의 스포츠 영역으로 확대될 수 있음

---

**POINT** 스포츠 세계화의 동인

| | |
|---|---|
| 제국주의 | 구열강에 의해 스포츠가 전파 |
| 민족주의 | 스포츠로 민족의 정체성을 확인하고 국가 간 경쟁을 촉진시켜 스포츠 세계화 현상을 가속화 |
| 종교 | 종교에 대한 거부감 해소, 선교 등을 위해 스포츠를 적극적으로 활용 |
| 과학기술 | 교통, 통신, 미디어 등을 통해 스포츠를 세계화 |

**기출 채우기**

영국의 스포츠로 알려진 '크리켓'과 '럭비'가 대부분 영국의 신민지였던 영연방국가에서 인기가 있는 것은 스포츠 세계화의 동인 중 (         )와/과 연관이 있다.

답 제국주의

**QUIZ**

제국주의 시대에 스포츠는 식민국가의 민족주의적 감정을 강화시키는 결과를 낳았다. (○/×)

답 ○

> **이해더하기**
>
> **신자유주의 시대 스포츠 세계화**
> - 스포츠 시장의 경계가 국경을 초월해 전 세계로 확대되었다.
> - 세계인들에게 표준화된 스포츠 상품과 스포츠 문화를 소비하게 만들었다.
>
> **스포츠의 세계화 사례** `2025 기출`
>
> | | |
> |---|---|
> | **세방화 (Glocalization)** | 세계화와 지방화를 합친 말로 세계화와 지방화의 장점을 서로 인정하고 발전시켜 새로운 질서 체계로 나아가는 일(로버트슨(R. Robertson)이 제안함) |
> | **스포츠화 (Sportization)** | 민속놀이가 현대 스포츠로 변모하는 현상 |
> | **미국화 (Americanization)** | 여러 스포츠 및 문화가 미국으로 들어와 미국 국가에 동화됨으로써 문화, 가치관, 신념, 관습이 변화·공유되어가는 현상 |
> | **세계표준화 (Global Standardization)** | 문화 및 국가에 따라 여러 가지로 분리된 것들을 공통된 기준을 정하여 이에 따라 표준화하려는 현상 |

> **기출 채우기**
>
> A 스포츠 업체는 글로벌 브랜드 정체성을 유지하면서 뉴질랜드 럭비 대표팀인 올 블랙스(All Blacks)의 경기 전 의식으로 잘 알려진 마오리족의 하카(haka)댄스를 광고에 포함함으로써 지역 문화를 브랜드 메시지에 자연스럽게 녹여낸 사례는 스포츠 세계화 사례 중 (      )의 예이다.
>
> 답 세방화

## 4. 미래 스포츠의 변화 전망 `2025 기출`

① **스포츠의 의미 변화**
  ㉠ 환경에 대한 관심 증대로 자연 친화적 스포츠의 수요 증가
  ㉡ 개방적·즉흥적 활동으로 경기에서의 승리보다는 내적인 만족도가 강조됨
② 정보통신기술의 발달로 스포츠 관람형태가 다양해짐
③ '기술도핑(technical doping)'은 스포츠의 공정성을 훼손함
④ 다양한 신소재의 개발은 스포츠의 용품 및 장비 개발에 활용됨
⑤ **스포츠 참여 계층의 다양화**
  ㉠ 여성의 스포츠 참여 확대
    - 여성의 권력 증진으로 스포츠 참여의 기회 확대
    - 여성 선호 스포츠의 발달 및 여성을 위한 새로운 형태의 스포츠 등장
  ㉡ 노인의 스포츠 참여 확대
    - 평균수명의 증가로 고령층의 스포츠 참여 인구 증가
    - 부상이 적고 재활 및 잔존기능 강화 등에 도움이 되는 스포츠의 수요 증가
    - 스포츠가 경쟁이 아닌 사회적 상호작용의 장으로서 기능

> **QUIZ**
>
> 정보화의 가속화로 인해 미래 스포츠는 젊은 층만의 소유물로 변화하고, 노인 인구의 스포츠 참여가 저하될 것이다. (O/×)
>
> 답 ×

# 출제예상문제

**2025 기출 유형**

**01** 스포츠 사회학의 주요 연구 영역에 대한 설명으로 적절하지 <u>않은</u> 것은?

① 스포츠 활동을 주된 목적으로 하는 집단의 구조적·기능적 특징을 연구한다.
② 스포츠 행동 문화와 관련된 교수-학습과정의 분석이 중심이 되어 연구한다.
③ 사회 변동이 스포츠 집단 혹은 스포츠 문화의 변화에 미치는 영향과 그 변화 양상을 연구한다.
④ 학습자의 적성과 흥미를 고려하여 구체적인 운동 목표를 세우는 방법을 연구한다.

**해설** | 학습자의 적성과 흥미를 고려하여 적절한 운동을 파악하고 그 운동의 목표를 세우는 방법을 연구하는 것은 스포츠 교육의 주요 연구 영역이다. 따라서 스포츠사회학의 연구 영역 설명으로 적절하지 않다.

**02** 〈보기〉의 ㉠과 ㉡에 해당하는 버렐(S. Birrell)과 로이(J. Loy)의 미디어스포츠 수용자의 욕구 유형으로 가장 적절한 것을 고르면?

**보기**
㉠ 올림픽 장대높이뛰기 경기를 보면서 짜릿함을 느낀다.
㉡ 운동을 시작하기 전에 예쁜 운동복을 산다.

|   | ㉠ | ㉡ |
|---|---|---|
| ① | 인지적 욕구 | 소비적 욕구 |
| ② | 도피적 욕구 | 심동적 욕구 |
| ③ | 심동적 욕구 | 소비적 욕구 |
| ④ | 심동적 욕구 | 인지적 욕구 |

**해설** | 심동적 욕구는 감정적인 흥분, 즐거움 긴장감과 같은 정서적 만족을 얻고자 하는 욕구이므로 ㉠에 해당된다. 소비적 욕구는 스포츠 관련 제품, 용품, 상품 등을 소비하려는 욕구로 ㉡에 해당된다.

**2025 기출 유형**

**03** 스포츠사회학에 관한 설명으로 옳지 <u>않은</u> 것은?

① 스포츠의 현상에 사회학적 이론과 연구방법을 적용한다.
② 스포츠와 사회의 관련성에 초점을 두었다.
③ 운동참여자의 운동수행능력과 관련된 직접적인 원인을 설명한다.
④ 스포츠는 사회영역과 밀접한 관계를 맺고 있어 통찰과 분석이 필요하다.

**해설** | 스포츠사회학은 스포츠와 사회의 관련성에 초점을 둔 사회학의 하위 분야로, 스포츠 현장의 사회구조와 사회과정을 설명하는 학문이다.

**정답** 01 ④  02 ③  03 ③

**04** 국제스포츠이벤트가 국가 및 지역사회에 미치는 부정적 영향으로 적절하지 않은 것은?

① 스포츠 이벤트 개최를 위한 막대한 인적·재정적 지원 투입
② 경쟁을 통해 국수주의적 고립정책 유발
③ 스포츠를 경제 규모의 확대를 위한 수단으로 사용
④ 스포츠에 대한 관심 증대 및 참여 기회의 다양화

해설 | 국제스포츠이벤트를 통해 스포츠에 대한 관심이 증대되고 참여의 기회가 다양해지는 것은 국제스포츠이벤트가 국가 및 사회에 미치는 부정적 영향으로 볼 수 없다.

**05** 〈보기〉에서 에티즌(D. Eitzen)과 세이지(G. Sage)가 제시한 스포츠의 정치적 속성을 모두 고른 것은?

보기
㉠ 보수성　　㉡ 대표성
㉢ 권력투쟁　㉣ 상호배타성

① ㉠, ㉡, ㉢
② ㉠, ㉡, ㉣
③ ㉡, ㉢, ㉣
④ ㉠, ㉡, ㉢, ㉣

해설 | 에티즌(D. Eitzen)과 세이지(G. Sage)는 스포츠의 정치적 속성을 보수성, 대표성, 권력투쟁, 상호의존성, 긴장관계로 제시하였다.
㉣ 스포츠와 정치는 국가 홍보와 해택 제공, 군 복무 면제, 조세 감면 등 상호의존성을 보이고 있다.

**2025 기출 유형**

**06** 코클리(J. Coakley)가 정의한 스포츠 제도화 특성으로 옳지 않은 것은?

① 경기 규칙의 다양화
② 공식 규정 위원회의 규칙 집행
③ 활동의 조직적·합리적 측면 강조
④ 경기 기술의 정형화

해설 | 코클리가 정의한 스포츠 제도화는 경기 규칙의 정형화이다. 공식적인 집단에 의해 표준화된 절차 및 규정에 의해 규칙을 제정한다.

**07** 〈보기〉에서 설명하는 스포츠의 사회적 기능으로 적절한 것은?

보기
불펜 투수 C가 2이닝 동안 무려 8점을 내 주며 투구 수 80개를 넘겼음에도 감독 K는 다음 경기를 위해 남은 불펜 자원을 아껴야겠다는 마음으로 계속해서 투구를 지시했고, C는 세 번째 이닝 진행 도중 어깨 통증을 알린 후에야 내려올 수 있었다. 그날 경기 이후 C는 어깨 부상으로 수술을 받아 시즌 아웃이 되었다.

① 스포츠 상업주의
② 대중 통제 기능
③ 스포츠 소외
④ 사회 통합 기능

해설 | 〈보기〉는 승리를 위한 운동선수 신체의 객체화·도구화의 사례로서 스포츠의 사회적 역기능 중 '스포츠 소외'에 해당한다.

**2025 기출 유형**

**08** 스포츠의 사회적 순기능에 해당하는 것은?

① 국수주의의 팽창
② 스포츠 상업주의
③ 대중 통제 기능
④ 사회 정화 기능

해설 | 스포츠의 사회적 순기능으로는 사회성 함양 기능, 사회화 기능(사회 통합 기능), 사회 정화 기능(정서적 동화 기능)이 있다.
①, ②, ③ 스포츠의 사회적 역기능에 해당한다.

## 2025 기출 유형

**09** 〈보기〉의 내용과 관련이 깊은 사회학 이론은?

> **보기**
> - 거시적 관점의 이론이다.
> - 부와 권력이 구조상 평등하게 분배되지 않으며, 따라서 사회에는 근본적인 분열이 내재되어 있다.
> - 스포츠는 궁극적으로 지배계급의 이익 증대나 기득권 유지를 위한 수단이라고 본다.

① 상징적 상호작용론
② 교환이론
③ 갈등이론
④ 기능주의이론

**해설 |** 〈보기〉는 사회학 이론 중 갈등이론에 대한 설명이다. 갈등이론은 사회의 본질을 경쟁과 갈등 관계로 보고 사회를 희소자원을 두고 경쟁하는 사람들의 집합체로 규정하고 있다.
① 상징적 상호작용론 : 미시적 관점. 상황에 대한 해석은 개인마다 다르며 그로 인해 사회가 유지·발전해 나간다고 주장
② 교환이론 : 미시적 관점. 인간은 보상에 따라 행동한다고 주장
④ 기능주의이론 : 거시적 관점. 사회체계는 상호 관련되고 의존적인 제도로 구성되어 전체 사회 안정에 기여한다고 주장

## 2025 기출 유형

**10** 〈보기〉의 미래 스포츠 특성에 관한 설명으로 적절한 것을 모두 고른 것은?

> **보기**
> ㄱ. 스포츠와 관련된 기술의 발전으로 운동 기술 및 수행이 발전한다.
> ㄴ. 스포츠 미디어 매체의 발달로 언제 어디서나 스포츠 소비가 가능해진다.
> ㄷ. 경기에서의 승리가 점점 더 중요해진다.
> ㄹ. 경기의 수준이 향상됨에 따라 부상의 위험이 점점 높아진다.

① ㄱ
② ㄱ, ㄴ
③ ㄱ, ㄷ, ㄹ
④ ㄴ, ㄷ, ㄹ

**해설 |** 미래 스포츠에서는 경기에서의 승리보다는 내적인 만족도가 강조되는 것이 특징이다. 또한 다양한 신소재의 개발과 스포츠의 용품 및 장비가 개발되어 부상의 위험이 점점 줄어들 것이다. 따라서 미래 스포츠 특성으로 적절한 것은 ㄱ, ㄴ이다.

## 2025 기출 유형

**11** 〈보기〉에서 설명하는 스포츠사회학 이론으로 적절한 것은?

> **보기**
> - 스포츠는 사회의 존속 및 유지에 필요하다.
> - 균형 유지와 존속을 위한 사회적 구성요소의 역할을 분석한다.
> - 사회가 본질적으로 상호 관련되고 상호 의존적인 제도로 구성되어 있으며, 전체 사회 안정에 기여한다고 본다.

① 갈등이론
② 비판이론
③ 구조기능주의이론
④ 상징적 상호작용론

**해설 |** 〈보기〉에서 설명하는 스포츠사회학 이론은 '구조기능주의' 이론이다. 이 이론에서는 스포츠가 사회 통합 및 국민적 일체감을 고취시킬 수 있다고 설명하고 있으며 사회 전체의 안정에 기여한다고 본다.

**정답** 04 ④  05 ①  06 ①  07 ③  08 ④  09 ③  10 ②  11 ③

**2025 기출 유형**

**12** 〈보기〉의 사례에 해당하는 머튼(R. Merton)의 일탈행동 유형은?

> **보기**
> ㄱ. 벤 존슨은 불법약물복용으로 올림픽 금메달을 박탈당했다.
> ㄴ. 스스로 실력의 한계를 느끼고 운동부에서 탈퇴한다.
> ㄷ. 학생선수의 학습권을 보장하기 위해 최저학력제를 도입하였다.

|   | ㄱ | ㄴ | ㄷ |
|---|---|---|---|
| ① | 반역주의 | 동조주의 | 반역주의 |
| ② | 혁신주의 | 도피주의 | 반역주의 |
| ③ | 반역주의 | 도피주의 | 혁신주의 |
| ④ | 혁신주의 | 동조주의 | 혁신주의 |

**해설** | ㄱ은 금지된 수단으로 문화적 목표를 달성하려는 유형으로 혁신주의에 해당한다. ㄴ은 문화적 목표와 제도적 수단 모두를 포기하는 유형으로 도피주의에 해당한다. ㄷ은 기존의 목표·수단을 거부하고 새로운 목표·수단을 추구하는 유형으로 반역주의에 해당한다.

---

**2025 기출 유형**

**13** 〈보기〉 중 스포츠의 정치적 기능이 올바르게 짝지어진 것은?

> **보기**
> ㉠ 권력의 유지를 정당화
> ㉡ 외교적 수단
> ㉢ 높은 성취욕구로 생산성을 높임
> ㉣ 국민 화합의 수단

|   | 순기능 | 역기능 |
|---|---|---|
| ① | ㉠, ㉡ | ㉢, ㉣ |
| ② | ㉢, ㉣ | ㉠, ㉡ |
| ③ | ㉠, ㉢, ㉣ | ㉡ |
| ④ | ㉡, ㉢, ㉣ | ㉠ |

**해설** | 권력의 형성과 유지를 정당화하여 지배의 정당성을 구하는 것은 스포츠의 정치적 역기능이다. 나머지 ㉡, ㉢, ㉣은 정치적 순기능에 속한다.

---

**14** 스포츠에 정치가 개입하는 원인으로 옳지 않은 것은?

① 국민의 행복과 건강 증진
② 국가 경제발전 촉진
③ 사회 질서의 유지
④ 사회 분열을 통한 정치가의 지지 확보

**해설** | 정부는 국가적 어려움이나 사회적 불화를 해결하기 위한 사회 통합적 대책을 세우고자 스포츠에 개입한다. 정부나 정치가에 대한 지지 확보 역시 그 이유가 되지만, 사회 분열이 아닌 스포츠의 중립적이고 건전한 이미지를 이용하여 지지를 확보한다.

---

**2025 기출 유형**

**15** 스포츠사회화 이론에 관한 설명으로 적절하지 않은 것은?

① 역할이론에서는 사회를 하나의 무대로, 개인을 무대 위의 배우로 비유한다.
② 사회학습이론에서는 사회화를 위한 학습방법을 강화, 코칭, 관찰학습의 3가지로 구분한다.
③ 준거집단이론에서는 가족과 같이 규범을 설정하고 가치관을 형성시켜 개인에게 행동의 지침을 제공하는 집단을 비교집단으로 설명한다.
④ 사회학습이론에서는 상과 벌을 통하거나 사회화 주관자의 가르침을 통해 행동의 변화가 일어난다고 설명한다.

**해설** | Kemper에 의해 3가지 준거집단 개념이 제시되었는데 이는 규범집단, 비교집단, 청중집단이다. 이 중에서 비교집단은 특정 역할 수행의 기능적인 의미를 제시해 주는 역할 모형을 의미한다. ③에서 설명하는 내용은 규범집단에 관한 것이다.

**16** 스포츠에 정치가 개입하는 원인을 설명한 것으로 옳지 않은 것은?

① 이종격투기의 공중파 보도 제재 등은 사회질서의 유지 및 보호를 위해 정치가 스포츠에 개입한 것이다.
② 메가이벤트 유치는 국가와 지역사회에 재정적 흑자를 보장함으로써 경제 발전을 촉진시킨다.
③ 스포츠를 통해 지배적 이데올로기에 부합하는 가치 및 성향을 강조한다.
④ 지역 연고제의 시행은 지역사회의 소속감 고취 등 사회통합의 효과를 발생시킨다.

해설 | 메가이벤트 유치는 해당 지역의 사회적·인적 인프라 구축으로 이어져 경제 발전을 촉진시키나, 비인간적 도시 개발과 이벤트 유치에 따른 부채 등의 문제 또한 존재한다.

**17** 정치가 스포츠를 이용하는 방법 중 〈보기〉의 사례에 해당하는 것은?

> **보기**
> 라이벌 관계에 있는 A팀과 B팀의 팬들은 서로에 대해 경쟁심 혹은 약간의 적개심을 가지고 서로를 대한다.

① 조직화  ② 동일화
③ 상징화  ④ 우월화

해설 | 〈보기〉의 사례는 동일화에 대한 설명이다. 동일화는 자아가 그 역할을 수행하기 원하는 타자에게 감정을 이입시키거나 타자와 일체가 되어 동화하는 것이다.

**2025 기출 유형**

**18** 〈보기〉는 스포츠사회학 수업에서 교수와 학생의 대화이다. ㉠, ㉡에 들어갈 내용으로 적절한 것은?

> **보기**
> 학생 1: 과거에 비해 우리나라 사람들의 신체가 어떻게 변화하였고 그것이 스포츠에 얼마나 큰 영향을 미쳤는지를 조사하려면 어떤 연구 방법을 사용해야 할까요?
> 교 수: 수량적으로 측정할 수 있는 특성을 포함하는 연구 문제나 가설에 답하거나 검증할 때에는 ( ㉠ ) 방법이 적합해요.
> 학생 2: 그러면 스포츠 육성 모델에는 어떤 것이 있나요?
> 교 수: 국가별로 다양한 스포츠육성정책을 시행하고 있는데, 그중에서 생활체육에서부터 시작하여 엘리트 체육으로 진행해 나가는 육성 모델은 ( ㉡ ) 모형이라고 해요.

| | ㉠ | ㉡ |
|---|---|---|
| ① | 질적 연구 | 선순환 모델 |
| ② | 양적 연구 | 선순환 모델 |
| ③ | 질적 연구 | 피라미드 모델 |
| ④ | 양적 연구 | 피라미드 모델 |

해설 | 양적 연구는 숫자로 계량화될 수 있는 자료를 사용해서 이루어지는 연구로 수량적으로 측정할 수 있는 특성을 포함하는 연구문제나 가설에 답하거나 검증할 때 적합하다. 따라서 ㉠에는 양적 연구가 들어가야 한다. 스포츠 육성 모델 중 피라미드 모델은 밑에서부터 쌓아 올라가는 형태로 생활체육부터 시작해 엘리트 체육으로 진행해나가는 육성모델이다. 따라서 ㉡에는 피라미드 모델이 들어가야 한다.

**19** 상업주의로 인한 스포츠의 변화로 옳지 않은 것은?

① 스포츠의 비본질적 요소를 중시하여 경기 외적인 득점 및 승리를 추구한다.
② 영웅적 가치보다는 심미적 가치를 중시한다.
③ 광고 시간 삽입을 위한 작전타임이 증가하였다.
④ 스포츠의 본질적·논리적 성격이 퇴화했다.

해설 | 상업주의로 인해 스포츠의 심미적 가치보다는 영웅적 가치를 중시하게 되었다.

**정답** 12 ② 13 ④ 14 ④ 15 ③ 16 ② 17 ② 18 ④ 19 ②

**20** 스포츠 저널리즘과 관련된 용어의 설명으로 옳지 않은 것은?

① 올바른 가치관과 윤리의식에 따른 정확한 보도가 요구된다.
② 기자의 주관을 일부 허용하며 객관성이 다소 결여된 기사가 나올 수 있다.
③ 옐로 저널리즘은 특정 선수의 사생활을 지나치게 침해하는 보도를 말한다.
④ 팩 저널리즘은 취재 방법이 지나치게 다양하고 개성이 뚜렷한 보도이다.

해설 | 팩 저널리즘은 취재 방법이나 시각 등이 독창성이 없고 획일적이어서 개성이 없는 보도이다.

**21** 〈보기〉에서 설명하는 스포츠계층 형성과정 중 하나는?

보기
- 스포츠 팀 구성원으로 자신의 능력이 팀의 승리에 미치는 영향력이 커야 한다.
- 뛰어난 운동신경과 능력뿐만 아니라 탁월한 개인적 특성을 갖추고 있어야 한다.

① 분화  ② 서열화
③ 평가  ④ 보수 부여

해설 | 스포츠계층 형성과정 중 서열화는 개인의 특성과 능력에 따라 서열을 형성하는 행위이다.
 ① 분화 : 효과적인 기능 수행을 위해 각 영역에서 역할을 부여받는 행위
 ③ 평가 : 가치나 유용성 정도에 따라 상이한 각 위치에 지위를 적절하게 배열하는 것
 ④ 보수 부여 : 분화 및 서열화가 되고 평가가 완료된 지위에 대한 보수의 배분 행위

**22** 〈보기〉에서 설명하는 스포츠를 통한 태도 형성에 영향을 주는 참가의 유형은?

보기
- 스포츠에 관한 정보를 수용하는 일
- 정보에는 스포츠 규칙, 기술, 경기 전적 등 다양한 지식이 포함됨

① 인지적 참가
② 1차적 행동 참가
③ 정의적 참가
④ 2차적 행동 참가

해설 | 인지적 참가는 학교, 대회 등을 통해 스포츠에 관한 정보를 수용함으로써 이루어지는 참가이다.

**23** 〈보기〉에서 설명하는 제도는?

보기
일정 기간 선수들의 자유로운 계약과 이적을 막음으로써 과도한 연봉 상승을 방지하고 구단을 안정적으로 운영하기 위해 도입된 제도로 선수들의 권리를 과도하게 침해한다는 비판이 있다.

① 자유계약제도  ② 웨이버
③ 트레이드  ④ 보류조항

해설 | 〈보기〉는 보류조항에 대한 설명으로 이를 보완하기 위해 자유계약제도, 웨이버 공시 제도 등이 함께 시행된다.

**24** 프로스포츠에서 시행되는 제도 중 샐러리 캡에 대한 설명으로 옳은 것은?

① 한 구단에 소속된 전체 선수의 연봉 총액 상한선을 규정하는 제도이다.
② 선수에게 지급해야 하는 최저연봉을 규정하는 제도이다.
③ 선수가 일정 기간 자신이 속한 팀에서 활동한 뒤 다른 팀과 자유롭게 계약을 맺어 이적할 수 있도록 하는 제도이다.
④ 구단이 선수와 선수 혹은 선수와 금전을 교환하는 행위이다.

해설 | 샐러리 캡은 한 구단에 소속된 전체 선수의 연봉 총액 상한선을 규정하여 선수들의 지나친 몸값 상승, 구단의 적자 운영을 방지하기 위해 시행하는 제도이다.
② 최저연봉제
③ 자유계약제도
④ 트레이드

**2025 기출 유형**

**25** 스포츠의 교육적 기능 중 성격이 다른 것은?

① 학업 활동에 충실해지거나 흥미를 유발할 수 있다.
② 일반 학생의 참여 기회를 제한함으로써 엘리트 의식을 갖게 한다.
③ 스포츠에서 경험하게 되는 선의의 경쟁은 도덕적 성숙을 유도한다.
④ 지역사회의 이해 부족을 해소하는 역할을 한다.

해설 | ①, ③, ④는 스포츠의 교육적 순기능이며, ②는 스포츠의 교육적 역기능이다.

**26** 〈보기〉에서 해당하는 스포츠의 교육적 순기능에 대한 설명으로 옳지 않은 것은?

보기
㉠ 목표 도전, 스포츠맨십, 팀워크 등의 사회적 가치를 학습
㉡ 학교에 대한 지역사회의 관심을 환기
㉢ 학교에 대한 소속감과 공동체 의식을 향상
㉣ 평생 체육의 기틀을 마련하도록 함

① ㉠은 스포츠의 사회화 촉진 기능에 대한 설명이다.
② ㉢을 통해 학교 내 구성원들이 공동의 목표를 공유한다.
③ ㉡과 ㉢은 스포츠의 사회 통합에 대한 순기능이다.
④ ㉣은 여학생의 권리 신장, 남녀평등 개선에 대한 관심이 높다.

해설 | ㉣은 스포츠의 사회 선도 기능 중 '평생 체육의 장려'에 해당한다. 남녀평등 개선, 여학생의 권리 신장을 위한 사회 전반에 대한 관심을 증대시키는 것은 '여권 신장'에 해당한다.

**27** 한국 학원스포츠의 문제점으로 옳지 않은 것은?

① 운동선수의 학습권 미보장
② 생활-학교-엘리트 체육영역 간 불균형 및 단절
③ 엘리트 운동선수 육성 소외
④ 운동부 예산과 시설의 부족

해설 | 한국의 학원스포츠는 소수의 엘리트 운동선수 육성을 중심으로 하여 교육적 적합성을 의심받고 있다.

정답 20 ④  21 ②  22 ①  23 ④  24 ①  25 ②  26 ④  27 ③

### 28 우리나라 학원스포츠의 문화적 특성 중 〈보기〉의 설명에 해당하는 것은?

**보기**

엄격한 규율에 따라 생활함으로써 개인의 자율성이 제한되고 결국 타율적으로 살게 되는 것을 말한다.

① 승리지상주의 문화
② 섬 문화
③ 군사주의 문화
④ 신체소외 문화

**해설** | 〈보기〉는 군사주의 문화에 대한 설명이다.
① 승리지상주의 문화 : 스포츠에 참가함으로써 얻는 다양한 가치가 경시되고 오직 승리만이 강조되는 것
② 섬 문화 : 집단 외부와 격리되어 배타적이고 폐쇄적인 관계망을 형성, 집단 문화와 복종 문화 등 집단 외부와 구분되는 문화적 특성을 지니는 것
④ 신체소외 문화 : 선수 개인이 승리 추구 수단이나 이윤 추구의 수단으로 전락해 버리는 것

### 29 〈보기〉에서 설명하는 대중매체 이론은?

**보기**

미디어가 현존하는 사상이나 가치를 선택적으로 제시하고 강조하며, 소비자는 이러한 규범에 따라 자신의 생각이나 행동을 취한다고 주장한다.

① 개인차 이론
② 사회범주 이론
③ 사회관계 이론
④ 문화규범 이론

**해설** | 〈보기〉는 문화규범 이론에 대한 것으로 이 이론은 개인의 스포츠 소비 유형이 대중매체의 스포츠 취급 방식에 따라 다양하게 영향을 받는다고 본다.
① 개인차 이론 : 소비자가 개인의 독특한 심리적 욕구의 만족을 위해 미디어를 이용한다고 가정함
② 사회범주 이론 : 미디어에 대하여 상이하게 반응하는 하위 집단이 존재한다고 가정함
③ 사회관계 이론 : 비공식적 사회관계가 개인이 미디어의 메시지에 반응하는 태도를 수정하도록 하는 중요한 역할을 담당한다고 봄

### 30 〈보기〉의 내용 중 거트만(A. Guttmann)이 제시한 근대스포츠의 특징으로 적절한 것을 모두 고르면?

**보기**

ㄱ. 신체적으로 뛰어난 사람에게 더 많은 기회가 제공된다.
ㄴ. 스포츠의 요소들을 정확히 측정하고 수치로 표현한다.
ㄷ. 경기의 규칙이 목적의 달성에 유리한 방향으로 조작되고 변경된다.
ㄹ. 경기의 규칙이 관중의 흥미를 유발하기 위한 방향으로 변경되고 조작된다.

① ㄱ, ㄴ
② ㄴ, ㄷ
③ ㄷ, ㄹ
④ ㄱ, ㄴ, ㄷ

**해설** | ㄴ은 거트만이 제시한 근대 스포츠 특징 중 계량화에 관한 것이다. ㄷ은 거트만이 제시한 근대 스포츠 특징 중 합리화에 대한 설명이다. 따라서 적절한 것은 ②이다.

### 31 〈보기〉의 스포츠 계층 형성 과정을 순서대로 나열한 것은?

**보기**

㉠ 서열화되고 평가가 완료된 지위에 대한 보수의 배분
㉡ 효과적인 기능 수행을 위해 각 영역에서 역할 부여
㉢ 개인의 특성과 능력에 따라 서열 형성
㉣ 유용성, 가치에 따라 각 위치에 지위를 적절하게 배열

① ㉡ - ㉠ - ㉢ - ㉣
② ㉡ - ㉢ - ㉣ - ㉠
③ ㉢ - ㉡ - ㉣ - ㉠
④ ㉣ - ㉡ - ㉢ - ㉠

**해설** | 스포츠 계층의 형성 과정은 지위의 분화(㉡)-지위의 서열화(㉢)-평가(㉣)-보수 부여(㉠) 순으로 이루어진다.

**32** 〈보기〉와 관련된 국제정치에서의 스포츠 역할은?

> **보기**
> - 1980년 모스크바 올림픽에서 서방 국가의 보이콧 선언
> - 1984년 공산 진영의 LA 올림픽 출전 거부

① 외교적 항의　　② 국위선양
③ 정치이념 선전　④ 갈등의 촉매

**해설** | 제시된 〈보기〉는 국제적 갈등 상황에서 스포츠 경기를 통한 항의의사를 전달한 사례이다. 이는 국제정치에서의 스포츠 역할 중 외교적 항의에 해당한다.

**33** 맥루한(M. Mcluhan)의 미디어 이론에 대한 설명으로 옳은 것은?

① 핫 미디어 스포츠는 동적이고 박진감이 넘치는 스포츠이다.
② 쿨 미디어 스포츠는 높은 몰입과 낮은 감각적 참여를 요구한다.
③ 쿨 미디어 스포츠는 농구, 축구 등이 해당된다.
④ 핫 미디어 스포츠는 경기의 정세도가 낮다.

**해설** | 쿨 미디어 스포츠는 선수의 행동반경이 넓고 경기의 정세도가 낮은 스포츠로 핸드볼, 농구, 축구 등이 이에 해당한다.
① 핫 미디어 스포츠는 선수의 행동반경이 좁아 정적인 기록 스포츠이다.
② 쿨 미디어 스포츠는 높은 몰입과 높은 감각적 참여를 요구한다.
④ 핫 미디어 스포츠는 경기의 정세도가 높다.

**34** 스포츠와 계급·계층에 대한 설명으로 옳지 않은 것은?

① 마르크스의 계급론에 따르면 구단을 소유한 구단주는 지배계급에 해당한다.
② 베블런의 계급론에 따르면, 상류계급은 참가에 시간적·재정적 비용이 적게 드는 스포츠를 선호한다.
③ 베버의 계급론에 따르면 감독의 명령권이나 유명 선수의 인기 등도 사회계급을 결정하는 요인이다.
④ 부르디외의 계급론에 따르면 권투와 같은 투기 종목은 하류계급의 스포츠로 분류된다.

**해설** | 베블런의 계급론에 따르면, 상류계급은 참가에 시간적·재정적 비용이 많이 들어 참가 자체로 자신의 지위와 재력을 과시할 수 있는 스포츠를 선호한다.

**35** 〈보기〉에서 설명하는 기든스(A. Giddens)의 사회 계층 이동 준거와 유형이 바르게 묶인 것은?

> **보기**
> - B는 어릴 적 얻은 부상으로 인해 후보로만 머물렀으나 포기하지 않고 꾸준한 재활 훈련으로 마침내 국가대표 투수가 되었다.
> - 국가대표가 되고 난 후, 스포츠장학재단을 만들어 부상으로 인해 꿈을 접었던 어린 선수들의 회복과 성장을 돕는 역할을 하고 있다.

| | 이동 주체 | 이동 방향 | 시간적 거리 |
|---|---|---|---|
| ① | 집단 | 수직이동 | 세대 내 이동 |
| ② | 집단 | 수평이동 | 세대 간 이동 |
| ③ | 개인 | 수직이동 | 세대 내 이동 |
| ④ | 개인 | 수평이동 | 세대 간 이동 |

**해설** | 〈보기〉의 B는 '개인'의 의지·노력으로 계층적 위치가 변화하였다. 그리하여 개인이 지녔던 지위가 후보에서부터 국가대표로 '수직 이동'하였고 이후 본인이 장학재단을 설립해 후진양성에 기여하였기에 '세대 내 이동'을 하였다.

**정답** 28 ③　29 ④　30 ②　31 ②　32 ①　33 ③　34 ②　35 ③

## 2025 기출 유형

**36** 〈보기〉에서 설명하는 사회학습이론의 구성요소는?

> **보기**
>
> 사회화의 대상이 사회화의 주관자를 통해 가르침을 받는 것을 말하며, 스포츠 현장에서는 교사, 코치, 선배는 물론 부모도 주관자가 될 수 있다.

① 코칭
② 강화
③ 관찰학습
④ 역할학습

**해설** | 사회학습이론은 강화, 코칭, 관찰학습의 3가지 방법으로 구분한다. 코칭은 사회화 주관자의 가르침을 통한 습득을 목표로 하는 방법으로 이때 주관자는 부모, 코치, 교사 등이 될 수 있다.
② 강화 : 상과 벌을 통한 사회적 역할의 습득·수행을 목표로 하는 방법
③ 관찰학습 : 다른 사람의 행동을 관찰하여 유사하게 행동함으로써 과제를 학습하고 수행하는 것을 목표로 하는 방법

**37** 〈보기〉의 (가), (나)에 해당하는 스포츠사회화의 과정은?

> **보기**
>
> (가) 김연아 선수의 경기를 중계하는 방송이 증가하자 피겨 스케이팅에 참여하는 학생들이 늘어났다.
> (나) 마이클 조던은 NBA에서 은퇴한 후 다음 해에 버밍햄 바론스에서 야구 선수로 등장했다.

|   | (가) | (나) |
|---|------|------|
| ① | 스포츠를 통한 사회화 | 스포츠로의 재사회화 |
| ② | 스포츠로의 사회화 | 스포츠로부터의 탈사회화 |
| ③ | 스포츠로의 사회화 | 스포츠로의 재사회화 |
| ④ | 스포츠로의 재사회화 | 스포츠를 통한 사회화 |

**해설** | 〈보기〉의 (가)는 스포츠로의 사회화, (나)는 스포츠로의 재사회화에 해당한다. 스포츠로의 사회화는 스포츠에 관심을 가지는 단계이고, 스포츠로의 재사회화는 중단했던 스포츠 활동을 다시 시작하는 단계이다.

## 2025 기출 유형

**38** 〈보기〉에서 설명하고 있는 스포츠 일탈 이론은?

> **보기**
>
> 평소 운동을 좋아하던 A는 반 대항 농구경기에 선수로 출전하게 되었다. 그런데 경기 당일 갑자기 몸이 좋지 않아 실수를 많이 하였고 결국 경기에서 지고 말았다. 그 후 같은 반 학생들에게 운동을 못하는 사람으로 여겨지게 되었고 더 이상 운동 경기에 선수로 출전하지 못하게 되었다.

① 중화 이론(neutralization theory)
② 낙인 이론(labeling theory)
③ 욕구위계 이론(hierarchy of needs theory)
④ 인지발달 이론(cognitive development theory)

**해설** | 〈보기〉는 낙인이론에 대한 설명이다. 낙인이론은 특정인의 우연적이고 일시적인 미약한 일탈(일차적 일탈)이 다른 요인과 결합하여 발생된 것을 근거로 타인이 해당 개인을 일탈자로 낙인찍고, 이렇게 낙인찍힌 개인은 일탈자로서의 자아를 형성, 점차 습관화되고 지속적인 일탈(이차적 일탈)을 저지르게 되는 것이다.

**39** 다음 중 코클리(J. Coakley)가 제시한 일탈적 과잉동조를 유발하는 스포츠 윤리규범의 유형과 그 특징에 관한 설명으로 옳은 것은?

① 몰입규범 : 운동선수는 장애물을 극복하고 역경을 헤쳐 나가는 노력을 해야 한다.
② 구분짓기규범 : 운동선수는 경기에 헌신해야 하며 이를 그들의 삶에서 우선순위에 두어야 한다.
③ 도전규범 : 다른 선수와의 차별성을 강조하며, 운동선수는 경기에서 탁월함을 추구해야 한다.
④ 인내규범 : 운동선수는 위험을 받아들이고 고통 속에서도 경기에 참여해야 한다.

**해설** | ① 도전규범
② 몰입규범
③ 구분짓기규범

**40** 다음은 집단행동 이론에 대한 설명이다. ㉠, ㉡에 들어갈 내용이 바르게 연결된 것은?

> **보기**
> - ( ㉠ )에 의하면 군중은 피암시성, 순환적 반작용에 의해 폭력적 집단행동이 나타난다.
> - ( ㉡ )은 특정 사회적 상황에서의 공유의식은 구성원의 감정과 정숙 정도, 수용성 등에 영향을 준다.

|   | ㉠ | ㉡ |
|---|---|---|
| ① | 전염이론 | 규범생성이론 |
| ② | 규범생성이론 | 전염이론 |
| ③ | 부가가치이론 | 수렴이론 |
| ④ | 수렴이론 | 부가가치이론 |

**해설** | ㉠ 전염이론 : 혼자 있을 때는 이성적인 사고를 할 수 있는 합리적인 존재라도 집단에서는 타인으로부터 영향을 받아 비이성적으로 변한다는 이론
㉡ 규범생성이론 : 개인의 특수성과 장소 고유의 규범이 생성됨에 따라 동조압력에 의한 집합행동이 발생되는 것을 강조
- 수렴이론 : 일상생활에서 숨겨져 왔던 본연의 실제 자아가 사회적 익명성과 몰개성 상황에서 감정적 행동으로 표출된다는 이론
- 부가가치이론 : 어떤 종류의 집합행동이 일어나려면 다양한 결정요인 또는 필요조건이 사전에 존재하게 되는데, 이러한 여러 요인이 일정한 형태나 계기의 순서에 따라 순차적으로 조합을 이루어 비로소 집합행동이 발생하는 결과를 가져온다는 이론

**정답** 36 ① 37 ③ 38 ② 39 ④ 40 ①

## 최신 3개년 출제빈도표 (2025년~2023년)

| 구분 | 2025년 | 2024년 | 2023년 |
|---|---|---|---|
| 스포츠교육의 배경과 개념 | – | – | – |
| 스포츠교육의 정책과 제도 | 2 | 4 | 2 |
| 스포츠교육의 참여자 이해론 | – | – | 3 |
| 스포츠교육의 프로그램론 | 4 | 1 | – |
| 스포츠교육의 지도방법론 | 12 | 9 | 13 |
| 스포츠교육의 평가론 | 2 | 2 | 2 |
| 스포츠교육자의 전문적 성장 | – | 4 | – |

# PART 02 스포츠교육학

| | |
|---|---|
| CHAPTER 01 | 스포츠교육의 배경과 개념 |
| CHAPTER 02 | 스포츠교육의 정책과 제도 |
| CHAPTER 03 | 스포츠교육의 참여자 이해론 |
| CHAPTER 04 | 스포츠교육의 프로그램론 |
| CHAPTER 05 | 스포츠교육의 지도방법론 |
| CHAPTER 06 | 스포츠교육의 평가론 |
| CHAPTER 07 | 스포츠교육자의 전문적 성장 |

출제예상문제

# CHAPTER 01 스포츠교육의 배경과 개념

> **SECTION 01** 스포츠교육의 역사

## 1. 스포츠교육학의 태동

① 프랭클린 헨리(Franklin Henry)를 필두로 체육학자들이 체육학을 연구
② 체육 학문화 운동을 통해 1964년 체육학이 독립된 학문으로서 인정
③ 스포츠교육학은 체육학의 하위학문으로서 1970년대 중반 이후 급속도로 발달

## 2. 스포츠교육에 대한 역사적 관심

① **1기** : 1970년대 중반~1980년대 중반
  ㉠ 체육 수업은 교사의 체계적인 관찰과 분석을 중점적으로 다룸
  ㉡ 인성의 발달, 자기표현력 양성, 대인관계 향상 등의 행동주의 또는 인지심리학의 배경을 토대로 목표 설정

② **2기** : 1990년대 중반까지
  ㉠ 질적 연구방법론이 교육학 분야에서 주목을 받으며 스포츠교육의 질적 연구가 급격히 발전
  ㉡ 학교(조직) 안에서 체육을 가르치는 교사와 학생의 수업활동을 분석하려는 의도

③ **3기(현재)** : 1990년대 중반 이후
  ㉠ 특정한 관점이나 연구주제, 방법론으로 한정하지 않고 다양한 형태의 연구가 진행
  ㉡ 체육교과의 교육적인 측면에 대한 연구가 정착 중

> **POINT**
> 스포츠교육의 역사
> • 1기 : 체육 수업 활동의 체계적 관찰 및 분석
> • 2기 : 스포츠교육의 질적 연구 급성장
> • 3기 : 다양한 형태의 연구가 이루어짐

> **이해더하기**
> **체육 학문화 운동**
> 1960년 중반 미국을 중심으로 시작된 체육 학문화 운동은 대학과 대학원에서 실시하는 체육전공 프로그램의 성격을 바꾸는 촉매로 역할을 했다는 점에서 대학 체육에 있어서 하나의 획기적인 전환점이 되었다. 수업, 교육과정, 그리고 교사교육을 중심 대상으로 하는 체육교육의 학문적 연구분야를 만들기 시작하였고, 이론적 지식을 스포츠 참여자에게 가르쳐야 한다는 주장이 제기되기 시작했다.

> **이해 더하기**
>
> 스포츠교육의 발전 과정
>
> | 구분 | 내용 |
> |---|---|
> | 19세기 초·중반 | 체조 중심의 체육 |
> | 19세기 후반~20세기 초 | 신체를 통한 교육, 놀이, 게임의 의미로 확대 |
> | 1950년대 이후 | 휴먼 무브먼트 |
> | 1970년대 이후 | 놀이교육과 스포츠교육 |
> | 1990년대 이후 | 신체운동학 |

**POINT**

**스포츠교육의 주요 개념**
- 체조 중심 : 체력 중심의 체육, 즉 건강 중심적 교육
- 신체 중심 : 신체의 발달과 건강을 위한 신체기능 중심적 교육

## 3. 스포츠교육에 대한 최근의 노력

① 체육교과에 대한 패러다임 변화
② '운동관련체력'에서 '건강관련체력', 즉 건강 증진을 중심으로 교육
③ 교육 방법의 다양화, 선생이 아닌 학생 중심의 변화 발생
④ 학생들의 평등과 인권 보장을 중심으로 수업이 진행(성별, 체력, 문화적 차이에 의한 불평등한 수업을 지양함)
⑤ 운동 기술과 함께 체육학적인 지식의 이해를 통해 비판적 인식능력을 향상

## SECTION 02 | 스포츠교육의 개념

### 1. 협의의 스포츠교육

① 학교 내에서 스포츠가 교육적으로 활용되는 현상을 다루는 학문 분야
② 스포츠를 교육적인 수단으로만 한정

### 2. 광의의 스포츠교육

① 스포츠의 교육적인 활동뿐만 아니라 삶의 질과 건강을 추구하는 신체활동을 모두 포함하는 학문 분야
② 수업활동 중에 일어나는 모든 교육적 현상을 분석하여 기술하는 과학으로 스포츠 과학 내의 한 분야

**POINT**

**스포츠교육학이 추구하는 가치 영역**
- 신체적 가치 : 건강 및 체력, 스포츠 기능
- 인지적 가치 : 학업 성적, 지적 기능, 문해력과 수리력
- 정의적 가치 : 심리적 건강, 사회적 기술, 도덕적 인격

## SECTION 03 　스포츠교육의 실천 영역

### 1. 학교에서의 스포츠교육

① 학생들이 유의미한 학습경험을 할 수 있도록 본 수업인 체육교과활동과 동시에 창의적 체험활동(재량활동)을 실시
② 체육수업에서 경험한 스포츠를 수업뿐만이 아닌 방과 후에도 자연스럽게 이어나갈 수 있도록 유도
③ 체육수업의 활동목표와 내용, 방법의 다양화
④ 학교체육을 통해 평생 스포츠활동을 할 수 있도록 유도

### 2. 생활에서의 스포츠교육

① 생활체육은 미래지향적이고 주체적이며, 국민의 복지와 행복을 목표로 함
② 생활체육은 삶의 질 향상, 레크리에이션, 건강유지 및 증진, 평생교육, 사회문제의 해결 기능을 수행
③ 국민생활체육회는 다양한 프로그램을 만들어 최대한 많은 주민들의 수요에 부응할 수 있는 개방적인 시스템을 개발

### 3. 경기에서의 스포츠교육

① 지도자는 체계적이고 과학적인 이론을 토대로 각 종목을 지도
② 지도자는 각각의 선수의 경기력 수준을 파악해 그 선수에게 적합한 훈련과 대회 참가 계획을 세울 수 있도록 지도
③ 지도자는 선수의 학습권과 인권을 보호해야 하는 의무를 지님

### 4. 특수상황에서의 스포츠교육

① 신체에 장애가 있는 사람이 참여하는 체육활동
② 신체활동을 통해 장애인들의 신체적 한계를 극복할 수 있도록 하는 특수체육활동

---

**POINT | 스포츠교육의 실천 영역**
- 학교에서의 스포츠교육 : 본 수업인 체육교과활동과 동시에 창의적 체험활동 실시
- 생활에서의 스포츠교육 : 국민의 복지와 행복을 목표로 실시
- 경기에서의 스포츠교육 : 체계적이고 과학적인 이론을 토대로 각 종목 지도 실시
- 특수상황에서의 스포츠교육 : 장애인들의 신체적 한계를 극복할 수 있도록 하는 체육활동 실시

**OX QUIZ**
훈련과정에서 지도자는 자신의 직관에만 근거하여 지도한다. (○/×)
답 ×

**POINT | 스포츠교육이 지향하는 점**
- 활동 목표와 내용, 방법에 있어 통합화와 다양화 추진
- 유아, 청소년, 성년, 노인, 장애인 등 다양한 학습자를 대상으로 함
- 학교체육·생활체육·전문체육을 연계적으로 발전시키고자 함

### 크래스올(Krathwohl)이 주장한 체육의 정의적 목표

| 1단계 | 수용화 | 학생은 자신이 가장 좋아하는 춤에 대해 다른 학생의 설명을 잘 들을 수 있음 |
|---|---|---|
| 2단계 | 반응화 | 학생은 스포츠에서의 경쟁에 대해 찬성과 반대를 토론할 수 있음 |
| 3단계 | 가치화 | 학생은 공정한 경기를 위해 규칙을 준수할 필요성을 설명할 수 있음 |
| 4단계 | 조직화 | 학생은 기술과 운동수행의 향상을 위해 목표를 설정하고 노력할 수 있음 |
| 5단계 | 인격화 | 학생은 수업시간 이외 활동에서 게임 규칙과 예절을 지킬 수 있음 |

### 블룸(Bloom)의 인지적 영역

- 지식 : 교육과정에서 학습한 내용을 기억하고 재생해 내는 능력
- 이해 : 의사전달내용이나 전달된 지식을 받아들이고 이에 관련된 자료를 이용할 수 있는 능력으로 번역, 해석, 추론이 포함
- 적용 : 일반적 상황이나 구체적인 상황에 학습한 내용·지식을 사용하는 능력. 학습한 개념, 방법, 원리를 새로운 문제에 적용해서 해결
- 분석 : 주어진 자료를 하위 요소로 분해하고 요소 간의 관계와 조직되어 있는 방법을 발견하는 능력
- 종합 : 여러 개의 부분을 전체로서 하나가 되도록 묶는 능력
- 평가 : 기준에 따라 문제해결방법, 방법, 소재 등에 대해 가치판단 하는 능력. 비판력과 판단력을 포함하는 능력으로 지적 기능의 가장 높은 단계

# CHAPTER 02 스포츠교육의 정책과 제도

## SECTION 01 학교체육

### 1. 국가체육교육과정

① 교육과정별 특징

**교육과정별 특징**
- 제1차 : 최초의 교육과정
- 제2차 : 경험중심 교육과정
- 제3차 : 지식·기술의 쇄신
- 제4차 : 산업 사회 등에 필요한 사람 양성
- 제5차 : 교육 내용을 인지적, 정의적, 심동적 영역으로 분류
- 제6차 : 교육과정 결정의 분권화
- 제7차 : 기능적, 학문적, 규범적 성격을 공유하는 종합 교과
- 2007년 : 교육과정 철학의 전환과 내용의 재개념화
- 2009년 : 창의력과 인성을 강조
- 2015년 : 자기주도적 학습 환경 조성 강조
- 2022년 : 디지털·인공지능 교육환경에 맞는 교수·학습 및 평가체제를 구축

| 교육과정 | 특징 |
|---|---|
| 제1차 교육과정 | • 우리나라가 만든 최초의 교육과정<br>• 필수적인 교육 내용만을 설정<br>• 반공·도의·실업교육 강조, 전인교육 지향 |
| 제2차 교육과정 | • '경험중심 교육과정'<br>• 학생들의 경험 정도에 따라 이들이 어떤 인격을 지닌 인간으로 성장하는지 결정된다고 봄 |
| 제3차 교육과정 | • 국민적 자질의 함양, 인간 교육의 강화, 지식·기술의 쇄신<br>• 자아실현(개인)과 국가 발전 및 민주적 가치 발달(사회)을 목표로 함<br>• 국민학교(현재의 초등학교)에 '놀이'가 아닌 '운동'의 개념 도입 |
| 제4차 교육과정 | • 민주 사회·산업 사회·통일 조국 건설에 필요한 사람을 양성<br>• 건강한 사람, 심미적인 사람, 능력 있는 사람, 도덕적인 사람, 자주적인 사람 |
| 제5차 교육과정 | • 교육 내용을 행동분류(인지적·정의적·심동적) 영역으로 분류<br>• 건강한 사람, 자주적인 사람, 창조적인 사람, 도덕적인 사람 |
| 제6차 교육과정 | • 교육과정 결정의 분권화, 구조의 다양화, 내용의 적정화, 운영의 효율화<br>• '성격'이라는 항목이 구성 체제에서 새롭게 추가<br>• 건강한 사람, 자주적인 사람, 창의적인 사람, 도덕적인 사람 |
| 제7차 교육과정 | • 기능적·학문적·규범적 성격을 공유하는 종합 교과<br>• 체육과 성격의 명료화, 목표의 일원화, 내용의 일원화 및 적정화, 교수·학습 방법의 구체화, 평가 지침의 구체화<br>• 인간의 삶의 질을 향상시키는 데 이바지하는 교육 내용으로 규정 |
| 2007년 교육과정 | • 교육과정 철학의 전환과 내용의 재개념화<br>• 새로운 개념인 '실체활동 가치'의 도입<br>• 인성과 관련된 덕목들을 언급하고 이를 평가할 방법 제시 |
| 2009년 교육과정 | • 창의력과 인성을 강조<br>• 학년군 제도 도입, 편제 변화에 따른 교육 내용 체계 제시<br>• 창의성 및 인성 함양이 강화되도록 수업 내용 개선<br>• 체육과 교육과정 내용의 적정화를 추구 : 20% 증감 운영 |
| 2015년 교육과정 | • 신체활동을 통해 활기차고 건강한 삶에 필요한 핵심역량을 습득하는 것을 목표로 함<br>• 건강, 도전, 경쟁, 표현, 안전의 다섯 가지 가치를 중점적으로 습득<br>• 초등학교에서는 '신체활동의 기본 및 기초교육'을, 중학교에서는 '신체활동의 심화 및 적용교육'을 수행<br>• 자기주도적 교수·학습 환경 조성 및 전인적 발달을 위한 통합적 교수·학습 강조 |

| 교육과정 | 특징 |
|---|---|
| 2022년 교육과정 | • 건강하고, 행복한 삶, 신체적으로 활동적이고 주도적인 삶, 신체문화를 향유하며 사회 속에서 바람직하게 더불어 사는 삶을 영위할 수 있는 신체활동 역량을 기르는 것이 목표<br>• 초등학교에서는 즐거운 생활 내 신체활동과 직접 관련성이 높은 '놀이활동'을 분석하여 실외활동과 움직임 요소 등으로 신체활동을 강화<br>• 학습자의 주도성을 강화, 디지털·인공지능 교육환경에 맞는 교수·학습 및 평가체제를 구축 |

② 성과 및 특징

| 교육과정 | 성과 및 특징 |
|---|---|
| 제1차~제7차 | • 명목상(서류상) 인성교육과 관련된 내용이 등재<br>• 실제 구체적인 인성 요소는 부재 |
| 2007년 | • '신체활동 가치'라는 새로운 개념의 도입<br>• '운동기능' 중심에서 '신체활동 가치의 내면화와 실천' 중심으로 전환 |
| 2009년 | 단원별 학습해야 할 창의력과 인성 요소 규정, 교과내용 체계화 |

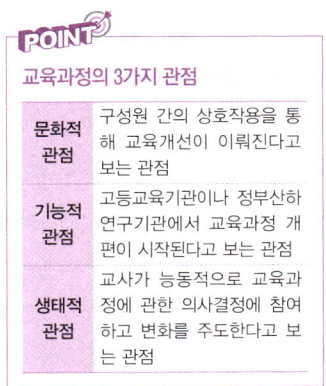

**POINT**
**교육과정의 3가지 관점**

| 문화적 관점 | 구성원 간의 상호작용을 통해 교육개선이 이뤄진다고 보는 관점 |
|---|---|
| 기능적 관점 | 고등교육기관이나 정부산하 연구기관에서 교육과정 개편이 시작된다고 보는 관점 |
| 생태적 관점 | 교사가 능동적으로 교육과정에 관한 의사결정에 참여하고 변화를 주도한다고 보는 관점 |

**이해더하기**

**스포츠 창의력의 핵심 역량 요소**

| 핵심 요소 | 내용 |
|---|---|
| 표현적 창의력 | • 부분적인 움직임이나 동작 등을 독창적인 방법으로 새롭게 표현하는 것<br>• 기존의 동작을 부분적으로 변형하여 표현하거나 기구 등을 활용하여 움직임을 표현하는 것 |
| 전술적 창의력 | 스포츠에 존재하는 다양한 전술을 독창적인 방법으로 적용하거나 변형하는 것 |
| 기능적 창의력 | 스포츠에 존재하는 다양한 기술을 독창적인 방법으로 적용하거나 변형하는 것 |
| 심미적 창의력 | 움직임이나 동작, 무용 등을 활용하여 일련의 체육 활동을 재구성하거나 새롭게 창작하는 것 |

**학교체육 진흥의 조치**
- 체육교육과정 운영 충실 및 체육수업의 질 제고
- 학생건강체력평가
- 학교 스포츠 클럽 및 학교운동부 운영
- 학생선수의 학습권 보장 및 인권보호
- 교원의 체육 관련 직무연수 강화 및 장려
- 유아 및 장애학생의 체육활동 활성화
- 그 밖에 학교체육 활성화를 위해 필요한 사항

**학교체육진흥법의 내용**
- 학생선수의 최저학력이 보장될 수 있도록 노력해야 한다.
- 저체력 및 비만 판정을 받은 학생을 위한 건강체력교실을 운영해야 한다.
- 학생들의 체육활동 참여 기회 확대를 위해 학교스포츠클럽을 운영해야 한다.
- 국가 및 지방자치단체는 초등학교에 스포츠강사를 배치할 수 있다.

## 2. 학교체육진흥법  `2024 기출`

| 항목 | 제목 | 내용 |
|---|---|---|
| 제1조 | 목적 | 이 법은 학생의 체육활동 강화 및 학교운동부 육성 등 학교체육 활성화에 필요한 사항을 정함으로써 학생들이 건강하고 균형 잡힌 신체와 정신을 가질 수 있도록 하는 데 기여함을 목적으로 한다. |
| 제2조 | 정의 | • 학교체육 : 학교에서 학생을 대상으로 이루어지는 체육활동<br>• 학교 : 「유아교육법」 제2조제2호에 따른 유치원 및 「초·중등교육법」 제2조에 따른 학교<br>• 학교운동부 : 학생선수로 구성된 학교 내 운동부<br>• 학생선수 : 학교운동부에 소속되어 운동하는 학생이나 「국민체육진흥법」 제33조와 제34조에 따른 체육단체에 등록되어 선수로 활동하는 학생<br>• 학교스포츠클럽 : 체육활동에 취미를 가진 같은 학교의 학생으로 구성되어 학교가 운영하는 스포츠클럽<br>• 학교운동부지도자 : 학교에 소속되어 학교운동부를 지도·감독하는 사람<br>• 스포츠강사 : 「초·중등교육법」 제2조제2호에 따른 초등학교에서 정규 체육수업 보조 및 학교스포츠클럽을 지도하는 체육전문강사<br>• 학교체육진흥원 : 학교체육 진흥을 위한 연구, 정책개발, 연수 등을 실시하는 조직 |
| 제3조 | 학교체육 진흥 시책과 권장 | 국가 및 지방자치단체(교육감을 포함한다)는 학교체육 진흥에 필요한 시책을 마련하고 학생의 자발적인 체육활동을 권장·보호 및 육성하여야 한다. |
| 제6조 | 학교체육 진흥의 조치 | ① 학교의 장은 학생의 체력증진과 체육활동 활성화를 위하여 다음 각 호의 조치를 취하여야 한다.<br>　1. 체육교육과정 운영 충실 및 체육수업의 질 제고<br>　2. 제8조에 따른 학생건강체력평가 및 제9조에 따라 비만 판정을 받은 학생에 대한 대책<br>　3. 제10조에 따른 학교스포츠클럽 및 제11조에 따른 학교운동부 운영<br>　4. 학생선수의 학습권 보장 및 인권보호<br>　5. 여학생 체육활동 활성화<br>　6. 유아 및 장애학생의 체육활동 활성화<br>　7. 학교체육행사의 정기적 개최<br>　8. 학교 간 경기대회 등 체육 교류활동 활성화<br>　9. 교원의 체육 관련 직무연수 강화 및 장려<br>　10. 그 밖에 학교체육 활성화를 위하여 필요한 사항<br>② 학교의 장은 제1항에 따른 조치를 시행하기 위하여 필요한 경비를 학교 예산의 범위에서 확보하여야 한다.<br>③ 교육부장관과 교육감은 제1항에 따른 조치가 적절하게 취하여지고 있는지를 대통령령으로 정하는 바에 따라 주기적으로 감독하여야 한다. |
| 제8조 | 학생건강 체력평가 실시계획의 수립 및 실시 | ① 국가는 학생의 건강체력 상태를 측정하기 위하여 매년 3월 31일까지 학생건강체력평가 실시계획을 수립하고 학교의 장은 실시계획에 따라 학생건강체력평가를 실시하여야 한다.<br>② 제1항에 따라 학생건강체력평가를 실시한 학교의 장은 평가결과를 교육정보시스템에 등록하여야 하며, 해당 학생과 학부모에게 알려야 한다.<br>③ 제1항에 따른 학생건강체력평가는 「고등교육법」에 따른 대학이나 전문기관·단체 등에 위탁할 수 있다. |

| 항목 | 제목 | 내용 |
|---|---|---|
| 제8조 | 학생건강 체력평가 실시계획의 수립 및 실시 | ④ 제1항부터 제3항까지의 규정에 따라 학생건강체력평가를 실시한 경우에는 「학교보건법」 제7조에 따른 건강검사 중 신체능력검사를 실시한 것으로 본다.<br>⑤ 제1항부터 제3항까지의 규정에 따른 학생건강체력평가의 시기, 방법, 평가항목, 평가결과 등록 및 학생건강체력평가를 위탁받을 수 있는 대학이나 전문기관·단체 등의 자격요건 등에 필요한 사항은 교육부령으로 정한다. |
| 제9조 | 건강체력 교실 운영 | ① 학교의 장은 제8조에 따른 학생건강체력평가에서 저체력 또는 비만 판정을 받은 학생을 대상으로 건강체력증진을 위하여 정규 또는 비정규 프로그램(이하 "건강체력교실"이라 한다)을 운영하여야 한다.<br>② 건강체력교실 등의 설치 및 운영 등에 관하여 필요한 사항은 교육부령으로 정한다. |
| 제10조 | 학교스포츠 클럽 운영 | ① 학교의 장은 학생들이 신체활동 프로그램에 참여할 수 있도록 학교스포츠클럽을 운영하여 학생들의 체육활동 참여기회를 확대하여야 한다.<br>② 학교의 장은 제1항에 따라 학교스포츠클럽을 운영하는 경우 학교스포츠클럽 전담교사를 지정하여야 한다.<br>③ 제2항에 따른 학교스포츠클럽 전담교사에게는 학교 예산의 범위에서 소정의 지도수당을 지급한다.<br>④ 학교의 장은 학교스포츠클럽 활동내용을 학교생활기록부에 기록하여 상급학교 진학자료로 활용할 수 있도록 하여야 한다.<br>⑤ 학교의 장은 교육부령으로 정하는 바에 따라 일정 비율 이상의 학교스포츠클럽을 해당 학교의 여학생들이 선호하는 종목의 학교스포츠클럽으로 운영하여야 한다. |
| 제12조 | 학교운동부 지도자 | ① 학교의 장은 학생선수의 훈련과 지도를 위하여 학교운동부에 지도자(이하 "학교운동부지도자"라 한다)를 둘 수 있다.<br>② 국가는 학교운동부지도자의 자질 향상 및 전문성 강화를 위하여 연수교육 계획을 수립하고, 이를 실시하여야 한다. 이 경우 연수교육을 관련 단체에 위탁할 수 있다.<br>③ 국가 및 지방자치단체는 학교운동부지도자의 급여에 필요한 경비를 지원하도록 노력하여야 하며, 학교의 장은 학교운동부지도자 임용에 필요한 경비를 「초·중등교육법」 제30조의2에 따라 설치된 학교회계에 반영하여 집행하여야 한다.<br>④ 학교의 장은 학교운동부지도자가 학생선수의 학습권을 박탈하거나 폭력, 금품·향응 수수(授受) 등의 부적절한 행위를 하였을 경우 학교운영위원회의 심의를 거쳐 계약을 해지할 수 있다.<br>⑤ 교육감은 학교운동부지도자의 지도 등을 위하여 학교운동부지도자관리위원회를 설치한다.<br>⑥ 교육감은 제4항의 사유 이외에 학교의 장이 부당하게 학교운동부지도자를 계약 해지하였을 경우 학교운동부지도자관리위원회의 심의를 거쳐 관련 계약 해지를 철회할 수 있다.<br>⑦ 그 밖에 학교운동부지도자의 자격기준, 임용, 급여, 신분, 직무 등에 필요한 사항은 대통령령으로 정한다. |
| 제13조 | 스포츠 강사의 배치 | ① 국가 및 지방자치단체는 학생의 체육수업 흥미 제고 및 체육활동 활성화를 위하여 「초·중등교육법」 제2조제2호에 따른 초등학교에 스포츠강사를 배치할 수 있다.<br>② 제1항에 따른 스포츠강사의 자격기준, 임용 등에 필요한 사항은 대통령령으로 정한다. |

**학교체육진흥법 제11조(학교운동부 운영 등)**

① 학교의 장은 학생선수가 최저학력에 도달하지 못한 경우에는 교육부령으로 정하는 경기대회의 참가를 허용하여서는 아니 된다. 다만, 「초·중등교육법」 제2조제3호에 따른 고등학교 또는 이에 준하는 학교에 재학 중인 학생선수가 제2항에 따른 기초학력보장 프로그램을 이수한 경우에는 그 참가를 허용할 수 있다.
② 학교의 장은 최저학력에 도달하지 못한 학생선수에게 별도의 기초학력보장 프로그램을 제공하여야 한다.
③ 최저학력의 기준 및 실시 시기에 필요한 사항과 기초학력보장 프로그램의 운영 등에 필요한 사항은 교육부령으로 정한다.
④ 학교의 장은 학생선수의 학습권 보장 및 신체적·정서적 발달을 위하여 학기 중의 상시 합숙훈련이 근절될 수 있도록 노력하여야 한다. 다만, 경기대회 참가 등을 위하여 불가피하게 합숙훈련을 실시하는 경우에는 학생선수의 안전 및 인권보호를 위하여 필요한 조치를 하여야 한다.
⑤ 학교의 장은 원거리에서 통학하는 학생선수를 위하여 기숙사를 운영할 수 있다. 이 경우 필요한 사항은 교육부령으로 정한다.
⑥ 학교의 장은 학교운동부 관련 후원금을 「초·중등교육법」 제30조의2에 따라 설치된 학교회계에 편입시켜 운영하여야 한다.
⑦ 국가 및 지방자치단체는 예산의 범위에서 학교운동부 운영과 관련된 경비를 지원할 수 있다.

**QUIZ**

학교체육진흥법 제10조에 따르면 활동 내용은 학교생활 기록부에 기록하지만, 상급학교 진학 자료로 활용할 수 없다. (○/×)

답 ×

> **이해더하기**
>
> **학교운동부지도자의 자격기준 등(학교체육진흥법 시행령 제3조)**
> ① 학교의 장은 법 제12조제7항에 따라 「국민체육진흥법」 제2조제6호에 따른 체육지도자 중에서 학교운동부지도자를 임용할 수 있다.
> ② 학교운동부지도자의 급여는 학교의 장이 지도경력과 실적을 고려하여 정한다.
> ③ 학교운동부지도자는 다음 각 호의 직무를 수행한다.
>   1. 학생선수에 대한 훈련계획 작성, 지도 및 관리
>   2. 학생선수의 각종 대회 출전 지원 및 인솔
>   2의2. 훈련 및 각종 대회 출전 시 학생선수의 안전관리
>   3. 경기력 분석 및 훈련일지 작성
>   4. 훈련장의 안전관리
> ④ 학교의 장은 학교운동부지도자를 재임용할 때에는 다음 각 호의 사항을 평가한 후 그 결과에 따라 재임용 여부를 결정해야 한다.
>   1. 제3항 각 호의 직무수행 실적
>   2. 복무 태도
>   3. 학교운동부 운영 성과
>   4. 학생선수의 학습권 및 인권 침해 여부
>
> **스포츠강사의 자격기준(학교체육진흥법 시행령 제4조)**
> ① 초등학교의 장은 법 제13조제2항에 따라 「국민체육진흥법」 제2조제6호에 따른 체육지도자 중에서 스포츠강사를 임용할 수 있다.
> ② 초등학교의 장은 스포츠강사를 1년 단위로 계약하여 임용할 수 있다.
> ③ 초등학교의 장은 스포츠강사를 재임용할 때에는 다음 각 호의 사항을 평가한 후 그 결과에 따라 재임용 여부를 결정하여야 한다.
>   1. 강사로서의 자질
>   2. 복무 태도
>   3. 학생의 만족도

## SECTION 02 | 생활체육

> **POINT**
>
> **생활체육 주요 용어**
> - 전문체육 : 선수들이 행하는 운동 경기 활동
> - 생활체육 : 건강과 체력 증진을 위한 자발적인 체육 활동
> - 체육지도자 : 여러 환경에서 체육을 지도할 수 있는 다음 자격을 취득한 사람
>   - 스포츠지도사
>   - 건강운동관리사
>   - 장애인스포츠지도사
>   - 유소년스포츠지도사
>   - 노인스포츠지도사

### 1. 국민체육진흥법  `2025 기출`  `2024 기출`  `2023 기출`

| 항목 | 제목 | 내용 |
|---|---|---|
| 제1조 | 목적 | 이 법은 국민체육을 진흥하여 국민의 체력을 증진하고, 체육활동으로 연대감을 높이며, 공정한 스포츠 정신으로 체육인 인권을 보호하고, 국민의 행복과 자긍심을 높여 건강한 공동체의 실현에 이바지함을 목적으로 한다. |
| 제2조 (일부) | 정의 | • 체육 : 운동경기·야외 운동 등 신체 활동을 통하여 건전한 신체와 정신을 기르고 여가를 선용하는 것을 말한다.<br>• 생활체육 : 건강과 체력 증진을 위하여 행하는 자발적이고 일상적인 체육 활동을 말한다.<br>• 학교 : 「초·중등교육법」 제2조 및 「고등교육법」 제2조에 따른 학교를 말한다. |

| 항목 | 제목 | 내용 |
|---|---|---|
| 제2조 (일부) | 정의 | • 체육지도자 : 학교·직장·지역사회 또는 체육단체 등에서 체육을 지도할 수 있도록 이 법에 따라 다음 각 목의 어느 하나에 해당하는 자격을 취득한 사람을 말한다.<br>　가. 스포츠지도사<br>　나. 건강운동관리사<br>　다. 장애인스포츠지도사<br>　라. 유소년스포츠지도사<br>　마. 노인스포츠지도사<br>• 체육동호인조직 : 같은 생활체육 활동에 지속적으로 참여하는 자의 모임을 말한다.<br>• 체육단체 : 체육에 관한 활동이나 사업을 목적으로 설립된 다음 각 목의 어느 하나에 해당하는 법인이나 단체를 말한다.<br>　가. 제5장에 따른 대한체육회, 시·도체육회 및 시·군·구체육회(이하 "지방체육회"라 한다), 대한장애인체육회, 시·도장애인체육회 및 시·군·구장애인체육회(이하 "지방장애인체육회"라 한다), 한국도핑방지위원회, 서울올림픽기념국민체육진흥공단<br>　나. 제11호에 따른 경기단체<br>　다. 「태권도 진흥 및 태권도공원 조성 등에 관한 법률」 제19조에 따른 국기원 및 같은 법 제20조에 따른 태권도진흥재단<br>　라. 「전통무예진흥법」 제5조에 따른 전통무예단체<br>　마. 「스포츠산업 진흥법」 제20조에 따른 사업자단체<br>　바. 「체육시설의 설치·이용에 관한 법률」 제34조에 따른 체육시설업협회<br>　사. 국내대회, 국제대회 등 대회 개최를 위하여 설립된 대회조직위원회<br>　아. 그 밖의 체육활동 법인 또는 단체 |
| 제8조 | 지방 체육의 진흥 | ① 지방자치단체는 지역 주민의 건강과 체력 증진을 위하여 건전한 체육 활동을 생활화할 수 있도록 시설 등 여건을 조성하고 지원하여야 한다.<br>② 지방자치단체는 그 행정구역 단위로 연 1회 이상 체육대회를 직접 개최하거나 체육단체로 하여금 이를 개최하도록 지원하여야 한다.<br>③ 지방자치단체는 직장인 체육대회를 연 1회 이상 개최하여야 한다. |
| 제10조 | 직장 체육의 진흥 | ① 국가와 지방자치단체는 직장 체육 진흥에 필요한 시책을 마련하여야 한다.<br>② 직장의 장은 대통령령으로 정하는 바에 따라 체육동호인조직과 체육진흥관리위원회를 설치하는 등 직장인의 체력 증진과 체육 활동 육성에 필요한 조치를 마련하여야 한다.<br>③ 대통령령으로 정하는 직장에는 직장인의 체력 증진과 체육 활동 지도·육성을 위하여 체육지도자를 두어야 한다.<br>④ 「공공기관의 운영에 관한 법률」에 따른 공공기관 중 대통령령으로 정하는 기관(이하 "공공기관"이라 한다)과 대통령령으로 정하는 직장에는 한 종목 이상의 운동경기부를 설치·운영하고 체육지도자를 두어야 한다.<br>⑤ 제2항부터 제4항까지의 규정에 따른 직장 체육에 관한 업무는 시장·군수·구청장(자치구의 구청장을 말한다. 이하 같다)이 지도·감독한다. |

**그 외 국민체육진흥법**

- 제3조(체육진흥시책과 권장) : 국가와 지방자치단체는 국민체육 진흥에 시책을 마련하고 국민의 자발적인 체육 활동을 권장·보호 및 육성해야 한다.
- 제4조(기본 시책의 수립 등) : 문화체육관광부장관은 국민체육 진흥에 관한 기본 시책을 수립·시행한다.
- 제5조(지역체육진흥협의회) : 지방자치단체의 체육 진흥 계획을 수립하고 그 밖에 체육진흥에 관한 중요 사항을 협의하기 위해 지방자치단체에 지역체육진흥협의회를 둔다.
- 제6조(협조) : 기본 시책과 체육 진흥 계획의 수립·시행에 관하여 문화체육관광부장관이나 지방자치단체의 장이 요청하면 관계기관과 단체는 이에 협조해야 한다.

| 항목 | 제목 | 내용 |
|---|---|---|
| 제11조 | 체육지도자의 양성 | ① 국가는 국민체육 진흥을 위한 체육지도자의 양성과 자질 향상을 위하여 필요한 시책을 마련하여야 한다.<br>② 문화체육관광부장관은 대통령령으로 정하는 자격 요건을 갖춘 사람으로서 체육지도자 자격검정(이하 "자격검정"이라 한다)에 합격하고 체육지도자 연수과정(이하 "연수과정"이라 한다)을 이수한 사람에게 문화체육관광부령으로 정하는 바에 따라 체육지도자의 자격증을 발급한다. 다만, 학교체육교사 및 선수(문화체육관광부장관이 지정하는 프로스포츠단체에 등록된 프로스포츠선수를 포함한다) 등 대통령령으로 정하는 사람에게는 대통령령으로 정하는 바에 따라 자격검정이나 연수과정의 일부(제3항에 따른 스포츠윤리교육은 제외한다)를 면제할 수 있다.<br>③ 연수과정에는 다음 각 호의 사항으로 구성된 스포츠윤리교육 과정이 포함되어야 한다.<br>  1. 성폭력 등 폭력 예방교육<br>  2. 스포츠비리 및 체육계 인권침해 방지를 위한 예방교육<br>  3. 도핑 방지 교육<br>  4. 그 밖에 체육의 공정성 확보와 체육인의 인권보호를 위하여 문화체육관광부령으로 정하는 교육<br>④ 제2항에 따라 자격검정이나 연수를 받거나 자격증을 발급 또는 재발급 받으려는 사람은 문화체육관광부령으로 정하는 바에 따라 수수료를 납부하여야 한다.<br>⑤ 체육지도자의 종류·등급·검정 및 자격 부여 등에 필요한 사항은 대통령령으로 정한다. |
| 제12조 | 체육지도사의 자격취소 | ① 문화체육관광부장관은 체육지도자가 다음 각 호의 어느 하나에 해당하면 제12조의2에 따른 체육지도자 자격운영위원회의 의결에 따라 그 자격을 취소하거나 5년의 범위에서 자격을 정지할 수 있다. 다만, 제1호부터 제4호까지의 어느 하나에 해당하면 그 자격을 취소하여야 한다.<br>  1. 거짓이나 그 밖의 부정한 방법으로 체육지도자의 자격을 취득한 경우<br>  2. 자격정지 기간 중에 업무를 수행한 경우<br>  3. 체육지도자 자격증을 타인에게 대여한 경우<br>  4. 제11조의5 각 호의 어느 하나에 해당하는 경우<br>  5. 선수의 신체에 폭행을 가하거나 상해를 입히는 행위를 한 경우<br>  6. 선수에게 성희롱 또는 성폭력에 해당하는 행위를 한 경우<br>  7. 제11조의6제1항에 따른 재교육을 받지 아니한 경우<br>  8. 그 밖에 직무수행 중 부정이나 비위 사실이 있는 경우<br>② 삭제<br>③ 자격검정을 받는 사람이 그 검정과정에서 부정행위를 한 때에는 현장에서 그 검정을 중지시키거나 무효로 한다.<br>④ 제1항에 따라 체육지도자 자격이 취소된 사람은 문화체육관광부령으로 정하는 바에 따라 체육지도자 자격증을 문화체육관광부장관에게 반납하여야 한다.<br>⑤ 제1항에 따른 행정처분의 세부적인 기준 및 절차는 그 사유와 위반 정도를 고려하여 문화체육관광부령으로 정한다. |
| 제13조 | 체육시설의 설치 | ① 국가와 지방자치단체는 국민의 체육 활동에 필요한 시설의 적정한 확보와 이용에 필요한 시책을 마련하여야 한다.<br>② 국가와 지방자치단체는 장애인 체육 활동에 필요한 시설의 설치와 운영에 필요한 시책을 마련하여야 하며, 장애인이 체육시설을 우선적으로 이용할 수 있도록 필요한 조치를 할 수 있다.<br>③ 국가와 지방자치단체는 노인 체육 활동에 필요한 시설의 적정한 확보와 그 운영에 필요한 시책을 마련하여야 한다. |

**O×QUIZ**

'국가와 지방자치단체는 스포츠 강사와 체육지도자를 배치하여야 한다.'는 내용은 국민체육진흥법에 명시되어 있다. (○/×)

답 ×

| 항목 | 제목 | 내용 |
|---|---|---|
| | | ④ 직장의 장은 종업원의 체육 활동에 필요한 시설을 설치·운영하여야 하며, 학교의 체육시설은 학교 교육에 지장이 없는 범위에서 지역 주민에게 개방·이용되어야 한다.<br>⑤ 국가와 지방자치단체는 민간의 체육시설 설치를 권장하고 건전하게 운영되도록 하여야 한다.<br>⑥ 제1항부터 제5항까지에 따른 체육시설의 설치·이용 등에 필요한 사항은 따로 법률로 정한다. |

### 이해 더하기

**스포츠기본법 제3조(정의)**

이 법에서 사용하는 용어의 뜻은 다음과 같다.
1. "스포츠"란 건강한 신체를 기르고 건전한 정신을 함양하며 질 높은 삶을 위하여 자발적으로 행하는 신체활동을 기반으로 하는 사회문화적 행태를 말하며, 국민체육진흥법 제2조제1호에 따른 체육을 포함한다.
2. "전문스포츠"란 국민체육진흥법 제2조제4호에 따른 선수(이하 "선수"라 한다)가 행하는 스포츠 활동을 말한다.
3. "생활스포츠"란 건강과 체력 증진을 위하여 행하는 자발적이고 일상적인 스포츠 활동을 말한다.
4. "장애인스포츠"란 장애인이 참여하는 스포츠 활동(생활스포츠와 전문스포츠를 포함한다)을 말한다.
5. "학교스포츠"란 학교(유아교육법 제2조제2호에 따른 유치원, 초·중등교육법 제2조 및 고등교육법 제2조에 따른 학교를 말한다. 이하 같다)에서 이루어지는 스포츠 활동(학교과정 외의 스포츠 활동과 국민체육진흥법 제2조제8호에 따른 운동경기부의 스포츠 활동을 포함한다)을 말한다.
6. "스포츠산업"이란 스포츠와 관련된 재화와 서비스를 통하여 부가가치를 창출하는 산업을 말한다.
7. "스포츠클럽"이란 회원의 정기적인 체육활동을 위하여 스포츠클럽법 제6조에 따라 등록을 하고 지역사회의 체육활동 진흥을 위하여 운영되는 법인 또는 단체를 말한다.

**스포츠기본법 제7조(스포츠 정책 수립·시행의 기본원칙)** `2023 기출`

국가와 지방자치단체는 스포츠에 관한 정책을 수립하고 시행할 때에는 다음 각 호의 사항을 충분히 고려하여야 한다.
1. 스포츠권을 보장할 것
2. 스포츠 활동을 존중하고 사회전반에 확산되도록 할 것
3. 국민과 국가의 스포츠 역량을 높이기 위한 여건을 조성하고 지원할 것
4. 스포츠 활동 참여와 스포츠 교육의 기회가 확대되도록 할 것
5. 스포츠의 가치를 존중하고 스포츠의 역동성을 높일 수 있을 것
6. 스포츠 활동과 관련한 안전사고를 방지할 것
7. 스포츠의 국제 교류·협력을 증진할 것

## 2. 생활체육진흥법

| 항목 | 제목 | 내용 |
|---|---|---|
| 제1조 | 목적 | 이 법은 생활체육의 진흥에 필요한 사항을 규정함으로써 생활체육의 기반조성 및 활성화를 도모하고, 생활체육을 통한 국민의 건강과 체력 증진, 여가 선용 및 복지 향상에 이바지함을 목적으로 한다. |
| 제2조 | 정의 | • 생활체육 : 「국민체육진흥법」 제2조제3호에 따른 생활체육을 말한다.<br>• 생활체육지도자 : 「국민체육진흥법」 제2조제6호에 따른 체육지도자 중 생활체육 활동을 지도하기 위하여 배치된 사람을 말한다.<br>• 생활체육종목단체 : 특정 종목에 관한 활동과 사업을 목적으로 설립되고 국민생활체육회에 회원으로 가입한 법인 또는 단체를 말한다.<br>• 체육동호인조직 : 「국민체육진흥법」 제2조제7호에 따른 체육동호인조직을 말한다. |
| 제3조 | 국민의 생활체육 권리 | ① 모든 국민은 건강한 신체활동과 건전한 여가 선용을 위하여 생활체육을 즐길 권리를 가진다.<br>② 모든 국민은 생활체육에 관하여 어떠한 차별도 받지 아니하고 평등하게 누릴 수 있어야 한다.<br>③ 국가 및 지방자치단체는 국민의 생활체육권 보장을 위하여 노력할 의무를 진다. |
| 제5조 | 국가 등의 책무 | ① 국가 및 지방자치단체는 생활체육의 진흥을 위하여 필요한 시책을 수립·시행하여야 한다.<br>② 국가 및 지방자치단체는 제1항에 따른 책무를 다하기 위하여 이에 수반되는 예산상의 조치를 취하도록 노력하여야 한다. |
| 제6조 | 생활체육 진흥 기본계획의 수립 등 | ① 문화체육관광부장관은 생활체육의 진흥을 위한 기본계획(이하 "기본계획"이라 한다)을 5년마다 수립·시행하여야 한다.<br>② 기본계획에는 다음 각 호의 사항이 포함되어야 한다.<br>　1. 생활체육 진흥의 기본방향에 관한 사항<br>　2. 생활체육시설의 설치 및 유지·보수 등에 관한 사항<br>　3. 생활체육 활동에서의 안전관리에 관한 사항<br>　4. 생활체육대회 육성에 관한 사항<br>　5. 생활체육 국제 교류·협력 및 국제행사 개최 등에 관한 사항<br>　6. 생활체육 진흥을 위한 재원 확보에 관한 사항<br>　7. 생활체육 정보체계 구축에 관한 사항<br>　8. 생활체육지도자의 처우개선 및 복리후생 증진에 관한 사항<br>　9. 생활체육시설의 감염병 등에 대한 안전·위생·방역 관리에 관한 사항<br>　10. 그 밖에 생활체육 진흥을 위하여 필요한 사항으로서 대통령령으로 정하는 사항<br>③ 지방자치단체의 장은 기본계획에 따라 해당 지방자치단체의 시행계획을 수립·시행하여야 한다.<br>④ 문화체육관광부장관과 지방자치단체의 장은 기본계획 및 제3항에 따른 시행계획을 수립·시행하기 위하여 필요한 경우 행정기관의 장 및 관계 기관 또는 단체의 장에게 협조를 요청할 수 있다. 이 경우 행정기관의 장 및 관계 기관 또는 단체의 장은 특별한 사유가 없으면 이에 따라야 한다. |

| 항목 | 제목 | 내용 |
|---|---|---|
| 제8조 | 생활체육강좌의 설치 | ① 국가 및 지방자치단체는 국민이 적극적으로 생활체육을 누릴 수 있도록 생활체육강좌 설치 기관 또는 단체를 지정하여 생활체육을 보급할 수 있다.<br>② 국가 및 지방자치단체는 생활체육강좌의 설치·운영에 드는 경비를 지원할 수 있다. |
| 제10조 | 체육동호인조직의 육성 및 지원 | ① 지방자치단체는 그 지역주민의 생활체육 활동을 위하여 체육동호인조직의 육성에 필요한 시책을 마련할 수 있다.<br>② 국가 및 지방자치단체는 예산의 범위에서 체육동호인조직과 장애인 체육동호인조직의 육성에 필요한 경비의 일부를 지원할 수 있다. |

### 이해더하기

**체육시설법 시행규칙 제22조(체육지도자 배치기준)**

| 체육시설업의 종류 | 규모 | 배치인원 |
|---|---|---|
| 골프장업 | • 골프코스 18홀 이상 36홀 이하<br>• 골프코스 36홀 초과 | 1명 이상<br>2명 이상 |
| 스키장업 | • 슬로프 10면 이하<br>• 슬로프 10면 초과 | 1명 이상<br>2명 이상 |
| 요트장업 | • 요트 20척 이하<br>• 요트 20척 초과 | 1명 이상<br>2명 이상 |
| 조정장업 | • 조정 20척 이하<br>• 조정 20척 초과 | 1명 이상<br>2명 이상 |
| 카누장업 | • 카누 20척 이하<br>• 카누 20척 초과 | 1명 이상<br>2명 이상 |
| 빙상장업 | • 빙판면적 1,500제곱미터 이상 3,000제곱미터 이하<br>• 빙판면적 3,000제곱미터 초과 | 1명 이상<br>2명 이상 |
| 승마장업 | • 말 20마리 이하<br>• 말 20마리 초과 | 1명 이상<br>2명 이상 |
| 수영장업 | • 수영조 바닥면적이 400제곱미터 이하인 실내 수영장<br>• 수영조 바닥면적이 400제곱미터를 초과하는 실내 수영장 | 1명 이상<br>2명 이상 |
| 체육도장업 | • 운동전용면적 300제곱미터 이하<br>• 운동전용면적 300제곱미터 초과 | 1명 이상<br>2명 이상 |
| 골프연습장업 | • 20타석 이상 50타석 이하<br>• 50타석 초과 | 1명 이상<br>2명 이상 |
| 체력단련장업 | • 운동전용면적 300제곱미터 이하<br>• 운동전용면적 300제곱미터 초과 | 1명 이상<br>2명 이상 |

### 3. 국민체육진흥정책

① **스포츠비전**
  ㉠ 생활체육의 활성화, 엘리트스포츠의 지속적인 발전, 스포츠산업의 확대
  ㉡ 목표 : 스포츠로 사회, 국격, 미래를 바꾸다.

② **국민생활체육진흥 종합계획(스마일 100)**
  ㉠ 100세 시대를 위한 생애주기별 생활체육프로그램 보급
  ㉡ 목표 : 스포츠를 마음껏 일상적으로 100세까지

③ **스포츠 7330** : 일주일(7일) 3번 이상, 하루 30분 운동 캠페인

④ **신체활동 7560+** : 일주일(7일) 5번 이상, 하루 1시간(60분) 이상 누적하여 운동

> **이해더하기**
>
> **생활체육 정책 목표(스마일 100)**
> - '언제나' 향유할 수 있는 참여 기회 제공
> - '어디서나' 이용 가능한 시설 제공
> - '누구나' 부담 없이 누릴 수 있는 환경 조성
> - 세대와 문화를 넘어 '함께' 참여하는 생활체육
> - 걸림돌 없이 '즐기는' 생활체육 참여 환경 조성
>
> **생활체육 활성화 주요 정책**
>
> | | |
> |---|---|
> | 소외계층 체육 진흥정책 | 행복 나눔 스포츠 교실, 스포츠강좌이용권 사업, 스포츠 버스를 활용한 움직이는 체육관 및 작은 운동회 등 |
> | 동호인 체육 진흥정책 | 계층별 동호회 육성 및 리그 지원을 지속적으로 확대 |
> | 직장체육 진흥정책 | 직장인의 체력 및 건강진단, 운동 상담·지도 등 지원 |
> | 유아체육 진흥정책 | 신체활동 영역별 성취 기준을 활용한 체육활동 성취 인증제 도입 등 |

**기출 채우기**
지방자치단체는 직장인 체육대회를 ( ) 이상 개최해야 한다.
답 연 1회

# SECTION 03 전문체육

## 1. 국민체육진흥법

| 항목 | 제목 | 내용 |
|---|---|---|
| 제2조 (일부) | 정의 | • 체육 : 운동경기 · 야외 운동 등 신체 활동을 통하여 건전한 신체와 정신을 기르고 여가를 선용하는 것을 말한다.<br>• 전문체육 : 선수들이 행하는 운동경기 활동을 말한다.<br>• 선수 : 경기단체에 선수로 등록된 자를 말한다.<br>• 국가대표선수 : 통합체육회, 대한장애인체육회 또는 경기단체가 국제경기대회(친선경기대회는 제외한다)에 우리나라의 대표로 파견하기 위하여 선발 · 확정한 사람을 말한다.<br>• 운동경기부 : 선수로 구성된 국가, 지방자치단체, 학교나 직장 등의 운동부를 말한다.<br>• 도핑 : 선수의 운동능력을 강화시키기 위하여 문화체육관광부장관이 고시하는 금지 목록에 포함된 약물 또는 방법을 복용하거나 사용하는 것을 말한다.<br>• 경기단체 : 특정 경기 종목에 관한 활동과 사업을 목적으로 설립되고 통합체육회나 대한장애인체육회에 가맹된 법인이나 단체 또는 문화체육관광부장관이 지정하는 프로스포츠 단체를 말한다.<br>• 스포츠비리 : 체육의 공정성을 저해하는 다음 각 목의 어느 하나에 해당하는 행위를 말한다.<br>　가. 체육단체의 운영 중 발생하는 회계부정, 배임, 횡령 및 뇌물수수 등 체육단체의 투명하고 민주적인 운영을 저해하는 행위<br>　나. 운동경기 활동 중 발생하는 승부조작, 편파판정 등 운동경기의 공정한 운영을 저해하는 행위 |
| 제14조 | 선수 등의 보호 · 육성 | ① 국가와 지방자치단체는 선수와 체육지도자에 대하여 필요한 육성을 하여야 한다.<br>② 국가와 지방자치단체는 우수 선수와 체육지도자 육성을 위하여 필요한 표창제도를 마련하여야 한다.<br>③ 국가, 지방자치단체, 공공기관, 그 밖에 대통령령으로 정하는 단체는 대통령령으로 정하는 우수 선수에게 아마추어 경기 생활을 할 수 있게 하기 위하여 문화체육관광부장관이 요청하면 우수 선수와 체육지도자를 고용하여야 한다. |
| 제14조의 3 | 선수 등의 금지행위 | ① 전문체육에 해당하는 운동경기의 선수 · 감독 · 코치 · 심판 및 경기단체의 임직원(이하 "전문체육선수 등"이라 한다)은 운동경기에 관하여 부정한 청탁을 받고 재물이나 재산상의 이익을 받거나 요구 또는 약속하여서는 아니 된다.<br>② 전문체육선수 등은 운동경기에 관하여 부정한 청탁을 받고 제3자에게 재물이나 재산상의 이익을 제공하거나 제공할 것을 요구 또는 약속하여서는 아니 된다. |
| 제15조 | 도핑 방지 활동 | ① 국가는 스포츠 활동에서 약물 등으로부터 선수를 보호하고 공정한 경쟁을 통한 스포츠 정신을 높이기 위하여 도핑 방지를 위한 시책을 수립하여야 한다.<br>② 국가는 도핑을 예방하기 위하여 선수와 체육지도자를 대상으로 교육과 홍보를 실시하여야 하고, 체육단체 및 경기단체의 도핑 방지 활동을 지도 · 감독하여야 한다. |

**전문체육 주요 용어**
- 전문체육 : 선수들이 행하는 운동 경기활동
- 선수 : 경기단체에 선수로 등록된 자
- 국가대표선수 : 우리나라의 대표로 선발 · 확정된 자
- 운동경기부 : 선수로 구성된 국가, 지방자치단체, 학교나 직장 등의 운동부
- 경기단체 : 특정 경기 종목에 관한 활동과 사업을 목적으로 설립되고 대한체육회, 대한장애인체육회에 가맹된 법인이나 단체 또는 문화체육관광부장관이 지정하는 프로스포츠 단체

| 항목 | 제목 | 내용 |
|---|---|---|
| 제18조의 3(일부) | 스포츠윤리 센터의 설립 | ① 체육의 공정성 확보와 체육인의 인권보호를 위하여 스포츠윤리센터를 설립한다.<br>② 스포츠윤리센터는 법인으로 한다.<br>③ 스포츠윤리센터는 다음 각 호의 사업을 한다.<br>  1. 다음 각 목에 해당하는 체육계 인권침해 및 스포츠비리 등에 대한 신고 접수와 조사<br>    가. 선수에 대한 체육지도자 등의 성폭력 등 폭력에 관한 사항<br>    나. 승부조작 또는 편파판정 등 불공정에 관한 사항<br>    다. 체육 관련 입시비리에 관한 사항<br>    라. 체육단체·경기단체 및 그 임직원의 횡령·배임 및 뇌물수수 및 「보조금 관리에 관한 법률」 제22조에 따른 보조금 및 「지방재정법」 제32조의4에 따른 지방보조금의 용도 외 사용 금지 위반에 관한 사항<br>    마. 그 밖에 체육계 인권침해 및 스포츠비리에 해당된다고 인정되는 사항<br>  2. 신고자 및 피해자에 대한 치료 및 상담, 법률 지원, 임시보호 및 연계<br>  3. 긴급보호가 필요한 신고자 및 피해자를 위한 임시보호시설 운영<br>  4. 체육계 현장의 인권침해 조사·조치 상황 등을 상시 점검할 수 있는 인권감시관 운영<br>  5. 스포츠비리 및 체육계 인권침해에 대한 실태조사 및 예방을 위한 연구<br>  6. 스포츠비리 및 체육계 인권침해 방지를 위한 예방교육<br>  7. 그 밖에 체육의 공정성 확보 및 체육인의 인권보호를 위하여 필요한 사업 |

> **기출 채우기**
> 국민체육진흥법 제18조의3에 따라 체육의 (　　) 확보와 체육인의 인권 보호를 위하여 스포츠윤리센터를 설립한다.
> 답 공정성

## 2. 국민체육진흥정책

① **국내 대회 지원** : 전국체전과 같은 국내 대회 지원으로 우수한 선수를 찾아내고 지방 체육 활성화에 이바지함

② **대한체육회 지원** : 우수한 선수를 찾고 엘리트 선수의 경기력 향상에 이바지함

③ **체육인 복지 사업** : 경기력 향상 연금, 장애 연금, 선수 지도자 보호 지원금, 국외 유학 지원금, 경기 지도자 연구비, 체육 장학금 지원 등

### SECTION 04  스포츠지도사

## 1. 국민체육진흥법 시행령

① **스포츠지도사** : 이 법에서 규정한 자격 종목에 대하여 전문체육이나 생활체육을 지도하는 사람

② **건강운동관리사** : 개인의 체력적 특성에 적합한 운동 형태, 강도, 빈도 및 시간 등 운동 수행방법에 대하여 지도·관리하는 사람

> **QUIZ**
> 스포츠지도사는 초·중등학교 정규수업 보조 및 학교스포츠클럽을 지도하는 체육전문강사를 말한다. (○/×)
> 답 ×

③ **장애인스포츠지도사** : 장애유형에 따른 운동방법 등에 대한 지식을 갖추고 이 법에서 규정한 자격 종목에 대하여 장애인을 대상으로 전문체육이나 생활체육을 지도하는 사람
④ **유소년스포츠지도사** : 유소년(만 3세부터 중학교 취학 전까지)의 행동양식, 신체발달 등에 대한 지식을 갖추고 이 법에서 규정한 자격 종목에 대하여 유소년을 대상으로 체육을 지도하는 사람
⑤ **노인스포츠지도사** : 노인의 신체적·정신적 변화 등에 대한 지식을 갖추고 이 법에서 규정한 자격 종목에 대하여 노인을 대상으로 생활체육을 지도하는 사람

## 2. 스포츠지도사

① **1급 전문스포츠지도사** : 이 법에서 규정한 자격 종목의 2급 전문스포츠지도사 자격을 취득한 후 3년 이상 해당 자격 종목의 경기지도경력이 있는 사람으로서 동일 자격 종목에 대하여 1급 전문스포츠지도사 자격을 취득하기 위한 체육지도자 자격검정에 합격하고, 체육지도자 연수과정을 이수한 사람
② **2급 전문스포츠지도사** : 이 법에서 규정한 자격 종목에 대하여 4년 이상의 경기경력이 있는 사람으로서 2급 전문스포츠지도사 자격을 취득하기 위한 자격검정에 합격하고, 연수과정을 이수한 사람
③ **1급 생활스포츠지도사** : 자격 종목의 2급 생활스포츠지도사 자격을 취득한 후 3년 이상 해당 자격 종목의 지도경력이 있는 사람으로서 동일 자격 종목에 대하여 1급 생활스포츠지도사 자격을 취득하기 위한 자격검정에 합격하고, 연수과정을 이수한 사람
④ **2급 생활스포츠지도사** : 2급 생활스포츠지도사 자격을 취득하기 위한 자격검정에 합격하고, 연수과정을 이수한 사람

> **POINT**
> 스포츠지도사의 종류
> • 스포츠지도사(전문/생활)
> • 건강운동관리사
> • 장애인스포츠지도사
> • 유소년스포츠지도사
> • 노인스포츠지도사

### 이해 더하기

**스포츠지도사의 구분**

| 전문스포츠<br>지도사 | 학교운동부, 실업팀, 프로스포츠 단체 등에 소속된 코치, 감독 등의 지도자로서 선수와 팀의 기량을 최대한 끌어올릴 수 있는 스포츠과학 전문지식과 종목에 대한 체계적이고 전문적인 지도능력을 갖춘 사람 |
|---|---|
| 생활스포츠<br>지도사 | 다양한 스포츠시설이나 체육동호회 및 사회단체에 자발적으로 운동에 참여하는 일반인들을 지도하는 체육전문가로서, 해당 분야에 대한 실기능력과 함께 건강지식과 책임감을 바탕으로 일반인들의 삶의 질 향상을 꾀할 수 있도록 조력하는 사람 |

# CHAPTER 03 스포츠교육의 참여자 이해론

## SECTION 01 스포츠교육 지도자

### 1. 체육교육전문가

① **체육교사**

㉠ 개념
- 정규 체육 및 방과 후 체육을 모두 포함한 학교체육 전반에 걸쳐 학생들이 신체활동을 통해 신체적, 정신적, 사회적, 영적인 삶의 조화를 이루며 성장할 수 있도록 돕는 지도자
- 체육학, 교육학, 스포츠교육학에 대한 전문적인 지식 및 교육자적 인격과 자질 요구

㉡ 역할
- 체육교사는 학생들의 신체와 정신의 조화로운 발달 강조
- 전인 육성을 목표로 수업을 운영하는 전문성 필요
- 행정업무, 운동부 업무, 교과 업무를 담당하고 학교체육 활성화와 관련된 업무도 관장

② **스포츠강사**

㉠ 개념
- 정규수업이 아닌 방과 후 활동이나 학교스포츠클럽을 전담하여 학생들을 지도하는 교사
- 체육수업의 수업진행이나 수업보조를 하는 체육지도자

㉡ 역할
- 정규 체육수업 보조
- 체육수업의 흥미와 즐거운 기회의 경험 제공
- 학교스포츠클럽 지도
- 전문가, 개발자, 안내자, 보조자 등의 역할
- 학교스포츠클럽과 정규 수업 후 방과 후 활동 지도

---

**POINT**

**체육교육전문가**
- 체육교사 : 학교에서 이루어지는 정규 체육의 지도자로, 체육교사 자격증을 소지하고 체육교사로 재직하고 있는 전문가
- 스포츠강사 : 학교스포츠클럽 및 방과 후 체육활동을 지도하는 체육지도자로, 체육 관련 학과를 이수 및 졸업하고 초등학교 2급 정교사, 중학교 2급 정교사, 실기교사 자격증 및 생활스포츠지도사 2급 이상의 지도자 자격을 갖춘 자

> **이해 더하기**
> 
> **초등학교 스포츠강사의 역할**
> - 학교스포츠클럽 및 방과 후 체육활동 등을 지도
> - 체육수업에 대한 흥미를 유발하고 즐거운 경험의 기회를 제공
> - 학교스포츠클럽 리그 및 토너먼트 경기를 기획하고 운동 프로그램을 개발

## 2. 스포츠지도전문인

### ① 생활스포츠지도사

| | |
|---|---|
| 개념 | • 생활체육을 지도(학교, 직장, 지역사회, 체육단체)<br>• 자발적으로 운동하러 온 일반인들을 지도하는 체육 전문가<br>• 일반인들이 운동을 통해 행복감을 느끼고 삶의 질을 향상시킬 수 있도록 돕는 전문가 |
| 역할 | • 생활체육 활동 목표 설정<br>• 생활체육 프로그램 개발<br>• 생활체육 관련 재정 관리<br>• 효율적인 지도기법 개발 |

### ② 전문스포츠지도사

| | |
|---|---|
| 개념 | • 엘리트 스포츠를 담당(학교, 직장, 국가대표팀 감독·코치)<br>• 선수와 팀의 기량을 최대로 끌어올릴 수 있는 전문 지식, 지도 능력, 리더십이 있는 전문가 |
| 역할 | • 인격적 발달, 경기력(기술) 향상을 유도<br>• 실행자·창조적·독려자·배려자·모니터·지시자 역할 |

> **POINT**
> 
> **스포츠교육 지도자 유형**
> - 체육교육전문가
> - 스포츠강사
> - 전문스포츠지도사
> - 생활스포츠지도사

## SECTION 02 　스포츠교육 학습자

### 1. 학습자의 상태 [2023 기출]

① 효율적인 학습을 위해 스포츠교육 학습자 상태를 파악하는 것이 중요함

② **스포츠교육 학습자에게 영향을 주는 내적 요인**
  ㉠ 학습자의 기능 수준을 고려해야 함
  ㉡ 학습자의 체격 및 체력을 고려해야 함
  ㉢ 학습자의 동기유발 수준을 고려해야 함
  ㉣ 학습자의 인지적 능력을 고려해야 함
  ㉤ 학습자의 감정 코칭 능력을 고려해야 함
  ㉥ 학습자의 발달 수준을 고려해야 함

> **QUIZ**
> 
> 운동기능이 낮은 학습자는 정식 게임에 참가시켜 참여를 증진시킬 수 있다. (○/×)
> 
> 답 ×

> **이해더하기**
>
> **전이** `2023 기출`
>
> | 과제 내 전이 | 학습 당시의 환경과 다른 환경에서 동일한 기술을 구사하는 것<br>예) 수영장에서 연습한 수영기술을 바다에서도 잘 발휘할 수 있는가? |
> |---|---|
> | 과제 간 전이 | 학습한 기술과 전혀 다른 움직임을 수행하도록 함으로써 학습한 기술을 새로운 동작에 얼마나 적절히 활용하는지를 확인하는 것<br>예) 자유형에서 배운 발차기의 기본 움직임이 배영의 발차기에서 어떻게 활용되는가? |

**POINT**

**유아와 아동의 체육활동**
- 유아 : 각종 놀이기구를 이용한 걷기, 뛰기, 던지기, 잡기 등의 기초 운동
- 아동 : 달리기, 뜀뛰기, 체조, 조직성이 낮은 간이 경기, 물놀이, 춤과 리듬활동 등

## 2. 유아와 청소년

① **유아기(2~6세)**
  ㉠ 발달 특성 : 대뇌, 감각기관, 근육, 인지, 언어 발달의 특징을 지님
  ㉡ 유아체육
  - '놀이'와 '움직임'을 중심으로 다양한 신체활동
  - 근육의 조절 능력 향상과 신체 발달에 도움이 되는 운동

② **아동기(7~13세)**
  ㉠ 발달 특성 : 신체와 인지능력이 빠르게 발달, 적절한 영양 공급과 신체활동 필요
  ㉡ 아동체육
  - 뼈와 근육을 강화하고 유연성을 기를 수 있는 운동
  - 움직임이 왕성한 시기이므로 특히 안전에 유의

③ **청소년기**
  ㉠ 발달 특성 : 급격한 신체적 성장, 가치관 형성, 인지 발달, 성적 성숙의 특징
  ㉡ 청소년체육
  - 체력 증진, 신체 발달, 정서 안정, 교우관계 개선 등의 바람직한 가치를 중점적으로 수행
  - 규칙적인 운동으로 건강의 기초를 마련
  - 다양한 체육프로그램 체험을 통해 평생 체육의 기틀 마련

## 3. 일반 성인 및 노인

① **일반 성인**
  ㉠ 발달 특성 : 직업생활, 가정생활, 신체적인 노화 시작

ⓒ 성인 체육
- 운동 부족, 좌식 생활·스트레스에 의한 각종 성인병의 예방과 삶의 질을 향상시켜 즐거운 생활을 할 수 있도록 유도
- 다양한 스포츠 활동보다는 자신에게 적합한 종목을 선택, 지속적으로 즐기는 데 초점

② 노인
ⓐ 발달 특성 : 부상 위험성 증가, 사회적 활동 감소, 체력 저하, 운동·감각 기능 저하
ⓑ 노인 체육
- 신체기능의 유지와 체력 저하 방지를 위한 운동(걷기, 맨손체조 등) 수행
- 자신의 건강 상태와 체력 수준에 적합한 운동을 하는 것이 중요
- 소외감에 따른 스트레스 해소를 위해 가족 또는 친구들과 운동하는 것을 유도

> **이해더하기**
> **노인 체육 지도 시 유의점**
> 운동 중의 신체 상황을 지속적으로 점검하거나, 대화를 통해 건강상태를 파악한다.

> **POINT**
> **생애주기별 체육활동의 특징**
> - 유아 : 신체 구조와 기능이 가장 빠르게 발달하는 시기
> - 아동 : 지적 호기심과 탐구심이 왕성해지는 시기
> - 청소년 : 신체적·심리적·사회적 성숙을 경험하는 시기
> - 성인 : 가장 활발한 사회적 활동을 전개하는 시기
> - 노인 : 신체적·정신적 기능이 쇠퇴하는 시기

## SECTION 03 | 스포츠교육 행정가

### 1. 학교체육 행정가

① 개념

| 행정이론가 | 교육정책과 절차를 수립하는 역할로 학교업무를 관장하는 교장, 교감, 행정실장 등이 있음 |
|---|---|
| 행정실무자 | 학교체육 관련 업무, 운동부 관련 업무, 학교스포츠클럽 관련 업무 등 전체적인 업무를 총괄·협조하며 예산 집행 및 결재를 직접적으로 담당함 |

② 역할

| 안내자 | 학교체육 활성화를 위해 교사가 학교 현장에서 다양한 활동을 수행할 수 있도록 안내 |
|---|---|
| 조력자 | 학교체육 행정가의 가장 핵심적인 임무는 교사들이 체육 교과활동과 체육 행사, 운동부 업무를 하게끔 도와주는 일과 새로운 지식과 이미 습득한 지식을 바탕으로 새로운 문제를 해결할 수 있도록 도와주는 역할 등임 |
| 행정가 | 체육행정의 현상을 정확하게 규명할 능력과 이론을 바탕으로 학교 체육 업무를 달성할 수 있도록 인적·물적 자원을 지시하고 결정 |

> **POINT**
> **스포츠교육 행정가**
> - 학교체육 행정가 : 학교체육의 교육정책과 절차를 수립, 집행하는 행정실무자
> - 생활체육 행정가 : 국가의 생활체육 정책을 수립하고 집행하는 행정업무를 담당하는 사람
> - 전문체육 행정가 : 엘리트스포츠와 관련된 기관에서 사무, 행정, 교육 등의 업무를 담당하는 사람

## 2. 생활체육 행정가

① 개념

| 일반체육 행정가 | 수입 및 지출 계획 수립과 자체 수익사업 등의 사무·행정 업무를 관장 |
|---|---|
| 생활체육전담 실무 행정가 | 생활체육대회 및 행사 주관, 홍보 경기 운영 등의 생활체육 전담 업무를 담당 |

② 역할

| 조직가 | 참여자 개인이 집단 구성원으로 여겨지도록 조성함으로써 집단 전체가 하나의 단위로 가능하도록 조직화하는 역할 |
|---|---|
| 운영자 | 일반 국민이나 선수들의 체육활동을 지원하고 관리하며, 체육계 공공기관 및 단체에서 체육 보급과 진흥을 위한 행정 지원 업무를 수행하는 역할 |
| 지원자 | 주민의 체육활동을 위한 스포츠 시설을 관리하고 운영하는 역할 |

> **POINT**
> **전문체육 행정가의 역할**
> • 전문가 : 전문체육의 행정에 관한 광범위한 지식을 갖춰야 함
> • 행동가 : 스포츠 상황에 불이익을 당하는 선수들을 위해 진정한 행정가의 역할 강조
> • 관리자 : 관리 시스템, 프로세스 및 데이터베이스를 효율적으로 관리하고 보장하는 역할

## 3. 전문체육 행정가

① 개념
  ㉠ 엘리트 스포츠와 관련된 기관에서 사무, 행정, 개발, 교육 등의 업무를 담당하는 사람으로 스포츠 관련 프로그램 계획, 조직, 인사, 조정, 경기운영 등을 관장하는 업무를 담당
  ㉡ 국가의 정책을 수반하는 문화체육관광부, 대한체육회, 시·도 체육회, 가맹단체 등 운동선수를 양성하거나 각종 대회를 개최·운영하는 곳에서 체육조직의 업무를 관장하고 조직의 목적과 목표를 달성할 책임을 맡음

② 역할

| 전문가 | 전문체육의 행정에 관한 광범위한 지식을 가지고 있어야 하며, 전문체육과 관련된 능력, 기술을 습득해야 함 |
|---|---|
| 행동가 | 스포츠 조직과 함께 스포츠 환경을 개선하고, 서비스를 요구하기 위해 집단 행동에 있어서 리더십을 발휘하여 행동을 이끌어가는 역할 |
| 관리자 | 조직의 관련 시스템과 프로세스를 사용하여 관리 업무를 수행하며, 다른 단체와 일반인의 정보에 대한 문의와 요청에 응답하는 역할 |

# CHAPTER 04 스포츠교육의 프로그램론

## SECTION 01 학교체육 프로그램 개발 및 실천

### 1. 학교체육 프로그램

① **학교체육 프로그램 개념**

| 교과활동 | 대표적인 학교체육 프로그램으로 체육과 교과과정을 근본으로 체계적인 계획을 통해 제공되는 체육수업 |
|---|---|
| 비교과활동 | 체육수업과 관계없이 학교에서 이루어지는 체육활동 |

② **학교체육을 위한 지식**
- ㉠ 체육수업을 통해 전달하고자 하는 교육 철학 필요
- ㉡ 가르치는 교과에 대한 전문지식 숙지
- ㉢ 국가수준 교육과정에 대한 이해 필요
- ㉣ 학습자의 요구 및 발달 상태, 흥미 등에 대한 이해
- ㉤ 수업전략, 교수 스타일, 수업 모형 등의 체육교수지식 필요

> **POINT**
> 비교과활동의 예
> 학교스포츠클럽, 방과 후 체육활동, 운동부 활동 등

#### 이해더하기

**슐먼(Shulman)의 7가지 교사 지식** 2024 기출

| 내용 지식 | 가르칠 교과내용에 대한 지식 |
|---|---|
| 지도방법 지식 | 모든 교과에 적용되는 지도법에 대한 지식 |
| 내용교수법 지식 | 특정 학생에게 어느 교과나 주제를 특정한 상황에서 지도할 수 있는 방법에 대한 지식 |
| 교육과정 지식 | 각 학년의 발달 단계에 적합한 내용과 프로그램에 대한 지식 |
| 교육환경 지식 | 수업 환경에 영향을 미치는 지식 |
| 학습자와 학습자 특성 지식 | 수업에 영향을 미치는 학습자에 관한 지식 |
| 교육목적 지식 | 목적, 목표 및 교육시스템의 구조에 관한 지식 |

**메츨러 지식의 유형**
- 명제적 지식 : 지도자가 구두 혹은 문서로 표현할 수 있는 지식
- 절차적 지식 : 지도자가 실제 수업 전·후 또는 수업 중에 적용할 수 있는 지식
- 상황적 지식 : 지도자가 특수 상황에서 적절한 의사결정에 대한 정보를 제공하는 지식

> **POINT**
> 학습자와 학습자 특성(learners and their characteristics) 지식
> - 노인의 신체적·정신적 변화 등에 관한 지식
> - 장애 유형에 따른 운동방법 등에 관한 지식
> - 유소년의 행동양식, 신체발달 등에 관한 지식

③ **학교체육 프로그램 개발 시 고려사항**
  ㉠ 구체적이고 체계적인 지도 계획
  ㉡ 창의적 문제해결력과 인성을 기를 수 있는 학습 환경 조성
  ㉢ 통합적 학습활동 제공 및 효율적인 교수학습 방법 활용
  ㉣ 수업의 안정성과 효율성을 위한 학교 내·외적 환경 고려

## 2. 학교스포츠클럽의 실천

① **학교스포츠클럽**
  ㉠ 스포츠 활동에 취미를 갖고 있는 같은 학교의 학생들로 구성되어 자율적으로 운영되는 스포츠클럽이나 체육동아리
  ㉡ 정규 체육수업 외의 학교 내 체육 활동

② **학교스포츠클럽 프로그램 개발 시 고려사항**
  ㉠ 학생의 자발적인 참여 유도
  ㉡ 다양한 활동 시간
  ㉢ 스포츠 인성 함양
  ㉣ 스포츠문화 체험 기회 제공

③ **학교스포츠클럽의 교육적 가치**

| 신체적 가치 | 건강, 체력 등 신체 기능과 관련된 가치 |
|---|---|
| 인지적 가치 | 학업 성적, 독해력과 수리력 등 지적 기능과 관련된 가치 |
| 정의적 가치 | 성실과 정직, 협동심과 배려심 등 심리적 건강, 사회적 기술, 도덕적 인격과 관련된 가치 |
| 기능적 가치 | 좋은 결과, 만족, 목표 성취 등을 만들어내는 움직임에 대한 가치 |

④ **효과적인 과제제시 방법** `2025 기출`
  ㉠ 명확한 설명 : 과제의 목표, 방법, 규칙 등을 명확하게 설명해야 한다.
  ㉡ 시범 제시 : 교사가 직접 시범을 보여 학생들의 이해를 돕는다.
  ㉢ 시각 자료 활용 : 그림, 사진, 동영상 등 시각자료를 활용한다.
  ㉣ 개별화 지도 : 학생의 수준에 맞게 난이도를 조절하여 과제를 제시하고 개인별 피드백을 제공한다.

> **QUIZ**
> 학교스포츠클럽은 국가수준 교육과정 편성·운영 지침에 근거하여 운영된다. (O/×)
> 답 ×

### 이해더하기

**학교스포츠클럽의 구분**

| 구분 | 학교스포츠클럽 | 학교스포츠클럽 활동 |
|---|---|---|
| 개념 | 방과 후 체육활동에 취미를 가진 같은 학교 학생으로 구성·운영되는 스포츠 동아리 | 정규 학교 교육과정 중 창의적 체험활동 시간에 이뤄지는 클럽 단위 스포츠 활동 |
| 활동 형태 | 정규 교육과정 외 | 정규 교육과정에 해당하나 정규 체육수업은 아님 |

**방과 후 학교 체육활동 프로그램 개발 시 고려사항**
- 학습자의 적성과 흥미를 고려한다.
- 구체적인 목표와 미래 지향적 방향을 설정한다.

> **QUIZ**
> 방과 후 학교 체육활동 프로그램 개발 시 교육과정과의 연계보다 프로그램의 특성을 고려한다. (O/X)
> 답 ×

## SECTION 02 생활체육 프로그램 개발 및 실천

### 1. 생활체육 프로그램 [2025 기출]

① **생활체육 프로그램 개념**
   ㉠ 국민체육, 평생체육, 사회체육이라는 용어와 함께 사용되었고, 1989년에 수립된 '국민생활체육진흥종합계획'으로 인해 더욱 적극적으로 추진됨
   ㉡ 시설, 전문스포츠지도사, 생활체육 프로그램, 생활체육 참여자로 구성되며 모든 연령과 집단을 대상으로 생활체육의 전반적인 진행 방향을 설정함

② **생활체육 프로그램의 목표**
   ㉠ 프로그램을 통해 달성하고자 하는 상태 및 운동능력을 명시
   ㉡ 프로그램을 구성하는 스포츠 활동 내역을 구체적, 세부적으로 기술
   ㉢ 프로그램 전개에 있어 일관된 지침 역할을 하도록 설정
   ㉣ 프로그램 시행 후 항상 평가를 통해 목표 달성 여부를 검토할 수 있도록 기술

③ **생활체육 프로그램의 설계**

| 내용 | 프로그램의 목적과 목표를 상세히 결정함 |
|---|---|
| 예산 | 예산을 설정하고 시설 대여비, 용품 구입, 인건비 등의 경비를 예측함 |
| 장소와 시설 | 프로그램이 제공되는 위치 및 활동 공간을 설정함 |

> **POINT**
> **생활체육 프로그램 목표 설정의 원리**
> - 구체적이고 객관적인 목표를 설정
> - 현실적이고 실현 가능한 목표를 설정
> - 단계적으로 목표를 설정
> - 긍정적인 목표를 설정
> - 목표 달성에 대한 피드백 실시
> - 적극적인 응원과 지원
> - 목표를 문서화하여 작성

> **QUIZ**
> 스포츠지도사가 생활체육 프로그램을 설계할 때 장소는 접근성보다는 최신식 시설을 우선으로 고려한다. (O/X)
> 답 ×

| 시간대 | 대상의 여가 시간 또는 활동 가능 시간을 파악하여 효율적인 시간대를 결정함 |
|---|---|
| 지도자와 대상 | 프로그램 개발에 있어 누구를 위해 실행할 것인지에 대한 대상을 설정함 |

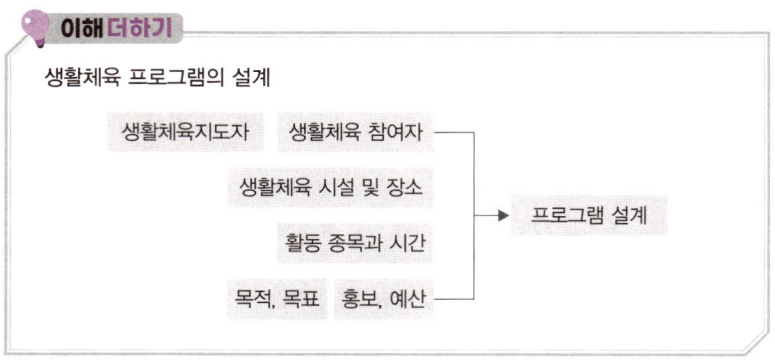

④ 생활체육 프로그램의 요구 분석
  ㉠ 요구 분석의 진행 단계

| 자료 수집 단계 | 참여자의 스포츠 활동 참여 동기, 생활습관, 관심 분야 등에 대한 정보 수집 |
|---|---|
| 자료 분석 단계 | 수집된 자료는 전문적 지식을 바탕으로 해서 프로그램 개발에 중요한 자료가 되도록 분석 |
| 분석된 연구결과에 대한 해석 | 요구 분석 결과를 바탕으로 요구조사에 대하여 설정된 질문들에 대한 답을 찾으면 됨 |

  ㉡ 요구 분석의 결과 활용 : 시대적 변화 및 지역사회 변화, 지역 주민의 관심과 요구에 항상 관심을 가지고 인지해야 하며, 이에 대한 요구에 적합한 프로그램을 개발하고 제공할 수 있어야 함

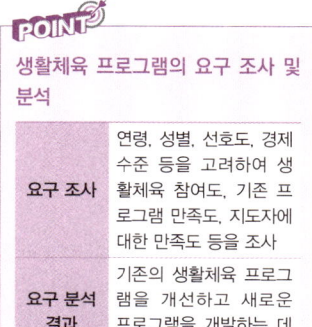

## 2. 교육프로그램 내용 선정 원리 [2025 기출]

① **타당성의 원리** : 교육내용은 교육의 일반 목표 달성에 도움을 주는 것이어야 한다.
② **획일성의 원리** : 교육내용은 원칙적으로 참이어야 한다.
③ **중요성의 원리** : 학문을 토대로 교육내용을 선정할 때 학문을 구성하는 가장 본질적인 것을 교육내용으로 삼아야 한다.
④ **사회적 유용성의 원리** : 교육내용은 사회의 유지와 변혁에 도움을 주는 것이어야 한다.
⑤ **인간다운 발달의 원리** : 교육내용은 학생의 성장과 자아실현에 도움을 주는 것이어야 한다.
⑥ **흥미의 원리** : 교육내용은 학생들이 흥미를 가질 수 있는 내용이어야 한다.
⑦ **학습 가능성의 원리** : 학생들이 학습할 수 있는 내용을 선정해야 한다.

## 3. 생활체육 프로그램 실천 [2025 기출]

### ① 유소년스포츠 프로그램
㉠ 프로그램의 목적 : 유아와 아동의 신체적·인지적 발달 도모, 기본적인 사회관계 형성
㉡ 프로그램의 유형

| 개인운동형 | 개인의 운동 및 움직임 놀이, 수영 등 |
|---|---|
| 집단운동형 | 집단 운동 및 놀이로 축구 등 |
| 경기대회형 | 종목별 체육대회, 스포츠클럽 리그전 등 |
| 축제형 | 가족체육대회, 스포츠체험 축제 등 |

㉢ 프로그램 구성 시 고려사항
- 자발적 스포츠활동 고려
- 다양한 스포츠활동 경험 고려
- 지역시설 연계 고려
- 스포츠활동 시간대 고려

### ② 청소년스포츠 프로그램
㉠ 프로그램의 목적 : 운동기능 습득, 삶의 즐거움과 활력 찾기, 또래친구와의 여가활동 참여
㉡ 프로그램의 유형

| 지도형 | 학교체육과 연계하여 다양한 스포츠활동 기회 제공 |
|---|---|
| 축제형 | 스포츠종목별 경기방법과 규칙을 적용한 프로그램 운영 |

㉢ 프로그램 구성 시 고려사항
- 프로그램 지속성
- 성장 발달운동 중심의 프로그램 개발
- 개인의 요구와 흥미
- 청소년의 생활패턴

**청소년스포츠 프로그램 효과**
- 학교–학원의 반복적인 패턴을 통해 발생하는 상당히 많은 스트레스 해소
- 신체적 급성장과 정체성의 혼란, 공부에 대한 스트레스 해소
- 스포츠활동을 통한 건전한 스트레스 해소 가능

### ③ 성인스포츠 프로그램
㉠ 프로그램의 목적 : 신체적 건강 유지, 사교, 흥미확대, 사회적 안정 추구
㉡ 프로그램의 유형

| 지도형 | 개인운동(수영, 헬스, 요가 등), 대인운동(테니스, 배드민턴, 탁구 등), 집단운동(축구, 농구, 배구, 에어로빅 등) |
|---|---|
| 경기대회형 | 축구, 배구, 테니스, 배드민턴, 골프 등 전국 대회 또는 동호인 모임별 경기 대회 |

**성인스포츠 프로그램의 유형**
- 지도형 : 개인운동, 대인운동, 집단운동
- 경기대회형 : 국민생활체육 전국종목별연합회 대회, 동호회 리그전
- 혼합형 : 전국 국민생활체육 대축전

ⓒ 프로그램 구성 시 고려사항
- 프로그램 지속성
- 성인 개인의 요구와 신체적·심리적·사회적 특징
- 주변 요인 제고
- 프로그램의 전문성과 다양성 제고

> **이해더하기**
>
> 지역스포츠클럽 대회의 경기운영 방식
>
> | 통합리그 | 참가한 팀이 다른 팀과 모두 최소 한 번씩 경기를 치르는 방식으로, 승패 결과를 누적 기록하여 순위를 산정 |
> |---|---|
> | 조별리그 | 복수 조를 편성하여 조별로 경기를 하고 그 결과에 따라 순위를 산정 |
> | 녹다운 토너먼트 | 패배한 팀은 탈락하고 승리한 팀끼리 다음 경기를 진행하는 방식 |
> | 스플릿 리그 | 단일 리그로 순위를 산정하여 상위팀과 하위팀으로 각각 다른 조를 편성하여 조별 리그를 진행하며, 동일한 경기 수가 보장됨 |

## SECTION 03  전문체육 프로그램 개발 및 실천

### 1. 전문체육 프로그램  [2025 기출]

① **전문체육 프로그램 개념**
  ㉠ 운동선수들이 행하는 운동 경기 활동
  ㉡ 대한체육회의 경기단체에 등록한 아마추어 선수들이 행하는 엘리트 스포츠와 프로스포츠협회에 등록한 프로선수들이 행하는 프로스포츠가 해당됨

② **마튼스(R. Martens)의 전문체육 프로그램의 개발을 위한 단계**

| 1단계 | 선수에게 필요한 기술 파악 | 스포츠기술 지도 |
|---|---|---|
| 2단계 | 선수 이해 | 선수들의 신체적·심리적·사회적 발달단계 파악 |
| 3단계 | 상황 분석 | 주변 상황에 대한 분석 후 부정적인 영향을 미치는 요소들은 충분히 개선 |
| 4단계 | 우선순위 결정 및 목표 설정 | 지도계획에서 우선순위를 결정하고, 목표 설정은 구체적이고 성취 가능한 것이어야 함 |
| 5단계 | 지도방법 선택 | 기술 및 연습에서 효율적이고 효과적으로 지식, 기능, 태도 등을 전달하는 과정 |
| 6단계 | 연습계획 수립 | 시즌 계획과 일일 지도계획 수립 |

> **POINT**
>
> 마튼스의 전문체육 프로그램 지도 개발 단계
>
> 선수에게 필요한 기술 파악 → 선수 이해 → 상황 분석 → 우선순위 결정 및 목표 설정 → 지도방법 선택 → 연습 계획 수립

## 2. 전문체육 프로그램 실천

① **청소년스포츠 프로그램**
  ㉠ 개념 : 청소년 선수의 기술 및 기능 습득을 발달시키고, 팀 및 선수 관리 등을 위한 지도계획을 종합적으로 구성하는 프로그램
  ㉡ 고려사항
    • 선수 중심적 지도
    • 인성 중심적 지도
    • 스포츠를 통해 배운 점을 일상생활에 적용할 수 있도록 함

> **이해더하기**
>
> **스포츠 인성교육의 조건**
> • 스포츠 활동에서 바람직한 행동을 지속적으로 반복하도록 한다.
> • 학습자가 올바른 도덕적 의식을 가지고 자율적으로 실천하도록 한다.
> • 지도자가 바람직한 인성의 역할 모델로서 스포츠맨십의 모범을 보여준다.

② **성인스포츠 프로그램**
  ㉠ 개념 : 성인들의 스포츠 상황에서 이미 습득된 기술을 더욱 발전시키기 위한 스포츠 코칭 프로그램
  ㉡ 고려사항
    • 명확한 목표 설정
    • 자기 주도적인 분위기 생성
    • 지속적인 자기 성찰 기회 제공

# CHAPTER 05 스포츠교육의 지도방법론

## SECTION 01 스포츠지도를 위한 교육모형

### 1. 직접교수모형 `2023 기출`

| 모형의 주제 | 교사가 수업의 리더 역할을 수행 |
|---|---|
| 개요 | • 지도자 중심의 의사 결정, 지도자 주도적 참여 형태<br>• 학습자는 지도자의 관리하에 가능한 많은 연습<br>• 지도자는 학습자의 연습을 관찰, 높은 비율의 긍정적, 교정적 피드백을 제공 |
| 이론적 기초 | 스키너(B. F. Skinner)의 조작적 조건화 이론 |
| 지도계획 시 주안점 | • 시간에 구애받지 않고 수업 내용을 계획, 유연하게 수업 조정 가능<br>• 학습자에게 다양한 방법으로 과제를 제시, 가능하면 교수 매체를 이용<br>• 수시로 학습자 중심 평가 실시, 학습자 스스로 가능한 학습 과제를 정하도록 할 것<br>• 학습자가 기다리는 시간이 없도록 충분한 학습 스테이션 마련 |
| 학습평가 | 공식적 · 비공식적 평가를 통해 학습자를 수시로 평가 |
| 학습영역의 우선순위 | 심동적>인지적>정의적 |

#### 이해더하기

**직접교수모형의 수업 6단계**

| 전시 과제 복습 | • 이전 수업 내용을 간단히 복습<br>• 이전 수업의 가장 핵심적인 기능이나 개념들을 다루어야 함 |
|---|---|
| 새로운 과제 제시 | 수업 도입단계 직후 지도자는 학생이 배우게 될 새로운 내용(개념, 지식, 기능)을 제시 |
| 초기 과제 연습 | • 구조화된 연습<br>• 학습자는 주어진 과제를 능숙하게 수행하기 위해 연습을 시작 |
| 피드백 및 교정 | 지도자는 다음 과제로 이동할 준비가 되었는지를 확인하기 위해 몇 가지 주요 운동 수행 단서를 다시 가르치거나 이전 학습 과제를 되풀이할 수 있음 |
| 독자적인 연습 | 지도자는 여전히 학습 활동을 설계하고 과제를 제시하지만, 학습 진도는 학습자 스스로 결정할 수 있도록 함 |
| 본시 복습 | 지도자는 학습자가 수업 내용을 얼마나 기억하고 있는지 확인, 새로운 내용은 이전의 내용을 토대로 형성됨을 알려줌 |

---

**QUIZ**
직접교수모형은 확산형 질문을 통해 학습자가 다양한 대안을 찾을 수 있도록 한다. (O/×)
답 O

**POINT**
'심동적, 인지적, 정의적'의 개념
• 심동적=신체 능력
• 인지적=지식, 개념
• 정의적=가치

**기출 채우기**
( ) 영역은 역사, 전략, 규칙과 같은 개념과 원리를 말한다.
답 인지적

**QUIZ**
직접교수모형은 지도자 중심으로 의사결정이 이루어져 학습자의 과제 참여 비율이 감소한다. (O/×)
답 ×

## 2. 개별화지도모형 `2023 기출`

| 모형의 주제 | 수업 진도는 학습자가 결정, 가능한 빨리 혹은 필요한 만큼 천천히 |
|---|---|
| 개요 | • 학습자들이 미리 계획된 과제의 계열성에 따라 자신에게 맞는 속도로 학습<br>• 학습자에게 제공되는 학습 자료에는 수업 운영 정보, 과제 제시, 과제 구조, 수행 기준, 오류 분석 등이 포함<br>• 학습자에게 강화를 제공하는 네 가지 특징 : 학습의 즉각적인 평가, 학습자 개인에 대한 지도자의 관심, 학습 목표를 향한 규칙적이고 실제성 있는 과정, 창의적이고 흥미로운 학습 자료를 바라볼 수 있는 능력 |
| 이론적 기초 | 응용행동분석학 |
| 지도계획 시 주안점 | • 사전에 전체 학습 내용을 계획하고 범위를 설정할 것<br>• 과제 수행에 소요되는 시간은 학습자의 입장에서 결정<br>• 미디어 등 다양한 방법을 통해 과제 제시<br>• 학습자의 대기 시간을 없애거나 최소화<br>• 과제를 수행하는 데 필요한 시간을 관찰·점검, 다음 시간을 위한 자료로 활용 |
| 학습평가 | 학습자가 정해진 수행 기준에 따라 과제를 완수하는 것 자체가 평가 |
| 학습영역의 우선순위 | 심동적>인지적>정의적 |

### POINT

**개별화지도모형의 학습 평가**

| 학습 과제의 완수 | 학습자가 정해진 수행 기준에 따라 학습 과제를 완수하면 그것이 곧 평가임 |
|---|---|
| 성공한 횟수의 기록 | 학습자로 하여금 연습 블록에서 성공한 횟수를 기록하게 하면, 교사는 각 학습자가 몇 번이나 시도하여 과제를 완수했는지 알 수 있음 |

**개별화지도모형**
- 학습자는 각 과제의 수행 기준에 도달할 책임이 있다.
- 학습자는 많은 피드백과 높은 수준의 언어적 상호작용의 기회를 갖는다.
- 지도자는 내용선정과 과제제시를 주도하고, 학습자는 수업 진도를 결정한다.

## 3. 협동학습모형 `2025 기출` `2024 기출`

| 모형의 주제 | 서로를 위해 서로 함께 배우기 |
|---|---|
| 개요 | • 귀인이론에 기초한 교수 전략<br>• 지도자에 의한 과제 제시 없음<br>• 학습자 중심으로 학습 진도가 제시, 과제가 주어진 후에는 각 팀에서 과제가 전개 |
| 이론적 기초 | 동기이론, 인지이론, 행동이론, 사회학습이론 |
| 지도계획 시 주안점 | • 운동기능, 수준, 지적 능력, 인종, 성별, 창의성, 리더십 등을 고려하여 가능한 다양한 특성을 갖도록 팀을 구성<br>• 높은 수준의 학습 목표를 설정하게 하고 이를 이루기 위해 전략을 선택하게 할 것<br>• 학습 과제와 문제를 명확하게 계획, 학습자가 이를 수행할 수 있도록 충분한 정보와 자료를 제공<br>• 평가 전략은 학습자 및 팀의 협동을 모니터링할 수 있는 방법을 포함 |
| 학습평가 | • 심동적 학습에 중점을 둔 과제 : 기능 검사, 필기 검사 등의 전통적 방법<br>• 인지적 학습에 중점을 둔 과제 : 실제 평가 및 대안 평가(내용 및 평가 도구를 직접 제작) |
| 학습영역의 우선순위 | • 심동적 학습에 중점을 둔 과제 : 정의적>심동적>인지적<br>• 인지적 학습에 중점을 둔 과제 : 정의적>인지적>심동적 |

### POINT

**협동학습모형에서 교사의 주요 역할**
- 수업 목표 상세화
- 수업 전 의사결정
- 과제 제시와 과제 구조 전달
- 협동 과제 설정
- 팀들의 학습상황을 살펴보고 필요 시 개입
- 학습과 팀 상호작용 평가

**협동학습의 기본 요소**
- 팀원 간의 긍정적인 상호작용
- 1:1의 발전적인 상호작용
- 개인의 책무성·책임성
- 대인 관계와 소집단 인간관계 기술
- 팀 반성

> **기출 채우기**
>
> 각 팀의 1등은 다른 팀의 1등끼리, 2등은 다른 팀의 2등끼리 점수를 비교하여 같은 등수에서 높은 점수를 얻은 학습자에게 정해진 상점을 부여했다. 이와 같이 협동학습 모형의 과제구조 중 ( ) 전략을 사용하였다.
>
> 📖 팀 게임 토너먼트

## 이해 더하기

### 협동학습모형의 장·단점

| 장점 | • 학습자가 스스로 학습 과정과 진도를 조절<br>• 팀의 인적 자원에 대한 효율적인 활용·관리 방법 학습<br>• 타인에 대한 인내심 증대 |
|---|---|
| 단점 | • 일부 팀에서 학습자가 지도자처럼 활동<br>• 팀원 모두가 개념을 잘못 이해하고 있을 경우 상황 변경이 어려움<br>• 일부 학생은 자신에게 주어진 학습 기회를 기피 |

### 협동학습모형의 교수 전략

| 학생 팀-성취 배분 (STAD) | • 학생을 비경쟁적 팀으로 나누어 동일한 학습 과제와 자원을 제공<br>• 2차에 걸친 연습을 수행하며, 두 번의 시험에서 향상도에 따라 팀 점수를 부여<br>• 개인별 점수는 발표되지 않고 팀 점수만 발표되므로 팀 내 협동을 유도 |
|---|---|
| 팀 게임 토너먼트 (TGT) | • 학생을 팀별로 나누고 1차 연습 후 팀별로 시험 수행<br>• 팀 내 등수별로 타팀의 동일 등수 학생의 점수를 비교(예 A팀 1등과 B팀 1등 비교), 높은 점수를 얻은 학생에게 상점 부여<br>• 2차 연습 후 동일한 방식으로 시험 평가, 총점이 가장 높은 팀이 승리 팀<br>• 운동 기능이 낮은 학생도 팀에 공헌할 수 있다는 자신감을 얻을 수 있음 |
| 팀 보조 수업 (TAI) | • 협동 학습과 개별화 학습의 결합<br>• 교사는 팀 선정 후 수행 기준과 학습 과제가 제시된 목록을 제공, 팀원들은 이에 따라 혼자 혹은 팀원의 도움을 받아 과제를 연습<br>• 성적은 각 팀이 수행한 과제 수를 점수로 환산하거나 개인별 시험 후 개인 점수를 합산하여 계산 |
| 직소 (Jigsaw) | • 방법 1<br>– 교사가 팀을 나눈 후 각 팀마다 학습 과제를 분배<br>　예 A팀은 포핸드 드라이브, B팀은 게임 규칙과 점수 계산법 등을 학습<br>– 모든 팀원은 자신의 팀에 할당된 과제를 익힌 후 다른 팀에게 해당 내용을 지도<br>• 방법 2<br>– 각 팀원이 세부 주제 혹은 기술의 전문가가 되기 위한 요소를 학습<br>　예 팀 내에서 학생 1은 포핸드 드라이브, 학생 2는 게임 규칙과 점수 계산법 등을 학습<br>– 각 팀원이 할당된 내용을 익히면 각 팀에서 동일한 주제 혹은 기술을 학습한 학생들이 모여 전문가 집단을 구성, 전문가 집단이 자신들이 배운 내용을 다른 학생에게 지도<br>– 전문가 집단은 교수가 종료되면 다시 학습자로 돌아가며, 다른 기술의 전문가 집단이 다른 학생에게 해당 내용을 지도<br>• 교사는 타팀을 지도하는 지도 능력에 기초하여 학생을 평가 |

## 4. 스포츠교육모형

| 모형의 주제 | 유능하고 박식하며 열정적인 스포츠인으로 성장하기 |
|---|---|
| 개요 | • 학습자에게 실제적이고 교육적으로 풍부한 스포츠 경험 제공<br>• 스포츠에 실제 참여함으로써 스포츠가 가지고 있는 다양한 가치 달성<br>• 스포츠교육 모형의 6가지 요소 : 시즌, 팀 소속, 공식 경기, 결승전 행사, 기록 보존, 축제화 |
| 이론적 기초 | 유능하고 박식하며, 열정적인 스포츠인으로의 성장(Daryl Siedentop) |
| 지도계획 시 주안점 | • 학습자가 감당할 수 있는 정도의 의사결정권과 책임 부여<br>• 학습자 스스로 다양한 역할을 선택·수행할 수 있도록 하여 동기 유발 강화<br>• 팀 선정 시 학습자의 여러 가지 개인적 특성을 고려하여 균등한 배치<br>• 팀 선정은 비공개로 하며 학습자의 대표가 팀을 구성하는 방식은 많은 부작용을 초래 |
| 학습평가 | • 선수로서 갖춰야 할 기능, 지식, 전술 등에 대한 평가<br>• 비선수로서 맡은 임무에 대한 올바른 지식과 임무 수행에 대한 평가 |
| 학습영역의 우선순위 | • 선수 : 심동적＞인지적＞정의적<br>• 심판·기록자 등 : 인지적＞정의적＞심동적<br>• 팀원 : 정의적＞인지적＞심동적<br>• 코치 : 인지적＞정의적＞심동적 |

### 이해 더하기

#### 스포츠교육모형의 6가지 요소

| 시즌 | 연습 시간, 정규 시즌, 결승전 등을 포함하는 장시간의 기간으로서 최소 20시간 수업 시수가 요구됨 |
|---|---|
| 팀 소속 | 학생은 시즌 동안 한 팀의 일원으로 참여해야 함 |
| 공식 경기 | 학생은 시즌을 조직하고 운영하는 의사결정에 참여해야 함 |
| 결승전 행사 | 시즌은 토너먼트, 팀 경쟁, 개인 경쟁 등 다양한 형태의 이벤트로 마무리됨 |
| 기록 보존 | 게임을 통한 많은 기록들은 전략을 가르치거나 팀 내 또는 팀 사이의 흥미를 유발하는 데 활용 및 평가에 반영됨 |
| 축제화 | 시즌 동안 경기의 진행이 축제 분위기로 유지됨 |

### POINT

#### 1. 스포츠교육모형의 사례
팀마다 코치, 심판, 기록원, 해설가 등의 역할을 맡도록 하면 모두가 실력에 상관없이 다양한 활동을 체험하며, 친목도 도모할 수 있다.

#### 2. 스포츠교육모형의 학습평가
• 수행결과를 통한 평가 : 스포츠교육모형에서의 평가는 시즌 동안 두 가지 주요 역할에 대한 학생의 수행결과를 대상으로 이루어짐
• 교육주제 반영 : 스포츠교육모형의 주요 목적을 반영해야 함

### QUIZ
스포츠교육모형의 6가지 특성 중 유도연습(guided practice)이 있다.
( ○ / × )

답 ×

**동료교수모형의 주요 개념**

- 개인교사 : 수업 도중 교사의 역할을 담당하는 학습자
- 학습자 : 개인 교사의 관찰 및 평가 하에서 수업에 참여하는 자
- 조 : 개인교사와 학습자의 짝으로 구성된 단위
- 학생 : 아직 개인교사나 학습자의 역할을 수행하지 않은 자

## 5. 동료교수모형 `2024 기출`

| 모형의 주제 | 나는 너를, 너는 나를 지도한다. |
|---|---|
| 개요 | • 학습자가 서로 도와 가며 배우는 상호작용적인 학습<br>• 각 학습자는 조를 구성, 학습자와 개인교사의 역할을 담당<br>• 지도자는 개인교사에게 과제 제시와 과제 구조 정보를 제시, 개인교사는 학습자에게 이를 전달하고 관찰 및 피드백을 제공<br>• 지도자는 각 단원의 내용 목록, 각 학생의 역할 교대 시기 등을 결정 |
| 이론적 기초 | 직접교수 모형의 이론적 배경에 기초, 사회학습이론, 인지발달, 구성주의 학습이론 |
| 지도계획 시 주안점 | • 개인교사와 학습자를 함께 평가<br>• 개인교사에 대한 지도자의 기대를 분명하게 제시<br>• 운동 기능 수준이 높은 학습자와 낮은 학습자가 조를 이루는 것을 허용 |
| 학습평가 | 개인교사에게 평가 목적으로 적합한 관찰 체크리스트 제공 |
| 학습영역의 우선순위 | • 학습자 : 심동적>인지적>정의적·사회적<br>• 개인교사 : 인지적>정의적·사회적>심동적 |

### 이해더하기

**동료교수모형의 학습 평가**

| 개인교사의 학습자 관찰 | 개인 교사가 정지된 상황에서 반복적이고 비교적 단순한 움직임 활동을 수행하는 학습자를 관찰할 수 있는 많은 기회를 제공 |
|---|---|
| 관찰 체크리스트의 활용 | 평가 목적으로 가장 적합한 관찰 체크리스트를 활용하게 됨 |

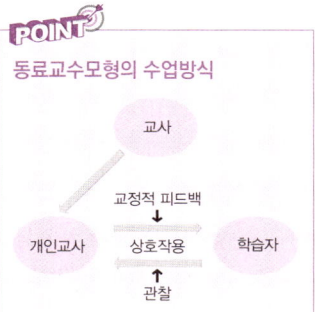

**동료교수모형의 수업방식**

## 6. 탐구수업모형 `2023 기출`

| 모형의 주제 | 문제 해결자로서의 학습자 |
|---|---|
| 개요 | • 지도자는 일련의 질문을 이용, 학습자의 사고를 자극하고 다양한 신체활동으로 교사의 질문에 대한 답을 유도<br>• 움직임 교육, 교육적 게임, 기술 주제 등을 통해 학습자의 지적 능력 개발 |
| 이론적 기초 | 인지학습이론 |
| 지도계획 시 주안점 | • 내용의 전개는 학생이 높은 수준의 신체적·인지적 수행 능력을 보일 때 행함<br>• 지도자는 가능한 많은 질문을 하되 답은 제공하지 않고 학습자가 스스로 찾도록 유도<br>• 모든 학습자에게 적절하고 공평한 기회를 제공하는지 점검 |
| 학습평가 | • 지도자의 질문에 답하는 학습자를 관찰, 이에 근거한 비공식적 평가<br>• 퀴즈, 기능검사, 활용검사 등 공식적·전통적 평가<br>• 특히 높은 수준의 학습 결과에 활용되는 대안 평가 |
| 학습영역의 우선순위 | 인지적>심동적>정의적 |

**탐구수업모형의 설계**

- 교사는 질문함으로써 문제를 구성하고 한 가지 이상의 가능한 해답을 찾아내도록 시간을 할당한다.
- 일반적으로 문제는 인지적 영역에서 해결되어야 하며, 학습자가 주요 개념을 이해하고 교사의 질문에 대한 해답을 찾아낸 증거로서 '움직임 대답'을 형성하기 전에 이루어진다.

# 7. 전술게임모형(이해중심 게임수업모형) 2025 기출

| 모형의 주제 | 이해중심의 게임 지도 |
|---|---|
| 개요 | • 게임을 통해 게임 수행에 필요한 전술적 지식 및 게임 지능을 습득<br>• 모의 활동은 반드시 정식 게임을 대표하여야 하며 전술 기능 개발에 초점을 맞출 수 있도록 과장된 상황 제공<br><br>1. 게임소개 → 6. 실제게임 수행<br>2. 게임 이해 → 학습자 → 5. 기술 연습<br>3. 전술 인지 → 4. 적절한 의사결정<br>"무엇을? 어떻게?" |
| 이론적 기초 | 구성주의, 인지학습이론 |
| 지도계획 시 주안점 | • 교육의 내용은 게임이 아닌 전술적 문제에 근거<br>• 게임 형식은 가능한 단순하면서도 실제 게임과 유사하도록 설정<br>• 학습자가 너무 오랫동안 한 게임에 참여하지 않도록 유의 |
| 학습평가 | • 전술적 결정을 내리고 수행하는 학습자의 능력에 초점을 맞출 것<br>• 게임 진행을 관찰함으로써 이루어지는 실제적 평가 |
| 학습영역의 우선순위 | 인지적>심동적>정의적 |

**전술게임모형의 6단계**

게임 소개 → 게임 이해 → 전술 인지 → 의사 결정 → 기술 연습 → 실제 게임 수행

## 이해 더하기

### 전술게임모형활동 2024 기출

| 스크리미지<br>(scrimmage) | 게임을 진행하는 도중 티칭 모멘트가 발생하면 게임을 멈추고 전략과 전술을 지도하는 수업 |
|---|---|
| 리드-업 게임<br>(lead-up games) | 각종 구기의 원형을 쉽게 배울 수 있게 개량하여 구기 운동에 흥미를 불러일으키고 팀워크와 체력 단련을 기하고자 하는 게임 |
| 변형게임 | 학습자의 발달 단계에 따라 더 나은 경쟁과 전략의 활용 기회를 위해 다양한 방법으로 게임을 변형하는 게임 |

### 게임의 분류(알몬드, L. Almond)

| 영역침범형 | 네트형/벽면형 | 필드형 | 표적형 |
|---|---|---|---|
| 농구, 하키, 축구 등 | 배드민턴, 탁구, 스쿼시 등 | 야구, 킥볼, 소프트 볼 등 | 당구, 볼링, 골프 등 |

### 기출 채우기

개인의 역할 수행이 경기에 중요한 영향을 미치므로, 자신의 역할에 대한 이해와 책임감이 강조되는 게임 유형은 (       )이다.

답 필드형

> **이해더하기**
>
> 체육 학습 영역에 따른 활동 유형
>
> | | |
> |---|---|
> | 심동적 영역을 위한 학습활동 | 학습 센터, 기능연습, 리드-업 게임, 변형게임, 스크리미지, 게임, 역할 수행, 비디오 자기 분석, 협동과제, 활동-지도-활동 |
> | 정의적 영역을 위한 학습활동 | 반성적 과제, 가치관 형성 과제 |
> | 인지적 영역을 위한 학습활동 | 비판적 사고 과제, 이해 점검, 수업 중 쓰기 과제, 숙제, 비디오 자기 분석, 동료 관찰 분석, 개인 및 집단 프로젝트, 학습자가 설계한 활동 및 게임, 교육과정 통합 |

## 8. 개인적·사회적 책임감모형 [2024 기출]

| | |
|---|---|
| 모형의 주제 | 통합, 전이, 권한의 위임, 교사-학생의 관계 |
| 개요 | • 학생 자신과 타인에 대한 책임을 어떻게 져야 하는지 그 방법을 연습하고 배우는 기회 제공<br>• 책임감과 신체활동은 별개의 학습 성과가 아닌 동시에 추구·성취되어야 하는 요소 |
| 이론적 기초 | • 학교 프로그램에서 가르치는 대부분의 활동들이 가진 내재적 특성<br>• 스포츠에서의 성공은 노력, 준비, 지지, 공유의 부분이 어떻게 조합되느냐에 따라 성패가 달라짐 |
| 지도계획 시 주안점 | • 언제나 학습자 개인의 현행 수준을 파악하고 가장 많이 일어나는 수준에 맞춰 수업활동을 계획<br>• 과정이 학습 향상으로 연결되므로 충분한 시간이 필요<br>• 학습자가 보다 낮은 수준에서 행동하고 결정할 때, 퇴보를 예상하고 결정해야 예측이 가능 |
| 학습평가 | • 적절한 의사소통과 행동을 통해 책임감 수준의 향상도를 보여야 함<br>• 5가지 수준의 책임감에 기초하여 평가 |

**POINT**

**개인적·사회적 책임감모형의 학습평가**
- 책임감 수준 : 학생들은 적절한 의사결정과 행동을 통해 책임감 수준의 향상도를 나타내야 함
- 실제 평가 : 평가의 많은 부분은 학생 자신의 학습 활동 내에서 이루어지므로 실제 평가가 되어야 함

> **이해더하기**
>
> 헬리슨(Hellison)의 책임감 발달 수준
>
> | 수준 | 특징 | 의사결정 및 행동사례 |
> |---|---|---|
> | 5단계 | 전이 | 지역사회 환경에서 타인을 가르치는 것 |
> | 4단계 | 돌봄과 배려 | 타인의 요구와 감정을 인정하고 경청, 대응하는 것 |
> | 3단계 | 자기 방향 설정 | 자기의 목표 설정이 가능하고 교사의 감독 없이 과제를 완수하는 것 |
> | 2단계 | 참여와 노력 | 의무감은 없지만 자발적으로 참여하는 것, 자신에게 동기를 부여 |
> | 1단계 | 타인의 권리와 감정 존중 | 타인을 고려하면서 안전하게 활동에 참여하고, 활동에 참여하는 데 있어 다른 사람을 방해하지 않는 것 |
> | 0단계 | 무책임감 | 참여의지 및 자기통제능력이 없으며 활동 참여에 있어 다른 사람들을 방해하는 것 |

## 9. 하나로수업모형

| | |
|---|---|
| 기본개념 | • 스포츠의 본 모습에 가장 가까운 형태로 체험하기 위한 수업 모형<br>• 학교 내에서 배운 것들이 학교 밖 일상생활에서도 실제적으로 활용되며 그 반대도 그대로 적용<br>• 스포츠활동을 통해 학습자 자신의 내면과 외면이 하나가 되는 기회를 갖는 것 |
| 수업목표 | • 스포츠를 게임과 문화로 구분하여 이해<br>• 게임으로서의 스포츠는 '할 수 있게', 문화로서의 스포츠는 '알 수 있게' 되는 것 |
| 수업내용 | 단순한 기술·전술·규칙만이 아닌 해당 스포츠의 정신, 안목, 전통을 이해·체득하도록 수업 진행 |
| 수업방법 | • 직접교수활동 : 내용의 기법적 차원을 가르치기 위한 교사의 수업 행동<br>• 간접교수활동 : 교사의 직접교수활동 과정에서 간접적으로 전이되는 요소들 |
| 수업운영 | • 간접체험 : 스포츠의 심법적 차원을 체험<br>• 터(공간) : 수업활동이 이루어지는 공간<br>• 패(모둠, 팀) : 수업활동을 행하는 학습자들의 소집단 |
| 수업평가 | • 접합식 평가 : 각 과제들의 수행 정도를 합산하여 총합 계산, 평가<br>• 통합식 평가 : 하나의 틀 속에서 학생의 체험 정도를 모두 찾아내 평가 |

> **POINT**
> 
> **하나로수업모형 간접체험활동**
> • 스포츠의 심법적 차원(전통, 안목, 정신)을 가르친다.
> • 스포츠를 잘 알 수 있도록 한다.
> • 스포츠 문화로의 입문을 도와준다.

**이해더하기**

**하나로수업모형의 효과**
• 자신의 내면 세계 파악
• 삶의 방향 설정
• 상호이해관계의 긍정적 마인드
• 반성하는 자세
• 스스로의 자세 터득
• 정신집중 향상

## SECTION 02 교수 스타일의 특성

### 1. 교수와 학습자 사이의 상호작용

① 항상 특정한 교수 행동, 학습자 행동 및 도달 목표를 반영
② **교수 스타일은 T-L-O 관계구조**

| | |
|---|---|
| 교수 행동(T) | 교사가 내리는 의사결정 |
| 학습자 행동(L) | 학습자가 내리는 의사결정 |
| 목표(O) | 도달하고자 하는 목표 |

## 2. 교수 스타일별 특성 `2024 기출` `2023 기출`

① **지시형 스타일(A)**
  ㉠ '정확한 수행'으로 대변, 지도자가 과제활동 전·중·후의 모든 사항을 결정, 학습자의 역할은 지도자가 내린 결정에 대해 지도자의 지시대로 따르는 것
  ㉡ 지도자의 자극과 학습자의 반응은 직접적이고 즉각적으로 발생
  ㉢ 한두 명의 학습자의 곤란에 의해 학급 전체의 학습 중단 발생 가능

② **연습형 스타일(B)**
  ㉠ 피드백이 주어진 기억·모방 과제를 학습자가 개별적으로 연습하는 것
  ㉡ 지도자는 모든 교과내용과 이에 따른 세부 운영절차를 결정, 학습자 개개인에게 피드백 제공
  ㉢ 학습자의 역할은 9가지 특정 사항(수업 장소, 수업 운영, 시작 시간, 속도와 리듬, 질문, 정지 시간, 인터벌, 자세, 복장 및 외모)에 대한 의사결정을 내리고 기억·모방 과제를 수행하는 것

③ **상호학습형 스타일(C)**
  ㉠ 특정 기준에 의하여 주어진 사회적 상호작용 및 피드백
  ㉡ 지도자는 모든 교과내용 및 기준을 설정, 세부 운영절차와 관련된 사항을 결정, 관찰자에게 피드백 제공
  ㉢ 학습자는 두 명이 짝을 이루며 한 명은 주어진 과제를 수행, 다른 한 명은 지도자가 개발한 기준을 사용해 학습자에게 즉각적·지속적인 피드백을 제공

④ **자기점검형 스타일(D)**
  ㉠ 상호학습형에서 발달한 형태로 학습자가 과제를 수행하고 스스로 평가
  ㉡ 지도자는 교과내용, 평가 기준, 수업 운영 절차 등을 결정
  ㉢ 학습자는 과제를 독립적으로 수행하고 평가 기준에 따라 자신의 과제 수행을 점검
  ㉣ 학습자에게 많은 책임감 및 정직성을 요구하며 개인연습과 자기평가라는 두 측면이 강조됨

⑤ **포괄형 스타일(E)**
  ㉠ 다양한 기술 수준에 있는 학습자가 자신들이 수행 가능한 난이도를 선택, 동일한 과제에 참가
  ㉡ 지도자는 과제의 난이도 선정, 교과내용과 수업 운영 절차에 대한 의사결정을 수행
  ㉢ 학습자는 자신이 성취할 수 있는 수준을 조사하고 출발점을 선택하여 과제를 연습

**상호학습형 스타일 사례**
- 참여자들은 2인 1조로 각각 수행자와 관찰자의 역할을 정한다.
- 수행자는 체육 활동을 연습하고 관찰자는 수행자에게 피드백을 제공한다.
- 지도자는 관찰자에게 피드백을 제공한다.

**자기점검형 스타일**
- 지도자는 학습자의 능력과 독립성을 존중한다.
- 지도자는 학습자가 활용할 평가 기준을 마련한다.
- 학습자는 스스로 자신의 과제를 확인하고 교정한다.

**포괄형 스타일**
- 지도자는 기술 수준이 다양한 학습자들의 개인차를 수용한다.
- 학습자가 성취 가능한 과제를 선택하고 자신의 수행을 점검한다.
- 과제 활동 전, 중, 후의 의사결정의 주체는 각각 지도자, 학습자, 학습자이다.

② 학습자는 필요에 따라 과제 수준을 수정하고 평가 기준에 맞추어 자신의 수행을 점검

⑥ 유도발견형 스타일(F)
㉠ 미리 정해진 해답을 학습자가 발견하도록 이끄는 계열적·논리적 질문을 설계하는 것
㉡ 학습자는 지도자의 질문에 답하면서 한 가지의 개념적 아이디어를 발견
㉢ 지도자는 해답을 먼저 말해서는 안 되며 학습자의 반응을 관찰하고 피드백을 자주 제공
㉣ 새로운 주제를 소개할 때 유용한 스타일로 학습자들의 흥미와 궁금증을 유발

> **POINT**
> **유도발견형 스타일**
> - 지도자는 미리 예정되어 있는 해답을 학생에게 직접적으로 전달해서는 안 됨
> - 지도자는 논리적이며 계열적인 질문을 설계해야 함
> - 지도자는 질문(단서)에 대한 학습자의 해답(반응)을 검토하고 확인
> - 지도자와 학습자가 지속적으로 상호작용하며 의사결정을 내림

⑦ 수렴발견형 스타일(G)
㉠ 미리 정해져 있는 정확한 반응을 수렴적 과정을 통해 발견하는 것
㉡ 지도자는 탐색·발견되어야 할 목표 개념을 포함한 교과과정을 결정
㉢ 학습자는 스스로 질문을 만들고 논리적 연결을 구성, 해답을 발견함
㉣ 교과의 내용이 학습자에 의해 만들어지기 때문에 지도자의 설명 시간은 상대적으로 짧음

⑧ 확산발견형 스타일(H)
㉠ 구체적인 인지 작용을 통해 특정 문제 혹은 상황에 대한 확산적인 반응을 발견하는 것
㉡ 지도자는 지도 교과와 관련된 특정 문제 및 주제를 결정
㉢ 학습자는 특정 문제에 대한 다양한 설계, 반응, 해답을 발견
㉣ 지도자와 학습자 모두 발견된 다양한 반응 및 해답들을 수용해야 함

⑨ 자기설계형 스타일(I)
㉠ 특정 문제·쟁점의 해결을 위한 학습 구조의 발견에 대한 독립성의 확립이 특징
㉡ 지도자는 학습자가 학습 주제를 결정하는 데 필요한 세부적인 공통 교과과정을 선정
㉢ 학습자는 공통 교과내용에 따른 의사결정 과정을 수행
㉣ 지도자와 학습자 간의 의사소통에 필요한 시간, 학습자에 대한 적절한 지원 및 피드백 제공이 필요하며 수업 과정에서의 의사결정에 대한 충분한 대화가 필요

⑩ 자기주도형 스타일(J)
㉠ 학습자가 주도적으로 학습을 설계, 이에 대한 책임과 경험 역시 학습자가 주도함

ⓛ 지도자는 학습자가 학습 경험을 통해 결정한 사항을 최대한 수용하고 학습자를 지원하며 학습자들의 요청이 있을 경우에만 교수 활동에 참여
ⓒ 수업 진행 및 의사결정 과정에 능숙해 다른 학습자들에게 이를 설명할 수 있는 수준의 학습자에게 적절한 스타일

⑪ **자기학습형 스타일(K)**
ⓐ 학습에 대한 학습자의 개인적 열망 및 개별적인 학습 집착력에 한정하는 것이 특징
ⓑ 학습자 개인이 교수·학습 활동에 교사 혹은 학습자로서 모든 의사결정 과정에 참여
ⓒ 개인별로 설정한 교과내용 및 학습 목표를 각 개인이 스스로 성취
ⓓ 학교 현장에서는 사실상 존재할 수 없는 스타일로 학습자 자신이 스스로를 가르치는 상황에서 존재

> **이해 더하기**
>
> 모스턴 교수 스타일 특성
>
> | 모사(A~E) | 발견과 창조(F~K) |
> |---|---|
> | • 주로 교사가 의사결정권을 가지고 있으며 학생의 모방, 모사가 일어남<br>• 기본적 기능의 습득, 전통과 문화 유지, 암기, 지식의 재생산 | • 주로 학습자가 의사결정권을 가지고 있으며, 학생의 발견과 창조<br>• 합리적 사고를 통한 문제해결능력 함양, 개념의 발견과 창조, 창의성 |
> | 지시형(A), 연습형(B), 상호학습형(C), 자기점검형(D), 포괄형(E) | 유도발견형(F), 수렴발견형(G), 확산발견형(H), 자기설계형(I), 자기주도형(J), 자기학습형(K) |

## SECTION 03 | 스포츠지도를 위한 교수기법

### 1. 지도를 위한 준비

① **맥락 분석** : 가르치는 내용의 수준과 방법, 학습자의 배움에 영향을 끼치는 시간적·인적·물적 자원(맥락, context)에 대한 분석
② **내용 분석** : 가르칠 내용의 순서를 결정해 목록화하는 것
③ **학습 목표 분석**
ⓐ 학습 목표는 운동수행 조건과 성취 행동, 운동수행 기준 등 맥락 분석과 학습 내용을 고려해서 결정
ⓑ 1차적인 목표는 신체 기능과 능력의 발달(심동적)이나, 동시에 학습자의 인지적·정의적 발달도 목표로 해야 함

---

**QUIZ** 교수스타일 A~E까지는 모방(reproduction)이 중심이 된다. (O/X)
답 O

**QUIZ** 교수스타일의 구조는 과제 활동 전, 중, 후 결정군으로 구성된다. (O/X)
답 O

**POINT 모스턴 교수 스타일의 인지 과정**
• 자극 : 질문
• 인지적 불일치 : 해답을 찾고자 함
• 사고 : 다양하고 구체적인 인지기능 활성화 상태
• 반응 : 대답

**POINT 로젠샤인(B. Rosenshine)과 퍼스트(N. Furst)의 효율적 교수전략**
학업성취도와 관련한 5가지 변인은 다음과 같다.
• 명확한 과제 제시
• 교사의 열의
• 수업활동의 다양화
• 과제 지향적이고 능률적인 교수행동
• 수업내용

> **이해더하기**
>
> **메이거(R. Mager)의 학습 목표 설정** `2023 기출`
> - 수업 목표 진술 시 구체적이고 관찰 가능한 행동 목표를 진술할 것을 주장
> - 수업 목표 진술의 3가지 요건
>
> | 조건, 상황 | • 운동수행에 필요한 상황과 조건<br>• 목표 도달에 필요한 자원, 시간, 제약 등 |
> |---|---|
> | 수락 기준 | • 설정된 운동수행 기준<br>• 목표 달성 여부를 판단하는 성취 기준 |
> | 도착점 행위 | • 학습자에게 기대되는 성취행위<br>• 학습의 결과로서 나타나는 행동 |

④ **평가** : 수업 중 또는 수업 후에 학습자의 발전 정도를 확인할 수 있는 평가가 필요

> **이해더하기**
>
> **스포츠 지도를 위한 준비 단계**
> - 지도자는 자신이 가르칠 수 있는 내용의 수준이 어느 정도인지 고려함
> - 학습자의 성취 결과뿐만 아니라 향상 정도를 평가할 수 있는 방법을 계획
> - 지도의 목표가 모방일 경우 지시자, 창조일 경우에는 촉진자의 역할이 필요
> - 행동 목표는 운동수행 조건, 성취 행동, 운동수행 기준을 고려하여 설정

## 2. 지도계획안의 설계

① **지도계획안 작성의 필요성**
  ㉠ 학습자에게 전체적으로 계획된 지도과정을 가시적으로 알 수 있게 함
  ㉡ 의도된 학습 목표를 성취하는 데 도움

② **지도계획안 작성요소**
  ㉠ 학습목표 : 지도할 내용이 학습자들의 학습활동으로 실현될 수 있도록 하기 위한 계획 작성
  ㉡ 수업정리 : 요약정리, 강화, 일반화의 유도, 보충 및 예고 등 작성
  ㉢ 학습평가 : 평가 시기, 평가의 관리 및 절차상의 고려사항을 제시
  ㉣ 수업맥락 기술 : 가르칠 내용, 방법, 학습자가 배우는 것에 영향을 미치는 사항 등 작성

③ **고려사항**
  ㉠ 정교하고 유연한 계획 세우기
  ㉡ 지도자 자신이 볼 목적으로 작성
  ㉢ 과제를 빨리 숙달할 것을 대비한 추가 계획 수립

> **QUIZ**
>
> 지도안을 작성할 때 학습 목표는 학습자 특성보다 지도자 중심으로 작성한다. (○/×)
>
> 답 ×

> **기출 채우기**
>
> 메츨러(M. Metzler)의 교수·학습 과정안(수업계획안) 구성요소는 수업 맥락의 간단한 기술, 학습 목표, (        ), 학습활동 목록, 과제제시와 과제구조, 평가, 학습정리 및 종료이다.
>
> 답 시간과 공간의 배정

② 예상치 못한 상황에 대비한 대안적 계획 수립
⑩ 계획안은 파일로 보관
⑭ 계획안 평가를 통한 자기반성

### 3. 지도내용의 전달

① **과제 제시 전략** `2025 기출`
  ㉠ 학습자 주의집중 기술
    - 학습을 방해하는 요인을 통제하여 주의가 산만해진 학습자의 시선을 집중
    - 주의집중을 하라는 신호와 절차를 만들어 연습
    - 지도자 가까이에 모이게 해서 설명
    - 과제는 간단하게 제시

> **이해 더하기**
>
> **링크(J. Rink)의 역순 (행동) 연쇄법** `2023 기출`
>
> | 정의 | • 연쇄된 행동의 여러 동작을 뒤에서부터 거꾸로 하나씩 배워 연결해 가는 방법<br>• 일련의 행동을 마지막 단위 행동부터 학습시킨 후, 그 행동을 단서로 점차 전 단계와 연결 |
> |---|---|
> | 예시 | • 복잡한 운동 기술의 경우, 기술의 주요 동작이나 마지막 동작을 초기 동작보다 먼저 연습<br>• 테니스 서브 과제에서 공을 토스하는 동작을 연습하기 전에 공을 라켓에 맞추는 동작을 먼저 연습 |

  ㉡ 과제 전달 방법
    - 언어적 전달
    - 직접 시범
    - 매체 활용
    - 학습단서 활용
  ㉢ 질문의 활용
    - 학습자의 인지적인 참여 유도
    - 학습자의 동기 유발
  ㉣ 과제 제시 명료성 : 과제를 명료하게 제시했다면 지도자가 의도한 반응과 학습자가 보여준 반응이 일치

**POINT**
**효과적인 과제 제시 방법**
- 모든 학습자가 쉽게 보고 들을 수 있는 대형을 갖춘다.
- 학습자가 이해할 수 있는 어휘를 사용한다.
- 학습자가 한 번에 받아들일 수 있는 양의 정보를 제공한다.

### 이해더하기

**학습단서**

| 정의 | 과제가 가진 중요한 특징을 학습자에게 전달하기 위하여 지도자가 사용하는 단어나 문장 |
|---|---|
| 요건 | • 간단 명료<br>• 학습자의 지식, 기능, 연령 수준에 적합<br>• 과제의 특성에 적절 |
| 형태 | • 언어 단서 : 운동 수행의 향상 방법 등에 대한 언어적 정보<br>• 비언어 단서 : 정확한 동작이나 부정확한 동작에 대한 시범<br>• 조작 단서 : 의사전달을 위해 학생의 신체 일부를 이동시키는 방법으로 체험적 단서<br>• 시청각 단서 : 그림 및 사진과 같은 시청각 매체를 통해 제공하는 단서 |

**질문 유형**

- 회상형(회고형) : 예·아니오로 대답할 수 있는 개념 확인 질문
- 확산형(분산형) : 정답이 여러 개일 수 있는 질문법으로 상황에 따른 해답을 요구
- 가치형 : 어떠한 정답이 없고 옳고 그름도 없는 가치적이고 정의적인 질문

② 내용의 발달적 분석 **2025 기출**

| 확대과제개발 | • 내용의 발달적 분석의 시작<br>• 간단한 과제에서 복잡한 과제로, 혹은 쉬운 과제에서 어려운 과제로<br>• 과제 간 발달과 과제 내 발달 |
|---|---|
| 세련과제개발 | • 운동 수행 경험의 의미에 초점<br>• 목표의 범위를 좁히고 운동 수행의 질적 발달에 대한 학습자의 책무성 부여 시 효과적 |
| 적용(응용)<br>과제개발 | • 확대 및 세련과제를 통해 습득한 기능을 실제로 이용하는 단계<br>• 스포츠의 마지막 경험이 아닌 운동 경험의 전 과정에 분산시키는 것 |

③ 기술의 속성에 따른 내용 발달

| 폐쇄기술의 발달 | • 환경의 변화에 영향을 받지 않는 기능<br>• 학습자의 선행조건, 근력 및 유연성의 운동능력이 필요<br>• 학습자의 발달 단계를 고려하여 분석 |
|---|---|
| 개방기술의 발달 | • 환경의 변화에 따라 그 요구 조건이 변화하는 기능<br>• 어떤 기능이 어떻게 사용되고 있는지를 구체적으로 분석 |

### 이해더하기

**학습과제에 참여하는 시간**

| 활동에 할당된 시간 | 학교 또는 기관이 체육활동에 할당한 시간 |
|---|---|
| 운동참여시간 | 학습자가 체육활동에 소비한 시간 |
| 과제참여시간 | 학습자가 과제에 실제로 투입한 시간 |
| 실제학습시간 | 학습자가 성공적으로 경험하면서 학습과제에 소비한 시간 |

**POINT**

링크(J. Rink)의 내용발달 단계

시작과제 – 확대과제 – 세련과제 – 적용과제 순

**POINT**

확대과제

- 과제의 난이도와 복잡성에 따른 점진적 발달에 관심을 갖는다.
- 복잡한 기술을 가르치기 전에 기능을 세분화한다.

**QUIZ**

세련과제는 학습자에게 가능한 많은 동작을 알려주는 형태로 개발한다. (○/×)

답 ×

## 4. 지도내용의 연습 및 교정

① 과제연습에 따른 지도자의 행동

| 지도 감독된 과제연습 | • 지도자와 학습자들이 서로 한눈에 볼 수 있는 위치에서 과제 연습에 다 같이 참여<br>• 지도자는 학습자들의 실수를 교정해주고 내용을 다시 설명해줄 수 있으며, 학습자는 개별적 과제연습을 하기 전에 연습을 충분히 할 수 있음 |
|---|---|
| 개별적 과제연습 | • 학습자는 단체가 아닌 개별적으로 과제를 연습<br>• 자동화를 목표로 할 때 쓸 수 있는 좋은 방법<br>• 반복적인 연습 기회 제공 |
| 과제연습의 주시 | 과제 목록(checklist), 체력측정기록장치, 경기기록 등의 형태를 통해 주시 가능 |

② 연습 중 지도자의 행동

㉠ 학습자들이 과제연습을 적극적으로 하도록 유도하기 위해서는 수업에 도움이 되지 않는 행동(비기여 행동)을 없애고 직접기여 행동을 높여야 함

㉡ 학습과 관련은 있지만 수업 내용과는 관련이 없는 행동(간접기여 행동)은 최소한의 시간으로 줄여야 함
  • 부상당한 학습자는 다른 학습자에게 방해를 최소한으로 하는 선에서 지도자가 보살필 것
  • 학습자가 화장실에 가는 것과 물을 마시는 것은 신속하게 처리되도록 할 것

㉢ 구체적인 직접기여 행동
  • 안전한 학습 환경 갖추기
  • 과제의 명료화
  • 생산적인 학습 환경 제공
  • 학생에게 피드백 제공

**교사의 학습지도행동의 사례**
- 비기여 행동 : 학부모와의 면담, 관리자 방문, 소방 연습
- 간접기여 행동 : 부상학생의 처리, 과제 외 토론 참여, 시설 보수
- 직접기여 행동 : 동작 설명과 시범, 학생 관찰 및 피드백

### 이해더하기

**교사의 학습지도행동** 2024 기출

| 비기여 행동 | 수업 내용에 기여할 가능성이 전혀 없는 행동 |
|---|---|
| 간접기여 행동 | 학습자 및 학습지도와 관련은 있으나 수업 내용과는 무관한 행동 |
| 직접기여 행동 | 수업의 내용에 직접적으로 기여하는 행동으로 학습에 가장 큰 영향을 미치는 행동 |

③ 학습자 상호작용
  ㉠ 지도자와 학습자는 의사전달을 하고 서로의 의사를 수용
  ㉡ 유의점
    - 일관성 있는 상호작용
    - 중요한 학습자 행동에 관한 직접적인 상호작용
    - 과제와 상호작용의 일치
    - 수업 외 문제에 관한 학습자와의 상호작용
    - 학습지도와 대인관계 개선을 위한 열정 표출
    - 학습자의 감정과 정서에 공감하는 지도자

> **이해더하기**
>
> **체육수업 지도원리** 2023 기출
>
> | | |
> |---|---|
> | 개별성의 원리 | 개인차를 고려한 다양한 수준별 지도 |
> | 효율성의 원리 | 적절한 교수 학습 환경을 구성하여 효율적인 학습 목표 성취 |
> | 적합성의 원리 | 지도자의 창의적인 지도활동의 선정과 활용 |
> | 통합성의 원리 | 교수·학습 내용의 다양화와 신체활동의 총체적 체험 |

## 5. 효과적 관리운영 2025 기출 2024 기출

① 상규적 활동
  ㉠ 한 번의 수업시간에 반복적으로 일어나는 수업 시작, 출석 점검, 화장실 가기, 물 마시러 가기와 같은 활동
  ㉡ 이를 위한 시간을 규칙으로 정해 학습자에게 지키도록 하면 학습과제 시간을 늘리는 데 도움이 됨

② 예방적 수업 운영
  ㉠ 예상이 되는 문제 상황을 미리 예측하고 규칙을 만들어 수업 운영 시간을 최소화하기 위한 노력
  ㉡ 수업 전에 공지가 되므로 지도사와 학습자 간의 불필요한 감정 소모를 예방하고, 수업이 긍정적으로 진행될 수 있도록 도와준다는 장점이 있음

③ 수업 흐름의 관리
  ㉠ 수업을 운영하는 행동은 학습 시간이나 학습의 기회를 높이기 위한 것
  ㉡ 수업 운영 기술을 발달시키기 위해 자신의 수업 운영 기술에 대한 관찰·평가·반성이 필요

> **기출 채우기**
>
> (　　　)은/는 스포츠 지도 시간에 반복적으로 일어나는 활동이다. 예를 들어 출석점검, 수업준비 상태 확인, 화장실 출입 등이다. 이러한 과정을 효율적으로 관리하면 학습자들의 과제 참여 시간을 증가시키는 데 도움이 된다.
>
> 답 상규적 활동

**상황 이해**
- 지도자가 자신의 머리 뒤에도 눈이 있다는 듯이 학습자들의 행동을 파악하는 것
- 지도자가 학습자들 간에 발생하는 사건을 인지하는 것

**학습자 관리 기술**
- 학습자 행동을 단계적으로 변화
- 수반되는 행동 수정의 결과 명시
- 적절한 행동을 위한 보상체계 마련
- 일관성 있게 지도하는 것
- 학습자의 행동 수정에도 그 단계를 설정할 것

> **이해더하기**
>
> **쿠닌의 예방적 관리 교수기능(교수가 해야 하는 행동)** 2024 기출 2023 기출
> - 상황파악 : 학생들의 행동을 교사가 파악하고 있음을 학생들에게 알리는 것 (탈선방지)
> - 동시 처리 : 동시에 일을 처리하는 것(내용지도+수업운영), 교사의 능력
> - 유연한 수업 전개 : 수업의 흐름을 이어가는 것
> - 여세 유지 : 학습활동이나 수업을 활력있게 이어나가는 것
> - 집단 경각 : 학생들이 과제에 몰두하도록 하는 것(주의, 집중, 흥미)
> - 학생의 책무성 : 과제수행에 대한 책임감 부여

④ 학습자 관리 기술
  ㉠ 체육 수업의 목표와 일치하는 적절한 행동을 많이 하게 하는 것이 중요
  ㉡ 규칙에 따라 행동하도록 이해가 쉽게 가르치고 행동 수정을 위해 퇴장, 삭제훈련, 적극적 연습, 보상 손실과 같은 효과적인 벌을 주는 것

> **이해더하기**
>
> **부적절한 행동 감소에 필요한 학습자 관리 기술** 2023 기출
>
> | | |
> |---|---|
> | 삭제훈련 (Omission training) | 학생이 특정한 행동에 관여하지 않은 데 대해서 보상을 주는 것 |
> | 적극적 연습 (Positive practice) | 학생이 부적절한 행동에 참가할 때마다 일정 횟수로 적절한 행동을 하도록 하는 것<br>예 기구를 사용한 후 제자리로 치워 두지 않으면 기구 치우기를 10회 반복하게 하는 것 |
> | 보상손실 (Reward cost) | 학생이 부적합한 행동을 함으로써 어떤 것을 상실하게 하는 것<br>예 체육복을 입지 않은 학생에게 벌점을 주는 것 |
> | 퇴장 (Time-out) | 위반행동에 대한 벌로서 일정 시간 동안 체육활동에 참여할 수 없도록 하는 것 |
> | 신호간섭 | 손짓이나 기타 신호 등을 통해 학습자의 부적절 행동을 예방하는 것 |
> | 접근통제 | 교사가 직접 순회하면서 학습자의 부적절한 행동을 예방하거나 직접 제지하는 것 |

## 6. 안전 및 예방

① 모든 스포츠활동에는 부상의 위험성이 존재
② 위험한 행동을 하는 학습자에겐 즉시 경고를 하고 그 이유를 구체적으로 알려야 함
③ **안전 및 사고 예방을 위한 전략**
  ㉠ 활동 전에 안전 문제를 예측 후 교구 배치

  &copy; 체육관·운동장에서의 안전 규칙을 세워 공지
  &copy; 학습자에게 계속적인 안전 규칙 상기
  ② 일관성이 있는 보상과 처벌 관리
  ⑩ 동료끼리 서로 안전에 대한 경고를 주는 체계
  ⑪ 활동 시작 시 지도자가 지속적으로 학습자를 감독

## SECTION 04   지도 내용의 연습 및 교정

### 1. 교수기능의 연습

① **1인 연습**
  ㉠ 교수 내용을 녹음해 들어보며 단어 및 문장의 적절한 구사 등을 확인하는 방법
  ㉡ 거울 앞에서 자신의 모습을 확인하며 연습하는 방법

② **마이크로 티칭(micro-teaching)**
  ㉠ 동료 학습자들로 구성된 소집단을 대상으로 5~20분의 간단한 수업을 실시하여 이를 녹화
  ㉡ 녹화된 수업을 관찰하여 수업을 분석·평가
  ㉢ 분석·평가 결과에 따라 새로운 수업을 다시 진행

③ **동료 교수**
  ㉠ 소집단의 동료들과 모의 수업을 만들어 교수기능을 연습
  ㉡ 제한된 몇 가지의 교수기능에만 집중할 수 있도록 수업을 짧게 설정
  ㉢ 수업을 녹화하여 분석·평가 및 피드백의 제공이 가능

④ **반성적 교수** `2024 기출`
  ㉠ 동료 교수와 유사한 모의 수업을 설정
  ㉡ 학습자에게는 수업 전 과제를 배부하고 수업의 목표 및 평가 방법을 설명
  ㉢ 수업 후 학습자는 교수내용 및 교수방법을 평가

⑤ **스테이션 교수** `2023 기출`
  ㉠ 교육 목표 및 내용에 따라 학습자를 모둠으로 분류
  ㉡ 각 모둠에 지도자가 위치하여 해당 주제와 관련된 수업을 진행, 학습자는 수업 후 다음 장소로 이동하여 다음 수업을 진행
  ㉢ 각 지도자는 서로 다른 내용을 가르침

---

**POINT**

**교수기능의 연습 방법**
- 1인 연습
- 마이크로 티칭
- 동료 교수
- 반성적 교수
- 스테이션 교수
- 실제 교수

**POINT**

**마이크로 티칭**
예비지도자가 모의 상황에서 동료 또는 소수 참여자들을 대상으로 일정한 시간 내에 구체적인 내용으로 지도기능을 연습하는 것

**OX QUIZ**
스테이션 교수법에서는 한 명의 지도자가 수업에서 공간을 나누어 두 가지 이상의 과제를 동시에 진행한다. (O/X)
답 O

⑥ 실제 교수
  ㉠ 실제 수업을 진행하기 전 마지막으로 하는 연습
  ㉡ 일반적으로 직전교사가 교육실습을 하기 전 마지막 단계로서 진행

> **이해더하기**
>
> **현장(개선)연구** `2024 기출`
>
> 현장연구는 체육 지도자가 동료나 연구자의 도움을 받아 자신의 강좌를 반성적으로 탐구하여 개선하는 데 목적이 있다. 기본적 연구와 학교의 계획 활동의 중간에 있는 형태의 연구방법으로 연구의 윤리성을 지극히 존중하고 연구의 시초부터 실천을 강조하는 점이 특이하다고 할 수 있다. 즉 현장연구는 개선해 가는 과정과 절차를 더 중시하고 있다.
>
> **세부지도목적에 따른 교수기법**
>
> | | |
> |---|---|
> | 건강을 위한 지도기법 | 학습자의 건강 유지 및 증진을 위해 건강관련체력, 즉 심폐지구력(전신지구력), 근지구력, 근력, 유연성 등을 우선으로 지도 |
> | 여가를 위한 지도기법 | 학습자들이 활발한 신체활동을 통해 즐거움을 얻어 삶의 질이 향상될 수 있도록 지도 |
> | 경쟁을 위한 지도기법 | 집단 간의 경쟁에서는 자기편과 적절히 협동하여 자신의 위치에서 최선을 다하되, 상대 팀과 정정당당하게 경기에 임하는 능력(페어플레이 정신)을 키우는 것이 중요 |
> | 인성을 위한 지도기법 | 지도자는 스포츠 현장 속에서 학습자가 매일 자율적으로 관계성을 중요시하면서 스포츠 활동을 하도록 지도 |
> | 표현을 위한 지도기법 | 스포츠 활동을 통해 자신의 생각과 감정을 적극적으로 말할 수 있도록 유도 |

**POINT**
**현장(개선)연구**
- 연구의 특징은 집단적(협동적), 역동적, 연속적으로 이루어짐
- 연구의 절차는 문제 파악-개선계획-실행-관찰-반성 등으로 순환하는 과정임
- 연구의 주체는 지도자가 동료나 연구자의 도움을 받아 자신의 수업을 탐구함

## 2. 피드백

| 구분 | | 내용 |
|---|---|---|
| 피드백 양식 | 언어 피드백 | 언어를 통한 평가기법 |
| | 비언어 피드백 | 몸짓, 손짓, 표정, 시선, 자세, 미소 등의 신체언어와 사람의 외적 모습 등으로 하는 평가기법 |
| 피드백 평가 | 긍정적 피드백 | 운동수행 결과에 대해 만족 |
| | 부정적 피드백 | 운동수행 결과에 대해 불만족 |
| | 중립적 피드백 | 만족과 불만족 표시가 불분명 |
| 교정적 특성 | 비교정적 피드백 | 교정적 정보는 제공하지 않고 잘못된 부분의 정보만 제공 |
| | 교정적 피드백 | 다음 수행 개선과 관련된 방법들을 함께 제공 |

**QUIZ**
"나는 고개를 끄덕이며 엄지손가락을 세워 보였다."는 비언어적 피드백에 해당한다. (○/×)
🔑 ○

**기출 채우기**
(     ) 피드백의 예시는 "왼손으로 공을 가리키고 시선을 고정하면 정확하게 공을 맞출 수 있어."이다.
🔑 교정적

### 이해 더하기

**모스턴의 피드백 분류**

| 가치 피드백 | 긍정이나 부정을 표현하는 피드백으로 상황에 따라 구체적, 비구체적으로 세분화됨<br>예 훌륭해!, 나쁘지 않았어!, 팔동작이 좋구나! 등 |
|---|---|
| 교정 피드백 | 가치 판단이 아닌 동작 수정에 대한 피드백으로 과다한 사용은 학생에게 부정적인 영향을 미칠 수 있음<br>예 팔의 각도를 조금 더 크게 해라, 발이 너무 앞으로 나갔으니 뒤로 조금 빼라 등 |
| 중립(사실) 피드백 | 행동 모니터를 위한 피드백으로 정의적 영역과 관련되며 토의, 논쟁 상황에 사용됨<br>예 동작을 모두 수행했구나, 과제를 완수했구나 등 |
| 불분명 피드백 | 해석의 오류를 일으킬 수 있는 피드백으로 학습자에게 불분명한 단서를 제공함<br>예 잘 할 수 있을 텐데, 아마도, 그게 맞니? 등 |

# CHAPTER 06 스포츠교육의 평가론

## SECTION 01 평가의 이론적 측면

### 1. 평가의 개념과 활용

① **평가** : 측정 자료를 분석·판단하여 교수학습의 의사결정에 도움을 주기 위한 활동

> **이해더하기**
>
> **평가 관련 용어**
>
> | 측정 | 일정한 양을 기준으로 하여 같은 유형의 양에 수치 부여 |
> |---|---|
> | 사정 | 의사결정을 위해 다양한 방법으로 자료를 수집·해석·활용하는 과정 |
> | 검사 | 일 또는 물질의 구성 성분을 조사하여 옳고 그름을 판단 |

② **평가의 목적**
  ㉠ 교사의 교육방법을 개선
  ㉡ 학습자의 운동수행 참여 및 향상 동기 촉진
  ㉢ 학습자의 학습상태와 학습지도에 관한 정보 제공
  ㉣ 학습지도 및 관리운영의 효율성을 위한 집단 편성
  ㉤ 학습자 역량 판단을 통한 이수 과정 선택 정보 제공
  ㉥ 교육 프로그램 또는 교육과정의 적절성 확인
  ㉦ 교육 목표에 따른 학습 진행 상태 점검 및 지도활동 조정

③ **평가의 활용**
  ㉠ 학생들의 학습 진전을 알아보고 학습의 어려움을 도와주기 위한 방법으로 평가
  ㉡ 수업 목표가 적당했는지, 수업 효과의 유무를 결정하는 정보를 얻음
  ㉢ 평가 목적을 달성하기 위한 수단

### 2. 평가의 양호도

① **객관도**
  ㉠ 2명 이상의 관찰자에 의해 부여된 점수의 일치 정도
  ㉡ 관찰자에 의해 발생하는 오차가 객관도 분석의 주된 요소

---

**QUIZ**
측정이나 검사는 가치 지향적이고, 평가는 가치 중립적인 활동이다.
(O/×)
답 ×

**POINT**
**체육학습 평가의 목적과 활용**
- 학습자들에게 학습상태와 학습지도에 관한 정보 제공
- 학습목표와 관련된 학습 진행 상태를 평가하여 교수활동 조정
- 교수의 효과를 판단하고 학습자들에게 운동수행 향상 동기 유발

ⓒ 객관도 확보를 위해 여러 명의 심판이 특정한 점수 환산 규칙에 의해 평가를 진행
ⓔ 다이빙, 피겨 스케이팅, 싱크로나이즈드 스위밍, 보디빌딩 등

② **신뢰도** `2023 기출`
㉠ 측정의 결과가 오차 없이 나타나는 것
㉡ 오차 범위가 중요한 요인으로 작용
㉢ 신뢰도 높은 평가 도구를 이용할 경우 반복이 가능하고 일관성 있는 측정결과가 나옴
㉣ 종류

| 검사-재검사 | 시간차를 두고 변인 측정을 두 번 실시하여 두 관찰 값의 차이로 신뢰도를 측정하는 방법 |
|---|---|
| 동형검사 | 동일한 구인을 측정하는 두 개의 검사지를 개발하여 나온 점수들 간의 상관관계를 구하여 신뢰도를 추정하는 방법 |
| 내적 일관성 | 하나의 측정도구 내 문항들 간의 연관성 유·무를 통해 내적으로 일관성을 파악함으로써 측정문항의 신뢰도를 추정하는 방법 |
| 반분 신뢰도 검사 | 한 개의 평가도구로 한 집단에게 검사를 실시하고, 검사 결과를 두 부분으로 분할한 뒤, 분할한 두 부분을 독립된 검사로 생각해서 그 사이의 상관관계를 계산하는 방법 |

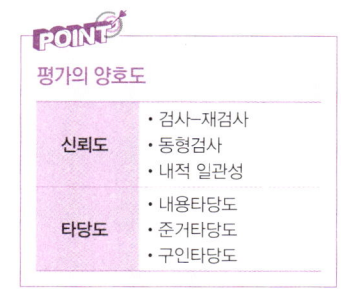

**POINT**
평가의 양호도

| 신뢰도 | • 검사-재검사<br>• 동형검사<br>• 내적 일관성 |
|---|---|
| 타당도 | • 내용타당도<br>• 준거타당도<br>• 구인타당도 |

③ **타당도**
㉠ 측정하고자 하는 항목을 측정도구가 정확하고 알맞게 측정하는지에 관한 정도
㉡ 스포츠지도사가 테니스가 처음인 사람의 수준을 진단하려고 할 때 중급 수준의 문항으로 평가하는 것은 타당도가 낮다고 봄
㉢ 종류

| 내용타당도 | 논리적 사고에 입각한 분석을 통해 판단하는 주관적 타당도 |
|---|---|
| 준거타당도 | 검사 혹은 평가도구가 다른 준거와 얼마나 관계가 있는가의 정도 |
| 구인타당도 | 주로 심리척도를 개발할 때 적용되는 타당도 |

㉣ 타당도와 신뢰도가 모두 높은 평가도구가 이상적인 평가도구

④ **문항 난이도**
㉠ 한 문항에 걸쳐 정확히 답한 피검자의 비율을 계산해 결정
㉡ 상대평가와 변별력을 위해 조사
㉢ 문항 난이도의 일반적인 범위는 30~70%이며, 50%일 때 매우 우수한 문항
㉣ 문항의 난이도 = $\dfrac{\text{정확하게 답한 자의 수}}{\text{전체의 사례 수}} \times 100$

**POINT**
예측타당도, 공인타당도

- 예측타당도 : 측정결과가 미래의 행동을 정확하게 예측할 수 있는 정도의 준거 관련 타당도 지수
- 공인타당도 : 검사결과가 이미 타당성을 인정받고 있는 다른 검사결과와 일치하는 정도로 검사의 타당도를 추정함

⑤ 문항 변별력
  ㉠ 변별력이 높은 문항은 저득점자에 비해 고득점자들이 그 문항에 정확하게 답할 것
  ㉡ 상위집단과 하위집단의 차이를 최대화하기 위해 주로 양극단의 27%를 선정
  ㉢ 변별력이 0.4 이상일 때 매우 우수한 문항
  ㉣ 문항의 변별력 = $\dfrac{\text{상위집단의 정답자의 수} - \text{하위집단의 정답자의 수}}{\text{상위집단의 전체 사례 수}}$

**이해더하기**

평가의 단계

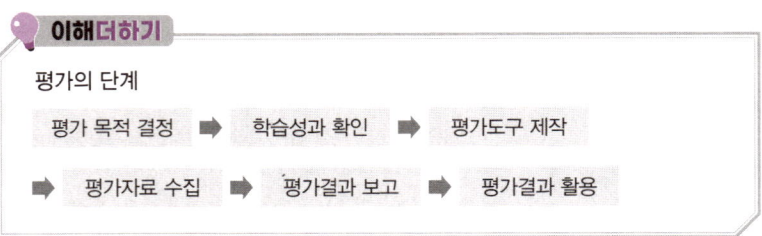

## SECTION 02 | 평가의 실천적 측면

### 1. 평가의 모형과 사례

① 평가모형
  ㉠ 평가 목적을 효과적으로 이루기 위해 특정한 탐구 방식을 적용, 평가 방법과 절차를 체계화한 것
  ㉡ 목표 중심 모형, 운영 중심 모형, 참여자 중심 모형이 대표적

② 목표 중심 모형 중 타일러(Tyler)의 평가모형
  ㉠ 수업목표를 평가의 기준으로 하여 어떤 수업이나 프로그램이 끝난 후 목표가 달성된 정도를 확인하는 모형
  ㉡ 타일러(Tyler)의 목표달성 모형의 활동 단계

  > 교육목표 설정 → 교육목표의 분류 → 분류된 교육목표를 행동적 용어로 서술 → 도구(Test)의 개발 및 선정 → 도구를 사용하여 자료 측정 → 결과 해석 및 행동목표/학생들의 성취자료 비교

③ 운영 중심 모형 중 엘킨(Alkin)의 CSE모형
  ㉠ 엘킨이 정의한 평가 : 의사결정자가 여러 대안 중에서 적절한 것을 선택할 수 있도록 의사결정 영역을 확인하고 결정에 필요한 정보를 선택·수집·분석하여 그 정보를 의사결정자에게 보고하는 과정

**평가모형**

- 목표 중심 모형(타일러) : 수업목표를 평가의 기준으로 하여 어떤 수업이나 프로그램이 끝난 후 목표가 달성된 정도를 확인하는 모형
- 운영 중심 모형(엘킨) : 의사결정자가 여러 대안 중에서 적절한 것을 선택할 수 있도록 결정에 필요한 정보를 수집, 분석하여 그 정보를 의사결정자에게 보고하는 과정
- 참여자 중심 모형(스테이크) : 교육 프로그램이나 지도 자료 같은 평가대상의 가치를 모든 측면에서 체계적으로 분석

ⓒ CSE모형의 활동 단계

| 체제 사정평가 | 특정 상황에 적합하거나 또는 필요한 교육목표를 선정하기 위해 교육목표의 폭과 깊이를 결정하는 데 필요한 정보를 수집하는 과정 |
|---|---|
| 프로그램 계획평가 | 체제 사정평가에서 확인, 선정된 체제의 교육적 요구를 충족시킬 수 있는 여러 방안 중에서 가장 효과적인 방안을 선택하는 데 필요한 정보를 수집하는 과정 |
| 프로그램 실행평가 | 프로그램이 실제로 계획했던 대로 실천되고 있는가에 관심을 기울이고 프로그램 개선을 위한 의사결정에 도움이 되는 정보를 제공 |
| 프로그램 개선평가 | 프로그램의 진행 과정에 직접 개입해서 문제점을 파악하고 수정·보완하여 프로그램을 개선시키는 역할 |
| 프로그램 승인평가 | 의사결정자에게 프로그램의 질에 대한 종합적인 결과를 제시함으로써 프로그램의 채택 여부를 결정하도록 도움을 주는 평가 |

④ 참여자 중심 모형 중 스테이크(Stake)의 반응적 평가모형

ⓐ 스테이크가 정의한 평가 : 교육 프로그램이나 지도 자료 같은 평가 대상의 가치를 모든 측면에서 체계적으로 분석하는 것

ⓑ 스테이크(Stake)의 반응적 평가모형의 활동 단계

| 선행요건 | 프로그램 실시 전에 존재하는 요건으로, 학습자의 특성, 경험, 학업성취도 수준에 대한 자료 수집 |
|---|---|
| 실행과정 | 프로그램 실시 중 지도사와 학습자 간의 상호작용 |
| 결과측면 | 프로그램에 의하여 나타난 학습자의 능력, 학업성취도, 흥미, 동기, 태도에 관심 |

## 2. 평가의 유형  2025 기출  2024 기출

| 진단평가 | • 계획된 학습의 목표 달성을 위해 교육 프로그램 실시 이전에 학습자의 수준 및 상태를 파악하기 위한 평가<br>• 교육 프로그램의 방향을 설정·수정하고 학습장애의 원인 및 정도의 파악에 도움 |
|---|---|
| 형성평가 | • 교육 프로그램 운영 중 이루어지는 과정 중심의 평가<br>• 학습자의 학습 동기를 유발<br>• 지도자에게는 프로그램 및 지도 방법을 수정하기 위한 기초자료로서 활용 |
| 총괄평가 | • 주어진 학습과정을 끝마친 후 학습목표의 달성도를 측정하기 위한 평가<br>• 학습 결과를 토대로 개인별·집단별 평가를 진행, 성적을 작성 |
| 임의평가 | • 객관적 기준에 의한 측정이 아닌 교사의 주관적인 판단에 의한 해석·평가<br>• 객관적이고 체계적인 평가가 불가능 |
| 수행평가 | • 학습자가 자신의 지식과 기능을 활용하여 과제를 수행하고 이를 평가하는 것<br>• 다양한 맥락에서 지식·기능을 보여주므로 다양한 과제와 상황을 제공하는 평가 유형<br>• 지도자의 평가뿐만 아닌 상호평가, 자기평가 등의 평가 방법 활용이 가능 |
| 상대평가 | • 집단 내의 상대적인 서열을 중심으로 이루어지는 평가<br>• 선발·분류·배치 등의 상황에서 유용하게 사용<br>• 규준지향평가 |

**POINT**

**평가의 순서**
• 학습 시기에 따라 '진단평가 → 형성평가 → 총괄평가'의 순으로 평가가 진행
• 진단평가는 교육 프로그램 실시 전, 형성평가는 프로그램 진행 중, 총괄평가는 프로그램 종료 후 실시

 QUIZ

기본기가 부족한 학생들에 대해 시즌 전 기본기 수준을 평가하는 방식은 진단평가의 사례에 해당한다.
(O/×)

답 O

### POINT
**수행평가**
실제 스포츠활동 상황에서 참여자가 아는 것과 할 수 있는 것을 평가하는 방법

| 절대평가 | • 사전에 설정된 학습목표를 준거로 하여 목표의 달성도를 평가<br>• 준거지향평가, 목표지향평가 |
|---|---|
| 개인내차평가 | • 한 개인의 성취 정도를 종단적으로 추적·조사하여 평가<br>• 개인의 발전 상태를 진단하는 평가 방법<br>• 자기지향평가 |
| 동료 평가 | • 평가를 받는 사람과 수평적인 관계에 있는 동료들이 평가자로 참여하여 평가하는 것<br>• 기존의 평가가 주로 수직적 관계 사이에서 이루어지는 반면 수평적 관계의 구성원들이 평가에 참여한다는 점이 차별점 |

### 기출 채우기
학교스포츠클럽에서 배구를 가르칠 때 수시로 학생들의 기본기능을 확인하고 있는 평가방식은 (　　　)의 사례에 해당한다.

👉 형성평가

### 이해 더하기

**상대평가와 절대평가**

| 구분 | 상대평가 | 절대평가 |
|---|---|---|
| 평가근거 | 소속집단의 점수 분포 | 학습 목표의 도달 수준 |
| 평가도구의 양호도 | 신뢰도 중시 | 타당도 중시 |
| 성취도의 판정기준 | 평균치 | 목표 도달률 |
| 결과처리 | 표준점수 및 백분위 | 백분율(%) |

**평가 유형 사례**
- 절대평가 : 우리 반은 초급이라서 25m 완주를 목표한다고 공지했어요. 완주한 회원들에게는 수영모를 드렸어요.
- 상대평가 : 저는 우리 클럽의 특성을 고려해서 모든 회원의 50m 평영 기록을 측정했습니다. 그리고 상위 15%에 해당하는 회원들께 '박태환' 스티커를 드렸습니다.

## 3. 평가의 도구 [2025 기출]

### ① 체크리스트
㉠ 스포츠지도사가 어떠한 상황을 최대한 신속하게 확인하기 위해 주로 사용
㉡ '예/아니오' 또는 '우수/보통/미흡'의 평가가 가능
㉢ 제작하기가 용이한 반면, 좋은 목록을 구성하기 위해서는 세심한 주의가 필요

| 영역 | 지도내용 | 체크 | |
|---|---|---|---|
| | | Yes | No |
| 테니스 기술 | 1. 포핸드 기술을 구할 수 있는가? | | |
| | 2. 백핸드 기술을 구사할 수 있는가? | | |
| | 3. 서브를 할 수 있는가? | | |

체크리스트 예시

### POINT
**평가 기법**
- 체크리스트
- 평정척도
- 루브릭
- 관찰
- 학습자 일지
- 학습자 면접과 설문지

② **평정척도** `2024 기출`
   ㉠ 피평가자의 속성이나 반응 등을 단일연속선상에 배열하기 위하여 일정한 기준에 따라 일정수치를 부여하거나 몇 개의 범주로 구별하여 만든 척도
   ㉡ 운동기능의 발전 정도와 행동의 적절성 등에 관한 정보를 수집하기 위한 도구
   ㉢ 관찰이 가능한 연속적인 행동 관찰에 적합

평정척도 예시

③ **루브릭**
   ㉠ 각 학습자의 수행 수준의 특징에 대한 정보를 명제화하여 제공
   ㉡ 평가자가 학습자에게 무엇을 구체적으로 요구하는지에 대하여 알 수 있음
   ㉢ 학습자들이 스스로 평가 과정에 참여할 수 있어 자기주도적인 학습이 가능

| 평가 영역 | 평가 기준 | 평가기준표(루브릭) | | |
|---|---|---|---|---|
| | | 잘함(3) | 보통(2) | 노력 요함(1) |
| 내용 생성 | 문제 인식의 정확성 | 문제를 정확하게 인식하고 그에 합당한 생각을 글로 전개하였다. | 문제를 바르게 인식하였으나 글로 표현하는 데 어려움이 있었다. | 문제에서 벗어난 내용을 글로 표현하고 있다. |
| | 주제의 선명성 | 전달하려는 주제가 글 속에서 분명하게 드러났다. | 전달하려는 주제는 드러나나, 분명하지는 않다. | 주제에서 벗어난 내용을 기술하고 있다. |
| | 타당한 근거 제시 | 주장을 뒷받침할 수 있는 충분한 근거를 제시하였고 그 논거들이 적절하였다. | 주장에 대한 논거들이 적절하였으나 충분하지는 못했다. | 주장에 대한 근거들이 부족하고 부적절했다. |
| | 내용의 참신성 | 고정관념에서 벗어난 참신한 내용이며 글의 흐름이 자연스러웠다. | 상식적인 내용이나, 글의 흐름은 자연스러웠다. | 경직된 사고를 가졌으며 글의 흐름도 자연스럽지 못했다. |

루브릭 예시

> **POINT**
>
> **루브릭**
> 구성주의적 관점에서 학습자의 수행을 평가할 때 효과적인 평가 도구로 인정받고 있으며, 학습자들은 학습 결과로 무엇이 구체적으로 요구되는지 파악할 수 있다.

### POINT

**체계적 관찰법** 2025 기출

관찰자가 관찰 상황에 참여하지 않는 방법으로 미리 계획된 절차에 의해 표준화된 관찰을 진행한다. 일반적으로 관찰 시 조사 내용은 정형화된 양식을 사용한다.

**비체계적 관찰법**

관찰 조건을 표준화하지 않고 자연스러운 상황에서 관찰한다. 미리 정해진 양식이 없는 비정형화된 관찰을 수행한다.

④ **관찰법** 2025 기출
- ㉠ 지속적이고 객관적인 관찰, 체크리스트를 활용한 평가
- ㉡ 경기 관람, 촬영 영상, 경기 영상을 통해 이루어짐

⑤ **학습자 일지**
- ㉠ 학습자가 자신의 학습 진행 및 학습내용을 상세히 기록한 문서
- ㉡ 자기 자신을 이해하고 반성할 수 있도록 유도

학습자 일지 예시

### OX QUIZ

수강생의 배드민턴에 대한 열정과 의지를 물어보고, 반구조화된 내용으로 질의응답을 하는 것은 평가기법 중 관찰법의 사례에 해당한다.

(O / X)

정답 ×

⑥ **학습자 면접과 설문지**
- ㉠ 설문지나 면담을 통해 교육 프로그램 등에 대한 학습자의 생각 파악
- ㉡ 학습자 정보는 교육현장에서 발생하는 다양한 문제를 원만하게 풀 수 있는 좋은 자원이며 새로운 교육 프로그램의 기획 및 지도자의 전문성 함양에 도움이 됨

**설문지**

본 설문조사는 업무에 대한 만족도를 알아보기 위해 실시하게 되었습니다. 바쁘시더라도 항목에 빠짐없이 답하여 주시고, 교육의 발전을 위해 많은 관심을 가져주시면 감사하겠습니다.

1. 귀하의 성별은?
   ① 남자   ② 여자
2. 귀하의 학력은?
   ① 고졸 이하   ② 대졸 이하   ③ 대학원 이상   ④ 기타

설문지 예시

# CHAPTER 07 스포츠교육자의 전문적 성장

## SECTION 01 스포츠교육 전문인의 전문역량

### 1. 학교체육 전문인의 핵심역량 개발 2024 기출

① **인지적 자질**
  ㉠ 가르치는 대상인 학생에 대한 지식 및 이해가 필요
  ㉡ 학생들의 발달 정도와 실력 차이, 선행학습 유무, 학습하려는 동기와 요구 등을 파악
  ㉢ 체육 수업은 전반적인 배움에 목적
  ㉣ 학교스포츠클럽에서는 학습자가 선택한 운동 종목을 집중적으로 수행

② **수행적 자질**
  ㉠ 교육과정 개발 및 운영, 수업의 계획 및 운영, 학습의 평가, 협력관계 구축으로 분류
  ㉡ 체육교사, 스포츠강사, 학생과 학부모들이 서로 잘 참여하고 협력하도록 하여 가르침의 효과를 최대화
  ㉢ 유관기관, 생활체육 단체 등 지역사회와의 협력관계 유지 능력 필요

③ **태도적 자질**
  ㉠ 전문성 개발을 위한 끊임없는 반성과 실천
  ㉡ 건전한 인성과 교직에 대한 사명감 소유

### 2. 생활체육 전문인의 핵심역량 개발

① **인지적 자질**
  ㉠ '누구에게(지도 대상)', '무엇을(지도 내용)', '어떻게(지도 방법)' 가르칠 것인가에 대한 지식
  ㉡ 지도 대상
    • 유소년, 청소년, 일반 성인, 노인 등의 다양한 대상에 대한 이해가 필요
    • 체육 프로그램 신청 이유를 파악
      예 체중 감량, 즐거움, 운동능력 향상, 사회적인 교류 등

---

**POINT**
**체육지도자의 인지적 자질**
• 스포츠생리학, 운동역학 등과 관련된 스포츠과학 지식 구비
• 참여자와의 상담을 위한 기본적인 상담 지식 구비
• 클럽 운영과 관련된 지식, 정책 및 법령에 대한 이해

**QUIZ**
스포츠지도사는 선수가 수단과 방법을 가리지 않고 승리할 수 있도록 지도한다. (O/×)
답 ×

> **POINT**
> **생활체육 전문인의 핵심역량 개발**
> - 인지적 자질 : 생활체육 참여자에 대한 지식, 종목내용 지식, 교수내용 지식, 교육환경 지식
> - 기능적 자질 : 프로그램 개발, 종목지도 관리 등의 능력 및 지식
> - 인성적 자질 : 참여자의 신체적·심리적·사회적 특성 이해

ⓒ 지도 방법 : 기본적으로 참가자의 심리와 사회적 특성을 고려할 것

| 유·청소년 체육 전문인 | 성장에 대한 전문지식 필요 |
|---|---|
| 노인 체육 전문인 | 노화, 신체발달 및 퇴행에 대한 전문지식 필요 |

② **기능적 자질**

ⓐ 체육 프로그램 개발 능력

ⓑ 참여자의 동기와 요구에 응하고 나이와 운동 수준을 고려한 프로그램을 개발할 수 있는 자신만의 아이디어나 노하우

ⓒ 가장 중요한 자질은 지도 능력으로, 지도 능력은 종목 지도 능력(종목과 관련)과 일반 지도 능력(종목과 관계없이 통용)으로 분류

| 종목 지도 능력 | • 가르치고 있는 운동 종목의 능숙한 실기 능력<br>• 종목 특이성에 따른 단계별 지도 능력 |
|---|---|
| 일반 지도 능력 | • 지도할 때 이해가 잘 되도록 돕는 표현력<br>• 언어적/비언어적 피드백을 해줄 수 있는 능력<br>• 참여자의 동기 유발 능력 |

③ **인성적 자질** : 참여자의 신체적·심리적·사회적 특성 이해

### 3. 전문체육 전문인의 핵심역량 개발

① **전문적 자질 영역(NASPE, 2006)**

ⓐ 철학 및 윤리
ⓑ 안전 및 상해 예방
ⓒ 신체적 컨디셔닝
ⓓ 성장 및 발달
ⓔ 지도법 및 커뮤니케이션
ⓕ 운동기능 및 전술
ⓖ 조직과 운영
ⓗ 평가

② **전문적 자질 개발**

ⓐ 엘리트 선수 경기력에 영향을 미치는 요인 파악 능력과, 경기력이 향상되도록 지도할 수 있는 능력, 경기 외의 다양한 행정 업무를 수행할 수 있는 능력 등의 개발

ⓑ 선수의 발달 단계에 따른 코치의 분류

| 발달 단계 | 코치 |
|---|---|
| 아동기 단계 | 초급코치(basic coach) |
| 일반참가 단계 | 코치(coach) |

| 발달 단계 | 코치 |
|---|---|
| 고급향상 단계 | 중급코치(senior coach) |
| 최고기량 단계 | 마스터코치(master coach) |

## SECTION 02  장기적 전문인 성장 및 발달

### 1. 형식적 성장

① 체육 전문인의 교육을 통한 성장
② 관료적, 고도의 제도화, 교육과정에 의해 조직된 교육이 특징
③ 기관을 통해 성적, 학위 또는 자격증을 부여
④ 표준화된 교육과정을 통해 코치가 배워야 할 필수적인 지식을 체계적으로 전달

### 2. 무형식적 성장

① 단기간의 세미나, 컨퍼런스, 워크숍 등, 공식 교육기관 밖에서의 조직적 학습을 통한 성장
② 비교적 단기간에 자발적으로 이루어지는 교육이 특징
③ 비형식적 성장보다는 형식적 성장에 더 가까움

> **POINT**
> **무형식적, 비형식적 성장의 사례**
> - 무형식적 : 세미나 참여, 워크숍 참여, 클리닉 참여 등
> - 비형식적 : 훌륭한 스포츠교육 전문가가 되기 위해 선수 시절 경험을 정리해보고 코칭 관련 책과 잡지 읽기 등

### 3. 비형식적 성장

① **일상적 경험에서 얻는 비형식적 학습**
  ㉠ 과거 선수로서의 경험, 코칭 경험, 비형식적 멘토링, 동료 코치와 선수들과의 대화 등
  ㉡ 인터넷, 독서, 코칭 잡지, 스포츠과학과 관련된 동영상, 코칭 세션 비평문을 통한 분석
  ㉢ 코칭의 경험적 학습은 실제적인 경험에 대한 반성을 통해 전문성의 성장에 도움
  ㉣ 자기 주도적 학습(self-directed learning)과 유사한 의미

② **과거의 선수 경험에서 얻는 비형식적 학습**
  ㉠ 실제로 코치의 역할에 대한 학습은 자기 자신의 선수 경험으로부터 시작
  ㉡ 이러한 경험을 겪은 코치는 스포츠 규칙, 절차, 기술에 대한 지식을 자연스럽게 습득

> **QUIZ**
> 개인적 경험은 체육전문인으로 성장하기 위한 방안 중 형식적인 성장 방법이다. (○/×)
> 
> 답 ×

ⓒ 자신이 직접 가르치는 선수들을 더 잘 이해하고 공감할 수 있다는 장점
ⓔ 이러한 경험이 반드시 긍정적인 학습 결과로 이어지지는 않음
ⓕ 문제를 찾아내어 그 문제에 대한 해결책을 찾기 위해 전략을 짜내고, 전략을 그대로 실천하여 평가를 통한 반성을 지속적으로 해야 경험이 학습으로 연결됨

# 출제예상문제

**2025 기출 유형**

**01** 스포츠 교육 프로그램의 내용 선정 원리에 관한 설명으로 적절하지 않은 것은?

① 교육내용은 사회의 유지와 변혁에 도움을 주는 것이어야 한다.
② 교육내용은 학생의 성장과 자아실현에 도움을 주는 것이어야 한다.
③ 교육내용은 학생들이 흥미를 가질 수 있는 내용이어야 한다.
④ 학생들이 학습할 수 없는 어려운 동작도 학생들의 발달을 위해 선정해야 한다.

해설 | 교육내용은 학습이 가능한 것으로 선정해야 한다. 학생들이 학습할 수 없는 어려운 동작은 프로그램의 내용으로 선정하여서는 안 된다.

**2025 기출 유형**

**02** 학교스포츠클럽 지도 시 효과적인 과제 제시 방법으로 적절하지 않은 것은?

① 교사가 직접 시범을 보여 학생들의 이해를 돕는다.
② 실제 과제의 목표, 방법, 규칙 등을 명확하게 설명해야 한다.
③ 학생의 수준에 맞게 난이도를 조절하여 과제를 제시하고 개인별 피드백을 제공한다.
④ 그림, 사진, 동영상 등 시각자료는 학습자들을 헷갈리게 할 수 있으므로 제시하지 않는다.

해설 | 학생들에게 정확하게 설명하기 위해서는 그림, 사진, 동영상 같은 시각자료를 사용하는 것이 좋다. 그래야 학생들이 쉽게 이해할 수 있기 때문이다.

**03** 〈보기〉의 ㉠, ㉡에 해당하는 취약계층 생활스포츠 지원사업이 바르게 연결된 것은?

**보기**
㉠ 여성의 생애주기별 특성을 고려한 프로그램 운영을 통한 생활체육 참여 기회를 확대하고, 여성의 신체적·정신적 건장 증진 및 건강한 사회 조성에 기여하는 것을 목적으로 시행되는 사업이다.
㉡ 국민의 체력 및 건강 증진에 목적을 두고 체력상태를 과학적 방법에 의해 측정, 평가를 하여 운동 상담 및 처방을 해주는 대국민 스포츠 복지 서비스사업이다.

| | ㉠ | ㉡ |
|---|---|---|
| ① | 스포츠강좌이용권 지원 | 행복나눔스포츠교실 운영 |
| ② | 행복나눔스포츠교실 운영 | 스포츠강좌이용권 지원 |
| ③ | 여성체육활동 지원 | 국민체력100 |
| ④ | 국민체력100 | 여성체육활동 지원 |

해설 | ㉠ 여성체육활동 지원 : 여성의 생애주기별 특성을 고려한 프로그램 운영을 통한 생활체육 참여 기회를 확대하고, 여성의 신체적·정신적 건장 증진 및 건강한 사회 조성에 기여하는 것을 목적으로 시행되는 사업
㉡ 국민체력100 : 국민의 체력 및 건강 증진에 목적을 두고 체력상태를 과학적 방법에 의해 측정, 평가를 하여 운동 상담 및 처방을 해주는 대국민 스포츠 복지 서비스사업
- 스포츠강좌이용권 지원 : 스포츠복지 사회 구현의 일환으로 저소득층 유·청소년(만 5세~18세)과 장애인(만 12세~23세)에게 스포츠강좌 혜택을 받을 수 있는 일정 금액의 이용권을 제공하는 사업
- 행복나눔스포츠교실 운영 : 소외계층 청소년을 대상으로 다양한 체육활동 참여기회를 제공함으로써 참여 형평성을 높이고 사회 적응력을 배양하는 것을 목적으로 시행되는 사업

**정답** 01 ④  02 ④  03 ③

**04** 〈보기〉는 국민체육진흥법에서 규정하고 있는 생활스포츠지도사의 자격에 대한 설명이다. ㉠, ㉡에 들어갈 말로 옳은 것은?

> **보기**
> ㉠ : 2급 생활스포츠지도사 자격검정에 합격하고, 연수과정을 이수한 사람으로 한다.
> ㉡ : 별표 1에 따른 자격 종목의 2급 전문스포츠지도사 자격을 취득한 후 3년 이상 해당 자격 종목의 경기지도경력이 있는 사람으로서 동일 자격 종목에 대하여 1급 전문스포츠지도사 자격을 취득하기 위한 법 제11조제2항에 따른 체육지도자 자격검정에 합격하고, 법 제11조제2항에 따른 체육지도자 연수과정을 이수한 사람으로 한다.

|   | ㉠ | ㉡ |
|---|---|---|
| ① | 2급 생활스포츠지도사 | 1급 전문스포츠지도사 |
| ② | 2급 생활스포츠지도사 | 1급 생활스포츠지도사 |
| ③ | 2급 전문스포츠지도사 | 1급 전문스포츠지도사 |
| ④ | 2급 전문스포츠지도사 | 1급 생활스포츠지도사 |

**해설** | ㉠은 2급 생활스포츠지도사, ㉡은 1급 전문스포츠지도사의 자격에 대한 설명이다.
- 1급 생활스포츠지도사 : 별표 1에 따른 자격 종목의 2급 생활스포츠지도사 자격을 취득한 후 3년 이상 해당 자격 종목의 지도경력이 있는 사람으로서 동일 자격 종목에 대하여 1급 생활스포츠지도사 자격을 취득하기 위한 자격검정에 합격하고, 연수과정을 이수한 사람으로 한다.
- 2급 전문스포츠지도사 : 해당 자격 종목에 대하여 4년 이상의 경기경력이 있는 사람으로서 2급 전문스포츠지도사 자격을 취득하기 위한 자격검정에 합격하고, 연수과정을 이수한 사람으로 한다. 이 경우 다음 각 호의 어느 하나에 해당하는 사람에 대해서는 그 수업연한을 경기경력으로 본다.
    1. 「고등교육법」 제2조에 따른 학교에서 체육 분야에 관한 학문을 전공하고 졸업한 사람(졸업 예정자를 포함한다)이거나 법령에 따라 이와 같은 수준의 학력이 있다고 인정되는 사람
    2. 문화체육관광부장관이 인정하는 외국의 제1호에 해당하는 학교(학제 또는 교육과정으로 보아 제1호에 따른 학교와 같은 수준이거나 그 이상인 학교를 말한다)에서 체육 분야에 관한 학문을 전공하고 졸업한 사람

**05** 블룸(Bloom)의 인지적 영역에 대한 설명으로 옳지 않은 것은?

① 지식은 학습한 내용을 기억하고 재생해 내는 능력이다.
② 종합은 여러 개의 부분을 전체로서 하나가 되도록 묶는 능력이다.
③ 평가는 구체적인 상황에서 학습한 지식을 실제로 사용하는 능력이다.
④ 분석은 주어진 자료, 요소 간의 관계와 조직되어 있는 방법을 발견하는 능력이다.

**해설** | 평가는 기준에 따라 문제해결방법, 소재 등에 대해 가치판단을 하는 능력이다. 구체적인 상황에서 학습한 지식을 사용하는 능력은 적용이다.

**2025 기출 유형**

**06** 다음은 생활스포츠 교육 프로그램의 지도 원리를 설명하는 내용이다. ㄱ과 ㄴ에 들어가야 할 내용으로 알맞은 것은?

> **보기**
> • ( ㄱ )의 원리: 개인차를 고려한 다양한 수준별 지도
> • ( ㄴ )의 원리: 지도자의 창의적인 지도활동의 선정과 활용

|   | ㄱ | ㄴ |
|---|---|---|
| ① | 개별성 | 적합성 |
| ② | 자발성 | 통합성 |
| ③ | 개별성 | 통합성 |
| ④ | 자발성 | 적합성 |

**해설** | 개인차를 고려한 다양한 수준별 지도는 생활스포츠 교육 프로그램의 지도 원리 중 '개별성'의 원리이다. 따라서 ㄱ에 들어갈 말은 개별성이다. 지도자의 창의적인 지도활동의 선정과 활용은 생활스포츠 교육 프로그램의 지도 원리 중 '적합성'의 원리이다. 따라서 ㄴ에 들어갈 말은 적합성이다.

**07** 체육교사가 갖추어야 할 지식 중 〈보기〉에서 설명하는 지식은?

> **보기**
> 특정 학생에게 어느 교과나 주제를 특정한 상황에서 지도할 수 있는 방법에 대한 지식

① 내용교수법 지식
② 지도방법 지식
③ 교육환경 지식
④ 학습자와 학습자 특성 지식

**해설 |** 〈보기〉는 셜먼(Shulman)이 주장한 '교사가 갖추어야 할 7가지 교사지식' 중 내용교수법 지식에 대한 설명이다.

**08** 〈보기〉에서 설명하는 질문 유형이 바르게 연결된 것은?

> **보기**
> ㉠ 예·아니오로 대답할 수 있는 개념 확인 질문
> ㉡ 정답이 여러 개일 수 있는 질문법으로 상황에 따른 해답을 요구

|   | ㉠ | ㉡ |
|---|---|---|
| ① | 가치형 | 회상형(회고형) |
| ② | 회상형(회고형) | 가치형 |
| ③ | 회상형(회고형) | 확산형(분산형) |
| ④ | 가치형 | 확산형(분산형) |

**해설 |** ㉠ 회상형(회고형) : 예·아니오로 대답할 수 있는 개념 확인 질문
㉡ 확산형(분산형) : 정답이 여러 개일 수 있는 질문법으로 상황에 따른 해답을 요구
• 가치형 : 어떠한 정답이 없고 옳고 그름도 없는 가치적이고 정의적인 질문

**2025 기출 유형**

**09** 〈보기〉에서 생활체육 프로그램 목표 설정의 원리에 대한 내용으로 옳은 것은?

> **보기**
> ㉠ 구체적이고 객관적인 목표를 설정한다.
> ㉡ 단계적으로 목표를 설정한다.
> ㉢ 목표는 보수적이고 부정적인 관점에서 설정한다.
> ㉣ 목표의 실현 가능성은 고려하지 않는다.
> ㉤ 적극적인 응원과 지원을 제공한다.
> ㉥ 목표는 변경될 수 있으므로 문서화하지 않는다.

① ㉠, ㉡, ㉤
② ㉡, ㉢, ㉤
③ ㉢, ㉣, ㉥
④ ㉠, ㉤, ㉥

**해설 |** ㉢ 긍정적인 목표를 설정한다.
㉣ 목표는 현실적이고 실현 가능한 것을 설정한다.
㉥ 목표는 문서화하여 작성한다.

**10** 마튼스(Martens)의 전문체육 프로그램 지도 6단계에서 각 빈칸에 들어갈 단계로 옳은 것은?

> **보기**
> 선수에게 필요한 기술 파악 → ( ㉠ ) → ( ㉡ ) → ( ㉢ ) → ( ㉣ ) → 연습계획 수립

① ㉠ : 우선순위 결정 및 목표 설정
② ㉡ : 상황 분석
③ ㉢ : 지도방법 선택
④ ㉣ : 선수 이해

**해설 |** Martens의 전문 체육 프로그램 지도 개발 6단계는 다음과 같다.
선수에게 필요한 기술 파악 → ㉠ 선수 이해 → ㉡ 상황 분석 → ㉢ 우선순위 결정 및 목표 설정 → ㉣ 지도방법 선택 → 연습계획 수립

**정답** 04 ① 05 ③ 06 ① 07 ① 08 ③ 09 ① 10 ②

**11** 체육 학습 평가의 목적과 활용에 대한 설명으로 옳은 것은?

① 학습자에 대한 자료의 수집·분석이 가능하지만 교수 활동에 대한 평가는 어렵다.
② 학습자 개인이 각 목표에 얼마나 도달하였는지 확인할 때 절대평가보다 상대평가를 이용한다.
③ 학습자의 운동수행 참여와 동기를 증가시킬 수 있다.
④ 결과에 따라 학습 진행 상태와 지도활동을 조정한다.

해설 | ① 평가는 학습자에 대한 자료를 수집·분석할 뿐만 아니라 교수와 학습 활동에 대한 평가도 함께 이루어진다.
② 절대평가는 학습자 개인이 목표에 얼마나 도달하였는지 파악하기 쉬우며 상대평가는 집단 내에 성적비교가 가능하다.
④ 결과가 아닌 목표에 따라 학습 진행 상태 점검 및 지도 활동 조정을 한다.

**2025 기출 유형**

**12** 〈보기〉에서 설명하는 협동 학습 모형의 전략은?

> **보기**
> • 각 팀원이 세부 주제 혹은 기술의 전문가가 되기 위한 요소를 학습
> • 각 팀원이 할당된 내용을 익히면 각 팀에서 동일한 주제 혹은 기술을 학습한 학생들이 모여 전문가 집단을 구성, 전문가 집단이 자신들이 배운 내용을 다른 학생에게 지도
> • 전문가 집단은 교수가 종료되면 다시 학습자로 돌아가며, 다른 기술의 전문가 집단이 다른 학생에게 해당 내용을 지도

① 직소(jigsaw)
② 팀-보조수업(team-assisted instruction)
③ 팀 게임 토너먼트(team games tournament)
④ 학생 팀-성취 배분(student teams-achievement division)

해설 | 〈보기〉에서 설명하는 협동 학습 모형의 전략은 직소(jigsaw)이다.

**13** 직접교수모형의 단계에 대한 설명으로 옳지 않은 것은?

① 독자적인 연습 : 지도자는 학습자에게 학습 진도를 정해주고 학습자는 스스로 학습 활동을 수행하고 연습한다.
② 본시의 복습 : 지도자는 학습자가 수업 내용을 얼마나 기억하고 있는지 확인한다.
③ 전시 과제 복습 : 이전 수업의 가장 핵심적인 내용을 간단하게 복습한다.
④ 초기 과제 연습 : 학습자는 주어진 과제를 능숙하게 수행하기 위해 연습을 시작한다.

해설 | 독자적인 연습 단계에서 지도자는 학습 활동을 설계하고 과제를 제시하지만, 학습 진도는 학습자 스스로 결정할 수 있도록 한다.

**14** 스포츠지도에서 IT 활용의 효과로 적절하지 않은 것은?

① 피드백의 양을 증가시키고 정확성을 높인다.
② 지도자와 학습자 간 쌍방향 의사소통이 활성화된다.
③ 수업 진행 과정을 점검할 수 있다.
④ 학습자의 동기를 유발하며 통제감을 형성한다.

해설 | 수업의 진행 과정을 점검하는 것은 지도 계획안의 장점·필요성에 해당한다.

**2025 기출 유형**

**15** 동료교수모형을 이용해 레이업 슛을 지도할 때 옳지 않은 것은?

① 2명의 학생으로 조를 구성해 학습자는 슛 연습을 하고 개인교사는 관찰 및 피드백을 제공한다.
② 지도자는 개인교사와 학습자를 함께 평가하며 둘 모두에게 과제 구조 정보 및 과제를 제시한다.
③ 개인교사는 학습자의 평가에 필요한 관찰 체크리스트 등을 지도자에게 받아 활용한다.
④ 지도자는 슛의 단계별 구성 목록을 작성하고 학습자와 개인교사의 교대 시기 등을 결정한다.

해설 | 동료교수모형에서 지도자는 학습자와 개인교사를 함께 평가하지만 과제 구조 정보 및 과제의 제시는 개인교사에게만 한다. 개인교사는 전달받은 과제 구조 정보 및 과제를 학습자에게 전달한다.

**16** 전술게임모형의 단계 중 다음 빈칸에 들어갈 내용을 순서대로 나열한 것은?

게임 소개 → ( ) → ( ) → ( ) → ( ) → 실제 게임 수행

① 전술 이해 → 기술 연습 → 게임 이해 → 적절한 의사결정
② 게임 이해 → 전술 이해 → 적절한 의사결정 → 기술 연습
③ 기술 연습 → 적절한 의사결정 → 전술 이해 → 게임 이해
④ 적절한 의사결정 → 게임 이해 → 전술 이해 → 기술 연습

해설 | 전술게임모형의 단계는 '게임 소개 → 게임 이해 → 전술 이해 → 적절한 의사결정 → 기술 연습 → 실제 게임 수행'의 순서이다.

**17** 개인적·사회적 책임감모형에서 참여와 노력 단계에 대한 설명으로 옳은 것은?

① 지역사회 환경에서 타인을 가르친다.
② 활동 참여에 있어 다른 사람들을 방해하지 않는다.
③ 자기 목표 설정이 가능하며 교사 감독 없이 과제를 완수한다.
④ 의무감은 없지만 참여 시 자신에게 동기를 부여한다.

해설 | 참여와 노력 단계는 의무감은 없지만 자발적인 참여가 발생하며 자신에게 동기를 부여하는 단계이다.
① 전이 단계에 대한 설명이다.
② 타인의 권리와 감정 존중 단계에 대한 설명이다.
③ 자기 방향 설정 단계에 대한 설명이다.

**2025 기출 유형**

**18** 〈보기〉에 해당하는 스포츠교육의 학습영역으로 바르게 묶인 것은?

보기
(가) : 표적을 보고 표적을 향해 몸의 방향을 바꿀 수 있다.
(나) : 페어플레이 정신의 중요성과 이유를 설명할 수 있다.
(다) : 태권도 발차기 동작의 명칭을 말할 수 있다.

| | (가) | (나) | (다) |
|---|---|---|---|
| ① | 인지적 | 심동적 | 정의적 |
| ② | 인지적 | 정의적 | 심동적 |
| ③ | 심동적 | 정의적 | 인지적 |
| ④ | 심동적 | 인지적 | 정의적 |

해설 | (가) 심동적 영역 : 신체기능, 움직임의 발달 등
(나) 정의적 영역 : 감정이나 가치, 태도, 인성, 스포츠맨십, 페어플레이 정신 등
(다) 인지적 영역 : 논리, 지식, 개념, 이론적 원리 등

정답  11 ③  12 ①  13 ①  14 ③  15 ②  16 ②  17 ④  18 ③

**2025 기출 유형**

**19** 다음 중 수업 주도성 프로파일의 특성을 나타내는 개별화지도 모형에 대한 설명으로 옳지 않은 것은?

① 지도자는 내용선정과 과제 제시를 주도하고, 학습자는 수업 진도를 결정한다.
② 팀들을 모니터하고 필요시에만 지도사가 개입한다.
③ 학습자는 많은 피드백과 높은 수준의 언어적 상호작용의 기회를 갖는다.
④ 학습자는 각 과제의 수행 기준에 도달할 책임이 있다.

해설 | 개별화지도 모형은 학습자들이 미리 계획된 과제의 계열성에 따라 자신에게 맞는 속도로 학습하는 것으로, 학습 진도는 학습자가 결정한다. 학습자가 정해진 수행 기준에 따라 과제를 완수하는 것 자체가 평가이며, 많은 피드백과 높은 수준의 언어적 상호작용의 기회를 갖는다.
②는 협동학습 모형에 대한 설명이다.

**2025 기출 유형**

**20** 다음 〈보기〉의 특징을 가지는 교수 스타일은?

**보기**
- 지도자는 학습자의 능력과 독립성을 존중한다.
- 지도자는 학습자가 활용할 평가 기준을 마련한다.
- 학습자는 스스로 자신의 과제를 확인하고 교정한다.

① 확산발견형   ② 유도발견형
③ 자기점검형   ④ 수렴발견형

해설 | 자기점검형 교수 스타일은 학습자가 과제를 수행하고 스스로 평가하며, 지도자는 교과내용, 평가 기준, 수업 운영 절차 등을 결정한다. 즉 지도자는 학습자의 능력과 독립성을 존중하는 스타일이다.
① 확산발견형 : 구체적인 인지 작용을 통해 특정 문제 혹은 상황에 대한 확산적인 반응을 발견하는 것
② 유도발견형 : 미리 정해진 해답을 학습자가 발견하도록 이끄는 계열적·논리적 질문을 설계하는 것
④ 수렴발견형 : 미리 정해져 있는 정확한 반응을 수렴적 과정을 통해 발견하는 것

**21** 〈보기〉에서 활용한 교수 스타일로 옳은 것은?

**보기**
레이업 슛을 지도하는 수업에서, 지도자는 레이업 슛의 동작을 세분하여 설명한 자료와 각 동작별로 완수해야 할 과제, 종합적인 평가기준을 정리하여 학습자에게 분배하였고 학습자는 2인 1조로 팀을 이루어 레이업 슛의 연습을 진행하였다. 이때 한 명은 슛을 연습하고 나머지 한 명은 그 슛 동작을 평가 기준과 비교하여 피드백을 제공하도록 하였고, 일정 시간이 지나면 서로 역할을 교대하도록 하였다. 지도자는 지도자 역할을 한 학습자에게 피드백을 제공하였다.

① 연습형 스타일   ② 포괄형 스타일
③ 자기설계형 스타일   ④ 상호학습형 스타일

해설 | 상호학습형 스타일은 지도자가 모든 교과내용 및 기준을 설정하고 관찰자에게 피드백을 제공하는 것이다. 학습자는 두 명이 짝을 이루어 한 명은 주어진 과제를 수행하며 다른 한 명은 지도자가 개발한 기준을 사용해 학습자에게 즉각적이고 지속적인 피드백을 제공한다.

**2025 기출 유형**

**22** 「생활체육진흥법」(2024.02.09. 시행)의 내용으로 적절하지 않은 것은?

① 생활체육종목단체는 특정 종목에 관한 활동과 사업을 목적으로 설립되고 국민생활체육회에 회원으로 가입한 법인 또는 단체를 말한다.
② 모든 국민은 생활체육에 관하여 어떠한 차별도 받지 아니하고 평등하게 누릴 수 있어야 한다.
③ 생활체육강좌의 설치·운영에 드는 경비를 지원할 수 있는 건 지방자치단체뿐이며 국가는 생활체육강좌의 설치·운영에 드는 경비를 지원할 수 없다.
④ 지방자치단체는 그 지역주민의 생활체육 활동을 위하여 체육동호인조직의 육성에 필요한 시책을 마련할 수 있다.

해설 | 「생활체육진흥법」(2024.02.09. 시행) 제8조(생활체육강좌의 설치)에서 국가 및 지방자치단체는 생활체육강좌의 설치·운영에 드는 경비를 지원할 수 있다고 하였으므로 ③은 적절하지 않다.

### 23 청소년스포츠 프로그램 구성 시 고려사항으로 적절하지 않은 것은?

① 프로그램 지속성
② 정적운동 위주의 프로그램 구성
③ 개인의 요구와 흥미
④ 성장 발달운동 중심의 프로그램 개발

해설 | 청소년을 위한 스포츠 프로그램 구성 시 고려해야 할 사항은 다음과 같다.
- 프로그램 지속성
- 성장 발달운동 중심의 프로그램 개발
- 개인의 요구와 흥미
- 청소년의 생활패턴

### 24 〈보기〉에서 설명하는 학습자의 이탈 행동을 예방하고 부적절한 행동을 감소시키는 전략은?

보기
㉠ 학습 지도에 방해가 되는 행동을 하는 학습자에게 가까이 다가가 직접 제지하는 전략
㉡ 지도에 방해가 되는 행동을 하는 학습자에게 눈짓, 손짓, 표정으로 통제하는 전략

|   | ㉠ | ㉡ |
|---|---|---|
| ① | 적극적 연습 | 신호 간섭 |
| ② | 접근통제 | 신호 간섭 |
| ③ | 신호 간섭 | 보상 손실 |
| ④ | 접근 통제 | 퇴장 |

해설 | ㉠ 접근통제는 진행을 방해하는 학습자에게 접촉하거나 가까이 접근하여 제지하는 전략이다.
㉡ 신호 간섭은 방해하는 학습자에게 눈짓, 손짓 등의 신호로 제지하는 전략이다.
- 적극적 연습 : 학습자가 특정한 행동에 관여하지 않은 데 대해서 보상을 주는 것
- 보상 손실 : 학습자가 부적합한 행동을 함으로써 어떤 것을 상실하게 하는 것
- 퇴장 : 위반행동에 대한 벌로서 일정 시간 동안 활동에 참여할 수 없도록 하는 것

**2025 기출 유형**

### 25 〈보기〉에서 설명하는 사례는 모스턴(M. Mosston)의 교수 스타일 중 어느 것을 말하는가?

보기
- 참여자들은 2인 1조로 각각 수행자와 관찰자의 역할을 정한다.
- 수행자는 체육 활동을 연습하고 관찰자는 수행자에게 피드백을 제공한다.
- 지도자는 관찰자에게 피드백을 제공한다.

① 지시형 스타일
② 수렴발견형 스타일
③ 상호학습형 스타일
④ 자기점검형 스타일

해설 | 〈보기〉에서 제시된 내용은 상호학습형스타일의 사례이다. 상호학습형 스타일에서 지도자는 모든 교과내용 및 기준을 설정, 세부 운영절차와 관련된 사항을 결정, 관찰자에게 피드백을 제공한다.

### 26 〈보기〉에서 지도자가 활용한 학습자 관리 기술은?

보기
축구 슈팅 연습 시간에 통제를 따르지 않고 혼자 드리블 연습을 하며 다른 학생들의 연습을 방해하는 학생에게 지도자는 3점의 벌점을 주었다.

① 삭제훈련
② 적극적 연습
③ 보상손실
④ 퇴장

해설 | 보상손실은 학생이 부적합한 행동으로 함으로써 어떤 것을 상실하도록 하는 것을 말한다. 벌점을 주는 것이 대표적인 예이다.

**정답** 19 ② 20 ③ 21 ④ 22 ③ 23 ② 24 ② 25 ③ 26 ③

**27** 〈보기〉에서 A 교수와 B 교수가 사용한 교수기능의 연습으로 옳은 것은?

> **보기**
> A 교수는 내용을 녹음하여 들어보며 적절한 단어의 사용, 문장의 구사 등을 확인하였다. 반면 B 교수는 동료들과 모의 수업을 만들어 연습하였으며 그 수업을 녹화하여 분석하고 평가하였다.

① 1인 연습, 마이크로 티칭
② 1인 연습, 동료 교수
③ 스테이션 교수, 반성적 교수
④ 동료 교수, 실제 교수

**해설 |** A 교수는 지도 내용을 녹음·녹화하여 단어나 문장의 적절한 구사 등을 점검하는 방법인 1인 연습, B 교수는 소집단의 동료들과 모의 수업을 만들어 서로 가르치는 동료 교수 방법을 사용하였다.

**28** 〈보기〉에서 설명하는 알몬드(L. Almond)의 게임 유형은?

> **보기**
> 비교적 단순한 규칙으로 이루어진 경쟁영역이고, 던지기, 차기 등의 기본적 활동을 바탕으로 한다. 상대 구역으로 이동하여 정해진 공간에 공을 보내서 득점한다는 특성이 있다. 핸드볼, 하키, 럭비, 수구, 풋살 등이 이에 해당한다.

① 영역(침범)형
② 네트형
③ 필드형
④ 표적형

**해설 |** ② 네트형 : 말 그대로 네트를 사이에 두고 공격과 수비를 한다. 공격과 수비의 전환이 다른 영역과 비교할 수 없을 정도로 빠르고 신체적 접촉이 없다. 배구, 배드민턴, 테니스, 탁구, 족구가 이에 해당한다.
③ 필드형 : 공격상황과 수비 상황을 번갈아가며 진행되는 경쟁영역이다. 분명한 역할 분담이 있고, 본인에게 주어진 역할을 충실히 수행해 내야 하는 책임감을 필요로 한다. 야구, 발야구, 크리켓, 소프트볼, 라운더 등이 대표적인 필드형 스포츠이다.
④ 표적형 : 표적물을 설정하고, 표적과 방해물의 위치를 고려하여 회전하거나 돌린다. 양궁, 당구 등이 이에 해당한다.

**2025 기출 유형**

**29** 그리핀(L. Griffin), 미첼(S. Mitchell), 오슬린(J. Oslin)의 게임 수행 평가 도구(GPAI)를 활용하여 학생의 게임 수행 능력을 측정한 표이다. 게임 수행 점수가 높은 학생 순으로 바르게 나열한 것은?

| 측정항목<br>이름 | 의사결정 | | 기술실행 | | 보조하기 | |
|---|---|---|---|---|---|---|
| | 적절 | 부적절 | 효율적 | 비효율적 | 적절 | 부적절 |
| 제니 | 4회 | 2회 | 2회 | 4회 | 3회 | 3회 |
| 유리 | 3회 | 3회 | 5회 | 1회 | 3회 | 2회 |
| 다인 | 1회 | 5회 | 5회 | 2회 | 3회 | 3회 |

① 제니 → 유리 → 다인
② 다인 → 제니 → 유리
③ 유리 → 다인 → 제니
④ 다인 → 유리 → 제니

**해설 |** 게임 수행 점수는 $\frac{\text{적절한 행동 수}}{\text{적절한 행동 수}+\text{비적절한 행동 수}}$ 로 계산한다.

| 점수<br>이름 | 의사결정 점수 | 기술실행 점수 | 보조하기 점수 | 게임수행점수 |
|---|---|---|---|---|
| 제니 | $\frac{4}{6}=0.66$ | $\frac{2}{6}=0.33$ | $\frac{3}{6}=0.5$ | $\frac{1.49}{3}=0.49$ |
| 유리 | $\frac{3}{6}=0.5$ | $\frac{2}{6}=0.33$ | $\frac{3}{5}=0.6$ | $\frac{1.43}{3}=0.47$ |
| 다인 | $\frac{1}{6}=0.16$ | $\frac{5}{7}=0.71$ | $\frac{3}{3}=1$ | $\frac{1.87}{3}=0.62$ |

따라서 게임 수행 점수가 높은 순으로 나열하면 다인 → 제니 → 유리가 된다.

30 다음 〈보기〉는 측정도구에 대한 설명이다. 빈칸 안의 내용으로 옳은 것은?

> 보기
> 측정도구의 (　　)(이)란 어떠한 측정자가 측정하고자 하는 항목이나 목표를 측정도구가 얼마나 정확하고 알맞게 측정하는지에 관한 정도이다. 스포츠지도사가 테니스가 처음인 사람의 수준을 진단하려고 할 때 중급수준의 문항으로 수준을 평가하려고 하는 것은 (　　)이/가 낮다고 본다.

① 신뢰도　　② 변별력
③ 타당도　　④ 난이도

해설 | 측정도구의 타당도란 어떠한 측정자가 측정하고자 하는 항목이나 목표를 측정도구가 얼마나 정확하고 알맞게 측정하는지에 관한 정도이다. 스포츠지도사가 테니스가 처음인 사람의 수준을 진단하려고 할 때 중급 수준의 문항으로 수준을 평가하려고 하는 것은 타당도가 낮다고 본다.

31 〈보기〉에서 지도자가 고려하지 않은 평가의 양호도는?

> 보기
> • A : 이번 배드민턴 시험을 완전히 망쳤어. 역풍이 너무 심하게 불어서 서브고 스매시고 상대방 쪽으로 넘어가지를 않더라니까.
> • B : 나도 그랬어. 여태까지 매번 이기던 애랑 붙었는데 내가 한 점도 못 내고 졌어. 바람 방향이 유리하면 이기는 경기였다니까.

① 객관도　　② 타당도
③ 신뢰도　　④ 문항 변별력

해설 | 신뢰도란 평가(측정)의 결과가 오차 없이 나타나는 것으로 반복하여 측정하였을 때 일관성 있는 측정 결과가 나올 경우 해당 평가도구의 신뢰도가 높다고 평가한다. 〈보기〉에서는 외풍을 고려하지 않아 측정의 결과가 일관적이지 않게 나오고 있다.

**2025 기출 유형**

32 〈보기〉의 소프(R. Thorpe), 벙커(D. Bunker), 알몬드(L. Almond)의 이해 중심 게임 수업 모형의 단계 중 ㉠, ㉡에 들어갈 용어는?

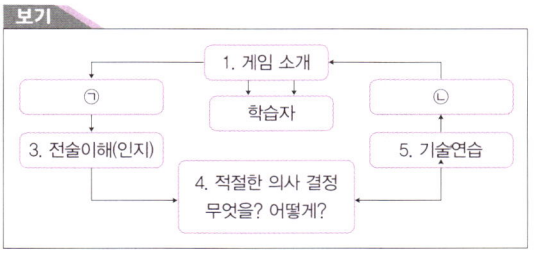

|   | ㉠ | ㉡ |
|---|---|---|
| ① | 게임 이해 | 과제 제시 |
| ② | 실제게임 수행 | 게임 이해 |
| ③ | 게임 이해 | 실제게임 수행 |
| ④ | 과제 제시 | 실제게임 수행 |

해설 | 이해 중심 게임 수업 모형은 게임을 통해 게임 수행에 필요한 전술적 지식 및 게임 지능을 습득하는 교육모형이다. ㉠에 들어갈 말은 '게임 이해'이고 ㉡에 들어갈 말은 '실제게임 수행'이다.

33 〈보기〉에 해당하는 피드백이 바르게 나열된 것은?

> 보기
> (가) : 스텝을 훌륭하게 해냈구나!
> (나) : 동작을 모두 수행했구나.
> (다) : 발이 너무 앞으로 나갔으니 조금 더 뒤로 빼는 게 좋겠어!

|   | (가) | (나) | (다) |
|---|---|---|---|
| ① | 가치적 피드백 | 중립적 피드백 | 교정적 피드백 |
| ② | 가치적 피드백 | 교정적 피드백 | 중립적 피드백 |
| ③ | 언어적 피드백 | 구체적 피드백 | 부정적 피드백 |
| ④ | 언어적 피드백 | 부정적 피드백 | 구체적 피드백 |

해설 | (가) 가치적 피드백 : 긍정이나 부정을 표현하는 피드백
(나) 중립적 피드백 : 행동 모니터를 위한 피드백
(다) 교정적 피드백 : 동작 수정에 대한 피드백

**34** 〈보기〉는 스포츠기본법 제7조 '스포츠 정책 수립·시행의 기본원칙' 중 국가와 지방자치단체의 스포츠 정책에 관한 내용이다. ㉠, ㉡에 들어갈 용어가 바르게 연결된 것은?

> **보기**
> 스포츠 활동 ( ㉠ )와 스포츠 ( ㉡ )의 기회가 확대되도록 할 것

| | ㉠ | ㉡ |
|---|---|---|
| ① | 참여 | 교육 |
| ② | 참여 | 전문화 |
| ③ | 증가 | 교육 |
| ④ | 증가 | 전문화 |

해설 | 스포츠기본법 제7조(스포츠 정책 수립·시행의 기본원칙)
4. 스포츠 활동 참여와 스포츠 교육의 기회가 확대되도록 할 것

**2025 기출 유형**

**35** 다음 설문지를 활용하는 데 가장 적절한 평가 단계는?

| 항목 | 전혀 그렇지 않다 (1점) | 그렇지 않다 (2점) | 보통이다 (3점) | 그렇다 (4점) | 매우 그렇다 (5점) |
|---|---|---|---|---|---|
| 프로그램 내용이 이해하기 쉽다 | ☐ | ☐ | ☐ | ☐ | ☐ |
| 강사의 설명이 적절하고 명확하다 | ☐ | ☐ | ☐ | ☐ | ☐ |
| 과제의 내용이 흥미롭다 | ☐ | ☐ | ☐ | ☐ | ☐ |
| 중간 쉬는 시간은 충분하다 | ☐ | ☐ | ☐ | ☐ | ☐ |

① 총괄평가  ② 형성평가
③ 진단평가  ④ 종합평가

해설 | 설문지는 형성평가에서 사용 가능하다. 형성평가는 프로그램 수행 도중에 이루어지는 평가로 실시간으로 개선점을 도출하고 프로그램 품질을 높이는 것을 목적으로 한다.

**36** 스포츠 지도 행동의 관찰기법 중 행동의 발생 횟수를 직접적으로 기록하는 방법은?

① 평정 척도법
② 사건 기록법
③ 일화 기록법
④ 지속시간 기록법

해설 | ① 피험자를 직접 인터뷰하거나 미리 준비해 둔 질문을 한 후 그 결과를 수량화하고 평가하는 방법
③ 대상자의 행동을 직접 관찰하여 객관적으로 서술식으로 기록하되, 중요한 사건이나 핵심이 되는 행동을 중심으로 짧게 기록하는 방법
④ 행동이 지속된 시간을 기록하는 방법으로, 표적행동이 시작한 시간과 끝난 시작을 기록함

**2025 기출 유형**

**37** 다음 중 링크(J.Rink)의 내용 발달 단계에 관한 설명 중 적절하지 않은 것은?

① 시작 과제는 학습자가 처음으로 접하는 기본적이고 단순한 과제를 말한다..
② 확대 과제는 학습 경험을 간단한 과제에서 복잡한 과제로 또는 쉬운 과제에서 어려운 과제로 발전시키는 것이다.
③ 확대 과제를 조작하는 방법은 과제 간 발달과 과제 내 발달로 분류되는데 과제 간 발달의 예로 배구에서 언더핸드 서브를 가까운 거리에서 연습한 후 먼 거리에서의 서브로 발전하는 것을 들 수 있다.
④ 응용 단계에서는 확대와 세련을 통해서 습득한 기능을 실제 또는 유사한 상황에서 사용할 수 있도록 지도 내용을 조직한다.

해설 | 링크(J.Rink)의 내용 발달 단계에서 확대 단계는 학습 내용의 발달적 분석이 이루어지는 단계이며 확대 과제를 조직하는 방법은 과제 간 발달과 과제 내 발달로 분류되는데 ③에서 제시된 예는 과제 간 발달의 예가 아니라 과제 내 발달의 예이다.

**38** 〈보기〉와 같은 특징을 가지는 평가의 도구는?

> **보기**
> - 각 학습자의 수행 수준의 특징에 대한 정보를 명제화하여 제공한다.
> - 평가자가 학습자에게 무엇을 구체적으로 요구하는지에 대해 알 수 있다.
> - 학습자들이 스스로 평가 과정에 참여할 수 있어 자기주도적 학습이 가능하다.

① 루브릭
② 체크리스트
③ 평정척도
④ 학습자 일지

해설 | 〈보기〉는 평가 도구 중 루브릭의 특징이다. 수행 수준의 특징에 대한 정보의 명제화가 루브릭의 대표적 특징이다.

**39** 〈보기〉에서 설명하는 스포츠 교육 프로그램의 지도 원리가 적절하게 연결된 것은?

> **보기**
> - ( ㉠ )의 원리 : 지도자의 창의적인 지도 활동의 선정과 활용
> - ( ㉡ )의 원리 : 교수·학습 내용의 다양화와 신체활동의 총체적 체험
> - ( ㉢ )의 원리 : 개인차를 고려한 다양한 수준별 지도

|   | ㉠ | ㉡ | ㉢ |
|---|---|---|---|
| ① | 효율성 | 적합성 | 통합성 |
| ② | 적합성 | 효율성 | 통합성 |
| ③ | 개별성 | 통합성 | 적합성 |
| ④ | 적합성 | 통합성 | 개별성 |

해설 | ㉠ 적합성, ㉡ 통합성, ㉢ 개별성의 원리에 대한 설명이다. 효율성의 원리는 적절한 교수 학습 환경을 구성하여 효율적인 학습 목표를 성취하는 것을 말한다.

**40** 수업 중 발생하는 지도자의 행동 유형에 대한 설명으로 옳은 것은?

① 수업 도중에 학생의 보호자가 찾아와 대화를 하는 것은 비기여 행동에 해당한다.
② 행동은 학습과 관련이 없지만 수업 내용에 직접 기여하는 행동은 직접기여 행동이다.
③ 다친 학습자에 대한 처리는 비기여 행동이다.
④ 학습환경을 관리하고 유지하는 행동은 간접기여 행동이다.

해설 | 비기여 행동은 수업 중 통화나 손님 접대와 같이 수업에 기여할 가능성이 전혀 없는 행동이다.
② 직접기여 행동은 운동과제를 직접 가르치는 지도자의 행동이다.
③ 부상자의 처리는 간접기여 행동이다.
④ 학습환경의 관리, 유지는 직접기여 행동이다.

**정답** 34 ① 35 ② 36 ② 37 ③ 38 ① 39 ④ 40 ①

## 최신 3개년 출제빈도표 (2025년~2023년)

| 구분 | 2025년 | 2024년 | 2023년 |
|---|---|---|---|
| 스포츠심리학의 개관 | 2 | – | 1 |
| 인간운동행동의 이해 | 2 | 10 | 9 |
| 스포츠수행의 심리적 요인 | 9 | 5 | 7 |
| 스포츠수행의 사회 심리적 요인 | 4 | 2 | 2 |
| 운동심리학 | 2 | 2 | 1 |
| 스포츠심리상담 | 1 | 1 | – |

# PART 03

# 스포츠심리학

CHAPTER 01  스포츠심리학의 개관
CHAPTER 02  인간운동행동의 이해
CHAPTER 03  스포츠수행의 심리적 요인
CHAPTER 04  스포츠수행의 사회 심리적 요인
CHAPTER 05  운동심리학
CHAPTER 06  스포츠심리상담

출제예상문제

# CHAPTER 01 스포츠심리학의 개관

## SECTION 01 | 스포츠심리학의 정의 및 의미

### 1. 스포츠심리학의 정의

① 스포츠 상황에서 관찰 가능한 선수 또는 운동을 수행하는 사람의 행동과 정신 과정을 과학적으로 연구하는 학문
② 인간 행동에 대하여 스포츠의 효과가 심리의 변화에 어떻게 작용하는가와 관련한 사항을 연구하는 학문

### 2. 스포츠심리학의 의미

① **광의의 스포츠심리학**
  ㉠ 일반적인 심리학 분야가 포괄하는 모든 측면을 스포츠 상황과 그 영역에 적용한 관점
  ㉡ 협의의 스포츠심리학을 포함하는 개념으로서 운동제어, 운동학습, 운동발달, 운동심리 등을 포괄

> **이해더하기**
>
> **광의의 스포츠심리학 영역**
>
> | | |
> |---|---|
> | 운동제어 | 정보처리, 운동제어, 운동 법칙, 반사와 운동제어 등 인간의 움직임 생성과 조절에 대한 기전과 원리를 규명 |
> | 운동학습 | 운동행동모형, 운동학습과정, 피드백, 전이 등 운동기능의 습득에 관한 원리를 규명 |
> | 운동발달 | 유전과 경험, 발달 원리, 운동기능 발달, 노령화 등 운동기능의 발달과 변화, 이에 대한 유전의 영향과 학습의 효과를 분석·규명 |
> | 운동심리 | 운동참가동기, 운동심리적 효과 등 운동의 심리적 효과 및 이와 관련된 이론을 규명 |

② **협의의 스포츠심리학**
  ㉠ 스포츠 수행이나 운동수행에 초점을 두고 운동기능의 수행에 영향을 미치는 심리적·사회적 요인과 그 작용 과정을 규명하는 학문
  ㉡ 운동학습, 운동발달, 운동제어 영역과는 구분되는 스포츠 운동심리학의 영역에 국한된 개념

---

**O/X QUIZ**

인간의 움직임 생성과 조절에 대한 신경심리적 과정 및 생물학적 기전을 밝히는 학문 영역은 운동발달이다. (O/×)

답 ×

## SECTION 02 스포츠심리학의 역사

### 1. 스포츠심리학의 발전 과정

① **태동기(1895~1920년)**
  ㉠ 미국 심리학회에 최초의 스포츠심리학 논문 개제
  ㉡ 노먼 트리플렛(Norman Triplett)은 최초의 스포츠 심리학 연구가로서 사회적 촉진 현상을 연구

② **창립기(1921~1938년)**
  ㉠ 미국 일리노이 대학에 스포츠심리학 강좌 및 실험실 개설
  ㉡ 콜먼 그리피스(Coleman Griffith)는 1925년에 운동연구소를 설립하고 심리학과 운동경기 코칭 심리학을 개발

③ **준비기(1939~1965년)**
  ㉠ 프랭클린 헨리(Franklin Henry)가 체육을 학문화
  ㉡ 스포츠심리학 대학원 과정이 개설

> **이해더하기**
>
> **콜먼 그리피스(Coleman Griffith)** 2025 기출
> - 1921~1938년 사이에 주로 활동했으며, 북미 스포츠심리학의 아버지로 불림
> - 1925년 일리노이 대학교에 세계 최초의 스포츠심리학 실험실 설립
> - 스포츠 상황에서의 집중력, 반응 시간, 운동 기술 습득 등을 연구
> - 1926년 『The Psychology of Coaching』 출간 → 코치의 심리학적 지도 방법 소개
> - 1928년 『Psychology of Athletics』 출간 → 운동선수의 심리 상태 분석
> - 1938년 시카고 컵스(Chicago Cubs) 야구팀의 스포츠 심리 컨설턴트로 활동
> - 경기력 향상에 있어 심리적 요인의 중요성을 최초로 제기한 인물
> - 스포츠심리학을 이론 → 실제 스포츠 현장에 적용한 선구자

④ **발달기(1966~1979년)**
  ㉠ 국제스포츠심리학회 모임 개최, 국제스포츠심리학회지 창간
  ㉡ 독립된 학문 분야로서의 기틀을 마련하고 스포츠심리학 발전의 획기적인 계기를 마련

⑤ **현재(1978년~)**
  ㉠ 건강운동심리에 대한 관심 증가
  ㉡ 응용스포츠심리학회(AASP), 국제멘탈트레이닝학회(ISMTE) 창립
  ㉢ 학문적·연구적인 발달과 응용스포츠심리학 지식의 발달

## 2. 우리나라의 스포츠심리학

① 1953년 한국체육학회 창립, 1955년 한국체육학회지 창간호 발간
② 1970년대 체육심리학(Sports psychology) 또는 운동심리학(Exercise psychology)이라는 용어로 연구 시작
③ 1989년 한국스포츠심리학회 창립, 한국스포츠심리학회지 발간
④ 1990년대부터 독자적인 학회지 발간 및 세미나 개최 활성화
⑤ 2000년대 이후 한국연구재단 등재학술지로 인정, 세부 영역으로 스포츠심리학 연구 진행

## SECTION 03 | 스포츠심리학의 영역과 역할

### 1. 스포츠심리학의 연구 영역과 역할

| 구분 | 영역 | 역할 |
| --- | --- | --- |
| 응용스포츠 심리학 | 성격, 동기, 지도력, 불안, 집단응집, 사회적 촉진, 심리기술훈련, 관중의 효과 등 | 스포츠 상황에서 인간 행동을 분석하고 예측하기 위해 심리학의 다양한 방법 및 원리를 제공 |
| 운동제어 | 정보처리이론, 운동제어이론, 운동의 법칙, 반사와 운동제어 등 | 효과적인 기술을 효율적으로 습득시킬 수 있는 방안 제시 |
| 운동학습 | 운동행동모형, 운동학습과정, 운동기억, 피드백, 전이, 연습의 법칙 등 | 스포츠 현장에서 나타나는 선수의 잘못된 행동, 동작의 수정 방안 제시 |
| 운동발달 | 유전과 경험, 발달의 원리, 운동기능 발달, 학습 및 수행 적정연령, 노령화 | 선수의 성장과 발육을 돕는 훈련 프로그램 제시 |
| 건강운동 심리학 | 운동참가동기, 운동심리적 효과, 운동 관련 이상심리 등 | 스포츠 활동에 지속적으로 참여하기 위한 방법과 운동을 통한 심리적 효과 등을 연구 |

### 2. 스포츠심리학의 주된 연구 동향 [2023 기출]

① 인지적 접근과 현장 연구
② 경험주의에 기초한 성격 연구
③ 사회적 촉진 및 각성과 운동수행의 관계 연구

---

**기출 채우기**

외야수가 경기 상황에서의 여러 정보를 종합·판단하여 어떻게 동작을 생성하고 조절하는지와 관련된 원리와 법칙을 밝히고자 하는 운동심리학의 하위 분야는 ( )이다.

🖉 운동제어

## 3. 스포츠심리학자의 역할  `2025 기출`

| 역할 | 설명 | 예시 |
|---|---|---|
| 수행 향상<br>(Performance Enhancement) | 운동선수가 경기에서 최고의 기량을 발휘할 수 있도록 정신적 기술 훈련(MST)을 지원 | 긴장 조절, 루틴 훈련, 시각화 훈련, 집중력 향상 |
| 심리 상담<br>(Counseling) | 운동선수 또는 일반인의 정서적 문제(불안, 우울, 슬럼프 등)를 다룸 | 슬럼프 극복, 운동에 대한 동기 회복 상담 |
| 동기 부여<br>(Motivation) | 운동 지속 및 성취를 위한 내적/외적 동기 유발 전략 제공 | 목표 설정, 자기효능감 증진 훈련 |
| 팀 응집력 향상<br>(Team Cohesion) | 팀워크와 의사소통, 리더십을 향상시키는 개입 | 단체운동선수들의 집단 응집력 워크숍 진행 |
| 생활체육 참여 증진 | 일반인을 대상으로 운동 참여 동기를 높이고 심리적 혜택 안내 | 건강관리 목적의 운동 상담, 스트레스 해소 교육 |
| 연구 및 교육 | 스포츠 심리에 대한 과학적 연구 수행 및 선수, 코치, 일반인 대상 교육 | 선수 심리 상태 평가, 스포츠 심리 워크숍 운영 |

# CHAPTER 02 인간운동행동의 이해

## SECTION 01 | 운동제어

### 1. 운동제어의 개념

① **운동제어** : 인간의 움직임의 특성과 그 움직임이 어떻게 조절되는지를 연구하는 학문 분야

② **기억체계**
  ㉠ 기억의 순서

  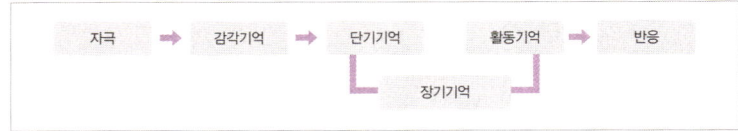

  ㉡ 기억의 유형과 특성

  | 구분 | 감각기억 | 단기기억 | 장기기억 |
  | --- | --- | --- | --- |
  | 기억 용량 | 극히 제한 | 제한 | 무제한 |
  | 양식 | 감각적 | 에코(Echo) | 조직화·의미화 |
  | 특징 | 새로운 정보가 유입되면 쉽게 손실됨 | 반복하거나 시연하지 않으면 사라짐 | 반복과 시연을 통해 강화됨 |
  | 소멸 | 시간의 경과 | 치환 혹은 암송 실패 | 인출의 실패 혹은 간섭 |
  | 지도 방법 | 불필요한 외부정보를 줄이고 집중할 수 있도록 지도 | 한 번에 너무 많은 정보를 제공하지 않고, 정보를 처리할 수 있는 시간을 제공 | 연습을 통해 기억을 강화 |

  ㉢ 기억 체계 : 지각 단계 → 저장 단계 → 인출 단계

③ **운동제어의 기제**

  | 입력 | 외부 자극을 감각 수용기를 통해 수용 |
  | --- | --- |
  | 지각 | 기억체계와 접촉함으로써 자극을 해석 |
  | 변환 | 목표의 달성을 위해 동작 패턴을 선택하고 계획 |
  | 실행 | 운동 계획에 따라 운동 명령을 내림 |
  | 동작 | 동작을 실행 |
  | 피드백 | 계획대로 실행되었는지, 목표를 이루었는지 비교·분석 |

**POINT**
**단기기억과 작업기억**
- 공통점 : 단기기억과 작업기억 모두 단기간 기억으로 지속기간이 짧음
- 차이점 : 단기기억은 짧은 기간 동안 남아있는 기억이라면, 작업기억은 정보를 유지하고 사용하는 것까지 의미함

## 2. 정보처리와 운동수행

① 반응시간

㉠ 개념
- 움직임을 계획하고 실행하는 데 관계된 정보처리 과정에 소요되는 시간
- 자극을 처리하는 데 소요되는 시간 → 의사결정의 속도와 효율성

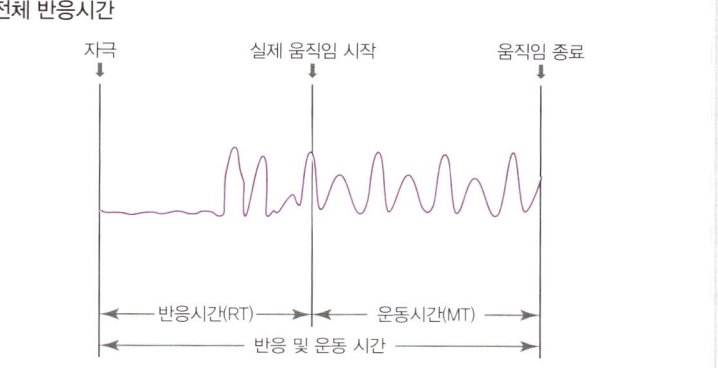

- 반응시간 : 자극 제시와 반응 시작 간의 시간 간격
- 운동시간(움직임 시간) : 반응 시작과 반응 종료 간의 시간 간격
- 반응 및 운동시간(전체 반응시간) : 자극 제시와 반응 종료 간의 시간 간격

㉡ 반응시간의 유형 **2025 기출**

| 단순반응시간 | 하나의 자극신호에 대하여 단일한 반응만을 요구할 때 측정되는 반응시간<br>예) 100m 달리기의 출발신호에 대한 반응시간 |
|---|---|
| 선택반응시간 | 두 개 이상의 자극이 제시되고 각각의 자극신호에 대해 서로 다른 반응을 할 때 측정되는 반응시간<br>예) 청기 백기, 축구에서 양쪽 방향으로의 패스 유도 등 |
| 변별반응시간 | 두 개 이상의 자극이 제시되고 그중 특정한 자극에 대해서만 반응하도록 요구되었을 때 측정되는 반응시간<br>예) 야구에서 특정한 구질에 대해서만 타격하도록 하는 경우 |

㉢ 반응시간 결정 요인

| 감각 지각 단계 | 자극의 명확성과 강도 |
|---|---|
| 반응 선택 단계 | 반응 선택의 수, 수행하려는 반응의 복잡성, 반응에 요구되는 정확성 등 |

㉣ 반응시간 관련 이론

| 힉-하이먼 법칙 | • 반응 시간과 자극 – 반응 대안 간의 관계를 나타내는 법칙<br>• 선택 반응 시간은 자극 – 반응 대안이 2배가 될 때마다 일정한 시간(약 150ms)만큼 증가 |
|---|---|

> **기출 채우기**
> 반응시간의 유형 중 서로 다른 색의 두 가지 불빛에 따라 왼손 혹은 오른손을 드는 활동에서 측정하는 반응시간은 (　　　)이다.
> 답) 선택반응시간

> **QUIZ**
> 투수가 직구와 슬라이더 구종에 커브 구종을 추가하여 무작위로 섞어 던졌을 때 타자의 반응시간이 길어진 것은 힉–하이먼 법칙과 관련이 있다. (O/×)
> 답) O

| Henry와 Rogers의 반응시간 연구 | • 과제의 복잡성이 증가할수록 반응시간 역시 증가<br>• 과제복잡성 : 움직임 요소의 수/움직임의 정확성 요구량/동작시간요인 |
|---|---|

> **이해더하기**
>
> **심리적 불응기** `2024 기출`
> • 정의 : 연속해서 2개의 자극이 제시되었을 때, 두 번째 제시되는 자극에 대한 반응시간이 지연되는 현상
> • 집단화 현상 : 1차 자극과 2차 자극 사이에 시간 간격이 너무 짧으면 두 가지 자극이 하나의 자극으로 받아들여짐
> • 1차 자극과 2차 자극 사이에 시간 차이가 길어지면 2차 자극에 대한 반응속도의 지연이 줄어듦
> • 자극 간 시간차가 40ms 이하로 매우 짧은 경우에는 1차 자극과 2차 자극을 하나의 자극으로 간주하게 되어 심리적 불응기 현상이 나타나지 않음

② **정확성과 일관성**

㉠ 측정 요소

| 절대오차(AE) | 목표 점수와 실제 점수 간의 절대적인 차이로 정확성 평가에 주로 사용 |
|---|---|
| 항상오차(CE) | 방향성을 고려해 나타낸 목표 점수와 실제 점수 간의 차 |
| 반경오차(VE) | 여러 차례의 시행에서 기록된 항상오차의 표준편차로 수행의 일관성을 나타내는 데 주로 사용 |

㉡ 운동 정확성 결정 요인
- 신체 요소의 참여 수준
- 인지적 요구 수준
- 운동 속도

㉢ 운동수행 정확성 관련 이론 `2024 기출`

| 피츠의 법칙 (Fitts) | • 난이도 지수 = 목표물 간의 거리 / 목표물의 크기<br>• 운동의 정확성을 많이 요구할수록 운동 수행 속도는 하락 |
|---|---|
| 반복수정모델 (Crossman) | • 전체 움직임을 구성하는 하위 움직임은 전체 이동거리에 대해 항상 일정한 비율로 나타남을 가정<br>• 난이도 지수에 따라 하위 움직임의 수가 결정되고 이를 바탕으로 운동시간이 결정됨<br>• 시간상수(시각정보의 처리에 소요되는 시간)를 제시하여 시각정보의 중요성을 언급 |
| 임펄스 가변성 이론 (Schmidt) | • 임펄스 : 근육 수축을 통해 생성된 힘이 신체를 움직이는 데 사용된 양<br>• 힘 가변성과 시간 가변성이 임펄스 가변성 값을 결정<br>• 임펄스 가변성이 운동의 정확성을 좌우함(가변성이 클수록 정확성은 낮아짐) |
| 최적하위분절 운동모델 (Mayer) | • 조준과제의 설명을 위해 제시된 모델<br>• 목표 지점까지 도달하기 위해 하위 움직임이 연속해서 나타나며, 목표 지점에 정확히 도달하는 순간 움직임이 종료된다고 가정<br>• 하위 움직임의 수를 측정할 수 있다면 전체 운동 시간과 목표물까지의 거리, 목표물의 넓이 등의 측정이 가능하다고 주장 |

③ 협응
  ㉠ 수행하고자 하는 동작의 목적에 따라 두 개 이상의 신체 부위(관절, 근육, 신경 등)가 서로 조화롭고 상호적(효과적·공동적·기능적)으로 작용하는 결합 상태
  ㉡ 구분
   • 공동으로 작용하는 신경과 근육 등의 위치에 따른 구분

   | 사지 내 협응 | 하나의 사지가 효과적으로 움직이기 위해 나타나는 신체 부위 간 공동작용 |
   |---|---|
   | 사지 간 협응 | 두 개 또는 그 이상의 사지 간에 나타나는 기능적인 공동작용 |

   • 움직임의 상대적 리듬에 따른 구분

   | 절대협응 | • 두 움직임이 동일한 주기를 형성하고, 이들 간 안정된 위상관계가 유지되는 상태<br>• 자석효과 : 두 움직임의 리듬과 진폭이 일치하려는 형상 |
   |---|---|
   | 상대협응 | • 두 개의 연합된 움직임 간 주기가 일치하지 않고 그 위상관계가 항상 변하는 움직임<br>• 보존 경향성 : 각 움직임이 고유의 빈도로 계속 움직이려는 경향 |

  ㉢ 협응의 주요 문제(Bernstein)

   | 자유도 | • 다른 근육군을 사용하여 동일한 움직임의 수행이 가능<br>• 운동이 복잡해짐에 따라 증가하는 수많은 운동 요소를 어떻게 통제하여 효율적인 운동 동작을 생성할 수 있는가 |
   |---|---|
   | 맥락 조건 가변성 | 근육 수축 활동과 운동의 결과가 반드시 일치하지 않으며, 상황에 따라 변함 |

> **이해더하기**
>
> **맥락 조건 가변성의 요인**
>
> | 해부학적 요인 | • 동일한 형태의 움직임에 동원되는 근육이 달라질 수 있음<br>• 사지의 최초 위치, 움직임의 속도 등에 따라 사용되는 근육이 달라짐 |
> |---|---|
> | 역학적 요인 | • 여러 관절의 결합으로 이루어진 신체 부위에서는 한 관절의 변화가 다른 관절에 영향을 주어 또 다른 변화를 야기함<br>• 사지에서 생성되는 힘은 근육의 수축활동뿐만 아니라 중력 등 주변 환경이나 주관절 근처의 신체 분절에 의한 힘도 영향을 미침 |
> | 생리학적 요인 | • 척수는 뇌가 내리는 명령을 일방적으로 전달하는 통로가 아니라 문제를 함께 해결하는 협력자와 같은 역할을 수행<br>• 척수가 상황에 따라 움직임 명령을 가변적으로 수정·보완함 |

**QUIZ**

맥락 조건 가변성이란 근육의 활동이 동일해도 조건에 따라 운동의 결과는 달라질 수 있다는 것이다.
( O / X )

**답** O

## 3. 운동제어의 체계

① **폐쇄회로 이론**
  ㉠ 개념
   - 미리 저장된 참조기제에 따라 운동제어가 이루어진다고 보는 이론
   - 목표의 설정 → 연속적 피드백 → 참조기제와의 비교 → 명령기관에서 오류 수정을 지시
   - 동작의 오류 수정에 감각적 수용기의 역할과 피드백의 중요성을 강조
   - 느리거나 매우 높은 정확성을 요구하는 동작 수행을 설명하는 데 적합
   - 자극의 수용과 반응 산출에 걸리는 시간이 길고 주의집중을 요하므로 매우 빠른 시간 내에 일어나는 운동은 설명하지 못함
  ㉡ 감각정보 수용기
   - 자기감각수용기 : 신체 내 운동에 관한 정보 수용 기관(근육, 관절, 전정기관 등)
   - 외적감각수용기 : 신체 외 운동에 관한 정보 수용 기관(눈, 귀, 피부 등)

② **개방회로 이론**
  ㉠ 참조기재 없이 운동제어가 이루어지는 체계(폐쇄회로의 반대적 의미)
  ㉡ '지시'가 미리 설정되어 있어 그것이 환경과 무관하게 실행된다고 보는 이론
  ㉢ 입력 → 지시 → 실행
  ㉣ 운동제어에 피드백이 크게 관여하지 않는 것으로 보아 빠른 운동의 설명에 적합

③ **행동 체계**
  ㉠ 정보처리단계 `2024 기출`

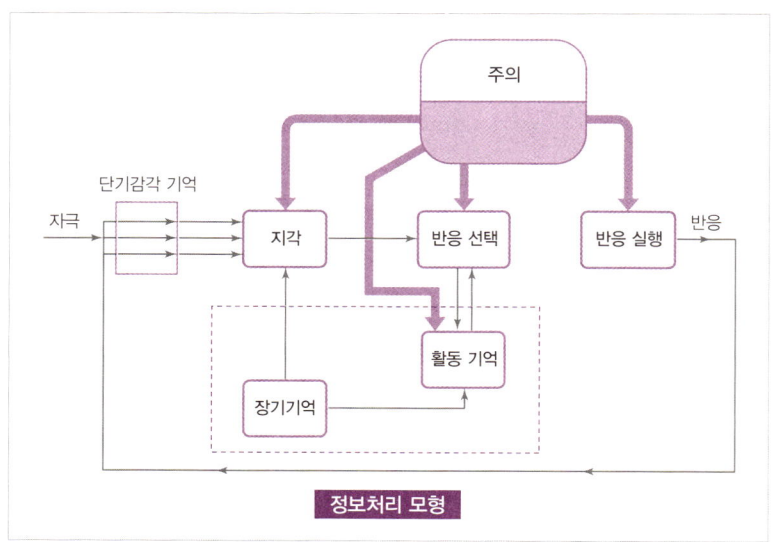

**POINT**
반응산출피드백
폐쇄회로체계의 반응으로 생성되어 그 다음 반응을 이끌어내는 감각정보

**QUIZ**
정보처리단계는 자극정보 → 감각, 지각 단계 → 반응 선택 → 반응 실행 → 실제 반응 순이다. (o/×)
답 o

**기출 채우기**
(     )은/는 순수 분습법과 점진적 분습법으로 구분된다.
답 분절화

| 감각/지각 단계 | 정보 자극을 받아들여 그 내용을 분석하고 의미를 부여하는 단계 |
|---|---|
| 반응 선택 단계 | 자극에 대한 확인 완료 후 자극에 대하여 어떻게 반응할지 결정하는 단계 |
| 반응 실행 단계 | 움직임을 생성하기 위하여 운동 체계를 조직하는 단계 |

ⓒ 인간행동체계

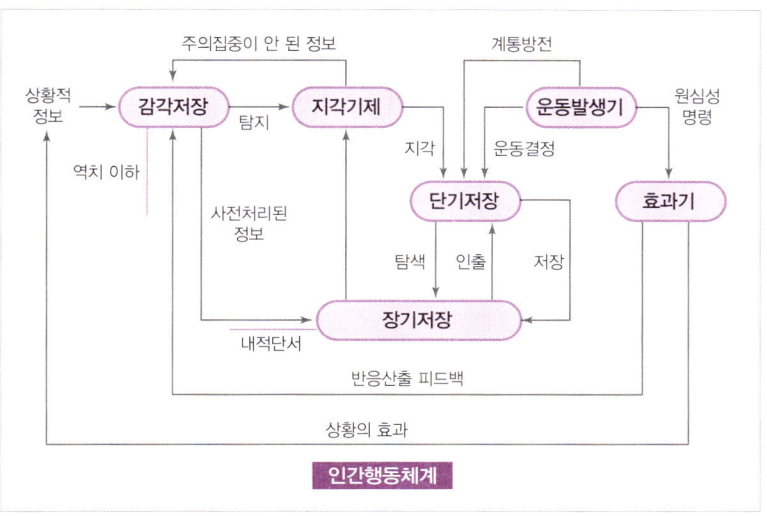

인간행동체계

| 감각저장 | 들어온 자극을 받아 그것을 잠시 저장하고 탐지할 수 있도록 자극을 급히 지각기제로 보내거나 기억과의 접촉을 위하여 장기기억으로 보내는 역할 |
|---|---|
| 장기저장 | • 장기저장에 전달된 정보는 과거의 경험과 접촉하여 유관가가 제시되고, 특정 자극과 경험을 많이 가질수록 그 자극에 할당되는 유관가가 점점 커짐<br>• 익숙한 항목들은 장기저장 내에서 매우 높은 유관성을 갖게 되고 지각기제로의 접근을 촉진함<br>• 단기저장으로부터 전달되어 오는 정보를 반영구적으로 저장 |
| 지각기제 | • 주 역할은 과중하게 부과된 정보를 여과하는 일<br>• 지각과정이 완료되면 인간행동체계는 관련 특징을 분석하고 이러한 특징들이 인지할 수 있는 단위로 정리되며 입력정보에 의미를 부여함 |
| 단기저장 | • 단기저장은 인간행동체계에서 가장 중요한 기제<br>• 단기저장 상태에서 중추신경이 자기의 행동을 결정 |
| 운동발생기 | • 운동을 수행하는 데 알맞은 근육조직을 선택하고 선택된 근육군에 일련의 운동명령을 전달함으로써 운동프로그램을 실행<br>• 동시에 체계가 앞으로 수행하게 될 동작의 감각귀결을 준비하도록 단기저장으로 계통방전을 방출 |
| 효과기 | • 반응을 산출하는 사지를 조절하는 근육으로 구성<br>• 근육선택과정이 수행되면 효과기는 알맞은 순서로 그 운동을 실행하고 반응산출피드백을 유도함 |
| 피드백 | • 수행자의 노력에 의하여 여러 감각수용기를 통해 받을 수 있는 반응 산출 정보<br>• 피드백 정보는 단기저장에 전달되기 전에 장기저장과 접촉이 이루어져야 하고 지각기제에서 의미가 부여되도록 인지되어야 함 |

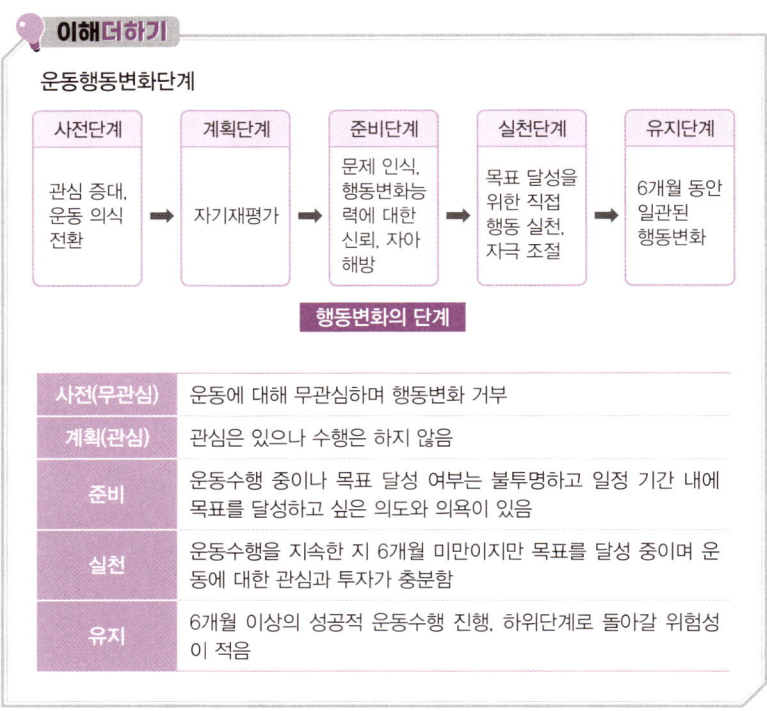

> **QUIZ**
> 불변매개변수에는 요소의 순서, 힘의 총량, 시상이 포함된다. (○/×)
> 답 ×

### 4. 운동제어체계 관련 이론

① **일반화된 운동 프로그램 이론** `2023 기출`
  ㉠ 개요 : 두 가지의 매개변수에 의해 운동 프로그램이 바뀌게 된다는 이론
  ㉡ 매개변수 : 특정한 환경적 요구에 적응하기 위하여 움직임의 형태를 조절하는 데 관여하는 것
  • 불변매개변수

| 요소의 순서 | 동작이나 반응 요소의 순서를 의미하는 것으로 반응 생성에 선택되었거나 인출된 반응 단위들의 순서를 배열하는 과정 |
|---|---|
| 시상 | 근수축의 시간적 구조 |
| 상대적인 힘 | 근육이 활동하는 데 전체 힘의 양을 각 근육에 적절한 비율로 분배하는 과정 |

  • 가변매개변수

| 전체 동작 지속시간 | 매 동작마다 일정하지 않음 |
|---|---|
| 힘의 총량 | 동원되는 근수축에 의해 발휘되는 힘의 양을 조절하는 것으로, 근육의 상대적인 힘은 변하지 않지만 전체적으로 발휘되는 힘의 양은 가변적임 |
| 근육의 선택 | 동작에 따라 개개의 근육이 다르게 선택됨 |

© 일반화된 운동 프로그램에 근거한 운동학습
- 불변매개변수는 프로그램 내에 변하지 않는 상태로 존재하며, 가변매개변수의 조합에 의해 동작의 다른 유형을 생성할 수 있음
- 연습을 통해 가변매개변수의 값이 최적화되어 보다 효율적인 운동기술 동작이 나타날 수 있음

② 반사이론
㉠ 환경으로부터 발생하는 물리적 사건이 운동행동에 자극으로 작용, 반사회로를 형성하고 이러한 반사가 복잡한 인간의 행동을 유발한다는 이론
㉡ 운동의 기본원리를 단순하게 설명하여 운동제어 이론의 발달에 기초를 제공
㉢ 이론적 설명이 너무 단순해 환경 변화에 따른 인간의 행동 변화를 설명하지 못하였으며 복잡한 운동기술을 설명하는 데에도 한계점을 보임

**운동제어체계 주요 이론**
- 반사이론
- 정보처리이론
- 다이나믹시스템이론
- 생태학적 이론

③ 정보처리이론 **2024 기출**

| 폐쇄회로이론 | • 인간은 기억체계에 저장되어 있는 정보와 실제 동작 사이의 오류에 대한 피드백(기억흔적, 지각흔적)을 통해 운동 동작을 수정한다는 이론<br>• 피드백을 통해 동작을 수정, 새로운 움직임이 나타날 때까지 다소의 시간 소요 → 빠른 운동 동작에 대한 설명에 한계 |
|---|---|
| 개방회로이론 | • 폐쇄회로이론에 대한 대안으로서 움직임 발생 이전에 상위의 대뇌 겉질에 동작에 대한 운동프로그램이 기억되고 있다고 주장하는 이론<br>• 이전에 경험해보지 못한 운동을 수행해내는 것을 설명하지 못함 |
| 도식이론 | • 슈미트(Schmidt)에 의해 폐쇄회로이론과 개방회로이론의 장점만을 통합하여 제안된 이론<br>• 빠른 움직임은 개방회로이론으로, 느린 움직임은 폐쇄회로이론으로 설명<br>• 회상도식 : 현재 수행하고자 하는 운동과 유사한 과거의 운동결과를 근거로 하여 새로운 운동을 계획<br>• 재인도식 : 피드백 정보를 통하여 잘못된 동작을 평가하고 수정<br>• 여전히 인간의 복잡한 운동 행동에 대한 충분한 설명 불가 |

**1. 폐쇄회로이론 사례**
포크볼이 주 무기인 투수의 포크볼이 평소보다 이른 시점에 떨어져 헛스윙을 한 타자는 손목 조절을 위해 시각 및 운동감각적 피드백을 이용하여 포크볼이 떨어지기 전에 공을 배트에 맞힐 수 있도록 한다.

**2. 도식이론의 적용**
일반적으로 송환정보가 작용할 수 없는 빠른 운동 제어에서는 회상도식만이 절대적으로 적용되지만, 200ms 이상의 느린 운동 과제의 제어에는 회상도식과 재인도식이 모두 동원된다.

④ 다이나믹시스템이론
㉠ 개요
- 인간의 운동행동은 환경, 유기체, 과제에 의해 제한되며, 이러한 요소 간의 상호작용 속에서 운동을 생성한다는 이론
- 3가지 제한요소의 영향을 받는 인간의 운동은 두 가지 원리에 의해 생성되고 변화함

| 자기조직의 원리 | 세 가지 제한요소의 상호작용 결과가 특정한 조건에 부합될 때 인간의 운동은 저절로 발생 |
|---|---|
| 비선형성의 원리 | 운동의 변화는 선형적인 경향을 보이지 않음 |

CHAPTER 02 인간운동행동의 이해

> **QUIZ**
> 다이나믹시스템이론은 일반화된 운동프로그램과 같은 기억 표상의 구조를 중요시한다. (O/×)
> 답 ×

  ⓛ 기존 운동제어 이론과의 차이
   • 인간 운동의 생성과 변화는 운동 프로그램과 같은 기억 표상의 구조를 필요로 하지 않는다고 봄
   • 안정성과 상변이 개념을 통해 인간 운동의 갑작스러운 변화를 설명
   • 신체의 역학적 특징은 물론 신체에 작용하는 내·외적 힘을 고려함
   • 유기체와 환경의 물리적 상호 작용만을 강조했다는 문제점

⑤ **생태학적 이론**
  ㉠ 환경정보에 대한 지각과 운동 동작의 관계를 강조한 이론
  ㉡ 인간은 자신과 물체, 자신이 속한 특정 환경 사이의 독특한 관계 속에서 동작에 대한 직접적인 지각을 하고 이에 따라 운동 동작을 수행함
  ㉢ 시각기능이 중요한 운동수행의 원리를 설명하는 데 유용

> **이해더하기**
> 
> **시각탐색에 사용되는 안구의 4가지 움직임 형태**
> 
> | | |
> |---|---|
> | 빠른 움직임 | 의식적인 작용을 필요로 하지는 않지만 수의적으로 이루어지는 움직임 |
> | 부드러운 추적 움직임 | 움직이거나 정지해 있는 목표 지점에 안구를 계속적으로 고정시키는 것 |
> | 전정안구반사 | 머리의 회전에 대한 안구의 움직임 |
> | 빠른 움직임과 추적움직임이 적절한 조화를 이루는 움직임 | 움직이는 기차 창문 밖을 지나가는 어느 특정한 물체를 계속 보다가 다른 물체로 시선을 움직이고자 하는 상황에서 발생하는 움직임 |

## 5. 운동 프로그램의 개념과 특성

① **개념** : 동작 전 이미 구조화되어 있어 말초 부위로부터의 피드백 없이도 바로 실행 가능한 근육에 대한 운동명령

② **특성**
  ㉠ 피드백 없이 일방적으로 정보가 흐름
  ㉡ 정보가 흐르는 도중에는 변화하지 않음
  ㉢ 초기 제어가 잘못되면 원하는 결과를 얻을 수 없음

## SECTION 02 운동학습

### 1. 운동학습의 개념과 특성

① **개념** : 개인적 특성을 바탕으로 경험과 연습을 통해 과제와 환경적 변화에 부합하는 가장 효율적인 협응 동작을 형성해 나가는 것

② **운동학습의 세 가지 특성(Magill, Schmidt)**
  ㉠ 숙련된 운동수행을 위한 개인 능력의 비교적 영구적인 변화를 유도하는 일련의 내적 과정
  ㉡ 과정 그 자체를 직접적으로 관찰할 수 없으며, 따라서 그 평가는 학습자의 수행을 반복적으로 관찰함으로써 유추할 수밖에 없음
  ㉢ 반드시 연습이나 경험에 의해 나타나는 현상을 말하며, 성숙이나 훈련에 의한 변화는 포함하지 않음

> **이해더하기**
> 
> **신경가소성**
> - 신경계가 학습 및 경험에 반응하여 끊임없는 구조 및 기능적 변화를 보이는 것으로 신경세포 간 연접효율의 증가 혹은 신경세포의 구조적인 변화로 인해 나타나는 것이다.
> - 습관화, 학습과 기억, 손상 후 세포의 회복 등의 기전이 포함된다.

③ **운동학습의 요인**
  ㉠ 인지적 문제 : 어떤 상황에서 알맞은 동작을 수행할 수 있는지에 관한 문제
  ㉡ 실행적 문제 : 선택된 운동 동작을 얼마나 정확히 수행할 수 있는지에 관한 문제

### 2. 운동학습의 과정

① **운동학습의 과정**
  ㉠ 움직임의 특성 파악 : 학습자는 지도자에 의해서 제시되는 운동기술 동작의 전체적인 움직임 형태를 관찰하여 그 특성에 대한 정보를 지각
  ㉡ 움직임 구성 수준의 결정과 난이도 형성 : 운동 동작의 협응과 기술은 그 동작에 포함되어 있는 움직임의 구성 수준에 따라 상이하며 상호 전환이 어려움
  ㉢ 학습자의 직접적인 실연 및 체험 : 학습자로서 동작의 수준과 의도에 맞게 직접적으로 체험

---

**QUIZ**

운동학습은 그 자체를 직접적으로 관찰할 수 없기 때문에 운동학습의 평가는 학습자의 수행을 반복적으로 관찰함으로써 유추할 수밖에 없다. (○/×)

답 ○

**기출 채우기**

( )은/는 신경계가 학습 및 경험에 반응하여 끊임없는 구조 및 기능적 변화를 보이는 것으로 신경세포 간 연접효율의 증가 혹은 신경세포의 구조적인 변화로 인해 나타나는 것이다.

답 신경가소성

**기출 채우기**

구스리(E. Guthrie)는 운동기술을 '최소한의 시간과 에너지를 소비하여 최대의 ( )을/를 갖고 목표를 달성할 수 있는 능력'이라 정의하였다.

답 확실성

ⓔ 동작 비교 및 오류 수정 : 오류 수정 과정은 움직임 자체에 대한 느낌과 감각 오류를 내부적으로 어떻게 느낄 것인가에 대한 해답을 찾는 과정
ⓜ 자동화와 안정성 획득 : 자동화와 안정화는 다른 학습 과정보다 질적으로 많은 노력이 필요하며, 수행에 대한 질적 변화를 통해 알 수 있음

② **운동학습 단계 이론**

㉠ 피츠(Fitts)와 포스너(Posner)

| | |
|---|---|
| 인지 단계<br>(초보) | • 느린 동작<br>• 비효율적이고 일관성이 없음<br>• 특성의 이해와 전략의 개발 |
| 연합 단계<br>(중급) | • 부분적으로 동작을 자동 조절<br>• 과제 수행의 고정을 위한 연습 필요<br>• 수행 전략을 결정 |
| 자동화 단계<br>(숙련) | • 정확한 동작 구현<br>• 일관적이고 효율적인 동작<br>• 과제 수행의 고정으로 의식적 주의를 요구하지 않으며 간섭을 적게 받음 |

> **이해더하기**
>
> **피츠와 포스너 운동학습 단계의 예시**
> • 인지 단계 : 학습자는 테니스 포핸드 스트로크의 개념을 이해한다.
> • 연합 단계 : 학습자는 오류를 수정하기 위해서 연습하고, 스스로 오류를 탐지하여 그 오류의 일부를 수정할 수 있다.
> • 자동화 단계 : 테니스 포핸드 스트로크 자세를 안정적이고 일관성 있게 수행할 수 있다.

㉡ 번스타인(Bernstein) **2023 기출**

| | |
|---|---|
| 자유도 고정 단계 | • 새로운 운동 기술 습득에 필요한 신체의 자유도 고정<br>• 움직임과 관련된 요소들을 단순화시킴<br>• 다양한 환경적 변화에 대한 적절한 대처 어려움 |
| 자유도 풀림 단계 | • 고정했던 자유도를 일부 풀어 여분 자유도의 수 증가<br>• 사용 가능한 자유도를 활용하여 협응 구조(기능적 단위) 형성<br>• 다양한 환경 요구에 보다 쉽게 적응 가능하여 운동 수행의 다양성 증가<br>• 동작과 관련된 운동역학적 요인과 근육의 공동작용, 관절의 상호 움직임 등에 변화가 나타남 |
| 반작용력 활용 단계 | • 수행자와 환경 간 상호작용으로 관성, 마찰력 등의 반작용 현상 발생<br>• 신체 내·외적으로 발생하는 힘의 활용을 위해 더 많은 여분 자유도를 활용<br>• 지각과 동작의 역동적 순환 관계를 끊임없이 수정하며 환경에 적응, 숙련된 동작을 구현 |

> **POINT**
> **운동학습 단계에 따른 주의 요구량**
> '인지 단계 → 연합 단계 → 자동화 단계'로 진행됨에 따라 주의 요구량은 감소함

> **POINT**
> **공동작용(synergy)**
> 움직임의 효율적 제어를 위해 중추신경계가 자유도를 개별적으로 제어하지 않고, 의미 있는 단위로 묶어서 조절

> **기출 채우기**
> 스케이트를 탈 때 고관절, 슬관절, 발목관절을 활용하여 추진력을 갖게 하는 것은 ( ) 단계에 해당한다.
>  자유도 풀림

ⓒ 젠타일(Gentile)

| 움직임 개념 습득 단계 | • 움직임의 형태를 이해하고 환경적인 특징을 구분<br>• 조절 조건 : 운동 수행에 영향을 미치는 환경 조건<br>• 비조절 조건 : 운동 수행에 영향이 없는 환경 조건<br>• 환경 조건을 구분하여 필요 정보와 불필요 정보를 구분 |
|---|---|
| 고정화 및 다양화 단계 | • 고정화(폐쇄기술) : 운동기술 움직임 자체에 대한 기술 향상에 중점을 둠<br>• 다양화(개방기술) : 연습의 조건을 다양하게 변화시켜 실제 경기에서 일어날 수 있는 상황을 경험. 환경 변화와 동작의 요구에 맞는 움직임 적응에 중점을 둠 |

### 이해더하기

**젠타일(A. Gentile)의 운동기술분류** 2024 기출 2023 기출

| 환경적 맥락 | | 동작의 기능 | | | |
|---|---|---|---|---|---|
| | | 신체안정성 | | 신체 이동 | |
| | | 물체 조작 없음 | 물체 조작 | 물체 조작 없음 | 물체 조작 |
| 환경적 고정 | 동작 간 변화 없음 | 제자리에서 균형 잡기 | 농구 자유투하기 | 계단 오르기 | 책 들고 계단 오르기 |
| | 동작 간 변화 | 수화로 대화 | 타이핑 | 평균대 위에서 체조기술 연습 | 리듬체조에서 곤봉 연기 |
| 환경 변화 | 동작 간 변화 없음 | 움직이는 버스 안에서 균형잡기 | 같은 속도로 던져지는 야구공 받기 | 움직이는 버스 안에서 걸어가기 | 물이 든 컵을 들고 일정한 속도로 걷기 |
| | 동작 간 변화 | 트레드밀 위에서 장애물 피하기 | 자동차 운전하기 | 축구경기에서 드리블하는 선수 수비하기 | 수비자를 따돌리며 드리블해 나가기 |

ⓓ 뉴웰(Newell)
- 움직임 제한 요소 : 뉴웰은 환경, 유기체, 과제를 인간 운동의 제한 요소로 간주하였으며 이러한 제한 요소 간의 상호작용을 통해 인간이 적절한 운동을 생성할 수 있다고 가정함
  - 환경 제한 요소 : 물리환경적(온도, 습도) 요소, 사회문화적(성별, 인종) 요소
  - 유기체 제한 요소 : 학습자 개개인의 특성(체격, 체력, 형태), 심리적 요인 등
  - 과제 제한 요소 : 운동과제(과제의 구조와 유형, 목표, 규칙, 장비) 자체 특성에 의해서 발생하는 제한 요소

**운동학습 단계**
- 피츠&포스너 : 인지 → 연합 → 자동화
- 번스타인 : 자유도 고정 → 자유도 풀림 → 반작용력 활용
- 젠타일 : 움직임 개념 습득 → 고정화 및 다양화
- 뉴웰 : 협응 → 제어 → 기술(제어 최적화)

- 운동학습 단계

| 협응 단계 | • 기본적인 협응 동작을 형성하는 과정<br>• 자유도의 고정과 풀림 단계를 총체적으로 표현한 단계 |
|---|---|
| 제어 단계 | 매개변수화 능력을 학습함으로써 운동 기술 수행의 효율성을 향상시키는 단계<br>※ 매개변수화 : 수행 상황의 요구에 맞게 운동학적·운동역학적 수치들을 기본 협응 형태에 부여하는 것 |
| 기술(제어 최적화) 단계 | 움직임의 협응과 제어에 필요한 최적의 매개변수가 부여된 가장 적절한 협응 형태 |

### 3. 운동학습 주요 요인

① 학습 동기

② 학습의 전이검사

㉠ 전이 : 과거의 수행 또는 학습경험이 새로운 운동기술의 수행과 학습에 영향을 미치는 것

㉡ 전이의 분류

| | | |
|---|---|---|
| 영향의 성격 | 정적 전이 | 한 가지 과제의 수행이 다른 과제의 수행을 돕거나 촉진 |
| | 부적 전이 | 한 가지 과제의 수행이 다른 과제의 수행을 간섭하거나 제지 |
| | 중립적 전이 | 한 가지 과제의 수행이 다른 과제에 아무런 영향을 미치지 못함 |
| 영향의 정도 | 적극적 전이 | 한 가지 과제의 수행이 다른 과제에 미치는 영향이 큰 경우 |
| | 소극적 전이 | 한 가지 과제의 수행이 다른 과제에 미치는 영향이 작은 경우 |
| | 영전이 | 한 가지 과제의 수행이 다른 과제에 미치는 영향이 없는 경우 |
| 시간적 관계 | 순행적 전이 | 앞서 수행한 과제가 나중에 수행하는 과제의 학습에 영향을 미치는 경우 |
| | 역행적 전이 | 나중에 수행한 과제의 경험이 이전에 배웠던 기능에 영향을 미치는 경우 |

> **POINT**
> 전이의 예
> • 정적 전이 : 달리기 속도 증가 훈련에 의해 장대높이뛰기의 기록이 향상
> • 부적 전이 : 장기간의 유격수 수비 훈련으로 외야수 수비 능력이 하락

> **기출 채우기**
> '오랫동안 배드민턴을 즐기다가 새롭게 테니스 교실에 등록했다. 테니스 코치는 포핸드 스트로크를 지도할 때, 손목 스냅을 습관적으로 사용하는 것을 보고 손목을 고정하도록 지도했다.'는 (     ) 전이에 해당하는 내용이다.
>  부적

> **이해 더하기**
> 양측성 전이
> • 정의 : 어느 한쪽의 손이나 발로 특정 운동 기술을 발전시켰을 때 그것이 반대편 수족 혹은 대각선의 수족에 미치는 영향력
> • 구분
>
> | 대칭성 전이 | 한쪽 사지로부터 다른 쪽 사지로의 전이량이 유사한 경우 |
> |---|---|
> | 비대칭성 전이 | 한쪽 사지로부터의 전이가 다른 쪽 사지로부터의 전이량보다 큰 경우 |

ⓒ 전이에 영향을 미치는 요소

| 과제 간의 유사성 | 과제의 요소와 자극-반응 사이의 유사성 |
|---|---|
| 처리 과정의 유사성 | 인지적 처리 과정이 유사할수록 정적 전이 발생 가능성 증가 |
| 선행 과제에 대한 연습량 | 과제의 구성 요소 혹은 구성 성분에 대한 경험 |
| 연습 방법 | 순수 분습법보다는 전습법 혹은 점진적 분습법이 전이 발생 가능성을 높임 |

ⓔ 전이검사
- 학습한 내용을 새로운 수행 상황에서 관련된 기술에 얼마나 적절히 활용하는가를 확인하는 검사
- 구분

| 과제 내 전이검사 | 학습 당시의 환경과 다른 환경에서 동일한 기술을 구사하도록 하는 검사 |
|---|---|
| 과제 간 전이검사 | 학습한 기술과 전혀 다른 움직임을 수행하도록 함으로써 학습한 기술을 새로운 동작에 얼마나 적절히 활용하는지를 확인하는 검사 |

**전이검사의 예시**
- 과제 내 전이검사 : 수영장에서 연습한 수영기술을 바다에서도 잘 발휘할 수 있는가?
- 과제 간 전이검사 : 자유형에서 배운 발차기의 기본 움직임이 배영의 발차기에서 어떻게 활용되는가?

③ 기억과 망각

㉠ 기억
- 정의 : 학습경험의 내용을 저장했다가 재생하여 인출해 내는 과정
- 기억의 단계

| 기명 단계 | 주어진 정보를 조직화하는 단계 |
|---|---|
| 파지 단계 | 정보를 단기간 혹은 반영구적으로 보관하는 단계 |
| 재인 단계 | 보관되어 있던 기억 정보를 다시 끄집어내어 재생하는 단계 |

- 기억의 유형

| 감각기억 | 자극이 분석되기 전 아주 잠시 유지되는 본래의 자료 형태 |
|---|---|
| 단기기억 | 신경연결의 일시적 변화에 의해 최대 수 분까지 저장 가능한 기억 형태 |
| 장기기억 | 단기기억에 저장된 정보들에 대해 더 많은 주의를 기울이거나 특정한 조치를 취함으로써 전환되는, 비교적 영속적으로 저장 가능한 기억 형태 |

**기억 유형별 구분**

| 구분 | 감각기억 | 단기기억 | 장기기억 |
|---|---|---|---|
| 용량 | 무제한 | 10개 미만 | 무제한 |
| 기간 | 매우 짧음 | 짧음 | 영속적 |

㉡ 망각
- 정의 : 전에 경험하였거나 학습한 것의 파악이 일시적 또는 영속적으로 감퇴 및 상실되는 일
- 망각 이론

| 부호화 실패 이론 | 장기기억으로의 전환이 실패되어 망각이 발생한다고 보는 이론 |
|---|---|
| 저장 쇠퇴 이론 | 기억 흔적을 담당하는 신경세포가 장기간 활용되지 않아 화학적 변화로 인한 점진적 쇠퇴 현상을 보이고 이로 인해 망각이 발생한다고 보는 이론 |
| 간섭 이론 | 새로운 정보가 이전 정보와의 간섭을 일으켜 정보의 인출을 어렵게 함으로써 망각이 일어난다고 보는 이론 |

| 단서 의존적 이론 | 망각은 단순한 정보의 인출 실패에 지나지 않는 것으로, 주어지거나 스스로 만들어낸 인출 단서들이 이전에 목표자극을 부호화했을 때의 단서와 일치하지 않아 망각이 발생한다고 보는 이론 |

④ 파지
  ㉠ 정의 : 운동연습으로 향상된 운동수행 능력을 오랫동안 유지할 수 있는 능력
  ㉡ 파지에 영향을 미치는 요인

| 운동과제의 특성(과제) | 운동과제의 복잡성, 기술의 유형 등 |
| 환경의 특성(환경) | 환경의 제한 요소에 대한 적응 여부 |
| 학습자의 특성(유기체) | 학습자 개개인의 특성, 협응 경향 |

  ㉢ 절대파지점수와 상대파지점수

| 절대파지점수 | 연습시행이 끝나고 일정한 파지 기간이 지난 후에 실시되는 파지 검사에서 획득한 점수 |
| 상대파지점수 | • 차이점수 : 연습시행의 마지막 시행에서 얻은 점수−절대파지점수<br>• 백분율점수 : (차이점수/연습시행 동안의 수행 점수 변화량)×100<br>• 저장점수 : 연습시행의 마지막 시행에서 얻은 점수에 도달하기까지 걸린 시행 수 |

> **POINT**
> **절대파지점수와 상대파지점수**
> 절대파지점수는 높을수록, 상대파지점수는 낮을수록 파지 능력이 좋은 것으로 해석

⑤ **고원현상과 슬럼프**
  ㉠ 고원현상  `2025 기출`  `2024 기출`
    • 정의 : 운동기술 학습에서 일시적으로 운동수행 능력이 정체되는 현상
    • 질적인 변화가 내부적으로 진행 중이지만 외적으로 드러나지 않아서 수행이 정체되는 것처럼 보이는 시기
    • 적절한 휴식 · 동기 부여 · 피드백 제공 등으로 극복 가능
    • 고원현상의 원인 : 피로, 동기 저하, 주의력 감소, 비효율적 연습 방법, 또는 새로운 기술 습득 전 과도기 등

| 싱거(Singer) | • 습관의 위계(자연스러운 현상)<br>• 위계적 구조의 기능 학습 중 하위 단계에서 상위 단계로 향하는 과도기에 발생 |
| 맥길(Magill) | • 습관의 위계, 동기의 저하, 피로, 주의력 결핍 등<br>• 상한 효과 : 너무 쉬운 과제의 경우 초반의 급격한 향상 이후 정체 발생(천정효과/천장효과)<br>• 하한 효과 : 너무 어려운 과제의 경우 초반에 향상이 이루어지지 않고 시간이 지난 후에 향상함(바닥효과) |

  ㉡ 슬럼프
    • 정의 : 스포츠의 연습 과정에서 어느 기간 동안 연습 효과가 올라가지 않고, 스포츠에 대한 의욕을 상실하여 성적이 저하된 시기
    • 고원현상과 비슷해 보일 수 있으나 고원현상은 학습이 내부적으로 진행 중인 것에 비해 슬럼프는 학습이 실제로 지체되거나 후퇴함

⑥ 피드백
  ㉠ 정의 : 목표 상태와 수행 간의 차이에 대한 정보를 되돌려 수행자에게 운동동작 자체 혹은 운동수행의 결과나 평가에 대한 정보를 제공하는 것
  ㉡ 피드백의 분류

| 내재적 피드백 (감각적 피드백) | • 수행자의 감각에 의한 피드백<br>• 운동 수행 자체에 내재하여 자동적으로 발생하는 정보 |
|---|---|
| 외재적 피드백 (보강적 피드백) | • 수행자의 감각이 아닌 외부에서 주어지는 정보<br>• 타인 혹은 지도자에게 받는 정보로서 언어적·비언어적 방법을 통해 제공됨<br>• 영상자료 : 비디오, 컴퓨터 등 영상 매체를 활용해 주어지는 구체적 정보<br>• 바이오피드백 : 근육활동 수준, 관절 위치 등 생체의 신경·생리 상태 등을 감지하고 수치화하여 제공되는 피드백<br>• 언어적 보강자료 : 수행과 관련하여 언어적으로 제공되는 정보 |

> **QUIZ**
> 경기 장면을 담은 영상을 보고 무릎의 동작을 수정하거나 코치가 선수에게 직접 "체중 이동이 빠르다."는 정보를 말로 제공하는 것은 감각적 피드백의 사례이다. (○/×)
> 답 ×

**이해 더하기**

외재적 피드백의 구분

| 구분 | 결과지식 | 수행지식 |
|---|---|---|
| 공통점 | 언어 및 시각 정보의 형태로, 운동 수행 후에 제공 | |
| 차이점 | 환경적 목적 관점에서의 동작의 결과에 대한 정보를 제공(양적 정보) | 동작 유형, 폼, 동작 패턴 및 속도 등과 관련된 운동학적 정보를 제공 (질적 정보) |

뉴웰(Newell)의 범주화(보강피드백의 범주화) **2023 기출**

| 처방 정보 | • 운동 종료 후 그에 대한 정보를 학습자에게 제공하는 것<br>• 주로 언어적 설명 혹은 시범을 통해 전달 |
|---|---|
| 정보 피드백 | • 학습자의 운동 이전 혹은 현재 상태에 대한 정보를 제공하는 것<br>• 동시적 피드백 : 현재 수행 중인 움직임에 관한 정보<br>• 종료 피드백 : 완료된 동작에 대한 특성 및 연속성 정보 |
| 전환 정보 | 협응 관련 움직임과 관련된 정보로서 새로운 동작 습득 시 유용한 정보 |

> **POINT**
> 결과지식과 수행지식의 예시
> • 결과지식 : 투구 분석 결과 투구가 목표로 한 방향보다 약 5cm 아래로 향했으며 구속은 약 3km/h 낮게 측정되었다.
> • 수행지식 : 정확한 제구를 위해서는 공을 던지는 마지막 순간까지 시선을 포수의 미트에 고정하여야 하며 디딤발에 충분한 힘을 주어 하체가 흔들리지 않도록 해야 한다. 또한 투구 동작에 따라 체중을 부드럽게 앞으로 이동하여 하체의 힘을 최대한 이동할 수 있도록 해야 구속을 상승시킬 수 있다.

  ㉢ 피드백의 기능

| 정보 제공 | 학습자에 대하여 효율적인 운동수행에 필요한 정보를 제공 |
|---|---|
| 동기 유발 | 학습자의 기술 수행 및 연습에 대한 동기를 유발시켜 지속적으로 목표 성취를 위해 노력하도록 유도 |
| 강화 | 피드백 정보 자체가 정적 강화 혹은 부적 강화의 효과를 가짐 |

  ㉣ 자기(수행자) 통제 피드백
    • 학습자가 직접 교사에게 요구하는 피드백
    • 학습자와 교사 간의 상호적 의사 전달 과정으로 능동적인 인지적 처리 과정 증가

• 학습자 스스로 인지전략을 세움으로써 능동적으로 학습에 참여하고 교사는 요구에 부합하는 정보를 제공

### 4. 운동기술의 연습

① **운동기술 연습의 유형** `2024 기출`

| 분류 기준 | 연습법 | 과제 제시 방법 |
| --- | --- | --- |
| 연습과제의 분할 | 전습법 | 한 가지의 과제를 전체적으로 제시 |
| | 분습법 | 한 가지의 과제를 하위 단위로 나누어 제시 |
| 연습과제의 제시 순서 | 구획(분단)연습 | 한 가지 과제를 충분히 연습한 뒤 다음 과제 제시<br>예 드리블 20분 연습 후 슛 동작 20분 연습 |
| | 계열연습 | 여러 과제를 일정한 순서대로 제시<br>예 드리블, 패스, 슛을 순서를 정해 계속 같은 순서대로 반복 |
| | 무선연습 | 과제를 무작위로 제시<br>예 차례가 돌아올 때마다 무작위로 드리블 혹은 슛을 연습 |
| 연습시간의 배분 | 집중연습 | 연습시간을 휴식시간보다 상대적으로 길게 배분 |
| | 분산연습 | 연습시간을 휴식시간보다 상대적으로 짧게 배분 |

> **이해더하기**
>
> **맥락 간섭(Contextual Interference)** `2025 기출`
> - 맥락 간섭이란 학습 사이에 개입된 사건이나 경험으로 인해 학습 혹은 기억에 방해를 받는 것이다.
> - 맥락 간섭효과는 운동기술의 연습 상황에서 운동기술에 포함되는 하위 요소들 간의 간섭 현상이 일어나는 것이다.
> - 맥락 간섭이 낮다는 것은 한 가지 기술을 반복해서 연습한다는 것으로 익숙하고 쉽게 느껴진다.
> - 맥락 간섭이 높다는 것은 여러 기술을 섞어서 무작위로 연습한다는 것으로 어렵고 헷갈리지만 실제 상황에 유리하다는 장점이 있다.
> - 연습과제의 제시 순서에 따라 구분된 연습법을 맥락 간섭이 높은 것부터 순서대로 나열하면 구획연습>계열연습>무선연습이다.

② **연습 기법의 활용**

㉠ 가이던스 기법
- 신체적, 언어적 또는 시각적 방법을 사용하여 운동수행에 직접적으로 도움을 제공하는 기법
- 학습자의 오류 감소, 두려움 제거, 부상 예방 등에 도움
- 과도한 가이던스 제공은 오히려 학습에 지장을 초래할 수 있음

㉡ 심리적 연습
- 운동학습 및 수행 촉진을 위한 목적으로 대근운동이 일어나지 않

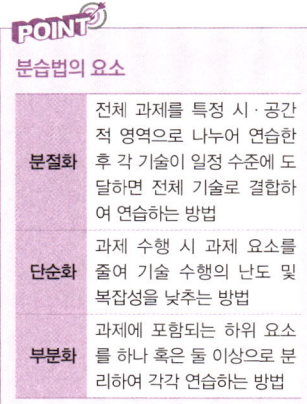

**POINT 분습법의 요소**

| 분절화 | 전체 과제를 특정 시·공간적 영역으로 나누어 연습한 후 각 기술이 일정 수준에 도달하면 전체 기술로 결합하여 연습하는 방법 |
| --- | --- |
| 단순화 | 과제 수행 시 과제 요소를 줄여 기술 수행의 난도 및 복잡성을 낮추는 방법 |
| 부분화 | 과제에 포함되는 하위 요소를 하나 혹은 둘 이상으로 분리하여 각각 연습하는 방법 |

**O×QUIZ**

야구 수업에서 오버핸드(A)와 사이드 암(B), 언더핸드(C) 던지기 동작을 지도할 때, 분단연습은 'AAAAA(10분) → BBBBB(10분) → CCCCC(10분)'과 같은 방식을, 무선연습은 'ABACCABCBACBABC(30분)'과 같은 방식을 말한다. (O/×)

답 O

는 상태에서 과제를 상징적·인지적·언어적으로 예행 연습하는 방법
- 운동 요소보다는 인지 요소에 더 많은 영향을 미치며 운동학습의 초기 단계와 숙련 단계에서 효과적

## SECTION 03 운동발달

### 1. 운동발달의 개념

① 시간적 흐름, 즉 연령에 따라 운동기능이 계열적·연속적으로 변화하는 과정
② 기능적 분화와 복잡화, 통합화를 통해 환경에 적응해 나가는 과정으로서 하나의 상태에서 다른 상태로 변화하는 과정

> **이해 더하기**
> 
> **운동발달의 기본 가정**
> - 인간의 전 생애에 걸쳐 일정한 순서로, 연속적으로 진행되는 과정이다.
> - 발달의 속도와 범위에는 개인차가 존재한다.
> - 운동발달의 민감기 또는 결정적 시기가 존재한다.
> - 운동발달은 환경적 맥락의 영향을 받는다.

**QUIZ**
운동발달은 인간의 전 생애에 걸쳐 일정한 순서로, 연속적으로 진행된다. (○/×)
답 ○

### 2. 운동발달 영향 요인

① 개인적 요인

| 유전과 영향 | • 인간의 성장과 성숙에 영향을 미침<br>• 출생 시 체중에는 15~20%, 뼈의 크기에는 60%의 영향 |
|---|---|
| 심리적 요인 | 개인의 가치관이나 신체적 자긍심, 내적 동기 등이 운동발달에 영향을 미침 |

**기출 채우기**
레빈(K. Lewin)은 인간의 행동이 ( )과 환경의 상호작용에 의해 변화한다고 보았다.
답 개인

> **이해 더하기**
> 
> **성장과 성숙**
> - 성장 : 신체나 신체 부분의 크기 증가, 신체 변화의 총체를 의미
> - 성숙 : 기능을 더 높은 수준으로 발전시킬 수 있도록 하는 질적인 변화

② 환경적(사회·문화적) 요인

| 성 역할 | 남녀의 성 역할에 따른 놀이 환경 등은 운동발달에 영향을 미침 |
|---|---|
| 대중매체 | 대중매체를 통한 스포츠 정보는 운동발달에 간접적으로 영향을 미침 |
| 문화적 배경 | 개인이 속한 집단이 추구하는 가치에 따라 운동발달에 미치는 영향이 달라짐 |
| 사회적 지지 | 부모나 가족 등 사회적 지지자들이 가지고 있는 운동에 대한 인식과 태도는 운동발달에 영향을 미침 |

## 3. 발달의 원리와 단계별 특징

① 운동발달의 원리
  ㉠ 운동발달은 인체의 성숙에 따라 일정한 단계별로 이루어짐
  ㉡ 신체는 머리에서 발끝으로, 몸통에서 말초 부분으로 발달이 이루어짐
  ㉢ 운동발달은 분화와 통합의 과정에 의해 이루어짐
  ㉣ 대근육 운동에서 소근육 운동의 순으로 발달이 이루어짐

**POINT 운동발달의 원리**
- 일정한 단계를 거침
- 분화와 통합의 과정을 거침
- 머리 → 발끝, 몸통 → 말초, 대근육 → 소근육

**이해더하기**

게셀(A. Gesell)과 에임스(L. Ames)의 운동발달의 원리 [2023 기출]

| 머리-꼬리 원리 | • 머리에서 발 방향으로 발달<br>• 머리 → 몸통과 어깨 → 팔과 다리 → 손·발가락 |
|---|---|
| 중앙-말초 원리 | • 신체 중심에서 말초 부위로 발달<br>• 몸통과 어깨 근육 조절 능력 → 손가락 근육 조절 능력 |
| 양측-동측-교차 운동협응의 원리 | 운동발달은 신체 양측과 동측의 움직임이 서로 교차하며 분화와 통합의 과정에 의해 이루어짐 |

② 운동발달의 단계별 특징(Gallahue) [2024 기출]
  ㉠ 반사운동 단계
    • 출생부터 1년까지인 신생아기에 나타나는 단계
    • 신경계통의 체계가 완전히 성숙되지 않아 불수의적인 움직임이 나타남
    • 유아의 첫 운동행동을 관찰할 수 있음
    • 유아의 운동행동이 올바른지 진단해주는 역할
  ㉡ 기초 단계
    • 출생부터 2년까지의 유아기에 나타나는 단계
    • 신경체계 성숙으로 반사운동 단계가 사라지고 수의적인 움직임이 나타나는 단계
    • 기거나 걷기 또는 물체를 잡는 운동들이 포함됨

**POINT 운동발달 단계의 구분**

| 신생아기(출생~1세) | 반사운동 단계 |
|---|---|
| 유아기(1~2세) | 기초 단계 |
| 아동기(2~6세) | 기본 움직임 단계 |
| 초등학생 | 스포츠 기술 단계 |
| 청소년기 | 성장과 세련 단계 |
| 성인 초기(20~30세) | 최고 수행 단계 |
| 성인 후기(30세~) | 퇴보 단계 |

ⓒ 기본 움직임 단계
- 2~6세의 유아기와 아동기에 나타나는 단계
- 기본적인 움직임의 능력이 나타나는 단계
- 자신의 신체에 대해서 인식하고 균형 감각이 발달함
- 던지기와 차기 등의 운동기술이 나타남

ⓔ 스포츠 기술 단계
- 초등학교 시기에 나타나는 단계
- 동작의 협응력이 발달하여 각각의 움직임 동작을 하나의 동작으로 만듦
- 활발한 스포츠 참여가 이루어짐

ⓜ 성장과 세련 단계
- 청소년기에 해당하며 운동발달이 가장 급격히 나타나는 단계
- 남녀 성별에 따른 운동발달의 차이가 나타남
- 호르몬 분비 등 신체적 변화로 2차 성징이 나타남
- 신체적 성장뿐만 아니라 사회·문화적 현상에 의한 영향 또한 많이 받음

ⓑ 최고 수행 단계
- 20~30세에 나타나는 단계
- 근력과 심폐기능 운동수행 능력이 월등히 발달함
- 최상의 운동수행력 및 학습력을 나타냄

ⓢ 퇴보 단계
- 30세 이후에 나타는 단계
- 심장 혈관, 근력, 근지구력, 신경의 기능, 유연성 등이 서서히 감소
- 운동학습 습득 속도의 감소로 운동수행력이 감소함

> **QUIZ**
> 유아기는 반사 움직임 단계로서 불수의적 움직임이 관찰되는 시기이다. (○/×)
> 답 ×

> **QUIZ**
> 운동발달의 단계는 반사운동 단계 → 초기움직임 단계 → 기본 움직임 단계 → 스포츠 기술 단계 → 최고 수행 단계 → 퇴보 단계 순이다. (○/×)
> 답 ○

# CHAPTER 03 스포츠수행의 심리적 요인

## SECTION 01 성격

### 1. 성격의 개념

① 성격의 정의
　㉠ 일반적 정의 : 행동특성과 관련해 비교적 일관성 있게 영향을 미치는 개인 고유의 신체적·사회적·심리적 특성들의 총체
　㉡ 학자별 정의
　　• 올포트(Allport) : 개인의 독특한 행동과 사고 및 감정의 패턴을 생성해 내는 개인 내부에 존재하는 심리
　　• 페빈(Pervin) : 개인이 감정을 느끼고 행동할 때 나타나는 일관성 있는 패턴을 설명할 수 있는 개인의 특성
　　• 릭맨(Ryckman) : 다양한 상황에서 인지, 동기, 행동에 독특하게 영향을 미치는 역동적이고 조직화된 개인적 특징들의 조합

② 성격의 구조(Hollander)

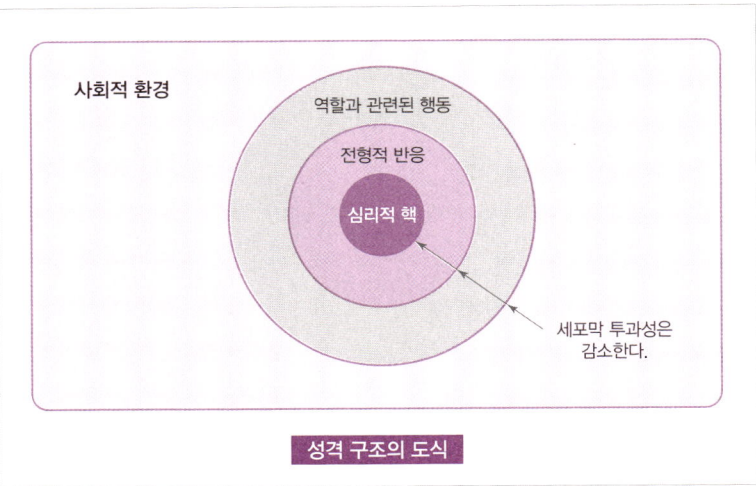

성격 구조의 도식

> **POINT**
> 심리적 핵
> • 깊숙이 내재되어 있는 실제 이미지
> • 자아, 태도, 가치, 흥미, 동기 등을 포함
> • 가장 높은 일관성

> **O/X QUIZ**
> Hollander는 성격의 구조가 심리적 핵, 전형적 역할, 역할 관련 행동의 세 부분으로 이루어져 있다고 주장하였다. (○/×)
> 답 ×

| 심리적 핵 | • 가치관, 생각 등 본질적인 속성, 성격의 가장 기초적인 단계<br>• 핵심 부분으로서 외부 상황 변화의 영향을 거의 받지 않음 |
|---|---|
| 전형적 반응 | • 환경과 상호작용하며 외부 세계에 적응하기 위해 학습·생성된 행동양식<br>• 심리적 핵의 반영지표(심리적 핵 예측에 활용) |
| 역할 관련 행동 | • 본인의 사회적 지위와 역할을 고려하여 나타내는 행동으로 가장 표면적이고 변화 가능한 부분<br>• 상황에 따라 달라지는 행동으로서 심리적 핵을 확실하게 반응하지는 않음<br>• 역할 관련 행동으로 한 사람의 성격 특성을 평가할 경우 오류를 범할 수 있음 |

> **POINT**
> 성격의 구조
> 
> | 심리적 핵 | 성격의 본질적 속성 |
> |---|---|
> | 전형적 반응 | 심리적 핵의 반영지표 |
> | 역할 관련 행동 | 표면적인 행동(변화 가능) |

③ **성격의 일반적 특성**
  ㉠ 독특성 : 개인을 독특한 존재로 변별하여 주는 여러 특성들의 총체
  ㉡ 일관성 : 일정한 시간이나 환경의 변화에 따라 달라지지 않는 행동 특성
  ㉢ 경향성 : 성격에 따라 개인의 반응 방식이 다르게 나타나는 것

## 2. 성격 관련 이론  [2024 기출]

① **정신역동이론(프로이트)**
  ㉠ 행동을 지배하는 무의식적 동기를 밝히려는 이론
  ㉡ 원초아와 자아, 초자아의 상호작용이 인간의 행동을 지배

| 구분 | 원초아(Id) | 자아(Ego) | 초자아(Super ego) |
|---|---|---|---|
| 의미 | 본능적 | 원초적 욕구에 반응 | 이상적인 도덕 추구 |
| 의식성 | 무의식 | 의식 | 무의식&의식 |
| 기능 | 본능적 욕구와 만족 추구 | 원초아와 초자아 중재 | 이상과 도덕을 추구 |
| 성격 | 즉각적, 비합리적, 충동적 | 현실적, 합리적, 논리적 | 지시적, 비평적 |

② **성격특성이론**
  ㉠ 개인의 행동은 외부 환경의 영향보다 개인 내에 존재하고 있는 일관적이고 안정된 특성들에 의해 결정된다고 보는 이론
  ㉡ 올포트(Allport)의 성격특성

| 공통특성 | 공통적인 경험과 문화적인 영향으로 인해 사람들에게 일괄적으로 나타나는 특성 |
|---|---|
| 개인적 성향 | • 기본성향 : 고도로 일반화된 성향으로서 모든 개인의 사고와 행동에 나타남<br>• 중심성향 : 기본성향보다는 행동에 대한 지배력이 낮으나 포괄적인 영향을 미침<br>• 이차성향 : 제한된 방식으로 행동을 지배하는 성향으로서 상황이나 대상에 따라 달라짐 |

ⓒ 아이젠크(Eysenck)의 성격특성

| 내향성과 외향성 | 각성 수준과 관계되어 있어 행동과 조건화에 영향을 미치는 특성 |
|---|---|
| 안정성과 불안정성 (신경과민) | 정서적인 안정을 나타내는 차원의 특성 |

ⓔ 커텔(Cattell)의 성격특성

| 표면특성 | 겉으로 드러나면서 함께 공존하는 것으로 보이는 성격특성 |
|---|---|
| 근원특성 | 표면특성을 일으키고 표면특성에 일관성을 부여하는 성격특성 |

③ **현상학적이론(욕구위계이론, Maslow)**
  ㉠ 현상학적이론 : 개인이 어떻게 사상을 인지하고 해석하는지 그 주관적 관점에 관심을 두는 이론
  ㉡ 욕구위계이론 : 인간의 욕구가 그 정도와 중요성에 따라 일련의 계층적 단계로 배열되며, 하위 단계의 욕구가 충족된 후에 그 상위 단계의 욕구를 의식·추구한다고 보는 이론
  ㉢ 욕구위계이론의 단계별 욕구

| 7단계 | 자기실현 욕구 | 자아실현, 자신의 발전과 완성을 바라는 욕구 |
|---|---|---|
| 6단계 | 심미적 욕구* | 질서와 안정을 바라며 아름다움을 추구하는 욕구 |
| 5단계 | 인지적 욕구* | 지식과 기술, 주변 환경에 대한 호기심과 이해의 욕구 |
| 4단계 | 존중 욕구 | 내·외적으로 인정받고 사회적 지위의 확보를 원하는 욕구 |
| 3단계 | 소속 및 애정 욕구 | 타인과 관계를 맺으며 애정을 나누고자 하는 욕구 |
| 2단계 | 안전 욕구 | 신체의 위험 및 생리적 욕구의 박탈로부터 자유롭고자 하는 욕구 |
| 1단계 | 생리적 욕구 | 음식, 주거, 배설, 수면 등 삶을 유지하고자 하는 기초적인 욕구 |

※ 심미적 욕구와 인지적 욕구는 후기 학자들에 의해 추가된 욕구로, 본래의 욕구위계이론은 5단계로 되어 있음

④ **학습이론**
  ㉠ 인간의 행동을 결정하는 요인을 개인 내부가 아닌 외부 환경의 자극으로 보는 이론
  ㉡ 특징
    • 개인의 행동은 상황의 특징 및 상황에 대한 개인의 평가, 유사한 상황에서의 과거 행동에 대한 강화 경험 등에 따라 결정된다고 봄
    • 동기적 특성보다는 인지적 발달과 사회적 학습 경험에서의 개인차를 중시함

---

**QUIZ**
매슬로우의 욕구위계이론에서 다른 모든 욕구가 충족되었을 때 가장 마지막에 나타나는 최상위 욕구는 자기실현 욕구이다. (O/×)
답 O

**POINT**
욕구위계이론
• 1단계 : 생리적 욕구
• 2단계 : 안전 욕구
• 3단계 : 소속 및 애정 욕구
• 4단계 : 존중 욕구
• 5단계 : 자기(자아)실현 욕구

ⓒ 구분

| 행동주의 | • 조건반사이론(파블로브, Pavlov) : 어떤 자극에 의해 일어나는 반응을 그것과 다른 성질의 자극으로도 동일하게 일으킬 수 있다는 것을 설명해주는 학습이론<br>• 학습의 법칙(쏜다이크, Thorndike) : 운동기술의 효과 상승을 위한 원리를 준비의 법칙, 연습의 법칙, 결과의 법칙으로 구분<br>• 강화이론(스키너, Skinner) : 자극과 반응, 강화물이라는 세 가지 요소를 이용한 '조작적 조건형성'을 통해 인간의 행동이 형성된다고 보는 이론 |
|---|---|
| 사회학습이론<br>(반두라, Bandura) | 인간의 행동은 사회에서 학습한 것과 개인이 처한 상황 간의 상호작용에 의해 결정된다고 보는 이론 |
| 합리적 행위 이론<br>(아젠 & 피시바인) | 행동에 대한 태도와 주관적 규범이 행동 의도에 영향을 미치고 이것이 행동으로 이어진다는 이론 |

## 3. 성격의 측정 2025 기출

① **평정척도법(면접법)** : 피험자를 직접 인터뷰하거나 미리 준비해 둔 질문을 한 후 그 결과를 수량화하고 평가하는 방법

② **질문지법**
　ⓐ 구조화된 질문지를 피험자에게 주고 자기보고식 방법으로 각 문항에 체크하는 방법
　ⓑ 관리하기 편하고 정량화가 쉬움
　ⓒ 질문지법의 종류

| 다면적 인성검사<br>(MMPI) | 미네소타 대학에서 개발한 검사로 현재는 총 567개 문항 14개 척도로 구성된 MMPI-2를 활용 |
|---|---|
| MBTI 검사 | 감각, 직관, 사고, 감정의 4가지 기능유형을 외향성과 내향성의 2가지 태도유형으로 분류하여 총 16가지 성격 유형으로 구분하는 검사 |
| 16PF 검사 | 커텔(Cattell)의 성격 특성 이론에 근거하여 16가지 성격 요인을 측정할 수 있도록 개발된 검사 |
| 성격 5요인 검사 | 개방성, 성실성, 신경증, 외향성, 우호성 등의 다섯 가지 차원으로 구분된 질문을 통해 성격을 측정 |
| EPI 검사 | 내향성과 외향성, 안정성과 불안정성이라는 2가지 차원으로 성격을 측정하는 검사 |
| 한국판<br>성격차원 검사 | 신경증적 경향성, 정신병적 경향성 등 허위성을 측정하는 검사 |

③ **투사법** : 막연한 자극을 제시한 후 그 반응을 분석하여 피험자의 성격을 파악하는 방법

| 로르샤흐 검사 | 잉크의 얼룩이 무엇으로 보이는지를 검사하여 그 사람의 성격이나 정신 내부의 상태를 알아내려는 방법 |
|---|---|

POINT
로르샤흐 검사 카드 예시

| 주제통각 검사 | • 인물, 상황 등 애매한 장면이 그려져 있는 그림판을 제시한 후 이를 토대로 과거, 현재, 미래에 대한 이야기를 하게 함<br>• 이야기에 나타난 욕구, 행동의 체계와 수준, 행동의 종류, 행동의 결말 등을 단서로 하여 성격을 판정 |
|---|---|
| 문장완성형 검사 | 언어를 이용하여 개인의 욕구와 감정 그리고 무의식적인 경향 등을 파악하는 방법 |

④ **작업검사법** : 일정한 작업을 부과하고 그것의 결과를 분석하는 방법
⑤ **성격측정지** : 다면적 인성검사, 성격요인 검사, 스포츠 전문 검사 등을 통해 성격을 측정하는 방법

## 4. 성격과 경기력의 관계

① **경기력의 요인**
　㉠ 선수 내적 요인 : 성격, 기술, 체력, 체격(선수의 노력으로 변화 가능)
　㉡ 선수 외적 요인 : 물리적 환경, 인적 환경(선수의 노력으로 변화 어려움)

② **빙산형 프로파일 모델**

빙산형 프로파일 모델

　㉠ 모건(Mogan)의 빙산모형윤곽 개념은 심리적 요인과 성공적인 운동 수행 사이의 중요한 관계를 나타냄
　㉡ 우수 선수는 활력이 평균보다 월등히 높고 부정적인 요인은 평균보다 낮음
　㉢ 우수 운동선수의 윤곽은 빙산과 같이 보이는 반면에 비우수 선수는 오히려 평평한 윤곽을 가짐

㉣ 우수 운동선수는 긴장, 우울, 피로 등에서 심리적 마음상태가 낮고 용기에서 높음
㉤ 결과적으로 심리적 윤곽이 운동선수의 긍정적인 심리적 건강과 일치하지만, 선수의 빙산형 프로파일을 근거로 대표를 선발하거나, 경기력을 예측하는 것은 바람직하지 않음

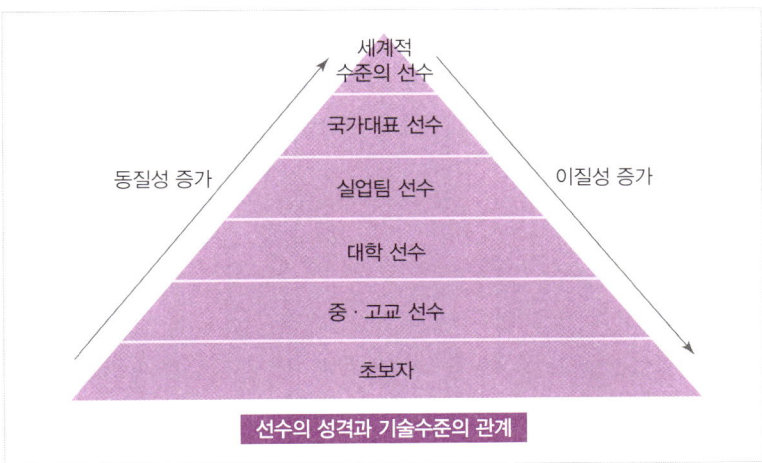

선수의 성격과 기술수준의 관계

> **이해더하기**
>
> 우수선수의 인지 전략
> - 훈련 : 시합 전 대처 전략을 미리 연습
> - 루틴 : 시합 전·후의 방해 요인에 대한 대비책으로 루틴을 실천
> - 집중 : 시합에 집중
> - 심상 : 시합 전 심리적 연습을 실천
> - 합리성 : 통제 가능한 요인에 집중
> - 시합전략 : 시합에 대한 구체적인 계획 수립
> - 각성 조절 : 각성과 불안의 수준을 조절하는 방법을 익힘

## SECTION 02 | 정서와 시합불안

### 1. 정서

① **정서의 개념**
  ㉠ 정서의 정의
   - 감각, 생각, 행동과 관련된 정신적·생리적 상태
   - 주관적 경험으로 기분, 성격 등과 관련이 깊음
   - 신체적, 생리학적 변화를 포함함

   **이해더하기**

   **재미와 몰입**

   | 재미 | 운동의 참가에서 느끼는 긍정적인 정서 반응으로 운동에 대한 흥미와 동기를 유발할 수 있는 가장 큰 요인 |
   |---|---|
   | 몰입 | • 스포츠 참가를 지속하려는 욕구와 결심, 그리고 그것에 대한 애착을 가진 심리 상태<br>• 몰입의 구성요소 : 뚜렷한 목표, 스포츠 참가를 통한 긍정적·부정적 경험, 당면한 과제를 해결할 때의 만족감과 행복감 |

> **기출 채우기**
> 스포츠 재미에 영향을 미치는 요인 3가지는 숙달과 성취, 사회적 소속, ( )이다.
> 답 동작 감각 체험

> **POINT**
> **스포츠 재미의 원천과 과정**
> 숙달과 성취, 사회적 소속, 동작 감각 체험 → 스포츠 재미 → 스포츠 전념 → 스포츠 행동

  ㉡ 정서의 분류

   | 혼합관점 | • 정서를 기본정서와 혼합정서로 분류<br>• 8가지 기본정서(Plutchik) : 두려움, 놀람, 슬픔, 혐오, 분노, 예견, 기쁨, 수용 |
   |---|---|
   | 차원관점 | • 정서가 기본정서로 표현되는 것이 아니라 비정서적인 몇 개의 차원들로 환원된다는 관점<br>• 모든 정서가 '쾌-불쾌'와 '각성-비각성'의 두 차원으로 이루어진 평면상의 좌표로 표현됨 |

② **정서의 측정** : 자기보고식 측정, 생리적 측정, 얼굴표정 측정, 뇌기능 측정 등

③ **정서와 운동의 관계**
  ㉠ 운동 방법과 종목에 따라 정서의 변화에 긍정적 역할을 수행할 수 있음
  ㉡ 운동 참여를 통한 재미가 정서를 변화시킬 수 있음

   **이해더하기**

   **러너스 하이(Runner's high)**
   - 심리학자 맨델이 1979년 논문에서 처음 사용한 표현
   - 장시간의 달리기에서 얻어지는 도취감 혹은 쾌감
   - 분당 120회의 심박수로 30분 정도 달릴 때 발생
   - 달리기뿐만 아니라 장시간의 운동이라면 어떤 운동이든 경험 가능

## 2. 불안

① **불안의 개념**
 ㉠ 신체적 각성을 고조시키는 주관적인 관점으로 불쾌감 혹은 짜증감과 함께 나타나는 부정적 정서
 ㉡ 인지적 불안(근심·걱정·우려 등)뿐만 아니라 신체적 불안(맥박과 호흡의 증가, 땀 분비), 즉 생리적 변화가 함께 나타남

② **불안의 유형**

| | |
|---|---|
| 각성 | • 생리적으로 각종 신경이 활동 중인 상태<br>• 깊은 수면 상태일 때 가장 낮고 흥분 상태일 때 가장 높음<br>• 생리적·심리적 활성화 |
| 상태불안 | • 상황에 따라 다양하게 변화하는 일시적 성격의 정서 상태<br>• 인지적 상태불안과 신체적 상태불안으로 구분 |
| 특성불안 | • 선천적으로 타고난 개인적 특성 및 기질과 관계된 불안<br>• 객관적 위협의 정도와 무관하게 불안을 지각하고 반응하는 행동성향 |
| 경쟁특성불안 | 경쟁적인 상황 또는 시합상황을 타인보다 더 위협적인 상황으로 지각하는 개인적 특성으로 인해 나타나는 불안 |
| 경쟁상태불안 | 특별한 경쟁 또는 시합상황에서 나타나는 불안 |

### 이해더하기

**경쟁불안의 발생 원인**
- 실패에 대한 두려움
- 통제력의 상실
- 부적감
- 자신감의 결여
- 죄의식

**칙센트미하이(M. Csikszentmihalyi)의 몰입이론** 2023 기출
- 몰입의 정의 : 어떤 행위에 깊게 빠져 심취해 있는 무아지경의 상태
- 플로우(flow) : 자신이 하고 있는 일에 빠져드는 개인의 심리상태
- 몰입의 전제조건 : 명확한 목표, 분명한 피드백, 도전·기능의 조화
- 몰입모델

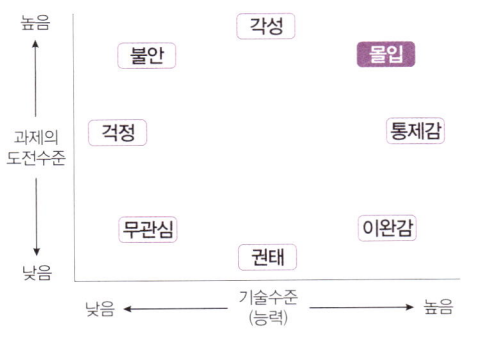

- 기술 수준에 비해 과제의 도전 수준이 높을 경우 : 불안이나 걱정을 경험
- 기술 수준에 비해 도전 수준이 낮을 경우 : 편안한 이완감을 경험

---

### POINT
**신체적 불안과 인지적 불안**

| 신체적 불안 | • 상황에 따라 변하는 지각된 생리적 반응<br>• 심장박동, 손의 땀과 떨림, 메스꺼움 등 |
|---|---|
| 인지적 불안 | 상황에 따라 변하는 운동 수행에 관한 부정적 생각이나 걱정 |

### POINT
**경쟁불안의 감소 요인**
- 적절한 목표의 설정
- 높은 성취목표성향

③ **불안의 측정**

㉠ 생리적 측정
- 장비를 통해 생리적 변화를 파악하여 불안 정도를 측정하는 방법
- 생리적 측정 방법

| 뇌파검사 (EEG) | 뇌파의 주파수와 진폭을 그린 뇌파도(뇌전도)를 분석하여 뇌의 상태를 알아보는 방법 |
|---|---|
| 피부전기저항 (GSR) | 피부에 전류를 통했을 때 체표 부위에 생기는 전기저항을 측정하여 교감신경의 흥분 정도를 확인하는 방법 |
| 심전도(ECG) | 심장의 박동에 따라 심근에서 발생하는 활동 전류를 전류계로 기록한 것 |
| 근전도(EMG) | 근육의 활동전위를 기록한 곡선으로 운동기능의 이상 원인 진찰에도 활용 |
| 심박수 | 심장이 1분 동안 뛰는 횟수로 교감신경 흥분 시 증가함 |
| 혈압 | • 혈액이 혈관벽에 미치는 압력으로 일반적으로 동맥 내 혈압을 의미<br>• 심박출량에 따라 최대혈압이, 말초혈관의 저항에 따라 최소혈압이 변함 |

㉡ 심리적 측정
- 다양한 심리검사 및 검사지를 통해 불안 정도를 측정하는 방법
- 불안 측정 방법 중 가장 널리 사용되는 방법
- 심리적 측정 방법

| 상태-특성불안척도 (STAI) | • 모든 종류의 불안을 측정하는 데 가장 많이 사용되는 검사<br>• 상태불안과 특성불안을 동시에, 간단히 검사할 수 있는 방법 |
|---|---|
| 스포츠경쟁불안척도 (SCAT) | 심리적으로 불안을 느끼고 싸워서 이겨야 한다는 부담감을 가지는 모든 상황에서 경쟁을 측정하기 위한 불안 검사 |
| 경쟁상태불안검사 (CSAI-2) | 인지적 불안, 신체적 불안, 자신감의 세 가지 영역으로 나누어 경쟁불안을 측정하는 도구로서, 시합 직전에 실시하는 검사 |
| 표명불안척도 (MAS) | • 타고난 특성불안의 측정을 위한 척도로서 50개 문항으로 구성<br>• 총점을 기준으로 19점 미만일 경우 선천적으로 불안도가 적음을 의미하고, 그 이상일 경우 선천적으로 불안도가 높음 |

㉢ 행동적 측정
- 외형적 행동 반응을 측정하여 직관적이면서도 쉬운 방식으로 불안 정도를 측정
- 불안의 증상 혹은 과제의 수행 상태를 측정한 후 불안의 행동적 척도와 비교

## 3. 스트레스와 탈진

① **스트레스**

㉠ 스트레스의 개념 : 적응이 어려운 환경에 처할 때 느끼는 심리적·신체적 긴장상태

---

**O/X QUIZ**

스트레스는 과도한 신체·심리에너지 사용으로 인한 심리·생리적 피로의 결과이다. (O/×)

답 ×

ⓒ 스트레스의 원인
- 개인의 능력과 이루고자 하는 욕구 및 목표 간의 괴리로 인해 발생
- 개인의 능력이 주어진 환경을 감당할 수 없을 때 발생

ⓒ 스트레스 반응 : 근육 긴장의 증가, 주변 시각의 협소화, 주의산만의 증가

② 탈진
㉠ 탈진의 개념
- 스트레스로 인한 정서적 소진 상태
- 과도한 신체·심리에너지 소모로 발생한 생리적·신체적 피로의 결과

ⓒ 스포츠 탈진의 개념 : 정서적 고갈, 스포츠의 가치 감소, 수행성취 감소 등의 심리적 증상

ⓒ 스포츠 탈진의 원인 : 인간 소외, 정서적·신체적 운동 탈진, 지나친 목표성향과 동기, 완벽주의, 과훈련 등

> **POINT**
> 운동선수 탈진 질문지 측정 요인
> - 성취감 저하
> - 스포츠 평가절하
> - 신체적/정신적 고갈

## 4. 경쟁불안과 경기력 관계 이론 [2025 기출]

① **욕구이론(추동이론, Spencer)**
㉠ 운동수행의 결과가 경쟁 과정이나 경기불안 원인으로부터 발생된 불안의 정도 또는 각성 수준과 비례하여 증가한다는 이론
ⓒ 경기로 인해 발생한 불안과 각성이 의욕을 높인다는 개념
ⓒ 단순 과제에 적합하고, 복잡한 기술이 요구되는 운동 과제는 설명하지 못하는 것이 단점

> **QUIZ**
> 욕구이론에 따르면 각성 수준과 운동수행수준은 비례한다. (○/×)
> 답 ○

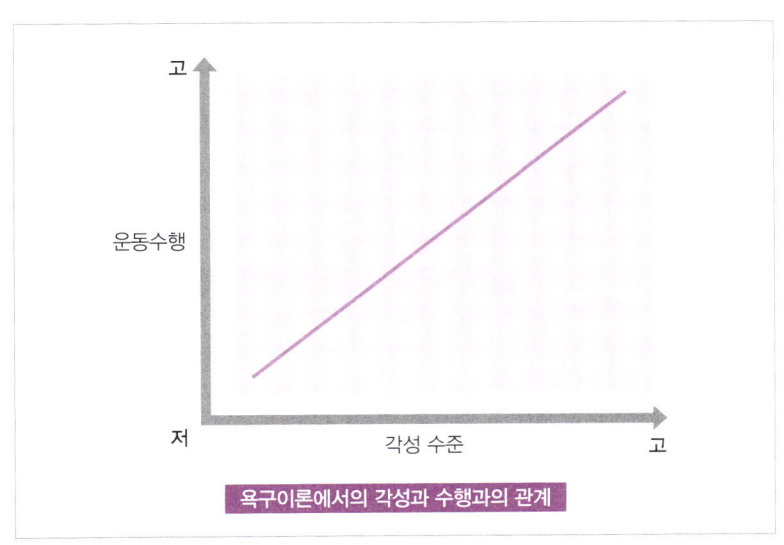

욕구이론에서의 각성과 수행과의 관계

> **QUIZ**
> 추동이론에 따르면 양궁은 불안의 강도가 가장 높은 종목 중 하나이다. (○/×)
>
> 답 ×

### 이해더하기

**종목별 각성 수준(불안의 강도)**

| 각성 수준 | | 종목 |
|---|---|---|
| 5 | 높음 | 미식축구(태클), 200m · 400m 달리기, 역도, 턱걸이, 투포환 등 |
| 4 | 다소 높음 | 100m 달리기, 멀리뛰기 등 |
| 3 | 중간 | 농구, 체조, 복싱, 유도 등 |
| 2 | 다소 낮음 | 야구(투구), 테니스, 다이빙, 펜싱 등 |
| 1 | 낮음 | 골프(퍼팅), 농구(자유투), 축구(패널티킥), 양궁 등 |

② 적정수준이론(역U자 가설, Yerkes & Dodson)
  ㉠ 불안이 증가할수록 비례하여 수행은 증진되며 적정 수준의 각성 상태까지 운동수행이 극대화되다가 과각성상태가 되면 수행은 저하된다는 이론
  ㉡ 불안과 수행의 관계를 뒤집어진 U자 형태의 곡선으로 설명하여 역U자 가설(invertes-U hypothesis)이라고도 함
  ㉢ 최적의 각성 수준에 영향을 미치는 요인 : 개인의 특성불안 수준, 운동과제에 대한 학습단계, 과제의 난이도 등

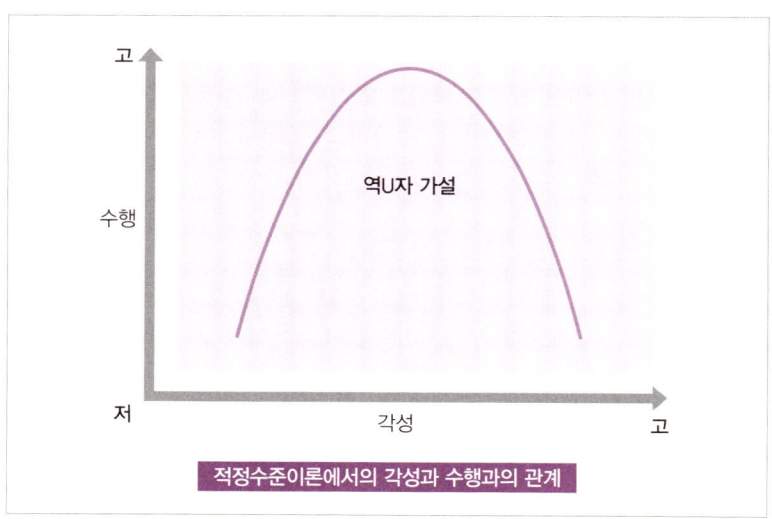

**적정수준이론에서의 각성과 수행과의 관계**

③ 최적수행지역이론(Hanin)
  ㉠ 적정수준이론을 바탕으로 한 이론
  ㉡ 선수 개인마다 불안 기준이 다르고 최적수행지역에 도달하기 위한 각성 수준도 개인마다 차이가 있다는 이론
  ㉢ 최적의 상태불안 수준은 점이 아닌 범위로 표시

> **QUIZ**
> 최적수행지역이론은 선수 개인마다 최적의 수행 상태를 보이기 위한 각성 수준이 다르다고 보는 이론이다. (○/×)
>
> 답 ○

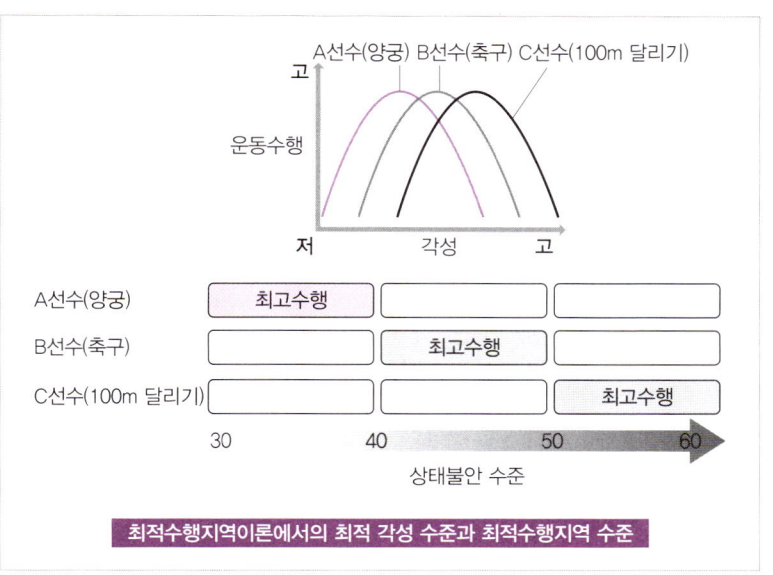

최적수행지역이론에서의 최적 각성 수준과 최적수행지역 수준

④ **다차원적 불안이론(Cox)**
   ㉠ 불안을 인지적 불안과 신체적 불안으로 구분하여 설명하는 이론
      - 인지적 불안 : 불안, 걱정과 같은 감정으로 주로 운동수행에 부정적인 영향
      - 신체적 불안 : 생리적 각성으로 적정 수준이면 운동수행에 긍정적인 영향
   ㉡ 인지적 불안과 신체적 불안은 독립적이며 운동수행에 있어서 각기 다른 역할을 수행
   ㉢ 인지적 불안과 신체적 불안의 수준에 따라 서로 다른 불안 감소 기법이 필요함

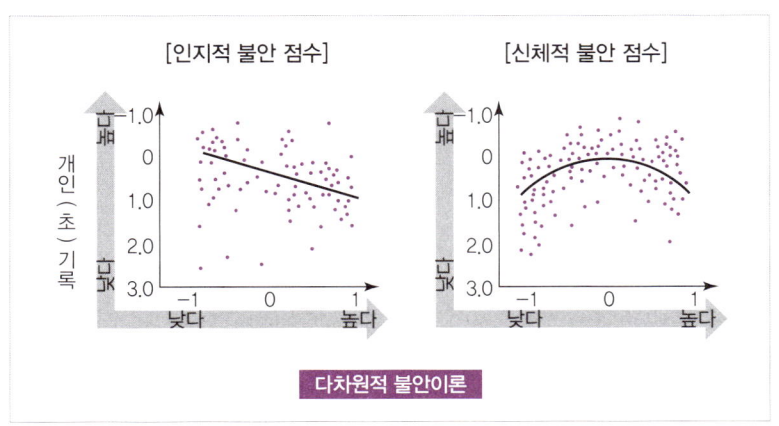

다차원적 불안이론

> **기출 채우기**
>
> 전환이론에 따르면 개인의 인지적 해석 방법에 따라 높은 각성 수준 상태를 기분 좋은 흥분상태 혹은 불쾌한 정서로 다르게 해석할 수 있다. 이러한 이유로 전환이론을 (     )이라고 부르기도 한다.
>
> 📔 반전이론

⑤ 전환(반전)이론(Apter)
  ㉠ 불안(각성) 수준의 해석 방법에 따라 유쾌와 불쾌의 정서가 결정된다는 이론
  ㉡ 우수한 선수일수록 불안이 시합에 긍정적 영향을 끼치도록 해석하는 능력이 뛰어남
  ㉢ 불안의 개인차를 이해하는 데 많은 기여를 함

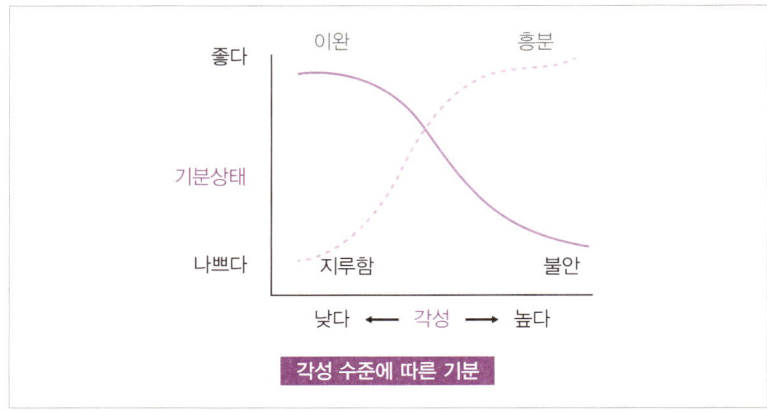

각성 수준에 따른 기분

> **POINT**
>
> **카타스트로피이론**
>
> 인지불안이 높아지면 생리적 각성이 증가하여 운동수행능력도 증가하지만, 적정 수준을 넘어서면 운동수행능력의 급격한 하락(추락)이 나타난다고 보는 이론

⑥ 카타스트로피(대격변)이론(Thom)
  ㉠ 생리적 각성과 인지적 불안의 상호작용에 따라 운동수행 수준이 결정된다고 보는 이론

  | 높은 인지불안과 높은 생리적 각성 | 운동수행이 점차 증가하다 적정 수준을 넘어서면 급격히 감소 |
  |---|---|
  | 낮은 인지불안과 높은 생리적 각성 | 역U자 형태의 운동수행 |

  ㉡ 실제 운동 상황의 설명에 적합

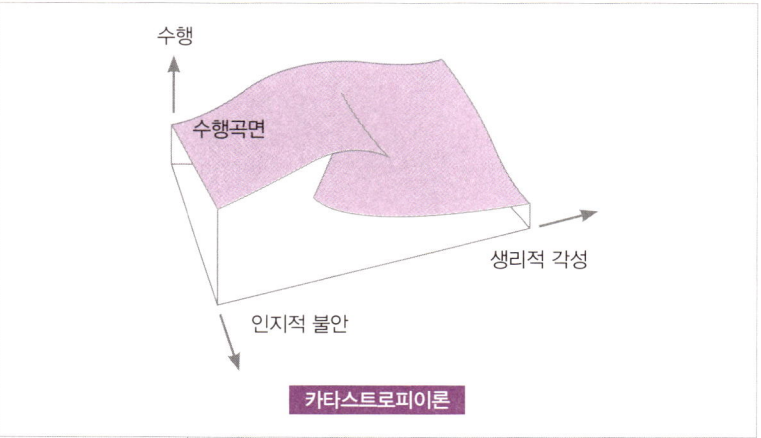

카타스트로피이론

⑦ 심리에너지이론(Martens)
  ㉠ 불안을 긍정적으로 해석하면 긍정적 에너지가 발생되기 때문에 운동수행에 긍정적인 영향을 미치고 반대로 불안을 부정적으로 해석한다면 부정적 심리에너지 때문에 각성과 운동수행 사이에 부정적인 관계가 성립한다고 보는 이론
  ㉡ 긍정적인 심리에너지가 높고, 부정적인 심리에너지가 낮을 때 최고의 경기력 발휘 가능

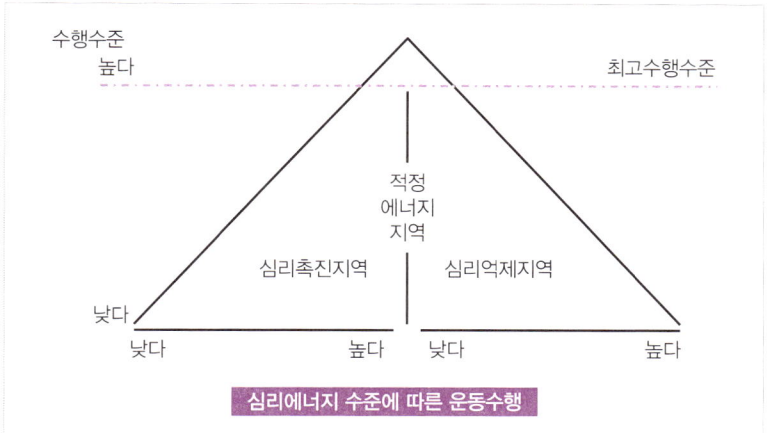

> **QUIZ**
> 심리에너지이론에서는 긍정적 심리에너지와 부정적 심리에너지가 모두 높을 때 최고의 경기력을 발휘할 수 있다고 본다. (○/×)
>
>  ×

## 5. 불안·스트레스 관리 기법

① **불안의 관리 기법**
  ㉠ 불안의 조절

| 행동적 방법 | • 자신이 조절할 수 있는 것에 주의집중하기<br>• 긴장을 이완시켜 줄 수 있는 요법 활용 |
|---|---|
| 인지적 방법 | • 부정적인 생각 금지<br>• 인지 재구성 활용 |
| 행동과 인지 혼합방법 | • 시각적 운동행동 실시<br>• 스트레스 면역 훈련<br>• 신체적 예습 및 복습 실시 |

  ㉡ 불안의 해소 기법 : 자생 훈련, 점진적 이완 훈련, 명상, 생체피드백 훈련, 심상 훈련 등

② **스트레스 관리 기법**
  ㉠ 스트레스의 원인을 찾고 이를 변화시킴
  ㉡ 현재 사고와 다른 방식의 사고 지향
  ㉢ 적절한 운동을 통해 스트레스에 대한 심리·생리적 반응 최소화

> **POINT**
> **불안의 관리 기법**
> 2025 기출 | 2024 기출
>
> • 인지 재구성 : 불안을 극복하고 긍정적으로 해석하는 방법
> • 사고 정지 : 부정적인 생각이 들기 시작할 때, 곧바로 생각의 제동을 거는 방법
> • 자생 훈련 : 신체 부위의 따뜻함과 무거움을 느끼게 해주는 일련의 동작으로 구성된 방법
> • 점진적 이완 : 앉거나 누운 상태로 실시하고, 각 신체부분에 긴장과 이완을 반복하는 방법
> • 체계적 둔감화 : 불안을 유발하는 자극의 목록을 작성한 후, 하나씩 차례로 적용하여 유발 감각 자극에 대한 민감도를 줄여 불안 수준을 감소시키는 방법

## SECTION 03 동기

### 1. 동기의 개념

① **정의** : 특정 행동을 선택하고 일정한 방향과 목표를 향해 행동을 시작하게 하는 심리학적 개념

② **특성**
  ㉠ 행동의 제기 : 행동의 원초적 원동력으로 작용
  ㉡ 행동의 강도 : 내적 동력으로서 에너지를 제공
  ㉢ 행동의 지속성 : 지속성을 통해 목표 성취

③ **동기의 종류** `2024 기출`
  ㉠ 무동기 : 무기력과 비슷한 상태로 스포츠에 참여해야 하는 이유와 이해가 없는 상태
  ㉡ 외적 동기 : 외적인 보상을 위해 스포츠 활동에 참여하는 것
  ㉢ 내적 동기 : 내적인 즐거움을 위해 스포츠 활동에 참여하는 것

④ **동기를 보는 관점**
  ㉠ 특성지향적 관점 : 개인의 성격, 목표 성향, 태도 등 개인적 특성에 의해 동기가 결정된다고 보는 관점
  ㉡ 상황지향적 관점 : 주변 환경의 영향을 받아 동기가 결정된다고 보는 관점
  ㉢ 상호작용적 관점 : 개인적 특성과 환경 요인 간의 상호작용에 의해 동기가 결정된다고 보는 관점

**외적 동기와 내적 동기 예**
- 외적 동기 : 운동에 참여했을 때 주어지는 지도자의 칭찬
- 내적 동기 : 운동 과제를 완료했을 때 스스로 느끼는 성취감

### 2. 동기유발의 기능과 종류

① **동기유발의 기능**
  ㉠ 활성화 기능 : 어떠한 행동을 유발시키는 기능으로 개인을 스포츠에 참가하도록 하는 기능
  ㉡ 지향 기능 : 행동의 방향을 설정하고 목표 달성을 위해 해야 할 행동을 결정하도록 하는 기능
  ㉢ 선택 기능 : 목표 달성을 위해 특정한 행동을 선택하도록 하는 기능
  ㉣ 강화 기능 : 행동의 결과가 좋으면 정적 강화를, 결과가 좋지 않으면 부적 강화를 제공

② 동기유발의 종류

| 행동수정전략 | 의사결정의 단서 제공, 출석에 따른 보상 제공, 운동 출석 상황의 게시, 운동기능 향상에 따른 피드백 제공 |
|---|---|
| 내적동기전략 | 즐거운 운동 분위기의 조성, 몰입체험 유도 |
| 인지행동전략 | 운동 일지 및 운동 계약서의 작성, 적절한 목표 설정, 운동 강도 모니터링 |
| 이론에 근거한 동기유발전략 | 운동 방해 요인 대책 마련, 자기효능감의 고취, 운동실천의 혜택 인식 |

> **QUIZ**
> 매월 운동 참여 횟수가 가장 많은 회원 5명을 뽑아 게시판에 공지하는 것은 동기유발의 종류 중 내적동기전략에 해당한다. (○/×)
> 답 ×

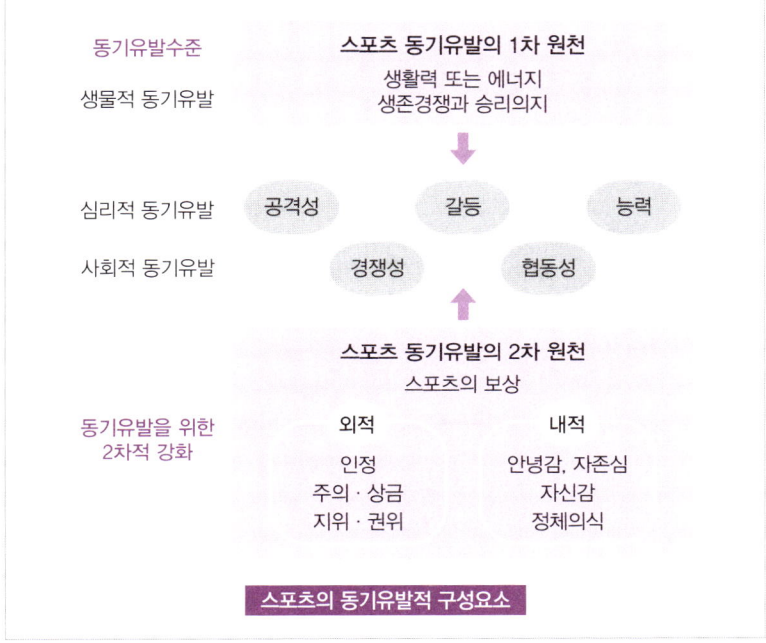

스포츠의 동기유발적 구성요소

③ 동기유발의 방법
  ㉠ 지도자는 성공과 승리를 경험하게 함으로써 동기유발을 실현 가능
  ㉡ 언어적 칭찬과 물질적 보상을 이용
  ㉢ 목표계획을 구체적으로 세우고 연습 프로그램을 계획
  ㉣ 달성 가능한 목표 제시 및 적절한 보상 마련
  ㉤ 선수 스스로의 의견을 수렴하고 훈련에 반영
  ㉥ 다른 선수와의 경쟁 및 협동 유도
  ㉦ 동작이나 행동의 오류에 대한 지식을 구체적으로 제시하고 선수 스스로 이해할 수 있도록 함

## 3. 동기이론

### ① 성취목표성향이론

㉠ 정의 : 개인이 가지고 있는 성취목표에 따라 개인의 노력 투입과 동기수준이 영향을 받는다고 보는 이론

㉡ 구분

| 과제목표성향<br>(task-goal orientation) | • 비교의 준거가 자신에게 있음<br>• 타인과의 비교보다는 자신의 기술 향상에 더 많은 관심을 둠<br>• 자신의 노력에 귀인<br>• 새로운 과제에 대해 개방적이고 모험적인 태도와 높은 수준의 성취도를 보임<br>• 긍정적이고 즐거운 정서, 성공에서 오는 자부심<br>• 노력 부족으로 인한 실패에 대한 죄책감 |
|---|---|
| 자기목표성향<br>(ego-goal orientation) | • 비교의 준거가 타인에게 있음<br>• 타인과 자신을 비교하고 타인에 대해 승리하는 데 관심을 둠<br>• 자신의 능력에 귀인<br>• 쉬운 과제를 주로 선택하고 새로운 것에 도전하려는 의지가 부족하며 낮은 수준의 성취도를 보임<br>• 부정적이고 지루한 정서, 실패 후의 부정적인 정서 |

> **QUIZ**
> 성취목표성향이론에 따르면 자기목표성향이 높은 선수는 평가상황에서 평소보다 더 탁월한 수행을 나타낼 확률이 높다. (○/×)
> 🗎 ×

### ② 자기결정성이론(자기통제이론) 2023 기출

㉠ 정의 : 사람들의 타고난 성장 경향과 심리적 욕구에 대한 사람들의 동기부여와 성격에 대해 설명하는 이론으로 개인의 행동이 스스로 동기부여되고 스스로 결정된다는 것에 초점을 둠

㉡ 자기결정성이론의 기본적 심리욕구 : 세 가지 욕구의 충족으로 내재적 동기 향상

| 자율성 | 개인의 행동과 자기조절을 선택할 수 있으며 본인의 선택으로 자신의 행동이나 향후 계획을 결정할 수 있는 감정 |
|---|---|
| 유능성 | 자신의 수준에 맞는 과제를 수행함으로써 본인이 유능함을 지각하고자 하는 감정 |
| 관계성 | 타인과의 안정적 교제나 관계에서의 조화를 이루는 것에서 느끼는 안정성 |

㉢ 동기의 유형 2023 기출

| 구분 | | 내용 |
|---|---|---|
| 내적<br>동기 | 지식 습득 | 무엇인가를 알고자 하는 동기 |
| | 과제 성취 | 무엇인가를 성취하고자 하는 동기로서 유능성의 체험이 목표 |
| | 자극 체험 | 몰입, 최상 수행 경험 등 좋은 기분을 추구하는 동기 |
| 외적<br>동기 | 통제적 | 외적 규제 | 외적 보상을 받거나 처벌을 피하기 위한, 타인의 강요에 의한 행동 |
| | | 의무감(내적)<br>규제 | 죄책감이나 불안과 같은 심리적 압력에 의한 행동 |
| | 자율적 | 확인 규제 | 개인적으로 설정한 목표 성취를 위한 행동 |
| | | 통합 규제 | 자기 정체성과 행동이 일치하여 갈등이 없는 상태 |

> **기출 채우기**
> 지도자나 동료들로부터 부정적인 평가를 받고 싶지 않아 흥미가 없는 클럽 활동을 유지하고 있는 경우 해당 동기 유형은 ( ) 이다.
> 🗎 의무감 규제

| 구분 | | 내용 |
|---|---|---|
| 무동기 | 능력 부족 | 과제, 행동 등을 수행할 능력이 없는 경우 |
| | 전략 미흡 | 어떤 전략이 과제의 결과에 아무런 영향을 미치지 못하는 경우 |
| | 노력 회피 | 과제의 수행이 과도하게 힘들어 노력하지 않는 경우 |
| | 무기력 신념 | 과제의 성취가 너무 벅차 무기력에 빠지는 경우 |

ㄹ) 세 가지 심리적 욕구의 증진 방안

| 욕구 | 제공되는 것 | 증진 방법 |
|---|---|---|
| 자율성 | 자율성 지지 | • 개인의 독특한 관점 파악<br>• 가능한 선택 제공<br>• 압력은 최소한으로 사용<br>• 개인의 시도를 독려하고 선택을 지지<br>• 개인의 목표와 가치 연결<br>• 개인이 대처 가능한 수준에서 선택할 수 있도록 도움 |
| 유능성 | 구조 | • 기대와 유관성을 명료화<br>• 피드백 제공 |
| | 적정 도전 | 너무 어렵거나 너무 쉽지 않은 과제 제공 |
| 관계성 | 관여 | 시간과 흥미, 에너지를 제공 |

### 이해 더하기

**위계적 신체적 자기개념 가설(L. Fox)**

- 신체적 자기개념 : 자신의 신체 및 외모에 대한 지각과 신체 능력에 대해 인지하는 것
- 폭스는 신체적 자기개념을 스포츠 유능감, 신체적 컨디션, 신체 매력, 체력 등의 4가지로 나누고, 이러한 신체적 자기개념이 총제적인 자기개념에 영향을 미치는 중요한 요인임을 설명함

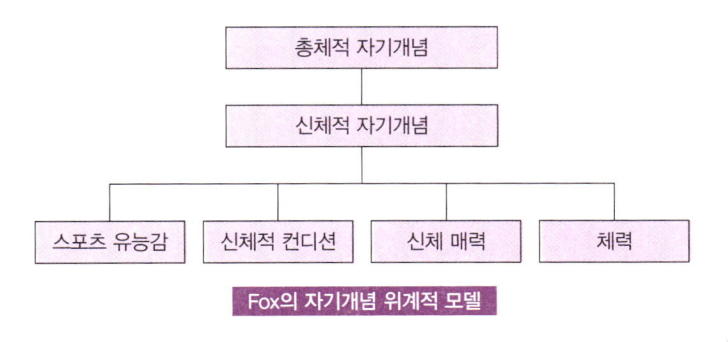

Fox의 자기개념 위계적 모델

③ 인지평가이론
㉠ 정의 : 자기결정성이론(자기통제이론)의 하위이론으로서 행동을 일으키거나 조절하는 외적 사건이 동기에 미치는 효과를 기술하는 이론

○ 인지평가이론의 전제

| 제1전제 | • 개인은 자결성에 대한 내적인 욕구를 가짐<br>• 내적 인과 소재를 부르는 사건은 내적 동기를 향상시키고 외적 인과 소재를 부르는 사건은 내적 동기를 감소시킴 |
|---|---|
| 제2전제 | • 개인은 유능성에 대한 욕구를 가짐<br>• 유능성을 높이는 사건은 내적 동기를 향상시키고, 유능성을 저하하는 사건은 내적 동기를 감소시킴<br>• 외적 보상은 정보적 측면과 통제적 측면을 모두 지니고 있으며, 개인이 이를 어떻게 해석하느냐에 따라 내적 동기를 증가시킬 수도, 그렇지 않을 수도 있음 |
| 제3전제 | • 행동에 영향을 미치는 사건은 정보적 측면, 통제적 측면, 무동기 측면이 있음<br>• 정보적 측면 : 긍정적 정보는 유능성을 높여 내적 동기를 향상시킴<br>• 통제적 측면 : 통제성이 높을수록 자결성이 낮아져 내적 동기를 감소시키고 반항을 유발함<br>• 무동기 측면 : 무력감의 지각을 조장하여 내적 동기를 감소시킴 |
| 제4전제 | • 내적으로 정보를 제공해주는 사건은 내적 동기를 향상시킴<br>• 개인이 내적으로 규제하는 정보는 자결성을 증가시켜 내적 동기를 향상시킴 |

© 내적 동기를 높이는 방법 **2025 기출**

| 유능성 | • 성공 경험<br>• 언어적·비언어적 칭찬<br>• 실현 가능한 목표의 설정 |
|---|---|
| 자결성 | • 연습 내용과 순서의 변경<br>• 목표 설정과 의사결정에의 참여 |

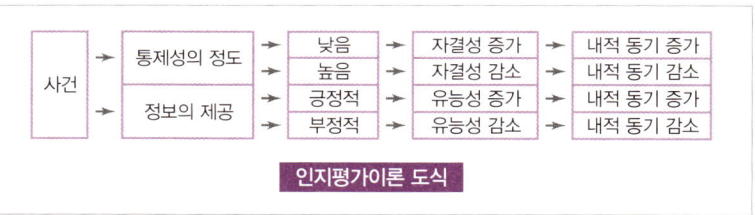

인지평가이론 도식

### 4. 귀인과 귀인훈련

① **귀인과 귀인이론**

㉠ 귀인 : 자신 또는 타인의 행동에 대해 다양한 원인들 중 어떠한 원인을 그 행동에 귀속시켜야 할지를 추론하고 결정하는 과정

㉡ 귀인이론 : 발생한 사건의 원인을 어떤 방식으로 생각하는가 혹은 무엇으로 지각하는가에 따라 개인의 동기에 차이가 발생한다고 보는 이론

ⓒ 귀인의 차원 **2023 기출**

| 구분 | 내용 | 종류 |
|---|---|---|
| 원인 소재 | 성공 또는 실패의 원인이 자신의 내부에 존재하는지 외부에 존재하는지에 따라 원인 소재가 달라짐 | 내적 원인 : 노력이나 능력 |
| | | 외적 요인 : 운이나 과제의 난이도 |
| 통제 가능성 | 성공이나 실패를 자신이 통제할 수 있는지 없는지에 대한 것 | 통제 가능한 원인 : 노력 |
| | | 통제 불가능한 원인 : 능력이나 과제 난이도 |
| 안정성 | 귀인이 변화될 수 있는지 아닌지에 따라 달라짐 | 안정성 : 원래 타고난 능력이나 과제 난이도 |
| | | 불안정성 : 노력하는 양이나 운 |

> **기출 채우기**
>
> '자신보다 우수한 상대 선수의 능력'은 안정성 면에서는 (　　) 요인이고, 인과성 면에서는 (　　) 요인이다. 또한 통제성 부분에서는 (　　) 요인이다.
>
> 🅐 안정적, 외적, 통제 불가능

> **이해더하기**
>
> 와이너의 귀인 이론에 기반한 지도 방법의 예시
>
> 수영 교실에 참가하는 A씨는 다른 참가자들보다 수영에 재능이 없고 기술 습득이 늦다고 생각한다. 이로 인해 결석이 잦고 운동 중단이 예상된다.
> → 내적이고 불안정적이며 통제 가능한 개인의 노력에 귀인할 수 있도록 지도한다.

|  | 안정성 | |
|---|---|---|
| 통제 소재 | 안정 | 불안정 |
| 내적 | 능력 | 노력 |
| 외적 | 과제 난이도 | 운 |

**Weiner의 귀인 분류 구조**

② 귀인훈련

ⓐ 성공 및 실패의 원인을 자신의 능력에서 찾고, 그것을 성취하거나 극복하기 위해 귀인을 바꾸는 훈련

ⓑ 귀인 전략

| 기능적 귀인 전략 | • 실패의 원인을 통제 가능 요인과 불안정적 요인에서 찾음<br>• 신체적 기능을 숙달 |
|---|---|
| 비기능적 귀인 전략 | • 실패의 원인을 통제 불가능 요인과 안정적 요인에서 찾음<br>• 능력에 맞는 상대를 선택하고 쉬운 과제를 선택함 |
| 부적응 귀인 | 자기 비하적, 비관적 귀인 패턴 |
| 논리적 귀인 | 자기 방어적 혹은 자기 고양적 귀인을 취하지 않고 냉철하게 자신을 분석 |
| 낙천주의 | 자신의 강점과 약점을 파악하여 질적인 삶 구축 |

> **POINT**
>
> Weiner의 귀인 요소 분류
>
> | 구분 | 귀인 요소 | | | |
> |---|---|---|---|---|
> | | 능력 | 노력 | 운 | 과제 난이도 |
> | 내적/외적 | 내적 | 내적 | 외적 | 외적 |
> | 안정적/불안정적 | 안정적 | 불안정적 | 불안정적 | 안정적 |
> | 통제 가능/불가능 | 통제 불가능 | 통제 가능 | 통제 불가능 | 통제 불가능 |

> **이해 더하기**
>
> 귀인의 재훈련
>
> | 구분 | 수행 결과 | 원인 | 정서 변화 |
> |---|---|---|---|
> | 바람직하지 못한 귀인 | 실패 | 통제 불가능 요인 | • 낮은 성공 기대감<br>• 무력감, 포기<br>• 저조한 경기력<br>• 부정적 정서 |
> | 바람직한 귀인 | 성공 | 통제 가능 요인 | • 높은 성공 기대감<br>• 적극적 과제 행동<br>• 높은 경기력<br>• 자신감<br>• 긍정적 정서 |
> | | 실패 | 통제 불가능 요인 | • 무력감 없음<br>• 과제에 대한 접근<br>• 노력과 수행 개선<br>• 분발 |

③ 학습된 무기력과 귀인 재훈련

ㄱ. 학습된 무기력
- 실패는 노력을 해도 통제할 수 없다고 믿는 경향
- 실패의 원인을 능력의 부족으로 귀인(통제 불가능)
- 미래에 성공할 수 있다는 희망을 갖지 못하고 실패를 과장하는 경향이 있어 수행이 떨어짐

ㄴ. 귀인 재훈련
- 학습된 무기력을 가진 사람은 쉽게 포기하고, 부정적인 자기 진술을 하며, 능력 부족으로 귀인을 함
- 실패 원인을 내적이며, 통제 가능하고, 불안정한 요인에서 찾도록 훈련하여 미래의 성공 기대감을 높이고, 긍정적인 정서를 체험하며, 수행 향상이 가능하도록 함

## SECTION 04 | 목표설정

### 1. 목표설정의 개념

① **목표설정의 개념** : 정해진 기간까지 도달할 특정 과제의 향상 기준

② **목표설정의 속성**

| 내용 | 달성하고자 하는 목적이나 결과 |
|---|---|
| 강도 | 달성을 위해 필요한 노력과 시간의 양 |

③ **목표설정의 기능**
- ㉠ 기술이 수행되는 동안 중요한 요소에 주의를 집중시킴
- ㉡ 선수의 노력을 유도
- ㉢ 선수의 인내심을 지속시킴
- ㉣ 선수가 새로운 학습전략을 개발하도록 촉진

④ **목표의 유형** `2023 기출`

| 주관적 목표 | 기준이 자기 자신에게 있으며 개인에 따라 해석에 차이가 있는 목표 |
|---|---|
| 객관적 목표 | 구체적인 시간의 제한 내에서 구체적인 수행 기준을 달성하는 목표 |
| 결과목표(성과목표) | 조절 불가능한 결과 혹은 성과에 기반을 둔 목표 |
| 수행목표(과정목표) | 운동수행의 성취에 기반을 둔 목표이며 선수 자신의 과거 기술 수준을 기준으로 하는 목표 |

> **POINT**
> **결과목표와 수행목표**
> - 결과목표 : 올림픽 메달 획득, 200m 단거리 달리기 1위
> - 수행목표 : 프리킥 동작에서 디딤발이 움직이지 않도록 고정

## 2. 목표설정의 원리 `2025 기출` `2023 기출`

① 구체적이고 객관적인 목표를 설정
② 현실적이고 실현가능한 목표를 설정
③ 단계적으로 목표를 설정
④ 긍정적인 목표를 설정
⑤ 목표 달성에 대한 피드백 실시
⑥ 적극적인 응원과 지원
⑦ 목표를 문서화하여 작성

## 3. 목표설정의 실제

① **준비단계(이해단계)**
- ㉠ 훈련을 실시하기 전 지도자는 목표설정에 관한 사전 준비를 실시해야 함
- ㉡ 선수의 능력, 신념, 의지 등을 고려해 목표 달성을 위한 구체적이고 실천 가능한 전략을 마련
- ㉢ 선수가 목표를 달성하는 데 있어서 어려움이 없을지 고려하고 전략을 마련해야 함

② **교육단계(목표설정단계)**
- ㉠ 팀 전체를 대상으로 한 목표 설정 오리엔테이션 진행
- ㉡ 선수들에게 자신의 목표에 대해 생각해보고 실천 가능 여부를 결정할 시간적 여유와 권리를 제공
- ㉢ 많은 목표를 설정하지 않고 하나의 목표만을 설정하여 집중하도록 지도

> **POINT**
> **목표설정이 가능한 영역**
> - 연습의 질 향상
> - 개인 기술의 향상
> - 팀 전력 향상
> - 심리 기술의 향상
> - 체력의 향상

③ 평가단계
  ㉠ 목표설정 후 실천단계에서 목표의 달성 여부를 주기적으로 평가할 것
    ※ 목표 달성 여부 미평가는 목표설정에서 가장 흔히 범하는 오류
  ㉡ 목표의 난이도가 알맞지 않은 경우 동기를 부여할 수 있는 목표로 수정하여 제시

## SECTION 05 | 자신감

### 1. 자신감의 개념 및 특성

① **자신감의 개념** : 자기 자신과 자신의 능력에 대한 강한 믿음 또는 의지
② **자신감의 특성**
  ㉠ 선천적으로 타고나는 것이 아니라 후천적으로 습득하는 것
  ㉡ 일반적으로 긍정적인 피드백은 자신감을 향상시킴
  ㉢ 성공은 자신감을 향상시키고 실패는 자신감을 저하시키나, 이것이 절대적인 것은 아님

### 2. 자신감 관련 이론

① **자기효능감이론(Bandura)** [2024 기출]
  ㉠ 자기효능감 : 특정한 행위를 해내거나 어떠한 영역에서 잘 해낼 수 있다는 주관적인 판단이나 신념
  ㉡ 자기효능감이 높은 개인의 특징
    • 어려운 과제가 주어졌을 때 기꺼이 시도하는 경향
    • 과제를 완수하려는 노력을 더 많이, 더 오랫동안 하는 경향
    • 과제를 성공적으로 마칠 가능성이 높음
  ㉢ 자기효능감 향상 요인

| 과거의 성공 경험 | 과거의 성공 경험이 많을수록 자기효능감이 향상. 4가지 향상 요인 중 가장 영향력 있음 |
|---|---|
| 대리(간접) 경험 | 자신과 유사한 수준의 선수가 성공하는 것을 보면 자신도 해낼 수 있다는 생각을 갖게 됨 |
| 언어적(사회적) 설득 | 선수 주변의 가족, 감독, 코치, 동료, 선·후배 등이 선수에게 좋은 경기 수행을 해낼 수 있다는 말을 함으로써 자기효능감의 고취가 가능 |
| 생리·정서적 각성 | 선수의 신체적·정서적 상태가 향상되면 자기효능감이 향상 |

---

**기출 채우기**

반두라의 자기효능감이론에 따르면 경쟁상황에서 (　　　)에 대해 부정적으로 인식할 때 자기효능감은 떨어질 수 있다.

답 각성상태

**QUIZ**

자기효능감 향상 요인 중 간접경험이란 시합 전에 과거 우승했던 장면이나 결승골을 넣어 승리했던 경험 등을 떠올리는 것을 말한다.
(O/×)

답 ×

② **유능성동기이론(Harter)** 2023 기출
   ㉠ 동기지향성과 유능성 및 통제감의 3가지 심리적 변인과 관련된 다차원 동기를 나타낸 이론
   ㉡ 변인

   | 동기지향성 | 특정 과제에 대해 흥미를 느끼고 수행할 가치가 있다고 느끼는 정도 |
   |---|---|
   | 유능성 | 특정 과제와 관련된 자부심의 정도 |
   | 통제감 | 특정 과제의 성공 및 실패에 관한 책임감의 인식 정도 |

   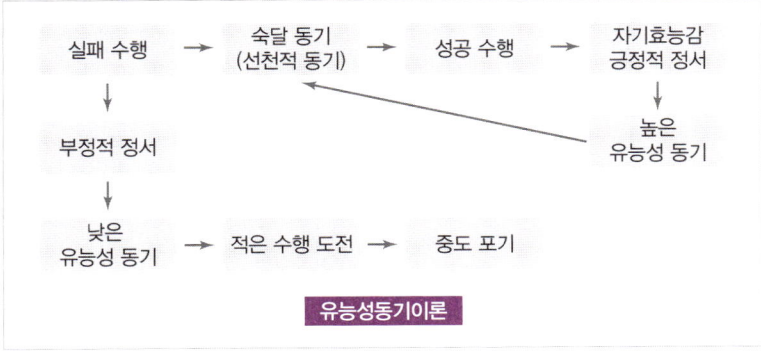

   ㉢ 내용
   - 개인은 성취영역을 감당할 수 있도록 선천적으로 동기가 부여되어 있다는 이론
   - 운동 같은 성취영역에서 유능해지려는 욕구를 만족시키기 위해서 개인은 숙달을 위한 연습을 하며, 성공에 대한 개인의 인지능력이 긍정적 또는 부정적 감정을 유발함
   - 성공적인 수행의 경험은 긍정적 감정을 유발하여 능력 발휘를 극대화함

③ **스포츠자신감이론(Vealey)** 2025 기출
   ㉠ 스포츠자신감 : 개인이 스포츠에서 성공적이기 위해 그 능력에 대하여 가지는 믿음이나 확실한 정도
   ㉡ 구분

   | 특성스포츠자신감 | 객관적인 상황에서 자신감을 가지고 임하는 것 |
   |---|---|
   | 상태스포츠자신감 | 특정한 상황에서 개인이 가지는 스포츠자신감 |

   ㉢ 스포츠자신감의 원천 3가지

   | 성취 경험(Achievement) | 성공적인 수행을 통해 형성되는 자신감(예 경기에서 이김) |
   |---|---|
   | 자기조절(Self-regulation) | 경기 준비와 심리 조절 등 자신이 통제할 수 있는 요소 |
   | 사회적 분위기(Social climate) | 외부의 기대, 격려, 분위기(예 코치가 믿어주는 환경) |

㉣ 특성스포츠자신감과 경쟁지향성이 높은 사람은 상태스포츠자신감이 높으며, 이는 행동에 있어서 만족감, 성공감, 개인의 주관적 정서와 판단을 결정하는 데 영향을 미침

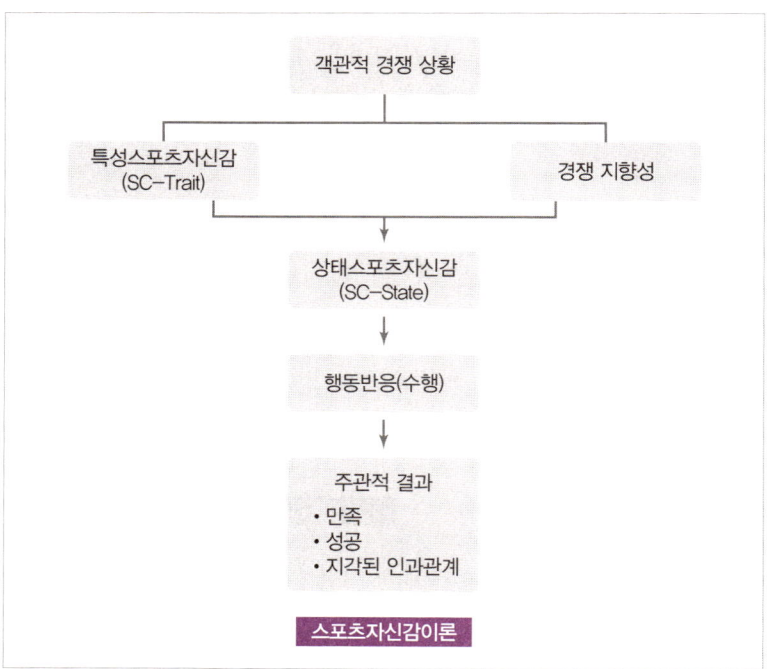

스포츠자신감이론

### 이해 더하기

**베일리(R. Vealey)의 스포츠자신감 원천 9가지**

| 구분 | 내용 |
| --- | --- |
| 성취(Achievement) | 경기나 훈련에서의 성공 경험, 개인기록, 승리 경험 등 |
| 자기조절(Self-regulation) | 목표 설정, 훈련관리, 집중, 감정조절 등 자신의 심리적·전략적 준비 |
| 사회적 분위기(Social Climate) | 코치, 가족, 동료 등 주변의 지지와 기대 |
| 신체적 자기표상(Physical self-presentation) | 체격, 외모, 옷차림 등 외적 인상에 대한 자신감 |
| 기술 숙련(Skill mastery) | 개인이 익히고 있는 기술에 대한 숙련도 |
| 사회적 지지(Social support) | 주변 사람들로부터 직접적인 격려나 도움을 받는 경험 |
| 코치의 리더십(Coaches' leadership) | 지도자의 능력과 피드백, 지도 스타일에 대한 신뢰 |
| 환경적 편의(Structural preferences) | 경기장, 장비 등 물리적 환경의 적합성 |
| 경쟁 스타일(Competitive advantage) | 자신의 경기 운영 방식, 전략적 우위 등 |

## SECTION 06 심상

### 1. 심상의 개념과 유형

① **심상의 개념**
  ㉠ 감각 경험을 기억을 통해 불러내어 외적인 자극 없이 내적으로 수행하는 과정
  ㉡ 실제 신체적 활동 없이 활동하는 모습을 상상하는 것

② **심상의 유형** 2024 기출

| 내적 심상 | • 자신의 신체가 직접적으로 운동을 수행하는 것처럼 느끼는 심상<br>• 1인칭 관점에서 동작의 수행 장면을 상상하는 것<br>• 운동감각을 느끼는 것에 적합 |
|---|---|
| 외적 심상 | • 자신이 성공적으로 수행하는 모습을 관찰자의 시점에서 상상하는 것<br>• 동작이 끝난 후 녹화된 영상을 통해 자신의 모습을 보는 것<br>• 잘못된 동작의 수정에 적합 |

③ **심상의 매개 변인**
  ㉠ 수행자의 능력 2024 기출

| 선명도 | 심상을 할 때 세밀한 동작을 심상하여 최대한 실제 이미지와 비슷하게 상상 |
|---|---|
| 조절력 | 심상을 조정하는 능력으로 선명한 이미지를 떠올려 원하는 대로 조절 |

  ㉡ 기술 수준 : 개인 기술의 수준이 높을수록 심상 효과가 극대화
  ㉢ 심상의 지향 : 내적 심상과 외적 심상

> **QUIZ**
> 코너킥 시 공이 원하는 곳으로 향하지 않는 것을 수정하기 위해 발목의 각도와 킥의 궤적 등을 관찰자의 시점에서 상상하는 것은 내적 심상에 해당한다. (O/X)
> 답 ✕

### 2. 심상의 이론

① **심리신경근이론**
  ㉠ 심상을 하는 동안에 뇌와 근육에는 실제 동작을 할 때와 거의 동일한 자극 발생
  ㉡ 심상을 하면 실제 동작을 하는 것과 같은 순서로 근육에 자극이 전달되어 근육의 운동 기억을 강화시킴

② **상징학습이론**
  ㉠ 심상은 운동의 패턴을 이해하는 데 보조적 역할을 함
  ㉡ 심상을 통해 어떤 동작을 뇌에 부호로 만들어 그 동작을 잘 이해하게 만들거나 자동화하도록 만듦

③ **심리·생리적 정보처리이론**
  ㉠ 심상은 상상해야 할 상황 조건인 자극 전제와 행동 반응, 심리 반응, 생리 반응 등 심상의 결과로 일어나는 반응 전제로 구성됨

> **QUIZ**
> 심리신경근이론에 따르면 어떤 동작을 생생하게 상상하면 실제 동작과 유사한 근육의 미세 움직임이 나타난다. (O/X)
> 답 O

ⓒ 심상의 이미지는 효과적으로 기억되고 그 결과 수행 향상에 도움이 됨

### 3. 심상의 활용 2025 기출

① **기술의 학습** : 시간적·공간적·환경적 제약 없이 특정 동작의 연습이 가능
② **난제 해결** : 문제 상황을 심상을 통해 회상하고 그 해결 방안을 탐구함
③ **집중력 향상** : 심상을 통해 중요한 부분을 발췌하여 학습 가능
④ **자신감 향상** : 자신의 성공적인 수행 활동을 떠올리거나 상대에 대한 대안을 미리 파악하여 수행 활동에 도움
⑤ **부상의 회복** : 심상을 통하여 통증을 완화시키고 수행 능력이 떨어질 때에도 심상을 통해 지속적으로 수행할 수 있음
⑥ **전략의 학습** : 가상의 연습 상대를 설정하여 수비 및 공격 전략을 상상 속에서 연습
⑦ **심리적 기술의 연습** : 심리적 기술을 연습할 때 심상 기법을 이용하여 이완 가능

> **이해 더하기**
>
> **심상 활용 시 주의사항**
> - 조용한 장소를 선택
> - 이완 및 정신집중을 선행
> - 모든 감각을 동원
> - 전체적으로 연속된 동작을 구체적으로 심상
> - 성공한 동작의 심상만을 수행
> - 최대한 실제와 동일하게 이미지를 상상

### 4. 심상훈련 프로그램의 단계

① **교육 단계** : 심상훈련에 관한 오리엔테이션
 ㉠ 심상에 대한 이해 단계
 ㉡ 심상의 활용 사례와 과학적 연구 결과를 제시, 심상기술의 효과에 대해 설명

② **측정 단계** : 선수의 심상 능력 측정
 ㉠ 개인의 심상능력 정도를 측정
 ㉡ 심상능력을 시각, 청각, 운동감각, 기분 상태, 조절력 등으로 구분하여 측정
 ㉢ 프로그램의 장단점 및 필요한 점을 파악

---

**POINT**

**심상의 활용**
- 기술의 학습
- 난제의 해결
- 집중력 향상
- 자신감 향상
- 부상 회복 촉진
- 전략의 학습
- 심리적 기술의 연습

**QUIZ**

심상 활용 시 조용한 장소를 선택하고 모든 감각을 동원해야 하며, 심상하고자 하는 동작의 성공 동작과 실패 동작을 모두 상상해야 한다. (○/×)

답 ×

③ **습득 단계** : 선명도, 조절력, 감각지각능력 포함
  ㉠ 적합한 연습전략을 찾아 익히는 것
  ㉡ 심상의 선명도와 조절력 향상 목적
  ㉢ 감각훈련, 선명도훈련, 조절력훈련
④ **연습 단계** : 선수의 요구에 따라 체계적으로 연습
  ㉠ 기초훈련이 끝난 후 체계적인 연습을 수행
  ㉡ 일상의 훈련과 병행해야 더 큰 효과
⑤ **수정 단계** : 프로그램의 평가 및 보완
  ㉠ 프로그램 실시 결과와 목표 달성 여부를 비교하여 평가
  ㉡ 필요한 경우 수정·보완

## SECTION 07 | 주의집중

### 1. 주의의 개념

① **주의** : 개인이 관심을 기울이려는 대상을 선정하는 능력
② **주의집중**
  ㉠ 운동 수행에 필요한 정보만을 받아들이고 필요 없는 정보는 배제시키는 것
  ㉡ 받아들인 정보를 효율적으로 분산시키고 중요한 단서에 반응하기 위해 준비하는 것

### 2. 주의집중 이론

① **인간의 정보처리 이론**
  ㉠ 감각저장 : 매우 짧은 시간 동안만 머무르고, 후속처리를 위해 선택되지 않을 경우 영원히 사라짐
  ㉡ 단기기억
    • 즉시 기억해 낼 수 있는 정보
    • 장기기억 속의 정보를 끌어내 새로 들어온 정보를 비교·평가하기도 함
  ㉢ 장기기억
    • 현재 사용되지 않지만 기억 속에 저장되어 있는 모든 정보를 지칭
    • 인출된 정보는 새로운 정보와 비교·평가되어 대체되거나 재조직, 강화되기도 함

**주의**
• 주의는 관심을 기울일 대상을 선정하는 것
• 주의의 유형은 폭과 방향으로 구성
• 니데퍼(Nideffer)의 주의 집중 모형에서 주의의 유형을 넓은-내적, 좁은-내적, 넓은-외적, 좁은-외적의 4가지로 구분

② **주의의 여과기 모형**
    ㉠ 주의를 적절히 배분하여 성공적으로 과제를 수행하게 된다는 이론
    ㉡ 인간의 정보처리용량은 고정되어 있어 모든 자극을 한꺼번에 처리할 수 없음
    ㉢ 병목 혹은 여과기가 필요한 만큼의 정보만을 들여보냄

③ **주의의 용량 모형**
    ㉠ 한 번에 둘 이상의 일을 처리할 수 있는 주의 배분 능력에 집중하는 이론
    ㉡ 동시에 두 가지 이상의 과제에 주의를 배분하여 성공적으로 수행할 수 있는 능력

> **이해더하기**
>
> **주의력 관련 효과** 2024 기출 2023 기출
>
> | | |
> |---|---|
> | 맥락간섭 효과 | 운동 기술을 연습할 때 다양한 요소들 간의 간섭이 발생하는 현상 |
> | 스트룹 효과 | 그 단어의 의미와 색상이 일치하지 않은 조건에서 색상을 명명하는 반응속도가 늦어지는 현상 |
> | 지각 협소화 | 각성 수준이 높아지면서 주위를 기울일 수 있는 폭이 점차 좁아지는 현상 |
> | 칵테일 파티 효과 | 칵테일 파티처럼 여러 사람의 목소리와 잡음이 많은 상황에서도 본인이 흥미를 갖는 이야기는 선택적으로 들을 수 있는 현상 |

### 3. 주의집중의 유형과 측정

① **주의의 유형(Nideffer)**
    ㉠ 개요 : 선수들의 주의 유형 측정을 위해 17개 척도와 144개 문항으로 이루어진 TAIS(Test of Attentional and Interpersonal Style)를 제시
    ㉡ TAIS의 하위 요인

| | |
|---|---|
| 광의–외적 | • 상황에 대한 재빠른 평가<br>• 관련이 없는 단서에 초점을 둘 수 있고 쉽게 속을 수 있음 |
| 광의–내적 | • 많은 정보를 한 번에 분석하고 계획<br>• 관련이 없는 부분까지 생각할 수 있음 |
| 협의–외적 | • 하나 또는 두 개의 단서에 주의집중<br>• 주의의 폭이 좁아 중요 단서를 놓칠 가능성이 있음 |
| 협의–내적 | • 수행에 대한 정신적인 연습 및 정서 조절<br>• 내면의 생각에 초점을 두며, 주의의 초점이 하나의 단서에만 맞춰져 압박감이 발생함으로써 오히려 주의의 분산 가능성이 있음 |

---

**QUIZ**

사격 시합에서 표적을 조준하고 있는 K의 주의유형은 좁은–외적 유형이다. (○/×)

답 ○

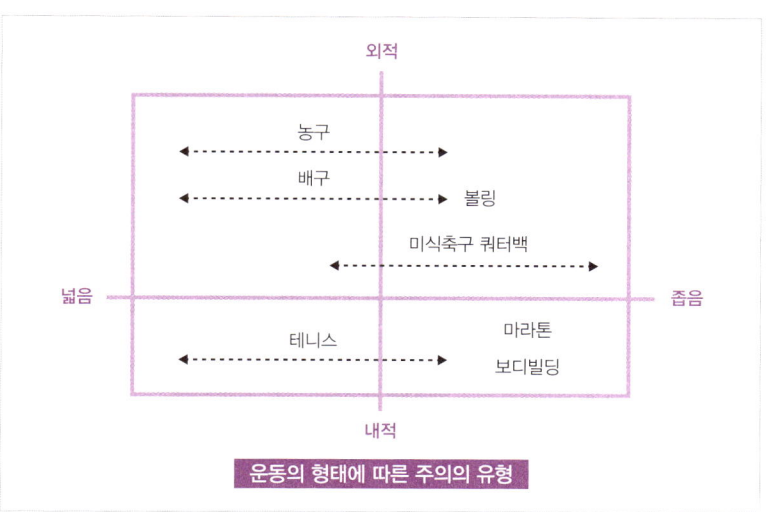

**운동의 형태에 따른 주의의 유형**

② 주의의 측정
  ㉠ 주의의 측정을 통해 선수의 주의력에 대한 장단점의 인식이 가능
  ㉡ 주의의 측정법 : 뇌전도검사(EEG), 심박수 검사, 피질의 과제잠재력 검사(ERP) 등

③ 주의집중의 요소(Etzel)

| 용량 | 주어진 스포츠 상황에서 과제 관련 정보의 처리에 요구되는 정신적 주의 에너지의 총량 |
|---|---|
| 지속성(경계성) | 오랫동안 주의를 집중할 수 있는 시간, 즉 주의 지속 시간 |
| 융통성 | 수행자가 주의의 범위 및 초점을 정하거나 전환할 수 있는 능력 |
| 선택성 | 정보의 분석적 처리를 통해 주의를 선택하는 능력 |

> **POINT**
> Etzel이 정리한 주의집중의 요소
> • 용량  • 지속성
> • 융통성  • 선택성

## 4. 주의집중과 경기력의 관계

① 각성 수준이 증가함에 따라 수행 관련 단서에 주의력이 감소하여 수행 능력이 저하
② 수행 과제에 따른 주의집중의 형태와 숙련도에 따라 능력에 차이가 발생
③ 수행 중 너무 많은 단서에 주의를 집중하면 효율적으로 기술을 수행하기 어려움
④ 불안의 수준이 높아지면 주의집중 범위가 감소

> **이해 더하기**
> **지각 협소화의 예시**
> 철수는 처음으로 깊은 바닷속으로 다이빙하면서 각성 수준이 높아졌다. 높은 각성 수준으로 인해 깊은 바닷속에서 시야가 평소보다 훨씬 좁아졌다.

> **POINT**
> **지각 협소화**
> 각성 수준이 높아지면서 주위를 기울일 수 있는 폭이 점차 좁아지는 현상

## 5. 주의집중 향상 기법

① **모의 훈련** : 경기를 위해 실제 경기와 똑같은 상황을 구체적으로 구성하여 연습해 보는 기법
② **목표 설정** : 과정 지향적 목표를 설정하여 주의집중에 도움을 주는 기법
③ **주의집중 훈련 프로그램** : 각종 프로그램을 사용하여 주의집중을 향상시키는 기법
④ **기능의 과학습** : 두 가지 이상의 수행을 동시에 할 수 있도록 연습하여 주의 배분 기술을 향상시키는 기법
⑤ **신뢰훈련** : 자신의 기술에 대한 신뢰를 통해 주의를 집중시키는 기법
⑥ **연합 및 분리 전략**
　㉠ 연합전략 : 내적인 변화에 주의를 집중하는 방법
　㉡ 분리전략 : 과거의 즐거웠던 일을 회상함으로써 주의를 집중하는 방법

### QUIZ
실패의 결과를 미리 예측하는 것은 주의집중의 향상에 도움이 된다. (O/X)

정답 ×

---

## SECTION 08 | 루틴

### 1. 루틴의 개념과 활용  2025 기출

① **루틴의 개념**
　㉠ 운동수행 능력을 발휘하는 데 필요한 이상적인 상태를 갖추기 위한 개인의 고유한 동작이나 절차 또는 습관화된 동작
　㉡ 운동선수들이 자주 수행하는 장기간 유지되는 습관적 동작

② **루틴의 활용**
　㉠ 선수들의 운동수행 능력을 내적, 외적으로 방해하는 요소들로부터 보호
　㉡ 다음 수행에 나타날 과제를 미리 탐구하고 그에 대한 친근감을 줌
　㉢ 수행에 앞서 과거 수행과정 경험을 토대로 일관적인 수행을 할 수 있도록 만듦

③ **루틴의 유형**

| 수행 전 루틴 | • 운동 수행 전 혹은 경기 전에 실시하는 루틴<br>• 신체적·기술적 준비, 장비 준비, 동료와의 대화 등을 모두 포함하는 개념 |
|---|---|
| 수행 간 루틴 | • 운동 수행 중 혹은 경기 중 실시하는 루틴<br>• 수행 간 루틴에는 휴식, 재정비, 재집중이 반드시 포함<br>• 경기 시간이 긴 골프 혹은 다이빙 등의 종목에서 주로 실시 |
| 수행 후 루틴 | • 운동 수행 후 혹은 경기 후 실시하는 루틴<br>• 경기의 결과와 무관하게 경험을 바탕으로 더욱 성장할 수 있는 토대를 만듦 |

### POINT - 루틴의 사례
메시(Messi)는 페널티킥을 할 때 항상 같은 동작으로 준비를 한다. 우선 공을 양손으로 들고 페널티마크에 공을 위치시키면서 자기가 찰 곳을 보고, 골키퍼 위치를 보고 다시 공을 본 후에 뒤로 네 걸음 걷고 나서 심호흡을 한다.

### 기출 채우기
루틴은 운동수행 능력을 발휘하는 데 필요한 상태를 갖추기 위해 행하는 (　　　)된 동작으로서 불안을 감소시키고 집중력을 증대시키는 효과가 있다.

정답 습관화

| 미니 루틴 | • 특정 동작 직전에 실시하는 루틴<br>• 짧은 시간 동안 수행이 끝나는 동작을 시행하기 직전에 실시 |

> **이해더하기**
> 
> **재집중 루틴 만들기**
> - 주의 분산 요인 인지
> - 주의집중을 위한 준비
> - 자신만의 재집중 루틴 만들기
> - 주의 초점 둘 곳을 결정
> - 주의집중의 단서 만들기

## 2. 인지재구성의 개념과 활용

### ① 인지재구성의 개념
  ㉠ 정서적 문제에 원인이 되는 비합리적 생각들을 확인하고 그것들을 합리적 생각들로 대체해 나가는 과정
  ㉡ 생각하고 있는 일이 스스로 통제 가능한 것인지 질문함으로써 개인이 통제할 수 있는 항목에 대해서만 신경을 쓰게 만드는 기법

### ② 인지재구성의 활용
  ㉠ 인지재구성에 의한 시합 불안 감소를 통해 경기력을 향상시킴
  ㉡ 엘리스(Ellis) ABCDE 모델

| A(Activating event) | 정서를 유발하는 사건이나 현상 |
| B(Belief system) | 자신이 지닌 신념 |
| C(Consequence) | 신념으로 인해 발생한 정서적 결과 |
| D(Disputation) | 개입활동을 통한 논박 |
| E(Effect) | 신념의 변화를 통한 불안요소 감소 |

  ㉢ 인지재구성의 단계
  • 개인의 유형에 따라 각자의 비합리적인 사고 및 신념을 탐구
  • 신념으로 인해 발생한 정서적 결과를 분석하고 논박
  • 행동의 연습과 실천을 통해 합리적인 대처 행동을 일으키는 방법을 습득

> **이해더하기**
> 
> **인지재구성의 예시**
> 양궁 선수 A는 첫 엔드에서 실수로 6점을 한 발 쐈다. 하지만 A는 의기소침해지지 않고 바람이 부는 상황에서 6점은 한 번 정도 나올 수 있는 점수이며 첫 엔드에 나온 것이 다행이라고 긍정적으로 생각했다.

 **QUIZ**

인지재구성은 부정적인 생각을 긍정적으로 바꾸어 불안을 감소시키는 기법이다. (O/×)

답 O

### 3. 자기암시의 개념과 활용

① **자기암시의 개념** : 자신의 머릿속에서 이루어지는 내면의 대화

| | |
|---|---|
| 부정적 자기암시 | • 자기비난형 자기암시<br>• 부정예측형 자기암시 |
| 긍정적 자기암시 | • 긍정적인 예측으로 자신감을 상승시킴<br>• 훈련 및 수행능력에 좋은 영향을 미침 |

② **자기암시의 활용**

| | |
|---|---|
| 부정적 자기암시의 활용<br>(사고정지) | • 부정적 생각으로 인해 불안이나 긴장이 높아질 경우 사고정지를 활용<br>• 부정적 생각을 정지시킨 다음 긍정적인 생각으로 대체시킴 |
| 긍정적 자기암시의 활용 | 긍정적 자기암시는 자신감 상승에 영향을 미치고 긍정적으로 행동하도록 유도함 |

# CHAPTER 04 스포츠수행의 사회 심리적 요인

## SECTION 01 집단응집력

### 1. 집단응집력 개요

① 정의
  ㉠ 목표 달성에 큰 영향을 미치는 집단의 사회 심리적 요소
  ㉡ 구성원을 집단에 머무르도록 작용하는 힘들의 총합

② 구분
  ㉠ 사회적 응집력 : 구성원 간의 애정과 친밀도를 나타내는 척도
  ㉡ 과제응집력 : 구성원이 공동의 목표를 위해 노력하는 정도를 나타내는 척도

### 2. 집단응집력 이론

① 카트라이트(Cartwright)의 집단응집력 이론적 모형
  ㉠ 응집력 결정 요인
    - 집단이 구성원에게 제공할 수 있는 혜택
    - 구성원의 자발적 동기
    - 집단의 목표 성취에 대한 기대
    - 타 집단과 비교했을 때의 노력 및 행동 수준
  ㉡ 집단응집력 증가 시의 효과
    - 구성원의 집단에 대한 애착 증가
    - 집단이 구성원 개인에게 미치는 영향 증가
    - 집단 활동에 대한 구성원의 참여도 증가
    - 구성원 스스로 자부심과 자신감을 획득

② 캐론(Carron)의 집단응집력 개념 체계

> **기출 채우기**
> 캐론(Carron)의 응집력 모형에서 응집력과 관련되는 팀 요소는 집단 과제, 집단의 목표, 집단의 승부욕, 집단의 능력, 집단의 성과규범, 집단의 ( ) 등이 있다.
> 🅰 안정성

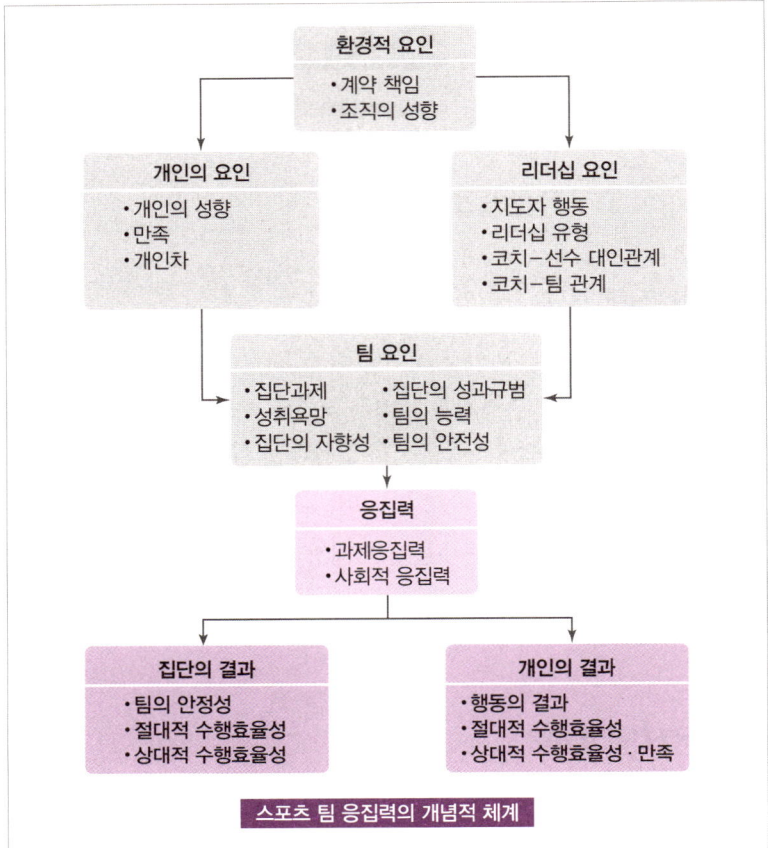

③ 스타이너(Steiner)의 이론
  ㉠ 집단에 소속된 개인이 가지고 있는 능력과 집단이 어떤 성과를 나타내는지에 관한 이론
  ㉡ 집단의 실제 생산성 : 잠재적 생산성 – 과정 손실

| 잠재적 생산성 | | 집단의 구성원들이 실력을 최대로 발휘했을 때 달성할 수 있는 최상의 결과<br>과제 달성에 필요한 자원(지식, 기술, 능력 등)의 양에 의해 결정 |
|---|---|---|
| 과정 손실 | 조정손실 | 구성원 간 타이밍이 어긋나거나 잘못된 전략을 활용하는 등으로 인해 팀의 잠재적 생산성에 부정적인 영향을 미쳐 발생하는 손실 |
| | 동기손실 | 코치와 선수 등 집단 구성원이 자신의 노력을 최대한으로 발휘하지 않을 때 발생하는 손실 |

  ㉢ 집단의 최대 생산성을 위한 규칙
   • 과정손실이 동일할 경우 필요한 자원을 더 많이 갖출수록 집단의 수행이 증가
   • 자원의 양이 동일할 경우 과정손실이 적을수록 집단의 수행이 증가
   • 자원의 양이 많고 과정손실이 적을 때 집단의 수행이 최대화

ㄹ 종목별 과정손실의 영향력

| 축구, 배구, 농구 등 | 협동이 중요한 역할을 하므로 조정손실이 집단의 수행에 큰 영향 |
|---|---|
| 육상, 수영, 체조 등 | 선수 간 상호작용이 거의 없으므로 동기손실이 수행에 큰 영향 |

④ 집단의 크기와 응집력에 대한 영향(Widmeyer 등)
  ㉠ 집단의 크기에 따라 승률 및 응집력에 차이가 나타난다고 봄
  ㉡ 각각 3인, 6인, 9인으로 구성된 농구 시합을 통해 연구를 실시

| 3인 집단 | 과제응집력은 가장 높았으나 승률은 좋지 않음 |
|---|---|
| 6인 집단 | 승률 및 사회응집력에서 가장 높은 점수를 획득 |
| 9인 집단 | 집단의 목표에 대한 견해 불일치로 사회응집력과 과제응집력이 모두 낮게 나타남 |

## 3. 집단응집력과 운동수행의 관계

① 스포츠 종목 유형에 따른 과제응집력 요구 수준

| 유형 | 공행종목 | 공행-상호작용종목 | 상호작용종목 |
|---|---|---|---|
| 종목 | 양궁, 볼링, 골프, 스키 등 | 야구, 조정, 육상, 수영 등 | 농구, 축구, 배구, 하키 등 |
| 응집력 요구 수준 | 낮음 | 중간 | 높음 |

> **POINT**
> 종목별 집단응집력의 요구 수준
> 양궁, 사격, 스키, 골프, 육상 < 축구, 농구, 하키, 핸드볼 등

② 집단응집력과 운동수행의 관계

| 긍정적 관계 | • 응집력이 높으면 운동 지속 및 실천도가 높아짐<br>• 집단의 응집력이 구성원의 만족도에 영향을 미침<br>• 구성원 간의 애착도와 친밀도가 수행능력에 긍정적 영향을 미침 |
|---|---|
| 부정적 관계 | • 구성원 간의 친밀도가 수행능력에 부정적인 상관성을 나타내기도 함<br>• 집단에서 고도의 집중을 요하는 과제를 처리할 때 구성원들의 대인관계로 인해 부정적 효과를 나타낼 수 있음 |

## 4. 집단에서의 사회적 태만(개인의 동기적 손실)

① 사회적 태만 **2025 기출**
  ㉠ 정의 : 혼자일 때보다 집단에 속해 있을 때 수행능력이 더 떨어지는 현상
  ㉡ 링겔만 효과 : 집단에 참여하는 구성원의 수가 증가할수록 성과에 대한 각 구성원 개인의 공헌도가 저하되는 효과

> **이해더하기**
> 
> 링겔만 효과
> 줄다리기에서 집단이 내는 힘의 총합이 개인의 힘을 모두 합친 것보다 적게 나타나는 현상은 링겔만 효과이며, 집단의 인원수가 증가할 때 발생하는 개인의 수행 감소는 동기 손실 때문이다.

> **QUIZ**
> 친구들과 줄다리기를 할 때, 팀원인 A가 자신의 힘을 전혀 쓰지 않고 다른 팀원들의 노력에 편승해서 경기에 이기려고 하는 것은 '무임승차전략'에 해당한다. (○/×)
>
> 답 ○

② 사회적 태만의 발생 요인
  ㉠ 할당전략 : 혼자일 때 최대의 노력을 발휘하기 위해 집단 속에서는 에너지를 절약하는 전략
  ㉡ 최소화전략 : 가능한 최소의 노력을 들여 일을 성취하려는 전략
  ㉢ 무임승차전략 : 집단 상황에서 타인의 노력에 편승하여 그 혜택을 받기 위해 자신의 노력을 줄이는 전략
  ㉣ 반무임승차전략 : 무임승차전략을 사용하는 구성원으로 인해 자신도 노력을 줄이는 전략

③ 사회적 태만 방지법
  ㉠ 집단 내의 상호작용을 촉진시켜 구성원 개인의 책임감을 높임
  ㉡ 목표설정을 할 때 집단 목표와 구성원 개인의 목표 모두를 설정
  ㉢ 사회적 태만을 취하고 있는 구성원에 대한 신고 및 고발정신 함양

> **이해 더하기**
> 사회적 태만(social loafing) 현상을 극복하기 위한 지도전략
> - 대집단보다는 소집단(포지션별)을 구성하여 훈련한다.
> - 지도자는 선수 개개인의 노력을 확인하고 이를 인정한다.
> - 선수들이 자신의 포지션뿐만 아니라 다른 역할도 경험하게 한다.

## 5. 팀 빌딩과 집단응집력 향상 기법

① **팀 빌딩** : 새로운 팀을 구성하거나 팀을 재정비함으로써 팀의 발전을 도모하는 것

② **팀 구축 이론 모형**

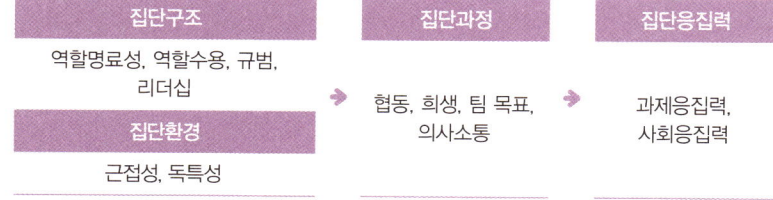

> **POINT**
> 팀 빌딩의 방법 4가지
> 목표의 설정, 임무 분담, 문제 해결, 팀원 간 관계 개선

③ **팀 구축 중재 전략의 예**
  ㉠ 환경요인 : 팀 구성원이 동일한 유니폼 착용
  ㉡ 구조요인 : 주기적인 회의를 통해 각자의 역할과 책임 조정·강조
  ㉢ 과정요인 : 팀 구성원 간 충분한 상호작용 및 의사소통의 기회 부여

④ 집단응집력 향상 기법
  ㉠ 집단의 명확한 목표 설정
  ㉡ 구성원에게 동기를 부여할 수 있는 수준의 목표 설정
  ㉢ 집단의 목표와 각 구성원 개인의 목표 모두 설정
  ㉣ 구성원 간의 친밀도와 애정 형성
  ㉤ 공식적 집단 구조 및 행사를 계획하고 이에 참여하도록 유도
  ㉥ 구성원 간의 역할 분담을 통해 응집력 향상
  ㉦ 공정하고 지속적이고 명확한 집단의 규범을 제정

## SECTION 02 리더십

### 1. 리더십의 정의

① 집단의 목표를 효과적으로 성취하기 위하여 또는 내부 구조의 유지를 위하여 구성원이 자발적으로 집단 활동에 참여하여 이를 달성하도록 유도하는 능력
② 지도력, 통솔력, 자질 등을 포함하는 개념

### 2. 리더십 이론

① **특성적 접근**
  ㉠ 위대한 리더는 이상적인 리더가 되는 데 필요한 타고난 인성 특성을 가진다고 보는 접근법
  ㉡ 리더십의 본질을 개인의 특성에서 찾는 것이 특징

② **행동적 이론**
  ㉠ 훌륭한 리더는 집단을 효율적으로 이끄는 보편적인 행동 특성을 가지고 있어서, 이러한 행동 특성을 배우면 누구나 훌륭한 리더가 될 수 있다고 보는 접근법
  ㉡ 리더십을 학문적 요소로 인식

③ **상황적 접근**
  ㉠ 리더십을 결정짓는 것은 리더의 특성이나 행동뿐만 아니라 집단의 목표, 규모, 상황적 특성, 구성원의 능력, 동기 등이라고 보는 접근법
  ㉡ 집단의 리더와 구성원 간의 상호작용을 통해 집단이 운영되므로, 주어진 집단과 구성원의 상황에 맞게 지도자의 행동이 변화하여야 효과적인 리더십이 가능하다고 봄

> **O／X QUIZ**
> 리더십 이론 중 특성적 접근에 따르면 위대한 리더는 리더로서의 인성 특성을 갖춘 사람이다. (○／×)
> 
> 답 ○

ⓒ 상황적 접근법 이론 **2024 기출**

| 상황부합이론<br>(유관성 모형) | • 리더십의 효율성은 지도자의 인적 특성과 집단의 상황적 조건에 의해 결정<br>• 호의성 상황과 적절하게 일치하는 리더십 유형의 지도자가 가장 효율적인 리더십을 발휘<br>• 과제지향적 리더 : 호의성 상황이 가장 좋거나 가장 나쁠 때 최상의 리더십 발휘<br>• 관계지향적 리더 : 호의성 상황이 중간 정도일 때 가장 효율적인 리더십 발휘 |
|---|---|
| 경로이론 | • 리더의 가장 중요한 역할은 집단의 목표를 설정하고 구성원들로 하여금 올바른 경로로 일을 수행할 수 있도록 동기를 유발하고 가치 있는 보상을 제시함으로써 목표를 달성하는 것<br>• 리더가 취할 수 있는 행동유형 : 지시형 리더십, 지원적 리더십, 참여적 리더십, 성취 지향적 리더십 |

④ **다차원 리더십 모형**

㉠ 수행 결과와 선수 만족을 리더 행동 및 선행 조건과의 상호작용으로 설명

㉡ 리더의 행동은 상황특성에 의해 결정되는 규정행동(요구되는 행동)과 리더특성에 의해 결정되는 실제행동, 상황특성 및 성원특성에 의해 결정되는 선호행동의 3가지로 나타남

| 규정행동 | 리더로서 당연히 수행해야 하는 직책 행동 |
|---|---|
| 선호행동 | 선수들이 리더에게 기대하는 행동 |
| 실제행동 | 리더가 행하는 실제 행동 |

㉢ 리더의 3가지 행동이 서로 일치하느냐에 따라 리더십의 효율성이 결정됨

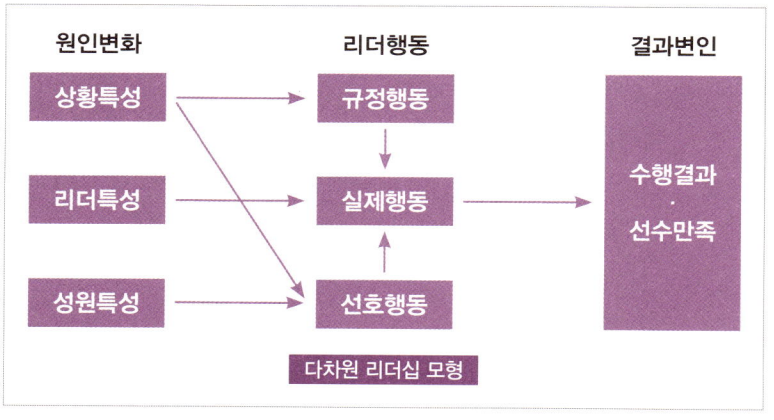

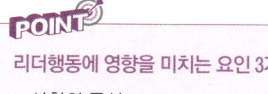

**POINT**
리더행동에 영향을 미치는 요인 3가지
• 상황의 특성
• 리더의 특성
• (구)성원의 특성

## 3. 리더십 효과와 상황요인

① **지도자의 특성**
   ㉠ 훌륭한 지도자가 되기 위해 반드시 갖추어야 할 특성
   ㉡ 필요조건일 뿐 충분조건은 아님(즉, 지도자 특성을 갖추었다고 훌륭한 지도자가 되는 것은 아님)

② **리더십 스타일**
   ㉠ 다양한 요구의 처리를 위한 다양한 리더십 유형 보유
   ㉡ 상황에 맞게 필요한 유형을 선택하고 효율적으로 활용할 수 있어야 함

③ **구성원의 특성** : 구성원의 연령, 성별, 성격, 수행수준, 경력 등에 따라 지도자의 리더십이 변화

④ **상황요인** : 여러 가지 상황에서 민첩하게 대응할 수 있는 능력 필요

## 4. 강화와 처벌

① **강화**
   ㉠ 개념 : 특정한 행동의 반응이나 빈도, 강도를 유발하고 이를 증가시키는 자극을 의미
   ㉡ 유형

| 분류 기준 | 강화 유형 | | |
|---|---|---|---|
| 자극의 성격 | 정적 강화 | | 행동에 대해 긍정적인 강화물을 제공함으로써 강화 |
| | 부적 강화 | | 부정적 자극(혐오자극)을 제거함으로써 행동을 강화 |
| 강화물의 속성 | 일차적 강화물 | | 생리적·선천적 욕구를 만족시키는 강화물<br>예 음식, 공기, 물 등 |
| | 이차적 강화물 | | 일차적 강화물과 연합하여 학습되거나 조건화된 강화물<br>예 돈, 사회적 인정, 지위, 칭찬 등 |
| 강화물 제시 규칙 | 연속강화 | | 특정 행동을 할 때마다 강화 |
| | 간헐적 강화 | 고정비율강화 | 특정 행동을 일정 횟수만큼 반복했을 때 강화(고정비율, 즉 강화를 위한 행동 횟수를 1로 잡을 경우 연속강화) |
| | | 고정간격강화 | 일정한 시간의 경과에 따라 강화 |
| | | 변동비율강화 | • 특정 행동의 반복에 따라 강화<br>• 강화를 제공하는 행동의 횟수는 일정하지 않고 평균 반응수를 중심으로 변동 |
| | | 변동간격강화 | • 시간의 경과에 따라 강화<br>• 단 시간 간격은 일정하지 않고 평균 시간을 중심으로 변동 |

---

**POINT**

**스포츠 지도자의 리더십 행동**
• 선수에게 개별 시간을 할애하는 행동
• 선수가 목표를 수립하도록 도와주는 행동
• 선수의 주의산만 요인을 파악하고 효율적으로 지도하는 행동

**QUIZ**

선수에게 과도하게 자신감을 부여하는 행동은 지도자의 리더십 행동으로 적절하다. (○/×)

답 ×

> **QUIZ**
> 강화의 효과를 높이기 위해서는 초보자에게는 간헐적으로, 숙련자에게는 자주 강화를 제공해야 한다.
> (O/×)
> 답 ×

> **기출 채우기**
> 경기장 내 폭력을 감소시키기 위해 폭력 발생 시 폭력 정도에 따라 출전 시간을 제한하는 것은 (　　)에 해당한다.
> 답 부적 처벌

ⓒ 긍정적 강화 전략
- 효과적인 강화물을 선택
- 바람직한 행동을 찾아 강화
- 결과보다는 수행 과정에 관심
- 초보자에게는 자주, 숙련자에게는 간헐적으로 강화
- 결과의 지식을 제공

② **처벌**
ⓐ 개념 : 바람직하지 않은 행동에 대하여 바람직하지 않은 결과를 제시하여 그러한 행동을 하지 않도록 유도하는 방법
ⓑ 구분

| 정적 처벌 | 특정 반응이 일어날 확률을 줄이기 위해 원치 않는 자극을 제시 |
|---|---|
| 부적 처벌 | 특정 반응이 일어날 확률을 줄이기 위해 대상이 원하는 자극을 제거 |

ⓒ 효과
- 처벌은 강화에 비해 장기적인 학습 효과는 낮은 것으로 알려짐
- 처벌은 부정적 스트레스를 야기함
- 처벌 위주의 지도는 수행 능력을 감소시킴
- 처벌의 효과는 개인마다 특성 및 정서가 다르기 때문에 예측이 어려움

> **이해 더하기**
> **와인버그(R.S. Weinberg)와 굴드(D. Gould)의 바람직한 처벌 행동 지침** 2025 기출
> - 동일 규칙 위반-동일 처벌의 일관성
> - 사람이 아닌 행동 처벌
> - 처벌 규정 제정 시 선수의 의견 반영
> - 신체활동을 처벌로 사용하지 않음
> - 개인감정 처벌 안 됨
> - 연습 상황의 실수는 처벌 안 됨
> - 창피를 주지 않음
> - 단호한 처벌 필요
> - 체벌의 이유를 명확히 설명함

### 5. 코칭 스타일과 코칭 행동 평가

① **창조자 역할** : 모든 상황에 효율적으로 대처할 수 있도록 준비시키는 역할
② **실행자 역할** : 설정한 목표를 달성하기 위한 구체적 과정을 실행하는 역할
③ **독려자 역할** : 주어진 목표와 임무를 달성할 수 있도록 선수들을 독려하는 역할
④ **통합자 역할** : 갈등을 해소하여 최선의 결과를 만들도록 장려하는 역할

⑤ **대변자 역할** : 외부의 영향력으로부터 보호하고 대변하는 역할
⑥ **모니터 역할** : 중요 사항들을 미리 파악하는 역할
⑦ **지시자 역할** : 목표, 내용, 방법 등을 명확히 알고 수행하도록 지시하는 역할
⑧ **배려자 역할** : 구성원에게 애정과 관심, 복지 문제에 관한 세심한 배려를 하는 역할

## SECTION 03  사회적 촉진

### 1. 사회적 촉진의 개념과 이론  2024 기출

① **사회적 촉진의 개념** : 타인의 존재로 인해 수행능력에 정적 또는 부적 영향을 받는 현상

② **사회적 촉진 이론**
  ㉠ 초기 연구
   - 트리플렛(Triplett)의 연구 : 타인의 존재가 경쟁충동을 각성시키고, 수행능력을 증가시킴
   - 올포트(Allport)의 연구 : 같은 운동을 수행하고 있는 타인의 소리나 시선 때문에 반응이 증가
  ㉡ 사회적 추동이론
   - 자욘스(Zajonc)의 단순존재가설 : 관중의 존재는 각성을 유발하고, 이 각성으로 인해 수행 능력이 증가
   - 코트렐(Cottrell)의 평가우려가설 : 타인의 존재로 인하여 자신의 수행이 관찰·평가되고 있다는 지각을 하며, 그로 인해 수행능력에 영향을 받음
   - 샌더슨(Sanders et al.)의 주의분산갈등가설 : 타인의 존재뿐만 아니라 주의분산을 일으키는 것은 모두 각성을 증가시킴. 타인이 있을 때 과제에 집중하려는 경향과 타인을 주의하려는 경향 간 갈등이 생기며 그 결과로 흥분수준이 높아짐
  ㉢ 자기이론
   - 본드(Bond)의 자기과시동기가설 : 관중의 존재 상황에서 수행자는 자기과시를 위해 각성되고 수행능력이 증가하지만, 과도한 자기과시는 오히려 수행능력을 저하시킴
   - 위클렌드(Wicklund)와 뒤발(Duval)의 객관적자기인식이론 : 자기인식상태에 있는 수행자는 자신의 수행 방식과 이상적 수행 방식 간의 차이를 좁히려 함

**POINT**
사회적 촉진에 영향을 미치는 변인
- 개인적 변인
- 과제 변인
- 상황적 변인

## 2. 스포츠에서의 사회적 촉진(관중효과)

① 관중효과 중재 특성
  ㉠ 선수의 특성 : 선수의 기술수준과 동기수준이 높은 선수는 사회적 촉진의 효과가 향상되고, 낮은 선수는 저하됨
  ㉡ 집단의 특성

| 집단의 크기 | 규모가 큰 집단이 작은 집단보다 영향을 적게 받음 |
| --- | --- |
| 종목의 구조 | 의존 스포츠가 독립 스포츠에 비해 영향을 적게 받음 |
| 집단응집력 | 집단응집력이 강할수록 영향을 적게 받음 |

② 관중의 특성

| 홈경기 | 홈팀에는 동기부여가 되고 원정팀의 운동수행능력은 저하됨 |
| --- | --- |
| 관중의 기대 | 위기 시 효과가 향상되고 결승에서는 저하됨 |
| 관중의 규모 | 홈팀에 대해 심리적 압박으로 작용 |

③ 관중효과와 홈경기
  ㉠ 일상생활 조절의 용이성 : 신체적·심리적인 안정이 가능
  ㉡ 경기장의 친숙함 : 홈 경기장에서의 경험이 많으므로 물리적 조건이 유리함
  ㉢ 심판의 편파 판정 : 홈팀 관중들의 응원과 지지에 따라 심판이 무의식적으로 홈팀에 유리한 판정을 할 수 있음
  ㉣ 관중의 지원 : 홈팀 관중들의 지지는 승리를 위한 헌신과 기능적·촉진적 공격성을 증가시킴

## 3. 모델링 방법과 효과

① 모델링의 의미
  ㉠ 학습자의 관찰 학습과 그 이후의 모방을 통해 학습이 이루어지는 것
  ㉡ 운동학습 초기 단계에서 주로 사용됨

② 모델링 기법의 유형
  ㉠ 관찰학습 : 학습자가 다른 사람을 관찰하고 모방하여 학습
  ㉡ 직접 모델링 : 모델에 의한 직접 모델링
  ㉢ 상징적 모델링 : 상징적 시청각 자료를 통한 모델링

③ 모델링 기법의 효과
  ㉠ 전문가 모델로부터의 모델링보다 학습 모델로부터의 모델링이 효과적
  ㉡ 학습 초기에는 정확한 모델보다는 적절한 피드백으로 효율적인 학습이 가능함

---

**QUIZ**
의존 스포츠는 독립 스포츠에 비해 사회적 관중효과의 영향을 많이 받는다. (○/×)
답 ×

**POINT**
관찰학습의 과정
주의집중 → 파지 → 재생 → 동기화

# SECTION 04  사회적 발달

## 1. 공격성의 개념과 이론

### ① 공격성의 개념
- ㉠ 정의 : 상대에게 해를 입히려는 성질로서 상처나 고통을 주는 것을 목표로 한 행위의 의도를 포함
- ㉡ 구분

| 적대적 공격 | • 해를 입힐 의도<br>• 해를 입힐 목적<br>• 분노 있음 |
|---|---|
| 수단적 공격 | • 해를 입힐 의도<br>• 승리 목적<br>• 분노 없음 |
| 권리적 공격 | • 해를 입힐 의도 없음<br>• 합법적 행위<br>• 보통 이상의 노력과 에너지 소비 |

**POINT**

**적대적 공격과 수단적 공격**

| 구분 | 적대적 공격 | 수단적 공격 |
|---|---|---|
| 해할 의도 | 있음 | 있음 |
| 분노 | 있음 | 없음 |
| 목적 | 해를 입히는 것 | 승리 |
| 보상 | 상대의 고통·상처 | 승리, 명예, 금전 |

### ② 공격성 이론  `2025 기출` `2023 기출`

| 생물학적 본능이론 | • 본능적으로 분출되는 공격 에너지가 공격행동을 일으킨다는 이론<br>• 스포츠는 공격 에너지를 합법적으로 분출하는 밸브의 역할 |
|---|---|
| 좌절 – 공격 가설 | • 목표를 추구하는 행위가 방해를 받을 때, 또는 그로 인해 무산이 되었을 때 경험하게 되는 좌절감이 공격행동을 초래한다는 이론<br>• 공격행위는 언제나 좌절의 결과로 일어나고 좌절은 언제나 공격행위를 초래한다고 가정함 |
| 수정된 좌절 – 공격 가설 | 좌절이 항상 공격성을 유발하는 것은 아니며, 내적 좌절·분노와 외적 자극(공격단서)이 결합되었을 때 공격적 행동이 나타남 |
| 사회학습이론 | 공격행위는 환경 속에서의 관찰을 통해 모방하여 나타난다는 이론 |
| 단서촉발이론 | • 공격행위는 내적인 욕구와 학습의 결과로 일어난다는 이론<br>• 목표를 성취하고자 하는 행동이 방해받을 때 내적 욕구는 억압을 받고, 이로 인해 좌절과 분노를 경험 |

## 2. 스포츠 수행과 공격행위

### ① 스포츠 수행과 공격행위의 결과
- ㉠ 상대방을 향한 공격에 주의를 빼앗기므로 과제로부터 주의가 분산됨
- ㉡ 분노, 적개심 등을 동반하므로 증가된 각성이 주의의 폭을 좁히고 스포츠 수행을 방해함

> **QUIZ**
> 경기의 초반보다는 후반에 공격행위가 발생할 확률이 더 높다.
> (O/X)
>
> 답 O

② 스포츠에서 공격성의 원인

| | |
|---|---|
| 종목의 특성 | 신체적 충돌이 많은 종목일수록 공격행동이 일어날 가능성이 많음 |
| 스코어 차이 | 경기가 팽팽한 접전일 때보다 스코어 차이가 많이 날 때 승리에 대한 좌절감으로 인해 공격행동이 일어나기 쉬움 |
| 초청경기와 방문경기 | 원정경기를 할 때 선수들은 상대 선수뿐만 아니라 관중에도 민감하게 반응하기 때문에 공격행동을 일으키려는 경향이 증가함 |
| 팀 순위 | 하위 리그로 떨어질 위기에 처한 팀들은 정서적으로 불안증을 겪고 그로 인해 공격행동이 더 많이 일어나는 경향이 있음 |
| 경기의 시점 | 경기의 초반보다 후반에 각성이 증가하고 그로 인해 공격행동이 더 많이 일어나는 경향이 있음 |
| 경력과 경기 수준 | 경력이 많을수록 선수들은 페어플레이보다 팀의 승리나 이익을 더 중요시 여기기 때문에, 내면화된 결과로 인해 공격행동이 더 많이 일어나는 경향이 있음 |

## 3. 스포츠 참가와 도덕성 발달

① **스포츠 참가의 유형**

| | |
|---|---|
| 행동적 참가 | 선수로서 경기에 직접 참가하는 참가활동과 참가 외에 스포츠 생산과 소비의 과정에 대한 참가를 모두 포함하는 개념 |
| 인지적 참가 | 사회기관, 교육기관, 매스컴 등을 통해 스포츠에 대한 정보를 습득함으로써 이루어지는 참가 |
| 정의적 참가 | 실제로 스포츠에 참가하지는 않으나 정서적으로 스포츠에 깊숙이 개입하는 참가 |

② **스포츠 참가를 통한 도덕성 발달**
　㉠ 페어플레이 정신의 함양
　㉡ 승리에 대한 겸허함 학습
　㉢ 패배에 대한 자기통제 경험
　㉣ 예의범절의 학습

③ **스포츠 참가를 통한 인성 발달**
　㉠ 인내력과 사회성의 발달
　㉡ 정서적 안정
　㉢ 스포츠 규칙의 준수

**POINT**
스포츠가 인성 발달에 미치는 긍정적 영향
- 올바른 스포츠 행동 모방을 하도록 격려
- 과제 자체에 대한 동기 및 협동심 자극
- 참가자 스스로 선택하고 책임질 수 있는 재량권 제고

# CHAPTER 05 운동심리학

## SECTION 01 운동의 심리적 효과

### 1. 운동과 성격

① 외향적 성향을 지닌 사람이 내향적 성향을 지닌 사람보다 운동 실천의 가능성이 더 높음
② 정서적 불안정성은 운동의 실천과 부정적 관계를 지니며, 장기간의 운동 실천은 정서적 불안정성을 감소시킴

### 2. 운동의 심리·생리적 효과

① **운동의 심리적 효과**
  ㉠ 우울증 완화 효과
  ㉡ 불안 및 스트레스 수준 감소 효과
  ㉢ 긍정적 정서 체험 가능
  ㉣ 수면의 질 향상 효과
  ㉤ 자아 존중감 상승

② **운동의 생리적 효과**
  ㉠ 1회박출량, 최대산소섭취량 증가
  ㉡ 신경근육성의 긴장 수준 낮춤
  ㉢ 안정기의 심박수, 스트레스 호르몬 감소
  ㉣ 엔도르핀 발생

> **QUIZ**
> 지속적인 운동 참여는 우울증을 완화시키는 효과가 있다. (O/×)
> 답 O

### 3. 운동의 심리·생리적 효과 관련 이론  2025 기출

① **열발생 가설** : 운동으로 인해 체온이 상승하면 뇌에서 근육에 이완 명령을 내리기 때문에 편안함을 느낀다는 가설
② **주의분리 가설** : 운동을 함으로써 일상적인 생활패턴과 분리되기 때문에 적절한 불안과 생리적 활성화가 나타난다는 가설
③ **모노아민 가설** : 운동을 통해 모노아민(도파민, 세로토닌, 멜라토닌, 히스타민 등의 신경전달물질)의 분비를 증가시켜 정서에 변화를 일으킨다고 보는 가설

> **기출 채우기**
> 인간의 뇌 구조 중 (　　)은/는 균형 유지와 사지협응 및 자세제어에 주된 역할을 한다.
>
> 📖 소뇌

④ **뇌변화 가설** : 운동은 대뇌운동피질과 소뇌에 새로운 혈관 생성을 유발하며, 이로 인해 대뇌피질 혈관의 밀도가 증가, 뇌 구조 및 기능에 긍정적인 변화를 일으킨다는 가설

⑤ **생리적 강인함 가설** : 규칙적인 운동을 통해 스스로에게 스트레스를 규칙적으로 가하게 되고, 이것이 반복되면서 스트레스에 견디고 대처하는 능력이 향상되어 정서적으로 안정된다는 가설

⑥ **사회심리적 가설** : 운동을 하면 기분이 좋아질 것이라고 기대하기 때문에 위약효과(플라시보 효과)가 발생하여 심리적인 효과를 얻게 된다는 가설

## SECTION 02 운동심리 이론

### 1. 합리적 행동이론과 계획적 행동이론

① **합리적 행동이론(Ajzen, Fishbein)**
  ㉠ '행위에 대한 태도'와 '주관적 규범'이 '행동 의도'에 영향을 미치고, 이것이 곧 행동으로 이어진다는 이론
  ㉡ 행위에 대한 태도 : 개인의 신념과 개인의 평가에 영향을 받음
    • 개인의 신념 : 행위자가 행위의 수행을 통해 얻을 것이라고 생각하는 결과
    • 개인의 평가 : 행위의 결과에 대한 행위자의 전반적인 평가
  ㉢ 주관적 규범 : 규범적 신념과 순응동기에 영향을 받음
    • 규범적 신념 : 행위자가 중요하게 생각하는 사람들이 특정 행위의 수행을 어떻게 생각하는가에 대한 것
    • 순응동기 : 준거집단에 순응하고자 하는 것

② **계획적 행동 이론(Ajzen)**
  ㉠ 합리적 행동이론에는 포함되지 않은 '지각된 행동통제감'의 개념을 추가하여 확장한 이론
  ㉡ 지각된 행동통제감 : 자신이 대상 행동을 실제로 얼마나 잘 수행하고 통제할 수 있는지에 대한 주관적 평가로, 행위를 수행하기 위해 필요한 자원과 기회에 접근 가능하다는 신념
    • 외부 통제 요인 : 행위의 수행에 필요한 돈, 시간, 기타 외부 환경 등
    • 내부 통제 요인 : 자기효능감, 개인의 능력에 대한 자기 확신

> **POINT**
> 아젠(Ajzen)과 피시바인(Fishbein)의 합리적 행동이론의 주요 변인
> • 행동에 대한 태도
> • 주관적 규범
> • 행동 의도

> **POINT**
> 계획된 행동이론 **2024 기출**
> • 태도 : 개인의 신념과 개인의 평가에 영향을 받음
> • 의도 : 개인이 특정 행동을 실제로 수행할 가능성을 예측하는 지표(태도+주관적 규범+지각된 행동통제감)
> • 주관적 규범 : 규범적 신념과 순응동기에 영향을 받음
> • 지각된 행동통제감 : 자신이 대상 행동을 실제로 얼마나 잘 수행하고 통제할 수 있는지에 대한 주관적 평가로 행위를 수행하기 위해 필요한 자원과 기회에 접근 가능하다는 신념

> **O×QUIZ**
> 아이젠의 계획된 행동이론의 구성요인은 태도, 의도, 주관적규범, 행동통제인식이다. (○/×)
>
> 📖 ○

## 2. 변화단계이론(Prochaska) 2025 기출

① 운동행동의 변화는 여러 단계를 거치면서 점진적으로 변화한다는 이론
② 개인의 수준에 맞는 차별화된 운동 실천 중재전략을 개발하고 적용할 수 있는 장점이 있음
③ 변화 단계

| 무관심 단계 | • 변화 계획이 없는 단계<br>• 현재 운동을 하고 있지 않으며 6개월 이내에도 운동을 시작할 의도가 없는 단계 |
|---|---|
| 관심 단계 | • 문제를 인식하고 행위의 변화를 일으키겠다는 생각을 하는 단계<br>• 현재 운동을 하고 있지 않으나 6개월 이내에 운동을 시작할 의도가 있음 |
| 준비 단계 | • 구체적인 행위 실행이 잡혀 있는 단계<br>• 현재 운동을 하고는 있지만 운동 가이드라인을 충족하지는 못하는 수준의 단계 |
| 실천 단계 | • 건강한 생활습관을 갖기 위해 노력하는 단계<br>• 운동 가이드라인을 충족하는 수준의 운동을 하고 있으나 그 기간이 6개월 미만인 단계 |
| 유지 단계 | • 새로운 생활습관이 6개월 이상 지속된 단계<br>• 운동 가이드라인을 충족하는 수준의 운동을 6개월 이상 해 온 단계 |

④ 단계별 운동 실천 전략

| 무관심기 | • 운동의 이점과 중요성에 대한 교육 제공<br>• 운동에 대한 두려움/오해 해소<br>• 운동 성공 사례 제시 |
|---|---|
| 숙고기 | • 장단점 분석 도와주기<br>• 개인의 가치와 운동 연결짓기<br>• 가족/친구의 지지 유도 |
| 준비기 | • 구체적인 계획 세우기(언제, 어디서, 무엇을)<br>• 장애 요인 예측과 대비책 마련<br>• 운동 파트너 구하기 |
| 실행기 | • 운동일지 작성<br>• 성취에 대한 보상 제공<br>• 긍정적인 피드백 제공 |
| 유지기 | • 운동 루틴의 다양화<br>• 지루함/권태 극복 전략<br>• 유혹 상황에서 대처 방법 강화 |

⑤ **행동 변화에 영향을 미치는 요인** : 자기효능감, 의사결정균형, 변화과정

## 3. 사회생태학이론

① 운동과 관련된 환경이나 정책이 운동참여와 지속에 중요한 역할을 한다는 이론
② 개인 차원의 요인뿐만 아니라 사회생태학적 환경의 중요성을 강조함

---

**QUIZ**

프로차스카(Prochaska)의 변화단계이론에 따르면 실천 단계란 운동 가이드라인을 충족하는 수준의 운동을 6개월 이상 해 온 단계이다.
(○/×)

답 ×

**기출 채우기**

신체활동은 일련의 단계를 거쳐 변화한다는 것을 기본적인 전제로 하는 운동행동이론은 (　　　)이다.

답 변화단계이론

**POINT**

**사회생태학 이론 사례**
• 지역사회가 여성 전용 스포츠 센터를 확충한다.
• 정부가 운동 참여에 대한 인센티브 정책을 수립한다.
• 가정과 학교에서 운동 참여를 지지해주는 분위기를 만든다.

③ 이론 차원을 넘어 개인·지역사회·국가 수준에서 연구와 중재를 목표로 함

### 4. 통합이론

① 운동 지속에 영향을 미치는 요인들을 통합적으로 제시하는 이론
② 운동에 대한 경험과 지식, 타인에 의한 활동단서를 통해 수행의 실행 여부와 운동 지속이 결정된다고 봄

## SECTION 03 | 운동실천 중재전략

### 1. 운동실천 영향 요인 **2024 기출**

① **개인적 요인**

| 개인적 특성 | 나이, 성별, 연령, 직업, 건강 상태 등 |
|---|---|
| 심리적 요인 | 자기효능감, 운동에 대한 태도 및 의도, 운동에 대한 지식 등 |

② **운동 특성 요인**
  ㉠ 운동 강도 : 고강도 운동보다는 중강도 운동이 적절
  ㉡ 운동 시간 : 1시간의 운동을 한 번에 하는 것보다는 20분씩 나누어 하는 것이 적절
  ㉢ 운동 프로그램 : 혼자서 운동하는 것보다는 단체로 하는 것이 운동 실천 가능성을 높임

③ **사회적 요인**
  ㉠ 지도자 : 리더십 스타일 및 지도 분위기
  ㉡ 집단응집력 : 응집력이 높을수록 운동의 지속 실천 가능성이 증가
  ㉢ 사회적 지지

| 정서적 지지 | 사랑, 신뢰 등 타인에 대한 감정 이입의 표현으로서 타인을 격려하고 걱정하는 과정에서 발생하는 것 |
|---|---|
| 도구적 지지 | 이동수단의 제공, 노동력의 제공 등 가시적인 원조 혹은 서비스 등을 실질적으로 제공하는 것 |
| 정보적 지지 | 충고, 지침 등 운동 방법에 대한 안내와 문제의 해결을 위한 제안 혹은 정보를 제공하는 것 |
| 동반적 지지 | 친구, 가족, 동료 회원 등 운동 수행에서 동반자적 역할을 함으로써 안정감을 제공하는 것 |
| 비교확인 지지 | 타인이나 과거의 자신과의 비교 등을 통해 스스로의 생각이나 감정, 체험 등이 정상적이라고 느껴지도록 긍정적인 힘을 제공하는 것 |

---

**POINT**

스포츠 지도자 교육 프로그램(CET ; Coach Effectiveness Training) 핵심 원칙
- 발달모델
- 긍정적 접근
- 상호지원
- 선수참여
- 자기관찰

**QUIZ**

정서적 지지는 다른 사람을 격려하고 걱정하는 과정에서 발생한다. (O/×)

 O

ⓔ 물리적 환경 : 날씨나 운동 시설의 수준, 운동 시설로의 접근성 등
ⓜ 사회 및 문화의 영향 : 집단의 행동 신념, 운동 규범의 변화, 사회·문화적 변동 등

④ 이론에 근거한 중재 전략

| 혜택의 각인 | • 건강과 체력의 증진<br>• 외모와 체형 개선<br>• 정신적·정서적 건강 증진<br>• 대인관계 개선 |
|---|---|
| 방해요인 극복 | • 실제 방해요인 : 접근성(편리성) 부족, 환경적 요인, 생태적·신체적 제약<br>• 인식된 방해요인 : 시간의 부족, 흥미 부족<br>• 신체적 방해요인 : 부상, 피로, 질병 등<br>• 방해요인 극복 전략 : 운동 시간을 정하고 매일 실천, 재미를 결합한 운동 실시, 운동 시설의 접근성 및 환경 개선, 단체 운동, 의욕적인 지도자 등 |
| 자기효능감 향상 | 과거의 수행 경험, 간접 경험, 언어적 설득, 신체와 감정 상태 등을 통해 자기효능감을 향상 |

> **POINT 사회적 지지 유형**
>
> | 정서적 지지 | 사랑, 신뢰 등 |
> |---|---|
> | 도구적 지지 | 실질적 서비스 제공 |
> | 정보적 지지 | 충고 혹은 제안 등 정보 제공 |
> | 동반적 지지 | 동반자적 역할을 통한 안정감 제공 |
> | 비교확인 지지 | 타인 혹은 자신과의 비교를 통한 긍정적 확신 |

> **POINT 자기효능감 향상 요인 사례**
>
> • 정기적으로 운동하여 체지방의 감량과 체형의 변화를 확인하였다.
> • 피트니스센터에 가면 정서적 안정감을 느낀다.
> • 스포츠지도사로부터 칭찬을 자주 받는다.
> • 가족들로부터 운동참여에 대한 지지를 받고 있다.

## 2. 행동수정 및 인지 전략

① 행동수정 전략

| 의사결정 단서 제공 | 행동 실천 여부 결정을 시작하는 자극을 제공 |
|---|---|
| 출석 상황 게시 | 출석 상황 및 운동 수행 정도를 공공장소에 게시함으로써 참여자의 동기를 유발 |
| 보상 제공 | 보상을 통해 출석 행동을 강화 |
| 피드백 제공 | 운동 기능 향상과 동기 부여 측면에서 매우 중요함 |
| 운동 계약 | 운동 실천에 관한 의사결정 과정에 참여함으로써 운동 실천에 대한 책임감을 증진 |

> **QUIZ**
> 구체적이고 실현 가능한 목표를 설정하는 것은 운동실천을 위한 행동수정 전략 중 중재전략에 해당한다. (○/×)
> 답 ×

② 인지 전략
㉠ 목표의 설정(목표 설정 원칙) : 구체적이고 측정 가능하며 현실적이고 현재 수준보다 약간 높은 수준의 목표를 설정
㉡ 내적 집중과 외적 집중

| 내적 집중 | 근육, 심박수, 호흡 등 신체 내부로부터의 피드백 정보에 집중 |
|---|---|
| 외적 집중 | 외부 환경의 변화, 주변의 사람 및 사물 등에 집중 |

③ 운동애착 증진전략

| 환경적 방법 | • 운동에 긍정적인 작용을 하는 유인물 혹은 표어 등을 제작<br>• 편안하게 운동할 수 있는 장소 제공 |
|---|---|
| 강화적 방법 | • 참가에 대한 보상 제공<br>• 적절한 피드백 제공 |

> **QUIZ**
> 참여자가 운동을 스스로 결정하도록 돕는 것은 운동애착 증진전략의 강화적 방법에 해당한다. (○/×)
> 답 ×

| 목표 설정과 인지 방법 | • 운동을 스스로 결정하도록 도움<br>• 운동의 빈도, 강도, 시간 등을 적절하게 설정<br>• 음악 등을 활용하여 운동을 즐거운 것으로 인식하도록 도움 |
|---|---|
| 의사결정 방법 | • 중요 타자 등으로부터 얻는 이득이나 손실을 계산하도록 도움<br>• 타인으로부터의 인정을 제공 |
| 사회 지지적 방법 | 그룹을 지어 운동을 하도록 프로그램을 제공 |

④ 의사결정 전략

| 의사결정 균형표 작성 | 운동을 통해 발생하는 혜택과 손실 등을 적어 비교 |
|---|---|
| 운동일지 작성 | 운동 태도의 모니터링, 운동 수행에 따른 체력 향상 정도 등을 시각적으로 확인 가능 |
| 운동 강도 모니터링 | 운동 강도를 스스로 인식하고 조절할 수 있도록 함 |

⑤ 내적 동기 전략과 외적 동기 전략

㉠ 내적 동기 전략 : 스포츠 그 자체가 주는 즐거움을 통해 운동 실천을 유도
㉡ 외적 동기 전략 : 보상을 제공하거나 동기를 부여하는 등 외부 자극을 통해 운동을 유도

> **QUIZ**
> 에스컬레이터 대신 계단의 이용을 권장하는 포스터를 부착하는 것은 내적 동기 전략에 해당한다.
> (O/×)
> 답 ×

# CHAPTER 06 스포츠심리상담

## SECTION 01 스포츠심리상담의 개념

### 1. 스포츠심리상담의 이해

① **스포츠심리상담의 개념** : 운동 참가자의 환경적 특성을 파악하고 심리상담을 통해 중재자의 역할을 수행하는 것

② **스포츠심리상담의 목표**
  ㉠ 운동 참가자의 운동수행 능력 및 운동 지속시간 증가
  ㉡ 운동과 관련된 심리적 요인 개선
  ㉢ 정서적인 안정 및 운동 참여에 대한 만족도 향상
  ㉣ 사회성의 발달 및 개선

### 2. 스포츠심리상담사의 역할

① 개인, 집단, 팀 등에 스포츠와 관련된 심리적 요인의 정보를 전달
② 스포츠 상황에서 활용 가능한 인지·행동·정서적 기술 지도
③ 스포츠 상황에서 심리적 요인의 이해와 측정, 경기력 향상을 위한 심리적 도움 제공

### 3. 스포츠심리상담윤리 [2025 기출] [2024 기출]

① **한국스포츠심리학회의 스포츠심리상담윤리 주요 내용**
  ㉠ 상담 혹은 감독을 받는 내담자와 이성적인 관계를 만들지 말 것
  ㉡ 미성년자 내담자의 가족과는 개인적 혹은 금전적 관계 등 다른 관계로 만나지 말 것
  ㉢ 특별한 경우를 제외하고는 내담자와 사적인 관계를 유지하지 말 것
  ㉣ 가까운 친구나 가족 등에 대해 상담을 진행할 경우 이중 관계가 되어 전문적인 상담이 어려우므로 다른 전문가에게 의뢰하여 도움을 제공할 것

> **QUIZ**
> 스포츠심리상담사는 상담 효과를 알리기 위해 상담에 참여한 사람으로부터 소감이나 좋은 평가를 요구할 수 있다. (○/×)
>
> 답 ×

**기출 채우기**

응용스포츠심리학회의 윤리규정에서는 가족이나 친구 등 평소 알고 지내는 사람의 상담을 진행할 경우 (　　　　)가 되어 의도치 않은 유해한 영향을 미칠 수 있으므로 전문적인 상담을 진행하지 않도록 하고 있다.

📖 이중 관계

② 응용스포츠심리학회(AAASP)의 스포츠심리상담윤리 주요 내용
  ㉠ 상담자 자신의 한계를 인정하고, 자신의 역량 내에서만 상담을 진행할 것
  ㉡ 나이나 성별, 국적, 종교, 장애, 사회·경제적 지위 등의 개인차를 존중할 것
  ㉢ 교육, 연수, 수련 경험 등 인정받은 전문 지식과 기법을 제공할 것
  ㉣ 자신의 상담 내용이 타인의 삶에 큰 영향을 미칠 수 있음을 인식하고 의도치 않은 부정적 결과가 나타나지 않도록 경각심을 가질 것
  ㉤ 사회적 혹은 다른 비전문적 관계가 상담에 의도하지 않은 유해한 영향을 미칠 수 있음을 인지하고, 이러한 이중 관계가 이미 선재해 있을 경우 전문적인 상담을 진행하지 않을 것
  ㉥ 내담자의 이익을 최우선에 두고 상담을 진행하며, 필요한 경우 다른 전문가에게 의뢰하여 상담을 진행할 것

**QUIZ**

내담자에게 정신적 질환의 임상적 특징이 나타나 입원 치료의 필요성이 있다고 판단했을 때는 내담자에 대한 비밀보장의 원칙을 무시할 수 있다. (○/×)

📖 ○

**이해 더하기**

상담 시 비밀보장의 예외
- 내담자가 자신이나 타인에 대해 위험한 행동을 할 경우
- 미성년인 내담자가 근친상간이나 강간, 아동학대 등의 범죄에 노출되어 있을 경우
- 내담자에게 입원 치료의 필요성이 있는 것으로 보일 경우
- 기타 법적인 문제가 있다고 판단될 경우

## SECTION 02 | 스포츠심리상담의 적용

### 1. 스포츠심리상담 프로그램

① 1단계 : 욕구진단을 위한 실제 생활과 환경 조사
② 2단계 : 욕구와 문제해결을 위한 대안 진술
③ 3단계 : 목적과 목표의 설정
④ 4단계 : 해결책 모색을 위한 정보 수집
⑤ 5단계 : 해결을 위한 프로그램의 선정 및 시행
⑥ 6단계 : 결과의 평가와 효과의 측정

## 2. 스포츠심리상담의 절차와 기법

### ① 심리상담의 절차

| | |
|---|---|
| 초기 접촉 | 상담자가 내담자를 직접 만나거나 전화, 메일 등을 이용하여 상담의 진행 절차 및 내용 등을 안내하는 단계 |
| 접수 상담 | 내담자가 상담신청서를 작성하는 단계로 내담자의 인적 사항과 상담 목적, 상담 시간 및 비용 등을 논의 |
| 심리검사 | 내담자의 현재 상태를 파악하기 위한 심리검사를 실시 |
| 상담 결정 | 상담에 대한 계약 내용을 확인하고 상담을 결정하는 단계로 상담의 내용과 시간, 횟수, 비용, 계획 등을 결정 |
| 상담 초기 | 내담자와 상담자 간 역할에 대한 협의 및 공유, 비밀보장의 약속, 내담자의 적극적 참여 유도 |
| 상담 중기 | 상담에 대한 신뢰 증진 및 상담 적극 참여, 내담자의 문제에 대한 스스로의 현실적 판단 등이 가능해지는 시기 |
| 상담 말기 | 내담자의 행동 변화가 나타나고 상담에 대한 평가를 내려 상담의 연장 혹은 종료를 결정하는 단계 |

### ② 상담의 기법

| | |
|---|---|
| 신뢰 형성 (Rapport) | • 내담자의 상담 목적을 파악하여 도움을 줄 수 있다는 인상을 줄 것<br>• 내담자로 하여금 상담 효과에 대한 긍정적 기대를 갖도록 하는 방법<br>• 내담자에게 호의적·공감적인 태도를 가질 것 |
| 관심 집중 | • 내담자를 향해서 앉을 것<br>• 개방적인 자세를 취할 것<br>• 상담자가 긴장을 풀도록 하고 적절하게 시선을 맞출 것<br>• 때때로 내담자를 향해 몸을 기울일 것 |
| 경청 | • 편안하고 자연스러운 태도를 취할 것<br>• 언어적 메시지와 함께 비언어적 메시지도 주목할 것<br>• 적절한 반응을 통해 경청하고 있음을 보여줄 것<br>• 문화적·개인적 차이를 인식하고 존중할 것 |
| 공감적 이해 | • 내담자의 입장이 되어 내담자의 감정, 의견, 고민 등을 깊이 이해하되 상담자 본연의 자세는 버리지 않도록 주의할 것<br>• 내담자가 말한 의미를 생각할 시간을 가질 것<br>• 반응시간을 짧게 할 것<br>• 내담자에게 맞는 합리적인 반응을 할 것 |

**QUIZ**
신뢰 형성 기술에는 내담자를 향해 앉기, 개방적 자세 취하기, 적절한 시선 맞추기 등이 있다. (○/×)
답 ×

**QUIZ**
내담자의 말이 끝날 때까지 내담자를 계속 관찰하는 것은 상담자가 활용할 수 있는 관심집중 기술이다. (○/×)
답 ×

# 출제예상문제

**2025 기출 유형**

**01** 〈보기〉에서 설명하는 스포츠심리학의 연구 영역과 역할에 해당하는 것은?

> **보기**
> 영역 : 운동참가동기, 운동심리적 효과, 운동 관련 이상심리 등
> 역할 : 스포츠 활동에 지속적으로 참여하기 위한 방법과 운동을 통한 심리적 효과 등을 연구

① 운동제어
② 운동발달
③ 응용스포츠 심리학
④ 건강운동 심리학

해설 | 〈보기〉에서 설명하는 스포츠심리학의 연구 영역과 역할은 '건강운동 심리학'이다.

**2025 기출 유형**

**02** 〈보기〉 중 불안을 조절하는 전략으로 옳은 것만을 모두 고른 것은?

> **보기**
> ㄱ. 긍정적 생각과 부정적 생각을 균형 있게 하기
> ㄴ. 자신이 조절할 수 있는 것에 주의집중하기
> ㄷ. 신체적 예습 및 복습 실시
> ㄹ. 스트레스 면역 훈련하기

① ㄱ, ㄴ, ㄷ
② ㄱ, ㄴ, ㄹ
③ ㄱ, ㄷ, ㄹ
④ ㄴ, ㄷ, ㄹ

해설 | 불안을 조절하기 위해서는 부정적인 생각을 금지하고 인지 재구성을 활용하는 등의 방법을 사용할 수 있다. 따라서 긍정적 생각과 부정적 생각을 균형 있게 하는 것은 불안을 조절하는 전략으로 적절하지 않다.

**03** 〈보기〉의 ㉠에 들어갈 용어로 적절한 것은?

> **보기**
> 같은 근육군을 동일한 방법으로 사용해 동일한 각도와 속도로 라켓을 휘둘러도 공이 날아오는 속도, 공의 회전 수 등 조건에 따라 그 결과가 달라질 수 있다는 것은 ( ㉠ ) 문제에 해당한다.

① 맥락 조건 가변성
② 운동 등가
③ 자유도
④ 상대 협응

해설 | 맥락 조건 가변성이란 근육 수축 활동과 운동의 결과가 반드시 일치하지 않으며, 상황에 따라 변하는 것을 말한다.

**04** 다음 중 레빈의 인간행동법칙과 관련이 없는 것은?

① 개인(Person)
② 환경(Environment)
③ 조건(Condition)
④ 행동(Behavior)

해설 | 레빈은 개인의 경험, 성격, 지능 및 그를 둘러싼 환경의 상호작용을 통해 인간의 행동이 결정된다고 본다.

**2025 기출 유형**

**05** 반두라(A. Bandura)가 제시한 4가지 정보원에서 자기효능감에 가장 큰 영향력을 미치는 것은?

① 대리 경험
② 언어적 설득
③ 성취 경험
④ 정서적/신체적 상태

해설 | 자기효능감 향상 요인으로는 과거의 성공 경험, 대리(간접) 경험, 언어적(사회적) 설득, 생리 · 정서적 경험이 있으며, 그중 가장 영향력 있는 요인은 과거의 성공 경험이다.

**2025 기출 유형**

**06** 〈보기〉가 설명하는 가설은?

> **보기**
> 
> 규칙적인 운동을 통해 스스로에게 스트레스를 규칙적으로 가하게 되고, 이것이 반복되면서 스트레스에 견디고 대처하는 능력이 향상되어 정서적으로 안정된다.

① 열발생 가설
② 모노아민 가설
③ 사회심리적 가설
④ 생리적 강인함 가설

**해설** | 〈보기〉에서 설명하는 가설은 생리적 강인함 가설이다.
　　① 열발생 가설 : 운동으로 인해 체온이 상승하면 뇌에서 근육에 이완 명령을 내리기 때문에 편안함을 느낀다는 가설
　　② 모노아민 가설 : 운동을 통해 모노아민(도파민, 세로토닌, 멜라토닌, 히스타민 등의 신경전달물질)의 분비를 증가시켜 정서에 변화를 일으킨다고 보는 가설
　　③ 사회심리적 가설 : 운동을 하면 기분이 좋아질 것이라고 기대하기 때문에 위약효과(플라시보 효과)가 발생하여 심리적인 효과를 얻게 된다는 가설

**07** 〈보기〉에서 설명하는 개념으로 옳은 것은?

> **보기**
> 
> 체육관에서 등반 기술을 연습한 민우는 야외 암벽에서도 능숙하게 등반을 할 수 있게 되었다.

① 파지　　② 전이
③ 망각　　④ 주의집중

**해설** | 전이는 과거의 수행 또는 학습경험이 새로운 운동기술의 수행과 학습 등에 영향을 미치는 것을 말한다. 학습한 내용을 새로운 수행 상황에서 얼마나 적절히 실행하는가를 나타내는 개념이다.

**08** 수영장에서 수영기술을 연습함으로써 바다에서도 능숙하게 수영을 할 수 있게 된 경우 이와 관련된 전이 유형으로 적절한 것은?

① 부적 전이　　② 중립적 전이
③ 순행적 전이　　④ 역행적 전이

**해설** | 전이는 영향의 성격과 정도, 시간적 관계 등에 따라 분류가 가능하다. 제시된 사례에서는 한 가지 과제의 수행이 다른 과제의 수행을 돕거나 촉진했으므로 정적 전이(성격)에 해당하며, 앞서 수행한 과제가 나중에 수행하는 과제의 수행에 영향을 미치므로 순행적 전이(시간적 관계)에 해당한다.

**2025 기출 유형**

**09** 힉스(W. Hick)의 법칙에 관한 설명으로 옳지 않은 것은?

① 자극-반응 대안의 수가 증가할수록 반응시간은 길어진다.
② 선택 반응 시간은 자극-반응 대안이 2배가 될 때마다 일정한 시간이 증가한다.
③ 자극 반응 대안과 반응 시간 간의 관계를 나타내는 데 적용될 수 있다.
④ 움직임의 속력이 증가하면 정확도가 떨어지는 속력-정확성 상쇄(speed-accuracy trade-off) 현상이 나타난다.

**해설** | 힉스의 법칙은 주어진 선택지의 수에 따라 사용자가 결정하는 데 소요되는 시간이 결정된다는 법칙이다. 선택 반응 시간은 자극-반응 대안이 2배가 될 때마다 일정한 시간(약 150ms)만큼 증가한다. 스포츠에서 자극 반응 대안과 반응 시간 간의 관계를 나타내는 것에도 힉스의 법칙이 적용될 수 있으며, 힉-하이먼 법칙으로도 불린다. ④는 피츠의 법칙에 대한 설명이다.

---

**정답** 01 ④　02 ④　03 ①　04 ③　05 ③　06 ④　07 ②　08 ③　09 ④

**2025 기출 유형**

**10** 〈보기〉에 해당하는 학자는?

> **보기**
> - 주요 활동은 1966~1979년
> - 스포츠심리학 교수(일리노이)
> - '코칭과학' 집필
> - 스포츠경쟁불안검사(SCAT) 개발

① 프랭클린 헨리(Franklin Henry)
② 콜먼 그리피스(Coleman Griffith)
③ 레이너 마틴즈(Rainer Martens)
④ 노먼 트리플렛(Norman Triplett)

해설 | 〈보기〉에서 설명하고 있는 내용에 해당하는 학자는 '레이너 마틴즈(Rainer Martens)'이다.

**11** 번스타인의 운동학습 단계에 대한 설명으로 적절하지 않은 것은?

① 움직임과 관련된 요소들을 단순화시키는 것은 자유도 고정 단계이다.
② 스케이트를 탈 때 여러 관절을 활용하여 추진력을 얻는 것은 반작용 활용 단계이다.
③ 자유도 풀림 단계에서는 다양한 환경에 쉽게 적응하여 운동을 수행할 수 있다.
④ 체중 이동을 활용해 추진력을 확보하는 것은 반작용 활용 단계이다.

해설 | ②는 자유도 풀림 단계에 해당한다.
- 자유도 풀림 : 사용 가능한 자유도를 활용하여 협응 구조(기능적 단위)를 형성하는 것
- 반작용 활용 : 신체 내·외적으로 발생하는 힘의 활용을 위해 더 많은 여분 자유도를 활용하는 것
- 자유도 고정 : 운동 기술 습득에 필요한 신체의 자유도를 고정하여 움직임과 관련된 요소들을 단순화시키는 것

**12** 갈라휴의 운동발달 단계 이론에서 '신경체계 성숙으로 수의적 움직임이 나타나는 단계'는?

① 반사운동 단계
② 기본 움직임 단계
③ 기초 단계
④ 스포츠 기술 단계

해설 | 기초 단계는 출생부터 2년까지의 유아기에 나타나는 단계로, 신경체계의 성숙으로 반사운동단계가 사라지고 수의적인 움직임이 나타나는 단계이다.

**2025 기출 유형**

**13** 미국 응용스포츠심리학회(AAASP)의 스포츠심리상담 윤리 규정이 아닌 것은?

① 상담자 자신의 한계를 인정하고 자신의 역량 내에서만 상담을 진행한다.
② 필요한 경우 다른 전문가에게 의뢰하여 상담을 진행한다.
③ 나이나 성별, 국적, 종교, 장애, 사회·경제적 지위 등의 개인차를 존중한다.
④ 스포츠에 참여하는 모든 사람과 전문적인 상담을 진행한다.

해설 | 응용스포츠심리학회(AAASP)의 스포츠심리상담 윤리 규정에 따라 사회적 혹은 다른 비전문적 관계가 상담에 의도하지 않은 유해한 영향을 미칠 수 있음을 인지하고, 이러한 이중 관계가 이미 선재해 있을 경우 전문적인 상담을 진행하지 않는다.

**14** 〈보기〉의 ⊙, ⓒ에 들어갈 목표의 유형이 바르게 연결된 것은?

> **보기**
> - ( ⊙ ) : 자신의 과거 기록이 달성의 기준점
> - ( ⓒ ) : 구체적인 제한 시간 내에서 수행 기준 달성

| | ⊙ | ⓒ |
|---|---|---|
| ① | 성과목표 | 주관적 목표 |
| ② | 성과목표 | 객관적 목표 |
| ③ | 수행목표 | 객관적 목표 |
| ④ | 수행목표 | 주관적 목표 |

해설 | ⊙ 수행목표 : 운동수행의 성취에 기반을 둔 목표이며 선수 자신의 과거 기술 수준을 기준으로 하는 목표
ⓒ 객관적 목표 : 구체적인 시간의 제한 내에서 구체적인 수행 기준을 달성하는 목표

**2025 기출 유형**

**15** 〈보기〉가 설명하는 불안이론은?

> **보기**
> - 불안을 인지적 불안과 신체적 불안으로 구분하여 설명하는 이론
> - 인지적 불안과 신체적 불안은 독립적이며 운동수행에 있어서 각기 다른 역할을 수행
> - 인지적 불안과 신체적 불안의 수준에 따라 서로 다른 불안 감소 기법이 필요함

① 자생훈련 이론
② 다차원적 불안 이론
③ 인지 재구성 이론
④ 체계적 둔감화 이론

해설 | 〈보기〉에서 설명하는 것은 다차원적 불안이론으로 인지불안(불안, 걱정과 같은 부정적)과 신체불안(생리적 각성과 같은 긍정적)이 경기력에 영향을 미치거나 다르게 영향을 미치는 것을 말한다.

**16** 도식이론에 대한 설명으로 옳지 <u>않은</u> 것은?

① 빠른 움직임과 느린 움직임을 구분하여 설명한다.
② 회상도식은 피드백 정보가 없는 빠른 운동을 조절하는 역할을 한다.
③ 재인도식은 과거의 실제 결과, 감각귀결, 초기 조건의 관계를 바탕으로 형성된다.
④ 200ms 이상의 시간이 필요한 느린 운동 과제의 제어에는 회상도식만 동원된다.

해설 | 도식이론에 따르면 일반적으로 송환정보가 작용할 수 없는 빠른 운동 제어에서는 회상도식만이 절대적으로 적용되지만, 200ms 이상의 느린 운동 과제의 제어에는 회상도식과 재인도식이 모두 동원된다.

**2025 기출 유형**

**17** 〈보기〉의 ⊙, ⓒ에 들어갈 운동발달 단계를 바르게 나열한 것은?

> **보기**
> 반사운동단계 → 초기움직임단계 → 기본움직임단계 → ( ⊙ ) → 성장과 세련단계 → ( ⓒ ) → 퇴보단계

| | ⊙ | ⓒ |
|---|---|---|
| ① | 최고수행단계 | 스포츠기술단계 |
| ② | 스포츠기술단계 | 최고수행단계 |
| ③ | 감소단계 | 증가단계 |
| ④ | 증가단계 | 감소단계 |

해설 | 운동발달의 단계는 반사운동단계 → 초기움직임단계 → 기본움직임단계 → 스포츠기술단계 → 성장과 세련단계 → 최고수행단계 → 퇴보단계 순이다.

**정답** 10 ③  11 ②  12 ③  13 ④  14 ③  15 ②  16 ④  17 ②

**2025 기출 유형**

**18** 스포츠심리상담사의 상담 윤리에 관한 설명으로 적절하지 <u>않은</u> 것은?

① 자신의 전문 영역과 한계를 명확히 인식하고, 최신 연구와 지식을 바탕으로 상담 서비스를 제공한다.
② 자격, 경력, 상담 내용 등에서 정직하고 공정하게 행동하며, 자격을 과장하지 않는다.
③ 인권 존중 : 상담 참여자의 존엄성과 인권을 최우선으로 하며, 모든 상담 과정에서 비밀보장과 공정한 대우를 실천한다.
④ 상담 과정에서 알게 된 정보는 비밀로 하되 경우에 따라 직계 가족에겐 공개할 수 있다.

**해설 |** 상담사는 내담자와의 신뢰를 형성하고 문화적 차이를 존중하며 상담 기법을 활용하여 윤리적 상담을 실천한다. 이때 상담과정에서 알게 된 정보는 철저히 비밀로 하며 내담자의 자기 결정권을 존중한다.

**19** 〈보기〉에서 설명하는 자기결정이론의 동기 유형으로 가장 적절한 것은?

**보기**

기철은 방학 동안 체력을 기르기 위해 시에서 지원하는 러닝 클럽에 가입했다. 처음 생각했던 것보다 너무 힘들고 재미가 없어 클럽을 그만두고 싶었지만 해당 클럽에만 제공되는 제휴 업체의 할인 혜택 등을 포기할 수 없어 클럽 활동을 유지하고 있다.

① 전략 미흡    ② 의무감 규제
③ 확인 규제    ④ 외적 규제

**해설 |** 외적 보상을 받거나 처벌을 피하기 위한 행동, 혹은 타인의 강요에 의한 행동을 외적 규제라 한다.

**2025 기출 유형**

**20** 〈보기〉의 ㉠~㉢에 들어갈 개념을 바르게 나열한 것은?

**보기**

- ( ㉠ ) : 어떠한 원인을 행동에 귀속시켜야 할지 추론하고 결정하는 과정이다.
- ( ㉡ ) : 스포츠 자체가 좋아서 참여한다.
- ( ㉢ ) : 보상을 받거나 처벌을 피하고자 스포츠에 참여한다.

|   | ㉠ | ㉡ | ㉢ |
|---|---|---|---|
| ① | 동기 | 외적 동기 | 내적 동기 |
| ② | 동기 | 내적 동기 | 외적 동기 |
| ③ | 귀인 | 내적 동기 | 외적 동기 |
| ④ | 귀인 | 외적 동기 | 내적 동기 |

**해설 |** ㉠ 귀인 : 자신 또는 타인의 행동에 대해 다양한 원인들 중 어떠한 원인을 그 행동에 귀속시켜야 할지를 추론하고 결정하는 과정
㉡ 내적 동기 : 내적인 즐거움을 위해 스포츠 활동에 참여하는 것
㉢ 외적 동기 : 외적인 보상을 위해 스포츠 활동에 참여하는 것

**2025 기출 유형**

**21** 다음 중 사회적 태만 방지법으로 적절하지 <u>않은</u> 것은?

① 집단 내의 상호작용을 촉진시켜 구성원 개인의 책임감을 높인다.
② 목표설정을 할 때 집단 목표와 구성원 개인의 목표 모두를 설정한다.
③ 집단 상황에서 타인의 노력을 존중하기 위해 자신의 노력을 줄인다.
④ 사회적 태만을 취하고 있는 구성원에 대한 신고 및 고발정신을 함양한다.

**해설 |** ③의 내용은 무임승차 전략에 관한 것으로 사회적 태만 방지법과는 관련이 없다. 이밖에 사회적 태만 방지법으로는 대집단보다는 소집단으로 구성하여 훈련하는 것과 선수 개개인의 노력을 확인하고 이를 인정하는 것 등이 있다.

**22** 〈보기〉에서 설명하는 심상의 이론은?

> **보기**
> 심상을 하는 동안 뇌와 근육에서는 실제 동작을 할 때와 거의 동일한 자극이 발생하며, 실제 동작 시와 같은 순서로 근육에 자극이 전달되어 근육의 운동 기억을 강화시킬 수 있다.

① 심리신경근이론
② 상징학습이론
③ 심리·생리적 정보처리이론
④ 유능성동기이론

**해설** | 심리신경근이론은 어떤 동작을 생생하게 상상하면 실제 동작과 유사한 근육의 미세 움직임이 나타나 근육의 운동 기억을 강화시키게 된다는 이론이다.

**23** 연습방법에 대한 설명으로 옳지 <u>않은</u> 것은?

① 분산연습은 특정 운동기술과제를 여러 개의 하위 단위로 나누어 연습하는 방법이다.
② 무선연습은 선택된 연습과제들을 순서에 상관없이 무작위로 연습하는 방법이다.
③ 집중연습은 연습구간 사이의 휴식시간이 연습시간보다 짧게 이루어진 연습방법이다.
④ 전습법은 한 가지 운동 기술과제를 구분 동작 없이 전체적으로 연습하는 방법이다.

**해설** | 분산연습은 연습 시간을 휴식시간보다 상대적으로 짧게 배분하는 방법으로, 특정 운동기술과제를 여러 개의 하위 단위로 나누어 연습하는 것은 분습법이다.

**24** 〈보기〉의 ㉠, ㉡에 들어갈 인간 발달의 특징을 바르게 나열한 것은?

> **보기**
> • ( ㉠ )은 성격이나 구조, 조직 등의 변화로 인간 행동의 양식이 과거에서 변화되어 나타나는 것이다.
> • ( ㉡ )은 기기와 서기의 단계를 거친 후에야 자신의 힘으로 스스로 걸을 수 있게 되는 것이다.

|   | ㉠ | ㉡ |
|---|---|---|
| ① | 질적 측면 | 다차원적 측면 |
| ② | 개인적 측면 | 계열적 측면 |
| ③ | 개인적 측면 | 질적 측면 |
| ④ | 질적 측면 | 계열적 측면 |

**해설** | ㉠은 질적 측면, ㉡은 계열적 측면에 대한 설명이다.

**25** 〈보기〉에서 설명하는 개념에 대한 설명으로 적절하지 <u>않은</u> 것은?

> **보기**
> 메시(Messi)는 페널티킥을 할 때 항상 같은 동작으로 준비를 한다. 우선 공을 양손으로 들고, 페널티마크에 공을 위치시키면서, 자기가 찰 곳을 보고, 골키퍼 위치를 보고, 다시 공을 본 후에, 뒤로 네 걸음 걷고 나서, 심호흡을 한다.

① 운동선수들이 자주 수행하는, 장기간 유지되는 습관적 동작이다.
② 시합 당일에 수정된다.
③ 불안을 감소시키고 집중력을 증대시킨다.
④ 운동 상황이 달라져도 편안함을 유지시킨다.

**해설** | 〈보기〉는 '루틴'의 사례이다. 루틴은 운동수행 능력을 발휘하는 데 필요한 이상적 상태를 갖추기 위한 개인의 고유한 동작이나 절차 또는 습관화된 동작을 말한다. 장기간의 습관적 동작이므로 시합 당일에 수정되는 경우는 거의 없다.

**2025 기출 유형**

**26** 다음 중 공격성 이론에 관한 설명으로 적절하지 않게 짝지어진 것을 고르면?

① 생물학적 본능이론 : 본능적으로 분출되는 공격 에너지가 공격행동을 일으킨다는 이론
② 좌절-공격 가설 : 좌절이 항상 공격성을 유발하는 것은 아니며, 내적 좌절·분노와 외적 자극(공격단서)이 결합되었을 때 공격적 행동이 나타난다는 가설
③ 사회학습이론 : 공격행위는 환경 속에서의 관찰을 통해 모방하여 나타난다는 이론
④ 단서촉발이론 : 공격행위는 내적인 욕구와 학습의 결과로 일어난다는 이론

해설 | ②에서 설명하고 있는 내용은 수정된 좌절-공격가설이다. 좌절-공격 가설은 목표를 추구하는 행위가 방해를 받을 때, 또는 그로 인해 무산이 되었을 때 경험하게 되는 좌절감이 공격행동을 초래한다는 이론이다.

**27** 〈보기〉에서 설명하는 효과는?

> **보기**
> 집단 속에 참여하는 구성원의 수가 증가할수록 성과에 대한 각 구성원 개인의 공헌도가 저하되는 효과

① 집단 응집력 효과  ② 링겔만 효과
③ 주의집중 효과  ④ 선택적 노력 효과

해설 | 〈보기〉는 링겔만 효과에 대한 설명이다. 링겔만 효과는 각 구성원의 동기가 저하되어 나타난다.

**28** 〈보기〉의 ㉠~㉢에 들어갈 개념을 바르게 나열한 것은?

> **보기**
> - ( ㉠ ) : 타인의 존재가 과제수행에 미치는 영향을 말한다.
> - ( ㉡ ) : 타인의 존재로 인하여 자신의 수행이 관찰·평가되고 있다는 지각으로 인해 수행능력에 영향을 받는다.
> - ( ㉢ ) : 타인의 존재로 수행자는 자기과시를 위해 각성되고 수행능력이 증가하지만, 과도한 자기과시는 수행능력을 저하시킨다.

| | ㉠ | ㉡ | ㉢ |
|---|---|---|---|
| ① | 사회적 촉진 | 평가우려가설 | 자기과시동기가설 |
| ② | 사회적 촉진 | 평가우려가설 | 객관적자기인식이론 |
| ③ | 관중효과 | 단순존재가설 | 자기과시동기가설 |
| ④ | 관중효과 | 단순존재가설 | 객관적자기인식이론 |

해설 | ㉠ 사회적 촉진에 대한 설명이다. 타인의 존재로 인해 수행능력에 정적 또는 부적 영향을 받는 현상을 말한다.
㉡ 코트렐(Cottrell)의 평가우려가설에 대한 설명이다. 타인의 존재로 인하여 자신의 수행이 관찰·평가되고 있다는 지각을 하며, 그로 인해 수행능력에 영향을 받는다.
㉢ 본드(Bond)의 자기과시동기가설에 대한 설명이다. 관중의 존재 상황에서 수행자는 자기과시를 위해 각성되고 수행능력이 증가하지만, 과도한 자기과시는 오히려 수행능력을 저하시킨다.

## 29. ‹보기›의 ㄱ~ㄷ에 해당하는 베일리(R. Vealey)의 스포츠자신감 원천을 바르게 연결한 것은?

**보기**

ㄱ. 목표 설정, 훈련관리, 집중, 감정조절 등 자신의 심리적·전략적 준비
ㄴ. 지도자의 능력과 피드백, 지도 스타일에 대한 신뢰
ㄷ. 자신의 경기 운영 방식, 전략적 우위 등

|   | ㄱ | ㄴ | ㄷ |
|---|---|---|---|
| ① | 성취 경험 | 자기조절 | 사회적 분위기 |
| ② | 자기조절 | 코치의 리더십 | 경쟁스타일 |
| ③ | 자기조절 | 코치의 리더십 | 자기조절 |
| ④ | 성취 경험 | 자기조절 | 경쟁스타일 |

**해설 |** ㄱ은 베일리(R. Vealey)의 스포츠자신감 원천 중 자기조절(Self-regulation)이고 ㄴ은 코치의 리더십(Coaches' leadership)이며 ㄷ은 경쟁 스타일(Competitive advantage)이다. 따라서 정답은 ②이다.

## 30. ‹보기›는 피들러(F. Fiedler)의 상황부합 리더십 모형이다. ㉠, ㉡에 들어갈 내용을 바르게 나열한 것은?

**보기**

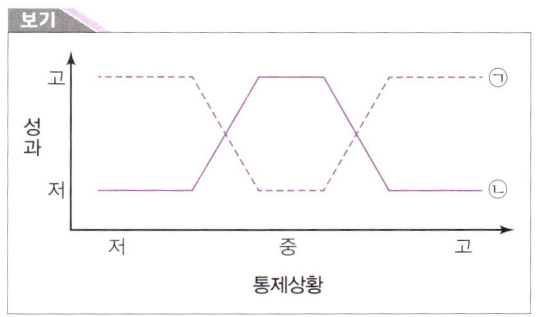

|   | ㉠ | ㉡ |
|---|---|---|
| ① | 관계지향리더 | 과제지향리더 |
| ② | 관계지향리더 | 민주주의리더 |
| ③ | 과제지향리더 | 관계지향리더 |
| ④ | 과제지향리더 | 권위주의리더 |

**해설 |** 상황부합이론(유관성 모형)에서 리더십 유형은 과제지향적 리더와 관계지향적 리더로 나뉜다.
㉠ 과제지향적 리더 : 호의성 상황이 가장 좋거나 가장 나쁠 때 최상의 리더십 발휘
㉡ 관계지향적 리더 : 호의성 상황이 중간 정도일 때 가장 효율적인 리더십 발휘

## 31. ‹보기›에서 김 코치가 활용한 행동수정 전략은?

**보기**

팀 내 선수 간 폭력을 감소시키기 위해 폭력 적발 시 경기 출전을 제한하는 제도를 실시함.
2023. 3. 21.
김○○ 코치

① 정적 처벌
② 부적 처벌
③ 정적 강화
④ 부적 강화

**해설 |** 부적 처벌은 특정 반응(폭력)이 일어날 확률을 줄이기 위해 대상이 원하는 자극(경기 출전)을 제거하는 것이다.

**2025 기출 유형**

**32** 와인버그(R.S. Weinberg)와 굴드(D. Gould)의 바람직한 처벌 행동 지침으로 적절한 것을 모두 고르면?

> **보기**
> ㄱ. 동일규칙위반—동일 처벌의 일관성
> ㄴ. 객관성 확보를 위해 처벌 규정은 지도자 단독으로 결정
> ㄷ. 연습 상황의 실수는 처벌 안 됨
> ㄹ. 창피를 줘서 반성하게 함
> ㅁ. 단호한 처벌 필요

① ㄱ, ㄴ, ㄷ   ② ㄱ, ㄷ, ㄹ
③ ㄱ, ㄷ, ㅁ   ④ ㄴ, ㄷ, ㄹ

**해설 |** ㄴ : 처벌 규정을 제정할 때에는 선수의 의견을 반영하여 결정한다. 따라서 지도자 단독으로 결정한다는 설명은 적절하지 않다.
ㄹ : 처벌을 할 때에는 창피를 주지 않아야 한다.

**33** 〈보기〉의 팀 구축 이론 모형에서 ㉠~㉣에 들어갈 용어가 바르게 묶인 것은?

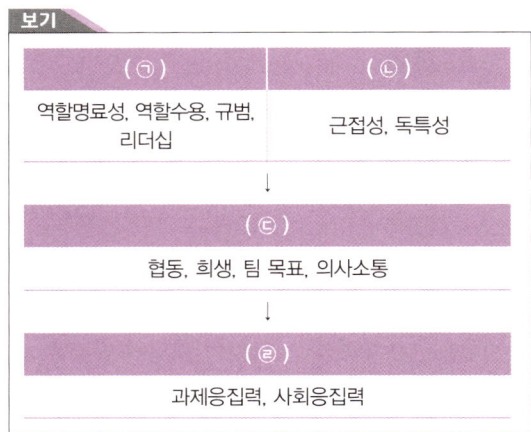

|   | ㉠ | ㉡ | ㉢ | ㉣ |
|---|---|---|---|---|
| ① | 집단구조 | 집단환경 | 집단과정 | 집단응집력 |
| ② | 집단환경 | 집단구조 | 집단응집력 | 집단과정 |
| ③ | 집단응집력 | 집단과정 | 집단구조 | 집단환경 |
| ④ | 집단과정 | 집단구조 | 집단환경 | 집단응집력 |

**해설 |** 팀 구축 이론 모형에서는 집단구조와 집단환경이 집단과정에 영향을 미치며 이것이 집단응집력 수준으로 이어진다고 본다.

## 34 심리적 불응기에 대한 설명으로 옳지 않은 것은?

① 농구의 페이크 동작에 적용된다.
② 1차 자극의 반응 시간이 느려지는 현상이다.
③ 1차 자극과 2차 자극 간의 시간차가 10ms 이하로 매우 짧을 때에는 나타나지 않는다.
④ 집단화는 1차와 2차 자극을 하나의 자극으로 간주하는 현상이다.

해설 | 심리적 불응기는 1차 자극에 대한 반응을 수행하고 있을 때 2차 자극을 제시할 경우, 2차 자극에 대해 반응시간이 느려지는 현상이다.

## 35 〈보기〉의 귀인이론과 관련한 설명 중 빈칸에 들어갈 적절한 용어는?

보기

학습된 무기력이란 노력을 해도 실패를 통제할 수 없다고 믿는 경향을 말한다. 학습된 무기력을 가진 사람은 부정적인 자기진술을 하고, 쉽게 포기하며, 실패의 원인을 능력의 부족으로 귀인하는 경향이 있다. 실패에 대한 학습된 무기력은 귀인 재훈련을 통해 실패 원인을 ( ㉠ )이며, 통제 ( ㉡ )하고, 불안정한 요인에서 찾도록 훈련할 수 있다.

① ㉠ : 외적, ㉡ : 불가능
② ㉠ : 외적, ㉡ : 가능
③ ㉠ : 내적, ㉡ : 불가능
④ ㉠ : 내적, ㉡ : 가능

해설 | 귀인 재훈련은 학습된 무기력 상태에 있는 학습자에게 실패 원인을 내적이며, 통제 가능하고, 불안정한 요인에서 찾도록 훈련하여 미래의 성공 기대감을 높이고 긍정적인 정서를 체험하며 수행 향상이 가능하도록 한다.

## 36 〈보기〉에 해당하는 운동행동이론은?

보기

신체활동은 일련의 단계를 거쳐 변화한다는 것을 기본적인 전제로 하는 운동행동이론

① 합리적 행동이론
② 계획적 행동이론
③ 변화단계이론
④ 사회생태학이론

해설 | ① 합리적 행동이론 : '행위에 대한 태도'와 '주관적 규범'이 '행동 의도'에 영향을 미치고, 이것이 곧 행동으로 이어진다는 이론
② 계획적 행동이론 : 합리적 행동이론에는 포함되지 않은 '지각된 행동통제감'의 개념을 추가하여 확장한 이론
④ 사회생태학이론 : 운동과 관련된 환경이나 정책이 운동참여와 지속에 중요한 역할을 한다는 이론

## 37 〈보기〉에서 운동 실천을 위한 환경적 영향요인을 모두 고른 것은?

보기

㉠ 지도자
㉡ 운동집단
㉢ 교육수준
㉣ 사회적 지지

① ㉠, ㉡
② ㉢, ㉣
③ ㉠, ㉡, ㉣
④ ㉠, ㉢, ㉣

해설 | 운동실천을 위한 환경적 영향 요인(사회적 요인)으로는 지도자, 집단 응집력, 사회적 지지, 물리적 환경, 사회 및 문화의 영향이 있다. 교육수준은 운동실천 영향 요인 중 개인적 요인에 해당한다.

정답 32 ③  33 ①  34 ②  35 ④  36 ③  37 ③

38. 다음 〈보기〉에서 프로차스카의 운동변화단계의 설명으로 바르게 묶인 것은?

> 보기
> ㉠ 무관심 단계 : 운동을 하고 있지 않으나 6개월 내에 운동을 할 의도가 있음
> ㉡ 준비 단계 : 운동을 하고 있지 않으나 목표를 달성하고 싶은 의지가 있음
> ㉢ 실천 단계 : 운동수행을 지속한 지 6개월 미만이지만 목표를 달성 중임
> ㉣ 유지 단계 : 6개월 이상의 운동수행 진행, 하위단계로 돌아갈 위험성이 적음

① ㉠, ㉡
② ㉠, ㉢
③ ㉡, ㉣
④ ㉢, ㉣

해설 | ㉠ 무관심 단계는 현재 운동을 하고 있지 않으며 6개월 이내에도 운동을 할 어떠한 의도나 의지를 갖고 있지 않은 단계이다.
㉡ 준비 단계는 운동수행 중이나 목표 달성 여부는 불투명하고 일정 기간 내에 목표를 달성하고 싶은 의도와 의욕이 있는 단계이다.

39. 다음 〈보기〉 중 스포츠를 통한 인성 발달 전략으로 적절하게 묶인 것은?

> 보기
> ㉠ 상황에 맞는 바람직한 행동을 설명
> ㉡ 바람직한 행동을 강화
> ㉢ 적대적 공격을 처벌
> ㉣ 격한 감정을 공격적으로 표출하도록 격려

① ㉠, ㉡
② ㉡, ㉢
③ ㉠, ㉡, ㉣
④ ㉡, ㉢, ㉣

해설 | ㉣ 격한 상황에서는 공격적으로 표출하는 것을 금지하고 이성적 언어로 대화할 수 있도록 지도하여야 한다.

40. 〈보기〉의 내용과 관련 있는 불안이론은?

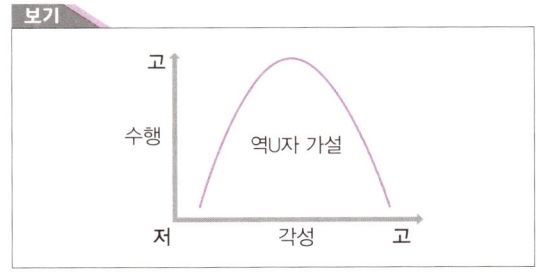

① 적정수준이론(optimal level theory)
② 전환이론(reversal theory)
③ 다차원불안이론(multidimensional anxiety model)
④ 최적수행지역이론(zone of optimal functioning theory)

해설 | 적정수준이론은 불안이 증가할수록 비례하여 수행은 증진되며 적정 수준의 각성 상태까지 운동수행이 극대화되다가 과각성상태가 되면 수행은 저하된다는 이론으로, 불안과 수행의 관계를 뒤집어진 U자 형태의 곡선으로 설명하여 역U자 가설(invertes-U hypothesis)이라고도 한다.
② 전환이론 : 불안(각성) 수준의 해석 방법에 따라 유쾌와 불쾌의 정서가 결정된다는 이론
③ 다차원불안이론 : 불안을 인지적 불안과 신체적 불안으로 구분하여 설명하는 이론
④ 최적수행지역이론 : 적정수준이론을 바탕으로 선수 개인마다 불안 기준이 다르고 최적수행지역에 도달하기 위한 각성 수준도 개인마다 차이가 있다는 이론

정답 38 ④  39 ①  40 ①

## 최신 3개년 출제빈도표 (2025년~2023년)

| 구분 | 2025년 | 2024년 | 2023년 |
|---|---|---|---|
| 체육사의 의미 | 1 | 1 | 2 |
| 선사 · 삼국시대 체육 | 4 | 3 | 4 |
| 고려 · 조선시대 체육 | 5 | 6 | 4 |
| 한국 근 · 현대 체육 | 10 | 10 | 10 |

# PART 04

# 한국체육사

CHAPTER 01  체육사의 의미
CHAPTER 02  선사·삼국시대 체육
CHAPTER 03  고려·조선시대 체육
CHAPTER 04  한국 근·현대 체육
출제예상문제

# CHAPTER 01 체육사의 의미

> **SECTION 01** 체육사 연구 분야

## 1. 체육사의 정의 및 의의

① **체육사의 정의**
  ㉠ 고대에서부터 오늘날까지 체육의 변천 모습을 돌이켜보고, 각 시대의 체육관이나 그 방법 등에 관련된 시대적·사회적 배경 등을 사(史)적으로 연구하는 분야
  ㉡ 과거의 체육 관련 사실에 대해 정확하게 설명하고 해석하는 비판적 탐구 과정

② **체육사의 의의**
  ㉠ 인간의 역사를 이해하고 나아가 삶의 풍요를 가져다주기 위함
  ㉡ 과거에 어떠한 사실이 있었는가를 탐구함
  ㉢ 당시 사람들의 이상과의 관계, 그 시대를 중심으로 전후 세대와의 관계, 그 시대의 종교, 정치, 지리적 환경 등과 어떠한 관계에 있었는가를 밝히는 데 도움을 줌

## 2. 체육사 연구의 대상과 영역

① **체육사 연구의 대상**
  ㉠ 신체 운동 자체와 신체 운동에 관계되는 모든 현상
  ㉡ 신체나 신체 운동에 대한 물리적 사실을 추구하는 실증적인 연구와 더불어 신체 문화라는 측면에서 그 의미를 해석함으로써 총체적이고 종합적인 체육학의 대상을 볼 수 있음

② **체육사 연구의 영역**
  ㉠ 특정 시대, 특정 인물들의 체육에 대한 전반적 사상, 운동에 대한 수련 과정과 건강, 스포츠에 대한 교육 및 학교 체육, 스포츠 발전에 기여한 단체 및 협회와 인물, 스포츠 발전을 위해 실시된 제도, 고대 이래로 실시되었던 각종 경기나 대회 등 다양한 영역
  ㉡ 단순한 사실의 연대기적 나열을 포함하여 신체 문화와 신체 교육의 역사를 사실의 해석적 의미까지 파악하고 설명하는 것이 중요

---

**POINT**
**사관(史觀)** 2025 기출
역사가의 역사에 대한 의식으로 과거의 사실을 확인할 때 역사가의 가치관 해석 원리에 따라 그 기준이 달라지는 것으로 역사에 대한 견해, 해석, 관념, 사상을 의미
㉮ 유물사관, 관념사관, 진보사관, 순환사관 등

**O/X QUIZ**
체육사 연구에서 사관(史觀)은 과거 체육과 관련된 사실을 담고 있는 역사 자료를 의미한다. (O/×)
답 ×

**POINT**
**체육사의 세부 연구영역**
- 통사적, 세계사적 연구영역
- 시대적, 지역적 연구영역
- 개별적, 특수적 연구영역

> **이해더하기**
>
> **전통 체육과 근대 체육** `2023 기출`
>
> | 갑오경장<br>이전의 체육 | • 원시 및 부족국가시대 : 원초적인 체육 활동<br>• 삼국시대 : 무술·무예 중심, 건강한 몸과 건강한 마음이 조화를 이루는 전인적 인간 육성<br>• 고려시대 : 무예와 경기에 유희적인 요소 추가, 심신합일론, 문무겸전 의식<br>• 조선시대 : 무관 채용, 무예 훈련을 위한 서적과 기관 정비, 유교의 영향(문존무비, 숭문천무)으로 무예와 체육의 발달 부진 |
> |---|---|
> | 갑오경장<br>이후의 체육 | • 체육 교육 실시, 체육 계몽운동을 통한 강력한 국가 건설 추구<br>• 「교육입국조서」를 중심으로 근대식 교육의 필요성 강조 |

**QUIZ**
갑오경장을 전후로 전통체육과 근대체육으로 구분할 수 있다.
(○/×)
답 ○

## 3. 체육사 연구 방법 `2024 기출`

① 체육사 연구의 중심은 사료의 분류와 평가
② 존재하는 체육사의 사료를 수집, 관찰하여 체육사를 재구성
③ 축적되어 있는 사료를 통해 체육사의 사실들을 파악하는 방법은 다른 체육 관련 분야에는 없는 체육사학 특유의 연구 방법
④ **체육사의 시대 구분**
  ㉠ 입증된 모든 역사적 사실에 입각하여야 하며 논리적인 일관성이 있어야 함
  ㉡ 역사적 사실들이 시간적·공간적으로 종횡의 연관성을 가지고 설명될 수 있는 시대 구분
  ㉢ 이를 시도하기 위해 체육의 개념을 올바르게 파악해야 함
  ㉣ 체육사 나름의 독창성과 정체성을 확립한 후에 시대 구분을 해야 함

> **이해더하기**
>
> **사료(史料)**
> • 물적 사료 : 유물, 유적 등 현존하는 모든 상태의 물질적 유산
>   – 유물 : 기구, 도구, 유골, 예술품, 생활용품 등
>   – 유적 : 건물, 성곽, 거주지, 분묘 등
> • 기록 사료 : 문헌 사료와 구전 사료
>   – 문헌 사료 : 고문헌, 고문서, 금석문 등
>   – 구전 사료 : 민요, 전설, 시가, 회고담 등

**POINT**
**체육사의 연구 단계**
연구 문제의 선택 → 자료의 수집과 분류 → 가설 구성 → 새로운 사실 발견 → 풀이와 서술

**QUIZ**
각종 트로피, 우승기, 메달, 경기 복장 등은 구전 사료이다. (○/×)
답 ×

# CHAPTER 02 선사·삼국시대 체육

## SECTION 01 선사 및 부족국가시대의 체육

### 1. 선사·부족국가시대의 생활

① 맹수들과 자연재해 및 적들로부터의 보호, 수렵 및 채집 활동과 제천의식·주술 행위·축제 활동 등을 위해 많은 운동량이 필요
② 우수한 신체 능력을 가진 사람이 집단에서 더 큰 역할을 담당, 구성원 각자에게 신체 능력 발달이 요구됨
③ 농경생활을 시작하며 도구를 사용, 몸 근육이 다양하게 발달
④ 대형 동물의 수렵, 자연재해 및 전쟁 대비를 위해 구성원이 협동·단결하여 신체활동을 함

### 2. 선사·부족국가시대의 체육 [2025 기출]

① **수렵**
  ㉠ 구석기시대
  - 도구는 주로 뗀석기를 사용
  - 집단 내에서 도구의 제작과 사냥법을 교육, 미경험자가 경험자에게 배워 연습하는 과정을 체육활동이라 볼 수 있음
  
  ㉡ 신석기시대
  - 도구를 좀 더 정교하고 다양하게 만들어 사용 예 간석기, 활, 창, 도끼 등
  - 더 큰 집단생활을 하게 되었고, 전쟁 또한 그 빈도와 규모가 증가
  - 대형 동물의 뼈와 여럿이 배를 저어 고래를 사냥하는 모습(반구대 암각화)을 통해 집단구성원이 협동하여 수렵활동을 했을 것으로 추측
  - 협동 과정에서 학습과 훈련이 반복되었을 것이며 이와 같은 학습 과정과 수렵·어로활동 모두 넓은 의미에서의 체육활동임

② **군사**
  ㉠ 청동기시대에 부족국가가 형성되고 벼농사를 포함한 농경 정착생활, 고인돌 등의 거석문화 등이 발생

---

**POINT**

**선사·부족국가의 신체활동**

- 선사시대
  - 생존을 위한 신체활동의 기본 동작인 달리기, 던지기, 때리기 등의 동작 요구
  - 경험을 통한 체력 단련의 방법 체득
- 부족국가
  - 농경 사회의 발달로 생산 기술과 전투 기술이 분화(농민과 병사가 점차 분리)
  - 궁술과 기마술의 발달
  - 제천행사를 통해 공동체와 개인의 일체감을 충족

- ⓒ 부족국가 간 정복과 연합이 이루어져 부족연맹국가와 같은 초기 왕국을 형성
- ⓒ 농경 및 목축을 행하는 생산 집단과 전쟁 시 군사로 활동하는 집단으로 분리됨
- ㉢ 수렵 생활 시대에 비해 운동량 및 체육활동의 경험이 감소
- ㉣ 전쟁을 대비한 군사적 목적의 육체적·정신적 훈련인 군사훈련의 필요성 대두

③ **축제** 2024 기출
- ㉠ 파종과 수확을 할 때 하늘에 제사를 지내는 제천행사 수행
- ㉡ 부족국가의 제천의식 내용에 직접적인 체육활동도 포함되어 있을 것
- ㉢ 동예의 '무천', 고구려의 '동맹', 마한의 '10월제', 신라의 '가배' 등
- ㉣ 축제가 유희로서 오락화되고 경쟁 양상을 띠게 되면서 체육 경기의 기원이 되었을 것으로 추측

> **기출 채우기**
> 부족국가와 삼국시대의 제천의식으로는 부여의 영고, 동예의 무천, 고구려의 (　　), 신라의 (　　)이/가 있었다.
> 
> 답 동맹, 가배

④ **주술**
- ㉠ 민족 형성 당시부터 애니미즘 시행, 신과 인간을 잇는 무당(단골, 당골)이 존재
- ㉡ 굿(무당의 기원 의식) : 접신(接神) 등 고도의 정신집중 행위와 함께 공수의 과정이 있으며 춤, 노래, 축원, 촌극, 묘기, 재담 등이 행해짐
- ㉢ 굿과 같은 제의에서 행해진 노래와 춤이 현대의 시와 음악, 무용의 시원
- ㉣ 현대 체육 종목 중 춤 혹은 고도의 정신집중이 요구되는 종목의 시원 또한 제의인 것으로 추측됨
- ㉤ 제의를 행할 때 무당을 포함한 모든 구성원의 춤 행위를 주술 체육이라고 함

⑤ **성년의식** 2024 기출
- ㉠ 일정한 나이가 되어 성년이 될 때 통과의례로서 성년의식, 즉 성인식을 치름
- ㉡ 정신적 내용의 성인식
  - 일정한 장소에 일정한 기간 동안 격리
  - 이 기간 동안 부족의 지도자로부터 어른으로서 알아야 할 내용을 교육받음(부족의 역사, 금기사항, 종교적인 절차나 비밀, 어른의 권리와 의무 등)
- ㉢ 육체적 내용의 성인식
  - 육체적 어려움을 극복하는 과정으로서 신체활동에 대한 능력을 시험받는 것
  - 식량 확보, 부족의 신화를 계승하는 내용의 부족 춤을 배움

② 성년식에서 겪게 되는 과정, 즉 어린아이 때부터 유희와 학습을 통해 준비하여 통과하는 것과 부족의 춤 학습 과정 등을 성년의식의 체육 활동으로 볼 수 있음

⑥ 유희
㉠ 인간의 유희본능을 통해 선사 및 부족국가시대에도 유희적 활동이 있었다고 추측됨
㉡ 집단 내에서나 집단끼리의 경쟁적인 유희활동과 축제, 주술활동의 유희적 요소 포함, 아이들의 유희를 통한 성장, 미성년들의 전쟁놀이나 사냥놀이가 시행되었을 것

## SECTION 02 | 삼국 및 통일신라시대의 체육

### 1. 삼국시대의 생활과 체육  2024 기출

① 삼국시대
㉠ 유교와 불교의 수용으로 정치와 교육, 문화 전반에 큰 영향
㉡ 윤리의식의 발달은 삼국시대의 근간이 됨
㉢ 체제를 정비하고 민속의식을 성장시켜 통일신라 문화에 정신적인 기초를 부여한 시대
㉣ 체육 면에서는 삼국의 대립으로 인해 국방 체육으로서의 무술이 발달하며, 한국적 무사도의 원형이라고 할 수 있는 화랑도가 완성되는 시기

② 고구려
㉠ 궁술·기마술·각저·수박·창술·검술·석전 등이 행해졌으며 기마술과 궁술이 매우 중시됨
㉡ 경당 : 평민층 자제의 교육을 담당한 기관으로 경전과 함께 활쏘기를 교육
㉢ 태학 : 상류층 자제의 교육을 담당한 기관으로 국가 관리의 양성이 목적
㉣ 경학과 문학, 무예를 교육하였으며 군사적 성격의 훈련과 인격 함양을 위한 교육이 동시에 행해짐

③ 신라  2023 기출
㉠ 화랑도 : '꽃처럼 아름다운 남성의 무리'라는 의미로 진흥왕 때에 설치
㉡ 귀족의 자제들로 이루어진 청소년 단체로, 신체적·정신적으로 건전한 청소년 양성이 목적

---

**POINT**

**삼국시대의 사회**
- 유교와 불교가 도입되어 전통적인 무속신앙과 조화를 이루었다.
- 윤리의식과 정치제도가 발달하였다.

**POINT**

**『구당서(舊唐書)』** 2025 기출

고구려에 관한 중국 당나라 역사서로 고구려의 풍속에 대해 기록하고 있다. 특히 고구려에서는 미혼 자제들이 밤새워 책을 읽으며 무예의 하나인 궁술(활쏘기)을 익히기 위해 큰 집인 경당(扃堂)을 지어 교육을 하였다고 한다. '경당'은 교육과 무예 수련을 함께 하는 공간이다. 이처럼 구당서는 신체와 정신을 함께 단련하는 고구려의 체육 문화를 보여주는 중요한 사료이다.

 **QUIZ**

화랑도는 법흥왕 때에 종래 화랑도 제도를 개편하여 체계화되었다.
(O/×)

답 ×

ⓒ 궁술(궁전법)·기마술·검술·창술·가마·검무·편력(야외교육활동) 등의 체육활동
ⓓ 신체활동을 인격 함양의 과정으로 이해하고 궁도와 기마술을 예(禮), 낙(樂)과 함께 중요한 영역으로 인식
ⓔ 원광의 세속오계(사군이충, 사친이효, 임전무퇴, 교우이신, 살생유택) 정신
ⓕ 풍류도, 국선도, 원화도, 풍월도 등으로도 불림

④ **백제**
ⓐ 다른 국가와 마찬가지로 체육활동을 중시, 특히 궁술을 임금이나 백성이 갖추어야 할 중요 자질 중 하나로 취급
ⓑ 박사제도 : 의박사, 역박사, 오경박사 등

#### 이해더하기

**삼국시대의 교육**

| 고구려 | • 태학 : 국가의 관리 양성을 목적으로 귀족 자제의 교육을 담당<br>• 경당 : 평민 자제의 교육을 담당 |
|---|---|
| 백제 | 박사제도 : 교육 담당관 직책, 모시박사, 의박사, 역박사, 오경박사 |
| 신라 | • 화랑도 : 인재 양성에 목적을 둔 청소년 교육단체<br>• 국학 : 관리의 양성에 목적을 둔 귀족 자제의 교육 기관 |

## 2. 삼국시대의 무예

① 삼국시대는 치열한 대립 과정에서 전투기술이 급속하게 발전되었으며, 무사훈련은 지덕체(智德體)를 겸비한 다양한 활동으로 나타남

| 기마술<br>(騎馬術) | 말을 타고 달리는 것 |
|---|---|
| 궁술<br>(弓術) | 활은 중요한 무기이자 교육활동의 한 분야로 여겨짐(고구려의 경당, 신라의 궁전법) |
| 각저<br>(角觝) | 두 사람이 서로 맞잡고 힘을 겨루는 경기로 각력, 각희, 상박, 쟁교 등으로 불림 |
| 수박<br>(手搏) | 겨루기 형식의 투기 스포츠 |

> **POINT**
> **삼국시대의 무예**
> • 기마술     • 궁술
> • 각저       • 수박
> • 입산수련   • 편력

> **POINT**
> **궁술**
> • 삼국시대에는 궁술이 무술로서 높이 평가되어 궁술 실력으로 인재를 등용함
> • 고구려 : 봄·가을의 수렵 대회를 통해 궁술에 능한 인재 등용
> • 신라 : 궁전법으로 인재 등용(기마와 궁술로써 시험하여 선발)
> • 백제 : 관사라는 군사적 행사에 의해 인재 등용

### 이해 더하기

**기마술과 궁술(활쏘기)**

| 기마술 | • 당시 기동수단이었던 말을 이용한 전투행위나 무술, 사냥 등에 필요한 기술<br>• 중국 대륙과 국경을 접한 고구려는 백제·신라보다 무술훈련의 필요성이 절실하였으며 이에 따라 궁술과 검술 및 기마술 훈련이 성행<br>• 기마술을 이용한 잡희나 곡예가 유행했을 것으로 추측됨<br>• 고구려 고분 벽화의 기마수렵도, 기마전투도, 기마행렬도, 기마무사도 등 |
|---|---|
| 궁술(활쏘기) | • 삼국시대에 활쏘기는 매우 중요하게 취급되었으며, 교육활동의 한 분야로서 인정됨<br>• 고구려의 경당에서는 활쏘기를 교육했고, 신라는 '궁전법(弓箭法)'으로 인재를 등용, 백제에서는 활쏘기가 백성이나 임금이 갖추어야 할 중요한 자질로 취급됨 |

② **입산수행과 편력**

| 입산수련<br>(入山手鍊) | 명승지를 찾아다니며 국토에 대한 애착심을 기르는 심신수련 활동 및 부족생활에 필요한 신체·정신적 단련 |
|---|---|
| 편력<br>(遍歷) | 화랑도의 야외 교육 활동의 교육과정으로 시와 음악 관련 활동 및 각종 신체활동을 포함 |

③ **화랑도 체육** `2025 기출`

㉠ 6세기부터 10세기까지 존재했던 청소년 양성 단체
㉡ 집단활동과 신체적 단련으로 도덕적 품성과 미적 정조 강조
㉢ '세속오계'를 바탕으로 충성 보국하는 문무겸비의 인재 양성
㉣ 화랑도는 추후 국가의 관료로 등용
㉤ 불국토 사상 : 국토에 대한 신성함과 존엄성

### 이해 더하기

**화랑도 체육의 특징**

| 군사적 | 용감한 병사의 육성은 물론 실천적 인간을 육성하고자 함 |
|---|---|
| 교육적 | 단체 활동을 통해 심신을 단련시키고, 도덕적 인간을 육성하고자 함 |
| 역사적 | 체육 활동을 통해 역동적인 국민성 함양을 추구함 |

### POINT

**세속오계(世俗五戒)**
• 사군이충(事君以忠)
• 사친이효(事親以孝)
• 교우이신(交友以信)
• 임전무퇴(臨戰無退)
• 살생유택(殺生有擇)

### 기출 채우기

화랑도는 (　　　)을/를 바탕으로 충성 보국하는 문무겸비의 인재를 양성하였다.

답 세속오계

## 3. 삼국시대의 민속스포츠와 오락 2024 기출 2023 기출

① **민속적 스포츠**

| 수렵(狩獵) | 사냥 활동으로 군사 활동 또는 여가활동으로 함 |
|---|---|
| 격구(擊毬) | 말을 타고 숟가락처럼 생긴 막대기로 공을 쳐서 상대방의 문에 넣는 놀이로 무관 및 귀족 자제들의 치마(馳馬)훈련의 일종 |
| 축국(蹴鞠) | 가죽주머니에 겨, 털, 공기를 넣어 만든 공을 발로 차던 공차기놀이로 오늘날의 제기차기 또는 축구와 유사함 |
| 석전(石戰) | 한 부락 혹은 한 지방의 동편과 서편으로 나뉘어 서로에게 돌팔매질을 하여 어느 한 편이 달아나면 지는 놀이 |
| 방응(放鷹) | 사나운 매를 길들여 꿩이나 새를 사냥하는 일종의 수렵으로 고대사회에서 공통적으로 나타나는 생존활동이자 놀이 |
| 마상재(馬上才) | 달리는 말 위에서 여러 가지 동작을 보이는 경기로 군사훈련 목적으로 실시 |
| 저포(樗蒲) | 윷가락 같이 만든 다섯 개의 나무를 던져 승부를 다투는 놀이 |
| 풍연(風鳶) | 연날리기 |
| 투호(投壺) | 일정한 거리에 항아리를 놓고 화살을 던져 넣는 오락 |
| 제기차기 | 제기를 가지고 발로 차는 놀이 |
| 도판희(跳板戱) | 널뛰기의 다른 이름으로 여성들이 즐기던 축제 형식의 유희와 오락 |
| 각저(씨름) | 오늘날 씨름의 원형으로 사람이 달려들어 힘을 겨루고 재주를 부려 먼저 넘어뜨려서 승패를 결정하는 운동경기 |
| 수박 | 주로 손을 써서 상대를 공격하거나 수련을 하는 우리나라 전통 무예 |
| 장기 | 두 사람이 청·홍의 장기짝을 규칙에 따라 번갈아 두면서 겨루는 놀이 |
| 사희(柶戱) | • 정월 초하루에서 보름까지 윷이라는 놀이도구를 사용하여 남녀노소 누구나 어울려 즐기면서 노는 놀이<br>• 척사(擲柶), 척사희(擲柶戱), 사희(柶戱) 등으로도 불림<br>• 부여의 사출도(四出道)라는 관직명에서 유래되었으며 오늘날의 윷놀이와 유사 |

② **여가활동** : 추천(그네뛰기), 투호, 저포 등

> **QUIZ**
> 방응은 사나운 매를 길러 꿩이나 새를 사냥하는 일종의 수렵활동이다. (○/×)
> 
> 답 ○

> **POINT**
> **각저총(角抵塚) 씨름도** 2025 기출
> 각저총 씨름도는 고구려 무덤 벽화에 그려진 그림이다. 상의를 벗은 두 사람이 허리띠를 잡고 힘을 겨루는 모습이 생생하게 표현되어 있다. 구경꾼과 악사도 함께 등장해 씨름이 단순한 놀이를 넘어 축제나 의식의 일부였음을 보여준다. 고구려의 씨름 문화를 알 수 있는 대표적인 물적 사료이다.

## 4. 삼국시대의 체육 사상

| 신체미의 숭배 사상 | 신체의 미는 물론 신체의 탁월성을 매우 중시함 |
|---|---|
| 심신일체론적 체육관 | 신체활동을 통한 수련 자체를 덕의 함양 수단으로 생각함 |
| 군사주의 체육사상 | 국가를 위해 자신을 희생할 수 있는 인재 육성을 요구함 |
| 불국토 사상 | 국토를 신성하고 존엄하게 생각함 |

# CHAPTER 03 고려·조선시대 체육

> **SECTION 01** 고려시대의 사회와 체육

### 1. 고려시대의 사회와 교육

① **고려시대의 사회**
  ㉠ 불교와 유교를 동시에 수용하여 수신의 도와 치국의 도를 동시에 추구함
  ㉡ 문화적으로 금속활자의 발명, 상감청자 같은 도자기 기술의 발달, 과거제도 도입 등과 같은 독창적인 문화를 창달

② **고려사회의 계급** : 상류층인 호족, 중류층인 군인계급, 하류층인 평민, 천민과 노예 계급 등

③ **고려의 관직체계**
  ㉠ 주로 문반 위주로 조직되어 있으며 최고 관직인 재상은 문반이 담당
  ㉡ 군국(軍國)의 대무(代務)도 문반이 수행하여 귀족계층을 형성
  ㉢ 문무차별로 인한 갈등은 결국 무신정변의 원인이 되어 무신정권이 수립되기도 함

④ **고려시대의 교육** 2024 기출  2023 기출

| 관학 | 국자감<br>(國子監) | 고려 최고의 국립교육기관으로서 고급 관리를 양성할 목적으로 설립 |
|---|---|---|
| | 향교<br>(鄕校) | 지방의 교육을 위해 설치된 교육기관으로서 유학의 전파와 지방민의 교화에 목적이 있음 |
| | 학당<br>(學堂) | • 국자감의 부속학교의 성격을 가짐<br>• 지방의 향교와 유사한 유학교육기관 |
| 사학 | 12도<br>(十二徒) | 최충이 설립한 학당으로 인격 완성과 과거 준비를 목적으로 함 |
| | 서당<br>(書堂) | 향촌의 부락에 설치된 민간의 자생적인 사설 교육기관 |
| 과거제도 | | 문관의 등용시험인 제술업(문장 및 문예)과 명경업(유교 경전), 기술관을 뽑는 잡업 |

**무신정변**
1170년 8월 의종의 보현원 행차 도중에 무신 정중부, 이의방 등이 일으킨 정변

**국자감**
고려시대의 대표적인 국립교육기관으로 7재에 강예재를 두어 무예를 실시하던 기관

> **이해 더하기**
> 
> **국학 7재** `2024 기출`
> - 본래 국자감은 경사육학(국자학, 태학, 사문학, 율학, 서학, 산학)으로 분류
> - 예종 때 국자감을 국학으로 변경, 최충의 9재 학당을 따라 7재를 설치하고 중국 고전 중심의 교육을 실시
> - 7재 중 1재부터 6재까지를 유학재(여택재, 구인재, 복응재, 양정재, 경덕재, 대빙재)라 하고, 7재(강예재)를 무학재라 함

> **기출 채우기**
> 
> 고려시대 최고의 교육기관인 국자감에는 7재(七齋)를 두었는데, 그중 무학을 공부하는 ( )가 있었다.
> 
> 답 강예재

## 2. 고려시대의 무예

### ① 무신정권과 무예의 발달
   ㉠ 문치주의에 입각한 귀족정치는 무신의 사회적·경제적 열세를 초래
   ㉡ 외세에 대한 잦은 항전 및 무신정변을 통해 무신정권이 장기집권
   ㉢ 도방과 삼별초를 창설, 무술 연마와 더불어 봉건적 체제를 유지

### ② 고려시대의 체육

| 국학의 체육 | • 강예재 : 국학 7재 중 무학재를 말하는 것으로 궁술 및 마술을 교육<br>• 대책(필기시험)과 재예(실기시험)를 통해 우수한 무학생들을 선발 |
|---|---|
| 향학의 체육 | • 궁사와 음악을 통해 예의를 엄중히 하는 것으로 덕행이 있는 이를 표창하는 것<br>• 궁중에 대한 존경심을 기르고 사람들로 하여금 이를 본받게 함으로써 사회교육으로서의 의의를 가짐 |

### ③ 무예체육 : 고려시대의 무예는 삼국시대의 것이 그대로 계승됨

| 수박(手搏) | 겨루기 형식의 투기 스포츠 |
|---|---|
| 궁술(弓術) | 활은 중요한 무기이자 교육활동의 한 분야로 여겨짐(고구려의 경당, 신라의 궁전법) |
| 마술(馬術) | 말을 타고 여러 가지 자세나 기예를 보여주는 것 |

> **POINT**
> 
> **수박희(手搏戲)**
> - 두 사람이 일정한 거리를 두고 마주 서서 손을 겨루는 놀이
> - 인재 선발 기준, 승자에게 벼슬이 주어져 출세를 위한 방법으로 활용됨
> - 무신 반란의 주요 원인 중 하나

> **기출 채우기**
> 
> 고려시대의 무예 중 ( )은/는 무인집권시대에 인재 선발의 중요한 수단으로 맨손으로 치기, 주먹지르기 등의 기술을 사용하는 일종의 격투기였다.
> 
> 답 수박

## 3. 고려시대의 민속 스포츠와 오락 `2025 기출` `2024 기출`

### ① 귀족사회의 민속놀이와 오락

| 격구(擊毬) | • 페르시아의 폴로가 격구의 기원<br>• 귀족사회에서 격구가 성행하면서 종합 문화 공간의 성격을 띰<br>• 군사 훈련 및 연무 수단이다. 귀족들의 오락 및 여가 활동 수단으로서 무예적 요소와 유희적 요소를 동시에 지님<br>• 특수 계층만 참여가 가능했던 점과 그 사치성이 격구의 폐단으로 꼽힘 |
|---|---|
| 방응(放鷹) | • 매를 놓아 사냥을 하는 것으로 고려시대에 매우 성행함<br>• 체계적 관리체제 : 충렬왕의 응방, 응방도감 등 설치<br>• 사냥과 연계되어 무예의 훈련, 체력 및 용맹성을 기르기 위한 수단 |
| 투호(投壺) | • 항아리에 화살을 던져 넣는 놀이로 삼국통일 이전부터 소개·계승<br>• 왕실과 귀족사회에서 성행함 |

> **POINT**
> 
> **고려시대의 스포츠 활동 계층**
> - 귀족의 스포츠 : 격구, 방응, 투호
> - 서민의 스포츠 : 연날리기, 석적, 추천, 축국, 각저, 풍연

> **기출 채우기**
> 고려시대의 민속놀이 중 ( )은/는 두 줄을 붙잡고 온몸을 흔들고 발의 탄력을 이용해 온몸을 마음껏 날려 보내는 놀이로 단오절 행사에 여성들의 놀이로서 인기가 많았다.
> 답 추천

② 서민사회의 민속놀이와 오락

| 씨름 | 각저, 상박, 각력 등으로 불리며 지속적으로 전래된 놀이 |
|---|---|
| 추천(秋韆) | • 주로 단오에 행해진 그네타기 놀이로 여성들의 유희로서 성행<br>• 서민뿐 아니라 귀족도 즐겼던 민속놀이 |
| 풍연(風鳶) | 삼국시대부터 이어져 오던 연날리기로 군사적 목적을 가지고 있음 |
| 석전(石戰) | 한 부락 혹은 한 지방이 동편과 서편으로 나뉘어 서로에게 돌팔매질을 하여 어느 한 편이 달아나면 지는 놀이 |
| 축국 | 오늘날의 제기차기 또는 축구와 흡사한 형태의 놀이 |
| 기타 신체 활동 | 주사위 던지기, 바둑, 죽마, 척초희(풀 던지기) 등 |

## SECTION 02 조선시대의 사회와 체육

### 1. 조선시대의 사회와 교육

① **조선시대의 사회**
  ㉠ 유교적 관료국가로 정치, 경제, 사회, 문화, 교육 등 모든 분야에 있어서 유교를 근간으로 체제를 구축
  ㉡ 신분제를 기반으로 한 계급사회
  ㉢ 숭문주의 사상으로 신체활동이 위축

② **조선시대의 교육**
  ㉠ 유학교육기관

| 성균관 | • 고려시대 국자감과 같은 기능을 수행하는 국립대학격의 유학교육기관<br>• 입학 대상 : 생원과 진사<br>• 육일각에서는 궁술교육을 실시하였으며 대사례를 거행함 |
|---|---|
| 사학 — 서원 | '선현존숭'을 목적으로 학통을 따라 학문을 수행하는 것이 본래의 목적이었으나 실제로는 과거 준비를 위한 학습을 수행 |
| 사학 — 서당 | 천자문 및 사서오경의 강독 및 제술(문장 공부), 습재(글쓰기 연습) 등을 교육한 기초 교육기관 |
| 향교 | 전국적으로 설치된 중등학교 수준의 교육기관으로 양반 및 향리의 자제들을 교육 |

  ㉡ 무학교육기관 **2025 기출** **2023 기출**

| 훈련원 | 무인의 양성을 위한 공식적 교육기관으로 무예의 연습과 병서의 강습을 담당 |
|---|---|
| 사정 | 활터에 세운 정자를 말하는 것으로 무사들이 평소 무과를 준비하고 훈련하는 교육기관 |

  ㉢ 기술교육기관 : 해당 과정에서 별도 실시(외국어 – 예조, 법률 – 형조, 의학 – 전의감 등)

> **QUIZ**
> 조선시대 훈련원은 성리학 교육을 담당하였다. (O/×)
> 답 ×

③ 과거제도 `2025 기출`

| 문과<br>(문관 채용) | 소과(생원과, 진사과)와 대과로 나뉘며 순수 양반만이 합격 가능 |
|---|---|
| 무과<br>(무관 채용) | • 식년무과 : 초시(각 도의 인구 비례에 따라 240명) → 복시 (33명) → 전시(순위결정전) 순으로 시행<br>• 증광시, 별시, 정시 등도 존재 |
| 잡과<br>(기술관 교육 및 채용) | 역과, 의과, 음양과, 율과 등 4개로 구분되었으며 중인들의 자제들이 주로 응시 |

**무과제도**
- 식년시 : 3년마다 1번 시행
- 1단계(초시) : 무예
  2단계(복시) : 무예+강서
  3단계(전시) : 무예
- 무예 : 궁술, 기창, 격구, 조총

## 2. 조선시대의 무예

① **궁술** `2024 기출`
  ㉠ 군사적 목적에 국한된 신체 활동에서 벗어난 사회적 친교의 수단
  ㉡ 상류층 양반들 사이에서 성행했던 능동적인 여가활동
  ㉢ 장수들의 덕(德)을 함양하는 수단임과 동시에 평가의 수단
  ㉣ 사정에서는 편사(5명 이상이 팀을 이루어 겨루는 단체전)와 같은 경연대회가 펼쳐짐
  ㉤ 궁술은 육예(六藝) 중 사(射)에 해당

② **격구**
  ㉠ 오늘날의 하키와 같은 형태로 귀족들 사이에서 행해진 스포츠
  ㉡ 국방적 의미로서 무술적 가치
  ㉢ 무예적 가치를 인정받아 무과제도에서 중요한 과목의 하나로 취급 (무예도보통지 수록)

③ **수박희** : 조선 말기 전국 민속경기로 보급되어 스포츠의 성격을 띠고 발달

④ **건강법** `2025 기출`

| 이황의 활인심방 | 명나라의 활인심을 이황이 필사하여 저술한 건강 지침서이자 의료서적으로 맨손체조법 등을 수록 |
|---|---|
| 도인체조 | 도교의 수행법으로 안마체조라고도 불렸으며 치료보다는 예방을 위한 보건체조 |

**기출 채우기**
조선시대의 무예 중 (    )은/는 무과 시험 과목의 하나로 각 사정을 대표하는 궁수 5인 이상이 편을 나눠 활을 쏘는 단체경기였다.
답 편사

**육예(六藝)** `2023 기출`
중국 주대(周代)에 행해지던 교육과목으로 예(禮), 악(樂), 사(射), 어(御), 서(書), 수(數) 등 6종류의 기술
- 예(禮) : 예법
- 악(樂) : 노래, 악기, 춤
- 사(射) : 궁술(활쏘기)
- 어(御) : 마술(馬術), 말타기
- 서(書) : 서예(붓글씨)
- 수(數) : 수학(數學)

**이해 더하기**

**무예도보통지** `2024 기출` `2023 기출`
- 조선 정조 때 이덕무, 박제가, 백동수 등이 1790년 편찬한 종합 무예서
- 임진왜란 후 군사의 무예훈련을 위한 필요성에 따라 간행되었던 '무예제보'와 '무예신보'를 집대성하고 보완한 것
- 한·중·일 삼국의 서적 145종을 참고하여 편찬됨
- 24기의 각각 다른 무예를 그 계통에 따라 분류하고 실물 그림을 통해 설명

**무예서적**
- 무예제보 : 선조 때 한교가 명나라 무예서 '기효신서'를 참고하여 펴낸 무예서
- 무예신보 : 영조 때 사도세자가 '무예제보'를 보완해 펴낸 무예서
- 무예도보통지 : 정조 때 만들어진 무예서로, 24가지 무에 관한 기예를 그림으로 설명한 종합무예서

## 3. 조선시대의 민속스포츠와 오락  2024 기출

### ① 귀족사회의 민속놀이와 오락

| 궁도 | 활쏘기로 활터인 사정에서 시합을 하며 민속무예, 스포츠, 오락의 성격을 띰 |
| --- | --- |
| 봉희 | 공중에서 공을 쳐서 구멍에 넣는 놀이(골프와 비슷) |
| 방응 | 매를 훈련시켜 꿩이나 토끼 종류의 사냥감을 잡는 것 |
| 투호 | 궁정에서 행해진 유희적 스포츠 |

### ② 서민사회의 민속놀이와 오락

| 장치기 | 긴 막대기를 쳐서 상대편 문 안에 넣는 경기 |
| --- | --- |
| 석전 | 돌이나 몽둥이를 들고 편을 나누어 싸우는 집단적 민속놀이 |
| 씨름 | 삼국시대부터 지금까지 행하여지고 있는 대표적인 민속 스포츠 |
| 추천 | 그네뛰기를 말하며 단오절에 가장 많이 행해짐 |

> **이해더하기**
>
> 조선시대 오락
> - 명절에 즐기던 축제의 형식의 유희와 오락 : 다리밟기, 줄넘기, 널뛰기 등
> - 단결력을 강조하는 형태 : 줄다리기
> - 아이들의 유희와 오락 : 제기차기, 팽이, 썰매 등
> - 여성 중심의 오락 : 널뛰기, 추천 등

## 4. 조선시대의 체육사상

### ① 숭문천무와 문무겸전의 대립

| 숭문천무<br>(崇文賤武) | • '글을 숭상하고 무력을 천시한다'는 뜻으로 조선시대는 성리학과 유교주의적 특성으로 인해 문과에 비해 무인교육에 소홀한 편<br>• 무예나 신체활동 문화의 발달을 저해하는 요인 |
| --- | --- |
| 문무겸전<br>(文武兼全) | '문식과 무략을 다 갖춘다'는 뜻으로 정조는 천시되었던 무에 대한 새로운 인식을 끌어내 국정 운영의 철학으로 발전시킴 |

### ② 학사사상

㉠ 심신수련으로서의 활쏘기로 교육적 가치가 있음

㉡ 인재 등용 수단으로 활용됨

㉢ 공자로부터 유래되어 조선시대에도 유교국가로서 활쏘기가 강조됨

---

**QUIZ**
추천은 조선시대 남성들이 양편으로 나누어 서로 마주 보고 돌을 던지던 민속놀이이다. (○/×)
답 ×

**POINT**
조선시대 민속놀이와 오락
- 세시풍속은 농경문화를 반영하고 있어 농경의례라고 함
- 정초 새해 길흉을 점치기 위한 놀이로 줄다리기 시행

**기출 채우기**
( )은/는 삭전(索戰), 갈전(葛戰)으로도 불리며, 촌락공동체의 의례적 연중행사로 성행했다.
답 줄다리기

# CHAPTER 04 한국 근·현대 체육

## SECTION 01 개화기 체육

### 1. 개화기의 사회와 교육

① 개화기의 사회

| 제1시기<br>(1870년대) | 개화와 개국이 같은 개념으로 사용, 외국과의 교류 증가로 그들에 대한 지식이 강조됨 |
|---|---|
| 제2시기<br>(1880년대) | 외국의 선진 기술을 받아들여 국가의 부강을 이루려던 시기 |
| 제3시기<br>(1890~1900년대) | 서국 열강의 이권침탈에 대해 국가의 자주적 독립과 국민의 권리를 주장 |

**개화기의 사회·문화적 배경**
- 신문발간
- 교육의 확대
- 국학 운동 전개
- 기독교의 정착

② 개화기의 교육  `2025 기출` `2024 기출` `2023 기출`

| 관립<br>교육기관 | 동문학<br>(통변학교) | 관립 외국어 교육기관(1883) |
|---|---|---|
| | 육영공원 | 우리나라 최초의 관립 근대학교(1886) |
| 민간<br>교육기관 | 원산학사 | • 근대 최초의 학교로 고종 20년(1883) 민간인들에 의해 설립<br>• 개항 이후 일본 세력에 대응하기 위해 새로운 세대에게 신지식을 교육하고 인재를 양성하고자 설립됨<br>• 설립 초기 문예반과 무예반으로 편성되었으며, 무예반에는 병서(兵書)와 사격 과목이 포함되어 있었음<br>• 문예반 50명, 무예반 200명의 학생을 뽑았으며, 무예반을 함께 둔 것은 동래(東萊)의 예를 따른 것으로 무비자강(武備自强)을 시도한 것 |
| | 대성학교 | • 1907년 국권회복운동의 일환으로 도산 안창호가 평양에 설립<br>• 구(舊) 한국군 출신이 체육교사로 부임함<br>• 일반 체조를 포함하여 군대식 조련을 실시하고 운동회를 실시<br>• 건전한 인격의 함양, 투철한 애국정신의 민족운동가 양성, 실력을 구비한 인재 양성, 건강한 체력훈련 등의 교육방침 마련 |
| | 오산학교 | • 1907년 이승훈이 평안북도 정주에 세운 중등 과정의 학교<br>• 민족정신의 고취와 인재 양성을 통해 나라의 자주독립을 목표로 함 |
| 선교단체<br>교육기관 | 배재학당 | • 아펜젤러(H. G. Appenzeller)가 설립한 학교<br>• 과외활동을 통해 서구 스포츠를 보급<br>• 근대식 중등 교육기관으로 국가 인재 양성을 위해 일반 학과를 가르치는 것 외에도 연설회, 토론회 등을 열고 사상과 체육 훈련에 힘을 쏟음 |

**개화기의 교육 개혁**
- 과거제 폐지와 임용시험제도 채택
- 신분계급을 타파한 인재등용제도
- 문존무비의 차별 철폐
- 우수한 청년의 해외 유학 장려

**기출 채우기**

원산학사는 문예반 50명, 무예반 (　　　)명의 학생을 뽑아 교육과 훈련을 실시하였다.

답 200

**QUIZ**
이화학당은 스크랜턴(M. Scranton)이 설립한 학교로 체조를 교과목으로 편성했다. (○/×)

답 ○

| 선교단체 교육기관 | 이화학당 | • 1886년 스크랜턴이 설립한 한국 최초의 사립여성교육기관<br>• 교육이념 : 기독교 교육을 통하여 한국여성들은 더 나은 한국인으로 양성하고, 한국인의 긍지와 존엄성을 회복하고 진정한 한국인을 육성<br>• 체조를 정규 교육과정으로 채택하여, 학생들의 체력을 높이는 데 노력 |
|---|---|---|
| | 경신학당 | 언더우드가 설립한 근대 학교(1886) |

### 2. 개화기의 체육

① 근대 학교체육의 전개  **2024 기출**

| 근대 체육의 태동기<br>(1876~1884) | • 무예학교와 원산학사의 정규 교육과정에 무예 체육 포함<br>• 외세의 침입에 대응하기 위한 무사의 입학생 수 증대 |
|---|---|
| 근대 체육의 수용기<br>(1885~1904) | • 기독교계 사립학교와 관립학교의 정규 교과과정에 체조 과목이 편성<br>• 운동회 및 체육 동호회의 활동 활성화<br>• 배재학당, 이화학당, 경신학당 등 설립<br>• 관립 외국어학교 설립과 황성 YMCA 조직으로 서구 스포츠 유입<br>• 관립·공립학교에서도 근대적인 교육과 체육 실시 |
| 근대 체육의 정립기<br>(1905~1910) | • 기독교계 사립학교를 비롯 일반학교체계에 학교체조, 병식체조, 유희 등이 필수교과로 지정<br>• 1905년 을사조약의 체결로 대한제국의 교육제도를 대대적으로 개편<br>• 체조가 정식 교과목으로 채택 |

② 관·공립학교의 체육
㉠ 1895년 고종의 교육입국조서 반포 이후 '체조'라는 명칭으로 체육이 정식과목으로 채택
㉡ 시설 및 지도자 부족으로 실질적 체육 수업은 실시되지 못함
㉢ 1905년 을사늑약 체결 이후 일제에 의한 대한제국의 교육제도 개편이 실시되어 '병식체조' 중심의 학교체육이 실시되는 등 체육의 목적 개념이 정립
㉣ 1906년 사범학교령 공포 이후 교사 양성을 위한 교육과정에 체조가 편성되어 한국의 근대체육이 본격적 궤도에 오름

**POINT**

**고종의 교육입국조서**
• 1895년 새로운 교육제도의 필요성을 인식하고 발표
• 교육의 기회가 전 국민으로 확대되는 데 기여함
• 전통적 유교 중심 교육에서 벗어나 지·덕·체 조화의 전인교육 발전 계기
• 소학교 및 고등 과정에서 체조가 정식과목으로 채택되는 데 영향을 미침

**이해더하기**

**고종의 교육입국조서** **2024 기출** **2023 기출**
갑오개혁 다음 해인 1895년 반포된 특별 문서로 전 국민을 대상으로 근대식 교육의 필요성과 지덕체의 조화를 강조하였다. 이를 통해 지배계급에만 한정되었던 교육의 기회가 전 국민으로 확대되었고, 전통적 유교 중심의 교육에서 근대적 전인교육으로 전환되었으며, 덕·체·지의 균등한 발전을 위한 근대적 교육 사상이 표명되었다. 또한 체육을 교육의 중요한 영역 중 하나로 인정하여 소학교 및 고등학교 과정에서 체조가 정식과목으로 채택되는 데 큰 영향을 주었다.

③ 사립학교의 체육
- ㉠ 사립학교는 기울어져 가는 국운을 바로잡고 국난 극복을 위해 신학문을 적극적으로 수용하기 위해 설립
- ㉡ 민족주의적, 국방체육의 성격 : 1900년대 초 시대적 상황에서 교육은 국권회복운동의 수단으로 인식되었으며, 체육은 군사교육의 성격을 띠고 실시됨

### 3. 개화기의 스포츠

① **운동회의 개최와 역할** 2024 기출
- ㉠ 운동회 개최의 의미 : 근대적 체육의 보편화와 민족의식 고취를 위한 사회적 기능
- ㉡ 우리나라 최초의 운동회는 1896년 영어학교에서 열린 화류회
- ㉢ 운동회의 성격
    - 초창기 운동회에서는 주로 육상 종목이 실시
    - 학생 대항, 마을 대항과 같은 단체전 중심
    - 영어학교나 기독교계 학교를 중심으로 확산
- ㉣ 운동회의 기능
    - 지역사회와 학교의 공동체 의식을 강화
    - 사회체육의 발달을 촉진
    - 민족의식과 애국심을 고취
    - 축제로서의 기능

② **체육단체의 결성** : 민족주의 운동의 구심점 2024 기출

| 대한체육구락부 (1906) | • 한국 최초의 근대적 체육단체<br>• 을사조약 후 반식민지 상태에서 지식인들이 정신교육에 치중한 것을 극복하고 신체교육을 강화하여 국권 회복의 기초로 삼기 위하여 창립 |
|---|---|
| 황성기독교청년회운동부 (1906) | 개화기 선교사에 의해 조직되었으며, 국내 다양한 스포츠 보급에 앞장선 단체로, YMCA의 전신 |
| 대한국민체육회 (1907) | 체조의 올바른 이념 정립과 체육 관련 정책의 개혁이 목표 |
| 대동체육구락부 (1908) | 사회 진화론적 자강론에 입각하여 체육학의 연구와 강건한 체력의 육성을 주장 |
| 무도기계체육부 (1908) | 우리나라 최초의 기계체조 단체로 당시 무관 학교장이던 이희두와 학무국장 윤치오에 의하여 조직된 단체이며 군인 체육 기관의 효시 |
| 회동구락부 (1908) | 탁지부 관리들이 친목 도모를 위해 조직하였으며 최초로 연식 정구를 도입 |
| 청강체육부 (1910) | 최성희, 성희, 신완식 등이 조직한 단체로 정례적으로 축구 시합을 함 |

> **POINT**
> 개화기의 운동회
> - 영어학교나 기독교계 학교를 중심으로 운동회 확산
> - 학생대항, 마을대항 같은 단체전 중심
> - 우리나라 최초의 운동회는 1896년 5월 2일 영어학교에서 개최한 화류회

>  QUIZ
> 황성기독교청년회운동부는 1916년 우리나라 최초의 체육관을 개관하여 스포츠 활동의 활기를 도모했다.
> (O / ×)
> 답 O

## POINT
**YMCA가 체육에 미친 영향**
- 야구, 농구, 배구 등과 같은 서구 스포츠를 우리나라에 소개
- 조직망을 통해 스포츠를 전국으로 확산
- 특정 스포츠 종목의 지도자 배출

**기출 채우기**

( )은/는 1903년 황성기독교청년회 초대 총무를 역임하고, 우리나라 최초로 야구와 농구를 소개하였다. 개화기 YMCA를 통해서 우리나라 근대스포츠의 발달에 큰 역할을 담당했다.

 질레트

## POINT
**개화기 체육의 체육사적 의의**
- 체육개념에 대한 발아와 근대적 각성
- 학교체육의 교육과정론적 발전
- 정치·사회적 격동상의 영향과 반영
- 학교체육의 제도적 근대화와 체육의식의 성장
- 학교체육을 통한 체육문화 창출

③ **근대 스포츠의 도입과 보급**
- ㉠ 축구 : 구기 종목 중 최초로 도입된 서구 근대 스포츠(황성기독교청년회와 오성학교 사이의 경기가 기록상 최초의 축구 시합)
- ㉡ 체조 : 1895년 한성사범학교의 교과목으로 정식 채택
- ㉢ 육상 : '화류회'를 통해 최초로 소개되었고 공 던지기, 높이뛰기, 멀리뛰기 등을 포함
- ㉣ 승마 : 기병대의 창설과 훈련을 위해 도입, 군에서 시작되어 일반인들도 즐기는 스포츠가 됨
- ㉤ 수영 : 1898년 무관학교칙령에 의해 체계적인 수영 실시
- ㉥ 야구 : YMCA 선교사인 질레트에 의해 황성기독교청년회 회원들에게 지도한 것이 시초
- ㉦ 농구 : YMCA의 복음사업으로 보급, 질레트에 의해 소개됨
- ㉧ 정구(테니스) : 미국인 푸트에 의해 도입, 재무부(당시 탁지부)는 테니스를 일반 공무원들의 체육대회 종목으로 채택
- ㉨ 사이클 : 1906년 최초의 사이클 경기가 개최, 1913년 엄복동, 황수복 선수는 일본인과의 사이클 대결에서 승리하며 사이클 역사에서 유명한 기록으로 남아 있음
- ㉩ 검도 : 도입 초기에는 경기화한 검술 형태로 도입되었으며, 군과 경찰을 중심으로는 치안목적으로 도입
- ㉪ 유도 : 1906년 일본인 우치다에 의하여 도입
- ㉫ 사격 : 육군연성학교에서 최초의 사격경기 개최

## 4. 개화기의 체육사상

① 체육의 개념 및 가치에 대한 근대화
② 교육체계로 편입되면서 체육의 위상이 상승
③ 근대적 스포츠문화 발달의 배경

**이해 더하기**

체육론(1908년 5월, 태극학보 2호 – 문일평)
1. 체육학교를 설치하고 체육교사를 양성할 것
2. 과목에 체조·승마 등을 개설할 것
3. 평단보필이 차에 대하여 특히 주의할 것
4. 학교·가정에서 특히 주의할 것
5. 체육에 관한 학술을 연구하기 위하여 청년을 해외에 파견할 것

## SECTION 02  일제강점기의 체육

### 1. 일제강점기의 학교체육  2025 기출  2024 기출

① **제1차 조선교육령(무단통치기)** : 조선총독부 설치, 식민지 통치에 착수
  ㉠ 조선교육령 공포 : 학교의 설립, 교원 채용, 교과과정, 교과서를 비롯한 수업내용 등 전반을 통제·감독
  ㉡ 식민지 교육으로 천황의 충량한 신민 양성
  ㉢ 민족주의적 성격을 말살하고 일본화의 정착을 시도
  ㉣ 학교체조교수요목의 제정
    • 유희, 병식체조, 보통체조로 구분되어 실시되었던 체조교육을 체조, 교련, 유희로 구분
    • 학생의 심신 발달에 따라 운동의 성질을 고려할 것을 권고
    • 체조과 시간 이외에는 여러 가지 활동을 실시하도록 권고
    • 체육이 학교 교육체계에서 필수화됨

② **제2차 조선교육령(문화통치기)** : 3·1 독립운동에 의해 무단통치정책에서 문화통치정책으로 전환
  ㉠ 교과과정을 외형상 일본과 같은 체제로 개편
  ㉡ 규정 교과를 실행하지 않아 실질적인 체육교육의 발전은 없었음
  ㉢ 식민지 교육체계를 확립(경성제국대학 설립 등)

③ **제3, 4차 조선교육령(민족말살기)** : 전시체제 강화를 통한 황국신민화
  ㉠ 제3차 조선교육령(1938) : 군사훈련 강화 목적으로 체육 교과의 비중을 높임(황국신민체조 도입)
  ㉡ 제4차 조선교육령(1943) : 학교 수업연한을 1년 단축하여 전쟁인력 확보

#### 이해더하기

**일제강점기 체육의 변화**

| | |
|---|---|
| 조선교육령 공포의 체육 (1911~1914년) | 체육의 자주성 박탈과 우민화 교육, 민족주의 체육활동의 통제 |
| 체조교수요목의 제정과 개정기의 체육 (1914~1927년) | 병식체조를 교련으로 이관 분리하여 민족주의 체육을 말살, 학교체육이 필수가 됨 |
| 체육교수요목의 개편기의 체육 (1927~1941년) | 체조 중심에서 유희·스포츠 중심으로 변경, 학교경기는 사회체육으로 이어져 민족의식을 고취함 |
| 체육 통제기의 체육 (1941~1945년) | 전시동원체제에 맞는 학제로 개편하여 체육의 군사화, 각종 체육경기가 완전 통제됨 |

**POINT**

**체조교수요목(1914)**
• 식민지통치하 학교체육을 본격적 궤도에 올려놓음
• 일본식 유희가 도입
• 체조과 교수시간 이외에 여러 가지 운동을 실시

## 2. 일제강점기의 스포츠

① 근대스포츠의 도입과 보급
  ㉠ 권투 : 박승필이 유각권구락부를 조직하면서 최초로 소개, 1925년 실내운동회 때 복싱종목이 채택되면서 스포츠로서 발전
  ㉡ 탁구 : 1924년 일본을 통해 소개되었으며 빠른 보급과 발전을 이룸
  ㉢ 배구 : 성서공회의 선교사 베이커가 입수한 배구규칙서를 이완용이 번역하여 배구 시작
  ㉣ 경식정구 : 1919년 조선철도국에서 처음으로 소개
  ㉤ 역도 : 일본 체조학교에서 유학을 마치고 돌아온 서상천에 의해 소개
  ㉥ 골프 : 1900년 정부 세관관리로 고용된 영국인들이 세관에서 직접 코스를 만들어 골프 경기를 한 것이 시초. 경성골프구락부가 결성되면서 일반인에게도 보급

> **이해더하기**
>
> **문곡(文谷) 서상천(徐相天)** `2025 기출`
> - 일제강점기와 해방 직후 활동한 우리나라 근대 체육의 선구자로, 체력 단련과 체육 교육의 발전에 크게 기여한 인물이다.
> - 서상천은 체력 향상을 위한 훈련으로 역도 운동을 국내에 도입하였다.
> - 1920년대 후반, 국민 체력을 기르기 위해 조선체력증진법연구회를 설립하였다.
> - 체육 관련 지식 보급을 위해 『현대체력증진법』, 『심신단련 현대철봉운동법』, 『역도』, 『아국의 국방론』, 『심신단련법』 등을 직접 저술·출판하였다.

② YMCA의 스포츠활동
  ㉠ 1903년 '황성기독교청년회'라는 명칭으로 창설, 근대 서구 스포츠를 도입·보급함
  ㉡ 강건한 기독교주의와 민족주의 사상을 바탕으로 함
  ㉢ YMCA의 조직망을 이용해 근대 스포츠를 전국적으로 확산시킴으로써 근대 스포츠의 발전을 가져왔으나 이로 인해 전통 스포츠는 쇠퇴함
  ㉣ 야구, 배구, 농구 등의 서구 스포츠를 우리나라에 소개하고 관련 지도자를 다수 배출함

③ 체육단체의 결성과 청년회 활동 [2024 기출] [2023 기출]

| 조선체육회 | • 1920년 창설되어 일본의 조선체육협회에 대응<br>• 전조선야구대회, 전조선축구대회, 전조선정구대회, 전조선육상경기 등 각종 경기를 주최<br>• 체육에 관한 조사와 연구·선전, 체육 관련 도서 발행, 각종 경기대회 주최 및 후원 등<br>• 조선의 스포츠에 대한 관심 제고와 근대 스포츠 도입에 큰 공헌 |
|---|---|
| 관서체육회 | • 1925년 평양 기독교 청년회관에서 결성<br>• 전조선빙상대회(1월)를 비롯한 대회를 개최<br>• 민족주의적 성격의 단체로 1934년 조선총독부가 발표한 '축구통제령'에 대한 반대 투쟁 |
| 청년회 체육활동 | • 1920년대에는 전국적으로 조직된 수많은 청년단이 존재<br>• 반일 민족운동단체의 성격<br>• 지역 체육발전 주도, 체육의 발전과 민족의식의 고양 |

**QUIZ** 조선체육회는 경성일보사의 적극적인 후원으로 설립되었다. (○/×) 답 ×

**QUIZ** 관서체육회가 결성되어 전조선빙상대회가 개최된 것은 개화기에 발생한 체육사적 사실이다. (○/×) 답 ×

**기출 채우기**
( )은/는 1933년 7월에 창간된 체육잡지이다.
답 조선체육계

## 3. 민족주의 체육활동

### ① 민족주의 체육활동의 특징
㉠ 전국적으로 조직된 청년회는 일제의 탄압에 대한 저항 문화운동으로 체육활동을 장려함
㉡ 일제가 학교체육의 장을 군사훈련화하려는 움직임에 대응하여 YMCA와 같은 단체를 중심으로 순수체육을 지향함

### ② 민족전통경기 부활과 보급

| 씨름 | • 민족정신의 고양을 위한 스포츠<br>• 자발적인 참여로 민중의 지지를 얻었고, 신체를 단련하는 경기로서 행해짐 |
|---|---|
| 보건체조 | • 1930년대 덴마크인 닐스 북의 체조를 조선의 상황에 적합한 체조로 변용<br>• 엘리트 스포츠에 치우쳐 생활체육으로서의 기능을 다하지 못하는 스포츠를 민중에게 보급함 |
| 국궁 | • 1910년 성계구락부 활쏘기 단체<br>• 국민의 민족의식을 고취시키는 국민운동으로서 그 의미가 있음 |

**POINT 일제강점기의 체육 사상**
• 민족주의 체육 : 체육과 스포츠 활동을 통해 민족정신의 고취와 민족 문화의 창달
• 민족주의적 체육 운동의 결실 : 한민족의 정체성을 지키고 민족의식의 회복에 큰 영향을 미침

### ③ 일장기 말살사건
㉠ 손기정 선수가 금메달을 딴 후 시상대에서 일본의 국기를 가슴에 달고 있는 사진 보도
㉡ 동아일보와 조선중앙일보는 인쇄의 품질이 좋지 않은 점을 이용하여 손기정의 옷에 새겨진 일장기를 잘 보이지 않게 만든 다음 사진을 올림
㉢ 동아일보에 다시 한번 손기정의 옷에 새겨진 일장기를 완전히 지운 사진이 게재되었고 이 기사는 조선총독부의 검열을 통과하지 못함
㉣ 이 사건으로 조선중앙일보 사장이었던 여운형의 사퇴와 더불어 폐간하였으며, 동아일보는 무기 정간 처분을 받음

> **기출 채우기**
>
> 1936년 ( )에서 마라톤 종목에 출전하여 한국인 최초의 올림픽 금메달 획득한 손기정 선수는 이후 회고록을 작성하였다.
>
> 🅑 베를린올림픽경기대회

> **이해 더하기**
>
> **베를린올림픽경기대회**
> - 1936년 개최된 제11회 베를린올림픽경기대회에서 손기정 선수가 마라톤 종목에 출전하여 한국인 최초의 올림픽 금메달 획득
> - 남승룡 선수는 일본 육상연맹의 출전 방해에도 불구하고 동메달 획득
> - 당시 일본의 식민통치하에 있던 우리 국민에게 민족의식을 일깨워주고 자긍심을 고취시킴

## SECTION 03 | 현대 체육·스포츠

### 1. 체육행정조직 및 체육단체

① **국가 체육행정조직의 변천** `2024 기출`
  ㉠ 건민체육사상 : 국민의 건강을 도모, 국가와 사회의 발전에 선도적으로 기여하기 위해 다양한 체육활동을 실행
  ㉡ 서울아시아경기대회와 서울올림픽경기대회를 위해 체육부 신설
  ㉢ 서울올림픽경기대회 이후 소속과 명칭 변경 : 체육부 → 체육청소년부 → 문화체육부 → 문화관광부 → 문화체육관광부

② **민간 체육단체**

| | |
|---|---|
| 대한체육회 | 대한민국을 대표하는 체육단체로 국민체력 향상과 운동정신의 확산을 도모하며 산하에 종목별, 시도지부 단체를 두고 있음 |
| 대한올림픽위원회 | 1948년 런던올림픽경기대회에 출전하기 위해 1947년 발족되어 올림픽을 비롯한 국제체육 관계 업무를 전담, 1968년 정부 주도로 대한체육회에 통합됨 |
| 대한장애인체육회 | 장애인의 건강 증진과 건전한 여가생활 진작을 위한 생활체육의 활성화, 장애유형별 체육단체 지원·육성, 우수한 지도자 양성을 통한 국위선양 도모, 국제 스포츠 교류 및 활동을 통한 국제 친선 기여 등을 설립 목적으로 함 |
| 국민생활체육회 | 생활체육 진흥을 통한 국민 건강과 체력 증진, 세계 한민족의 동질성과 조국애 함양을 통한 통일 기반 조성을 목적으로 함 |
| 국민체육진흥공단 | 서울올림픽경기대회를 기념하고 체육 관련 재정을 관리, 국민체육 진흥을 위한 사업을 수행하기 위해 설립 |

> **기출 채우기**
>
> ( )은/는 제24회 서울올림픽경기대회를 기념하여 1989년 공익법인으로 설립되었다. 체육지도자 국가자격시험을 전담하고 있고 경정, 경륜, 스포츠토토 등의 기금조성사업을 하고 있다.
>
> 🅑 국민체육진흥공단

> **이해 더하기**
>
> **광복 이후 1940년대 말까지 체육단체** `2025 기출`
>
> | | |
> |---|---|
> | 조선체육회 (1945) | 일제강점기에 강제로 해산된 조선체육회가 1945년 광복 후 재건되며 민족 체육의 부활을 상징했다. |
> | 조선체육동지회 (1945) | 조선체육동지회는 체육인 중심으로 결성된 조직으로, 민족 체육 재건의 초기 중심 역할을 했다. |
> | 학도호국단 (1949) | 청소년들의 체육 및 군사훈련 강화를 목적으로 학도호국단이 조직되었으며, 많은 체육 교사들이 교관으로 참여했다. |

## 2. 생활체육 정책

① **생활체육의 개요**
  ㉠ 생활체육의 개념 : 일상생활에서 더 나은 삶을 위하여 참여하는 자발적인 신체활동
  ㉡ 생활체육의 목적 : 신체활동의 부족, 자기표현의 기회 상실, 인간관계 상실 등과 관련하여 신체활동을 통하여 체력을 단련하고 생활에 활력을 가져 보다 밝고 풍요한 생활을 영위하기 위함
  ㉢ 생활체육의 역할과 의의
    - 개인의 신체 기량 향상, 심리적 즐거움과 만족감, 타인과의 유대관계 증진을 통한 사회성 함양을 도모
    - 생활체육에 대한 자율적·자발적 참여는 민주적 생활태도와 올바른 세계관 및 인생관을 확립하는 데 의의가 있음

② **생활체육 정책 및 현황** [2025 기출]
  ㉠ 1980년 전후의 생활체육 정책
    - 박정희 군부는 '체력은 국력'이라는 슬로건하에 국민체력 향상을 강조
    - 박정희 군부에 의해 국민체육진흥법 제정(1962년), 태릉선수촌 건립(1966년), 체력장 제도 실시
    - 전문체육 강화를 위한 정책 수립
    - 스포츠의 프로화 : 프로야구(1982년), 프로축구(1983년), 프로씨름(1983~2005년), 프로농구(1997년), 프로배구(2005년)의 출범

> **이해더하기**
>
> **체력장 제도**
> - 1970년대 문교부(현 교육부)에서 청소년의 기초체력 증강을 위해 전국적으로 실시
> - 국민체력검사표준위원회에서 기준과 종목을 선정하여 달리기, 던지기, 멀리뛰기 등 기본운동 종목으로 구성
> - 상급학교에 진학하고자 하는 중·고등학생을 대상으로 실시
> - 체력장의 대학입시 포함으로 인한 목적 전도, 불의의 사망사고 발생 등으로 1994년을 마지막으로 폐지
> - 권고사항으로 학생건강체력평가제도를 시행, 2009년 초등학교, 2010년 중학교, 2012년 고등학교로 전면 실시함

  ㉡ 1990년대의 생활체육 정책
    - 국민생활체육진흥종합계획(호돌이 계획)을 수립하여 생활체육의 진흥 도모
    - 각계각층에 맞는 생활체육 프로그램 및 건강생활 체조 보급

---

**POINT**
**박정희 군부 체육정책**
- 체력은 국력
- 국민체육진흥법 제정
- 태릉선수촌 건립
- 체력장 제도 실시

**기출 채우기**
( )은/는 대한체육회가 1966년 우수선수의 육성을 위해 건립한 것으로 스포츠를 통한 국위선양 및 국민통합 실현의 목적이 있다.
🔑 태릉선수촌

> **이해 더하기**
> 
> **국민생활체육진흥종합계획(호돌이 계획)** 2025 기출
> - 1986년 발표된 생활체육 활성화 정책으로, 1988년 서울올림픽을 앞두고 국민 체력 향상과 체육 참여 확대를 목표로 추진되었다.
> - 1987년 국민생활체육협의회가 창설되었고, 직장체육 프로그램 보급 등 조직적인 생활체육 지원 체계를 마련하였다.
> - 걷기, 체조, 축구 등 다양한 생활체육 프로그램이 지역 단위로 확산되었으며, 지도자 양성과 공공 체육시설 확충도 함께 이루어졌다.
> - 엘리트 체육 중심에서 벗어나 국민 모두가 참여하는 생활체육 기반을 마련하는 전환점이 되었다.

ⓒ 2000년대와 이후의 생활체육 정책
- 국민체육진흥 5개년 계획을 수립하여 국민 건강 증진 및 삶의 질을 향상, 생활체육지도 인력 양성
- 2008년 이명박 정부 : 지역 스포츠클럽 활성화, 맞춤형 체육 복지, 레저스포츠 시설과 공간 확충
- 2013년 박근혜 정부 : 생애주기별 맞춤형 프로그램 보급, 스포츠 체력 인증제 도입

> **이해 더하기**
> 
> **국민체육진흥 5개년 계획 주요 정책과제**
> 
> | 국민체육진흥 5개년 계획 | 정책과제 |
> |---|---|
> | 제1차 (1993~1997) | 생활체육의 범국민적 확산, 전문체육의 지속적 육성, 국제체육협력의 증진, 체육과학의 진흥, 체육행정체제의 보강 등 |
> | 제2차 (1998~2002) | 생활체육 참여 환경을 구축하여 지역 공동체 중심의 체육활동 여건 조성, 세계상위권 경기력 유지 및 생활체육과 전문체육의 연계 강화, 국제교류 역량강화 및 남북체육교류 촉진, 체육산업의 국제경쟁력 강화 등 |
> | 참여정부 | 생활체육 활성화를 통한 국민의 삶의 질 향상, 과학적 훈련지원을 통한 전문체육의 경기력 향상, 스포츠산업을 새로운 국가전략산업으로 육성, 국제체육교류 협력을 통한 국가이미지 제고 등 |

### 이해 더하기

**정권기의 스포츠** 2025 기출 2023 기출

| 이승만 정권<br>(제1공화국) | • 최초로 제14회 런던 하계올림픽에 출전<br>• 조선체육회가 대한체육회로 변경<br>• 한국전쟁으로 제1회 아시안게임과 제31회 전국체육대회 무산 |
|---|---|
| 박정희 정권<br>(제3~4공화국) | • 한국 스포츠 문화가 급속도로 발달하여 스포츠 혁명으로 불림<br>• '체력은 국력'이란 슬로건으로 국민재건체조 개정<br>• 국민체육진흥법 공포<br>• 태릉선수촌 완공 및 대한체육회관 개관<br>• 학생들의 기초체력을 향상시키기 위해 체력장 제도 실시 |
| 전두환,<br>노태우 정권<br>(제5~6공화국) | • 대중 스포츠 중심으로 전환<br>• 프로축구, 프로야구의 출범<br>• 국군체육부대의 창설<br>• '호돌이 계획'이라 불리는 국민생활체육진흥 3개년 종합계획을 추진하기 위해 국민생활체육협의회 창설 |

**QUIZ**

박정희 정부는 국군체육부대의 창설 정책을 시행했다. ( ○ / × )

 ×

### 3. 국제스포츠대회 참가 2024 기출

① 한국의 하계올림픽경기대회 참가 역사
  ㉠ 1948년 런던올림픽경기대회 : 태극기를 들고 'KOREA'라는 이름으로 첫 참가
  ㉡ 1952년 헬싱키올림픽경기대회 : 한국전쟁 중 참가하여 올림픽에 대한 열정을 보임
  ㉢ 1976년 몬트리올올림픽경기대회 : 첫 올림픽 금메달 획득(양정모-레슬링), 첫 동메달 획득(여자 배구 대표팀)
  ㉣ 1984년 로스앤젤레스 올림픽 : 우리나라 여성 최초로 금메달 획득(서향순-양궁)
  ㉤ 1988년 서울올림픽경기대회 : 한국 첫 하계올림픽 개최, 종합 4위의 성적
  ㉥ 1992년 바르셀로나올림픽 : 광복 후 최초로 마라톤에서 금메달 획득(황영조)
  ㉦ 2000년 시드니올림픽경기대회 : 남한과 북한의 선수가 최초로 동시에 입장, 태권도 정식 종목 채택

**POINT**

**한국 여자 대표팀 성과**
• 1973년 사라예보 세계선수권 대회 탁구 우승
• 1976년 몬트리올 올림픽대회 배구 동메달
• 1988년 서울 올림픽대회 핸드볼 금메달

**POINT**

**태권도**
• 1988년 제24회 서울올림픽경기대회에서 시범 종목으로 채택
• 2000년 제27회 시드니올림픽경기대회에서 정식 종목으로 채택
• 2007년 정부는 태권도 종목을 진흥하기 위한 법률을 제정

기출 채우기

( )은/는 우리나라가 대한민국 국호를 걸고 최초로 참가한 동계올림픽 경기대회이다.

🔑 생모리츠올림픽경기대회

② **한국의 동계올림픽경기대회 참가 역사**
- ㉠ 1948년 제5회 스위스 생모리츠 동계올림픽경기대회 : 태극기를 들고 'KOREA'라는 이름으로 동·하계 합쳐 첫 올림픽 경기 대회 참가

> **이해더하기**
>
> 1984년 제5회 동계올림픽대회 2025 기출 2023 기출
> - 개최지 : 스위스 장크트모리츠(생모리츠)
> - 독일과 일본은 제2차세계대전을 이유로 참가가 거부됨
> - 광복 이후 최초로 태극기를 단 선수단이 파견됨
> - 우리나라의 스피드스케이트 선수인 이효창, 문동성, 이종국이 출전. 그러나 이효창은 올림픽 경기 직전 열린 친선경기 이후 갑작스러운 배탈로 자신의 주 종목 경기를 기권하였으며, 문동성 선수 역시 부상으로 당시 대표팀 감독이었던 최용진이 대신 경기에 참가함

- ㉡ 1992 알베르빌 동계올림픽경기대회 : 동계 첫 금메달 획득(김기훈-쇼트트랙)
- ㉢ 2018년 평창 동계올림픽경기대회 : 한국 첫 동계올림픽 개최

③ **아시안게임(아시아경기대회) 참가 역사**
- ㉠ 1954년 제2회 마닐라 아시아경기대회부터 첫 참가
- ㉡ 1986년 서울아시아경기대회(한국 첫 아시아경기대회 개최)
- ㉢ 2002년 부산아시아경기대회(북한 선수단과 응원단 참가)
- ㉣ 2014년 인천아시아경기대회 개최(북한 고위급 인사 방문)
- ㉤ 동계아시아경기대회는 제1회 대회부터 참가, 1994년 강원도에서 제4회 대회 개최(한국 첫 동계아시아경기대회 개최)

QUIZ

평창 동계올림픽경기대회의 마스코트는 수호랑과 반다비이다.
(O/×)

🔑 O

> **이해더하기**
>
> 조오련
> - 제6회, 제7회 아시아경기대회에서 수영 종목 400M, 1,500M 2관왕 2연패
> - 2008년 독도 33바퀴 회영(回泳)
> - 2020년 스포츠영웅으로 선정되어 2021년 국립묘지에 안장
>
> 2002년 제17회 한국·일본 월드컵
> - 국제스포츠 중 두 개의 나라에서 처음 공동개최한 대회(한국과 일본이 공동개최)
> - 아시아에서 열린 첫 월드컵
> - 한국은 4강에 진출
> - 붉은악마 등 한국의 길거리 응원은 국민 문화축제의 장

## 4. 남북체육교류

### ① 남북체육교류와 협력의 이해
- ㉠ 남북체육교류와 협력의 의의 : 평화·화해 분위기를 조성하여 상호 이질성을 극복하고 민족공동체 형성에 기여
- ㉡ 남북체육교류와 협력의 기능

| 정치적 순기능 | 상호 이해 증진과 불신의 해소, 비정치적인 스포츠의 특성, 관중을 통한 화해 분위기 조성 |
|---|---|
| 정치적 역기능 | 정치적 계산에 의한 봉쇄, 선수나 관중을 통한 정치적 선전 공세 |

### ② 남북체육회담 **2025 기출**
- ㉠ 광복 이후부터 1950년대까지의 남북체육회담
  - 한국 : '1국가 1국가올림픽위원회' 원칙
  - 북한 : IOC 가입을 위한 일방적 남북한 단일팀 구성 제안
- ㉡ 1960년대의 남북체육회담
  - 도쿄올림픽경기대회의 단일팀 구성 제안
  - 남북한 유일한 대화채널의 기능
  - 남북체육교류의 태동
- ㉢ 1970~1980년대의 남북체육회담 : 남북 각국 정부의 이해와 지원 부족으로 결렬
- ㉣ 1990년대의 남북체육회담 : 1991년 제41회 지바세계탁구선수권대회, 제6회 포르투갈 세계청소년축구선수권대회에 남북단일팀 구성

### ③ 남북스포츠 친선교류
- ㉠ 남북통일축구대회(1990)
- ㉡ 남북통일농구대회(1999)
- ㉢ 남북통일탁구대회(2000)
- ㉣ 남북노동자축구대회(1999)
- ㉤ 태권도시범경기(2002)
- ㉥ 제주도 민족통일평화축전(2003)
- ㉦ 시드니올림픽 공동입장(2000)
- ㉧ 아테네올림픽 공동입장(2004)
- ㉨ 창춘동계아시안게임 공동입장(2007)
- ㉩ 평창올림픽 공동입장(2018)

> **POINT**
>
> **남북한 단일팀 구성 합의 내용**
> - 선수단의 단가는 1920년대 '아리랑'으로 한다.
> - 선수단의 호칭은 한글로 '코리아', 영문으로 'KOREA'이다.
> - 선수단의 단기는 흰색 바탕에 하늘색 한반도 지도를 넣는다.
> - 단일팀 공동추진기구에서 협의하여 선수를 선발한다.
>
> **남북한 탁구 단일팀**
>
> 남한과 북한이 최초로 탁구 단일팀을 구성하여 '코리아(KOREA)'라는 명칭으로 참가한 종목

> **QUIZ**
>
> 1991년 제41회 지바세계탁구선수권 대회에서 사상 첫 남북 스포츠 단일팀이 구성되었다. (○/×)
>
> 답 ○

## 출제예상문제

**2025 기출 유형**

**01** 체육사 연구에서 사관(史觀)에 대한 설명으로 옳은 것은?

① 역사가의 역사에 대한 의식이다.
② 역사가의 가치관이 반영되지 않는다.
③ 역사가의 해석 원리가 달라도 그 기준은 달라지지 않는다.
④ 과거 체육과 관련된 사실을 담고 있는 역사 자료이다.

해설 | 사관은 역사가의 역사에 대한 의식으로 과거의 사실을 확인할 때 역사가의 가치관 해석 원리에 따라 그 기준이 달라지는 것을 말한다.

**02** 다음 중 체육사 연구의 영역으로 옳지 않은 것은?

① 특정 시대 및 특정 인물들의 체육에 대한 전반적인 사상
② 스포츠에 대한 교육 및 학교 체육의 역사
③ 스포츠인으로서 추구해야 할 가치와 스포츠의 의미
④ 스포츠 발전에 기여한 단체 및 협회와 인물

해설 | 스포츠인으로서 추구해야 할 가치와 스포츠의 의미는 체육사가 아닌 스포츠윤리에서 다루는 영역이다.

**03** 선사·부족국가시대 신체활동에 관한 설명으로 옳지 않은 것은?

① 맹수와 자연재해 및 적들로부터 자신의 집단을 보호하기 위해 많은 운동량이 필요했다.
② 이 시기 궁술은 체력 단련의 수단으로서는 물론, 교육 활동의 한 분야로도 인정되었다.
③ 우수한 신체 능력을 가진 사람이 집단에서 더 큰 역할을 담당하였다.
④ 대형 동물의 수렵을 위해 집단의 구성원들이 협동·단결하여 신체활동을 하였다.

해설 | 궁술이 체력 단련의 수단뿐만 아니라 교육 활동의 한 분야로서 인정되고 중요시되었던 것은 삼국시대부터이다.

**2025 기출 유형**

**04** 〈보기〉 중 부족국가 시대에 신체활동이 이루어진 행사를 모두 고른 것은?

> 보기
> ㄱ. 대향사례(大鄕射禮)  ㄴ. 성년의식(成年儀式)
> ㄷ. 주술의식(呪術儀式)  ㄹ. 제천행사(祭天行事)

① ㄱ, ㄴ, ㄷ
② ㄱ, ㄴ, ㄹ
③ ㄱ, ㄷ, ㄹ
④ ㄴ, ㄷ, ㄹ

해설 | 부족국가 시대에는 제천행사, 주술의식 등 다양한 신체활동이 포함된 의식과 행사가 이루어졌다. 대향사례는 고대 조선시대나 후대에 행해진 활쏘기 의례로 부족국가 시대의 신체활동 행사에 포함되지 않는다.

**2025 기출 유형**

**05** 화랑도의 체육에 대한 설명으로 옳지 않은 것은?

① 삼강오륜을 바탕으로 도의 교육을 실시하였다.
② 입산수행은 화랑도 교육활동의 하나였다.
③ 편력(遍歷)은 명산대천을 돌아다니며 수련하는 야외활동이었다.
④ 심신일체론적 사상을 바탕으로 전인 교육을 지향하였다.

해설 | 화랑도는 6세기부터 10세기까지 존재했던 청소년 양성 단체로, 세속오계를 바탕으로 충성 보국하는 문무겸비의 인재를 양성하였다.

**06** 삼국시대 교육 및 체육에 대한 설명으로 옳지 않은 것은?

① 삼국의 대립으로 국방 체육으로서 무술이 발달하게 되었다.
② 고구려는 문학과 무예를 교육하는 기관으로 박사제도를 운영하였다.
③ 삼국 시대에는 궁술과 기마술, 각저, 수박, 검술, 창술 등 다양한 체육이 행해졌다.
④ 백제는 궁술을 임금이나 백성이 갖추어야 할 중요 자질 중 하나로 취급하였다.

해설 | 고구려의 교육 기관은 경당과 태학으로 특히 평민층 자제의 교육 기관인 경당에서는 경전과 함께 활쏘기를 교육하였다. 박사제도는 백제에서 운영되었던 제도이다.

**07** 부여의 사출도(四出道)라는 관직명에서 유래되었으며 척사(擲柶), 사희(柶戲)라고도 불리는 민속놀이는?

① 윷놀이 ② 주사위
③ 바둑 ④ 장기

해설 | 윷놀이는 정월 초하루에서 보름까지 윷이라는 놀이도구를 사용하여 남녀노소 누구나 어울려 즐기면서 노는 놀이로, 척사(擲柶), 척사희(擲柶戲), 사희(柶戲) 등으로도 불린다.

**08** 〈보기〉에서 설명하는 삼국시대 무예는?

보기
- 당시 기동수단이었던 말을 이용한 전투행위나 무술, 사냥 등에 필요한 기술
- 중국 대륙과 국경을 접한 고구려가 무술훈련의 필요성이 절실해 성행함

① 궁술 ② 기마술
③ 각저 ④ 방응

해설 | 〈보기〉는 기마술에 대한 설명이다.
① 궁술 : 활쏘기
③ 각저 : 두 사람이 서로 맞잡고 힘을 겨루는 경기
④ 방응 : 매를 길들여 꿩이나 새를 사냥하는 수렵활동

**09** 주로 부녀자들의 유희로 단오 때 그네를 타는 고려시대 민속놀이는?

① 추천(秋韆) ② 풍연(風鳶)
③ 석전(石戰) ④ 투호(投壺)

해설 | ② 풍연(風鳶) : 삼국시대부터 이어져 오던 연날리기로 군사적 목적을 가지고 있음
③ 석전(石戰) : 두 편으로 나뉘어 서로에게 돌팔매질을 하는 놀이
④ 투호(投壺) : 항아리에 화살을 던져 넣는 놀이

**정답** 01 ① 02 ③ 03 ② 04 ④ 05 ① 06 ② 07 ① 08 ② 09 ①

**2025 기출 유형**

**10** 삼국시대 민속스포츠 종목에 대한 설명으로 옳지 않은 것은?

① 각저 : 두 사람이 서로 맞잡고 힘을 겨루는 경기로 삼국시대 성행한 민속놀이이다.
② 격구 : 가죽주머니에 겨, 털, 공기 등을 넣어 만든 공을 발로 차던 축구와 흡사한 형태의 놀이이다.
③ 방응 : 사나운 매를 길들여 꿩이나 새를 사냥하는 일종의 수렵활동이자 놀이이다.
④ 마상재 : 달리는 말 위에서 여러 동작을 보이는 경기로 군사훈련 목적으로 실시되었다.

해설 | 축구와 흡사한 형태의 놀이인 축국에 대한 설명이다. 격구는 말을 타고 막대기로 공을 쳐 상대방의 문에 넣는 놀이로 오늘날의 필드하키나 폴로, 골프 등과 유사한 경기이다.

**2025 기출 유형**

**11** 〈보기〉의 ㉠에 해당하는 용어는?

보기

『신당서』에 따르면, "고구려인은 학문을 좋아하였다. 궁리(窮里)의 시가(厮家)에 이르기까지 또한 서로 학문을 힘써 권하며 큰길가(衢側)에 모두 장엄한 집(嚴屋)을 짓고 ( ㉠ )(이)라고 이름하였다. 미혼의 자제가 무리지어 거처하며 경전을 읽고 활쏘기를 익혔다."라고 되어 있다.

① 경당
② 태학
③ 향교
④ 학당

해설 | 경당은 고구려 평민층 자제의 교육을 담당한 기관으로 경전과 함께 활쏘기를 교육하였다.
② 태학 : 고구려 상류층 자제의 교육을 담당한 기관으로 국가 관리의 양성이 목적
③ 향교 : 고려시대 지방의 교육을 위해 설치된 교육기관으로서 유학의 전파와 지방민의 교화에 목적이 있음
④ 학당 : 고려시대 국자감 부속학교의 성격을 가진 교육기관으로 지방의 향교와 유사한 유학교육기관

**12** 다음 중 고려시대 체육에 관한 설명으로 옳지 않은 것은?

① 국학 7재 중 무학재는 여택재를 말하며 궁술 및 마술을 교육하였다.
② 국학에서는 필기시험인 대책과 실기시험인 재예를 통해 우수한 무학생들을 선발하였다.
③ 귀족사회에서 유행한 격구는 군사훈련의 수단으로 채택되었다.
④ 무신정권은 도방과 삼별초를 창설, 무술 연마와 더불어 봉건적 체제를 유지하였다.

해설 | 국학 7재 중 무학재는 7재인 강예재를 말하며 궁술 및 마술을 교육하였다.

**13** 〈보기〉에서 설명하는 고려시대 교육기관은?

보기

고려시대의 대표적인 국립교육기관으로 7재에 강예재를 두어 무예를 실시하던 기관

① 국자감(國子監)
② 성균관(成均館)
③ 응방도감(鷹坊都監)
④ 오부학당(五部學堂)

해설 | 국자감(國子監)은 고려시대의 대표적인 국립교육기관으로 7재에 강예재를 두어 무예를 실시하던 기관이다.
② 성균관(成均館) : 고려시대 국자감과 같은 기능을 수행하는 조선시대 국립대학격의 유학교육기관으로 생원과 진시가 입학 대상. 육일각에서는 궁술교육을 실시하였으며 대사례를 거행함
③ 응방도감(鷹坊都監) : 고려시대 매를 사육하여 원(元)나라에 바치던 관청
④ 오부학당(五部學堂) : 고려 말 조선 초기에 중앙의 각 (部)에 두었던 관립교육기관

### 2025 기출 유형

**14** 〈보기〉 중 고려의 민속놀이에 대한 설명으로 옳은 것만을 모두 고른 것은?

**보기**

ㄱ. 씨름은 각저, 상박, 각력 등으로 불리며 지속적으로 전래된 놀이이다.
ㄴ. 추천(秋韆)은 주로 단오에 행해진 그네타기 놀이로 여성들의 유희로서 성행되었다.
ㄷ. 풍연(風鳶)은 삼국시대부터 이어져 오던 연날리기로 군사적 목적을 가지고 있다.
ㄹ. 석전(石戰)은 한 부락 혹은 한 지방이 동편과 서편으로 나뉘어 서로에게 돌팔매질을 하여 어느 한 편이 달아나면 지는 놀이이다.
ㅁ. 축국(蹴鞠)는 오늘날의 제기차기 또는 축구와 흡사한 형태의 놀이이다.
ㅂ. 주사위 던지기, 바둑, 죽마, 척초희(풀 던지기) 등을 즐기기도 하였다.

① ㄱ, ㄴ, ㄷ
② ㄱ, ㄴ, ㄷ, ㄹ
③ ㄱ, ㄴ, ㄷ, ㄹ, ㅁ
④ ㄱ, ㄴ, ㄷ, ㄹ, ㅁ, ㅂ

**해설** | ㄱ~ㅂ 모두 고려의 민속놀이에 대한 옳은 설명이다.

**15** 다음 중 조선시대의 사회와 교육에 대한 설명으로 옳지 않은 것은?

① 유교를 근간으로 체제를 구축하였다.
② 신분제를 기반으로 한 계급사회였다.
③ 유학교육기관에는 예조, 형조, 전의감 등이 있었다.
④ 훈련원에서는 무재시험, 무예의 연습, 병서의 강습을 주관했다.

**해설** | 조선시대 대표적인 유학교육기관으로는 성균관, 사학, 향교, 서원, 서당 등이 있다. 전의감은 조선시대 궁중과 관련한 의약에 관한 일을 관장하던 관서이다.

### 2025 기출 유형

**16** 조선시대 무학교육기관에 대한 설명으로 옳지 않은 것은?

① 사정은 무사들이 평소 무과를 준비하고 훈련하는 교육기관이었다.
② 전국에 사정을 설치하고 습사를 장려하였다.
③ 훈련원은 국왕의 친위 부대로서 역할을 수행했다.
④ 훈련원에서 병서 강습과 무예의 연습이 주로 이루어졌다.

**해설** | 조선시대 훈련원은 무인의 양성을 위한 공식적 교육기관으로 무예의 연습과 병서의 강습을 담당하였다. 조선시대 국왕의 친위 부대는 훈련도감이다.

### 2025 기출 유형

**17** 조선시대 무과에 대한 설명으로 옳지 않은 것은?

① 소과와 대과로 나뉘며 양반만이 합격할 수 있었다.
② 식년시는 3년마다 1번 시행되었다.
③ 식년시는 초시, 복시, 전시 순으로 시행되었다.
④ 증광시, 별시, 정시 등의 시험도 존재하였다.

**해설** | 조선시대 과거제도 중 문관을 채용하는 문과에 대한 설명이다. 문과는 소과(생원시, 진사과)와 대과로 나뉘며 순수 양반만이 합격할 수 있었다.

**정답** 10 ② 11 ① 12 ① 13 ① 14 ④ 15 ③ 16 ③ 17 ①

**18** 조선시대의 민속스포츠와 오락에 대한 설명으로 옳지 <u>않은</u> 것은?

① 세시풍속은 농경문화를 반영하고 있어 농경의례라고도 하였다.
② 씨름은 고려시대까지 유흥 및 오락의 성격만을 띠다가 조선시대 들어 풍년을 기원하는 행사의 성격을 지니게 되었다.
③ 기풍의례란 농사가 잘 되기를 비원하며 벌이는 세시풍속으로, 석전과 도판희가 대표적이다.
④ 장치기는 조선 후기 성행하던 놀이로 현대의 하키와 유사한 경기이다.

해설 | 기풍의례는 풍년을 비는 세시풍속이며 석전과 줄다리기가 대표적인 종목이다. 도판희는 널뛰기의 다른 이름으로 여성들이 즐기던 축제 형식의 유희와 오락에 속한다.

**19** 다음 중 무예도보통지에 대한 설명으로 옳지 <u>않은</u> 것은?

① 1790년 이덕부, 박제가, 백동수 등이 편찬한 종합 무예서이다.
② 조선의 무예 서적 145종만을 참고하여 편찬되었다.
③ 임진왜란 후 무예제보와 무예신보를 집대성하고 보완한 것이다.
④ 24기의 무예를 그 계통에 따라 분류하고 실물 그림과 함께 설명하였다.

해설 | 무예도보통지는 조선뿐만 아니라 중국과 일본의 서적까지 총 145종의 서적을 참고하여 편찬되었다.

**20** 〈보기〉의 교육입국조서에 관한 설명에서 빈칸 ㉠, ㉡에 각기 들어갈 용어로 옳은 것은?

> 보기
> 교육입국조서는 갑오개혁 다음 해인 1895년 고종이 반포한 특별 문서로 전 국민을 대상으로 근대식 교육의 필요성과 ( ㉠ )의 조화를 강조하였다. 이를 통해 전통적 유교 중심의 교육에서 근대적 전인교육으로 교육이 전환되었으며 체육을 교육의 중요한 영역으로 인정하여 소학교 및 고등학교 과정에서 ( ㉡ )이/가 정식과목으로 채택되는 데 큰 영향을 주었다.

|   | ㉠ | ㉡ |
|---|---|---|
| ① | 신·구 | 활쏘기 |
| ② | 관·학 | 달리기 |
| ③ | 지·덕·체 | 체조 |
| ④ | 심신 | 창술 |

해설 | 고종은 교육입국조서를 통해 근대식 교육의 필요성과 지·덕·체의 조화를 강조하였으며, 이는 소학교 및 고등학교 과정에서 체조가 정식과목으로 채택되는 데 큰 영향을 주었다.

**21** 개화기 체육에 대한 설명으로 옳지 <u>않은</u> 것은?

① 고종의 교육입국조서 반포 이후 체육이 정식과목으로 채택되었고 실제 수업이 활발히 이루어졌다.
② 외세의 침입에 대응하기 위한 무(武)의 교육과정이 강조되었다.
③ 기독교계 학교를 통해 서구의 스포츠와 체조가 도입되었다.
④ 을사늑약 체결 이후 일제에 의한 교육제도 개편으로 '병식체조' 중심의 학교체육이 실시되었다.

해설 | 교육입국조서 반포 이후 체육이 정식과목으로 채택되었으나 시설 및 지도자 부족으로 실질적인 체육 수업은 실시되지 못하였다.

**22** 개화기 운동회에 대한 설명으로 옳은 것은?

① 우리나라 최초의 운동회는 1896년 배재학당에서 열렸다.
② 전통적 민족스포츠를 보편화하여 민족의식과 애국심을 고취시켰다.
③ 서당과 향교 등 전통적 교육기관을 중심으로 확산되었다.
④ 초창기 운동회는 육상 종목이 주로 실시되었다.

해설 | 초창기 운동회에서는 주로 육상 종목이 실시되었다.
① 우리나라 최초의 운동회는 1896년 영어학교에서 열린 화류회이다.
② 운동회는 근대적 체육의 보편화를 이루었으나.
③ 영어학교나 기독교계 학교를 중심으로 확산되었다.

**23** 개화기에 발생한 체육사적 사실이 아닌 것은?

① 배재학당에서 과외활동으로 근대스포츠를 실시했다.
② 한국 최초의 근대적인 체육단체로 대한국민체육회가 설립되었다.
③ 대성학교는 체조와 운동회를 실시하였다.
④ 이화학당과 경신학교에서는 정규 교육과정에 체조를 채택하였다.

해설 | 한국 최초의 근대적인 체육단체는 대한체육구락부이다. 대한국민체육회는 병신체조의 창시자인 노백린이 세운 단체로 국민의 교육을 강조했다.

**24** 개화기 도입되었던 근대스포츠에 대한 설명으로 옳지 않은 것은?

① 축구 : 1895년 한성사범학교의 교과목으로 정식 채택되었다.
② 야구 : YMCA 선교사인 질레트가 황성기독교청년회 회원들에게 지도한 것이 시초이다.
③ 유도 : 무관학교의 무도기계체육부에 유술이라는 정규 교과목으로 도입되었다.
④ 테니스 : '정구'라는 이름으로 미국인 푸트에 의해 도입되었으며 당시 탁지부는 테니스를 일반 공무원의 체육대회 종목으로 채택하였다.

해설 | 1895년 한성사범학교의 교과목으로 정식 채택된 종목은 체조이다. 축구는 구기 종목 중 최초로 도입된 서구 근대스포츠이다.

**2025 기출 유형**

**25** 다음 중 문곡(文谷) 서상천(徐相天)의 활동에 대한 설명으로 옳지 않은 것은?

① 체력 향상을 위한 훈련으로 역도 운동을 국내에 도입하였다.
② 조선체력증진법연구회를 설립하였다.
③ 『현대체력증진법』, 『역도』, 『심신단련법』 등을 직접 저술·출판하였다.
④ 우리나라 최초로 야구와 농구를 소개하였다.

해설 | 질레트에 대한 설명이다. 질레트는 1903년 황성기독교청년회 초대 총무를 역임하고, 우리나라 최초로 야구와 농구를 소개하였으며, 개화기 YMCA를 통해서 우리나라 근대스포츠의 발달에 큰 역할을 담당했다.

정답 ▶ 18 ③  19 ②  20 ③  21 ①  22 ④  23 ②  24 ①  25 ④

## 26 〈보기〉에 들어갈 적절한 것은?

**보기**

흔히 (　　)을 기준으로 체육을 전통 체육과 근대 체육으로 구분하는데, (　　) 이후의 체육은 근대식 학교를 통해 체육이 흥하던 시기이다.

① 무신정변　　　② 갑신개혁
③ 강화도 조약　　④ 갑오경장

**해설** | 나현성의 「한국체육사」에서는 갑오경장을 기준으로 시대를 구분하였다. 갑오경장은 갑오개혁이라고도 부른다.

### 2025 기출 유형

## 27 다음 중 원산학사에 대한 설명으로 옳은 것은?

① 체조와 운동회를 실시하여 민족정신의 고취와 체력 강화를 목적으로 하였다.
② 우리나라 최초의 근대 교육기관으로 무사를 양성하는 무예반을 두었다.
③ 병서와 궁술을 주로 가르쳐 외세의 침입에 대응하고자 하였다.
④ 기독교 선교사인 아펜젤러에 의해 설립되었다.

**해설** | 원산학사는 우리나라 최초의 근대 교육기관으로 무사를 양성하는 무예반을 두었다.
① 체조와 운동회를 실시한 것은 대성학교이다.
③ 궁술이 아닌 병서와 사격을 가르쳤다.
④ 기독교 선교사 아펜젤러에 의해 설립된 학교는 배재학당이다.

## 28 이화학당에 대한 설명으로 옳은 것은?

① 아펜젤러(H. G. Appenzeller)가 설립하였다.
② 과외활동을 통해 서구 스포츠들을 보급하였다.
③ 체조를 교과목으로 편성했다.
④ 우리나라 최초의 관립 근대학교이다.

**해설** | 이화학당은 1886년 스크랜턴이 설립한 한국 최초의 사립여성교육기관이며 체조를 정규교육과정으로 채택하여, 학생들의 체력을 높이는 데 많은 노력을 기울였다.
① 배재학당은 아펜젤러(H. G. Appenzeller)가 설립하였다.
② 배재학당은 과외활동을 통해 서구 스포츠들을 보급하였다.
④ 육영공원은 우리나라 최초의 관립 근대학교이다.

### 2025 기출 유형

## 29 다음 중 문화통치기(1920년대) 일제의 학교체육 정책으로 옳은 것은?

① 민족주의적 성격을 말살하고 일본화의 정착을 시도하였다.
② 황국신민체조를 도입하였다.
③ 경성제국대학을 설립하는 등 식민지 교육체계를 확립하였다.
④ 식민지 교육을 통해 천황의 충량한 신민을 양성하고자 하였다.

**해설** | ①, ④ 무단통치기의 체육 정책이다.
② 황국신민체조는 민족말살기에 도입되었다.

**30** 조선체육회에 대한 설명으로 옳지 <u>않은</u> 것은?

① 제1회 전조선야구대회를 개최하였다.
② 일제강점기 당시 조선총독부의 지원을 받았다.
③ 1947년 조선체육회 내에 대한올림픽위원회를 설치했다.
④ 조선체육협회에 대항하며 많은 체육대회와 체육활동을 주도하였다.

해설 | 조선체육회는 1938년 조선총독부에 의해 강제해산되었다.

**31** 일제강점기 학교체육에 대한 설명으로 옳지 <u>않은</u> 것은?

① 무단통치기 일제는 조선교육령을 공포하여 학교의 설립과 교원 채용, 수업 내용 등 전반을 통제·감독하였다.
② 문화통치기에는 교과 과정을 외형상 일본과 같은 체제로 개편하였으며 규정 교과를 실행하여 체육교육이 발전하였다.
③ 민족말살기에는 제3차 조선교육령을 통해 군사훈련 강화 목적으로 체육 교과의 비중을 높였다.
④ 일제는 제4차 조선교육령을 통해 학교의 수업 연한을 1년 단축하여 전쟁 인력을 확보하고자 하였다.

해설 | 문화통치기에는 교과 과정을 외형상 일본과 같은 체제로 개편하였으나 규정 교과를 실행하지 않아 실질적인 체육교육의 발전은 없었다.

**32** 〈보기〉에서 설명하는 체육 단체는?

> **보기**
> • 1920년 창설됨
> • 한국 현대 올림픽 운동과 체육과 스포츠 발전을 주도
> • 1920년 제1회 전조선야구대회 개최

① 관서체육회　　② YMCA
③ 조선체육회　　④ 대동체육구락부

해설 | 〈보기〉는 조선체육회에 대한 설명이다. 조선체육회는 현 대한체육회의 전신이며 일본의 조선체육협회에 대응하기 위해 창설되었다. 1938년 일제에 의해 해산되어 조선체육협회로 통합되었다.

**33** 제11회 베를린올림픽 마라톤 경기와 관련된 사건으로 옳지 <u>않은</u> 것은?

① 1936년 베를린올림픽대회에서 손기정 선수는 금메달, 남승룡 선수는 동메달을 획득했다.
② 당시 일본 육상연맹은 조선인 선수의 출전을 꺼려하여 출전 방해를 하였다.
③ 고려일보에서 손기정 선수의 시상식 사진에 있던 일장기를 삭제했다.
④ 일장기 말살사건으로 인해 관련 신문사는 무기정간처분을 받았다.

해설 | 동아일보 체육부 기자인 이길용이 손기정 선수의 금메달 시상식 사진에서 가슴에 달려 있던 일장기를 지워서 보도하였다.

**정답** 26 ④　27 ②　28 ③　29 ③　30 ②　31 ②　32 ③　33 ③

**34** 〈보기〉에서 설명하는 체육단체는?

> **보기**
>
> 장애인의 건강 증진과 건전한 여가생활 진작을 위한 생활체육의 활성화, 장애유형별 체육단체를 지원·육성하고 우수한 지도자를 양성하여 국위선양을 도모하며, 국제 스포츠교류 및 활동을 통한 국제 친선에 기여함을 설립목적으로 한다.

① 대한체육회
② 한국장애인협회
③ 대한장애인체육회
④ 국민생활체육회

해설 | 〈보기〉는 대한장애인체육회에 대한 설명이다.

**2025 기출 유형**

**35** 다음 중 광복 이후 1940년대 말까지 체육에 대한 설명으로 옳지 않은 것은?

① 일제강점기 강제로 해산되었던 조선체육회가 재건되었다.
② 조선체육동지회는 민족 체육 재건의 초기 중심 역할을 했다.
③ 우수선수의 육성을 우선하는 엘리트주의가 나타났다.
④ 국민생활체육진흥종합계획을 수립하여 생활체육의 진흥을 도모하였다.

해설 | 국민생활체육진흥종합계획(호돌이 계획)은 1990년대의 생활체육 정책이다. 1990년대는 각계각층에 맞는 생활체육 프로그램 및 건강생활 체조를 보급하는 등 국민 체력 향상을 위한 정책이 이루어졌다.

**2025 기출 유형**

**36** 전두환 정권기(제5공화국)의 스포츠에 대한 설명으로 옳지 않은 것은?

① 다양한 프로 스포츠가 출범하였다.
② 스포츠과학연구소를 설립하였다.
③ 스포츠를 대중 스포츠 중심으로 전환하였다.
④ 서울 올림픽대회의 유치 계획을 확정했다.

해설 | 서울 올림픽대회의 유치 계획을 확정한 시기는 박정희 정권기이다. 전두환 정권기에는 86 아시안게임, 88 올림픽대회와 같은 국제 체육 행사가 개최되었다.

**2025 기출 유형**

**37** 〈보기〉 중 '국민생활체육진흥종합계획(호돌이 계획)'의 내용으로 옳은 것만을 모두 고른 것은?

> **보기**
>
> ㄱ. 1988년 서울올림픽을 앞두고 국민 체력 향상 등을 목표로 추진되었다.
> ㄴ. 생활체육 기반을 마련하는 전환점이 되었다.
> ㄷ. 걷기, 체조, 축구 등 다양한 생활체육 프로그램이 확산되었다.
> ㄹ. 지도자 양성과 공공 체육시설 확충이 이루어졌다.
> ㅁ. 엘리트 체육 중심 육성을 통해 한국 스포츠계의 발전을 이루었다.

① ㄱ, ㄴ
② ㄱ, ㄴ, ㄷ
③ ㄱ, ㄴ, ㄷ, ㄹ
④ ㄱ, ㄴ, ㄷ, ㄹ, ㅁ

해설 | ㄱ. 1988년 서울올림픽을 앞두고 국민 체력 향상과 체육 참여 확대를 목표로 추진되었다.
ㄴ. 국민 모두가 참여하는 생활체육 기반을 마련한 전환점이다.
ㄷ. 걷기, 체조, 축구 등 다양한 생활체육 프로그램이 지역 단위로 확산되었다.
ㄹ. 지도자 양성과 공공 체육시설 확충도 함께 이루어졌다.
ㅁ. 국민생활체육진흥종합계획(호돌이 계획)은 엘리트 체육 중심에서 벗어나는 계기가 되었다.

**38** 다음 중 체력장 제도에 대한 설명으로 옳지 않은 것은?

① 1970년대 문교부(현 교육부)에서 청소년의 기초체력 증강을 위해 실시하였다.
② 기준과 종목은 국민체육진흥공단에서 선정하였다.
③ 체력장의 대학입시 포함으로 인한 목적 전도, 불의의 사망사고 등의 폐단이 발생하였다.
④ 현재 학생건강체력평가제도는 권고사항으로 시행되고 있다.

해설 | 체력장 평가의 기준과 종목은 국민체력검사표준위원회에서 선정하였다.

**2025 기출 유형**

**39** 남한과 북한의 체육교류에 대한 설명으로 옳지 않은 것은?

① 최초의 남북한 단일팀은 선수단 호칭으로 '코리아'와 'KOREA'를 사용하였다.
② 제18회 도쿄올림픽경기대회를 위해 최초의 남북한 단일팀이 구성되었다.
③ 제6회 포르투갈 세계청소년축구대회에서 남북한 단일팀으로 8강에 진출하였다.
④ 제27회 시드니올림픽경기대회에서 남한과 북한의 선수가 최초로 동시입장을 하였다.

해설 | 1960년대의 남북체육회담에서 제18회 도쿄올림픽경기대회를 위한 단일팀 구성이 제안되었으나 결국 무산되었다. 최초의 남북한 단일팀이 구성된 국제대회는 1991년 제41회 지바세계탁구선수권 대회이다.

**2025 기출 유형**

**40** 한국이 참가한 국제스포츠에 대한 설명으로 옳지 않은 것은?

① 1984년 생모리츠 동계올림픽경기대회에 광복 이후 최초로 우리나라 선수단이 파견되었다.
② 1988년 서울올림픽경기대회에서 종합 4위의 성적을 기록하였다.
③ 1984년 로스앤젤레스올림픽경기대회에서 첫 올림픽 금메달을 획득하였다.
④ 2018년 평창에서 한국 최초로 동계올림픽을 개최하였다.

해설 | 한국이 처음으로 올림픽 금메달을 획득한 국제스포츠대회는 1976년 몬트리올올림픽경기대회이다. 레슬링에서 양정모가 첫 금메달을, 여자 배구 대표팀이 첫 동메달을 획득하였다. 1984년 로스앤젤레스올림픽대회에서는 양궁에서 서향순이 우리나라 여성 최초로 금메달을 획득했다.

**정답** 34 ③  35 ④  36 ④  37 ③  38 ②  39 ②  40 ③

## 최신 3개년 출제빈도표 (2025년~2023년)

| 구분 | 2025년 | 2024년 | 2023년 |
|---|---|---|---|
| 운동생리학의 개관 | 1 | 2 | 1 |
| 에너지 대사와 운동 | 4 | 3 | 4 |
| 신경조절과 운동 | 1 | 2 | 4 |
| 골격근과 운동 | 5 | 4 | 4 |
| 내분비계와 운동 | 2 | 4 | 1 |
| 호흡·순환계와 운동 | 6 | 4 | 5 |
| 환경과 운동 | 1 | 1 | 1 |

# PART 05

# 운동생리학

CHAPTER 01    운동생리학의 개관
CHAPTER 02    에너지 대사와 운동
CHAPTER 03    신경조절과 운동
CHAPTER 04    골격근과 운동
CHAPTER 05    내분비계와 운동
CHAPTER 06    호흡 · 순환계와 운동
CHAPTER 07    환경과 운동

출제예상문제

# CHAPTER 01 운동생리학의 개관

### SECTION 01 주요 용어

#### 1. 운동

① 체력 향상이나 건강 유지 및 증진을 목적으로 하는 체계적이고 계획적·규칙적인 신체활동
② 같은 운동자극이라도 그 반응 방식은 개인차가 있음
③ **운동과 항상성** `2023 기출`
  ㉠ 인체 조절체계는 내부환경이 일정한 안정성을 유지하고 있음
  ㉡ 내부환경의 불변성 또는 계속적인 유지를 항상성이라고 함
  ㉢ 항상성 조절의 작동 과정 : 자극에 의한 내부환경의 변화에서 시작, 감지기는 정보를 통합기로 보냄
  ㉣ 부적 피드백 : 신체 내부의 어떤 것이 높거나 낮을 때 원래의 자극에 반대로 작동하는 조절체계의 반응을 수반하여 정상상태로 돌아오는 것으로, 신체 대부분의 조절체계는 부적 피드백으로 작동함
    예 증가된 혈당은 인슐린 분비를 유도하여 혈당을 낮춘다.
  ㉤ 정적 피드백 : 신체의 어떤 것이 낮아지거나 높아질 때 초기 자극을 증가시켜 더욱 낮아지거나 더욱 높아지게 하는 것
    예 여성의 경우 출산 시 자궁의 압력이 증가하면 뇌하수체에서 옥시토신이 분비되어 자궁 수축이 더욱 증가된다.
④ **운동의 필요성**
  ㉠ 운동 중 일어나는 인체의 기능적 변화에 대해 '왜'라는 질문이 주된 연구주제가 됨
  ㉡ 운동생리학적 기초는 다양한 집단의 성차와 개인차에 따른 지도 방법을 고려하는 데 도움을 줌
  ㉢ 인체의 발육과 발달에 미치는 운동의 영향과 발달단계에 따른 운동기술의 습득 과정을 이해하는 데 도움을 줌
  ㉣ 스포츠지도사는 수요자의 건강에 대한 욕구에 부흥하기 위해서 전반적인 건강 관련 지식이 요구됨
⑤ **운동의 특이성**
  ㉠ 운동의 종류에 따라서 생체의 반응패턴이 다르게 나타남

ⓒ 동일한 운동 자극이라도 그 반응 방식은 개인차가 있으며, 운동의 효과는 발현 방식 또는 시기, 운동의 종류에 따라 다름

## 2. 신체활동

근육이 수축하면서 휴식을 취할 때보다 더 많은 양의 에너지를 쓰게 되는 신체의 움직임으로 계단 오르기, 물건 들기 등이 있다.

## 3. 체력　`2025 기출`　`2024 기출`

① 인간의 생존과 활동의 기초를 이루는 신체적·정신적 능력
② **체력의 구분**
　㉠ 방위체력 : 질병과 환경의 변화를 극복하는 힘

| 신체적 요소 | 온도조절, 면역, 적응 |
|---|---|
| 정신적 요소 | 정신적 스트레스에 대한 저항력 |

　ⓒ 행동체력

| 건강체력 | 근력, 근지구력(근파워), 특이장력, 심폐지구력, 유연성, 신체조성 |
|---|---|
| 운동체력 | 순발력, 민첩성, 평형성, 협응력, 스피드, 반응속도 |

> **POINT**
> **건강체력**
> - 근력 : 근의 길이를 바꾸지 않고 발휘하는 최대장력으로 나타내는 근육의 힘
> - 근지구력(근파워) : 어느 정도 근육이 지속적으로 대응할 수 있는가를 나타내는 능력. 힘과 수축속도를 곱하여 구함
> - 특이장력 : 근섬유가 낼 수 있는 최대근력. 근력을 근횡단면적(근섬유 크기)으로 나눠 구함
> - 심폐지구력 : 심장, 허파, 순환계가 움직이는 근육에 효율적으로 산소를 공급하는 능력
> - 유연성 : 관절을 둘러싼 근육이 최대한 어느 범위까지 관절을 움직일 수 있는가를 나타내는 능력
> - 신체조성 : 인체를 구성하고 있는 기관이나 조직 등을 정량적 또는 상대적인 비율로 나타낸 것

> **OX QUIZ**
> 배근력 측정, 제자리높이뛰기 측정은 건강체력 요소를 측정하는 방법이다. (○/×)
> 답 ×

## SECTION 02　운동생리학의 개념

### 1. 운동생리학의 정의

① 생리학의 한 분야로 운동이라는 자극과 스트레스에 반응하여 일어나는 호흡, 순환, 근 기능 및 열 조절과 같은 기능적인 변화를 관찰·연구하는 학문
② 일시적이거나 반복적인 운동의 결과로 나타나는 인체의 적응 과정 및 변화를 생리학적 관점에서 관찰·연구하는 학문

### 2. 운동생리학의 인접학문

① **생리학(인체 생리학)** : 생물(사람)의 기능과 활동의 원리를 연구하는 학문
② **인체해부학** : 인체 전반의 구조 및 기능을 연구
③ **생체역학** : 인체 동작의 역학적 분석
④ **스포츠의학** : 운동수행과 관련된 의학적, 과학적 접근을 연구

> **POINT**
> **운동생리학의 기능**
> - 신체적 활동
> - 체력 향상
> - 경기력 향상
> - 재활 프로그램 등에 생리학적 기초 제공

> **POINT**
> **운동생리학의 인접학문**
> - 생리학(인체생리학)
> - 해부학
> - 운동처방학
> - 운동영양학

⑤ **트레이닝론과 운동처방학** : 수행력 향상을 위한 운동 시 인체 내 대사, 운동의 질과 양 등의 측정법
⑥ **운동영양학** : 운동 및 스포츠분야에서 영양의 역할과 식사법 등을 실험하고 연구하는 학문

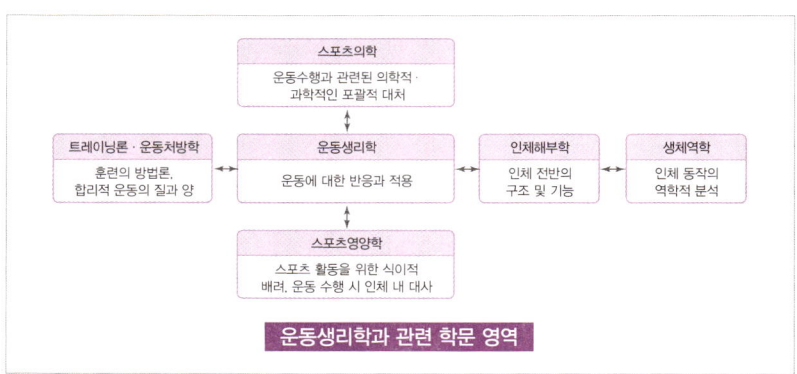

운동생리학과 관련 학문 영역

### 3. 운동생리학의 역사

① 1920년대 미국의 핸더슨(L. Henderson)이 설립한 '하버드피로연구소'에서 시작
② 최대산소섭취량과 산소 부채, 탄수화물과 지방 대사, 임상생리학 등 여러 연구 수행

### 4. 운동훈련의 원리  2024 기출

| 특이성의 원리 | 운동의 효과는 운동 중에 사용된 근육이나 신체기관에만 특이(특정)하게 나타난다는 원리 |
|---|---|
| 과부하의 원리 | • 운동량이 일상생활보다 높을 때 운동훈련에 의한 효과가 일어남<br>• 운동량은 운동의 빈도, 강도 또는 지속시간을 증가시킴으로써 늘릴 수 있다는 원리 |
| 개별성의 원리 | 체력의 수준에 따라 개개인에게 각각 다른 트레이닝 양이 처방되어야 한다는 원리 |
| 점증부하의 원리 | 운동상해 없이 트레이닝 효과를 극대화하기 위해서는 부하를 점진적으로 올려야 한다는 원리 |
| 가역성의 원리 | 운동을 꾸준히 하지 않으면 체력이 다시 떨어지게 된다는 원리 |
| 다양성의 원리 | 운동이 지루하고 단조로우면 동기저하와 운동능력 향상에 방해를 가져올 수 있으므로 다양한 훈련 방법을 구성해야 한다는 원리 |

※ 총 운동량(kpm)=몸무게×이동거리=몸무게×속도×운동시간×경사도%

> **기출 채우기**
> 운동훈련의 원리 중 (　　　)은/는 운동량이 일상생활보다 높을 때 운동훈련에 의한 효과가 일어나며, 운동량은 운동의 빈도, 강도 또는 지속시간을 증가시킴으로써 늘릴 수 있다는 것이다.
> 답 과부하의 원리

# CHAPTER 02 에너지 대사와 운동

## SECTION 01 에너지의 개념과 대사 작용

### 1. 에너지의 개념

① **에너지원**
  ㉠ 인체는 섭취한 음식물로부터 화학적 에너지를 얻어 이를 기계적 에너지로 전환
  ㉡ 생체 에너지 과정은 연속적인 화학작용에 의해 조절
  ㉢ 대부분의 에너지는 탄수화물과 지방의 분해 과정에서 발생

② **아데노신 삼인산(ATP ; Adenosine Triphosphate)** : 고에너지 인산화물로 세포의 생명 활동과 근수축에 직접 이용되는 에너지원

### 2. 에너지 발생 과정과 형태

① **대사작용** : 생명체 내에서 일어나는 모든 생화학 반응을 말함
② **대사작용(Metabolism)의 유형**

| | |
|---|---|
| 동화작용 | • 작은 분자를 단백질이나 핵산처럼 더 크고 복잡한 분자로 변환하는 과정<br>• 에너지의 흡수 반응 |
| 이화작용 | • 큰 분자를 더 작은 분자로 분해하는 과정<br>• 에너지의 발생 반응 |

> **POINT 에너지 대사**
> • 인체 내에서 일어나고 있는 에너지의 방출, 전환, 저장 및 이용의 모든 과정
> • 인체는 우리가 섭취한 음식물로부터 화학적 에너지를 얻고 그것을 기계적 에너지로 전환시키며, 화학적 에너지로부터 생리적인 일을 수행함

### 3. 물질대사 과정의 경로

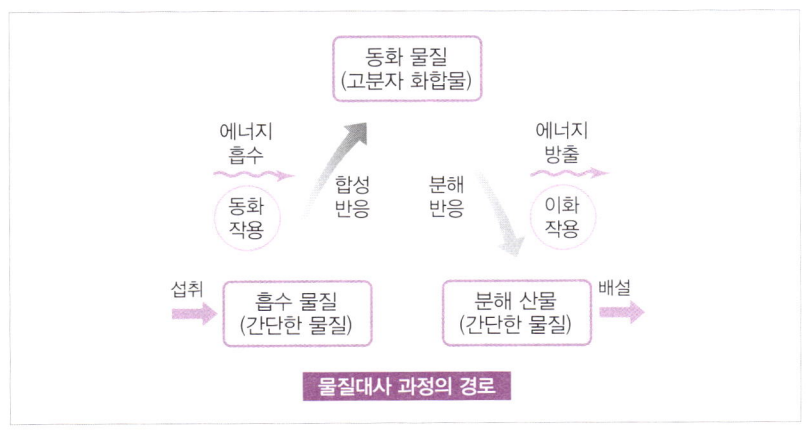

물질대사 과정의 경로

> **POINT 물질 대사작용**
> • 동화작용 : 물질을 합성
> • 이화작용 : 물질을 분해

## POINT

**여러 형태의 에너지**
- 열 에너지 : 체온의 유지
- 기계적 에너지 : 신체활동
- 전기 에너지 : 신경자극활동

### 4. 에너지 전환 및 보존 법칙

① 인체는 동식물에 축적된 화학적 에너지를 음식 섭취 및 소화를 통해 여러 형태의 에너지로 전환
② **에너지 보존의 법칙** : 외부의 영향이 없다는 전제하에 에너지가 형태를 바꾸는 경우에는 물리적·화학적 변화가 일어나도 총 에너지양은 일정하다는 물리적 법칙
③ 열역학 제1법칙에 따라 에너지는 새로 생성되거나 소멸되지 않고, 같은 양의 에너지를 가진 유기물 중 화학에너지로 전환
④ 열역학 제2법칙에 따라 에너지가 사용되면 일부가 열에너지의 형태로 변환

**이해더하기**

**에너지 소비 형태**

| 안정 시 대사량<br>(기초대사량 포함) | 정상적인 신체기능과 체내 항상성 유지 | 60~70% |
|---|---|---|
| 활동성에너지 | 기본적 대사활동 외 다양한 신체활동 | 30~35% |
| 식이유발성에너지 | 음식물을 섭취한 직후의 체내 대사작용 | 10% 내외 |
| 적응대사량 | 환경에 적응하기 위한 에너지 소비 | |

## SECTION 02 | 인체의 에너지 대사

## POINT

**ATP 재합성 방법**
- 무산소성 과정
  - ATP-PCr 시스템
  - 무산소성 해당과정
- 유산소성 과정
  - 유산소 시스템

**ATP 생성체계**
- ATP-PCr 시스템=ATP-PC 시스템=인원질 체계
- 무산소성 해당과정=젖산과정
- 유산소 시스템

## O/X QUIZ

ATP-PCr 시스템은 순간적인 고강도 운동을 위한 주요 에너지 시스템이며 운동 시작 시기에 가장 빠르게 에너지를 생산하는 방법이다.
(O/X)

답 O

### 1. ATP-PCr 시스템(Adenosin Triphosphate-Phosphate Creatine)

**2023 기출**

① ATP는 1개의 아데노신과 3개의 무기 인산(Pi, inorganic phosphate)의 결합으로 생성
② 아데노신은 Pi와 결합함으로써 많은 양의 에너지를 저장
③ ATP가 ADP(아데노신 이인산)와 Pi로 분해될 때 에너지가 방출(7.3kcal/mol)
④ 3대 영양소(탄수화물, 지방, 단백질)는 ATP의 주공급원
⑤ ATP 생성을 위한 가장 간단하고 빠른 방법
⑥ 순간적으로 강하게 근육이 수축하는 동안 가장 높게 나타나 ATP 재합성
⑦ 속도조절효소 : 크레아틴키나아제(creatine kinase)

> **이해더하기**
>
> **근수축 에너지원**
> 인체는 신체활동 등 생명유지를 위해 탄수화물, 지방, 단백질 등의 영양소를 대사작용으로 이용하여 에너지원인 ATP를 만들어낸다. 에너지원은 근세포 속에서 이용되기 위해 ATP 형태로 변환한다. ATP는 근육 속에 소량으로 저장되어 있어 지속적으로 재합성해야 한다.

## 2. 해당(당 분해)과정 시스템(Glycolytic System) [2025 기출]

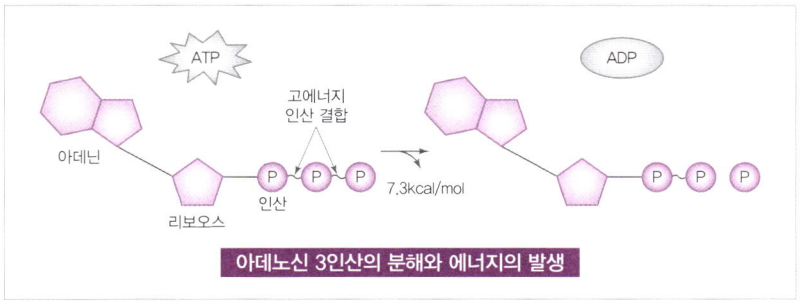

**아데노신 3인산의 분해와 에너지의 발생**

**POINT**

**해당작용 시스템**
- 아데노신 2인산(ADP) 및 무기인산(Pi)에 의한 인산과 당분해효소(PFK)의 활성화
- 대사분해에 의한 피루브산의 생성
- 400m 전력 달리기 시 필요한 ATP 공급

① 무산소성 에너지 시스템으로 산소 없이 ATP를 생성하는 과정이다.
② 초기 ATP를 소모(투자)하는 에너지 투자 단계와 이후 더 많은 ATP를 생성(수확)하는 에너지 생산 단계로 구성된다.
③ 글리코겐 및 탄수화물(포도당)을 젖산으로 분해하는 해당작용(glycolysis)에 의해 ATP와 NADH를 생성
④ 포도당 한 분자당 2ATP, 피루브산 또는 젖산 2분자와 물 2분자가 생산
⑤ 포도당 연료로는 2ATP, 글리코겐의 연료로는 3ATP가 생산
⑥ $NAD^+$에 의한 수소 이동으로 인해 해당작용을 통한 에너지 생산이 가능
⑦ 산소가 충분할 경우, NADH가 미토콘드리아로 이동하여 유산소성 ATP를 생성
⑧ 산소가 불충분할 경우, 피루브산이 수소이온과 결합해 젖산이 생성
⑨ 젖산은 혈액 → 간 → 혈액 → 근육 순으로 에너지원으로 다시 사용되는데, 이 회로를 코리 회로(Cori Cycle)라 함
⑩ 젖산 시스템은 약 32~33초 동안 에너지 공급이 가능
⑪ 속도조절효소 : 포스포프룩토키나아제(phosphofructokinase)

## 3. 유산소 시스템 [2023 기출]

① 40~60초 이상의 운동 지속 시 혈액으로부터 활동 근육의 산소를 공급받으며 ATP 합성이 진행

**POINT**

**유산소 시스템**
크렙스 회로와 전자전달체계를 통한 복합적인 상호작용으로 미토콘드리아에서 만들어진다.

② 크렙스 회로(=구연산 회로=TCA 회로)
  ㉠ 피루브산이 $CO_2$, 전자($e^-$)와 수소이온($H^+$)으로 분해되는 과정(포도당 1분자에서 피루브산 2분자가 생성)
  ㉡ 미토콘드리아 안에서 산소를 사용하여 ATP를 생성
  ㉢ 산소가 있어야 해당작용에서 분해된 포도당 분자가 Acetyl-CoA(아세틸조효소)로 전환됨
  ㉣ 대사 과정 기질로부터 $H^+$ 제거를 통해 에너지를 생성
  ㉤ 3가지의 시스템 중 에너지 공급이 가장 느리나, 산소가 충분히 공급되고 체내의 당과 지질이 있으면 지속적인 에너지 공급이 가능
  ㉥ 속도조절효소 : 이소시트르산탈수소효소(isocitrate dehydrogenase)

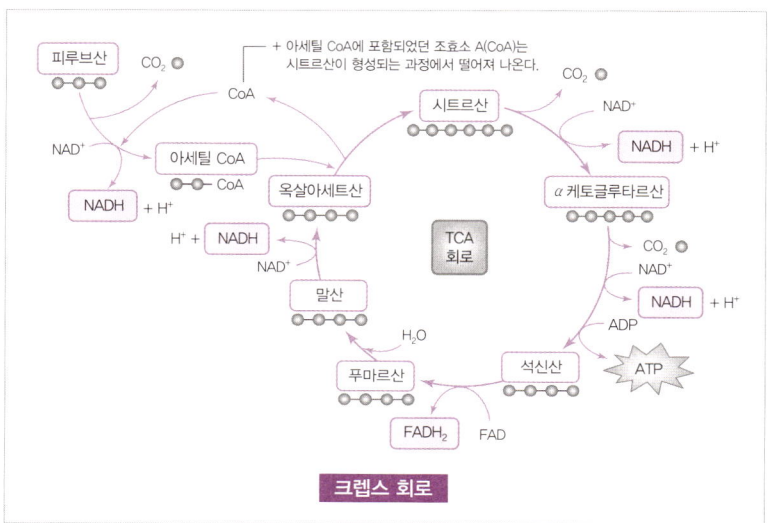

크렙스 회로

### POINT
**ATP 생성**
- NADH 1개당 2.5개 ATP 생성
- $FADH_2$ 1개당 1.5개 ATP 생성

③ 전자전달체계(ETS ; Electron Transport System)
  ㉠ 크렙스 회로에서 생성된 NADH와 $FADH_2$를 통해 많은 양의 전자수용과 미토콘드리아 내막 외 배출로 많은 양의 에너지를 생산
  ㉡ 산소($O_2$)는 수소 이온($H^+$)과 결합하여 물($H_2O$)을 형성
  ㉢ ATP 생성에 따른 에너지 시스템의 비교

| 구분 | ATP-PCr 시스템 | 해당과정 시스템 | 유산소 시스템 |
| --- | --- | --- | --- |
| 음식·화학적 연료 | 크레아틴염 | 글리코겐 | 글리코겐, 지방, 단백질 |
| 산소 사용 여부 | × | × | ○ |
| 반응 속도(합성률) | 가장 빠름 | 빠름 | 느림 |
| 상대적 ATP 생성량 | 매우 적음 | 매우 적음 | 많음 |

  ㉣ 속도조절효소 : 사이토크롬산화효소(cytochrome oxidase)

### POINT
**에너지 시스템의 반응 속도**
ATP-PCr 시스템 > 해당과정 시스템 > 유산소 시스템

### QUIZ
무산소 시스템에 비해 유산소 시스템의 ATP 합성률이 빠르다.
(O/×)
답 ×

> **이해 더하기**
>
> 에너지대사 과정에 따른 속도조절효소 [2024 기출]
>
> | 에너지 대사 과정 | 속도조절효소 |
> |---|---|
> | ATP-PC 시스템 | 크레아틴키나아제(creatine kinase) |
> | 해당작용 | 포스포프룩토키나아제(phosphofructokinase) |
> | 크렙스회로 | 이소시트르산탈수소효소(isocitrate dehydrogenase) |
> | 전자전달체계 | 사이토크롬산화효소(cytochrome oxidase) |

## 4. 운동과 에너지 공급

① **생체에너지** : 유기화합물(탄수화물, 단백질, 지방)의 분해를 통해 근수축을 지속하는 데 요구되는 에너지

② **운동 강도에 따른 에너지 공급 시스템**
  ㉠ 단시간의 고강도 운동 : 저장되어 있는 ATP와 PC를 이용하거나 탄수화물을 이용한 무산소성 대사 과정으로 에너지를 공급
  ㉡ 장시간의 저강도 운동 : 주로 지방을 이용한 유산소 시스템으로 에너지를 공급

| 운동 시간 | 주 에너지 시스템 | 운동 종목 |
|---|---|---|
| 30초 이내 | ATP-PC 시스템 | 투포환, 100m 달리기, 야구의 도루, 역도, 테니스의 스트로크, 골프 스윙 등 |
| 30~90초 | ATP-PC 시스템 및 해당과정 | 200~400m 달리기, 체조의 마루운동·평행봉·링, 스피드 스케이팅, 100m 수영 등 |
| 90~180초 | 해당과정 및 유산소 시스템 | 800m 달리기, 조정, 권투, 레슬링 등 |
| 180초 이상 | 유산소 시스템 | 마라톤, 크로스컨트리, 경보, 장거리 수영, 사이클 등 |

> **이해 더하기**
>
> 운동강도에 따른 대사
>
> | 고강도 운동 (단시간) | • ATP-PCr 시스템 > 해당과정 > 유산소 과정<br>• 에너지원 : 탄수화물 > 지방 |
> |---|---|
> | 저강도 운동 (장시간) | • 유산소 과정 > 해당과정 > ATP-PCr 시스템<br>• 에너지원 : 지방 > 탄수화물 |

**POINT**

**운동강도에 따른 대사**
- 단시간 고강도 운동 : ATP-PCr 시스템 > 해당과정 > 유산소 과정
- 장시간 저강도 운동 : 유산소 과정 > 해당과정 > ATP-PCr 시스템

**POINT**

**젖산역치가 발생하는 원인**
- 근육 내 산소량 감소
- 속근섬유 사용률 증가
- 무산소성 해당과정 의존율 증가

**이해더하기**

**젖산역치(LT)**

젖산은 운동할 때 몸 안에 생성되는 물질이며 이것이 쌓이지 않고 순환하는 것을 젖산대사라고 한다. 하지만 운동이 일정 수준을 넘어가면 젖산이 순환을 멈추고 사용하는 근육세포 주변에 쌓이기 시작한다. 이때 젖산이 쌓이기 시작하는 일정 수준을 젖산역치라고 한다. 즉, 젖산역치는 무산소운동과 유산소운동의 전환점이기도 하다.

### 5. 에너지 기질의 특성

① 탄수화물

ㄱ 특징
- 신체에서 가장 빠르게 에너지 공급에 사용되는 연료
- 탄소(C), 수소(H), 산소(O)로 구성
- g당 약 4kcal의 에너지 방출
- 운동 시 근세포와 간의 당 분해 과정으로 근수축 에너지 생성

ㄴ 형태

| | |
|---|---|
| 단당류 | 탄소 원자의 개수에 따라 분류되며, 이탄당, 삼탄당 등이 있고 오탄당(리보오스, 디옥시리보오스 등)과 육탄당(포도당, 과당, 갈락토오스 등)이 대표적 |
| 이당류 | 2개의 단당류가 결합한 탄수화물로, 설탕(포도당-과당), 젖당(포도당-갈락토오스), 엿당(포도당-포도당) 등이 대표적 |
| 올리고당 | 대략 3~50개의 단당류가 글리코시드 결합을 통해 하나의 분자를 이룬 당류 |
| 다당류 | 수백, 수천 개의 단당류가 글리코시드 결합을 통해 하나의 분자를 이룬 당류 |

ㄷ 기능 : 에너지 공급, 중추신경(뇌, 척수)의 에너지원, 지방 대사를 가동하는 에너지원

② 지방

ㄱ 특징
- 탄수화물보다 산소에 대한 높은 탄소비율의 구조를 가짐
- 탄소(C), 수소(H), 산소(O)로 구성
- g당 약 9kcal의 에너지 방출
- 장시간 운동에 적합한 에너지원

ㄴ 형태

| | |
|---|---|
| 중성지방 (triglyceride) | 지방세포나 골격근 세포의 형태로 저장, 글리세롤 1분자에 지방산 3분자가 결합한 형태 |
| 지방 (fatty acid) | 체내 지방산의 95%는 중성지방의 형태로 저장, 근육의 에너지원으로 사용 |
| 글리세롤(glycerol) | 간에서 당 신생 합성이 됨 |

**POINT**

**중성지방**

중성지방은 유리지방산 3개와 글리세롤 1개로 이루어져 있다. 이중 베타 산화를 통해 에너지원으로 사용되는 것은 유리지방산으로 아세틸 조효소-A로 변환되어 에너지 대사에 사용된다.

**O X QUIZ**

중성지방은 탄수화물이 고갈되더라도 에너지원으로 사용되지 않는다. (O/×)

| 인지질 (phospholipid) | 세포막의 구성 물질, 신경세포 주위 절연체(슈반세포) 형성 |
|---|---|
| 스테로이드(steroid) | 세포막의 구성 물질, 성 호르몬인 에스트로겐, 프로게스테론, 테스토스테론 합성에 이용 |

ⓒ 기능 : 높은 효율의 에너지 공급원 및 에너지 저장고, 장기 보호, 체온 조절

③ 단백질
  ㉠ 특징
   • 탄소(C), 수소(H), 산소(O), 질소(N)로 구성
   • 신체 조직, 효소, 혈중 단백질을 형성
   • g당 4kcal의 에너지 방출
   • 운동 중 에너지 공급원으로서의 역할은 적음
  ㉡ 형태
   • 알라닌(alanine) : 간에서 포도당으로 전환되어 글리코겐 합성을 함
   • 근세포 내에서 대사 매개물질로 전환
  ㉢ 기능 : 세포 및 신체조직 구조 형성과 합성, 혈장 단백질과 호르몬 합성, 에너지 공급, 체내 수분량 조절, 산 염기 평형 조절

## 6. 에너지 소비량의 측정   2024 기출

① 휴식 중 인체 에너지 사용의 측정방법
  ㉠ 산소 소비량 측정법
  ㉡ 이산화탄소 측정법
  ㉢ 질소 농도 이용법

② 운동 중 인체 에너지 사용의 측정방법
  ㉠ 운동 중 순 산소 소비량(L) × 산소 1L당 kcal
  ㉡ 측정된 산소 소비량이 12L이고 1L당 5kcal의 에너지를 소비한다면, 총 에너지 소비량은 60kcal로 계산할 수 있음(12L × 5kcal = 60kcal)

> **이해더하기**
>
> **열량 측정법**
> 인체 대사에 의해 방출된 열의 양을 정량화하는 방법
>
> | 직접 측정법 | 인체에 의한 열 손실을 직접 측정하는 방법 |
> |---|---|
> | 간접 측정법 | 다른 측정기에 의해 산정하는 방법 |
>
> **이중표식수(doubly labeled water) 검사법**
> 동위원소 기법을 사용하여 에너지 소비량을 추정하는 방법

**심근산소 소비량 계산**
심근산소 소비량 = 심박수 × 수축기 혈압

**운동 중에 사용되는 에너지**
운동 중에 사용되는 에너지는 지방과 탄수화물이며, 단백질은 매우 적은 비율로 사용된다.

**열역학 제1·2법칙**
• 제1법칙 : 에너지 보존 법칙으로, 에너지는 이동할 수 있지만 사라지거나 생겨나진 않는다는 법칙
• 제2법칙 : 에너지 변환 방향성에 관한 법칙으로, 에너지 이동은 섞이는 방향으로 흐른다는 법칙

③ 호흡교환율(RER ; Respiratory Exchange Ratio)
  ㉠ 분당 섭취한 산소 대비 배출된 이산화탄소의 비율
  ㉡ 간접적으로 대사작용에 대한 원료 예측 가능(탄수화물＝1, 지방＝0.7)
  ㉢ 운동 강도가 높을수록 호흡교환율도 높아지고, 운동 강도가 낮을수록 호흡교환율도 낮아짐

> **이해더하기**
>
> **METs(Metabolic equivalents, 대사당량)** 2023 기출
> - 운동의 강도(에너지 소비율)을 나타내는 단위
> - 1MET＝3.5ml/kg/min → 안정 시 1분에 체중당 3.5ml의 산소를 사용함
> - 산소 1L당 약 5kcal의 에너지를 소모
> - 대사 방정식 : (METs×3.5×kg)/200＝kcal/min
>
> **호흡교환율**
>
> | 호흡교환율 | 탄수화물로부터 소비되는 칼로리(%) | 지방으로부터 소비되는 칼로리(%) |
> | --- | --- | --- |
> | 0.70 | 0.0 | 100.0 |
> | 0.80 | 33.4 | 66.6 |
> | 0.90 | 67.5 | 32.5 |
> | 1.00 | 100.0 | 0.0 |

## SECTION 03  트레이닝에 대한 대사적 적응

### 1. 유산소 트레이닝에 의한 적응

① 최대산소섭취량($VO_2max$)의 향상
② 심실의 1회박출량 증가
③ 심실의 이완기말 용적 증가
④ 모세혈관 밀도 증가
⑤ 미토콘드리아의 비대(유산소 시스템의 효율 향상)
⑥ 지근섬유(Type Ⅰ 섬유) 비율의 증가
⑦ 근육 내 미오글로빈(myoglobin) 함량 증가
⑧ 근육 내 글리코겐 함량 증가
⑨ 근육 내 젖산과 수소 이온($H^+$) 생성 감소
⑩ 근육 내 크레아틴인산(phosphocreatine) 소모량 감소

### 2. 무산소 트레이닝에 의한 적응 2025 기출

① 속근섬유(Type Ⅱa섬유) 비율의 증가 및 기능 향상 → 근육의 수축 속도 증가
② 근비대에 따른 근육량 및 근력의 증대
③ 골밀도 향상

---

**QUIZ**

RER＝0.8일 경우 에너지 대사의 주 연료로 지방을 사용하고 있음을 의미한다. (○/×)

답 ○

**POINT**

**호흡교환율**

이산화탄소 생성량($CO_2$)과 산소섭취량($VO_2$) 사이의 비율

**POINT**

**유산소 트레이닝에 의한 적응**
- 구조적 변화
  - 모세혈관 밀도 증가
  - 미토콘드리아 산화 능력
  - 미오글로빈 수 증가
- 기능적 변화
  - 포도당 절약, 유리지방산 동원
  - 산소소비량 감소

**POINT**

**무산소 트레이닝에 의한 적응**
- 속근섬유 증가
- 근비대
- 근지구력 향상

④ PCr 또는 PFK 효소의 양 및 활성도 증가 → 무산소성 대사(ATP) 능력 향상
⑤ 결체조직의 변화(뼈, 인대, 건의 양과 힘 및 탄력성 증대)

### 이해더하기

**중~고강도 운동** 2025 기출

중~고강도 운동 시에는 탄수화물(포도당, 글리코겐)과 지방(중성지방)이 주요 에너지원으로 사용되어 ATP가 합성된다. 이때 사용되는 주요 기질로 혈중 포도당, 근육 글리코겐, 근육 중성지방 등이 있다.

### 기출 채우기

고강도 운동 시 ATP 합성에 사용되는 주요 기질은 (　　　)이다.

🅐 근육 글리코겐

# CHAPTER 03 신경조절과 운동

> **SECTION 01** 신경계의 구조와 기능

## 1. 신경계

| 신경계 | 중추신경계 | | 대뇌 |
|---|---|---|---|
| | | | 간뇌 |
| | | | 소뇌 |
| | | | 뇌줄기(중뇌, 뇌교, 연수) |
| | | | 척수 |
| | 말초신경계 | | 감각신경 |
| | | 운동신경 | 체성신경계(골격근, 근육 등) |
| | | | 자율신경계(내장기관, 분비샘 등) |

**POINT — 신경계의 조직**
신경계는 중추신경계, 말초신경계로 구분한다. 중추신경계는 뇌, 척수를 포함하고, 말초신경계는 중추신경 외의 신경을 말한다.

**이해더하기 — 신경계의 기능**
- 신체 내·외부의 환경에서 일어나는 사건들에 반응하고 인식하는 몸의 전달체계
- 신체활동을 통합하고 수의적 움직임 조절
- 사전에 경험한 반응형태를 파악 또는 인지, 경험 저장

## 2. 신경세포(뉴런)의 개념

① 신경세포(뉴런)
  ㉠ 신경계를 구성하는 주된 세포
  ㉡ 다른 세포와는 달리 전기적인 방법으로 신호를 전달
  ㉢ 인접한 신경세포와 시냅스라는 구조를 통해 신호를 주고받음으로써 다양한 정보를 받아들이고 저장하는 기능

**QUIZ**
신경세포는 신경근 접합부(neuromuscular junction)를 통해 근섬유와 상호신호전달을 한다. (○/×)
답 ○

**이해더하기 — 신경근 접합부(neuromuscular junction)**
- 운동뉴런의 말단과 근섬유가 접합되어 있는 기능적 연결부위
- 신경전달물질이 분비되는 공간
- 시냅스 전 축삭말단, 시냅스 간극, 근섬유 원형질막의 운동종판으로 구성

② 신경세포(뉴런)의 구조
　㉠ 신경자극의 신호는 수상돌기 → 세포체 → 축삭돌기 → 축삭종말의 순으로 전달
　㉡ 신경세포(뉴런)의 구조

| | |
|---|---|
| 신경세포체(Neuron cell body) | 핵을 가지고 있으며 신경 자극 전달에 중요한 역할 |
| 수상돌기(dendrite) | 전기적인 자극을 체세포(신경세포체 방향)로 전달 |
| 축삭돌기(axon) | 세포체로부터 자극을 내보내는 전도체 역할 |

③ 신경세포(뉴런)의 기능적 분류

| | |
|---|---|
| 감각뉴런 | 감각기관에서 일어난 자극을 척수와 같은 중추신경계로 전달하는 뉴런 |
| 운동뉴런 | 척수와 같은 중추신경계에서 오는 신호를 근육이나 샘과 같은 반응기(effector)에 전달해서 작동하게 하는 뉴런 |
| 중간뉴런 | 감각뉴런으로부터 온 정보를 분석·통합하여 적절한 반응에 대한 명령을 생성하여 운동뉴런을 통해 반응기로 전달 |

> **POINT**
> **수상돌기와 축삭돌기**
> - 수상돌기 : 세포체로부터 가늘게 뻗어 나온 세포질로 신경세포가 신호를 받아들이는 부분
> - 축삭돌기 : 세포체로부터 아주 길게 뻗어 나가는 부분으로 수상돌기와 세포체를 거쳐 전달된 신호를 다른 신경세포나 세포에 전달하는 부분

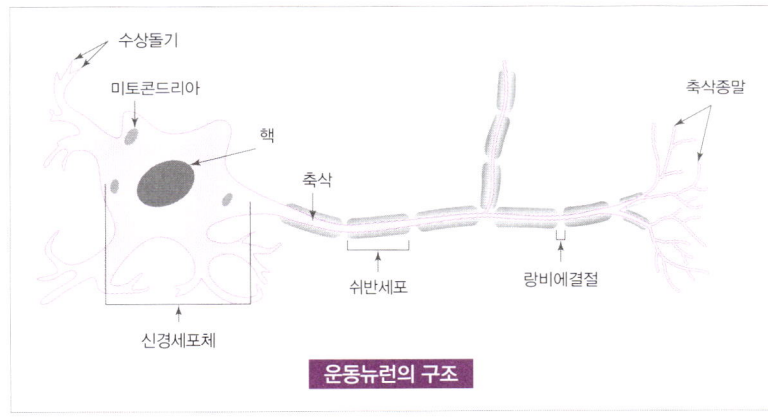

운동뉴런의 구조

## 3. 신경세포(뉴런)의 전기적 활동  2023 기출

① 안정 시 막전위
　㉠ 음전하를 띄는 세포막 내부와 양전하를 띄는 외부의 전위차가 −70m[V]로 일정하게 유지되는 능력
　㉡ 안정 시 막전위의 결정요소
　　• 이온의 종류에 따라 반응을 하는 혈장막의 투과성
　　• 세포내액과 세포외액의 이온 농도 차
　㉢ 세포 내 높은 칼륨($K^+$)과 세포외액의 높은 나트륨($Na^+$) 농도 형성

② 탈분극
　㉠ 세포 외부보다 내부에 존재하는 음전하가 낮아지면 세포막의 전위차 또한 감소하며, 분극상태도 감소

> **POINT**
> **뉴런의 전기적 활동**
> - 뉴런은 감응성과 전도성을 특성으로 하는 흥분성 조직임
> - 신경자극은 축삭에 전달된 전기적 신호이며, 이러한 전기적 신호는 신경의 정상적인 전위에 변화를 일으키는 특정 자극에 의해 발생함

> **QUIZ**
> 활동전위(action potential)는 신경세포 막의 탈분극(depolarization)을 유도한다. ( ○ / × )
> 답 ○

**신경섬유의 자극전도**
- 말이집신경섬유(유수신경) : 말이집(수초)이 전기적 절연체로 작용, 신경전도 속도가 빠름
- 민말이집신경섬유(무수신경) : 세포막 전체 길이에 연속적 탈분극, 신경전도 속도가 느림

    ⓒ 나트륨 채널 열림 → 신경세포 내 나트륨 이온 확산 → 세포 내 양(+)전하 형성

 ③ **재분극**
    ㉠ 세포 탈분극 직후 칼륨이 세포 외부로 빠르게 배출되어 세포 내에서 음(−)전하 형성
    ⓒ 나트륨 채널 서서히 닫히고 칼륨 채널 열림

 ④ **과분극**
    ㉠ 탈분극과의 반대 현상
    ⓒ K⁺ 통로의 열린 상태가 유지되어 추가적으로 $K^+$이 세포 밖으로 나가는 현상

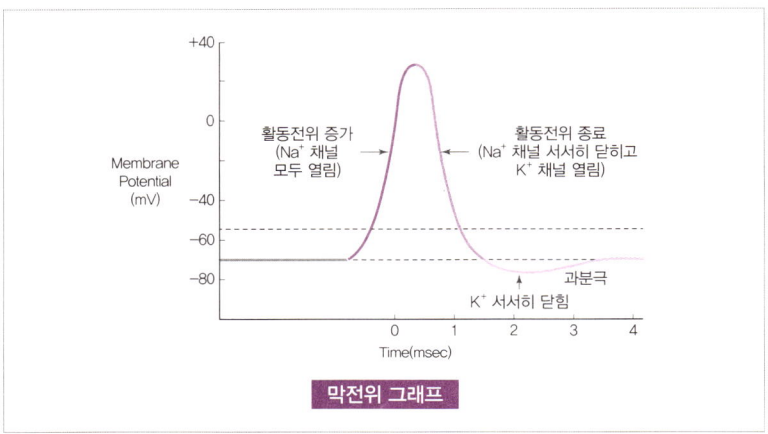

## SECTION 02   신경계의 특성

### 1. 흥분성(excitability)

 ① 수용기로부터 전달되는 신호 결과에 반응
 ② **억제성 시냅스 후 전위** : 세포 내가 음(−)전하를 띠는 흥분이 억제되는 과분극 상태
 ③ **흥분성 시냅스 후 전위** : 탈분극 유도

### 2. 전달성(conduction)

 ① 전기적 자극과 신호가 신경 섬유를 따라 전달됨
 ② **전기적 시냅스** : 시냅스 간극을 통한 이온 전달
 ③ **화학적 시냅스** : 분비된 신경전달물질(예 아세틸콜린)은 수용기와 결합하고 이온통로가 열리면서 활동전위가 발생되어 신경 자극의 전달이 지속됨

**시냅스**
한 뉴런에서 다른 세포로 신호를 전달하는 연결 지점

## 3. 통합성(integration)

① 뇌에서 여러 뉴런으로부터 전달되는 모든 전기적 신호를 통합함
② **가중(summation)** : 공간적 가중, 시간적 가중

> **POINT**
> 신경계의 특성
> - 흥분성 = 감응성
> - 전달성 = 전도성
> - 통합성

### SECTION 03 | 신경계의 운동기능 조절

## 1. 인체 움직임과 신경조절

① 신경계는 인간의 모든 움직임을 계획하고 일으키며 협응·조절의 역할을 함
② 신경계 활성 없이는 근육 스스로 움직일 수 없음
③ 인체의 모든 생리학적 활동은 신경계에 영향을 받음

## 2. 중추신경계의 운동기능 조절 [2023 기출]

① **대뇌**
  ㉠ 오른쪽과 왼쪽 대뇌반구로 분리
  ㉡ 복잡한 운동의 조절

| 감각 | 시각, 청각, 후각 등 |
|---|---|
| 운동 | 수의적 운동 |
| 통합 | 기억, 사고, 판단 |

② **뇌간**
  ㉠ 간뇌

| 시상 | 감각 조절 중추로 운동 조절에 중요한 역할 |
|---|---|
| 시상하부 | 자율신경계(혈압, 심박수, 호흡, 소화, 체온, 수면주기 등) 조절 |
| 뇌하수체 | • 신경호르몬을 분비하는 역할<br>• 다른 기관에서의 호르몬 분비 조절 |

  ㉡ 중간뇌 : 안구 운동, 홍채 조절의 역할
  ㉢ 교뇌 : 소뇌와 대뇌 사이의 정보전달 중계, 연수와 함께 호흡 조절의 역할
  ㉣ 연수 : 심박동, 호흡 및 소화 운동 등 생명 유지에 필요한 기능 조절

③ **소뇌** : 신체 평형 및 자세 조정, 운동 조절
④ **척수** : 뇌와 말초신경 사이의 자극과 명령을 전달, 반사작용의 중추

> **POINT**
> 시상하부
> - 중추신경계에 속해 있으며 뇌의 역할을 조절함
> - 갈증, 체온조절, 혈압, 수분균형 및 내분비계 활동을 조절하면서 항상성 유지

### 이해 더하기

**척수반사의 종류** 2024 기출

| 신장반사<br>(슬개건반사) | 골격근을 타동적으로 당겨서 빨리 늘리면 근방추가 흥분되어 구심성 흥분충동이 척수에 전달되고 곧 운동신경에 전달되어 신근이 수축하는 반사 |
|---|---|
| 굴곡반사<br>(도피반사) | 사지의 피부를 강하게 자극하면 그 자리의 굴곡근이 수축하여 자극에서 도피하는 반사 |
| 교차신전반사 | • 굴곡반사 때 신체균형을 유지하기 위하여 일어나는 반사<br>• 굴곡반사를 일으키는 자극이 충분히 클 경우 굴곡반사가 반대쪽과 다른 척수부위까지 확대되어 다른 쪽에 신전반사가 일어남 |

## 3. 말초신경계의 운동기능 조절 2023 기출

① 감각신경(구심성) 2025 기출 2024 기출

㉠ 감각 수용기

| 기계적 수용기 | 주변 조직의 기계적인 압박 및 신장을 감측 |
|---|---|
| 온도 수용기 | 인체의 온도 변화 감지 |
| 통각 수용기 | 손상된 조직의 통증 감지 |
| 광각 수용기 | 망막에서 빛을 감지 |
| 화학 수용기 | 맛, 냄새 등을 포함한 인체 내의 화학적 변화를 감지 |

㉡ 고유 수용기

| 관절수용기 | • 관절의 각도, 관절의 가속도<br>• 압력에 의해 변형된 정도에 관한 정보를 중추신경계에 전달 |
|---|---|
| 근방추 | • 근육이 늘어나는 정도에 관한 정보를 중추신경계에 전달<br>• 근 수축에 동원되어야 할 운동단위의 숫자에 대한 정보를 제공<br>• 감마시스템에 의한 자세 조절에 중요한 역할 |
| 골지건기관 | • 근육이 과도하게 수축하며 부상의 위험이 생길 경우 주동근의 수축을 억제하고 길항근을 흥분시켜 부상을 예방<br>• 근육-건 복합체의 장력 변화를 감지함<br>• 근방추와 반대되는 역할을 한다고 볼 수 있음 |

### 이해 더하기

**근방추와 골지건기관**

서로 상호억제작용을 통해 우리 몸의 조절을 돕는 역할을 하며 이 수용체들을 잘 이용하여 트레이닝에 적용시킬 수 있다. 또한 운동수행능력의 향상에도 중요한 역할을 한다.

**근육의 화학 수용기**

- 근육을 둘러싼 화학적 환경변화에 반응
- 근육 주변의 수소 이온 농도(pH 변화), 이산화탄소, 칼륨의 변화에 의해 자극
- 생리적 역할 : 근육 활동의 대사율에 관한 정보를 전달

**근방추**

- 골격근에서 발견된다.
- 근육의 길이를 감지한다.
- 근육의 급격한 신전 시 반사적 근육활동을 촉발시킨다.

② 운동신경(원심성)

㉠ 체성신경 : 대뇌의 지배를 받고, 자세와 운동 조절

| 뇌신경(12쌍) | 뇌에서 나온 신경 |
|---|---|
| 척수신경(31쌍) | 척수에서 나온 신경 |

㉡ 자율신경 : 내장의 근, 평활근, 심장근, 내분비선 같은 불수의적인 운동 조절

| 교감신경 | • 위급한 상황이나 몸의 급격한 변화 상황에 대처하기 위한 반응<br>• 활성 시 동공 확대, 침 분비 억제, 심박수 증가, 기관지 확장, 소화 억제, 포도당 생성, 아드레날린 분비, 방광 수축 억제 등 |
|---|---|
| 부교감신경 | • 안정화된 상태로 교감신경의 반대 작용<br>• 일상생활에서 에너지를 보존하기 위한 반응<br>• 활성 시 동공 수축, 침 분비 자극, 심박수 감소, 기관지 축소, 소화 자극, 쓸개즙 분비, 방광 수축 등 |

**이해 더하기**

**연수와 부교감신경** 2025 기출

- 연수는 부교감신경의 중추 중 하나로, 심장 박동 조절 등 자율신경계의 신호를 전달하는 중간 기착지 역할을 한다.
- 미주신경은 연수에서 나와 심장, 위, 폐 등 다양한 내장기관에 분포하며, 이 신경이 자극되면 심박수가 느려지고 소화기관 활동이 증가한다.
- 부교감신경의 신경세포체는 연수, 중간뇌, 척수 등에서 나오지만, 심장 박동 조절 등 주요 기능은 연수에서 시작되는 신경섬유를 통해 이루어진다.

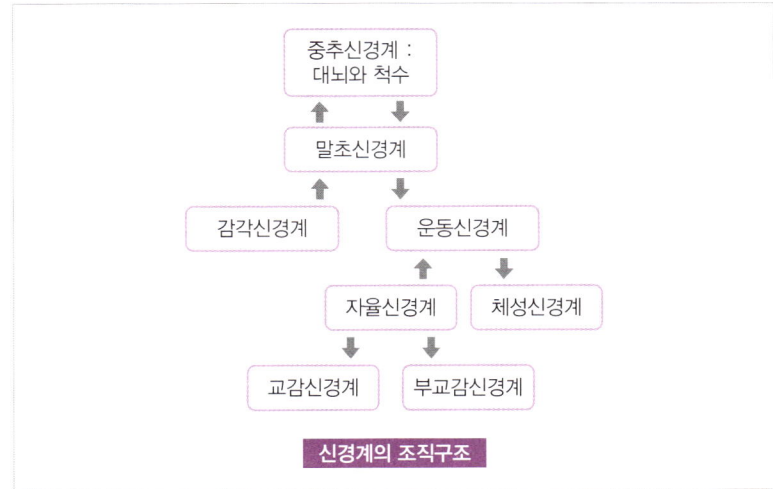

신경계의 조직구조

**기출 채우기**

말초신경계 중 자율신경계는 '흥분성'의 (　　)과 '억제성'의 (　　)으로 구분된다.

답 교감신경, 부교감신경

**POINT**

운동 시 교감신경계의 활성화에 따른 반응

- 심박수의 증가
- 소화기계 활동의 억제
- 골격근의 혈류량 증가
- 호흡수 및 가스교환율의 증가
- 내장기관으로의 혈류량 감소

**기출 채우기**

(　　)은/는 자율신경계 중 하나로 위급한 상황에 대비하여 미리 에너지를 비축하는 신경계이며, 혈압, 심박수, 호흡수를 정상보다 낮은 상태로 조절한다.

답 부교감신경계

# CHAPTER 04 골격근과 운동

> **SECTION 01** 골격근의 구조와 기능

## 1. 근육의 분류

① 기능에 따른 분류

| 수의근 | 골격근 |
|---|---|
| 불수의근 | 심장근, 내장근 |

**POINT**
**골격근, 심장근, 내장근의 위치**
- 골격근 : 뼈 또는 피부에 부착
- 심장근 : 심장벽에 위치
- 내장근 : 내장기관의 벽(기도, 혈관 등)

② 모양에 따른 분류

| | | |
|---|---|---|
| 횡문근 | 골격근 | • 골격의 가동성 부분에 붙어 그 운동을 관장하는 가로무늬근(횡문근)<br>• 하나의 근세포에 다수의 타원형 핵이 세포막 가까이 밀착해 있으며 수의근에 속함<br>• 체성신경계의 지배를 통해 수의적으로 수축 및 이완할 수 있는 근육 |
| 횡문근 | 심장근(심근) | • 심장벽을 이루는 근육으로 가로무늬를 볼 수는 있지만 양끝이 짧고 단핵의 세포로 이루어져 있음<br>• 불수의근으로 의지와 관계없이 수축과 이완을 함 |
| 평활근 | 내장근 | • 긴 방추형의 근세포를 가진 근육으로 자율신경의 지배를 받으며 핵은 세포에 하나씩 존재함<br>• 심장을 제외한 대부분의 내장기관이나 혈관 등에 존재하며 불수의근에 속함 |

**POINT**
**골격근의 구조적 순서**
근다발 → 근섬유 → 근원섬유 → 근세사 → 액틴/마이오신

## 2. 골격근의 기본 구조

① **근막** : 골격근의 겉면을 둘러싸고 있는 섬유성 막으로 피부와 근육 사이에 위치
② **근외막** : 근다발을 둘러싸 골격근을 형성하는 결합조직
③ **근다발막** : 근섬유의 바깥에서 근섬유를 둘러싸 근다발을 형성하는 막
④ **근다발(근속)** : 여러 가닥의 근섬유로 이루어진 근섬유 다발
⑤ **근내막** : 근섬유의 밖에서 근섬유를 둘러싸고 있는 결합조직
⑥ **근섬유** : 근육을 구성하는 기본 단위로 여러 가닥의 근원섬유로 구성
⑦ **근원섬유**
　㉠ 근세포 속에 있는 세로로 뻗은 섬유
　㉡ 근섬유의 가장 작은 단위로 수축과 이완을 책임

**O/X QUIZ**
근섬유는 결합조직인 근내막으로 싸여 있다. (O/×)
답 O

ⓒ 마이오신(굵은 세사)과 액틴(가는 세사)으로 구성
　⑧ **건(힘줄)** : 근육을 뼈에 부착시키는 중개 역할을 담당하는 섬유성 결합조직

> **이해더하기**
>
> 근절(Sarcomere) `2025 기출`
> - 횡문근에서 근원섬유가 반복되는 단위로 가장 작은 기능적 수축 단위
> - 이웃이 되는 Z반(Z disc)의 사이로 'Z반–I대(I band)–A대(A band)–I대–Z반' 형태
>
> | I대(I band) | 액틴 세사가 있는 밝은 부분으로 근수축 시 짧아짐 |
> |---|---|
> | A대(A band) | 마이오신 세사가 있는 어두운 부분으로 근수축 시에도 길이 변화 없음 |
> | H역(H zone) | A대 중심에 있는 약간 밝은 부분으로 액틴 세사가 중첩되어 있지 않고 마이오신 세사만 존재 |

## 3. 골격근의 특성

| 피자극성 | 신경자극을 통해 전달된 전기적 신호를 받고 이에 반응 |
|---|---|
| 수축성 | 자극을 받은 골격근은 수축함 |
| 이완성 | 골격근은 능동 혹은 수동 상태에서 이완될 수 있음 |
| 탄력성 | 수축 혹은 이완 후에 원래의 모양과 길이로 되돌아감 |

> **POINT**
>
> 골격근의 주요 기능
> - 운동과 호흡을 위한 근수축
> - 자세 유지
> - 내장의 보호
> - 체온 유지

## 4. 근섬유의 작용  `2025 기출` `2023 기출`

① **근육의 수축** : 근섬유가 짧아지는 것
② **근활주설** : 근육 수축 시 마이오신과 액틴의 작용으로 근절이 짧아진다는 가설
　㉠ 자극이 가해지면 운동신경이 흥분, 신경 말단에서 아세틸콜린이 분비
　㉡ 분비된 아세틸콜린으로 인해 근소포체에서 탈분극 발생, 세포질세망에서 칼슘이온 방출
　㉢ 칼슘이온이 트로포마이오신 가닥 위의 트로포닌 분자와 결합하면서 트로포마이오신 단백질 가닥이 액틴세사의 활성부위를 마이오신 머리에 노출
　㉣ ATP 분자에 저장되어 있던 에너지의 힘으로 마이오신 머리가 굽혀지면서 액틴 필라멘트를 마이오신 세사로 끌어당기고 이로 인해 근육세포가 수축

> **QUIZ**
>
> 액틴은 근절의 중앙부위로 마이오신을 잡아당긴다. (O/×)
>
> 답 ×

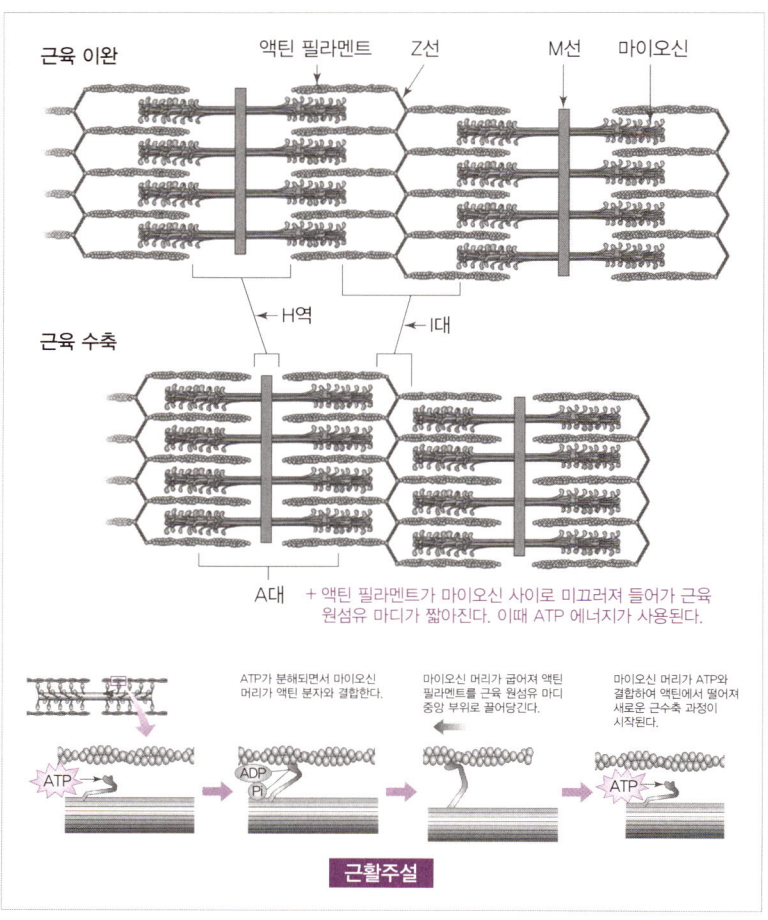

## SECTION 02 | 골격근과 운동

### 1. 근섬유의 유형  2025 기출  2024 기출

① **속근섬유(Type Ⅱx)**
  ㉠ 글리코겐 저장량과 해당작용 효소가 풍부하여 무산소성 운동에 적합
  ㉡ 모세혈관이 적게 분포하여 백근(white muscle)이라 불림
  ㉢ 빠른 수축력을 지녀 수축 속도가 빠른 대신 비교적 쉽게 피로해짐
  ㉣ 적은 수의 미토콘드리아를 가지고 있어 낮은 유산소성 대사능력
  ㉤ 속근섬유는 신경세포의 축삭, 근형질세망이 발달되어 수축속도가 빠름

② **속근섬유(Type Ⅱa)**
  ㉠ 중간 섬유(빠른 유산소 해당 섬유)
  ㉡ 장력 : Type Ⅱx 섬유와 유사함
  ㉢ Type Ⅱx와 지근섬유의 중간 수준의 근피로도를 보임
  ㉣ 지구성 훈련 시 지근섬유와 비슷한 수준의 유산소성 대사능력이 가능

---

**속근섬유**
- 미토콘드리아 농도와 유산소성 대사능력이 낮아 지근섬유보다 피로에 대한 저항이 낮음
- 당원 저장과 해당작용 효소가 풍부하여 무산소성 에너지 생산능력이 높음

**근형질세망**
칼슘($Ca^{2+}$)을 저장하고 근 수축 시 칼슘 방출 및 재흡수를 담당

③ 지근섬유(Type Ⅰ)
  ㉠ 유산소성 대사 능력이 높아 장기간 운동에 사용하며 유산소성 운동에 적합
  ㉡ 모세혈관이 많이 분포하여 적근(red muscle)이라 불림
  ㉢ 다량의 미토콘드리아와 미오글로빈(산소 저장)을 함유
  ㉣ 수축 속도가 느리나 근피로에 대한 내성이 큼

> **이해더하기**
>
> **지근섬유와 속근섬유의 비교** [2023 기출]
>
> | 구분 | 지근섬유<br>1형(Type Ⅰ) | 속근섬유<br>2a형(Type Ⅱ), 2b형(Type Ⅱ) |
> |---|---|---|
> | 수축 속도 | 느리다 | 빠르다 |
> | 파워 | 약하다 | 강하다 |
> | 미토콘드리아 | 많다 | 적다 |
> | 피로도에 대한 저항 | 높다 | 낮다 |
> | 혈관 | 발달 | 덜 발달 |
> | 지구력 | 높다 | 낮다 |
> | 주 에너지대사 | 유산소성 | 무산소성 |
> | 에너지효율 | 높다 | 낮다 |
> | 근섬유 굵기 | 가늘다 | 굵다 |
> | 해당 능력 | 낮다 | 높다 |
> | 운동 시 변화 | 미토콘드리아가 늘지만<br>부피 성장은 느림 | 부피 위주 성장 |
> | 역할 | 장시간 느린 운동(마라톤) | 단기간 빠른 운동(100m 단거리) |

## 2. 근섬유의 동원 [2024 기출]

① 운동 강도가 강해질수록 동원되는 근섬유의 수는 지근섬유, 속근섬유 순으로 증가
② 운동 강도가 낮을 때에는 대부분의 근력이 지근섬유에 의해서 나타남
③ 힘이 강할수록 더 많은 운동단위가 동원되어 더 많은 근섬유가 활동

> **이해더하기**
>
> **근섬유의 산화능력**
> - 미토콘드리아의 수와 근섬유를 둘러싸고 있는 모세혈관의 수 및 근섬유 내 미오글로빈의 양에 의해 결정
> - 미토콘드리아의 수가 많으면 유산소성 ATP를 제공할 수 있는 능력이 높아지며, 이러한 유산소성 능력은 근섬유를 둘러싸고 있는 모세혈관의 수와 근섬유 내의 미오글로빈의 양에 의해 영향을 받음

---

**POINT**

**지근섬유**
- 미토콘드리아 농도가 높고 산화효소능력이 높으며 속근섬유보다 더 많은 모세혈관 분포
- 속근섬유들보다 미오글로빈의 농도가 더 높으므로, 유산소성 대사 능력이 높아 피로에 대한 저항성이 높음

**QUIZ**

속근은 지근에 비해 피로에 대한 저항성이 높다. (○/×)

답 ×

**POINT**

**지근섬유와 속근섬유 비교**

| 구분 | 지근섬유<br>Type Ⅰ | 속근섬유<br>Type Ⅱ<sub>a</sub> | 속근섬유<br>Type Ⅱ<sub>x</sub> |
|---|---|---|---|
| 산화능력 | 높음 | 약간 높음 | 낮음 |
| 해당능력 | 낮음 | 높음 | 매우 높음 |
| 수축 속도 | 느림 | 빠름 | 빠름 |
| 피로저항 | 높음 | 중간 | 낮음 |
| 운동단위당 능력 | 낮음 | 높음 | 높음 |

## POINT

**운동단위(motor unit)** `2024 기출`

골격근을 구성하는 근섬유에는 운동 신경이 분포되어 있는데 한 가닥의 운동 신경 말단은 많은 가지로 나뉘어 있으며, 많은 경우 100가닥 이상의 근섬유에 분포되어 근섬유들을 지배한다. 이와 같이 한 가닥의 운동 신경에 지배되는 신경과 근섬유와의 그룹을 운동 단위라고 한다.

**운동단위의 크기**

운동단위당 포함되는 근육섬유의 수가 많은 근육들은 단일 운동단위 근육섬유의 수가 적은 근육보다 상대적으로 운동단위의 수가 적다.

### QUIZ

Type I 운동단위는 Type II 운동단위보다 일반적으로 먼저 동원된다. (○/×)

답 ○

---

④ 운동단위(motor unit) `2025 기출` `2024 기출`
  ㉠ 하나의 알파운동뉴런이 지배하는 근섬유 간 연결
  ㉡ 동원 : 하나의 알파운동신경세포에 활동전위가 발생하면 구조적으로 손상이 없는 한 운동단위를 이루고 있는 근육섬유들과 함께 수축됨
  ㉢ 해제 : 근육수축이 일어난 후 이완할 때는 동원 순서와는 역순으로 일어남
  ㉣ 크기 : 운동단위를 형성하는 근육섬유의 수에 의해 결정됨
  ㉤ 동원의 크기 원리 : 근육활동을 하려고 할 때 일반적으로 작은 크기의 운동단위가 먼저 동원되고, 큰 크기의 운동단위는 나중에 동원됨
  ㉥ 분류

| 작은 크기의 운동단위<br>(Type I) | • 세밀하고 정밀한 움직임 조절<br>• 지배율이 낮음<br>• 작은 장력 생성<br>• 에너지 소모 적음 |
|---|---|
| 큰 크기의 운동단위<br>(Type II) | • 큰 힘과 움직임 조절<br>• 지배율이 높음<br>• 근육활동을 함 |

⑤ 운동유발성 근육경직(EAMCs ; Exercise-Associated Muscle Cramps)
  ㉠ 유형

| 피로 관련 경직 | • 근육 과부하와 과사용에 의한 피로가 쌓이거나 좋지 않은 컨디션으로 인해 발생<br>• 일반적으로 과도한 사용을 한 근육 부위에서 발생 |
|---|---|
| 열 관련 경직 | • 높은 발한(피부의 땀샘에서 땀이 분비되는 현상)을 나타내는 운동선수들에게 전해질, 특히 나트륨과 염소의 불균형에 의해 발생<br>• 장기간 운동을 수행하는 과정에서 땀을 많이 흘리게 되고 그 결과 나트륨과 염소의 배출량이 섭취량을 초과할 때 발생 |

  ㉡ 처치

| 피로 관련 경직 | 휴식, 수동적인 스트레칭, 근육 수축이 완화될 때까지 근육을 스트레칭 된 자세에서 계속 유지하는 것 |
|---|---|
| 열 관련 경직 | • 고염분 용액 500ml당 3g의 나트륨 전해질이 포함된 음료를 5~10분 간격으로 섭취하는 것<br>• 얼음을 이용한 마사지 |

  ㉢ 예방 수칙
    • 발생하기 쉬운 근육을 규칙적으로 스트레칭
    • 필요시 운동 강도와 양, 시간을 감소시킴
    • 수분과 전해질의 균형, 탄수화물 저장량을 유지

## 3. 근육의 수축 형태  2024 기출  2023 기출

| 정적 수축 | 등척성 수축 | • 근육의 외부 길이의 변화 없이 장력이 발생하는 수축 형태<br>• 특정 장소 혹은 장비를 요구하지 않는 수축<br>• 움직이지 않는 관절의 재활 가능 |
|---|---|---|
| 동적 수축 | 등장성 수축 | • 근육에 주는 부하는 일정하나 근육의 길이가 변하는 수축 형태<br>• 단축성(구심성) 수축<br>  – 근이 짧아지면서 장력 발생<br>  – 속도가 느릴수록 최대 힘 생성<br>  – 신장성 수축에 비해 같은 속도에서 더 작은 힘이 생성됨<br>• 신장성(원심성) 수축<br>  – 근이 길어지면서 장력 발생<br>  – 속도가 빠를수록 최대 힘 생성<br>  – 동적 협응력이 향상되고 근력 증대를 촉진 |
| | 등속성 수축 | • 관절 부위가 일정한 속도로 움직이면서 근육의 길이가 짧아지는 수축 형태<br>• 관절각은 정해진 각속도로 변화<br>• 최대가동범위에서 근력을 증대시킴<br>• 재활치료에 이용 |

**기출 채우기**

단축성 수축은 신장성 수축에 비해 같은 속도에서 더 (　　) 힘이 생성된다.

 작은

**POINT**

**신장성(원심성) 수축**

• 근육의 길이가 길어지면서 힘을 발휘할 수 있는 수축
• 등장성 근수축의 형태이므로 근육의 길이가 늘어나는 동안 장력이 발생

## 4. 근육 수축의 단계  2025 기출

| 안정 단계 | 액틴과 마이오신이 약한 결속 상태이거나 결속되지 않는 안정된 단계 |
|---|---|
| 자극과 결합 단계 | • 운동뉴런을 통해 신경흥분이 신경근 접합부에 도달해 근육 내의 안정 시 전압이 깨지고 근육 활동전압이 생성됨<br>• 이후 신경종말의 소포에 저장되어 있던 아세틸콜린이 분비되면 근형질세망으로부터 칼슘이 나와 액틴과 마이오신의 결합을 만들어 냄 |
| 수축 단계 | 액틴과 결합된 마이오신 머리에서 ADP, Pi로 방출되며 액틴이 마이오신으로 미끄러져 들어가 근육이 짧아지며 근수축이 발생함 |
| 재충전 단계 | 마이오신 머리에 ATP가 재충전되면서 더 큰 수축을 위해 액틴과 마이오신의 결합이 풀리고, 둘의 재결합을 위한 에너지 및 수축 순환 가능 |
| 이완 단계 | 신경자극이 아예 중지되면 마이오신과 액틴과의 반응은 일어나지 않고 근섬유는 이완상태로 다시 돌아감 |

**POINT**

**근육 수축력의 저하**

근육 세포 산성화의 영향으로 칼슘과 트로포닌의 결합을 방해해 근수축 활동을 저하시킨다. 또한 해당효소의 작용을 억제해 ATP 생성 능력을 떨어뜨린다.

**QUIZ**

근수축 과정은 '축삭 종말에서 아세틸콜린 방출 → 근육세포의 활동 전위 발생 → 근형질세망에서 칼슘이온 분비 → ATP 분해에 따른 근세사 활주 시작'이다. (○/×)

 ○

## 5. 골격근의 훈련 효과

① **근단면적의 변화**
  ㉠ 근육 훈련에 의한 근단면적의 증가
  ㉡ 근원세사의 수 증가

> **이해더하기**
>
> **골격근의 운동 효과**
> - 근육의 크기 증가 : 근섬유당 근원섬유의 크기 증대
> - 대사능력 향상 : 산소 및 영양 공급 능력 향상
> - 해당능력 향상 : 근형질의 해당능력 증가
> - 속근섬유의 단면적 증가

② **대사능력의 향상**
  ㉠ 골격근 내 모세혈관의 밀도 증가로 대사능력 향상
  ㉡ 미오글로빈 함량의 증가로 유산소적 대사능력 개선
  ㉢ 뼈에 부착되어 있는 인대와 건의 탄력성 향상
  ㉣ 미토콘드리아의 수는 증가하지만 근육 단면적의 증가는 미토콘드리아 증식과 불균등하게 일어나므로 결과적으로 단위 부피당 미토콘드리아 밀도는 근비대와 함께 감소

> **이해더하기**
>
> **일시적 · 장기적 저항성 트레이닝**
>
> | 일시적 저항성 트레이닝 | • 운동 후 바로 나타나는 근비대 현상은 혈장액으로 형성되는 부종으로 근육이 붙은 것처럼 보이는 것<br>• 몇 시간 후에 사라지며, 구조적인 변화를 포함하지 않음<br>• 흔히 펌핑이 되었다고 하는 것을 말함 |
> |---|---|
> | 장기적 저항성 트레이닝 | • 근육의 실제적인 구조적 변화를 반영함<br>• 근섬유 비대, 근섬유 증식 등 |
>
> **저항성 · 지구성 트레이닝 효과** `2025 기출` `2024 기출`
>
> | 저항성 트레이닝 | 지구성 트레이닝 |
> |---|---|
> | • 골 무기질 함량 증가<br>• 액틴 단백질의 양 증가<br>• 신경근 연접부 크기 증가<br>• 소포 수 증가<br>• 근형질 양 증가<br>• 근원섬유 수 증가<br>• 속근섬유 단면적 증가<br>※ 스프린트 훈련 : 속근섬유 발달, 해당과정을 통한 ATP 생산능력 향상 | • 모세혈관 밀도 증가<br>• 지근섬유 발달<br>• 마이오글로빈 수 증가<br>• 미토콘드리아 수와 크기 증가<br>• 최대동정맥 산소차 증가<br>• 1회 박출량 증가 |

---

**기출 채우기**

근육 내에서 산소를 운반하는 물질은 ( )이다.
답 미오글로빈

**QUIZ**

저강도(1RM의 30~40%)의 고반복(세트당 20~25회) 저항성 트레이닝으로 근지구력이 향상된다.
(○/×)
답 ○

# CHAPTER 05 내분비계와 운동

## SECTION 01  내분비계

### 1. 호르몬의 정의와 특성

① **내분비계**
  ㉠ 호르몬을 분비하는 기관들의 총칭
  ㉡ 내분비계는 호르몬을 통해 각 기관의 조절을 활성화하고 통합하는 항상성 유지의 역할을 담당

② **호르몬** : 내분비계에서 분비되어 표적조직에 작용하는 화학물질의 총칭

③ **호르몬의 특성**
  ㉠ 미량으로도 강력한 반응을 유발
  ㉡ 특정 표적세포에만 결합하여 기능
  ㉢ 생체 내 다양한 대사 과정의 변화를 조절
  ㉣ 체액을 매개로 운반·작용
  ㉤ 과다하거나 부족한 경우 특이 증상 발생
  ㉥ 작용 범위가 넓고 지속시간이 긺

④ **호르몬의 일반적인 기능**
  ㉠ 발육과 성장의 조절
  ㉡ 생식기능 조절
  ㉢ 신진대사의 조절
  ㉣ 인체 내부의 환경 조절·유지
  ㉤ 적혈구의 생산 및 순환기·소화기의 조절

⑤ **호르몬의 구분**

| 생성 장소에 따른 구분 | 뇌하수체호르몬, 갑상샘호르몬, 부신호르몬 |
|---|---|
| 화학적 구조에 따른 구분 | 단백질 펩타이드 호르몬, 스테로이드 호르몬, 아미노산 유도체 호르몬 |

⑥ **호르몬의 종류**(화학적 구조에 의한 구분)

| 아미노산 유도체 호르몬 | 티록신, 에피네프린(아드레날린), 멜라토닌 |
|---|---|
| 단백질 혹은 펩타이드 호르몬 | 갑상샘분비호르몬, 갑상샘자극호르몬, 난포자극호르몬, 부갑상샘호르몬, 부신피질자극호르몬, 생식선자극호르몬, 황체형성호르몬 |

**내분비계**
호르몬을 직접 혈액으로 분비하여 호르몬과 결합하는 수용기를 가진 세포의 활성도를 조절한다.

**호르몬의 기능**
• 내적인 환경 유지
• 스트레스 환경에 대응
• 성장 발달 유도
• 생식기능 조절
• 적혈구 생산 조절
• 순환 및 소화기계 조절

| 스테로이드 호르몬 | 당질코르티코이드, 무기질코르티코이드, 안드로겐, 에스트로겐, 프로게스테론 |
|---|---|

⑦ **호르몬의 분비량 조절**
  ㉠ 시상하부와 뇌하수체의 조절 작용으로 호르몬 분비량 조절
  ㉡ 호르몬 분비량 조절 원리(피드백 작용)

| 음성 피드백 작용 | 중추에 의해서 최종적으로 분비된 호르몬이나 변화가 중추의 기능을 억제하여 호르몬의 분비량을 일정하게 유지 |
|---|---|
| 양성 피드백 작용 | 호르몬 분비의 결과가 원인을 촉진하는 조절 방식 |

> **POINT**
> **음성 피드백, 양성 피드백의 예시**
> - 음성 피드백 작용 : 티록신 등 대부분의 호르몬 분비량 조절
> - 양성 피드백 작용 : 뇌하수체 후엽에서 분비되는 옥시토신은 자궁 수축을 촉진하여, 자궁 수축이 촉진될수록 옥시토신의 분비가 촉진되어 출산이 이루어짐

### 이해더하기
**호르몬과 신경계**

| 구분 | 호르몬 | 신경계 |
|---|---|---|
| 전달 경로 | 혈액 | 뉴런 |
| 반응 속도 | 느리다 | 빠르다 |
| 지속 시간 | 지속적 | 일시적 |
| 작용 범위 | 넓다 | 좁다 |
| 특징 | 특정 세포(기관)에만 작용 | 한 방향으로 자극 전달 |

## 2. 내분비선과 호르몬  `2025 기출` `2024 기출`

① **뇌하수체 전엽**

| 호르몬 | 주요 기능 | 표적조직 |
|---|---|---|
| 성장호르몬(GH) | 성장(근육, 뼈)과 대사 기능 촉진, 단백질 합성 유도 | 모든 세포 |
| 난포자극호르몬(FSH) | 난소의 성숙 촉진 | 난소, 고환 |
| 황체형성호르몬(LH) | 난소 및 정소 자극, 특히 여성의 난소에서 황체 형성 유도 | 난소, 고환 |
| 갑상샘(갑상선) 자극호르몬(TSH) | 갑상샘을 자극하여 트라이아이오드타이로닌($T_3$)과 티록신($T_4$) 분비 조절 | 갑상샘 |
| 부신피질 자극호르몬(ACTH) | 코르티코이드 분비 촉진 | 부신 겉질 |
| 프로락틴 | 유방 발달과 유즙 분비 촉진 | 유방 |

> **기출 채우기**
> (　　　　)은/는 트라이아이오드타이로닌과 티록신 호르몬의 분비를 조절한다.
> 🔲 갑상선 자극호르몬

② **뇌하수체 후엽**

| 호르몬 | 주요 기능 | 표적조직 |
|---|---|---|
| 항이뇨호르몬(ADH) | 신장의 수분 재흡수 촉진을 통해 체내 수분량 조절 | 콩팥세뇨관 |
| 옥시토신 | 분만 시 자궁 수축을 촉진하고 모유 분비를 촉진하며 양성 피드백이 일어남 | 세동맥, 자궁, 젖샘 |

③ 갑상선

| 호르몬 | 주요 기능 | 표적조직 |
|---|---|---|
| 티록신($T_4$), 트라이오오드타이로닌($T_3$) | 단백질 합성을 증가, 미토콘드리아 크기와 수 증가, 세포 내부의 글루코스 이동을 촉진, 해당 과정과 글루코스 신생 합성을 촉진, 지방의 동원을 촉진 | 모든 세포 |
| 칼시토닌 | 혈중 칼슘 농도 저하시킴, 부갑상샘에서 나오는 파라토르몬과 길항작용 | 뼈 |

④ 부갑상선

| 호르몬 | 주요 기능 | 표적조직 |
|---|---|---|
| 파라토르몬 | 뼈를 자극해 칼슘 이온을 방출시켜 혈중 칼슘 농도를 증가시킴 | 뼈, 소장, 콩팥 |

⑤ **부신** : 신장 위쪽에 좌우 한 쌍으로 있는 삼각형 모양의 기관으로 수질과 피질로 나누어짐

㉠ 부신수질호르몬

| 호르몬 | 주요 기능 | 표적조직 |
|---|---|---|
| 에피네프린 (아드레날린) | 글리코겐 분해 촉진, 지방조직 및 근육의 지방 분해 촉진, 심박출량 증가, 부신수질호르몬의 80% 차지 | 대부분의 세포 |
| 노르에피네프린 (노르아드레날린) | 지방조직 및 근육의 지방 분해 촉진, 세동맥과 세정맥 수축(혈압 상승) | |
| 카테콜아민 | 에피네프린과 노르에피네프린, 이들 각각의 전구체인 도파민을 통틀어 지칭하는 것 | |

> **이해더하기**
>
> **에피네프린(아드레날린)**
> - 아드레날린으로도 불리며 호르몬과 세포신호전달물질로 작용
> - 중추로부터의 전기적인 자극에 의해 교감신경의 말단에서 분비되어 근육에 자극 전달
> - 운동 시 부신수질로부터 분비 증가
> - 간과 근육의 글리코겐 분해 촉진
> - 심박수와 심근의 수축력 증가
>
> **카테콜아민의 수용체 결합** `2024 기출`
>
> | $\alpha1$ 수용체 | • 주로 평활근에 위치<br>• 혈관 수축을 유도하여 혈압을 상승시킴 |
> |---|---|
> | $\alpha2$ 수용체 | • 주로 신경 말단에 위치<br>• 노르에피네프린의 방출을 억제<br>• 교감신경계의 과도한 활성화 |
> | $\beta1$ 수용체 | • 주로 심장에 위치<br>• 심박수 및 심근 수축력 증가<br>• 심박출량 증가시켜 혈압 상승 |
> | $\beta2$ 수용체 | • 주로 기관지 평활근과 골격근 혈관에 위치<br>• 기관지 확장 및 혈관이완 유도 |
> | $\beta3$ 수용체 | • 주로 지방조직에 위치<br>• 지방 분해 촉진 |

**에리스로포에틴(에리트로포에틴)**
- 주로 신장에서 만들어지는 호르몬
- 골수에서의 적혈구 생산 촉진
- 근육의 공기 호흡 용적을 증가시키고 혈액에 산소 용적을 증가시켜 지구력을 증가시킴(일부 스포츠 선수에게 혈액금지약물)

**부신수질, 부신피질**
- 부신수질 : 카테콜아민인 에피네프린과 노르에피네프린을 분비하며, 심박수와 심장근육의 수축력을 증가시키고 지방조직의 지방산 동원 등 세포를 활성화시킨다.
- 부신피질 : 코티졸과 알도스테론을 분비하며, 알도스테론은 $Na^+$과 $K^+$의 균형 조절을 한다.

**코티졸**

스트레스에 반응하여 포도당, 유리지방산 등의 연료를 동원하고 손상된 조직을 보상하기 위해 아미노산을 만들며 항염증 작용을 한다.

**인슐린과 글루카곤**

- 인슐린 : 혈중 글루코스 농도는 음식에 의해 상승하므로 당대사와 혈중 글루코스 농도의 항상성 유지에는 인슐린의 역할이 큼
- 글루카곤 : 혈당치가 너무 낮아지는 것을 방지하기 위해서 간에서 글리코겐 분해를 촉진하거나 글리코겐 합성효소를 억제함

**기출 채우기**

( )은/는 혈당 저하 시 글리코겐과 중성지방의 분해를 증가시켜, 혈당을 높여주는 역할을 하며, ( )은/는 혈당 증가 시 세포 안으로 포도당 흡수를 촉진하여, 혈당을 낮추는 역할을 한다.

🔑 글루카곤, 인슐린

ⓒ 부신피질호르몬

| 호르몬 | 주요 기능 | 표적조직 |
|---|---|---|
| 코티졸<br>(당질 코르티코이드) | 탄수화물·지방·단백질 대사 조절, 혈중 글루코스 농도 상승, 혈당 조절 | 대부분의 세포 |
| 알도스테론<br>(무기질 코르티코이드) | $Na^+$의 재흡수와 $K^+$의 배출 증가를 통해 체내 염분 및 수분 평형, 혈압 조절 | 콩팥 |

⑥ **췌장** `2025 기출`

| 호르몬 | 주요 기능 | 표적조직 |
|---|---|---|
| 인슐린 | • 혈당량이 높아지면 포도당을 글리코겐으로 저장시켜 혈당량을 낮춤<br>• 글루카곤과 길항작용을 함<br>• 랑게르한스섬의 베타세포에서 분비 | 대부분의 세포 |
| 글루카곤 | • 혈당량이 낮아지면 글리코겐을 포도당으로 분해하여 혈당량을 높임<br>• 랑게르한스섬의 알파세포에서 분비 | |

⑦ 생식기관(성선자극호르몬)

| | 호르몬 | 주요 기능 | 표적조직 |
|---|---|---|---|
| 정소 | 테스토스테론 | 남성 성장 발달 촉진, 2차 성징 발현 | 성기관, 근육 |
| 난소 | 에스트로겐 | 여성 성장 발달 촉진, 2차 성징 발현 | 다수의 조직, 자궁근육, 뇌하수체 전엽 |
| | 프로게스테론 | 자궁 내분비계 활성, 임신 유지, 배란 억제 | |

## SECTION 02  운동과 호르몬 조절

### 1. 호르몬 변화에 영향을 미치는 요인

① 호르몬의 소실과 재생 속도인 대사적 교체율 또는 제거율
② 분비율의 증가
③ 발한에 의한 혈장량의 감소
④ 트레이닝의 정도
⑤ 운동부하강도 불안정

### 2. 체온조절 호르몬

| 고온 시 반응 | • 갑상선 자극 호르몬의 분비 억제로 티록신 분비 감소<br>• 열 발생 억제, 열 발산 촉진(땀 분비 촉진) |
|---|---|
| 저온 시 반응 | • 아드레날린, 혈당량 증가<br>• 티록신에 의한 물질 대사 촉진<br>• 열 발생 촉진, 열 발산 억제(땀 분비) |

## 3. 대사와 에너지에 미치는 호르몬의 영향  2024 기출

### ① 운동 중 글루코스 대사
- ㉠ 글루카곤 : 글리코겐 분해, 글루코스의 합성 촉진
- ㉡ 카테콜아민 : 글리코겐 분해 촉진
- ㉢ 코티졸 : 단백질 분해 촉진
- ㉣ 기타 : 유리지방산 동원 증가(성장호르몬), 글루코스 분해와 지질 대사 증가(갑상샘호르몬)

### ② 운동 중 지방 대사
- ㉠ 탄수화물 이용률 증가와 탄수화물의 고갈로 지방 산화가 가속화
- ㉡ 카테콜아민, 코티졸, 성장호르몬 등이 지방 산화 조절

## 4. 운동 중 수분과 전해질 균형에 대한 호르몬의 영향  2024 기출

### ① 항이뇨호르몬
- ㉠ 운동 시 근육활동으로 인해 땀 분비(체액량 감소)
- ㉡ 체액량 감소에 따른 혈액의 삼투압 증가
- ㉢ 시상하부의 삼투수용체 자극
- ㉣ 뇌하수체 후엽에서 항이뇨호르몬 분비
- ㉤ 신장에서 수분 재흡수

### ② 레닌-앤지오텐신-알도스테론계
- ㉠ 수분 섭취가 없는 운동 시 탈수 유발 가능
- ㉡ 체액량과 혈중 $Na^+$ 감소에 따른 혈압 감소 : 신장에서 감지
- ㉢ 신장에서 레닌 분비
- ㉣ 간에서 생성된 앤지오텐시노겐과 레닌으로 인해 앤지오텐신 I 이 만들어짐
- ㉤ 앤지오텐신 I 과 폐의 앤지오텐신 전환 효소에 의해 앤지오텐신 II 가 만들어짐
- ㉥ 부신피질이 자극되어 알도스테론이 분비
- ㉦ 혈관 수축, 혈압 증가, 수분 재흡수

### ③ 심방이뇨호르몬
- ㉠ 심방이 늘어나면 혈압이 높다고 인식되어 심방이뇨호르몬이 분비
- ㉡ 혈압과 혈액량 감소, 항이뇨호르몬·레닌·알도스테론 억제, 소변생성률 증가, 수분배설 증가

---

**POINT**

**근육·혈장 글루코스 조절**
- 근육 글루코스 대사 조절
  - 인슐린에 의해 글루코스를 세포에 운반하고 흡수 촉진
  - 운동을 통해 인슐린의 양이 감소됨
- 혈장 글루코스 조절
  - 간 글리코겐으로부터 글루코스가 동원됨
  - 혈중 글루코스를 절약하기 위해 지방 조직으로부터 유리지방산이 동원됨
  - 아미노산, 젖산, 글리세롤로부터 간에서 글루코스가 합성됨

**POINT**

**운동 중 지방분해 촉진요인**
- 글루카곤 증가
- 에피네프린 증가
- 순환성(cyclic) AMP 증가

> **이해더하기**
>
> **운동 시 혈당의 항상성**
>
> | 천천히 작용하는 호르몬 | 티록신, 코티졸, 성장 호르몬은 다른 호르몬 활동을 돕기 위해 서서히 활동 |
> |---|---|
> | 빠르게 작용하는 호르몬 | • 혈장 포도당을 빠르게 정상으로 되돌아오게 하는 아주 빠른 반응의 호르몬<br>• 에피네프린과 노르에피네프린, 인슐린과 글루카곤은 빠르게 작용 |

### 5. 운동에 대한 호르몬의 반응 **2023 기출**

① **운동 전**
  ㉠ 운동 전 생리적인 준비 정도에는 개인차 존재
  ㉡ 스트레스 반응에 의한 부신피질 자극호르몬과 코티졸 분비
  ㉢ 교감신경계의 자극에 의한 노르에피네프린 분비
  ㉣ 간에서의 당 신생합성
  ㉤ 땀샘활동 증가, 혈압, 심박수 상승

② **운동 초기**
  ㉠ 에피네프린·노르에피네프린 분비량 증가
  ㉡ 포도당 생성과 글리코겐 분해에 의한 혈당량 상승

③ **적응기**
  ㉠ 에피네프린·노르에피네프린 지속적으로 분비
  ㉡ 글루카곤, 티록신 분비 자극으로 인한 혈당량 감소
  ㉢ 성장호르몬 증가
  ㉣ 코티졸 분비 소실
  ㉤ 항이뇨호르몬의 분비

④ **피로탈진기**
  ㉠ 부신수질호르몬, 코티졸의 분비 저하로 인한 피로 생성
  ㉡ 에너지원 공급량 감소

⑤ **회복기**
  ㉠ 항상성 회복을 위한 생체반응
  ㉡ 교감신경 자극 저하
  ㉢ 심박수 및 혈압 감소, 피부 혈관 이완

---

**POINT 운동 시 호르몬 속도**
• 천천히 작용하는 호르몬 : 티록신, 코티졸, 성장 호르몬
• 빠르게 작용하는 호르몬 : 에피네프린, 노르에피네프린, 인슐린, 글루카곤

**POINT 일회성 운동 시 호르몬 반응**
• 카테콜아민의 혈중 농도 : 운동강도에 비례하여 증가
• 글루카곤의 혈중 농도 : 운동지속시간에 비례하여 증가
• 코티졸의 혈중 농도 : 운동지속시간에 비례하여 증가

**기출 채우기**
1시간 이내의 중강도 운동 시 시간 경과에 따라 혈중 농도가 점차 감소하는 호르몬은 (     )이다.
답 인슐린

# CHAPTER 06 호흡·순환계와 운동

### SECTION 01 호흡계의 구조와 기능

## 1. 호흡계의 구조

① **기도부**
  ㉠ 코, 입, 인두, 후두, 기관, 세기관지, 호흡세기관지로 구성
  ㉡ 공기의 통로 역할 및 공기의 온도·습도 조절 역할
  ㉢ 실제 가스 교환에는 관여하지 않는 부분

② **호흡역**: 가스 교환이 이루어지는 부분으로 폐포관 및 폐포낭으로 구성

③ **폐**: 직접적인 가스 교환을 담당

④ **흉곽**: 호흡운동을 통한 폐의 환기를 담당

⑤ **호흡기의 구분**: 전도영역과 호흡영역

| 전도영역 | • 폐포가 없어 가스교환이 일어나지 않는 공기의 통로 영역<br>• 상기도로부터 종말모세기관지까지의 공기 통로<br>• 기관지동맥으로부터 혈액을 공급 받음 |
|---|---|
| 호흡영역 | • 폐포가 있어 가스교환이 이루어지는 영역<br>• 각 폐에 3억 개 이상의 폐포가 있으며 모세혈관망으로 둘러싸여 폐포와 모세혈관 사이에서 산소와 이산화탄소의 교환이 이루어짐<br>• 폐포의 전체 표면적은 신체 표면적의 약 40배 |

**호흡계의 역할**

공기와 신체 사이에서 가스교환이 원활하게 이루어지도록 하여 운동 중에 발생하는 산·염기(pH)의 균형을 조절하는 것

**이해더하기**

**호흡계의 기능**
• 산소교환을 위한 이동 경로이자 넓은 면적 제공
• 공기 접촉 부분의 탈수, 온도 변화 및 환경적 요인으로부터의 보호
• 병균의 침투로부터의 보호기능과 음성 발생

## 2. 호흡의 구조

① **호흡**: 산소를 흡입하고 이산화탄소를 배출하는 전 과정

② **환기**: 호흡기의 작용으로 산소 농도가 높은 대기의 공기를 흡입하고 상대적으로 이산화탄소의 농도가 높은 폐 내의 공기를 호출하여 가스 교환을 하는 것

**호흡과 환기**

• 호흡: 비강에서 폐포의 모세혈관까지 가스를 전달·교환하는 과정이며 주로 흉곽과 가로막의 운동에 의해 발생
• 환기: 혈류를 통해 인체 조직 곳곳에서 이루어지는 가스 교환 과정으로 연수에 있는 호흡중추에 의해 자동적으로 조절

③ **외호흡과 내호흡**

| 외호흡<br>(폐호흡) | • 외부와 폐포 사이의 산소와 이산화탄소의 가스 교환 과정<br>• 폐환기, 폐포 공기와 혈액 사이에서의 가스 교환, 혈액에 의한 산소와 이산화탄소 운반 |
|---|---|
| 내호흡<br>(세포호흡) | • 세포 내에서 산소를 소비하고 대사 결과 생성된 이산화탄소를 혈액으로 내보내는 작용<br>• 혈액과 조직세포 사이에서 일어나는 가스 교환, 조직세포의 산소 이용 및 이산화탄소의 생산 과정 |

**호흡을 통한 기체교환**
- 외호흡 : 호흡기관에서 이루어지는 기체 교환
- 내호흡 : 모세혈관을 통해 조직세포를 지날 때 조직세포와 모세혈관 사이의 기체 교환

## SECTION 02  운동에 대한 호흡계의 반응과 적응

### 1. 운동에 따른 호흡계의 반응  `2023 기출`

① **호흡운동** : 호식운동 + 흡식운동

| 호식운동<br>(호기) | • 흉곽의 용적을 좁혀 폐의 폐포 가스를 외부로 방출<br>• 수축했던 호흡근이 이완될 때 흉곽 및 폐의 탄력성에 의해 원상복귀되는 수동적 운동<br>• 가로막과 갈비뼈의 운동으로 흉강의 크기가 줄어들어 흉강 내부의 압력이 상승, 폐포 가스가 외부로 방출<br>• 운동 중인 경우 속갈비 사이근과 복근의 능동적인 수축으로 호기 발생 |
|---|---|
| 흡식운동<br>(흡기) | • 흉곽의 용적을 넓혀 공기를 폐 내로 흡입<br>• 호흡근의 수축에 의해 발생하는 능동적 운동<br>• 갈비뼈와 가로막의 운동으로 흉강이 커지면서 흉강 내부의 압력이 하락, 외부 공기가 폐로 유입 |

**호흡의 원리**
- 안정 시 흡기는 호흡근의 능동적인 수축으로 일어남
- 안정 시 호기는 흡기 시 수축했던 호흡근이 이완되면서 수동적으로 일어남
- 운동 시 호기는 가로막과 외늑간근의 능동적인 수축으로 일어남

② **폐의 용량과 기능**

㉠ 분당환기량(VE) : 1분 동안 폐로 들어가고 나오는 공기의 양

> 분당환기량 = 1회 호흡량 × 호흡 빈도 수

- 안정 시 환기량 약 6L/min, 정상호흡수 12~20회/min
- 환기량은 성인 남자 약 80~100L/min, 성인 여자 약 45~80L/min
- 최대 환기량은 성인 남자 180L/min, 성인 여자 130L/min

㉡ 사강환기량 : 가스교환에 관여하지 않는 환기량

㉢ 폐포환기량

> 폐포환기량 = 분당환기량 − 사강환기량<br>
> 폐포환기량 = (1회 호흡량 − 사강환기량) × 호흡수

**무산소성 역치**
- 환기량이 급격하게 증가하는 시점
- 무산소성 대사에 의한 에너지 공급이 가속화

ⓔ 폐용적의 구성

| 구분 | 정의 | 평균치<br>(성인 남자 기준) |
|---|---|---|
| 1회 호흡량(TV) | 안정 시 1회 흡입 또는 호출되는 공기량 | 약 400~500mL |
| 예비흡기량(IRV) | 안정 흡식에서 최대로 흡입할 수 있는 공기량 | 약 2,000~2,500mL |
| 예비호기량(ERV) | 안정 호식에서 최대로 호식할 수 있는 공기량 | 약 1,000~1,500mL |
| 잔기량(RV) | 호흡을 통해 폐 속의 공기를 내보낸 후에도 폐 속에 남아 있는 공기량 | 약 1,200mL |

### 이해 더하기

**폐기량 분획**

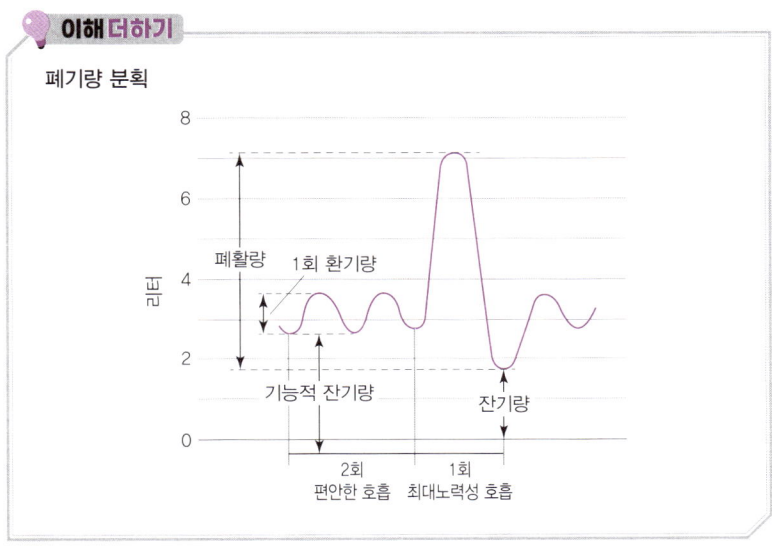

ⓜ 폐용량의 구성

| 구분 | 정의 | 산출방법 |
|---|---|---|
| 흡기량 | 정상 호흡 시 최대 흡입량 | TV+IRV |
| 기능적 잔기량 | 평상호흡에서 1회 호흡량(VT)을 내보낸 후 폐 속에 남아 있는 공기량 | ERV+RV |
| 폐활량 | 공기를 최대한 들이마신 후 최대한 내보낼 수 있는 공기량 | IRV+TV+ERV |
| 총폐활량 | 공기를 최대한 흡입하였을 때 폐 속에 있는 공기량 | VC+RV |

### 이해 더하기

**폐-혈액 간 산소확산**

직립 상태에서 폐 상부의 혈류는 중력으로 인해 하부보다 적다. 그러나 운동을 통해 증가한 혈액량과 심박수, 1회박출량 등의 요인으로 인해 혈압이 증가하게 되면 폐 상층부로의 혈류량이 증가하여 폐-혈액 간 산소 확산 능력이 증가한다.

### POINT
**폐용적과 폐용량**
- 폐활량 : 최대 흡기 후에 폐 속의 모든 공기 중 최대 호기로 내보낼 수 있는 폐용적
- 잔기량 : 최대 호기 후에도 폐 속에 남아 있는 가스 용적
- 총폐활량 : 최대 흡기 후 폐 속에 존재하는 가스의 양, 폐활량의 잔기량

> **QUIZ**
> 운동 시 폐포와 폐모세혈관 사이에서의 산소교환율을 증가시키는 직접적인 원인은 폐동맥의 낮은 산소량이다. (○/×)
>
> 답 ○

③ **고정부하 운동에 대한 환기량의 변화**
  ㉠ 운동 시작 직전 운동을 한다는 예측에 의한 대뇌피질의 자극으로 환기량 증가
  ㉡ 운동 시작 직후 근육운동에 의한 관절에서의 신경 자극으로 환기량 증가
  ㉢ 최대하 운동 시 환기량이 서서히 증가하여 항정상태 유지
  ㉣ 최대운동 시 운동을 종료할 때까지 지속적으로 서서히 증가
  ㉤ 운동 종료 직후 근육과 관절 자극의 감소에 의해 환기량이 급격히 감소

④ **점증부하 운동에 대한 환기량의 변화**
  ㉠ 근육에서 소비되는 산소량 혹은 체내 생산 이산화탄소 양에 비례하여 분당 환기량 증가
  ㉡ 최대운동에 가까워지면 산소섭취량과 무관하게 급격히 증가(무산소성 역치)
  ㉢ 무산소성 역치 이후에도 이산화탄소 생성량은 분당 환기량과 비례

⑤ **지구성 훈련에 대한 폐기능의 변화**
  ㉠ 기능적 잔기량 소량 감소
  ㉡ 안정 시 및 운동 중 호흡수는 감소, 최대운동 시 훈련 후 호흡수 증가로 환기량 증가
  ㉢ 최대운동 시 1회 호흡량 및 호흡수의 증가에 따라 최대환기량도 증가
  ㉣ 동정맥산소차 증가로 근육세포의 산소 이용 능력 향상

> **POINT**
> - 운동 시작 직전 운동을 한다는 예측에 의한 대뇌피질의 자극으로 환기량이 증가한다.
> - 운동 시작 직후 근육운동에 의한 관절에서의 신경 자극으로 환기량이 증가한다.
> - 운동 강도가 증가하여 최대에 가까워지면 1회 호흡량보다 호흡수의 증가가 두드러진다.
> - 운동 후 회복기 환기량은 체내 수소이온과 이산화탄소 농도에 따라 감소된다.

> **POINT**
> **동정맥산소차의 증가 요인**
> - 미토콘드리아 크기 증가
> - 미토콘드리아 수 증가
> - 총 혈액량 증가
> - 모세혈관 밀도 증가, 마이오글로빈 함량의 증가

### 이해더하기

**동정맥산소차**
- 동맥과 정맥의 혈액 내 산소 농도의 차
- 근육세포의 산소 소비량에 비례
- 고강도 운동, 골격근의 모세혈관 분포 등은 동정맥산소차의 증가 요인

**운동 중 호흡계의 반응 정리**

| 구분 | 안정 상태 | 최대하 운동 상태 | 최대 운동 상태 |
| --- | --- | --- | --- |
| 호흡 수 | 감소 | 감소 | 증가 |
| 분당 환기량 | 일정 | 일정 | 증가 |
| 1회 호흡량 | 일정 | 일정 | 증가 |
| 폐용량 | 일정 | 일정 | 일정 |
| 동정맥산소차 | 증가 | 증가 | 증가 |

**최대산소섭취량** `2023 기출`
최대산소섭취량 = 최대1회박출량 × 최대동정맥 산소차

> **QUIZ**
> 운동 후 초과산소섭취량이 발생하는 원인은 운동 중 증가한 산소의 제거 때문이다. (○/×)
>
> 답 ×

## 2. 운동에 따른 호흡계의 적응

① 가스교환
  ㉠ 기체의 분압차에 의한 확산 작용을 통해 발생
  ㉡ 가스의 분압은 가스 농도에 비례

② 산소의 운반
  ㉠ 혈액에 들어간 산소의 대부분은 헤모글로빈과의 화학적 결합 형태(산화헤모글로빈, $HbO_2$)로 운반
  ㉡ 헤모글로빈이 없으면 체조직이 필요로 하는 산소량을 공급하기 위해 막대한 양의 혈액을 순환시켜야 함
  ㉢ 헤모글로빈 산소 포화에 영향을 미치는 요인 : 혈중 산소 분압, 혈중 이산화탄소 분압, 혈액온도, 혈액의 pH
  ㉣ 산소의 일부는 혈장에 용해된 형태로 운반
  ㉤ 근육 내에서는 미오글로빈과 결합하여 미토콘드리아로 운반

③ 산소-헤모글로빈 해리 곡선  **2025 기출**
  ㉠ 산소분압과 헤모글로빈의 산소포화도와의 상관관계를 곡선으로 표시
  ㉡ 해리곡선에 영향을 주는 요인 : 온도, pH, 이산화탄소분압()
  ㉢ 해리곡선의 이동

  | 우측 | pH 감소, $PCO_2$ 증가, 온도 상승, 산소 친화력 낮음 |
  | --- | --- |
  | 좌측 | pH 증가, $PCO_2$ 감소, 온도 하강, 산소 친화력 높음 |

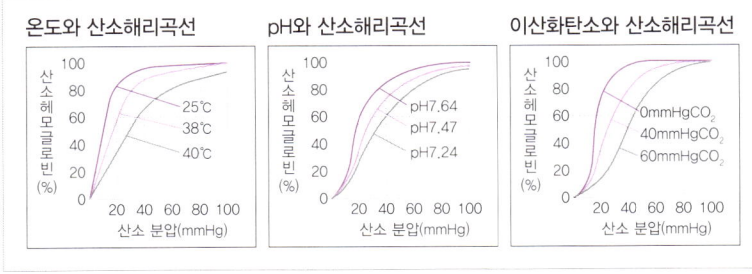

④ 이산화탄소의 운반
  ㉠ 이산화탄소는 세포의 대사 결과로 발생하며 혈액에 의해 폐포까지 운반
  ㉡ 혈액에 물리적으로 용해되어 운반되는 양은 산소와 마찬가지로 극소량(약 10%)
  ㉢ 운반 형태 : 중탄산염($HCO_3^-$), 카바민 화합물, 용해된 상태

**POINT**
**산소 친화력**
만약 산소분압이 높아지면 이미 산소가 헤모글로빈에 결합을 하고 있기 때문에 더 많은 산소가 헤모글로빈에 결합할 수 없어 산소 친화력이 낮아진다.

**기출 채우기**
심부체온이 증가하고, 신체의 pH가 감소하면 해리 곡선은 ( )으로 이동하며, 헤모글로빈의 산소 친화력을 ( )시킨다.

답 오른쪽, 감소

**POINT**
**혈액 내 이산화탄소 운반 방법**
• 혈장 내 용해되어 운반
• 헤모글로빈과 결합하여 운반
• 중탄산염() 형태로 운반

**심혈관계 주 기능**

산소 운반, 체액균형 조절, 대사노폐물 제거

**심장의 구조와 기능**

- 판막은 혈액의 역류를 방지한다.
- 심장은 두 개의 방과 두 개의 실로 구성되어 있다.
- 심실중격은 좌·우심실 간 혈액의 혼합을 방지한다.

**기출 채우기**

( )은/는 심장수축을 위한 전기적 자극이 시작되는 곳으로 페이스메이커라고 한다.

➡ 동방결절

**퍼킨제섬유**

받은 전기 자극을 심실 곳곳으로 전달하는 역할

## SECTION 03 순환계의 구조와 기능

### 1. 순환계의 기능

① 인체는 혈액순환을 통해 체내의 항상성을 유지
② 순환계는 영양소와 산소를 공급하고, 이산화탄소와 노폐물을 체외로 배출하는 기관
③ 심혈관계와 림프계로 구분

### 2. 심장의 구조와 기능

① **심방과 심실**
  ㉠ 근육층인 심중격에 의해 우심장과 좌심장으로 구분
  ㉡ 각 심장은 2개의 방과 2개의 실로 나뉘어 있음(위쪽 : 심방, 아래쪽 : 심실)

② **심장 판막** : 4개의 판막이 심방에서 심실로 들어온 혈액이 심방 쪽으로 역류하는 것을 방지

| 반월판 (심실과 동맥 사이) | 대동맥판 | 좌심실과 대동맥 사이 |
|---|---|---|
| | 허파동맥판 | 우심실과 폐동맥 사이 |
| 이첨판 | | 좌심방과 좌심실 사이 |
| 삼첨판 | | 우심방과 우심실 사이 |

③ **동방결절, 방실결절, 방실다발, 심실중격** `2025 기출`

| 동방결절 | • 상대정맥 입구 쪽 가까운 우심방 벽에 특수화된 근육세포들로 구성<br>• 심장 수축을 일으키는 전기자극을 타 부위 세포보다 조금 빨리 생성함으로써 심장 전체의 전기적 신호를 주도하는 부분<br>• 분당 약 60~100회의 자발적 박동률을 가지며, 이는 다른 전도계(AV node, Purkinje 섬유 등)와 비교하였을 때 가장 빠른 속도임 |
|---|---|
| 방실결절 | • 우심방벽의 관상동맥동 개구 근처에 위치하여 방실 속으로 연결<br>• 동방결절에서 심방으로 정해진 흥분을 방실 속에서 좌우 다발갈래와 퍼킨제 섬유 등의 방실계를 거쳐 양측의 심실 전체로 전달<br>• 방실결절지연은 자극 전달을 일시적으로 지연시켜, 심방이 먼저 수축하고 심실이 수축하기 전에 혈액이 충분히 채워지도록 함 |
| 방실다발 | • 방실결절에서 꼭지근 사이에 있는 부분<br>• 방실결절의 신호를 아래의 다발분지를 거쳐 퍼킨제섬유로 전달하는 중간 전기 신호 전도 체제 |
| 심실중격 | • 좌심실과 우심실 사이에 존재하는 벽<br>• 좌·우심실 간 혈액의 혼합을 방지 |

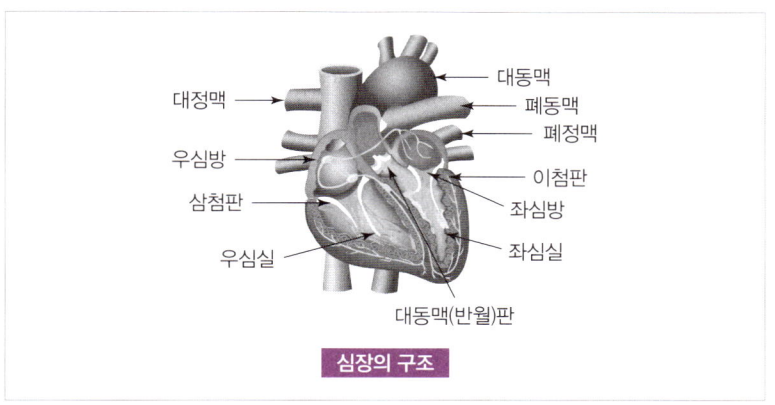

**심장의 구조**

④ 폐순환과 체순환

| 폐순환 | • 우심실 → 폐동맥 → 폐(폐포) → 폐정맥 → 좌심방<br>• 우심실에서 폐동맥으로 내보내는 혈액은 온몸을 돌고 돌아온 혈액으로 이산화탄소 함유량이 많음<br>• 폐에서는 분압 차이에 의해 산소는 혈액 속으로 들어가고 이산화탄소는 폐로 나옴 |
|---|---|
| 체순환 | • 좌심실 → 대동맥 → 온몸(모세혈관) → 대정맥 → 우심방<br>• 좌심실에서 대동맥으로 내보내는 혈액은 폐에서 받은 산소 함유량이 많음 |

**POINT 심혈관계 순환**
- 폐순환 : 우심실에서 이산화탄소 함유량이 많은 혈액을 폐로 보냄
- 체순환 : 좌심실에서 산소로 포화된 혈액을 온몸으로 내보냄

## 3. 심장의 주기

① 연속적인 두 번의 심장 박동 사이에 일어나는 모든 과정
② **심방과 심실의 이완-수축**

| 심장 이완 시 | 심방과 심실이 혈액으로 채워짐 |
|---|---|
| 심장 수축 시 | 심방 및 심실 내부의 혈액을 밖으로 분출함 |

## 4. 심근

① 심근세포는 활동전위를 자발적으로 생성
② 심근세포는 가로무늬근(횡문근)
③ 사이원판(개재판)이 잘 발달되어 심근세포가 거의 동시에 수축
④ 심근이 수축할 때를 수축기, 이완할 때를 이완기라고 함

**이해 더하기**

**심장의 자극 전도 시스템**
- 심근이 가지고 있는 독특한 능력으로 스스로 전기적 신호를 발생시키는 능력
- 동방결절(SA node) → 방실결절(AV node) → 방실다발(AV bundle) → 퍼킨제 섬유(Purkinje fibers) 순으로 자극이 전달됨

**POINT 심장의 전기적 활동**
- 심근세포는 동방결절에 의해 자발적 전기활동을 함
- 동방결절의 탈분극 파장에 의해 심방 수축
- 심장의 탈분극파는 방실결절(전도조직)을 경유하여 전달
- 방실결절은 전도경로에 의해 심실과 심방을 연결

### 기출 채우기

( )은/는 심근에 적절한 혈액을 공급하는 기관이다.

답 관상동맥

### POINT

**동맥 혈액의 이동**

심장 → 세동맥 → 모세혈관 → 세정맥 → 정맥 → 심장

## 5. 혈관의 구조와 기능  2025 기출

| 동맥 | • 혈액을 심장에서 내보내는 혈관으로 외막, 중막, 내막으로 구성<br>• 큰 압력을 견디기 위해 중막층이 발달<br>• 정맥보다 두껍고 탄력이 있으며 대부분 근육으로 이루어짐 |
|---|---|
| 정맥 | • 혈액이 심장으로 들어오는 혈관<br>• 혈압이 거의 없어 역류 방지를 위해 판막이 존재<br>• 혈관벽이 얇고 탄력이 없음<br>• 골격근의 움직임에 의해 혈액이 흐름 |
| 모세혈관 | • 느린 혈류 속도<br>• 내막으로만 구성<br>• 조직세포로 산소와 영양분을 공급하고 이산화탄소와 노폐물을 받음 |

## 6. 혈액의 구성과 기능

① **혈액의 구성 물질**

　㉠ 혈장 : 단백질, 효소, 유기물, 호르몬, 이온 등을 함유
　㉡ 혈구 : 적혈구, 백혈구, 혈소판으로 구성

| 적혈구 | 헤모글로빈을 통한 체내 산소 운반 |
|---|---|
| 혈소판 | 지혈과 혈액 응고 |
| 백혈구 | 생체 방어기능(면역기능)을 맡고 있음 |

#### 이해더하기

**헤모글로빈과 마이오글로빈**  2025 기출

| 헤모글로빈 | • 철을 함유하는 빨간 색소인 헴과 단백질인 글로빈의 화합물<br>• 적혈구 속에 있으며, 산소와 쉽게 결합하여, 주로 척추동물의 호흡에서 산소 운반에 중요한 역할을 함 |
|---|---|
| 마이오글로빈 | • 근육 세포 안에 있는 붉은 색소 단백질<br>• 철을 함유하고 있으며, 산소를 저장하고 운반하는 역할을 함 |

**적혈구용적률**  2025 기출

• 전체 혈액 중에서 적혈구가 차지하는 비율로서 혈액 농축의 지표
• 적혈구용적률이 증가하면 혈액의 점성도 증가함
• 만약 적혈구용적률이 40이라면 혈액 용량의 40%가 세포이고 나머지가 혈장임을 나타냄

### QUIZ

전체 혈액량 대비 혈장(plasma)량의 비율이 높을수록 적혈구용적률은 낮다. (○/×)

답 ○

② **혈류 저항** : 혈류 방향과 반대 방향으로 작용하는 힘

　㉠ 혈관의 직경이 약간만 변해도 저항에 큰 변동을 일으킴
　㉡ 혈액의 점성이 증가할수록 혈류 속도가 느려짐

③ 혈액의 기능

| 운반기능 | 산소, 영양소 등을 필요한 곳에 운반 |
|---|---|
| 조절기능 | 호흡, 체액, 체온, pH 등 조절 |
| 출혈 방지기능 | 혈소판의 혈액 응고 인자와 결합(지혈) |
| 면역기능 | 감염방어 |

## SECTION 04 운동에 대한 순환계의 반응과 적응

### 1. 1회박출량, 심박수, 심박출량의 비율 [2024 기출] [2023 기출]

① 1회박출량(SV)
㉠ 심실이 한 번 수축할 때 박출되는 혈액량
㉡ 1회박출량=확장기말 용적(end-diastolicvolume)-수축기말 용적(end-systolic volume)
㉢ 심실 수축력 증가, 평균 동맥혈압(MAP)이 감소하면 1회박출량은 증가
㉣ 심장으로 돌아오는 정맥혈 회귀(venous return)가 감소하면 1회박출량은 감소
㉤ 1회박출량 결정 요인
- 심장으로 돌아오는 정맥혈의 용량(이완기말 혈액량) : 정맥혈 회귀량의 영향을 받음
- 심실수축력 : 에피네프린, 노르에피네프린의 영향을 받음
- 심실의 팽창성과 확장 능력
- 평균대동맥압 : 심실압력이 평균대동맥보다 높을 것(평균대동맥압이 낮아야 함)

> **이해 더하기**
>
> 정맥혈 회귀량 요인
>
> | 정맥 수축 | 교감신경에 의한 정맥 수축은 정맥에 저장된 혈액의 용적·용량을 감소시켜 정맥혈 회귀량을 증가시킴 |
> |---|---|
> | 근육 펌프 | 근육의 펌핑 작용은 리드미컬한 수축 작용을 통해 기계적으로 혈관을 압박, 혈액을 심장으로 펌핑하며, 정맥혈 회귀를 증가시킴 |
> | 호흡 펌프 | 호기 시 흉곽 내의 압력이 감소하고 복강 내의 압력이 증가, 이로 인해 정맥혈이 복강 부위에서 흉곽으로 흐르게 되며 정맥혈 회귀가 촉진됨 |

**기출 채우기**

(  )은/는 심실이 수축할 때 배출되는 혈액의 양으로 확장기말 혈액량에서 수축기말 혈액량을 뺀 것을 말한다.

답 1회박출량

**POINT**

1회박출량 증가요인
- 심장으로 돌아오는 정맥혈의 용량(심실 이완기말 혈액량)이 증가하였을 때
- 심실 수축력이 증가하였을 때
- 평균 동맥혈압(MAP)이 감소하였을 때

> **POINT**
> **1회박출량, 심박수, 심박출량**
> - 1회박출량 : 심실이 한 번 수축할 때 박출되는 혈액량
> - 심박수 : 심장의 박동수(맥박수)
> - 심박출량 : 1분 동안 좌심실이 박출해낸 혈액의 총량

② **심박수**
 ㉠ 가장 간단하며 가장 많은 정보를 제공
 ㉡ 운동을 할 때 체내의 증가된 요구를 충족시키기 위해 심장이 수행해야 하는 일의 양
 ㉢ 지구력 트레이닝을 많이 한 육상 선수는 안정 시 심박수가 20~40박/분으로 낮음
 ㉣ 운동 중 심박수 : 운동을 시작하면 심박수는 운동 강도에 비례하여 탈진에 도달할 때까지 증가
 ㉤ 팔·다리운동 심박수 비교 : 팔에는 더 많은 교감신경이 발달되어 있고, 다리근육은 세혈관이 많음. 이로 인해 산소섭취량이 동일한 운동 시 팔운동이 저항을 많이 받아 심박수가 더 높음

③ **심박출량(CO)**
 ㉠ 1분 동안 좌심실이 박출해낸 혈액의 총량
 ㉡ 심박출량=1회박출량×심박수
 ㉢ 안정 시 심박출량 4~6L, 운동 시 심박출량은 4배까지 증가

④ **심전도(ECG)**
 ㉠ 심장의 수축에 따른 활동 전류 및 활동 전위차를 파상 곡선으로 기록한 도면
 ㉡ 심전도계를 사용하여 몇 개의 심전 곡선으로 나타냄

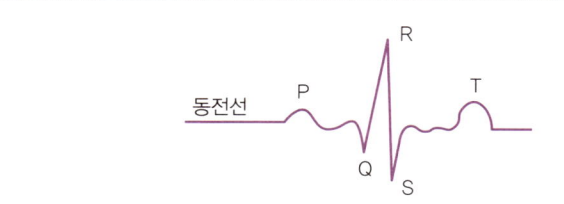

- P : 심방의 흥분
- QRS : 심실의 탈분극(수축)
- T : 심실의 재분극

> **POINT**
> **혈류, 혈압, 혈액**
> - 혈류 : 혈압 경사에 의해 생기는 혈압의 흐름
> - 혈압 : 순환계를 통해 혈관의 저항에 대항하여 혈액을 움직이는 힘
> - 혈액 : 혈관 속을 흐르고 있는 액상의 조직

### 2. 혈류, 혈압, 혈액의 반응

① **혈류** : 혈압 경사에 의해 생기는 혈압의 흐름
 ㉠ 혈류량 : 1분 동안 흐른 혈액의 양
 ㉡ 심장의 수축력, 심실의 충실도, 심박수, 혈관계의 저항, 혈액의 점성, 혈액량 등 여러 요인의 영향을 받음
 ㉢ 성별, 자세, 외부온도, 활동량의 영향도 받음

> **이해더하기**
> 
> **혈류 재분배(blood re-distribution)** 2025 기출
> - 산소 공급 최적화를 위한 생리적 조절임
> - 운동 시 혈류는 산소 요구가 높은 조직(골격근)으로 집중됨
> - 비활동 조직(내장, 신장 등)으로의 혈류는 감소
> - 세동맥 확장으로 운동하는 근육의 혈관 저항 ↓, 혈류 ↑
> - 기관별 혈류 비율은 운동 강도에 따라 달라짐(운동 중=비율 변화 있음)

② 혈압
  ㉠ 순환계를 통해 혈관의 저항에 대항하여 혈액을 움직이는 힘
  ㉡ 압력은 높은 쪽에서 낮은 쪽으로 흐름
  ㉢ 수축기 혈압, 이완기 혈압

| | |
|---|---|
| 수축기 혈압 | • 지구성 전신 운동 시, 운동 강도와 비례하여 증가<br>• 최대하 정상상태 운동 시, 혈압이 정상상태에 도달<br>• 운동 강도 증가 시, 수축기 혈압 증가<br>• 정상상태 운동 지속 시, 수축기 혈압 증가 |
| 이완기 혈압 | • 운동 강도와 관계없이 지구력 운동 중에는 변화가 거의 없음<br>• 심장이 쉬고 있을 때의 동맥 내 압력을 반영<br>• 최대하 정상상태 운동 시, 혈압이 정상상태에 도달<br>• 정상상태 운동 지속 시, 이완기 혈압은 일정하게 유지됨 |

③ 혈액
  ㉠ 기능 : 산소·영양분 운반, 산염기 평형, 체온 유지
  ㉡ 안정 시 혈액 분포 : 뇌 7%, 폐혈관 9%, 심장 7%, 동맥 13%, 정맥 64%
  ㉢ 혈액량과 구성요소
    • 남자 5~6L, 여자 4~5L
    • 혈장과 고체성분(적혈구, 백혈구, 혈소판)으로 구성

## 3. 운동에 따른 순환계의 적응  2024 기출  2023 기출

① 안정 시 변화
  ㉠ 심장의 변화

| | |
|---|---|
| 심실강의 크기 증가 | 지구성 운동에 유리 |
| 심근층이 두꺼워짐 | 비지구성 운동에 유리 |

  ㉡ 심박수 감소 : 훈련을 통한 안정 시 운동성 서맥
  ㉢ 1회박출량 증가 : 일반인보다 운동선수의 안정 시 1회박출량은 큼
  ㉣ 훈련에 의해 총 혈액량과 최대산소섭취량 증가

**산·염기 균형**

| | |
|---|---|
| 체액<br>(중탄산염<br>완충체계) | • 수소이온($H^+$)과 중탄산염($HCO_3^-$)이 결합, 탄산($H_2CO_3$)을 형성한 후 이것이 다시 이산화탄소($CO_2$)와 물($H_2O$)로 분해되고 과다한 이산화탄소를 호흡항진시켜 제거하는 체계<br>• 가장 중요한 완충체계 |
| 호흡 | • 폐에 의해 세포외액의 이산화탄소 농도를 조절<br>• 폐에 의해 배기되는 이산화탄소 양은 대사에 의해 형성되는 양과 동일<br>• 수소이온의 농도 증가는 폐포 환기를 자극 → 호흡에 의한 이산화탄소 배출 증가 |
| 신장 | • 산성 또는 염기성 뇨의 배설로 산-염기 균형을 조절<br>• 수소이온의 분비, 여과된 중탄산염 이온 재흡수, 새로운 중탄산염 이온 생성 등의 근본 기전을 통해 세포외액의 수소이온 농도를 조절 |

**비훈련자의 운동 시 심혈관계 변화**
- 최대강도까지 운동강도에 비례하여 심박수 증가
- 최대강도까지 운동강도에 비례하여 심박출량 증가
- 최대강도까지 운동강도에 비례하여 동정맥산소차 증가

비훈련자의 경우 운동 시 최대강도까지 운동강도에 비례하여 1회박출량이 증가한다. (○/×)

답 ×

② **최대하 운동(submaximal exercise) 시 변화**
  ㉠ 1회박출량 증가
  ㉡ 심박수 감소 : 1회박출량 증가로 인한 심박수 감소
  ㉢ 산소 소비량 감소

③ **최대 운동 중의 변화**
  ㉠ 최대 심박출량과 1회박출량 증가
  ㉡ 최대심박수 감소
  ㉢ 최대 유산소 능력 향상
  ㉣ 근혈류량 증가

④ **장시간 운동 시 변화**
  ㉠ 심박수 증가
  ㉡ 1회박출량 감소
  ㉢ 심박출량 유지
  ㉣ 동맥혈압 감소
  ㉤ 혈장량, 혈액량 감소
  ㉥ 심실의 확장기말 용량이 줄어듦
  ㉦ 우심방으로 돌아오는 정맥환류 감소

**이해 더하기**

운동 중 순환계의 반응

| 구분 | 안정 상태 | 최대하 운동 상태 | 최대 운동 상태 | 장기간 운동 상태 |
| --- | --- | --- | --- | --- |
| 1회박출량 | 증가 | 증가 | 증가 | 감소 |
| 심박출량 | 증가 | 변화없음 | 증가 | 유지 |
| 심박수 | 감소 | 감소 | 변화없거나 감소 | 증가 |

# CHAPTER 07 환경과 운동

## SECTION 01 체온조절과 운동

### 1. 체온조절 기전

① 체온의 조절
   ㉠ 인간은 체온을 일정하게 유지하기 위해 열 생산량과 열 손실량이 항상 같아지도록 균형을 유지
   ㉡ 인체의 열 생성은 수의적인 운동, 기초대사율의 증가, 교감신경의 자극 등으로 가능

② 체온조절기구
   ㉠ 온도 수용기 : 온도 수용기가 감지한 피부의 온도나 심부체온의 변화에 대한 정보는 구심성 뉴런을 통해 체온조절중추로 전달

| 중추온도수용기 | 시상하부 전면에 자리한 특수 뉴런 |
|---|---|
| 심부온도수용기 | 척수, 복부내장, 대정맥 주위에서 심부체온의 변화를 감지 |
| 말초온도수용기 | 피부층에서 피부의 온도 변화를 감지 |

   ㉡ 체온조절중추
   - 간뇌의 시상하부에 위치
   - 난방기구의 자동온도조절기와 같은 역할을 함
   - 체내 온도 기준이 설정되어 있음
   - 체온 상승 시 땀샘을 자극하여 발한량을 증가시킴

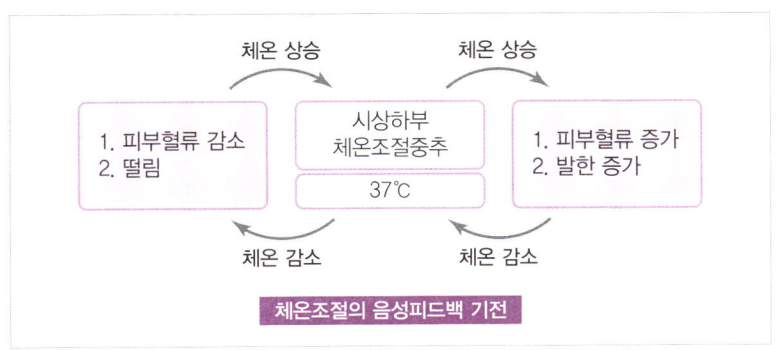

체온조절의 음성피드백 기전

> **POINT**
> **체온조절의 기전**
> - 수용기 : 체온의 변화 감지, 중추수용기(시상하부)와 말초수용기(피부)로 구분
> - 시상하부 : 인체의 온도 조절 장치 (일정한 온도 유지)
> - 효과기 : 땀샘, 동맥의 민무늬근, 골격근 및 내분비샘의 작용

> **POINT**
> **심부온도의 증가**
> 시상하부 전엽에서의 자극 → 열 손실을 증가시키기 위해 땀 발생 → 피부의 혈액량을 증가

③ **열 손실 기전** : 피부 혈관의 확장과 땀을 통해 체열 발산

| 전도 | 신체 표면과 직접적으로 접촉이 된 물체 사이에서의 열의 전달 |
|---|---|
| 대류 | 공기나 액체 분자의 운동에 의한 열의 전달 |
| 복사 | 적외선의 형태로 물리적인 접촉 없이 고온에서 저온으로의 열의 전달 |
| 증발 | 피부와 공기의 수중기압 차이에 의한 열의 이동 |

## 2. 고온·저온 환경과 운동  2024 기출

① **고온 환경과 운동**

| 고온에서의<br>운동 수행 | • 운동 중 심부온도의 항정상태(steady state) 도달 불가능<br>• 체온이 높아지는 증상에 의해 수행력 제한<br>• 운동 중 증발에 의한 근혈류량 감소<br>• 근 글리코겐 사용과 젖산 생성에 의한 피로 유발 및 근육 젖산 농도 증가 |
|---|---|
| 열 순응 반응 | • 혈장량 증가<br>• 피부 혈류량 증가<br>• 열 충격 단백질 생성 증가<br>• 발한율 증가<br>• 땀으로 의한 전해질 손실 감소로 균형 유지<br>• 운동 중 발한 시점의 초기화 |

② **저온 환경과 운동**

| 저온에서의<br>운동 수행 | • 신경이 전달되는 비율 감소<br>• 피부 혈관의 수축에 의한 피부 혈류량 감소<br>• 피부의 열 손실 차단 |
|---|---|
| 저온 순응 반응 | • 오한이 시작되는 평균 피부 온도 감소<br>• 대사와 관련된 호르몬 분비량의 증가로 대사적 열 생성 증가<br>• 열을 생성하는 능력이 증가됨<br>• 말초혈관의 확장으로 손발 체온 유지 |

> **POINT**
> **온도에 따른 생리적 반응**
> • 고온 환경에서의 운동 : 시상하부 전엽에서의 열 손실 증가를 위한 땀 발생과 외부의 혈액량을 증가
> • 저온 환경에서의 운동 : 시상하부 후엽에서 열 생성 증가를 위한 골격근의 떨림 증가와 피부혈관 수축

## SECTION 02 | 인체 운동에 대한 환경 영향

## 1. 고지 환경의 특성과 영향  2025 기출

① **고지 환경의 특성**
   ㉠ 산소분압 감소 : 공기 중 및 폐포 표면에서의 산소분압 감소로 산소 운반 능력 저하
   ㉡ 고도가 150m 상승할 때마다 온도가 1℃씩 감소
   ㉢ 고지대 풍속 냉각으로 인한 질병과 저체온의 위험
   ㉣ 절대 습도가 낮아 호흡을 통한 증발열 증가
   ㉤ 공기 밀도와 저항 감소로 사이클 등 공기역학적 경기는 기록이 향상되기도 함

② 고지 환경에서의 인체 반응

| 생리적 반응 | • 산소분압 감소로 동맥혈의 산화헤모글로빈 포화도 감소<br>• 산소 공급 능력 제한에 따른 심박수 증가<br>• 환기량의 증가에 따른 호흡기 수분 손실 발생<br>• 무산소적 에너지 동원 증가, 젖산 생성 증가<br>• 수면장애<br>• 인지능력 감소<br>• 급성 고산병, 고산뇌부종 및 고산폐부종 |
|---|---|
| 운동반응 | • 폐환기량 증가<br>• 동맥혈 산화헤모글로빈 포화도는 크게 감소하거나 변화를 보이지 않음<br>• 최대산소섭취량의 감소(고도에 비례)로 유산소 운동능력 감소 |

**이해더하기**

고지에서 최대하 운동 또는 최대 운동 시 변화

| 구분 | 안정 시 | 최대하 운동 | 최대 운동 |
|---|---|---|---|
| 심박수 | 증가 | 증가 | 유지/감소 |
| 1회박출량 | 감소 | 감소 | 감소 |
| 심박출량 | 감소 | 감소 | 감소 |

③ 고지적응
  ㉠ 조혈촉진인자의 방출 → 적혈구와 헤모글로빈의 농도 증가 → 산소 운반능력 향상
  ㉡ 근육 내의 모세혈관 증식 → 근육 내 마이오글로빈 양 증가 → 미토콘드리아의 산화효소활동 증가(미토콘드리아의 양 증가)

**QUIZ**

고지대에서 장기간 노출 시 생리적 적응 현상으로 근육의 모세혈관 밀도가 감소한다. (○/×)

답

## 2. 수중 환경의 특성과 영향

① 수중 환경의 특성
  ㉠ 보일-샤를의 법칙에 따르면 기체 용적은 압력에 반비례하고 절대온도에 비례
  ㉡ 인체에 산소와 질소 축적, 급상승 시 문제가 발생

② 수중 운동 시의 인체 반응 **2023 기출**
  ㉠ 호흡·순환계에 대한 부담 감소
  ㉡ 정맥의 혈액 보유량 감소
  ㉢ 심장으로 환류 혈액량 증가
  ㉣ 심박출량과 최대 심박수 감소

③ 수중 운동 시의 위험 요소

| 산소 중독 | 산소가 독성 수준까지 체내에 축적된 경우 |
|---|---|
| 잠수병 | 물속에서 너무 빨리 올라왔을 때 발생 |

**POINT**

수중에서 운동 시 유리한 조건
• 물의 온도가 높을수록
• 체지방량이 많을수록
• 운동강도가 높을수록
• 높은 운동강도를 유지할 수 있는 능력을 가질수록

| 공기 색전 | 물속에서 올라오면서 숨을 내쉬지 않을 경우 폐의 팽창으로 폐포가 파열되거나 공기가 혈액에 섞여 들어감 |

④ **수중적응**
  ㉠ 폐용량에서 최대 흡기압과 폐활량 높음
  ㉡ 고탄산혈증과 저산소증에 적응

## 3. 대기 오염의 영향

| 오존($O_3$) | • 기도를 흥분시키고 과도할 경우 폐수종을 일으킴<br>• 최대산소섭취량의 저하 |
|---|---|
| 이황산가스($SO_2$) | 천식 환자의 폐 기능에 영향을 끼침 예 기도 저항 |
| 일산화탄소(CO) | • 체내 산소 수송 능력을 감소시킴<br>• 허파의 확산능력과 최대 유산소 능력을 감소시켜 운동지속 시간과 최대산소섭취량 감소 |

**오염공기 환경에서의 운동과 반응**
- 오존 : 강력한 기도 자극제로 상기도의 반사적 기도 수축 유발
- 아황산가스 : 기도에 상당한 불편감을 주며, 기관지를 수축시킴
- 일산화탄소 : 허파의 확산능력과 최대 유산소 능력을 감소시켜 운동 지속 시간과 최대산소섭취량 감소

## 4. 온열 질환

① **온열 질환** : 뜨거운 환경에 장시간 노출될 때, 몸에서 열을 내보내지 못하게 되면서 발생하는 급성 질환

② **온열 질환의 종류**

| | |
|---|---|
| 열사병 | • 고온 다습한 곳에서 열 자극을 견디지 못해 체온을 조절하는 신경계가 기능을 상실하여 발생하는 질환<br>• 치사율이 높아 온열 질환 중 가장 위험한 질환<br>• 의식장애, 혼수상태, 40℃ 이상의 고열, 두통, 오한, 저혈압, 메스꺼움 등 발생 |
| 일사병<br>(열탈진) | • 더운 공기와 강한 햇볕에 의해 땀을 많이 흘려 수분과 염분이 적절히 공급되지 못할 경우 발생하는 질환<br>• 심부체온 40℃ 미만<br>• 땀을 많이 흘림, 체온은 크게 상승하지 않음, 창백함, 근육경련, 극심한 피로, 어지러움 등 발생 |
| 열경련 | • 높은 온도와 습도 속에서 일할 때, 땀을 많이 흘림에 따라 혈액 안의 수분과 염분이 과도하게 손실되어 근육 경련이 발생하는 질환<br>• 근육경련(어깨, 팔, 다리, 복부, 손가락) |
| 열실신 | • 체온이 상승할 때 열을 외부로 발산하기 위해 체표면 혈액량이 늘어남에 따라 심부 혈액량 감소로 뇌로 가는 혈액량이 부족해지며 일시적으로 의식을 잃는 실신 증상<br>• 어지러움, 일시적으로 의식을 잃음 |
| 열부종 | • 체온이 높아졌을 때 열을 외부로 발산하기 위해 체표면의 혈액량은 늘어나고 심부의 혈액량은 감소하여 오래 앉아있거나 서 있게 되면 혈액 내 수분이 혈관 밖으로 이동하며 몸이 붓는 증상<br>• 중추신경 기능장애(의식장애, 혼수상태), 손·발·발목·다리의 부종 발생 |
| 열발진 | • 땀이 원활히 표피로 배출되지 못하고 축적되어 작은 발진과 물집이 발생하는 질환<br>• 중추신경 기능장애(의식장애, 혼수상태), 목·팔·가슴상부·사타구니 등에 여러 개의 뽀루지 또는 물집 발생 |

**열순응**
외부의 온도가 상승할 때 인체가 체온을 일정한 온도로 유지하고 열 스트레스로 인한 항상성 장애를 최소화시키는 것

**저나트륨혈증**
혈액의 나트륨 농도가 135mmol 미만으로 수분 섭취가 과다하거나 나트륨 소실이 많은 경우에 발생

# 출제예상문제

**01** 〈보기〉에서 설명하는 운동의 원리로 옳은 것은?

> **보기**
> 운동은 그 종류에 따라서 생체의 반응패턴이 다르게 나타난다. 동일한 운동 자극이라도 그 반응 방식은 개인차가 있으며, 운동의 효과는 발현 방식 또는 시기, 운동의 종류에 따라 다르다.

① 특이성의 원리
② 가역성의 원리
③ 개별성의 원리
④ 과부하의 원리

해설 | 〈보기〉는 특이성의 원리에 대한 설명이다.
② 가역성의 원리 : 운동을 꾸준히 하지 않으면 체력이 다시 떨어지게 된다는 원리
③ 개별성의 원리 : 체력의 수준에 따라 개개인에게 각각 다른 트레이닝 양을 처방해야 한다는 원리
④ 과부하의 원리 : 신체의 적응 능력 이상의 부하를 주어야 적응 수준이 높아진다는 원리

**02** 운동생리학 관련 연구에 대한 설명 중 옳지 <u>않은</u> 것은?

① 운동 시 인체의 체온 및 호르몬 분비의 변화에 대해 연구한다.
② 3개월간의 규칙적인 운동으로 인해 나타나는 신체의 변화를 조사한다.
③ 운동으로 인한 손상을 치료하는 수술 방법을 연구한다.
④ 특정 운동 프로그램이 골격계에 야기하는 변화를 분석한다.

해설 | 운동생리학은 운동이라는 자극과 스트레스에 반응하여 일어나는 인체의 기능적 변화 또는 일시적이거나 반복적인 운동의 결과로 나타나는 인체의 적응 과정 및 변화를 관찰·연구하는 학문이다. 수술 방법은 연구 대상이 아니다.

**2025 기출 유형**

**03** 〈보기〉 중 건강체력과 운동체력이 올바르게 짝지어진 것은?

> **보기**
> ㉠ 근력   ㉡ 근지구력   ㉢ 민첩성
> ㉣ 반응속도   ㉤ 순발력   ㉥ 심폐지구력
> ㉦ 유연성   ㉧ 협응력

|   | 건강체력 | 운동체력 |
|---|---|---|
| ① | ㉠, ㉡, ㉢, ㉣ | ㉤, ㉥, ㉦, ㉧ |
| ② | ㉢, ㉣, ㉤, ㉥ | ㉠, ㉡, ㉦, ㉧ |
| ③ | ㉠, ㉡, ㉥, ㉦ | ㉢, ㉣, ㉤, ㉧ |
| ④ | ㉠, ㉢, ㉣, ㉦ | ㉡, ㉤, ㉥, ㉧ |

해설 | • 건강체력 : 근력, 근지구력(근파워), 특이장력, 심폐지구력, 유연성, 신체조성
• 운동체력 : 순발력, 민첩성, 평형성, 협응력, 스피드, 반응속도

**04** 대사 반응(Metabolism)의 유형 중 동화작용에 대한 설명으로 옳지 <u>않은</u> 것은?

① 작은 분자를 더 크고 복잡한 분자로 변환하는 과정이다.
② 에너지를 흡수하는 반응이다.
③ 화학적 합성이 일어난다.
④ 인체의 운동, 움직임 등과 연관이 있다.

해설 | 동화작용은 화학적 합성을 통해 작은 분자를 더 크고 복잡한 분자로 변환, 에너지를 흡수하는 반응으로 음식물의 섭취 및 소화와 연관이 있다. 인체의 운동이나 움직임 등과 연관이 있는 것은 이화작용이다.

**정답** 01 ① 02 ③ 03 ③ 04 ④

**2025 기출 유형**

**05** 〈보기〉에서 중–고강도 운동 시 필요한 ATP 합성에 사용되는 기질(substrate)를 모두 고른 것은?

> **보기**
> ㄱ. 근육 중성지방  ㄴ. 근육 글리코겐
> ㄷ. 혈중 포도당    ㄹ. 혈중 알부민

① ㄱ
② ㄱ, ㄴ
③ ㄱ, ㄴ, ㄷ
④ ㄱ, ㄴ, ㄷ, ㄹ

해설 | ㄱ. 근육 중성지방은 특히 중~저강도 운동 시 사용되는 에너지원으로 분해되어 지방산으로 전환된 후 ATP 생산에 기여한다.
ㄴ. 근육 글리코겐은 근육 안에 저장된 형태의 탄수화물로 운동 시 빠르게 분해되어 ATP 생성에 사용된다.
ㄷ. 혈중 포도당은 근육에 흡수되어 해당과정(glycolysis)을 통해 ATP를 생성하는 데 사용된다.
ㄹ. 알부민은 단백질로서 주된 역할은 혈액 내 삼투압 유지 및 물질 운반이다. 에너지 기질로는 사용되지 않으며, ATP 합성에 기여하지 않는다.

**06** 호흡교환율(RER)이 〈보기〉와 같을 때의 생리적 현상에 대한 설명으로 가장 적절한 것은?

> **보기**
> 호흡교환율(RER) = 1.0

① 주 에너지는 지방을 사용하고 있다.
② 상대적으로 높은 강도의 운동을 수행하고 있다.
③ 에너지 대사의 연료로 탄수화물은 전혀 사용하고 있지 않다.
④ 혈중 젖산 농도가 안정 시보다 낮다.

해설 | 〈보기〉와 같은 경우 상대적으로 높은 강도의 운동을 수행하고 있다.
① 주 에너지는 탄수화물을 사용하고 있다.
③ 에너지 대사의 연료로 지방은 전혀 사용하고 있지 않다.
④ 높은 강도의 운동을 수행하고 있어 혈중 젖산 농도가 안정 시보다 높다.

**07** ATP–PCr 시스템에 대한 설명으로 옳지 않은 것은?

① ATP의 주 공급원은 3대 영양소인 탄수화물, 단백질, 지방이다.
② 아데노신은 Pi와 결합함으로써 많은 에너지를 방출한다.
③ ATP가 분해될 때 약 7.3kcal/mol의 에너지를 방출한다.
④ ATP는 1개의 아데노신과 3개의 무기 인산으로 이루어진다.

해설 | 아데노신은 Pi와 결합함으로써 많은 양의 에너지를 저장한다. 에너지는 결합체인 ATP가 분해될 때 방출된다.

**2025 기출 유형**

**08** 해당과정 시스템에 대한 설명으로 옳지 않은 것은?

① 글리코겐 및 포도당을 젖산으로 분해하는 과정을 통해 ATP를 생성한다.
② 포도당은 2ATP, 글리코겐은 3ATP를 생산한다.
③ $NAD^+$에 의한 수소 이동으로 해당작용을 통한 에너지 생산이 가능하다.
④ 산소가 충분할 경우 피루브산이 수소이온과 결합해 젖산이 생성된다.

해설 | 산소가 충분할 경우 NADH가 미토콘드리아로 이동하여 유산소성 ATP를 생성한다.

## 09 〈보기〉에서 설명하는 온열 질환은?

> **보기**
> - 고온 다습한 곳에서 열 자극을 견디지 못해 체온을 조절하는 신경계가 기능을 상실하여 발생하는 질환
> - 치사율이 높아 온열 질환 중 가장 위험한 질환
> - 의식장애, 혼수상태, 40℃ 이상의 고열, 두통, 오한, 저혈압, 메스꺼움 등

① 열사병  ② 열탈진
③ 열순응  ④ 열발진

**해설** | 열사병은 체온을 조절하는 신경계가 열자극을 견디지 못해 그 기능을 상실하는 질환으로, 체온이 40℃ 이상으로 상승하기도 하며 치사율이 높아 온열 질환 중 가장 위험한 질환이다.
② 열탈진(일사병) : 더운 공기와 강한 햇볕에 의해 땀을 많이 흘려 수분과 염분이 적절히 공급되지 못할 경우 발생하는 질환
③ 열순응 : 외부의 온도가 상승할 때 인체가 체온을 일정한 온도로 유지하고 열 스트레스로 인한 항상성 장애를 최소화시키는 것
④ 열발진 : 땀이 원활히 표피로 배출되지 못하고 축적되어 작은 방진과 물집이 발생하는 질환

## 10 골격근에 대한 설명으로 옳지 않은 것은?

① 자율신경계의 지배를 통해 수의적으로 수축 및 이완할 수 있는 근육이다.
② 운동 강도가 강해질수록 동원되는 근섬유의 수는 지근섬유, 속근섬유 순으로 증가한다.
③ 운동 강도가 낮을 때에는 대부분의 근력이 지근섬유에 의해 나타난다.
④ 골격근 운동 시 근섬유 당 근원섬유의 크기가 증가한다.

**해설** | 골격근은 체성신경계의 지배를 통해 수의적으로 수축 및 이완할 수 있는 근육을 의미한다.

## 11 다음 중 단기간의 고강도 운동을 수행한 후 나타나는 피로의 원인으로 적절하지 <u>않은</u> 것은?

① 혈액 pH 감소
② 젖산의 축적
③ 근육의 글리코겐의 고갈
④ PCr의 고갈

**해설** | 근육의 글리코겐의 고갈은 장기간의 고강도 운동에서 비롯되는 피로의 원인이다. 단기간의 고강도 운동을 수행한 후 피로한 이유는 혈액 pH 감소(혈액의 산성화), 젖산의 축적, PCr의 고갈 등이다.

## 12 신경세포의 전기적 활동에 대한 내용으로 옳지 <u>않은</u> 것은?

① 활동전위는 신경세포 막의 탈분극을 유도한다.
② 신경세포는 신경-근접합부를 통해 근섬유와 상호신호전달을 한다.
③ 안정 시 신경세포 막의 안쪽은 $Na^+$의 농도가 높고, 바깥쪽은 $K^+$의 농도가 높다.
④ 세포 탈분극 직후 일어나는 현상으로 세포막 안쪽은 음(-)전하, 바깥쪽은 양(+)전하를 띠게 된다.

**해설** | 안정 시 신경세포 막의 안쪽은 $K^+$의 농도가 높고, 바깥쪽은 $Na^+$의 농도가 형성된다.

**정답** 05 ③  06 ②  07 ②  08 ④  09 ①  10 ①  11 ③  12 ③

**2025 기출 유형**

**13** 유산소 트레이닝에 의한 생리적 적응 현상으로 옳지 않은 것은?

① 모세혈관의 밀도 증가
② 좌심실 용적 증가
③ 미오글로빈의 함유량 감소
④ 미토콘드리아의 수와 크기 증가

해설 | 유산소 트레이닝 시 미오글로빈 함량의 증가로 유산소적 대사능력이 개선된다.

**14** 신경계에서 가장 많은 부위를 차지하는 부분으로 신경정보들을 조절하고 통합하는 신경은 무엇인가?

① 중추신경계　② 운동신경계
③ 자율신경계　④ 체성신경계

해설 | 중추신경계는 뇌와 척수를 포함하며, 말초신경계와 함께 사람의 행동을 제어한다.

**15** 신경세포에서 신경자극이 전달되는 순서로 옳은 것은?

① 수상돌기 → 세포체 → 축삭 → 축삭종말
② 축삭종말 → 축삭 → 세포체 → 수상돌기
③ 수상돌기 → 축삭 → 축삭종말 → 세포체
④ 수상돌기 → 축삭 → 세포체 → 축삭종말

해설 | 신경자극의 신호는 수상돌기 → 세포체 → 축삭 → 축삭종말의 순으로 전달된다.

**16** 〈보기〉에서 순환계의 구조와 기능에 관한 설명으로 옳은 것만을 모두 고른 것은?

> **보기**
> ㄱ. 정맥은 혈압이 거의 없어 역류 방지를 위해 판막이 존재한다.
> ㄴ. 관상동맥(coronary artery)은 심장근에 혈액을 공급하는 혈관이다.
> ㄷ. 심실중격은 좌·우심실 간 혈액의 혼합을 방지한다.
> ㄹ. 방실결절은 심장수축을 위한 전기적 자극이 시작되는 곳으로 페이스메이커라고 한다.

① ㄱ　② ㄱ, ㄴ
③ ㄱ, ㄴ, ㄷ　④ ㄱ, ㄴ, ㄷ, ㄹ

해설 | 동방결절은 상대정맥 입구 쪽 가까운 우심방 벽에 특수화된 근육세포들로 구성되며, 심장 수축을 일으키는 전기자극을 타 부위 세포보다 조금 빨리 생성함으로써 심장 전체의 전기적 신호를 주도하는 부분이다.

**17** 운동 중 호흡계 호흡영역의 기능으로 옳은 것은?

① 호흡하는 공기에 습기를 제공한다.
② 공기의 통로 영역이다.
③ 공기를 여과하는 역할을 한다.
④ 호흡가스 확산을 증가시킨다.

해설 | 호흡영역은 폐포가 있어 가스교환이 이루어지는 영역이다. 각 폐에는 3억 개 이상의 폐포가 있으며 모세혈관망으로 둘러싸여 폐포와 모세혈관 사이에서 산소와 이산화탄소의 교환이 이루어진다.
①, ②, ③ 전도영역의 기능에 해당한다.

**18** 분비된 신경전달물질이 수용기와 결합하고, 이온통로가 열리면서 활동전위가 발생되어 신경 자극의 전달이 지속되는 것은?

① 화학적 시냅스　② 전기적 시냅스
③ 감각뉴런　④ 운동뉴런

해설 | 화학적 시냅스에 대한 설명으로 아세틸콜린과 같은 신경전달물질에 의해 신호가 전달된다.
② 전기적 시냅스 : 시냅스 간극을 통한 이온 전달

**19** 다음 중 헤모글로빈과 마이오글로빈에 대한 설명으로 옳지 않은 것은?

① 헤모글로빈은 폐에서 조직으로 산소를 운반하는 물질이다.
② 헤모글로빈은 척추동물의 호흡에서 중요한 역할을 한다.
③ 마이오글로빈은 산소와 쉽게 결합한다.
④ 마이오글로빈은 근육 조직에 산소를 운반·공급한다.

해설 | 산소와 쉽게 결합하는 것은 헤모글로빈이다. 마이오글로빈은 근육 세포 안에 있는 붉은 색소 단백질로 철을 함유하고 있으며, 산소를 저장하고 운반하는 역할을 한다.

**2025 기출 유형**

**20** 〈보기〉에서 설명하는 것은?

보기
- 하나의 운동신경과 그 신경에 의해 지배되는 근육섬유들
- 운동신경에 연결된 근섬유 수가 많을수록 큰 힘을 내는 데 유리함

① 운동단위   ② 지근섬유
③ 속근섬유   ④ 근수축

해설 | 〈보기〉는 운동단위에 대한 설명으로 운동 신경에 지배되는 신경과 근섬유와의 그룹을 말한다.

**21** 근육의 외부 길이 변화 없이 장력이 발생하는 수축 형태로 움직이지 않는 관절의 재활에 이용되는 근육의 수축 형태는?

① 신장성 수축   ② 등척성 수축
③ 구심성 수축   ④ 등속성 수축

해설 | 등척성 수축은 정적 수축으로 근육의 외부 길이 변화 없이 장력이 발생하는 수축 형태이다. 수축에 있어 특정 장소 혹은 장비를 요구하지 않는다.

**22** 다음 중 운동유발성 근육경직에 대한 설명으로 옳지 않은 것은?

① 근육 과부하와 과사용에 의한 피로가 쌓이거나 좋지 않은 컨디션으로 인해 발생한다.
② 높은 발한을 나타내는 운동선수들에게 전해질, 특히 나트륨과 염소의 불균형에 의해 발생한다.
③ 발생 시 수동적인 스트레칭을 통해 근육을 풀어주어야 한다.
④ 예방하기 위해서 수분과 전해질의 양을 줄이고, 탄수화물 저장량은 유지해야 한다.

해설 | **근육경직의 예방 수칙**
- 발생하기 쉬운 근육을 규칙적으로 스트레칭
- 필요 시 운동 강도와 양, 시간을 감소시킴
- 수분과 전해질의 균형, 탄수화물 저장량을 유지

**23** 골격근의 훈련을 통해 얻을 수 있는 효과로 옳지 않은 것은?

① 근단면적이 증가하고 근원세사의 수가 증가한다.
② 골격근 내 모세혈관의 밀도 증가로 대사능력이 향상된다.
③ 미오글로빈의 함량이 감소하여 유산소적 대사능력이 개선된다.
④ 뼈에 부착되어 있는 인대와 건의 탄력성이 향상된다.

해설 | 골격근의 훈련을 통해 유산소적 대사능력이 개선되는데, 이는 미오글로빈의 함량이 증가되기 때문이다.

**정답** 13 ③  14 ①  15 ①  16 ③  17 ④  18 ①  19 ③  20 ①  21 ②  22 ④  23 ③

**2025 기출 유형**

**24** 근섬유에 대한 설명으로 옳지 않은 것은?

① 운동 강도가 강해질수록 동원되는 근섬유는 지근섬유에서 속근섬유 순으로 증가한다.
② 운동 강도가 낮은 경우 대부분의 근력이 지근섬유에 의해 나타난다.
③ 수축 속도는 속근섬유(Type Ⅱx)가 가장 빠르고 지근섬유가 가장 느리다.
④ 근피로에 대한 내성은 속근섬유(Type Ⅱx)가 가장 높고 지근섬유가 가장 낮다.

해설 | 근피로에 대한 내성은 지근섬유가 가장 높고 속근섬유(Type Ⅱx)가 가장 낮다.

**2025 기출 유형**

**25** 단축성 수축 시 그림의 골격근 초미세구조를 참고하여 〈보기〉에서 옳은 것만을 모두 고른 것은?

**보기**

ㄱ. I대(I band)는 근수축 시 짧아진다.
ㄴ. A대(A band)는 근수축 시 길이 변화가 없다.
ㄷ. 근절(sarcomere)의 길이는 짧아진다.
ㄹ. 액틴(actin)과 마이오신(myosin)의 길이는 변화하지 않는다.

① ㄱ
② ㄱ, ㄴ
③ ㄱ, ㄴ, ㄷ
④ ㄱ, ㄴ, ㄷ, ㄹ

해설 | ㄱ~ㄹ 모두 옳은 설명이다. I대는 액틴 세사가 있는 밝은 부분으로 근수축 시 짧아지며, A대는 마이오신 세사가 있는 어두운 부분으로 근수축 시에도 길이 변화가 없다. 근육 수축 시 마이오신과 액틴의 작용으로 근절이 짧아지지만, 액틴과 마이오신의 길이는 변화하지 않는다.

**26** 다음 〈보기〉 중 갑상선자극호르몬에 대한 내용으로 옳은 것은?

**보기**

ㄱ. 운동 시 부신에서 분비된다.
ㄴ. 운동 시 뇌하수체 전엽에서 분비된다.
ㄷ. 신장 수분의 재흡수를 촉진시킨다.
ㄹ. $T_3$와 $T_4$ 호르몬의 분비를 조절한다.

① ㄱ, ㄴ
② ㄱ, ㄹ
③ ㄴ, ㄷ
④ ㄴ, ㄹ

해설 | 갑상선자극호르몬은 뇌하수체 전엽에서 분비되는 호르몬으로, 트라이아이오드타이로닌($T_3$)과 티록신($T_4$) 호르몬의 분비를 조절한다.
ㄱ. 부신에서 분비되는 호르몬은 에피네프린, 노르에피네프린, 카테콜아민이 있다.
ㄷ. 항이뇨호르몬에 대한 설명이다.

**2025 기출 유형**

**27** 다음 중 감각수용기에 대한 설명으로 옳지 않은 것은?

① 골지건기관은 감마시스템에 의한 자세 조절에 중요한 역할을 한다.
② 근방추는 근육 길이 변화 감지하여 수축을 유도한다.
③ 관절수용기는 압력에 의해 변형된 정도에 관한 정보를 중추신경계에 전달한다.
④ 근방추와 골지건기관은 서로 상호억제작용을 통해 우리 몸의 조절을 돕는다.

해설 | 감마시스템에 의한 자세 조절에 중요한 역할을 하는 것은 근방추이다. 골지건기관은 근육과 힘줄이 만나는 부위에 위치한다. 근육이 과도하게 수축하여 건에 높은 장력이 가해지면 이를 감지하고 부상의 위험이 생길 경우 주동근의 수축을 억제하고 길항근을 흥분시켜 부상을 예방한다.

**28** 다음 중 호르몬과 분비 기관이 옳게 짝지어진 것은?

① 인슐린 – 부신피질
② 에피네프린 – 부신수질
③ 글루카곤 – 갑상샘
④ 옥시토신 – 뇌하수체 전엽

해설 | ①, ③ 인슐린과 글루카곤은 이자에서 분비된다.
④ 옥시토신은 뇌하수체 후엽에서 분비된다.

**2025 기출 유형**

**29** 〈보기〉에서 설명하는 호르몬은?

> **보기**
> • 포도당을 글리코겐으로 저장시켜 혈당량을 낮춘다.
> • 글루카곤과 길항작용을 한다.
> • 췌장의 베타세포에서 분비된다.

① 인슐린　　　　② 프로락틴
③ 칼시토닌　　　④ 파라토르몬

해설 | 인슐린에 대한 설명이다. 혈중 글루코스 농도는 음식에 의해 상승하므로 당대사와 혈중 글루코스 농도의 항상성 유지에는 인슐린의 역할이 크다.
② 유방 발달과 유즙 분비를 촉진한다.
③ 혈중 칼슘 농도 저하시키며, 부갑상샘에서 나오는 파라토르몬과 길항작용을 한다.
④ 뼈를 자극해 칼슘 이온을 방출시켜 혈중 칼슘 농도를 증가시킨다.

**30** 〈보기〉는 적혈구용적률에 대한 설명이다. ㉠, ㉡에 들어갈 내용은?

> **보기**
> • 혈장량의 비율이 높을수록 적혈구용적률은 ( ㉠ ).
> • 지구성 트레이닝에 대한 적응으로 적혈구용적률은 ( ㉡ ).

|   | ㉠ | ㉡ |
|---|---|---|
| ① | 높다 | 감소한다 |
| ② | 높다 | 증가한다 |
| ③ | 낮다 | 증가한다 |
| ④ | 낮다 | 감소한다 |

해설 | 적혈구용적률은 전체 혈액 중에서 적혈구가 차지하는 비율로서 혈액 농축의 지표이다. 만약 적혈구용적률이 40이라면 혈액 용량의 40%가 세포이고 나머지가 혈장임을 나타낸다. 즉, 혈장량의 비율이 높을수록 적혈구용적률은 낮다. 또한 지구성 트레이닝으로 혈장량이 20~30% 증가하므로 적혈구용적률은 감소한다.

**31** 〈보기〉 중 항상성 유지를 위한 신체 조절 중 부적 피드백에 해당하는 것은?

> **보기**
> ㄱ. 세포외액의 $CO_2$ 조절
> ㄴ. 혈당 유지를 위한 호르몬 조절
> ㄷ. 출산 시 자궁 수축 활성화 증가
> ㄹ. 체온 상승에 따른 땀 분비 증가

① ㄱ, ㄴ　　　　② ㄱ, ㄴ, ㄹ
③ ㄷ, ㄹ　　　　④ ㄴ, ㄷ, ㄹ

해설 | • 부적 피드백 : 신체 내부의 어떤 것이 높거나 낮을 때 원래의 자극에 반대로 작동하는 조절체계의 반응을 수반하여 정상상태로 돌아오는 것으로, 신체 대부분의 조절체계는 부적 피드백으로 작동한다. 증가된 혈당은 인슐린 분비를 유도하여 혈당을 낮추는 것이 여기에 해당한다.
• 정적 피드백 : 신체의 어떤 것이 낮아지거나 높아질 때 초기 자극을 증가시켜 더욱 낮아지거나 더욱 높아지게 하는 것이다. 여성이 출산 시 자궁의 압력이 증가하면 뇌하수체에서 옥시토신이 분비되어 자궁 수축이 더욱 증가되는 것이 이에 해당한다.

**정답** 24 ④　25 ④　26 ④　27 ①　28 ②　29 ①　30 ④　31 ②

**2025 기출 유형**

**32** 다음 중 동방결절에 대한 설명으로 옳은 것은?

① 심장수축을 위한 전기적 자극이 시작되므로 페이스메이커라고 한다.
② 심장에서 오른쪽 심방과 심실 사이의 구멍을 여닫는 판막이다.
③ 방실결절의 신호를 아래의 다발분지를 거쳐 푸르키네(퍼킨제)섬유로 전달하는 중간 정기 신호 전도 체제이다.
④ 받은 전기 자극을 심실 곳곳으로 전달하는 역할을 하는 배전소 같은 곳이다.

해설 | 동방결절은 우심방 벽에 특수한 근육세포로 구성되어 있으며, 심장수축을 위한 전기적 자극이 시작되므로 페이스메이커라고 한다. 또한 동방결절은 교감신경계와 부교감신경계의 영향을 모두 받는다. 교감신경인 척수신경의 자극에 의해 동방결절의 활동이 빨라지고 세기도 증가하게 되며, 부교감신경인 미주신경의 자극에 의해서 교감신경의 반대의 결과를 초래하게 된다. 즉, 이로 인해 정상을 이루는 것이다.

**2025 기출 유형**

**33** 〈보기〉 중 산소-헤모글로빈 해리 곡선이 오른쪽으로 이동하는 경우로 옳은 것은?

보기
ㄱ. pH 감소       ㄴ. pH 증가
ㄷ. $PCO_2$ 감소    ㄹ. 온도 상승

① ㄱ, ㄷ      ② ㄴ, ㄷ
③ ㄱ, ㄹ      ④ ㄷ, ㄹ

해설 | 산소-헤모글로빈 해리 곡선은 산소분압과 헤모글로빈의 산소포화도와의 상관관계를 곡선으로 표시한 것이다. 이때 pH 감소, $PCO_2$ 증가, 온도 상승하는 경우 해리곡선이 오른쪽으로 이동하게 된다.

**34** 다음 중 혈류 재분배(blood re-distribution)에 대한 설명으로 옳지 않은 것은?

① 산소 공급 최적화를 위한 생리적 조절이다.
② 운동 시 혈류는 골격근으로 집중된다.
③ 세동맥 확장으로 운동하는 근육의 혈관 저항은 줄어든다.
④ 내장, 신장 등으로 분배되는 혈류는 증가한다.

해설 | 혈류 배분배는 산소 공급 최적화를 위한 생리적 조절로 운동 시 산소 요구가 높은 조직(골격근)으로 집중되며 비활동 조직인 내장, 신장 등으로의 혈류는 감소한다. 세동맥 확장으로 운동하는 근육의 혈관 저항은 줄어들고 혈류는 늘어난다.

**35** 〈보기〉 중 직립 상태에서 폐-혈액 간 산소확산 능력이 운동 시 증가할 때 이에 기여하는 요인은?

보기
ㄱ. 폐동맥 혈액 내 높은 산소분압
ㄴ. 심박수, 1회박출량의 증가
ㄷ. 폐 상층부로의 혈류량 증가
ㄹ. 폐포와 모세혈관 사이의 호흡막 두께 증가

① ㄱ, ㄷ      ② ㄴ, ㄷ
③ ㄴ, ㄹ      ④ ㄷ, ㄹ

해설 | 직립 상태에서 폐 상부의 혈류는 중력으로 인해 하부보다 적다. 그러나 운동을 통해 증가한 혈액량과 심박수, 1회박출량 등의 요인으로 인해 혈압이 증가하게 되면 폐 상층부로의 혈류량이 증가하여 폐-혈액 간 산소 확산 능력이 증가한다.

**36** 체중이 60kg인 사람이 10METs로 10분간 달리기 했을 때 소비 칼로리는? (단, 1MET=3.5㎖ · kg$^{-1}$ · min$^{-1}$ 이며, $O_2$ 1L당 5Kcal 생성한다.)

① 105Kcal  ② 110Kcal
③ 115Kcal  ④ 120Kcal

해설 | • 10METs=35ml/kg/min
• 35×60=2,100ml/min=2.1L/min
• 2.1×5=10.5Kcal/min
• 10.5×10=105Kcal

**2025 기출 유형**

**37** 다음 중 장기간의 무산소 트레이닝에 따른 생리학적 적응으로 옳은 것은?

① 근육의 수축 속도가 감소한다.
② 산화 능력이 증가한다.
③ PCr 또는 PFK 효소의 양 및 활성도가 증가한다.
④ 미토콘드리아의 밀도가 증가한다.

해설 | 장시간 무산소 트레이닝 시 근육의 수축 속도 및 PCr 또는 PFK 효소의 양 및 활성도 또한 증가한다. 산화 능력 및 미토콘드리아 밀도의 증가는 유산소 트레이닝으로 인한 결과이다.

**38** 고온 환경에서의 운동 수행 시 일어나는 열 순응 반응으로 옳지 않은 것은?

① 혈장량의 증가
② 발한율의 증가
③ 피부 혈류량 감소
④ 열 충격 단백질 생성 증가

해설 | 고온 환경에서의 운동 수행 시 열 순응 반응으로 피부 혈류량은 증가한다.

**39** 교감신경계와 부교감신경계가 활성화되면 나타나는 특징의 연결로 옳은 것은?

| | 교감신경계 | 부교감신경계 |
|---|---|---|
| ① | 동공 수축 | 동공 확대 |
| ② | 침 분비 자극 | 침 분비 억제 |
| ③ | 심박수 감소 | 심박수 증가 |
| ④ | 소화 억제 | 소화 자극 |

해설 | 교감신경과 부교감신경

| 교감<br>신경 | • 위급상황 발생 시 이에 대처하기 위한 반응<br>• 활성 시 동공 확대, 침 분비 억제, 심박수 증가, 기관지 확장, 소화 억제, 포도당 생성, 아드레날린 분비, 방광 수축 억제 등 |
|---|---|
| 부교감<br>신경 | • 일상생활에서 에너지를 보존하기 위한 반응<br>• 활성 시 동공 수축, 침 분비 자극, 심박수 감소, 기관지 축소, 소화 자극, 쓸개즙 분비, 방광 수축 등 |

**2025 기출 유형**

**40** 고지대 환경에서 장기간 노출 시 나타나는 생리학적 적응으로 옳지 않은 것은?

① 근육 단면적 감소
② 근육 내 모세혈관 증가
③ 산소운반능력 향상
④ 심박출량 증가

해설 | 고지대에서 장기간 노출 시 나타나는 생리학적 적응은 근육 내 모세혈관 증식, 산소운반능력 향상, 심박출량 및 근육 단면적 감소가 있다.

정답  32 ①  33 ③  34 ④  35 ②  36 ①  37 ③  38 ③  39 ④  40 ④

## 최신 3개년 출제빈도표 (2025년~2023년)

| 구분 | 2025년 | 2024년 | 2023년 |
|---|---|---|---|
| 운동역학 개요 | 1 | 1 | 1 |
| 운동역학의 이해 | 1 | 1 | 3 |
| 인체역학 | 3 | 3 | 4 |
| 운동학의 스포츠 적용 | 4 | 6 | 2 |
| 운동역학의 스포츠 적용 | 7 | 6 | 6 |
| 일과 에너지 | 2 | 1 | 3 |
| 다양한 운동기술의 분석 | 2 | 2 | 1 |

# PART 06

# 운동역학

CHAPTER 01    운동역학 개요
CHAPTER 02    운동역학의 이해
CHAPTER 03    인체역학
CHAPTER 04    운동학의 스포츠 적용
CHAPTER 05    운동역학의 스포츠 적용
CHAPTER 06    일과 에너지
CHAPTER 07    다양한 운동기술의 분석

출제예상문제

# CHAPTER 01 운동역학 개요

### SECTION 01 | 운동역학의 정의

#### 1. 운동역학의 정의

① **운동역학** 2023 기출
  ㉠ 스포츠 상황에서의 인체 운동을 관찰하여 그 움직임에 대한 설명을 제공하고 원인을 분석하는 학문
  ㉡ 스포츠 상황에서 인체 힘의 원인과 결과를 다루는 학문

② **운동역학의 용어 변천**
  ㉠ Kinesiology(운동기능학)
    - 운동학, 체육학, 기능해부학
    - 운동 시 분절의 움직임 분석, 관절운동에 사용되는 근육 등을 설명
  ㉡ Biomechanics(생체역학)
    - 측정도구의 발달 등으로 Kinesiology가 동적 영역까지 포함하는 과정에서 생긴 명칭
    - 살아있는 유기체가 운동할 때 발생하는 힘과 그로 인한 효과를 분석·평가
    - 해부학, 인체측정학, 운동생리학, 역학 및 수학 등 다양한 학문적 지식이 요구됨
  ㉢ Sport Biomechanics(운동역학)
    - 생체역학 중에서도 스포츠 상황 혹은 인간의 움직임만을 연구하는 학문
    - 인체의 운동 및 경기의 개념 측면에서 볼 때 가장 발달된 정의

#### 2. 운동역학의 학문 분야

① **정역학(Statics)** : 작용하는 힘의 관계가 평형을 이룬 상태를 분석 대상으로 하는 학문 분야
② **동역학(Dynamics)** : 작용하는 힘들 사이의 평형이 깨진 상태를 분석 대상으로 하는 학문 분야

---

**QUIZ**
운동역학은 스포츠 상황에서 인체에서 일어나는 화학반응 및 생리현상에 대해 설명하는 학문이다.
(O/×)
답 ×

**기출 채우기**
물체가 가속하고 있을 때 그 가속 상태를 분석 대상으로 하는 학문 분야는 (    )이다.
답 동역학

③ **운동학(Kinematics)** : 공간 혹은 시간을 고려하여 움직임을 기술하는 학문 분야로 운동의 변위, 속도, 각도, 각속도 등을 분석
④ **운동역학(Kinetics)** : 운동을 유발하거나 변화시키는 원인인 힘에 대해 연구하는 학문 분야

## SECTION 02  운동역학의 목적과 내용

### 1. 운동역학의 목적  `2025 기출` `2024 기출`

① 효율적인 동작 수행을 통한 운동 수행력 향상
② 운동 시 상해의 원인 파악 및 예방을 통한 안전성 확보
③ 경기력 향상을 위한 스포츠 관련 장비(운동 용기구)의 개발

### 2. 운동역학의 내용

① 운동 기술의 분석 및 개발
② 운동 기구의 개발 및 평가
③ 운동 분석 기법 및 자료 처리 기술 개발
④ 운동 동작, 인체, 힘 등의 측정 · 분석

> **기출 채우기**
> 운동역학 연구의 목적은 운동 기술의 향상과 함께 (　　　)의 개발 및 평가를 포함한다.
> 🔁 운동 용기구

# CHAPTER
## 02 운동역학의 이해

### SECTION 01 해부학적 기초

**1. 인체의 근골격계** 2024 기출

① **뼈대계통(골격계통)** : 내장 기관을 보호하고 신체를 지지하며 지렛대의 역할을 통해 움직임을 제공
  ㉠ 뼈 : 인체를 지탱하는 단단한 조직으로 총 206개
  ㉡ 관절 : 둘 또는 그 이상의 뼈가 서로 연결된 부위로서 회전운동의 축 역할
  ㉢ 연골 : 뼈의 끝에서 뼈가 서로 부딪히는 것을 방지하고 뼈에 작용하는 충격을 흡수
  ㉣ 인대 : 뼈와 뼈를 연결하며 관절을 지지하고 정상 범위 이상의 관절 운동을 방지

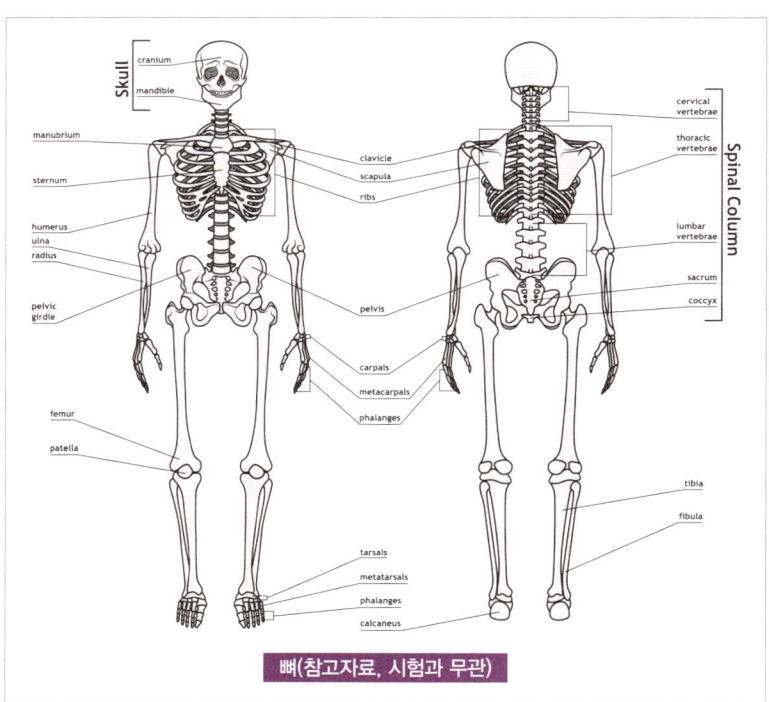

**뼈(참고자료, 시험과 무관)**

② **근육계통** : 수축 및 이완을 통한 움직임으로 원하는 동작을 가능케 하며 신체 기관의 기능을 가능하게 하는 역할

> **QUIZ**
> 둘 또는 그 이상의 뼈가 서로 연결된 부위로서 회전운동의 축 역할을 하는 부위는 관절이다. (○/×)
> 답 ○

㉠ 분류

| 구분 | 기능 | 핵 | 조절 | 형태 |
|---|---|---|---|---|
| 심장근(심근) | 심장 수축 | 단핵 | 불수의근 | 가로무늬근(횡문근) |
| 내장근 | 장기 구성 | 단핵 | 불수의근 | 민무늬근(평활근) |
| 뼈대근(골격근) | 운동 | 다핵 | 수의근 | 가로무늬근(횡문근) |

㉡ 용어

| 굴근(굽힘근, Flexor) | 관절의 각도를 감소시키는 근육 |
|---|---|
| 신근(폄근, Extensor) | 관절의 각도를 증가시키는 근육 |
| 외전근(벌림근, Abductor) | 사지를 몸 중심부에서 먼 방향으로 움직이게 하는 근육 |
| 내전근(모음근, Adductor) | 사지를 몸 중심부와 가까운 방향으로 움직이게 하는 근육 |
| 회전근(돌림근, Rotator) | 축을 중심으로 사지를 비트는 근육 |
| 주동근(작용근, Agonist) | 근육이 수축하는 방향으로 움직이는 근육 |
| 길항근(대항근, Antagonist) | 근육이 수축하는 방향과 반대로 움직이는 근육 |
| 협력근(협동근, Synergist) | 주동근을 돕는 근육 |

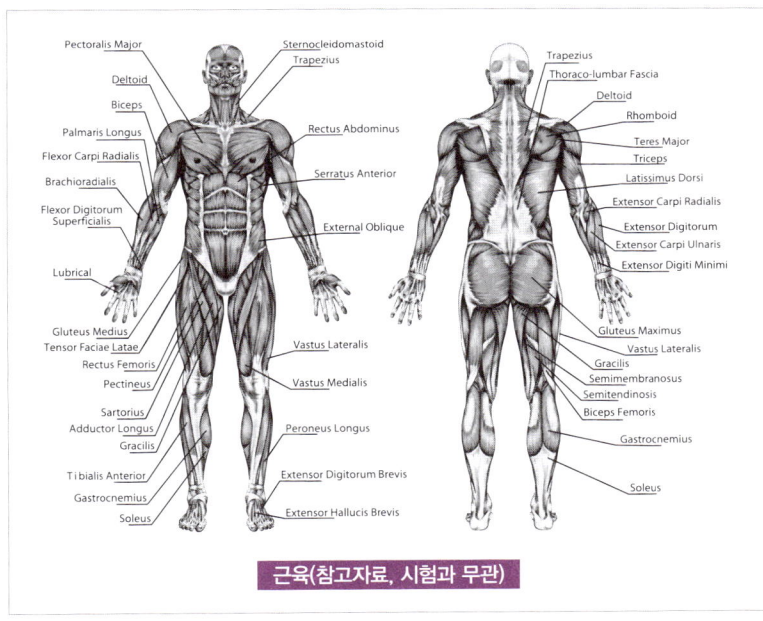

근육(참고자료, 시험과 무관)

**QUIZ**
심장 근육은 인위적으로 조절이 불가능한 불수의근이다. (○/×)
답 ○

**QUIZ**
암컬 동작에서 팔을 굽힐 때는 신근이, 팔을 펼 때는 굴근이 주로 작용한다. (○/×)
답 ×

**기출 채우기**
(        )에서는 주동근에 의해 발휘되는 힘모멘트가 저항모멘트보다 커서 근육의 길이가 짧아진다.
답 단축성 수축

## 2. 해부학적 자세와 방향 용어

① 해부학적 자세

㉠ 정의 : 얼굴은 앞을 향하고, 손과 팔은 어깨의 측면 아래로 바로 내리고, 손가락은 펴서 손바닥은 앞을 향하게 하고, 양발의 발가락은 앞을 향해 평행하게 놓고, 전체적인 몸은 직립한 상태

ⓛ 필요성 : 인간의 몸은 여러 자세를 취하는 것이 가능하며, 사지의 공간 정향각(orientation)이 변할 수 있어 신체 설명 시 기준이 되는 자세가 필요
ⓒ 사용 : 신체의 실제 자세와 상관없이 해부학적 자세에 있다는 가정하에 설명

② 방향 용어

| | |
|---|---|
| 앞(전 : Anterior, 배쪽 : Ventral) | 앞 |
| 뒤(후 : Posterior, 등쪽 : Dorsal) | 뒤 |
| 위(상 : Superior, 머리쪽 : Cranial) | 머리와 가까운 것 혹은 머리를 향하는 것 |
| 아래(하 : Inferior, 꼬리쪽 : Caudal) | 발에 가까운 것 혹은 발을 향하는 것 |
| 안쪽(내측, Medial) | 인체의 중심선과 가까운 위치 및 방향 |
| 가쪽(외측, Lateral) | 인체의 중심선에서 먼 위치 및 방향 |
| 몸쪽(근위, Proximal) | 사지의 부착이 몸체에 가까운 방향 및 위치 |
| 먼쪽(원위, Distal) | 사지의 부착이 몸체에 먼 방향 및 위치 |
| 얕은(표층, Superficial) | 신체의 외부표면으로부터 가까이 있는 것 |
| 깊은(심층, Deep) | 신체의 외부표면으로부터 멀리 떨어져 있는 것 |

> **기출 채우기**
> 해부학적 용어에서 (    )은/는 신체의 바깥쪽을, (    )은/는 신체의 안쪽을 의미한다.
> 🔑 표층, 심층

**이해 더하기**

몸의 중심을 기준으로 한 방향용어 사용
• 복장뼈(흉골 : Sternum)는 어깨의 안쪽(내측 : Medial)에 있다.
• 손목관절은 팔꿈치관절보다 먼쪽(원위 : Distal)에 있다.
• 엉덩이는 무릎보다 몸쪽(근위 : Proximal)에 있다.
• 머리는 발보다 위(상 : Superior)에 있다.

## 3. 인체의 축과 운동면

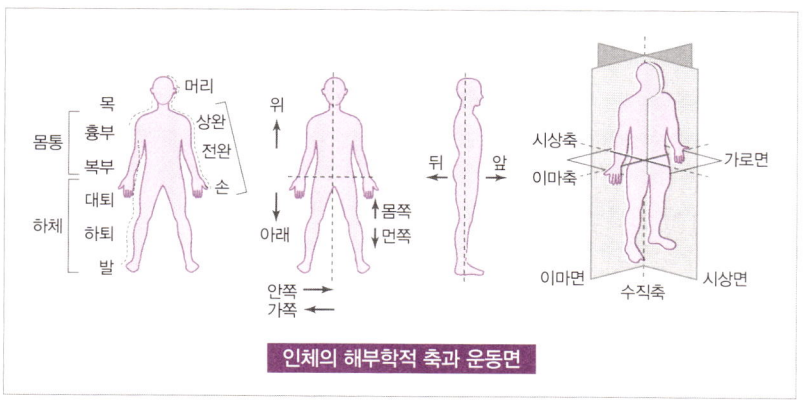

인체의 해부학적 축과 운동면

① 해부학적 축
- ㉠ 정의 : 해부학에서 신체를 설명하기 위해 사용하는 가상의 축
- ㉡ 필요성 : 사지의 회전에 의해 발생하는 사지의 움직임을 평면 내의 회전축을 통해 묘사

② 종류

| 이마축(Frontal axis) | 인체의 좌우를 통과하는 축 |
|---|---|
| 시상축(Sagittal axis) | 인체의 전후를 통과하는 축 |
| 세로축(Longitudinal axis) | 인체의 위아래를 통과하는 축 |

③ 해부학적 평면 [2023 기출]
- ㉠ 정의 : 해부학에서 신체를 설명하기 위해 사용하는 가상의 평면
- ㉡ 필요성 : 사지의 움직임을 기술
- ㉢ 종류

| 시상면(Sagittal plane) | 인체의 전후로 형성되어 몸을 좌우로 나누는 평면 |
|---|---|
| 이마면, 관상면(Frontal plane) | 인체의 좌우로 형성되어 몸을 앞뒤로 나누는 평면 |
| 가로면, 수평면(Transverse plane) | 인체의 수직축에 대해 수직으로 형성되어 몸을 상하로 나누는 평면 |
| 대각면(Diagonal plane) | 몸을 한쪽 어깨 끝에서 대각선 방향으로 나눈 면 |

> **QUIZ**
> 해부학적 자세를 기준으로 발목관절의 족저굴곡과 배측굴곡이 발생하는 면은 전후면이다. (○/×)
> 답 ○

## 4. 관절의 종류

① 관절의 분류
- ㉠ 못움직관절(부동관절) : 움직일 수 없는 관절
- ㉡ 움직관절(가동관절) : 움직일 수 있는 관절

**이해 더하기**

축의 개수에 따른 관절의 분류

| 무축관절 | 1축성 관절 (홑축관절) |
|---|---|
| • 회전축이 존재하지 않는 관절<br>• 운동성이 낮음<br>• 평면관절이 포함됨 | • 운동평면이 단일면<br>• 굽힘(굴곡), 폄(신전), 회전 가능<br>• 경첩관절, 중쇠관절 포함 |
| **2축성 관절** | **3축성 관절** |
| • 두 평면상에서 운동 가능<br>• 굽힘(굴곡), 폄(신전), 모음, 벌림 가능<br>• 타원관절(과상관절), 안장관절 포함 | • 세 가지 면에서의 운동이 가능<br>• 운동 범위가 큼<br>• 절구관절 포함 |

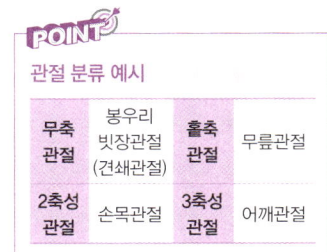

**POINT** 관절 분류 예시

| 무축<br>관절 | 봉우리<br>빗장관절<br>(견쇄관절) | 홑축<br>관절 | 무릎관절 |
|---|---|---|---|
| 2축성<br>관절 | 손목관절 | 3축성<br>관절 | 어깨관절 |

**POINT** 운동자유도
- 관절에서 허용되는 독립적인 움직임의 수
- 허용된 각운동의 면과 축들의 수

② 미끄럼관절(활주관절, Gliding joint)
　㉠ 표면이 서로 마주 보는 형태
　㉡ 표면이 평평하거나 약간 오목하거나 볼록한 상태
　㉢ 무축관절
　㉣ 손목뼈와 발목뼈 사이 관절, 봉우리빗장관절(견쇄관절)

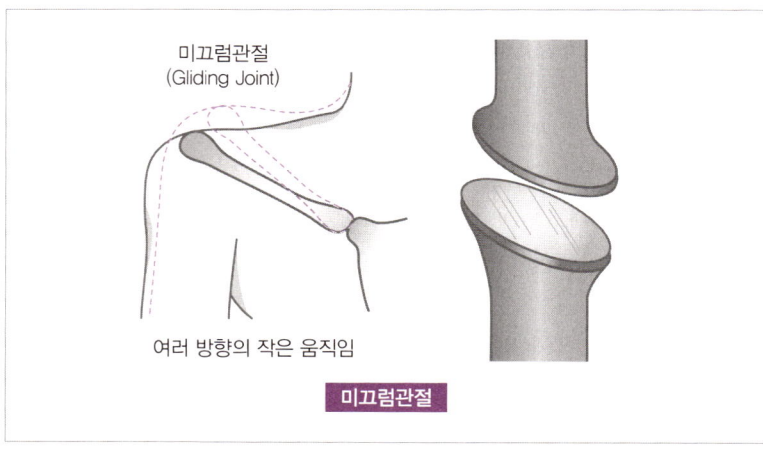

> **O/X QUIZ**
> 축의 개수에 따라 관절을 구분할 경우 무릎관절과 손가락관절은 동일한 유형으로 분류된다. (O/×)
> 답 O

③ 경첩관절(접번관절, Hinge or ginglymus joint)
　㉠ 여닫이문의 경첩처럼 볼록한 면과 오목한 면이 마주보고 있는 형태
　㉡ 1축성 관절(홑축관절)
　㉢ 팔꿈치 관절, 무릎관절(슬관절), 손가락관절

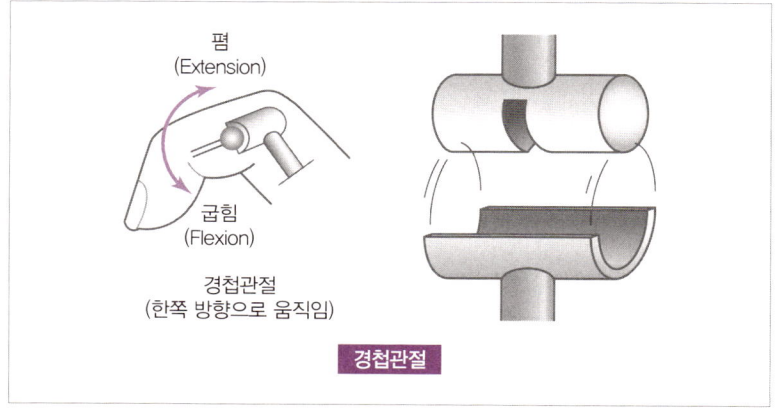

④ 중쇠관절(차축관절, Pivot or trochoid joint)
  ㉠ 세로 방향으로 된 오목한 뼈에 축 모양의 돌기를 포함하는 뼈가 회전할 수 있는 형태
  ㉡ 1축성 관절(홑축관절)
  ㉢ 몸쪽노자관절(근위요척관절)

> **QUIZ**
> 팔꿈치의 근위요척관절은 대표적인 2축성 관절이다. (○/×)
> 답 ×

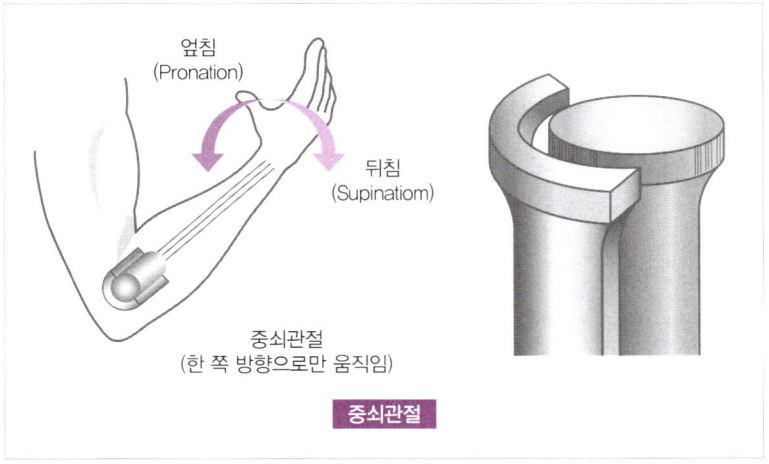

⑤ 타원관절(과상관절, Eliipsoidal or condyloid joint)
  ㉠ 타원 모양의 관절융기와 타원형의 공동이 만나는 형태
  ㉡ 2축성 관절
  ㉢ 손목관절

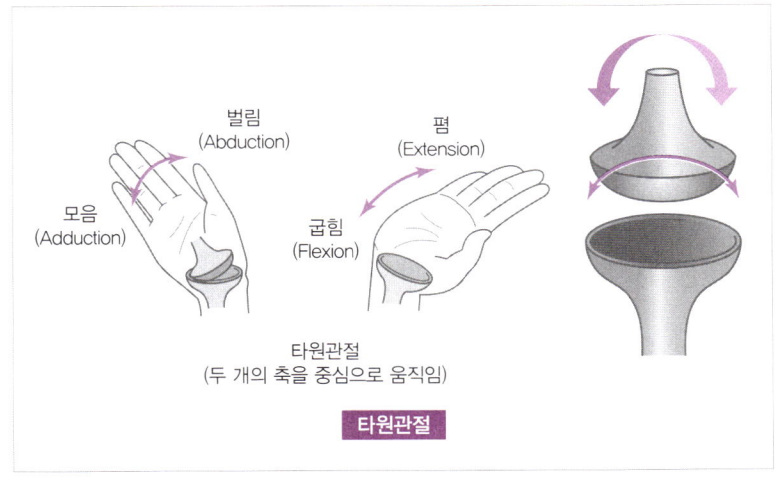

⑥ **안장관절(안상관절, Saddle joint)**
  ㉠ 관절의 한쪽은 오목하게, 다른 쪽은 볼록하게 나와 있는 형태
  ㉡ 마주 보는 뼈들의 표면끼리는 잘 들어맞는 형태
  ㉢ 2축성 관절
  ㉣ 손목 손바닥뼈 관절

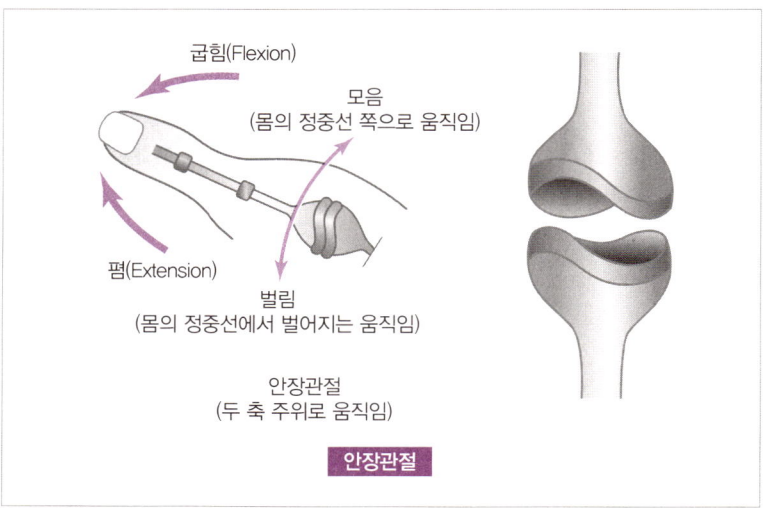

> **기출 채우기**
> 절구관절의 움직임 자유도는 ( )이다.
> 답 3

⑦ **절구관절(구상관절, Ball and socket or spheroidal joint)**
  ㉠ 뼈 머리가 구 형태인 뼈가 절구 모양의 뼈에 끼워지는 형태
  ㉡ 3축성 관절
  ㉢ 엉덩관절(고관절), 어깨관절

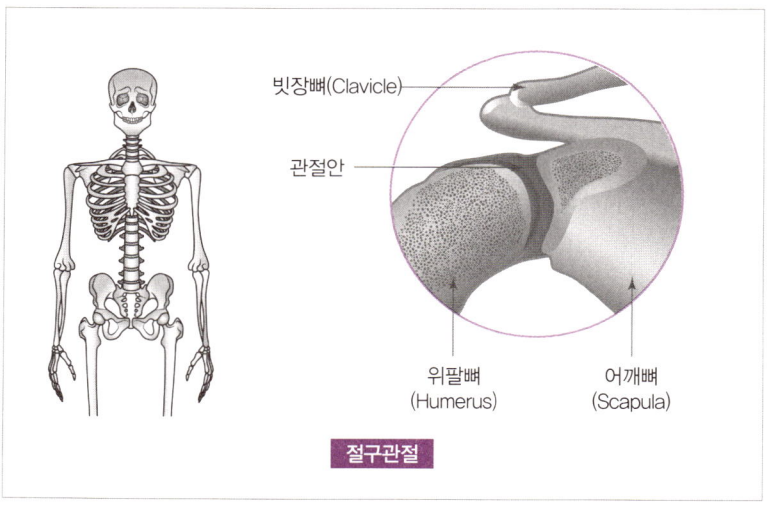

## 5. 관절운동의 종류

① 시상면-이마축에서의 관절운동
  ㉠ 굽힘(굴곡, Flexion) : 관절을 이루는 뼈의 각도가 감소하는 동작
  ㉡ 폄(신전, Extension) : 관절을 이루는 뼈의 각도가 증가하는 동작
  ㉢ 과다폄(과신전, Hyperextension) : 관절을 이루는 뼈의 각도가 해부학적 위치를 넘을 정도로 증가하는 동작
  ㉣ 발등굽힘(배측굴곡, Dorsiflexion) : 발등을 정강이뼈(경골, tibia) 방향으로 움직이는 동작
  ㉤ 발바닥굽힘(족저굴곡, Plantarflexion) : 발등을 정강이뼈로부터 멀어지도록 움직이는 동작

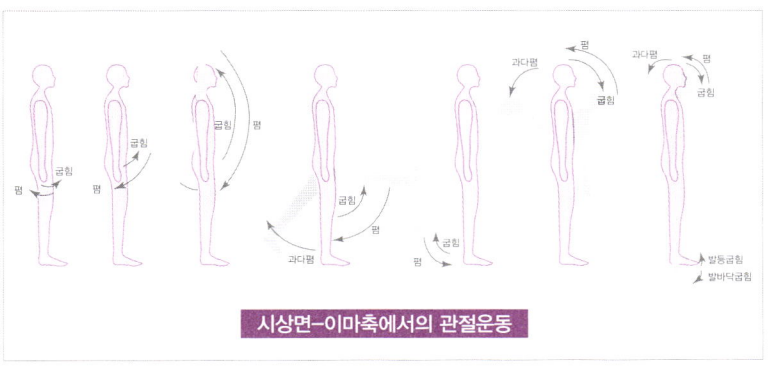

시상면-이마축에서의 관절운동

② 이마면-시상축에서의 관절운동
  ㉠ 모음(내전, Adduction) : 신체 중심선으로 가까워지는 동작
  ㉡ 벌림(외전, Abduction) : 신체 중심선에서 멀어지는 동작
  ㉢ 안쪽번짐(내번, Inversion) : 발의 엄지발가락 쪽을 드는 동작
  ㉣ 가쪽번짐(외번, Eversion) : 발의 새끼발가락 쪽을 드는 동작
  ㉤ 올림(상전, Elevation) : 어깨를 위로 올리는 동작
  ㉥ 내림(하전, Depression) : 어깨를 아래로 내리는 동작

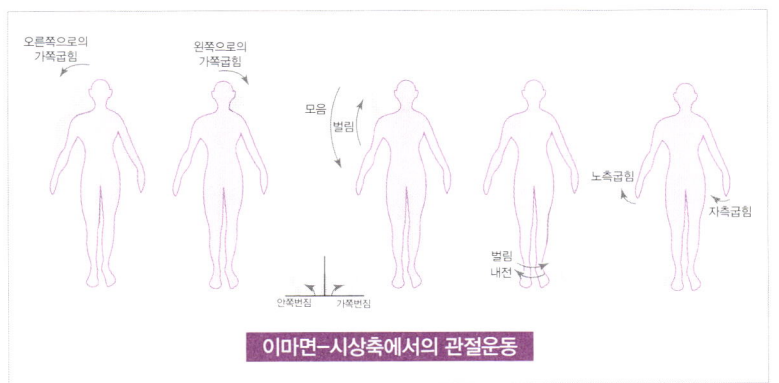

이마면-시상축에서의 관절운동

③ 가로면-수직축에서의 관절운동
  ㉠ 돌림(회전, Rotation) : 축을 중심으로 분절이 회전하는 동작
  ㉡ 엎침(회내, Pronation) : 손바닥을 아래로 돌리는 동작
  ㉢ 뒤침(회외, Supination) : 손바닥을 위로 돌리는 동작

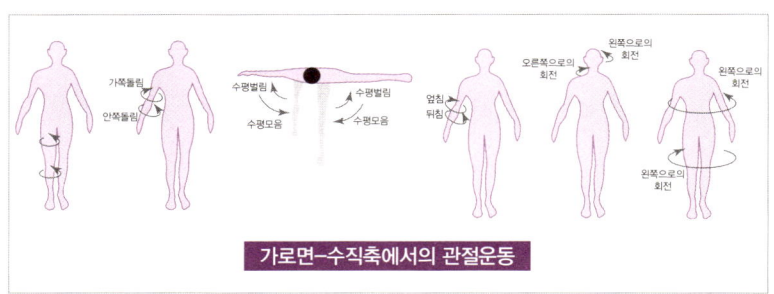

가로면-수직축에서의 관절운동

SECTION 02 | 운동의 종류

## 1. 운동의 정의와 원인

① 운동의 정의
  ㉠ 어떤 물체나 관절 등이 시간에 따라 변화하는 것
  ㉡ 속도, 가속도, 각속도, 각가속도 등으로 표현
  ㉢ 운동방정식 : 역학량을 이용해 운동 상태 표현

② 운동의 원인
  ㉠ 힘 : 물체의 방향, 운동 상태, 형태 등을 변화시킴
  ㉡ 모멘트, 토크 : 회전운동의 원인

## 2. 병진운동(선운동) 2025 기출 2023 기출

① **정의** : 움직이는 물체나 신체의 모든 입자가 같은 시간에 대하여 같은 방향과 같은 거리로 움직이는 것

② **직선운동**
  ㉠ 어떤 물체나 신체 내의 모든 점이 상하 혹은 좌우로 똑같은 위치의 변화가 일어나는 운동
  ㉡ 등속운동(Uniform motion)
    • 속도의 크기와 방향이 항상 일정하게 유지되는 운동
    • 관성의 법칙에 의해 유지되는 운동
    • $d = v \times t$ (d : 등속운동에 의한 거리, $v$ : 속도, t : 운동시간)

---

**QUIZ**
공기저항을 무시했을 때, 직선으로 떨어지는 다이빙은 등속운동으로 분류된다. (○/×)

답 ×

ⓒ 등가속도운동(Uniformly accelerated motion)
- 가속도가 일정한 운동
- 물체나 신체에 항상 일정한 힘이 작용할 때의 운동

③ **곡선운동**(Curvilinear motion)
㉠ 어떠한 물체나 신체의 움직임이 좌우, 상하의 병진운동이 합쳐진 운동
㉡ 활강하는 스키 선수, 농구공의 포물선 움직임 등

> **기출 채우기**
> 좌우와 상하의 병진운동이 합쳐진 운동을 ( )(이)라고 한다.
> 🅐 곡선운동

## 3. 회전운동(각운동) `2025 기출` `2023 기출`

① 물체나 신체가 한 점이나 한 축을 중심으로 동일 시간 동안 동일 각도로 움직이는 운동
② 회전축은 신체의 내부, 외부에 있는 것이 모두 가능
③ 순수한 회전운동은 회전축이 움직이지 않음

> **POINT**
> **회전축의 위치 사례**
> - 회전축이 인체 내부에 있는 경우
>   : 피겨스케이팅 선수의 스핀
> - 회전축이 인체 외부에 있는 경우
>   : 체조선수의 대차돌기(철봉이 회전축)

## 4. 복합운동 `2025 기출`

① 병진운동과 회전운동이 결합된 복합적인 운동
② 회전축이 움직이는 회전운동은 병진운동 요소를 가진 복합운동임
③ 대부분의 신체 운동은 복합운동

> **기출 채우기**
> 대부분의 인간 움직임은 ( ) 형태이다.
> 🅐 복합운동

> **QUIZ**
> 복합운동은 병진운동과 회전운동이 혼합된 운동이다. (○/×)
> 🅐 ○

# CHAPTER 03 인체역학

## SECTION 01 | 인체의 물리적 특성

### 1. 질량과 무게

① **질량(Mass)**
  ㉠ 어떤 물질이 가지고 있는 고유한 역학량
  ㉡ 국제단위계(SI) 단위 : kg 혹은 g
  ㉢ 한 물체에 대해서 장소와 관련 없이 항상 같은 값을 가짐

② **무게(Weight)**
  ㉠ 지구가 물체에 가하는 중력의 크기
  ㉡ W = m × g (W : 무게, m : 질량, g : 중력가속도)

> **POINT**
> 기본물리량의 국제단위계(SI) : MKS
> • 길이 : m
> • 질량 : kg
> • 시간 : s

### 2. 인체의 무게중심

① **무게중심** [2024 기출] [2023 기출]
  ㉠ 물체의 무게를 균등하게 나누어 균형을 이루게 하는 점
  ㉡ 인체의 각 분절들이 갖는 중력의 회전력(토크) 합이 0으로 균형을 이루는 점
  ㉢ '균형점'이라고도 함
  ㉣ 인체의 내부 혹은 외부에 존재(높이뛰기에서 몸을 활처럼 휘는 자세를 취할 때는 무게중심이 외부에 존재)

> **이해더하기**
> **질량중심점과 무게중심점**
> • 질량중심점(COM ; Center of mass) : 물체 전체의 질량의 중심점
> • 무게중심점(COG ; Center of gravity) : 중력에 의해 작용하는 회전력(토크)의 합이 0으로 균형을 이루는 점

② **인체의 무게중심**
  ㉠ 일반적으로 배꼽 근처에 위치함
  ㉡ 여자가 남자보다 둔부가 발달하여 상대적으로 아래쪽에 위치

> **기출 채우기**
> 무게중심의 ( )은/는 인체의 자세나 주변 환경 등에 따라 변화한다.
> 🅰 위치

> **O X QUIZ**
> 체조 선수는 공중회전하는 동안 무게중심을 지나는 축을 중심으로 회전하게 된다. (○/×)
> 🅰 ○

## 3. 무게중심의 결정

① **균형판법**
- ㉠ 균형판 위쪽에 저울을 달고, 다른 쪽에는 축을 설치, 그 위에 사람이 누움
- ㉡ 이때 균형판의 길이, 무게, 인체 무게 등을 이용해 무게중심의 높이를 계산
- ㉢ 무게중심의 높이 = $\dfrac{\text{균형판 무게} \times \text{균형판 길이}}{\text{전체 체중}}$
- ㉣ 이를 신장으로 나누어 무게중심점의 높이에 대한 비율 측정 가능

② **분절법**
- ㉠ 각 신체 분절의 질량 및 질량의 중심 위치 등은 선행연구의 자료를 활용
- ㉡ 영상분석의 디지타이징을 통해 각 분절의 끝점을 좌표화, 분절의 위치를 산출
- ㉢ 다중분절시스템을 이용한 평형분석법을 통해 전신의 무게중심 결정

③ **균형법**
- ㉠ 모서리 위에 물체를 올려놓을 때 균형을 잡는 면상에 중심이 존재
- ㉡ 방향을 번갈아 가며 세 번의 균형법을 반복했을 때 겹쳐지는 한 점이 무게중심

## 4. 인체에 작용하는 역학적 부하와 응력 [2025 기출]

① **역학적 부하(Load)**
- ㉠ 신체 또는 조직에 작용하는 물리적 힘
- ㉡ 힘의 방향, 크기, 작용점에 따라 인체 조직 내에서 다양한 응력(Stress)을 유발

② **응력(Stress)**
- ㉠ 단위 면적당 조직이 받는 내부 저항력
- ㉡ 부하의 형태에 따라 전단응력, 인장응력, 압축응력, 휨으로 구분

③ **역학적 부하의 종류**

| 종류 | 정의 |
| --- | --- |
| 전단응력(Shear) | 축과 평행하게 서로 반대 방향으로 미끄러지듯 작용하는 힘 |
| 인장응력(Tension) | 조직 양 끝에서 반대 방향으로 잡아당기는 힘 |
| 압축응력(Compression) | 조직 양 끝에서 서로 누르는 방향으로 가해지는 힘 |
| 휨(Bending) | 한쪽에 인장력, 반대쪽에 압축력이 발생하여 휘게 만드는 힘 |

## SECTION 02　인체 평형과 안정성

### 1. 안정성

① **안정성** : 물체가 정적 또는 동적 자세의 균형을 잃지 않으려는 상태
② **균형(Balance)과 평형(Equilibrium)**
　㉠ 무게중심을 유지하려는 자세 조절
　㉡ 근육 훈련과 감각기관의 훈련을 통해 향상 가능
　㉢ 균형 유지 : 시각, 체성감각, 전정계 등을 활용

> **OX QUIZ**
> 균형의 유지에는 시각과 체성감각, 전정계 등 감각기관을 사용하므로 안정성은 훈련을 통해 향상시킬 수 없는 능력이다. (O/×)
> 답 ×

### 2. 기저면 [2024 기출]

① 물체 또는 인체 등이 지면과 접촉하는 각 점들로 이루어진 전체 면적
② 기저면이 넓을수록 안정성이 높아짐
③ **스포츠에서의 예**
　㉠ 기저면이 좁은 경우 : 평균대 외발서기
　㉡ 기저면이 넓은 경우 : 평균대 앞뒤 두 발 벌리기, 레슬링에서 두 발과 두 손이 모두 지면에 닿게 하는 것

### 3. 무게중심선

① **무게중심선** : 물체의 무게중심을 통과하는 수직선
② 무게중심선이 기저면의 중앙에 가까워질수록 안정성이 커짐

> **기출 채우기**
> 무게중심을 통과하는 수직선(중심선)이 기저면의 (　　)에 가까울수록 안정성은 높아진다.
> 답 중앙

### 4. 인체 운동과 안정성

① **인체 안정성의 결정 요인** [2025 기출] [2024 기출] [2023 기출]
　㉠ 주요 요인

| 요인 | 안정적 | 불안정적 |
| --- | --- | --- |
| 기저면 | 넓을수록 | 좁을수록 |
| 무게중심의 높이 | 낮을수록 | 높을수록 |
| 무게중심선과 기저면의 한계점 | 가까울수록 | 멀수록 |
| 질량과 마찰력 | 클수록 | 작을수록 |

　㉡ 외부의 힘이 가해지는 경우 힘이 가해지는 방향으로 기저면을 넓히면 안정성이 증가
　㉢ 기타 시각적·심리적 영향에 따라 안정성이 변화

> **POINT 안정성의 증가**
> 기저면을 넓히고, 무게중심은 낮추고, 수직무게중심선을 기저면의 안에 위치시키는 동작이 효과적

② 인체의 운동과 안정성
  ㉠ 안정성은 인체의 운동 수행 전반에 많은 영향을 행사
  ㉡ 일반적으로 안정성과 신속성은 반비례의 관계
  ㉢ 동작 수행의 목적에 따라 의도적으로 안정성을 조절
    - 레슬링, 유도, 씨름 등에서는 안정성을 높여 경기를 유리하게 진행
    - 크라우칭 스타트 등 신속한 방향 전환이 필요한 경기에서는 의도적으로 안정성을 낮춤

## SECTION 03 인체의 구조적 특성

### 1. 인체의 분절 모형

① 역학에서 인체 분석 및 관찰을 목적으로 만든 기계화된 모형
② 분절들을 각 관절의 중앙에서 점으로 연결하여 구성
③ 머리, 몸통, 왼손, 오른손, 상완, 하완, 발, 대퇴, 하퇴로 구성

### 2. 인체 지레 [2024 기출] [2023 기출]

① 인체 지레의 구성
  ㉠ 받침점(축) : 관절
  ㉡ 가해진 힘과 접점 : 근력과 근육의 부착점
  ㉢ 작용되는 힘과 저항점(작용점) : 외부의 힘(바벨의 무게 등), 분절의 무게 등
  ㉣ 지렛대 : 뼈

② 지레의 법칙
  ㉠ 지레는 회전력(토크)의 원리로 작동
  ㉡ 회전력=힘×해당 힘에서 받침점(축)까지의 거리
  ㉢ 지레에 가해진 힘과 저항힘의 관계
    - 가한 힘×힘팔의 길이 = 저항하는 힘×저항팔의 길이
    - $\dfrac{\text{저항하는 힘(출력)}}{\text{가한 힘(입력)}} = \dfrac{\text{힘팔의 길이}}{\text{저항팔의 길이}}$
  ㉣ 역학적 이득 : 힘의 입·출력 관계에서 가한 힘에 대한 저항힘의 비율
  ㉤ 역학적 이득이 1보다 크다면 가한 힘보다 저항하는 힘이 큰 것

③ 인체 지레의 종류
  ㉠ 1종 지레 : 받침점(축)이 저항점(작용점)과 힘점 사이에 존재하며 역학적 이점이 1보다 크거나 작은 것 모두 가능

---

**POINT**

**힘팔과 저항팔**
- 힘팔 : 힘점에서 받침점까지의 거리
- 저항팔 : 저항점에서 받침점까지의 거리

**기출 채우기**

인체 지레에서 저항하는 힘이 20N, 저항팔의 길이가 10cm이며, 힘팔의 길이가 5cm일 경우 정적 상태를 유지하기 위해 필요한 힘은 (　　)N이다.

답 40

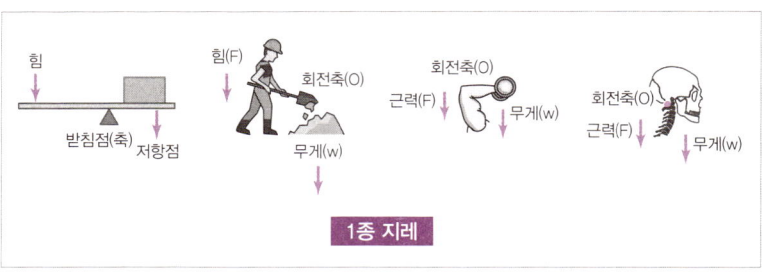

ⓛ 2종 지레 : 저항점(작용점)이 받침점(축)과 힘점 사이에 존재하며 역학적 이점은 1보다 큼

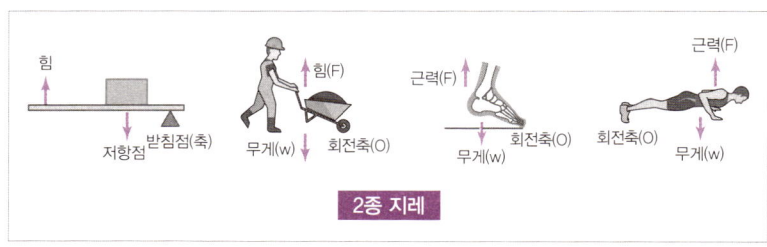

ⓒ 3종 지레 : 힘점이 받침점(축)과 저항점(작용점) 사이에 존재하며 역학적 이점은 없으나 운동의 범위와 속도 면에서 이점이 있음

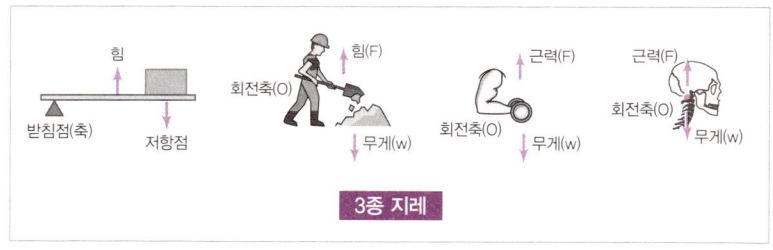

## 3. 바퀴와 축

① **바퀴와 축**
  ㉠ 축 혹은 바퀴에 힘을 작용시킴으로써 큰 힘이나 빠른 회전력을 얻는 것
  ㉡ 척추운동에서 주변 근육의 수축으로 몸통 전체의 방향이 빠르게 전환되는 것

② **도르래의 원리**
  ㉠ 1종 지레와 비슷한 기능을 수행
  ㉡ 힘의 작용 방향을 바꿔주는 역할

③ **바퀴와 축의 유형**
  ㉠ 제1유형 : 바퀴에 힘을 가하여 축에서 보다 큰 힘을 얻고자 하는 유형
  ㉡ 제2유형 : 축에 힘을 가해 바퀴에서 빠른 회전력을 얻고자 하는 유형

---

**기출 채우기**
3종 지레의 기계적 확대율은 1보다 (   ).
📖 작다

**OX QUIZ**
3종 지레는 축이 힘점과 저항점 사이에 있다. (○/×)
📖 ×

**기출 채우기**
카누 경기에서 오른손으로 패들의 끝을 잡고 왼손으로 패들을 잡아당기는 순간 적용되는 지레는 (   )이다.
📖 3종 지레

# CHAPTER 04 운동학의 스포츠 적용

## SECTION 01 선운동의 운동학적 분석

### 1. 거리와 변위 [2025 기출]

① **거리(Distance)** : 물체가 두 지점을 얼마나 멀리 움직였는가를 나타내는 스칼라량

② **변위(Displacement)** : 처음 위치부터 마지막 위치까지의 방향과 그 최단 거리를 나타내는 벡터량

③ **스칼라(Scalar)량과 벡터(Vector)량** [2024 기출] [2023 기출]

| 스칼라량 | • 방향 없이 크기만 존재하는 값<br>• 거리, 길이, 넓이, 온도, 시간, 질량, 속력, 에너지 등 |
|---|---|
| 벡터량 | • 크기와 방향이 모두 존재하는 값<br>• 변위, 속도, 가속도, 힘, 운동량, 충격량, 전기장, 자기장, 각운동량 등 |

> **QUIZ**
> 거리가 무한정 늘어나더라도 변위는 0일 수 있다. (○/×)
> 답 ○

> **기출 채우기**
> 골프 수행에 관한 변인 중 골프클럽의 가속도는 ( )에 해당한다.
> 답 벡터

**이해더하기**

400m 원형 트랙 위에서의 거리와 변위

| 구분 | 거리 | 변위 |
|---|---|---|
| 100m 선수 | 100m | 100m |
| 400m 선수 | 400m | 0m |

### 2. 속력과 속도 [2025 기출] [2023 기출]

① **속력(Speed)**

㉠ 물체가 얼마나 빠르게 움직이고 있는지를 나타내는 스칼라량

㉡ 속력$(v) = \dfrac{\text{이동거리}(s)}{\text{시간}(t)}$

㉢ 단위 : m/s, m/min, km/h 등

② **평균속력(Average speed)**

㉠ 일정 시간 동안 이동한 총 거리

㉡ 평균속력$(v) = \dfrac{\text{총 이동거리}(\Delta s)}{\text{총 시간}(\Delta t)}$

③ 속도(Velocity)
  ㉠ 단위 시간 동안 물체가 이동한 변위로 빠르기를 나타내는 벡터량
  ㉡ 속도($\vec{v}$) = $\dfrac{\text{변위(d)}}{\text{시간(t)}}$
  ㉢ 단위 : m/s, m/min, km/h 등

④ 평균속도(Average velocity)
  ㉠ 총 걸린 시간 동안에 위치가 변한 정도
  ㉡ 평균속도($\vec{v}$) = $\dfrac{\text{변위 변화율}(\Delta d)}{\text{총 시간}(\Delta t)}$

## 3. 가속도 [2024 기출]

① 속도가 단위시간 동안 얼마나 변했는지를 나타내는 벡터량
② 가속도(a) = $\dfrac{\text{속도의 변화}(\Delta v)}{\text{시간의 변화}(\Delta t)}$
③ 단위는 $m/s^2$이며 양의 값과 음의 값을 모두 가짐
  ㉠ 양의 값을 가질 때 : 속도가 증가하고 있음
  ㉡ 0의 값을 가질 때 : 등속도 운동을 하고 있음(운동의 속도 변화가 없음)
  ㉢ 음의 값을 가질 때 : 속도가 감소하고 있음
④ 가속도의 방향은 합력의 방향과 항상 같으며, 속도의 방향과는 다를 수 있음

> **이해 더하기**
>
> **중력가속도**
> - 중력에 의하여 일정하게 발생하는 가속도
> - 항상 $9.8m/s^2$의 값을 가짐
> - 지구 중심 방향을 향하는 벡터량
> - 상승운동의 경우에는 감소하여 $9.8m/s^2$이 되고, 하강운동의 경우에는 증가하여 $9.8m/s^2$이 됨

## 4. 포물선 운동 [2023 기출]

① 어떤 힘에 의하여 공중으로 던져진 물체가 포물선의 경로를 따라서 움직이는 운동
② 포물선 운동의 수평성분과 수직성분

| 수직성분 | • 중력의 영향을 받음(수직 하방으로 $9.8m/s^2$의 중력가속도가 작용)<br>• 투사체의 최대 높이를 결정(수직속도는 포물선의 최고점에서 0m/s) |
|---|---|

---

**QUIZ**
5m/s로 달리던 자동차가 3초 후 11m/s가 되었다면 이 자동차의 가속도는 $2m/s^2$이다. (○/×)
답 ○

**QUIZ**
가속도의 방향은 속도의 방향과 항상 같다. (○/×)
답 ×

**기출 채우기**
공기저항을 무시했을 때, 포물선 운동을 하는 공의 수직가속도는 (　　　)와/과 같다.
답 중력가속도

| 수평성분 | • 공기저항을 고려하지 않을 경우, 외력의 영향이 없음(등가속도가 0m/s²)<br>• 투사체의 이동 거리를 결정 |

※ 수직성분과 수평성분은 독립적

③ **투사거리를 결정하는 요인**
  ㉠ 투사각도
  ㉡ 투사속도 : 수직속도와 수평속도의 합력
  ㉢ 투사높이 : 투사높이가 a만큼 높으면 투사거리도 a만큼 길어짐
    ※ 투사거리=투사속도×체공시간

④ **상대투사높이** : 물체가 최초로 투사되었을 때(투사높이)와 지면에 도달했을 때 혹은 멈추었을 때 높이(착지높이)의 차

> **이해더하기**
> 
> **상대투사높이에 따른 적정 투사각**
> • 상대투사높이가 0일 경우 45°가 가장 적합
> • 상대투사높이가 0보다 큰 경우 45°보다 약간 작은 각도가 적합
> • 상대투사높이가 0보다 작은 경우 45°보다 약간 큰 각도가 적합

## SECTION 02 각운동의 운동학적 분석

### 1. 각거리와 각변위

① **각거리**
  ㉠ 물체가 한 지점에서 다른 지점으로 이동하였을 때 물체가 이동한 경로가 만드는 총 각도의 크기를 나타내는 스칼라량
  ㉡ 방향이 없으며 항상 양의 값을 지님

② **각변위**
  ㉠ 축을 중심으로 회전하는 물체에 대한 각위치의 변화를 나타내는 벡터량
  ㉡ 방향이 있으므로 시계방향(−) 또는 반시계방향(+)으로 표시

> **이해더하기**
> 
> **각위치**
> • 축을 따라 움직이는 병진운동에서 회전축을 기점으로 하는 기준선과 물체의 위치가 특정 시점에 이루는 각도
> • 방향을 갖는 벡터량

**POINT**

**각거리와 각변위의 단위**
• °/s
• rad/s
• rpm 등

**각거리와 각변위의 사례**
암컬 동작 중 팔꿈치를 편 상태에서 팔꿈치를 90° 굽혔다가 처음의 자세로 되돌아간 경우 각거리는 180°(90°+90°)인 반면 각변위는 0°(90°−90°)이다.

**기출 채우기**
야구에서 오른손잡이 타자가 타격을 할 때, 배트의 각변위는 반시계방향으로 회전하였으므로 ( )의 값으로 나타낸다.

답 양(+)

## 2. 각속력과 각속도 [2025 기출] [2024 기출] [2023 기출]

① 각속력
  ㉠ 각거리의 시간에 대한 변화율을 나타내는 스칼라량
  ㉡ 각속도의 절댓값으로 항상 양의 값을 지님
  ㉢ 각속력 = $\dfrac{각거리}{총\ 걸린\ 시간}$

② 각속도
  ㉠ 각변위의 시간에 대한 변화율을 나타내는 벡터량
  ㉡ 각속도 = $\dfrac{각변위}{총\ 걸린\ 시간}$
  ㉢ 단위 : rad/s, RPM

③ 각가속도
  ㉠ 각속도의 시간에 대한 변화율을 나타내는 벡터량
  ㉡ 단위 : °/s², rad/s²

④ 평균 각가속도 = $\bar{\alpha} = \dfrac{\Delta \omega}{\Delta t} = \dfrac{최종\ 각속도(\omega_2) - 최초\ 각속도(\omega_1)}{최종\ 시간(t_2) - 최초\ 시간(t_1)}$

> **이해 더하기**
>
> **라디안**
> - 호의 길이가 반지름의 길이와 동일하게 되는 만큼의 각
> - 호도법에서 사용하는 단위로 육십분법으로 바꾸면 약 57.3°

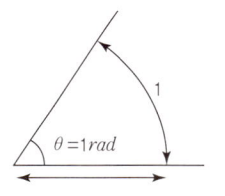

## 3. 선속도와 각속도의 관계

① 선속도 = 각속도 × 회전반경(원의 반지름)
② 각속도가 일정할 때 선속도는 회전반경에 비례
③ 선속도가 일정할 때 각속도는 회전반경에 반비례

> **이해 더하기**
>
> **선속도와 각속도 사례**
> - 야구에서 타자는 상완을 겨드랑이에 밀착시켜 회전반경을 줄임으로써 스윙 시의 선속도를 증가시킴
> - 투수가 공을 던질 때 팔이 길면(회전반경이 크면) 공의 선속도가 더 큼

---

**기출 채우기**

각운동에서 각속도가 일정할 경우 반지름(회전반경)의 크기가 커지면 (　　　)은/는 빨라진다.

답 선속도

# CHAPTER 05 운동역학의 스포츠 적용

## SECTION 01 선운동의 운동역학적 분석

### 1. 힘의 정의와 단위 [2024 기출]

① 물체에 작용했을 때 물체의 형태를 변형시키거나 운동 상태를 변화시키는 벡터 물리량
② 단위는 N(뉴턴)이며 1N은 1kg의 질량을 가진 물체를 $1m/s^2$의 가속도로 가속시키는 데 필요한 힘($1N = 1kg \times 1m/s^2$)
③ **힘의 3요소** : 크기, 방향, 작용점

**기출 채우기**
80kg의 질량을 가진 물체가 $5m/s^2$의 가속도를 가지고 있다면 힘의 크기는 (     )N이다.
🎯 400

### 2. 힘의 벡터적 특성

① 벡터량이기 때문에 크기, 방향, 작용점, 작용선이 있음
② 힘의 크기와 방향이 같을 경우 이는 동일한 힘
③ 같은 힘이 다른 작용점에서 작용하는 경우 결과가 다르게 나타남
④ 작용점과 힘의 크기가 같지만 힘의 방향이 다를 때는 물체에 미치는 효과가 다르기 때문에 다른 운동 양상을 보임
⑤ 작용점과 힘의 크기가 같고 작용선이 다른 경우에는 회전력에 차이를 보임

**POINT 내력과 외력**
- 내력 : 같은 계에 속한 물체들 사이에 작용하는 힘
- 외력 : 물체가 속한 계 바깥의 물체에 의해 작용하는 힘

### 3. 힘의 종류

① **근력**
　㉠ 근육의 수축에 의해 발생하는 힘
　㉡ 골격근의 수축으로 만들어낼 수 있는 최대의 근력
② **중력** : 지구가 물체를 지구 중심으로 끌어당기는 힘($9.8m/s^2$의 가속도)
③ **마찰력** [2025 기출]
　㉠ 물체가 어떤 면과 접촉하여 운동할 때 그 물체의 운동을 방해하는 힘으로 운동 방향의 반대 방향으로 작용
　㉡ 마찰력의 크기 = 마찰계수 × 접촉면에 수직으로 가해진 힘
　㉢ 마찰력은 경우에 따라 추진력으로 작용( 도로 위 자동차 바퀴)
　㉣ 마찰계수는 접촉면의 형태에 영향을 받음

**QUIZ**
접촉면의 형태와 재질 등은 마찰계수에 영향을 미친다. (○/×)
🎯 ○

ⓜ 마찰력의 종류

| 정지마찰력 | • 정지해 있는 물체에 작용하는 마찰력<br>• 크기는 항상 외력과 같음 |
|---|---|
| 최대정지마찰력 | 정지해 있던 물체가 막 움직이기 시작하는 순간의 마찰력 |
| 운동마찰력(미끄럼마찰력) | 물체가 표면 위를 미끄러질 때 작용하는 마찰력 |
| 굴림마찰력 | 표면 위에서 굴러가는 공이나 바퀴 등이 물체나 표면의 변형 등에 의해 굴러가는 방향의 반대 방향으로 받게 되는 힘 |

ⓑ 최대정지마찰력은 운동마찰력보다 큼

④ **부력** 2024 기출
  ㉠ 정의 : 중력에 대항해 유체(액체와 기체)로부터 위 방향으로 받는 힘
  ㉡ 공식 : 부력(B)=유체의 밀도($\rho$)×중력가속도(g)×잠긴 부분의 부피(V)
  ㉢ 특징
   • 물에 잠긴 물체의 부피와 부력은 비례함(단, 물체의 질량과는 관계 없음).
   • 부력의 중심은 어떤 물체가 물속에 가라앉은 체적의 중심

⑤ **항력** : 유체 속에서 운동하는 물체의 운동 방향에 대해 반대 방향으로 작용하는 힘

⑥ **양력**
  ㉠ 정의 : 유체 속에서 운동하는 물체의 운동 방향에 대해 수직 방향으로 작용하는 힘
  ㉡ 베르누이의 원리 : 유체의 속도가 증가할수록 압력은 감소함
  ㉢ 받음각(공격각, 영각) : 물체의 중심선과 진행 방향(유체의 흐름 방향)이 이루는 각

> **기출 채우기**
> 양력은 물체의 중심선과 진행 방향이 이루는 (　　)에 의해 발생한다.
> 🔑 받음각(공격각, 영각)

> **POINT**
> **마그누스 효과와 공의 경로**
> • 탑스핀이 걸린 공은 본래의 경로보다 더 빠르게 낙하함
> • 백스핀이 걸린 공은 본래의 경로보다 더 늦게 낙하함

**이해더하기**

**회전과 마그누스 효과** 2023 기출
• 회전하는 물체가 유체 속을 지나갈 때 압력이 높은 쪽에서 낮은 쪽으로 휘어져 나가는 것

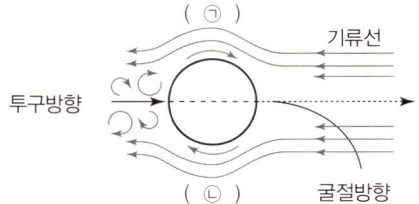

• 회전 방향과 기류의 흐름이 반대인 ( ㉠ )에서는 기류의 흐름이 느려지고 기압이 상승
• 회전 방향과 기류의 흐름이 같은 ( ㉡ )에서는 기류의 흐름이 빨라지고 기압이 하강

## 4. 뉴턴의 선운동 법칙 [2024 기출]

① 관성의 법칙(제1운동법칙)
  ㉠ "물체에 외력이 존재하지 않거나 작용하는 힘의 합이 0이면, 정지해 있던 물체는 계속 정지하고 운동하던 물체는 계속 등속도 운동을 한다."
  ㉡ 관성 : 물체가 원래의 상태를 유지하려고 하는 특징
  ㉢ 관성은 모든 물체가 가진 특성이며, 그 크기는 질량에 비례함

② 가속도의 법칙(제2운동법칙)
  ㉠ "물체에 힘을 가하면 힘의 방향으로 질량에 반비례하고 힘의 크기에 비례하는 가속도가 생긴다."
  ㉡ 힘(F) = 질량(m) × 가속도(a)

③ 작용-반작용 법칙(제3운동법칙)
  ㉠ "상호작용하는 물체들 사이의 작용력과 반작용력은 크기가 같고 방향은 서로 반대이며, 동일 직선상에 있다."
  ㉡ 모든 힘의 작용에 대해 항상 크기가 같고 방향이 반대인 힘, 즉 반작용이 존재함
  ㉢ 작용과 반작용은 서로 다른 물체에 외력으로서 작용하므로 상쇄되지 않음

> **기출 채우기**
> ( )은/는 물체에 작용하는 힘의 크기가 일정할 때, 물체의 질량이 증가하면 가속도는 감소하게 된다는 법칙이다.
> 답 뉴턴의 제2법칙

> **QUIZ**
> 물체는 외부로부터 외력이 가해지지 않으면 운동 상태에서 정지 상태로 변화한다. (○/×)
> 답 ×

## 5. 선운동량과 충격량 [2025 기출] [2024 기출] [2023 기출]

① 운동량
  ㉠ 운동하고 있는 물체가 가지는 벡터 물리량
  ㉡ 운동량($\vec{P}$) = 질량(m) × 속도($\vec{v}$)
  ㉢ 단위 : N·s = kg·m/s

② 충격량
  ㉠ 운동량에 영향을 주는 물리량인 힘과 작용시간을 곱한 값
  ㉡ 충격량($\vec{I}$) = 충격력($\vec{F}$) × 작용시간(Δt)
  ㉢ 단위 : N·s = kg·m/s

③ 운동량과 충격량 간의 관계
  ㉠ 물체의 충격량 = 운동량의 변화량(충돌 후 운동량 – 충돌 전 운동량)
  ㉡ 일반적으로 물체의 질량이 변하는 경우는 드물므로 충격량은 물체의 속도를 변화시킴
  ㉢ 추진 방향의 충격량은 운동량을 증가시키고 반대 방향의 충격량은 운동량을 감소시킴

④ 운동량과 충격량 관계의 스포츠 적용
  ㉠ 동일한 충격량 생성 조건에서 접촉시간이 늘어날 경우 충격력은 감소

> **기출 채우기**
> 한 사람이 2초 동안 30N의 일정한 힘을 발생시켰을 때, 충격량은 ( )N·s이다.
> 답 60

> **QUIZ**
> 물체의 질량이 변하지 않는 경우, 충격량은 속도의 변화량에 반비례한다. (○/×)
> 답 ×

- ⓒ 순간적으로 큰 충격을 주어야 하는 타격 경기에서는 작용시간(상대의 몸에 주먹이 닿아 있는 시간)을 줄임으로써 충격력을 증가시킴
- ⓒ 추락 등의 상황에서는 부상 방지를 위해 접촉시간(접촉면적)을 증가시킴으로써 충격력을 감소시킴

> **이해더하기**
>
> **선운동량의 보존**
>
> 물체가 충돌하거나 결합·분열할 때, 외력이 없는 경우 물체들의 총 운동량은 항상 일정하게 보존됨

### 6. 탄성  2025 기출

① **정의**
- ⓐ 어떠한 물체에 힘이 가해졌을 때, 그 물체가 변형되었다가 원래의 상태로 돌아가려는 성질
- ⓑ 물질 자체의 성질 혹은 물체가 충돌하는 상대 물체의 재질에 영향을 받음

② **복원계수(반발계수)**
- ⓐ 어떤 물체가 최초의 충돌 후 변형되었다가 복원되는 정도의 크기
- ⓑ 충돌하는 물체 또는 운동도구의 충돌 전후 상대속도의 비
- ⓒ 복원계수 = $\dfrac{\text{충돌 후 상대속도}}{\text{충돌 전 상대속도}} = \dfrac{V_\text{후} - v_\text{후}}{V_\text{전} - v_\text{전}}$

(V : 물체 1의 속도, $v$ : 물체 2의 속도)

> **이해더하기**
>
> **충돌 후 튀어 오를 때의 높이를 이용한 복원계수(반발계수) 계산**
>
> 복원계수 = $\dfrac{v_2}{v_1} = \dfrac{\sqrt{2gh'}}{\sqrt{2gh}} = \dfrac{\sqrt{h'}}{\sqrt{h}}$
>
> (h : 물체를 떨어뜨린 높이, h' : 물체가 튀어 오른 높이)

③ **탄성 충돌의 분류**

| | |
|---|---|
| 완전 탄성충돌<br>(복원계수 1) | 충돌 물체 상호 간의 충돌 전후의 상대 속도가 같은 경우로서 충돌에 의한 에너지의 손실 혹은 에너지의 형태 전환이 없음 예 당구 |
| 불완전 탄성충돌<br>(복원계수 0 초과 1 미만) | 충돌에 의하여 물체가 일시적으로 변형된 후 다시 충돌 전의 상태로 복원되는 경우 예 야구의 배팅 |
| 완전 비탄성충돌<br>(복원계수 0) | 충돌 후에 서로 분리되지 않는 경우 예 양궁, 사격 |

---

**기출 채우기**

복원계수가 1일 때를 완전탄성충돌이라고 하며, 이때 두 물체의 충돌 전후 상대속도는 (    )하다.

답 동일

**OX QUIZ**

1m에서 떨어뜨린 공이 바닥에 튕겨 올라온 높이가 49cm일 경우, 반발계수는 0.49이다. (O/X)

답 ×

④ 임팩트와 리바운드
  ㉠ 임팩트 : 물체가 충돌하는 순간
  ㉡ 리바운드 : 임팩트가 일어난 후 물체가 튀어나가는 것
  ㉢ 임팩트 힘
    • 물체가 충돌할 때 생기는 힘
    • 운동에너지, 힘이 가해지는 거리, 충돌 면적에 영향을 받음
  ㉣ 임팩트의 종류

| 직접 임팩트 | 두 물체가 정면으로 충돌하는 임팩트 |
| --- | --- |
| 간접 임팩트 | 두 물체가 사각으로 충돌하는 임팩트 |

## SECTION 02 각운동의 운동역학적 분석

### 1. 회전력(토크, 힘의 모멘트) 2025 기출 2023 기출

① 물체를 회전시켜 각운동량을 만드는 힘
② **모멘트** : 힘이 어떤 물체의 회전중심선(회전축)에서 벗어나 작용하여 물체가 회전운동을 하게 되는 것
③ 회전력(토크) = 힘 × 모멘트 암 = 관성모멘트 × 각가속도
  ※ 모멘트 암 : 힘과 축 사이의 거리

> **QUIZ**
> 힘의 작용선이 물체의 회전축을 통과할 때 토크가 발생한다. (O/×)
> 답 ×

### 2. 관성모멘트(회전모멘트) 2025 기출 2024 기출 2023 기출

① 외부의 회전력에 대해 물체의 운동 상태를 변화시키지 않으려는 저항 특성
② **단위** : $kg \cdot m^2$
③ 결정 요인
  ㉠ 물체의 질량 : 물체의 질량이 클수록 회전에 대한 저항도 큼
  ㉡ 질량 분포 : 회전축으로부터 먼 곳에 질량이 더 많이 분포할수록 관성모멘트도 증가함
  ㉢ 관성모멘트 = 질량 × 회전 반경$^2$
④ 외력이 없는 경우 관성모멘트가 클수록 각속도는 작아짐

> **QUIZ**
> 관성모멘트는 각운동량에 반비례하고 각속도에 비례한다. (O/×)
> 답 ×

> **기출 채우기**
> 다이빙 공중 동작에서 각운동량이 동일할 때, 두 팔과 두 다리를 몸통 쪽으로 모으는 자세를 취하면 관성모멘트가 가장 ( ).
> 답 작아진다

> **이해 더하기**
> **스포츠에서의 관성모멘트 활용**
> • 다이빙 선수의 공중회전 동작에서는 다이빙 플랫폼 이지(take-off) 직후에 다리와 팔을 회전축 가까이 위치시켜 관성모멘트를 감소시킴으로써 각속도를 증가시킨다.
> • 다이빙 동작에서 몸을 펴면 관성모멘트가 증가하여 회전을 멈추게 된다.
> • 피겨스케이트 트리플 악셀 점프에서 팔을 몸쪽으로 붙이면 관성모멘트가 감소하여 더 빠르게 회전한다.

## 3. 뉴턴의 각운동법칙

① **각관성의 법칙(제1운동법칙)**
  ㉠ 각관성 : 회전운동에서 외부로부터 가해진 회전력에 대해 물체의 운동 상태를 변화시키지 않으려는 저항 특성
  ㉡ 물체가 회전운동을 시작하거나 정지시키거나 회전 속도나 회전 방향을 변화시키기 위해서는 토크가 필요함

② **각가속도의 법칙(제2운동법칙)**
  ㉠ 강체에 비평형인 토크가 가해지면 그 토크에 비례하고 관성모멘트에 반비례하는 각가속도가 토크의 방향과 동일한 방향으로 발생
  ㉡ F = 질량(m) × 각가속도(α)
  ㉢ 각운동 토크 = 관성모멘트 × 각가속도

③ **각반작용의 법칙(제3운동법칙)** : 강체에 서로 영향을 미치는 토크는 첫 번째 강체에 대해 두 번째 강체에 의해 발휘되는 크기가 같고 방향이 반대인 토크가 존재함

## 4. 각운동량과 회전충격량

① **각운동량**
  ㉠ 회전하는 물체의 운동량
  ㉡ 단위 : $kg \cdot m^2/s$
  ㉢ 각운동량 = 관성모멘트 × 각속도 = 질량 × 회전반경$^2$ × 각속도
  ㉣ 더 큰 관성모멘트를 지닐수록, 더 빠른 각속도로 움직일수록 더 큰 각운동량을 지님
  ㉤ 공전적 각운동량 : 전신의 중심에 대한 분절 중심의 각운동량
  ㉥ 자전적 각운동량 : 분절의 중심에 대한 분절 자체의 각운동량

② **회전충격량**
  ㉠ 주어진 시간 동안 가해진 회전력의 총량
  ㉡ 회전하는 물체의 토크와 작용한 시간의 곱
  ㉢ 공전적 각운동량과 자전적 각운동량 변화의 원인

## 5. 각운동량의 보존과 전이

① **각운동량 보존의 법칙**
  ㉠ 회전운동을 하고 있는 물체에 외력이 작용하지 않는다면 해당 물체의 각운동량의 크기와 방향은 변하지 않음

---

**QUIZ**

체조 도마의 제2비약(도마 이륙 후 착지 전까지의 동작)에서 이륙 직후와 착지 직전의 상·하체의 각운동량의 합은 같지 않다. (○/×)

×

ⓒ 스포츠 상황에서 상황에 맞게 관성모멘트를 조절하여 각운동량 및 각속도를 조절

② 각운동량의 전이
㉠ 각운동량이 일정할 때 신체 일부가 각운동량을 생성하면 신체의 나머지 부분이 전체 각운동량을 일정하게 맞추기 위해 그것을 보상하게 되는 원리
㉡ 자전적 각운동량과 공전적 각운동량이 상호작용을 하여 보상
㉢ 한 분절에서 각운동량이 증가할 경우 나머지 분절에서는 동일한 양의 각운동량이 감소

### POINT
**각운동량 전이 예시**
야구에서 투수가 투구할 때 몸 전체를 회전(각운동)시키다가 팔을 제외한 나머지 몸의 회전을 멈추면 몸 전체의 각운동량이 투구하는 팔로 전이되어 팔의 각운동량이 증가, 더 빠르게 공을 던질 수 있게 된다.

③ 카운터 밸런스
㉠ 사지의 각운동량이 전신 또는 다른 신체 부위의 각운동량으로 전이되어 전체 신체의 균형을 유지하는 것
㉡ 스포츠 상황뿐만 아니라 일상생활에서도 동작을 부드럽게 만드는 데 기여함

### 기출 채우기
배구에서 공중 스파이크를 할 때 팔과 다리를 함께 뒤로 굽히는 동작은 (　　　　)을/를 만들어 스파이크 동작을 원활하게 하고 공중에서의 균형을 유지하는 데 도움을 준다.

답 카운터 밸런스

## 6. 구심력과 원심력  2024 기출

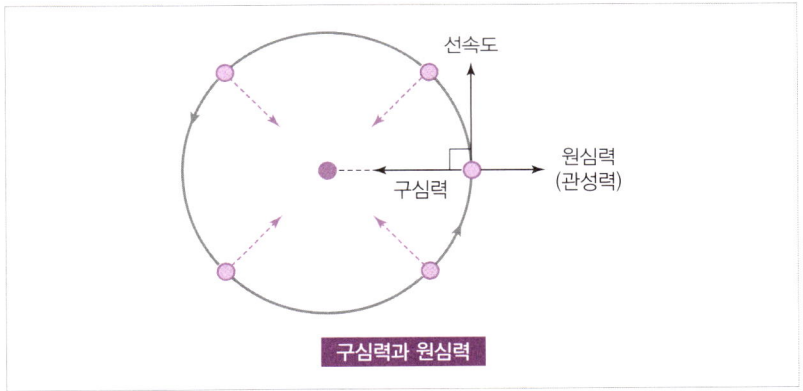

구심력과 원심력

① 구심력
㉠ 원운동을 하는 물체가 원의 궤도를 벗어나지 않고 운동하게 하는 힘
㉡ 장력의 한 종류로서 원의 중심(구심) 방향으로 작용
㉢ 구심력 = 질량(m) × 회전반경(r) × 각속도$^2$(ω$^2$)

② 원심력
㉠ 구심력과 방향이 반대이며 크기가 같은 힘
㉡ 원심력 = $\dfrac{질량(m) \times 속도^2(v^2)}{회전반경(r)}$

### 기출 채우기
구심력과 원심력은 그 (　　　)은/는 같고 (　　　)은/는 반대인 힘이다.

답 크기, 방향

③ 구심가속도
  ㉠ 원운동을 유지하기 위하여 구심 방향으로 물체를 끌어당기는 힘
  ㉡ 구심가속도 = $\dfrac{선속도^2(V^2)}{반지름(r)}$

④ 일반적 원리
  ㉠ 물체의 질량이 크면 그 물체의 원운동을 지속시키는 데 상대적으로 더 큰 힘이 요구됨
  ㉡ 물체의 속력이 크면 더 큰 힘이 요구됨
  ㉢ 원의 반경이 크면 더 큰 힘이 요구됨

⑤ 스포츠에서의 적용
  ㉠ 해머 경기에서 해머를 돌리다가 놓는 순간 구심력이 사라지며 원심력도 0으로 변하고, 이로 인해 해머는 궤도에서 이탈하여 궤도의 접선 방향으로 날아감
  ㉡ 사이클 벨로드롬 경기에서는 곡선주로를 이탈하지 않기 위해서 신체를 곡선주로의 안쪽으로 숙이기 때문에 경기장이 경사가 있는 형태로 만들어짐
  ㉢ 육상, 사이클, 쇼트트랙 등의 경기에서 코너링 시에 속도를 감소시키거나 궤적을 크게 하여 원심력을 조절
  ㉣ 쇼트트랙 선수가 원심력을 극복하기 위해서 원운동 중심 방향으로 몸을 최대한 기울여 구심력을 높임

> **QUIZ**
> 육상 선수는 곡선주로에서 원심력을 줄이기 위해 질주속도를 증가시킨다. (○/×)
> 답 ×

# CHAPTER 06 일과 에너지

## SECTION 01 일과 일률

### 1. 일 [2024 기출]

① 물체에 힘이 작용하는 동안 물체에 작용한 힘 또는 물체가 전달한 에너지를 나타내는 스칼라량
② 단위 : J(Joule) 또는 N·m (1J = 1N·m)
③ 일(W) = 힘(F) × 이동 변위(d)
④ 일의 구분
  ㉠ 양의 일 : 힘의 방향과 이동 방향이 같게 일을 함
  ㉡ 음의 일 : 힘의 방향과 이동 방향이 다르게 일을 함

**기출 채우기**
상완이두근이 등척성 수축을 할 때, 팔꿉관절에 대해 한 일은 ( )이다.
답 0

### 2. 일률 [2025 기출] [2024 기출] [2023 기출]

① 단위시간당 수행한 일의 양 혹은 일의 빠르기를 나타내는 물리량
② 일률(파워) = $\dfrac{일}{힘의 작용 시간}$ = $\dfrac{힘(F) \times 이동 변위(d)}{시간(t)}$ = 힘(F) × 속도(v)
③ 단위 : J/s, N·m/s

**기출 채우기**
파워(power)는 일의 ( )을/를 나타내는 물리량이다.
답 빠르기

## SECTION 02 에너지

### 1. 에너지의 정의와 종류 [2025 기출] [2024 기출] [2023 기출]

① 에너지
  ㉠ 정의 : 일을 할 수 있는 능력
  ㉡ 종류 : 위치에너지, 열에너지, 운동에너지, 빛에너지 등
② 위치에너지(PE ; Potential Energy)
  ㉠ 어떤 높이에 있는 물체가 가지는 에너지
  ㉡ 중력에 의해 일을 하므로 중력에 의한 위치에너지라고도 함
  ㉢ 위치에너지 = 질량(m) × 중력가속도(g) × 높이(h)
    ※ 중력가속도 : 9.8m/s$^2$

**기출 채우기**
트램펄린 위에서 점프 동작을 할 경우, 위치에너지는 신체가 수직으로 가장 높이 올라갔을 때 ( )이/가 된다.
답 최대

> **이해더하기**
>
> **낙하하는 물체의 운동(공기 저항과 마찰 무시)** 2023 기출
>
> | 위치 | 최고점 | → | 지면 |
> |---|---|---|---|
> | 운동에너지 | 최소 | 증가 | 최대 |
> | 위치에너지 | 최대 | 감소 | 최소 |
> | 역학적 에너지 | 동일 ||| 
> | 에너지 전환 | 위치에너지 → 운동에너지 |||

③ **탄성에너지(SE ; Strain Energy)**
  ㉠ 저장에너지의 한 형태로, 변형된 물체가 본래의 형상으로 돌아가는 과정에서 탄성력이 발생시키는 에너지
  ㉡ 탄성에 의한 위치에너지라고도 함
  ㉢ 탄성에너지 = $\frac{1}{2}$ × 탄성계수 × 변형된 길이$^2$

④ **운동에너지(KE ; Kinetic Energy)**
  ㉠ 운동 중인 물체가 지니는 에너지
  ㉡ 선운동의 운동에너지 = $\frac{1}{2}$ × 질량(m) × 속도$^2$(v$^2$)
  ㉢ 각운동의 운동에너지 = $\frac{1}{2}$ × 질량(m) × 회전축으로부터의 거리$^2$(r$^2$) × 각속도$^2$(ω$^2$)

> **이해더하기**
>
> **스포츠에서의 에너지 활용**
> - 탁구 경기에서 서브 시 공을 높이 띄우는 것은 공의 위치에너지를 이용하여 공의 속도를 빠르게 하기 위한 것이다.
> - 양궁 경기에서 선수가 시위를 당겼을 때 시위에는 탄성에너지가 발생·저장되며, 이 에너지를 이용해 화살을 날려 보낸다.
> - 볼링에서 팔의 스윙 속도가 동일할 때, 더 무거운 공을 사용하면 운동에너지가 증가하게 된다.

## 2. 역학적 에너지 보존의 법칙

① 역학적 에너지 = mgh(위치에너지) + $\frac{1}{2}$mv$^2$(운동에너지)

② 외력이 작용하지 않을 때, 위치에너지와 운동에너지는 서로 전환되며 그 합은 항상 일정함

---

**QUIZ**
위치에너지는 물체의 질량과는 관계가 있으나 높이와는 관계가 없다. (O/×)
답 ×

**POINT**
역학적 에너지
- 운동에너지
- 중력에 의한 위치에너지
- 탄성에 의한 위치에너지

> **이해더하기**
>
> **스포츠에서의 역학적 에너지 보존 법칙**
> - 장대높이뛰기 선수는 도움닫기를 통해 운동에너지를 증가시키고, 장대를 이용해 이를 탄성에너지로 변환시켜 높이 올라감
> - 다이빙 선수는 높은 곳으로 올라가서 위치에너지를 증가시키고, 점프 후 낙하 과정에서 이것이 운동에너지로 전환되어 입수 시까지 속도가 증가함

## 3. 인체 에너지 효율

① **광의의 인체 에너지 효율** : $\dfrac{\text{역학적으로 한 일}}{\text{인체가 소모한 에너지 양}}$

② **협의의 인체 에너지 효율**

㉠ $\dfrac{\text{이용할 수 있는 에너지}}{\text{투입한 에너지}}$

㉡ 사용한 에너지 중 회수되는 에너지의 비율

③ 생리적으로 소모한 에너지양과 역학적인 일의 양이 같아지면 인체 에너지 효율이 높은 것으로 봄

## 4. 일과 에너지의 관계

① 일과 에너지는 서로 전환 가능
② 어떤 물체에 대하여 외부에서 일을 하면 그 물체의 에너지는 증가함
③ 물체의 에너지는 일로 전환되어야 측정 가능
④ 일 = 운동에너지의 변화량 + 위치에너지의 변화량

# CHAPTER 07 다양한 운동기술의 분석

> **SECTION 01** 운동기술 분석 개요

## 1. 운동학적 분석 [2024 기출]

① 운동의 형태를 관찰·분석
② **양적 변화** : 변위, 속도, 가속도, 각속도, 방향, 위치, 무게중심 등
③ **운동학적 분석의 사례**
  ㉠ 100m 달리기에서 신체 중심의 구간별 속도 측정
  ㉡ 야구 스윙 시의 배트 각속도 측정
  ㉢ 농구 자유투에서 농구공이 날아가는 궤적 측정
④ **운동학적 분석방법** : 영상분석, 고니오미터 각도 분석

## 2. 운동역학적 분석 [2025 기출] [2024 기출]

① 운동을 일으키는 힘을 분석
② **질적 변화** : 외력(중력, 마찰력, 지면반력), 내력(근모멘트, 근육·인대활동), 토크, 역학적 에너지
③ **운동역학적 분석의 사례**
  ㉠ 보행 시의 지면반력 측정
  ㉡ 스쿼트 동작에서 넙다리네갈래근(대퇴사두근)의 근활성도 측정
  ㉢ 다이빙 시 위치에너지의 변화 측정

> **SECTION 02** 동작분석

## 1. 영상분석의 개요

① 촬영 장비를 이용하여 인체의 움직임과 관련된 영상자료를 수집·분석해 인체 운동과 관련된 정보를 얻는 것
② 인체의 움직임을 바로 기억해서 분석할 수 없기 때문에 이를 보완하기 위한 방안

---

**QUIZ**
컬링의 스위핑 시 브러시에 가해지는 압력을 측정하는 것은 운동역학적 측정에 해당한다. (○/×)
답 ○

**기출 채우기**
수영 동작에서 물의 저항력을 분석하는 것은 (    )적 분석이다.
답 운동역학

**기출 채우기**
영상분석은 (    )적 변인을 측정하기 위한 방법이다.
답 운동학

③ **영상분석장비** : 카메라, 통제점 틀, 조도계, 영상신호 변환장치, 영사기, 디지타이저 등
④ 운동역학 분야에서 가장 활용도가 높은 분석 방법

## 2. 2차원 영상분석 `2024 기출`

① 단일평면상에서 일어나는 인체 움직임을 분석
② 실험설계(계획) → 실험(촬영) → 자료처리 → 분석
③ 광축에 수직인 평면에서 일어나는 운동을 분석
④ 철봉 대차륜, 보행 동작, 자전거 주행 시 다리 동작 등

> **기출 채우기**
> 2차원 영상분석은 (　　)에서 일어나는 운동을 분석하는 방법이다.
> 답 평면

## 3. 3차원 영상분석

① 2대 이상의 카메라를 사용하여 인체 운동을 공간적으로 분석하는 방법
② 2차원 분석법에서 발생하는 투시오차를 해결

> **QUIZ**
> 3차원 영성분석에 필요한 최소 카메라 수는 3대이다. (○/×)
> 답 ×

> **이해더하기**
> **투시오차**
> 단일평면 내에서 일어나지 않는 움직임을 2차원 영상분석으로 분석할 경우 생기는 오차

③ 하나의 인체 분절 정의에 필요한 최소의 반사마커 수는 3개
④ **3차원 영상분석의 과정** : 실험 설계 → 촬영 → 자료 처리(디지타이징) → 운동학적·운동역학적 변인 계산 → 분석 및 피드백
⑤ **용례** : 체조경기 분석, 장대높이뛰기 분석, 야구의 피칭 동작 분석 등

**SECTION 03** | 힘분석

## 1. 힘 측정 원리

① 힘이 가해졌을 때 물체가 변형되거나 이동하는 변화 상태를 이용하여 힘을 측정
② **힘 측정 방법** : 영상 분석, 가속도계, 스트레인 게이지

## 2. 다양한 힘 측정 방법

① **근력 측정**
  ㉠ 직접 측정 : 스트레인 게이지 연결
  ㉡ 간접 측정 : 근전도 측정, 영상분석 및 시뮬레이션
② **중력 측정** : 용수철을 이용한 중력 측정 장비 사용
③ **지면반력 측정** : 지면반력 측정기 사용
④ **마찰력 측정**
  ㉠ 장력 측정기를 이용해 측정
  ㉡ 물체가 정지한 상태에서는 정지마찰력을, 물체가 움직일 때는 운동 마찰력을 측정 가능
⑤ **항력/양력 측정** : 풍동 실험, 영상 분석
⑥ **부력 측정** : 물체가 유체에 잠긴 부피를 이용하거나 직접 측정

## 3. 지면반력 측정 2023 기출

① **지면반력** : 사람이나 물체가 지면에 접촉하여 지면을 누르는 힘에 반하여 지면이 사람과 물체를 밀어내는 반력(반작용)
② **지면반력 분석**
  ㉠ 체중계 : 중력 반대 방향의 지면반력만 측정 가능
  ㉡ 지면반력측정기
    • 수직, 수평 성분을 모두 분석 가능
    • 지면반력 측정기, 증폭기, A/D 변환기, 컴퓨터로 구성됨
    • 전압의 변화를 통해 분석

> **기출 채우기**
> 지면반력은 지면이 신체에 가하는 ( )을/를 말한다.
> 답 반력(반작용)

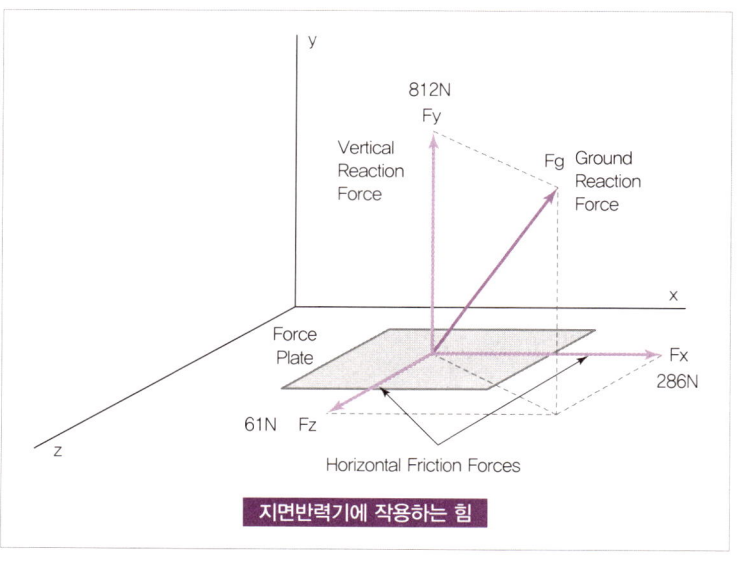

지면반력기에 작용하는 힘

③ 지면반력의 성분
  ㉠ 좌우성분(Fx) : 좌우 방향의 운동에 변화
  ㉡ 전후성분(Fy) : 전후 방향의 운동에 변화
  ㉢ 수직성분(Fz) : 중력 반대 방향의 힘
④ 용례 : 높이뛰기 높이 추정, 신발의 충격완충성 검사

> **POINT**
> **지면반력과 몸무게**
> 인체가 수평 정지 상태에 있으면 수직 지면반력의 크기는 몸무게와 항상 같음

## SECTION 04 근전도분석

### 1. 근전도의 원리

① **근전도(EMG ; Electromyogram)**
  ㉠ 근육이 수축할 때의 전위차, 즉 근육의 전기적 신호를 측정하여 근육을 분석
  ㉡ 의학, 재활, 스포츠과학 등의 다양한 학문에서 이용됨
② **근전도 활용 목적** : 근력 측정, 근피로와의 관계 분석, 근육 동원 순서 확인, 근력의 활성 시점 및 활성치 확인

> **기출 채우기**
> 근전도 검사는 근수축과 관련된 ( ) 신호를 측정하는 것이다.
> 🔑 전기적

### 2. 근전도의 측정

① **전극**
  ㉠ 표면전극 : 피부 표면에 전극을 부착하여 근전도를 측정하는 방식으로 측정이 간편하고 다양한 운동 상황에서 사용 가능
  ㉡ 침습전극 : 바늘 혹은 가는 전선을 근육에 직접 삽입하여 심층 근육이나 운동 단위 수준에서 근전도를 측정
② **전극의 부착** : 운동점(motor point)와 건(tendon) 사이의 힘살(근복, belly)에 가깝게 부착
③ **증폭기** : 전치증폭기, 주증폭기
④ 근전도 신호의 여과

### 3. 근전도의 분석과 활용

① 근전도 신호, EMG 정류, 적분 EMG, 신경전도 속도 등의 검사가 가능
② 신체의 운동과 관련된 직접적 정보를 얻음
③ 근육을 분석하여 임상의학적 진단 및 운동선수의 운동수행력 향상에 기여 가능

> **기출 채우기**
> 근전도는 양과 음의 값을 모두 가지며, 이로 인한 왜곡을 방지하기 위해 ( ) 과정을 거친다.
> 🔑 정류

# 출제예상문제

**2025 기출 유형**

**01** 운동역학의 목적과 내용으로 적절하지 않은 것은?

① 운동역학 연구의 목적은 운동용기구의 개발 및 평가를 하기 위함이다.
② 효율적인 동작 수행을 통한 운동 수행력 향상을 하기 위함이다.
③ 스포츠 선수들의 심리 상태를 파악하기 위함이다.
④ 운동 시 발생할 수 있는 상해의 원인 파악과 예방이 가능하다.

해설 | 스포츠 선수의 심리 상태 파악은 스포츠심리학의 연구 목적 및 연구 영역이다.

**02** 운동역학의 연구 분야 중 〈보기〉에 해당하는 것은?

> **보기**
> 운동을 시간적·공간적 관점에서 연구하는 것으로 힘과 모멘트는 배제하고 운동의 변위와 속도, 가속도 등을 기술한다.

① 운동학(Kinematics)
② 운동역학(Kinetics)
③ 생체역학(Biomechanics)
④ 정역학(Statics)

해설 | 운동학은 운동의 변위와 속도, 가속도 등을 기술하는 분야로 힘과 모멘트는 배제한다. 운동역학은 이와 대비되는 분야로서 운동의 원인이 되는 힘을 측정하며 힘과 모멘트를 분석의 대상에 포함한다.

**03** 인체의 근골격계 중 〈보기〉에 해당하는 것은?

> **보기**
> • 신체가 어떤 동작을 할 때 근육이 수축하는 방향으로 움직이는 근육이다.
> • 단축성 수축에서는 이 근육에 의해 발휘되는 힘모멘트가 저항모멘트보다 커서 근육의 길이가 짧아진다.

① 주동근(작용근, Agonist)
② 길항근(대항근, Antagonist)
③ 굴근(굽힘근, Flexor)
④ 내전근(모음근, Adductor)

해설 | 작용근이라고도 불리는 주동근에 대한 설명이다.
② 길항근(대항근) : 근육이 수축하는 방향과 반대로 움직이는 근육
③ 굴근(굽힘근) : 관절의 각도를 감소시키는 근육
④ 내전근(모음근) : 사지를 몸 중심부와 가까운 방향으로 움직이게 하는 근육

**2025 기출 유형**

**04** 운동의 종류에 관한 설명으로 옳지 않은 것은?

① 복합운동은 병진운동과 회전운동이 혼합된 운동이다.
② 병진운동은 한 개의 고정된 축을 중심으로 물체가 회전하는 운동이다.
③ 직선운동은 병진운동의 한 종류이다.
④ 회전축은 신체의 내부, 외부에 있는 것이 모두 가능하다.

해설 | 회전운동은 한 개의 고정된 축을 중심으로 물체가 회전하는 운동이다. 병진운동은 움직이는 물체나 신체의 모든 입자가 같은 시간에 대하여 같은 방향과 같은 거리로 움직이는 운동이다.

**05** 해부학적 자세를 기준으로 발목관절의 안쪽번짐(Inversion)과 가쪽번짐(Eversion)이 발생하는 면(Plane)은?

① 시상면(Sagittal plane)
② 이마면, 관상면(Frontal plane)
③ 가로면, 수평면(Transverse plane)
④ 대각면(Diagonal plane)

해설 | 이마면, 관상면은 인체의 좌우로 형성되어 몸을 앞뒤로 나누는 평면으로 내번과 외번이 발생하는 면이다.

**06** 다음 중 해부학적 방향 용어의 설명으로 적절하지 않은 것은?

① 가쪽(Lateral) : 인체의 중심선에서 먼 위치 및 방향
② 몸쪽(Proximal) : 사지의 부착이 몸체에 먼 방향 및 위치
③ 안쪽(Medial) : 인체의 중심선과 가까운 위치 및 방향
④ 위(Superior) : 머리와 가까운 것 혹은 머리를 향하는 것

해설 | '몸쪽'은 사지의 부착이 몸체에 가까운 방향 및 위치를 말한다. 사지의 부착이 몸체에 먼 방향 및 위치는 '먼쪽'이다.

**07** 인체의 이마축을 중심으로 시상면에서 발생하는 관절운동은?

① 폄(신전, Extension)
② 엎침(회내, Pronation)
③ 벌림(외전, Abduction)
④ 내림(하전, Depression)

해설 | ②는 가로면-수직축에서, ③과 ④는 이마면-시상축에서 발생하는 관절운동이다.

**08** 다음 중 인체의 움직임을 표현하는 용어로 옳지 않은 것은?

① 신전(Extension)은 관절을 이루는 뼈의 각도가 증가하는 동작이다.
② 외번(Eversion)은 발의 새끼발가락 쪽을 드는 동작이다.
③ 회내(Pronation)는 손바닥을 아래로 돌리는 동작이다.
④ 외전(Abduction)은 뼈의 세로축이 신체의 중심선으로 가까워지는 동작이다.

해설 | 외전(벌림, Abduction)은 신체의 중심선에서 멀어지는 움직임을 말한다. 신체의 중심선으로 가까워지는 움직임은 모음(내전, Adduction)이다.

**09** 다음 중 운동에 대한 설명으로 적절하지 않은 것은?

① 직선운동에는 속도의 크기와 방향이 일정한 등속운동과 가속도가 일정한 등가속도 운동이 있다.
② 신체 운동의 대부분은 병진운동과 회전운동이 결합된 복합운동이다.
③ 회전운동에서 회전축은 반드시 인체의 내부에 존재한다.
④ 물체 혹은 신체의 움직임이 좌우·상하 병진운동이 합쳐진 운동을 곡선운동이라 한다.

해설 | 체조선수의 대차돌기와 같이 회전축이 인체 외부에 존재하는 것도 가능하다(대차돌기의 경우 철봉이 회전축).

**정답** 01 ③  02 ①  03 ①  04 ②  05 ②  06 ②  07 ①  08 ④  09 ③

**10** 인체의 무게중심에 대한 설명으로 옳지 않은 것은?

① 인체의 무게를 균등하게 나누어 균형을 이루게 하는 점이다.
② 인체의 각 분절들이 갖는 중력의 회전력이 0으로 균형을 이루는 점이다.
③ 인체의 자세나 주변 환경 등에 따라 위치가 변한다.
④ 무게중심은 항상 인체 내부에 위치한다.

해설 | 무게중심은 인체의 내부와 외부에 모두 존재할 수 있다. 높이뛰기에서 몸을 활처럼 휘는 자세를 취하는 경우에는 무게중심이 인체의 외부에 존재한다.

**2025 기출 유형**

**11** 인체의 안정성을 결정짓는 요인이 아닌 것은?

① 기저면이 넓을수록 안정성은 높아진다.
② 무게중심선이 기저면의 중앙에 가까울수록 안정성은 낮아진다.
③ 무게중심선이 기저면 밖에 있으면 불안정한 상태가 된다.
④ 무게중심의 높이와 관련이 있으며 낮을수록 안정성은 높아진다.

해설 | 무게중심선이 기저면의 중앙에 가까울수록 안정성은 높아진다.

**12** 다음 중 안정성을 높게 유지하는 것이 유리한 종목이 아닌 것은?

① 레슬링
② 씨름
③ 알파인스키 회전
④ 유도

해설 | 알파인스키 회전 종목과 같이 신속한 방향 전환이 자주 필요한 종목에서는 의도적으로 안정성을 낮추어 경기에 참여해야 유리하다.

**13** 다음 중 움직임 자유도(dgree of freedom)가 가장 높은 신체 관절은?

① 경첩관절(Hinge joint)
② 절구관절(Ball and socket joint)
③ 중쇠관절(Pivot joint)
④ 활주관절(Gliding joint)

해설 | 신체 관절의 움직임 자유도는 해당 관절에서 허용되는 각 운동의 면과 축의 수가 몇 개인지, 즉 해당 관절이 몇 개의 축을 가지고 있는지를 나타내는 값이다. 절구관절은 축이 3개인 3축성 관절로, 움직임 자유도는 3으로 가장 높다.
① 경첩관절 : 1축성 관절(움직임 자유도 1)
③ 중쇠관절 : 1축성 관절(움직임 자유도 1)
④ 활주관절 : 무축성 관절(움직임 자유도 0)

**2025 기출 유형**

**14** 신체에 작용하는 역학적 부하(load)에 관한 설명으로 옳은 것은?

① 전단응력(Shear) : 조직의 장축을 따라 대칭으로 가해지는 힘
② 인장응력(Tension) : 조직의 양 끝에서 같은 방향으로 가해지는 힘
③ 압축응력(Compression) : 조직의 양 끝에서 서로 누르는 방향으로 가해지는 힘
④ 휨(Bending) : 조직 전체에 균일한 힘이 가해져 길이가 짧아지게 만드는 힘

해설 | 신체에 작용하는 역학적 부하는 조직에 가해지는 힘의 방향과 방식에 따라 전단응력, 인장응력, 압축응력, 휨으로 구분된다.
① 전단응력(Shear) : 축과 평행하게 서로 반대 방향으로 미끄러지듯 작용하는 힘
② 인장응력(Tension) : 조직 양 끝에서 반대 방향으로 잡아당기는 힘
④ 휨(Bending) : 한쪽에 인장력, 반대쪽에 압축력이 발생하여 휘게 만드는 힘

**15** 인체 지레에 관한 설명으로 옳지 <u>않은</u> 것은?

① 1종 지레는 받침점이 저항점과 힘점 사이에 있다.
② 인체 지레의 대부분은 3종 지레에 해당되어 운동의 범위와 속도 면에서 이득을 본다.
③ 2종 지레는 작용점이 힘점과 받침점 사이에 있다.
④ 3종 지레는 힘점이 받침점과 저항점 사이에 있으며 역학적 이득이 1보다 크다.

해설 | 3종 지레는 힘점이 받침점과 저항점 사이에 있으며 역학적 이득은 없으나 운동의 범위와 속도 면에서 이득을 본다.

**16** 테니스 수행에 관한 변인 중 스칼라(Scalar)에 해당하는 것은?

① 스매시에서 공의 평균속력
② 공에 가해지는 충격량
③ 라켓의 가속도
④ 서브되는 공의 운동량

해설 | 스칼라는 방향 없이 크기만 존재하는 값으로 거리, 길이, 넓이, 온도, 시간, 질량, 속력, 에너지 등이 이에 해당한다. 충격량, 가속도, 운동량 등은 벡터에 해당한다.

**17** 100m 달리기 경기에서 75kg인 선수가 출발 4초 후 12m/s의 속도가 되었다면 달리는 방향으로 발휘한 평균 힘의 크기는?

① 225N
② 230N
③ 235N
④ 240N

해설 | 힘의 크기는 '질량(m)×가속도(a)'로 구하고, 가속도는 '속도의 변화(Δd)/시간의 변화(Δt)'로 구한다. 정지 상태에서 출발 4초 후 12m/s의 속도가 되었으므로 가속도는 $3m/s^2$이며, 평균 힘의 크기는 75×3=225N이다.

**18** 가속도에 대한 설명으로 옳지 <u>않은</u> 것은?

① 단위시간 동안 속도가 얼마나 변했는지를 나타내는 벡터량이다.
② 단위는 $m/s^2$이며, 양의 값과 음의 값을 모두 가진다.
③ 가속도가 양의 값일 때, 물체의 속도는 점차 증가한다.
④ 가속도의 방향은 합력 및 속도의 방향과 항상 같다.

해설 | 가속도의 방향은 합력의 방향과 항상 같으며, 속도의 방향과는 다를 수 있다.

**19** 공의 포물선 운동에 대한 설명으로 적절하지 <u>않은</u> 것은?

① 농구공의 수직속도는 포물선의 최고점에서 0m/s가 된다.
② 공기저항을 고려하지 않을 경우 수직성분에는 외력의 영향이 없다.
③ 수직성분과 수평성분은 독립적인 요인이다.
④ 포물선 운동의 수직성분은 최대 높이를 결정한다.

해설 | 공기저항을 고려하지 않을 경우 수평성분에는 외력의 영향이 없다. 그러나 수직성분은 중력이 작용하여 수직 하강으로 $9.8m/s^2$의 중력가속도가 작용한다.

**정답** 10 ④  11 ②  12 ③  13 ②  14 ③  15 ④  16 ①  17 ①  18 ④  19 ②

**20** 공기저항을 고려하지 않은 경우의 포물선 운동에 대한 설명으로 적절하지 않은 것은?

① 상대투사높이가 0보다 클 경우 투사각도는 45°보다 약간 커야 투사거리가 가장 길어진다.
② 투사체의 투사속도는 수직속도와 수평속도의 합력이다.
③ 투사체의 수평가속도는 0m/s²이다.
④ 공의 수직가속도는 중력가속도와 동일하다.

해설 | 상대투사높이는 투사높이와 착지높이의 차를 말한다. 상대투사높이가 0보다 클 경우 투사각도를 45°보다 약간 작게 해야 투사거리가 가장 길어진다.

**21** 셔틀콕이 라켓의 회전축에서부터 0.5m 지점에서 타격되었다. 셔틀콕이 타격되는 순간 라켓의 각속도가 60rad/s이면 타격지점에서 라켓의 선속도는?

① 25m/s  ② 30m/s
③ 25rad/s  ④ 30rad/s

해설 | '선속도=각속도×회전반경'이다. 따라서 타격지점에서 라켓의 선속도는 60(rad/s)×0.5(m)=30m/s이다.

**2025 기출 유형**

**22** 다음 중 힘에 대한 설명으로 적절하지 않은 것은?

① 힘은 질량과 가속도의 곱이다.
② 내력과 외력으로 구분할 수 있다.
③ 단위는 N(뉴턴)을 사용하며 벡터량이다.
④ 1N은 1g의 질량을 가진 물체를 1m/s²의 가속도로 가속시키는 데 필요한 힘이다.

해설 | 1N은 1kg의 질량을 가진 물체를 1m/s²의 가속도로 가속시키는 데 필요한 힘이다.

**2025 기출 유형**

**23** 다음 중 마찰력에 대한 설명으로 옳지 않은 것은?

① 정지마찰력의 크기는 항상 외력과 같다.
② 접촉면의 형태와 재질 등은 마찰계수에 영향을 미친다.
③ 마찰력은 물체 표면에 수직으로 작용하는 힘(수직항력, normal force)과 관계가 있다.
④ 마찰력은 접촉면과 평행하게 작용하며 물체의 운동 방향과 반대 방향으로 작용한다.

해설 | 마찰력은 접촉면에 수직으로 작용하며, 물체의 운동 방향과 반대 방향으로 작용한다. 마찰력의 크기는 접촉면에 수직으로 가해진 힘에 비례하며, 정지마찰력의 크기는 항상 외력과 동일하다.

**24** 다음 중 뉴턴의 제2운동법칙에 해당하는 설명으로 적절한 것은?

① 뉴턴의 제2운동법칙은 관성의 법칙이라고도 불린다.
② 물체에 힘을 가하면 힘의 방향으로 질량에 반비례하고 힘의 크기에 비례하는 가속도가 생긴다.
③ 상호작용하는 모든 힘의 작용에 대해 항상 크기가 같고 방향이 반대인 힘이 존재한다.
④ 정지해 있던 물체는 계속 정지하고 운동하던 물체는 계속 등속도 운동을 한다.

해설 | 뉴턴의 제2운동법칙(가속도의 법칙)은 물체에 힘을 가하면 힘의 방향으로 질량에 반비례하고, 힘의 크기에 비례하는 가속도가 생긴다. 공식은 힘(F)=질량(m)×가속도(a)이다.

**25** 충격량(Impulse)에 대한 설명으로 옳은 것은?

① 충격량의 단위는 $kg \cdot m/s^2$이다.
② 스칼라(scalar)이다.
③ 시간에 대한 힘의 곡선을 적분한 값이다.
④ 일반적으로 물체의 질량을 변화시킨다.

해설 | 충격량은 운동량의 변화량. 즉 힘을 시간에 대해 적분한 양($I = \int Fdt$)이다.
① 충격량의 단위는 $N \cdot s$, $kg \cdot m/s$ 등을 사용한다.
② 충격량은 벡터(vector)인 힘에 스칼라인 작용시간을 곱한 것이며, 벡터와 스칼라를 곱해 얻은 결괏값은 벡터가 된다. 즉, 충격량은 벡터이다.
④ 충격량은 물체의 운동량을 변화시키며, 일반적으로 물체의 질량이 변하는 경우는 드물고 물체의 속도를 변화시킨다.

**26** 다음 중 역학적 에너지가 가장 작은 것은?

① 8m/s로 평지를 달리고 있는 질량 70kg인 축구선수의 운동에너지
② 9m/s로 평지를 달리고 있는 질량 60kg인 축구선수의 운동에너지
③ 5m 높이에 서 있는 질량 60kg인 다이빙선수의 위치에너지
④ 7m 높이에 서 있는 질량 50kg인 다이빙선수의 위치에너지

해설 | 8m/s로 평지를 달리고 있는 질량 70kg인 축구선수의 운동에너지 = $\frac{1}{2} \times 70kg \times (8m/s)^2 = 2,240J$로 가장 작다.
② 9m/s로 평지를 달리고 있는 질량 60kg인 축구선수의 운동에너지 = $\frac{1}{2} \times 60kg \times (9m/s)^2 = 2,430J$
③ 5m 높이에 서 있는 질량 60kg인 다이빙선수의 위치에너지 = $60kg \times 5m \times 9.8m/s^2 = 2,940J$
④ 7m 높이에 서 있는 질량 50kg인 다이빙선수의 위치에너지 = $50kg \times 7m \times 9.8m/s^2 = 3,430J$

**2025 기출 유형**

**27** 다음 중 토크에 대한 설명으로 옳은 것은?

① 물체가 충돌할 때 생기는 힘이다.
② 물체를 회전시켜 각운동량을 만드는 힘이다.
③ 힘이 어떤 물체의 회전중심선을 통과하여 물체가 회전운동을 하게 되는 것이다.
④ 충돌로 인해 물체가 변형되었다가 원래의 상태로 돌아가려는 성질이다.

해설 | 토크는 물체를 회전시켜 각운동량을 만드는 힘으로, 힘과 모멘트 암을 곱하여 구한다.

**2025 기출 유형**

**28** 관성모멘트에 대한 설명으로 적절하지 않은 것은?

① 외력이 없는 경우 관성모멘트가 작을수록 각속도도 작아진다.
② 관성모멘트는 외부의 회전력에 대해 운동 상태를 변화시키지 않으려는 저항 특성이다.
③ 물체의 질량과 회전 반경의 제곱을 곱하여 구한다.
④ 질량의 분포는 관성모멘트에 영향을 미치는 요소이다.

해설 | 외력이 없다고 가정했을 때, 관성모멘트가 클수록 각속도는 작아진다.

정답 20 ① 21 ② 22 ④ 23 ④ 24 ② 25 ③ 26 ① 27 ② 28 ①

**29** 피겨 스케이팅에서 회전 동작을 할 때, 신체의 장축에 대한 회전속도(각속도)의 크기가 가장 큰 동작으로 적절한 것은? (단, 각운동량은 같음)

① 두 팔과 두 다리 모두 양쪽으로 벌린 자세
② 두 팔과 두 다리 모두 몸통 쪽으로 모으는 자세
③ 두 다리는 양쪽으로 벌리고 두 팔만 몸통 쪽으로 모으는 자세
④ 두 팔은 양쪽으로 뻗고 두 다리만 몸통 쪽으로 모으는 자세

해설 | 각운동량이 동일하므로 각속도가 커지려면 관성모멘트가 작아져야 한다. 회전축과 가까운 곳에 질량이 많이 분포해 있을수록 관성모멘트가 작아지므로 두 팔과 두 다리 모두 몸통 쪽으로 모으는 자세를 취했을 때 관성모멘트가 가장 작고, 따라서 각속도의 크기는 가장 크다.

**30** 운동 상황에서 운동량의 보존과 전이에 대한 설명으로 적절하지 <u>않은</u> 것은? (공기저항은 무시함)

① 다이빙의 공중 동작에서 각운동량의 크기와 방향은 변하지 않는다.
② 투수가 공을 던질 때 몸 전체를 회전시키다 공을 릴리즈하는 순간 팔을 제외한 나머지 신체의 회전 속도를 줄이는 것은 각운동량의 전이를 이용한 것이다.
③ 멀리뛰기 선수가 점프를 한 후부터 착지하기 전까지의 총 각운동량은 변하지 않는다.
④ 체조의 공중돌기 동작에서 도약 직후와 착지하기 직전의 상·하체 각운동량의 합은 서로 다르다.

해설 | 공기저항을 무시했을 경우, 공중돌기 시작부터 착지 직전까지의 상·하체 각운동량의 합은 동일하다.

**2025 기출 유형**

**31** 30N의 힘으로 물체를 1.5m 들어 올렸을 때 역학적 일(Work)의 크기는?

① 30J  ② 45J
③ 55J  ④ 60J

해설 | 일=힘(30N)×이동 변위(1.5m)=45J

**32** 운동 상황에서 원심력과 구심력에 대한 설명으로 적절하지 <u>않은</u> 것은?

① 사이클이 곡선 주행을 할 때 작용하는 원심력과 구심력의 크기는 같고, 방향이 반대이다.
② 육상 경기에서 곡선 주로를 달리는 선수가 각속도를 두 배로 증가시키려면 구심력은 네 배가 되어야 한다.
③ 질량이 두 배인 물체를 동일한 각속도로 회전시키기 위해서는 구심력이 두 배로 증가하여야 한다.
④ 해머 경기에서 원심력보다 직선 운동을 하려는 해머의 관성이 더 커졌을 때 해머는 선운동을 하게 된다.

해설 | 해머 경기에서 직선 운동을 하려는 해머의 관성을 이겨내고 원형 경로를 유지하게 하는 힘은 물체를 원의 중심 방향으로 당기는 힘, 즉 구심력이다. 따라서 해머의 관성이 구심력보다 커졌을 때 해머는 각운동이 아닌 선운동을 하게 된다.
① 원심력은 구심력과 그 크기가 같고 방향이 반대인 것으로 상정되는 가상의 힘이다. 따라서 곡선 주행을 할 때 작용하는 원심력과 구심력의 크기는 같다.
② '구심력=질량(m)×회전반경(r)×각속도$^2$($\omega^2$)'이므로 각속도를 2배로 증가시키려면 구심력은 2의 제곱인 4배가 필요하다.
③ '구심력=질량(m)×회전반경(r)×각속도$^2$($\omega^2$)'이므로 물체의 질량이 두 배가 될 경우 구심력도 두 배로 증가하게 된다.

**2025 기출 유형**

**33** 일률(Power)에 대한 설명으로 옳은 것은?

① 단위시간당 수행한 일의 양이다.
② 일의 양과 힘의 작용 시간을 곱하여 구한다.
③ 단위는 J 혹은 N을 사용한다.
④ 일의 크기를 나타내는 물리량이다.

해설 | 일률(power)은 단위시간당 수행한 일의 양, 즉 일의 빠르기를 나타내는 물리량으로서 일의 양을 작용 시간으로 나누어 구한다. 단위는 J/s 혹은 N·m/s를 사용한다.

**2025 기출 유형**

**34** 다음 중 일과 에너지에 관한 설명으로 옳지 않은 것은?

① 에너지는 일을 할 수 있는 능력이다.
② 위치에너지는 운동에너지로 변환될 수 있다.
③ 질량이 일정하면 속도 변화는 운동에너지의 변화를 의미한다.
④ 일은 운동에너지의 변화량에서 위치에너지의 변화량을 제한 것과 같다.

해설 | 일은 운동에너지의 변화량과 위치에너지의 변화량의 합과 같다.

**2025 기출 유형**

**35** 인체 평형과 안정성에 관한 설명으로 옳지 않은 것은?

① 안정성은 물체가 정적 또는 동적 자세의 균형을 잃지 않으려는 상태이다.
② 기저면이 넓을수록 안정성이 높아진다.
③ 무게중심의 높이가 높을수록 안정성이 높아진다.
④ 무게중심이 중앙과 멀수록 안정성이 낮아진다.

해설 | 일반적으로 기저면이 넓고, 무게중심이 기저면의 중앙과 가깝고, 무게중심의 높이가 낮을수록 안정성이 높아진다.

**36** 다음 중 역학적 에너지 활용의 종류가 다른 것은?

① 무릎 높이에 위치한 물체를 격파할 때 제자리에서 뛰어 올랐다 내려오면서 격파한다.
② 탁구 경기에서 서브 시 공을 높이 띄운다.
③ 다이빙 경기에서 높은 곳으로 올라갈수록 낙하 속도가 증가한다.
④ 볼링에서 더 무거운 공을 사용하여 핀과의 충돌 시 충격량을 증가시킨다.

해설 | ①~③은 스포츠에서 위치에너지를 활용하는 사례이다. 반면 ④는 물체의 질량을 증가시킴으로써 운동에너지를 증가시키는 사례이다.

**정답** 29 ② 30 ④ 31 ② 32 ④ 33 ① 34 ④ 35 ③ 36 ④

**2025 기출 유형**

**37** 다음 중 운동역학적 분석에 해당하는 것은?

① 푸시업 동작에서 양팔 관절의 각도 변화 분석
② 축구에서 드리블하는 동안의 이동거리 측정
③ 도루 동작 시 넙다리네갈래근의 근활성도 측정
④ 테니스 백핸드 스트로크에서 라켓의 스윙 궤적 분석

해설 | 운동역학은 운동의 원인이 되는 힘을 측정한다. ①, ②, ④는 운동의 변위와 속도 등 운동 동작 자체를 측정하는 운동학적 분석에 해당한다.

**2025 기출 유형**

**38** 2차원 영상분석에 대한 설명으로 옳지 않은 것은?

① 영상 촬영 시 2대 이상의 카메라가 필요하다.
② 단일평면상에서 일어나는 인체의 움직임을 분석한다.
③ 운동학적 변인을 측정할 수 있다.
④ 투시오차가 발생할 수 있다.

해설 | 2차원 영상분석은 단일평면상에서 일어나는 움직임을 분석하므로 촬영 시 카메라는 1대만 사용한다.

**39** 지면반력에 대한 설명으로 옳지 않은 것은?

① 지면이 발에 가하는 반력을 측정하는 것이다.
② 체중계는 중력 방향의 지면반력만을 측정하는 장비이다.
③ 뉴턴의 작용-반작용 법칙으로 설명할 수 있다.
④ 신발의 충격완충성 검사 등에 활용할 수 있다.

해설 | 지면반력은 지면이 우리 몸(발)에 가하는 반력으로, 인체가 수평 정지 상태에 있으면 수직 지면반력의 크기는 몸무게와 항상 동일하다. 즉, 체중계는 중력과 반대 방향의 지면반력을 측정하는 장비이다.

**40** 근전도(EMG ; Electromyogram)의 검사 및 평가에 대한 설명으로 옳지 않은 것은?

① 근전도 신호는 양과 음의 값을 모두 가지고 있다.
② 선형 포화선을 통해 근육의 활동을 명확히 파악할 수 있다.
③ 근전도 신호 분석을 통해 근피로에 관한 정보를 추정할 수 있다.
④ 표면전극을 이용해 심층 근육이나 운동 단위 수준에서 근전도를 측정할 수 있다.

해설 | 심층 근육의 근전도 측정·분석을 위해서는 바늘 혹은 가는 전선을 근육에 직접 삽입하는 침습전극을 이용해야 한다.

**정답** 37 ③  38 ①  39 ②  40 ④

## 최신 3개년 출제빈도표 (2025년~2023년)

| 구분 | 2025년 | 2024년 | 2023년 |
|---|---|---|---|
| 스포츠와 윤리 | 5 | 9 | 6 |
| 경쟁과 페어플레이 | 4 | 3 | 5 |
| 스포츠와 불평등 | 2 | 2 | 3 |
| 스포츠에서 환경윤리와 동물윤리 | 3 | 2 | 1 |
| 스포츠와 폭력 | 2 | 1 | 1 |
| 경기력 향상과 공정성 | 1 | 1 | 2 |
| 스포츠와 인권 | 1 | 1 | 1 |
| 스포츠 조직과 윤리 | 2 | 1 | 1 |

# PART 07

# 스포츠윤리

CHAPTER 01 　 스포츠와 윤리
CHAPTER 02 　 경쟁과 페어플레이
CHAPTER 03 　 스포츠와 불평등
CHAPTER 04 　 스포츠에서 환경윤리와 동물윤리
CHAPTER 05 　 스포츠와 폭력
CHAPTER 06 　 경기력 향상과 공정성
CHAPTER 07 　 스포츠와 인권
CHAPTER 08 　 스포츠 조직과 윤리

출제예상문제

# CHAPTER 01 스포츠와 윤리

> **SECTION 01** 스포츠의 윤리적 기초

## 1. 도덕, 윤리, 선의 개념

① **도덕**
  ㉠ 행해야 할 도리와 그것을 알고 실천하는 행동
  ㉡ 관습적, 개인적
  ㉢ 당위의 규범
  ㉣ 주관적인 측면이 있음

② **윤리**
  ㉠ 한 집단에서 조화롭게 생활하기 위해 필요한 사람 사이의 지켜야 할 도리
  ㉡ 도리 · 도덕을 지킬 필요성에 대해 논함
  ㉢ 규범 · 규율이 타당한지 등에 대해 논함
  ㉣ 도덕과 비슷하지만 굳이 구분하자면 보편성보다 특수성에 초점을 둠

③ **선(善)**
  ㉠ 사람다운 도리를 하는 것
  ㉡ 윤리 · 도덕이 선으로 표현됨
  ㉢ '착하다'라는 뜻, 혹은 '나쁘다'의 반의어로도 사용
  ㉣ 도구가 유용할 때 '좋다'고 표현하기도 함
  ㉤ '선'과 '선한 것'은 다름
  ㉥ 인간이 추구하는 가치

## 2. 사실판단과 가치판단 [2025 기출]

① **사실판단**
  ㉠ 측정함으로써 참인지 거짓인지를 알 수 있는 판단
  　예) A의 키는 170cm 이상이다.
  ㉡ 유의점
  　• 선입견, 정보의 왜곡 가능
  　• 감각기관의 한계점
  　• 베이컨의 종족 우상(모든 것의 중심이 인간이라고 생각하는 것)

---

**POINT**

**도덕, 윤리, 선**

| | |
|---|---|
| 도덕 | • 인간이 지켜야 하는 규범과 도리<br>• 실천적 의미 포함<br>• 사회에서 일반적으로 받아들이고 있는 행동 관습의 기준 |
| 윤리 | • 특정한 사회와 집단에서 인간이 지켜야 하는 도덕의 원리<br>• 도덕적 판단의 기준 |
| 선 | • 인간의 좋은 행동의 근거가 되는 원칙과 원리<br>• 긍정적 평가의 대상이 되는 가치를 가지는 모든 것 |

**O/X QUIZ**

절묘한 기술로서 '좋은 패스'는 도덕적 선(善)으로 해석된다. (O/X)

답 ×

② **가치판단**
  ㉠ 주관적이고 개인에 따라 달라지는 판단
    예 A 그림이 B 그림보다 아름답다.
  ㉡ 옳고 그름을 따질 수 없음
  ㉢ 개인의 가치관에 따라 달라질 수 있음

③ **가치판단의 형태**

| 사리분별에 관한 것 | "너는 술을 마시면 안 돼."라고 했을 때 그 이유를 묻는다면 사리분별에 관한 가치를 중시하는 것 |
|---|---|
| 미적인 것 | "피겨스케이팅 선수인 A의 스텝 시퀀스 연기는 아름답다." |
| 도덕적인 것 | • 도덕적 가치들이 나뿐만 아니라 타인에게도 납득이 되도록 하기 위해서 우리가 어떻게 살아야 하는지와 관련<br>• 나 자신의 '선'뿐만 아니라 다른 사람의 '선'에도 영향을 끼치는지와 관련 |

**사실판단과 가치판단**

| 사실판단 | • 객관적 사실의 진위 여부로 증명되는 판단<br>• 참·거짓의 판단 대상<br>• 진위를 가릴 수 있음 |
|---|---|
| 가치판단 | • 어떤 대상의 의의나 중요성에 대한 주관적 판단<br>• 좋고·나쁨, 옳음·그름의 판단 대상<br>• 당위에 근거함 |

'2020년 제32회 도쿄올림픽이 1년 연기되었다'는 가치판단의 사례이다. (○/×)

답 ×

## 3. 스포츠와 윤리의 관계

① 스포츠 상황에서 직면하는 문제들에 대한 옳은 해결책 제시를 위해 윤리가 필요
② 스포츠 상황에서 행동의 옳고 그름을 판단할 수 있는 원리 탐색이 과제

## SECTION 02  스포츠윤리의 이해

### 1. 일반윤리와 스포츠윤리 : 스포츠윤리의 독자성  2024 기출

① **스포츠윤리의 독자성**
  ㉠ 다른 윤리와 다르게 스포츠라는 특수한 상황에서 적용됨
  ㉡ 스포츠 상황에서 일어나는 윤리 문제의 해결에 필요

② **스포츠윤리의 특징**

| 예방윤리 | • 훗날의 더 큰 문제점을 예방하기 위해 윤리적 문제점을 인식하고 다룰 수 있어야 함<br>• 스포츠 상황에서의 행동에 대한 책임을 기르는 역할 |
|---|---|
| 개인윤리 | 행위의 주체가 개인이라고 봄 |
| 직업윤리 | 같은 분야의 직업을 가진 사람들 사이에서 요구됨 |
| 사회윤리 | 개인이 속한 사회의 구조, 제도 등의 개선에 의해 윤리적 문제를 해결하려 함 |

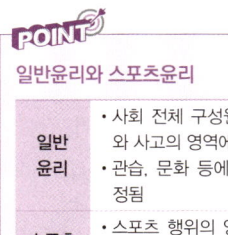

**일반윤리와 스포츠윤리**

| 일반윤리 | • 사회 전체 구성원의 행위와 사고의 영역에 작용함<br>• 관습, 문화 등에 의해 규정됨 |
|---|---|
| 스포츠윤리 | • 스포츠 행위의 영역에 작용함<br>• 스포츠 규칙에 의해 규정됨 |

**O/X QUIZ**

스포츠윤리는 스포츠를 통한 도덕적 자질과 인격 함양을 추구한다. (O/×)

답 O

③ **스포츠윤리의 대상**
　㉠ 규범적 판단이 필요한 스포츠 상황이 그 대상
　㉡ 최근 스포츠윤리의 범위가 확장되는 추세

④ **스포츠윤리의 목표**
　㉠ 스포츠 상황에서의 문제에 대한 판단 기준 제시
　㉡ 스포츠와 관련된 제도를 만드는 데 필요한 평가 기준을 제시

## 2. 스포츠윤리의 목적, 필요성, 역할　2023 기출

① **목적**
　㉠ 스포츠 상황에서 발생하는 비윤리적 사례들을 학습·분석하여 향후 유사한 상황에서의 대처 방법을 습득
　㉡ 스포츠 참여자의 도덕적 가치 선택과 판단을 위한 것
　㉢ 스포츠를 통한 도덕적 자질과 인격 함양을 추구
　㉣ 스포츠맨십, 페어플레이 등 스포츠윤리 규범을 통한 바람직한 공동체의 모습을 제시

② **필요성**
　㉠ 스포츠에서 윤리적이지 못한 상황이 계속해서 발생
　㉡ 스포츠인의 도덕적 삶을 위한 지침을 제시
　㉢ 스포츠 상황에서 어떤 목적이 좋은지를 결정하는 데 도움
　㉣ 스포츠인으로서 올바르게 행동하는 데 도움

> **이해 더하기**
>
> **스포츠윤리의 특수성**
> • 스포츠 규칙의 준수 여부를 다룬다.
> • 규칙을 자발적으로 준수하는가의 여부는 도덕적 선수와 비도덕적 선수의 구별기준이 아니다.
> • 스포츠에서 규칙 위반은 경기의 일부로 인정되기도 한다.

③ **역할**
　㉠ 스포츠인의 행위에서 요구되는 도덕적 원리와 덕목을 고찰
　㉡ 도덕적 의미의 용어를 스포츠 환경에 적용할 때 그 기준과 방법에 대해 탐색
　㉢ 스포츠 상황에서 행동과 목적의 옳고 그름을 결정할 수 있는 근본원리를 탐색

### 3. 스포츠윤리와 스포츠인의 윤리

① **스포츠윤리**
  ㉠ 윤리적 문제 해결을 위한 기준, 원리를 제시하는 것에 초점
  ㉡ 일반 윤리보다 스포츠 상황이라는 특수 상황을 명확히 반영

② **스포츠인의 윤리강령**
  ㉠ 스포츠의 고유 가치에 대한 존중
  ㉡ 존중받는 체육인상의 정립
  ㉢ 체육윤리위원회의 설치 및 운영
  ㉣ 국가와 사회에 대한 스포츠인(체육인)의 역할

> **POINT**
> **스포츠윤리의 사례**
> • 스포츠인이 갖춰야 할 도덕적 품성
> • 스포츠 활동을 하면서 상호작용하는 사람들 사이에서 갖춰야 할 덕목
> • 진정한 스포츠인으로 거듭날 수 있도록 하는 도덕적 품성

#### 이해더하기
**레스트의 도덕성 4구성요소**

| 도덕적 감수성 | 특정 상황 속에서 도덕적 이슈를 자각하고 자신의 행동이 타인에게 미칠 영향을 미리 상상해보는 요소 |
|---|---|
| 도덕적 판단 | 문제 해결을 위한 경로들이 정당하고 정의로운지 판단하는 요소. 가능한 행동 중에서 가장 도덕적인 행동이 무엇인지 판단 |
| 도덕적 동기화 | 도덕적 가치를 경제적, 사회적, 종교적 가치보다 우선시하는 요소 |
| 도덕적 품성 및 실행력 | • 도덕적 행동을 표출하기 위해 용기를 잃지 않고 유혹에 굴복하지 않으며 도덕적 목표를 지켜내는 요소<br>• 행동을 실행으로 옮기는 요소 |

> **기출 채우기**
> 레스트의 도덕성 4구성요소 모형 중 ( )은/는 다른 가치보다 정정당당하게 경기하는 것에 가치를 두는 것이다.
> 답 도덕적 동기화

> **기출 채우기**
> 도덕적 ( )이란 도덕적 문제에 대한 비판적, 독립적인 사고를 바탕으로 스포츠 상황에 적용하는 능력을 의미한다.
> 답 자율성

## SECTION 03 윤리이론

### 1. 윤리이론의 필요성
① 비윤리적 행동은 상황을 제대로 인식하지 못하여 일어날 수 있음
② 윤리적 문제를 해결하기 위해서는 윤리이론이 필요

### 2. 개인 윤리적 관점과 사회 윤리적 관점

① **개인 윤리적 관점**
  ㉠ 윤리적 문제가 개인의 양심 결핍이나 비합리적 판단 등과 관련된다고 보는 견해
  ㉡ 윤리적 문제 해결 역시 개인의 양심이나 실천적 합리성의 완성을 통해 가능하다고 봄
  ㉢ 개인의 도덕적 의지와 책임 등을 강조

② 사회 윤리적 관점
 ㉠ 윤리적 문제가 사회적 구도나 제도에 의해 발생한다고 보는 견해
 ㉡ 개인적 도덕만으로는 윤리적 문제를 해결할 수 없으며 사회 구조나 제도, 정책 등의 개선을 통해 윤리적 문제 해결이 가능하다고 봄

### 3. 주요 윤리설

① **결과론적 윤리체계** `2023 기출`

| 특징 | 주어진 상황에서 그 행동을 했을 때 어떤 결과를 가져오는지 예상해보고 더 좋은 결과를 가져오는 쪽으로 행동하는 것이 옳다고 주장 |
|---|---|
| 한계 | • 결과의 유용성만을 중시하여 목적이 수단을 정당화하는 문제가 나타남<br>• 결과로 행위를 평가하기 때문에 정의의 문제가 소홀해질 수 있음<br>• 일반적인 사실로부터 도덕적인 당위를 추론하지 못할 수 있음 |

② **목적론적 윤리체계**

| 특징 | 인간이 추구해야 할 어떤 근본적인 목적이 존재하고 그 목적을 달성하기 위해 윤리나 도덕이 필요함 |
|---|---|
| 한계 | 결과론적 윤리체계와 마찬가지로 목적이 수단을 정당화하는 문제가 나타남 |

> **이해 더하기**
>
> **공리주의** `2025 기출` `2024 기출`
> • 개요 : 공리성을 가치 판단의 기준으로 하는, 결과론적 윤리체계의 대표적 사상
> • 특징과 한계
>
> | 특징 | 어떤 행위의 옳고 그름은 그 행위가 인간의 이익과 행복을 늘리는 데 얼마나 기여하는가 하는 유용성과 결과에 따라 결정됨 |
> |---|---|
> | 한계 | 전체의 행복이나 다수의 이익을 중시하여 소수나 개인의 인권을 침해할 수 있음 |
>
> • 벤담과 밀의 공리주의
>
> | 벤담의 양적 공리주의 | • 다수에게 행복을 줄 수 있는 행위가 옳음<br>• '최대 다수의 최대 행복'을 가능하게 하는 것이 옳은 행위<br>• 모든 쾌락은 질적으로 동일 |
> |---|---|
> | 밀의 질적 공리주의 | • "행위는 행복을 증진하는 경향에 비례해서 옳고, 불행을 산출하는 경향에 비례해서 그르다."<br>• 쾌락(행복)을 질적으로 높은 '인간의 쾌락'과 질적으로 낮은 '동물의 쾌락'으로 구분 |

**POINT**

**결과론적 이론의 사례**

A팀과 B팀의 축구 경기가 진행 중이다. 경기 종료 20분을 남기고 A팀이 1대 0으로 이기고 있으나 A팀 선수들의 체력은 이미 고갈되었고, B팀은 무섭게 공격을 이어가고 있다. 이때 A팀 감독은 이대로 경기가 진행될 경우 역전당할 위험이 있다는 판단하에 선수들에게 시간을 끌 것을 지시하였다. A팀 선수들은 부상당한 척 시간을 지연시키는 이른바 침대축구를 하였고, 결과적으로 A팀이 승리하게 되었다.

③ 의무론적 윤리체계 [2025 기출] [2024 기출] [2023 기출]

| | |
|---|---|
| 특징 | • 결과가 아닌 행위 그 자체가 도덕 규칙을 판단하기 위한 기준<br>• 행위의 시비를 결정하기 위해 도덕 법칙이 이용됨<br>• 결과와 무관하게 의도가 도덕적이라면 도덕적이라고 봄<br>• 행위에 있어 선의지가 중요하며, 목적은 수단을 정당화할 수 없음<br>• 의무론적 도덕 추론은 정언적 도덕 추론이라고도 함 |
| 한계 | • 근거가 되는 규범의 정당성을 검증하기 어려움<br>• 도덕 규칙이 서로 어긋날 때 사회 전체의 이익이 아닌 개인에 치우침 |

> **기출 채우기**
>
> ( )은/는 도덕적인 선수가 갖추어야 할 내적인 태도이자 도덕적 행위의 필요충분조건으로서 칸트에게 도덕성의 기준이 된다.
>
> 답 선의지

### 이해더하기

**칸트 – 정언 명령** [2024 기출]

칸트의 정언적 명령은 아무런 조건 없이 무조건 행하라는 도덕 명령으로 절대적인 명령, 무조건적인 명령이라고도 불린다. 스포츠에서 도덕법칙은 "승리를 원한다면 열심히 훈련하라.", "위대한 선수가 되기 위해서는 스포츠맨십에 충실하라." 등과 같이 가언적으로 주어지지 않고, 어떠한 경우에도 선수의 의무로서 반드시 행하라는 칸트의 정언적 명령의 형태로 존재한다.

**윤리이론** [2025 기출]

| 이론 | 내용 |
|---|---|
| 윤리적 의무주의 | 행위의 결과와는 상관 없이 도덕 행위의 본래적인 가치인 '규범에 복종해야 할 의무'를 주장하는 도덕 이론을 말한다. |
| 윤리적 절대주의 | 시대와 장소를 초월하여 모두에게 보편타당한 도덕적 규범이 존재한다고 주장한다. 본질적 기준이 없으면 인간은 무엇이 옳고 그른지 판별할 수 없으며, 도덕적 허무주의에 빠지게 된다. |
| 윤리적 상대주의 | 도덕이 개인이나 문화에 따라 상대적이라고 주장한다. 즉 같은 행위일지라도 어떤 사람에게는 그것이 도덕적 행위로 인정되지만, 다른 사람에게는 비도덕적 행위라 생각되는 경우가 있다. |
| 윤리적 환원주의 | 한 영역의 대상, 속성, 개념, 법칙, 사실, 이론, 언어 등을 다른 영역의 그러한 것들로 대치하려는 사고의 형태이다. |

**윤리적 상대주의 사례**

국제축구연맹은 선수부상 위험과 종교적인 갈등을 불러일으킬 수 있다는 이유로 경기 중 히잡 착용을 금지했다. 그러나 국제축구연맹 부회장은 이러한 조치가 오히려 종교적인 역차별이라는 주장을 내세우며 제도개선을 요구하였다. 오늘날 국제축구연맹은 히잡을 쓴 이슬람권 여성 선수의 참가를 허용하고 있다.

> **POINT**
>
> **칸트의 의무론적 윤리**
>
> 인간은 스스로 도덕적 의지를 추구하기 때문에 목적으로 구성된 다른 하나의 이성 체계, 즉 실천이성을 갖고 있다고 주장했다.
>
> **칸트의 의무론적 사례**
>
> A선수는 마라톤 대회에 참가하여 2등으로 달리고 있던 중, 결승선 바로 앞에서 탈진하여 쓰러진 1등 선수를 발견하였다. A선수는 그 선수를 무시하고 1등을 차지할 수 있었지만, 쓰러진 선수를 돕는 것이 스포츠선수로서의 마땅한 행위라고 생각했다. 그래서 넘어진 선수를 부축하여 결승선까지 함께 도착하였으나 최종 성적은 순위권 밖으로 밀려났다.

④ 덕 윤리체계 [2023 기출]

| | |
|---|---|
| 특징 | • 결과가 아닌 행위 그 자체가 도덕 규칙을 판단하기 위한 기준<br>• 행위의 시비를 결정하기 위해 도덕 법칙이 이용됨<br>• 결과와 무관하게 의도가 도덕적이라면 도덕적이라고 봄 |
| 한계 | 공동체의 이상을 중시하고 공동체를 행동으로 실천할 때 도덕적이라고 평가하므로 개인의 자유와 권리를 축소시킬 가능성이 있음 |

> **POINT**
>
> **동·서양의 덕 윤리체계**
>
> • 동양의 덕 윤리 : 유교의 인이나 불교의 자비와 같이 덕성의 함양을 권장하는 덕 윤리의 전통이 강함
> • 서양의 덕 윤리 : 플라톤, 아리스토텔레스의 윤리설이 기원이며 인간으로서 좋은 삶을 살기 위한 조건으로 덕을 제시함

> **이해더하기**
>
> **스포츠상황에서의 덕 윤리** `2023 기출`
> - 스포츠 상황에서의 행위의 정당성보다 개인의 인성을 강조한다.
> - 비윤리적 행위는 궁극적으로 스포츠인의 올바르지 못한 품성에서 비롯된다.
> - '무엇이 올바른 행위인가'보다 '어떠한 행위를 하는 선수가 되어야 하는가'를 판단하는 데 더 주목한다.
> - 스포츠인의 미덕을 드러내는 행동은 옳은 것이며, 악덕을 드러내는 행동은 그릇된 것으로 간주한다.

⑤ **동양사상과 윤리체계** `2024 기출` `2023 기출`

| | | |
|---|---|---|
| 유교 | 공자 | • 사회 혼란의 원인을 도덕적 타락에서 기인한다고 봄<br>• 자신을 이기고 예로 돌아가는 것이 인의 실천이라고 주장<br>• 중심사상<br>  – 인(仁) : 타고난 내면적 도덕성<br>  – 충(忠)과 서(恕) : 인의 구체적인 행동으로 충(忠)은 윗 사람에게 정성을 다해 한 마음으로 모신다는 뜻이고, 서(恕)는 내가 원하지 않는 바를 남에게도 하지 말라는 것임<br>  – 예(禮) : 예(禮)를 통해서 인(仁)을 실천함<br>• 이론<br>  – 정명(正名) : 각 주체의 역할과 행위가 실현되어야 함<br>  – 예시예종(禮始禮終) : 예로 시작해 예로 끝남<br>  – 절차탁마(切磋琢磨) : 학문과 기계, 덕행 등을 끊임없이 갈고 닦음<br>  – 극기복례(克己復禮) : 자기의 감정, 욕심, 충동 따위를 이성적 의지로 억제하고 예의에 어그러지지 않도록 행동 |
| | 맹자 | • 사람의 본성은 선하다고 봄(성선설)<br>• 측은지심, 수오지심, 사양지심, 시비지심의 사단을 통해 인, 의, 예, 지를 실현할 수 있다고 봄<br>• 측은지심 : 남을 불쌍하다고 여기는 타고난 착한 마음<br>• 수오지심 : 자기의 옳지 못함을 부끄러워하고, 남의 옳지 못함을 미워하는 마음<br>• 사양지심 : 겸손하여 남에게 사양할 줄 아는 마음<br>• 시비지심 : 옳음과 그름을 가릴 줄 아는 마음 |
| 불교 | | • 개인이 올바른 인식과 행위를 통해 깨달음을 가지면 해탈을 통해 열반에 이를 수 있다는 사상<br>• 모든 존재는 원인과 조건에 의해 이루어지고, 모든 현상은 서로 연관이 있다는 연기적 세계관 |
| 도교 | 노자 | • 상선약수 : 최선의 선은 마치 물과 같음<br>• 이상적인 삶은 자연 그대로의 상태인 무위자연으로 돌아가 인위를 거부하고 자연의 섭리대로 사는 것 |
| | 장자 | 자연과 내가 하나 되는 경지인 물아일체를 이상적 경지라 주장 |

**유교적 관점에서 스포츠**
- 공자 : 내면의 욕망을 조절하여 규칙을 지키고 예의를 갖추어 정정당당하게 페어플레이해야 함
- 맹자 : 경기 중 넘어진 선수를 일으켜 함께 완주함(측은지심)

**순자**

맹자의 사상과는 정반대로 사람은 본래 악한 존재이므로 선행을 기대할 수 없고, 성현의 가르침에 따라 마음을 갈고 닦아 악한 본성을 바꾸어 나가야 한다고 주장함

> **이해더하기**
>
> **맹자의 수오지심 사례**
> 태권도 국가대표선발 결승전, 먼저 득점하면 경기가 종료되는 서든데스(sudden death) 상황에서 A 선수가 실수로 경기장 한계선을 넘었다. A 선수가 패배해야 할 상황이었지만 심판은 감점을 선언하지 않았다. 상대 팀 감독과 선수는 강력히 항의했으나 판정은 번복되지 않았고 경기는 계속 진행됐다. 결국 A 선수는 승리했지만, 부끄러운 마음에 팀 동료들과 승리의 기쁨을 나누지 않고 조용히 집으로 돌아갔다.
>
> **스포츠에 대한 노자의 입장**
> 승리지상주의가 팽배하는 현대 스포츠 현장에서 승리의 추구보다 스포츠 자체를 즐길 수 있도록 자기 자신을 낮추고 겸양과 배려로 상대를 대할 때, 진정한 의미의 스포츠윤리가 발현될 수 있다. 이를 위해서는 스포츠에서 인위적 제도나 구속이 최소화되도록 해야 하며, 윤리적 행위가 스포츠 자체를 통해 자연스럽게 발현되도록 해야 한다.

### 4. 그 밖의 윤리론

① **정의론**
  ㉠ 롤스의 정의론 : 사회의 모든 가치, 즉 자유와 기회, 소득과 부, 인간적 존엄성 등은 기본적으로 평등하게 배분되어야 하며, 가치의 불평등한 배분은 그것이 사회의 최소 수혜자에게 유리한 경우에만 정의롭다고 봄

| 제1원칙 | 평등한 자유의 원칙 | 모든 사람은 평등한 기본적 자유를 최대한 누려야 함(자유권, 재산권, 참정권) |
|---|---|---|
| 제2원칙 | 차등의 원칙 | 사회적·경제적 불평등은 최소 수혜자에게 최대의 이익이 되도록 편성될 때 정당화됨 |
| | 기회균등의 원칙 | 사회적·경제적 불평등의 계기가 되는 직위와 직책은 모든 사람들에게 열려 있어야 함 |

> **이해더하기**
>
> **롤스의 차등의 원칙 사례**
> 상대적으로 사회적 약자인 저소득층 자녀들에게 지역의 사설 스포츠 센터 무료 이용권, 건강운동 강좌 수강이 가능한 스포츠 바우처(voucher)를 제공하여 누구나 경제적 형편에 상관없이 공평하게 스포츠를 누릴 수 있도록 정책을 마련한다.

  ㉡ 노직의 정의론 : 최초의 상황에서 소유물에 대한 정당한 취득이 이루어졌으면 지금 소유물의 불평등이 존재하더라도 그것은 정의롭다고 보고, 최소 국가를 주장하며 복지를 위한 국가에 의한 재분배는 반대함

**롤스의 정의론과 공리주의의 차이**
공리주의는 전체의 총합계만 늘어나면 좋은 것으로 보기 때문에 소수자에 대한 고려가 적다. 그러나 롤스는 전체의 효용이 증가한다고 해도 사회적 약자가 그 이익으로부터 소외를 받는다면 그 분배를 반대할 것이다.

② 사회윤리(니부어)
  ㉠ 개인적으로 매우 도덕적인 사람들조차도 자기가 속한 집단의 이익과 관련될 경우에는 비도덕적으로 변한다고 주장하며 개인윤리와 사회윤리를 별개의 것으로 구분
  ㉡ 사회 정책과 제도의 개선을 통해 개인의 도덕성이 올바르게 표현될 수 있는 사회적 여건을 마련해야 한다고 주장함

> **이해더하기**
>
> 니부어 사회윤리의 사례
> 학생 선수 A는 양심적으로 교칙을 준수하고, 다친 친구 대신 가방을 들어주는 등 도덕적 성품을 지니고 있다. 하지만 축구 경기에서는 상대 선수를 심판 모르게 공격하는 등 반칙을 하거나 상대 선수를 배려하지 않고 팀의 이익을 위해 행동하는 팀 분위기에 동화되고 있다.

③ 가치윤리(셸러) - 5가지 가치서열 기준

| | |
|---|---|
| 지속성 | 순간적으로 변화하는 가치보다 지속적인 가치가 더 높음 |
| 분할향유 가능성 | 많은 사람이 나누는 것보다 그대로 향유할 수 있는 것이 가치가 더 높음 |
| 근거성 | 다른 가치에 의존하지 않을수록 더 높은 가치 |
| 만족의 깊이 | 만족의 정도가 클수록 더 높은 가치 |
| 독립성 | 사람에 따라 다르게 느끼지 않는 보편적이고 독립적인 가치 |

**책임윤리(요나스)의 한계**
인간은 책임을 질 수 있는 능력이 있는 유일한 존재이므로 책임을 져야만 하는 의무가 있다고 주장하지만, 구체적인 행위의 기준을 제시하지 못한다는 점에서 현실 안에서 실천되기가 쉽지 않다.

④ 책임윤리

| | |
|---|---|
| 베버 | • 자신의 행동의 예측되는 결과에 대해 책임을 지려고 하며 주로 정치인들이 사용하는 윤리<br>• 예측 불가능한 결과까지 책임질 필요는 없다고 주장 |
| 요나스 | • 과거에 잘못한 행위보다 미래에 잘못된 결과가 일어나지 않도록 현재를 조심해야 함<br>• 예측할 수 있는 결과 중에 최선의 결과를 고려해야 함<br>• 예견하기 어려운 결과에 대해서도 책임을 가져야 함 |

**배려윤리의 한계**
인간본성으로 이성보다 감성을 우위에 두고 사랑, 자비, 배려, 공감, 감수성을 중시하지만 상황에 따라 윤리적 판단이 흔들릴 수 있다.

⑤ 배려윤리 `2024 기출`

| | |
|---|---|
| 나딩스 | • 배려하는 사람에게 배려받는 사람이 응답할 때 배려가 완성<br>• 타인에 대한 공감과 수용으로 관계 속에서 완성<br>• 자연적 배려가 윤리적 배려의 근원이며, 평소 친하지 않았던 사람이나 사회적 약자, 동물에게까지도 배려의 범위를 확장해 나감 |
| 길리건 | • 상대방에 대한 배려의 감정을 중시<br>• 여성과 남성의 도덕적 지향성이 동일하지 않다고 주장<br>• 남성은 권리와 의무, 정의의 원리를 중시하지만 여성은 개별적인 관계, 특히 배려를 중시한다고 봄 |

> **이해 더하기**
>
> 배려윤리
> - 윤리적 가치의 근거를 페미니즘에서 찾음
> - 이성의 윤리가 아닌 감성의 윤리
> - 경기에 처음 출전하는 후배를 격려하는 선배의 친절
> - 근육 경련을 일으킨 상대 선수를 걱정하고 보살피는 행위
> - 타자의 요구와 정서에 공감하고 대응하는 것이 도덕의 출발임

## 5. 가치충돌의 문제와 대안

① 도덕적 가치가 상충될 때 가치충돌이 발생
② 서로 다른 도덕규칙 간의 갈등상황 발생 시 해결책을 제시하지 못할 수 있음
③ 스포츠 상황에서도 발생
④ **사실판단으로 인한 문제** : 객관적 증거 제시
　예 야구 경기에서의 비디오 판독
⑤ **가치판단으로 인한 문제**
　㉠ 우선적으로 여겨지는 도덕적 순위로 판단
　㉡ 다양한 윤리 이론을 통한 다각도 분석
　㉢ '창의적 중도'를 탐색 : 다른 이들도 수용 가능한 중간 지점을 찾아야 함

## 6. 스포츠를 통한 도덕교육 방법 [2025 기출]

① **루소(J. Rousseau)** : 어린 시절부터 다양한 신체활동을 통해 성평등, 동료애, 공동체에서의 협력과 책임을 지는 습관을 길러준다.
② **베닛(W. Benneitt)** : 바람직한 가치나 인격적 특성을 기르기 위해 특정한 시간을 할애하는 것이나 교육 과정 속에 인격특성을 통합시키는 것을 강조한다.
③ **위인(E. Wynne)** : 스포츠 경기의 전통을 이해하고, 규칙 준수 등의 바람직한 행동을 습관화할 수 있도록 가르친다.
④ **콜버그(L. Kohlberg)** : 스포츠에서 발생하는 도덕적 딜레마에 대한 토론을 통해 도덕적 갈등상황을 이해하고, 자율적으로 대처할 수 있도록 가르친다.
⑤ **뒤르켐(E. Durkheim)** : 도덕적 인격 형성을 목표로 하며, 개인이 사회의 규범을 내면화하도록 도와주는 교육을 강조한다.

> **이해 더하기**
>
> 도덕 원리의 검토 방법
> - 보편화 결과의 검토 : 도덕 판단의 근거가 되는 원리를 모든 사람에게 적용해 보았을 때 그 결과가 바람직한 것인지를 따져 보는 방법
> - 역할 교환의 검토 : 상대방의 입장에서 생각해 보는 방법으로 역지사지라 부를 수 있는 방법

# CHAPTER 02 경쟁과 페어플레이

### 아곤과 아레테

| 아곤 | • 경쟁과 승리 추구<br>• 스포츠경기는 자유로운 경쟁을 의미<br>• 경쟁하는 상대의 성과와 비교함으로써 가치를 평가함<br>• 일반적인 경쟁스포츠에 해당 |
|---|---|
| 아레테 | • 탁월성의 추구<br>• 타인과의 경쟁이나 비교 없이 자신의 고유한 기능으로 가치평가<br>• 아레테는 극기스포츠 또는 미적스포츠에 해당<br>• 아레테가 아곤보다 더 포괄적인 개념으로 인식 |

### 아레테

운동선수로서 아무리 뛰어난 능력을 갖추었더라도 인간의 본질인 도덕성(덕)이 부족하면 훌륭한 선수가 될 수 없다. 이런 까닭에 운동선수에게는 두 가지 아레테가 동시에 요구된다. 즉 신체적 탁월성과 도덕적 탁월성을 겸비하였을 때 비로소 훌륭한 선수가 되는 것이다.

## SECTION 01  스포츠경기의 목적

### 1. 아곤(Agon)과 아레테(Arete)

① Agon
  ㉠ '경쟁'의 의미 : 자기중심적이고 이기려고 하는 욕구
  ㉡ 경쟁을 통해서 자신의 우월성을 드러내고자 함
  ㉢ 집단 혹은 개인 사이의 폭력적 행동을 제도화된 규칙을 적용하여 순화하는 것

② Arete
  ㉠ 사람 혹은 사물의 내재된 탁월성
  ㉡ '덕'으로도 번역됨
  ㉢ 노력과 과정을 중시
  ㉣ 선수의 최적의 기능수준
  ㉤ 스포츠에서는 기능적인 형태와 높은 인격을 추구하는 것을 의미

③ 스포츠에서 Agon과 Arete의 차이
  ㉠ Agon은 스포츠에서의 목표를 이루고 경쟁에서 승리하는 것과 같은 결과를 중시
  ㉡ Arete는 스포츠에서의 탁월성을 중시
  ㉢ 스포츠에서 경쟁은 Agon과 Arete의 요소를 모두 포함
  ㉣ 스포츠에서는 Agon보다 Arete를 더 고려해야 함

> **이해더하기**
>
> **스포츠에서 아곤과 아레테**
> 스포츠에서 아곤적 요소와 아레테적 요소가 모두 내재되어 있다. 아곤적 요소는 경기에 긴장과 흥미를 불러일으킨다. 선수들은 승리하려는 강렬한 욕망으로 인해 경기에 몰입하고, 스포츠팬들 역시 승부로 인해 응원의 동기를 갖게 된다. 그러나 경쟁심이 과열되고 승리가 절대화될 경우 제도화된 규칙이 무시될 우려가 있으며, 스포츠는 폭력의 투쟁으로 변질될 수 있다. 이것이 스포츠에서 아곤적 요소보다 아레테적 요소를 더욱 중시하는 이유이다.

④ 상대방 설득에 필요한 3가지(아리스토텔레스)

| 구분 | 내용 |
|---|---|
| Logos (이성) | • 이성적·과학적인 것<br>• 사고능력·이성 등의 의미<br>• 이성적인 논리로 상대방을 설득하려는 내용이 잘 정리되어 있어야 함<br>• 논리학으로 발전함 |
| Pathos (감성) | • 로고스와 대치되는 개념<br>• 감각적·신체적·예술적인 것<br>• 격정·충돌 등의 의미<br>• 상대방의 감성에 호소할 줄 알아야 함<br>• 수사학으로 발전함 |
| Ethos (도덕성) | • 사람에게 도덕적 감정을 갖게 하는 보편적인 도덕적·이성적 요소<br>• 평판이 좋고 믿을만한 사람이 말하면 그렇지 않은 경우에 비해 훨씬 설득이 잘 됨<br>• 윤리학으로 발전함 |

> **이해 더하기**
>
> 에토스(ethos)의 실천  2024 기출  2023 기출
> - 축구에서 상대 선수가 부상으로 쓰러져 걱정되는 마음에 공을 경기장 밖으로 걷어냈다.
> - 야구에서 투수가 던진 공에 상대팀 타자가 맞자 투수는 모자를 벗어 타자에게 미안함을 표현했다.
> - 농구에서 경기 종료 1분을 남기고, 우리 팀이 큰 점수 차로 이기고 있는 상황에서 감독은 상대를 배려하는 마음에 작전타임을 부르지 않았다.

**POINT**
**형식주의**
목표 달성을 위한 실질적인 내용보다 의식이나 절차 선례 관습 등에 집착하는 것으로, 공정시합에 관해 불공정 행위보다 경기 규칙을 우선시하는 것이 그 예이다.

**POINT**
**스포츠 에토스**
형식주의적 성향이 강한 규칙의 단점을 보완해주는 역할로서 포괄적이며 관습적인 규범을 말한다. 규칙과 더불어 페어플레이를 유지하는 축이 된다.

**QUIZ**
배구에서 블로킹할 때 훈련한 대로 네트에 손이 닿지 않도록 주의를 기울인 것은 에토스의 실천에 해당한다. (○/×)

답 ×

## 2. 승리 추구와 탁월성 성취

① 승리 추구
  ㉠ 경쟁이 심한 상황에서 승리가 중요한 기준이 됨
  ㉡ 승리가 성공의 증거가 될 수는 있지만, 패배가 실패의 증거가 되는 것은 아님
  ㉢ 미적으로 훌륭한 경기 운영이여도 경쟁적 관점에서는 흥미가 없을 수 있음
  ㉣ 인간의 탁월성이 경쟁적 스포츠로 나타남
  ㉤ Agon이 중요

② 탁월성 추구
  ㉠ 스포츠 상황에 집중
  ㉡ 도전정신과 탁월성 모두를 목표로 함
  ㉢ Arete가 중요

③ 현대 스포츠의 문제와 해결
  ㉠ 현대 스포츠에는 Agon 위주의 승리 지상주의 팽배
  ㉡ Arete를 추구하여 승리(Agon)를 얻는 것이 바람직
  ㉢ 스포츠 상황에서 최고의 결과를 얻으려는 노력은 규칙 내에서 일어나야 함
  ㉣ 승리가 목적이 아니라 한계 극복의 과정이 중심이 되어야 함

## SECTION 02 스포츠맨십

### 1. 투쟁적 놀이로서의 스포츠

① 놀이의 특성
  ㉠ 놀이의 목적은 활동 그 자체
  ㉡ 즉흥적 놀이와 규칙이 있는 놀이로 구분
  ㉢ 게임 : 사전에 규칙이 부여된 놀이
  ㉣ 게임은 경쟁적 게임과 비경쟁적 게임으로 구분

② 투쟁적 놀이
  ㉠ 공격과 수비의 교체
  ㉡ 패턴의 전환이 발생
  ㉢ 우위자·연장자가 힘을 억제하여 승리를 얻는 놀이도 존재 예) 씨름

**이해더하기**

카이오와(R. Caillois)의 놀이 요소 분류

| 구분 | 내용 | 예시 |
|---|---|---|
| 아곤(Agon) | 경쟁하는 게임. 자신의 잠재력 발휘를 통한 즐거움 | 스포츠, 체육활동 |
| 알레아(Alea) | 확률 또는 요행을 바라는 게임. 예측 불가능한 미래를 통제할 수 있다는 환상을 통한 즐거움 | 카드놀이, 주사위놀이 |
| 일링크스(Illinx) 또는 버티고(Vertigo) | 일상적인 지각을 변형시켜 의식을 바꾸는 활동. 의식이 넓어지는 즐거움 | 스카이다이빙, 마약, 술 |
| 미미크리(Mimicry) | 대안적 현실이 창조되는 활동. 환상, 변장 등을 통해 자신의 현재 모습 이상의 자신을 느끼는 즐거움 | 춤, 연극, 가면놀이 |

③ 스포츠의 경쟁
  ㉠ 스포츠는 놀이인 동시에 경쟁적 상황
  ㉡ 스포츠의 경쟁은 제도나 규칙 속에서 승리하려는 과정
  ㉢ 스포츠의 경쟁에는 승리, 패배 모두 존재
  ㉣ 스포츠의 경쟁은 서로의 Arete를 표현하기 위한 노력

## 2. 스포츠맨십의 정의와 대상

① 정의
  ㉠ 스포츠 참여자 사이에서 규칙을 지키고 서로를 존중하는 것
  ㉡ 일반적 도덕규범을 통해 경쟁의 부정적인 요소를 억제하는 태도
  ㉢ 스포츠 경기에서 일반적인 윤리덕목을 지키고 강화하려는 정신

② 대상 : 경기 참여자, 심판, 지도자, 스포츠 그 자체

## 3. 스포츠에서 도덕적 행동과 좋은 스포츠 경기

① 스포츠에서 도덕적 행동
  ㉠ 스포츠에서 결과에 집착하지 않고, 이기심, 자기중심적 속성을 이겨내는 것
  ㉡ 스포츠맨십을 통해 나타낼 수 있음

② 좋은 스포츠 경기
  ㉠ 올바른 경쟁으로 승리와 Arete를 추구
  ㉡ 스포츠 상황에서 노력하고 규칙을 지키며 과정을 중시함
  ㉢ 바람직한 경쟁을 하며 스포츠맨십을 지킴

### SECTION 03  페어플레이

## 1. 페어플레이의 의미

① 스포츠인이 지켜야 할 정정당당한 행위로서 경쟁자에 대한 배려를 포함함
② 스포츠 상황에서 규칙을 준수함
③ 페어플레이 종류

| 형식적 | 규칙 안에서 일어나는 경쟁 |
|---|---|
| 비형식적 | 스포츠 참여자 사이의 존중과 같은 경기의 관습 준수 |

---

**POINT**
**놀이와 스포츠의 차이**
- 놀이 : 재미나 즐거움을 위한 행위로 경쟁과 규칙에 약함
- 스포츠 : 놀이보다 경쟁성과 규칙성이 강화됨

**POINT**
**스포츠맨십**
스포츠는 경쟁적 성향과 함께 격렬한 신체활동을 수반하는 경우가 많아 스포츠 고유의 가치가 훼손될 가능성이 높으므로 스포츠 참가자에게는 더욱 엄격한 스포츠맨십의 준수가 요구된다.

**POINT**
**젠틀맨십(gentlemanship)**
스포츠맨십과 비슷한 말로 페어플레이 정신을 가지고 스포츠 스포츠에 참가하는 일을 말한다.

**POINT**
**페어플레이**
스포츠의 규범은 근대스포츠의 탄생과 밀접한 연관을 갖는다. 규칙의 준수가 근대 시민 계급의 도덕성 함양에 기여할 수 있다고 여겨지면서 하나의 윤리 규범으로 정착하였다. 특히 진실과 성실의 정신(spirit of truth and honesty)을 바탕으로 경기에 임하는 도덕적 태도와 같은 의미로 쓰이면서 오늘날 스포츠의 보편적인 윤리 규범이 되었다.

## 2. 스포츠 규칙

① 규칙의 존중, 스포츠맨십, 페어플레이를 통해 게임을 존중
② **스포츠 규범에서 기본적 규칙의 기능**
  ㉠ 기회의 균등과 평등 및 안전의 보장
  ㉡ 질서 유지의 기능
  ㉢ 법적 안정성의 확보
  ㉣ 게임의 흥미 보장(규칙의 궁극적 기능)
③ **스포츠 규칙의 구조**

| | |
|---|---|
| 형식적 측면의 구성요소 | • 시간, 공간, 용구, 심판, 게임 전개 등<br>• 경기규칙집=성문화된 스포츠 규칙 |
| 도덕적·윤리적 측면의 규칙 | 성문화되거나 정식 공표되지 않음 |
| 규칙구조의 4가지 요소 | 조리적 행정규범, 행정법적 행위규범, 형법적 행위규범, 조직규범 |

> **이해더하기**
>
> 규칙구조의 4가지 요소
>
> | 요소 | 정의 | 예시 |
> |---|---|---|
> | 조리적<br>행위규범 | • 구체적 형태는 없는 규칙의 단어<br>• 스포츠의 장에서 인정한 행위규범 | 스포츠맨십, 페어플레이,<br>상대 존중 정신 |
> | 행정법적<br>행위규범 | • 게임의 특징, 성격 등과 관련된 규범<br>• 과학적 법칙, 윤리규범 등과 무관 | 배구의 네트 터치, 축구의<br>핸들링 |
> | 형법적<br>행위규범 | 불법적인 행위의 규제 | 약물 사용, 승부조작, 폭행 |
> | 조직규범 | • 자동적·기계적으로 적용되는 규범<br>• 선수 측의 위반이 불가능 | 득점기록법, 승패결정법<br>등 경기 조건의 설정 방식 |

④ **규칙의 유형** `2025 기출` `2024 기출`
  ㉠ 구성적 규칙과 규제적 규칙

| | |
|---|---|
| 구성적 규칙 | • 야구를 야구로서, 농구를 농구로서 존재하게 하는 규칙<br>• 경기장 크기, 복장, 승부의 방법 등 경기 운영 방식을 결정하는 문제를 다루는 규칙<br>• 구성적 규칙이 위반될 경우 경기 자체가 성립(구성)되지 않음<br>예 야구에서 타자가 3스트라이크를 당하면 아웃되는 것 |
| 규제적 규칙 | • 해당 스포츠에서 하지 말아야 할 것을 규정한 것<br>• 결과를 달성하기 위해 필요한 공정한 경기를 규정하는 것이나 선수를 보호하는 성격의 규칙<br>• 규제적 규칙이 위반되어도 경기 자체는 성립<br>예 농구에서 반칙을 할 경우 상대 선수에게 자유투를 주는 것 |

---

**QUIZ**
페어플레이는 선수 개인의 의도나 목적에 따라 변화하는 도덕적 행위이다. (○/×)
답 ×

**POINT**
스포츠 규칙은 근본적으로 공평성에 근거하며, 임의성(가변성), 제도화 등의 원리가 있다.

**QUIZ**
태권도에서 전자호구를 조작하여 타격이 없더라도 점수를 높이는 행위는 규제적 규칙에 어긋나는 행위이다. (○/×)
답 ×

> **이해더하기**
> 
> **규제적 규칙의 위반사례**
> - 야구에서 배트에 철심을 넣어 보다 강력한 타격이 나오게 만드는 행위
> - 수영에서 전신수영복을 입고 출전하는 행위
> - 사이클에서 산소운반능력을 높이기 위하여 도핑을 하고 출전하는 행위

ⓒ 형식적 규칙과 비형식적 규칙

| 형식적 규칙 | 경기 규칙에 명시되어 있는 것만을 경기 규칙으로 보는 견해 |
|---|---|
| 비형식적 규칙 | 경기마다 규칙뿐 아니라 관습이라고 하는 윤리적인 면도 규칙에 포함시키려는 견해 |

> **POINT**
> 
> **비형식적 견해의 단점**
> 관습의 한계가 모호해 공정한 시합과 불공정한 시합의 구분이 어려움

⑤ 규칙과 도덕의 관계
　㉠ 규칙은 자체적으로 도덕화의 기능이 있음
　㉡ 규칙 판정·해석 시 도덕적 판단이 요구됨

⑥ 규칙의 준수
　㉠ 놀이를 위해서 존재하는 것 외의 다른 목적으로 변질되어서는 안 됨
　㉡ 스포츠 상황에서 규칙 위반이 쉽게 일어날 수 있음
　㉢ 심판이 외적 통제 장치의 역할을 하며 규칙 준수를 위해 노력
　㉣ 외적 통제는 스포츠 참가자의 의지가 전제됨

## 3. 스포츠 공정성 [2023 기출]

① 공정성
　㉠ 어느 한쪽으로 치우치지 않는 공평성·객관성·합리성
　㉡ 스포츠의 공정성 : 경기의 조건이 평등하게 유지된다는 것

② 정의 [2025 기출] [2024 기출]

| 평균적(형식적) 정의 | • 같은 것은 같게<br>• 누구에게나 공평하고 일관되게 분배하는 것<br>예 투표권, 법 앞의 평등, 양 팀에 동일한 골대의 규격 적용 |
|---|---|
| 분배적(실질적) 정의 | • 같은 것은 같게, 다른 것은 다르게<br>• 필요, 업적, 환경 등을 고려하여 실질적으로 공정하게 분배하는 것<br>예 상속세, 누진세 |
| 결과적 정의 | • 최종적으로 나타난 결과에 주목<br>• 행복의 총량이 클수록 정의로운 분배<br>예 공리주의 |
| 절차적 정의 | • 결과보다 과정에 초점을 맞춘 정의<br>• 절차가 공정하면 그 결과도 공정<br>예 홈&어웨이 경기, 시합 전 동전 뒤집기로 선·후공 결정 |
| 교정적 정의 | • 잘못 혹은 피해에 대한 대응<br>• 일반적으로 가장 흔히 쓰이는 '정의'의 의미 |

CHAPTER 02 경쟁과 페어플레이

## 4. 의도적인 파울

① **정의**
  ㉠ 스포츠 경기 중에 참여자가 본인의 의지로 규칙을 어기는 것
  ㉡ 의도적 규칙 위반을 경기의 전술로 사용하기도 함
  ㉢ 승리만을 중요시할 경우 정당한 경쟁이 아닌 파울을 사용하기도 함

② **문제점과 해결**
  ㉠ 파울은 페어플레이 정신과 스포츠맨십에 위배됨
  ㉡ 의도적 파울을 허용할 경우 스포츠 도덕이 무너짐
  ㉢ 결과보다 과정을 중시하며 Arete를 추구하여 승리지상주의를 지양하고 그로 인한 문제를 해결하기 위해 노력
  ㉣ 스포츠 경기에서 윤리적으로 옳은 승리는 파울을 하지 않는 것

## 5. 승부조작

① **승부조작의 윤리적 문제**
  ㉠ 승부조작 : 원하는 경기 결과를 만들기 위해 경기 상황을 왜곡하는 행위
  ㉡ 스포츠에서의 공정성이 훼손되고 경기 수준이 낮아짐
  ㉢ 승부조작 시 형법적 책임이 부과됨
  ㉣ 스포츠의 세계화와 산업화를 방해하는 문제

② **해결 방안**
  ㉠ 내적 통제 : 교육을 통한 스포츠 참가자의 윤리의식 강화
  ㉡ 외적 통제 : 법적 처벌 및 관리·감독

---

**POINT**

**승부조작**
- 승부조작은 경쟁적 스포츠의 가치를 근본적으로 훼손시키는 행위
- 윤리적으로나 도덕적으로 비난받을 행위일 뿐만 아니라 범죄행위라고 할 수 있음
- 승부조작은 처벌을 강화한다고 해서 근절될 수 없다는 것이 한계

# CHAPTER 03 스포츠와 불평등

## SECTION 01 성차별

### 1. 스포츠 성차별의 과거와 현재 2025 기출

① **스포츠 성차별의 과거**
  ㉠ 고대 그리스 : 제전 경기의 여성 참가 및 관람 금지
  ㉡ 중세 : 기사 양성을 위한 노력이 있었지만 여성은 해당사항 없음
  ㉢ 근대 올림픽 : 근대 올림픽의 창시자인 쿠베르탱은 여성의 스포츠 참여를 반대(여성의 스포츠 참여가 여성적 매력의 파괴와 스포츠의 격하를 야기한다고 주장)

② **스포츠 성차별의 현재**
  ㉠ 1972년 미국의 Title Ⅸ 제정 : 여성의 스포츠 참여 장려(Title Ⅸ : 모든 교육 영역에서 남녀 차별을 금지)
  ㉡ 올림피즘 : 여성의 스포츠 참여 기회 확대를 정당화
  ㉢ 올림픽 : 현재 여성이 참여할 수 없는 종목은 거의 없음
  ㉣ 여전히 성차별적 요인 발생 : 성 상품화, 일부 개도국의 여성 스포츠 참여 제한 등

> **POINT**
> **스포츠 성차별의 사례**
> • 남성 지도자들이 선수 관리 상황에서 성적 비하 및 성희롱 자행
> • 가부장적 이념을 배경으로 전형적인 여성성 및 일방적 의사소통구조 강조
> • 남성 지도자와 선수 간의 관계에서 여성 선수에 대한 일상생활 간섭 및 사생활 제약

### 2. 스포츠 성차별의 원인과 해결 방안 2024 기출 2023 기출

① **스포츠 성차별의 주요 원인**
  ㉠ 성 역할 고정관념 : 스포츠의 제반 영역에서 여성의 참여를 제한하는 논리로서 기능
  ㉡ 전통적인 가부장적 이념의 만연 : 남성 선수 중심의 스포츠 발전, 여성 선수 스스로 수동적 역할을 담당
  ㉢ 대중 매체의 편향적 보도 : 남성 스포츠 중심 보도
  ㉣ 남성 스포츠 조직이 지배적 위치를 차지

② **스포츠에서 성 평등을 이루기 위한 방안**
  ㉠ 법이나 제도를 통해 평등을 보장
  ㉡ 여성들의 스포츠 참여 장려
  ㉢ 여성에게 평등한 스포츠 기회를 제공
  ㉣ 스포츠 현장의 성차별을 공론화

> **이해더하기**
>
> 성차별의 사례
> A : 내 친구 C는 얼마 전부터 권투를 시작했어. 남자들이나 하는 거친 운동을 여자가 겁도 없이 한다기에 내가 못 하게 적극적으로 말렸어.
> B : 잘했어. 여자에게 어울리는 스포츠도 많잖아. 요가나 필라테스처럼 여자에게 어울리는 종목을 추천해줘.

### 3. 성 전환 선수의 문제 `2025 기출`

① 성 전환 후 생리학적으로 우월해지는 것은 공정하지 못함
② 성 전환 수술 후 완전히 다른 성으로 바뀐다고 보기가 어렵기 때문에 신체적으로 유리할 수 있음
③ 성 전환 선수의 스포츠 참여에 대한 명확한 기준이 요구됨

> **이해더하기**
>
> 성 전환 선수의 스포츠 참여에 대한 입장
>
> | | |
> |---|---|
> | 찬성론 | • 성 전환 수술과 호르몬 주사로 신체에 근본적인 변화가 발생<br>• 성 전환 선수의 스포츠 참여는 일반 선수에 대한 불평등이 아니라 오히려 성 전환 선수들에 대한 불평등을 야기함 |
> | 반대론 | • 성 전환 수술 이후에도 원래의 신체 능력이 유지됨<br>• 성 전환 선수의 스포츠 참여는 일반 선수에 대한 불평등임 |

**POINT**
성 전환 선수의 문제
- 성 전환 수술 후 신체적인 능력이 여성화되지 않은 점
- 스포츠대회 출전에 대한 명확한 기준이 마련되어 있지 않은 점

## SECTION 02 | 인종차별

### 1. 스포츠에서 인종차별의 과거와 현재 `2024 기출` `2023 기출`

① **스포츠 인종주의**
  ㉠ 의미 : 스포츠에서 특정 인종을 차별하거나 분리하려는 것
  ㉡ 선수의 훌륭한 경기력을 노력이 아닌 생리학적·발생학적 요인에 인한 것으로 폄하

② **스포츠에서의 인종차별의 현재 모습**
  ㉠ 사회·경제적 장벽을 통한 제한 : 흑인 선수들은 경비 지출이 적고 개인의 기량에 좌우되는 스포츠에 참여하는 비율이 높음
  ㉡ 포지션의 제한 예 미식축구의 쿼터백
  ㉢ 미디어의 편향된 보도로 인한 대중의 인종인식 왜곡 예 흑형

**기출 채우기**
1968년 제19회 육상경기 시상식에서 선수가 검은 장갑, 검은 양말 등으로 (　　　)에 대해 저항을 표현했다.
📖 인종차별

ⓐ 스포츠의 국제화 : 인종·국가 간 교류와 이동이 활발해지면서 인종에 대한 편견 및 차별이 더욱 노골적으로 드러남

> **이해더하기**
>
> 인종차별의 대화 사례
> A : 흑인 선수의 파워와 스피드, 그리고 순발력 앞에서 아무도 버틸 수 없을 것 같네요.
> B : 맞습니다. 흑인 선수는 흑인 특유의 탄력과 유연성뿐만 아니라 파워까지 겸비하고 있기에 지금까지 승승장구해 왔다고 할 수 있지요.
> A : 아무래도 백인 선수는 백인들의 장점이라 할 수 있는 냉철한 판단력을 바탕으로 흑인 선수의 허점을 공략하는 것이 가장 좋을 것 같습니다. 흑인 선수는 신체능력이 우수한 반면에 심리적으로 약할 가능성이 큽니다.
> B : 저도 그렇게 생각합니다. 신체능력을 극복하는 판단력과 의지, 그것이 백인의 우수성 아니겠습니까?

**QUIZ**

경기실적 향상을 위해 우수한 외국 선수를 귀화시키는 것은 인종차별에 해당한다. (ㅇ/×)

 ×

## 2. 다문화사회의 도래와 예상되는 갈등

① 우리나라는 현재 빠르게 다문화사회화가 진행 중
② 다문화사회에서 스포츠는 공통의 언어로 작용 가능
③ 스포츠의 사회 통합 기능을 통해 사회 응집력의 강화가 가능
④ 이주민들에게 스포츠 활동 참여를 통해 사회 활동에 참여하는 기회를 제공

## 3. 스포츠에서 인종차별을 극복하기 위한 방안

① 다른 인종에 대한 고정관념 타파
② 인종차별 극복과 관련된 교육
③ 인종차별적 발언 및 행동을 할 경우의 처벌 강화
④ 다양한 인종을 고려하고 존중하려는 노력이 필요

### SECTION 03 | 장애차별

## 1. 장애인의 스포츠권

① **장애인의 스포츠 참여**
  ㉠ 부상당한 사람들의 재활을 위하여 장애인 스포츠를 이용
  ㉡ 스포츠 참여가 장애인들의 사회통합 수단으로서 기능
  ㉢ 스포츠가 신체적·정신적 재활과 자아 개발의 토대가 될 수 있음

**POINT**

장애인 스포츠 참가 의의
- 스포츠를 통해서 신체적·심리적 치료의 효과를 기대할 수 있음
- 구성원 간의 이해와 소통의 기회를 제공함
- 사회 구성원들과 조화를 이루고 화합할 수 있는 방법임

② **스포츠 장애차별 금지**
- ㉠ 스포츠 장애차별 : 장애로 인해 스포츠 참여의 권리 및 기회를 비장애인과 동등하게 누리지 못하는 것
- ㉡ 장애를 이유로 한 스포츠 참여의 제한·배제·분리·거부는 기본권의 침해
- ㉢ 1998년 '한국장애인인권헌장' 선포 : 장애인의 문화, 예술, 체육 및 여가 활동에 참여할 권리를 규정
- ㉣ 장애인의 스포츠권은 장애인의 기본적 권리의 충족 이후가 아닌, 기본적 권리와 동시에 보장되어야 함

**장애인 스포츠권의 발달**
1988년 서울 장애인 올림픽 → 1989년 장애인복지체육회 설립 → 2005년 대한장애인체육회 설립 → 2007년 「국민체육진흥법」 개정 → 2008년 「국민체육진흥법」 시행

## 2. 스포츠에서의 장애인 차별

① **장애인 성폭력**
- ㉠ 선수들의 대부분이 신고나 대응 방법을 알지 못하여 피해를 입기 쉬움
- ㉡ 장애인의 성폭력 피해는 지속적으로 증가
- ㉢ 선수 및 관계자들을 대상으로 한 성폭력 예방 교육이 필요

② **장애인 생활체육**
- ㉠ 스포츠 종목의 종류에 있어 장애인의 다양한 스포츠 욕구를 수용하지 못함
- ㉡ 장애인을 위한 스포츠지도사 및 프로그램이 부족함
- ㉢ 장애인을 위한 스포츠 시설이 부족하고 시설로의 이동이 불편함
- ㉣ 장애인의 학교체육 및 스포츠 참여가 보장되지 않아 스포츠에 친숙해지지 못함

**스포츠에서 장애인 차별**
- 체육시설 이용의 차별
- 이용 프로그램의 차별
- 체육용 기구의 차별
- 신체적·생리적 능력의 차별
- 체육지도자의 차별
- 경기 참가의 차별

## 3. 장애차별 없는 스포츠의 조건 [2025 기출] [2023 기출]

① 장애인을 위한 스포츠 시설 확충
② 장애인이 참여할 수 있는 스포츠 대회 개최
③ 장애인을 위한 스포츠 종목 및 프로그램의 확대
④ 장애인스포츠지도사 교육·양성
⑤ 지속적으로 스포츠 활동에 참여할 수 있는 여건 제공
⑥ 장애인의 스포츠 참여를 위한 재정적 지원

장애인 스포츠 참여를 위해 비장애인과의 통합수업보다 분리수업을 지향한다. (○/×)

답 ×

# CHAPTER 04 스포츠에서 환경윤리와 동물윤리

## SECTION 01 스포츠와 환경윤리

### 1. 스포츠에서 파생되는 환경윤리적인 문제 [2025 기출]

① 스포츠 시설 건설 및 주변 인프라 구축으로 인한 환경오염 및 파괴
② 자연 스포츠의 등장으로 인한 환경 위협 예 요트, 윈드서핑, 암벽등반 등
③ 스포츠 활동으로 인한 수질오염 및 에너지 과소비 예 수영장, 아이스링크, 워터파크 등

> **POINT**
> 스포츠 환경의 3가지 범주
> • 순수환경
> • 개발환경
> • 시설환경

#### 이해 더하기

**부올레(P. Vuolle)의 스포츠 환경**

| 순수환경 | 본래의 야생지로서 공원이나 보전구역 등 |
|---|---|
| 개발환경 | 트레일, 슬로프, 스포츠 필드, 실외수영장 등 시설을 지어 야외활동을 할 수 있도록 한 곳 |
| 시설환경 | 실내체육관, 경기장, 아이스링크와 같은 완전한 실내 스포츠 공간 |

### 2. 스포츠에 적용 가능한 환경윤리학의 이론

① 인간중심주의와 자연중심주의

| 인간중심주의 | • 인간이 이익을 얻기 위해 자연을 보호함<br>• 환경보호의 당위성을 자연의 도구적 가치에서 찾는 입장<br>• 효율성의 극대화를 목표로 하는 경제학을 추구함<br>• 인간의 사용 가치에 비례하여 자연의 가치를 평가함 |
|---|---|
| 자연중심주의<br>(생태중심주의) | • 인간은 자연에 순응해야 함<br>• 자연환경의 고유한 가치를 보존해야 한다는 입장<br>• 현실적으로 기존시설을 최대한 활용할 것을 제시하는 입장<br>• 인간을 소중히 여기는 마음으로 자연환경도 소중히 대함<br>• 인간도 생태계 구성원으로 보는 생태 공동체 의식을 가짐 |

> **이해 더하기**
>
> **자연중심주의 사례**
>
> 평창올림픽 활강경기장 건립을 둘러싸고 환경단체로부터 반대의 의견이 나오게 되었다. 가리왕산은 활강경기의 특성상 최적의 장소이지만 이곳은 산림자원 보호구역으로 지정된 곳이었기 때문이다. 올림픽으로 얻어지는 경제적 효과를 강조하는 측과 산림의 가치를 경제적으로 환산할 수 없다는 환경단체의 입장이 팽팽히 맞서고 있다.
> → 환경단체는 자연중심주의 입장
>
> **환경윤리에 대한 전통사상**
>
> | 불교(연기설) | 만물이 서로 밀접한 관계를 맺고 상호의존한다고 봄 |
> |---|---|
> | 도교(무위자연) | 인위적으로 자연을 통제하거나 조작해서는 안 된다고 봄 |
> | 유교(천인합일) | 자연과 인간이 합일을 이룰 때가 가장 좋은 상태라고 여김 |

> **POINT**
>
> **인간의 4가지 의무(테일러)**
> - 불침해(비상해)의 규칙
> - 불간섭의 규칙
> - 신뢰의 규칙
> - 보상적 정의적 규칙

② **테일러의 생태윤리 4가지 의무** : 모든 생명체는 모두 평등한 관계 주장

**2024 기출**

| 불침해(비상해)의 규칙 | 인간이 다른 생명체를 해치는 행위는 안 됨 |
|---|---|
| 불간섭의 규칙 | 생태계의 자유로운 발전을 제한하거나 방해하면 안 됨 |
| 신뢰의 규칙 | 동물들에게 인간의 신뢰를 훼손하면 안 됨 |
| 보상적 정의의 규칙 | 부득이하게 해를 끼친 경우 피해를 보상해야 함 |

> **기출 채우기**
>
> 테일러의 생태윤리에 따르면 스포츠에 의한 (     )이 발생시 그 스포츠 폐지를 권고한다.
>
> 📖 환경오염

③ **네스의 심층적 생태주의** : 인간은 모든 자연적 존재들과 상호 평등한 관계 속에서 공생할 때 큰 자아를 실현할 수 있다고 봄

④ **레오폴드의 대지윤리** : 존재하는 생명공동체인 대지를 도덕의 대상으로 삼은 윤리

⑤ **베르크의 환경윤리** : 인간 주체성과 환경 자체를 연결하는 이러한 존재론적 혁명은 모든 사람의 기본인 인간의 안전 지속 가능성의 조건임을 주장

> **이해 더하기**
>
> **스포츠와 환경윤리학**
>
> 자연중심주의 환경윤리는 환경에 있어서 도덕적 고려의 대상을 자연의 생명체를 포함한 생태계 전체로 확대할 것을 주문한다. 이런 점에서 보면 동물 스포츠라 불리는 스페인의 투우, 한국의 전통 민속놀이인 소싸움 등은 동물을 인간의 오락 대상으로 삼았다는 점에서 윤리적으로 허용되기 어렵다. → 레오폴드, 네스, 슈바이처와 연관된 내용

⑥ **스포츠와 자연의 공존 이념**
  ㉠ 스포츠 상황에서 도덕적 고려의 범위를 인간에서 자연으로까지 확장
  ㉡ 자연과의 관계 속에서 스포츠의 도덕가치와 행동을 판단
  ㉢ 스포츠(인간)와 자연이 조화롭게 공존하는 상태 추구

## 3. 지속가능한 스포츠 발달의 윤리적 전제

① **지속가능한 스포츠 발달** 2023 기출
  ㉠ 환경의 보존·존중과 개발의 의미를 함께 포함
  ㉡ 개발은 하되 한정된 자원의 범위 내에서 지속 가능한 방법을 모색
  ㉢ 현 세대의 스포츠 욕구와 미래 세대의 스포츠 참여 기회를 동시에 충족시키는 스포츠 개발

② **스포츠와 환경의 공존**
  ㉠ 스포츠로 인한 환경오염의 발생은 불가피함
  ㉡ 환경오염 피해를 최소화하려는 노력
  ㉢ 인간중심주의와 자연중심주의 사이의 균형, 개발과 보전의 조화, 환경영향평가의 강화 등

> **POINT**
> **지속가능한 스포츠발달을 위한 윤리적 전제**
> - 자연환경을 훼손하는 시설을 사용하지 않고, 자연을 훼손하는 건설을 반대해야 함
> - 재활용할 수 있는 제품을 개발해야 함
> - 스포츠 교양에 대한 교육을 실시하여 다른 생명체에 대한 배려를 중요시 해야 함

### 이해더하기

**지속가능한 스포츠 발달의 윤리적 견해**

| 개발론 | • 인간의 복지와 풍요를 위해 경제 성장이 필요함<br>• 경제 성장의 과정에서 환경 파괴의 가능성이 높음 |
|---|---|
| 보존론 | • 안전하고 건강한 삶을 위해 자연환경을 보호하고 유지해야 함<br>• 경제 성장을 둔화시키며, 개발도상국에 대한 차별이 발생함 |

③ **행정적 방안**

| 환경지침의 마련 | 사전에 환경지침을 마련, 이에 따라 친환경적인 시설 건설 및 대회 진행 |
|---|---|
| 목표 설정 | 에너지 감축, 토양오염 방지, 쓰레기 감량 등 환경 보존을 위한 목표치를 사전에 설정 |
| 환경성 평가와 모니터링 | 대회의 준비, 운영, 사후관리 등의 전 과정에서 환경성 평가 및 모니터링을 실시 |
| 파트너십 구축 | 정부·기업·시민 간의 협력과 선수 및 관객에 대한 환경교육 및 홍보 등을 진행 |

④ **지속가능한 발전의 실현**

| 개인적 차원 | 대중교통의 이용, 일회용품 사용의 절제, 친환경제품 사용 등 |
|---|---|
| 사회적 차원 | • 환경을 고려한 개발과 환경친화적 기술의 사용<br>• 환경보전 자체를 성장의 동력으로 삼는 성장방안 모색 |
| 국제적 차원 | • 환경문제에 대한 국제협력체제 구비<br>• 환경을 위한 협약의 실천 |

## SECTION 02 | 스포츠와 동물윤리

### 1. 스포츠의 종차별주의 문제  `2024 기출`

① **종차별주의**
  ㉠ 자신의 종을 위해 다른 종의 이익에 배타적 태도를 보이는 것
  ㉡ 스포츠에서 동물들이 도구화되고 있는 상황
  ㉢ 동물에게 폭력적 훈련 및 경기를 강제함
  ㉣ 동물을 인간의 유희 대상으로 생각

② **반종차별주의**
  ㉠ 쾌락 및 고통을 인지하는 능력에 따라 이익을 동등하게 분배 및 대우
  ㉡ 대상에는 동물만이 아닌 식물도 포함
  ㉢ 자연이 공존해야 할 대상임을 인식

③ **스포츠에서의 종차별주의 극복 노력**
  ㉠ 영국의 사회개혁가 솔트는 1891년 스포츠로서의 수렵을 금지할 목적으로 '인도주의 동맹' 설립
  ㉡ 스페인의 투우는 동물보호단체의 강력한 항의·비판으로 2011년부터 스페인 전역에서 방송금지

### 2. 다양한 동물윤리  `2025 기출`  `2024 기출`

① **동물 해방 윤리론**

| 피터 싱어 | • 공리주의 입장<br>• 이익 평등(동등) 고려의 원칙<br>• 고통을 느낄 수 있는(쾌고감수능력) 모든 존재의 이익 관심은 동등한 고려 가치가 있음을 주장<br>• 동물 학대의 가능성이 있는 스포츠 종목의 폐지 당위성을 제시 |
|---|---|
| 레건 | • 의무론적 입장<br>• 살아있는 존재라면 누구나 자신만의 삶을 영위할 권리가 있으므로 동물의 권리 또한 인정되어야 함<br>• 동물도 도덕적 지위를 가지므로 동물을 인간을 위한 수단으로 취급하는 것은 옳지 않음 |

② **생명 중심의 윤리설**

| 슈바이처 | • 생명 외경론으로 살아있는 모든 생명체를 진심으로 존중하고 조심스러워 하며 사랑하자는 입장<br>• 생명을 유지, 촉진, 고양하는 행위는 선이고, 생명을 억압하고 파괴하는 행위를 악으로 정의함 |
|---|---|
| 테일러 | • 생명중심주의로 모든 생명체는 자신의 성장, 발전, 생존, 번식이라는 목적과 가치 추구를 주장<br>• 자신의 고유한 가치를 지니는 생명체를 도덕적으로 존중하는 태도를 가져야 함 |

---

**POINT**

**종차별주의 한계점**
• 자연에 대한 지배와 착취, 남용과 훼손을 정당화함
• 인간 이외의 다른 생명체와 생태계를 도덕적으로 배려하지 못하게 함

**종차별주의, 반종차별주의**
• 종차별주의 : 인간만이 이성과 자의식을 가진 존재이며 동물에 대한 차별적 행위는 도덕적 판단의 대상이 아니라는 입장
• 반종차별주의 : 종의 차이가 존재하기는 하지만 쾌감과 고통을 느끼는 존재에 대해서는 도덕적 배려가 필요하다는 입장

**QUIZ**
피터 싱어의 입장에서 경마(競馬)는 동물이 이익에 맞는 동등한 대우를 받지 못한다는 문제점이 있다. (○/×)

답 ○

**기출 채우기**
테일러의 생태윤리에 따르면 스포츠에 의한 (     )이 발생 시 그 스포츠 폐지를 권고한다.

답 환경오염

> **이해 더하기**
>
> **동물 해방론과 생명 중심론의 한계**
>
> | 동물 해방론 | • 이익과 권리를 보장해야 하는 동물을 명확하게 규정하기 어려움<br>• 동물 이외의 생명체에 대한 고려가 없음 |
> |---|---|
> | 생명 중심론 | • 인간과 자연을 엄격하게 분리할 수 없고 인간이 생명체에 부정적으로만 간섭하는 것은 아님<br>• 생태계 전체에 대한 고려로 확대하지 못함<br>• 모든 생명체에 대한 존중을 강조하여 인간의 삶이 유지되는 것을 어렵게 할 수 있음 |

## 3. 경쟁·유희·연구의 도구로 전락된 동물의 권리

### ① 동물 스포츠

| 인간과 동물 사이의 경쟁 | 투우 등 |
|---|---|
| 인간이 동물을 이용하는 경기 | 승마, 경마 등 |
| 동물과 동물 사이의 경쟁 | 소싸움, 말싸움, 투견 등 |

### ② 동물 스포츠의 윤리적 관점

| 경쟁 도구로 이용되는 동물 | • 사육사 및 관리자에 대한 윤리교육을 통한 윤리의식 강화 필요<br>• 동물들의 고통을 최소화해야 함 |
|---|---|
| 유희 도구로 이용되는 동물 | • 투우, 밀렵, 수렵, 동물원에 포획된 동물의 훈련 및 시연 등<br>• 인간의 생존을 위해 필요하지 않기 때문에 재고가 필요<br>• 문화로서 정착된 경우, 동물을 대하는 데 있어서 이익 동등 고려의 원칙 준수 |
| 연구 도구로 이용되는 동물 | 선수들의 경기력 향상을 위한 실험에서 사용됨 |

### ③ 동물실험윤리위원회의 3R

| 대체(Replacement) | 고등동물보다 하등동물을 이용 |
|---|---|
| 축소(Reduction) | 피실험 동물의 개체 수를 최소화 |
| 순화(Refinement) | 피실험 동물에게 최대한의 복지 제공 및 도덕적 지위에 맞게 대우 |

> **POINT**
>
> **스포츠와 관련된 종차별주의**
>
> • 동물을 경쟁의 도구로 이용 : 경마, 전쟁, 전차경주 등
> • 동물을 유희의 도구로 이용
>   – 인간과 동물의 싸움 : 투우 등
>   – 동물과 동물의 싸움 : 소싸움, 닭싸움, 개싸움 등
> • 연구도구로 이용 : 치료약 개발을 위한 실험 대상으로 흰 쥐, 돼지, 원숭이 등

# CHAPTER 05 스포츠와 폭력

## SECTION 01 스포츠 폭력

### 1. 폭력의 개념 [2025 기출]

① **푸코(M. Foucault)의 규율과 권력** : 스포츠계에서 위계적 권력 관계는 폭력으로 변질되어 작동됨

② **아렌트(H. Arendt)의 악의 평범성** : 스포츠계에서 폭력과 같은 잘못된 관행에 복종하는 데 익숙해진 나머지 이를 지속시키는 데 기여함

> **이해더하기**
>
> **아렌트의 악의 평범성**
> - 학교 스포츠에서 선수에게 폭력을 가하는 감독도 한 가정의 평범한 가장이다.
> - 운동 중 체벌을 가하는 것은 좋은 성적을 거두어야 하는 감독의 직업적 행동이다.
> - 후배들에게 체벌을 가한 것은 감독의 지시에 따른 행동으로 나의 책임이 아니다.
> - 폭력은 괴물이나 악마처럼 괴이한 존재가 아니라 평범한 일상 속에 함께 있다.
> - 악(폭력)을 멈추게 할 유일한 방법은 생각과 반성이다.

③ **아리스토텔레스(Aristotle)의 분노** : 스포츠 현장에서 인간 내면의 분노 감정에서 시작된 폭력은 전용되고 악순환을 반복하는 경향이 있음

④ **홉스(T. Hobbes)의 폭력론** : 국가만이 합법적 폭력을 사용할 수 있고, 이 폭력은 국가 내의 사회의 정의를 수호하며 전쟁을 통해 국민을 지키는 국가의 모습이라고 주장함

⑤ **호네트(A. Honneth)의 인정 투쟁** : 인간은 누구나 타인에게 인정받고 싶은 욕구가 있고, 스포츠에서 승리에 대한 욕구는 가장 원초적인 인정 투쟁이라고 주장

⑥ **지라르(R. Girard)의 모방적 경쟁** : 상대방을 모방하려는 욕망이 일상화하면서 제도나 문화가 발생하고, 모방적 경쟁관계가 갈등을 불러일으키면서 결국 폭력을 일으킨다고 주장

### 2. 스포츠 폭력의 의미와 특징 [2025 기출]

① **스포츠 폭력** : 선수, 심판, 코치 등 스포츠 관계자 혹은 관중과 같은 일반인이 스포츠 경기나 훈련 과정 중 고의나 과실로서 가하는 신체적·언어적·성적 폭력행위

---

**POINT**

**폭력의 유형**
- **직접적 폭력** : 신체적 공격 또는 피해를 입히는 행위
- **구조적 폭력** : 사람들의 기본적인 욕구를 제한하는 제도나 사회 구조. 빈곤, 기아, 의료 또는 교육에 대한 접근성 부족, 사회적 불평등과 같은 방식으로 나타남
- **문화적 폭력** : 폭력을 정당화하거나 정상화하는 문화적 규범, 가치, 신념 등을 통해 나타남. 인종차별, 성차별, 민족주의 등 다양한 형태

**POINT**

**스포츠 폭력의 분류**

| 개인적 | 상대방으로부터 공격을 당하거나 좌절 때문에 분노했을 경우 충동적으로 나타남 |
|---|---|
| 도구적 | 개인의 감정과 무관하게 팀의 승리를 위한 수단으로 행사하는 폭력행위 |

② **스포츠 고유의 공격적 특성과 폭력성**
- ㉠ 자기 목적적 폭력 : 스포츠에서 통제된 힘의 사용은 정당한 폭력으로 간주
- ㉡ 모의적인 폭력이 어느 정도 용인됨
- ㉢ 폭력적인 성향 분출의 자극과 감시·제어를 동시에 수행(폭력의 이중성)
- ㉣ 도전 정신이 표현된 것
- ㉤ 스포츠 참여자의 자기 통제와 규범이 요구됨
- ㉥ 스포츠 참여자의 자제력 함양을 통해 폭력성과 공격성을 없애야 함

### 3. 격투스포츠의 윤리적 논쟁 : 이종격투기

① **이종격투기** : 서로 다른 종류의 격투기 선수들이 경기를 진행
② **이종격투기에 대한 입장**

| | |
|---|---|
| 찬성 | • 규칙 안에서 일어나는 허용된 폭력<br>• 스포츠 상황에서의 폭력은 인간의 본능을 표현하는 것<br>• 신체의 탁월성을 가리는 스포츠의 한 형태 |
| 반대 | • 아무리 스포츠 상황이어도 폭력을 정당화할 수는 없음<br>• 이종격투기를 허용함으로써 더욱 폭력성이 강화된 스포츠 등장이 가능<br>• 폭력성을 목적으로 하여 훈련하는 것은 스포츠 가치에 맞지 않음 |

## SECTION 02 　 선수 폭력

### 1. 선수 폭력의 의미

① 스포츠 지도자 및 선수 간의 구타, 가혹행위, 심리적 폭력 등을 의미
② 승리에 대한 과도한 집착에서 오는 운동수행으로 발전, 통제되지 않은 폭력으로 이어짐

### 2. 선수 폭력의 종류

① **경기 중, 후 선수들 간의 폭력**
- ㉠ 전술적 차원에서 사용되기도 함
- ㉡ 상대 선수의 공격성을 자극
- ㉢ 스포츠의 규범 및 질서를 훼손하는 행위

② **선수의 심판 폭력**
- ㉠ 심판 판정을 납득하지 못하여 발생
- ㉡ 심판의 권위를 인정하고 분노를 절제할 필요가 있음

> **POINT**
> **대한체육회의 선수 폭력 규정사항**
> • 선수를 대상으로 구타하거나 상처가 나게 하는 것
> • 지속적으로 따돌림을 시키는 것
> • 물품이나 돈을 갈취하는 것
> • 어떠한 장소에 가둬두는 것
> • 겁을 먹게 하거나 강요하는 것

③ 선수의 관중 폭력
④ **일상생활에서 선수의 폭력**
- ㉠ 성적 향상, 팀 단합 등의 이유로 행해짐
- ㉡ 팀원 사이의 신뢰 상실 및 교우 관계에 부정적 영향
- ㉢ 자아상실감

## 3. 선수 폭력 근절의 방해 요인

| | |
|---|---|
| 폭력의 세습 | 선수 간 폭력의 세습으로 피해자가 향후 가해자로 전이 |
| 사후 관리 부실 | 폭력 문제를 인지하였음에도 폭력에 대한 사후 관리에 소극적으로 대처하거나 묵인하는 이해관계자의 인식 |
| 성과주의 | 지도자의 불안정한 신분과 대회 성적 및 진학만으로 지도자를 평가하는 시스템이 지도자에게 선수 채근의 빌미를 제공 |

### POINT

**스포츠 폭력 예방활동 강화 내용**
- 폭력적인 지도자는 체육현장에서 배제시켜야 함
- 선수지도 우수모델을 확산시켜야 함
- 인성을 중시한 학교운동부 정착
- 피해선수 보호 및 지원 강화
- 폭력 예방활동 강화 및 교육

## 4. 선수 폭력의 예방

① 선수의 권익을 보호하는 정책의 도입
② 스포츠 참여자의 인권 교육 확대
③ 스포츠 상황에서의 인권 보호 가이드라인 보충
④ 스포츠 인권 지원 센터 홍보 및 활용
⑤ 폭력적인 지도자는 체육현장에서 배제시켜야 함

---

### SECTION 03 관중 폭력

## 1. 관중 폭력의 특징

① 신체 접촉이 많은 종목일수록 관중 폭력 발생 가능성이 증가
② 집단 내의 무책임성, 몰개인화에 의해 발생
③ 경기의 성격, 라이벌 의식, 배타적 응원 문화 등이 주된 원인
④ 선수 폭력에 동조하는 관중에 의해서도 발생

### QUIZ
관중 폭력은 군중으로 있을 때보다 선수와 단둘이 있을 때 상대적으로 발생하기 쉽다. (○/×)

답 ×

## 2. 관중 폭력의 사례

① **언어 폭력**
- ㉠ 경기 중 선수들에게 야유를 하는 등의 행동
- ㉡ 선수에게 심리적 고통과 부정적인 감정을 유발
- ㉢ 스포츠맨십을 지키지 않는 행위

② **사이버 폭력**
   ㉠ 익명성을 이용해 스포츠 참여자에게 부정적인 글을 씀
   ㉡ 피해자에게는 엄청난 고통을 줄 수 있음

③ **훌리거니즘(Hooliganism)**
   ㉠ 관중이 자신이 응원하는 팀의 승리만을 추구해 폭력을 행하는 것
   ㉡ 경기 내용을 고려하지 않고 자신이 응원하는 팀의 승리만 생각
   ㉢ 경기의 결과에 집착하지 않는 자세가 필요

**사이버 폭력의 해결법**
- 실명제 도입
- 법적 규제 강화
- 윤리교육 강화 등

# CHAPTER 06 경기력 향상과 공정성

## SECTION 01 | 도핑

### 1. 도핑의 의미 `2024 기출`

① 스포츠에서 운동 수행력 향상 및 승리를 목적으로 약물 혹은 심리적 처치를 하는 것
② 남아프리카공화국의 카피르 부족이 사기 진작을 위해 마시던 음료인 '도프'에서 유래

### 2. 도핑의 원인

① 선수 또는 동물의 수행능력을 향상을 위한 것
② 상대와의 경쟁에서 승리하기 위한 것
③ 경기에 참가하고 싶은 지나친 욕구 때문
④ 물질적 보상이 동기가 되기 때문

### 3. 도핑을 금지해야 하는 이유

① **공정성**
  ㉠ 도핑은 스포츠의 본질인 공정성을 훼손
  ㉡ 도핑을 한 선수는 도핑을 하지 않고 노력한 선수보다 우위에서 경기를 진행

② **역할모형**
  ㉠ 우수한 기량의 선수들을 우상화하는 어린 선수들에게 부정적인 영향
  ㉡ 어린 선수들의 동기의식 및 목표의 상실 등을 일으킬 수 있음

③ **강요** : 지도자에 의해 도핑을 강요받는 상황이 발생할 수 있음

④ **건강상의 부작용**
  ㉠ 도핑 약물은 과다 섭취 시 인체에 부정적인 영향
  ㉡ 정신적으로도 부작용이 초래될 수 있음

---

**도핑의 종류**
- 약물도핑 : 운동 수행력 향상 및 승리를 목적으로 약물을 사용하는 것
- 기술도핑 : 장비나 도구가 선수의 기록 향상에 영향을 주는 것
- 브레인도핑 : 뇌를 자극하여 운동 능력을 향상시키는 것
- 유전자도핑 : 유전자 편집기술이 발달하면서 기술의 사용이 치료적 목적이 아닌 곳에 사용하는 것

## 4. 도핑검사에서 선수들의 역할 및 책임

① 의료진에게 운동선수임을 고지해야 함
② 선수가 질병치료나 부상회복을 위해 금지약물을 사용해야 하는 경우 치료목적사용면책 국제표준에 따라 심사 후 사전 승인을 받아야 함
③ 시료채취가 언제든 가능하도록 해야 함
④ 도핑방지규정위반을 조사하는 도핑방지기구에 협력해야 함

> **QUIZ**
> 선수는 치료목적으로 처방되어 사용(복용)한 물질에 대해서는 책임지지 않는다. (○/×)
> 답 ×

## 5. 효과적인 도핑금지 방안

① 스포츠 윤리에 대해 지속적으로 교육해 바른 가치관을 형성
② 도핑의 심각성과 부작용, 규제 등에 대해 교육해 사고를 방지
③ 도핑이 적발되었을 때에 이에 대한 처벌 강화

> **POINT**
> 세계반도핑규약(WADC)의 도핑 금지 방법 [2025 기출]
> • 혈액 및 혈액성분의 조작
> • 물리적, 화학적 조작
> • 유전자 및 세포 도핑

**이해더하기**

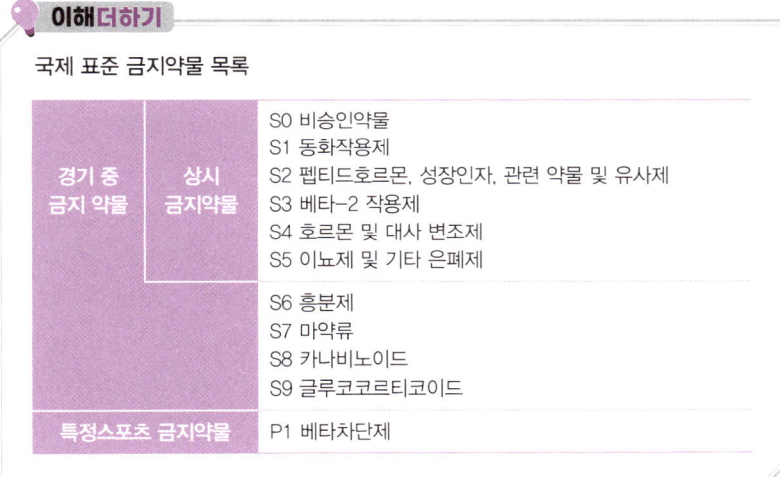

국제 표준 금지약물 목록

| 경기 중 금지 약물 | 상시 금지약물 | S0 비승인약물<br>S1 동화작용제<br>S2 펩티드호르몬, 성장인자, 관련 약물 및 유사제<br>S3 베타-2 작용제<br>S4 호르몬 및 대사 변조제<br>S5 이뇨제 및 기타 은폐제 |
|---|---|---|
| | | S6 흥분제<br>S7 마약류<br>S8 카나비노이드<br>S9 글루코코르티코이드 |
| 특정스포츠 금지약물 | | P1 베타차단제 |

## SECTION 02  유전자 조작

### 1. 스포츠에서의 유전자 조작 현황

① 유전자 조작을 통해 경기력 향상을 꾀함
② **유전자 조작의 유형**
  ㉠ 체세포 변형
  ㉡ 생식세포 계열 변형
  ㉢ 유전 배아 선택

> **POINT**
> 유전자 조작
> 치료 이외의 목적으로 세포나 유전자를 이용하거나 유전자를 조작하여 운동능력의 향상을 기대하는 행위

③ 동물의 유전자를 조작하는 것이 거부감 없이 일어나고 있음
④ 유전자 조작 적발을 위한 검사 장치의 정확성에 대한 의문

## 2. 유전자 조작을 반대하는 이유 `2023 기출`

① **인간의 존엄성을 침해**
   ㉠ 인간의 본질을 망각하고 기술만능주의에 빠지게 함
   ㉡ 스포츠 상황에서 노력은 하지 않고 결과에만 집착하게 함

② **종의 정체성 혼란**
   ㉠ 선수가 운동을 위해 인위적으로 만들어진 존재가 됨
   ㉡ 종의 경계를 무너뜨리게 됨
   ㉢ 인간 존재에 대한 혼란이 야기됨

③ **스포츠 사회에 무질서 야기**
   ㉠ 선수의 노력이 퇴색됨
   ㉡ 스포츠가 지향하는 가치가 상실됨

④ **위험성** : 부작용 및 사망사고 발생

## 3. 스포츠에서의 유전자 조작 방지 대책

① 지속적인 연구를 통해 다양한 약물에 대한 다양한 검사 도구 개발
② 신뢰 가능한 도핑 테스트
③ 도핑검사 의무화
④ 스포츠 참여자의 윤리 교육 강화

---

### SECTION 03 | 용기구와 생체공학기술 활용

## 1. 스포츠와 공학기술의 결합으로 파생되는 윤리 문제

① **스포츠에서 공학기술의 역할**

| | |
|---|---|
| 안전 | 선수의 부상을 예방하고 처치하는 데 도움이 되는 기구들의 개발<br>예 마라톤 선수의 경기 중 충격 흡수를 위해 개발된 운동화 |
| 감시 | 도핑에 대한 감시, 오심 및 편파판정 방지 |
| 수행 증가 | 운동 수행 능력의 증가<br>예 육상 선수들 운동화의 스파이크 |

---

**유전자 조작의 반대 이유**
- 안정성이 검증되지 않음
- 인간의 존엄성 침해
- 종의 정체성 혼란
- 스포츠 의미 퇴색

유전자 조작을 반대하는 입장에서는 유전자 도핑이 선수를 우생학적 개량의 대상으로 만든다고 주장한다. (○/×)

답 ○

**생체공학 기술의 윤리적 쟁점**
- 선수의 노력이 아닌 용기구를 통한 기록의 단축과 승리
- 우수한 용기구를 구입할 수 없는 선수에 대한 불평등

② **스포츠의 정신과 가치 훼손**
  ㉠ 스포츠가 인간의 경쟁이 아닌 기술의 경쟁으로 전도
  ㉡ 과학기술로 조작·왜곡된 경기가 출현

## 2. 전신수영복 착용을 금지하는 이유  2023 기출

① 페어플레이 정신에 위배됨
② 신체의 탁월성으로 경쟁을 하는 것이 아닌 장비에 의존함

## 3. 의족장애선수의 일반 경기 참가

① 장애인 선수가 일반 경기에 참가하는 것은 스포츠 평등권에 부합
② 공정성에 대한 문제를 삼을 수 있음
③ 장애인이 아닌 선수들에게 역으로 차별이 일어날 수 있음
④ 의족에 의존하는 것은 스포츠 가치를 무너뜨림

> **QUIZ**
> 수영의 최첨단 전신수영복, 야구의 압축배트는 경기의 공정성 확보에 기여한다. (○/×)
> 답 ×

# CHAPTER 07 스포츠와 인권

## SECTION 01 학생 선수의 인권

### 1. 인권 사각지대인 학교 운동부

① 엘리트스포츠정책에 의하여 우수한 선수를 선출하여 육성함
② **학교 운동부의 인권 문제**
  ㉠ 부상 및 고통이 심해도 운동을 계속해야 함
  ㉡ 학습권 침해
  ㉢ 상위학교 진학을 위한 실적 중시
  ㉣ 승리지상주의
  ㉤ 위계문화로 인해 폭력에 노출되어 있음
  ㉥ 합숙훈련으로 인해 자율적 생활이 불가능

> **POINT**
> 「국민체육진흥법」 제18조의3(스포츠윤리센터의 설립)
> ① 체육의 공정성 확보와 체육인의 인권보호를 위하여 스포츠윤리센터를 설립한다.
> ② 스포츠윤리센터는 법인으로 한다.

> **이해더하기**
> **스포츠윤리센터 주요사업** [2025 기출]
> • 스포츠 비리 및 체육계 인권침해에 대한 신고접수 및 조사와 피해자 지원
> • 스포츠 비리 및 체육계 인권침해에 대한 실태조사 및 제도 개선
> • 스포츠 비리 및 체육계 인권침해 예방교육 및 홍보 활동
> • 스포츠 인권침해 재발방지를 위한 징계정보시스템 운영
> • 그 밖의 스포츠 공정성 확보 및 체육인의 인권보호를 위해 필요한 사업 운영

### 2. 학생 선수의 생활권과 학습권 : 최저학력제도 [2024 기출]

① **최저학력제**
  ㉠ 학생 선수들에게 수업을 들을 기회 제공
  ㉡ 최저성적기준을 제시하고 이를 충족시키지 못하는 학생 선수에게는 불이익 부여(리그 출전 제한 등)
  ㉢ 학생 선수, 부모, 지도자의 인식이 달라 부정적으로 인식하는 이도 있음

② **학습권이 보장되어야 하는 이유**
  ㉠ 향후 직업 선택 시 다양한 기회 제공
  ㉡ 운동선수로서 은퇴 후의 삶을 준비
  ㉢ 생각의 힘을 기름
  ㉣ 당연히 학생 선수에게 필요한 것

> **기출 채우기**
> 공부에 흥미가 없는 학생 선수에게 (　　　) 도입은 일반 학생들은 공부하기 싫으면 안 해도 되지만 학생 선수는 시합 출전을 위해 어쩔 수 없이 해야 되는 제도이다.
> 🗒 최저학력제

③ **생활권과 학습권 보장을 위한 방안**
  ㉠ 지도자의 변화
  ㉡ 방과 후 운동
  ㉢ 전국대회 출전 횟수 제한
  ㉣ 최저학력제 적용
  ㉤ 합숙소가 아닌 기숙사에서 생활
  ㉥ 학생 선수의 진학 제도 개선
  ㉦ 하루 훈련 시간 제한

### POINT
**학생 선수의 생활권 보장**
- 신체발달뿐만 아니라 지식과 인성의 발달을 위해 학생 선수의 생활권이 보장되어야 한다.
- 장기적인 합숙 훈련 등을 축소하여 학생 선수의 생활권을 보장해야 한다.

**학습권 보장을 위한 제도**
- 정규수업 이수
- 운동시간의 제한
- 합숙 기간 축소
- 출전 횟수 제한

## 3. 공부하는 학생 선수 만들기

① **목표**
  ㉠ 학생 선수가 운동과 공부를 병행하여 직업 선택의 폭을 넓힐 수 있게 도와줌
  ㉡ 중도 탈락 혹은 은퇴 후 사회생활을 하는 데 필요한 기초적 지식을 갖게 하는 것
② 학생 선수는 물론 지도자, 부모, 체육계에서 다 함께 노력을 기울일 필요가 있음

## 4. 체육특기자의 진학과 입시제도의 문제

① **체육특기자 제도**
  ㉠ 상급학교에 진학하는 데 학업 성적을 반영하지 않고 경기 실적으로 진학하는 것
  ㉡ 학생 선수들이 운동에 집중하도록 하기 위해 만들어진 제도
  ㉢ 2000년부터 동일 계열로 진학

② **체육특기자 입시제도의 문제**
  ㉠ 입시비리가 빈번하게 일어나지만 처벌의 한계가 존재
  ㉡ 사전 스카우트 제도
  ㉢ 학교 중심적 선발 구조
  ㉣ 관리감독기구의 부실
  ㉤ 고등학교 운동부의 잘못된 운영

③ **개선을 위한 방안**
  ㉠ 체육특기자의 상급학교 지원 시 학업 성적 반영 비율 높임
  ㉡ 체육특기자 제도 개선을 통한 객관성 증대
  ㉢ 체육특기자 선발 전형에 정규수업 이수율을 포함

### POINT
**체육특기자제도의 개선 방향**
- 체육특기생으로 선발될 수 있는 자격을 개선할 것
- 체육특기생의 선정을 투명하게 진행할 것
- 학교성적과 수업일수를 입시제도에 반영할 것

ⓔ 입시비리에 대한 처벌 강화
　　ⓜ 스카우트 금지를 목적으로 한 제도 정비
　　ⓗ 고등학교와 대학이 연계하여 학습권 보호를 위해 노력

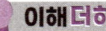

**주말리그제**
- 가까운 학교에서 주말에 리그 경기를 꾸준히 하면 경기 경험도 늘고 선수들의 기량도 향상될 것이라는 취지에서 시행된 제도
- 주변 학교 운동부끼리 실력 차이가 많이 난다면 시합에 대한 의미가 없어짐
- 주변에 같은 운동부가 없을 경우 주말리그제 도입 자체가 어려움

## SECTION 02 | 스포츠지도자 윤리

### 1. 지도자에 의한 폭력이 가능한 이유

① 경기력 및 정신력 향상을 이유로 폭력을 사용
② 단기적으로 성과를 내기 위해 폭력을 행사
③ 지도자의 권위를 이용
④ 잘못된 지도 방법이 계속 이어짐

**지도자에 의한 폭력이 가능한 이유**
- 지도자가 팀의 모든 것을 결정할 수 있는 결정권을 가짐
- 팀의 전략과 전술을 지휘하는 최고의 위치에 있음
- 선수들의 진로와 연봉에 영향력을 행사함

### 2. 선수 체벌 문제

① **선수 체벌이 허용되는 이유**
　ⓐ 경기력을 향상시킨다는 생각
　ⓑ 학부모의 폭력 묵인
　ⓒ 선수들의 집중력에 도움이 된다는 생각

② **선수 체벌 해결방법**
　ⓐ 스포츠 내에서의 수직적 관계 탈피를 위한 노력이 필요
　ⓑ 체벌의 금지를 위한 제도
　ⓒ 스포츠 참여자들에 대한 인권교육 강화
　ⓓ 폭력을 행사한 지도자 퇴출
　ⓔ 스포츠 참여자의 인권을 보호하기 위한 가이드라인 확립
　ⓗ 스포츠 인권센터 설립

## 3. 성폭력 문제

① 문제
- ㉠ 지도자의 인식 문제 : 선수를 존중하지 않고, 선수를 승리를 쟁취하기 위한 수단으로 간주
- ㉡ 부도덕한 행위
- ㉢ 선수 개인뿐만 아닌 팀 구성원 전체에 부정적 영향

② **성폭력 등 예방교육** : 다음 중 어느 하나에 해당하는 사람은 대면 교육 또는 인터넷 교육을 통하여 매년 1시간 이상의 예방교육을 받아야 함. 또한 신규로 해당하게 된 사람은 신규로 해당하게 된 날부터 2개월 이내에 예방교육을 받아야 함
- ㉠ 선수 및 국가대표선수
- ㉡ 국가대표선수의 지도자
- ㉢ 운동경기부의 지도자
- ㉣ 경기단체에 등록한 체육지도자
- ㉤ 심판
- ㉥ 통합체육회 · 대한장애인체육회 및 그 지부 · 지회의 임직원
- ㉦ 경기단체의 임직원
- ㉧ 그 밖에 문화체육관광부장관이 정하는 사람

③ **성폭력 해결방법**
- ㉠ 선수들에게 성폭력 상황에서의 의사표현 및 저항 의식 교육
- ㉡ 피해가 있을 경우 신고를 하여도 불이익을 당하지 않는 제도
- ㉢ 스포츠 참여자의 성 인지 능력을 향상시키기 위한 예방 교육 강화
- ㉣ 가해자에 대한 처벌 강화
- ㉤ 성폭력이 발생하였을 경우, 피해자를 위한 전문적인 상담 및 치료

> **POINT**
> 지도성폭력의 원인
> - 지도자들의 잘못된 인식과 행동
> - 스포츠가 갖는 유대감으로 인한 성폭력 은폐
> - 지도자와 선수 간의 불평등한 권력의 구조
> - 선 · 후배 간의 위계적 폭력문화

> **QUIZ**
> 성폭력 예방을 위한 교육은 여성 선수와 남성 지도자 위주로 이루어져야 한다. (○/×)
> 답 ×

### 이해 더하기

**성폭력에 대한 처벌 조항(「국민체육진흥법」)**
- 5년의 범위에서 체육지도자의 자격 정지
  - 선수의 신체에 폭행을 가하거나 상해를 입히는 행위를 한 경우
  - 선수에게 성희롱 또는 성폭력에 해당하는 행위를 한 경우
- 체육지도자의 자격 취소
  - 다음 각 목의 어느 하나에 해당하는 죄를 저지른 사람으로서 금고 이상의 형 또는 치료감호를 선고받고 그 집행이 종료되거나 집행이 유예 · 면제된 날부터 20년이 지나지 아니하거나 벌금형이 확정된 날부터 10년이 지나지 아니한 사람
    가. 「성폭력범죄의 처벌 등에 관한 특례법」 제2조에 따른 성폭력범죄
    나. 「아동 · 청소년의 성보호에 관한 법률」 제2조 제2호에 따른 아동 · 청소년대상 성범죄

**POINT**
체육지도자가 지녀야 할 덕목
- 책임감
- 창의적 사고
- 스포츠맨십

### 4. 교육자로서의 책임과 권한

① 교육자라는 인식을 가져야 함
② 교육적이지 못한 방법으로 선수들을 훈련시켜서는 안 됨
③ 폭력을 사용해서는 안 됨
④ 선수들을 존중하고 승리를 위한 도구 정도로 생각해서는 안 됨
⑤ 선수들의 의사결정이 민주적으로 이루어지게 도와야 함

## SECTION 03 　스포츠와 인성교육

### 1. 어린이 운동선수를 보호하기 위한 방안

① 어린이 운동선수 훈련의 문제
　㉠ 과도한 훈련으로 아동 학대에까지 이를 수 있음
　㉡ 단순히 스포츠 스타에 대한 동경으로 운동선수가 되려고 함

② 어린이 운동선수 보호 방안
　㉠ 체벌을 가하지 않아야 함
　㉡ 지나친 훈련은 성장에 방해가 됨
　㉢ 스포츠 활동을 통한 즐거움을 느끼게 해주어야 함
　㉣ 공부와 운동을 병행할 수 있게 도와야 함
　㉤ 기본기를 다지도록 도와야 함

**POINT**
인성의 덕목
- 기본적인 습관 : 규칙적인 생활, 정리정돈 등
- 자아확립 : 정직, 근면, 성실, 정체성 등
- 공동체의식 : 봉사, 존중, 협동 등

### 2. 학교 체육의 인성 교육적 가치

① **스포츠 인성교육의 기대 효과**
　㉠ 스포츠맨십을 기름
　㉡ 스포츠 덕목에 대한 교육
　㉢ 건강한 스포츠의 활용

② **학교체육의 인성 교육적 가치**
　㉠ 정서 발달
　㉡ 인지 발달
　㉢ 사회성 발달
　㉣ 도덕성 발달

## 3. 새로운 학교 문화를 위한 스포츠의 역할

① **인성교육**
   - ㉠ 페어플레이를 통해 공정함에 대해 학습
   - ㉡ 노력, 존경, 책임감, 공정함, 정직 등에 대해 학습

② **학교폭력 예방**
   - ㉠ 학교폭력 예방을 위한 스포츠 프로그램 개발
   - ㉡ 학교폭력 예방을 위한 이론과 현장의 연계가 필요

③ **학교 공동체 형성**
   - ㉠ 학생들이 운동을 같이 하면서 협동심을 길러 나감
   - ㉡ 또래의 학생들과 같이 학습, 생활하게 됨

# CHAPTER 08 스포츠 조직과 윤리

## SECTION 01 스포츠와 정책 윤리

### 1. 정치와 스포츠의 관계

| 스포츠의 정치적 순기능 | • 국위선양, 국민화합, 사회통합의 기능<br>• 사회 구성원의 사회화 기능<br>• 국민의 행복 증진 |
|---|---|
| 스포츠의 정치적 역기능 | • 정치 선전의 수단으로 이용될 수 있음<br>• 국가 간 분쟁 야기 가능<br>• 사회 통제의 수단으로 이용 가능 |

> **POINT**
> **스포츠의 정치적, 사회적 기능**
> - 스포츠의 정치적 기능
>   - 순기능 : 국민의 화합 증진, 국위 선양, 국민의 건강증진 및 행복 추구
>   - 역기능 : 정치선전 및 체제 강화, 사회통제, 정치적 시위
> - 스포츠의 사회적 기능
>   - 순기능 : 체제유지와 긴장완화, 사회통합 유지, 목표성취 달성
>   - 역기능 : 신체적 소외감, 강제적 사회통제, 상업주의 증가, 성차별 및 인종차별

### 2. 스포츠의 사회적 이슈와 윤리성 문제

① 한국 스포츠의 사회적 이슈
  ㉠ 엘리트 체육이 중심이 되어 생활체육과 분리됨
  ㉡ 스포츠에서의 복지 소외
  ㉢ 스포츠 상황에서의 불평등

② 윤리적 문제
  ㉠ 운동선수의 귀화
  ㉡ 남북한의 스포츠교류에서 협력하며 갈등이 심화되지 않도록 노력
  ㉢ 불법 스포츠 도박
  ㉣ 폭력, 도핑, 승부 조작 등

### 3. 스포츠 정책과 윤리성 문제 : 스포츠 정책 윤리 확보

| 객관적 기술자 모형 | • 과학적 · 분석적인 접근을 통해 객관적인 정보를 제공<br>• 학문적 순수성 · 성실성 등을 중심으로 문제를 해결 |
|---|---|
| 고객 옹호자 모형 | • 정책 분석가가 정책 결정자에게 자문<br>• 공공윤리에 따른 제약이 가능해 공공부문의 정책 결정에 적합하지 않을 수 있음 |
| 쟁점 옹호자 모형 | • 정책 분석가가 가치를 추구하는 규범적 존재<br>• 사회 · 윤리적 원리 혹은 정치 · 경제적 이념 추구 |

> **이해더하기**
>
> 스포츠 4대 악(문화체육관광부 2015년 지정)
> 승부 조작 및 편파 판정, (성)폭력, 입시 비리, 조직 사유화

## SECTION 02 심판의 윤리

### 1. 심판의 도덕적 조건 [2025 기출] [2023 기출]

| 공정성 | 어느 한쪽에 치우치지 않음 |
|---|---|
| 청렴성 | 심판 매수 등의 시도가 있어도 그에 현혹되지 않음 |
| 편견과 차별 배제 | 오심과 편파 판정 방지 |
| 자율성 | 외부의 지시나 간섭을 단호히 뿌리칠 수 있음 |
| 전문성 | 한 번 내린 판정은 번복하기 힘들기 때문에 오랜 경험과 훈련을 바탕으로 정확한 판정을 내려야 함 |

> **기출 채우기**
>
> 심판의 덕목 중 (　　)은/는 한 번 내린 판정을 번복하기 힘들기 때문에 정확한 판정을 내릴 수 있는 오랜 경험과 훈련이 필요하다는 것이다.
>
> 답 전문성

### 2. 도덕적 심판을 위한 행정조치

① 제도적으로 심판의 독립성 및 자율성 보장
② 처우 개선을 통해 금품 유혹 등으로 인한 이탈 방지
③ 심판평가제 등의 도입으로 오심 누적 시 자격을 박탈하는 등 엄격한 대처
④ 지속적인 윤리교육
⑤ 심판 상고제도를 통한 판정 신뢰성 강화

> **POINT**
>
> 심판의 판정 역기능을 최소화하기 위한 방안
> - 심판에 대한 징계를 강화해야 함
> - 정기적으로 심판 관련 교육을 실시해야 함
> - 정확한 판독이 가능한 기구 등을 활용해 심판 판정의 객관성을 유지시켜야 함
> - 심판의 윤리교육을 지속적으로 실시해야 함

### 3. 심판의 사회적 역할과 과제

① 선수 및 관중에게 윤리적 대상이 됨
② 스포츠의 윤리적 가치 발휘 및 공정성의 상징
③ 선수들의 스포츠 정신 발휘를 도움
④ 오심으로 선수의 노력이 훼손되지 않게 하기 위해 노력

### 4. 개인윤리와 사회윤리

① **심판 윤리의 특징**: 심판의 윤리는 개인윤리와 사회윤리가 복합적으로 얽혀 있으며, 이는 갈등 관계가 아닌 상호 보완적 관계를 가짐

> **QUIZ**
> 판정의 신뢰성을 높이는 제도를 도입해야 한다는 것은 심판에게 요구되는 개인윤리적 덕목에 해당한다.
> (○/×)
> 답 ×

② 개인윤리와 사회윤리

| 개인윤리 | 심판 개인의 공정성, 청렴성 등의 인격적 도덕성을 의미 |
|---|---|
| 사회윤리 | 협회나 기구의 도덕성과 밀접한 연관을 가짐 |

**이해 더하기**

심판의 기능

| 순기능 | • 심판의 판정 행위는 심판의 절제있는 자세를 취한 것임<br>• 심판의 판정은 심판의 기술적 판단행위로 윤리적 가치를 지님 |
|---|---|
| 역기능 | • 심판의 오심이 경기에 영향을 미칠 수 있음<br>• 심판의 편파적인 판정이 나타날 수 있음 |

## SECTION 03 | 스포츠조직의 윤리경영

### 1. 스포츠경영자의 윤리적 의식 : 윤리적 리더십  `2025 기출`

① **스포츠 경영자의 윤리**
  ㉠ 경영자에게 필요한 덕목
  ㉡ 윤리 경영을 목적으로 윤리를 중시
  ㉢ 공정하게 업무를 처리하기 위한 노력 요구
  ㉣ 기업의 경쟁력이 될 수 있음

② **윤리 경영의 가치**
  ㉠ 사회적 책임 실천
  ㉡ 윤리적 문화 확산
  ㉢ 사회 공헌

> **기출 채우기**
> 윤리경영을 위해서는 경영자의 윤리적 실천의지와 경영의 (   ) 확보가 선행되어야 한다.
> 답 투명성

**이해 더하기**

기업윤리
기업의 경영함에 필요한 수단과 방법의 옳고 그름을 판단하는 기준으로, 지켜야 할 도덕적 규범이나 규칙을 말한다.

## 2. 스포츠 조직의 불공정 행위와 윤리적 조직 행동

### ① 스포츠 조직의 불공정 행위
㉠ 승리지상주의
㉡ 스포츠 가치에 어긋난 이익 추구
㉢ 승부 조작
㉣ 편파 판정

### ② 윤리적 조직 행동
㉠ 조직 임직원의 윤리 규범 준수
㉡ 행동 및 의사결정에 있어서 기본이 됨
㉢ 구성 : 윤리 헌장, 윤리 강령, 행동 강령, 실천 지침

**스포츠 조직의 윤리 선진화 방안**
- 국가조직과 지도층의 의지 중요
- 스포츠단체의 자력으로 제도적 마련
- 체육단체와 시민단체의 연대
- 예산의 투명성 확보
- 체육단체와 관련된 법적 제도의 정비

# 출제예상문제

**01** 〈보기〉 중 스포츠윤리의 역할로 옳은 것은?

**보기**
ㄱ. 스포츠 현상에 대한 사실만을 기술한다.
ㄴ. 스포츠인의 행위에서 요구되는 도덕적 원리와 덕목을 고찰한다.
ㄷ. 반복적인 운동의 결과로 나타나는 인체의 적응 과정을 연구한다.
ㄹ. 스포츠 상황에서 행동과 목적의 옳고 그름을 결정할 수 있는 근본원리를 탐색한다.

① ㄱ, ㄴ  ② ㄴ, ㄷ
③ ㄴ, ㄹ  ④ ㄷ, ㄹ

해설 | ㄱ. 스포츠 현상에 대한 사실뿐만 아니라 가치에 대한 내용도 기술한다.
ㄷ. 운동생리학의 정의에 해당한다.

**02** 〈보기〉에서 설명하는 롤스(J. Rawls)의 정의의 원칙으로 가장 적절한 것은?

**보기**
모든 사람들에게 사회적·경제적 불평등의 계기가 되는 직위와 직책을 얻을 기회가 열려 있어야 한다.

① 차등의 원칙  ② 자유의 원칙
③ 평등의 원칙  ④ 기회균등의 원칙

해설 | 〈보기〉는 기회균등의 원칙으로 롤스의 정의론 제2원칙에 해당한다.
① 차등의 원칙 : 사회적·경제적 불평등은 최소 수혜자에게 최대의 이익이 되도록 편성될 때 정당화됨

**2025 기출 유형**

**03** 가치판단의 사례로 적절하지 않은 것은?

① 스포츠 경기에서는 규칙을 지키고 서로를 존중해야 한다.
② 외국인 선수들에게 인종차별을 하면 안 된다.
③ 도핑을 이용한 실력 향상은 옳지 않다.
④ 테니스 코트는 단식과 복식에 따라 사용 영역이 다르다.

해설 | 사실판단은 참·거짓의 판단 대상이 되고, 가치판단은 주관적인 좋고 나쁨, 옳고 그름의 판단을 하는 대상이 된다. ①~③은 가치판단에 해당하지만, ④는 참 또는 거짓으로 판단할 수 있는 사실판단에 해당한다.

**04** 〈보기〉는 레스트(J. Rest)의 도덕성 구성요소에 대한 설명이다. 빈칸에 해당하는 것은?

**보기**
( ) : 다른 가치보다 정정당당하게 경기하는 것에 가치를 두게 하는 것이다.

① 도덕적 민감성  ② 도덕적 동기화
③ 도덕적 판단력  ④ 도덕적 품성화

해설 | 〈보기〉는 도덕적 동기화에 대한 설명으로, 도덕적 동기화는 도덕적 가치를 경제적, 사회적, 종교적 가치보다 우선시하는 것이다.
① 도덕적 민감성 : 특정 상황 속에서 도덕적 이슈를 자각하고 자신의 행동이 타인에게 미칠 영향을 미리 상상해보는 요소
③ 도덕적 판단력 : 문제 해결을 위한 경로들이 정당하고 정의로운지 판단하는 요소로, 가능한 행동 중에서 가장 도덕적인 행동이 무엇인지 판단
④ 도덕적 품성화 : 도덕적 행동을 표출하기 위해 용기를 잃지 않고 유혹에 굴복하지 않으며 도덕적 목표를 지켜내는 요소

**2025 기출 유형**

**05** 〈보기〉의 사례는 맹자의 사단(四端) 중 무엇을 설명하는 사례인가?

> **보기**
> 테니스 경기의 결승전, 듀스 상황에서 A의 서브를 받아친 B의 공을 A가 받아내지 못하면서 경기는 B의 승리로 마무리되는 듯했다. 그런데 시상식에서 갑자기 B가 취재진의 앞에서 무릎을 꿇고 눈물을 흘리며 말하길, 사실 자신이 받아친 공이 라인 밖에 떨어졌으므로 마지막 점수는 인정될 수 없었는데 승리에 대한 욕심으로 순간 못 본 척했다며 이 메달은 A에게 주어져야 한다고 하였다. 비디오 판독 결과 B의 증언이 사실로 드러났고, 결국 A에게 메달이 주어졌다.

① 측은지심
② 수오지심
③ 사양지심
④ 시비지심

**해설** | B는 오심을 보고도 승리에 대한 욕심 때문에 못 본 척 넘어갔던 자신에 대해 부끄러움을 느끼고 결국 시상식에서 그 사실을 고백하였다. 이는 자신의 옳지 못함을 부끄러워하는 마음인 수오지심을 설명하는 사례로 볼 수 있다.

**06** 〈보기〉의 설명과 관련된 학자와 이론이 바르게 연결된 것은?

> **보기**
> 개인들 간의 갈등과는 달리 집단들 간의 갈등은 합리적인 설득으로 해결되기가 매우 어렵다. 왜냐하면 어떤 집단이 다른 집단에 이기적이지 않은 태도를 지속적으로 유지하기 힘들기 때문이다. 서로 경쟁하는 집단들은 자신의 현실적 이익을 결코 포기하려고 하지 않을 것이다.

① 니부어 – 사회윤리
② 길리건 – 배려윤리
③ 베버 – 책임윤리
④ 요나스 – 책임윤리

**해설** | 〈보기〉는 니부어의 사회윤리에 대한 설명이다.
② 길리건–배려윤리 : 상대방에 대한 배려의 감정을 중시
③ 베버–책임윤리 : 자신의 행동에 예측되는 경과에 대해 책임을 지려고 하며 주로 정치인들이 사용하는 윤리
④ 요나스–책임윤리 : 과거에 잘못한 행위보다 미래에 잘못된 결과가 일어나지 않도록 현재를 조심해야 함

**07** 〈보기〉는 고대 동양 사상가들의 윤리적 입장이다. (가)와 (나)의 입장에 대한 설명으로 적절하지 않은 것은?

> **보기**
> (가) 인과 예의 조화를 추구하며, 사회 혼란의 원인은 인간의 도덕적 타락에 있다.
> (나) 이상적인 삶의 모습이란 무위자연의 도에 입각한 겸허와 부쟁의 덕의 실천이다.

① (가) : 내면의 욕망을 자제하고 올바르고 정정당당하게 스포츠에 참여한다.
② (가) : 정명을 중시하며 경기에서 각자 맡은 역할에 최선을 다한다.
③ (나) : 경기 중에 상대방이 쓰러지면 일으켜주어야 한다.
④ (나) : 상선약수를 중심으로 한 스포츠맨십을 중요시한다.

**해설** | (가)는 공자, (나)는 노자의 윤리적 입장이다. ③은 맹자의 측은지심에 대한 내용이다.

**08** 다음 중 배려 윤리에 대한 설명으로 옳지 않은 것은?

① 이성의 윤리가 아닌 감성의 윤리이다.
② 결과가 아닌 행위 그 자체가 도덕 규칙을 판단하기 위한 기준이다.
③ 경기에 처음 출전하는 후배를 격려하는 선배의 친절에 대한 모습이다.
④ 타자의 요구와 정서에 공감하고 대응하는 것이 도덕의 출발이다.

**해설** | 배려 윤리는 여성의 도덕적 성향을 바탕으로 다른 사람에 대한 배려와 보살핌을 지향하는 윤리적 관점이다. 배려 윤리에서는 권리와 의무를 중시하고 정의를 실현하는 것도 중요하지만 도덕적으로 더욱 중요한 것은 다른 사람의 감정을 이해하고 공감하여 그들을 돕고 보살핌으로써 더불어 살아가는 공동체적 관계를 맺는 것으로 본다. ②는 덕윤리에 대한 설명이다.

**정답** 01 ③  02 ④  03 ④  04 ②  05 ②  06 ①  07 ③  08 ②

**09** 스포츠에서 아곤(Agon)과 아레테(Arete)의 차이에 대한 설명으로 옳지 않은 것은?

① 아곤은 자기중심적이고 이기려고 하는 욕구이다.
② 아레테는 경쟁을 통해 자신의 우월성을 드러내고자 한다.
③ 아곤이 과열될 경우 제도화된 규칙이 무시될 우려가 있고, 폭력의 투쟁으로 변질될 수 있다.
④ 스포츠에서는 아곤적 요소보다 아레테적 요소를 더욱 중시한다.

해설 | 아레테는 노력과 과정을 중시하며, 스포츠에서는 기능적인 형태와 높은 인격을 추구하는 것을 의미한다. 경쟁을 통해 자신의 우월성을 드러내고자 하는 것은 아곤이다.

**10** 〈보기〉는 무엇을 실천한 사례인가?

> **보기**
> 축구 경기 중 상대 선수가 갑자기 복통으로 쓰러지자 걱정되는 마음에 공을 경기장 밖으로 걷어냈다.

① 로고스(Logos)
② 에토스(Ethos)
③ 패토스(Pathos)
④ 알레아(Alea)

해설 | 에토스는 사람에게 도덕적 감정을 갖게 하는 보편적인 도덕성·이성적 요소를 말한다. 〈보기〉에서 상대 선수에 대한 걱정으로 한 행동이므로 에토스를 실천한 사례이다.
① 로고스(Logos) : 이성적·과학적인 것, 사고능력·이성 등의 의미
③ 패토스(Pathos) : 감각적·신체적·예술적인 것으로 로고스와 대치되는 개념
④ 알레아(Alea) : 확률 또는 요행을 바라는 게임을 통한 즐거움

**2025 기출 유형**

**11** 〈보기〉에서 설명하는 것은?

> **보기**
> • 결과를 달성하기 위해 필요한 공정한 경기를 규정하는 것
> • 선수를 보호하는 성격의 규칙
> • 위반사례 : 수영에서 전신수영복을 입고 출전하는 행위

① 구성적 규칙
② 규제적 규칙
③ 형식적 규칙
④ 비형식적 규칙

해설 | 〈보기〉는 규제적 규칙에 대한 설명이다.
① 구성적 규칙 : 경기장 크기, 복장, 승부의 방법 등 경기 운영 방식을 결정하는 문제를 다루는 규칙
③ 형식적 규칙 : 경기 규칙에 명시되어 있는 것만을 경기 규칙으로 보는 견해
④ 비형식적 규칙 : 경기마다 규칙뿐 아니라 관습이라고 하는 윤리적인 면도 규칙에 포함시키려는 견해

**2025 기출 유형**

**12** 공정성의 정의 중 상속세, 누진세와 같은 성격을 가진 정의의 유형은?

① 형식적 정의
② 실질적 정의
③ 결과적 정의
④ 절차적 정의

해설 | 실질적 정의는 '같은 것은 같게, 다른 것은 다르게'로 대표되는 것으로 필요나 업적, 환경 등을 고려하여 실질적으로 공정하게 분배하는 것을 말한다. 상속세나 누진세 등이 대표적인 예이다.

**13** 스포츠에서의 성차별을 극복하기 위한 방안으로 옳지 않은 것은?

① 법이나 제도를 통해 남녀 간 평등을 보장한다.
② 여성들의 스포츠 참여를 장려한다.
③ 피해자 보호를 위해 스포츠 현장의 성차별을 공론화하지 않는다.
④ 여성에게 평등한 스포츠 기회를 제공한다.

해설 | 스포츠에서의 성차별을 극복하기 위해서는 스포츠 현장의 성차별을 공론화하여 여러 방면에서 해결해 나가야 한다.

**14** 〈보기〉에서 설명하는 것은?

> **보기**
> • 스포츠인이 지켜야 할 정정당당한 행위로서 경쟁자에 대한 배려를 포함한다.
> • 스포츠 상황에서 규칙을 준수한다.

① 아마추어리즘   ② 에티켓
③ 팀워크        ④ 페어플레이

해설 | 〈보기〉는 페어플레이에 대한 설명이다.
① 아마추어리즘 : 스포츠를 스스로 노력에 의해 즐기기 위한 활동으로서 한다는 사고방식
② 에티켓 : 사회생활의 모든 경우와 장소에서 취해야 할 바람직한 행동 양식
③ 팀워크 : 팀 구성원 간의 협동 동작·작업

**15** 스포츠맨십에 대한 설명으로 옳지 않은 것은?

① 일반적 도덕규범을 통해 경쟁의 부정적인 요소를 억제하는 태도이다.
② 페어플레이보다 구체적이고 상대적인 윤리규범이다.
③ 스포츠 경기에서 일반적인 윤리덕목을 지키고 강화하려는 정신이다.
④ 스포츠 참여자 간 규칙을 지키고 서로를 존중하는 것을 말한다.

해설 | 페어플레이는 스포츠맨십보다 더 구체적이고 상대적인 윤리규범이다.

**2025 기출 유형**

**16** 스포츠에서의 성차별에 대한 설명으로 옳지 않은 것은?

① 고대 그리스에서는 제전 경기의 여성 참가 및 관람이 금지되었다.
② 중세 시대에는 기사 양성을 위한 노력이 있었지만 여성은 해당사항이 없었다.
③ 근대올림픽의 창시자인 쿠베르탱은 여성의 스포츠 참여를 반대했다.
④ 1972년 미국의 Title Ⅸ 제정으로 인해 스포츠에서의 성차별은 더욱 심화되었다.

해설 | 미국의 Title Ⅸ은 모든 교육 영역에서의 남녀 차별을 금지한 법안으로, 이 법의 제정 이후 여성의 스포츠 참여가 장려되었다.

**정답** 09 ②  10 ②  11 ②  12 ②  13 ③  14 ④  15 ②  16 ④

**17** 스포츠 인종차별에 대한 설명으로 옳지 <u>않은</u> 것은?

① 스포츠에서의 인종차별은 경제적 빈곤, 피부색, 역사적 이유 등 다양한 형태로 나타난다.
② 유색인종 선수에 대한 포지션의 제한은 대표적인 인종차별이다.
③ 스포츠 인종차별은 스포츠에서 특정 인종을 차별하거나 분리하는 것을 말한다.
④ '흑형'과 같이 상대의 능력에 대한 존경과 찬사의 의미를 담은 호칭은 인종차별로 볼 수 없다.

**해설 |** 훌륭한 경기력을 그 개인의 노력이 아닌 생리학적·발생학적 요인에 기인한 것으로 폄하하는 것 역시 인종차별에 속한다.

**18** 스포츠에서의 장애인 차별에 대한 설명으로 옳지 <u>않은</u> 것은?

① 스포츠 종목의 종류에 있어 장애인의 다양한 스포츠 욕구를 수용하지 못하고 있다.
② 장애인을 위한 스포츠지도사 및 프로그램이 턱없이 부족하다.
③ 장애인 스포츠 관련 법 및 규정이 존재하지 않는다.
④ 장애인을 위한 스포츠 시설이 부족하고 그 접근성 또한 좋지 않다.

**해설 |** 장애인을 위한 스포츠 관련 법은 마련되어 있다.

**2025 기출 유형**

**19** 스포츠에서의 장애인 차별을 극복하기 위한 방안으로 적절하지 <u>않은</u> 것은?

① 장애인의 스포츠 참여를 위한 재정적 지원을 한다.
② 장애인과 일반인이 서로 겨루는 스포츠 대회를 개최한다.
③ 특수체육지도사를 교육하고 양성한다.
④ 장애인이 지속적으로 스포츠 활동에 참여할 수 있는 여건을 만든다.

**해설 |** 장애인이 참여할 수 있는 스포츠 대회를 개최하는 것은 장애인 차별을 극복하기 위한 방안으로 적절하나, 신체적·정신적 조건이 다른 일반인과 장애인이 서로 겨루는 스포츠 대회는 장애인 차별을 극복하기 위한 방안으로 적절하지 않다.

**20** 스포츠에서 파생되는 환경윤리적 문제에 대한 설명으로 옳지 <u>않은</u> 것은?

① 암벽등반, 윈드서핑 등 자연을 그대로 이용하는 스포츠는 환경문제를 발생시키지 않는다.
② 스포츠 활동으로 인해 수질오염 및 에너지 과소비가 발생한다.
③ 스포츠 시설의 건설과 인프라 구축으로 인해 환경오염 및 파괴가 발생한다.
④ 스포츠로 인한 환경오염은 다음 세대까지 그 피해를 미친다.

**해설 |** 별도의 시설을 건설하지 않는 요트나 윈드서핑 등의 자연 스포츠도 환경을 위협하는 요소이다.

**2025 기출 유형**

**21** 다음 중 스포츠 환경에 대한 견해가 다른 사람은?

① 가희 : 나는 공원이나 하천을 따라 걷는 것을 좋아해.
② 나희 : 나는 실내체육관에서 배드민턴을 치고 있어.
③ 다희 : 나는 여름에 아이스링크장에서 스케이트 타는 것을 즐겨.
④ 라희 : 나는 집 앞 헬스장에서 주 1회 요가수업을 들어.

해설 | 부올레 스포츠 환경에 대한 구분에 의하면 가희는 순수환경, 즉 본래의 야생지로서 공원이나 보전구역 등을 이용한다. ②~④는 완전한 실내 스포츠 공간인 시설환경을 이용한다.

**22** 지속가능한 스포츠 발달을 위한 행정적 방안으로 옳지 않은 것은?

① 환경지침을 마련하여 이에 따라 친환경적인 시설을 건설하고 대회를 진행한다.
② 에너지 감축, 쓰레기 감량 등 환경 보존을 위한 목표치를 설정한다.
③ 대회의 준비와 운영, 사후관리 등의 전 과정에서 환경성 평가와 모니터링을 실시한다.
④ 기업의 무분별한 개발로 인한 환경파괴를 방지할 수 있도록 스포츠 현장에서 기업을 배제한다.

해설 | 정부·기업·시민 간의 협력과 파트너십 구축을 통해 환경교육 및 홍보 등을 진행한다.

**23** 〈보기〉의 (가)에서 A업체의 입장과 관련이 있는 주장을 (나)에서 모두 고른 것은?

**보기**

| (가) | A업체는 서해안 B지역에 있는 갯벌을 막아 간척지에 야구경기장을 형성한다고 발표하였다. A업체에 따르면 야구경기장을 찾는 관객들로 B지역 경제권이 살아날 수 있고, 그에 맞춰 서해안 고속화 도로의 확장으로 교통도 편리해 질 수 있다고 발표했다. |
|---|---|
| (나) | ㄱ. 인간을 가장 가치 있는 존재로 여긴다.<br>ㄴ. 인간만큼 자연도 소중히 대한다.<br>ㄷ. 모든 자연은 인간의 욕구나 필요를 충족시키기 위한 도구에 불과하다.<br>ㄹ. 인간도 생태계 구성원으로 보는 생태 공동체 의식을 기른다. |

① ㄱ, ㄴ
② ㄱ, ㄷ
③ ㄴ, ㄷ
④ ㄷ, ㄹ

해설 | (가)의 A업체는 인간중심주의 관점으로 인간이 이익을 얻기 위해 자연을 도구적 가치로 보는 입장이다. (나)에서 이와 관련된 주장은 ㄱ, ㄷ이다.
ㄴ, ㄹ : 자연중심주의 관점으로 자연환경의 고유한 가치를 보존해야 한다는 입장이다.

**24** 〈보기〉에서 설명하는 의무에 해당하는 것은?

**보기**

- 모든 생명체는 평등하다.
- 스포츠에 의해 생태계에 변화가 생길 시 해당 스포츠의 폐지를 권고한다.
- 생태계의 자유로운 발전을 가로막거나 유도하여서는 안 된다.

① 보상적 정의의 규칙
② 신뢰의 규칙
③ 불간섭의 규칙
④ 불침해(비상해)의 규칙

해설 | 〈보기〉는 테일러(P. Taylor)가 주장한 생태윤리 4가지 의무에 대한 내용이다. 4가지 의무 중 생태계의 자유로운 발전을 제한하거나 방해하면 안 된다는 내용은 불간섭의 규칙에 해당한다.

**정답** 17 ④  18 ③  19 ②  20 ①  21 ①  22 ④  23 ②  24 ③

## 25 〈보기〉에서 설명하는 것은?

> **보기**
> - 자신의 종을 위해 다른 종의 이익에 배타적 태도를 보이는 것
> - 스포츠에서 동물들이 도구화되고 있는 상황
> - 동물을 인간의 유희 대상으로 생각

① 종차별주의
② 반종차별주의
③ 생태중심주의
④ 자연중심주의

**해설** | 〈보기〉는 종차별주의에 대한 설명으로 인간만이 이성과 자의식을 가진 존재이며 동물에 대한 차별적 행위는 도덕적 판단의 대상이 아니라는 입장이다.
② 반종차별주의 : 종의 차이가 존재하기는 하지만 쾌감과 고통을 느끼는 존재에 대해서는 도덕적 배려가 필요하다는 입장

## 26 다음 중 의무론적 윤리체계의 한계로 옳은 것은?

① 도덕 규칙이 서로 어긋날 경우 사회 전체의 이익이 아닌 개인에게 치우친다.
② 도덕판단과 사실판단을 혼동하게 한다.
③ 다수의 이익을 중시하여 소수나 개인의 인권을 침해할 수 있다.
④ 결과의 중요성만을 강조하여 목적이 수단을 정당화하는 문제가 나타난다.

**해설** | 의무론적 윤리체계는 행위 그 자체가 도덕 규칙을 판단하기 위한 기준이라고 하며, 결과와 무관하게 의도가 도덕적이라면 도덕적이라고 본다.
②, ③ 공리주의의 한계이다.
④ 결과론적 윤리체계의 한계이다.

## 27 〈보기〉의 A 선수의 행동을 지지하는 이론에 대한 설명으로 옳은 것은?

> **보기**
> 1대 2로 A 선수가 속한 팀이 이기고 있는 상황에서 A 선수는 팀을 위해 일부러 상대 선수와 부딪힌 후 아픈 척을 하며 경기시간을 끌었고, 결국 A 선수가 속한 팀이 이기게 되었다.

① 선의지만이 그 자체로 선하고 옳은 것이다.
② 행위의 결과는 많은 변수가 작용할 수 있어 판단의 기준이 되기 어렵다.
③ 선한 동기로 행위를 했다면 그 결과가 나쁘더라도 옳은 행위이다.
④ 동기가 선하지 않더라도 좋은 결과를 가져오는 행위가 도덕적이다.

**해설** | A 선수의 행동을 지지하는 이론은 결과론적 이론으로 결과를 중시하여 행위의 옳고 그름의 근거를 결과에서 찾는다. 또한 동기가 선하지 않더라도 좋은 결과를 가져오는 행위가 도덕적이라고 한다. ①~③은 동기를 중시하는 동기론의 입장이다.

**2025 기출 유형**

## 28 〈보기〉에서 설명하는 윤리이론으로 적절한 것은?

> **보기**
> 행위를 결과와는 상관없이 도덕 행위의 본래적인 가치인 '규범에 복종해야 할 의무'를 중시한다.

① 공리주의  ② 의무주의
③ 쾌락주의  ④ 메타윤리

**해설** | 의무주의는 행위의 결과와 무관하게, 행위 자체의 도덕적 정당성과 규범을 중시하는 윤리이론이다. 도덕 행위는 '규범에 복종해야 할 의무'에서 비롯된다고 보며, 행위의 동기와 의무 이행 여부를 중심으로 도덕성을 판단한다.

**29** 도핑을 금지해야 하는 이유로 적절하지 <u>않은</u> 것은?

① 도핑은 스포츠의 본질인 공정성을 훼손한다.
② 지도자에 의해 도핑을 강요받는 상황이 발생할 수 있다.
③ 도핑 약물은 정신적인 부작용은 없으나 육체적인 부작용이 발생할 수 있다.
④ 어린 선수들에게 부정적인 영향을 미칠 수 있다.

해설 | 도핑 약물은 과다 섭취 시 인체에 부정적인 영향을 미치는데, 육체적인 부작용은 물론 정신적인 부작용도 발생할 수 있다.

**30** 스포츠에서 공학기술의 역할로 옳지 <u>않은</u> 것은?

① 선수의 부상을 예방하고 처치하는 데 도움이 되는 기구들을 개발한다.
② 전신수영복 등 경기의 흥미를 향상시키는 기구들을 개발한다.
③ 육상 선수의 운동화인 스파이크처럼 운동 수행 능력을 증가시키는 기구를 개발한다.
④ 도핑이나 오심 등 편파판정에 대한 감시 능력을 향상시킨다.

해설 | 전신수영복은 신체의 탁월성을 겨루는 스포츠의 본질에 어긋나고 장비에 의존한 기록 단축을 야기한다는 이유에서 착용이 금지되었다. 또한 전신수영복은 경기의 공정성을 약화시키는 요인이다.

**31** 유전자 도핑, 즉 스포츠에서의 유전자 조작에 대한 설명으로 옳지 <u>않은</u> 것은?

① 유전자 조작을 받은 이들은 동일한 신체조건에서 경쟁하므로 선수의 노력이 더욱 강조된다.
② 종의 경계가 무너져 인간 존재에 대한 혼란이 야기될 수 있다.
③ 유전자 조작으로 인한 부작용 및 사망사고가 발생할 수 있다.
④ 인간의 본질을 망각하고 기술만능주의에 빠지게 된다.

해설 | 유전자 조작은 선수의 노력 없이도 비약적인 운동수행능력의 향상을 이끌어내므로 선수의 노력은 그 의미가 퇴색되며, 결국 스포츠 사회에 무질서를 야기한다.

**32** 〈보기〉는 「국민체육진흥법」 제18조의3에 대한 내용이다. 빈칸에 들어갈 말로 옳은 것은?

> **보기**
> 체육의 공정성 확보와 체육인의 인권보호를 위하여 ( )을/를 설립한다.

① 체육동호인조직
② 스포츠윤리센터
③ 체육단체
④ 체육진흥센터

해설 | 「국민체육진흥법」 제18조의3(스포츠윤리센터의 설립)에 따르면 체육의 공정성 확보와 체육인의 인권보호를 위하여 스포츠윤리센터를 설립한다.
① 체육동호인조직 : 같은 생활체육 활동에 지속적으로 참여하는 자의 모임을 말한다.
③ 체육단체 : 체육에 관한 활동이나 사업을 목적으로 설립된 다음 각 목의 어느 하나에 해당하는 법인이나 단체를 말한다.

**정답** 25 ① 26 ① 27 ④ 28 ② 29 ③ 30 ② 31 ① 32 ②

### 33 〈보기〉에서 설명하는 용어로 옳은 것은?

> **보기**
> 학습권을 보장받지 못하는 학생 선수들에게 수업을 들을 기회를 제공하는 것으로, 최저성적기준을 제시하여 이를 충족시키지 못하는 선수에게는 불이익을 주는 제도이다.

① 체육특기자제도
② 의무교육제
③ 기숙사 생활제
④ 최저학력제

**해설** | 〈보기〉는 최저학력제에 대한 설명이다. 최저학력제는 학생선수의 학습권 보장을 위한 방안 중 하나이다.

### 34 학생 선수의 생활권 및 학습권을 보장하기 위해서 필요한 방안으로 적절하지 않은 것은?

① 방과 후에 운동을 한다.
② 합숙소가 아닌 기숙사에서 생활한다.
③ 주말리그를 운영한다.
④ 전국대회 출전 횟수 제한을 없앤다.

**해설** | 학생 선수의 생활권 및 학습권 보장을 위해서는 전국대회 출전 횟수를 제한하여 과훈련 등으로 인한 생활권 및 학습권 침해를 막아야 한다.

### 35 현행 체육특기자 입시제도의 문제를 개선하기 위한 방안으로 옳지 않은 것은?

① 체육특기자 제도 개선을 통해 객관성을 증대시킨다.
② 체육특기자의 상급학교 지원 시 학업 성적의 반영 비율을 낮춘다.
③ 입시비리에 대한 법적 처벌을 강화한다.
④ 고등학교와 대학이 연계하여 학생의 학습권 보호를 위해 노력한다.

**해설** | 현행 체육특기자 입시제도는 입시의 객관성 문제와 함께 학생선수의 학습권 박탈이라는 문제를 발생시키고 있다. 이를 해결하기 위해서는 체육특기자가 상급학교를 지원할 때 학업 성적의 반영 비율을 높여야 한다.

**2025 기출 유형**

### 36 〈보기〉에서 스포츠윤리센터의 역할을 모두 고른 것은?

> **보기**
> ㉠ 스포츠비리 및 체육계 인권침해에 대한 실태조사
> ㉡ 스포츠비리 및 체육계 인권침해 예방교육
> ㉢ 스포츠 인권침해 재발방지를 위한 징계정보 시스템 운영
> ㉣ 스포츠 비리 및 체육계 인권침해 신고자 및 가해자에 대한 법률 지원

① ㉠, ㉣
② ㉡, ㉢
③ ㉠, ㉡, ㉢
④ ㉠, ㉡, ㉢, ㉣

**해설** | 스포츠윤리센터는 스포츠의 공정성 확보와 스포츠인의 인권 보호를 위해 설립된 기관으로 인권침해에 대한 신고 접수 및 조사와 피해자에 대한 지원을 진행한다.

**37** 학교 체육의 인성 교육적 가치로 옳지 않은 것은?

① 스포츠맨십 함양
② 스포츠 덕목에 대한 교육
③ 정서 및 인지 발달
④ 승리지상주의를 통한 경쟁심리 강화

해설 | 학교 체육의 인성 교육적 가치로는 스포츠맨십 함양, 스포츠 덕목에 대한 교육, 정서, 인지, 사회성, 도덕성 발달이 있다. 승리지상주의는 오늘날의 체육, 특히 학교 체육에서 지양되어야 할 가치이다.

**38** 어린이 운동선수를 보호하기 위한 방안으로 옳지 않은 것은?

① 체벌은 절대로 가하지 않아야 한다.
② 스포츠 활동을 통한 즐거움을 느끼게 하는 것이 우선이 되어야 한다.
③ 훈련은 성장에 도움이 되므로 높은 강도의 훈련도 실시한다.
④ 공부와 운동을 병행할 수 있도록 해야 한다.

해설 | 과도한 훈련은 성장에 방해가 되며 아동 학대에 이를 수 있으므로 적절한 수준의 훈련을 시행하여야 한다.

**2025 기출 유형**

**39** 아렌트의 악의 평범성에 대한 이해로 옳지 않은 것은?

① 학교 스포츠에서 선수에게 폭력을 가하는 감독도 한 가정의 평범한 가장이다.
② 악(폭력)을 멈추게 할 유일한 방법은 생각과 반성이다.
③ 폭력은 국가 내 사회의 정의를 수호하며 전쟁을 통해 국민을 지키는 수단이다.
④ 폭력은 괴물이나 악마처럼 괴이한 존재가 아니라 평범한 일상 속에 함께 있다.

해설 | ③은 홉스의 폭력론에 해당한다. 국가만이 합법적 폭력을 사용할 수 있고, 이 폭력은 국가 내의 사회의 정의를 수호하며 전쟁을 통해 국민을 지키는 국가의 모습이라는 주장이다.

**2025 기출 유형**

**40** 〈보기〉의 ㉠, ㉡에 해당하는 심판의 덕목으로 바르게 묶인 것은?

보기
㉠ 심판은 불법으로 매수 등의 시도가 있더라도 그에 현혹되지 않아야 한다.
㉡ 심판은 외부의 지시나 간섭을 단호히 뿌리칠 수 있어야 한다.

| | ㉠ | ㉡ |
|---|---|---|
| ① | 청렴성 | 공정성 |
| ② | 청렴성 | 자율성 |
| ③ | 공정성 | 자율성 |
| ④ | 공정성 | 청렴성 |

해설 | 〈보기〉는 ㉠ 청렴성, ㉡ 자율성에 대한 설명이다. 공정성은 심판이 어느 한 쪽에 치우치지 않는 것을 말한다.

**정답** 33 ④  34 ④  35 ②  36 ③  37 ④  38 ③  39 ③  40 ②

# 최신 3개년 기출문제
## (선택과목)

| 2025년 선택과목 기출문제
| 2024년 선택과목 기출문제
| 2023년 선택과목 기출문제
| 2025년 선택과목 기출문제 정답 및 해설
| 2024년 선택과목 기출문제 정답 및 해설
| 2023년 선택과목 기출문제 정답 및 해설

# 2025 선택과목 기출문제

## 스포츠사회학

**01** 스포츠사회학의 주요 연구 영역에 관한 설명으로 적절하지 않은 것은?

① 스포츠 기능 향상의 심리적 기전을 연구한다.
② 스포츠 맥락에서 인간의 행위와 상호작용 현상을 연구한다.
③ 스포츠 사회 내 규범, 신념, 이데올로기, 환경의 변화를 연구한다.
④ 스포츠집단의 유형, 특성, 기능, 구조, 변화 과정을 연구한다.

**02** 스포츠의 교육적 순기능에 관한 설명으로 옳지 않은 것은?

① 사회화를 촉진하여 전인교육 기능을 한다.
② 승리지상주의를 학습시켜 사회통합 기능을 한다.
③ 장애인의 적응력 배양으로 사회 선도 기능을 한다.
④ 여성의 참여 증가를 통한 여권신장으로 사회 선도 기능을 한다.

**03** 〈보기〉의 사례에 해당하는 버렐(S. Birrell)과 로이(J. Loy)의 미디어스포츠 수용자의 욕구 유형으로 가장 적절한 것은?

> **보기**
> • NBA 팀의 정보를 얻으려고 인터넷 검색을 한다.
> • 스포츠뉴스를 시청하며 이정후 선수가 속한 팀의 경기 결과와 리그 순위를 확인한다.

① 인지적 욕구　　② 도피적 욕구
③ 소비적 욕구　　④ 심동적 욕구

**04** 국제스포츠이벤트가 지역사회에 미치는 긍정적 영향으로 적절하지 않은 것은?

① 도시 브랜드 가치 향상
② 사회간접자본 시설의 확충
③ 지역사회 구성원의 문화 정체성 약화
④ 스포츠 참여 기회 확대 및 건강 증진 효과

**05** 〈보기〉의 미래 스포츠 특성에 관한 설명으로 적절한 것을 모두 고른 것은?

> **보기**
> ㄱ. 노년층 스포츠 참가에 대한 중요성이 증가한다.
> ㄴ. 프로스포츠에서 스포츠과학의 중요성이 감소한다.
> ㄷ. 정보 기술의 발달로 스포츠 참여 형태가 다양해진다.
> ㄹ. 탄소배출을 최소화한 친환경스포츠의 중요성이 증가한다.

① ㄱ　　　　　② ㄱ, ㄴ
③ ㄱ, ㄷ, ㄹ　　④ ㄴ, ㄷ, ㄹ

**06** 〈보기〉에서 ㄱ에 해당하는 투민(M. Tumin)의 계층 특성과 ㄴ에 해당하는 베블런(T. Veblen)의 이론은?

> **보기**
> ㄱ. 민철이는 취미로 골프를 시작하려 했지만, 골프 장비가 비싸서 포기했다. 결국 민철이는 초기 비용이 적게 드는 배드민턴을 하기로 했다. 반면, 부유한 집안에서 자란 준형이는 어렸을 때부터 부모님을 따라 자연스럽게 골프를 접할 수 있었고, 현재도 일주일에 한 번은 골프를 하고 있다.
> ㄴ. 선영이는 요트에 흥미가 없지만 주변 지인들에게 자신의 경제력을 자랑하려고 요트를 구매했다. 선영이는 지인들과 요트를 함께 즐기면서 자연스럽게 자신의 부를 드러낸다.

|   | ㄱ | ㄴ |
|---|---|---|
| ① | 영향성 | 자본론 |
| ② | 영향성 | 유한계급론 |
| ③ | 역사성 | 자본론 |
| ④ | 역사성 | 유한계급론 |

**07** 〈보기〉 중 스포츠가 미디어에 미친 영향에 해당하는 것으로만 묶은 것은?

> **보기**
> ㄱ. 탁구공의 색이 흰색에서 주황색으로 변경되었다.
> ㄴ. 월드컵, 올림픽은 미디어 보급 및 확산에 기여하였다.
> ㄷ. 정지 화면, 느린 화면, 클로즈업 등의 방송 기법이 발달하였다.
> ㄹ. 스포츠 관람 인구가 증가하고, 스포츠 활동이 생활의 일부로 확산되었다.

① ㄱ, ㄴ   ② ㄱ, ㄹ
③ ㄴ, ㄷ   ④ ㄴ, ㄹ

**08** 〈보기〉에서 설명하는 스포츠사회학 이론으로 적절한 것은?

> **보기**
> • 미시적 관점의 이론이다.
> • 스포츠 참여 과정에 대한 이해와 하위문화 특성에 관심을 가진다.
> • 인간은 사회구조 및 제도에 대해 능동적으로 사고하며 행동하게 된다.

① 갈등이론
② 비판이론
③ 구조기능주의이론
④ 상징적 상호작용론

**09** 국제스포츠 사례에 관한 설명으로 옳지 않은 것은?

① 1969년 온두라스와 엘살바도르의 월드컵 예선전은 양국의 정치적·사회적 갈등이 격화되는 계기가 되었으며, 이후 무력 충돌로 이어졌다.
② 2008년 베이징올림픽경기대회 개최를 앞두고 중국의 티베트 인권 탄압에 대한 국제사회의 비판이 제기되었다.
③ 1988년 서울올림픽경기대회에는 모스크바올림픽경기대회와 LA올림픽 경기대회의 보이콧 사례와 달리 미국과 소련 등 동서 진영 국가들이 참여하였다.
④ 1995년 남아프리카공화국 럭비월드컵경기대회에서는 아파르트헤이트(apartheid)에 대한 국제사회의 반발로 다수 국가의 보이콧이 발생했다.

**10** 〈보기〉의 ㄱ에 해당하는 로버트슨(R. Robertson)이 제시한 스포츠 세계화의 결과와 ㄴ에 해당하는 매기(J. Magee)와 서덴(J. Sugden)이 제시한 스포츠 노동 이주 유형으로 가장 적절한 것은?

> **보기**
> ㄱ. A 스포츠 업체는 글로벌 브랜드 정체성을 유지하면서 뉴질랜드 럭비 대표팀인 올 블랙스(All Blacks)의 경기 전 의식으로 잘 알려진 마오리족의 하카(haka) 댄스를 광고에 포함함으로써 지역 문화를 브랜드 메시지에 자연스럽게 녹여냈다.
> ㄴ. 축구 선수 B는 현재 베트남의 C팀에서 활동 중이다. 그의 관심은 오로지 더 높은 연봉을 제시하는 팀으로 이적하는 것이다. 베트남의 문화를 즐긴다거나 사람과의 관계를 맺는 것에는 관심이 없다. 그는 언제든 떠날 준비를 하고 있다. 이전에 활동했던 중국의 D팀, 사우디의 E팀이 위치한 지역에 오래 머무른 적도 없다.

|   | ㄱ | ㄴ |
|---|---|---|
| ① | 세방화 (glocalization) | 용병형 (mercenaries) |
| ② | 세방화 (glocalization) | 개척자형 (pioneers) |
| ③ | 국제적 고립 (global isolation) | 용병형 (mercenaries) |
| ④ | 국제적 고립 (global isolation) | 개척자형 (pioneers) |

**11** 〈보기〉의 사례에 해당하는 머튼(R. Merton)의 일탈행동 유형은?

> **보기**
> ㄱ. 승리지상주의에 염증을 느껴 선수 생활을 포기하는 경우
> ㄴ. 프로스포츠 선수가 경기력 향상을 목적으로 불법 약물을 복용한 경우
> ㄷ. 스포츠 경기 참가에 의의를 두지만, 경기 성적을 중시하지 않는 경우

|   | ㄱ | ㄴ | ㄷ |
|---|---|---|---|
| ① | 도피주의 | 혁신주의 | 의례주의 |
| ② | 도피주의 | 동조주의 | 의례주의 |
| ③ | 반역주의 | 도피주의 | 혁신주의 |
| ④ | 반역주의 | 동조주의 | 혁신주의 |

**12** 〈보기〉의 스포츠 계층 이동 유형과 사례에 관한 설명으로 옳은 것을 모두 고른 것은?

> **보기**
> ㄱ. 프로야구 선수가 대회에서 부진한 모습을 보여 2군으로 강등된 것은 수직이동의 사례이다.
> ㄴ. 1980년대 프로스포츠 출범 후 운동선수의 지위가 전반적으로 높게 평가받게 된 것은 집단이동의 사례이다.
> ㄷ. 프로배구 선수가 되면서 일용직 노동자였던 부모님에 비해 많은 수입과 높은 명성을 얻게 된 것은 세대 내 이동의 사례이다.
> ㄹ. 고등학교 배구 선수가 전학 간 후에도 같은 포지션으로 활동한 것은 수평이동의 사례이다.

① ㄱ, ㄴ  ② ㄷ, ㄹ
③ ㄱ, ㄴ, ㄹ  ④ ㄴ, ㄷ, ㄹ

**13** 스포츠사회화 이론에 관한 설명으로 적절하지 <u>않은</u> 것은?

① 사회학습이론에서는 다른 구성원의 행동을 관찰학습하여 사회화가 이루어진다고 설명한다.
② 사회학습이론에서는 모방, 강화 등을 통해 새로운 행동을 학습하여 사회화가 이루어진다고 설명한다.
③ 준거집단이론에서는 구성원이 속한 집단의 규칙을 따르지 않아도 사회화가 이루어진다고 설명한다.
④ 역할이론에서는 개인을 무대 위의 특정 역할을 부여받은 배우로 간주하여 그 역할을 수행하며 사회화가 이루어진다고 설명한다.

**14** 〈보기〉는 스포츠사회학 수업에서 교수와 학생의 대화이다. ㉠, ㉡에 들어갈 내용으로 적절한 것은?

> **보기**
> 학생 1 : 최근 테니스와 마라톤이 인기를 끌고 있는데, 사람들이 왜 이런 스포츠에 열광하는지 다양한 사례를 심층적으로 알아 보려면 어떤 연구 방법이 좋은가요?
> 교수 : 참여관찰, 심층면담 등으로 자료를 수집하고 해석적인 절차에 따라 원인을 파악하는 ( ㉠ ) 방법이 적합해요.
> 학생 2 : 그러면 스포츠 육성 모델에는 어떤 것이 있나요?
> 교수 : 국가별로 다양한 스포츠육성정책을 시행하고 있는데, 그릭스*에 따르면, 스포츠 선진국은 엘리트 스포츠의 성과가 일반시민의 스포츠 참가를 촉진하고, 그렇게 형성된 자원 속에서 다시 우수한 엘리트 선수가 탄생하여 국가이미지 향상에 기여하는 ( ㉡ )을 구축하고 있다고 해요.
> \*J. Grix(2016)

|   | ㉠ | ㉡ |
|---|---|---|
| ① | 질적 연구 | 선순환 모델 |
| ② | 양적 연구 | 선순환 모델 |
| ③ | 질적 연구 | 피라미드 모델 |
| ④ | 양적 연구 | 피라미드 모델 |

**15** 〈보기〉의 내용에 해당하는 거트만(A. Guttmann)이 제시한 근대스포츠의 특징은?

> **보기**
> ㄱ. 인종·성별과 관계없이 누구나 스포츠에 참여할 기회를 동등하게 부여받는다.
> ㄴ. 현대 축구가 발전하면서 점차 수비수, 미드필더, 공격수 등의 포지션이 다양화되었다.
> ㄷ. 현대스포츠 참여자는 신에 대한 숭배가 아니라 기분 전환과 오락, 이익과 보상을 추구한다.
> ㄹ. 국제스포츠연맹은 규칙 제정, 기록 공인, 국제대회 운영 및 관리, 종목 진흥 등의 역할을 담당한다.

|   | ㄱ | ㄴ | ㄷ | ㄹ |
|---|---|---|---|---|
| ① | 합리화 | 평등성 | 세속화 | 관료화 |
| ② | 합리화 | 수량화 | 전문화 | 세속화 |
| ③ | 평등성 | 관료화 | 세속화 | 전문화 |
| ④ | 평등성 | 전문화 | 세속화 | 관료화 |

**16** 〈보기〉의 사례에 해당하는 베커(H. Becker)의 스포츠 일탈 이론은?

> **보기**
> 생활체육 배드민턴 동호회에서 신입 회원이 실력이 부족하다는 이유로 민폐 회원이라는 별명을 듣게 되었다. 어떤 회원은 게임에서 그를 배제하거나 눈치를 주었고, 몇몇은 노골적으로 비난했다. 시간이 지날수록 신입 회원은 자신이 정말 방해가 된다고 느끼며 위축되었고, 결국 동호회를 그만두고 운동도 포기하였다.

① 중화 이론(neutralization theory)
② 낙인 이론(labeling theory)
③ 욕구위계 이론(hierarchy of needs theory)
④ 인지발달 이론(cognitive development theory)

**17** 코클리(J. Coakley)가 제시한 상업주의 스포츠 출현의 사회적·경제적 조건에 해당하지 <u>않는</u> 것은?

① 자본주의 시장경제 체제
② 스태그플레이션(stagflation)
③ 소비가 장려되는 문화 형성
④ 인구 밀도가 높은 대도시 형성

**18** 〈보기〉의 사례에 해당하는 정치가 스포츠를 이용하는 방법으로 가장 적절한 것은?

> **보기**
> 스포츠는 정치인에게 권력을 강화하는 수단이 되기도 한다. 12.12 군사쿠테타와 5.18 민주화운동을 거치며, 당시 사회는 극도의 불안감과 정권에 대한 불신이 극에 달했다. 정권은 언론을 통제하고 정치적 발언을 통제하려 했지만, 뜻대로 되지 않았다. 그래서 국민의 관심을 돌리고 정권을 유지하기 위해 프로스포츠를 장려했다.
> 출처 : M사, 시사교양(2005.6.)

① 상징
② 조작
③ 동일화
④ 전문화

**19** 〈보기〉의 사례에 해당하는 스포츠사회화 과정이 바르게 연결된 것은?

> **보기**
> ㄱ. 소영이는 '골때리는 그녀'라는 TV 프로그램을 보고 축구에 매력을 느껴 축구클럽에 가입하게 되었다.
> ㄴ. 소영이는 축구에 흥미를 잃어 축구클럽을 탈퇴하였고, 6개월이 지났을 무렵, 친구의 권유로 테니스클럽에 가입하게 되었다.
> ㄷ. 소영이는 테니스 활동을 하며 테니스 규칙, 기술, 매너 등을 잘 숙지한 테니스 동호인이 되었다.
> ㄹ. 소영이는 무릎과 팔꿈치 부상이 잦아지면서 결국 좋아하는 테니스를 그만두게 되었다.

| | ㄱ | ㄴ | ㄷ | ㄹ |
|---|---|---|---|---|
| ① | 스포츠로의 재사회화 | 스포츠로의 사회화 | 스포츠를 통한 사회화 | 스포츠 탈사회화 |
| ② | 스포츠로의 재사회화 | 스포츠를 통한 사회화 | 스포츠로의 사회화 | 스포츠 탈사회화 |
| ③ | 스포츠로의 사회화 | 스포츠를 통한 사회화 | 스포츠로의 재사회화 | 스포츠 탈사회화 |
| ④ | 스포츠로의 사회화 | 스포츠로의 재사회화 | 스포츠를 통한 사회화 | 스포츠 탈사회화 |

**20** 〈보기〉의 사례에 해당하는 사회화 주관자는?

> **보기**
> ㄱ. 지영이는 배드민턴 동호회 활동을 하는 부모님의 권유로 배드민턴을 시작하게 되었다.
> ㄴ. 민수는 동네 주민센터에서 청소년 농구 프로그램 회원 모집 공고를 보고, 직접 센터를 방문하여 등록하였다.

| | ㄱ | ㄴ |
|---|---|---|
| ① | 가족 | 학교 |
| ② | 학교 | 동료 |
| ③ | 동료 | 지역사회 |
| ④ | 가족 | 지역사회 |

## 스포츠교육학

**01** 생활스포츠 교육 프로그램의 내용 선정 원리에 관한 설명으로 적절하지 <u>않은</u> 것은?

① 좋은 교육 내용이라면 실천 가능성과 관계없이 선정한다.
② 스포츠의 가치를 경험할 수 있도록 다양한 활동을 구성한다.
③ 생활스포츠의 교육목표를 성취하는 데 적합한 내용을 선정한다.
④ 참여자의 성별, 연령별 흥미와 요구를 반영하기 위한 조사를 실시한다.

**02** 학교스포츠클럽 지도 시 효과적인 과제 제시 방법으로 적절하지 <u>않은</u> 것은?

① 실제 상황처럼 정확하게 시범을 보인다.
② 동작 설명과 시각적 정보를 함께 활용한다.
③ 은유나 비유보다는 개념 자체를 그대로 전달한다.
④ 학생이 이해할 수 있는 적절한 속도로 분명하게 전달한다.

**03** 다음 설문지를 활용하는 데 가장 적절한 평가 단계는?

| 영역 | 질문 내용 | 응답('✔' 표기) |
|---|---|---|
| 준비 | 준비된 개인 장비는? | □ 라켓 □ 운동화 □ 운동복 |
| | 테니스 강습 시 희망하는 강습 형태는? | □ 개인강습 □ 그룹강습 □ 상관없음 |
| | 최근 3년 이내 테니스 강습을 받은 경험은? | □ 있다 □ 없다 |
| 수준 | 포핸드 그립을 잡을 수 있는가? | □ 그렇다 □ 보통이다 □ 아니다 |
| | 백핸드 그립을 잡을 수 있는가? | □ 그렇다 □ 보통이다 □ 아니다 |
| | 스플릿 스텝을 할 수 있는가? | □ 그렇다 □ 보통이다 □ 아니다 |

① 진단평가
② 종합평가
③ 형성평가
④ 총괄평가

**04** <보기>에서 설명하는 생활스포츠 교육 프로그램의 지도 원리로 가장 적절한 것은?

> **보기**
> • 프로그램의 다양화를 지향한다.
> • 직접 참여 활동과 간접 학습 활동을 균형 있게 제공한다.
> • 스포츠 활동을 총체적으로 체험시켜 스포츠 학습의 질을 높인다.

① 개별성
② 자발성
③ 적합성
④ 통합성

**05** <보기>에서 설명하는 링크(J. Rink)의 내용 발달 과제는?

> **보기**
> • 과제 내 발달과 과제 간 발달이 있다.
> • 단순한 과제에서 복잡한 과제로 전개한다.
> • 쉬운 과제에서 어려운 과제 순으로 참여한다.

① 시작형 과제
② 확대형 과제
③ 세련형 과제
④ 응용형 과제

## 06 〈보기〉에서 설명하는 협동 학습 모형의 전략은?

> **보기**
> - 1차 평가에서 모든 팀원의 점수를 합산하여 팀 점수로 발표한다.
> - 지도자는 학생들과 토론하고 팀의 상호작용을 높일 수 있도록 조언한다.
> - 모든 팀은 1차 평가와 동일한 과제를 반복해서 연습하고, 팀원 모두의 점수를 높이는 데 중점을 둔다.
> - 2차 평가를 하여 1차 평가보다 향상된 정도에 따라 팀 점수를 부여한다.

① 직소(jigsaw)
② 팀-보조수업(team-assisted instruction)
③ 팀 게임 토너먼트(team games tournament)
④ 학생 팀-성취 배분(student teams-achievement division)

## 07 「생활체육진흥법」(2024.02.09. 시행)의 내용에 해당하지 않는 것은?

① 모든 국민은 건강한 신체활동과 건전한 여가 선용을 위해 생활체육을 즐길 권리를 가진다.
② 국가 및 지방자치단체는 생활체육강좌의 설치·운영에 드는 경비를 지원할 수 있다.
③ 문화체육관광부장관은 생활체육의 진흥을 위한 기본계획을 10년마다 수립·시행해야 한다.
④ 지방자치단체는 그 지역주민의 생활체육 활동을 위하여 체육동호인조직의 육성에 필요한 시책을 마련할 수 있다.

## 08 〈보기〉에서 설명하는 링크(J. Rink)의 교수 전략은?

> **보기**
> - 상황에 따라 지시형 또는 연습형 스타일로 활용될 수 있다.
> - 지도자는 과제의 단서를 선정하고 명확하게 전달해야 한다.
> - 주로 집단 전체를 대상으로 하는 움직임 과제를 내용으로 선정한다.

① 동료 교수(peer teaching)
② 상호작용 교수(interactive teaching)
③ 스테이션 교수(station teaching)
④ 자기교수 전략(self-instruction strategies)

## 09 〈보기〉에서 모스턴(M. Mosston)의 교수 스타일에 관한 설명으로 옳은 것을 모두 고른 것은?

> **보기**
> ㄱ. 교수 스타일은 비대비 접근 방식에 근거를 둔다.
> ㄴ. 교수 스타일마다 의사결정의 주도권은 교사에게 있다.
> ㄷ. 교수 스타일의 A~E까지는 창조(production)가 중심이 된다.
> ㄹ. 교수 스타일은 과제 활동 전, 중, 후의 의사결정으로 구분된다.

① ㄱ, ㄴ
② ㄱ, ㄹ
③ ㄱ, ㄷ, ㄹ
④ ㄴ, ㄷ, ㄹ

**10** 그리핀(L. Griffin), 미첼(S. Mitchell), 오슬린(J. Oslin)의 게임 수행 평가 도구(GPAI)를 활용하여 학생의 게임 수행 능력을 측정한 표이다. 게임 수행 점수가 높은 학생 순으로 바르게 나열한 것은?

| 측정<br>항목<br>이름 | 의사결정 | | 기술실행 | | 보조하기 | |
|---|---|---|---|---|---|---|
| | 적절 | 부적절 | 효율적 | 비효율적 | 적절 | 부적절 |
| 다은 | 3회 | 1회 | 3회 | 1회 | 3회 | 1회 |
| 세연 | 2회 | 2회 | 5회 | 0회 | 2회 | 2회 |
| 유나 | 2회 | 2회 | 2회 | 0회 | 2회 | 0회 |

① 유나 → 세연 → 다은
② 다은 → 세연 → 유나
③ 유나 → 다은 → 세연
④ 다은 → 유나 → 세연

**11** 〈보기〉의 내용에 해당하는 모스턴(M. Mosston)의 교수 스타일은?

> **보기**
> • 지도자는 난이도가 다른 과제를 선정하고 조직한다.
> • 학생은 자신에게 맞는 난이도의 과제를 선택하고 참여한다.
> • 높이뛰기의 경우, 학생들은 바(bar)의 높이가 다른 연습 과제를 선택할 수 있다.

① 연습형   ② 포괄형
③ 자기점검형   ④ 상호학습형

**12** 〈보기〉의 소프(R. Thorpe), 벙커(D. Bunker), 알몬드(L. Almond)의 이해 중심 게임 수업 모형의 단계 중 ㉠, ㉡에 들어갈 용어는?

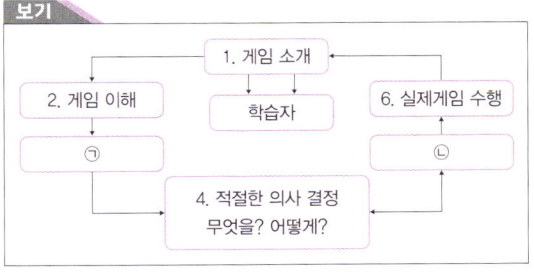

| | ㉠ | ㉡ |
|---|---|---|
| ① | 전술 이해 | 기술 연습 |
| ② | 과제 제시 | 기술 연습 |
| ③ | 기술 연습 | 전술 이해 |
| ④ | 전술 이해 | 게임 설계 |

**13** 학교스포츠클럽 대회 운영 방식에 관한 설명으로 적절하지 <u>않은</u> 것은?

① 통합리그 유형은 조별리그 유형보다 경기 수가 많다.
② 스플릿(split) 리그는 통합리그의 성적을 바탕으로 그룹을 나누어 리그전을 진행하는 방식이다.
③ 더블 엘리미네이션(double elimination) 토너먼트는 모든 팀의 순위 산정이 가능한 방식이다.
④ 싱글 엘리미네이션(single elimination) 또는 녹아웃(knockout) 토너먼트의 패배 팀은 패자부활전으로 상위 라운드 진출이 가능하다.

**14** 〈보기〉에서 「국민체육진흥법」(2024.10.31. 시행) 제6조 '학교 체육의 진흥을 위한 조치'의 내용 중 학생 체력증진 및 체육활동 육성을 위한 학교의 역할을 모두 고른 것은?

보기
ㄱ. 운동회나 체육대회의 실시
ㄴ. 운동경기부와 선수의 육성#지원
ㄷ. 학생에 대한 한 종목 이상의 운동 권장과 지도
ㄹ. 체육동호인 조직의 결성 등 학생의 자발적 체육 활동의 육성·지원

① ㄱ, ㄷ
② ㄱ, ㄴ, ㄷ
③ ㄱ, ㄴ, ㄹ
④ ㄱ, ㄴ, ㄷ, ㄹ

**15** 다음은 지도자의 교수 행동을 사건 기록법으로 관찰·기록한 표이다. 이 체계적 관찰 방법에 관한 설명으로 가장 적절한 것은?

| 행동 | 피드백 유형 | | | |
|---|---|---|---|---|
| | 긍정적 | 부정적 | 교정적 | 가치적 |
| 횟수 | 正正正正 | 正正 | 正正正 | 正 |
| 합계 | 20회 | 10회 | 15회 | 5회 |
| 비율 | 40% | 20% | 30% | 10% |

① 교수-학습에 관한 질적 정보를 얻기 위해 주로 활용한다.
② 지도자와 학생의 상호작용에 관한 기록을 간단히 측정할 수 있다.
③ 일정한 시간 간격을 기준으로 학생의 행동을 관찰하고 측정한다.
④ 교수-학습 시간 활용에 관한 구체적 정보가 필요할 때 사용한다.

**16** 〈보기〉에서 인지적 영역이 학습 영역의 1순위인 학습자를 모두 고른 것은?

보기
ㄱ. 직접 교수 모형에서의 학습자
ㄴ. 개별화 지도 모형에서의 학습자
ㄷ. 전술 게임 모형에서의 학습자
ㄹ. 스포츠 교육 모형에서 코치의 역할을 부여받은 학습자
ㅁ. 동료 교수 모형에서 개인교사 역할을 부여받은 학습자

① ㄱ, ㄴ, ㅁ
② ㄴ, ㄷ, ㄹ
③ ㄷ, ㄹ, ㅁ
④ ㄴ, ㄷ, ㄹ, ㅁ

**[17~18]** 다음은 배구스포츠클럽을 지도하는 박 코치의 지도일지이다.

보기
오늘 수업 내용은 배구 서브였다. ㉠ 출석 점검 후, ㉡ A팀은 서브 연습을 하였고, B팀은 서브 정확성이 낮은 학생이 많아 ㉢ 내가 서브 시범을 보여 주었다. C팀은 장난하는 학생이 많아 그때그때 ㉣ 손가락으로 학생의 부정적 행동을 가리키며 제지했다. 배구공이 부족해서 ㉤ D팀은 경기장 밖에서 대기하게 했다. 연습을 마친 후에는 ㉥ 학생들이 배구공과 네트를 정리하도록 했다.

**17** 〈보기〉의 ㉠~㉥ 중 수업 운영 시간에 해당하는 것을 모두 고른 것은?

① ㉠, ㉣
② ㉡, ㉢
③ ㉠, ㉡, ㉢
④ ㉠, ㉣, ㉥

**18** 〈보기〉의 ⓐ에 해당하는 온스타인(A. Ornstein)과 레빈(D. Levine)이 제시한 부정적 행동 관리 전략은?

① 퇴장(time-out)
② 삭제 훈련(omission training)
③ 신호 간섭(signal interference)
④ 접근 통제(proximity control)

**19** 〈보기〉는 마튼스(R. Martens)의 전문체육 프로그램 개발 단계이다. ㉠, ㉡에 들어갈 용어는?

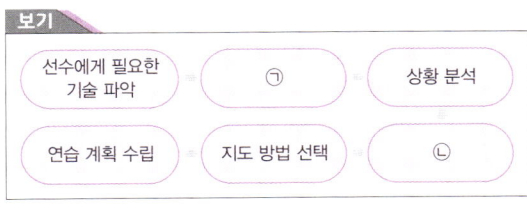

|   | ㉠ | ㉡ |
|---|---|---|
| ① | 선수 이해 | 우선순위 결정 및 목표 설정 |
| ② | 선수 이해 | 전술 선택 |
| ③ | 종목 이해 | 우선순위 결정 및 목표 설정 |
| ④ | 종목 이해 | 전술 선택 |

**20** 〈보기〉는 사회인 야구팀을 지도하는 조 코치의 지도일지이다. ㉠에 해당하는 질문 유형과 ㉡에 해당하는 운동 기능 유형은?

> 보기
> - 투수의 투구 시간이 너무 오래 걸려 지난 시간에 배운 '피치 클락'을 알고 있는지 확인하기 위해 ㉠ "투구 제한 시간이 몇 초이지?"라고 질문했지만 선수가 제대로 대답하지 못해 다시 한번 알려줌.
> - 투수의 제구력이 불안정하여 ㉡ 포구 그물에 공을 정확하게 던져 넣는 연습을 반복하게 함.

|   | ㉠ | ㉡ |
|---|---|---|
| ① | 회상형(회고적) 질문 | 개방기능 |
| ② | 회상형(회고적) 질문 | 폐쇄기능 |
| ③ | 수렴형(집중적) 질문 | 개방기능 |
| ④ | 수렴형(집중적) 질문 | 폐쇄기능 |

## 스포츠심리학

**01** 스포츠심리학자의 역할로 적절하지 않은 것은?

① 스포츠심리학 이론을 가르친다.
② 체력 향상을 위한 의약품을 판매한다.
③ 스포츠심리학 관련 연구를 수행하고 현장에 응용한다.
④ 심리기술훈련을 적용해 선수들의 경기력 향상을 돕는다.

**02** 심상에 관한 설명으로 옳지 않은 것은?

① 동기를 유발하고 강화한다.
② 감정을 조절하는 데 도움이 된다.
③ 스포츠 전략을 습득하고 연습할 수 있다.
④ 통증과 부상을 대처하는 데 도움이 되지 않는다.

**03** 〈보기〉 중 내적동기를 향상하는 전략으로 옳은 것만을 모두 고른 것은?

> 보기
> ㄱ. 성공 경험을 갖게 한다.
> ㄴ. 언어적, 비언어적 칭찬을 자주 한다.
> ㄷ. 팀의 의사결정에 선수를 참여시킨다.
> ㄹ. 물질적 보상과 처벌을 주로 활용한다.
> ㅁ. 최대한 높은 결과목표를 설정하여 도전하게 한다.

① ㄱ, ㄴ, ㄷ  ② ㄱ, ㄴ, ㄹ
③ ㄴ, ㄷ, ㄹ  ④ ㄷ, ㄹ, ㅁ

**04** 목표설정 원리로 적절하지 않은 것은?

① 수행목표보다 결과목표를 강조한다.
② 구체적이고 객관적인 목표를 설정한다.
③ 부정적인 목표보다 긍정적인 목표를 강조한다.
④ 단기목표, 중기목표, 장기목표를 함께 설정한다.

**05** 〈보기〉가 설명하는 가설은?

> **보기**
> 운동은 세로토닌, 노르에피네프린, 도파민과 같은 신경전달물질 분비를 증가시켜 우울증을 개선한다.

① 열발생 가설
② 모노아민 가설
③ 사회심리적 가설
④ 생리적 강인함 가설

**06** 〈보기〉에 해당하는 학자는?

> **보기**
> • 주요 활동은 1921∼1938년
> • 최초로 스포츠심리학 실험실 설립
> • 북미 스포츠심리학의 아버지라고 불림
> • 시카고 컵스 야구팀 스포츠 심리 상담사
> • 코칭심리학(Psychology of Coaching, 1926) 책 출판

① 프랭클린 헨리(Franklin Henry)
② 콜먼 그리피스(Coleman Griffith)
③ 레이너 마틴즈(Rainer Martens)
④ 노먼 트리플렛(Norman Triplett)

**07** 그림에서 ㉠의 고원현상에 관한 설명으로 옳지 않은 것은?

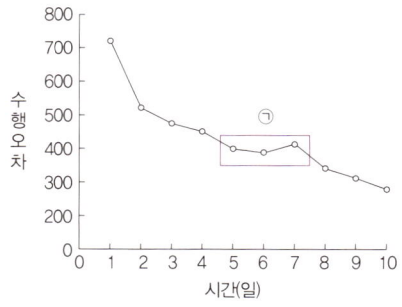

① 수행은 정체되지만, 학습은 진행된다.
② 연습 기간에 쌓인 피로나 동기 저하로 인해서 발생할 수 있다.
③ 협응 구조가 완성되어 더 이상의 질적인 변화가 없는 시기이다.
④ 하나의 동작 유형에서 다른 동작 유형으로 전환이 발생하는 시기이다.

**08** 루틴(routine)에 관한 설명으로 적절하지 않은 것은?

① 다음 수행을 준비할 때 도움이 된다.
② 경기 직전에 수정하면 경기력 향상에 도움이 된다.
③ 정신이 산만해질 때 운동과 무관한 것을 차단해 준다.
④ 최고의 경기력을 위해 필요한 자신만의 심리적·행동적 절차이다.

**09** 〈보기〉가 설명하는 심리기술훈련은?

> **보기**
> - 1958년 월피(J. Wolpe)가 개발함
> - 불안을 일으키는 상황을 중요도 순서에 따라 10단계 정도를 준비함
> - 불안이 낮은 순서부터 극도의 불안을 일으키는 중요도가 높은 순서로 배열하고 훈련함
> - 불안이나 스트레스를 유발하는 자극에 노출될 때 불안반응 대신 편안한 반응을 나타냄으로써 불안이나 스트레스를 감소하는 기법임

① 자생훈련(autogenic training)
② 점진적 이완(progressive relaxation)
③ 인지 재구성(cognitive restructuring)
④ 체계적 둔감화(systematic desensitization)

**10** 〈보기〉의 스포츠 상황과 반응시간 유형이 바르게 연결된 것은?

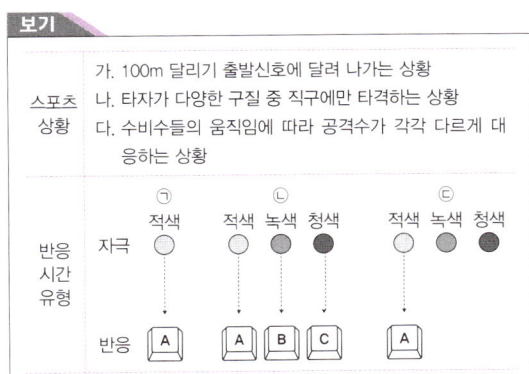

|   | 가 | 나 | 다 |
|---|---|---|---|
| ① | ㉠ | ㉡ | ㉢ |
| ② | ㉠ | ㉢ | ㉡ |
| ③ | ㉡ | ㉢ | ㉠ |
| ④ | ㉢ | ㉠ | ㉡ |

**11** 스포츠심리상담사의 상담 윤리에 관한 설명으로 옳은 것은?

① 내담자와 상담실 밖에서 사적인 관계를 유지한다.
② 비언어적 메시지보다 언어적 메시지에만 집중한다.
③ 알고 지내는 사람과 전문적인 상담을 진행하지 않는다.
④ 상담 내용은 내담자의 동의가 없어도 타인과 공유할 수 있다.

**12** 추동이론(drive theory)에 관한 설명으로 옳은 것은?

① 각성수준과 운동수행은 비례한다.
② 각성을 어떻게 해석하느냐에 따라 각성과 정서의 관계가 달라진다.
③ 인지적 불안과 신체적 불안이 각성수준에 따라 수행에 다르게 영향을 미친다.
④ 적절한 각성수준에서는 최고의 수행을 보이고 각성수준이 낮거나 높으면 운동수행이 감소한다.

13. 〈보기〉의 ㉠, ㉡에 해당하는 용어가 바르게 나열된 것은?

> **보기**
> 교사 : 줄다리기의 경우, 집단이 내는 힘의 총합은 개인의 힘을 모두 합친 것보다 작아지게 된다. 이것을 ( ㉠ ) 효과라고 해.
> 학생 : "나 하나쯤이야." 하는 생각 때문에 힘을 덜 쓰는 거 같아요.
> 교사 : 게으름을 피우는 사람으로 인해 집단 내에 동기의 손실이 생기는데 이것을 ( ㉡ )이라고 해.

|   | ㉠ | ㉡ |
|---|---|---|
| ① | 링겔만 | 사회적 태만 |
| ② | 링겔만 | 사회적 촉진 |
| ③ | 플라시보 | 사회적 태만 |
| ④ | 플라시보 | 사회적 촉진 |

14. 질문지 측정법 도구가 아닌 것은?

① POMS(Profile of Mood States)
② MBTI(Myers-Briggs Type Indicator)
③ 16PF(16 Personality Factor Questionnaire)
④ 주제통각검사(Thematic Apperception Test)

15. 그림에서 무관심 단계의 운동 실천 전략으로 가장 적절한 것은?

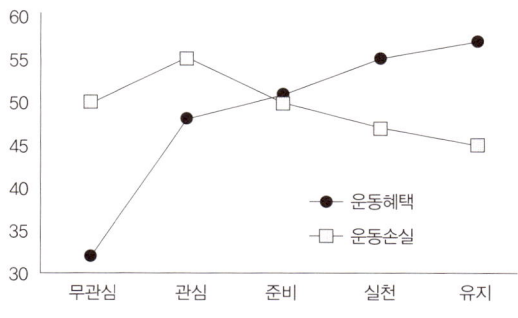

프로차스카(J. Prochaska) 운동변화단계이론

① 장시간 고강도 운동에 참여하도록 조언한다.
② 다른 사람의 운동 멘토 역할을 하도록 한다.
③ 운동의 긍정적 효과에 관한 정보를 제공한다.
④ 운동중독의 위험성에 관한 자료를 공유한다.

16. 본능이론(instinct theory)에 관한 설명으로 옳은 것은?

① 인간은 목표 달성이 좌절되면 공격성을 표출한다.
② 인간은 사회적 행위와 관찰학습으로 공격성을 배우고 표출한다.
③ 인간의 내부에는 공격성을 유발하는 에너지가 있어 공격성을 표출한다.
④ 인간은 목표가 좌절되면 무조건 공격행동을 유발하지 않고, 공격행동이 적절하다는 단서가 있을 때 공격성을 표출한다.

**17** 〈보기〉의 ㄱ~ㄷ에 해당하는 베일리(R. Vealey)의 스포츠자신감 원천을 바르게 연결한 것은?

> **보기**
> ㄱ. 시합에서 좋은 성과를 낸다.
> ㄴ. 주변 사람들이 나를 믿어준다.
> ㄷ. 시합에 필요한 체력, 전략, 정신력을 갖춘다.

|   | ㄱ | ㄴ | ㄷ |
|---|---|---|---|
| ① | 성취 경험 | 자기조절 | 사회적 분위기 |
| ② | 자기조절 | 사회적 분위기 | 성취 경험 |
| ③ | 성취 경험 | 사회적 분위기 | 자기조절 |
| ④ | 사회적 분위기 | 성취 경험 | 자기조절 |

**18** 주의집중을 높이는 방법으로 가장 적절한 것은?

① 테니스 선수가 경기 중 루틴을 변경해 서브를 시도한다.
② 야구 선수가 지난 이닝의 수비 실책을 생각하면서 수비한다.
③ 멀리뛰기 선수가 1등의 최고 기록을 직접 확인하고 도움닫기를 한다.
④ 골프 선수가 실제 시합과 유사한 상황을 만들어 놓고 모의훈련을 한다.

**19** 지도자의 처벌 행동 지침으로 옳은 것은?

① 처벌이 필요한 경우에는 처벌의 이유를 정확하게 말한다.
② 동일한 규칙을 위반하면 주장과 상급 학년 선수부터 처벌한다.
③ 규칙 위반에 대한 처벌 규정을 정할 때 선수의 의견은 반영하지 않는다.
④ 처벌이 필요할 때는 단호함을 보여주고 전체 선수 앞에서 본보기로 삼는다.

**20** 〈보기〉는 맥락간섭의 양에 따른 연습 형태이다. ㉠~㉢에 해당하는 코치를 바르게 나열한 것은?

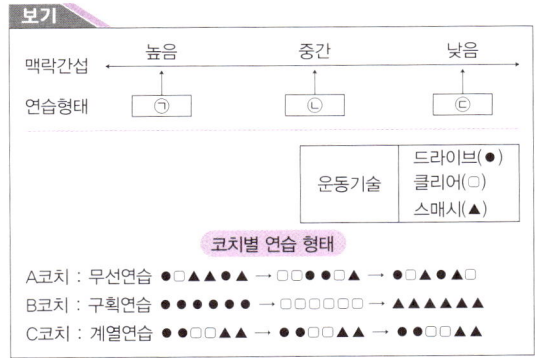

|   | ㉠ | ㉡ | ㉢ |
|---|---|---|---|
| ① | A코치 | B코치 | C코치 |
| ② | B코치 | C코치 | A코치 |
| ③ | C코치 | A코치 | B코치 |
| ④ | A코치 | C코치 | B코치 |

## 한국체육사

**01** 고구려의 씨름에 관한 물적 사료는?

① 『경국대전(經國大典)』
② 각저총(角抵塚) 벽화
③ 무녕왕릉(武寧王陵) 벽화
④ 김홍도(金弘道)의 「씨름」 풍속화

**02** 〈보기〉에서 체육사관(體育史觀)에 관한 옳은 설명을 모두 고른 것은?

> 보기
> ㄱ. 체육과 스포츠의 역사에 관한 견해, 관념 등을 의미한다.
> ㄴ. 체육과 스포츠의 역사적 사실이나 사건 등을 기록한 것이다.
> ㄷ. 진보사관, 순환사관 등에 따라 체육사적 해석이 다른 경우도 있다.
> ㄹ. 체육과 스포츠의 역사 서술과 역사가의 견해 형성에 바탕이 되기도 한다.

① ㄱ, ㄴ
② ㄴ, ㄷ
③ ㄱ, ㄴ, ㄹ
④ ㄱ, ㄷ, ㄹ

**03** 부족국가 시대에 신체활동이 이루어진 행사가 아닌 것은?

① 대향사례(大鄕射禮)
② 성년의식(成年儀式)
③ 주술의식(呪術儀式)
④ 제천행사(祭天行事)

**04** 신라 화랑도의 체육활동과 사상에 관한 설명으로 옳지 않은 것은?

① 무예 활동을 통한 덕(德)의 함양
② 효(孝)와 신(信) 등의 윤리를 강조
③ 무과 별시(別試) 응시를 위한 무예 수련
④ 무사정신과 임전무퇴의 군사주의 체육 사상을 내포

**05** 〈보기〉의 ㉠~㉢에 들어갈 용어는?

> 보기
> 고구려에 관한 사료인 ( ㉠ )에 따르면, "풍속에 독서를 즐긴다. 천민의 집까지 이르는 거리에 큰 집을 지어 이를 ( ㉡ )이라고 한다. 여기서 미혼의 자제들이 밤새워 책을 읽으며 ( ㉢ )을/를 익힌다."라고 하였다.

|   | ㉠ | ㉡ | ㉢ |
|---|---|---|---|
| ① | 『구당서(舊唐書)』 | 경당(扃堂) | 각저(角抵) |
| ② | 『구당서(舊唐書)』 | 경당(扃堂) | 궁술(弓術) |
| ③ | 『삼국지(三國志)』 | 학당(學堂) | 각저(角抵) |
| ④ | 『삼국지(三國志)』 | 학당(學堂) | 궁술(弓術) |

**06** 고려의 민속놀이에 관한 설명으로 옳은 것은?

① 석전(石戰) : 공놀이
② 추천(鞦韆) : 널뛰기
③ 풍연(風鳶) : 연날리기
④ 축국(蹴鞠) : 그네뛰기

**07** 〈보기〉에서 방응(放鷹)에 관한 설명을 모두 고른 것은?

> **보기**
> ㄱ. 매를 조련하여 수렵에 활용하였다.
> ㄴ. 응방도감(鷹坊都監)에서 관장하였다.
> ㄷ. 무예 훈련의 성격을 띠기도 하였다.
> ㄹ. 삼국시대에도 전담하는 관청이 있었다.

① ㄱ, ㄴ, ㄷ
② ㄱ, ㄷ, ㄹ
③ ㄱ, ㄴ, ㄹ
④ ㄴ, ㄷ, ㄹ

**08** 조선시대의 훈련원(訓鍊院)에 관한 설명으로 옳지 않은 것은?

① 국왕의 친위 부대였다.
② 군사의 시재(試才)를 담당하였다.
③ 무예 교육과 훈련을 담당하였다.
④ 『무경칠서(武經七書)』 등의 병서 습득을 장려하였다.

**09** 〈보기〉에서 『활인심방(活人心房)』에 관한 옳은 설명을 모두 고른 것은?

> **보기**
> ㄱ. 『활인심(活人心)』을 근거로 하였다.
> ㄴ. 도인법(導引法)은 신체 단련 방법이다.
> ㄷ. 조선시대에 간행된 보건 실용서이다.
> ㄹ. 양생지법(養生之法)과 도인법 등을 다루고 있다.

① ㄱ, ㄴ
② ㄷ, ㄹ
③ ㄱ, ㄴ, ㄷ
④ ㄱ, ㄴ, ㄷ, ㄹ

**10** 조선시대의 식년무과(式年武科)에 관한 설명으로 옳은 것은?

① 소과(小科)와 대과(大科)로 구분하여 실시하였다.
② 초시(初試), 복시(覆試), 전시(殿試)의 단계로 실시하였다.
③ 초시(初試), 복시(覆試), 전시(殿試)에는 강서 시험을 포함하였다.
④ 전시(殿試)는 목전, 철전, 기사, 기창, 격구 등 무예 종목을 실시하였다.

**11** 〈보기〉의 설명에 해당하는 체조는?

> **보기**
> 개화기 학교에서는 정규과목으로 체조가 편성되었으며 연령과 성별에 따라서 다양하게 실시되었다. 당시의 체조는 군사적 목적을 고려하여 규율에 반응하는 신체를 만드는 데 유효한 방법이었다.

① 유희체조
② 병식체조
③ 리듬체조
④ 기공체조

**12** 〈보기〉에 해당하는 시기는?

> **보기**
> 황국신민체조와 함께 검도, 유도, 궁도 등을 여학생에게 실시하게 한 것은 일본의 군국주의를 드러낸 것이었다. 학교체육의 성격은 점차 교련에 가까워졌다.

① 무단통치기
② 민족말살기
③ 문화통치기
④ 체조교습기

**13** 〈보기〉에서 문곡(文谷) 서상천(徐相天)의 활동을 모두 고른 것은?

> **보기**
> ㄱ. 우리나라에 역도를 도입하였다.
> ㄴ. 조선체력증진법연구회를 설립하였다.
> ㄷ. 『현대체력증진법』, 『현대철봉운동법』 등을 발간하였다.
> ㄹ. 조선체육회의 임원으로 병식체조를 개선한 교육체조를 가르쳤다.

① ㄱ, ㄴ
② ㄴ, ㄷ
③ ㄱ, ㄴ, ㄷ
④ ㄱ, ㄴ, ㄷ, ㄹ

**14** 〈보기〉의 설명에 해당하는 교육기관은?

> **보기**
> 이 교육기관은 개항 이후에 일본인의 세력에 대응하고자 설립되었다. 무예반에는 병서와 사격 과목이 편성되었고, 무예반의 비중이 컸다는 점에서 무비자강(武備自强)을 지향했다고 할 수 있다.

① 무예학교
② 원산학사
③ 배재학당
④ 경신학당

**15** 1991년에 있었던 남북한 단일팀의 국제대회 참가에 관한 설명으로 옳지 않은 것은?

① 단일팀은 '코리아', 'KOREA'라는 명칭을 사용하였다.
② 제6회 포르투갈 세계청소년축구대회에서 8강에 진출하였다.
③ 제41회 지바 세계탁구선수권대회의 여자단체전에서 우승하였다.
④ 제24회 서울 올림픽경기대회 중에 열린 남북회담을 계기로 이루어졌다.

**16** 제5공화국의 스포츠 정책으로 옳지 않은 것은?

① 태릉선수촌이 건립되었다.
② 국군체육부대를 창설하였다.
③ 제10회 서울 아시아경기대회를 개최하였다.
④ 야구, 축구, 씨름의 프로리그가 시작되었다.

**17** 광복 이후 우리나라 선수단이 최초로 참가한 올림픽경기대회는?

① 제14회 런던 하계올림픽경기대회
② 제6회 오슬로 동계올림픽경기대회
③ 제15회 헬싱키 하계올림픽경기대회
④ 제5회 생모리츠 동계올림픽경기대회

**18** 광복 이후 제5공화국까지의 체육에서 나타난 사상적 특징으로 옳지 않은 것은?

① 우수선수의 육성을 우선하는 엘리트주의가 나타났다.
② 「국민체육진흥법」의 국위선양은 국가주의를 나타낸다.
③ 국가 주도의 강한 신체 훈련을 앞세우는 실존주의가 나타났다.
④ 건전하고 강인한 국민성의 함양을 강조하는 건민주의가 나타났다.

**19** '국민생활체육진흥종합계획(호돌이 계획)'의 내용으로 옳은 것은?

① 제24회 서울 올림픽경기대회를 대비하고자 추진되었다.
② 「국민체육진흥법」을 제정하여 스포츠 클럽을 체계적으로 관리하였다.
③ 국민생활체육협의회의 창설과 직장체육 프로그램의 보급이 이루어졌다.
④ 전문체육 육성을 위한 국가대표 연금과 우수선수 병역 혜택의 제도가 도입되었다.

**20** 〈보기〉에서 광복 이후 1940년대 말까지 체육의 내용을 모두 고른 것은?

> **보기**
> ㄱ. 미국 '신체육'의 영향을 받았다.
> ㄴ. 일제강점기에 해산되었던 조선체육회가 재건되었다.
> ㄷ. 조선체육동지회의 결성은 민족 체육 재건의 계기가 되었다.
> ㄹ. 학도호국단이 결성되었고, 많은 체육 교사들이 교관으로 활동하였다.

① ㄱ, ㄴ
② ㄴ, ㄷ
③ ㄱ, ㄴ, ㄷ
④ ㄱ, ㄴ, ㄷ, ㄹ

### 운동생리학

**01** 400m 트랙을 약 60초로 전력 질주 시 가장 많이 기여하는 에너지 공급 시스템에서 1분자의 글루코스(glucose) 분해로 얻을 수 있는 ATP 수는?

① 2
② 4
③ 16
④ 18

**02** 중-고강도 운동 시 필요한 ATP 합성에 사용되지 않는 기질(substrate)은?

① 혈중 알부민
② 혈중 포도당
③ 근육 글리코겐
④ 근육 중성지방

**03** 〈보기〉에서 장기간의 무산소 트레이닝에 따른 생리학적 적응으로 옳은 것만을 모두 고른 것은?

> **보기**
> ㄱ. 산화 능력 증가
> ㄴ. 근육의 수축 속도 증가
> ㄷ. 미토콘드리아 밀도 증가
> ㄹ. PCr 또는 PFK 효소의 양 및 활성도 증가

① ㄱ, ㄴ
② ㄴ, ㄹ
③ ㄱ, ㄴ, ㄹ
④ ㄱ, ㄷ, ㄹ

**04** 〈보기〉에서 설명하는 에너지 대사 과정은?

> **보기**
> - 무산소성 에너지 시스템이다.
> - 에너지 투자와 에너지 생산 단계로 구성된다.
> - 대사 과정의 최종 산물로 피루브산염 또는 젖산염을 생성한다.

① 지방분해(lipolysis)
② 해당과정(glycolysis)
③ 동화작용(anabolism)
④ 산화적 인산화(oxidative phosphorylation) 과정

**05** 〈보기〉에서 설명하는 감각수용기는?

> **보기**
> - 주동근의 수축을 억제한다.
> - 근육 손상을 예방하는 기능을 한다.
> - 근육-건 복합체의 장력 변화를 감지한다.

① 근방추
② 파치니소체
③ 골지건기관
④ 마이스너소체

**06** 〈보기〉에서 장기간 유산소 트레이닝에 의한 생리적 적응 현상으로 옳은 것만을 모두 고른 것은?

> **보기**
> ㄱ. 좌심실 용적 증가
> ㄴ. 마이오글로빈 함유량 증가
> ㄷ. 1회 박출량(stroke volume) 증가
> ㄹ. 골격근 내 모세혈관 밀도 증가

① ㄱ, ㄴ
② ㄱ, ㄷ, ㄹ
③ ㄴ, ㄷ, ㄹ
④ ㄱ, ㄴ, ㄷ, ㄹ

**07** 〈보기〉의 골격근 수축 과정에 관한 설명 중 ㉠~㉢에 들어갈 용어로 옳은 것은?

> **보기**
> - 활동전위(action potential)는 가로세관(T-tubles)으로 이동하여 ( ㉠ )에서 ( ㉡ ) 방출을 자극한다.
> - ( ㉠ )에서 방출된 ( ㉡ )이 트로포닌(troponin)과 결합하게 되면 ( ㉢ )의 위치를 이동시켜 마이오신 머리(myosin head)와 액틴 필라멘트(actin filament)가 강하게 결합하게 한다.

|   | ㉠ | ㉡ | ㉢ |
|---|---|---|---|
| ① | 원형질막 | 아세틸콜린 | 근절 |
| ② | 원형질막 | 칼슘이온 | 트로포마이오신 |
| ③ | 근형질세망 | 아세틸콜린 | 근절 |
| ④ | 근형질세망 | 칼슘이온 | 트로포마이오신 |

**08** 그림의 산소-헤모글로빈 해리 곡선을 참고하여 〈보기〉에서 옳은 것만을 모두 고른 것은?

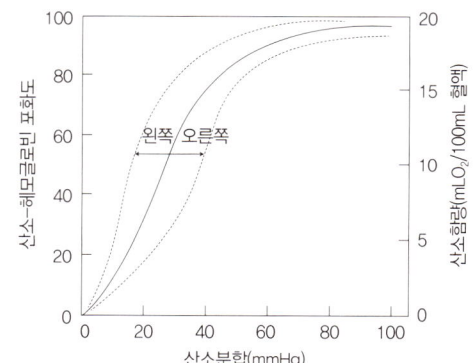

> **보기**
> ㄱ. 운동에 의한 체온상승(예 심부온도 상승)은 헤모글로빈의 산소 친화력(affinity)을 높인다.
> ㄴ. 고강도 운동 시 동-정맥 산소 차이(arteriovenous oxygen difference)는 안정 시와 비교하여 감소한다.
> ㄷ. 고강도 운동에 의한 혈중 젖산 농도 증가는 산소-헤모글로빈 해리 곡선을 오른쪽으로 이동시킨다.
> ㄹ. 운동 중 증가한 혈중 이산화탄소는 헤모글로빈의 산소 해리(dissociation)를 높이는데, 이를 보어 효과(Bohr effect)라고 한다.

① ㄱ, ㄴ
② ㄱ, ㄷ
③ ㄴ, ㄹ
④ ㄷ, ㄹ

**09** 〈보기〉에서 건강관련체력 요인으로 옳은 것만을 모두 고른 것은?

> **보기**
> ㄱ. 근력　　　　　ㄴ. 유연성
> ㄷ. 근지구력　　　ㄹ. 신체구성
> ㅁ. 심폐지구력

① ㄱ, ㄴ, ㄹ　　　② ㄱ, ㄷ, ㅁ
③ ㄴ, ㄷ, ㄹ, ㅁ　④ ㄱ, ㄴ, ㄷ, ㄹ, ㅁ

**10** 〈보기〉에서 동방결절(SA node)에 관한 특성으로 옳은 것만을 모두 고른 것은?

> **보기**
> ㄱ. 심장의 페이스메이커(pacemaker)로 불림
> ㄴ. 전도체계 중 가장 빠른 내인성 박동률을 가짐
> ㄷ. 심실이 혈액을 충만하게 모을 수 있도록 자극전도 시간을 지연시킴
> ㄹ. 다른 심장 전도 시스템보다 약 6배 빠르게 전기적 자극을 심실 전체로 전달하여 심실의 거의 모든 부위가 동시에 수축할 수 있게 함

① ㄱ, ㄴ　　　② ㄱ, ㄴ, ㄷ
③ ㄱ, ㄷ, ㄹ　④ ㄴ, ㄷ, ㄹ

**11** 안정 시와 운동 중 심장 주기에 따른 좌심실의 용적과 압력을 나타낸 곡선을 참고하여 〈보기〉에서 옳은 것만을 모두 고른 것은?

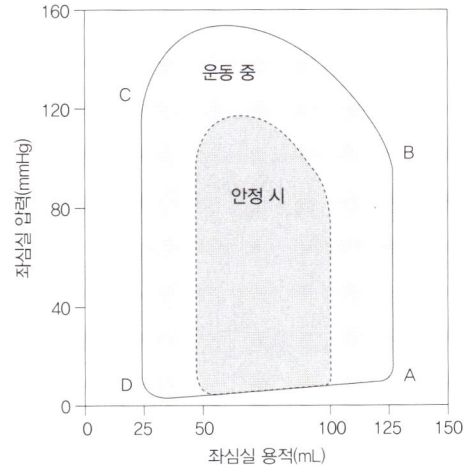

> **보기**
> ㄱ. A~B 구간은 이첨판(bicupid valve)과 대동맥 판막(aortic valve)이 모두 닫힌 상태이며, 이를 등용적 수축(isovolumic contraction)이라고 한다.
> ㄴ. 운동 중 좌심실 수축력의 증가는 C시점에서의 좌심실 용적 증가로 이어진다.
> ㄷ. 안정 시와 운동 중 좌심실 박출률(%ejection fraction)은 동일하다.
> ㄹ. D~A 구간의 증가는 1회 박출량 증가로 이어진다.

① ㄱ, ㄴ　　　② ㄱ, ㄹ
③ ㄴ, ㄷ　　　④ ㄷ, ㄹ

**12** 〈보기〉에서 고지대 환경에서 장기간 노출 시 나타나는 생리학적 적응으로 옳은 것만을 모두 고른 것은?

> **보기**
> ㄱ. 심박출량 증가　　ㄴ. 모세혈관 밀도 증가
> ㄷ. 근육 단면적 증가　ㄹ. 산소운반능력 증가

① ㄱ, ㄷ　　　② ㄴ, ㄹ
③ ㄱ, ㄷ, ㄹ　④ ㄴ, ㄷ, ㄹ

**13** 운동 자극에 관한 신체 내 기관(organs)과 기능에 대한 설명이다. ㉠~㉢에 해당하는 것으로 옳은 것은?

| 기능 \ 기관 | 뇌하수체 | 부신 | ㉠ |
|---|---|---|---|
| 고온다습한 환경에서 운동 중 체액량 조절을 위한 호르몬을 분비한다. | ㉡ | ○ | × |
| 중강도 이상 운동 중 교감신경의 영향을 받아 호르몬(㉢)을 분비한다. | × | ○ | × |
| 부교감신경인 미주 신경(vagus nerve)이 위치하며, 운동 종료 후 심박수를 낮춘다. | × | × | ○ |

○ : 맞음, × : 틀림

| | ㉠ | ㉡ | ㉢ |
|---|---|---|---|
| ① | 연수 | ○ | 에피네프린 |
| ② | 뇌간 | × | 알도스테론 |
| ③ | 대뇌피질 | ○ | 에피네프린 |
| ④ | 대뇌피질 | × | 알도스테론 |

**14** 단축성 수축 시 그림의 골격근 초미세구조를 참고하여 〈보기〉에서 옳은 것만을 모두 고른 것은?

보기
ㄱ. I 밴드의 길이는 변하지 않는다.
ㄴ. A 밴드의 길이는 변하지 않는다.
ㄷ. 근절(sarcomere)의 길이는 짧아진다.
ㄹ. 액틴(actin)과 마이오신(myosin)의 길이는 짧아진다.

① ㄱ, ㄴ  ② ㄱ, ㄹ
③ ㄴ, ㄷ  ④ ㄷ, ㄹ

**15** 〈보기〉에서 속근섬유(type Ⅱ) 관한 특성으로 옳은 것만을 모두 고른 것은?

보기
ㄱ. 피로 저항이 높음
ㄴ. 수축 속도가 빠름
ㄷ. 산화 능력이 높음
ㄹ. 칼슘이온 방출 속도가 빠름

① ㄱ, ㄴ  ② ㄱ, ㄷ
③ ㄴ, ㄹ  ④ ㄷ, ㄹ

**16** 순환계의 구조와 기능에 관한 설명으로 옳지 <u>않은</u> 것은?

① 혈액의 역류를 막기 위해 하지동맥 내에 판막이 존재한다.
② 호르몬 수송 및 면역기능 조절은 순환계의 기능 중 하나이다.
③ 관상동맥(coronary artery)은 심장근에 혈액을 공급하는 혈관이다.
④ 폐순환의 주요 기능은 폐에서의 가스 교환(예 이산화탄소 배출)이다.

**17** 〈보기〉에서 설명하는 호르몬은?

보기
• 간의 글리코겐을 분해한다.
• 췌장 알파세포에서 분비된다.
• 혈중 글루코스 농도를 높인다.

① 인슐린  ② 코티졸
③ 글루카곤  ④ 에피네프린

18. 골격근의 운동단위(motor unit) 동원에 관한 설명으로 옳지 않은 것은?

① 동원된 운동단위의 증가는 근 수축력 증가로 이어진다.
② 운동단위는 운동신경과 그에 연결된 근섬유를 지칭한다.
③ 저강도 운동(예 VO2max 30% 이하) 시 Type IIx 근섬유가 가장 먼저 동원된다.
④ Type I 근섬유의 운동단위는 Type II 근섬유 운동단위보다 활성화 역치가 낮다.

19. 〈보기〉의 ㉠, ㉡에 들어갈 용어는?

보기
- (㉠)은 근육조직에서 산소를 저장하고, 운반하는 데 중요한 역할을 한다.
- 적혈구용적률이 증가하면 혈액의 점성은 (㉡)한다.

| | ㉠ | ㉡ |
|---|---|---|
| ① | 헤모글로빈 | 감소 |
| ② | 헤모글로빈 | 증가 |
| ③ | 마이오글로빈 | 감소 |
| ④ | 마이오글로빈 | 증가 |

20. 〈보기〉에서 운동 중 혈류 재분배(blood re-distribution)에 관한 설명으로 옳은 것만을 모두 고른 것은?

보기
ㄱ. 운동 시 골격근의 산소 요구량을 충족하기 위해 비활동 조직으로의 혈류량은 감소한다.
ㄴ. 최대 운동 시 심박출량은 증가하지만 안정 시와 비교하여 기관별(예 신장, 내장, 골격근 등) 혈류 분배 비율은 동일하다.
ㄷ. 고강도 운동에 참여하는 골격근의 세동맥(arterioles) 혈관 저항은 안정 시와 비교하여 감소한다.

① ㄱ, ㄴ    ② ㄱ, ㄷ
③ ㄴ, ㄷ    ④ ㄱ, ㄴ, ㄷ

### 운동역학

01. 운동역학의 내용과 목적이 아닌 것은?

① 운동 기술의 향상
② 운동수행 시 힘의 측정
③ 운동수행 안전성의 향상
④ 인체 내 에너지 대사의 측정

02. 〈보기〉에서 설명하는 동작분석 방법으로 옳지 않은 것은?

보기
동작을 측정하거나 계산하지 않는 비수치적 방법으로 지도자의 시각적 관찰로 움직임의 오류를 찾아 운동 기술 향상을 도모한다.

① 정량적 자료로 분석한다.
② 현장에서 즉각적인 분석이 가능하다.
③ 지도자 성향에 따라 결과가 달라진다.
④ 분석의 결과는 객관성을 담보할 수 없다.

03. 운동의 종류에 관한 설명으로 옳지 않은 것은?

① 직선운동은 병진운동의 한 종류이다.
② 곡선운동은 회전운동에 포함되는 운동이다.
③ 병진운동은 직선운동과 곡선운동 모두를 말한다.
④ 복합운동은 병진운동과 회전운동이 혼합된 운동이다.

04 운동역학 사슬(Kinetic Chain)에 관한 설명으로 옳지 않은 것은?

① 힘의 적용 대상이 연결된 일련의 사슬고리이다.
② 사슬에 있는 연결 동작은 힘 전달에 영향을 미친다.
③ 닫힌형 운동역학 사슬(CKC)은 기능적이며, 스포츠에 특화될 수 있다.
④ 열린형 운동역학 사슬(OKC)에는 스쿼트, 팔굽혀펴기와 같은 동작이 있다.

05 신체에 작용하는 역학적 부하(Load)에 관한 정의로 옳지 않은 것은?

① 전단응력(Shear) : 조직의 장축을 따라 대칭으로 가해지는 힘
② 인장응력(Tension) : 두 힘이 서로 떨어지게끔 반대 방향으로 가해지는 힘
③ 압축응력(Compression) : 반대쪽의 두 힘이 서로 향하는 방향으로 가해지는 힘
④ 휨(Bending) : 축에서 벗어나는 두 힘이 가해져 한쪽에서 인장응력, 다른 한쪽에서 압축응력이 발생하는 힘

06 〈보기〉에서 내력(internal force)에 관한 설명으로 옳은 것만 모두 고른 것은?

> 보기
> ㄱ. 다이빙 동작에서 작용하는 중력
> ㄴ. 높이뛰기의 도약 동작에서 선수가 발휘한 힘
> ㄷ. 환경과의 상호작용으로 시스템에 작용하는 힘
> ㄹ. 내력만으로 인체 전체의 위치는 이동할 수 없음

① ㄱ, ㄴ
② ㄴ, ㄹ
③ ㄱ, ㄷ, ㄹ
④ ㄴ, ㄷ, ㄹ

07 〈보기〉에서 제시한 A 학생의 항속 구간 평균 보행 속도는? (단, 반올림하여 소수점 둘째 자리까지 표기)

> 보기
> A 학생이 총 30m의 직선 구간을 걸었을 때, 가속과 감속 구간 각 5m씩 총 10m를 제외한 항속 구간에서의 스텝 수는 25회였고, 16초가 소요되었다.

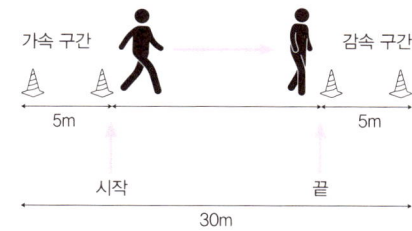

① 0.80m/s
② 1.25m/s
③ 1.56m/s
④ 1.88m/s

08 각가속도에 관한 설명으로 옳지 않은 것은?

① 회전하는 물체의 각가속도가 0이 되면 물체는 멈추게 된다.
② 각가속도는 각속도의 변화량을 시간의 변화량으로 나눈 값이다.
③ 처음 각속도가 30°/s에서 6초 후 90°/s로 변화했을 때 평균 각가속도는 10°/s²이다.
④ 각속도가 양(+)의 방향으로 선형적인 증가를 할 때 각가속도는 일정한 양(+)의 값을 가진다.

**09** 그림에 관한 설명으로 옳지 않은 것은? (단, 착지전략을 제외한 모든 조건은 동일함)

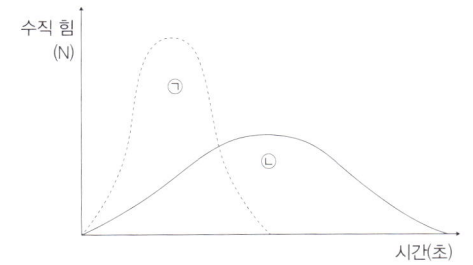

그림은 기계체조 선수가 경기 중 각 1회의 ㉠ 뻣뻣한 착지와 ㉡ 부드러운 착지를 수행하였을 때 착지구간에서 시간에 따른 수직 힘의 변화를 나타낸다.

① ㉠과 ㉡의 운동량의 변화량은 동일하다.
② ㉠의 경우 신체에 작용하는 수직 충격력이 더 크다.
③ ㉠의 경우 신체에 작용하는 수직 충격량이 더 크다.
④ 착지 직전의 무게중심의 속도는 ㉠과 ㉡ 모두 동일하다.

**10** 〈보기〉에서 임팩트 직후 골프공의 선속도는? (선운동량 보존의 법칙 적용)

> **보기**
> • 골프 클럽의 질량 : 600g, 골프공의 질량 : 40g
> • 스윙 시 클럽의 임팩트 직전 선속도 : 50m/s, 임팩트 직후 선속도 : 45m/s (외부에서 따로 작용하는 힘은 없으며, 운동량의 손실 없이 정확하게 전달됨을 가정함)

① 65m/s　② 70m/s
③ 75m/s　④ 80m/s

**11** 스포츠에 적용된 각속도(Angular velocity)에 관한 사례로 옳지 않은 것은?

① 숙련된 운동선수일수록 각속도를 잘 조절한다.
② 철봉의 대차돌기(휘돌기) 하강 국면에서 발의 무게중심점은 일정한 각속도를 유지한다.
③ 골프 클럽헤드의 각속도는 0에서 시작하여 최댓값으로 증가했다가 다시 0으로 돌아온다.
④ 야구에서 배트의 각속도가 일정하다면 회전반경이 클수록 임팩트된 공의 선속도는 증가한다.

**12** 인체의 움직임에서 토크(Torque)에 관한 개념이 적용된 사례로 옳지 않은 것은?

① 사지의 근육은 각 관절을 돌림시키는 토크를 생성한다.
② 덤벨 컬 시 덤벨의 무게는 팔꿈치를 폄하는 토크를 가진다.
③ 외적 토크보다 내적 토크가 크면 근육은 신장성 수축을 한다.
④ 동일한 힘을 낼 때 팔꿈치 각도 90°보다 굽히거나 폄에 따라 모멘트팔이 짧아져 내적 토크도 감소한다.

13 〈보기〉에서 설명한 내용 중 인체의 관성모멘트(moment of inertia)를 감소시킨 사례로 옳은 것만 모두 고른 것은?

> **보기**
> ㄱ. 피겨스케이팅에서 양팔을 벌리고 회전한다.
> ㄴ. 달리기 시 체공기(swing phase)에 있는 다리를 굽힌다.
> ㄷ. 다이빙에서 공중 앞돌기 시 터크(움크린) 자세를 만든다.
> ㄹ. 골프 아이언 헤드의 질량 분포를 양 끝으로 넓게 하여 클럽 헤드의 관성을 조작한다.

① ㄱ, ㄴ
② ㄴ, ㄷ
③ ㄱ, ㄴ, ㄷ
④ ㄱ, ㄷ, ㄹ

14 그림에 관한 설명으로 옳지 않은 것은? (단, 공의 높이는 무게중심을 기준으로 함)

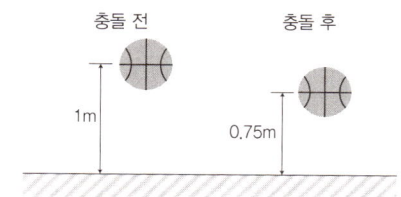

① 비탄성충돌이다.
② 충돌 전, 후 농구공의 속도는 다르다.
③ 운동에너지가 보존되지 않았다는 것을 의미한다.
④ 반발계수(복원계수, coefficient of restitution)는 0.75이다.

15 압력중심점(Center Of Pressure, COP)에 관한 설명으로 옳지 않은 것은?

① 압력중심점은 균형능력을 평가하기 위한 자료로 활용된다.
② 보행 시 한발 지지기(stance phase)에서 압력중심점은 변한다.
③ 허리를 앞으로 굽혔을 때, 압력중심점은 기저면 밖에 위치한다.
④ 압력중심점이란 지면에 접촉하는 부분 중 지면반력 전체가 작용된다고 가정되는 어느 한 점을 말한다.

16 일과 에너지에 관한 설명으로 옳지 않은 것은?

① 에너지는 일을 할 수 있는 능력이다.
② 위치에너지는 운동에너지로 변환될 수 있다.
③ 질량이 일정하면 속도 변화는 운동에너지의 변화를 의미한다.
④ 어떤 물체가 에너지를 갖기 위해서는 움직임이 있어야만 한다.

**17** 〈보기〉에서 설명한 A 선수의 이동 거리와 변위가 옳은 것은?

보기
육상 장거리 종목의 선수 A는 트랙의 길이가 400m인 경기장을 총 25바퀴를 달렸고, 28분 30초의 기록으로 결승점을 통과했다.

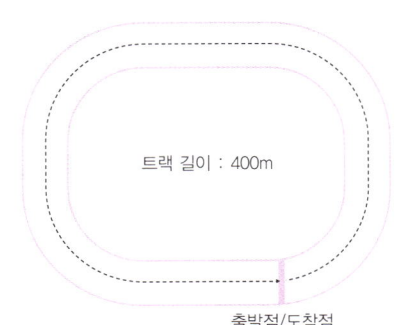

트랙 길이 : 400m
출발점/도착점

| | 이동거리(m) | 변위(m) |
|---|---|---|
| ① | 0 | 400 |
| ② | 0 | 10,000 |
| ③ | 10,000 | 10,000 |
| ④ | 10,000 | 0 |

**18** 〈보기〉에서 수행한 일과 일률이 바르게 나열된 것은?

보기
물체에 2초 동안 2N의 힘을 가하여 2m를 움직였을 때 수행한 일은 (㉠)J이며 일률은 (㉡)J/s이다(단, 힘의 작용 방향과 물체의 이동방향은 일치함).

| | ㉠ | ㉡ |
|---|---|---|
| ① | 2 | 1 |
| ② | 2 | 2 |
| ③ | 4 | 2 |
| ④ | 4 | 4 |

**19** 인체의 안정성을 결정짓는 요인이 아닌 것은?

① 기저면의 크기와 관련이 있으며 형태와는 관련이 없다.
② 무게중심선이 기저면 밖에 있으면 불안정한 상태가 된다.
③ 무게중심선이 기저면의 중심에 가까울수록 안정성은 높아진다.
④ 무게중심의 높이와 관련이 있으며 낮을수록 안정성은 높아진다.

**20** 마찰력에 관한 설명으로 옳지 않은 것은?

① 최대정지마찰력은 운동마찰력보다 크다.
② 마찰력은 마찰계수와 물체 질량의 곱으로 구한다.
③ 마찰력은 물체 표면에 수직으로 작용하는 힘(수직항력, normal force)과 관계가 있다.
④ 마찰력은 접촉면과 평행하게 작용하며 물체의 운동 방향과 반대 방향으로 작용한다.

### 스포츠윤리

**01** 스포츠윤리센터의 주요 역할에 해당하지 <u>않는</u> 것은?

① 체육 관련 입시 비리에 관한 조사
② 스포츠 산업 종사자의 직업 안정성 확보와 처우 개선
③ 스포츠 비리 및 스포츠 인권 침해 방지를 위한 예방 교육
④ 승부 조작 또는 편파 판정 등 불공정에 관한 신고 접수와 조사

**02** 스포츠에 관한 가치 판단에 해당하지 <u>않는</u> 것은?

① 도핑을 이용한 실력 향상은 옳지 않다.
② 스포츠에서 희생과 헌신은 승리보다 가치가 있다.
③ 하얀색 복장 착용은 윔블던 테니스대회의 규정이다.
④ 스포츠에서 승리 추구는 규정 준수보다 더 중요하다.

**03** 〈보기〉의 스포츠 상황에 부합하는 개념과 해석은?

> **보기**
> 태권도 겨루기에서 소극적인 자세로 경기에 임하는 선수는 제재를 받는다. 적극적이고 공격적인 태도의 요구는 투쟁심을 독려하는 것이지만, 그 폭력적인 성향이 지나치면 또 다른 제재의 대상이 되기도 한다. 이처럼 스포츠는 폭력적인 성향의 분출을 자극함과 동시에 그것을 감시하고 제어한다.

① 게발트(Gewalt) – 스포츠 폭력의 부당성
② 게발트(Gewalt) – 스포츠 폭력의 이중성
③ 희생양(Scapegoat) – 스포츠 폭력의 부당성
④ 희생양(Scapegoat) – 스포츠 폭력의 이중성

**04** '타이틀 나인(Title IX)'에 따른 스포츠계의 변화로 가장 적절한 것은?

① 미국 프로야구리그의 도핑 실태에 관한 보고서 발간
② 남아프리카공화국에서 흑인에 대한 차별 정책의 시행
③ 학교 스포츠 프로그램에서 의도적인 성차별 발생 시 재정 지원의 제한
④ 공공 및 민간 스포츠 시설의 출입구 등에 휠체어 이동 통로의 설치 및 확충

**05** 세계도핑방지기구(World Anti-Doping Agency)가 정한 '금지 방법'의 분류 목록에 해당하지 <u>않는</u> 것은?

① 기술 도핑
② 화학적, 물리적 조작
③ 유전자 및 세포 도핑
④ 혈액 및 혈액 성분의 조작

**06** 레건(T. Regan)의 동물권리론에 가장 부합하는 태도는?

① 모든 동물에게 자유를 보장하고 스포츠에 동물을 이용하지 않도록 한다.
② 세계시민주의적 사고에 따라 재활승마에서는 기수와 말의 친화를 강조한다.
③ 천연 거위털 셔틀콕의 성능이 인조 거위털 셔틀콕보다 더 좋으므로 생산을 장려한다.
④ 경마나 소싸움은 합법적으로 동물을 활용할 수 있는 종목이며 경제적으로도 유용하다.

**07** 〈보기〉의 대화 내용에 해당하는 정의(justice)의 유형에 가장 가까운 것은?

> **보기**
> A : 오늘 테니스 경기 봤어? 한쪽 코트는 해가 정면에서 비치고 다른 쪽은 완전 그늘이더라.
> B : 응. 그런 조건이면 한쪽 선수가 불리할 것 같아.
> C : 그래서 테니스는 계속 코트를 바꾸면서 경기를 진행해.
> A : 그러면 시합을 시작할 때 코트나 서브권은 어떻게 정해?
> C : 동전 던지기로 정하는 경우가 많아.

① 평균적 정의　　② 절차적 정의
③ 분배적 정의　　④ 보상적 정의

**08** 롤랜드(S. Loland)가 분류한 규칙 위반의 유형에 연결한 사례로 옳지 않은 것은?

① 의도적 구성 규칙 위반 – 축구 경기에서 수비수가 실점을 당하지 않기 위해 손으로 공을 막았다.
② 의도적 규제 규칙 위반 – 육상 100m 경기에서 경쟁 선수를 방해하기 위해 레인을 침범했다.
③ 비의도적 구성 규칙 위반 – 골프 경기 중 페어웨이에서 흙이 묻은 볼을 무의식적으로 닦고 진행했다.
④ 비의도적 규제 규칙 위반 – 농구 경기 중 상대 수비를 피하는 과정에서 의도치 않게 3걸음을 걷고 슛을 쏘았다.

**09** 칸트(I. Kant)의 의무론에서 〈보기〉 속 A와 B의 태도에 부합하는 행위 유형은?

> **보기**
> 선생님 : 도핑을 하면 경기 결과가 달라질 수 있는데, 여러분은 왜 하지 않나요?
> A : 저는 도핑이 공정하지 못한 행위이기 때문에 하지 않아요. 제 실력으로 인정받고 싶어요.
> B : 저는 사실 도핑 검사에 걸리면 처벌을 받으니까 하고 싶어도 못 하고 있어요.

|   | A | B |
|---|---|---|
| ① | 의무에서 나온 (aus Pflicht) 행위 | 의무에 합치하는 (pflichtmäßig) 행위 |
| ② | 의무에 합치하는 (pflichtmäßig) 행위 | 의무에 위배되는 (pragmatische) 행위 |
| ③ | 의무에 합치하는 (pflichtmäßig) 행위 | 의무에서 나온 (aus Pflicht) 행위 |
| ④ | 의무에 위배되는 (pragmatische) 행위 | 의무에서 나온 (aus Pflicht) 행위 |

**10** 부올레(P. Vuolle)가 분류한 스포츠 환경이 아닌 것은?

① 시설(Built) 환경 – 농구, 탁구
② 개발(Developed) 환경 – 골프, 스키
③ 가상(Virtual) 환경 – e스포츠, 버츄얼 태권도
④ 순수(Genuine) 환경 – 스쿠버다이빙, 트레일러닝

**11** 뒤르켐(E. Durkheim)의 도덕교육론에 근거한 스포츠윤리 교육의 내용과 방법으로 옳지 <u>않은</u> 것은?

① 감독의 지도에 의존하는 도덕적 판단력을 길러준다.
② 스포츠를 통한 도덕적 습관과 행동의 변화에 초점을 맞춘다.
③ 스포츠윤리 교육을 스포츠 인성 교육의 유용한 틀로 활용한다.
④ 스포츠맨십을 경험하는 실천적 교육으로 도덕적 인격 형성을 유도한다.

**12** 스포츠조직의 윤리경영에 관한 설명으로 옳지 <u>않은</u> 것은?

① 스포츠조직을 투명하고 합리적으로 운영한다.
② 과대 선전 등으로 스포츠 소비자를 속이지 않는다.
③ 스포츠 시설 운영에서 공해, 소음 등으로 인한 사회적 비용을 고려한다.
④ 스포츠센터의 운영 수익을 더 늘이기 위해 지도자의 노동 강도를 높인다.

**13** 〈보기〉의 사례에서 ㉠에 해당하는 심판의 자질과 ㉡에 해당하는 맹자의 사단(四端)은?

> **보기**
> 배구 경기의 주심인 ㉠ A심판은 최근 개정된 규정을 정확하게 숙지하지 못하여 오심을 범했다. 부심으로 경기를 관장하던 B심판은 오심임을 알았으나 A심판에 대한 징계가 걱정되어 침묵했다. 시합이 끝난 후 ㉡ B심판은 양심의 가책을 지우지 못하고 활동을 중단했다.

|   | ㉠ | ㉡ |
|---|---|---|
| ① | 심판의 청렴성 | 사양지심(辭讓之心) |
| ② | 심판의 전문성 | 수오지심(羞惡之心) |
| ③ | 심판의 자율성 | 시비지심(是非之心) |
| ④ | 심판의 공정성 | 측은지심(惻隱之心) |

**14** 공리주의 윤리 규범을 스포츠에 바르게 적용한 것이 <u>아닌</u> 것은?

① 스포츠에서 결과에 따른 만족을 중시한다.
② 스포츠 규칙 제정은 공정과 평등의 원칙에 근거한다.
③ 스포츠 상황에서 행위의 유용성보다 인성의 바름을 강조한다.
④ 스포츠에서 소수보다 다수의 이익을 우선하는 것이 정당화될 수 있다.

**15** 〈보기〉에서 장애차별의 개선을 위한 스포츠 실천의 조건만을 고른 것은?

> **보기**
> ㄱ. 참여 종목과 대회는 지도자의 결정에 맡겨야 한다.
> ㄴ. 비장애인과 분리하여 수업하는 것을 원칙으로 한다.
> ㄷ. 활동 장비와 기구에 대한 재정적인 지원을 확보해야 한다.
> ㄹ. 다양한 사람과의 관계를 통해 사회성 함양의 기회를 제공해야 한다.

① ㄱ, ㄴ  ② ㄴ, ㄷ
③ ㄴ, ㄹ  ④ ㄷ, ㄹ

**16** 〈보기〉의 내용에 부합하는 철학자와 개념의 연결이 옳은 것은?

> **보기**
> - 지도자와 선배의 체벌과 폭력이 일상화되어 있다.
> - 악은 포악한 괴물이나 악마처럼 괴이하지 않고 합숙소 생활과 같은 일상에 함께 있다.
> - 폭력을 멈추게 할 방법은 행위의 내용과 책임을 묻고 반성하는 '사유' 또는 '이성'에 있다.

① 홉스(T. Hobbes) – 리바이어던
② 홉스(T. Hobbes) – 악의 평범성
③ 아렌트(H. Arendt) – 리바이어던
④ 아렌트(H. Arendt) – 악의 평범성

**17** 의무주의 윤리 규범에 근거할 경우, 〈보기〉의 괄호 안에 들어갈 내용으로 옳은 것은?

> **보기**
> 나는 반칙을 하지 않으려고 노력한다. 왜냐하면 (       ) 때문이다.

① 퇴장을 당하면 손해를 보기
② 반칙을 하는 것은 옳지 않기
③ 나의 플레이를 보는 사람들을 만족시켜야 하기
④ 사람들이 나를 훌륭한 선수라고 칭송할 것이기

**18** 〈보기〉는 트랜스젠더 여성의 여성 스포츠 참여에 관한 설명이다. 이를 지지하는 견해의 근거가 <u>아닌</u> 것은?

> **보기**
> 국제올림픽위원회(IOC)는 2016년 1월에 올림픽 대회를 비롯한 국제 경기대회에서 외과적인 수술을 받지 않은 성 전환자들도 선수로 출전할 수 있도록 허용해야 한다는 새로운 지침을 발표했다. 이에 따라 트랜스젠더 선수들은 꼭 성 전환 수술을 받지 않더라도 일정 요건만 충족하면 올림픽 등 국제 대회에 참가할 수 있게 되었다.

① 전통적인 젠더 이분법을 극복하고 양성 평등을 지향
② 트랜스젠더 여성의 스포츠 접근권은 공정성보다 우선
③ 트랜스젠더에 대한 차별과 배제가 아닌 관용과 포용의 정책
④ 트랜스젠더 여성 선수가 불공평한 이득을 가져 스포츠 본연의 의미 변화

**19** 함무라비 법전의 탈리오 법칙(Lex Talionis)이 정확하게 적용된 상황은?

① 농구 경기에서 한 경기에 5개의 파울을 한 선수를 퇴장시킨다.
② 축구 경기에서 부상 선수가 발생하면 선수의 안전을 위해 공을 밖으로 걷어낸다.
③ 야구 경기에서 빈볼을 맞게 되면, 상대팀에게도 동일하게 빈볼을 던져 보복을 한다.
④ 수영과 육상 경기의 결승전에서 준결승의 기록이 좋은 선수를 가운데 레인에 우선으로 배정한다.

**20** 인종 차별과 관련된 사례로 맞지 <u>않은</u> 것은?

① 1936년 베를린 올림픽경기대회에서 히틀러는 육상종목 4관왕 제시 오웬스에게 시상 거부
② 1948년 런던 올림픽경기대회에서 독일과 일본 선수의 참가를 불허
③ 1968년 멕시코 올림픽경기대회 시상식에서 미국의 토미 스미스와 존 카롤로스의 저항 표현
④ 2008년 미국여자프로골프협회(LPGA) 출전 선수의 영어 사용 의무화

# 2024 선택과목 기출문제

## 스포츠사회학

**01** 〈보기〉에서 훌리한(B. Houlihan)이 제시한 '정부(정치)의 스포츠 개입 목적'에 관한 사례인 것을 모두 고른 것은?

> **보기**
> ㄱ. 시민들의 건강 및 체력유지를 위해 체육단체에 재원을 지원한다.
> ㄴ. 체육을 포함한 교육 현장의 양성 평등을 위해 Title IX을 제정했다.
> ㄷ. 공공질서를 보호하기 위해 공원에서 스케이트보드 금지, 헬멧 착용 등의 도시 조례가 제정되었다.

① ㄱ  ② ㄱ, ㄷ
③ ㄴ, ㄷ  ④ ㄱ, ㄴ, ㄷ

**02** 스포츠클럽법(시행 2022.6.16.)의 내용으로 옳지 않은 것은?

① 지정스포츠클럽은 전문선수 육성 프로그램을 운영할 수 없다.
② 스포츠클럽의 지원과 진흥에 필요한 사항을 규정하고 있다.
③ 국민체육진흥과 스포츠 복지 향상 및 지역사회 체육발전에 기여함을 목적으로 한다.
④ 국가 및 지방자치 단체는 스포츠클럽의 지원 및 진흥에 필요한 시책을 수립·시행하여야 한다.

**03** 〈보기〉에서 스티븐슨(C. Stevenson)과 닉슨(J. Nixon)이 구조기능주의 관점으로 설명한 스포츠의 사회적 기능 중 옳은 것만을 모두 고른 것은?

> **보기**
> ㄱ. 사회·정서적 기능  ㄴ. 사회갈등 유발 기능
> ㄷ. 사회 통합 기능  ㄹ. 사회계층 이동 기능

① ㄱ, ㄴ  ② ㄱ, ㄷ
③ ㄴ, ㄹ  ④ ㄱ, ㄷ, ㄹ

**04** 〈보기〉의 ㉠~㉢에 해당하는 스포츠 육성 정책 모형이 바르게 제시된 것은?

> **보기**
> ㉠ 학생들의 스포츠 참여 저변이 확대되면, 이를 기반으로 기량이 좋은 학생선수가 배출된다.
> ㉡ 우수한 학생 선수들을 육성하면 그들의 영향으로 학생들의 스포츠 참여가 확대된다.
> ㉢ 스포츠 선수들의 우수한 성과는 청소년의 스포츠 참여를 촉진하고, 이를 통해 형성된 스포츠 참여 저변 위에서 우수한 스포츠 선수들이 성장한다.

|   | ㉠ | ㉡ | ㉢ |
|---|---|---|---|
| ① | 선순환 모형 | 낙수효과 모형 | 피라미드 모형 |
| ② | 피라미드 모형 | 선순환 모형 | 낙수효과 모형 |
| ③ | 피라미드 모형 | 낙수효과 모형 | 선순환 모형 |
| ④ | 낙수효과 모형 | 피라미드 모형 | 선순환 모형 |

05 〈보기〉에서 스포츠 세계화의 동인으로 옳은 것만을 모두 고른 것은?

> 보기
> ㄱ. 민족주의
> ㄴ. 제국주의 확대
> ㄷ. 종교 전파
> ㄹ. 과학 기술의 발전
> ㅁ. 인종 차별의 심화

① ㄱ, ㄴ, ㄷ
② ㄴ, ㄷ, ㅁ
③ ㄱ, ㄴ, ㄷ, ㄹ
④ ㄱ, ㄷ, ㄹ, ㅁ

06 투민(M. Tumin)이 제시한 사회계층의 특성을 스포츠에 적용한 설명으로 옳은 것은?

① 보편성 : 대부분의 스포츠 현상에는 계층 불평등이 나타난다.
② 역사성 : 현대 스포츠에서 계층은 종목 내, 종목 간에서 나타난다.
③ 영향성 : 스포츠에서 계층 불평등은 역사 발전 과정을 거치며 변천해 왔다.
④ 다양성 : 스포츠 참여에서 나타나는 사회적 불평등은 일상 생활에도 유사하게 나타난다.

07 스포츠에서 나타나는 사회계층 이동에 대한 설명으로 옳지 않은 것은?

① 스포츠는 계층 이동을 위한 수단으로 활용된다.
② 사회계층의 이동은 사회적 상황과 개인적 상황을 반영한다.
③ 사회 지위나 보상 체계에 차이가 뚜렷하게 발생하는 계층 이동은 '수직 이동'이다.
④ 사회계층의 이동 유형은 이동 방향에 따라 '세대 내 이동', '세대 간 이동'으로 구분한다.

08 〈보기〉에서 설명하는 스포츠 일탈과 관련된 이론은?

> 보기
> • 스포츠 일탈을 상호작용론 관점으로 설명한다.
> • 일탈 규범을 내면화하는 사회화 과정이 존재한다.
> • 다른 사람과 상호작용을 통해 스포츠 일탈 행동을 학습한다.

① 문화규범 이론
② 차별교제 이론
③ 개인차 이론
④ 아노미 이론

09 스미스(M. Smith)가 제시한 경기장 내 신체 폭력 유형 중 〈보기〉의 설명에 해당하는 것은?

> 보기
> • 경기의 규칙을 위반하는 행위지만, 대부분의 선수나 지도자들이 용인하는 폭력 행위 유형이다.
> • 이 폭력 유형은 경기 전략의 하나로 활용되며, 상대방의 보복 행위를 유발할 수 있다.

① 경계 폭력
② 범죄 폭력
③ 유사 범죄 폭력
④ 격렬한 신체 접촉

10 코클리(J. Coakley)가 제시한 상업주의와 관련된 스포츠 규칙 변화에 따른 결과로 옳지 않은 것은?

① 극적인 요소가 늘어났다.
② 득점이 감소하게 되었다.
③ 상업 광고 시간이 늘어났다.
④ 경기의 진행 속도가 빨라졌다.

**11** 파슨즈(T. Parsons)의 AGIL이론에 관한 설명으로 옳지 않은 것은?

① 상징적 상호작용론 관점의 이론이다.
② 스포츠는 체제 유지 및 긴장 처리 기능을 한다.
③ 스포츠는 사회구성원을 통합시키는 기능을 한다.
④ 스포츠는 사회구성원이 사회체제에 적응하게 하는 기능을 한다.

**12** 에티즌(D. Eitzen)과 세이지(G. Sage)가 제시한 스포츠의 정치적 속성 중 〈보기〉의 설명에 해당하는 것은?

보기
- 국가대표 선수는 스포츠를 통해 국위를 선양하고 국가는 선수에게 혜택을 준다.
- 국가대표 선수가 올림픽에 출전하여 메달을 획득하면 군복무 면제의 혜택을 준다.

① 보수성
② 대표성
③ 상호의존성
④ 권력투쟁

**13** 〈보기〉의 ㉠~㉣에 들어갈 스트랭크(A. Strenk)의 '국제정치 관계에서 스포츠 기능'을 바르게 제시한 것은?

보기
- ( ㉠ ) : 1936년 베를린 올림픽
- ( ㉡ ) : 1971년 미국 탁구팀의 중화인민공화국 방문
- ( ㉢ ) : 1972년 뮌헨올림픽에서의 검은구월단 사건
- ( ㉣ ) : 남아프리카공화국의 아파르트헤이트에 대한 국제사회의 대응

|   | ㉠ | ㉡ | ㉢ | ㉣ |
|---|---|---|---|---|
| ① | 외교적 도구 | 외교적 항의 | 정치이념 선전 | 갈등 및 적대감의 표출 |
| ② | 정치이념 선전 | 외교적 도구 | 갈등 및 적대감의 표출 | 외교적 항의 |
| ③ | 갈등 및 적대감의 표출 | 정치이념 선전 | 외교적 항의 | 외교적 도구 |
| ④ | 외교적 항의 | 갈등 및 적대감의 표출 | 외교적 도구 | 정치이념 선전 |

**14** 베일(J.Bale)이 제시한 스포츠 세계화의 특징에 관한 설명으로 옳지 않은 것은?

① IOC, FIFA 등 국제스포츠 기구가 성장하였다.
② 다국적 기업의 국제적 스폰서십 및 마케팅이 증가하였다.
③ 글로벌 미디어 기업의 스포츠에 관한 개입이 증가하였다.
④ 외국인 선수 증가로 팀, 스폰서보다 국가의 정체성이 강화되었다.

**15** 스포츠의 교육적 역기능에 해당하는 것은?

① 정서 순화
② 사회 선도
③ 사회화 촉진
④ 승리지상주의

**16** 스포츠 미디어가 생산하는 성차별 이데올로기에 관한 설명으로 옳지 않은 것은?

① 경기의 내용보다는 성(性)적인 측면을 강조한다.
② 여성 선수를 불안하고 취약한 존재로 묘사한다.
③ 여성들이 참여하는 경기를 '여성 경기'로 부른다.
④ 여성성보다 그들의 성과에 더 많은 관심을 보인다.

**17** 〈보기〉의 사례에 관한 스포츠 일탈 유형과 휴즈(R. Hughes)와 코클리(J. Coakley)가 제시한 윤리 규범이 바르게 연결된 것은?

> **보기**
> • 2002년 한일월드컵 당시 황선홍 선수, 김태영 선수의 부상 투혼
> • 2022년 카타르 월드컵에서 손흥민 선수의 마스크 투혼

| | 스포츠 일탈 유형 | 스포츠 윤리 규범 |
|---|---|---|
| ① | 과소동조 | 한계를 이겨내고 끊임없이 도전해야 한다. |
| ② | 과소동조 | 경기에 헌신해야 한다. |
| ③ | 과잉동조 | 위험을 감수하고 고통을 인내해야 한다. |
| ④ | 과잉동조 | 탁월성을 구해야 한다. |

**18** 레오나르드(W. Leonard)의 사회학습이론에서 〈보기〉의 설명과 관련된 사회화 기제는?

> **보기**
> • 새로운 운동 기능과 반응이 학습된다.
> • 학습자에게 동기를 부여할 수 있게 된다.
> • 지도자가 적합하다고 생각하는 새로운 지식을 알게 된다.

① 강화
② 코칭
③ 보상
④ 관찰학습

**19** 스포츠로부터의 탈사회화에 관한 설명으로 옳은 것은?

① 부상, 방출 등의 자발적 은퇴로 탈사회화를 경험한다.
② 스포츠 참여를 통한 행동의 변화를 스포츠로부터의 탈사회화라고 한다.
③ 개인의 심리상태, 태도에 의해 참여가 제한되는 것을 내재적 제약이라고 한다.
④ 재정, 시간, 환경적 상황에 의해 참여가 제한되는 것을 대인적 제약이라고 한다.

**20** 과학기술의 발전에 따른 스포츠의 변화에 관한 설명으로 옳지 않은 것은?

① IoT, 웨어러블 디바이스 발전으로 경기력 측정의 혁신을 가져왔다.
② 프로야구 경기에서 VAR 시스템 적용은 인간 심판의 역할을 강화시켰다.
③ 4차 산업 혁명에 따른 초지능, 초연결은 스포츠 빅데이터의 활용을 확대시켰다.
④ VR, XR 디바이스의 발전으로 가상현실 공간을 활용한 트레이닝이 가능해졌다.

### 스포츠교육학

**01** 슐만(L. Shulman)의 '교사 지식 유형' 중 가르칠 교과목 내용에 관한 지식에 해당하는 것은?

① 내용 지식(content knowledge)
② 내용교수법 지식(pedagogical content knowledge)
③ 교육환경 지식(knowledge of educational contexts)
④ 학습자와 학습자 특성 지식(knowledge of learners and their characteristics)

**02** 동료 평가(peer assessment)에 관한 설명으로 적절하지 않은 것은?

① 학생들의 비평 능력이 향상될 수 있다.
② 교사는 학생에게 평가의 정확한 방법을 숙지시킨다.
③ 학생은 교사에게 받은 점검표를 통해 서로 평가한다.
④ 교사와 학생 간 대화를 통해 심층적인 정보를 수집한다.

**03** 〈보기〉에서 설명하는 박 코치의 '스포츠 지도 활동'에 해당하는 용어는?

> **보기**
> 박 코치는 관리 시간을 줄이기 위해서 다음과 같이 지도 활동을 반복한다. 출석 점검은 수업 전에 회원들이 스스로 출석부에 표시하게 한다. 이후 건강에 이상이 있는 회원들을 파악한다. 수업 중에는 대기 시간을 최소화하기 위해 모둠별로 학습 활동 구역을 미리 지정한다. 수업 후에는 일지를 회수한다.

① 성찰적 활동
② 적극적 활동
③ 상규적 활동
④ 잠재적 활동

**04** 글로버(D. Glover)와 앤더슨(L. Anderson)이 인성을 강조한 수업 모형 중 〈보기〉의 ㉠, ㉡에 해당하는 것을 바르게 제시한 것은?

> **보기**
> ㉠ '서로를 위해 서로 함께 배우기'를 통해 팀원 간 긍정적 상호의존, 개인의 책임감 수준 증가, 인간관계 기술 및 팀 반성 등을 강조한 수업
> ㉡ '통합, 전이, 권한 위임, 교사와 학생의 관계'를 통해 타인의 권리와 감정 존중, 자기 목표 설정 가능, 훌륭한 역할 본보기 되기 등을 강조한 수업

| | ㉠ | ㉡ |
|---|---|---|
| ① | 스포츠교육 모형 | 협동학습 모형 |
| ② | 협동학습 모형 | 개인적·사회적 책임감 지도 모형 |
| ③ | 협동학습 모형 | 스포츠교육 모형 |
| ④ | 개인적·사회적 책임감 지도 모형 | 협동학습 모형 |

**05** 〈보기〉의 ㉠~㉢에 들어갈 교사 행동에 관한 용어가 바르게 제시된 것은?

> **보기**
> • ( ㉠ )은 안전한 학습 환경, 피드백 제공
> • ( ㉡ )은 학습 지도 중에 소방 연습과 전달 방송 실시
> • ( ㉢ )은 학생의 부상, 용변과 물 마시는 활동의 관리

| | ㉠ | ㉡ | ㉢ |
|---|---|---|---|
| ① | 직접기여 행동 | 간접기여 행동 | 비기여 행동 |
| ② | 직접기여 행동 | 비기여 행동 | 간접기여 행동 |
| ③ | 비기여 행동 | 직접기여 행동 | 간접기여 행동 |
| ④ | 간접기여 행동 | 비기여 행동 | 직접기여 행동 |

**06** 〈보기〉의 ㉠~㉢에 들어갈 기본 움직임 기술을 바르게 제시한 것은?

**보기**

| 기본 움직임 | 예시 |
|---|---|
| ( ㉠ ) | 걷기, 달리기, 뛰기, 피하기 등 |
| ( ㉡ ) | 서기, 앉기, 구부리기, 비틀기 등 |
| ( ㉢ ) | 치기, 잡기, 배팅하기 등 |

|   | ㉠ | ㉡ | ㉢ |
|---|---|---|---|
| ① | 이동 움직임 | 비이동 움직임 | 표현 움직임 |
| ② | 전략적 움직임 | 이동 움직임 | 표현 움직임 |
| ③ | 전략적 움직임 | 이동 움직임 | 조작 움직임 |
| ④ | 이동 움직임 | 비이동 움직임 | 조작 움직임 |

**07** 학교체육진흥법(시행 2024.3.24.) 제10조 '학교 스포츠클럽 운영'의 내용에 해당하지 않는 것은?

① 학교 스포츠클럽을 운영하는 경우 전담교사를 지정해야 한다.
② 전담교사에게 학교 예산의 범위에서 소정의 지도수당을 지급한다.
③ 활동 내용은 학교생활 기록부에 기록하지만, 상급학교 진학 자료로 활용할 수 없다.
④ 학교의 장은 학교스포츠클럽을 운영하여 학생들의 체육활동 참여 기회를 확대해야 한다.

**08** 다음 중 모스턴(M. Moston) '상호학습형 교수 스타일'에 관한 설명으로 적절하지 않은 것은?

① 학습자는 교과내용을 선정한다.
② 학습자는 수행자나 관찰자의 역할을 수행한다.
③ 관찰자는 지도자가 제시한 수행 기준에 따라 피드백을 제공한다.
④ 지도자는 관찰자의 질문에 답하고, 관찰자에게 피드백을 제공한다.

**09** 〈보기〉에서 '학교체육 전문인 자질로 ㉠~㉢에 들어갈 용어를 바르게 제시한 것은?

**보기**

| ( ㉠ ) | ( ㉡ ) | ( ㉢ ) |
|---|---|---|
| 학습자 이해<br>교과지식 | 교육 과정 운영 및 개발<br>수업 계획 및 운영<br>학습 모니터 및 평가<br>협력 관계 구축 | 교직 인성<br>사명감<br>전문성 개발 |

|   | ㉠ | ㉡ | ㉢ |
|---|---|---|---|
| ① | 교수 | 기능 | 태도 |
| ② | 지식 | 수행 | 태도 |
| ③ | 지식 | 기능 | 학습 |
| ④ | 교수 | 수행 | 학습 |

**10** 〈보기〉에서 설명하는 모스턴(M. Moston)의 교수 스타일의 '인지(사고) 과정' 단계는?

**보기**

- 학습자가 해답을 찾고자 하는 욕구가 있는 단계이다.
- 학습자에 대한 자극(질문)이 흥미, 욕구, 지식 수준과 적합할 때 이 단계가 발생한다.
- 학습자에게 알고자 하는 욕구를 실행에 옮기도록 동기화시키는 단계이다.

① 자극(stimulus)
② 반응(response)
③ 사색(mediation)
④ 인지적 불일치(dissonance)

**11** 〈보기〉에서 국민체육진흥법(시행 2024.3.15.) 제11조의 '스포츠윤리 교육 과정'에 관한 내용으로 옳은 것만을 모두 고른 것은?

> **보기**
> ㄱ. 도핑 방지 교육
> ㄴ. 성폭력 등 폭력 예방 교육
> ㄷ. 교육부장관령으로 정하는 교육
> ㄹ. 스포츠 비리 및 체육계 인권 침해 방지를 위한 예방 교육

① ㄱ, ㄴ
② ㄴ, ㄷ, ㄹ
③ ㄱ, ㄴ, ㄹ
④ ㄱ, ㄴ, ㄷ, ㄹ

**12** 〈보기〉의 '수업 주도성 프로파일'에 해당하는 체육 수업 모형은?

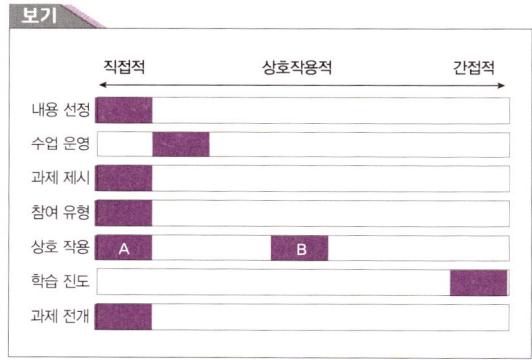

① 동료교수 모형
② 직접교수 모형
③ 개별화지도 모형
④ 협동학습 모형

**13** 〈보기〉에서 설명하는 시덴탑(D. Siedentop)의 교수(teaching) 기능 연습법에 해당하는 용어는?

> **보기**
> 김 교사는 교수 기능의 향상을 위해 다음과 같은 절차로 연습을 했다.
> • 학생 6~8명의 소집단을 대상으로 학습 목표와 평가 방법을 설명한 후, 수업을 진행한다.
> • 수업에 참여한 학생들의 질문지 자료를 토대로 김 교사와 학생, 다른 관찰자들이 모여 김 교사의 교수법에 대해 '토의'를 한다.
> • 객관적인 자료를 근거로 교수 기능 효과를 살핀다.

① 동료 교수
② 축소 수업
③ 실제 교수
④ 반성적 교수

**14** 스포츠강사의 자격 조건에 관한 설명으로 옳은 것은?

① 「초·중등교육법」 제2조제2호에 따른 초등학교에 스포츠강사를 배치할 수 없다.
② 「국민체육진흥법」 제2조제6호에 따른 체육지도자 중에서 스포츠강사를 임용할 수 있다.
③ 「학교체육진흥법」 제2조제6항 학교에 소속되어 학교 운동부를 지도·감독하는 사람을 말한다.
④ 「학교체육진흥법」 제4조 재임용 여부는 강사로서의 자질, 복무 태도, 학생의 만족도, 경기 결과에 따라 결정하여야 한다.

**15** 메츨러(M. Metzler)가 제시한 '체육학습 활동' 중 정식 게임을 단순화하고 몇 가지 기능에 초점을 두며 진행하는 것은?

① 역할 수행(role-playing)
② 스크리미지(scrimmage)
③ 리드-업 게임(lead-up game)
④ 학습 센터(learning centers)

**16** 〈보기〉는 시덴탑(D. Siedentop)이 제시한 '스포츠 교육 모형'의 특징을 설명한 것이다. ㉠~㉢에 들어갈 용어가 바르게 제시된 것은?

> **보기**
> - 이 모형의 주제 중에 ( ㉠ )은 스포츠를 참여하는 태도와 관련된 정의적 영역이다.
> - 시즌 중 심판으로서 역할을 할 때 학습영역 중 우선하는 것은 ( ㉡ ) 영역이다.
> - 학습자 수준에 적합하게 경기 방식을 ( ㉢ )해서 참여를 유도한다.

|   | ㉠ | ㉡ | ㉢ |
|---|---|---|---|
| ① | 박식 | 정의적 | 고정 |
| ② | 열정 | 인지적 | 변형 |
| ③ | 열정 | 정의적 | 변형 |
| ④ | 박식 | 인지적 | 고정 |

**17** 〈보기〉에서 설명하는 체육수업 연구 방법으로 적절한 것은?

> **보기**
> - 연구의 특징은 집단적(협동적), 역동적, 연속적으로 이루어짐
> - 연구의 절차는 문제 파악-개선계획-실행-관찰-반성 등으로 순환하는 과정임
> - 연구의 주체는 지도자가 동료나 연구자의 도움을 받아 자신의 수업을 탐구함

① 문헌(literature) 연구
② 실험(experiment) 연구
③ 현장 개선(action) 연구
④ 근거이론(grounded theory) 연구

**18** 학습자 비과제 행동을 예방하고 과제 지향적인 수업을 유지하기 위한 교수 기능 중 쿠닌(J. Kounin)이 제시한 '동시처리(overlapping)'에 해당하는 것은?

① 수업의 흐름을 유지하면서 수업 이탈 행동 학생을 제지하는 것이다.
② 학생들의 행동을 항상 인지하고 있다는 것을 알리는 것이다.
③ 학생의 학습 활동을 중단시키고 잠시 퇴장시키는 것이다.
④ 모든 학생에게 과제에 몰입하도록 경각심을 주는 것이다.

**19** 〈그림〉은 '국민체력 100'의 운영 체계이다. 체력 인증센터가 이용자에게 제공하는 서비스가 아닌 것은?

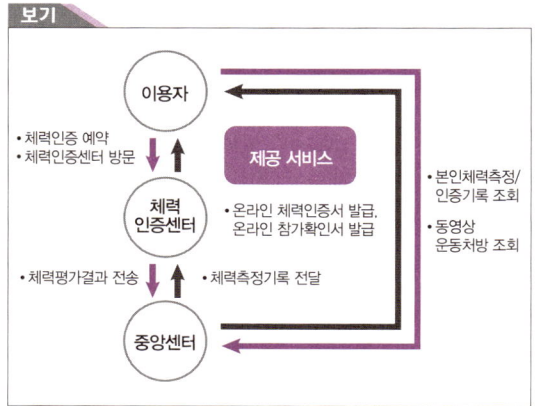

① 체력측정 서비스
② 맞춤형 운동처방
③ 국민 체력 인증서 발급
④ 스포츠클럽 등록 및 운영지원

**20** 〈보기〉에서 해당하는 평가기법으로 적절한 것은?

> 보기
> • 운동 수행을 평가하는 데 자주 사용하는 평가 방법이다.
> • 운동 수행의 질적인 면을 파악하여 수준이나 숫자를 부여하는 평가 방법이다.

① 평정척도
② 사건기록법
③ 학생저널
④ 체크리스트

## 스포츠심리학

**01** 〈보기〉가 설명하는 성격 이론은?

> 보기
> 자기가 좋아하는 국가대표선수가 무더위에서 진행된 올림픽 마라톤 경기에서 불굴의 정신력으로 완주하는 모습을 보고, 자기도 포기하지 않는 정신력으로 10km 마라톤을 완주하였다.

① 특성이론
② 사회학습이론
③ 욕구위계이론
④ 정신역동이론

**02** 개방운동기술(open motor skills)에 해당하지 않는 것은?

① 농구 경기에서 자유투하기
② 야구 경기에서 투수가 던진 공을 타격하기
③ 자동차 경주에서 드라이버가 경쟁하면서 운전하기
④ 미식축구 경기에서 쿼터백이 같은 팀 선수에게 패스하기

**03** 〈보기〉의 ㉠~㉢에 들어갈 개념을 바르게 나열한 것은?

> 보기
> • ( ㉠ ) : 노력의 방향과 강도로 설명된다.
> • ( ㉡ ) : 스포츠 자체가 좋아서 참여한다.
> • ( ㉢ ) : 보상을 받거나 처벌을 피하고자 스포츠에 참여한다.

| | ㉠ | ㉡ | ㉢ |
|---|---|---|---|
| ① | 동기 | 외적 동기 | 내적 동기 |
| ② | 동기 | 내적 동기 | 외적 동기 |
| ③ | 귀인 | 내적 동기 | 외적 동기 |
| ④ | 귀인 | 외적 동기 | 내적 동기 |

04 〈보기〉의 ㉠, ㉡에 들어갈 정보처리 단계를 바르게 나열한 것은?

> 보기
> - ( ㉠ ) : 테니스 선수가 상대 코트에서 넘어오는 공의 궤적, 방향, 속도에 관한 환경정보를 탐지한다.
> - ( ㉡ ) : 환경정보를 토대로 어떤 종류의 기술로 어떻게 받아쳐야 할지 결정한다.

|   | ㉠ | ㉡ |
|---|---|---|
| ① | 반응 선택 | 자극 확인 |
| ② | 자극 확인 | 반응 선택 |
| ③ | 반응/운동 프로그래밍 | 반응 선택 |
| ④ | 반응/운동 프로그래밍 | 자극 확인 |

05 〈보기〉에서 설명하는 심리기술훈련 기법은?

> 보기
> - 멀리뛰기의 도움닫기에서 파울을 할 것 같은 부정적인 생각이 든다.
> - 부정적인 생각은 그만하고 연습한 대로 구름판을 강하게 밟자고 생각한다.
> - 스스로 통제할 수 있는 것에 집중하자고 다짐한다.

① 명상
② 자생 훈련
③ 인지 재구성
④ 인지적 왜곡

06 운동발달의 단계가 순서대로 바르게 제시된 것은?

① 반사단계 → 기초단계→ 기본움직임단계 → 성장과 세련단계 → 스포츠기술단계 → 최고수행단계 → 퇴보단계
② 기초단계 → 기본움직임단계 → 반사단계→ 스포츠기술단계 → 성장과 세련단계 → 최고수행단계 → 퇴보단계
③ 반사단계 → 기초단계→ 기본움직임단계→ 스포츠기술단계 → 성장과 세련단계 → 최고수행단계 → 퇴보단계
④ 기초단계→ 기본움직임단계 → 반사단계 → 성장과 세련단계 → 스포츠기술단계 → 최고수행단계 → 퇴보단계

07 반두라(A, Bandura)가 제시한 4가지 정보원에서 자기효능감에 가장 큰 영향력을 미치는 것은?

① 대리 경험
② 성취 경험
③ 언어적 설득
④ 정서적/신체적 상태

08 〈보기〉에서 연습방법에 관한 설명으로 옳은 것만을 모두 고른 것은?

> 보기
> ㄱ. 집중연습은 연습구간 사이의 휴식시간이 연습시간보다 짧게 이루어진 연습방법이다.
> ㄴ. 무선연습은 선택된 연습과제들을 순서에 상관없이 무작위로 연습하는 방법이다.
> ㄷ. 분산연습은 특정 운동기술과제를 여러 개의 하위 단위로 나누어 연습하는 방법이다.
> ㄹ. 전습법은 한 가지 운동 기술과제를 구분 동작 없이 전체적으로 연습하는 방법이다.

① ㄱ, ㄴ
② ㄷ, ㄹ
③ ㄱ, ㄴ, ㄹ
④ ㄱ, ㄷ, ㄹ

09 미국 응용스포츠심리학회(AAASP)의 스포츠심리상담 윤리 규정이 아닌 것은?

① 스포츠에 참여하는 모든 사람과 전문적인 상담을 진행한다.
② 직무수행상 자신의 한계를 인식하고 한계를 넘는 주장과 행동은 하지 않는다.
③ 회원 스스로 윤리적인 행동을 실천하고 남에게 윤리적 행동을 하도록 적극적으로 권장한다.
④ 다른 전문가에 의한 서비스 수행 촉진, 책무성 확보, 기관이나 법적 의무 완수 등의 목적을 위해 상담이나 연구 결과를 기록으로 남긴다.

10 〈보기〉가 설명하는 기억의 유형은?

> 보기
> • 학창 시절 자전거를 타고 학교에 등하교 했던 A는 오랜 기간 자전거를 타지 않았음에도 불구하고 여전히 자전거를 탈 수 있다.
> • 어린 시절 축구선수로 활동했던 B는 축구의 슛 기술을 어떻게 수행하는지 시범 보일 수 있다.

① 감각 기억(sensory memory)
② 일화적 기억(episodic memory)
③ 의미적 기억(semantic memory)
④ 절차적 기억(procedural memory)

11 〈보기〉는 피들러(F. Fiedler)의 상황부합 리더십 모형이다. 〈보기〉의 ㉠, ㉡에 들어갈 내용을 바르게 나열한 것은?

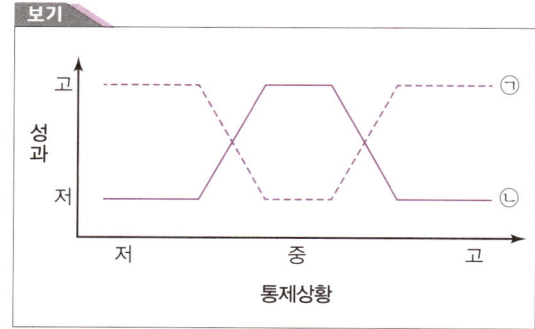

|  | ㉠ | ㉡ |
|---|---|---|
| ① | 관계지향리더 | 과제지향리더 |
| ② | 과제지향리더 | 관계지향리더 |
| ③ | 관계지향리더 | 민주주의리더 |
| ④ | 과제지향리더 | 권위주의리더 |

12 운동학습에 의한 인지역량의 변화에 관한 설명으로 옳지 않은 것은?

① 정보를 처리하는 속도가 빨라진다.
② 주의집중 역량을 활용하는 주의 체계의 역량이 좋아진다.
③ 운동과제 수행의 수준과 환경의 요구에 대한 근골격계의 기능이 효율적으로 좋아진다.
④ 새로운 정보와 기존의 정보를 연결하여 정보를 쉽게 보유할 수 있는 기억체계 역량이 좋아진다.

**13** 〈보기〉는 아이젠(I. Aizen)의 계획행동이론이다. 〈보기〉의 ⊙~@에 들어갈 개념을 바르게 나열한 것은?

> **보기**
> ( ⊙ )은/는 행동을 수행하는 것에 대한 개인의 정서적이고 평가적인 요소를 반영한다. ( ⓒ )은/는 어떤 행동을 할 것인지 또는 안 할 것인지에 대해 개인이 느끼는 사회적 압력을 말한다. 어떠한 행동은 개인의 ( ⓒ )에 따라 그 행동 여부가 결정된다. ( @ )은/는 어떤 행동을 하기가 쉽거나 어려운 정도에 대한 인식 정도를 의미한다.

| | ⊙ | ⓒ | ⓒ | @ |
|---|---|---|---|---|
| ① | 태도 | 의도 | 주관적 규범 | 행동통제 인식 |
| ② | 의도 | 주관적 규범 | 행동통제 인식 | 태도 |
| ③ | 태도 | 주관적 규범 | 의도 | 행동통제 인식 |
| ④ | 의도 | 태도 | 행동통제 인식 | 주관적 규범 |

**14** 〈보기〉에서 정보처리 이론에 관한 설명으로 옳은 것만을 모두 고른 것은?

> **보기**
> ㄱ. 정보처리이론은 인간을 능동적인 정보처리자로 설명한다.
> ㄴ. 도식이론은 기억흔적과 지각흔적의 작용으로 움직임을 생성하고 제어한다고 설명한다.
> ㄷ. 개방회로이론은 대뇌피질에 저장된 운동프로그램을 통해 움직임을 생성하고 제어한다고 설명한다.
> ㄹ. 폐쇄회로이론은 정확한 동작에 관한 기억을 수행 중인 움직임과 비교한 피드백 정보를 활용하여 움직임을 생성하고 제어한다고 설명한다.

① ㄱ, ㄴ
② ㄷ, ㄹ
③ ㄱ, ㄴ, ㄹ
④ ㄱ, ㄷ, ㄹ

**15** 〈보기〉의 ⊙~ⓒ에 들어갈 개념을 바르게 나열한 것은?

> **보기**
> • ( ⊙ ) : 타인의 존재가 과제수행에 미치는 영향을 말한다.
> • ( ⓒ ) : 타인의 존재만으로도 각성과 욕구가 생긴다.
> • ( ⓒ ) : 타인의 존재가 운동과제에 대한 집중을 방해하기도 하지만, 수행자의 욕구 수준을 증가시키기도 한다.

| | ⊙ | ⓒ | ⓒ |
|---|---|---|---|
| ① | 사회적 촉진 | 단순존재가설 | 주의 분산/갈등 가설 |
| ② | 사회적 촉진 | 단순존재가설 | 평가우려가설 |
| ③ | 단순존재가설 | 관중효과 | 주의 분산/갈등 가설 |
| ④ | 단순존재가설 | 관중효과 | 평가우려가설 |

**16** 힉스(W. Hick)의 법칙에 관한 설명으로 옳은 것은?

① 자극-반응 대안의 수가 증가할수록 반응시간은 길어진다.
② 근수축을 통해 생성한 힘의 양에 따라 움직임의 정확성이 달라진다.
③ 두 개의 목표물 간의 거리와 목표물의 크기에 따라 움직임 시간이 달라진다.
④ 움직임의 속력이 증가하면 정확도가 떨어지는 속력-정확성 상쇄(speed-accuracy trade-off) 현상이 나타난다.

**17** 〈보기〉의 ㉠에 들어갈 용어는?

> **보기**
> - 복싱선수가 상대의 펀치를 맞고 실점하는 장면이 계속해서 떠오른다.
> - 이 선수는 ( ㉠ )을/를 높이는 훈련이 필요하다.

① 내적 심상
② 외적 심상
③ 심상 조절력
④ 심상 선명도

**18** 〈보기〉의 ㉠, ㉡에 들어갈 운동 수행에 관한 개념이 바르게 제시된 것은?

> **보기**
> - 운동 기술 과제가 너무 쉬울 때 ( ㉠ )가 나타난다.
> - 운동 기술 과제가 너무 어려울 때 ( ㉡ )가 나타난다.

| | ㉠ | ㉡ |
|---|---|---|
| ① | 학습 고원 (learning plateau) | 슬럼프 (slump) |
| ② | 천장 효과 (ceiling effect) | 바닥 효과 (floor effect) |
| ③ | 웜업 감소 (warm-up decrement) | 수행 감소 (performance decrement) |
| ④ | 맥락 간섭 효과 (contextual-interference effect) | 부적 전이 (negative transfer) |

**19** 〈보기〉에서 운동 실천을 위한 환경적 영향 요인을 모두 고른 것은?

> **보기**
> ㄱ. 지도자
> ㄴ. 교육수준
> ㄷ. 운동집단
> ㄹ. 사회적 지지

① ㄱ, ㄴ
② ㄷ, ㄹ
③ ㄱ, ㄴ, ㄹ
④ ㄱ, ㄷ, ㄹ

**20** 〈보기〉가 설명하는 개념은?

> **보기**
> 농구 경기에서 수비수가 공격수의 첫 번째 페이크 슛 동작에 반응하면서, 바로 이어지는 두 번째 실제 슛 동작에 제대로 반응하지 못하는 현상이 발생한다.

① 스트룹 효과(Stroop effect)
② 무주의 맹시(inattention blindness)
③ 지각 협소화(perceptual narrowing)
④ 심리적 불응기(psychological-refractory period)

## 한국체육사

**01** 〈보기〉에서 한국체육사에 관한 설명으로 옳은 것만을 모두 고른 것은?

> **보기**
> ㄱ. 한국 체육과 스포츠의 시대별 양상을 연구한다.
> ㄴ. 한국 체육과 스포츠를 역사학적 방법으로 연구한다.
> ㄷ. 한국 체육과 스포츠에 관한 역사 기술은 사실 확인보다 가치 평가가 우선한다.
> ㄹ. 한국 체육과 스포츠의 과거를 살펴보고, 이를 통해 현재를 직시하고 미래를 조망한다.

① ㄱ, ㄴ, ㄷ
② ㄱ, ㄴ, ㄹ
③ ㄱ, ㄷ, ㄹ
④ ㄴ, ㄷ, ㄹ

**02** 〈보기〉에서 신체활동이 행해진 제천의식과 부족국가가 바르게 연결된 것만을 모두 고른 것은?

> **보기**
> ㄱ. 무천 – 신라
> ㄴ. 가배 – 동예
> ㄷ. 영고 – 부여
> ㄹ. 동맹 – 고구려

① ㄱ, ㄴ
② ㄷ, ㄹ
③ ㄱ, ㄴ, ㄹ
④ ㄴ, ㄷ, ㄹ

**03** 〈보기〉에 해당하는 부족국가시대 신체활동의 목적은?

> **보기**
> 중국 역사 자료인 『위지·동이전(魏志·東夷傳)』에 따르면, "나이 어리고 씩씩한 청년들의 등가죽을 뚫고 굵은 줄로 그곳을 꿰었다. 그리고 한 장(一丈) 남짓의 나무를 그곳에 매달고 온종일 소리를 지르며 일을 하는데도 아프다고 하지 않고, 착실하게 일을 한다. 이를 큰 사람이라 부른다."

① 주술의식
② 농경의식
③ 성년의식
④ 제천의식

**04** 〈보기〉에서 삼국시대의 무예에 관한 설명으로 옳은 것만을 모두 고른 것은?

> **보기**
> ㄱ. 신라: 궁전법(弓箭法)을 통해 인재를 등용하였다.
> ㄴ. 고구려: 경당(扃堂)에서 활쏘기 교육이 이루어졌다.
> ㄷ. 백제: 훈련원(訓鍊院)에서 무예 시험과 훈련이 행해졌다.

① ㄱ, ㄴ
② ㄱ, ㄷ
③ ㄴ, ㄷ
④ ㄱ, ㄴ, ㄷ

**05** 고려시대 최고 교육기관과 무학(武學) 교육이 바르게 연결된 것은?

① 성균관(成均館) – 대빙재(待聘齋)
② 성균관(成均館) – 강예재(講藝齋)
③ 국자감(國子監) – 대빙재(待聘齋)
④ 국자감(國子監) – 강예재(講藝齋)

**06** 고려시대의 신체활동에 관한 설명으로 옳지 않은 것은?

① 기격구(騎擊毬) : 서민층이 유희로 즐겼다.
② 궁술(弓術) : 국난을 대비하여 장려되었다.
③ 마술(馬術) : 무인의 덕목 중 하나로 장려되었다.
④ 수박(手搏) : 무관이나 무예 인재의 선발에 활용되었다.

**07** 석전(石戰)의 성격에 관한 설명으로 옳지 않은 것은?

① 관료 선발에 활용되었다.
② 명절에 종종 행해지던 민속놀이였다.
③ 전쟁에 대비한 군사훈련에 활용되었다.
④ 실전 부대인 석투군(石投軍)과 관련이 있었다.

**08** 조선시대 서민층이 주로 행했던 민속놀이와 설명으로 옳지 않은 것은?

① 추천(鞦韆) : 단오절이나 한가위에 즐겼다.
② 각저(角觝), 각력(脚力) : 마을 간의 겨룸이 있었는데, 풍년 기원의 의미도 있었다.
③ 종정도(從政圖), 승경도(陞卿圖) : 관직 체계의 이해와 출세 동기 부여의 뜻이 담겨 있었다.
④ 삭전(索戰), 갈전(葛戰) : 농경사회의 대표적인 민속놀이로서 농사의 풍흉(豊凶)을 점치는 의미도 있었다.

**09** 조선시대의 무예서에 관한 설명으로 옳지 않은 것은?

① 『무예도보통지(武藝圖譜通志)』 : 정조의 명에 따라 24기의 무예가 수록, 간행되었다.
② 『무예신보(武藝新譜)』 : 사도세자의 주도하에 18기의 무예가 수록, 간행되었다.
③ 『권보(拳譜)』 : 광해군의 명에 따라 『무예제보』에 수록되지 않은 4기의 무예가 수록, 간행되었다.
④ 『무예제보(武藝諸譜)』 선조의 명에 따라 전란 중에 긴급하게 필요했던 단병기 6기가 수록, 간행되었다.

**10** 〈보기〉에서 조선시대의 궁술에 관한 설명으로 옳은 것만을 모두 고른 것은?

보기
ㄱ. 군사 훈련의 수단이었다.
ㄴ. 무과(武科) 시험의 필수 과목이었다.
ㄷ. 심신 수련을 위한 학사사상(學射思想)이 강조되었다.
ㄹ. 불국토사상(佛國土思想)을 토대로 훈련이 이루어졌다.

① ㄱ, ㄴ
② ㄷ, ㄹ
③ ㄱ, ㄴ, ㄷ
④ ㄴ, ㄷ, ㄹ

**11** 고종(高宗)의 교육입국조서(敎育立國詔書)에서 삼양(三養)이 표기된 순서는?

① 덕양(德養), 체양(體養), 지양(智養)
② 덕양(德養), 지양(智養), 체양(體養)
③ 체양(體養), 지양(智養), 덕양(德養)
④ 체양(體養), 덕양(德養), 지양(智養)

**12** 〈보기〉에서 설명하는 개화기의 기독교계 학교는?

> **보기**
> - 헐벗(H.B. Hulbert)이 도수체조를 지도하였다.
> - 1885년 아펜젤러(H.G. Appenzeller)가 설립하였다.
> - 과외활동으로 야구, 축구, 농구 등의 스포츠를 실시하였다.

① 경신학당
② 이화학당
③ 숭실학교
④ 배재학당

**13** 개화기 학교 운동회에 관한 설명으로 옳지 않은 것은?

① 민족의식을 고취하는 역할을 하였다.
② 초기에는 구기 종목이 주로 이루어졌다.
③ 사회체육 발달의 촉진제 역할을 하였다.
④ 근대스포츠의 도입과 확산에 기여하였다.

**14** 다음 중 개화기에 설립된 체육단체가 아닌 것은?

① 대한체육구락부
② 조선체육진흥회
③ 대동체육구락부
④ 황성기독교청년회운동부

**15** 〈보기〉의 활동을 주도한 체육사상가는?

> **보기**
> - 체조 강습회 개최
> - 체육 활동의 저변 확대를 위해 대한국민체육회 창립
> - 체육 활동을 통한 애국심 고취를 위해 광무학당 설립

① 서재필
② 문일평
③ 김종상
④ 노백린

**16** 일제강점기의 체육사적 사실에 관한 설명으로 옳지 않은 것은?

① 원산학사가 설립되었다.
② 체조교수서가 편찬되었다.
③ 학교에서 체조가 필수 과목이 되었다.
④ 황국신민체조가 학교체육에 포함되었다.

**17** 〈보기〉에서 일제강점기의 조선체육회에 관한 설명으로 옳은 것만을 모두 고른 것은?

> **보기**
> ㄱ. '전조선축구대회'를 창설하였다.
> ㄴ. 조선체육협회에 강제로 흡수되었다.
> ㄷ. 국내 운동가, 일본 유학 출신자 등이 설립하였다.
> ㄹ. 종합체육대회 성격의 전조선종합경기대회를 개최하였다.

① ㄱ, ㄴ
② ㄷ, ㄹ
③ ㄴ, ㄷ, ㄹ
④ ㄱ, ㄴ, ㄷ, ㄹ

**18** 〈보기〉의 괄호 안에 들어갈 일제강점기의 체육사상가는?

> 보기
> ( )은/는 '체육 조선의 건설'이라는 글에서 사회를 강하게 하는 것은 구성원의 힘을 강하게 하는 것이며, 그 방법은 교육이며, 여러 교육의 기초는 체육이라고 강조하였다.

① 박은식  ② 조원희
③ 여운형  ④ 이기

**19** 대한민국 정부의 체육정책 담당 부처의 변천 순서가 옳은 것은?

① 체육부 → 문화체육관광부 → 문화체육부
② 체육부 → 문화체육부 → 문화체육관광부
③ 문화체육부 → 체육부 → 문화체육관광부
④ 문화체육부 → 문화체육관광부 → 체육부

**20** 〈보기〉는 국제대회에서 한국 여자 대표팀이 거둔 성과를 나타낸 것이다. 〈보기〉의 ㉠~㉢에 들어갈 종목이 바르게 제시된 것은?

> 보기
> • ( ㉠ ) : 1973년 사라예보 세계선수권 대회에서 단체전 우승 달성
> • ( ㉡ ) : 1976년 몬트리올 올림픽대회에서 구기 종목 사상 최초의 동메달 획득
> • ( ㉢ ) : 1988년 서울 올림픽 대회에서 당시 최강국을 이기고 금메달 획득

|   | ㉠ | ㉡ | ㉢ |
|---|---|---|---|
| ① | 배구 | 핸드볼 | 농구 |
| ② | 배구 | 농구 | 핸드볼 |
| ③ | 탁구 | 핸드볼 | 배구 |
| ④ | 탁구 | 배구 | 핸드볼 |

### 운동생리학

**01** 지구성 훈련에 의한 지근섬유(Type I)의 생리적 변화로 옳지 않은 것은?

① 모세혈관 밀도 증가
② 마이오글로빈 함유량 감소
③ 미토콘드리아의 수와 크기 증가
④ 절대 운동강도에서의 젖산 농도 감소

**02** 유산소성 트레이닝을 통한 근육 내 미토콘드리아 변화와 관련된 설명으로 옳지 않은 것은?

① 근원섬유 사이의 미토콘드리아 밀도 증가
② 근육 내 젖산과 수소 이온($H^+$) 생성 감소
③ 손상된 미토콘드리아 분해 및 제거율 감소
④ 근육 내 크레아틴인산(phosphocreatine) 소모량 감소

**03** 운동 중 지방분해를 촉진하는 요인으로 옳지 않은 것은?

① 인슐린 증가
② 글루카곤 증가
③ 에피네프린 증가
④ 순환성(cyclic) AMP 증가

04 운동에 대한 심혈관 반응에 관한 설명으로 옳은 것은?

① 점증 부하 운동 시 심근산소소비량 감소
② 고강도 운동 시 내장 기관으로의 혈류 분배 비율 증가
③ 일정한 부하의 장시간 운동 시 시간 경과에 따른 심박수 감소
④ 고강도 운동 시 활동 근의 세동맥(arterioles) 확장을 통한 혈류량 증가

05 〈보기〉의 ㉠, ㉡에 들어갈 용어가 바르게 나열된 것은?

**보기**
- 심장의 부담을 나타내는 심근산소소비량은 심박수와 ( ㉠ )을 곱하여 산출한다.
- 산소섭취량이 동일한 운동 시 다리 운동이 팔 운동에 비해 심근산소소비량이 더 ( ㉡ ) 나타난다.

|   | ㉠ | ㉡ |
|---|---|---|
| ① | 1회 박출량 | 높게 |
| ② | 1회 박출량 | 낮게 |
| ③ | 수축기 혈압 | 높게 |
| ④ | 수축기 혈압 | 낮게 |

06 골격근의 수축 특성을 결정하는 요인에 대한 설명 중 〈보기〉의 ㉠, ㉡에 들어갈 용어가 바르게 연결된 것은?

**보기**
- 특이장력=근력/( ㉠ )
- 근파워=힘×( ㉡ )

|   | ㉠ | ㉡ |
|---|---|---|
| ① | 근횡단면적 | 수축속도 |
| ② | 근횡단면적 | 수축시간 |
| ③ | 근파워 | 수축속도 |
| ④ | 근파워 | 수축시간 |

07 〈보기〉의 ㉠~㉢에 들어갈 용어가 바르게 나열된 것은?

**보기**

| 수용기 | 역할 |
|---|---|
| 근방추 | ( ㉠ ) 정보 전달 |
| 골지건기관 | ( ㉡ ) 정보 전달 |
| 근육의 화학수용기 | ( ㉢ ) 정보 전달 |

|   | ㉠ | ㉡ | ㉢ |
|---|---|---|---|
| ① | 근육의 길이 | 근육 대사량 | 힘 생성량 |
| ② | 근육 대사량 | 힘 생성량 | 근육의 길이 |
| ③ | 근육 대사량 | 근육의 길이 | 힘 생성량 |
| ④ | 근육의 길이 | 힘 생성량 | 근육 대사량 |

08 〈보기〉는 도피반사(withdrawal reflex)와 교차신전반사(crossed-extensor reflex)를 나타낸 것이다. 이에 관한 설명으로 옳지 않은 것은?

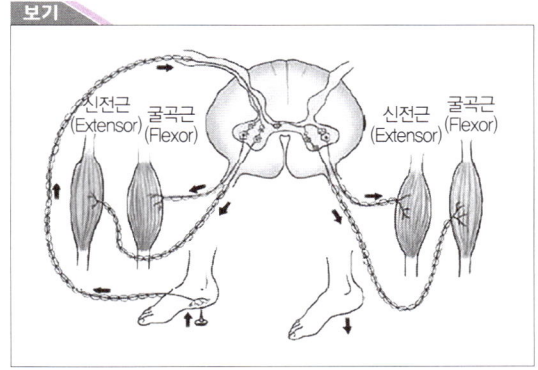

① 반사궁 경로를 통해 통증 자극에 대한 빠른 반사가 일어난다.
② 통증 수용기로부터 활동전위가 발생하여 척수로 전달된다.
③ 신체 균형을 유지하기 위해 반대편 대퇴의 굴곡근 수축이 억제된다.
④ 통증을 회피하기 위해 통증 부위 대퇴의 굴곡근과 신전근이 동시에 수축된다.

**09** 〈보기〉에서 고온 환경의 장시간 최대하 운동 시 운동수행능력을 저하시키는 요인으로 옳은 것만을 모두 고른 것은? (단, 심각한 탈수 현상은 발생하지 않는 환경)

> 보기
> ㄱ. 글리코겐 고갈 가속
> ㄴ. 근혈류량 감소
> ㄷ. 1회 박출량 감소
> ㄹ. 운동단위 활성 감소

① ㄱ, ㄷ   ② ㄱ, ㄴ, ㄹ
③ ㄴ, ㄷ, ㄹ   ④ ㄱ, ㄴ, ㄷ, ㄹ

**10** 〈보기〉의 조건으로 트레드밀 운동 시 운동량은?

> 보기
> • 체중=50kg
> • 트레드밀 속도=12km/h
> • 운동시간=10분
> • 트레드밀 경사도=5%
> (단, 운동량(일)=힘×거리)

① 300kpm   ② 500kpm
③ 5,000kpm   ④ 30,000kpm

**11** 에너지 대사 과정과 속도조절효소의 연결이 옳지 않은 것은?

| | 에너지 대사 과정 | 속도조절효소 |
|---|---|---|
| ① | ATP-PC 시스템 | 크레아틴 키나아제 (creatine kinase) |
| ② | 해당작용 | 젖산 탈수소효소 (lactate dehydrogenase) |
| ③ | 크렙스회로 | 이소시트르산탈수소효소 (isocitrate dehydrogenase) |
| ④ | 전자전달체계 | 사이토크롬산화효소 (cytochrome oxidase) |

**12** 〈보기〉에서 근육의 힘, 파워, 속도의 관계에 대한 설명 중 옳은 것만을 모두 고른 것은?

> 보기
> ㄱ. 단축성(concentric) 수축 시 수축 속도가 빨라짐에 따라 힘(장력) 생성은 감소한다.
> ㄴ. 신장성(eccentric) 수축 시 신장 속도가 빨라짐에 따라 힘(장력) 생성은 증가한다.
> ㄷ. 근육이 발현할 수 있는 최대 근파워는 등척성(isometric) 수축 시에 나타난다.
> ㄹ. 단축성 수축 속도가 동일할 때 속근섬유가 많을수록 큰 힘을 발휘한다

① ㄱ, ㄴ, ㄷ   ② ㄱ, ㄴ, ㄹ
③ ㄱ, ㄷ, ㄹ   ④ ㄴ, ㄷ, ㄹ

**13** 카테콜라민에 대한 설명으로 옳지 않은 것은?

① 부신피질에서 분비
② 교감신경의 말단에서 분비
③ $\alpha 1$ 수용체 결합 시 기관지 수축
④ $\beta 1$ 수용체 결합 시 심박수 증가

**14** 〈보기〉의 에너지 대사 과정에 관한 설명 중 옳은 것만을 모두 고른 것은?

> 보기
> ㄱ. 해당과정 중 NADH는 생성되지 않는다.
> ㄴ. 크렙스 회로와 베타산화는 미토콘드리아에서 관찰되는 에너지 대사 과정이다.
> ㄷ. 포도당 한 분자의 해당 과정의 최종산물은 ATP 2분자와 피루브산염 2분자(또는 젖산염 2분자)이다.
> ㄹ. 낮은 운동강도(예 $VO_2max$ 40%)로 30분 이상 운동 시 점진적으로 호흡교환율이 감소하고 지방 대사 비중은 높아진다.

① ㄱ, ㄴ   ② ㄱ, ㄹ
③ ㄴ, ㄷ   ④ ㄴ, ㄷ, ㄹ

15. 운동 중 혈중 포도당 농도를 유지하기 위한 호르몬에 대한 설명으로 옳지 않은 것은?

① 성장호르몬 – 간에서 포도당신생합성 증가
② 코티솔 – 중성지방으로부터 유리지방산으로 분해 촉진
③ 노르에피네프린 – 골격근 조직 내 유리지방산 산화 억제
④ 에피네프린 – 간에서 글리코겐 분해 촉진 및 조직의 혈중 포도당 사용 억제

16. 운동 중 수분과 전해질 균형에 관한 설명으로 옳은 것만을 모두 고른 것은?

보기
ㄱ. 장시간의 중강도 운동 시 혈장량과 알도스테론 분비는 감소한다.
ㄴ. 땀 분비로 인한 혈장량 감소는 뇌하수체 후엽의 항이뇨호르몬 분비를 유도한다.
ㄷ. 충분한 수분 섭취 없이 장시간 운동 시 체내 수분 재흡수를 위해 레닌-안지오텐신Ⅱ 호르몬이 분비된다.
ㄹ. 운동에 의한 땀 분비는 수분 상실을 초래하며 혈중 삼투질 농도를 감소시킨다.

① ㄱ, ㄷ
② ㄱ, ㄹ
③ ㄴ, ㄷ
④ ㄴ, ㄹ

17. 아래의 자료는 참가자의 폐환기 검사 결과이다. 〈보기〉에서 옳은 것만을 모두 고른 것은?

| 참가자 | 1회 호흡량 (mL) | 호흡률 (회/min) | 분당 환기량 (mL/min) | 사강량 (mL) | 폐포 환기량 (mL/min) |
|---|---|---|---|---|---|
| 주은 | 375 | 20 | ( ) | 150 | ( ) |
| 민재 | 500 | 15 | ( ) | 150 | ( ) |
| 다영 | 750 | 10 | ( ) | 150 | ( ) |

보기
ㄱ. 세 참가자의 분당환기량은 동일하다.
ㄴ. 다영의 폐포환기량은 분당 6L/min이다.
ㄷ. 주은의 폐포환기량이 가장 크다.

① ㄱ, ㄴ
② ㄱ, ㄷ
③ ㄴ, ㄷ
④ ㄱ, ㄴ, ㄷ

18. 1회 박출량(stroke volume) 증가 요인으로 옳지 않은 것은?

① 심박수 증가
② 심실 수축력 증가
③ 평균 동맥혈압(MAP) 감소
④ 심실 이완기말 혈액량(EDV) 증가

19. 골격근 섬유에 관한 설명으로 옳은 것은?

① 근수축에 필요한 칼슘($Ca^{2+}$)은 근형질세망에 저장되어 있다.
② 운동단위(motor unit)는 감각뉴런과 그것이 지배하는 근섬유의 결합이다.
③ 신경근 접합부(neuromuscular junction)에서 분비되는 근수축 신경전달물질은 에피네프린이다.
④ 지연성 근통증은 골격근의 신장성(eccentric) 수축보다 단축(concentric) 수축 시 더 쉽게 발생한다.

20 지근섬유(Type I)와 비교되는 속근섬유(Type II)의 특성으로 옳은 것은?

① 높은 피로 저항력
② 근형질세망의 발달
③ 마이오신 ATPase의 느린 활성
④ 운동신경세포(뉴런)의 작은 직경

### 운동역학

01 뉴턴(I. Newton)의 3가지 법칙과 관련이 없는 것은?

① 외력이 가해지지 않으면, 정지하고 있는 물체는 계속 정지하려 한다.
② 가속도는 물체에 가해진 힘에 비례한다.
③ 수직 점프를 할 때, 지면을 강하게 눌러야 높게 올라갈 수 있다.
④ 외력이 가해지지 않으면, 물체가 가진 각운동량은 변하지 않는다.

02 〈보기〉에서 힘(force)에 관한 설명으로 옳은 것을 모두 고른 것은?

보기
ㄱ. 움직임을 일으키는 원인으로 에너지이다.
ㄴ. 질량과 가속도의 곱으로 결정된다.
ㄷ. 단위는 N(Newton)이다.
ㄹ. 크기를 갖는 스칼라(scalar)이다.

① ㄱ, ㄴ　　② ㄱ, ㄹ
③ ㄴ, ㄷ　　④ ㄷ, ㄹ

03 쇼트트랙 경기에서 원운동을 할 때 원심력과 구심력에 관한 설명으로 옳은 것은?

① 원심력과 구심력은 크기가 같고, 방향이 반대이다.
② 원심력은 원운동을 하는 선수의 질량과 관계가 없다.
③ 원심력을 극복하는 방법으로 반지름을 작게 하여 원운동을 한다.
④ 신체를 원운동 중심의 방향으로 기울이는 것은 접선속도를 크게 만들기 위함이다.

04 선운동량 또는 충격량에 관한 설명으로 옳은 것은?

① 선운동량은 질량과 속도를 더하여 결정되는 물리량이다.
② 충격량은 충격력과 충돌이 가해진 시간의 곱으로 결정되는 물리량이다.
③ 시간에 따른 힘 그래프에서 접선의 기울기는 충격량을 의미한다.
④ 충격량이 선운동량으로 전환되기 위해서는 먼저 충격량이 토크로 전환되어야 한다.

05 운동학적(kinematic) 분석과 운동역학적(kinetic) 분석에 관한 설명으로 옳지 않은 것은?

① 일률, 속도, 힘은 운동역학적 분석 요인이다.
② 운동학적 분석은 움직임을 공간적·시간적으로 분석한다.
③ 근전도 분석, 지면반력 분석은 운동역학적 분석방법이다.
④ 신체중심의 위치변화, 관절각의 변화는 운동학적 분석요인이다.

06 〈보기〉에서 물리량에 대한 설명으로 옳은 것만 고른 것은?

**보기**
ㄱ. 압력은 단위면적당 가해지는 힘이며 벡터이다.
ㄴ. 일은 단위시간당 에너지의 변화율이며 벡터이다.
ㄷ. 마찰력은 두 물체의 마찰로 발생하는 힘이며 스칼라이다.
ㄹ. 토크는 회전을 일으키는 효과이며 벡터이다.

① ㄱ, ㄴ
② ㄱ, ㄹ
③ ㄴ, ㄷ
④ ㄷ, ㄹ

07 〈보기〉에서 항력과 관련된 설명으로 옳은 것만 고른 것은?

**보기**
ㄱ. 육상의 원반 투사 시, 최적의 공격 각(attack angle)은 항력/양력 이 최대일 때의 각도이다.
ㄴ. 야구에서 투구 시 공에 회전을 넣어 커브 구질을 만든다.
ㄷ. 파도와 같이 물과 공기의 접촉면에서 형성된 난류에 의하여 발생하기도 한다.
ㄹ. 날아가는 골프공의 단면적(유체의 흐름 방향에 수직인 물체의 면적)에 비례한다.

① ㄱ, ㄴ
② ㄱ, ㄹ
③ ㄴ, ㄷ
④ ㄷ, ㄹ

08 2차원 영상분석에서 배율법(multiplier method)에 관한 설명으로 옳지 않은 것은?

① 동작이 수행되는 평면에 직교하게 카메라를 설치한다.
② 분석대상이 운동 평면에서 벗어나면 투시오차(perspective error)가 발생할 수 있다.
③ 체조의 공중회전(somersault)이나 트위스트(twist)와 같은 운동 동작을 분석하는 데 주로 활용된다.
④ 기준자(reference ruler)는 영상평면에서의 분석대상 크기를 실제 운동평면에서의 크기로 조정하기 위해 사용된다.

**09** 〈보기〉에서 각운동에 관한 설명으로 옳은 것만 고른 것은?

> **보기**
> ㄱ. 각속력은 벡터이고, 각속도(angular velocity)는 스칼라이다.
> ㄴ. 각속력(angular speed)은 시간당 각거리(angular distance)이다.
> ㄷ. 각가속도(angular acceleration)는 시간당 각속도의 변화량이다.
> ㄹ. 각거리는 물체의 처음과 마지막 각 위치의 변화량이다.

① ㄱ, ㄴ  ② ㄱ, ㄹ
③ ㄴ, ㄷ  ④ ㄷ, ㄹ

**10** 〈보기〉의 ㉠~㉣에 들어갈 내용이 바르게 제시된 것은?

> **보기**
> • ( ㉠ )가 커질수록 부력도 커진다.
> • ( ㉡ )가 올라갈수록 부력은 작아진다.
> • ( ㉢ )는 수중에서의 자세 변화에 따라 달라진다.
> • ( ㉣ )은 물에 잠긴 신체의 부피에 비례하여 수직으로 밀어 올리는 힘이다.

|   | ㉠ | ㉡ | ㉢ | ㉣ |
|---|---|---|---|---|
| ① | 신체의 밀도 | 신체의 온도 | 무게중심의 위치 | 부력 |
| ② | 유체의 밀도 | 신체의 온도 | 무게중심의 위치 | 항력 |
| ③ | 신체의 밀도 | 물의 온도 | 부력중심의 위치 | 항력 |
| ④ | 유체의 밀도 | 물의 온도 | 부력중심의 위치 | 부력 |

**11** 〈보기〉와 같이 조건을 (A)에서 (B)로 변경하였을 때, ㉠~㉢에 들어갈 내용으로 바르게 나열한 것은? (단, 각운동량 그리고 줄과 공의 질량은 변화가 없는 것으로 가정)

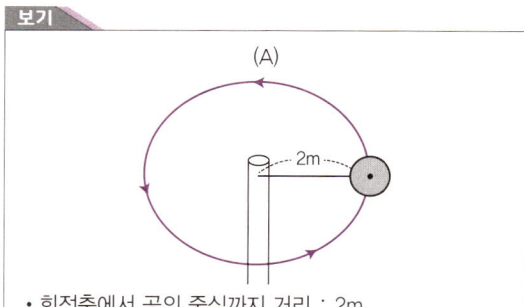

> **보기**
> (A)
> • 회전축에서 공의 중심까지 거리 : 2m
> • 회전속도 : 1회전/sec
>
>
>
> (B)
> 회전축에서 공까지의 거리를 1m로 줄이면, 회전반경이 ( ㉠ )로 줄어들고 관성모멘트가 ( ㉡ )로 감소하기 때문에 공의 회전속도는 ( ㉢ )로 증가한다.

|   | ㉠ | ㉡ | ㉢ |
|---|---|---|---|
| ① | $\frac{1}{2}$ | $\frac{1}{2}$ | 2회전/sec |
| ② | $\frac{1}{2}$ | $\frac{1}{4}$ | 2회전/sec |
| ③ | $\frac{1}{4}$ | $\frac{1}{2}$ | 4회전/sec |
| ④ | $\frac{1}{2}$ | $\frac{1}{4}$ | 4회전/sec |

**12** 인체에 적용되는 지레(levers)의 원리에 관한 설명으로 옳지 않은 것은?

① 1종 지레에서 축(받침점)은 힘점과 저항점(작용점) 사이에 위치하고 역학적 이점이 1보다 크거나 작을 수 있다.
② 2종 지레는 저항점이 힘점과 축 사이에 위치하고 역학적 이점이 1보다 크다.
③ 3종 지레에서 힘점은 축과 저항점 사이에 위치하고 역학적 이점이 1보다 크다.
④ 지면에서 수직 방향으로 발뒤꿈치를 들고 서는 동작(calf raise)은 2종 지레이다.

**13** 〈그림〉의 수직점프(vertical jump) 동작에 관한 운동역학적 특성을 바르게 설명한 것은? (단, 외력과 공기 저항은 작용하지 않는 것으로 가정)

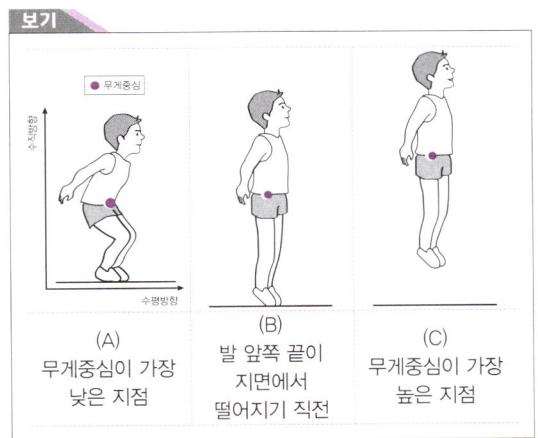

① (A)부터 (B)까지 한 일(work)은 위치에너지의 변화량과 같다.
② (A)부터 (B)까지 넙다리네갈래근(대퇴사두근, quadriceps)은 신장성수축(eccentric contraction)을 한다.
③ (B)부터 (C)까지 무게중심의 수직가속도는 증가한다.
④ (C) 지점에서 인체 무게중심의 수직속도는 0m/sec이다.

**14** 회전운동에 관한 설명으로 옳지 않은 것은?

① 회전하는 물체의 접선속도는 각속도와 반지름의 곱으로 구한다.
② 회전하는 물체의 각속도는 호의 길이를 소요시간으로 나누어 구한다.
③ 인체의 관성모멘트(moment of inertia)는 회전축의 방향에 따라 변한다.
④ 토크는 힘의 연장선 이 물체의 중심에서 벗어난 지점에 작용할 때 발생한다.

**15** 인체의 무게중심에 관한 설명으로 옳지 않은 것은?

① 무게중심은 인체 외부에 위치할 수 있다.
② 무게중심의 위치는 안정성에 영향을 준다.
③ 무게중심은 토크의 합이 '0'인 지점이다.
④ 무게중심의 위치는 동작의 변화와 관계없이 일정하다.

**16** 중력가속도의 개념에 관한 설명으로 옳지 않은 것은?

① 중력가속도의 크기는 $9.8m/sec^2$이다.
② 중력가속도는 지구 중심방향으로 작용한다.
③ 인체의 무게는 질량과 중력가속도의 곱으로 산출한다.
④ 토스한 배구공이 상승하는 과정에서는 중력가속도의 영향을 받지 않는다.

**17** 인체의 근골격계에 관한 설명으로 옳은 것은?

① 골격근의 수축은 관절에서 회전운동을 일으키지 못한다.
② 인대(ligament)는 골격근을 뼈에 부착시키는 역할을 한다.
③ 작용근(주동근, agonist)은 의도한 운동을 발생시키는 근육이다.
④ 팔꿈치관절에서 굽힘근(굴근, flexor)의 수축은 관절의 각도를 커지게 한다.

**18** 기저면의 변화를 통해 안정성을 증가시킨 동작으로 옳지 <u>않은</u> 것은?

① 산에서 내려오며 산악용 스틱을 사용하여 지면을 지지하기
② 씨름에서 상대방이 옆으로 당기자 다리를 좌우로 벌리기
③ 평균대 외발서기 동작에서 양팔을 좌우로 벌리기
④ 스키점프 착지 동작에서 다리를 앞뒤로 교차하여 벌리기

**19** 역학적 일(work)과 일률(power)의 개념을 바르게 설명한 것은?

① 일의 단위는 watt 또는 joule/sec이다.
② 일률은 힘과 속도의 곱으로 산출한다.
③ 일률은 이동한 거리를 고려하지 않는다.
④ 일은 가해진 힘의 크기에 반비례한다.

**20** 운동역학을 스포츠 현장에 적용한 사례로 적절하지 <u>않은</u> 것은?

① 멀리뛰기에서 도약력 측정을 위한 지면반력 분석
② 다이빙에서 각운동량 산출을 위한 3차원 영상 분석
③ 축구에서 운동량 측정을 위한 웨어러블 센서(wearable sensor)의 활용
④ 경기장 적응을 위해 가상현실을 활용한 양궁 심상훈련 지원

## 스포츠윤리

**01** 〈보기〉에서 설명하는 법령은?

> **보기**
> 이 법은 국민 모두가 스포츠 및 신체활동에 자유롭고 평등하게 참여하여 건강하고 행복한 삶을 영위할 수 있도록 스포츠의 가치가 교육, 문화, 환경, 인권, 복지, 정치, 경제, 여가 등 우리 사회 영역 전반에 확산될 수 있게 국가와 지방자치 단체가 그 역할을 다하며, 개인이 스포츠 활동에서 차별받지 아니하고, 스포츠의 다양성, 자율성과 민주성의 원리가 조화롭게 실현되도록 하는 것을 기본 이념으로 한다.

① 스포츠클럽법   ② 스포츠기본법
③ 국민체육진흥법   ④ 학교체육진흥법

**02** 〈보기〉에서 스포츠에서 발생하는 폭력의 유형과 특징으로 옳은 것만을 모두 고른 것은?

> **보기**
> ㄱ. 직접적 폭력은 가시적, 파괴적이다.
> ㄴ. 직접적 폭력은 상해를 입히려는 의도가 있는 행위이다.
> ㄷ. 구조적 폭력은 비가시적이며 장기간 이루어진다.
> ㄹ. 구조적 폭력은 의도가 노골적이지 않지만 관습처럼 반복된다.
> ㅁ. 문화적 폭력은 언어, 행동양식 등의 상징적 행위를 통해 가해진다.
> ㅂ. 문화적 폭력은 위해를 '옳은 것'이라 정당화하여 '문제가 되지 않게' 만들기도 한다.

① ㄱ, ㄷ, ㅁ
② ㄱ, ㄷ, ㄹ, ㅂ
③ ㄱ, ㄴ, ㄷ, ㄹ, ㅁ
④ ㄱ, ㄴ, ㄷ, ㄹ, ㅁ, ㅂ

**03** 스포츠에서 여성에 대한 차별이 발생하거나 심화되는 원인으로 볼 수 없는 것은?

① 생물학적 환원주의
② 남녀의 운동 능력 차이
③ 남성 문화에 기반한 근대스포츠
④ 여성 참정권

**04** 〈보기〉에서 (가)의 문제를 해결하기 위해 생명중심주의 입장에서 (나)를 제시한 학자는?

> **보기**
> (가)
> 스포츠에서 환경문제가 발생하는 근본 원인은 스포츠의 사회 문화적 가치와 환경 혹은 자연의 보전 가치 사이의 충돌이다.
> (나)
> • 불침해의 의무 : 다른 생명체에 해를 끼쳐서는 안 된다.
> • 불간섭의 의무 : 생태계에 간섭해서는 안 된다.
> • 신뢰의 의무 : 낚시나 덫처럼 동물을 기만하는 행위를 해서는 안 된다.
> • 보상적 정의의 의무 : 부득이하게 해를 끼친 경우 피해를 보상해야 한다.

① 테일러(P. Taylor)
② 베르크(A. Berque)
③ 콜버그(L. Kohlberg)
④ 패스모어(J. Passmore)

**05** 〈보기〉의 ㉠~㉢에 들어갈 용어로 바르게 묶인 것은?

> 보기
> - ( ㉠ ) : 생물학적, 형태학적 특징에 따라 분류된 인간 집단
> - ( ㉡ ) : 특정 종목에 유리하거나 불리한 인종이 실제로 존재한다는 사고방식
> - ( ㉢ ) : 선수의 능력 차이를 특정 인종의 우월이나 열등으로 과장하여 차등을 조장하는 것

|   | ㉠ | ㉡ | ㉢ |
|---|---|---|---|
| ① | 인종 | 인종주의 | 인종 차별 |
| ② | 인종 | 인종 차별 | 젠더화 과정 |
| ③ | 젠더 | 인종주의 | 인종 차별 |
| ④ | 젠더 | 인종 차별 | 젠더화 과정 |

**06** 〈보기〉의 축구 경기 비디오 판독(VAR)에서 심판 B의 판정 견해를 지지하는 윤리 이론에 가장 부합하는 것은?

> 보기
> 심판 A : 상대 선수가 부상을 입었지만 퇴장은 가혹하다.
> 심판 B : 그 선수가 충돌을 피할 수 있는 시간은 충분했다. 그러나 그는 피하려 하지 않았다. 따라서 퇴장의 처벌은 당연하다.

① 최대다수의 최대행복
② 의무주의
③ 쾌락주의
④ 좋음은 옳음의 근거

**07** 〈보기〉에 담긴 윤리적 규범과 관련이 없는 것은?

> 보기
> 나는 운동선수로서 경기의 규칙을 숙지하고 준수하여 공정하게 시합을 한다.

① 페어플레이(fair play)
② 스포츠딜레마(sport dilemma)
③ 스포츠에토스(sport ethos)
④ 스포츠퍼슨십(sportpersonship)

**08** 〈보기〉의 사례로 나타나는 품성으로 스포츠인에게 권장하지 않는 것은?

> 보기
> - 경기 규칙의 위반은 옳지 않음을 알면서도 불공정한 파울을 행하기도 한다.
> - 도핑이 그릇된 일이라는 점을 알고 있지만, 기록갱신과 승리를 위해 도핑을 강행한다.

① 테크네(techne)
② 아크라시아(akrasia)
③ 에피스테메(episteme)
④ 프로네시스(phronesis)

**09** 〈보기〉의 내용과 가장 밀접한 것은?

> 보기
> - 정정당당하게 경기에 임하라.
> - 어떠한 경우에도 최선을 다하라.
> - 운동선수는 페어플레이를 해야 한다.

① 모방욕구
② 가언명령
③ 정언명령
④ 배려윤리

**10** 〈보기〉의 내용에 해당하는 윤리적 태도는?

> **보기**
> 나는 경기에 참여할 때마다, 나의 행동 하나하나가 가능한 많은 사람이 만족하는 데 기여할 수 있도록 노력한다.

① 행위 공리주의　　② 규칙 공리주의
③ 제도적 공리주의　④ 직관적 공리주의

**11** 〈보기〉의 설명에 해당하는 스포츠에서의 정의(justice)는?

> **보기**
> 정의는 공정과 준법을 요구한다. 모든 선수에게 동등한 기회를 보장해야 한다는 공정의 원칙은 지켜지지 않을 때가 있다. 스포츠에서는 완전한 통제가 어려운 불평등을 줄이기 위해 공수 교대, 전후반 진영 교체, 홈·원정 경기, 출발 위치 제비뽑기 등을 한다.

① 자연적 정의　② 평균적 정의
③ 분배적 정의　④ 절차적 정의

**12** 〈보기〉의 ㉠~㉢에 해당하는 용어가 바르게 제시된 것은?

> **보기**
> 공자의 사상은 ( ㉠ )(으)로 설명할 수 있다. ( ㉡ )은/는 마음이 중심을 잡아 한쪽으로 치우치지 않는 상태를 의미하고, ( ㉢ )은/는 나와 타인의 마음이 서로 다르지 않다는 뜻으로 배려와 관용을 나타낸다. 공자는 ( ㉢ )에 대해 "내가 원하지 않은 일을 남에게 하지 말라(己所不欲 勿施於人)"는 정언명령으로 규정한다. 이는 스포츠맨십과 상통한다.

|   | ㉠ | ㉡ | ㉢ |
|---|---|---|---|
| ① | 충효(忠孝) | 충(忠) | 효(孝) |
| ② | 정의(正義) | 정(正) | 의(義) |
| ③ | 정명(正名) | 정(正) | 명(名) |
| ④ | 충서(忠恕) | 충(忠) | 서(恕) |

**13** 〈보기〉의 주장과 가장 밀접한 관련이 있는 것은?

> **보기**
> 스포츠 경기에서 승자의 만족도는 '1'이고, 패자의 만족도는 '0'이라고 말하는 사람이 있다. 그러나 스포츠 경기에서 양자의 만족도 합은 '0'에 가까울 수 있고, '2'에 가까울 수도 있다. 승자와 패자의 만족도가 각각 '1'에 가까울 수 있기 때문이다.

① 칸트　　　② 정언명령
③ 공정시합　④ 공리주의

**14** 〈보기〉의 설명에 해당하는 반칙의 유형은?

> **보기**
> - 동기, 목표가 뚜렷하다.
> - 스포츠의 본질적인 성격을 부정하는 의미로 해석할 수 있다.
> - 실격, 몰수패, 출전 정지, 영구 제명 등의 처벌이 따른다.

① 의도적 구성 반칙
② 비의도적 구성 반칙
③ 의도적 규제 반칙
④ 비의도적 규제 반칙

**15** 〈보기〉의 대화에서 '윤성'의 윤리적 관점은?

> **보기**
> 진서 : 나 어젯밤에 투우 중계방송 봤는데, 스페인에서 엄청 인기더라구! 그런데 동물을 인간 오락의 대상으로 삼는 것은 윤리적으로 허용될 수 없는 거 아니야?
> 윤성 : 난 다르게 생각해! 스포츠 활동은 인간의 이상을 추구하기 위한 것이고, 그 이상의 실현을 위해 동물은 수단으로 활용될 수 있는 거 아닐까? 승마의 경우 인간과 말이 훈련을 통해 기량을 향상시키고 결국 사람 간의 경쟁에 동물을 도구로 활용한다고 볼 수 있잖아.

① 동물해방론　② 동물 권리론
③ 종차별주의　④ 종평등주의

**16** 〈보기〉의 사례에서 나타나는 윤리적 태도와 가장 밀접한 관련이 있는 것은?

> **보기**
> 선수는 윤리적 갈등을 겪을 때면, 우리 사회에서 오랫동안 본보기가 되어온 위인들을 떠올린다. 그리고 그 위인들처럼 행동하려고 노력한다.

① 맥킨 타이어(A. MacIntyre)
② 의무주의(deontology)
③ 쾌락주의(hedonism)
④ 메타윤리(metaethics)

**17** 스포츠윤리의 특징으로 적절하지 않은 것은?

① 스포츠 경쟁의 윤리적 기준이다.
② 올바른 스포츠 경기의 방향이 된다.
③ 보편적 윤리로는 다룰 수 없는 독자성이 있다.
④ 스포츠인의 행위, 실천의 기준이다.

**18** 〈보기〉에서 학생운동선수의 학습권 보호와 관련된 것으로 옳은 것만 모두 고른 것은?

> **보기**
> ㄱ. 최저 학력 제도
> ㄴ. 리그 승강 제도
> ㄷ. 주말 리그 제도
> ㄹ. 학사 관리 지원 제도

① ㄱ, ㄴ, ㄷ
② ㄱ, ㄴ, ㄹ
③ ㄱ, ㄷ, ㄹ
④ ㄴ, ㄷ, ㄹ

**19** 〈보기〉의 주장에 나타난 윤리적 관점은?

> **보기**
> 스포츠 행위의 도덕적 가치는 사회에 따라, 또는 사람에 따라 다를 수 있다. 물론 도덕적 준거가 없는 것은 아니다.

① 윤리적 절대주의
② 윤리적 회의주의
③ 윤리적 상대주의
④ 윤리적 객관주의

**20** 〈보기〉의 대화에서 논란이 되고 있는 도핑의 종류는?

> **보기**
> 지원 : 스포츠 뉴스 봤어? 케냐의 마라톤 선수 킵초게가 1시간 59분 40초의 기록을 세웠대!
> 사영 : 우와! 2시간의 벽이 드디어 깨졌네요! 인간의 한계는 끝이 없나요?
> 성현 : 그런데 이번 기록은 특수 제작된 신발을 신고 달렸으니 킵초게 선수의 능력만으로 달성했다고 볼 수 없는 거 아니야? 스포츠에 과학기술의 도입은 필요하지만, 이러다가 스포츠에서 탁월성의 근거가 인간에서 기술로 넘어가는 거 아니야?
> 혜름 : 맞아! 수영의 전신 수영복, 야구의 압축 배트가 금지된 사례도 있잖아!

① 약물도핑(drug doping)
② 기술도핑(technology doping)
③ 브레인도핑(brain doping)
④ 유전자도핑(gene doping)

## 스포츠사회학

**01** 〈보기〉에서 스포츠의 교육적 순기능으로만 묶인 것은?

보기
- ㉠ 학교와 지역사회의 통합
- ㉡ 평생체육의 연계
- ㉢ 스포츠의 상업화
- ㉣ 학업활동의 격려
- ㉤ 참여기회의 제한
- ㉥ 승리지상주의

① ㉠, ㉡, ㉣
② ㉠, ㉢, ㉤
③ ㉡, ㉢, ㉣
④ ㉡, ㉤, ㉥

**02** 〈보기〉에서 코클리(J. Coakley)의 상업주의에 따른 스포츠의 변화에 관한 설명으로 옳은 것을 모두 고른 것은?

보기
- ㉠ 스포츠 조직의 변화 : 스포츠 조직은 경품 추첨, 연예인의 시구와 같은 의전행사에 관심을 갖게 되었다.
- ㉡ 스포츠 구조의 변화 : 스포츠의 심미적 가치보다 영웅적 가치를 중시하게 되었다.
- ㉢ 스포츠 목적의 변화 : 아마추어리즘보다 흥행에 입각한 프로페셔널리즘을 추구하게 되었다.
- ㉣ 스포츠 내용의 변화 : 프로 농구의 경우, 전·후반제에서 쿼터제로 변경되었다.

① ㉠, ㉡
② ㉠, ㉢
③ ㉡, ㉢, ㉣
④ ㉠, ㉢, ㉣

**03** 〈보기〉에서 설명하는 스포츠 세계화의 원인은?

보기
'코먼웰스 게임(commonwealth games)'은 영연방국가들이 참가하는 스포츠 메가 이벤트로, 영연방국가의 통합에 기여하는 측면이 있다. 영국의 스포츠로 알려진 크리켓과 럭비는 대부분 영국의 식민지였던 영연방국가에서 인기가 있다.

① 제국주의
② 민족주의
③ 다문화주의
④ 문화적 상대주의

**04** 〈보기〉에 해당하는 케년(G. Kenyon)의 스포츠 참가 유형은?

보기
- 특정 선수의 사인볼 수집
- 특정 스포츠 관련 SNS 활동
- 특정 스포츠 물품에 대한 애착

① 일탈적 참가
② 행동적 참가
③ 정의적 참가
④ 인지적 참가

## 05 〈보기〉의 ㉠, ㉡에 해당하는 거트만(A. Guttmann)의 근대스포츠 특징은?

> **보기**
> - ( ㉠ ) : 국제스포츠조직은 규칙의 제정, 대회의 운영, 종목 진흥 등의 역할을 담당한다.
> - ( ㉡ ) : 투수라는 같은 포지션 내에서도 선발, 중간, 마무리 등으로 구분된다.

|   | ㉠ | ㉡ |
|---|---|---|
| ① | 관료화 | 평등성 |
| ② | 합리화 | 평등성 |
| ③ | 관료화 | 전문화 |
| ④ | 합리화 | 전문화 |

## 06 스나이더(E. Snyder)가 제시한 스포츠 사회화의 전이 조건이 아닌 것은?

① 참가의 가치
② 참가의 정도
③ 참가의 자발성 여부
④ 사회화 주관자의 위신과 위력

## 07 〈보기〉는 버렐(S. Birrell)과 로이(J. Loy)의 스포츠 미디어를 통해 충족할 수 있는 욕구에 관한 설명이다. ㉠~㉢에 해당하는 용어가 바르게 연결된 것은?

> **보기**
> - ( ㉠ ) 욕구 : 스포츠 경기의 결과, 선수와 팀에 대한 통계적 지식을 제공해 준다.
> - ( ㉡ ) 욕구 : 스포츠에 대한 흥미와 흥분을 제공해 준다.
> - ( ㉢ ) 욕구 : 다른 사회집단과 경험을 공유하게 하며 공동체 의식을 갖게 한다.

|   | ㉠ | ㉡ | ㉢ |
|---|---|---|---|
| ① | 정의적 | 인지적 | 통합적 |
| ② | 인지적 | 통합적 | 정의적 |
| ③ | 정의적 | 통합적 | 인지적 |
| ④ | 인지적 | 정의적 | 통합적 |

## 08 〈보기〉의 ㉠, ㉡에 해당하는 용어가 바르게 연결된 것은?

> **보기**
> - ( ㉠ ) : 국민의 관심이 높은 스포츠 경기를 무료 혹은 저렴한 비용으로 시청할 수 있는 권리를 말한다.
> - ( ㉡ ) : 선수 개인의 사생활을 중심으로 대중을 자극하고 호기심에 호소하는 흥미 위주의 스포츠 관련 보도를 지칭한다.

|   | ㉠ | ㉡ |
|---|---|---|
| ① | 독점 중계권 | 뉴 저널리즘 (new journalism) |
| ② | 보편적 접근권 | 옐로 저널리즘 (yellow journalism) |
| ③ | 독점 중계권 | 옐로 저널리즘 (yellow journalism) |
| ④ | 보편적 접근권 | 뉴 저널리즘 (new journalism) |

## 09 〈보기〉에서 설명하는 프로스포츠의 제도는?

> **보기**
> - 프로스포츠 구단이 소속 선수와의 계약을 해지하고 다른 구단에게 해당 선수를 양도받을 의향이 있는지 공개적으로 묻는 제도이다.
> - 기량이 떨어지거나 심각한 부상을 당한 선수를 방출하는 수단으로 이용하고 있다.

① 보류 조항(reserve clause)
② 웨이버 조항(waiver rule)
③ 선수대리인(agent)
④ 자유계약(free agent)

**10** 스포츠 일탈의 순기능에 관한 사례로 적절하지 않은 것은?

① 승부조작 사례를 보고 많은 선수들이 경각심을 갖는다.
② 아이스하키 경기에서 허용된 주먹다짐은 잠재된 공격성을 해소시켜 준다.
③ 스포츠에서 선수들의 약물복용이 지속되면 경기의 공정성이 훼손된다.
④ 높이뛰기에서 배면뛰기 기술의 창안은 기록경신에 기여하고 있다.

**11** 〈보기〉는 스트렌크(A. Strenk)가 제시한 국제정치에서 스포츠의 기능에 관한 설명이다. ㉠~㉢에 해당하는 내용이 바르게 연결된 것은?

> **보기**
> • ( ㉠ ) : 2002년 한일월드컵 4강 진출로 대한민국이 축구 강국으로 인식
> • ( ㉡ ) : 1980년 모스크바올림픽에서 서방 국가들의 보이콧 선언
> • ( ㉢ ) : 1936년 베를린올림픽에서 나치즘의 정당성과 우월성 과시

|   | ㉠ | ㉡ | ㉢ |
|---|---|---|---|
| ① | 외교적 도구 | 정치이념 선전 | 국위선양 |
| ② | 국위선양 | 외교적 항의 | 정치이념 선전 |
| ③ | 국위선양 | 외교적 도구 | 외교적 항의 |
| ④ | 외교적 도구 | 외교적 항의 | 정치이념 선전 |

**12** 〈보기〉에서 설명하는 부르디외(P. Bourdieu)의 문화자본 유형은?

> **보기**
> • 테니스의 경기 기술뿐만 아니라 경기 매너도 습득하게 된다.
> • 스포츠 활동처럼 몸으로 체득하게 되는 성향을 의미한다.
> • 획득하는 데 시간이 오래 걸리고, 타인에게 양도나 전이, 교환이 어렵다.

① 체화된(embodied) 문화자본
② 객체화된(objectified) 문화자본
③ 제도화된(institutionalized) 문화자본
④ 주체화된(subjectified) 문화자본

**13** 〈보기〉에서 투민(M. Tumin)이 제시한 스포츠계층의 특성 중 보편성(편재성)에 해당하는 것으로만 묶인 것은?

> **보기**
> ㉠ 스포츠는 인기종목과 비인기종목으로 구분된다.
> ㉡ 과거에 비해 운동선수들의 지위가 향상되고 있다.
> ㉢ 종합격투기는 체급에 따라 대전료와 중계권료 등에 차등이 있다.
> ㉣ 계층에 따라 스포츠 참여 빈도, 유형, 종목이 달라지며, 이러한 차이는 개인의 삶에 영향을 미친다.

① ㉠, ㉡
② ㉠, ㉢
③ ㉡, ㉣
④ ㉢, ㉣

**14** 〈보기〉의 밑줄 친 ㉠, ㉡을 설명하는 집합행동 이론이 바르게 연결된 것은?

> **보기**
> 이 코치 : 어제 축구 봤어? 경기 도중 관중폭력이 발생했잖아.
> 김 코치 : ㉠ 나는 그 경기를 경기장에서 직접 봤는데 관중들의 야유 소리가 점점 커지면서 관중폭력이 일어났어.
> 이 코치 : ㉡ 맞아! 그 경기 이전에 이미 관중의 인종차별 사건이 있었잖아. 만약 인종차별이 먼저 발생하지 않았다면, 어제 경기에서 그런 관중폭력은 없었을 거야.

|   | ㉠ | ㉡ |
|---|---|---|
| ① | 전염이론 | 규범생성이론 |
| ② | 수렴이론 | 부가가치이론 |
| ③ | 전염이론 | 부가가치이론 |
| ④ | 수렴이론 | 규범생성이론 |

**15** 메기(J. Magee)와 서덴(J. Sugden)이 제시한 스포츠 노동이주의 유형에 관한 설명 중 적절하지 않은 것은?

① 개척자형 : 스포츠 보급을 통해 금전적 보상을 추구하는 유형
② 정착민형 : 영구적으로 정착할 수 있는 곳을 찾는 유형
③ 귀향민형 : 해외에서의 스포츠 경험을 바탕으로 자국으로 복귀하는 유형
④ 유목민형 : 개인의 취향대로 흥미로운 장소를 돌아다니면서 스포츠에 참여하는 유형

**16** 〈보기〉는 코클리(J. Coakley)가 제시한 스포츠 일탈에 관한 설명이다. ㉠, ㉡에 해당하는 용어가 바르게 연결된 것은?

> **보기**
> • ( ㉠ )에 따르면 스포츠 일탈이 용인되는 범위는 사회적으로 타협하는 과정을 통해 구성된다.
> • ( ㉡ )는 과훈련(over-training), 부상 투혼 등을 거부감 없이 무비판적으로 수용하는 것이다.

|   | ㉠ | ㉡ |
|---|---|---|
| ① | 상대론적 접근 | 과소동조 |
| ② | 절대론적 접근 | 과잉동조 |
| ③ | 절대론적 접근 | 과소동조 |
| ④ | 상대론적 접근 | 과잉동조 |

**17** 스포츠사회화를 이해하기 위한 사회학습이론의 관점으로 적절하지 않은 것은?

① 상과 벌을 통해 행동이 변화한다.
② 다른 사람의 행동을 관찰하여 모방이 일어난다.
③ 사회화 주관자의 가르침을 통해 행동이 변화한다.
④ 개인은 자신이 처해 있는 상황을 스스로 학습하고 변화한다.

**18** 〈보기〉에서 설명하는 스포츠의 정치적 속성은?

> **보기**
> 에티즌(D. Eitzen)과 세이지(G. Sage)에 의하면 다양한 팀, 리그, 선수단체 및 행정기구는 각각의 특성에 따라 불평등하게 배분된 자원과 권한을 갖게 되고, 더 많은 권한을 갖기 위해 대립적 갈등을 겪게 된다.

① 보수성
② 긴장관계
③ 권력투쟁
④ 상호의존성

19 〈보기〉에서 설명하는 맥퍼슨(B. McPherson)의 스포츠 미디어 이론은?

  보기
  - 대중매체를 통한 개인의 스포츠 소비 형태는 중요타자의 가치와 소비행동에 의해 영향을 받는다.
  - 스포츠 수용자 역할로의 사회화는 스포츠에 참여하는 가족 구성원으로부터 받은 스포츠 소비에 대한 승인 정도가 중요하게 작용한다.

  ① 개인차 이론          ② 사회범주 이론
  ③ 문화규범 이론        ④ 사회관계 이론

20 〈보기〉에서 설명하는 스포츠사회학 이론은?

  보기
  - 일상에서 특정 물건을 소비하는 것은 자신의 계급 위치를 상징화하는 행위이다.
  - 자원과 시간의 소비가 요구되는 스포츠에 참여하는 것은 계급 표식 행위이다.
  - 고가의 스포츠용품, 골프 회원권 등의 과시적 소비 양상이 나타난다.

  ① 갈등이론            ② 구조기능이론
  ③ 비판이론            ④ 상징적 상호작용론

## 스포츠교육학

01 〈보기〉에서 설명하는 스포츠 교육 평가의 신뢰도 검사 방법은?

  보기
  - 동일한 검사에 대해 시간 차이를 두고 2회 측정해서 측정값을 비교해 차이가 작으면 신뢰도가 높고, 크면 신뢰도가 낮은 것으로 판단한다.
  - 첫 번째와 두 번째 측정 사이의 시간 차이가 너무 길거나 짧으면 신뢰도가 낮게 나올 수 있다.

  ① 검사-재검사         ② 동형 검사
  ③ 반분 신뢰도 검사    ④ 내적 일관성 검사

02 〈보기〉의 수업 장면에서 활용한 모스턴(M. Mosston)의 교수 스타일에 관한 설명으로 적절하지 않은 것은?

  보기
  | 신체활동 | 축구 |
  |---|---|
  | 학습목표 | 인프런트킥으로 상대방 수비수를 넘겨 동료에게 패스할 수 있다. |

  수업 장면
  지도자 : 네 앞에 상대방 수비수가 있을 때, 수비수를 넘겨 동료에게 패스하려면 어떻게 공을 차야 할까?
  학습자 : 상대방 수비수를 넘길 수 있을 정도의 높이로 공을 띄워야 해요.
  지도자 : 그럼, 발의 어느 부분으로 공의 밑 부분을 차면 수비수를 넘길 수 있을까?
  학습자 : 발등과 발 안쪽의 중간 지점이요(손가락으로 엄지발가락을 가리킨다).
  지도자 : 좋은 대답이야. 그럼, 우리 한 번 상대방 수비수를 넘기는 킥을 연습해볼까?

  ① 지도자는 논리적이며 계열적인 질문을 설계해야 한다.
  ② 지도자는 질문에 대한 학습자의 해답을 검토하고 확인한다.
  ③ 지도자는 학습자에게 예정된 해답을 즉시 알려준다.
  ④ 지도자는 학습자와 지속적으로 상호작용하며 의사결정을 한다.

03 로젠샤인(B. Rosenshine)과 퍼스트(N. Furst)가 제시한 학습성취와 관련된 지도자 변인에 해당하지 않는 것은?

① 지도자의 경력
② 명확한 과제제시
③ 지도자의 열의
④ 프로그램의 다양화

04 링크(J. Rink)가 제시한 교수 전략(teaching strategy) 중 한 명의 지도자가 수업에서 공간을 나누어 두 가지 이상의 과제를 동시에 진행하는 것은?

① 자기 교수(self teaching)
② 팀 티칭(team teaching)
③ 상호 교수(interactive teaching)
④ 스테이션 교수(station teaching)

05 〈보기〉는 국민체육진흥법(시행 2022.8.11.) 제18조의3 '스포츠윤리센터의 설립'에 관한 내용이다. ⊙, ⓒ에 들어갈 용어가 바르게 연결된 것은?

> 보기
> • 체육의 ( ⊙ ) 확보와 체육인의 ( ⓒ )를 위하여 스포츠윤리센터를 설립한다.

|   | ⊙ | ⓒ |
|---|---|---|
| ① | 정당성 | 권리 강화 |
| ② | 정당성 | 인권 보호 |
| ③ | 공정성 | 권리 강화 |
| ④ | 공정성 | 인권 보호 |

06 스포츠 교육 프로그램의 지도 원리에 관한 설명이 적절하지 않은 것은?

① 개별성의 원리 : 개인차를 고려한 다양한 수준별 지도
② 효율성의 원리 : 학습자 스스로 내용을 파악하고 문제해결
③ 적합성의 원리 : 지도자의 창의적인 지도 활동의 선정과 활용
④ 통합성의 원리 : 교수·학습 내용의 다양화와 신체활동의 총체적 체험

07 직접교수모형에 관한 설명으로 적절하지 않은 것은?

① 학습 영역의 우선순위는 심동적 영역이다.
② 스키너(B. Skinner)의 조작적 조건화 이론에 근거한다.
③ 지도자 중심으로 의사결정이 이루어져 학습자의 과제참여 비율이 감소한다.
④ 수업의 단계는 전시과제 복습, 새 과제 제시, 초기과제 연습, 피드백과 교정, 독자적 연습, 본시 복습의 순으로 진행된다.

08 스포츠기본법(시행 2022.6.16.) 제7조 '스포츠 정책 수립·시행의 기본원칙' 중 국가와 지방자치단체의 스포츠 정책에 관한 고려사항에 해당하지 않는 것은?

① 스포츠 활동을 존중하고 사회 전반에 확산되도록 할 것
② 스포츠 대회 참가 목적을 국위선양에 두어 지원할 것
③ 스포츠 활동 참여와 스포츠 교육의 기회가 확대되도록 할 것
④ 스포츠의 가치를 존중하고 스포츠의 역동성을 높일 수 있을 것

09 모스턴(M. Mosston)의 포괄형(inclusion) 교수 스타일에 관한 설명으로 적절하지 않은 것은?

① 지도자는 발견 역치(discovery threshold)를 넘어 창조의 단계로 학습자를 유도한다.
② 지도자는 기술 수준이 다양한 학습자들의 개인차를 수용한다.
③ 학습자가 성취 가능한 과제를 선택하고 자신의 수행을 점검한다.
④ 과제 활동 전, 중, 후 의사결정의 주체는 각각 지도자, 학습자, 학습자 순서이다.

10 〈보기〉에서 설명하는 링크(J. Rink)의 학습 과제 연습 방법은?

보기
• 복잡한 운동 기술의 경우, 기술의 주요 동작이나 마지막 동작을 초기 동작보다 먼저 연습하게 한다.
• 테니스 서브 과제에서 공을 토스하는 동작을 연습하기 전에 공을 라켓에 맞추는 동작을 먼저 연습한다.

① 규칙 변형
② 역순 연쇄
③ 반응 확대
④ 운동수행의 목적 전환

11 〈보기〉에 해당하는 쿠닌(J. Kounin)의 교수 기능은?

보기
• 지도자가 자신의 머리 뒤에도 눈이 있다는 듯이 학습자들의 행동을 파악하는 것
• 지도자가 학습자들 간에 발생하는 사건을 인지하는 것

① 접근통제(proximity control)
② 긴장 완화(tension release)
③ 상황이해(with-it-ness)
④ 타임아웃(time-out)

12 〈보기〉에서 활용된 스포츠 지도 행동의 관찰기법은?

보기
• 지도자 : 강 감독
• 수업내용 : 농구 수비전략
• 관찰자 : 김 코치
• 시간 : 19:00~19:50

| | 피드백의 유형 | 표기(빈도) | 비율 |
|---|---|---|---|
| 대상 | 전체 | ∨∨∨∨ (5회) | 50% |
| | 소집단 | ∨∨∨ (3회) | 30% |
| | 개인 | ∨∨ (2회) | 20% |
| 성격 | 긍정 | ∨∨∨∨∨∨∨∨ (8회) | 80% |
| | 부정 | ∨∨ (2회) | 20% |
| 구체성 | 일반적 | ∨∨∨ (3회) | 30% |
| | 구체적 | ∨∨∨∨∨∨∨ (7회) | 70% |

① 사건 기록법(event recording)
② 평정 척도법(rating scale)
③ 일화 기록법(anecdotal recording)
④ 지속시간 기록법(duration recording)

13 배구 수업에서 운동기능이 낮은 학습자의 참여 증진을 위한 스포츠 지도 방법으로 적절하지 않은 것은?

① 네트 높이를 낮춘다.
② 소프트한 배구공을 사용한다.
③ 서비스 라인을 네트와 가깝게 위치시킨다.
④ 정식 게임(full-sided game)으로 운영한다.

14 메이거(R. Mager)가 제시한 학습 목표 설정의 요소가 아닌 것은?

① 설정된 운동수행 기준
② 운동수행에 필요한 상황과 조건
③ 학습자에게 기대되는 성취행위
④ 목표 달성이 불가능할 경우의 대처방안

**15** 〈보기〉에서 메츨러(M. Metzler)의 탐구수업모형에 관한 설명으로 옳은 것을 모두 고른 것은?

> **보기**
> ㉠ 모형의 주제는 '문제해결자로서의 학습자'이다.
> ㉡ 학습 영역의 우선순위는 심동적, 인지적, 정의적 순이다.
> ㉢ 지도자는 학습자가 '생각하고 움직이기'를 할 수 있도록 과제를 제시한다.
> ㉣ 지도자의 질문에 학습자가 바로 대답하지 못하는 경우 즉시 답을 알려준다.

① ㉠, ㉢
② ㉡, ㉢
③ ㉠, ㉡, ㉢
④ ㉠, ㉡, ㉣

**16** 스포츠 참여자 평가에서 심동적(psychomotor) 영역에 해당하는 것은?

① 몰입
② 심폐지구력
③ 협동심
④ 경기 규칙 이해

**17** 〈보기〉에 해당하는 운동기능의 학습 전이(transfer) 유형은?

> **보기**
> 야구에서 배운 오버핸드 공 던지기가 핸드볼에서 오버핸드 공 던지기 기능으로 전이되는 경우이다.

① 대칭적 전이
② 과제 내 전이
③ 과제 간 전이
④ 일상으로의 전이

**18** 스포츠 교육 프로그램의 구성요소에 관한 설명으로 적절하지 않은 것은?

① 평가 : 프로그램을 개선하는 데 도움을 준다.
② 내용 : 스포츠 지도의 철학, 이념 또는 비전이다.
③ 지도법 : 프로그램을 체계적으로 전달하는 방법이다.
④ 목적 및 목표 : 일반적인 목표와 구체적인 목표로 구분할 수 있다.

**19** 메츨러(M. Metzler)의 개별화지도모형의 주제로 적절한 것은?

① 지도자가 수업 리더 역할을 한다.
② 나는 너를, 너는 나를 가르친다.
③ 유능하고, 박식하며, 열정적인 스포츠인으로 성장한다.
④ 학습자가 가능한 한 빨리, 필요한 만큼 천천히 학습 속도를 조절한다.

**20** 학교체육진흥법 시행령(시행 2021.4.21.) 제3조 '학교운동부지도자의 자격기준 등'에서 제시한 학교운동부지도자 재임용의 평가 내용이 아닌 것은?

① 복무 태도
② 학교운동부 운영 성과
③ 인권교육 연 1회 이상 이수 여부
④ 학생선수의 학습권 및 인권 침해 여부

## 스포츠심리학

**01** 스포츠심리학의 주된 연구의 동향과 영역에 포함되지 <u>않는</u> 것은?

① 인지적 접근과 현장 연구
② 경험주의에 기초한 성격 연구
③ 생리학적 항상성에 관한 연구
④ 사회적 촉진 및 각성과 운동수행의 관계 연구

**02** 데시(E. Deci)와 라이언(R. Ryan)이 제시한 자기결정이론(self-determination theory)에서 외적동기 유형으로 분류되지 <u>않는</u> 것은?

① 무동기(amotivation)
② 확인규제(identified regulation)
③ 통합규제(integrated regulation)
④ 의무감규제(introjected regulation)

**03** 〈보기〉에서 설명하는 개념은?

> **보기**
> 체육관에서 관중의 함성과 응원 소리에도 불구하고, 작전타임에서 코치와 선수는 서로 의사소통이 가능하다.

① 스트룹 효과(Stroop effect)
② 지각협소화(perceptual narrowing)
③ 무주의 맹시(inattention blindness)
④ 칵테일파티 효과(cocktail party effect)

**04** 〈표〉는 젠타일(A. Gentile)의 이차원적 운동기술분류이다. 야구 유격수가 타구된 공을 잡아서 1루로 송구하는 움직임이 해당하는 곳은?

| 구분 | | 동작의 요구(기능) | | | |
|---|---|---|---|---|---|
| | | 신체 이동 없음 (신체의 안정성) | | 신체 이동 있음 (신체의 불안정성) | |
| | | 물체 조작 없음 | 물체 조작 있음 | 물체 조작 없음 | 물체 조작 있음 |
| 환경적 맥락 | 안정적인 조절 조건 | 동작 시도 간 환경 변이성 없음 | | | |
| | | 동작 시도 간 환경 변이성 | | | |
| | 비안정적 조절 조건 | 동작 시도 간 환경 변이성 없음 | ① | ③ | |
| | | 동작 시도 간 환경 변이성 | | ② | ④ |

**05** 뉴웰(K. Newell)이 제시한 움직임 제한(constraints) 요소의 유형이 <u>다른</u> 것은?

① 운동능력이 움직임을 제한한다.
② 인지, 동기, 정서상태가 움직임을 제한한다.
③ 신장, 몸무게, 근육형태가 움직임을 제한한다.
④ 과제목표와 특성, 규칙, 장비가 움직임을 제한한다.

## 06
<보기>에서 설명하는 게셀(A. Gesell)과 에임스(L. Ames)의 운동발달의 원리가 아닌 것은?

**보기**
- 머리에서 발 방향으로 발달한다.
- 운동발달은 일련의 방향성을 갖는다.
- 운동협응의 발달순서가 있다.
  - 양측 : 상지 혹은 하지의 양측을 동시에 움직이는 형태를 보인다.
  - 동측 : 상하지를 동시에 움직이는 형태를 보인다.
  - 교차 : 상하지를 동시에 움직이는 형태를 보인다.
- 운동기술의 습득 과정에서 몸통이나 어깨 근육을 조절하는 능력을 먼저 갖추고, 이후에 팔, 손목, 손, 그리고 손가락 근육을 조절하는 능력을 갖춘다.

① 머리-꼬리 원리(cephalocaudal principle)
② 중앙-말초 원리(proximodistal principle)
③ 개체발생적 발달 원리(ontogenetic development principle)
④ 양측-동측-교차 운동협응의 원리(bilateral-unilateral(ipsilateral)-crosslateral principle)

## 07
스포츠를 통한 인성 발달 전략에 대한 설명으로 옳지 않은 것은?

① 상황에 맞는 바람직한 행동을 설명한다.
② 도덕적으로 적절한 행동에 대하여 설명한다.
③ 바람직한 행동을 강화하고, 적대적 공격행동은 처벌한다.
④ 격한 상황에서 자신의 감정을 공격적으로 표출하도록 격려한다.

## 08
<보기>에서 설명하는 목표의 유형은?

**보기**
- 운동기술을 잘 수행하기 위해서 필요한 핵심 행동에 중점을 둔다.
- 자기효능감과 자신감을 높이고 인지 불안을 낮추는 데 도움이 된다.
- 자신의 운동수행에 대한 목표를 달성하는 데 중점을 두는 목표로 달성의 기준점이 자신의 과거 기록이 된다.

① 과정목표와 결과목표
② 수행목표와 과정목표
③ 수행목표와 객관적목표
④ 객관적목표와 주관적목표

## 09
스미스(R. Smith)와 스몰(F. Smol)이 개발한 유소년 지도자 훈련 프로그램인 CET(Coach Effectiveness Training)의 핵심 원칙이 아닌 것은?

① 자기관찰    ② 운동도식
③ 상호지원    ④ 발달모델

## 10
균형유지와 사지협응 및 자세제어에 주된 역할을 하는 뇌 구조(영역)는?

① 소뇌(cerebellum)
② 중심고랑(central sulcus)
③ 대뇌피질의 후두엽(occipital lobe of cerebrum)
④ 대뇌피질의 측두엽(temporal lobe of cerebrum)

11. 골프 퍼팅 과제를 100회 연습한 뒤, 24시간 후에 동일 과제에 대해 수행하는 검사는?

① 속도검사(speed test)
② 파지검사(retention test)
③ 전이검사(transfer test)
④ 지능검사(intelligence test)

12. <보기>에서 설명하는 일반화된 운동프로그램(generalized motor program)의 불변 특성(invariant feature) 개념은?

- A 움직임 시간은 500ms, B 움직임 시간은 900ms로 서로 다르다.
- 4개의 하위 움직임 구간의 시간적 구조 비율은 변하지 않는다.
- 단, A와 B 움직임은 모두 동일인이 수행한 동작이며, 하위 움직임 구성도 4개로 동일함

① 어트랙터(attractor)
② 동작유도성(affordance)
③ 상대적 타이밍(relative timing)
④ 절대적 타이밍(absolute timing)

13. <보기>에서 구스리(E. Guthrie)가 제시한 '운동기술 학습으로 인한 변화'에 관한 설명으로 옳은 것을 모두 고른 것은?

보기
㉠ 최대의 확실성(maximum certainty)으로 운동과제를 수행할 수 있다.
㉡ 최소의 인지적 노력(minimum cognitive effect)으로 운동과제를 수행할 수 있다.
㉢ 최소의 움직임 시간(minimum movement time)으로 운동과제를 수행할 수 있다.
㉣ 최소의 에너지 소비(minimum energy expenditure)로 운동과제를 수행할 수 있다.

① ㉠, ㉡, ㉢
② ㉠, ㉢, ㉣
③ ㉡, ㉢, ㉣
④ ㉠, ㉡, ㉢, ㉣

14. <보기>에 제시된 공격성에 관한 설명과 이론(가설)이 바르게 연결된 것은?

보기
- ( ㉠ ) 환경에서 관찰과 강화로 공격행위를 학습한다.
- ( ㉡ ) 인간의 내부에는 공격성을 유발하는 에너지가 존재한다.
- ( ㉢ ) 좌절(예 목표를 추구하는 행위가 방해받는 경험)이 공격 행동을 유발한다.
- ( ㉣ ) 좌절이 무조건 공격행동을 유발하지 않고, 공격행동이 적절하다는 외부적 단서가 있을 때 나타난다.

|   | ㉠ | ㉡ | ㉢ | ㉣ |
|---|---|---|---|---|
| ① | 사회학습이론 | 본능이론 | 좌절-공격가설 | 수정된 좌절-공격가설 |
| ② | 사회학습이론 | 본능이론 | 수정된 좌절-공격가설 | 좌절-공격가설 |
| ③ | 본능이론 | 사회학습이론 | 좌절-공격가설 | 수정된 좌절-공격가설 |
| ④ | 본능이론 | 사회학습이론 | 수정된 좌절-공격가설 | 좌절-공격가설 |

**15** <보기>에서 하터(S. Harter)의 유능성 동기이론 모형에 관한 설명으로 옳은 것을 고른 것은?

> 보기
> ㉠ 심리적 요인과 관련된 단일차원의 구성개념이다.
> ㉡ 실패 경험은 부정적 정서를 갖게 하여 유능성 동기를 낮추고, 결국에는 운동을 중도 포기하게 한다.
> ㉢ 성공 경험은 자기효능감과 긍정적 정서를 갖게 하여 유능성 동기를 높이고, 숙달(mastery)을 경험하게 한다.
> ㉣ 스포츠 상황에서 성공하기 위한 능력이 있다는 확신의 정도나 신념으로 특성 스포츠 자신감과 상태 스포츠 자신감으로 구분한다.

① ㉠, ㉡　　　② ㉠, ㉣
③ ㉡, ㉢　　　④ ㉡, ㉣

**16** <보기>에서 설명하는 용어는?

> 보기
> 번스타인(N. Bernstein)은 움직임의 효율적 제어를 위해 중추신경계가 자유도를 개별적으로 제어하지 않고, 의미 있는 단위로 묶어서 조절한다고 설명하였다.

① 공동작용(synergy)
② 상변이(phase transition)
③ 임계요동(critical fluctuation)
④ 속도-정확성 상쇄 현상(speed-accuracy trade-off)

**17** <보기>에서 연구 결과를 통해 확인할 수 있는 목표설정에 관한 설명으로 옳은 것을 고른 것은?

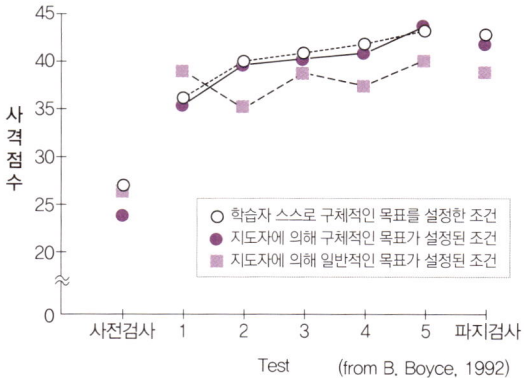

(from B. Boyce, 1992)

> 보기
> ㉠ 목표설정이 운동의 수행과 학습에 효과적이다.
> ㉡ 학습자에게 어려운 목표를 설정하도록 조언해야 한다.
> ㉢ 구체적인 목표를 설정했던 집단에서 더 높은 학습 효과가 나타났다.
> ㉣ 구체적이고 도전적인 목표를 향해 전념하도록 격려하는 것은 운동의 수행과 학습의 효과를 감소시킨다.

① ㉠, ㉡　　　② ㉠, ㉢
③ ㉡, ㉢　　　④ ㉡, ㉣

**18** <보기>에서 설명하는 피드백 유형은?

> 높이뛰기 도약 스텝 기술을 연습하게 한 후에 지도자는 학습자의 정확한 도약 기술 습득을 위해 각 발의 스텝번호(지점)을 바닥에 표시해주었다.

① 내적 피드백(intrinsic feedback)
② 부적 피드백(negative feedback)
③ 보강 피드백(augmented feedback)
④ 부적합 피드백(incongruent feedback)

**19** <보기>는 칙센트미하이(M. Csikszentmihalyi)가 주장한 몰입의 개념이다. ㉠~㉣에 들어갈 개념이 바르게 연결된 것은?

> **보기**
> - ( ㉠ )과 ( ㉡ )이 균형을 이루는 상황에서 운동 수행에 완벽히 집중하는 것을 몰입(flow)이라 한다.
> - ( ㉡ )이 높고, ( ㉠ )이 낮으면 ( ㉢ )을 느낀다.
> - ( ㉡ )이 낮고, ( ㉠ )이 높으면 ( ㉣ )을 느낀다.

| | ㉠ | ㉡ | ㉢ | ㉣ |
|---|---|---|---|---|
| ① | 기술 | 도전 | 불안 | 이완 |
| ② | 도전 | 기술 | 각성 | 무관심 |
| ③ | 기술 | 도전 | 각성 | 불안 |
| ④ | 도전 | 기술 | 이완 | 지루함 |

**20** 학습된 무기력(learned helplessness) 상태에 있는 학습자에게 귀인 재훈련(attribution retraining)을 위한 적절한 전략은?

① 실패의 원인을 외적 요인에서 찾게 한다.
② 능력의 부족을 긍정적으로 받아들이게 한다.
③ 운이 따라 준다면 다음에 성공할 수 있다고 지도한다.
④ 실패의 원인을 노력 부족이나 전략의 미흡으로 받아들이게 한다.

### 한국체육사

**01** 체육사 연구에서 사관(史觀)에 관한 설명으로 적절하지 <u>않은</u> 것은?

① 유물사관, 관념사관, 진보사관, 순환사관 등이 있다.
② 체육 역사에 대한 견해, 해석, 관념, 사상 등을 의미한다.
③ 체육 역사가의 관점으로 다양한 과거의 역사적 사실을 해석한다.
④ 과거 체육과 관련된 사실을 담고 있는 역사 자료를 의미한다.

**02** <보기>의 ㉠~㉢에 들어갈 용어가 바르게 연결된 것은? (단, 시대구분은 나현성의 방식을 따름)

> **보기**
> - ( ㉠ ) 이전은 무예를 중심으로 한 무사 체육 등의 ( ㉡ ) 체육을 강조하였다.
> - ( ㉠ ) 이후는 「교육입국조서(敎育立國詔書)」를 통한 학교 교육에 기반을 둔 ( ㉢ ) 체육을 강조하였다.

| | ㉠ | ㉡ | ㉢ |
|---|---|---|---|
| ① | 갑오경장(1894) | 전통 | 근대 |
| ② | 갑오경장(1894) | 근대 | 전통 |
| ③ | 을사늑약(1905) | 전통 | 근대 |
| ④ | 을사늑약(1905) | 근대 | 전통 |

**03** 〈보기〉에서 설명하는 민속놀이는?

> **보기**
> - 사희(柶戲)라고도 불리었다.
> - 부여의 사출도(四出道)라는 관직명에서 유래되었다.
> - 남녀노소 누구나 즐길 수 있으며, 장소에 크게 구애받지 않은 놀이였다.

① 바둑  ② 장기
③ 윷놀이  ④ 주사위

**04** 화랑도에 관한 설명으로 옳지 않은 것은?

① 진흥왕 때에 조직이 체계화되었다.
② 세속오계는 도의교육(道義敎育)의 핵심이었다.
③ 신체미 숭배 사상, 국가주의 사상, 불국토 사상이 중시되었다.
④ 서민층만을 대상으로 한 청소년단체로서 문무겸전(文武兼全)을 추구하였다.

**05** 〈보기〉에서 설명하는 신체활동은?

> **보기**
> - 가죽 주머니로 공을 만들어 발로 차는 놀이였다.
> - 한 명, 두 명, 열 명 등 다양한 형식으로 실시되었다.
> - 〈삼국사기(三國史記)〉와 〈삼국유사(三國遺事)〉에 따르면 김유신과 김춘추가 이 신체활동을 하였다.

① 석전(石戰)  ② 축국(蹴鞠)
③ 각저(角抵)  ④ 도판희(跳板戲)

**06** 〈보기〉에서 민속놀이와 주요 활동 계층이 바르게 연결된 것으로만 묶인 것은?

> **보기**
> ㉠ 풍연(風鳶) - 귀족
> ㉡ 격구(擊毬) - 서민
> ㉢ 방응(放鷹) - 귀족
> ㉣ 추천(鞦韆) - 서민

① ㉠, ㉡  ② ㉢, ㉣
③ ㉠, ㉣  ④ ㉡, ㉢

**07** 고려시대 수박(手搏)에 관한 설명으로 옳지 않은 것은?

① 관람형 무예 경기로 성행되었다.
② 응방도감(鷹坊都監)에서 관장하였다.
③ 무인 선발의 기준과 수단이 되었다.
④ 무예 수련과 군사훈련 등의 목적으로 활용되었다.

**08** 〈보기〉에서 조선시대의 훈련원에 관한 설명으로 옳은 것을 모두 고른 것은?

> **보기**
> ㉠ 성리학 교육을 담당하였다.
> ㉡ 활쏘기, 마상무예 등의 훈련을 실시하였다.
> ㉢ 무인 양성과 관련된 공식적인 교육기관이었다.
> ㉣ 〈무경칠서(武經七書)〉, 〈병장설(兵將說)〉 등의 병서 습득을 장려하였다

① ㉠, ㉡  ② ㉢, ㉣
③ ㉡, ㉢, ㉣  ④ ㉠, ㉡, ㉢, ㉣

**09** 조선시대 궁술(弓術)에 관한 설명으로 옳지 않은 것은?

① 육예(六藝) 중 어(御)에 해당하였다.
② 무관 선발을 위한 무과 시험의 한 과목이었다.
③ 대사례(大射禮), 향사례(鄕射禮) 등으로 행해졌다.
④ 왕, 무관, 유학자 등 다양한 계층에서 실시하였다.

**10** 〈보기〉에서 설명하는 조선시대의 무예서는?

> **보기**
> - 24종류의 무예가 기록되어 있다.
> - 정조의 명령하에 국가사업으로 간행되었다.
> - 한국, 중국, 일본의 관련 문헌 145권이 참조되었다.

① 무예제보(武藝諸譜)
② 무예신보(武藝新譜)
③ 무예도보통지(武藝圖譜通志)
④ 예제보번역속집(武藝諸譜翻譯續集)

**11** 〈보기〉에서 설명하는 개화기 민족사립학교는?

> **보기**
> - 1907년에 이승훈이 설립하였다.
> - 대운동회를 매년 1회 실시하였다.
> - 체육은 주로 군사훈련의 성격을 띠었다.

① 오산학교
② 대성학교
③ 원산학사
④ 숭실학교

**12** 개화기의 체육사적 사실에 관한 설명으로 옳은 것은?

① 동래무예학교는 문예반 50명, 무예반 200명을 선발하였다.
② 개화기 최초의 운동회는 일본인 학교에서 주관한 화류회(花柳會)였다.
③ 양반들이 주도하여 배재학당, 이화학당, 경신학당 등 미션스쿨을 설립하였다.
④ 고종은 「교육입국조서(敎育立國詔書)」를 반포하고, 덕양, 체양, 지양을 강조하였다.

**13** 개화기의 체육단체에 관한 설명으로 옳은 것은?

① 청강체육부 : 탁지부 관리들이 친목 도모를 위해 1902년에 조직하였고, 최초로 연식정구를 도입하였다.
② 회동구락부 : 최성희, 신완식 등이 1910년에 조직하였고, 정례적으로 축구 시합을 하였다.
③ 무도기계체육부 : 우리나라 최초 기계체조 단체로서 이희두와 윤치오가 1908년에 조직하였다.
④ 대동체육구락부 : 체조 교사인 조원희, 김성집, 이기동 등이 주축이 되어 보성중학교에서 1909년에 조직하였고, 병식체조를 강조하였다.

**14** 일제강점기 체육에 관한 사실로 옳지 않은 것은?

① 박승필은 1912년에 유각권구락부를 설립해 권투를 지도하였다.
② 조선체육협회는 1920년에 동아일보사 후원으로 설립되었다.
③ 서상천은 1926년에 일본체육회 체조학교를 졸업하고, 역도를 소개하였다.
④ 손기정은 1936년에 베를린올림픽경기대회 마라톤 종목에서 우승하였다.

**15** 〈보기〉에서 설명하는 단체는?

> **보기**
> - 외국인 선교사가 근대스포츠인 야구, 농구, 배구를 도입하였다.
> - 1916년에 실내체육관을 준공하여, 다양한 실내스포츠를 활성화하였다.

① 황성기독교청년회
② 대한체육구락부
③ 조선체육회
④ 조선체육협회

**16** 〈보기〉에서 박정희 정부 때 실시한 체력장 제도에 관한 설명으로 옳은 것을 모두 고른 것은?

> **보기**
> ㉠ 1971년부터 실시되었다.
> ㉡ 1973년부터는 대학입시에 체력장 평가가 포함되었다.
> ㉢ 국제체력검사표준위원회에서 정한 기준과 종목을 대상으로 하였다.
> ㉣ 시행 종목에는 100m 달리기, 제자리멀리뛰기, 팔굽혀매달리기(여자), 턱걸이(남자), 윗몸일으키기, 던지기가 있었다.

① ㉠, ㉡
② ㉢, ㉣
③ ㉠, ㉡, ㉢
④ ㉠, ㉡, ㉢, ㉣

**17** 〈보기〉에서 설명하는 스포츠 경기 종목은?

> **보기**
> - 1988년 제24회 서울올림픽경기대회에서 시범 종목으로 채택되었다.
> - 2000년 제27회 시드니올림픽경기대회에서 정식 종목으로 채택되었다.
> - 2007년에 정부는 이 종목을 진흥하기 위한 법률을 제정하였다.

① 유도
② 복싱
③ 태권도
④ 레슬링

**18** 1948년 제5회 동계올림픽경기대회에 관한 설명으로 옳지 않은 것은?

① 개최지는 스위스 생모리츠였다.
② 제2차세계대전을 일으킨 독일과 일본도 출전하였다.
③ 광복 이후 최초로 태극기를 단 선수단이 파견되었다.
④ 이효창, 문동성, 이종국 선수는 스피드스케이팅 종목에 출전하였다.

**19** 대한민국에서 개최된 하계아시아경기대회가 아닌 것은?

① 1986년 제10회 서울아시아경기대회
② 2002년 제14회 부산아시아경기대회
③ 2014년 제17회 인천아시아경기대회
④ 2018년 제18회 평창아시아경기대회

**20** 1991년에 남한과 북한이 단일팀으로 탁구 종목에 참가한 국제경기 대회는?

① 제41회 지바세계선수권대회
② 제27회 시드니올림픽경기대회
③ 제28회 아테네올림픽경기대회
④ 제6회 포르투갈세계청소년선수권대회

### 운동생리학

**01** ATP를 합성하는 데 사용되는 에너지원이 아닌 것은?

① 근중성지방　② 비타민C
③ 글루코스　④ 젖산

**02** 근수축에 필수적인 $Ca^{2+}$ 이온을 저장, 분비하는 근육 세포 내 소기관은?

① 근형질세망(sarcoplasmic reticulum)
② 위성세포(satellite cell)
③ 미토콘드리아(mitochondria)
④ 근핵(myonuclear)

**03** 운동 후 초과산소섭취량(EPOC)에 영향을 미치는 요인으로 적절하지 않은 것은?

① 운동 중 증가한 체온
② 운동 중 증가한 젖산
③ 운동 중 증가한 호르몬(에피네프린, 노르에피네프린)
④ 운동 중 증가한 크레아틴인산(phosphocreatine, PC)

**04** 수중 운동 시 체온유지를 위한 요인으로 옳지 않은 것은?

① 폐활량　② 체지방량
③ 운동 강도　④ 물의 온도

**05** 운동강도 증가에 따라 동원되는 근섬유 순서로 옳은 것은?

① Type $II_a$ 섬유 → Type $II_x$ 섬유 → Type I 섬유
② Type $II_x$ 섬유 → Type $II_a$ 섬유 → Type I 섬유
③ Type I 섬유 → Type $II_a$ 섬유 → Type $II_x$ 섬유
④ Type I 섬유 → Type $II_x$ 섬유 → Type $II_a$ 섬유

**06** 장기간 규칙적 유산소 훈련의 결과로 최대 운동 시 나타나는 심폐기능의 적응으로 옳은 것을 모두 고른 것은?

> 보기
> ㉠ 최대산소섭취량 증가
> ㉡ 심장용적과 심근수축력 증가
> ㉢ 심박출량 증가

① ㉠, ㉡　② ㉠, ㉢
③ ㉡, ㉢　④ ㉠, ㉡, ㉢

**07** 항상성 유지를 위한 신체 조절 중 부적 피드백(negative feedback)이 아닌 것은?

① 세포외액의 $CO_2$ 조절
② 체온 상승에 따른 땀 분비 증가
③ 혈당 유지를 위한 호르몬 조절
④ 출산 시 자궁 수축 활성화 증가

**08** 운동 중 1회 박출량(stroke volume) 증가 원인으로 옳지 않은 것은?

① 대동맥압 증가에 따른 후부하(after load) 증가
② 호흡펌프작용에 의한 정맥회귀(venous return) 증가
③ 골격근 수축에 의한 근육펌프작용 증가
④ 교감신경 자극에 의한 심근 수축력 증가

09 〈보기〉의 ㉠, ㉡에 들어갈 내용이 바르게 연결된 것은?

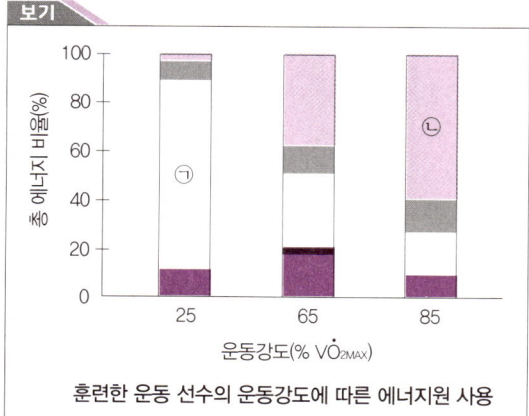

보기

훈련한 운동 선수의 운동강도에 따른 에너지원 사용

| | ㉠ | ㉡ |
|---|---|---|
| ① | 혈중 포도당 | 근중성지방 |
| ② | 혈중 유리지방산 | 근글리코겐 |
| ③ | 근글리코겐 | 혈중 포도당 |
| ④ | 근중성지방 | 혈중유리지방산 |

10 운동 중 소뇌의 기능에 대한 설명으로 옳은 것을 모두 고른 것은?

보기
㉠ 골격근 운동 조절의 최종 단계 역할
㉡ 빠른 동작의 정확한 수행을 위한 통합 조절
㉢ 고유수용기로부터 유입되는 정보를 활용하여 동작 수정

① ㉠, ㉡　　② ㉠, ㉢
③ ㉡, ㉢　　④ ㉠, ㉡, ㉢

11 운동에 따른 환기량의 변화로 옳은 것을 모두 고른 것은?

보기
㉠ 운동 시작 직전에는 운동 수행에 대한 기대감으로 환기량이 증가할 수 있다.
㉡ 운동 초기 환기량 변화의 주된 요인은 경동맥에 위치한 화학수용기 반응이다.
㉢ 운동 강도가 증가하면 1회 호흡량은 감소하고 호흡수는 현저히 증가한다.
㉣ 회복기 환기량은 운동 중 생성된 체내 수소이온 및 이산화탄소 농도와 관련 있다.

① ㉠, ㉡　　② ㉠, ㉢
③ ㉠, ㉣　　④ ㉡, ㉢, ㉣

12 〈보기〉의 ㉠, ㉡에 들어갈 내용이 바르게 연결된 것은?

보기

| 1개의 포도당 분해에 따른 유산소성 ATP 생성 | | |
|---|---|---|
| 대사적 과정 | 고에너지 생산 | ATP 누계 |
| 해당작용 | 2ATP | 2 |
| | 2NADH | 7 |
| 피루브산에서 아세틸조효소 A까지 | 2NADH | 12 |
| ㉠ | 2ATP | 14 |
| | 6NADH | 29 |
| | 2FADH₂ | ㉡ |
| 합계 | | ㉡ ATP |

| | ㉠ | ㉡ |
|---|---|---|
| ① | 크랩스회로 | 32 |
| ② | β 산화 | 32 |
| ③ | 크랩스회로 | 35 |
| ④ | β 산화 | 35 |

**13** 체중이 80kg인 사람이 10METs로 10분간 달리기 했을 때 소비 칼로리는?(단, 1MET=3.5ml · kg⁻¹ · min⁻¹, O₂ 1L당 5Kcal 생성)

① 130Kcal  ② 140Kcal
③ 150Kcal  ④ 160Kcal

**14** 〈보기〉는 신경 세포의 안정 시 막전위에 영향을 주는 Na⁺과 K⁺에 대한 그림이다. ㉠~㉣에 들어갈 내용이 바르게 연결된 것은?

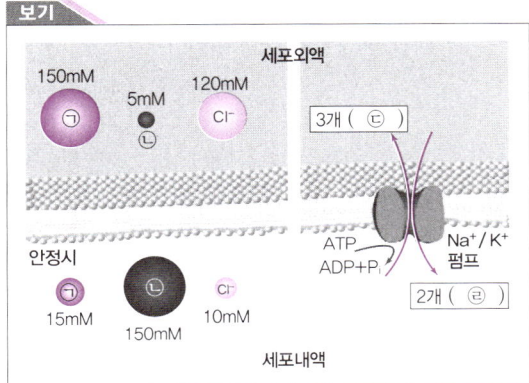

|   | ㉠ | ㉡ | ㉢ | ㉣ |
|---|---|---|---|---|
| ① | K⁺ | Na⁺ | Na⁺ | K⁺ |
| ② | Na⁺ | K⁺ | Na⁺ | K⁺ |
| ③ | K⁺ | Na⁺ | K⁺ | Na⁺ |
| ④ | Na⁺ | K⁺ | K⁺ | Na⁺ |

**15** 〈보기〉의 최대산소섭취량 공식에서 장기간 지구성 훈련에 의해 증가되는 요소를 모두 고른 것은?

> **보기**
> 최대산소섭취량 = ㉠최대1회박출량 × ㉡최대심박수 × ㉢최대동정맥산소차

① ㉠  ② ㉠, ㉡
③ ㉠, ㉢  ④ ㉡, ㉢

**16** 〈보기〉의 내용이 모두 증가되었을 때 향상되는 건강체력 요소는?

> **보기**
> • 모세혈관의 밀도
> • 미토콘드리아의 수와 크기
> • 동정맥 산소차(arterial-venous oxygen difference)

① 유연성  ② 순발력
③ 심폐지구력  ④ 근력

**17** 1시간 이내의 중강도 운동 시 시간 경과에 따라 혈중 농도가 점차 감소하는 호르몬은?

① 에피네프린(epinephrine)
② 인슐린(insulin)
③ 성장호르몬(growth hormone)
④ 코르티솔(cortisol)

**18** 〈보기〉에서 설명하는 고유수용기는?

> **보기**
> • 감각 및 운동신경의 말단이 연결되어 있다.
> • 감마운동뉴런을 통해 조절된다.
> • 근육의 길이 정보를 중추신경계로 보낸다.

① 근방추(muscle spindle)
② 골지건기관(Golgi tendon organ)
③ 자유신경종말(free nerve ending)
④ 파치니안 소체(Pacinian corpuscle)

**19** 근력 결정요인으로 옳지 <u>않은</u> 것은?

① 근육 횡단면적
② 근절의 적정 길이
③ 근섬유 구성비
④ 근섬유막 두께

20 상완이두근의 움직임에 대한 근육 수축 형태로 옳지 않은 것은?

① 자세를 유지할 때 – 등척성 수축
② 턱걸이 올라갈 때 – 단축성 수축
③ 턱걸이 내려갈 때 – 신장성 수축
④ 공을 던질 때 – 등속성 수축

### 운동역학

01 운동역학(sports biomechanics)의 내용으로 적절한 것은?

① 스포츠 현상을 사회학적 연구 이론과 방법으로 설명하는 학문이다.
② 운동에 의한 생리적·기능적 변화를 기술하고 설명하는 학문이다.
③ 스포츠 수행에 영향을 주는 심리적 요인을 설명하는 학문이다.
④ 스포츠 상황에서 인체에 발생하는 힘과 그 효과를 설명하는 학문이다.

02 근육의 신장(원심)성 수축(eccentric contraction)이 아닌 것은?

① 스쿼트의 다리를 굽히는 동작에서 큰볼기근(대둔근, gluteus maximus)의 수축
② 팔굽혀펴기의 팔을 펴는 동작에서 위팔세갈래근(상완삼두근, triceps brachii)의 수축
③ 턱걸이의 팔을 펴는 동작에서 넓은등근(광배근, latissimus dorsi)의 수축
④ 윗몸일으키기의 뒤로 몸통을 펴는 동작에서 배곧은근(복직근, rectus abdominis)의 수축

03 단위 시간당 이동한 변위(displacement)를 나타내는 벡터량은?

① 속도(velocity)
② 거리(distance)
③ 가속도(acceleration)
④ 각속도(angular velocity)

**04** 지면반력기(force plate)를 통해 얻을 수 있는 변인이 <u>아닌</u> 것은?

① 걷기 동작에서 디딤발에 가해지는 힘의 방향
② 외발서기 동작에서 디딤발 압력중심(center of pressure)의 이동거리
③ 서전트 점프 동작에서 발로 지면에 힘을 가한 시간
④ 달리기 동작의 체공기(non-supporting phase)에서 발에 작용하는 힘의 크기

**05** 인체의 시상(전후)면(sagittal plane)에서 수행되는 움직임이 <u>아닌</u> 것은?

① 인체의 수직축(종축)을 중심으로 회전하는 피겨스케이팅 선수의 몸통분절 움직임
② 페달링하는 사이클 선수의 무릎관절 굴곡/신전 움직임
③ 100m 달리기를 하는 육상 선수의 발목관절 저측/배측굴곡 움직임
④ 앞구르기를 하는 체조 선수의 몸통분절 움직임

**06** 〈보기〉에서 복합운동(general motion)에 해당하는 것을 모두 고른 것은?

> **보기**
> ㉠ 커브볼로 던져진 야구공의 움직임
> ㉡ 페달링하면서 직선구간을 질주하는 사이클 선수의 대퇴(넙다리) 분절 움직임
> ㉢ 공중회전하면서 낙하하는 다이빙 선수의 몸통 움직임

① ㉠
② ㉠, ㉢
③ ㉡, ㉢
④ ㉠, ㉡, ㉢

**07** 인체 무게중심에 대한 설명으로 옳은 것은? (단, 공기저항은 무시함)

① 무게중심은 항상 신체 내부에 위치한다.
② 체조 선수는 공중회전하는 동안 무게중심을 지나는 축을 중심으로 회전하게 된다.
③ 지면에 선 상태로 팔을 위로 올리면 무게중심은 아래로 이동한다.
④ 서전트 점프 이지(take-off) 후, 공중에서 팔을 위로 올리면 무게중심은 위로 이동한다.

**08** 농구 자유투에서 투사된 농구공의 운동에 대한 설명으로 옳은 것은? (단, 공기저항은 무시함)

① 농구공 질량중심의 수직속도는 일정하다.
② 최고점에서 농구공 질량중심의 수평속도는 0m/s가 된다.
③ 최고점에서 농구공 질량중심은 수평방향으로 등속도 운동을 한다.
④ 최고점에서 농구공 질량중심은 수직방향으로 등속도 운동을 한다.

09 〈그림〉과 같이 공이 지면(수평 고정면)에 충돌하는 상황에 관한 설명으로 옳은 것은? (단, 공의 충돌 전 수평속도 및 수직속도는 같음)

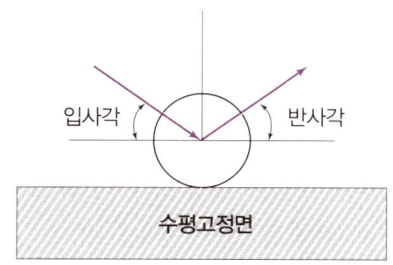

① 충돌 후, 무회전에 비해 백스핀된 공의 수평속도가 크다.
② 충돌 후, 무회전에 비해 톱스핀된 공의 수직속도가 크다.
③ 충돌 후, 무회전에 비해 톱스핀된 공의 반사각이 크다.
④ 충돌 후, 무회전된 공과 백스핀된 공의 리바운드 높이는 같다.

10 〈그림〉에서 달리기 선수의 질량은 60kg이며 오른발 착지 시 무게중심의 수평속도는 2m/s이다. A와 B의 면적이 각각 80N·s와 20N·s일 때, 오른발 이지(take-off) 순간 무게중심의 수평속도는?

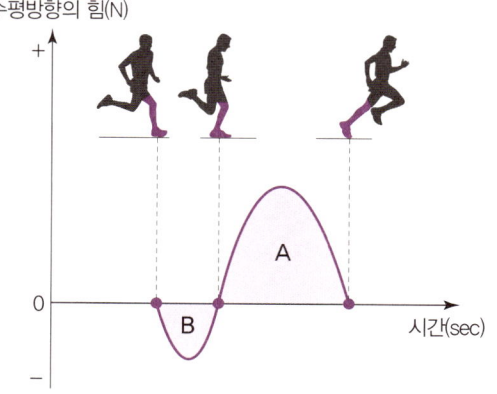

① 3m/s  ② 4m/s
③ 5m/s  ④ 6m/s

11 〈보기〉의 ㉠, ㉡에 들어갈 용어가 바르게 연결한 것은?

**보기**
농구선수는 양손 체스트패스 캐치 동작에서 공을 몸쪽으로 당겨 받는다. 그 과정에서 공을 받는 ( ㉠ )은 늘리고 ( ㉡ )은 줄일 수 있다.

|   | ㉠ | ㉡ |
|---|---|---|
| ① | 시간 | 충격력(impact force) |
| ② | 충격력 | 시간 |
| ③ | 충격량(impulse) | 시간 |
| ④ | 충격력 | 충격량 |

12 역학적 일(work)을 하지 않은 것은?
① 역도 선수가 바닥에 있던 100kg의 바벨을 1m 높이로 들어 올렸다.
② 레슬링 선수가 상대방을 굴려서 1m 옆으로 이동시켰다.
③ 체조 선수가 철봉에 매달려 10초 동안 정지해 있었다.
④ 육상 선수가 달려서 100m를 이동했다.

13 마그누스 효과(Magnus effect)에 관한 내용이 아닌 것은?
① 레인에서 회전하는 볼링공의 경로가 휘어지는 현상
② 커브볼로 투구된 야구공의 경로가 휘어지는 현상
③ 사이드스핀이 가해진 탁구공의 경로가 휘어지는 현상
④ 회전(탑스핀)이 걸린 테니스공이 아래로 빠르게 떨어지는 현상

**14** 스키점프 동작의 역학적 에너지에 대한 설명으로 옳지 않은 것은? (단, 공기저항은 무시함)

① 운동에너지는 지면 착지 직전에 가장 크다.
② 위치에너지는 수직 최고점에서 가장 크다.
③ 운동에너지는 스키점프대 이륙 직후부터 지면 착지 직전까지 동일하다.
④ 역학적 에너지는 스키점프대 이륙 직후부터 지면 착지 직전까지 보존된다.

**15** 〈보기〉의 그림에 제시된 덤벨 컬(dumbbell curl) 운동에서 팔꿈치관절 각도(θ)와 팔꿈치관절에 발생되는 회전력(torque)의 관계를 옳게 나타낸 그래프는? (단, 덤벨 컬 운동은 등각속도 운동임)

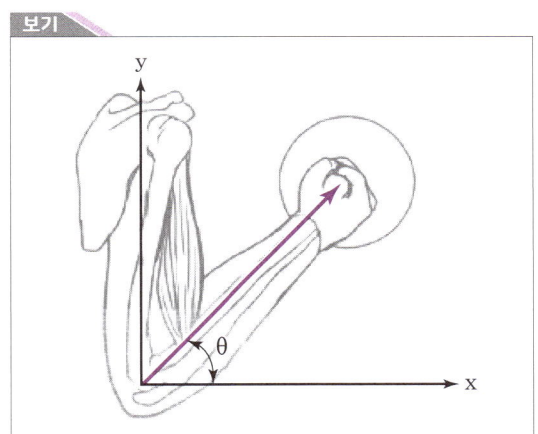

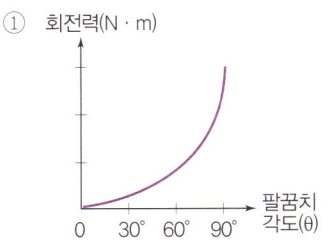

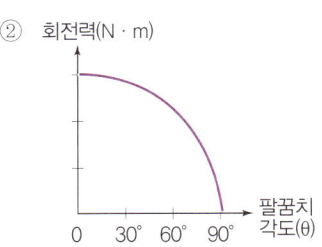

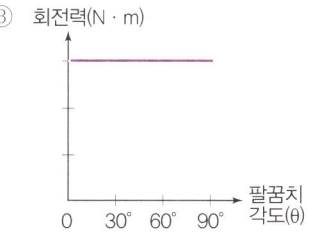

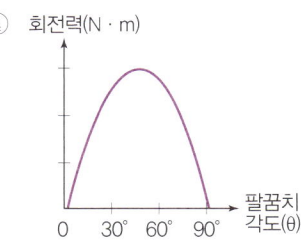

**16** 인체 지레에 대한 설명 중 옳은 것은?

① 지레에서 저항팔이 힘팔보다 긴 경우에는 힘에 있어서 이득이 있다.
② 1종지레는 저항점이 받침점과 힘점 사이에 있는 형태로, 팔굽혀펴기 동작이 이에 속한다.
③ 2종지레는 받침점이 힘점과 저항점 사이에 있는 형태로, 힘에 있어서 이득이 있다.
④ 3종지레는 힘점이 받침점과 저항점 사이에 있는 형태로, 운동의 범위와 속도에 있어서 이득이 있다.

**17** 〈보기〉의 ㉠~㉣에 들어갈 내용을 바르게 연결한 것은?

> **보기**
> 다이빙 선수의 공중회전 동작에서는 다이빙 플랫폼 이지(take-off) 직후에 다리와 팔을 회전축 가까이 위치시켜 관성모멘트를 ( ㉠ )시킴으로써 각속도를 ( ㉡ )시켜야 한다. 입수 동작에서는 팔과 다리를 최대한 펴서 관성모멘트를 ( ㉢ )시킴으로써 각속도를 ( ㉣ )시켜야 한다.

|   | ㉠ | ㉡ | ㉢ | ㉣ |
|---|---|---|---|---|
| ① | 증가 | 감소 | 증가 | 감소 |
| ② | 감소 | 증가 | 증가 | 감소 |
| ③ | 감소 | 감소 | 증가 | 증가 |
| ④ | 증가 | 증가 | 감소 | 감소 |

**18** 30m/s의 수평투사속도로 야구공을 던질 때, 야구공의 체공시간이 2초라면 투사거리는? (단, 공기저항은 무시함)

① 15m
② 30m
③ 60m
④ 90m

**19** 일률(power)의 단위가 아닌 것은?

① N · m/s
② kg · m/s$^2$
③ Joule/s
④ Watt

**20** 〈보기〉의 ㉠~㉢에 들어갈 내용을 바르게 연결한 것은?

> **보기**
> 신체의 정적 안정성을 높이기 위해서는 기저면(base of support)을 ( ㉠ ), 무게중심을 ( ㉡ ), 수직 무게중심선을 기저면의 중앙과 ( ㉢ ) 위치시키는 것이 효과적이다.

|   | ㉠ | ㉡ | ㉢ |
|---|---|---|---|
| ① | 좁히고 | 높이고 | 가깝게 |
| ② | 좁히고 | 높이고 | 멀게 |
| ③ | 넓히고 | 낮추고 | 가깝게 |
| ④ | 넓히고 | 낮추고 | 멀게 |

## 스포츠윤리

**01** 스포츠맨십(sportsmanship) 행위가 아닌 것은?

① 패자에게 승리의 우월성 과시
② 악의없는 순수한 경쟁
③ 패배에 대한 겸허한 수용
④ 승자에 대한 아낌없는 박수

**02** 〈보기〉에서 스포츠에 관한 결과론적 윤리관에 해당하는 것으로만 고른 것은?

보기
㉠ 경기에서 지더라도 경기규칙은 반드시 준수해야 한다.
㉡ 개인의 최우수선수상 수상보다 팀의 우승이 더 중요하다.
㉢ 운동선수는 훈련과정보다 경기에서 승리하는 것이 더 중요하다.
㉣ 스포츠 경기는 페어플레이를 중시하기 때문에 승리를 위한 불공정한 행위를 해서는 안 된다.

① ㉠, ㉢
② ㉠, ㉣
③ ㉡, ㉢
④ ㉢, ㉣

**03** 스포츠에서 나타나는 인종차별에 관한 설명으로 적절하지 않은 것은?

① 경기실적 향상을 위해 우수한 외국 선수를 귀화시키기도 한다.
② 개인의 운동기량을 인종 전체로 일반화시켜 편견과 차별이 심화되기도 한다.
③ 스포츠미디어는 인종에 대한 편견과 차별을 재생산하기도 한다.
④ 일부 관중들은 노골적으로 특정 인종을 비하하는 모욕 행위를 표출하기도 한다.

**04** 스포츠윤리 이론 중 덕윤리의 특징으로 적절하지 않은 것은?

① 스포츠 상황에서의 행위의 정당성보다 개인의 인성을 강조한다.
② 비윤리적 행위는 궁극적으로 스포츠인의 올바르지 못한 품성에서 비롯된다.
③ '어떠한 행위를 하는 선수가 되어야 하는가'보다 '무엇이 올바른 행위인지'를 판단하는 데 더 주목한다.
④ 스포츠인의 미덕을 드러내는 행동은 옳은 것이며, 악덕을 드러내는 행동은 그릇된 것으로 간주한다.

**05** 〈보기〉에서 스포츠윤리의 역할로 적절한 것으로만 고른 것은?

보기
㉠ 스포츠 상황에서 행동의 옳고 그름을 판단할 수 있는 원리 탐구
㉡ 스포츠 현상을 사실적으로 기술하는 방법 탐구
㉢ 스포츠 현상의 미학적 탐구
㉣ 윤리적 원리와 도덕적 덕목에 기초하여 스포츠인에게 요구되는 행위 탐구

① ㉠, ㉡
② ㉠, ㉣
③ ㉡, ㉢
④ ㉡, ㉣

**06** 〈보기〉의 괄호 안에 공통으로 들어갈 용어는?

보기
• 칸트(I. Kant)에게 도덕성의 기준은 (　　　)이다.
• 칸트에 의하면, 페어플레이도 (　　　)이/가 없으면 도덕적이라 볼 수 없다.
• (　　　)은/는 도덕적인 선수가 갖추어야 할 내적인 태도이자 도덕적 행위의 필요충분조건이다.

① 행복
② 선의지
③ 가언명령
④ 실천

**07** 〈보기〉에서 스포츠 선수의 유전자 도핑을 반대해야 하는 이유로 적절한 것을 모두 고른 것은?

> **보기**
> ㉠ 선수의 신체를 실험 대상화하여 기계나 물질로 이해하도록 만들기 때문
> ㉡ 유전자조작 인간과 자연적 인간 사이에 갈등을 초래하기 때문
> ㉢ 생명체로서 인간의 본질을 훼손하고 존엄성을 부정하기 때문
> ㉣ 선수를 우생학적 개량의 대상으로 만들기 때문

① ㉠, ㉢
② ㉡, ㉢
③ ㉠, ㉡, ㉣
④ ㉠, ㉡, ㉢, ㉣

**08** 〈보기〉의 괄호 안에 들어갈 정의(justice)의 유형은?

> **보기**
> 운동선수의 신체는 훈련으로 만들어지기도 하지만 유전적 요인으로 결정되는 경우가 많다. 농구와 배구선수의 키는 타고난 우연성에 해당한다. 일반적으로 스포츠 경기에서는 이러한 불평등 문제에 (　　) 정의를 적용하지 않는다. 왜냐하면 스포츠는 전적으로 개인의 자발적인 선택의 문제이기 때문이다.

① 자연적
② 절차적
③ 분배적
④ 평균적

**09** 〈보기〉에서 A선수의 판단 근거가 되는 윤리이론의 난점에 관한 설명으로 적절한 것은?

> **보기**
> 농구경기 4쿼터 종료 3분 전, 감독에게 의도적 파울을 지시받은 A선수는 의도적 파울이 팀 승리에 기여할 수 있지만, 상대 선수에게 위협을 가하거나 자칫 부상을 입힐 수 있기 때문에 도덕적으로 옳지 않다고 판단했다.

① 사회 전체의 이익을 고려하지 않는 경우가 발생한다.
② 상식적이고 보편적인 도덕직관과 충돌하는 판단을 내릴 수 있다.
③ 행위의 결과를 즉각 산출하기 어려울 경우에 명료한 지침을 제시하지 못할 수 있다.
④ 도덕을 수단적으로 인식한다는 점에서 근본적인 도덕개념들과 양립하기 어렵다.

**10** 〈보기〉의 괄호 안에 공통으로 들어갈 용어는?

> **보기**
> 예진 : 스포츠에는 규칙으로 통제된 (　　)이 존재해. 대표적으로 복싱과 태권도와 같은 투기 종목은 최소한의 안전장치가 마련되고, 그 속에서 힘의 우열이 가려지는 것이지. 따라서 스포츠 내에서 폭력은 용인된 폭력과 그렇지 않은 폭력으로 구분할 수 있어!
> 승현 : 아니, 내 생각은 달라! 스포츠 내에서의 폭력과 일상 생활에서의 폭력은 본질적으로 동일하지. 그래서 (　　)은 존재할 수 없어.

① 합법적 폭력
② 부당한 폭력
③ 비목적적 폭력
④ 반사회적 폭력

**11** 〈보기〉에서 국제수영연맹(FINA)이 기술도핑을 금지한 이유는?

> **보기**
>
> 2008년 베이징올림픽 수영종목에서는 25개의 세계신기록이 쏟아져 나왔다. 주목할만한 것이 23개의 세계신기록이 소위 최첨단 수영복이라 불리는 엘지알 레이서(LZR Racer)를 착용한 선수들에 의해 수립되었다는 것이다. 그러나 이 같은 수영복을 하나의 기술도핑으로 간주한 국제수영연맹은 2010년부터 최첨단 수영복의 착용을 금지하였다.

① 효율성 추구   ② 유희성 추구
③ 공정성 추구   ④ 도전성 추구

**12** 〈보기〉에서 나타난 현준과 수연의 공정시합에 관한 관점이 바르게 연결된 것은?

> **보기**
>
> 현준 : 승부조작은 경쟁적 스포츠의 본래적 가치를 훼손시키는 행위지만, 경기규칙을 위반하지 않았다면 윤리적으로 문제없는 것이 아닌가?
> 수연 : 나는 경기규칙을 위반하지 않았다 하더라도, 스포츠의 역사적·사회적 보편성과 정당성 속에서 형성되고 공유된 에토스(shared ethos)에 충실해야 한다고 생각해! 그래서 스포츠의 가치를 근본적으로 훼손시키는 승부조작은 추구해서도, 용인되어서도 절대 안돼!

|   | 현준 | 수연 |
|---|---|---|
| ① | 물질만능주의 | 인간중심주의 |
| ② | 형식주의 | 비형식주의 |
| ③ | 비형식주의 | 형식주의 |
| ④ | 인간중심주의 | 물질만능주의 |

**13** 〈보기〉의 ㉠, ㉡과 관련된 맹자(孟子)의 사상이 바르게 연결된 것은?

> **보기**
>
> ㉠ 농구 경기에서 자신과 부딪쳐서 부상을 당해 병원으로 이송되는 상대 선수를 걱정해 주는 마음
> ㉡ 배구 경기에서 자신의 손에 맞고 터치 아웃된 공을 심판이 보지 못해서 자기 팀이 득점을 했을 때 스스로 부끄러워하는 마음

|   | ㉠ | ㉡ |
|---|---|---|
| ① | 수오지심(羞惡之心) | 측은지심(惻隱之心) |
| ② | 측은지심(惻隱之心) | 수오지심(羞惡之心) |
| ③ | 사양지심(辭讓之心) | 시비지심(是非之心) |
| ④ | 측은지심(惻隱之心) | 사양지심(辭讓之心) |

**14** 장애인의 스포츠 참여를 지원하는 방법으로 적절하지 않은 것은?

① 장애인이 접근 가능한 장소의 확보
② 활동에 필요한 장비 및 기구의 안정적 지원
③ 비장애인과의 통합수업보다 분리수업 지향
④ 일회성 체험이 아닌 지속적인 클럽활동 보장

**15** 스포츠의 지속 가능한 발전에 관한 설명으로 적절하지 않은 것은?

① 새로운 스포츠 시설의 개발 금지
② 스포츠 시설의 개발과 자연환경의 공존
③ 건강한 인간과 건강한 자연환경의 공존
④ 스포츠만의 환경 운동이 아닌 국가적, 국제적 협력과 공조

16. ⟨그림⟩은 스포츠윤리규범의 구조이다. ㉠~㉢에 해당하는 용어가 바르게 연결된 것은?

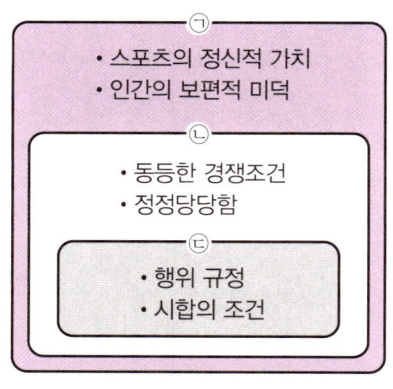

| | ㉠ | ㉡ | ㉢ |
|---|---|---|---|
| ① | 규칙준수 | 스포츠맨십 | 페어플레이 |
| ② | 스포츠맨십 | 페어플레이 | 규칙준수 |
| ③ | 페어플레이 | 규칙준수 | 스포츠맨십 |
| ④ | 스포츠맨십 | 규칙준수 | 페어플레이 |

17. 국민체육진흥법(시행 2022.8.11.) 제18조의3 '스포츠윤리센터의 설립'에 관한 사항으로 옳지 않은 것은?

① 스포츠윤리센터는 문화체육관광부 장관이 감독한다.
② 스포츠윤리센터의 정관에 기재할 사항은 국무총리령으로 정한다.
③ 스포츠윤리센터가 아닌 자는 스포츠윤리센터 또는 이와 비슷한 명칭을 사용하지 못한다.
④ 스포츠윤리센터의 장은 문화체육관광부 장관의 승인을 받아 관계 행정 기관 소속 임직원의 파견 또는 지원을 요청할 수 있다.

18. ⟨보기⟩에서 국제육상경기연맹(IFFA)이 출전금지를 판단한 이유는?

> 보기
> 2011년 대구세계육상선수권대회에서 남아프리카공화국의 의족 스프린터 피스토리우스(O. Pistorius)는 비장애인 육상경기에 참가 신청을 했으나, 국제육상경기연맹은 경기에 사용되는 의족의 탄성이 피스토리우스에게 유리하다는 이유로 출전을 허용하지 않았다고 한다.

① 인종적 불공정
② 성(性)적 불공정
③ 기술적 불공정
④ 계급적 불공정

19. 스포츠에서 나타나는 성차별의 원인이 아닌 것은?

① 사회적 성 역할의 고착화
② 차이를 차별로 정당화하는 논리
③ 신체구조와 운동능력에 대한 편견
④ 여성성을 해치는 스포츠에의 여성 참가 옹호

20. 스포츠에서 심판윤리에 관한 설명으로 옳지 않은 것은?

① 심판의 사회윤리는 협회나 종목단체의 도덕성과 밀접한 관련이 있다.
② 심판은 공정하고 엄격한 도덕적 원칙을 적용해야 한다.
③ 심판의 개인윤리는 청렴성, 투명성 등의 인격적 도덕성을 의미한다.
④ 심판은 '이익동등 고려의 원칙'에 따라 전력이 약한 팀에게 유리한 판정을 할 수 있다.

# 2025 선택과목 기출문제 정답 및 해설

## 스포츠사회학

| 01 | 02 | 03 | 04 | 05 | 06 | 07 | 08 | 09 | 10 |
|---|---|---|---|---|---|---|---|---|---|
| ① | ② | ① | ③ | ③ | ② | ③ | ④ | ④ | ① |
| 11 | 12 | 13 | 14 | 15 | 16 | 17 | 18 | 19 | 20 |
| ① | ③ | ③ | ① | ④ | ② | ② | ② | ④ | ④ |

### 01 스포츠 사회학 주요 연구 영역 　답 ①

스포츠 사회학은 스포츠와 사회의 관련성에 초점을 둔 사회학의 하위 분야로 인간의 행위 및 상호작용 등을 연구하여 사회적 법칙 등을 발견한다. 따라서 스포츠 기능 향상의 심리적 기전을 연구한다는 것은 옳지 않다.

### 02 스포츠의 교육적 기능 　답 ②

스포츠는 사회활동을 격려하고, 사회화를 촉진하며 장애인의 적응력을 배양하고 여권신장을 통한 사회 선도 등의 순기능이 있다. 승리지상주의는 스포츠 교육의 역기능에 해당한다.

### 03 미디어스포츠 수용자의 욕구 유형 　답 ①

게임의 과정 및 결과에 대한 지식이나 정보를 검색하고 선수 및 팀에 관한 통계적 지식 등을 확인하는 욕구는 인지적 욕구에 해당한다.

【오답해설】
② 도피적 욕구 : 불안, 초조, 욕구불만, 좌절 등의 감정을 정화하려는 욕구

### 04 지역사회와 스포츠 　답 ③

국제 스포츠 이벤트를 통해 지역사회나 국가의 명성을 고취시킬 수 있으며 시민들의 건강 및 체력을 유지할 수 있다. 또한 국가 및 지역사회의 경제발전을 도모할 수 있으며 정체성과 소속감을 증진시킬 수 있다. 따라서 지역사회 구성원의 문화 정체성이 약화된다는 ③은 적절하지 않다.

### 05 미래 스포츠의 변화 전망 　답 ③

미래에는 평균수명의 증가로 고령층의 스포츠 참여 인구와 중요성 모두 증가한다. 또한 정보 기술의 발달로 스포츠 관람 형태와 참여 형태가 다양해진다. 마지막으로 다양한 신소재의 개발 등과 같이 스포츠 과학의 발달로 프로스포츠에서는 스포츠과학이 더 중요해질 것이다.

### 06 미래 스포츠의 변화 전망 　답 ②

투민은 스포츠 계층을 사회성, 다양성, 보편성, 역사성, 영향성의 5가지로 분류하였다. 이 중 영향성은 스포츠 계층이 일반 사회 계층에 영향을 받는다는 것으로 'ㄱ'에 해당되는 내용이다. 베블런의 '유한계급론'은 상류층의 과시적 소비 현상을 예리하게 분석하고 비판한 경제학의 이론으로, 'ㄴ'의 내용을 설명할 수 있는 이론이다.

> **Tip**
> **베블런의 유한계급론**
> 유한계급은 영어로 leisure class인데, 이는 말 그대로 노는 계급, 여가를 즐기는 계급이라는 뜻이며, 과시소비를 하는 계급을 말한다. 이때 과시소비란 재화를 구입하는 목적이 그 재화를 사용하여 효용을 얻기 위함이 아니라, 그 재화를 바라보는 타인의 시선에서 만족을 얻거나 타인에게 자신의 부와 지위를 강조하기 위한 목적으로 소비하는 형태이다. 이 계급은 낮은 가격의 상품을 소비하지 않고 남들과 대비되어 우월감을 얻기 위해 고가의 사치재를 소비한다. 때문에 사치재는 가격이 높아질수록 잘 팔리게 된다.

### 07 스포츠와 미디어의 이해 　답 ③

월드컵이나 올림픽과 같이 대중의 주목을 받는 스포츠를 중계함으로써 미디어의 보급 및 확산에 기여하였고 미디어 기술이 발달할 수 있게 하였다.

【오답해설】
ㄱ, ㄹ. 스포츠 용구의 변화나 스포츠 관람 인구의 증가, 스포츠 활동이 생활의 일부로 확산된 것은 미디어가 스포츠에 미친 영향이다.

### 08 스포츠 사회학 　답 ④

상징적 상호작용론은 사회적 현상을 개인의 상호작용과 상호작용 속에서 형성되는 상징적 의미에 주목하여 설명하는 이론으로, 미시적 관점의 이론이다. 이 이론은 인간이 사회구조 및 제도에 대해 능동적으로 사고하며 행동한다고 보고 있으며 스포츠 참여 과정과 하위 문화 특성에 관심을 가진다.

【오답해설】
① 갈등이론은 사회의 본질을 경쟁과 갈등 관계로 보고 사회를 희소자원을 두고 경쟁하는 사람들의 집합체로 규정한다.
② 비판이론은 사회를 각자의 이익을 위한 타인과 끊임없이 경쟁하는 장으로 규정한다.
③ 구조기능주의는 사회가 본질적으로 상호 관련되고 상호 의존적인 제도로 구성되어 있으며 전체 사회 안정에 기여한다고 보는 이론이다.

## 09 스포츠와 국제정치  답 ④

1995년에 열린 럭비월드컵경기대회는 개최국 남아프리카공화국에겐 첫 월드컵으로 남아공의 인종차별과 인종 간 갈등 해소라는 중요한 가치를 갖고 있는 대회이다. 따라서 아파르트헤이트(apartheid)에 대한 국제사회의 반발로 다수 국가의 보이콧이 발생했다는 설명은 옳지 않다.

> **Tip**
> 아파르트헤이트(Apartheid)
> 남아프리카 공화국의 비(非)백인에 대한 분리와 차별정책을 말한다.

## 10 스포츠 노동이주의 유형  답 ①

세방화(glocalization)는 세계화(世界化)를 의미하는 글로벌라이제이션(globalization)과 지방화(地方化)를 의미하는 로컬라이제이션(localization)의 합성어로서 세계화와 지방화의 장점을 서로 인정하고 발전시켜 나가는 일을 말한다. 'ㄱ'에서 A 스포츠 업체는 자신의 브랜드 정체성을 유지하면서 지역 문화를 이용한 광고를 제시하였으므로 세방화의 적절한 예이다. 'ㄴ'은 경제적 보상이 최고의 이주 결정 요인이며 경제적 보상을 위해 다시 이주할 수도 있는 용병형의 예이다.

> **Tip**
> 스포츠의 세계화 사례
>
> | | |
> |---|---|
> | 세방화 (Glocalization) | 세계화와 지방화를 합친 말로 세계화와 지방화의 장점을 서로 인정하고 발전시켜 새로운 질서 체계로 나아가는 일 |
> | 스포츠화 (Sportization) | 민속놀이가 현대 스포츠로 변모하는 현상 |
> | 미국화 (Americanization) | 여러 스포츠 및 문화가 미국으로 들어와 미국 국가에 동화됨으로써 문화, 가치관, 신념, 관습이 변화·공유되어가는 현상 |
> | 세계표준화 (Global Standardization) | 문화 및 국가에 따라 여러 가지로 분리된 것들을 공통된 기준을 정하여 이에 따라 표준화하려는 현상 |

## 11 스포츠 일탈 이론  답 ①

도피주의는 문화적 목표와 제도적 수단 모두를 포기하는 유형으로 'ㄱ'에 해당한다. 혁신주의는 금지된 수단으로 문화적 목표를 달성하려는 유형으로 'ㄴ'에 해당한다. 의례주의는 경기의 승패보다 규칙을 지키는 것이 중요하다고 판단하는 유형으로 'ㄷ'에 해당한다.

## 12 스포츠와 계층 이동  답 ③

'ㄷ'에서 프로배구 선수가 그의 부모님과는 다른 수입과 명성을 얻게 된 것은 세대 간의 이동으로 볼 수 있다. 세대 내 이동은 개인의 일생에서 생겨나는 사회·경제적인 지위의 변화로 경력이동이라고도 한다.

> **Tip**
> 사회이동의 유형
> (1) 이동 방향 기준
>   ① 수직이동 : 종전의 계층적 지위에 대한 상하의 변화
>   ② 수평이동 : 계층적 지위의 변화가 일어나지 않으며 동일하게 평가되는 지위로 자리를 바꿈(A팀 주전에서 비슷한 실력의 B팀으로 비슷한 대우를 받고 옮기기)
> (2) 시간 간격 기준
>   ① 세대 간 이동 : 한 세대에서 다음 세대로 넘어가는 과정에 생겨나는 사회경제적 지위의 변화 같은 가족 내에서 발생(부모보다 많은 수입, 높은 명예와 교육수준: 세대 간 상승 이동)
>   ② 세대 내 이동 : 개인의 일생에서 생겨나는 사회·경제적 지위의 변화. 경력이동이라고도 함(후보로 입단 → 주전선수 → 은퇴 후 코치나 감독: 세대 내 상승이동)
> (3) 이동 주체 기준
>   ① 개인이동 : 개인의 능력과 노력에 입각해 사회적으로 상승기회 실현 스포츠를 통한 사회이동의 대부분이 개인이동에 포함됨
>   ② 집단이동 : 유사한 조건을 갖추고 있는 집단이 특정한 계기를 통하여 단체로 이동하는 것(비교적 낮은 위치의 사회계층적 지위로 평가되던 운동선수가 프로스포츠 출범으로 부와 명성을 쌓고 지위가 높게 평가되는 것)

## 13 스포츠와 사회이론  답 ③

준거집단이론에서는 개인이 스스로가 동일화하는 특정한 집단의 규범에 따라 행동하고 판단한다고 보는 이론으로 집단의 규칙을 따르며 사회화가 이루어진다고 본다. 따라서 규칙을 따르지 않아도 사회화가 이루어진다고 설명한 것은 적절하지 않다.

## 14 스포츠사회학 연구 방법  답 ①

질적연구는 대상의 질적 측면에 주목하는 연구로 참여관찰, 심층면담, 민속 방법론, 대화 분석 등의 조사방법을 가리키는 개념이다. 따라서 ㉠에 들어갈 말로 적절하다. ㉡에 들어갈 말은 '선순환 모델'로 이 모델 이론은 엘리트 스포츠의 성과가 일반 시민의 스포츠 참가 촉진으로 이어지고 그렇게 형성된 자원 속에서 다시 일류 선수가 만들어진다는 것이다.

【오답해설】
④ 피라미드 모델: 스포츠 참여기반이 확대되면 그 확대된 토양에서 기량이 좋은 선수들이 배양되고 꼭대기에서 세계적인 수준의 선수가 배출된다고 가정하는 이론으로 생활 체육의 중요성을 강조하는 이론이다.

## 15  스포츠사회학의 의미  답 ④

평등성은 스포츠 참여의 기회가 평등하게 주어지는 것을 말하는 것으로 'ㄱ'에 해당한다. 전문화는 포지션의 분화와 리그의 세분화 등 경기장 안팎으로 다양한 종류의 전문화된 역할이 존재하는 것으로 'ㄴ'에 해당한다. 세속화는 스포츠가 종교 및 종교적 믿음으로부터 분리되어 즐거움, 건강, 물질적 보상 등의 세속적 가치에 목적을 두는 것으로 'ㄷ'에 해당한다. 관료화는 관료에 의해 스포츠 규칙이 제정되고 경기가 조직적으로 운영되는 것으로 'ㄹ'에 해당한다.

## 16  스포츠 일탈 이론  답 ②

〈보기〉의 사례에 해당하는 이론은 '낙인 이론'으로 이 이론은 특정인의 우연적이고 일시적인 미약한 일탈(일차적 일탈)이 다른 요인과 결합함으로써 타인이 해당 개인을 일탈자로 낙인찍고, 이렇게 낙인찍힌 개인은 일탈자로서의 자아를 형성, 점차 습관화되고 지속적인 일탈(이차적 일탈)을 저지르게 되는 것을 말한다.

## 17  상업주의와 스포츠  답 ②

스태그플레이션(Stagflation)은 침체(stagnation)와 폭등(inflation)의 합성어로 경제 침체와 물가 상승이 동반되는 현상을 말하는 것으로 상업주의 스포츠 출현의 사회적·경제적 조건에 해당하지 않는다.

## 18  스포츠와 정치의 결합  답 ②

〈보기〉의 내용은 전두환 정권 때 펼쳤던 3S 정책의 하나로, 스포츠를 이용하여 국민을 통치하기 용이한 방향으로 이끌어 현 체제의 유지·강화를 도모하는 '조작'의 방법에 속한다.

## 19  스포츠사회화 과정  답 ④

스포츠로의 사회화는 스포츠에 참가하는 활동 자체를 의미하는 것이다. 이러한 경험에 영향을 받아 스포츠에 대한 개입 수준을 증가하거나 감소시키는 것으로 'ㄱ'에 해당한다. 스포츠로의 재사회화는 스포츠 참가를 중단했던 개인이 어떤 계기로 다시 복귀하여 재참가하는 것으로 'ㄴ'에 해당한다. 스포츠를 통한 사회화는 스포츠 참가와 활동을 통하여 가치나 역할, 태도를 학습해 가는 과정으로 'ㄷ'에 해당한다. 스포츠 탈사회화는 지속적으로 스포츠 활동을 하던 사람이 중간에 포기하거나 아예 그만둠으로써 지속적인 스포츠 참여에서 이탈하는 것으로 'ㄹ'에 해당한다.

## 20  스포츠로의 사회화  답 ④

ㄱ에서 지영이는 부모님의 권유로 배드민턴을 시작하게 되었으므로 '가족'이 사회화 주관자이다. ㄴ에서 민수는 동네 주민센터에서 운영하는 농구 프로그램을 보고 등록하여 스포츠를 시작하게 되었으므로 이때의 사회화 주관자는 '지역사회'이다.

# 스포츠교육학

| 01 | 02 | 03 | 04 | 05 | 06 | 07 | 08 | 09 | 10 |
|---|---|---|---|---|---|---|---|---|---|
| ① | ③ | ① | ④ | ② | ④ | ③ | ② | ② | ③ |
| 11 | 12 | 13 | 14 | 15 | 16 | 17 | 18 | 19 | 20 |
| ② | ① | ④ | ④ | ② | ③ | ④ | ③ | ① | ③ |

## 01  교육 프로그램 내용 선정 원리  답 ①

좋은 교육 내용이더라도 실천 가능성이 없으면 선정하지 않는 것이 좋다. 교육 프로그램을 선정할 때에는 실천 가능성이나, 안정성, 효율성 등을 고려하여야 한다.

### Tip
**교육프로그램 내용 선정 원리**
① 타당성의 원리 : 교육내용은 교육의 일반 목표 달성에 도움을 주는 것이어야 한다.
② 획일성의 원리 : 교육내용은 원칙적으로 참이어야 한다.
③ 중요성의 원리 : 학문을 토대로 교육내용을 선정할 때 학문을 구성하는 가장 본질적인 것을 교육내용으로 삼아야 한다.
④ 사회적 유용성의 원리 : 교육내용은 사회의 유지와 변혁에 도움을 주는 것이어야 한다.
⑤ 인간다운 발달의 원리 : 교육내용은 학생의 성장과 자아실현에 도움을 주는 것이어야 한다.
⑥ 흥미의 원리 : 교육내용은 학생들이 흥미를 가질 수 있는 내용이어야 한다.
⑦ 학습 가능성의 원리 : 학생들이 학습할 수 있는 내용을 선정해야 한다.

## 02  효과적인 과제 제시 방법  답 ③

개념 자체를 그대로 전달하면 학생들을 쉽게 이해시킬 수 없다. 개념을 다른 것에 빗대어 설명하면 쉽게 이해할 수 있으므로 개념 자체를 그대로 전달하기보다는 은유나 비유를 사용하여 과제를 제시하는 것이 효과적이다.

### Tip
**효과적인 과제제시 방법**
① 명확한 설명 : 과제의 목표, 방법, 규칙 등을 명확하게 설명해야 한다.
② 시범 제시 : 교사가 직접 시범을 보여 학생들의 이해를 돕는다.
③ 시각 자료 활용 : 그림, 사진, 동영상 등 시각자료를 활용한다.
④ 개별화 지도 : 학생의 수준에 맞게 난이도를 조절하여 과제를 제시하고 개인별 피드백을 제공한다.

## 03 평가의 실천적 측면  답 ①

문제에서 제시된 질문은 계획된 학습의 목표를 달성하기 위해 교육 프로그램 실시 이전에 학습자의 수준 및 상태를 파악하기 위한 것으로 진단평가에 해당한다. 진단평가는 교육 프로그램의 방향을 설정·수정하고 학습장애의 원인 및 정도의 파악에 도움이 된다.

### Tip

| 진단평가 | • 계획된 학습의 목표 달성을 위해 교육 프로그램 실시 이전에 학습자의 수준 및 상태를 파악하기 위한 평가<br>• 교육 프로그램의 방향을 설정·수정하고 학습장애의 원인 및 정도의 파악에 도움 |
|---|---|
| 형성평가 | • 교육 프로그램 운영 중 이루어지는 과정 중심의 평가<br>• 학습자의 학습 동기를 유발<br>• 지도자에게는 프로그램 및 지도 방법을 수정하기 위한 기초자료로 활용 |
| 총괄평가 | • 주어진 학습과정을 끝마친 후 학습목표의 달성도를 측정하기 위한 평가<br>• 학습 결과를 토대로 개인별·집단별 평가를 진행, 성적을 작성 |
| 임의평가 | • 객관적 기준에 의한 측정이 아닌 교사의 주관적인 판단에 의한 해석·평가<br>• 객관적이고 체계적인 평가가 불가능 |
| 수행평가 | • 학습자가 자신의 지식과 기능을 활용하여 과제를 수행하고 이를 평가하는 것<br>• 다양한 맥락에서 지식·기능을 보여주므로 다양한 과제와 상황을 제공하는 평가 유형<br>• 지도자의 평가뿐만이 아닌 상호평가, 자기평가 등의 평가 방법 활용이 가능 |
| 상대평가 | • 집단 내의 상대적인 서열을 중심으로 이루어지는 평가<br>• 선발·분류·배치 등의 상황에서 유용하게 사용<br>• 규준지향평가 |
| 절대평가 | • 사전에 설정된 학습목표를 준거로 하여 목표의 달성도를 평가<br>• 준거지향평가, 목표지향평가 |
| 개인내차평가 | • 한 개인의 성취 정도를 종단적으로 추적·조사하여 평가<br>• 개인의 발전 상태를 진단하는 평가 방법<br>• 자기지향평가 |

## 04 생활스포츠 교육 프로그램 지도 원리  답 ④

프로그램의 다양화를 지향하고, 직접 참여와 간접 학습활동을 균형 있게 제공하며 총체적으로 체험할 수 있도록 하는 것은 통합성의 원리를 설명한 것이다.

### 【오답해설】
① 개별성 : 참가자의 욕구나 참가자 간의 개인차를 고려하여 지도하여야 한다.
② 자발성 : 참가자들이 자발적으로 참여할 수 있도록 유도하여야 한다.
③ 적합성 : 지도자의 창의적인 지도 활동을 적합하게 선정하여 지도

## 05 지도내용의 전달  답 ②

〈보기〉의 내용은 확대형 과제를 설명하는 것으로 이는 과제의 난이도와 복잡성에 따른 점진적 발달에 관심을 가진다. 또한 복잡한 기술을 가르치기 전에 기능을 세분화하며 과제 내 발달과 과제 간 발달이 있다.

### 【오답해설】
① 시작형 : 기초적인 단계의 학습 과제
③ 세련형 : 기능의 질적 측면에 집중된 학습 과제
④ 응용형 : 학습한 기능을 실제 상황에서 활용할 수 있도록 하는 학습 과제

## 06 협동 학습 모형의 교수 전략  답 ④

〈보기〉의 내용은 학생 팀-성취 배분(student teams-achievement division) 모형이다. 이 모형은 학생을 비경쟁적 팀으로 나누어 동일한 학습 과제와 자원을 제공하여 2차에 걸친 연습을 수행하게 한다. 두 번의 시험에서 향상도에 따라 점수를 부여하고 개인별 점수는 발표되지 않으며 팀 점수만 발표되므로 팀 내 협동을 유도할 수 있다.

## 07 생활체육진흥법  답 ③

「생활체육진흥법」제6조(생활체육 진흥 기본계획의 수립 등)에서 문화체육관광부장관은 생활체육의 진흥을 위한 기본계획(이하 "기본계획"이라 한다)을 5년마다 수립·시행하여야 한다고 하였다. 따라서 10년마다 수립·시행해야 한다는 설명은 적절하지 않다.

## 08 링크의 교수 전략  답 ②

〈보기〉의 내용은 링크의 교수 전략 중 상호작용 교수(interactive teaching)를 말하는 것이다. 이 교수법은 교수자와 학습자 또는 학습자 간의 활발한 소통과 교류를 통해 학습 효과를 높인다.

## 09 모스턴(M. Mosston)의 교수 스타일  답 ②

모스턴(M. Mosston)의 교수 스타일에서 교수는 지도자와 학습자의 연속되는 의사 결정 과정을 전제로 하며 교수 스타일 구조는 과제 활동 전, 중, 후 결정군으로 구성된다. 또한 교수 스타일 A~E까지는 모방(reproduction)이 중심이 된다. 따라서 옳은 설명은 'ㄱ'과 'ㄹ'이다.

## 10  게임 수행 평가 도구  답 ③

게임 수행 점수는 $\dfrac{\text{적절한 행동 수}}{\text{적절한 행동 수 + 비적절한 행동 수}}$ 로 계산한다.

| 점수<br>이름 | 의사결정 점수 | 기술실행 점수 | 보조하기 점수 | 게임수행점수 |
| --- | --- | --- | --- | --- |
| 다은 | $\dfrac{3}{4}=0.75$ | $\dfrac{3}{4}=0.75$ | $\dfrac{3}{4}=0.75$ | $\dfrac{2.25}{3}=0.75$ |
| 세연 | $\dfrac{2}{4}=0.5$ | $\dfrac{5}{5}=1$ | $\dfrac{2}{4}=0.5$ | $\dfrac{2}{3}=0.66$ |
| 유나 | $\dfrac{2}{4}=0.5$ | $\dfrac{2}{2}=1$ | $\dfrac{2}{2}=1$ | $\dfrac{2.5}{3}=0.83$ |

게임 수행 점수가 높은 순으로 나열하면 유나 → 다은 → 세연이 된다.

## 11  교수 스타일의 특성  답 ②

②는 모스턴의 수업 스타일 중 포괄형에 관한 설명으로 포괄형 스타일은 다양한 기술 수준에 있는 학습자가 자신들이 수행 가능한 난이도를 선택하고 참여한다. 지도자는 과제의 난이도를 선정하고 교과내용과 수업 운영 절차에 대한 의사결정을 수행한다. 학습자는 필요에 따라 과제 수준을 수정하고 평가 기준에 맞추어 자신의 수행을 점검한다.

> **Tip**
>
> **모스턴(M. Mosston)의 교수 스타일**
> ① 연습형 : 피드백이 주어진 기억·모방 과제를 학습자가 개별적으로 연습한다. 학습자는 9가지 특정 사항을 결정하는 한편, 기억·모방 과제를 개별적으로 수행한다.
> ② 포괄형 : 다양한 기술 수준에 있는 학습자가 자신의 수준을 인식하고 수행할 수 있는 난이도의 과제를 선택해 수업을 진행한다.
> ③ 자기점검형 : 학습자가 자신의 수행을 스스로 점검하고 교정하는 방식으로, 비교와 대조, 결론 도출 능력을 스스로 적용한다.
> ④ 상호학습형 : 학습자는 자기 동료와 함께 두 명이 짝을 이루며 움직임을 수행한다. 한 명은 주어진 과제를 수행하고, 다른 한 명은 즉각적이고 지속적인 피드백을 제공하는 관찰자의 역할을 맡는다.

## 12  스포츠 지도를 위한 교육 모형  답 ①

이해중심게임모형은 게임을 통해 게임 수행에 필요한 전술적 지식 및 게임 지능을 습득하는 교육모형이다. 모의 활동은 반드시 정식 게임을 대표하여야 하며 전술 기능 개발에 초점을 맞출 수 있도록 과장된 상황을 제공한다. 문제의 도표에서 ㉠에 들어갈 말은 '전술 이해(인지)'이고 ㉡에 들어갈 말은 '기술 연습'이다.

## 13  생활체육 프로그램 실천  답 ④

싱글 엘리미네이션(single elimination) 또는 녹아웃(knockout) 토너먼트는 패배한 팀은 탈락하고 승리한 팀끼리 다음 경기를 진행하는 방식이다. 따라서 ④의 내용은 적절하지 않다.

> **Tip**
>
> **싱글 엘리미네이션(single elimination)**
> 일반적으로 토너먼트라고 했을 때 가장 먼저 인식되는 대회 방식으로 복수의 참가자를 1:1로 배치하여 패자는 바로 탈락하고 승자는 다른 경기의 승자와 대결하는 방식이다.

## 14  국민체육진흥법  답 ④

〈보기〉의 ㄱ~ㄹ은 '학교 체육의 진흥을 위한 조치'의 내용으로 학생 체력 증진 및 체육활동 육성을 위한 학교의 역할에 모두 해당한다.

## 15  체계적 관찰 방법  답 ②

제시된 체계적 관찰 방법은 긍정적, 부정적, 교정적, 가치적 유형의 피드백에 관한 횟수를 기록한 것으로 지도자와 학생의 상호작용에 관한 기록을 간단히 측정할 수 있다. 따라서 ②의 설명은 적절하다.

【오답해설】
① 피드백에 관해 상세한 내용을 기록한 것이 아니므로 질적 정보를 얻기 위한 것으로는 볼 수 없다.
③ 시간 간격에 관해선 제시되지 않았으므로 적절하지 않다.
④ 교수-학습 시간에 대한 것은 제시되지 않았으므로 적절하지 않다.

## 16  스포츠교육의 지도 방법  답 ③

인지적 학습 영역은 역사, 전략, 규칙과 같은 개념과 원리를 말하는 것이다. ㄷ, ㄹ, ㅁ은 모두 인지적 영역이 1순위인 학습자이다.

【오답해설】
ㄱ : 직접 교수 모형에서의 학습자는 심동적 영역이 1순위이다.
ㄴ : 개별화 지도 모형에서의 학습자는 심동적 영역이 1순위이다.

## 17  스포츠 지도를 위한 교수기법  답 ④

수업에서 가장 기본적인 교사의 활동으로는 "내용(지도)행동"과 "운영(관리)행동"으로 구분할 수 있다. 내용행동으로는 과제 설명, 관찰, 연습 등이 있고 운영 행동으로는 학생 출석 확인, 공간 정리, 팀 구성, 용구 확인 등이 있다. 따라서 ㉠~㉤ 중 운영 시간에 해당하는 것은 ㉠, ㉣, ㉤이다.

## 18  효과적 관리 운영  답 ③

박 코치는 시범을 보여주는 동안 장난을 치는 C팀을 손가락으로 가리키며 저지하였다. 이는 온스타인과 레빈이 제시한 부정적 행동 관리 전략 중에서 '신호 간섭'에 해당한다.

### Tip
**온스타인(A. Ornstein)과 레빈(D. Levine)이 제시한 부정적 행동 관리 전략**

| 신호 간섭 | 시선의 마주침, 손 움직임, 부주의한 행동을 감소시키는 교사 행동을 이용하는 것 |
|---|---|
| 접근 통제 | 방해 행동을 하는 학생에게 그 행동에 관심을 보이고 있다는 것을 전달하기 위해 교사가 가까이 접근하거나 접촉하는 것 |
| 긴장 완화 | 긴장을 완화시키는 유머를 활용하는 것 |
| 상규적 행동의 지원 | 스케줄, 과제 수업의 일상적 행동을 제공하는 일반적 수업 습관을 활용하는 것 |
| 유혹적 대상의 제거 | 운동 용구, 부주의나 파괴적 행동을 조장하는 것들을 치우는 것 |
| 비정한 제거 | 수업에서 파괴적인 행동을 하는 학생에게 심부름을 시켜 학습 장면에서 잠시 제외시키는 것 |
| 민주적 수업 운영 | 학습자가 무엇을 요구하는지 경청하고 그에 대한 다른 학습자의 의견을 구한 다음 체육 수업 운영을 민주적으로 운영하는 것 |

## 19  전문체육 프로그램 개발 및 실천    답 ①

마튼스(Martens)의 전문체육 프로그램 지도 6단계는 '선수에게 필요한 기술 파악 → ㉠ 선수 이해 → 상황 분석 → ㉡ 우선순위 결정 및 목표 설정 → 지도방법 선택 → 연습계획 수립'이다. 따라서 정답은 ①이다.

### Tip
**마튼스(R. Martens)의 전문체육 프로그램 개발 단계**
① 선수에게 필요한 기술 파악 : 스포츠를 통해 훌륭한 선수로 성장할 수 있도록 지도하는 것으로 스포츠기술과 생활기술을 지도한다.
② 선수이해 : 선수들의 신체적·심리적·사회적 발달단계를 파악한다.
③ 상황분석 : 지도계획을 수립하기 전 주변 상황에 대한 분석하고 개선한다.
④ 우선순위 결정 및 목표 설정 : 우선순위를 결정하는 것은 목표 설정에 도움을 주는데, 목표는 구체적이어야 하고 성취 가능한 것으로 설정한다.
⑤ 지도 방법 선택 : 효과적으로 지식, 기능, 태도 등을 전달하는 과정으로 직접형, 과제형, 상호형, 유도발견형, 문제해결형 등이 있다.
⑥ 연습 계획 수립 : 연습 수준과 범위, 목표, 체계적인 지도 방안 등의 계획을 수립한다.

## 20  운동 학습    답 ②

㉠은 투구 제한 시간이라는 정해진 답을 떠올리게 하는 질문이므로 회상형(회고적)질문에 해당한다. ㉡은 공을 정확하게 던져 넣는 운동 기능 유형으로 환경과 움직임에 대해 변화 없는 안정된 상태에서 수행하는 운동 기능인 폐쇄기능에 해당한다.

---

## 스포츠심리학

| 01 | 02 | 03 | 04 | 05 | 06 | 07 | 08 | 09 | 10 |
|---|---|---|---|---|---|---|---|---|---|
| ② | ④ | ① | ① | ② | ② | ③ | ② | ④ | ② |
| 11 | 12 | 13 | 14 | 15 | 16 | 17 | 18 | 19 | 20 |
| ③ | ② | ① | ③ | ③ | ③ | ④ | ① | ① | ④ |

## 01  스포츠심리학의 영역과 역할    답 ②

스포츠심리학자는 운동선수가 경기에서 최고의 기량을 발휘할 수 있도록 정신적 기술 훈련을 지원한다. 의약품 판매는 약사의 법적 역할으로 옳지 않다.

### Tip
**스포츠심리학자의 역할**
- 수행 향상(Performance Enhancement)
- 심리 상담(Counseling)
- 동기 부여(Motivation)
- 팀 응집력 향상(Team Cohesion)
- 생활체육 참여 증진
- 연구 및 교육

## 02  심상    답 ④

심상은 부상의 회복에 활용할 수 있다. 심상을 통하여 통증을 완화시키고 수행 능력이 떨어질 때에도 심상을 통해 지속적으로 수행할 수 있다.

## 03  동기    답 ①

내적 동기를 높이는 방법은 유능성과 자결성 측면으로 나눌 수 있다. 유능성 측면으로는 성공 경험, 언어적·비언어적 칭찬, 실현 가능한 목표의 설정이 있고, 자결성 측면으로는 연습 내용과 순서의 변경, 목표 설정과 의사결정에의 참여가 있다.

## 04  목표설정    답 ①

목표설정의 원리는 구체적이고 객관적인 목표를 설정, 현실적이고 실현 가능한 목표를 설정, 단계적으로 목표를 설정, 긍정적인 목표를 설정, 목표 달성에 대한 피드백 실시, 적극적인 응원과 지원, 목표를 문서화하여 작성이다.

## 05 운동의 심리적 효과 　답 ②

모노아민 가설은 운동을 통해 모노아민(도파민, 세로토닌, 멜라토닌, 시스타민 등의 신경전달물질)의 분비를 증가시켜 정서에 변화를 일으킨다고 보는 가설이다.

【오답해설】
① 열발생 가설 : 운동으로 인해 체온이 상승하면 뇌에서 근육에 이완 명령을 내리기 때문에 편안함을 느낀다는 가설
③ 사회심리적 가설 : 운동을 하면 기분이 좋아질 것이라고 기대하기 때문에 위약효과(플라시보 효과)가 발생하여 심리적인 효과를 얻게 된다는 가설
④ 생리적 강인함 가설 : 규칙적인 운동을 통해 스스로에게 스트레스를 규칙적으로 가하게 되고, 이것이 반복되면서 스트레스에 견디고 대처하는 능력이 향상되어 정서적으로 안정된다는 가설

## 06 스포츠심리학의 역사 　답 ②

콜먼 그리피스(Coleman Griffith)에 대한 설명이다. 콜먼 그리피스는 1925년에 운동연구소를 설립하고 심리학과 운동경기 코칭 심리학을 개발하였으며, 북미 스포츠심리학의 아버지라 불린다.

> **Tip**
> **콜먼 그리피스(Coleman Griffith)**
> • 1921~1938년 사이에 주로 활동했으며, 북미 스포츠심리학의 아버지로 불림
> • 1925년 일리노이 대학교에 세계 최초의 스포츠심리학 실험실 설립
> • 스포츠 상황에서의 집중력, 반응 시간, 운동 기술 습득 등을 연구
> • 1926년 『The Psychology of Coaching』 출간 → 코치의 심리학적 지도 방법 소개
> • 1928년 『Psychology of Athletics』 출간 → 운동선수의 심리 상태 분석
> • 1938년 시카고 컵스(Chicago Cubs) 야구팀의 스포츠 심리 컨설턴트로 활동
> • 경기력 향상에 있어 심리적 요인의 중요성을 최초로 제기한 인물
> • 스포츠심리학을 이론 → 실제 스포츠 현장에 적용한 선구자

## 07 운동학습 　답 ③

협응 구조가 완성되어 더 이상의 질적인 변화가 없는 시기는 고원현상이 아닌 슬럼프에 대한 설명이다. 고원현상은 질적인 변화가 내부적으로 진행 중이지만 외적으로 드러나지 않아서 수행이 정체되는 것처럼 보이는 시기이다.

## 08 루틴 　답 ②

루틴은 운동수행 능력을 발휘하는 데 필요한 이상적인 상태를 갖추기 위한 개인의 고유한 동작이나 절차 또는 습관화된 동작으로 경기 직전에 수정하는 것은 옳지 않다.

## 09 정서와 시합불안 　답 ④

체계적 둔감화는 불안을 유발하는 자극의 목록을 작성한 후, 하나씩 차례로 적용하여 유발 감각 자극에 대한 민감도를 줄여 불안 수준을 감소시키는 방법이다.

【오답해설】
① 자생훈련(autogenic training) : 신체 부위의 따뜻함과 무거움을 느끼게 해주는 일련의 동작으로 구성된 방법
② 점진적 이완(progressive relaxation) : 앉거나 누운 상태로 실시하고, 각 신체부분에 긴장과 이완을 반복하는 방법
③ 인지 재구성(cognitive restructuring) : 불안을 극복하고 긍정적으로 해석하는 방법

## 10 운동제어 　답 ②

반응시간의 유형에는 단순반응시간, 선택반응시간, 변별반응시간이 있다. '가'는 단순반응시간의 상황, '나'는 변별반응시간의 상황, '다'는 선택반응시간의 상황이다. 반응시간 유형을 살펴보았을 때 ㉠은 단순반응시간, ㉡은 선택반응시간, ㉢은 변별반응시간이므로 ②가 옳다.

> **Tip**
> **반응시간의 유형**
>
> | | |
> |---|---|
> | 단순반응시간 | 하나의 자극신호에 대하여 단일한 반응만을 요구할 때 측정되는 반응시간<br>예 100m 달리기의 출발신호에 대한 반응시간 |
> | 선택반응시간 | 두 개 이상의 자극이 제시되고 각각의 자극신호에 대해 서로 다른 반응을 할 때 측정되는 반응시간<br>예 청기 백기, 축구에서 양쪽 방향으로의 패스 유도 등 |
> | 변별반응시간 | 두 개 이상의 자극이 제시되고 그중 특정한 자극에 대해서만 반응하도록 요구되었을 때 측정되는 반응시간<br>예 야구에서 특정한 구질에 대해서만 타격하도록 하는 경우 |

## 11 스포츠심리상담의 개념 　답 ③

스포츠심리상담사는 가까운 친구나 가족 등에 대해 상담을 진행할 경우 이중 관계가 되어 전문적인 상담이 어려우므로 다른 전문가에게 의뢰하여 도움을 제공해야 한다.

## 12 정서와 시합불안 　답 ①

욕구이론(추동이론)은 운동수행의 결과가 경쟁 과정이나 경기불안 등의 원인으로부터 발생된 불안이 정도 또는 각성 수준과 비례하여 증가한다는 이론이다.

【오답해설】
② 전환(반전)이론에 대한 설명이다.
③ 다차원적 불안이론에 대한 설명이다.
④ 적정수준이론(역U자 가설)에 대한 설명이다.

## 13 집단응집력    답 ①

㉠ 줄다리기에서 집단이 내는 힘의 총합이 개인의 힘을 모두 합친 것보다 적게 나타나는 현상은 링겔만 효과이며, 집단의 인원수가 증가할 때 발생하는 개인의 수행 감소는 동기 손실 때문이다.
㉡ 혼자일 때보다 집단에 속해 있을 때 수행능력이 더 떨어지는 현상을 사회적 태만이라고 한다.

## 14 성격    답 ④

주제통각 검사는 투사법 중 하나이다. 질문지법에는 다면적 인성검사(MMPI), MBTI 검사, 16PF 검사, 성격 5요인 검사, EPI 검사, 한국판 성격차원 검사 등이 있다.

## 15 운동심리 이론정답    답 ③

프로차스카의 변화단계이론은 운동행동의 변화는 여러 단계를 거치면서 점진적으로 나타난다는 이론으로 개인의 수준에 맞는 차별화된 운동 실천 중재전략을 개발하고 적용할 수 있다는 장점이 있다. 무관심 단계는 변화 계획이 없는 단계로 운동의 이점과 중요성에 대한 교육 제공, 운동에 대한 두려움/오해 해소, 운동 성공 사례 제시 등의 운동 실천 전략을 활용할 수 있다.

> **Tip**
> **프로차스카(Prochaska) 변화단계이론의 단계별 운동 실천 전략**
> - 무관심기 : 운동의 이점과 중요성에 대한 교육 제공, 운동에 대한 두려움/오해 해소, 운동 성공 사례 제시
> - 숙고기 : 장단점 분석 도와주기, 개인의 가치와 운동 연결짓기, 가족/친구의 지지 유도
> - 준비기 : 구체적인 계획 세우기(언제, 어디서, 무엇을), 장애 요인 예측과 대비책 마련, 운동 파트너 구하기
> - 실행기 : 운동일지 작성, 성취에 대한 보상 제공, 긍정적인 피드백 제공
> - 유지기 : 운동 루틴의 다양화, 지루함/권태 극복 전략, 유혹 상황에서 대처 방법 강화

## 16 사회적 발달    답 ③

본능이론은 공격성 이론 중 하나로 본능적으로 분출되는 공격 에너지가 공격행동을 일으킨다는 이론이다. 이 이론에서 스포츠는 공격 에너지를 합법적으로 분출하는 밸브의 역할을 한다고 주장한다.

【오답해설】
① 좌절-공격 가설에 대한 설명이다.
② 사회학습이론에 대한 설명이다.
④ 수정된 좌절-공격 가설에 대한 설명이다.

## 17 자신감    답 ③

베일리의 스포츠자신감 원천은 크게 3가지로 나눌 수 있는데 성취 경험(Achievemnet), 자기조절(Self-regulation), 사회적 분위기(Social climate)가 그것이다. ㄱ은 성취 경험, ㄴ은 사회적 분위기, ㄷ은 자기조절에 대한 설명이다.

> **Tip**
> **베일리(R. Vealey)의 스포츠자신감 원천 3가지**
> 
> | | |
> |---|---|
> | 성취 경험(Achievement) | 성공적인 수행을 통해 형성되는 자신감 (예 경기에서 이김) |
> | 자기조절(Self-regulation) | 경기 준비와 심리 조절 등 자신이 통제할 수 있는 요소 |
> | 사회적 분위기(Social climate) | 외부의 기대, 격려, 분위기(예 코치가 믿어주는 환경) |

## 18 주의집중    답 ④

모의훈련은 주의집중 향상 기법 중 하나로 경기를 위해 실제 경기와 똑같은 상황을 구체적으로 구성하여 연습해 보는 기법이다.

> **Tip**
> **주의집중 향상 기법**
> - 모의훈련
> - 목표설정
> - 주의집중 훈련 프로그램
> - 기능의 과학습
> - 신뢰훈련
> - 역할 및 분리전략

## 19 리더십    답 ①

와인버그(R.S. Weinberg)와 굴드(D. Gould)의 바람직한 처벌 행동 지침에서는 왜 처벌하는지를 구체적으로 설명해야 선수도 납득할 수 있기 때문에 처벌의 이유를 명확히 설명해야 한다고 한다.

> **Tip**
> **와인버그(R.S. Weinberg)와 굴드(D. Gould)의 바람직한 처벌 행동 지침**
> - 동일규칙위반-동일 처벌의 일관성
> - 사람이 아닌 행동 처벌
> - 처벌 규정 제정 시 선수의 의견 반영
> - 신체활동을 처벌로 사용하지 않음
> - 개인감정 처벌 안 됨
> - 연습 상황의 실수는 처벌 안 됨
> - 창피를 주지 않음
> - 단호한 처벌 필요
> - 처벌의 이유를 명확히 설명함

## 20　운동학습　답 ④

맥락 간섭이란 서로 다른 운동기술을 함께 연습할 때 발생하는 간섭 효과로 다양한 기술을 섞어 연습할 때 각 기술이 서로 간섭을 일으킨다는 의미이다. 맥락 간섭은 여러 가지 기술을 섞어 연습할수록 높아지므로 무선연습＞계열연습＞구획연습 순으로 맥락 간섭이 높다. 따라서 ㉠은 A코치 ㉡은 C코치 ㉢은 B코치가 된다.

# 한국체육사

| 01 | 02 | 03 | 04 | 05 | 06 | 07 | 08 | 09 | 10 |
|---|---|---|---|---|---|---|---|---|---|
| ② | ④ | ① | ③ | ② | ③ | ① | ① | ④ | ② |
| 11 | 12 | 13 | 14 | 15 | 16 | 17 | 18 | 19 | 20 |
| ② | ② | ③ | ② | ④ | ① | ④ | ③ | ③ | ④ |

## 01　삼국 및 통일신라시대의 체육　답 ②

각저총(角抵塚)은 고구려 시대의 무덤으로 각저(角抵)는 씨름을 의미하는 고어이다. 씨름 장면이 생생하게 묘사된 벽화가 그려져 있어 고구려인이 씨름을 즐겼음을 알려주는 대표적인 물적 사료이다.

【오답해설】
① 조선 성종 때 완성된 법전이다.
③ 백제의 왕릉이며, 씨름과는 관련된 벽화가 없다.
④ 조선 후기 화가 김홍도가 그린 풍속화로, 조선 시대 씨름 모습을 보여주는 자료이다.

## 02　체육사 연구 분야　답 ④

ㄱ. 사관은 역사가의 가치관 해석 원리에 따라 그 기준이 달라지는 것으로 체육사관은 체육과 스포츠의 역사에 대한 견해, 해석 등을 의미한다.
ㄷ. 유물사관, 진보사관, 순환사관 등 다양한 해석 방법이 있다.
ㄹ. 역사가가 역사를 서술하고 해석하는 데 바탕이 되어 역사 서술에 중요한 역할을 한다.

【오답해설】
ㄴ. 체육사관은 단순히 역사적 사건을 기록하는 것에 그치지 않는다.

## 03　선사 및 부족국가시대의 체육　답 ①

부족국가 시대에는 제천행사, 주술의식 등 다양한 신체활동이 포함된 의식과 행사가 이루어졌다. 대향사례는 고대 조선시대나 후대에 행해진 활쏘기 의례로 부족국가 시대의 신체활동 행사에 포함되지 않는다.

## 04　삼국 및 통일신라시대의 체육　답 ③

무과 별시는 조선 성종 때부터 나라에 경사가 있을 때 현직 무관에게 특별히 실시하던 무과 시험이다.

> **Tip**
> 화랑도
> - 6세기부터 10세기까지 존재했던 청소년 양성 단체
> - 집단활동과 신체적 단련으로 도덕적 품성과 미적 정조 강조
> - '세속오계'를 바탕으로 충성 보국하는 문무겸비의 인재 양성
> - 화랑도는 추후 국가의 관료로 등용
> - 불국토 사상 : 국토에 대한 신성함과 존엄성

## 05 삼국 및 통일신라시대의 체육 답 ②

고구려에 관한 중국 당나라 역사서인 『구당서』에 기록된 고구려의 풍속에 대한 내용으로 ㉠은 『구당서』, ㉡은 경당, ㉢은 궁술이 들어가는 것이 적절하다.

## 06 고려시대의 사회와 체육 답 ③

고려 시대에는 다양한 민속놀이가 성행했으며, 그중 풍연(風鳶)은 삼국시대부터 이어져 오던 연날리기로 군사적 목적을 가지고 있다.

【오답해설】
① 석전(石戰) : 한 부락 혹은 한 지방이 동편과 서편으로 나뉘어 서로에게 돌팔매질을 하여 어느 한 편이 달아나면 지는 놀이
② 추천(鞦韆) : 주로 단오에 행해진 그네타기 놀이로 여성들의 유희로서 성행하였으며 서민뿐 아니라 귀족도 즐겼던 민속놀이
④ 축국(蹴鞠) : 오늘날의 제기차기 또는 축구와 흡사한 형태의 놀이

## 07 고려시대의 사회와 체육 답 ①

ㄱ. 방응은 매를 길들여 꿩이나 새 등을 사냥하는 것으로, 전형적인 수렵 활동이다.
ㄴ. 고려·조선 시대에는 응방 또는 응방도감이라는 전담 관청이 있었고, 국가 차원에서 매사냥을 관리하였다.
ㄷ. 방응은 민간 오락일 뿐 아니라, 사냥 기술을 익히는 군사적 훈련의 일부로 활용되기도 했다.

【오답해설】
ㄹ. 삼국시대에는 방응과 같은 활동은 있었지만, 이를 전담하는 관청이 있었다는 기록은 없다.

## 08 조선시대의 사회와 체육 답 ①

훈련원(訓鍊院)은 조선 시대 무인의 양성을 위한 공식적 교육기관으로 무예의 연습과 병서의 강습을 담당하였다. 조선시대 국왕의 친위 부대는 훈련도감(訓鍊都監)이다.

## 09 조선시대의 사회와 체육 답 ④

ㄱ, ㄷ. 『활인심방(活人心房)』은 명나라의 『활인심』을 이황이 필사하여 저술한 건강 지침서이자 의료서적으로 맨손체조법 등을 수록하였다.
ㄴ. 도인법은 기혈의 순환을 돕고 건강을 유지하기 위해 신체를 움직이는 방법으로, 고대 체조·운동법에 해당한다.
ㄹ. 장수와 건강을 위한 방법(양생), 신체 단련법(도인법), 질병 예방법 등을 다루었다.

## 10 조선시대의 사회와 체육 답 ②

식년무과(式年武科)는 조선시대 정기적으로 실시된 무관 선발 시험으로 초시 → 복시 → 전시의 3단계 시험 절차로 이루어졌다.

【오답해설】
① 문관을 채용하는 문과에 대한 설명이다.
③ 강서는 2단계 시험인 복시에만 시행되었으며, 초시와 전시에는 포함되지 않았다.
④ 전시는 왕 앞에서 시행되는 순위결정전으로 실제 무예 시연은 초시에서 주로 이루어졌다.

## 11 개화기 체육 답 ②

개화기에는 학교 교육에 체조가 정식 교과목으로 채택되었다. 기독교계 사립학교를 비롯한 일반학교 체계에 학교체조, 병식체조, 유희 등이 필수교과로 지정되었으며, 〈보기〉는 그중 병식체조에 대한 설명이다.

## 12 일제강점기의 체육 답 ②

황국신민체조는 민족말살기인 1938년 국사훈련 강화를 목적으로 체육교과의 비중이 확대된 제3차 조선교육령을 통해 도입되었다.

## 13 일제강점기의 체육 답 ③

조선체육회의 임원으로 병식체조를 개선한 교육체조를 가르친 것은 서상천이 아닌 다른 인물의 활동이다. 서상천이 조선체육회 임원으로 병식체조 교육을 주도했다는 기록은 명확하지 않다.

## 14 개화기 체육 답 ②

근대 최초의 학교로 고종 20년(1883) 민간인들에 의해 설립된 원산학사에 대한 설명이다.

【오답해설】
① 무예학교 : 실제 존재하지 않았던 기관이다.
③ 배재학당 : 아펜젤러(H. G. Appenzeller)가 설립한 학교로 과외활동을 통해 서구 스포츠를 보급했다.
④ 경신학당 : 언더우드가 설립한 근대 학교(1886)이다.

## 15 현대 체육·스포츠 답 ④

제24회 서울 올림픽경기대회가 아닌 1990년대의 남북체육회담의 결과로 1991년 제41회 지바세계탁구선수권대회와 제6회 포르투갈 세계청소년축구선수권대회에 남북단일팀이 출전하였다.

### 16 현대 체육 · 스포츠    답 ①

태릉선수촌은 박정희 대통령이 이끈 제3공화국 시기(1966년)에 건립되었다. 제5공화국 시기에는 국군체육부대 창설, 1986년 서울 아시아경기대회 개최, 그리고 야구 · 축구 · 씨름 프로리그 출범 등 스포츠 발전을 위한 다양한 정책이 추진되었다.

### 17 현대 체육 · 스포츠    답 ④

광복 이후 최초로 우리나라 선수단이 파견된 올림픽경기대회는 제5회 생모리츠 동계올림픽경기대회(1984년)이다. 이는 동 · 하계를 합친 첫 번째 올림픽 대회였으며, 태극기를 들고 'KOREA'라는 이름으로 참가하였다.

### 18 현대 체육 · 스포츠    답 ③

실존주의는 개인의 주체적 존재와 자유를 강조하는 철학적 사상이다. 이는 국가 주도의 강한 신체 훈련과 직접적으로 연결되는 개념이 아니므로, 이 시기 체육 사상의 특징으로 보기는 어렵다.

### 19 현대 체육 · 스포츠    답 ③

'국민생활체육진흥종합계획(호돌이 계획)'은 1986년 정부가 발표한 생활체육 활성화 정책으로, 서울올림픽(1988)을 앞두고 전 국민의 체력 증진과 체육 참여 확대를 목표로 추진되었다. 국민생활체육협의회의 창설과 함께 직장체육, 생활체육 프로그램의 보급, 지역 단위 체육 활동 장려 등이 핵심 내용이었다.

【오답해설】
① 올림픽 대비는 전문체육 육성 정책 중심이고, 호돌이 계획은 생활체육 진흥을 위한 별도 계획이다.
② 「국민체육진흥법」은 1962년 제정되었으며, 호돌이 계획과는 시기가 다르다.
④ 국가대표 연금제도(경기력 향상 연금)와 병역 혜택은 엘리트 체육 중심 정책으로, 호돌이 계획의 주요 내용이 아니다.

### 20 현대 체육 · 스포츠    답 ④

광복 이후 1940년대 말까지는 미국의 신체육 사상이 도입되었고, 조선체육회의 재건과 조선체육동지회의 결성, 학도호국단 조직 등 민족 체육의 재건과 체육 제도의 정비가 이루어졌다. 따라서 ㄱ~ㄹ은 모두 옳은 내용이다.

## 운동생리학

| 01 | 02 | 03 | 04 | 05 | 06 | 07 | 08 | 09 | 10 |
|---|---|---|---|---|---|---|---|---|---|
| ① | ① | ② | ② | ③ | ④ | ④ | ④ | ④ | ① |
| 11 | 12 | 13 | 14 | 15 | 16 | 17 | 18 | 19 | 20 |
| ② | ② | ① | ③ | ③ | ① | ③ | ③ | ④ | ② |

### 01 인체의 에너지 대사    답 ①

400m 트랙을 약 60초 동안 전력 질주할 때의 주요 에너지 공급 시스템은 해당작용 시스템(Glycolytic System)이다. 해당작용은 글리코겐 및 탄수화물(포도당)을 젖산으로 분해하여 ATP와 NADH를 생성하며, 포도당(글루코스, glucose) 한 분자당 2ATP가 생산된다.

### 02 트레이닝에 대한 대사적 적응    답 ①

알부민은 단백질로서 주된 역할은 혈액 내 삼투압 유지 및 물질 운반이다. 에너지 기질로는 사용되지 않으며, ATP 합성에 기여하지 않는다.

【오답해설】
② 혈당은 근육에 흡수되어 해당과정(glycolysis)을 통해 ATP를 생성하는 데 사용된다.
③ 근육 안에 저장된 형태의 탄수화물로 운동 시 빠르게 분해되어 ATP 생성에 사용된다.
④ 특히 중~저강도 운동 시 사용되는 에너지원으로 분해되어 지방산으로 전환된 후 ATP 생산에 기여한다.

### 03 트레이닝에 대한 대사적 적응    답 ②

ㄴ. 무산소 트레이닝으로 속근 섬유의 기능이 향상되어 수축 속도가 증가할 수 있다.
ㄹ. PCr(크레아틴 인산)과 PFK(인산과당키네이스)는 무산소 에너지 대사에서 중요한 효소이다. 무산소 트레이닝을 통해 이들의 양과 활성도가 증가하여 ATP 생성 능력이 향상된다.

【오답해설】
ㄱ. 산화 능력은 유산소 대사 능력 유산소 트레이닝을 통해 향상된다.
ㄷ. 미토콘드리아는 유산소 대사에 관여하는 세포소기관이다. 미토콘드리아의 밀도 증가는 주로 유산소 트레이닝의 결과이다.

### 04 인체의 에너지 대사    답 ②

해당과정(glycolysis)에 대한 설명이다. 해당과정은 포도당을 피루브산으로 분해하는 대사 과정으로 포도당 1분자에서 해당작용에 의해 피루브산 2분자가 생성되며 2분자의 ATP가 합성된다.

【오답해설】
① 지방분해(lipolysis) : 지방을 분해해 지방산을 생성하는 유산소 과정이다.
③ 동화작용(anabolism) : 에너지를 사용하여 신체 구성 성분을 합성하는 과정이다.

④ 산화적 인산화(oxidative phosphorylation) 과정 : 미토콘드리아 내에서 산소를 이용해 ATP를 생성하는 유산소 대사이다.

## 05  신경계의 운동기능 조절  답 ③

골지건기관은 근육과 힘줄이 만나는 부위에 위치하며 근육이 과도하게 수축하여 건에 높은 장력이 가해지면 이를 감지하고 반사적으로 근육의 수축을 억제해 손상을 방지하는 감각수용기이다.

【오답해설】
① 근방추(Muscle spindle) : 근육의 길이 변화를 감지하여 수축을 유도하며 골지건기관과 반대되는 역할을 한다.
② 파치니소체(Pacinian corpuscle) : 압력, 진동을 감지하는 감각수용기이다.
④ 마이스너소체(Meissner corpuscle) : 피부 표면에서 가벼운 촉각을 감지한다.

## 06  골격근과 운동  답 ④

ㄱ~ㄹ 모두 장기간 유산소 트레이닝에 의한 생리적 적응 현상이다.
ㄱ. 유산소 트레이닝은 심장에 지속적인 부담을 줘서 좌심실의 내경(용적)이 늘어나게 만든다.
ㄴ. 마이오글로빈(myoglobin)은 근육 내에 있는 단백질로 산소를 저장 및 운반한다. 유산소 트레이닝은 산소를 더 잘 사용하는 능력을 키우기 때문에 마이오글로빈 양이 증가한다.
ㄷ. 좌심실이 용적 증가함에 따라 수축 시 더 많은 혈액을 내보낼 수 있으므로 박출량 또한 증가한다.
ㄹ. 모세혈관은 산소와 영양소 교환의 통로로 유산소 트레이닝은 근육 내 모세혈관을 더 많이 생성시켜 산소 전달 능력을 향상시킨다.

## 07  골격근과 운동  답 ④

근육 수축 과정은 다음과 같다. 골격근막의 활동전위는 가로세관(T-tubule)을 타고 이동하여 근형질세망(sarcoplasmic reticulum)으로부터 칼슘 유리를 자극한다. 유리된 칼슘은 액틴(actin) 세사의 트로포닌에 결합하고, 트로포닌은 트로포마이오신을 이동시켜 마이오신(myosin) 머리가 액틴과 결합할 수 있도록 한다.

> **Tip**
> 근육 수축 과정
> 축삭 종말에서 아세틸콜린 방출 → 근육세포의 활동전위 발생 → 근형질세망에서 칼슘이온 분비 → ATP 분해에 따른 근세사 활주 시작

## 08  운동에 따른 호흡계의 반응과 적응  답 ④

ㄷ. 고강도 운동 시 젖산이 증가하고, 혈액의 pH가 낮아져 산성화된다. 이는 헤모글로빈이 산소를 조직에 더 쉽게 방출하도록 만들고 산소-헤모글로빈 해리 곡선은 오른쪽으로 이동한다.

ㄹ. 운동 중에는 이산화탄소 생성이 증가하여 혈액이 산성화된다. 산성화된 환경에서는 헤모글로빈이 산소를 더 쉽게 분리하여 조직으로 방출하게 되는데 이러한 현상은 보어 효과(Bohr effect)라고 부른다.

【오답해설】
ㄱ. 운동에 의해 체온이 상승할 경우 헤모글로빈은 산소를 조직에 더 쉽게 방출할 수 있도록 산소에 대한 친화력이 낮아진다.
ㄴ. 고강도 운동 시 근육은 더 많은 산소를 필요로 하고, 혈액에서 더 많은 산소를 추출한다. 이로 인해 정맥혈의 산소 농도는 줄어들어 동-정맥 산소 차이는 증가한다.

## 09  주요 용어  답 ④

체력은 방위체력과 행동체력으로 구분되며 그중 행동체력은 건강체력과 운동체력으로 구분된다. 건강체력 요인으로는 근력, 근지구력, 특이장력, 심폐지구력, 유연성, 신체조성이 있다.

> **Tip**
> 건강체력
> • 근력 : 근의 길이를 바꾸지 않고 발휘하는 최대장력으로 나타내는 근육의 힘
> • 근지구력(근파워) : 어느 정도 근육이 지속적으로 대응할 수 있는가를 나타내는 능력. 힘과 수축속도를 곱하여 구함
> • 특이장력 : 근섬유가 낼 수 있는 최대근력. 근력을 근횡단면적(근섬유 크기)으로 나눠 구함
> • 심폐지구력 : 심장, 허파, 순환계가 움직이는 근육에 효율적으로 산소를 공급하는 능력
> • 유연성 : 관절을 둘러싼 근육이 최대한 어느 범위까지 관절을 움직일 수 있는가를 나타내는 능력
> • 신체조성 : 인체를 구성하고 있는 기관이나 조직 등을 정량적 또는 상대적인 비율로 나타낸 것

## 10  순환계의 구조와 기능  답 ①

ㄱ. 동방결절은 심장수축을 위한 전기적 자극이 시작되는 곳으로 페이스메이커라고 한다.
ㄴ. 동방결절은 분당 약 60~100회의 자발적 박동률을 가지며, 이는 다른 전도계(AV node, Purkinje 섬유 등)와 비교하였을 때 가장 빠른 속도이다.

【오답해설】
ㄷ. 방실결절지연에 대한 설명이다. 자극 전달을 일시적으로 지연시켜, 심방이 먼저 수축하고 심실이 수축하기 전에 혈액이 충분히 채워지도록 한다.
ㄹ. Purkinje 섬유에 대한 설명이다. Purkinje 섬유는 심실 전체로 전기 자극을 매우 빠르게 전달하여 심실이 거의 동시에 수축하도록 도와준다.

## 11 순환계의 구조와 기능 　　답 ②

ㄱ. A~B 구간은 좌심실 수축 시작 시점으로, 이첨판과 대동맥 판막이 모두 닫혀 있는 상태에서 압력만 증가하는 등용적 수축기(isovolumic contraction)에 해당한다.
ㄹ. D~A 구간은 좌심실이 이완되며 혈액이 유입되는 구간으로, 이완기 충만량(EDV)이 증가해 1회 박출량 증가로 이어진다.

【오답해설】
ㄴ. C시점은 수축기가 끝나는 지점으로, 운동 시 수축력이 증가하면 남는 혈액(잔류량)은 줄어들어 용적은 감소한다.
ㄷ. 박출률은 운동 시 더 높아지므로 옳지 않다.

## 12 인체 운동에 대한 환경 영향 　　답 ②

고지대에서 장기간 노출 시 나타나는 생리학적 적응은 근육 내 모세혈관 증식, 산소운반능력 향상, 심박출량 및 근육 단면적 감소가 있다.

> **Tip**
> **고지 환경에서 인체의 생리적 반응**
> - 산소분압 감소로 동맥혈의 산화헤모글로빈 포화도 감소
> - 산소 공급 능력 제한에 따른 심박수 증가
> - 환기량의 증가에 따른 호흡기 수분 손실 발생
> - 무산소적 에너지 동원 증가, 젖산 생성 증가
> - 수면장애
> - 인지능력 감소
> - 급성 고산병, 고산뇌부종 및 고산폐부종

## 13 내분비계 　　답 ①

㉠ 연수는 심장 박동 조절을 포함한 생명 유지에 필요한 기능을 조절한다. 미주신경은 연수에서 나와 다양한 내장기관에 분포한다.
㉡ 뇌하수체 후엽에서 신장의 수분 재흡수 촉진을 통해 체내 수분량 조절하는 항이뇨호르몬(ADH)을 분비하므로 ○가 적절하다.
㉢ 에피네프린(아드레날린)은 중추로부터의 전기적인 자극에 의해 교감신경의 말단에서 분비되어 근육에 자극을 전달하며, 운동 시 부신수질로부터 분비가 증가한다.

## 14 골격근의 구조와 기능 　　답 ③

ㄴ. A 밴드는 마이오신 세사가 있는 어두운 부분으로 근수축 시에도 길이 변화가 없다.
ㄷ. 근육 수축 시 마이오신과 액틴의 작용으로 근절이 짧아진다.

【오답해설】
ㄱ. I 밴드는 액틴 세사가 있는 밝은 부분으로 근수축 시 짧아진다.
ㄹ. 액틴과 마이오신의 길이는 변화하지 않는다.

## 15 골격근과 운동 　　답 ③

ㄴ. 속근은 수축 속도가 빠르고 강한 힘을 낼 수 있어 단거리 달리기, 점프 등 순발력 운동에 적합하다.
ㄹ. 속근섬유는 근형질세망에서 $Ca^{2+}$(칼슘이온) 방출이 빠르게 일어나 수축이 빠르게 시작된다.

【오답해설】
ㄱ. 속근섬유(type II)는 빠르게 수축하지만 피로에 약한 섬유이다. 피로 저항이 높은 건 지근섬유(type I)의 특성이다.
ㄷ. 산화 능력은 산소를 이용한 에너지 생성 능력으로 산화 능력이 높은 것은 지근섬유(type I)이다. 속근은 무산소 대사에 의존하며 산화 능력은 낮다.

## 16 순환계의 구조와 기능 　　답 ①

혈압이 거의 없어 역류 방지를 위해 판막이 존재하는 것은 동맥이 아니라 정맥이다. 동맥은 정맥보다 두껍고 탄력이 있으며 대부분 근육으로 이루어졌다.

## 17 내분비계 　　답 ③

글루카곤에 대한 설명이다. 글루카곤은 췌장의 랑게르한스섬의 알파세포에서 분비되며 혈당치가 너무 낮아지는 것을 방지하기 위해 간에서 글리코겐 분해를 촉진하거나 글리코겐 합성효소를 억제한다. 또한 혈당량이 낮아질 경우 글리코겐을 포도당으로 분해하여 혈당량을 높인다.

【오답해설】
① 인슐린 : 혈당을 낮추는 작용을 하며 췌장의 랑게르한스섬의 베타세포에서 분비한다.
② 코티솔 : 혈당 상승 작용은 있으나, 부신 피질에서 분비된다.
④ 에피네프린 : 혈당을 높이긴 하지만, 부신 수질에서 분비된다.

## 18 골격근과 운동 　　답 ③

운동단위(motor unit)은 하나의 알파운동뉴런이 지배하는 근섬유 간 연결이다. 근육활동을 하려고 할 때 일반적으로 작은 크기의 운동단위가 먼저 동원되고, 큰 크기의 운동단위는 나중에 동원된다. 작은 크기의 운동단위일 경우 Type I이 큰 크기의 운동단위일 경우 Type II이 동원된다.

## 19 순환계의 구조와 기능 　　답 ④

마이오글로빈은 근육 세포 안에 있으며 산소를 저장하고 운반하는 역할을 한다. 적혈구용적률은 전체 혈액 중 적혈구가 차지하는 비율로서 혈액 농축의 지표이므로 적혈구용적률이 증가하면 혈액의 점도도 증가한다.

### Tip

**헤모글로빈과 마이오글로빈**

| 헤모글로빈 | • 철을 함유하는 빨간 색소인 헴과 단백질인 글로빈의 화합물<br>• 적혈구 속에 있으며, 산소와 쉽게 결합하여, 주로 척추동물의 호흡에서 산소 운반에 중요한 역할을 함 |
|---|---|
| 마이오글로빈 | • 근육 세포 안에 있는 붉은 색소 단백질<br>• 철을 함유하고 있으며, 산소를 저장하고 운반하는 역할을 함 |

## 20 운동에 대한 순환계의 반응과 적응 　답 ②

ㄱ. 골격근의 산소 수요를 충족하기 위해 비활동 장기(예 내장, 신장)의 혈류는 줄어든다.
ㄷ. 골격근의 세동맥은 혈관 확장으로 인해 저항이 감소하여 더 많은 혈류가 공급된다.

【오답해설】
ㄴ. 최대 운동 시 심박출량은 증가하지만 장기별 혈류 분배 비율은 달라진다. 예를 들어, 골격근에는 더 많은 비율이 내장기관에는 더 적은 비율이 간다.

### Tip

**혈류 재분배(blood re-distribution)**
- 산소 공급 최적화를 위한 생리적 조절임
- 운동 시 혈류는 산소 요구가 높은 조직(골격근)으로 집중됨
- 비활동 조직(내장, 신장 등)으로의 혈류는 감소
- 세동맥 확장으로 운동하는 근육의 혈관 저항↓, 혈류↑
- 기관별 혈류 비율은 운동 강도에 따라 달라짐(운동 중=비율 변화 있음)

## 운동역학

| 01 | 02 | 03 | 04 | 05 | 06 | 07 | 08 | 09 | 10 |
|---|---|---|---|---|---|---|---|---|---|
| ④ | ① | ② | ④ | ① | ② | ② | ① | ③ | ③ |
| 11 | 12 | 13 | 14 | 15 | 16 | 17 | 18 | 19 | 20 |
| ② | ③ | ② | ④ | ③ | ④ | ④ | ③ | ① | ② |

## 01 운동역학의 목적과 내용 　답 ④

운동역학의 목적은 효율적인 동작 수행을 통한 운동 수행력 향상, 운동 시 상해의 원인 파악 및 예방을 통한 안전성 확보, 경기력 향상을 위한 스포츠 관련 장비를 개발하는 것에 있다. 이를 위해, 운동 기술의 분석 및 개발, 운동 기구의 개발 및 평가, 운동 분석 기법 및 자료처리 기술 개발, 운동 동작, 인체, 힘 등의 측정#분석을 진행한다.

## 02 동작분석 　답 ①

동작분석 방법으로는 정성적 분석, 정량적 분석 두 가지가 있다. 〈보기〉에서 설명하는 방법은 정성적 분석 방법으로, 현장에서 즉각적인 분석이 가능하다. 다만, 지도자의 경험을 기반으로 분석하기 때문에, 지도자의 성향에 따라 결과가 달라지며 객관성을 담보할 수 없다는 특징이 있다.

## 03 운동의 종류 　답 ②

직선운동과 곡선운동은 병진운동에 포함된다.

### Tip

**운동의 종류**
- 병진운동(선운동) : 움직이는 물체나 신체의 모든 입자가 같은 시간에 대하여 같은 방향과 같은 거리로 움직이는 운동
- 회전운동(각운동) : 물체나 신체가 한 점이나 한 축을 중심으로 동일 시간 동안 동일 각도로 움직이는 운동
- 복합운동 : 병진운동과 회전운동이 결합된 복합적인 운동

## 04 선운동의 운동역학적 분석 　답 ④

스쿼트, 팔굽혀펴기는 닫힌형 운동역학 사슬(CKC)에 해당한다.

### Tip

**운동역학 사슬(kinetic chain)**
- 개요 : 인체가 운동을 수행할 때 근육, 관절, 인대가 서로 연결되어 움직이는 일련의 과정
- 종류
  - 닫힌형 운동역학 사슬(CKC) : 팔이나 다리가 고정된 상태에서 움직이는 운동 예 스쿼트, 팔굽혀펴기 등
  - 열린형 운동역학 사슬(OKC) : 팔이나 다리가 고정되지 않고 자유롭게 움직이는 운동 예 햄스트링 컬, 덤벨 컬

## 05 인체의 물리적 특성  답 ①

전단응력(Shear)은 조직의 축과 평행하게 서로 반대 방향으로 미끄러지듯 작용하는 힘을 말한다.

> **Tip**
> 
> **역학적 부하의 정의**
> 
> | 종류 | 정의 |
> | --- | --- |
> | 전단응력(Shear) | 축과 평행하게 서로 반대 방향으로 미끄러지듯 작용하는 힘 |
> | 인장응력(Tension) | 조직 양 끝에서 반대 방향으로 잡아당기는 힘 |
> | 압축응력(Compression) | 조직 양 끝에서 서로 누르는 방향으로 가해지는 힘 |
> | 휨(Bending) | 한쪽에 인장력, 반대쪽에 압축력이 발생하여 휘게 만드는 힘 |

## 06 운동기술 분석 개요  답 ②

내력(internal force)은 신체 내부의 구조 사이에 작용하는 힘을 말한다. 높이뛰기의 도약 동작에서 선수가 발휘한 힘은 인체 내부의 근육이 수축하면서 만든 힘이기 때문에 내력에 해당한다. 하지만, 관성의 법칙에 따라 내력은 인체 내부에서 상쇄되며, 외력이 없다면 신체 전체는 이동하지 않으므로 내력만으로 인체 전체의 위치는 이동할 수 없다.

**【오답해설】**
ㄱ, ㄷ은 외력에 해당한다.

## 07 선운동의 운동학적 분석  답 ②

항속 거리=총 거리-(가속 구간+감속 구간)=30m-(5m+5m)=20m

평균 보행속도=$\frac{항속거리}{총 시간}=\frac{20m}{16s}=1.25m/s$

## 08 각운동의 운동역학적 분석  답 ①

각가속도가 0이 되면 각속도는 변하지 않게 되며, 일정한 회전속도를 유지하는 상태가 된다. 따라서 물체는 멈추지 않고, 계속 회전하는 상태가 된다.

## 09 선운동의 운동역학적 분석  답 ③

'물체의 충격량=운동량의 변화량(힘×시간)'이다. ㉠은 힘이 크지만 작용시간이 짧고, ㉡은 힘이 작지만 작용시간이 길다. 따라서 ㉠, ㉡의 충격량은 같다.

## 10 선운동의 운동역학적 분석  답 ③

선운동량 보존 법칙이란 물체가 충돌하거나 결합·분열할 때, 외력이 없는 경우 물체들의 총 운동량은 항상 일정하게 보존된다는 법칙이다. '운동량($\vec{P}$)=질량(m)×속도($\vec{v}$)'이며, 임팩트 전 전체 운동량과 임팩트 후 전체 운동량은 같다.

클럽 질량 : 0.6kg
골프공 질량 : 0.04kg
임팩트 전 클럽 속도 : 50m/s
임팩트 전 공의 속도 : 0m/s
임팩트 후 클럽 속도 : 45m/s
임팩트 후 공의 속도 : v

이를 임팩트 전 전체 운동량=임팩트 후 전체 운동량에 대입하면,
$(0.6×50)+(0.04×0)=(0.6×45)+(0.04×v)$
$30=27+(0.04×v)$
$v=\frac{(30-27)}{0.04}=75m/s$

따라서, 임팩트 직후 골프공의 선속도는 75m/s가 된다.

## 11 각운동의 운동학적 분석  답 ②

철봉의 대차돌기(휘돌기) 하강 국면에서는 중력과 자세 변화에 따라 각속도가 계속 변하게 된다. 따라서 발의 무게중심점이 일정한 각속도를 유지하는 것은 불가능하다.

## 12 각운동의 운동역학적 분석  답 ④

내적 토크는 근육의 수축에 의해 생성되는 힘과 모멘트 암의 곱이며, 팔꿈치 각도 변화 시 모멘트 암이 짧아지더라도 내적 토크가 항상 감소하는 것은 아니다. 즉, 팔의 위치와 근수축의 강도에 따라 내적 토크는 달라진다.

> **Tip**
> 
> **회전력(토크, 힘의 모멘트)**
> - 물체를 회전시켜 각운동량을 만드는 힘
> - 모멘트 : 힘이 어떤 물체의 회전중심선(회전축)에서 벗어나 작용하여 물체가 회전운동을 하게 되는 것
> - 모멘트 암 : 힘과 축 사이의 거리
> - 회전력(토크)=힘×모멘트 암=관성모멘트×각가속도

## 13 각운동의 운동역학적 분석  답 ②

관성모멘트(moment of inertia)는 외부의 회전력에 대해 물체의 운동 상태를 변화시키지 않으려는 저항 특성을 말한다. 외력이 없는 경우 관성모멘트와 각속도의 관계는 반비례하며, 물체의 질량이 클수록 회전에 대한 저항도 커진다. 따라서 회전축으로부터 먼 곳이 질량이 많이 분포해 있을수록 관성모멘트도 증가하므로, 두 팔과 두 다리 모두 몸통 쪽으로 모으는 자세를 취했을 때 관성모멘트가 가장 작고 각속도의 크기가 가장 큰 상태가 된다.

**【오답해설】**
ㄱ. 팔을 벌리면 회전축으로부터 먼 곳에 질량이 분포하게 되어 관성모멘트는 증가하고, 회전 속도는 느려진다.
ㄹ. 질량을 회전축에서 멀리 배치하면 관성모멘트는 증가한다. 이는 클럽 임팩트 시 흔들리지 않도록 안정성을 높이기 위한 설계이다.

## 14  선운동의 운동역학적 분석  답 ④

반발계수는 어떤 물체가 최초의 충돌 후 변형되었다가 복원되는 정도의 크기, 충돌하는 물체 또는 운동도구의 충돌 전후 상대속도의 비를 의미한다. h의 높이에서 떨어뜨린 물체가 h'의 높이로 튀어 오를 경우 반발계수를 구하는 식은 $\frac{v_1}{v_2} = \frac{\sqrt{2gh'}}{\sqrt{2gh}} = \frac{\sqrt{h'}}{\sqrt{h}}$ 이다. 따라서 $\frac{\sqrt{75}}{\sqrt{100}} = 0.866$ 이 된다.

## 15  인체의 물리적 특성  답 ③

압력중심점은 기저면 내에서 변할 수는 있어도 기저면 밖에 위치하지 않는다. 허리를 앞으로 굽혀도 압력중심점은 기저면 안에 위치하며, 기저면 밖으로 나가면 균형을 잃을 가능성이 크다.

## 16  에너지  답 ④

에너지는 일을 할 수 있는 능력을 뜻하며 정지 상태의 물체라도 위치에너지, 탄성에너지 등 잠재적 에너지를 보유할 수 있다.

## 17  선운동의 운동학적 분석  답 ④

변위는 처음 위치부터 마지막 위치까지의 방향과 그 최단거리를 나타내는 벡터량을 의미한다. 따라서 출발점과 도착점이 같은 경우 변위는 0이 되고, 이동거리는 400m×25바퀴가 되므로 10,000m가 된다.

## 18  일과 일률  답 ③

일률은 단위시간당 수행한 일의 양, 즉 일의 빠르기를 나타내는 물리량으로서 일의 양을 작용 시간으로 나누어 구한다.

일률 = $\frac{일}{힘의\ 작용\ 시간} = \frac{힘 \times 이동\ 변위}{시간} = \frac{2N \times 2m}{2초} = 2J/s$

## 19  인체 평형과 안정성  답 ①

안정성은 물체가 정적 또는 동적 자세의 균형을 잃지 않으려는 상태로 기저면이 넓고, 무게중심선이 기저면 중앙에 가까울수록 안정성이 향상된다. 또한, 기저면의 형태가 균형 있게 분포되어 있을 때 인체의 안정성은 더욱 높아진다. 따라서 기저면의 크기, 형태 모두 인체의 안정성에 중요한 영향을 미친다.

### Tip
**인체 안정성의 결정 요인**

| 요인 | 안정적 | 불안정적 |
| --- | --- | --- |
| 기저면 | 넓을수록 | 좁을수록 |
| 무게중심의 높이 | 낮을수록 | 높을수록 |
| 무게중심선과 기저면의 한계점 | 가까울수록 | 멀수록 |
| 질량과 마찰력 | 클수록 | 작을수록 |

## 20  선운동의 운동역학적 분석  답 ②

마찰력은 두 물체의 접촉면에 수직으로 가해진 힘과 마찰계수를 곱한 것이다. 물체 표면에 수직으로 작용하는 힘이 클수록 마찰력도 커지며, 물체의 운동 방향과 반대 방향으로 작용한다.

## 스포츠윤리

| 01 | 02 | 03 | 04 | 05 | 06 | 07 | 08 | 09 | 10 |
|---|---|---|---|---|---|---|---|---|---|
| ② | ③ | ② | ③ | ① | ① | ② | ①, ②, ③, ④ | ① | ③ |
| 11 | 12 | 13 | 14 | 15 | 16 | 17 | 18 | 19 | 20 |
| ① | ④ | ② | ③ | ④ | ④ | ② | ④ | ③ | ② |

### 01 학생 선수의 인권 답 ②

스포츠윤리센터는 스포츠의 공정성 확보와 스포츠인의 인권 보호를 위해 설립된 기관으로 스포츠 산업 종사자의 직업 안정성 확보와 처우 개선 업무는 관할하지 않는다.

**Tip**

**스포츠윤리센터 주요사업**
- 스포츠 비리 및 체육계 인권침해에 대한 신고접수 및 조사와 피해자 지원
- 스포츠 비리 및 체육계 인권침해에 대한 실태조사 및 제도 개선
- 스포츠 비리 및 체육계 인권침해 예방교육 및 홍보 활동
- 스포츠 인권침해 재발방지를 위한 징계정보시스템 운영
- 그 밖의 스포츠 공정성 확보 및 체육인의 인권보호를 위해 필요한 사업 운영

### 02 스포츠의 윤리적 기초 답 ③

가치판단은 주관적이고 개인에 따라 달라지는 판단으로 측정함으로써 참인지 거짓인지를 알 수 있는 사실판단과는 구분된다. ③은 윔블던 테니스대회의 규정이라는 사실을 말한 것이므로 가치판단에 해당하지 않는다.

### 03 스포츠 폭력 답 ②

〈보기〉에서 설명하는 상황은 스포츠가 본질적으로 폭력적인 성향의 분출을 자극하면서도 동시에 감시하고 제어하는 특성을 가진다는 것을 의미한다. 이는 스포츠 폭력의 이중성을 나타낸다. '게발트(Gewalt)'는 독일어로 힘, 폭력을 뜻하며, 스포츠 맥락에서는 정당하게 허용된 공격성과 통제되어야 할 폭력성 간의 경계를 설명할 때 사용되는 개념이다. 따라서 게발트(Gewalt)-스포츠 폭력의 이중성이 〈보기〉와 부합하는 개념과 해석이다.

### 04 성차별 답 ③

1972년 미국의 '타이틀 나인(Title IX)' 제정을 통해 여성의 스포츠 참여가 장려되었으며, 모든 교육 영역에서 남녀 차별을 금지하게 되었다. 따라서 학교 스포츠 프로그램에서 의도적인 성차별 발생 시 재정 지원의 제한은 '타이틀 나인(Title IX)' 제정에 따른 스포츠계의 변화로 볼 수 있다.

### 05 도핑 답 ①

세계도핑방지기구(World Anti-Doping Agency)가 정한 도핑 금지 방법에는 화학적·물리적 조작, 유전자 및 세포도핑, 혈액 및 혈액성분의 조작이 있다.

### 06 스포츠와 동물윤리 답 ①

레건(T. Regan)은 동물도 도덕적 지위를 가지므로 동물을 인간을 위한 수단으로 취급하는 것은 옳지 않다고 보았다. 이러한 입장에서 동물의 고통을 줄이기 보다 동물의 이용 자체를 근본적으로 부정하는 동물 해방 윤리론을 주장했다.

**Tip**

**동물 해방 윤리론**

| | |
|---|---|
| 피터싱어 | • 공리주의 입장<br>• 이익 평등(동등) 고려의 원칙<br>• 고통을 느낄 수 있는(쾌고감수능력) 모든 존재의 이익관심은 동등한 고려 가치가 있음을 주장<br>• 동물 학대의 가능성이 있는 스포츠 종목의 폐지 당위성을 제시 |
| 레건 | • 의무론적 입장<br>• 살아있는 존재라면 누구나 자신만의 삶을 영위할 권리가 있으므로 동물의 권리 또한 인정되어야 함<br>• 동물도 도덕적 지위를 가지므로 동물을 인간을 위한 수단으로 취급하는 것은 옳지 않음 |

### 07 페어플레이 답 ②

절차적 정의는 결과보다 과정에 초점을 둔 정의로, 절차가 공정하면 그 결과도 공정한 것으로 본다. 예시로 시합 전 동전 뒤집기로 선·후공을 정하는 등의 행위가 있다.

**Tip**

**스포츠에서의 정의**

| | |
|---|---|
| 평균적(형식적) 정의 | 누구에게나 공평하고 일관되게 분배하는 것 |
| 분배적(실질적) 정의 | 필요, 업적, 환경 등을 고려하여 실질적으로 공정하게 분배하는 것 |
| 결과적 정의 | 최종적으로 나타난 결과에 주목 |
| 절차적 정의 | 절차가 공정하면 그 결과도 공정 |
| 교정적 정의 | 잘못 혹은 피해에 대한 대응 |

### 08 페어플레이 답 ①, ②, ③, ④

① 의도적 구성 규칙 위반 : 경기의 구성 자체를 방해하기 위해 의도적으로 규칙을 위반하는 것
② 의도적 규제 규칙 위반 : 경기 승리를 위해 의도적으로 규칙을 위반하는 것
③ 비의도적 구성 규칙 위반 : 경기 구성에 방해는 됐지만, 실수나 무지로 인해 위반하는 것

④ 비의도적 규제 규칙 위반 : 경기 승부에 관련된 규칙 위반이지만, 비의도적인 것

## 09 윤리이론 답 ①

칸트에 따르면 도덕적으로 옳은 행위는 의무에서 나온(aus Pflicht) 행위와 의무에 합치하는(pflichtmäßig) 행위로 구분된다. 의무에서 나온 행위는 도덕 법칙을 존중하며, 순수한 도덕적 의무감에서 비롯된 행위이다. 의무에 합치하는 행위는 도덕 법칙에는 맞지만, 동기가 도덕이 아닌 처벌 회피나 이익 추구와 같은 타산적 동기에서 비롯된 행위이다.

> **Tip**
> **칸트의 의무론**
> 진실을 말하는 것과 약속을 지키는 것은 우리가 따라야 할 올바른 원칙이다. 그러므로 거짓말을 하거나 약속을 어기는 것은 그러한 행위들이 설사 좋은 결과를 가져온다고 하더라도 옳지 않은 것이다. 여기서 의무론의 특징은 그것이 '도덕적 옳음'이 '결과적 좋음', 즉 행복의 증진과는 무관하다는 것이다.

## 10 스포츠와 환경윤리 답 ③

부올레(P. Vuolle)가 분류한 스포츠 환경에는 순수환경, 개발환경, 시설환경이 있다. 가상환경은 해당하지 않는다.

> **Tip**
> **부올레(P. Vuolle)의 스포츠 환경**
>
> | 순수환경 | 본래의 야생지로서 공원이나 보전구역 등 |
> | --- | --- |
> | 개발환경 | 트레일, 슬로프, 스포츠 필드, 실외수영장 등 시설을 지어 야외활동을 할 수 있도록 한 곳 |
> | 시설환경 | 실내체육관, 경기장, 아이스링크와 같은 완전한 실내 스포츠 공간 |

## 11 윤리이론 답 ①

뒤르켐(E. Durkheim)의 도덕교육론은 도덕적 인격 형성을 목표로 하며, 개인이 사회의 규범을 내면화하도록 도와주는 교육을 강조한다. 특히 자율적인 도덕 판단력과 사회적 규범의 내면화를 강조하기 때문에, 감독의 지도에 의존하는 도덕적 판단력을 길러주는 것은 뒤르켐의 도덕교육론과는 부합하지 않는다.

## 12 스포츠조직의 윤리경영 답 ④

윤리경영은 기업을 경영함에 있어 윤리를 최우선으로 두어 투명하고 공정하며 합리적으로 경영함을 의미한다. 이러한 윤리경영은 경영자의 윤리적 실천의지와 경영의 투명성이 확보되어야만 진행될 수 있다. 스포츠센터의 운영 수익 증대를 목적으로 노동 강도를 높이는 행위는 구성원의 인권과 복지를 침해하는 행위로, 윤리경영 원칙과는 어긋난다.

## 13 심판의 윤리 답 ②

심판에게 필요한 윤리적 덕목 중 전문성은 경기 규칙을 정확하게 이해하고 숙지하여 정확한 판정을 내리는 것을 의미한다. A심판은 최근 개정된 규정을 정확하게 숙지하지 못해 오심을 범했기 때문에, 심판의 전문성과 관련되어 있다. 한편, B심판은 오심임을 인지하였지만 침묵하였고, 이후 양심의 가책을 지우지 못하고 활동을 중단했다. 이는 자기의 옳지 못함을 부끄러워하고, 남의 옳지 못함을 미워하는 마음인 '수오지심(羞惡之心)'에 해당한다.

> **Tip**
> **심판의 도덕적 조건**
> - 공정성 : 어느 한쪽에 치우치지 않음
> - 청렴성 : 심판 매수 등의 시도가 있어도 그에 현혹되지 않음
> - 편견과 차별 배제 : 오심과 편파 판정 방지
> - 자율성 : 외부의 지시나 간섭을 단호히 뿌리칠 수 있음
> - 전문성 : 한 번 내린 판정은 번복하기 힘들기 때문에 오랜 경험과 훈련을 바탕으로 정확한 판정을 내려야 함

## 14 윤리이론 답 ③

공리주의는 공리성을 가치 판단의 기준으로 하는 결과론적 윤리체계의 대표적 사상이다. 어떤 행위의 옳고 그름은 그 행위가 인간의 이익과 행복을 늘리는 데 얼마나 기여하는 가 하는 유용성과 결과에 따라 결정된다. 따라서 스포츠 상황에서 행위의 유용성보다 인성의 바름을 강조하는 것은 공리주의와는 부합되지 않는다.

## 15 장애차별 답 ④

장애로 인해 스포츠 참여의 권리 및 기회를 비장애인과 동등하게 누리지 못하는 것을 스포츠 장애차별이라 한다. 장애차별을 개선하기 위해서는 장애인 선수를 비장애인과 구분하지 않고 동등한 대우를 해주어야 한다. 참여 종목과 대회는 지도자의 결정에 맡겨야 하거나 비장애인과 분리하여 수업하는 행위는 장애차별로 볼 수 있다.

> **Tip**
> **장애차별 없는 스포츠의 조건**
> - 장애인을 위한 스포츠 시설 확충
> - 장애인이 참여할 수 있는 스포츠 대회 개최
> - 장애인을 위한 스포츠 종목 및 프로그램의 확대
> - 장애인스포츠지도사 교육·양성
> - 지속적으로 스포츠 활동에 참여할 수 있는 여건 제공
> - 장애인의 스포츠 참여를 위한 재정적 지원

## 16 스포츠 폭력    답 ④

아렌트(H. Arendt)의 악의 평범성은 스포츠계에서 폭력과 같은 잘못된 관행에 복종하는 데 익숙해진 나머지 이를 지속시키는 데 기여하는 것을 의미한다. 〈보기〉와 같이 폭력이 일상화되어 있고, 이를 멈추게 할 방법이 생각과 반성에 있는 상황은 아렌트의 철학과 개념에 해당한다.

【오답해설】
홉스(T. Hobbes)의 리바이어던은 국가만이 합법적 폭력을 사용할 수 있고, 이 폭력은 국가 내의 사회의 정의를 수호하며 전쟁을 통해 국민을 지키는 국가의 모습이라는 것을 의미한다.

## 17 윤리이론    답 ②

의무주의는 행위의 결과와는 상관 없이 도덕 행위의 본래적인 가치인 '규범에 복종해야 할 의무'를 주장하는 도덕 이론을 말한다. 따라서 반칙을 하는 것은 옳지 않기 때문에는 규범에 복종하기 위한 이유에 해당한다.

## 18 성차별    답 ④

트렌스젠더 여성 선수가 불공평한 이득을 가져 스포츠 본연의 의미를 변화시킨다는 견해는 트렌스젠더 여성의 스포츠 참여를 반대하는 입장에 해당하므로 지지하는 견해의 근거에 해당하지 않는다.

## 19 스포츠맨십    답 ③

함무라비 법전의 탈리오 법칙(Lex Talionis)은 '눈에는 눈, 이에는 이' 같은 보복 논리이다. 야구 경기에서 빈볼을 맞았을 때, 상대팀에게도 빈볼을 던져 보복을 하는 것은 탈리오 법칙이 적용된 상황이다.

## 20 인종차별    답 ②

1948년 런던 올림픽경기대회에서 독일과 일본 선수의 참가를 불허한 일은 인종차별의 사례에 해당하지 않는다. 이는 2차세계대전의 전범국인 독일과 일본에 대한 전쟁 책임과 국제 정치 상황에 따른 조치이다.

# 2024 선택과목 기출문제 정답 및 해설

## 스포츠사회학

| 01 | 02 | 03 | 04 | 05 | 06 | 07 | 08 | 09 | 10 |
|---|---|---|---|---|---|---|---|---|---|
| ④ | ① | ④ | ③ | ③ | ① | ④ | ② | ① | ② |
| 11 | 12 | 13 | 14 | 15 | 16 | 17 | 18 | 19 | 20 |
| ① | ③ | ② | ④ | ④ | ④ | ③ | ② | ①, ③ | ② |

### 01  스포츠와 정치의 결합  답 ④

훌리한(B. Houlihan)은 정부(정치)가 스포츠에 개입하는 것은 분명한 목적성을 가지고 있다 하였다.
ㄱ. 시민들의 건강 및 체력유지를 위해 스포츠에 개입
ㄴ. 양성평등을 통해 여성의 스포츠 진출로 정체성과 소속감 증진 및 국가의 명성 고취를 위해 스포츠에 개입
ㄷ. 공공질서 보호를 위해 스포츠에 개입

#### Tip
**훌리한(B. Houlihan)이 제시한 정부(정치)의 스포츠 개입 목적**
- 공공질서 보호
- 지역사회나 국가의 명성 고취
- 시민들의 건강 및 체력 유지
- 국가 및 지역사회의 경제발전 도모
- 지배적인 정치 이데올로기 확산
- 정체성과 소속감 증진
- 정치지도자와 정부에 대한 지지 증인

### 02  한국의 학원스포츠  답 ①

「스포츠클럽법」 제9조 제2항에 따라 지정스포츠클럽은 종목별 전문선수 육성을 진행할 수 있다.

【오답해설】
② 「스포츠클럽법」 제1조 관련
③ 「스포츠클럽법」 제1조 관련
④ 「스포츠클럽법」 제3조 관련

#### Tip
**지정스포츠클럽(「스포츠클럽법」 제9조)**
① 문화체육관광부장관은 다음 각 호의 사업을 추진하기 위하여 스포츠클럽 중에서 지정스포츠클럽을 지정할 수 있다.
  1. 스포츠클럽과 「학교체육 진흥법」에 따른 학교스포츠클럽 및 학교운동부와의 연계
  2. 종목별 전문선수의 육성
  3. 연령ㆍ지역ㆍ성별 특성을 반영한 스포츠 프로그램의 운영
  4. 장애인 선수의 육성 및 장애 유형과 정도, 성별 등의 특성을 반영한 스포츠 프로그램의 운영
  5. 대통령령으로 정하는 기초 종목 및 비인기 종목의 육성
  6. 그 밖에 대통령령으로 정하는 사항

### 03  스포츠의 사회적 기능과 사회이론  답 ④

구조기능주의 관점에 따른 사회는 상호의존적으로 연결되어 있어 각자의 기능을 수행하며 이를 통해 사회의 통합 및 존속에 기여한다는 관점이다.

【오답해설】
ㄴ. 구조기능주의 관점은 사회현상의 긍정적 측면을 주로 바라보아 사회적 갈등에 대한 의미를 놓칠 수 있다.

### 04  한국의 학원스포츠  답 ③

- 피라미드 모형 : 밑에서부터 쌓아 올라가는 형태이다. 스포츠 육성을 위해 생활체육부터 시작해 엘리트 체육으로 진행해 나가는 육성 모델
- 낙수효과 모형 : 위로부터 아래로 내려가는 형태이다. 엘리트 체육인을 육성하여 이들을 통해 전파되는 육성 모델이다.
- 선순환 모형 : 어떤 것으로부터서 상관없이 서로 좋은 영향을 준다는 모형으로 상호통합적인 접근방식에 속한다.
㉠ 학생들의 생활 스포츠에서 좋은 기량의 선수 배출 → 피라미드 모형
㉡ 우수한 학생 선수 육성을 통해 스포츠 참가 확대 → 낙수효과 모형
㉢ 우수한 성과와 스포츠 참가 촉진이 순환되는 형태 → 선순환 모형

### 05  스포츠 세계화  답 ③

스포츠의 세계화를 주도한 동인은 크게 제국주의, 민족주의, 종교, 기술의 진보의 네 가지로 구분할 수 있다. 스포츠에서의 인종차별은 국가 간의 교류가 증가하여 스포츠 국제화로 인종에 대한 편견이 더욱 노골적으로 드러나거나, 미디어의 편향된 보도 등으로 발생하고 있다.

#### Tip

| 스포츠 세계화의 동인 | |
|---|---|
| 제국주의 | 구열강에 의해 스포츠가 전파 |
| 민족주의 | 스포츠로 민족의 정체성을 확인하고 국가 간 경쟁을 촉진시켜 스포츠 세계화 현상을 가속화 |
| 종교 | 종교에 대한 거부감 해소, 선교 등을 위해 스포츠를 적극적으로 활용 |
| 과학기술 | 교통, 통신, 미디어 등을 통해 스포츠를 세계화 |

### 06 사회계층의 이해    답 ①

스포츠계층의 특성 중 보편성(편재성)은 스포츠계층이 어디에나 존재가 능하고 발견 가능한 보편적 사회문화 현상이라는 의미이다.

【오답해설】
② 보편성(편재성)에 대한 설명이다. 역사성은 현대 스포츠에서 계층은 사회 전반의 불평등 역사와 함께 나타난다.
③ 역사성에 대한 설명이다. 영향성은 부여된 권력 및 재산이 사회계층에 다시 영향을 주는 것을 의미한다.
④ 사회성에 대한 설명이다. 다양성은 권력, 재산 등이 사회계층에 다양하게 부여된다는 것을 말한다.

### 07 스포츠와 계층이동    답 ④

사회계층의 이동유형은 이동 기간에 따라 '세대 내 이동', '세대 간 이동'으로 구분한다.

#### Tip

| 사회계층 이동의 유형 | |
|---|---|
| 이동 방향 | 수직이동/수평이동 |
| 이동 기간 | 세대 간 이동/세대 내 이동 |
| 이동 주체 | 개인이동/집단이동 |

### 08 스포츠 일탈의 이해    답 ②

차별교제 이론에서 일탈행동은 집단 속 타인과의 상호작용을 통해 형성된다고 말하며 이러한 일탈 유형과의 접촉으로 일탈을 학습하게 된다고 하였다.

【오답해설】
① 문화규범 이론 : 개인이 아닌 대중매체를 통해 주어지는 사상이나 가치를 행동의 지침으로 삼아 행동 양식에 영향을 미쳐 일탈이 발생한다고 주장함
③ 개인차 이론 : 개인의 독특한 심리적 욕구의 만족을 위해 일탈한다고 가정함
④ 아노미 이론 : 일탈을 문화적 목표와 제도적 수단의 불일치 상태라고 정의함

### 09 스포츠 일탈의 유형    답 ①

경계 폭력은 경기 규칙에는 위반되지만, 스포츠 윤리의 규범에 부합하여 유용한 경기 전략으로 받아들여지며, 상대방의 보복적 행동을 유발할 수 있다. 야구 빈볼, 축구, 농구의 팔꿈치, 아이스하키의 주먹질 등이 이에 해당한다.

#### Tip

| 스미스(M. Smith)의 스포츠 폭력 유형 | |
|---|---|
| 격렬한 신체접촉 | • 특정스포츠에서 흔히 발생<br>• 스포츠 참가의 일부로 받아들여짐<br>예 충돌, 가격, 태클, 방해, 부딪힘 등 |
| 경계폭력 | • 경기 규칙에는 위반되지만, 스포츠 윤리의 규범에 부합하여 유용한 경기전략으로 받아들여짐<br>• 상대방의 보복적 행동을 유발함<br>예 야구 빈볼, 축구, 농구의 팔꿈치, 아이스하키의 주먹질 등 |
| 유사범죄 폭력 | • 경기 규범과 공공의 법 그리고 선수들 사이의 비공식적인 규범을 함께 위반하는 행위<br>예 비열한 플레이, 불시의 공격 등 |
| 범죄폭력 | 명백히 법을 위반하는 행위 |

### 10 상업주의와 스포츠    답 ②

코클리(J. Coakley)가 제시한 상업주의에 의한 스포츠 규칙 변화에서는 전시효과를 위해 과감하고 위험한 플레이와 과장되고 극적인 표현의 증가를 선호한다. 득점 감소는 전시효과 증가가 아닌 저하의 가능성이 있어 충족 조건에 해당하지 않는다.

#### Tip

| 상업주의와 스포츠의 변화 | |
|---|---|
| 구조의 변화 | 규칙과 제도, 프로그램의 구성 변화 |
| 내용의 변화 | • 경기 자체보다 세속적인 경기 외적 사실을 중시<br>• 관중이 심미적 가치보다는 영웅적 가치를 선호·중시<br>• 과감하고 위험한 플레이와 과장되고 극적인 표현의 증가(전시효과)<br>• 스포츠의 비본질적 요소를 중시하여 경기 외적인 득점과 승리 추구 |
| 스포츠 조직의 변화 | 대중매체, 팀, 구단주 등 경제적 후원자의 목적 영위를 위한 쇼(Show)로서 스포츠 이벤트가 운영 |
| 스포츠 정신의 변화 | • 무리한 리그 운영과 승리지상주의 팽배(아마추어리즘의 퇴조)<br>• 스포츠 선수를 하나의 상품으로서 취급 |

### 11 스포츠와 사회학의 의미    답 ①

파슨즈(T. Parsons)는 AGIL 이론을 통해 스포츠의 사회적 기능은 적응, 목적달성, 통합, 형태유지에 있다고 주장하였다. 이 이론은 구조기능주의 이론에 해당하며 상호보안적 관점의 이론이다.

> **Tip**
>
> **파슨즈(T. Parsons)의 AGIL 이론**
> - 적응(Adaptation) : 목표달성을 위해 필요한 자원을 외부 환경으로부터 획득(외부적·수단적인 기능요건)하고 이를 적절히 배분 및 사용한 기능
> - 목표성취(Goal-gratification) : 장기적인 목표를 설정하고 이를 달성하기 위해 다양한 과업을 수행한 기능(외부적·목적적인 기능요건)
> - 통합(Integration) : 하위체계 간의 알력과 갈등을 조정함으로써 상호관계를 유지하는 기능(내부적·목적적인 기능요건)
> - 체제 유지 및 긴장처리(Latency·Pattern-maintenance) : 사회체계의 형식 및 내용을 유지하기 위한 기능(내부적·수단적인 기능요건)

## 12 스포츠 정치의 결합 <u>답</u> ③

스포츠를 통한 국가 홍보와 혜택, 군복무 면제, 연금, 조세 감면, 정경유착은 스포츠와 정치의 상호의존성에 해당한다.

> **Tip**
>
> **에티즌(D. Eitzen)과 세이지(G. Sage)가 제시한 스포츠의 정치적 속성**
>
> | 속성 | 예시 |
> |---|---|
> | 대표성 | 소속 조직 대표, 상징, 충성심, 슬로건, 응원가 |
> | 권력투쟁 | 선수와 구단주 간, 리그 간, 조직 간, 성차별 |
> | 상호의존성 | 국가 홍보와 혜택, 군복무 면제, 연금, 조세 감면, 정경유착 |
> | 긴장관계 | 외교적 관계, 외교적 항의, 외교적 승인 |
> | 보수성 | 현존 질서 유지, 애국의식 향상, 정치체계 강화 |

## 13 스포츠와 국제정치 <u>답</u> ②

㉠ 1936년 손기정, 남승룡 선수의 마라톤 메달에 대한 기사에서 일장기를 삭제한 사건 → 정치이념 선전 기능
㉡ 1971년 미국과 중국 간의 외교적 관계 개선을 목적으로 한 친선경기 → 외교적 도구 기능
㉢ 1972년 아프가니스탄과 이스라엘의 갈등에 의해 이스라엘 선수 및 코치를 납치 살해한 사건 → 갈등 및 적대감의 표출
㉣ 남아프리카공화국에서 진행한 인종차별 정책인 아파르트헤이트로 인해 남아프리카공화국이 1976년 몬트리올 올림픽 참여 거부당함 → 외교적 항의

## 14 스포츠 세계화 <u>답</u> ④

기술(테크놀로지), 통신 및 전자매체의 발달의 발달로 인해 시공간의 제약이 사라져 국가 간의 경계 및 국가에 대한 정체성보다 팀, 선수가 중요시 되었다.

## 15 스포츠의 교육적 기능 <u>답</u> ④

승리지상주의는 노동의 형태로 스포츠 가치가 변질되고 과도한 경쟁이 유발된 현상을 말한다. 승리지상주의 심화로 인해 교육목표 결핍과 더불어 학교와 팀의 성공을 위해 학생선수의 의도적 유급, 성적 위조 등을 조장 등이 발생한다.

【오답해설】
① 정서 순화 : 스포츠에서의 공정한 경쟁을 통해 도덕적으로 성숙
② 사회 선도 : 여권신장, 장애인의 적응력 배양, 평생 체육의 장려 기능
③ 사회화 촉진 : 목표 도전, 스포츠맨십, 팀워크 등의 학습을 통해 사회화를 주관

> **Tip**
>
> **스포츠의 교육적 순기능과 역기능**
> - **스포츠의 교육적 순기능**
>
> | | |
> |---|---|
> | 전인교육 | 사회활동 격려 / 사회화 촉진 / 정서 순화 |
> | 사회통합 | 학교 내 통합 / 학교와 지역사회 통합 |
> | 사회선도 | 여권신장 / 장애인의 적응력 배양 / 평생 체육의 장려 |
>
> - **스포츠의 교육적 역기능**
>
> | | |
> |---|---|
> | 교육 목표의 결핍 | 승리지상주의 / 참여 기회 제한 / 성차별 |
> | 편협한 인간 육성 | 독재적 지도 / 비안간적 훈련 |
> | 부정행위 조장 | 스포츠 상업화 / 위선과 착취 / 일탈 조장 |

## 16 스포츠와 미디어의 이데올로기 <u>답</u> ④

스포츠 미디어의 성차별(젠더) 이데올로기는 스포츠를 통해 여성에 대한 고정관념을 강화시키거나 남성성 규정 및 남성의 지배적 위치 확인, 능력보다는 외적인 요소에 집중시키는 것을 말한다.

> **Tip**
>
> **스포츠 미디어의 이데올로기**
> - 자본주의 이데올로기 : 경제적 가치, 소비 유도
> - 젠더(성차별) 이데올로기 : 성 관념 고정, 외모 강조
> - 영웅 이데올로기 : 소수의 스타 부각, 엘리트주의 조장
> - 국가주의 이데올로기 : 정치·경제적 우월성 강조
> - 민족주의 이데올로기 : 민족 우수성 강조
> - 개인주의 이데올로기 : 특정 선수 중점 보도

## 17 스포츠 일탈의 이해  답 ③

지나친 부상이나 고통에도 위험을 받아들이고 고통 속에서 경기에 참여하는 것은 집단의 규범을 과도하게 받아들이는 '과잉동조' 일탈이며, 이러한 일탈적 과잉동조를 일으키는 윤리규범 중 '인내규범'에 해당한다.

**Tip**

**코클리(J. Coakley) 일탈적 과잉동조를 유발하는 스포츠 윤리규범**

| 인내규범 | 운동선수는 위험을 받아들이고 고통 속에서도 경기에 참여해야 한다. |
| --- | --- |
| 도전규범 | 운동선수는 장애물을 극복하고 역경을 헤쳐 나가는 노력을 해야 한다. |
| 몰입규범 | 운동선수는 경기에 헌신해야 하며 이를 그들의 삶에서 우선순위에 두어야 한다. |
| 구분짓기규범 | 다른 선수와의 차별성을 강조하며, 운동선수는 경기에서 탁월함을 추구해야 한다. |

## 18 스포츠사회화의 의미와 과정  답 ②

레오나르드(W. Leonard)는 개인이 어떻게 사회적 행동을 습득하고 수행하는지를 밝히려 하였고, 사회화를 위한 학습방법을 강화, 코칭, 관찰학습의 3가지로 구분하였다. 사회화의 대상이 사회화의 주관자 즉 지도자를 통해 동기 및 가르침을 받는 것은 코칭에 해당한다.

【오답해설】
① 강화 : 강화와 처벌을 통해 사회적 역할을 습득 및 수행
④ 관찰학습 : 사회화의 대상이 다른 사람의 행동을 관찰하여 유사하게 행동함으로써 과제를 학습하고 수행

## 19 스포츠 탈사회화와 재사회화  답 ①, ③

① 방출은 선수가 자신의 이익을 위해 스스로 방출을 요구하는 경우가 있어 해임과 다르게 자발적 은퇴로 구분할 수 있다.
③ 개인의 심리상태 및 태도로 인한 제약은 내재적 제약에 해당한다.

【오답해설】
② 스포츠 참여를 통한 행동의 변화를 스포츠로부터의 사회화라고 한다.
④ 재정, 시간, 환경적 상황에 의해 참여가 제약되는 것은 구조적 제약에 해당한다.

**Tip**

**Crawford & Godbey 여가 제약 구성요소**

| 내재적 제약 | 개인적 특성, 심리적 상태 등 주관적 제약 요인 |
| --- | --- |
| 대인적 제약 | 대인관계로 인해 겪게 되는 제약 |
| 구조적 제약 | 교통, 시설, 날씨, 근무시간, 환경적 상황으로 인한 제약 |

## 20 스포츠 변화에 영향을 미치는 요인  답 ②

프로야구 경기에서 VAR 시스템 적용은 심판의 객관성과 신뢰성은 강화되었으나, 인간심판의 역할은 약화되었다.

# 스포츠교육학

| 01 | 02 | 03 | 04 | 05 | 06 | 07 | 08 | 09 | 10 |
| --- | --- | --- | --- | --- | --- | --- | --- | --- | --- |
| ① | ④ | ③ | ② | ② | ④ | ③ | ① | ② | ④ |
| 11 | 12 | 13 | 14 | 15 | 16 | 17 | 18 | 19 | 20 |
| ③ | ① | ③ | ② | ② | ② | ③ | ① | ④ | ① |

## 01 학교체육 프로그램 개발 및 실천  답 ①

슐만의 7가지 교사 지식 유형 중 내용 지식은 가르칠 교과 내용에 대한 지식을 말한다.

【오답해설】
② 내용교수법 지식 : 특정 학생에게 어느 교과나 주제를 특정한 상황에서 지도할 수 있는 방법에 대한 지식
③ 교육환경 지식 : 수업 환경에 영향을 미치는 지식
④ 학습자와 학습자 특성 지식 : 수업에 영향을 미치는 학습자에 관한 지식

## 02 평가의 실천적 측면  답 ④

동료 평가는 평가를 받는 사람과 수평적인 관계에 있는 동료들이 평가자로 참여하여 평가하는 것을 말한다. 교사와 학생 간 대화는 수직적인 관계이므로 동료 평가와는 다르다.

## 03 스포츠지도를 위한 교수기법  답 ③

상규적 활동은 스포츠 지도시간에 반복적으로 일어나는 활동이다. 예를 들어 출석점검, 수업준비 상태 확인, 화장실 출입 등이다. 이러한 과정을 효율적으로 관리하면 학습자들의 과제 참여 시간을 증가시키는 데 도움이 된다.

## 04 스포츠지도를 위한 교육모형  답 ②

㉠ 협동학습 모형 : 서로를 위해 서로 함께 배우기가 주제이며, 팀원 간의 긍정적인 상호작용이 중요하다.
㉡ 개인적 · 사회적 책임감 지도 모형 : 통합 전이, 권한의 위임, 교사와 학생의 관계가 주제이며, 학생 자신과 타인에 대해 책임을 어떻게 져야 하는지 그 방법을 연습하고 배우는 기회를 제공한다.

【오답해설】
• 스포츠교육 모형 : 유능하고 박식하며 열정적인 스포츠인으로 성장하기가 주제이며, 학습자에게 실제적이고 교육적으로 풍부한 스포츠 경험을 제공한다.

## 05 스포츠지도를 위한 교수기법  답 ②

㉠ 직업기여 행동 : 수업의 내용에 직접적으로 기여하는 행동으로 학습에 가장 큰 영향을 미치는 행동 ❹ 동작 설명과 시범, 학생 관찰 및 피드백

ⓒ 비기여 행동 : 수업 내용에 기여할 가능성이 전혀 없는 행동 **에** 학부모와 상담, 관리자 방문, 소방 연습
ⓒ 간접기여 행동 : 학습자 및 학습지도와 관련은 있으나 수업 내용과는 무관한 행동 **에** 부상학생의 처리, 시설 보수, 과제 외 토론 참여

## 06 스포츠교육 전문인의 전문역량 답 ④

㉠ 이동 움직임 : 이동 발달을 위한 운동으로 걷기, 달리기, 점핑, 기어오르기, 슬라이딩 등이 있다.
㉡ 비이동 움직임 : 안정성 발달을 위한 균형 운동으로 굽히기, 비틀기, 늘리기, 흔들기 등이 있다.
㉢ 조작 움직임 : 쓰기, 그리기, 던지기, 잡기, 치기 등이 있다.

> **Tip**
> 조작 움직임
> • 소근조작 : 쓰기, 그리기, 자르기 등
> • 대근조작 : 던지기, 차기, 치기 등
> • 추진조작 : 굴리기, 던지기, 치기 등
> • 흡수조작 : 잡기, 공 멈추기 등

## 07 학교체육 답 ③

학교체육진흥법 제10조 제4항에 따르면 학교의 장은 학교스포츠클럽 활동내용을 학교생활기록부에 기록하여 상급학교 진학자료로 활용할 수 있도록 하여야 한다.

> **Tip**
> 학교체육진흥법 제10조
> ① 학교의 장은 학생들이 신체활동 프로그램에 참여할 수 있도록 학교스포츠클럽을 운영하여 학생들의 체육활동 참여기회를 확대하여야 한다.
> ② 학교의 장은 제1항에 따라 학교스포츠클럽을 운영하는 경우 학교스포츠클럽 전담교사를 지정하여야 한다.
> ③ 제2항에 따른 학교스포츠클럽 전담교사에게는 학교 예산의 범위에서 소정의 지도수당을 지급한다.
> ④ 학교의 장은 학교스포츠클럽 활동내용을 학교생활기록부에 기록하여 상급학교 진학자료로 활용할 수 있도록 하여야 한다.
> ⑤ 학교의 장은 교육부령으로 정하는 바에 따라 일정 비율 이상의 학교스포츠클럽을 해당 학교의 여학생들이 선호하는 종목의 학교스포츠클럽으로 운영하여야 한다.

## 08 교수 스타일의 특성 답 ①

상호학습형 교수 스타일은 지도자는 모든 교과내용 및 기준을 설정, 세부 운영절차와 관련된 사항을 결정, 관찰자에게 피드백 제공한다. 학습자는 두 명이 짝을 이루며 한 명은 주어진 과제를 수행, 다른 한 명은 지도자가 개발한 기준을 사용해 학습자에게 즉각적 · 지속적인 피드백을 제공한다.
① 학습자가 교과내용을 선정하는 스타일은 자기주도형에 해당한다.

## 09 스포츠교육 전문인의 전문역량 답 ②

㉠ 지식 : 가르치는 대상인 학생에 대한 지식 및 이해가 필요
㉡ 수행 : 교육과정 개발 및 운영, 수업의 계획 및 운영, 학습의 평가, 협력관계 구축으로 분류
㉢ 태도 : 전문성 개발을 위한 끊임없는 반성과 실천

## 10 교수 스타일의 특성 답 ④

모스턴 교수 스타일의 인지 과정은 자극-인지적 불일치-사고-반응이다. 인지적 불일치는 불안정하거나 흥분 상태에서 해답을 찾고자 하는 욕구에서 나타난다.

> **Tip**
> 모스턴 교수 스타일의 인지 과정
> • 자극 : 질문
> • 인지적 불일치 : 해답을 찾고자 함
> • 사고 : 다양하고 구체적인 인지기능 활성화 상태
> • 반응 : 대답

## 11 생활체육 답 ③

국민체육진흥법 제11조의 제3항에 따르면 스포츠윤리 교육 과정은 다음과 같다.
1. 성폭력 등 폭력 예방교육
2. 스포츠비리 및 체육계 인권침해 방지를 위한 예방교육
3. 도핑 방지 교육
4. 그 밖에 체육의 공정성 확보와 체육인의 인권보호를 위하여 문화체육관광부령으로 정하는 교육

따라서 〈보기〉 중 옳은 것은 ㄱ, ㄴ, ㄹ이다.

## 12 스포츠지도를 위한 교육모형 답 ①

동료교수 모형의 가장 큰 특징은 학생들이 교사의 역할과 학습자의 역할을 번갈아 수행해 가며 협력하여 주어진 과제를 완료하는 것이다.

**【오답해설】**
② 직접교수 모형 : 교사가 수업의 리더 역할을 하며 학습자는 지도자의 관리를 받는다.
③ 개별화지도 모형 : 수업 진도는 학습자가 결정하며 자신에게 맞는 속도로 학습한다.
④ 협동학습 모형 : 서로를 위해 서로 함께 배우며, 팀원 간의 긍정적인 상호작용이 있다.

> **Tip**
> **동료교수 모형의 수업 주도성 프로파일**
> - 수업 내용 선정 : 교사는 내용과 순서를 조정한다.
> - 수업 운영 : 학습의 주도권은 학생에게 있기 때문에 기본적인 수업의 틀을 구성해서 진행한다.
> - 과제 제시 : 교사는 학생에게 수행 단서, 숙달 기준을 안내하고 이를 받은 학생은 다른 학생을 가르쳐주게 된다.
> - 참여 형태 : 교사는 학습자 간의 교대 계획을 결정해서 운영한다.
> - 교수적 상호 작용 : 학생들 간 서로 소통하고, 교사와도 상호 작용이 많이 일어난다.
> - 학습 진도 : 학생 스스로 판단하고 진행한다.

## 13  지도 내용의 연습 및 교정   답 ④

반성적 교수법은 학습자에게는 수업 전 과제를 배부하고 수업의 목표 및 평가 방법을 설명한다. 수업 후 학습자는 교수내용 및 교수방법을 평가한다.

【오답해설】
① 동료 교수 : 소집단의 동료들과 모의 수업을 만들어 교수기능을 연습한다. 제한된 몇 가지의 교수기능에만 집중할 수 있도록 수업을 짧게 설정하고, 수업을 녹화하여 분석·평가 및 피드백의 제공이 가능하다.
② 축소 수업 : 동료 학습자들로 구성된 소집단을 대상으로 5~20분의 간단한 수업을 실시하여 이를 녹화한다. 녹화된 수업을 관찰하여 수업을 분석·평가하고 그 결과에 따라 새로운 수업을 다시 진행한다.
③ 실제 교수 : 실제 수업을 진행하기 전 마지막으로 하는 연습이다. 일반적으로 교사가 교육실습을 하기 전 마지막 단계로서 진행한다.

## 14  스포츠지도사   답 ②

국민체육진흥법 제2조제6호에 따르면 체육지도자란 학교·직장·지역사회 또는 체육단체 등에서 체육을 지도할 수 있도록 이 법에 따라 다음 각 목의 어느 하나에 해당하는 자격을 취득한 사람을 말한다.
- 스포츠지도사
- 건강운동관리사
- 장애인스포츠지도사
- 유소년스포츠지도사
- 노인스포츠지도사

따라서 체육지도자 중에서 스포츠강사를 임용할 수 있다.

【오답해설】
① 초·중등교육법 제2조제2호는 학교의 종류에 대해 나와 있다.
③ 학교체육진흥법 제2조제6항에 따르면 학교운동부지도자란 학교에 소속되어 학교운동부를 지도·감독하는 사람을 말한다.
④ 학교체육진흥법 제4조에 따르면 기본 시책의 수립에 대해 나와 있다.

## 15  스포츠지도를 위한 교육모형   답 ③

리드-업 게임은 각종 구기의 원형을 쉽게 배울 수 있게 개량하여 구기 운동에 흥미를 불러일으키고 팀워크와 체력 단련을 기하고자 하는 게임이다.

【오답해설】
② 스크리미지(scrimmage) : 게임을 진행하는 도중 티칭 모멘트가 발생하면 게임을 멈추고 전략과 전술을 지도하는 수업

> **Tip**
> **전술게임모형활동**
> - 스크리미지(scrimmage) : 게임을 진행하는 도중 티칭 모멘트가 발생하면 게임을 멈추고 전략과 전술을 지도하는 수업
> - 리드-업 게임(lead-up games) : 각종 구기의 원형을 쉽게 배울 수 있게 개량하여 구기 운동에 흥미를 불러일으키고 팀워크와 체력 단련을 기하고자 하는 게임
> - 변형게임 : 학습자의 발달 단계에 따라 더 나은 경쟁과 전략의 활용 기회를 위해 다양한 방법으로 게임을 변형하는 게임

## 16  스포츠지도를 위한 교육모형   답 ②

시덴탑이 제시한 스포츠 교육 모형은 놀이 이론에 기초한다. 주제 중에 열정은 스포츠를 참여하는 태도와 관련된 정의적 영역이다. 심판으로서 역할을 할 때 학습영역 중 우선하는 것은 인지적(지식) 영역이다. 스포츠에의 참여는 학습자의 발달단계에 맞춰 변형해야 한다.

## 17  지도 내용의 연습 및 교정   답 ③

현장 개선(action) 연구는 체육 지도자가 동료나 연구자의 도움을 받아 자신의 강좌를 반성적으로 탐구하여 개선하는 데 목적이 있다.

【오답해설】
① 문헌(literature) 연구 : 경험적인 자료를 수집하여 통계적으로 분석하는 방법
② 실험(experiment) 연구 : 변인들 간의 인과관계를 밝혀내는 방법
④ 근거이론(grounded theory) 연구 : 질적연구 방법 중 하나로 자료를 수집하고 분석하여 자료를 근거로 한 이론을 생성하는 연구 방법

## 18  스포츠지도를 위한 교수기법   답 ①

동시처리는 동시에 일을 처리하는 것(내용지도+수업운영)을 말하며, 교사의 능력에 해당한다.

【오답해설】
② 상황파악
④ 집단 경각

> **Tip**
>
> **쿠닌의 예방적 관리 교수기능**
> - 상황파악 : 학생들의 행동을 교사가 파악하고 있음을 학생들에게 알리는 것(탈선방지)
> - 동시처리 : 동시에 일을 처리하는 것(내용지도＋수업운영), 교사의 능력
> - 유연한 수업 전개 : 수업의 흐름을 이어가는 것
> - 여세 유지 : 학습활동이나 수업을 활력있게 이어나가는 것
> - 집단 경각 : 학생들이 과제에 몰두하도록 하는 것(주의, 집중, 흥미)
> - 학생의 책무성 : 과제수행에 대한 책임감 부여

## 19  생활체육  답 ④

'국민체력 100'은 국민의 체력 및 건강 증진에 목적을 두고 체력상태를 과학적 방법에 의해 측정, 평가를 하여 운동 상담 및 처방을 해주는 대국민 스포츠 복지 서비스사업이다. 다만 스포츠클럽 등록 및 운영지원은 제공하지 않는다.

## 20  평가의 실천적 측면  답 ①

평정척도는 피평가자의 속성이나 반응 등을 단일연속선상에 배열하기 위하여 일정한 기준에 따라 일정수치를 부여하거나 몇 개의 범주로 구별하여 만든 척도이다.

【오답해설】
② 사건기록법 : 지속적이고 객관적인 관찰, 체크리스트를 활용한 평가
③ 학생저널 : 학습자가 자신의 학습 진행 및 학습내용을 상세히 기록한 문서
④ 체크리스트 : '예/아니오' 또는 '우수/보통/미흡'의 평가가 가능

---

## 스포츠심리학

| 01 | 02 | 03 | 04 | 05 | 06 | 07 | 08 | 09 | 10 |
|----|----|----|----|----|----|----|----|----|----|
| ②  | ①  | ②  | ②  | ③  | ③  | ②  | ③  | ①  | ④  |
| 11 | 12 | 13 | 14 | 15 | 16 | 17 | 18 | 19 | 20 |
| ②  | ③  | ③  | ③  | ①  | ①  | ③  | ②  | ④  | ④  |

## 01  성격  답 ②

사회학습이론은 인간의 행동을 결정하는 요인을 개인 내부가 아닌 외부 환경의 자극으로 보는 학습이론 중 하나이다. 이 이론에서 인간의 행동은 사회에서 학습한 것과 개인이 처한 상황 간의 상호작용에 의해 결정된다고 본다. 국가대표선수로부터 포기하지 않는 정신력을 학습한 것은 사회학습이론에 해당한다.

【오답해설】
① 성격특성이론 : 개인의 행동은 외부 환경의 영향보다 개인 내에 존재하고 있는 일관적이고 안정된 특성들에 의해 결정된다고 보는 이론
③ 욕구위계이론 : 인간의 욕구가 그 정도와 중요성에 따라 일련의 계층적 단계로 배열되며, 하위 단계의 욕구가 충족된 후에 그 상위 단계의 욕구를 의식·추구한다고 보는 이론
④ 정신역동이론 : 행동을 지배하는 무의식적 동기를 밝히려는 이론으로 원초아와 자아, 초자아의 상호작용이 인간의 행동을 지배함

## 02  운동학습  답 ①

젠타일(A. Gentile)의 운동기술분류에 따르면 농구 자유투하기는 환경적으로 고정되어 있고, 동작 간 변화 없이 물체의 조작만이 있다. 이는 폐쇄운동기술(close motor skill)에 속한다.

> **Tip**
>
> **개방·폐쇄운동**
> - 개방운동기술(open motor skill)
>   - 계속 변하는 환경에 맞추어 수행하는 운동 기술
>   - 움직이는 대상의 속도와 방향에 따라서 자신의 동작을 맞춰야 함
>   - 예 농구, 축구, 럭비 등
> - 폐쇄운동기술(close motor skill)
>   - 환경이 변하지 않는 안정된 상태에서 수행하는 운동 기술
>   - 환경이 안정되어 있기 때문에 수행자가 자신의 리듬과 의지에 따라서 시작할 수 있음
>   - 예 양궁, 사격, 기계 체조 등

## 03  동기  답 ②

㉠ 동기 : 특정 행동을 선택하고 일정한 방향과 목표를 향해 행동을 시작하게 하는 심리학적 개념
㉡ 내적 동기 : 내적인 즐거움을 위해 스포츠 활동에 참여하는 것
㉢ 외적 동기 : 외적인 보상을 위해 스포츠 활동에 참여하는 것

> **Tip**
> **귀인**
> 자신 또는 타인의 행동에 대해 다양한 원인들 중 어떠한 원인을 그 행동에 귀속시켜야 할지를 추론하고 결정하는 과정

## 04  운동제어   답 ②

㉠ 자극 확인 단계 : 정보 자극을 받아들여 그 내용을 분석하고 의미를 부여하는 단계
㉡ 반응 선택 단계 : 자극에 대한 확인 완료 후 자극에 대하여 어떻게 반응할지 결정하는 단계

## 05  정서와 시합불안   답 ③

불안의 관리 기법 중 불안을 극복하고 긍정적으로 해석하는 방법인 인지 재구성에 대한 설명이다.

【오답해설】
① 명상 : 불안의 해소 기법 중 하나
② 자생 훈련 : 신체 부위의 따뜻함과 무거움을 느끼게 해주는 일련의 동작으로 구성된 방법
④ 인지적 왜곡 : 인지적 성격이론의 주요 개념으로서, 그릇된 가정이나 잘못된 개념화를 이끌어 내는 체계적인 인지적 오류

> **Tip**
> **불안의 관리 기법**
> • 인지 재구성
> • 사고 정지
> • 자생 훈련
> • 점진적 이완
> • 체계적 둔감화

## 06  운동발달   답 ③

운동발달의 단계는 반사단계 → 기초단계 → 기본움직임단계 → 스포츠기술단계 → 성장과 세련단계 → 최고수행단계 → 퇴보단계 순이다.

## 07  자신감   답 ②

자기효능감 향상 요인으로는 과거의 성공 경험, 대리(간접) 경험, 언어적(사회적) 설득, 생리·정서적 경험이 있으며, 그중 가장 영향력 있는 요인은 과거의 성공 경험이다.

## 08  운동학습   답 ③

ㄷ. 분습법에 대한 내용이다. 분산연습은 연습 시간을 휴식시간보다 상대적으로 짧게 배분하는 방법이다.

> **Tip**
> **분습법**
> • 한 가지의 과제를 하위 단위로 나누어 제시
> • 분습법의 요소
>
> | | |
> |---|---|
> | 분절화 | 전체 과제를 특정 시·공간적 영역으로 나누어 연습한 후 각 기술이 일정 수준에 도달하면 전체 기술로 결합하여 연습하는 방법 |
> | 단순화 | 과제 수행 시 과제 요소를 줄여 기술 수행의 난도 및 복잡성을 낮추는 방법 |
> | 부분화 | 과제에 포함되는 하위 요소를 하나 혹은 둘 이상으로 분리하여 각각 연습하는 방법 |

## 09  스포츠심리상담의 개념   답 ①

응용스포츠심리학회(AAASP)의 스포츠심리상담 윤리 규정에 따라 사회적 혹은 다른 비전문적 관계가 상담에 의도하지 않은 유해한 영향을 미칠 수 있음을 인지하고, 이러한 이중 관계가 이미 선재해 있을 경우 전문적인 상담을 진행하지 않는다.

## 10  운동학습   답 ④

절차적 기억은 운동과 연관된 특정 작업을 의식의 개입 없이 실행하는 기억 형태이다. 복잡한 활동을 반복 학습을 통해서 습득하고, 의식의 개입 없이 자동적으로 학습된 행동이 유도된다.

【오답해설】
① 감각기억 : 자극이 분석되기 전 아주 잠깐 유지되는 본래의 자료 형태
② 일화기억 : 개인이 경험한 특정한 시간과 장소에서 발생한 과거 사건들에 대한 기억
③ 의미기억 : 세상에 대한 일반적인 지식을 구성하는 개념과 사실에 대한 기억으로 학교에서 배우는 것

> **Tip**
> **장기기억의 종류**
> • 외현기억(explicit memory) : 사람들이 의식적으로 또는 의도적으로 과거의 경험을 인출할 때 발생하는 기억
>   – 의미기억(semantic memory) : 세상에 대한 일반적인 지식을 구성하는 개념과 사실에 대한 기억으로 학교에서 배우는 것
>   – 일화기억(episodic memory) : 개인이 경험한 특정한 시간과 장소에서 발생한 과거 사건들에 대한 기억
> • 암묵기억(implicit memory) : 스스로 어떤 것에 대해 기억하고 있다는 것을 알지 못하지만, 나중에 행동이나 수행에 영향을 주는 기억
>   – 절차기억(procedural memory) : 연습의 결과로서 점진적으로 습득하는 기술 또는 행하는 방법을 아는 것으로, 우리가 배우는 대부분의 행동이나 신체적 기술을 유지하는 지식
>   – 점화(priming) : 최근에 어떤 자극에 노출된 결과로 어떤 단어나 대상 등의 자극이 더 잘 생각나는 능력
>   – 고전적조건화(classical conditioning) : 조건화된 자극으로 인해 인간이 무조건적 반응을 하는 것
>   – 비연합학습(nonassociative learning) : 우리가 환경에 익숙해지는 데 도움을 주는 습관화(habituation)와 위협적인 자극에 크게 반응하는 민감화(sensitization)의 형태로 나타난다.

## 11 리더십    답 ②

상황부합이론(유관성 모형)에서 리더십 유형은 과제지향적 리더와 관계지향적 리더로 나뉜다.
㉠ 과제지향적 리더 : 호의성 상황이 가장 좋거나 가장 나쁠 때 최상의 리더십 발휘
㉡ 관계지향적 리더 : 호의성 상황이 중간 정도일 때 가장 효율적인 리더십 발휘

## 12 운동학습    답 ③

근골격계의 기능이 효율적으로 좋아지는 것은 신체역량의 변화에 대한 설명이다.
①, ②, ④ 운동학습에 의한 인지역량의 변화로 얻을 수 있는 결과이다.

## 13 운동심리 이론    답 ③

아이젠의 계획행동이론의 구성요인으로는 태도, 의도, 주관적 규범, 지각된 행동통제감이 있다.
㉠ 태도 : 개인의 신념과 개인의 평가에 영향을 받음
㉡ 주관적 규범 : 규범적 신념과 순응동기에 영향을 받음
㉢ 의도 : 개인이 특정 행동을 실제로 수행할 가능성을 예측하는 지표 (태도+주관적 규범+지각된 행동통제감)
㉣ 지각된 행동통제감 : 자신이 대상 행동을 실제로 얼마나 잘 수행하고 통제할 수 있는지에 대한 주관적 평가로 행위를 수행하기 위해 필요한 자원과 기회에 접근 가능하다는 신념

## 14 운동제어    답 ④

ㄴ. 폐쇄회로이론에 대한 내용이다. 도식이론은 슈미트(Schmidt)에 의해 폐쇄회로이론과 개방회로이론의 장점만을 통합하여 제안된 이론이다. 빠른 움직임은 개방회로이론으로, 느린 움직임은 폐쇄회로이론으로 설명한다.

## 15 사회적 촉진    답 ①

㉠ 사회적 촉진에 대한 설명이다. 타인의 존재로 인해 수행능력에 정적 또는 부적 영향을 받는 현상을 말한다.
㉡ 자욘스(Zajonc)의 단순존재가설에 대한 설명이다. 관중의 존재는 각성을 유발하고, 이 각성으로 인해 수행 능력이 증가한다.
㉢ 샌더슨(Sanders et al.)의 주의분산/갈등가설에 대한 설명이다. 타인의 존재뿐만 아니라 주의분산을 일으키는 것은 모두 각성을 증가시킨다.

## 16 운동제어    답 ①

힉스의 법칙은 주어진 선택지의 수에 따라 사용자가 결정하는 데 소요되는 시간이 결정된다는 법칙이다. 선택 반응 시간은 자극-반응 대안이 2배가 될 때마다 일정한 시간(약 150ms)만큼 증가한다. 스포츠에서 자극 반응 대안과 반응 시간 간의 관계를 나타내는 것에도 힉스의 법칙이 적용될 수 있으며, 힉-하이먼 법칙으로도 불린다.

【오답해설】

② 임펄스 가변성 이론에 대한 설명이다.
③, ④ 피츠의 법칙에 대한 설명이다.

## 17 심상    답 ③

심상 조절력은 심상을 조정하는 능력으로 선명한 이미지를 떠올려 원하는 대로 조절할 수 있다. 복싱 선수가 자신의 실점 장면이 아닌 원하는 올바른 이미지를 상상하기 위해선 심상 조절력을 높이는 훈련이 필요하다.

【오답해설】

① 내적 심상 : 자신의 신체가 직접적으로 운동을 수행하는 것처럼 느끼는 심상
② 외적 심상 : 자신이 성공적으로 수행하는 모습을 관찰자의 시점에서 상상하는 것
④ 심상 선명도 : 심상을 할 때 세밀한 동작을 심상하여 최대한 실제 이미지와 비슷하게 상상

## 18 운동학습    답 ②

㉠ 상한 효과(천장 효과) : 너무 쉬운 과제의 경우 초반의 급격한 향상 이후 정체 발생
㉡ 하한 효과(바닥 효과) : 너무 어려운 과제의 경우 초반에 향상이 이루어지지 않고 시간이 지난 후에 향상함 행동 의도에 영향을 미치고, 이것이 곧 행동으로 이어진다는 이론

## 19 운동실천 중재전략    답 ④

ㄴ. 교육수준은 운동실천 영향 요인 중 개인적 요인에 해당한다.

> **Tip**
>
> 운동실천을 위한 환경적 영향 요인(사회적 요인)
> • 지도자
> • 집단 응집력
> • 사회적 지지
> • 물리적 환경
> • 사회 및 문화의 영향

## 20 운동제어    답 ④

심리적 불응기란 연속해서 2개의 자극이 제시되었을 때, 두 번째 제시되는 자극에 대한 반응시간이 지연되는 현상을 말한다.

【오답해설】

① 스트룹 효과 : 그 단어의 의미와 색상이 일치하지 않은 조건에서 색상을 명명하는 반응속도가 늦어지는 현상
② 무주의 맹시 : 눈이 특정 위치를 향하고 있지만 주의가 다른 곳에 있어서 눈이 향하는 위치의 대상이 지각되지 못하는 현상
③ 지각 협소화 : 각성 수준이 높아지면서 주위를 기울일 수 있는 폭이 점차 좁아지는 현상

## 한국체육사

| 01 | 02 | 03 | 04 | 05 | 06 | 07 | 08 | 09 | 10 |
|---|---|---|---|---|---|---|---|---|---|
| ② | ② | ③ | ① | ④ | ① | ① | ③ | ③ | ③ |
| 11 | 12 | 13 | 14 | 15 | 16 | 17 | 18 | 19 | 20 |
| ① | ④ | ② | ② | ④ | ① | ④ | ③ | ② | ④ |

### 01  체육사 연구 분야  답 ②

한국체육사는 입증된 모든 역사적 사실에 입각하여 논리적인 일관성이 있어야 하고, 단순한 사실의 연대기적 나열을 포함하여 신체 문화와 신체 교육의 역사를 사실의 해석적 의미까지 파악하고 설명하는 것이 중요하다.

【오답해설】
ㄷ. 한국 체육과 스포츠에 관한 역사 기술은 가치 평가보다 사실 확인을 우선한다.

### 02  선사 및 부족국가시대의 체육  답 ②

ㄷ. 영고-부여 : 풍성한 수확제·추수감사제 성격을 지님
ㄹ. 동맹-고구려 : 추수기나 파종기에 하늘에 풍년을 비는 제사

【오답해설】
ㄱ. 무천-신라 : 무천은 동예의 제천의식이고, 신라의 제천의식은 가배이다.
ㄴ. 가배-동예 : 가배는 신라의 제천의식이고, 동예의 제천의식은 무천이다.

### 03  선사 및 부족국가시대의 체육  답 ③

성년의식은 일정한 나이가 되어 성년이 될 때 통과의례이다.

> **Tip**
> 성년의식
> 성년식에서 겪게 되는 과정, 즉 어린아이 때부터 유희와 학습을 통해 준비하여 통과하는 것과 부족의 춤 학습 과정 등을 성년의식의 체육활동으로 볼 수 있음

### 04  삼국 및 통일신라시대의 체육  답 ①

ㄱ. 신라에는 활쏘기인 궁전법을 통해 인재를 등용하였다.
ㄴ. 고구려에는 경당에서 경전과 함께 활쏘기 교육이 이루어졌다.

【오답해설】
ㄷ. 백제는 박사제도라는 교육제도를 갖고 있으며, 의박사, 역박사, 오경박사 등을 통해 학문의 발달을 추측해 볼 수 있다. 훈련원에서 무예 시험과 훈련이 행해진 것은 조선시대이다.

### 05  고려시대의 사회와 체육  답 ④

고려시대 최고 교육기관은 국자감으로 고급 관리를 양성할 목적으로 설립되었다. 국자감에는 7재를 두었는데 그중 무학을 공부하는 강예재가 있었다.

【오답해설】
• 성균관 : 조선시대 유학교육기관
• 대빙재 : 국학 7재 중 상서를 공부함

### 06  고려시대의 사회와 체육  답 ①

기격구는 조선시대 무과 시험 과목으로 말을 타고 공채로 공을 치는 경기를 말한다.

### 07  삼국 및 통일신라시대의 체육  답 ①

석전은 한 부락 혹은 한 지방의 동편과 서편으로 나뉘어 서로에게 돌팔매질을 하여 어느 한 편이 달아나면 지는 놀이다. 관료 선발에 활용된 놀이는 아니다.

### 08  조선시대의 사회와 체육  답 ③

승경도(陞卿圖) 놀이는 조선시대 양반 자제들이 하던 한국의 민속놀이로 '종경도(從卿圖)', '종정도(從政圖)'라고도 한다. 대개 폭 1미터, 길이 1.5미터의 종이에 3백여 개의 칸이 있고 각각의 칸에 관직의 이름이 적혀 있다. 처음 '은일', '문과', '무과', '남행', '유학' 중 하나의 칸에서 시작하며 '문과'에서 시작한 경우는 영의정을 거쳐 봉조하에, '무과'에서 시작한 경우는 도원수에 먼저 올라 퇴직한 사람이 이기게 된다.

### 09  조선시대의 사회와 체육  답 ③

조선시대 무예서는 무예도보통지, 무예신보, 무예제보가 있다. 권보는 무예제보에 싣지 못한 단병무예 즉, 권법 1기가 실려 있다.

> **Tip**
> 무예서적
> • 무예제보 : 선조 때 한교가 명나라 무예서 '기효신서'를 참고하여 펴낸 무예서
> • 무예신보 : 영조 때 사도세자가 '무예제보'를 보완해 펴낸 무예서
> • 무예도보통지 : 정조 때 만들어진 무예서로, 24가지 무에 관한 기예를 그림으로 설명한 종합무예서

## 10 조선시대의 사회와 체육  답 ③

조선시대 궁술은 무과 시험의 한 과목이었으며 단순히 군사적 목적에 국한된 신체 활동에서 벗어나 사회적 친교의 수단으로 활용되기도 하였다. 또한 왕을 비롯하여 상류층 양반들 사이에서는 여가활동으로 향유되었으며 대사례, 향사례 등으로도 행해졌다. 조선시대 궁술은 육예(六藝) 중 사(射)에 해당하였다.

【오답해설】
ㄹ. 불국토사상은 자신들의 땅이 곧 부처의 나라인 불국토라는 것을 믿고 강조한 신라의 불교관이다. 이 사상은 국토에 대한 신성함과 존엄성을 가지게 하였다.

## 11 개화기 체육  답 ①

교육입국조서는 '덕을 기르고 몸을 기르고 지를 기르기'를 선언, 즉, 지덕체교육, 전인교육을 말한다. 그 표기는 '덕 → 체 → 지' 순으로 표기되어 있다.

**Tip**
**교육입국조서**
체육을 교육의 중요한 영역 중 하나로 인정하여 소학교 및 고등학교 과정에서 체조가 정식과목으로 채택되는 데 큰 영향을 주었다.

## 12 개화기 체육  답 ④

배재학당은 선교단체 교육기관으로 아펜젤러(H. G. Appenzeller)가 설립한 학교이다. 과외활동을 통해 서구 스포츠를 보급하였다.

【오답해설】
① 경신학당 : 1866년 언더우드가 설립한 근대 학교
② 이화학당 : 1886년 스크랜턴이 설립한 한국 최초의 사립여성교육기관
③ 숭실학교 : 1897년 미국 북장로교 선교사 베어드(W. M. Baird)가 평양에 설립한 기독교 학당

## 13 개화기 체육  답 ②

개화기 학교 운동회는 근대적 체육의 보편화와 민족의식 고취를 위한 사회적 기능이 있었다. 초창기 운동회에서는 주로 육상 종목이 실시되었고, 단체전 중심이었다.

## 14 개화기 체육  답 ②

조선체육진흥회는 1942년 일제에 의해 체육부문 전시화체제를 위해 결성되었고 광복이 되기까지 통제당했다.

【오답해설】
① 대한체육구락부 : 한국 최초의 근대적 체육단체
③ 대동체육구락부 : 사회 진화론적 자강론에 입각하여 체육학의 연구와 강건한 체력의 육성을 주장
④ 황성기독교청년회운동부 : 개화기 선교사에 의해 조직되었으며, 국내 다양한 스포츠 보급에 앞장선 단체로, YMCA의 전신

## 15 개화기 체육  답 ④

노백린은 1907년 병식체조의 개척자이며, 대한국민체육회를 창립하여 체조의 올바른 이념 정립과 체육 관련 정책을 개혁하고자 했다. 또한 체육 활동을 통한 애국심 고취를 목표로 광무학당을 설립하였다.

【오답해설】
① 서재필 : 개화기 독립운동가로, 우리나라 역사상 최초로 발간된 민간 신문 독립신문을 창간하여 개화에 지대한 공헌을 하였다.
② 문일평 : 일제강점기 당시 역사 교육의 대중화를 강조했던 사학자이다.
③ 김종상 : 황성기독교청년회운동부의 회원 중 한 사람으로 우리나라 청소년의 체질을 강건하게 할 목적으로 설립된 단체이다.

## 16 일제강점기의 체육  답 ①

원산학사는 근대 최초의 학교로 고종 20년 민간인들에 의해 설립되었다. 일제강점기가 아닌 개화기 시기이다.

## 17 일제강점기의 체육  답 ④

조선체육회는 1920년 국내 운동가 등이 창설한 단체이다. 전조선야구대회, 전조선축구대회, 전조선정구대회, 전조선육상경기 등 각종 경기를 주최하며 조선 체육계의 발전에 노력했다. 1937년 중일 전쟁이 일어나자 조선 총독부는 조선체육회를 비롯하여 각종 체육단체를 일본인 체육단체인 조선체육협회에 통합시켰다.

**Tip**
**일제강점기 체육단체**
- 조선체육회 : 1920년 창설하여 조선의 스포츠에 대한 관심 제고와 근대 스포츠 도입에 큰 공헌
- 관서체육회 : 평양 기독교 청년회관에서 결성
- 청년회 체육활동 : 반일 민족운동단체의 성격

## 18 일제강점기의 체육  답 ③

여운형은 일제강점기 때 조선중앙일보 사장, 조선체육회 회장 등을 역임하며 항일 투쟁을 전개하였다. 우리가 다시 찬란한 공훈을 가지려면 먼저 체육적 재생을 하여야 하고, 건전한 체질을 찾아야 한다는 신념을 담은 '체육 조선의 건설'이라는 기록을 조선중앙일보에 게재하였다.

【오답해설】
① 박은식 : 황성신문의 주필로 활동했으며, 독립협회에도 가입한 독립운동가
② 조원희 : 일제강점기에 신편체조법을 발간한 체육인이자 교육자
④ 이기 : 대한제국기 대한자강회를 조직하고, 언론을 통해 국권수호와 제도개혁에 힘쓴 항일운동가

## 19 현대 체육 · 스포츠 답 ②

대한민국 정부의 체육정책 담당 부처의 변천 순서는 체육부 → 체육청소년부 → 문화체육부 → 문화관광부 → 문화체육관광부이다.

## 20 현대 체육 · 스포츠 답 ④

㉠ 탁구 : 1973년 사라예보 세계선수권 대회에서 한국 구기종목 사상 첫 우승을 달성했다.
㉡ 배구 : 1976년 몬트리올 올림픽 대회에서 한국 구기종목 최초로 동메달을 목에 걸었다.
㉢ 핸드볼 : 1988년 서울 올림픽 대회에서 한국 구기종목 최초로 금메달을 걸었다.

# 운동생리학

| 01 | 02 | 03 | 04 | 05 | 06 | 07 | 08 | 09 | 10 |
|---|---|---|---|---|---|---|---|---|---|
| ② | ③ | ① | ④ | ④ | ① | ④ | ④ | ② | ③ |
| 11 | 12 | 13 | 14 | 15 | 16 | 17 | 18 | 19 | 20 |
| ② | ② | ①, ③ | ④ | ③ | ③ | ① | ① | ① | ② |

## 01 골격근과 운동 답 ②

마이오글로빈은 근육 조직에 산소를 운반 · 공급하는 역할을 하는 물질로 지구성 훈련 시 함량이 증가된다.

> **Tip**
>
> **지구성 트레이닝의 효과**
> - 모세혈관 밀도 증가
> - 지근섬유(Type Ⅰ) 발달
> - 마이오글로빈 수 증가
> - 미토콘드리아 수와 크기 증가
> - 최대동정맥 산소차 증가
> - 1회박출량 증가

## 02 트레이닝에 대한 대사적 적응 답 ③

유산소 트레이닝은 근육 내 미토콘드리아의 수(밀도)와 크기를 증가시킨다. 비대된 미토콘드리아는 유산소 시스템의 효율을 향상시킨다.

## 03 운동과 호르몬 조절 답 ①

인슐린 분비가 높으면 저혈당증이 생겨 체내 지방이 많이 쌓이게 된다.

> **Tip**
>
> **인슐린**
> - 혈당이 높을 때 감소시키는 역할을 함
> - 췌장의 베타세포에서 분비됨
> - 조직을 자극하여 혈액 내 영양소를 흡수
> - 조직 내부로 포도당(glucose) 이동 촉진
> - 인슐린 부족 시 혈당이 높아져 소변으로 나오는 당뇨에 발생

## 04 운동에 대한 순환계의 반응과 적응 답 ④

① 점증 부하 운동 시 심근산소소비량은 증가된다.
② 고강도 운동 시 내장 기관으로의 혈류 분배 비율은 감소된다.
③ 일정한 부하의 장시간 운동 시 시간 경과에 따라 심박수는 증가한다. 장기간 운동 시 신체의 적응에 따라 감소할 수도 있다.

## 05   운동에 대한 순환계의 반응과 적응    답 ④

심근산소소비량은 심박수와 수축기 혈압을 곱하여 산출한다. 팔과 다리를 비교하였을 때 팔에 더 많은 교감신경이 발달되어 있고, 다리근육은 세혈관이 많다. 이로 인해 팔운동이 저항을 많이 받아 심박수가 더 높다.

【오답해설】
1회 박출량×심박수를 통해 구할 수 있는 것은 심박출량이다.

## 06   주요 용어    답 ①

- 특이장력(specific tention)은 근섬유가 낼 수 있는 최대근력을 말한다. 근력을 근횡단면적(근섬유 크기)으로 나눠 구할 수 있다.
- 근파워(muscular power)는 근지구력이라는 용어로 설명할 수 있다. 힘과 수축속도를 곱하여 구할 수 있다.

## 07   신경계의 운동기능 조절    답 ④

- 근방추 : 근육이 늘어나는 정도(근육의 길이)에 관한 정보를 중추신경계에 전달하는 역할을 한다.
- 골지건기관 : 근육의 수축에 따라 생성되는 힘을 측정하여 근육이 과도하게 수축하며 부상의 위험이 생길 경우 주동근의 수축을 억제하고 길항근을 흥분시켜 부상을 예방하는 역할을 한다.
- 근육의 화학수용기 : 근육을 둘러싼 화학적 환경변화에 반응하는 감각신경의 일종으로 근육활동의 대사율에 관한 정보전달 역할을 한다.

## 08   신경계의 운동기능 조절    답 ④

교차신전반사는 통증부위 굴곡근과 신전근의 동시 수축이 아닌 한쪽이 수축하면 길항근은 이완(근육의 찢어짐 방지)된다.

- 도피반사(굴곡반사) : 사지의 피부를 강하게 자극하면 그 자리의 굴곡근이 수축하여 자극에서 도피하는 반사가 일어난다.
- 교차신전반사 : 굴곡반사 때 신체균형을 유지하기 위하여 일어나는 반사로 굴곡반사를 일으키는 자극이 충분히 클 경우 굴곡반사가 반대쪽과 다른 척수부위까지 확대되어 다른 쪽에 신전반사가 일어나게 된다.

## 09   체온조절과 운동    답 ②

ㄷ. 땀 배출에 의한 땀 배출로 혈류량이 감소되고 이로 인해 탈수증상이 올 때 1회 박출량이 감소될 수 있다. 문제에서는 탈수 현상이 발생하지 않는다고 하였으므로 1회 박출량은 유지될 수 있다.

> **Tip**
> **고온에서의 운동 수행**
> - 운동 중 심부온도의 항정상태(steady state) 도달 불가능
> - 체온이 높아지는 증상에 의해 수행력 제한
> - 운동 중 증발에 의한 근혈류량 감소
> - 근 글리코겐 사용과 젖산 생성에 의한 피로 유발 및 근육 젖산 농도 증가

## 10   운동생리학의 개념    답 ③

총 운동량(kpm) = 몸무게 × 이동거리
= 몸무게 × 속도 × 운동시간 × 경사도%
= 50kg × 12km/h × 1/6 × 0.05
= 5,000kpm

## 11   인체의 에너지 대사    답 ②

해당작용의 속도조절효소는 포스포프룩토키나아제(phosphofructo-kinase)이다.

> **Tip**
> **에너지대사 과정에 따른 속도조절효소**
>
> | 에너지 대사 과정 | 속도조절효소 |
> | --- | --- |
> | ATP-PC 시스템 | 크레아틴 키나아제(creatine kinase) |
> | 해당작용 | 포스포프룩토키나아제(phosphofructokinase) |
> | 크렙스회로 | 이소시트르산탈수소효소(isocitrate dehydrogenase) |
> | 전자전달체계 | 사이토크롬산화효소(cytochrome oxidase) |
> | 보수성 | 현존 질서 유지, 애국의식 향상, 정치체계 강화 |

## 12   골격근과 운동    답 ②

ㄷ. 등척성 수축은 정적 수축으로 근육 길이 변화 없이 장력이 발생하는 수축 형태이다. 근파워는 힘과 수축속도를 곱하여 구하는 것으로 등속성 수축 시에 최대 근파워가 나타난다.

> **Tip**
> **근육의 수축 형태**
>
> | 정적 수축 | 등척성 수축 | 근육의 외부 길이의 변화 없이 장력이 발생하는 수축 형태 |
> | --- | --- | --- |
> | 동적 수축 | 등장성 수축 | 근육에 주는 부하는 일정하나 근육의 길이가 변하는 수축 형태<br>• 단축성(구심성) 수축 : 근이 짧아지면서 장력 발생<br>• 신장성(원심성) 수축 : 근이 길어지면서 장력 발생 |
> | | 등속성 수축 | 관전부위가 일정한 속도로 움직이면서 근육의 길이가 짧아지는 수축 형태 |

## 13  내분비계  답 ①, ③

① 카테콜라민(카테콜아민)은 부신수질에서 분비된다.
③ α1 수용체는 혈관 평활근에 위치하며, 혈관 수축을 유도하여 혈압을 상승하게 한다.

> **Tip**
> **카테콜라민(카테콜아민)의 수용체 결합**
>
> | α1 수용체 | • 주로 평활근에 위치<br>• 혈관 수축을 유도하여 혈압을 상승시킴 |
> |---|---|
> | α2 수용체 | • 주로 신경 말단에 위치<br>• 노르에피네프린의 방출을 억제<br>• 교감신경계의 과도한 활성화 방지 |
> | β1 수용체 | • 주로 심장에 위치<br>• 심박수 및 심근 수축력 증가<br>• 심박출량 증가시켜 혈압 상승 |
> | β1 수용체 | • 주로 기관지 평활근과 골격근 혈관에 위치<br>• 기관지 확장 및 혈관이완 유도 |
> | β1 수용체 | • 주로 지방조직에 위치<br>• 지방 분해 촉진 |

## 14  인체의 에너지 대사  답 ④

ㄱ. 해당과정을 통해 포도당은 분해되어 2분자의 피루브산을 만든다. 이 과정에서 2분자의 ATP가 만들어지며 4개의 전자를 잃고 2분자의 NADH가 만들어진다.

## 15  내분비계  답 ③

노르에피네프린(노르아드레날린)은 지방조직 및 근육의 지방 분해 촉진, 세동맥과 세정맥 수축(혈압 상승) 기능을 지닌 부신수질호르몬이다.

## 16  운동과 호르몬 조절  답 ③

ㄱ. 장기간 중강도 운동 시 알도스테론의 분비량은 증가하여 신장의 $Na^+$ 재흡수와 $K^+$ 배출 등을 통해 탈수 현상을 방지한다.
ㄹ. 운동에 의한 땀 분비는 체내 수분 상실을 일으키며 이로 인해 혈중 삼투질 농도는 증가된다.

> **Tip**
> **알도스테론(aldosterone)**
> • 부신피질 호르몬의 일종이다.
> • 나트륨 이온($Na^+$)의 재흡수와 칼륨 이온($K^+$)의 배출 증가를 통해 다음 기능을 수행한다.
>   – 체내 염분과 수분 평형을 조절하여 탈수 방지
>   – 나트륨 이온($Na^+$)과 칼륨 이온($K^+$) 균형 유지
>   – 혈압 조절

## 17  운동에 대한 호흡계의 반응과 적응  답 ①

• 분당환기량 = 1회 호흡량 × 호흡 빈도 수(호흡률)
• 폐포환기량 = 분당환기량 − 사강환기량
  = (1회 호흡량 − 사강환기량) × 호흡수

| 참가자 | 1회 호흡량<br>(mL) | 호흡률<br>(회/min) | 분당환기량<br>(mL/min) | 사강량<br>(mL) | 폐포 환기량<br>(mL/min) |
|---|---|---|---|---|---|
| 주은 | 375 | 20 | (7,500) | 150 | (4,500) |
| 민재 | 500 | 15 | (7,500) | 150 | (5,250) |
| 다영 | 750 | 10 | (7,500) | 150 | (6,000) |

ㄱ. 세 참가자의 분당환기량은 7,500mL/min으로 동일하다.
ㄴ. 다영의 폐포환기량 = (1회 호흡량 − 사강환기량) × 호흡수 = (750 − 150) × 10 = 6,000ml/min = 6L/min이다.

**【오답해설】**
ㄷ. 주은의 폐포환기량은 4,500mL/min으로 가장 적다.

## 18  운동에 대한 순환계의 반응과 적응  답 ①

1회 박출량은 심장이 1회 박동하면서 뿜어내는 혈액량을 의미한다. 심박수는 증가에 따라 상승하는 것은 1회 박출량이 아닌 심박출량이다.
심박출량 = 1회 박출량 × 심박수

> **Tip**
> **1회 박출량 증가요인**
> • 심장으로 돌아오는 정맥혈의 용량(심실 이완기말 혈액량)이 증가하였을 때
> • 심실 수축력이 증가하였을 때
> • 평균 동맥혈압(MAP)이 감소하였을 때

## 19  골격근의 구조와 기능  답 ①

골격근 섬유 구조 중 근형질세망은 칼슘($Ca^{2+}$)을 저장하고 근 수축 시 칼슘 방출 및 재흡수를 담당한다.

**【오답해설】**
② 운동단위는 하나의 운동신경과 그 신경에 의해 지배되는 근육섬유들을 말한다.
③ 신경근 접합부에서 분비되는 근수축 신경전달물질은 아세틸콜린이다.
④ 지연성 근통증(DOMS)은 운동이 끝난 후에 시간이 경과되어 운동근육에서 느껴지는 통증을 말한다. 단축성 수축보다 신장성 수축에 의해 쉽게 발생한다.

## 20. 골격근과 운동 　　　　　　　　　　　답 ②

속근섬유는 신경세포의 축삭, 근형질세망이 발달되어 수축속도가 빠르다.

**Tip**

**지근섬유와 속근섬유 비교**

| 구분 | 지근섬유<br>(Type Ⅰ) | 속근섬유<br>(Type Ⅱ$_a$, Type Ⅱ$_x$) |
|---|---|---|
| 수축 속도 | 느리다 | 빠르다 |
| 운동단위당 능력 | 낮음 | 높음 |
| 피로저항 | 높다 | 낮다 |
| 혈관 | 발달 | 덜 발달 |
| 지구력 | 높다 | 낮다 |
| 산화능력 | 높음 | 비교적 낮음 |
| 주 에너지대사 | 유산소성 | 무산소성 |
| 에너지효율 | 높다 | 낮다 |
| 근섬유굵기 | 가늘다 | 굵다 |
| 해당능력 | 낮다 | 높다 |
| 미토콘드리아 | 많다 | 적다 |
| 운동 시 변화 | 미토콘드리아가 늘지만,<br>부피 성장은 느림 | 부피 위주 성장 |
| 역할 | 장시간 느린 운동<br>(마라톤) | 단기간 빠른 운동<br>(100m 단거리) |

---

## 운동역학

| 01 | 02 | 03 | 04 | 05 | 06 | 07 | 08 | 09 | 10 |
|---|---|---|---|---|---|---|---|---|---|
| ①, ②,<br>③, ④ | ③ | ① | ② | ① | ② | ④ | ③ | ③ | ④ |
| 11 | 12 | 13 | 14 | 15 | 16 | 17 | 18 | 19 | 20 |
| ④ | ③ | ④ | ②, ③ | ④ | ④ | ③ | ③ | ② | ④ |

### 01. 선운동의 운동역학적 분석 　　　답 ①, ②, ③, ④

①번은 뉴턴의 법칙 중 1번 관성의 법칙과 관련된 것으로 정지해 있던 물체는 외력이 가해지지 않으면 계속 정지하려 하는 것을 설명한다. ②는 뉴턴의 운동의 법칙 중 2번 가속도의 법칙에 관한 것으로 물체에 힘을 가하면 힘의 방향으로 질량에 반비례하고 힘의 크기에 비례하여 가속도가 생기는 것을 설명한다. ③은 운동 제3법칙인 작용–반작용에 관한 것으로 작용력에 대하여 항상 방향이 반대이고 크기가 같은 반작용의 힘이 따른다는 것이다. ④는 각운동량 보존의 법칙으로 뉴턴의 운동법칙에서 도출된 것으로 한 회전체의 각운동량은 일정하게 보존된다는 법칙이다. 따라서 ①~④ 모두 뉴턴의 운동 법칙과 관련된 것으로 볼 수 있다. 이 문제는 오류로 인해 ①~④ 모두 정답 처리되었다.

**Tip**

**뉴턴의 3가지 운동법칙**

- 뉴턴의 제1운동법칙(관성의 법칙) : 물체에 외력이 존재하지 않거나 작용하는 힘의 합이 0이며, 정지해 있던 물체는 계속 정지하고 운동하던 물체는 계속 등속도 운동을 한다.
- 뉴턴의 제2운동법칙(가속도의 법칙) : 물체에 힘을 가하면 힘의 방향으로 질량에 반비례하고 힘의 크기에 비례하는 가속도가 생긴다. 공식은 힘(F)=질량(m)×가속도(a)이다.
- 뉴턴의 제3운동법칙(작용–반작용 법칙) : 상호작용하는 물체들 사이의 작용력과 반작용력은 크기가 같고 방향은 서로 반대이며, 동일 직선상에 있다.

### 02. 선운동의 운동역학적 분석 　　　답 ③

ㄴ. 뉴턴의 운동 법칙의 공식은 'F(힘)=m(질량)×a(가속도)'이므로, 가속도는 힘과 비례하고 질량에는 반비례한다.

ㄷ. 힘의 단위는 SI 단위계에 따라 N라고 쓰고 뉴턴이라고 읽는다. 1N은 1kg의 질량을 가진 물체를 1m/s$^2$의 가속도로 가속시키는 데 필요한 힘(1N= 1kg×1m/s$^2$)이다.

【오답해설】

ㄱ. 에너지는 일을 할 수 있는 능력을 의미한다.

ㄹ. 힘은 크기와 방향이 모두 존재하는 벡터량이다.

## 03 각운동의 운동역학적 분석 답 ①

원심력과 구심력은 그 크기는 같고 방향이 반대이다.
- 구심력 : 원운동을 하는 물체가 원의 궤도를 벗어나지 않고 운동하도록 하는 원의 중심으로 향하는 힘
- 원심력 : 원운동에서 구심력과 방향이 반대이며 크기가 같은 힘

【오답해설】
② 원심력의 공식은 $\dfrac{질량(m) \times 속도^2(v^2)}{회전반경(r)}$으로, 원심력은 질량에 비례한다.
③, ④ 쇼트트랙 선수가 원심력을 극복하기 위해서는 원운동 중심 방향으로 몸을 최대한 기울여 구심력을 높여야 한다.

## 04 선운동의 운동역학적 분석 답 ②

충격량은 운동량에 영향을 주는 물리량인 힘과 작용시간을 곱한 값으로 공식은 '충격량($\vec{I}$)=충격력($\vec{F}$)×작용시간($\Delta t$)'이다.

【오답해설】
① 선운동량은 운동하고 있는 물체가 가지는 벡터 물리량으로 공식은 '운동량($\vec{P}$)=질량(m)×속도($\vec{v}$)'이다.
③ 시간에 따른 힘 그래프에서 충격량은 그래프의 넓이이다.
④ 물체의 충격량은 운동량의 변화량(충돌 후 운동량−충돌 전 운동량)이다. 토크는 물체를 회전시켜 각운동량을 만드는 힘으로 토크로 전환할 필요가 없다.

## 05 운동기술 분석 개요 답 ①

운동학적 요인으로는 속도, 가속도, 각속도 등이 있고 운동역학적 분석 요인으로는 외력(중력, 마찰력, 지면반력), 내력(근모멘트, 근육·인대활동), 토크, 역학적 에너지가 있다.

## 06 선운동의 운동학적 분석 답 ②

ㄱ. 압력은 단위 면적당 가해지는 힘으로 스칼라량이다.
ㄴ. 일은 물체에 힘이 작용하는 동안 물체에 작용한 힘 또는 물체가 전달한 에너지를 나타내는 스칼라량이다.
ㄷ. 마찰력은 접촉하고 있는 두 물체 사이의 상대적인 움직임을 방해하는 힘으로, 접촉면에 수직으로 작용하며 물체의 운동 방향과 반대 방향으로 작용하므로 벡터량이다.

## 07 선운동의 운동역학적 분석 답 ④

ㄱ. 육상의 원반 투사 시, 최적의 공격 각(attack angle)은 $\dfrac{양력}{항력}$이 최대일 때의 각도이다.
ㄴ. 야구에서 투구 시 공이 회전하는 이유는 마그누스 효과 때문이다. 마그누스 효과란 회전하는 물체가 유체 속을 지나갈 때 압력이 높은 쪽에서 낮은 쪽으로 휘어져 나가는 것을 말하며, 이때 발생하는 압력 차에 의해 양력이 발생한다. 즉, 마그누스는 양력의 일종이다.

## 08 동작분석 답 ③

체조의 공중회전과 트위스트 같이 복잡한 동작은 3차원 영상분석을 사용하면 2차원 분석법에서 발생하는 투시오차를 해결할 수 있다.

## 09 각운동의 운동학적 분석 답 ③

ㄴ. 각속력은 각거리의 시간에 대한 변화율을 나타낸다.

【오답해설】
ㄱ. 각속력은 각거리의 시간에 대한 변화율을 나타내는 스칼라량이고, 각속도(angular velocity)는 각변위의 시간에 대한 변화율을 나타내는 벡터량이다.
ㄹ. 각거리는 물체가 한 지점에서 다른 지점으로 이동하였을 때 물체가 이동한 경로가 만드는 총 각도의 크기를 나타내는 스칼라량이다.

## 10 선운동의 운동역학적 분석 답 ④

㉠, ㉢ 부력은 중력에 대항하여 유체(물이나 공기 등)로부터 위 방향으로 받는 힘이다. 공식은 '부력(B)=유체의 밀도($\rho$)×중력가속도(g)×잠긴 부분의 부피(V)'으로 부력은 유체의 밀도와 비례한다.
㉡ 유체의 밀도는 유체의 온도와 관계있다. 유체의 온도가 높아지면 유체에 있는 분자의 거리가 넓어지면서 유체의 부피가 커지며, '밀도= $\dfrac{질량}{부피}$' 공식에 따라 밀도는 낮아진다. 따라서 유체의 온도가 높아지면 유체의 부피는 커지고 이로 인해 유체의 밀도가 낮아지면서 부력이 작아진다.
㉣ 부력의 중심은 어떤 물체가 물속에 가라앉은 체적의 중심으로 수중에서의 자세 변화에 따라 달라진다.

> **Tip**
> **부력**
> - 정의 : 중력에 대항하여 유체(물이나 공기 등)로부터 위 방향으로 받는 힘. 즉, 중력과 반대 방향으로 작용하는 힘
> - 공식 : 부력(B)=유체의 밀도($\rho$)×중력가속도(g)×잠긴 부분의 부피(V)
> - 특징
>   − 물에 잠긴 물체의 부피와 부력은 비례함. 단 물체의 질량과는 관계 없음
>   − 부력의 중심은 어떤 물체가 물속에 가라앉은 체적의 중심

## 11 각운동의 운동학적 분석 답 ④

㉠ 회전축에서 공의 중심까지의 거리를 2m에서 1m로 줄이면, 공의 반지름인 회전반경은 $\dfrac{1}{2}$로 줄어든다.
㉡ 관성모멘트의 공식 '질량×회전반경$^2$'에 의하면 관성모멘트는 회전반경의 제곱인 $\dfrac{1}{4}$만큼 감소한다.
㉢ 관성모멘트와 회전속도(각속도)는 반비례한다. 따라서 4회전/sec로 빨라진다.

## 12 인체의 구조적 특성 　답 ③

3종 지레는 힘점이 받침점과 저항점(작용점) 사이에 위치하며 역학적 이득은 없으나 운동의 범위와 속도 면에서 이득을 본다.
④ 질량 보존의 법칙 : 화학 반응 전후 물질의 총질량은 같다.

## 13 선운동의 운동학적 분석 　답 ④

외력과 공기 저항이 작용하지 않는 상황에서 무게 중심이 가장 높을 때는 점프할 때 위로 발생하는 수직 가속도와 아래로 발생하는 중력가속도의 크기가 같아지고 순간 정지하게 되며 이때 수직 속도는 0m/sec가 된다. 따라서 ④는 운동역학적 특성을 바르게 설명한 것으로 볼 수 있다.

## 14 각 운동의 운동학적 분석 　답 ②, ③

② 각속도의 공식은 '$\frac{각변위}{총 소요시간}$'이다. 즉, 각속도는 각변위를 총 소요시간으로 나누어 구한다.
③ 인체의 관성모멘트는 전후축, 좌우축, 수직축 총 3가지 회전축이 있으며 어떤 회전축으로 회전하느냐에 따라 관성 모멘트의 크기가 달라진다.

## 15 인체의 물리적 특성 　답 ④

무게중심은 인체의 내부 혹은 외부에 모두 존재할 수 있다. 예를 들어 일상적인 자세에서는 무게중심이 인체의 중심에 있으나 체조의 백 브릿지 자세, 높이뛰기 시 몸을 활처럼 휘는 자세 등을 취할 때의 무게중심은 인체의 외부에 있다.

## 16 선운동의 운동학적 분석 　답 ④

지구 표면 근처의 물체는 모두 중력의 영향을 받는다. 지구의 중력과 반대 방향으로 던져진 배구공이 상승할 때의 중력가속도는 던져진 공의 방향과 반대 방향으로 작용한다.

> **Tip**
> 중력가속도
> - 중력에 의하여 일정하게 발생하는 가속도
> - 항상 $9.8m/s^2$의 값을 가짐
> - 지구 중심 방향을 향하는 벡터량
> - W(무게)=m(질량)×g(중력가속도)

## 17 해부학적 기초 　답 ③

주동근이라고도 불리는 작용근은 근육이 수축하는 방향으로 움직이는 근육을 말한다.

【오답해설】
① 골격에 따라 붙어 있는 근육인 골격근은 근육이 붙어 있는 위치 혹은 방향에 따라 뼈가 각 운동 또는 회전운동을 한다.
② 힘줄에 관한 설명이다. 인대는 뼈의 끝에서 뼈가 서로 부딪히는 것을 방지하고 뼈에 작용하는 충격을 흡수한다.
④ 굴근이라고도 불리는 굽힘근은 관절의 각도를 감소시키는 근육이다.

## 18 인체 평형과 안정성 　답 ③

기저면은 물체 또는 인체 등이 지면과 접촉하는 각 점들로 이루어진 전체 면적으로, 기저면이 넓을수록 안정성은 높아진다. 평균대 외발서기 동작에서 양팔을 좌우로 벌리는 것은 균형을 잃지 않기 위한 자세로 기저면의 안정성을 증가시키는 동작이 아니다.

> **Tip**
> 기저면
> - 물체 또는 인체 등이 지면과 접촉하는 각 점들로 이루어진 전체 면적
> - 기저면이 넓을수록 안정성이 높아짐
> - 스포츠에서의 예
>   - 기저면이 좁은 경우 : 평균대 외발서기
>   - 기저면이 넓은 경우 : 평균대 앞뒤 두 발 벌리기, 레슬링에서 두 발과 두 손이 모두 지면에 닿게 하는 것

## 19 일과 일률 　답 ②

일률은 단위시간당 수행한 일의 양 혹은 일의 빠르기를 나타내는 물리량으로 일률(파워)의 공식은 '$\frac{일}{힘의 작용 시간} = \frac{힘(F) \times 이동 변위(d)}{시간(f)} = 힘(F) \times 속도(v)$'이다.

【오답해설】
① 일의 단위는 J(Joule) 또는 Nm(1J=1Nm)이다.
③, ④ 일률을 구하는 공식에 따르면 일률은 이동 변위에 비례하고, 힘의 크기에도 비례한다.

> **Tip**
> 일과 일률의 구분
> 
> | 구분 | 일(W) | 일률(파워) |
> |---|---|---|
> | 정의 | 물체에 힘이 작용하는 동안 물체에 작용한 힘 또는 물체가 전달한 에너지를 나타내는 스칼라량 | 단위시간당 수행한 일의 양 혹은 일의 빠르기를 나타내는 물리량 |
> | 공식 | 힘(F)×이동 변위(d) | $\frac{일}{힘의 작용 시간} = \frac{힘(F) \times 이동 변위(d)}{시간(f)}$ =힘(F)×속도(v) |
> | 단위 | J(Joule) 또는 Nm(1J= 1Nm) | J/s, N·m/s |

## 20 운동역학의 목적과 내용　답 ④

운동역학은 스포츠 상황에서 인체 힘의 원인과 결과를 다루는 학문으로 효율적인 동작 수행을 통한 운동 수행력 향상, 운동 시 상해 예방을 통한 안정성 확보, 경기력 향상을 위한 스포츠 관련 장비를 개발하는 데 목적이 있다. 따라서 가상현실을 활용한 양궁 심상훈련을 지원하는 것은 스포츠 기술의 발달에 해당하는 내용으로, 운동역학을 적용한 사례가 아니다.

## 스포츠윤리

| 01 | 02 | 03 | 04 | 05 | 06 | 07 | 08 | 09 | 10 |
|---|---|---|---|---|---|---|---|---|---|
| ② | ④ | ④ | ① | ① | ② | ② | ② | ③ | ① |
| 11 | 12 | 13 | 14 | 15 | 16 | 17 | 18 | 19 | 20 |
| ④ | ④ | ①, ②, ③, ④ | ① | ③ | ① | ③ | ③ | ③ | ② |

### 01 스포츠와 정책 윤리　답 ②

〈보기〉의 내용은 스포츠기본법 제2조 기본이념에 대한 내용이다.

**【오답해설】**
① 스포츠클럽법 : 이 법은 스포츠클럽의 지원과 진흥에 필요한 사항을 규정함으로써 국민체육 진흥과 스포츠복지 향상 및 지역사회 체육발전에 기여함을 목적으로 한다.
③ 국민체육진흥법 : 이 법은 국민체육을 진흥하여 국민의 체력을 증진하고, 체육활동으로 연대감을 높이며, 공정한 스포츠 정신으로 체육인 인권을 보호하고, 국민의 행복과 자긍심을 높여 건강한 공동체의 실현에 이바지함을 목적으로 한다.
④ 학교체육진흥법 : 이 법은 학생의 체육활동 강화 및 학교운동부 육성 등 학교체육 활성화에 필요한 사항을 정함으로써 학생들이 건강하고 균형 잡힌 신체와 정신을 가질 수 있도록 하는 데 기여함을 목적으로 한다.

### 02 스포츠 폭력　답 ④

ㄱ, ㄴ. 직접적 폭력은 신체적 공격 또는 피해를 입히는 행위이다.
ㄷ, ㄹ. 구조적 폭력은 사람들의 기본적인 욕구를 제한하는 제도나 사회 구조이다. 빈곤, 기아, 의료 또는 교육에 대한 접근성 부족, 사회적 불평등과 같은 방식으로 나타난다.
ㅁ. 문화적 폭력은 폭력을 정당화하거나 정상화하는 문화적 규범, 가치, 신념 등을 통해 나타날 수 있다. 인종차별, 성차별, 민족주의 등 다양한 형태이다.

### 03 성차별　답 ④

스포츠에서 여성에 대한 차별이 발생하거나 심화되는 원인은 성 역할 고정관념, 남성 스포츠 조직의 지배적인 위치, 남녀의 운동 능력 차이 등이 있다. 여성의 참정권은 여성의 인권 향상을 의미하므로 성차별 원인으로 볼 수 없다.

> **Tip**
> **스포츠에서 성평등을 이루기 위한 방안**
> - 법이나 제도를 통해 평등을 보장
> - 여성들의 스포츠 참여 장려
> - 여성에게 평등한 스포츠 기회를 제공
> - 스포츠 현장의 성차별을 공론화

## 04 스포츠와 환경윤리 답 ①

테일러는 모든 생명체는 모두 평등한 관계이므로 생태윤리에 4가지 의무를 주장했다.
- 불침해(비상해)의 규칙 : 인간이 다른 생명체를 해치는 행위는 안 됨
- 불간섭의 규칙 : 생태계의 자유로운 발전을 제한하거나 방해하면 안 됨
- 신뢰의 규칙 : 동물들에게 인간의 신뢰를 훼손하면 안 됨
- 보상적 정의의 규칙 : 공동생활에서의 일반적인 원칙으로 해를 끼친 경우 피해를 보상해야 함

【오답해설】
② 베르크 : 인간 주체성과 환경 자체를 연결하는 이러한 존재론적 혁명은 모든 사람의 기본인 인간의 안전 지속 가능성의 조건임을 주장
③ 콜버그 : 피아제의 인지발달이론을 따른 것으로 윤리적 행동을 기반으로 하는 도덕적 추론이 여섯 단계의 정해진 발달구조단계를 가진다고 주장
④ 패스모어 : 환경 생태 위기를 낳은 주범은 다름 아닌 인간의 탐욕이며 이것을 해결하기 위해서는 기존에 우리가 잘 알고 있는 윤리를 보다 잘 준수하면 된다고 주장

## 05 인종차별 답 ①

㉠ 인종 : 인류를 지역과 신체적 특성에 따라 구분한 종류
㉡ 인종주의 : 특정의 인종이 다른 인종에게 우월한 것처럼 가치 평가하는 것
㉢ 인종 차별 : 인종에 대한 편견으로 특정한 인종에 대하여 차별하는 태도

【오답해설】
- 젠더 : 사회학적 의미의 성으로 여성다움, 남성다움을 통칭
- 젠더화 과정 : 젠더에 대한 사회문화적 기대치를 충족시키면서 사회구성원으로서의 역할을 습득하는 과정

## 06 윤리이론 답 ②

의무주의는 행위의 결과와는 상관없이 도덕 행위의 본래적인 가치인 '규범에 복종해야 할 의무'를 주장한다. 따라서 심판 B의 견해를 지지하는 윤리 이론은 의무주의이다.

【오답해설】
① 최대다수의 최대행복 : 다수에게 행복을 줄 수 있는 행위가 옳다고 보고, 모든 쾌락은 질적으로 동일하다고 본다.
③ 쾌락주의 : 순간적 쾌락이 선이라고 하고 가능한 많은 쾌락을 취하는 데 행복이 있다고 한다.
④ 좋음은 옳음의 근거 : 옳은 것은 좋은 것을 증진하는 내용을 가진 한에서만 옳은 것이라는 생각이다.

## 07 스포츠경기의 목적 답 ②

스포츠딜레마는 승리가 먼저인가, 페어플레이가 먼저인가 등을 두고 어느쪽도 결정할 수 없는 상태를 말한다. 이는 〈보기〉에 담긴 윤리적 규범과는 관련이 없다.

【오답해설】
① 페어플레이 : 스포츠인이 지켜야 할 정정당당한 행위로서 경쟁자에 대한 배려를 포함함
③ 스포츠에토스 : 사람에게 도덕적 감정을 갖게 하는 보편적인 도덕적·이성적 요소
④ 스포츠퍼슨십 : 스포츠맨십의 성 중립적 용어로 스포츠 상황에서 일반적으로 기대되는 행동 특성

## 08 윤리이론 답 ②

아크라시아는 의지박약, 자제력 없음의 뜻으로 본인에게 좋은 일인 줄 알면서도 정작 그것을 실천해야 하는 상황에서 머뭇거리거나 심지어 포기하는 인간의 속성을 말한다. 따라서 〈보기〉의 사례로 나타나는 품성인 스포츠인에게는 권장하지 않는 이론이다.

【오답해설】
① 테크네 : 능숙함을 통해 바라는 결과를 얻는 능력
③ 에피스테메 : 일반적으로 지식에 관한 학문을 가리키며, 이에 덧붙여서 기술적 지식을 의미
④ 프로네시스 : 도덕적 앎이란 가르칠 수 없음에도 불구하고, 행위자 스스로에 대한 이해를 통해 배워지는 가장 중요한 덕목

## 09 윤리이론 답 ③

칸트의 정언적 명령은 아무런 조건 없이 무조건 행하라는 도덕 명령으로 절대적인 명령, 무조건적인 명령이라고도 불린다.

【오답해설】
① 모방욕구 : 타인과 같아지거나 그 이상이 되려는 욕구
② 가언명령 : 조건이나 상황에 따라 적용되고 요구되는 도덕 명령
④ 배려윤리 : 배려하는 사람에게 배려받는 사람이 응답할 때 배려가 완성(나딩스)되며, 상대방에 대한 배려의 감정을 중시(길리건)하는 이론

## 10 윤리이론 답 ①

행위 공리주의는 어떤 행위가 가능한 다른 대안들 만큼의 선을 산출할 때 오직 그때에만 그 행위가 옳다고 본다. 행위의 결과에 집중할 수 있지만 경우마다 어떤 행위가 옳은 행위인지를 결정하기 위해 계산해야 한다.

【오답해설】
② 규칙 공리주의 : 어떤 행위가 가능한 다른 대안들보다 사회에 더 큰 공리를 산출하는 규칙에 의해 요구되는 행위일 때 오직 그때에만 그 행위가 옳다.
③ 제도적 공리주의 : 제도를 통해 최대 다수의 최대 행복을 실현하고자 한다.
④ 직관적 공리주의 : 어떤 주어진 상황에서 객관적으로 옳은 행위는 전체를 보아서 최대 행복을 산출하는 행위로 그 행위가 가져오는 총체적인 행복을 고려한다.

## 11 페어플레이 　답 ④

절차적 정의는 결과보다 과정에 초점을 맞춘 정의이다. 시합 전 동전 뒤집기로 선·후공을 결정하는 것 등이 그 예이다.

【오답해설】
② 평균적 정의 : 누구에게나 공평하고 일관되게 분배하는 것
③ 분배적 정의 : 같은 것은 같게, 다른 것은 다르게 분배하는 것

## 12 윤리이론 　답 ④

㉠ 충서 : 공자의 중심 사상 중 하나로, 타고난 내면적 도덕성(인)의 구체적인 행동을 의미한다.
㉡ 충 : 윗 사람에게 정성을 다해 한 마음으로 모신다는 의미이다.
㉢ 서 : 내가 원하지 않은 일을 남에게도 하지 말라는 의미이다.

【오답해설】
① 충효 : 충성과 효도를 아울러 이르는 말로 유교사상에 바탕을 둔 덕목
② 정의 : 진리에 맞는 올바른 도리
③ 정명 : 각 주체의 역할과 행위가 실현되어야 함

> **Tip**
> **공자의 중심 사상**
> - 인(仁) : 타고난 내면적 도덕성
> - 충(忠)과 서(恕) : 인의 구체적 행동으로 충(忠)은 윗 사람에게 정성을 다해 한 마음으로 모신다는 뜻이고, 서(恕)는 내가 원하지 않는 바를 남에게도 하지 말라는 것임
> - 예(禮) : 예(禮)를 통해서 인(仁)을 실천함

## 13 윤리이론 　답 ①, ②, ③, ④

① 칸트 : 인간은 스스로 도덕적 의지를 추구하기 때문에 목적으로 구성된 다른 하나의 이성 체계, 즉 실천이성을 갖고 있다고 주장한다.
② 정언명령 : 아무런 조건 없이 무조건 행하라는 도덕 명령이다.
③ 공정시합 : 경기에서 참가자들이 공평한 조건에서 경쟁한다.
④ 공리주의 : 최대 다수 최대 행복 실현을 윤리적 행위의 목적으로 본다.
*출제 오류로 ①~④ 모두 정답

## 14 페어플레이 　답 ①

〈보기〉에서 동기와 목표가 뚜렷하다는 것은 의도적으로 반칙을 하려고 했고, 스포츠의 본질적인 성격을 부정하는 것은 스포츠의 구성요건 자체를 해치는 행위이다. 따라서 의도적 구성 반칙에 해당된다.

【오답해설】
- 규제 반칙 : 해당 스포츠에서 하지 말아야 할 것을 규정한 것으로 규제적 규칙이 위반되어도 경기 자체는 성립한다.
- 예 농구에서 반칙을 할 경우 상대 선수에게 자유투를 주는 것, 의도적인 시간 끌기(침대 축구) 등

## 15 스포츠와 동물윤리 　답 ③

종차별주의 관점에서는 스포츠에서 동물들이 도구화되고 있는 상황이 발생할 수 있다고 본다. 동물을 인간의 유희의 대상으로 보는 '윤성'의 관점과 동일하다.

【오답해설】
① 동물해방론 : 동물의 도덕적 지위를 인정하고 동물을 고통으로부터 해방시켜야 한다.
② 동물 권리론 : 각 동물이 생활을 영위하고 있을 경우 자체적인 도덕적 권리를 갖고 있다.
④ 종평등주의 : 종의 차이가 존재하기는 하지만 쾌감과 고통을 느끼는 존재에 대해서는 도덕적 배려가 필요하다.

## 16 윤리이론 　답 ①

멕킨 타이어는 선한 행위의 실천을 위해서는 무엇보다 행위자의 구체적인 성품에 주목해야 하며, 훌륭한 성품을 지닌 사람의 실천적 지혜와 선을 지향하는 행위를 강조했다.

【오답해설】
② 의무주의 : 행위의 결과와는 상관없이 도덕 행위의 본래적인 가치인 '규범에 복종해야 할 의무'를 주장하는 도덕 이론을 말한다.
③ 쾌락주의 : 쾌락이 인생의 목적이며 최고의 선이라고 주장한다. 쾌락을 추구하고 고통을 피하는 것을 도덕원리로 삼는다.
④ 메타윤리 : 윤리적 속성, 진술, 태도, 판단의 본질을 이해하고자 하는 윤리학의 한 분야이다.

## 17 스포츠윤리의 이해 　답 ③

스포츠윤리는 스포츠라는 특수한 상황에서 윤리 문제가 적용되기 때문에 독자성이 있을 뿐, 보편적 윤리로는 다룰 수 없는 것은 아니다.

> **Tip**
> **스포츠윤리의 특징**
> - 예방윤리 : 훗날의 더 큰 문제점을 예방하기 위해 윤리적 문제점을 인식하고 다룰 수 있어야 함
> - 개인윤리 : 행위의 주체가 개인이라고 봄
> - 직업윤리 : 같은 분야의 직업을 가진 사람들 사이에서 요구됨
> - 사회윤리 : 개인이 속한 사회의 구조, 제도 등의 개선에 의해 윤리적 문제를 해결하려 함

## 18 학생 선수의 인권 　답 ③

ㄱ. 최저 학력 제도 : 주요 과목에서 기준 이하의 점수를 받으면 학생 선수에게 불이익 부여
ㄷ. 주말 리그 제도 : 주중에는 학업을 하고 주말에만 경기를 치르는 제도
ㄹ. 학사 관리 지원 제도 : 학교생활 적응 및 학업 수행을 위한 제도

【오답해설】
ㄴ. 리그 승강 제도 : 실력 단위로 상위 리그와 하위 리그로 분리하고, 결과에 따라 우수한 성적을 거두면 상위 리그로 올리고, 성적이 나쁘면 하위 리그로 떨어뜨리는 제도

## 19  윤리이론  답 ③

윤리적 상대주의는 개인의 주관적인 신념과 가치관, 문화에 따라 윤리적인 판단을 내리는 것을 의미한다. 즉 같은 행위일지라도 어떤 사람에게는 그것이 도덕적 행위로 인정되지만, 다른 사람에게는 비도덕적 행위라 생각되는 경우가 있다.

【오답해설】
① 윤리적 절대주의 : 선과 악, 옳고 그름을 행위 결과와 상관 없이 별개로 판단하는 것
② 윤리적 회의주의 : 객관적이고 보편적인 도덕원칙이나 가치규범을 부정하면서 도덕적 가치의 근거를 탐구하는 윤리학이 학문으로써 성립할 수 없다는 것
④ 윤리적 객관주의 : 윤리적인 판단이 일반적으로 참된 원리나 규범에 따라 이루어진다는 것

## 20  도핑  답 ②

기술도핑은 장비나 도구가 선수의 기록 향상에 영향을 주는 것을 말한다. 현대 스포츠에서는 기술 발전에 따른 기술도핑이 논쟁의 주제가 되고 있다.

【오답해설】
① 약물도핑 : 운동 수행력 향상 및 승리를 목적으로 약물을 사용하는 것
③ 브레인도핑 : 뇌를 자극하여 운동능력을 향상시키는 것
④ 유전자도핑 : 유전자 편집기술이 발달하면서 기술의 사용이 치료적 목적이 아닌 곳에 사용하는 것

> **Tip**
> 
> 효과적인 도핑금지 방안
> - 스포츠 윤리에 대해 지속적으로 교육해 바른 가치관을 형성
> - 도핑의 심각성과 부작용, 규제 등에 대해 교육해 사고를 방지
> - 도핑이 적발되었을 때에 이에 대한 처벌 강화

# 2023 선택과목 기출문제 정답 및 해설

## 스포츠사회학

| 01 | 02 | 03 | 04 | 05 | 06 | 07 | 08 | 09 | 10 |
|---|---|---|---|---|---|---|---|---|---|
| ① | ② | ① | ②, ③, ④ | ③ | ① | ④ | ② | ② | ③ |
| 11 | 12 | 13 | 14 | 15 | 16 | 17 | 18 | 19 | 20 |
| ② | ① | ② | ③ | ① | ④ | ④ | ③ | ④ | ①, ②, ③, ④ |

### 01 스포츠의 교육적 기능    답 ①

스포츠의 교육적 순기능으로는 학교와 지역 사회의 통합, 평생체육의 연계, 학업활동의 격려, 정서 순환 등이 있다. 스포츠의 상업화, 참여기회 제한, 승리지상주의는 스포츠의 교육적 역기능에 해당한다.

#### Tip
**스포츠의 기능**

| 순기능 | • 사회성 함양 기능<br>• 사회화(사회 통합) 기능<br>• 사회 정서(정서적 동화) 기능 |
|---|---|
| 역기능 | • 대중 통제 기능<br>• 스포츠 소외<br>• 상업주의<br>• 국수주의와 국군주의 팽창 |

### 02 상업주의와 스포츠    답 ②

㉠ 스포츠 조직의 변화 : 경제적 가치 극대화를 위해 스포츠 외적인 요소를 강조한다. 치어리더, 연예인 시구, 초대가수 등이 이에 해당한다.
㉢ 스포츠 목적의 변화 : 무리한 리그 운영과 승리지상주의로 인해 아마추어리즘보다 흥행에 입각한 프로페셔널리즘을 추구한다.

【오답해설】
㉡ 스포츠 구조의 변화 : 규칙이나 프로그램의 구성의 변화를 말하며 샐러리캡 제도, 농구의 쿼터제 등이 이에 해당한다.
㉣ 스포츠 내용의 변화 : 관중이 스포츠의 심미적 가치보다 영웅적 가치를 중시하게 되며, 스포츠의 비본질적 요소를 중시하여 경기 외적인 득점과 승리를 추구한다.

### 03 스포츠 세계화    답 ①

스포츠의 세계화를 주도한 동인은 크게 제국주의, 민족주의, 종교, 기술의 진보의 네 가지로 구분할 수 있다. 제시된 〈보기〉는 제국주의 시대 서구열강의 스포츠가 피식민지 국민에게 전파된 사례이다.

#### Tip
**스포츠 세계화의 원인**
- 제국주의 : 구열강에 의해 스포츠가 전파
- 민족주의 : 스포츠로 민족의 정체성을 확인하고 국가 간 경쟁을 촉진시켜 스포츠 세계화 현상을 가속화
- 종교 : 종교에 대한 거부감 해소, 선교 등을 위해 스포츠를 적극적으로 활용
- 과학기술 : 교통, 통신, 미디어 등을 통해 스포츠를 세계화

### 04 스포츠로의 사회화와 스포츠를 통한 사회화    답 ②, ③, ④

② 행동적 참가 : 스포츠에 실질적으로 참가하는 형태로, 1차적 참가와 2차적 참가로 구분된다.
  • 1차적 참가 : 스포츠에 참가하는 경기자
  • 2차적 참가 : 선수 이외의 스포츠 생산자로서 스포츠 참가
③ 정의적 참가 : 실제 스포츠에 참가하지는 않지만 특정 선수 또는 스포츠 팀을 열성적으로 응원하거나 관련된 물품을 수집하는 등의 감정적 태도·성향을 표출하는 간접적 참가를 일컫는다.
④ 인지적 참가 : 스포츠에 관한 정보를 수용함으로써 이루어지는 참가이다.

【오답해설】
① 일탈적 참가 : 일차적 일탈과 이차적 일탈로 구분된다. 일차적 일탈은 자신의 직업을 포기하며 스포츠 활동에 모든 시간을 할애하는 것을 의미하며, 이차적 일탈은 스포츠를 관람하는 차원은 넘어 경기 결과에 내기를 걸고 도박을 할 정도로 스포츠 관람을 탐닉하는 상태를 말한다.

### 05 스포츠사회학의 의미    답 ③

㉠ 관료화 : 스포츠 규칙이 관료에 의해 제정되고 경기가 조직적으로 운영되는 것
㉡ 전문화 : 포지션의 분화와 리그의 세분화 등 경기장 안팎으로 다양한 종류의 전문화된 역할이 존재하는 것

### Tip
**거트만(A. Guttmann)의 근대스포츠의 특성**

| | |
|---|---|
| 세속화 | 스포츠가 종교 및 종교적 믿음으로부터 분리되어 즐거움, 건강, 물질적 보상 등의 세속적 가치에 목적을 두는 것 |
| 평등화 | 스포츠 참여의 기회가 평등하게 주어지는 것 |
| 전문화 | 포지션의 분화와 리그의 세분화 등 경기장 안팎으로 다양한 종류의 전문화된 역할이 존재하는 것 |
| 합리화 | 경기의 규칙이 목적의 달성에 유리한 방향으로 조작되고 변경되는 것 |
| 관료화 | 관료에 의해 스포츠의 규칙이 제정되고 경기가 조직적으로 운영되는 것 |
| 계량화 | 스포츠의 요소들을 정확히 측정하고 수치로 표현하는 것 |
| 기록 추구 | 이미 존재하는 기록을 뛰어넘기 위해 노력하는 것 |

## 06 스포츠로의 사회화와 스포츠를 통한 사회화  답 ①

스나이더가 제시한 스포츠 사회화의 전이 조건은 참가의 정도, 참가의 자발성 여부, 참가자의 개인적·사회적 특성, 사회화 주관자의 위신 및 위력, 사회화 관계의 본질성이다. '참가의 가치'는 이에 해당하지 않는다.

【오답해설】
② 참가의 정도 : 빈도와 강도, 지속성 등이 높을수록 전이가 잘 발생함
③ 참가의 자발성 여부 : 자발적 선택은 보다 긍정적인 결과를 초래함
④ 사회화 주관자의 위신과 위력 : 주관자의 사회적 위신 및 위력이 클수록 큰 영향을 미침

## 07 스포츠와 미디어의 이해  답 ④

버렐과 로이는 욕구를 네 범주(인지적, 정의적, 통합적, 도피적)로 구분하고, 이러한 욕구가 미디어를 통해 해결될 수 있다고 주장하였다.
㉠ 인지적 욕구 : 스포츠에 대한 규칙, 지식, 경기 결과 및 통계적 지식 제공
㉡ 정의적 욕구 : 스포츠에 대한 즐거움, 흥미, 관심 제공
㉢ 통합적 욕구 : 스포츠에 대한 사회 구성원의 관심을 하나로 묶어 사회를 통합하는 역할 제공

### Tip
**미디어를 통해 해결 가능한 욕구**

| | |
|---|---|
| 인지적 욕구 | 게임의 과정 및 결과에 대한 지식, 선수 및 팀에 관한 통계적 지식 등을 제공 |
| 정의적 욕구 | 흥미, 흥분 등의 제공 |
| 도피적 욕구 | 불안, 초조, 욕구불만, 좌절 등의 감정을 정화함 |
| 통합적 욕구 | 다른 사회집단과의 친화를 가능케 하고 타인과 사회적 경험을 공유하게 하여 공동체 의식을 갖도록 함 |

## 08 스포츠와 미디어의 이해  답 ②

㉠ 보편적 접근권 : 스포츠 중계 방송을 '공공재'로 간주하여 국민적 관심이 높은 스포츠 경기나 이벤트 등은 누구나 볼 수 있어야 한다는 권리를 말한다.
㉡ 옐로 저널리즘 : 특정 선수 혹은 감독의 사생활을 의도적으로 파헤치거나, 선정적이고 비도덕적인 기사를 과도하게 취재·보도하는 경향을 말한다.

【오답해설】
• 독점 중계권 : 개인이나 하나의 단체가 중계 방송을 지배하여 이익을 독차지하는 것
• 뉴 저널리즘 : 기존 저널리즘이 취해 왔던 속보성, 객관성의 관념을 거부하고 소설 작가의 기법을 적용하여 사건과 상황에 대한 표현을 독자에게 실감나게 전달하는 보도

## 09 상업주의와 스포츠  답 ②

'웨이버 조항(waiver rule)'이란 구단이 참가활동 기간 중 소속 선수와의 선수 계약을 해지하거나 포기하는 것이다. 이는 프로스포츠에서 시행되는 제도 중 하나로써, 소속 선수를 일방적으로 방출함에 따라 다른 팀에 해당 선수를 데려갈 의향이 있는지를 묻는 것을 의미한다.

【오답해설】
① 보류 조항 : 일정 기간 선수들의 자유로운 계약과 이적을 막음으로써 과도한 연봉 상승을 방지하고 구단을 안정적으로 운영하기 위해 도입된 제도
③ 선수대리인 : 에이전트(agent)라고도 불리며, 선수를 대신해서 구단과의 교섭, 출연 등 대외 활동, 이적 구단 물색 등 개인 업무를 처리해주고 일정한 리베이트를 챙기는 사람
④ 자유계약 : 선수가 일정 기간 자신이 속한 팀에서 활동한 뒤 다른 팀과 자유롭게 계약을 맺어 이적할 수 있도록 함

## 10 스포츠 일탈의 이해  답 ③

스포츠 일탈이란 경기 규칙을 위반하거나 스포츠의 보편적 가치에 위배되는 행동 등을 하는 것을 의미한다. 스포츠 현장에서 스포츠 선수가 약물을 복용하여 경기의 공정성을 훼손하였다면 이는 스포츠 체계의 질서에 부정적인 영향을 미친 것이므로 스포츠 일탈의 역기능에 해당한다.

### Tip
**스포츠 일탈의 순기능과 역기능**

| 순기능 | 역기능 |
|---|---|
| • 규범의 존재 재확인을 통해 규범에 대한 동조 강화<br>• 사회의 안전판 역할<br>• 사회 개혁과 창의성 부여 | • 긴장과 불안 조성<br>• 스포츠 사회화에 부정적 영향<br>• 제도화를 통한 부정적 행동 습득 |

## 11 스포츠와 국제정치  답 ②

㉠ 국위 선양 : 스포츠를 통해 지역 혹은 국가의 이미지 개선 효과가 발생한다.
㉡ 외교적 항의 : 국제적 갈등 상황에서 스포츠 경기를 통해 항의 의사를 전달하는 것이다.
㉢ 정치이념 선전 : 스포츠를 해당 국가의 체제적 우월성을 드러내는 체제 선전의 수단으로 활용하는 것이다.

【오답해설】
• 외교적 도구 : 스포츠 팀 간의 친선경기 등을 통해 적대국과의 외교적 관계를 개선하는 것으로, 미국과 중국의 핑퐁외교(1971)가 그 예이다.

## 12 사회계층의 이해  답 ①

부르디외의 계급론은 인간이 특정한 사회적 환경에 의해 획득한 성향, 사고 등을 바탕으로 행동하며, 이러한 사회문화적 요소로 인해 계급이 결정된다고 본다. 부르디외는 개인에게 보다 높은 사회적 지위를 가져다주는 것을 문화자본이라 정의하였으며, 이러한 문화자본을 3가지 유형으로 구분하였다. 이 중 체화된 문화자본이란 소유자와 물리적으로 분리할 수 없는 신체적 성향으로 개인의 문화적 소양, 품위, 세련됨, 교양 등을 일컫는다.

### Tip
**부르디외의 문화자본**
• 체화된 상태의 문화자본 : 소유자와 물리적으로 분리할 수 없는 신체적 성향(예 품위, 교양)
• 객관적 상태의 문화자본 : 문화적 재화 형태의 자본(예 그림, 책, 사전)
• 제도화된 상태의 문화자본 : 상징적인 능력의 지표로서 사회적 지위를 보장하는 문화자본(예 학위, 자격증)

## 13 사회계층의 이해  답 ②

투민은 스포츠계층을 사회성, 다양성, 보편성, 역사성, 영향성의 5가지로 구분하였다. 이 중 보편성(편재성)은 스포츠 계층이 어느 곳에나 존재하고, 어디에서든 발견 가능한 보편적 사회문화 현상이라는 점을 내포한다.
㉠ 스포츠 종목 간 인기 스포츠와 비인기 스포츠로 구분되는 것으로 '종목 간 편재성'을 의미한다.
㉢ 경쟁의 공정성을 위해 체급·능력별로 급수를 구분하는 것으로 '종목 내 편재성'을 의미한다.

【오답해설】
㉣ 스포츠의 영향성에 해당한다.

### Tip
**스포츠 계층의 특성**
• 사회성 : 스포츠 계층은 일반 사회의 계층을 반영함
• 고래성(역사성) : 일반 사회의 역사와 맥을 같이함
• 보편성 : 어디에나 존재하는 보편적 현상
• 다양성 : 완전 평등과 완전 불평등 사이의 다양한 형태로 나타남
• 영향성 : 스포츠 계층은 일반 사회계층에 영향을 받음

## 14 스포츠 일탈의 유형  답 ③

㉠ 전염이론 : 혼자 있을 때는 이성적인 사고를 할 수 있는 합리적인 존재이지만 집단에서는 타인으로부터 영향을 받아 비이성적으로 변한다는 이론이다.
㉡ 부가가치이론 : 어떤 종류의 집합행동이 일어나려면 다양한 결정요인 또는 필요조건이 사전에 존재하게 되는데, 이러한 여러 요인이 일정한 형태나 계기의 순서에 따라 순차적으로 조합을 이루어 비로소 집합행동이 발생하는 결과를 가져온다는 이론이다.

【오답해설】
• 수렴이론 : 일상생활에서 숨겨져 왔던 본연의 실제 자아가 사회적 익명성과 몰개성 상황에서 감정적 행동으로 표출된다는 이론
• 규범생성이론 : 개인의 특수성과 장소 고유의 규범이 생성됨에 따라 동조압력에 의한 집합행동이 발생되는 것을 강조

## 15 스포츠와 계층이동  답 ①

개척자형은 새로운 종목을 처음으로 시도해보며 이를 즐기는 유형이다.

【오답해설】
② 정착민형 : 더 이상 떠돌아다니지 않고 일정한 곳에 스포츠를 즐기는 유형
③ 귀향민형 : 다시 기존에 즐기던 스포츠로 돌아오는 유형
④ 유목민형 : 종목의 특성으로 인해 국가 간 이동이 발생하고, 개인의 취향에 따라 흥미로운 장소를 돌면서 스포츠를 즐기는 유형

## 16 스포츠 일탈의 이해  답 ④

㉠ 상대론적 접근에서는 일탈을 사회 구조적인 문제로 규정하며, 사회적 타협에 따라 그 경계가 변화한다고 주장한다.
㉡ 과잉동조란 집단의 규범을 지나치게 경직적으로 과도하게 받아들이는 것을 의미한다.

【오답해설】
• 절대론적 접근 : 절대적이고 불변하는 규칙과 이상이 존재한다는 믿음에 근거하여, 일탈을 규정된 행동에서 벗어난 것으로 정의한다.
• 과소동조 : 집단의 규범을 무시하는 것으로, 스포츠에서는 경기 중 음주, 금지약물 복용, 성적 학대 등을 일삼는 등의 형태로 규정한다.

## 17 스포츠사회화의 의미와 과정  답 ④

사회학습이론이란 개인이 어떻게 사회적 행동을 습득하고 수행하는지에 대해 밝히고자 하는 이론으로 주로 상과 벌을 통하거나, 사회화 주관자의 가르침을 통해 행동의 변화가 일어난다고 본다. 사회학습이론은 크게 강화, 코칭, 관찰학습의 3가지 방법으로 구분된다.

### Tip
**사회학습이론의 학습방법**

| | |
|---|---|
| 강화 | 강화와 처벌을 통해 사회적 역할을 습득·수행 |
| 코칭 | 사회화의 대상이 사회화의 주관자를 통해 가르침을 받음 |
| 관찰학습 | 사회화의 대상이 다른 사람의 행동을 관찰하여 유사하게 행동함으로써 과제를 학습하고 수행 |

## 18  스포츠 정치의 결합    답 ③

에티즌(D. Eitzen)과 세이지(G. Sage)는 스포츠 조직에는 불평등하게 배분되는 권력으로 인한 권력투쟁이 존재함을 주장하며, 이러한 스포츠의 정치적 속성을 보수성, 대표성, 권력투쟁, 상호의존성, 긴장관계로 제시하였다.

**Tip**

에티즌과 세이지가 제시한 스포츠의 정치적 속성 예시

| 속성 | 예시 |
| --- | --- |
| 대표성 | 소속 조직 대표, 상징, 충성심, 슬로건, 응원가 |
| 권력투쟁 | 선수와 구단주 간, 리그 간, 조직 간, 성차별 |
| 상호의존성 | 국가 홍보와 혜택, 군복무 면제, 연금, 조세 감면, 정경유착 |
| 긴장관계 | 외교적 관계, 외교적 항의, 외교적 승인 |
| 보수성 | 현존 질서 유지, 애국의식 향상, 정치체계 강화 |

## 19  스포츠와 미디어의 이해    답 ④

사회관계 이론은 비공식적 사회관계가 개인이 미디어의 메시지에 반응하는 태도를 수정하도록 하는 중요한 역할을 담당한다고 보는 이론이다. 미디어의 해석 및 선택 성향에 준거집단이 큰 영향을 미친다고 주장한다.

【오답해설】
① 개인차 이론 : 수용자가 개인의 독특한 심리적 욕구(인지적, 정의적, 도피적, 통합적 욕구)의 만족을 위해 매스미디어를 활용하는 것을 가정하여 연구된 이론이다.
② 사회범주 이론 : 미디어에 대하여 상이하게 반응하는 하위 집단이 존재한다고 가정하여 연구된 이론이다.
③ 문화규범 이론 : 개인의 스포츠 소비 유형이 대중매체의 스포츠 취급 방식에 따라 다양하게 영향을 받는다는 이론이다.

## 20  스포츠의 사회적 기능과 사회이론    답 ①, ②, ③, ④

① 갈등이론 : 사회의 본질을 경쟁과 갈등의 관계로 보며 스포츠를 지배계급의 이익 증대나 기득권 유지를 위한 수단으로 본다.
② 구조기능이론 : 사회가 본질적으로 관련 있고 상호 의존적인 제도로 구성되어 있다.
③ 비판이론 : 사회를 개인 이익을 위해 타인과 끊임없이 경쟁하는 장으로 본다.
④ 상징적 상호작용론 : 사회를 개개인의 상호 작용 속에서 이루어진 해석으로 구성된 유동적인 과정이라고 보는 이론이다. 상황에 대한 해석은 개인마다 다르며 그로 인해 사회가 유지·발전해 나간다고 주장한다.

# 스포츠교육학

| 01 | 02 | 03 | 04 | 05 | 06 | 07 | 08 | 09 | 10 |
| --- | --- | --- | --- | --- | --- | --- | --- | --- | --- |
| ① | ③ | ① | ④ | ④ | ② | ③ | ② | ① | ② |
| 11 | 12 | 13 | 14 | 15 | 16 | 17 | 18 | 19 | 20 |
| ③ | ① | ④ | ④ | ① | ② | ③ | ② | ④ | ③ |

## 01  평가의 이론적 측면    답 ①

검사-재검사란 시간차를 두고 변인 측정을 두 번 실시하여 두 관찰 값의 차이로 신뢰도를 측정하는 방법이다.

【오답해설】
② 동형 검사 : 동일한 구인을 측정하는 두 개의 검사지를 개발하여 나온 점수들 간의 상관관계를 구하여 신뢰도를 추정하는 방법
③ 반분 신뢰도 검사 : 한 개의 평가도구로 한 집단에게 검사를 실시하고, 검사 결과를 두 부분으로 분할한 뒤, 분할한 두 부분을 독립된 검사로 생각해서 그 사이의 상관관계를 계산하는 방법
④ 내적 일관성 검사 : 하나의 측정도구 내 문항들 간의 연관성 유·무를 통해 내적으로 일관성을 파악함으로써 측정문항의 신뢰도를 추정하는 방법

## 02  교수 스타일의 특성    답 ③

모스턴의 교수 스타일 중 유도발견형 스타일에 관한 설명으로, 이때 지도자는 미리 정해진 답을 학습자가 발견하도록 이끄는 계열적·논리적 질문을 설계해야 한다. 단, 지도자는 해답을 먼저 말해서는 안 되며 질문에 대한 학습자의 해답을 검토하고 확인하는 과정을 거쳐야 한다.

**Tip**

유도발견형 스타일
- 지도자는 미리 예정되어 있는 해답을 학생에게 직접적으로 전달해서는 안 됨
- 지도자는 논리적이며 계열적인 질문을 설계해야 함
- 지도자는 질문(단서)에 대한 학습자의 해답(반응)을 검토하고 확인
- 지도자와 학습자가 지속적으로 상호작용하며 의사결정을 내림

## 03  스포츠지도를 위한 교육기법    답 ①

로젠샤인과 퍼스트가 제시한 효율적 교수전략(학업성취도와 관련된 5가지 변인)에는 명확한 과제 제시, 지도자의 열의, 수업활동의 다양화, 과제 지향적이고 능률적인 교수행동, 수업 변인이 포함된다. 이때 지도자의 경력은 관련이 없다.

> **Tip**
>
> **로젠샤인(B. Rosenshine)과 퍼스트(N. Furst)의 효율적 교수전략**
>
> 학업성취도와 관련한 5가지 변인은 다음과 같다.
> - 명확한 과제 제시
> - 교사의 열의
> - 수업활동의 다양화
> - 과제 지향적이고 능률적인 교수행동
> - 수업내용

## 04 지도 내용의 연습 및 교정  답 ④

스테이션 교수 유형은 수업을 여러 스테이션으로 나누어 개별 소집단이 각각의 스테이션에서 서로 돌아가며 다른 활동을 진행하는 방법이다. 이를 통해 학생 스스로 개별 스테이션에 직접 이동하며 능동적인 수업 참여를 유도할 수 있다.

**【오답해설】**
① 자기 교수 : 개인이 자신의 사고과정 등을 언어를 통해 말하며 학습자 스스로 문제를 해결하도록 하는 교수 방법
② 팀 티칭 : 여러 명의 교사가 팀을 이루어 학생의 학습지도를 담당하는 교수 방법
③ 상호 교수 : 우수한 학생을 뽑아 다른 학생을 가르치게 하는 교수 방법

## 05 전문체육  답 ④

국민체육진흥법 제18조의3 제1항에서는 체육의 '공정성' 확보와 체육인의 '인권보호'를 위해 스포츠윤리센터를 설립함을 명시하고 있다.

> **Tip**
>
> **국민체육진흥법 제18조의3(스포츠윤리센터의 설립)**
> ① 체육의 공정성 확보와 체육인의 인권보호를 위하여 스포츠윤리센터를 설립한다.

## 06 스포츠지도를 위한 교수기법  답 ②

학습자 스스로 내용을 파악하고 문제를 해결하는 것은 자율성과 관련한 설명이다. 효율성의 원리는 학습자의 수준에 적절한 교수 학습 환경을 구성하여 학습 목표를 효율적으로 성취하는 것이다.

> **Tip**
>
> **체육수업 지도원리**
>
> | 개별성의 원리 | 개인차를 고려한 다양한 수준별 지도 |
> |---|---|
> | 효율성의 원리 | 적절한 교수 학습 환경을 구성하여 효율적인 학습 목표 성취 |
> | 적합성의 원리 | 지도자의 창의적인 지도활동의 선정과 활용 |
> | 통합성의 원리 | 교수·학습 내용의 다양화와 신체활동의 총체적 체험 |

## 07 스포츠지도를 위한 교육모형  답 ③

직접교수모형은 교사가 수업의 리더 역할을 수행하며 지도자 중심으로 의사결정이 이루어지는 학습 방법을 일컫는다. 이는 학습자가 연습 과제에 높은 비율로 참여하여 수업과 자원이 효율적으로 이용되기 위함을 목적으로 한다. 따라서 직접교수모형에서는 지도자의 관리하에 학습자의 과제 참여 비율이 증가하게 된다.

**【오답해설】**
① 직접교수모형에서 학습영역의 우선순위는 심동적>인지적>정의적 영역 순이다.
② 직접교수모형은 스키너의 조작적 조건화 이론에 바탕을 둔다.
④ 직접교수모형의 수업은 총 6단계로 구성되며 전시과제 복습, 새로운 과제 제시, 초기과제 연습, 피드백과 교정, 독자적인 연습, 본시 복습 순으로 이루어진다.

## 08 생활체육  답 ②

스포츠기본법 제7조에서는 스포츠 정책 수립과 시행의 기본원칙에 대한 사항을 명시하고 있다. 이때, 스포츠 대회 참가 목적을 국위선양에 둔다는 내용은 포함되지 않는다.

> **Tip**
>
> **스포츠기본법 제7조(스포츠 정책 수립·시행의 기본원칙)**
>
> 국가와 지방자치단체는 스포츠에 관한 정책을 수립하고 시행할 때에는 다음 각 호의 사항을 충분히 고려하여야 한다.
> 1. 스포츠권을 보장할 것
> 2. 스포츠 활동을 존중하고 사회전반에 확산되도록 할 것
> 3. 국민과 국가의 스포츠 역량을 높이기 위한 여건을 조성하고 지원할 것
> 4. 스포츠 활동 참여와 스포츠 교육의 기회가 확대되도록 할 것
> 5. 스포츠의 가치를 존중하고 스포츠의 역동성을 높일 수 있을 것
> 6. 스포츠 활동과 관련한 안전사고를 방지할 것
> 7. 스포츠의 국제 교류·협력을 증진할 것

## 09 교수 스타일의 특성  답 ①

①은 모스턴의 수업 스타일 중 확산발견형에 대한 설명으로 구체적 인지 작용을 통해 특정 상황에 대한 확산적인 반응을 발견하는 스타일이다. 지도자는 지도 교과와 관련된 주제를 결정하고, 학습자는 그 특정 주제에 대한 다양한 반응과 해답을 발견한다.

> **Tip**
>
> **포괄형 스타일**
> - 다양한 기술 수준에 있는 학습자가 자신들이 수행 가능한 난이도를 선택, 동일한 과제에 참가
> - 지도자는 과제의 난이도 선정, 교과내용과 수업 운영 절차에 대한 의사결정을 수행
> - 학습자는 자신이 성취할 수 있는 수준을 조사하고 출발점을 선택하여 과제를 연습
> - 학습자는 필요에 따라 과제 수준을 수정하고 평가 기준에 맞추어 자신의 수행을 점검

## 10  스포츠지도를 위한 교수기법  답 ②

역순 (행동) 연쇄법은 연쇄된 행동의 여러 동작을 뒤에서부터 거꾸로 하나씩 배워 연결해 가는 방법이다. 일련의 행동을 마지막 단위 행동부터 학습시킨 후, 그 행동을 단서로 점차 전 단계와 연결시킨다.

## 11  스포츠지도를 위한 교수기법  답 ③

쿠닌은 훌륭한 지도자에게 필요한 특징으로 상황이해, 동시적 처리, 제지의 명료성의 3가지를 강조하였다. 이 중 상황이해란 지도자가 어떤 상황이 발생하고 있는지를 파악하고 적절한 시기에 표적행동을 발견할 수 있는 능력을 의미한다.

【오답해설】
① 접근통제 : 교사가 직접 순회하면서 학습자의 부적절한 행동을 예방하거나 직접 제지하는 것
② 긴장 완화 : 신체적·정신적으로 지나치게 긴장되어 있는 부분을 완화하여 안정시키는 것
④ 타임아웃 : 위반행동에 대한 벌로서 일정 시간 동안 체육활동에 참여할 수 없도록 하는 것

> **Tip**
> **훌륭한 지도자에게 필요한 3가지 특징**
> - 상황이해 : 무슨 일이 발생하고 있는지 파악하고 적절한 시기에 표적행동을 발견할 수 있는 능력
> - 동시적 처리 : 수업 활동을 방해하지 않고 동시에 여러 가지 일을 부드럽게 처리할 수 있는 능력
> - 제지의 명료성 : 행동에 대해서 구체적인 피드백을 제공할 수 있는 능력

## 12  평가의 실천적 측면  답 ①

사건 기록법은 행동의 발생 횟수를 직접적이고 정확하게 기록하는 방법이다.

【오답해설】
② 평정 척도법 : 피험자를 직접 인터뷰하거나 미리 준비해 둔 질문을 한 후 그 결과를 수량화하고 평가하는 방법
③ 일화 기록법 : 대상자의 행동을 직접 관찰하여 객관적으로 기록하되, 중요한 사건이나 핵심이 되는 행동을 중심으로 짧게 기록하는 방법
④ 지속시간 기록법 : 행동이 지속된 시간을 기록하는 방법으로, 표적행동이 시작한 시간과 끝난 시작을 기록함

## 13  스포츠교육 학습자  답 ④

스포츠 활동에 적극적이고 활발하게 참여할 수 있도록 학습자의 기능 수준을 고려한 스포츠 지도가 필요하다. 운동기능이 낮은 학습자에게는 정식 게임에 앞서 현실적이고 실현 가능한 목표를 설정하여, 단계적으로 운동 기능을 수행할 수 있도록 지도하는 것이 적절하다.

## 14  스포츠지도를 위한 교수기법  답 ④

메이거는 수업 목표 도달 여부를 구체적으로 확인할 수 있도록 구체적이고 관찰 가능한 행동 목표를 진술해야 할 것을 주장하였다. 이를 위한 3가지 조건으로 조건·상황, 수락 준거(기준), 도착점 행위가 제시된다.

> **Tip**
> **메이거의 학습 목표 설정**
> - 조건·상황 : 목표 도달에 필요한 자원, 시간, 제약 등
> - 수락 기준 : 목표 달성 여부를 판단하는 성취 기준
> - 도착점 행위 : 학습의 결과로서 나타나는 행동

## 15  스포츠지도를 위한 교육모형  답 ①

탐구수업모형은 문제해결자로서의 학습자를 모형의 주제로 삼아 지도자가 학습자에게 다양한 질문을 함으로써 학습자가 스스로 답을 찾도록 유도하는 교육 모형이다.

【오답해설】
ⓒ 탐구수업모형에서 학습 영역의 우선순위는 인지적＞심동적＞정의적 순이다.
ⓔ 탐구수업모형에서는 지도자가 학습자에게 답을 제공하지 않고 학습자가 스스로 답을 찾도록 유도한다.

## 16  스포츠지도를 위한 교육모형  답 ②

심동적 영역은 신체 기능, 움직임의 발달 등의 신체 능력을 의미한다.

【오답해설】
①, ③ 정의적 영역
④ 인지적 영역

> **Tip**
> **스포츠교육의 학습영역**
> - 심동적 영역 : 신체기능, 움직임의 발달 등
> - 정의적 영역 : 감정이나 가치, 태도, 인성, 스포츠맨십, 페어플레이 정신 등
> - 인지적 영역 : 논리, 지식, 개념, 이론적 원리 등

## 17  스포츠교육 학습자  답 ③

과제 간 전이는 이전에 배운 기술의 경험이 새로운 기술의 수행에 미치는 영향을 규명하기 위해 사용된다. 반면 과제 내 전이는 서로 다른 연습 조건에서 운동을 수행한 후 같은 과제에 대한 수행치를 비교하는 것이다.

> **Tip**
> 
> **전이**
> 
> | 과제 내 전이 | 학습 당시의 환경과 다른 환경에서 동일한 기술을 구사하는 것 <br> 예 수영장에서 연습한 수영기술을 바다에서도 잘 발휘할 수 있는가? |
> |---|---|
> | 과제 간 전이 | 학습한 기술과 전혀 다른 움직임을 수행하도록 함으로써 학습한 기술을 새로운 동작에 얼마나 적절히 활용하는지를 확인하는 것 <br> 예 자유형에서 배운 발차기의 기본 움직임이 배영의 발차기에서 어떻게 활용되는가? |

### 18  스포츠지도를 위한 교수기법  답 ②

스포츠 지도의 철학, 이념, 비전 등은 스포츠 교육 프로그램의 구성 중 '성격'과 관련이 있다.

### 19  스포츠지도를 위한 교육모형  답 ④

개별화지도모형의 주제는 '수업 진도는 학습자가 가능한 한 빨리, 혹은 필요한 만큼 천천히 결정하는 것'이다. 개별화지도모형에서는 학습자들이 미리 계획된 과제의 계열성에 따라 자신에게 맞는 속도로 학습하고, 정해진 수행 기준에 따라 과제를 완수하는 것을 목표로 한다.

【오답해설】
① 직접교수모형의 주제로, 지도자 중심의 의사결정이 이루어지는 유형이다.
② 동료교수모형의 주제로, 학습자가 서로 도와 가며 배우는 상호작용적 학습이다.
③ 스포츠교육모형의 주제로, 학습자에게 실제적이고 교육적으로 풍부한 스포츠 경험을 제공한다.

### 20  학교체육  답 ③

학교체육진흥법 시행령 제3조 제4항에 따르면 학교운동부지도자 재임용 시에는 복무 태도, 학교운동부 운영 성과, 학생선수의 학습권 및 인권 침해 여부를 평가한 후 그 결과에 따라 재임용 여부를 결정해야 한다.

> **Tip**
> 
> **학교운동부지도자의 자격기준 등(학교체육진흥법 시행령 제3조)**
> 
> ③ 학교운동부지도자는 다음 각 호의 직무를 수행한다.
>   1. 학생선수에 대한 훈련계획 작성, 지도 및 관리
>   2. 학생선수의 각종 대회 출전 지원 및 인솔
>   2의2. 훈련 및 각종 대회 출전 시 학생선수의 안전관리
>   3. 경기력 분석 및 훈련일지 작성
>   4. 훈련장의 안전관리
> ④ 학교의 장은 학교운동부지도자를 재임용할 때에는 다음 각 호의 사항을 평가한 후 그 결과에 따라 재임용 여부를 결정해야 한다.
>   1. 제3항 각 호의 직무수행 실적
>   2. 복무 태도
>   3. 학교운동부 운영 성과
>   4. 학생선수의 학습권 및 인권 침해 여부

## 스포츠심리학

| 01 | 02 | 03 | 04 | 05 | 06 | 07 | 08 | 09 | 10 |
|---|---|---|---|---|---|---|---|---|---|
| ③ | ① | ④ | ④ | ④ | ③ | ④ | ② | ② | ① |
| 11 | 12 | 13 | 14 | 15 | 16 | 17 | 18 | 19 | 20 |
| ② | ③ | ② | ① | ③ | ① | ② | ③ | ① | ④ |

### 01  스포츠심리학의 영역과 역할  답 ③

생리학적 항상성에 관한 연구는 인체 운동 수행 시 나타나는 생리적 변화를 분석하는 운동생리학의 연구 영역과 관련이 있다.

### 02  동기  답 ①

자기결정성이론은 사람들은 타고난 성장 경향과 심리적 욕구에 대한 사람들의 동기부여와 성격에 대해 설명하는 이론으로 개인의 행동이 스스로 동기부여되고 결정된다고 주장한다. 이때 동기는 내적 동기, 외적 동기, 무동기로 구분될 수 있는데 외적 동기에는 외적 규제, 의무감 규제, 확인 규제, 통합 규제가 포함된다.

> **Tip**
> 
> **동기의 유형**
> 
> | 내적 동기 | • 지식 습득 <br> • 과제 성취 <br> • 자극 체험 |
> |---|---|
> | 외적 동기 | • 외적 규제 <br> • 의무감(내적) 규제 <br> • 확인 규제 <br> • 통합 규제 |
> | 무동기 | • 능력 부족 <br> • 전략 미흡 <br> • 노력 회피 <br> • 무기력 신념 |

### 03  주의집중  답 ④

칵테일파티 효과란 칵테일 파티에서처럼 여러 사람의 목소리와 잡음이 많은 상황에서도 본인이 흥미를 갖는 이야기는 선택적으로 들을 수 있는 현상을 말한다.

【오답해설】
① 스트룹 효과 : 그 단어의 의미와 색상이 일치하지 않은 조건에서 색상을 명명하는 반응속도가 늦어지는 현상
② 지각협소화 : 각성 수준이 높아지면서 주위를 기울일 수 있는 폭이 점차 좁아지는 현상
③ 무주의 맹시 : 눈이 특정 위치를 향하고 있지만 주의가 다른 곳에 있어서 눈이 향하는 위치의 대상이 지각되지 못하는 현상

## 04 운동학습  답 ④

젠타일의 2차적 운동기술분류는 움직임의 환경적 맥락과 동작 간의 변화를 한 축으로 하고, 몸의 이동과 물체 조작 유무를 결합한 분류법이다. 야구에서 유격수가 타구된 공을 1루로 송구하거나, 농구에서 수비자를 따돌려 드리블하며 골대로 나가는 행위 등은 환경 변화가 있는 비안정적 조절 조건에서 물체를 조작하며 신체 이동을 하는 ④의 영역에 해당하는 움직임이다.

> **Tip**
> 
> **젠타일(A. Gentile)의 운동기술분류**
>
> | 환경적 맥락 | | 동작의 기능 | | | |
> |---|---|---|---|---|---|
> | | | 물체 조작 없음 | 물체 조작 | 물체 조작 없음 | 물체 조작 |
> | 환경적 고정 | 동작 간 변화 없음 | 제자리에서 균형 잡기 | 농구 자유투하기 | 계단 오르기 | 책 들고 계단 오르기 |
> | | 동작 간 변화 | 수화로 대화 | 타이핑 | 평균대 위에서 체조기술 연습 | 리듬체조에서 곤봉 연기 |
> | 환경 변화 | 동작 간 변화 없음 | 움직이는 버스 안에서 균형잡기 | 같은 속도로 던져지는 야구공 받기 | 움직이는 버스 안에서 걸어가기 | 물이 든 컵을 들고 일정한 속도로 걷기 |
> | | 동작 간 변화 | 트레드밀 위에서 장애물 피하기 | 자동차 운전하기 | 축구경기에서 드리블하는 선수 수비하기 | 수비자를 따돌리며 드리블해 나가기 |

## 05 운동학습  답 ④

뉴웰은 환경, 유기체, 과제를 인간 운동의 제한 요소로 간주하였으며 이러한 제한 요소 간의 상호작용을 통해 인간이 적절한 운동을 생성할 수 있다고 가정하였다.
- 환경 제한 요소 : 물리환경적(온도, 습도) 요소, 사회문화적(성별, 인종) 요소
- 유기체 제한 요소 : 학습자 개개인의 특성(체격, 체력, 형태), 심리적 요인 등
- 과제 제한 요소 : 운동과제(과제의 구조와 유형, 목표, 규칙, 장비) 자체 특성에 의해서 발생하는 제한 요소

따라서 ④는 과제 제한 요소, ①~③은 유기체 제한 요소에 해당한다.

## 06 운동발달  답 ③

개체발생적 운동행동은 환경적 요인에 영향을 받아 학습 과정을 통하여 획득되는 운동행동을 말한다. 이는 성숙에 의해 자동화되는 것이 아니라 일정 시기 동안의 꾸준한 연습과 경험을 통해 형성되므로 운동발달 상황에서 나타나는 행동이라고 보기는 어렵다.

【오답해설】
① 머리-꼬리 원리 : 머리에서 발 방향으로 발달(머리 → 몸통과 어깨 → 팔과 다리 → 손·발가락)
② 중앙-말초 원리 : 신체 중심에서 말초 부위로 발달(몸통과 어깨 근육 조절 능력 → 손가락 근육 조절 능력)
④ 양측-동측-교차 운동협응의 원리 : 운동발달은 신체 양측과 동측의 움직임이 서로 교차하며 분화와 통합의 과정에 의해 이루어짐

> **Tip**
>
> **운동발달의 원리**
> - 운동발달은 인체의 성숙에 따라 일정 단계별로 이루어짐
> - 신체는 머리에서 발끝으로, 몸통에서 말초 부분으로 발달이 이루어짐
> - 운동발달은 분화와 통합의 과정에 의해 이루어짐
> - 대근육 운동에서 소근육 운동의 순으로 발달이 이루어짐

## 07 사회적 발달  답 ④

스포츠 활동에서는 바람직한 행동을 통한 인성 발달을 위해 인내력과 사회성을 발달시킬 수 있도록 지도하여야 한다. 격한 상황에서는 공격적으로 표출하는 대신, 이성적 언어로 대화할 수 있도록 지도하는 전략이 필요하다.

## 08 목표설정  답 ②

목표 유형 중 수행목표와 과정목표는 운동 수행의 성취에 기반을 두어 선수 자신의 과거 기술 수준을 기준으로 하는 목표이다.

> **Tip**
>
> **목표의 유형**
>
> | 주관적 목표 | 기준이 자기 자신에게 있으며 개인에 따라 해석에 차이가 있는 목표 |
> |---|---|
> | 객관적 목표 | 구체적인 시간의 제한 내에서 구체적인 수행 기준을 달성하는 목표 |
> | 결과목표 (성과목표) | 조절 불가능한 결과 혹은 성과에 기반을 둔 목표 |
> | 수행목표 (과정목표) | 운동수행의 성취에 기반을 둔 목표이며 선수 자신의 과거 기술 수준을 기준으로 하는 목표 |

## 09 운동심리학  답 ②

스포츠지도자교육 프로그램(CET)의 핵심 원칙은 발달모델, 긍정적 접근, 상호지원, 선수참여, 자기관찰이다.

## 10 운동제어  답 ①

소뇌는 대뇌 아래, 중뇌 뒤쪽에 위치하는 작은 뇌를 가리키며 신체의 평형 및 자세를 조정하고 운동을 조절한다.

【오답해설】
② 중심고랑 : 전두엽과 두정엽의 경계가 되는 부분으로 앞쪽은 운동 영역, 뒤쪽은 몸 감각 영역이 됨
③ 대뇌피질의 후두엽 : 오감 중 시각을 담당하는 뇌의 뒷부분
④ 대뇌피질의 측두엽 : 오감 중 청각과 후각을 담당하는 뇌의 양 옆부분

## 11 운동학습 답 ②

파지검사는 운동 수행으로부터 학습한 운동을 추론하는 방법이다. 파지검사를 통해 연습으로 향상된 운동 수행력이 얼마만큼 유지·지속될 수 있는지를 파악한다.

**【오답해설】**
① 속도검사 : 제한 시간 내에 주어진 과제를 수행하는 능력을 측정하는 검사
③ 전이검사 : 학습한 내용을 새로운 수행 상황에서 관련된 기술에 얼마나 적절히 활용하는가를 검사하며, 과제 내 전이검사와 과제 간 전이검사로 분류
④ 지능검사 : 개인의 지능수준과 지적 능력을 측정하는 검사

## 12 운동제어 답 ③

일반화된 운동프로그램 이론은 두 가지 매개변수에 의해 운동 프로그램이 바뀌게 된다는 이론이다. 매개변수는 불변매개변수와 가변매개변수로 구분되며, 이때 움직임의 시간적 구조(동작시간의 비율)를 의미하는 상대적 타이밍은 불변성의 특성을 지닌다. 반면, 움직임의 속도, 크기, 힘, 궤적 등은 가변성의 특성을 지닌다.

**Tip**

| 매개변수 | |
|---|---|
| 불변매개변수 | • 요소의 순서<br>• 시상<br>• 상대적인 힘 |
| 가변매개변수 | • 전체 동작 지속시간<br>• 힘의 총량<br>• 근육의 선택 |

## 13 운동학습 답 ②

구스리(E. Guthrie)는 운동기술을 '최소한의 시간과 에너지를 소비하여 최대의 확실성을 갖고 목표를 달성할 수 있는 능력'이라 정의하였다.

## 14 사회적 발달 답 ①

㉠ 사회학습이론 : 공격행위는 환경 속에서의 관찰을 통해 모방하여 나타난다는 이론
㉡ 본능이론 : 본능적으로 분출되는 공격 에너지가 공격행동을 일으킨다는 이론
㉢ 좌절-공격 가설 : 목표를 추구하는 행위가 방해를 받을 때, 또는 그로 인해 무산되었을 때 경험하게 되는 좌절감이 공격행동을 초래한다는 이론
㉣ 수정된 좌절-공격 가설 : 좌절이 항상 공격성을 유발하는 것은 아니며, 내적 좌절·분노와 외적 자극(공격단서)이 결합되었을 때 공격적 행동이 나타난다는 이론

## 15 자신감 답 ③

유능성 동기이론은 개인이 성취영역을 감당할 수 있도록 선천적인 동기가 부여되어 있다는 이론이다. 이 이론에 따르면 성공에 대한 개인의 인지능력이 긍정적 또는 부정적 감정을 유발한다.

**【오답해설】**
㉠ 유능성 동기이론은 동기지향성과 유능성 및 통제감의 3가지 심리적 변인과 관련된 다차원 동기를 나타낸 이론이다.
㉣ 스포츠자신감이론에 대한 설명이다.

**Tip**
유능성 동기이론

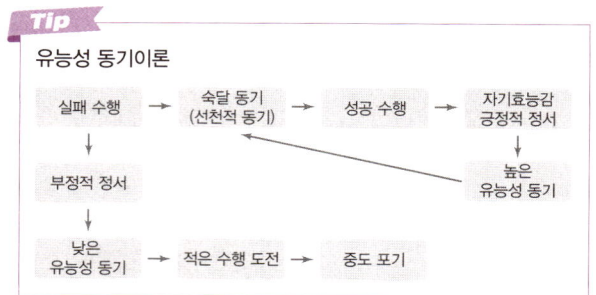

## 16 운동학습 답 ①

번스타인의 운동학습 단계 중 자유도 풀림 단계에서는 이전 단계에서 고정했던 자유도를 풀어 가능한 자유도의 수를 늘리게 된다. 이는 사용 가능한 자유도를 활용하여 필요한 하나의 협응 구조(기능적 단위)를 형성하기 위함이며, 이를 통해 동작과 관련된 운동역학적 요인과 근육의 공동작용, 관절의 상호 움직임 등에 변화가 나타난다.

## 17 목표설정 답 ②

주어진 과제를 수행할 때 먼저 지도자가 학습자에게 구체적이고 실현 가능한 목표를 설정해줄 경우 학습자는 중요한 요소에 주의를 집중시키고 목표 달성을 위한 구체적인 수행 기준을 달성할 수 있다.

**【오답해설】**
㉡ 학습자의 능력과 의지 등을 고려해 현실적이고 실현 가능한 목표를 설정하는 것이 적절하다.
㉣ 제시된 〈보기〉의 연구결과에 따르면 구체적인 목표가 설정된 결과가 일반적인 목표가 설정된 조건의 결과보다 높은 점수를 기록하였다. 따라서 운동 수행과 학습의 효과를 높이기 위해서는 구체적인 목표를 설정하는 것이 효과적이다.

## 18 운동학습 답 ③

보강 피드백은 타인 혹은 지도자에게 받는 정보로 언어적·비언어적 방법을 통해 제공된다. 뉴웰은 보강피드백을 범주화하여 3가지의 정보로 구분하였는데, 제시된 보기는 완료된 동작에 대한 정보를 제공하는 예시로서 보강 피드백 중 정보 피드백에 해당한다고 볼 수 있다.

### Tip

**뉴웰(Newell)의 보강 피드백 범주화**

| 처방정보 | 운동 종료 후 그에 대한 정보를 학습자에게 제공하는 것으로 주로 언어적 설명 혹은 시범을 통해 전달 |
|---|---|
| 정보 피드백 | 학습자의 운동 이전 혹은 현재 상태에 대한 정보를 제공<br>• 동시적 피드백 : 현재 수행 중인 움직임에 관한 정보<br>• 종료 피드백 : 완료된 동작에 대한 특성 및 연속성 정보 |
| 정환 정보 | 협응 관련 움직임과 관련된 정보로서 새로운 동작 습득 시 유용한 정보 |

### Tip

**Weiner의 귀인 요소 분류**

| 구분 | | 안정성 | |
|---|---|---|---|
| | | 안정 | 불안정 |
| 원인<br>소재 | 내적 | 능력 | 노력 |
| | 외적 | 과제난이도 | 운 |

※ 색칠된 영역은 통제 불가능한 영역

## 19 정서와 시합불안  답 ①

칙센트미하이는 몰입이 어떤 행위에 깊게 빠져 심취해 있는 무아지경의 상태라고 정의 내린다. 또한 몰입을 촉진시키기 위해서는 개인의 기술 수준과 과제의 난이도가 적절한 균형을 이루는 것이 중요하다고 주장하였다. 만약 기술 수준에 비해 과제의 도전 수준이 높을 경우 불안이나 걱정을 경험하게 되며, 반대로 기술 수준에 비해 도전 수준이 낮을 경우 편안한 이완감을 느끼게 된다. 칙센트미하이는 이외에도 몰입이 잘 되기 위한 요소로 분명한 목표, 즉각적인 피드백 등을 제시하였다.

### Tip

**칙센트미하이의 몰입모델**

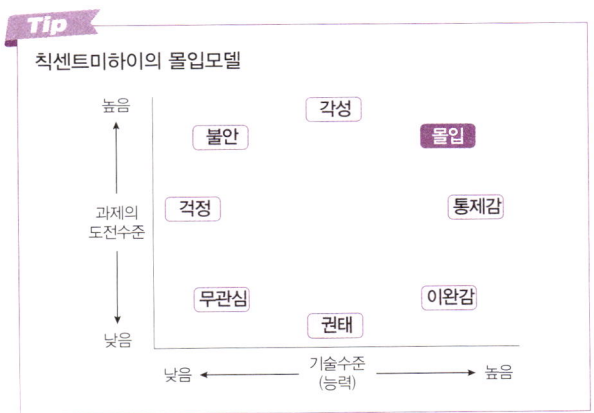

## 20 동기  답 ④

학습된 무기력이란 노력을 해도 실패를 통제할 수 없다고 믿는 경향을 말한다. 학습된 무기력을 가진 사람은 부정적인 자기진술을 하고, 쉽게 포기하며, 실패의 원인을 능력의 부족으로 귀인하는 경향이 있다. 실패에 대한 학습된 무기력은 귀인 재훈련을 통해 실패 원인을 내적이며, 통제 가능하고, 불안정한 요인에서 찾도록 훈련할 수 있다.

【오답해설】
① 실패의 원인을 내적 요인에서 찾게 한다.
② 능력은 내적이며 안정적이고 통제 불가능한 요인이다.
③ 운은 외적이며 불안정적이고 통제 불가능한 요인이다.

## 한국체육사

| 01 | 02 | 03 | 04 | 05 | 06 | 07 | 08 | 09 | 10 |
|---|---|---|---|---|---|---|---|---|---|
| ④ | ① | ③ | ④ | ② | ② | ② | ③ | ① | ③ |
| 11 | 12 | 13 | 14 | 15 | 16 | 17 | 18 | 19 | 20 |
| ① | ④ | ③ | ②, ③ | ① | ④ | ③ | ②, ④ | ④ | ① |

### 01  체육사 연구 분야    답 ④

사관은 역사가의 역사에 대한 의식으로 과거의 사실을 확인할 때 역사가의 가치관 해석 원리에 따라 그 기준이 달라지는 것을 말한다.

### 02  체육사 연구 분야    답 ①

1963년 나현성이 서술한 「한국체육사」는 부족국가시대부터 8·15 해방까지의 체육 발달 과정을 담은 책이다. 이에 따르면 근대화의 흐름이 시작된 갑오경장(1895)을 기점으로 전통 체육과 근대 체육으로 구분할 수 있다. 전통시대의 체육은 격구, 검무, 수렵 등 대부분 무예를 중심으로 하는 놀이가 성행하였다. 근대시대의 체육은 「교육입국조서」를 중심으로 하는 축구와 같은 각종 스포츠와 교련, 체조 등을 행하였다. 이때 「교육입국조서」란 1895년에 반포되어 '국가의 부강은 국민의 교육에 있다'는 내용을 담고 있다.

### 03  삼국 및 통일신라시대의 체육    답 ③

윷놀이는 정월 초하루에서 보름까지 윷이라는 놀이도구를 사용하여 남녀노소 누구나 어울려 즐기면서 노는 놀이로 척사(擲柶), 척사희(擲柶戲), 사희(柶戲) 등으로도 불린다.

**【오답해설】**
① 바둑 : 두 사람이 흑백의 바둑돌을 나누어 가지고 바둑판 위에 번갈아 하나씩 두어 가며 승부를 겨루는 놀이
② 장기 : 두 사람이 청·홍의 장기짝을 규칙에 따라 번갈아 두면서 겨루는 놀이
④ 주사위 : 주사위를 땅이나 자리 위에 던져 윗면에 나타난 점의 수효에 따라 끗수로써 승부를 다투는 놀이

### 04  삼국 및 통일신라시대의 체육    답 ④

화랑도는 진흥왕 시대에 국가에 의해 정식으로 제정되어 6세기부터 10세기까지 존재했던 귀족의 자제들로 이루어진 청소년 단체이다. 세속오계를 바탕으로 충성 보국하고 문무를 겸비한 인재를 양성하였으며 신체미 숭배, 심신일체론, 국가주의, 불국토 사상, 호연지기를 중시하였다.

### Tip
**화랑도**
- '꽃처럼 아름다운 남성의 무리'라는 의미로 진흥왕 대에 설치
- 귀족의 자제들로 이루어진 청소년 단체로 신체적·정신적으로 건전한 청소년 양성 목적
- 궁술·기마술·검술·창술·가마·검무·편력(야외교육활동) 등의 체육활동
- 신체활동을 인격 함양의 과정으로 이해하고 궁도와 기마술을 예(禮), 낙(樂)과 함께 중요한 영역으로 인식
- 원광의 세속오계(사군이충, 사친이효, 임전무퇴, 교우이신, 살생유택) 정신
- 풍류도(風流徒), 국선도(國仙徒), 원화도(源花徒), 풍월도(風月徒) 등으로도 불림

### 05  삼국 및 통일신라시대의 체육    답 ②

축국은 가죽주머니에 겨, 털, 공기를 넣어 만든 공을 발로 차던 공차기 놀이로 오늘날의 제기차기 또는 축구와 유사하다.

**【오답해설】**
① 석전 : 한 부락 혹은 한 지방의 동편과 서편으로 나뉘어 서로에게 돌팔매질을 하여 어느 한 편이 달아나면 지는 놀이
③ 각저 : 오늘날의 씨름으로, 두 사람이 서로 맞잡고 힘을 겨루는 경기
④ 도판희 : 널뛰기의 다른 이름으로 여성들이 즐기던 축제 형식의 유희와 오락

### 06  삼국 및 통일신라시대의 체육    답 ②

ⓒ 방응은 사나운 매를 길러 꿩이나 새를 사냥하는 일종의 수렵활동으로 주로 왕과 귀족들이 즐기던 고급 놀이였다. 조선 숙종 이후에는 민간에서 민속으로서 방응이 지속되어 오기도 하였다.
ⓔ 추천은 주로 부녀자들이 단오에 그네를 타고 노는 놀이이다.

**【오답해설】**
㉠ 풍연 : 서민사회의 민속놀이로 삼국시대부터 이어져 온 연날리기
㉡ 격구 : 군사 훈련 및 연무 수단임과 동시에 귀족들의 오락 및 여가 활동 수단으로서 무예적 요소와 유희적 요소를 동시에 지니며, 특수 계층만 참여가 가능했던 점과 그 사치성이 격구의 폐단으로 꼽힘

### 07  고려·조선시대 체육    답 ②

수박은 주로 손을 써서 상대를 공격하거나 수련하는 무예로 고려시대 무인들에게 적극 권장되었으며, 명종 때에는 이 무예를 겨루게 하여 승자에게는 벼슬을 주었다. 고려시대 무예를 실시하던 기관은 국자감(國子監)이며, 응방도감은 고려시대 매를 사육하여 원(元)나라에 바치던 관청을 말한다.

## 08 조선시대의 사회와 체육 　　답 ③

성리학 교육을 담당한 기관이자 인재 양성을 위해 설립한 조선시대 최고의 국립교육기관이다. 반면 훈련원은 군사의 무재를 시험하고 무예를 훈련시키며, 무경을 습독시키는 일을 관장하던 조선시대 관청이다. 조선이 건국되어 관제를 반포할 때 군사 훈련의 체계화를 위해 훈련관으로 설치되었다가 세조 때 훈련원으로 개칭되었다. 훈련원에서는 병서 강습과 마상무예 훈련을 주로 하였다.

## 09 조선시대의 사회와 체육 　　답 ①

조선시대 궁술은 무과 시험의 한 과목이었으며 단순히 군사적 목적에 국한된 신체 활동에서 벗어나 사회적 친교의 수단으로 활용되기도 하였다. 또한 왕을 비롯하여 상류층 양반들 사이에서는 여가활동으로 향유되었으며 대사례, 향사례 등으로도 행해졌다. 조선시대 궁술은 육예(六藝) 중 사(射)에 해당하였다.

### Tip

**육예(六藝)**

중국 주대(周代)에 행해지던 교육과목으로 예(禮), 악(樂), 사(射), 어(御), 서(書), 수(數) 등 6종류의 기술
- 예(禮) : 예법
- 악(樂) : 노래, 악기, 춤
- 사(射) : 궁술(활쏘기)
- 어(御) : 마술(馬術), 말타기
- 서(書) : 서예(붓글씨)
- 수(數) : 수학(數學)

**대사례와 향사례**
- 대사례 : 국가에 행사가 있을 때 임금과 신하가 한자리에 모여서 활을 쏘아 그 예의 도수를 살피는 의례
- 향사례 : 해마다 지방에서 한량들이 편을 갈라 활쏘기를 겨루던 의례

## 10 조선시대의 사회와 체육 　　답 ③

무예도보통지는 조선시대 정도 때 만들어진 무예서로, 24가지의 각각 다른 무예를 그림으로 설명한 종합무예서이다. 한 · 중 · 일 삼국의 서적 145종을 참고하여 편찬되었다.

【오답해설】
① 무예제보 : 선조 때 한교가 명나라 무예서 '기효신서'를 참고하여 펴낸 무예서
② 무예신보 : 영조 때 사도세자가 '무예제보'를 보완해 펴낸 무예서
④ 무예제보번역속집 : 광해군 때 훈련도감의 도청을 맡았던 최기남이 '무예제보'에서 빠진 부분을 보충하고 일본고(日本考) 4책에 기록되어 있던 일본의 검제(劍制) 등을 추가하여 편찬한 무예서

## 11 개화기의 체육 　　답 ①

오산학교는 1907년 이승훈이 평안북도 정주에 세운 중등 과정의 학교로 민족정신의 고취와 인재 양성을 통해 나라의 자주독립을 목표로 하였다.

【오답해설】
② 대성학교 : 1908년 안창호가 평양에 설립한 중등교육기관으로 독립 정신과 실력을 갖춘 인재 양성을 목표로 함
③ 원산학사 : 1883년 민간에 의해 세워진 중등학교로 한국 최초의 근대적 교육기관
④ 숭실학교 : 1897년 미국 북 장로교 선교사 베어드(Baird,W.M.)가 평양에 설립한 미션계의 교육기관

## 12 개화기 체육 　　답 ④

고종은 갑오개혁 다음 해인 1895년「교육입국조서」를 반포하여 전 국민을 대상으로 근대식 교육의 필요성과 지 · 덕 · 체의 조화를 강조하였다. 이를 통해 지배계급에만 한정되었던 교육의 기회가 전 국민으로 확대되었고, 전통적 유교 중심의 교육에서 근대적 전인교육으로 전환되었다.

【오답해설】
① 문예반 50명, 무예반 200명의 학생을 뽑아 교육과 훈련을 한 교육기관은 원산학사이다.
② 개화기 최초의 운동회는 1896년 우리나라 영어학교에서 열린 화류회이다.
③ 배재학당은 아펜젤러, 이화학당은 스크랜턴, 경신학당은 언더우드가 설립한 학교로 모두 개화기 선교단에 의해 만들어진 교육기관이다.

## 13 개화기 체육 　　답 ③

무도기계체육부는 우리나라 최초의 기계체조 단체로 당시 무관 학교장이던 이희두와 학무국장 윤치오에 의하여 조직된 단체이며 군인 체육기관의 효시이다.

【오답해설】
① 청강체육부 : 1910년 사립 중동학교 재학생인 최성희, 성희, 신완식 등이 조직한 단체로 정기적으로 축구 게임을 하였다.
② 회동구락부 : 1908년 탁지부의 조선인 고위 관료와 일본인 간에 조직된 사교 단체로 정구 경기를 최초로 시행하였다.
④ 대동체육구락부 : 1908년 국민체육진흥을 목적으로 권성연, 조상호, 이기환 등에 의해 조직된 체육단체이다.

### Tip

**체조연구회**
- 1909년 당시 한성(서울) 시내의 각 학교 체조 교사인 조원희, 김성집, 이기동 등이 보성 중학교에서 조직한 단체
- 우리나라의 체육을 병식(兵式) 체조에서 학교 체육으로 반영시키는 데 크게 이바지함

## 14 일제강점기의 체육    답 ②, ③

② 조선체육회는 1920년 7월 동아일보사의 후원으로 일본유학생과 국내 체육인들이 조선인의 체육을 장려할 목적으로 설립되었다. 즉, 조선체육협회가 아닌 조선체육회에 대한 설명이다.

③ 서상천은 1923년 일본 체조학교를 졸업한 후 1926년 휘문고등학교 체육교사로 부임해 역도부를 조직하고 지도했다.

## 15 개화기 체육    답 ①

제시된 〈보기〉는 황성기독교청년회에 대한 설명이다. 황성기독교청년회는 개화기 선교사에 의해 조직되어 1916년 우리나라 최초의 체육관을 개관하였으며 국내 다양한 스포츠 보급에 앞장선 단체로 YMCA의 전신이었다.

【오답해설】
② 대한체육구락부 : 한국 최초의 근대적 체육단체
③ 조선체육회 : 현 대한체육회의 전신으로 일본의 조선체육협회에 대응하기 위해 창설됨
④ 조선체육협회 : 1919년 조선 내 스포츠 단체를 관리하기 위해 일본인 중심으로 설립됨

## 16 현대 체육·스포츠    답 ④

박정희 정권기에는 한국 스포츠 문화가 급속도로 발달하여 스포츠 혁명으로 불렸다. '체력은 국력'이란 슬로건으로 국민체육진흥법을 공포하고 학생들의 기초체력을 향상시키기 위해 체력장 제도를 실시하였다.

> **Tip**
>
> **체력장 제도**
> - 1970년대 문교부(현 교육부)에서 청소년의 기초체력 증강을 위해 전국적으로 실시
> - 국민체력검사표준위원회에서 기준과 종목을 선정. 달리기, 던지기, 멀리뛰기 등 기본운동 종목으로 구성
> - 상급학교에 진학하고자 하는 중·고등학생을 대상으로 실시
> - 체력장의 대학입시 포함으로 인한 목적 전도, 불의의 사망사고 발생 등으로 1994년을 마지막으로 폐지
> - 권고사항으로 학생건강체력평가제도를 시행. 2009년 초등학교, 2010년 중학교, 2012년 고등학교로 전면 실시함

## 17 현대 체육·스포츠    답 ③

태권도는 우리나라에서 창안되고 발전한 현대 무술로 1988년 서울올림픽경기대회에서 시범 종목으로 채택, 2000년 시드니올림픽경기대회에서 정식 정목으로 채택되었다. 우리나라는 태권도를 진흥하고 세계적인 스포츠로 발전시키기 위해 2008년「태권도 진흥 및 태권도공원 조성 등에 관한 법률」을 제정하였다.

> **Tip**
>
> 「태권도 진흥 및 태권도공원 조성 등에 관한 법률」제1조(목적)
>
> 이 법은 우리 민족 고유 무도(武道)인 태권도를 진흥하고 전 세계 태권도인들의 성지인 태권도공원을 조성하여 국민의 심신단련과 자긍심을 고취시키고 나아가 태권도를 세계적인 무도 및 스포츠로 발전시켜 국위선양에 이바지함을 목적으로 한다.

## 18 현대 체육·스포츠    답 ②, ④

② 1948년 제5회 동계올림픽경기대회에서 독일과 일본은 제2차세계대전을 이유로 참가가 거부되었다.

④ 1948년 스위스 장크트모리츠(생모리츠)에서 개최된 동계올림픽에 우리나라의 스피드스케이트 선수인 이효창, 문동성, 이종국이 출전하였다. 그러나 이효창은 올림픽 경기 직전 열린 친선경기 이후 갑작스러운 배탈로 자신의 주 종목 경기를 기권하였으며, 문동성 선수 역시 부상으로 당시 대표팀 감독이었던 최용진이 대신 경기에 참가하였다.

## 19 현대 체육·스포츠    답 ④

2018년 평창에서 개최된 경기는 제23회 평창동계올림픽대회로, 하계가 아닌 동계 경기 대회이며 한국에서 열린 두 번째 올림픽이다.

## 20 현대 체육·스포츠    답 ①

1991년 일본에서 열린 제41회 지바세계선수권대회에서 사상 첫 남북 스포츠 단일팀이 구성되었다. 남북코리아 단일팀은 탁구 종목에서 현정화, 홍차옥, 리분희, 유순복으로 여자 단체전 1위를 기록하였다.

## 운동생리학

| 01 | 02 | 03 | 04 | 05 | 06 | 07 | 08 | 09 | 10 |
|---|---|---|---|---|---|---|---|---|---|
| ② | ① | ④ | ① | ③ | ④ | ④ | ① | ② | ③ |
| 11 | 12 | 13 | 14 | 15 | 16 | 17 | 18 | 19 | 20 |
| ③ | ① | ② | ③ | ③ | ③ | ② | ① | ④ | ④ |

### 01 인체의 에너지 대사    답 ②

ATP를 합성하는 데 필요한 에너지원은 글루코스, 포도당, 젖산, 근중성지방 등이 있다. 비타민C는 식초보다 조금 더 산성이 강한 물질로 거의 모든 과일과 채소에 들어있는 비타민으로 ATP 합성과는 관련이 없다.

### 02 골격근의 구조와 기능    답 ①

근형질세망은 근수축에 중요한 칼슘이온($Ca^{2+}$)을 저장하기 위해 변형된 형태를 하고 있다. 근형질세망의 한쪽은 근육세포의 세포막과 접촉하여 신경에 의한 외부자극에 따라 근소포체에 저장된 칼슘이온이 세포질로 방출된다. 방출된 칼슘이온은 근원섬유(myofibril)의 액틴-미오신(actin-myosin) 결합을 유도하여 근수축을 유발한다. 방출된 칼슘이온은 미오신을 활성화시키고, 활성화된 미오신이 액틴필라멘트와 상호작용함으로써 근수축이 일어난다.

【오답해설】
② 위성세포(satellite cell) : 골격근 외측의 근섬유와 기저막 사이에 낀 방추형의 단핵세포
③ 미토콘드리아(mitochondria) : 모든 진핵세포에 존재하는 세포소기관으로 세포 내 에너지를 ATP 형태로 공급하는 기능
④ 근핵(myonuclear) : 핵은 근섬유와 세포막 사이의 공간에서 근섬유의 주변에 위치

### 03 운동에 대한 호흡계의 반응과 적응    답 ④

초과산소섭취량은 운동 후에 산소섭취량이 안정 상태보다 더 많은 산소가 소비되는 것을 말한다. 이에 영향을 미치는 요인은 운동 중 증가한 체온, 피로 관련 물질인 젖산, 무기인산, 암모니아, 호르몬(에피네프린, 노르에피네프린) 등이 있다. 크레아틴인산은 골격근의 근섬유에 존재하여 근력 운동 시 빠른 에너지원을 공급해주는 물질이다. 따라서 초과산소섭취량에 영향을 미치는 요인으로 적절하지 않다.

#### Tip
EPOC 단계에서 긍정적인 생리적 작용
- 근육에서 PC 재합성
- 젖산 제거(젖산염이 포도당으로 전환)
- 체온 상승
- 근육과 혈액의 산소를 저장
- 운동 후 심박수 및 호흡수 상승
- 호르몬의 상승

### 04 인체 운동에 대한 환경 영향    답 ①

수중 운동 시 체온유지를 위해 물의 온도가 높을수록, 체지방량이 많을수록, 운동강도가 높을수록 유리하다. 폐활량은 공기를 최대한 들이마신 후 최대한 내보낼 수 있는 공기량을 말하는 것으로 체온유지와는 관련이 없다.

### 05 골격근과 운동    답 ③

운동 강도가 강해질수록 동원되는 근섬유의 수는 지근섬유, 속근섬유 순으로 증가한다. Type I 섬유 → Type II$_a$ 섬유 → Type II$_x$ 섬유 순이다.

#### Tip
지근섬유와 속근섬유 비교

| 구분 | 지근섬유 Type I | 속근섬유 Type II$_a$ | 속근섬유 Type II$_x$ |
|---|---|---|---|
| 산화능력 | 높음 | 약간 높음 | 낮음 |
| 해당능력 | 낮음 | 높음 | 매우 높음 |
| 수축 속도 | 느림 | 빠름 | 빠름 |
| 피로저항 | 높음 | 중간 | 낮음 |
| 운동단위당 능력 | 낮음 | 높음 | 높음 |

### 06 운동에 대한 순환계의 반응과 적응    답 ④

장기간의 유산소 트레이닝을 할 경우 최대산소섭취량과 최대 심박출량이 증가한다. 또한 안정 시 심박수가 감소하고 1회박출량이 증가한다. 1회 박출량이 증가하는 원인은 훈련에 의해 심장의 용적과 수축력이 향상되었기 때문에 이로 인해 심실에 혈액이 많은 활동을 할 수 있기 때문이다. 따라서 〈보기〉의 내용은 모두 옳다.

### 07 신경계의 구조와 기능    답 ④

항상성은 신체 내부의 환경을 일정하게 유지하는 것을 말한다. 부적 피드백은 신체 내부의 어떤 것이 높거나 낮을 때 원래의 자극에 반대로 작동하는 조절체계의 반응을 수반하여 정상상태로 돌아오는 것으로, 신체 대부분의 조절체계는 부적 피드백으로 작동한다. 증가된 혈당에 대해 인슐린 분비를 유도하여 혈당을 낮추는 것이 여기에 해당한다. 이와 다르게 정적 피드백은 신체의 어떤 것이 낮아지거나 높아질 때 초기 자극을 증가시켜 더욱 낮아지거나 더욱 높아지게 하는 것이다. 여성이 출산 시 자궁의 압력이 증가하면 뇌하수체에서 옥시토신이 분비되어 자궁 수축이 더욱 증가되는 것이 이에 해당한다.

### 08 운동에 대한 순환계의 반응과 적응    답 ①

1회 박출량이란 심실이 한 번 수축할 때 박출되는 혈액량을 말한다. 심실 수축력이 증가하고 평균 동맥혈압이 감소하면 1회 박출량은 증가한다. 대동맥압 증가에 따른 후부하 증가는 1회 박출량 감소의 원인이다.

> **Tip**
> **1회 박출량 결정 요인**
> - 심장으로 돌아오는 정맥혈의 용량(이완기말 혈액량) : 정맥혈 회귀량의 영향을 받음
> - 심실수축력 : 에피네프린, 노르에피네프린의 영향을 받음
> - 심실의 팽창성과 확장 능력
> - 평균대동맥압 : 심실압력이 평균대동맥보다 높을 것(평균대동맥압이 낮아야 함)

### 09 인체의 에너지 대사   답 ②

운동강도에 따라 탄수화물대사는 점증적으로 증가하지만 지방대사는 감소하게 된다. 〈보기〉에서 ⊙은 지방, ⓒ은 탄수화물이 들어가는 것이 적절하다.
- ⊙ 혈중 유리지방산 : 지방세포가 운동으로 분해되어 혈액으로 방출되는 지방 성분
- ⓒ 근글리코겐 : 근육에 있는 글리코겐으로 포도당으로 이루어진 다당류

【오답해설】
- 혈액 포도당 : 혈액 속에 함유되어 있는 포도당으로 탄수화물에 속한다.
- 근중성지방 : 골격근 세포의 형태로 저장되며 지방에 속한다.

### 10 신경계의 운동기능 조절   답 ③

소뇌는 다양한 신체감각 정보 처리를 통해 신체의 조화로운 협응 움직임, 안정적인 자세 및 균형 유지 그리고 동작의 사전 계획 및 실행과 운동기술의 학습에 중요한 역할을 하지만 골격근 운동 조절의 최종 단계 역할은 아니다.

### 11 운동에 대한 호흡계의 반응과 적응   답 ③

- ⊙ 운동 시작 직전 운동을 한다는 예측에 의한 대뇌피질의 자극으로 환기량이 증가한다.
- ② 운동 후 회복기 환기량은 체내 수소이온과 이산화탄소 농도에 따라 감소된다.

【오답해설】
- ⓒ 운동 시작 직후 근육운동에 의한 관절에서의 신경 자극으로 환기량이 증가한다.
- ⓒ 운동 강도가 증가하여 최대에 가까워지면 1회 호흡량보다 호흡수의 증가가 두드러진다. 그러나 1회 호흡량이 감소하는 것은 아니다.

### 12 인체의 에너지 대사   답 ①

포도당의 유산소성 ATP 생성 단계는 크게 해당과정, 크랩스회로, 전자전달계가 있다.
- ⊙ 크랩스회로 : 크랩스회로를 시작하기 위해서는 아세틸조효소 A가 필요하다.
- ⓒ 해당과정에서 2ATP를 생성했으므로 크랩스회로는 2바퀴를 돌게 되고, 6NADH와 2FADH$_2$가 생산된다. 이때 6NADH에서 ATP는 $6 \times 2.5 = 15$, 2FADH$_2$에서 ATP는 $2 \times 1.5 = 3$이 생성되므로 $29 + 3 = 32$이다.

> **Tip**
> **ATP 생성**
> - NADH 1개당 2.5개 ATP 생성
> - FADH$_2$ 1개당 1.5개 ATP 생성

### 13 인체의 에너지 대사   답 ②

10METs = 35ml/kg/min
$35 \times 80 = 2,800$ml/min = 2.8L/min
$2.8 \times 5 = 14$kcal/min
$14 \times 10 = 140$kcal

> **Tip**
> **METs(Metabolic equivalents, 대사당량)**
> - 운동의 강도(에너지 소비율)을 나타내는 단위
> - MET = 3.5ml/kg/min → 안정 시 1분에 체중당 3.5ml의 산소를 사용함
> - 산소 1L당 약 5kcal의 에너지를 소모
> - 대사 방정식 : (METs×3.5×kg)/200 = kcal/min

### 14 신경계의 구조와 기능   답 ②

〈보기〉세포의 안정 시 막전위의 모습을 보여준다. 먼저 세포외액에는 Na$^+$을 고농도로, 세포내액에는 K$^+$을 고농도로 유지한다. 이때 Na$^+$/K$^+$펌프는 2개의 K$^+$를 들이고, 3개의 Na$^+$를 퍼내어 실제로 막전위가 형성될 수 있도록 농도 경사를 유지하는 데 기여한다. 따라서 ⊙, ⓒ은 Na$^+$이고 ⓒ, ②은 K$^+$이다.

### 15 운동에 대한 순환계의 반응과 적응   답 ③

최대산소섭취량 = 최대1회박출량 × 최대동정맥산소차
장기간 지구성 훈련을 할수록 최대심박수는 감소하거나 일정하고, 1회 박출량과 동정맥산소차는 증가한다.

### 16 순환계 구조와 기능   답 ③

심폐지구력은 심장, 허파, 순환계가 움직이는 근육에 효율적으로 산소를 공급하는 능력이다. 동정맥 산소차 증대의 기전은 모세혈관의 밀도가 증가하여 혈류속도가 감소되면 산소와 이산화탄소의 교환이 활발하게 일어난다. 또한 미토콘드리아의 수와 크기가 증가, 마이오글로빈 함량의 증가로 인한 근조직의 산소추출 및 이용능력이 개선된다.

【오답해설】
① 유연성 : 정적, 동적 상태에서 관절의 가동범위와 근육이나 관절 주변 조직 인대, 힘줄 등의 신장능력에 의해 결정되는 것으로 정확하고 부드러운 움직임을 일으키는 능력
② 순발력 : 순간적으로 강한 힘을 발휘하여 달리고, 뛰고, 던지는 능력
④ 근력 : 근육 수축에 의하여 생기는 근육의 힘

## 17  운동과 호르몬 조절  답 ②

1시간 이내의 중강도 운동 시 전신의 혈액 순환을 촉진시켜 말초혈관의 혈류량을 증가시키고, 근육과 지방세포의 인슐린 감수성을 증가시킨다. 이로 인해 적은 양의 인슐린으로도 효과적인 혈당 조절을 가능하게 해 준다.

【오답해설】
① 에피네프린(epinephrine) : 부신에서 만들어지는 카테콜아민(catecholamine)족의 호르몬
③ 성장호르몬(growth hormone) : 성장을 촉진하는 데 필요한 호르몬
④ 코르티솔(cortisol) : 급성 스트레스에 반응해 분비되는 물질로, 스트레스에 대항하는 신체에 필요한 에너지를 공급해 주는 역할

## 18  신경계의 운동기능 조절  답 ①

근방추는 근육이 늘어나는 정도에 관한 정보를 중추신경계에 전달하며, 근 수축에 동원되어야 할 운동단위의 숫자에 대한 정보를 제공한다. 감마시스템에 의한 자세 조절에 중요한 역할을 한다.

【오답해설】
② 골지건기관(Golgi tendon organ) : 근육이 과도하게 수축하며 부상의 위험이 생길 경우 주동근의 수축을 억제하고 길항근을 흥분시켜 부상을 예방하며, 근방추와 반대되는 역할을 한다고 볼 수 있음
③ 자유신경종말(free nerve ending) : 감각을 수용하는 신경 종말의 하나
④ 파치니안 소체(Pacinian corpuscle) : 포유류 피부에서 발견되는 4가지 주요 유형의 기계 수용체(기계적 감각을 위해 외부 조직에서 끝나는 특수 신경) 중 하나

## 19  골격근의 구조와 기능  답 ④

근력의 결정요인은 근 단면적, 근섬유의 종류, 관절의 각도, 근의 길이, 근력과 와인드업, 근력과 준비운동 등이 있다.

## 20  골격근과 운동  답 ④

근육의 수축 형태 중 등속성 수축은 관절 부위가 일정한 속도로 움직이면서 근육의 길이가 짧아지는 수축 형태이다. 한 관절이 운동하는 과정에서 관절 각도의 변화에 따라 근육의 길이에 따라 변화하는 장력(tension)에 맞추어서 시시각각 부하가 변화되는 것을 말한다. 그 예로 사이벡스, 오쏘트론, 미니짐이 있다.

---

## 운동역학

| 01 | 02 | 03 | 04 | 05 | 06 | 07 | 08 | 09 | 10 |
|---|---|---|---|---|---|---|---|---|---|
| ④ | ② | ① | ④ | ① | ④ | ② | ③ | ④ | ① |
| 11 | 12 | 13 | 14 | 15 | 16 | 17 | 18 | 19 | 20 |
| ① | ③ | ① | ③ | ② | ④ | ② | ③ | ② | ③ |

## 01  운동역학의 정의  답 ④

운동역학이란 스포츠 상황에서 인체 힘의 원인과 결과를 다루는 학문으로, 스포츠 상황에서의 인체 운동을 관찰하여 그 움직임에 대한 설명을 제공하고 원인을 분석한다.

【오답해설】
① 스포츠 사회학의 정의이다.
② 운동생리학의 정의이다.
③ 스포츠 심리학의 정의이다.

## 02  골격근과 운동  답 ②

등장성 수축은 근육의 길이가 변하는 수축 형태를 말하고, 단축성(구심성) 수축과 신장성(원심성) 수축으로 구분된다. 이때 신장성 수축은 근이 길어지면서 장력이 발생하며 단축성 수축은 근이 짧아지면서 장력이 발생한다. 팔굽혀펴기에서 팔을 펴는 동작 시 상완삼두근은 짧아지기 때문에 단축성 수축이다.

**Tip**

**등장성 수축**

| 단축성(구심성) 수축 | • 근이 짧아지면서 장력 발생<br>• 속도가 느릴수록 최대 힘 생성 |
|---|---|
| 신장성(원심성) 수축 | • 근이 길어지면서 장력 발생<br>• 속도가 빠를수록 최대 힘 생성 |

## 03  선운동의 운동학적 분석  답 ①

속도란 단위 시간 동안 물체가 이동한 변위로 빠르기를 나타내는 벡터량을 의미한다. 속도 = $\frac{변위}{시간}$ 의 식으로 계산한다.

【오답해설】
② 거리 : 물체가 두 지점을 얼마나 멀리 움직였는가를 나타내는 스칼라량
③ 가속도 : 속도가 단위시간 동안 얼마나 변했는지를 나타내는 벡터량
    가속도 = $\frac{속도의 변화}{시간의 변화}$
④ 각속도 : 각변위의 시간에 대한 변화율을 나타내는 벡터량
    각속도 = $\frac{각변위}{총 걸린 시간}$

> **Tip**
>
> **스칼라(Scalar)량과 벡터(Vector)량**
>
> | 스칼라량 | • 방향이 없이 크기만 존재하는 값<br>• 거리, 길이, 넓이, 온도, 시간, 질량, 속력, 에너지 등 |
> |---|---|
> | 벡터량 | • 크기와 방향이 모두 존재하는 값<br>• 변위, 속도, 가속도, 힘, 운동량, 충격량, 전기장, 자기장, 각운동량 등 |

## 04 힘분석 ④

달리기는 지면에 접촉되어 있는 접지기와 양발이 모두 떠 있는 체공기로 구분된다. 지면반력기는 사람 혹은 물체가 지면에 접촉하여 지면을 누르는 힘에 반해 발생하는 반작용을 측정하는 기기로, 체공기 상태에서는 측정할 수 없다.

> **Tip**
>
> **지면반력**
>
> • 사람이나 물체가 지면에 접촉하여 지면을 누르는 힘에 반하여 지면이 사람과 물체를 밀어내는 반력(반작용)
> • 지면반력측정기
>   - 수직, 수평 성분을 모두 분석 가능
>   - 지면반력 측정기, 증폭기, A/D 변환기, 컴퓨터로 구성됨
>   - 전압의 변화를 통해 분석
> • 용례: 높이뛰기 높이 추정, 신발의 충격완충성 검사

## 05 해부학적 기초 ①

시상면은 신체의 정중면 또는 시상봉합에 평행하게 주행하며 신체를 좌우로 나누는 면으로, 신체를 굽히거나(굴곡) 펴는 힘(신전)의 움직임이 일어난다. 반면, 피겨스케이팅 선수의 회전은 몸을 상하로 나누는 횡단면에서 수행된다.

> **Tip**
>
> **해부학적 평면**
>
> | 전후면<br>(Sagittal plane) | 인체의 전후로 형성되어 몸을 좌우로 나누는 평면 |
> |---|---|
> | 좌우면<br>(Frontal plane) | 인체의 좌우로 형성되어 몸을 앞뒤로 나누는 평면 |
> | 횡단면<br>(Transverse plane) | 인체의 수직축에 대해 수직으로 형성되어 몸을 상하로 나누는 평면 |
> | 대각면<br>(Diagonal plane) | 몸을 한쪽 어깨 끝에서 대각선 방향으로 나눈 면 |

## 06 운동의 종류 ④

복합운동은 선운동인 병진운동과 회전운동인 각운동이 함께 일어나는 운동 형태이다. ㉠에서 야구공은 회전을 하면서 앞으로 나아가고 있으므로 복합운동에 해당한다. ㉡은 페달링을 하면서 직선구간을 지나고 있으므로 앞으로 나아갈 때의 병진운동과 페달을 돌리는 회전운동이 동시에 일어나는 복합운동이다. 마지막으로 ㉢에서 다이빙 선수의 몸통은 아래로 떨어지는 직선운동과 공중회전 시 회전운동이 동시에 일어나고 있으므로 복합운동이다. 따라서 정답은 ④이다.

> **Tip**
>
> **병진운동과 회전운동**
>
> • 병진운동: 움직이는 물체나 신체의 모든 입자가 같은 시간에 대하여 같은 방향과 같은 거리로 움직이는 운동
> • 회전운동: 한 개의 고정된 축을 중심으로 물체가 회전하는 운동
> ※ 회전축이 움직이는 회전운동은 병진운동 요소를 가진 복합운동임

## 07 인체의 물리적 특성 ②

회전운동은 물체나 신체가 한 축을 중심으로 동일 시간 동안 동일 각도로 움직이는 운동이며 이때 중심이 되는 축은 무게중심이 된다. 따라서 체조선수는 회전운동 시 회전이 일어나기 위한 기준인 축(axis)을 중심으로 회전하게 된다.

【오답해설】
① 무게중심은 인체의 내부와 외부에 모두 존재할 수 있다. 예를 들어, 높이뛰기에서 몸을 활처럼 휘는 자세를 취하는 경우에는 무게중심이 인체의 외부에 존재한다.
③ 무게중심은 무게의 중심으로서 평형을 이루는 지점이기 때문에 질량이 큰 쪽으로 이동한다. 따라서 서 있을 때에는 무게중심이 인체의 중심(일반적으로 배꼽 근처)에 존재하지만, 팔을 위로 올릴 경우 무게중심이 위로 이동하게 된다.
④ 서전트 점프 이지(take-off) 후, 공중에서 팔을 위로 올리면 무게중심은 아래로 이동한다.

## 08 인체의 물리적 특성 ③

자유투에서 농구공이 공중으로 날아가면서 중력에 의해 아래로 떨어지며, 동시에 투사되는 방향으로 나아간다. 이때 농구공의 질량중심은 수평방향으로 등속도 운동을 하게 된다.

【오답해설】
① 농구공은 자유투 도중에 중력에 의해 가속도를 받아 수직방향으로 가속운동을 한다.
② 최고점에서는 농구공이 수평방향으로 움직이기 때문에 수평속도는 0m/s가 아니다.
④ 최고점에서 농구공은 정지하게 되며, 수직방향으로는 가속도를 받아 아래로 떨어진다.

## 09 선운동의 운동역학적 분석 ④

충돌 전 수평속도 및 수직속도가 같고, 충돌 후 무회전과 백스핀된 공의 리바운드 높이는 동일하다.

【오답해설】
① 충돌 후, 무회전에 비해 백스핀된 공의 수평속도가 작다.
② 충돌 후, 무회전에 비해 톱스핀된 공의 수직속도가 작다.
③ 충돌 후, 무회전에 비해 톱스핀된 공의 반사각이 작다.

## 10 선운동의 운동역학적 분석  답 ①

힘-시간 그래프의 넓이가 충격량인데 충격량은 운동량의 변화량을 말한다.
$I = m(v - v_0)$ … ㉠
A의 면적 = 80N·s
B의 면적 = -20N·s
충격량 $I = 80 - 20 = 60$N·s
$v_0 = 2$m/s
$m = 60$kg이므로 ㉠의 식에 대입하면
$60 = 60(v - 2)$, $v = 3$
따라서 오른발이 떨어지는 순간 무게중심의 수평 속도는 3m/s가 된다.

## 11 선운동의 운동역학적 분석  답 ①

농구에서 체스트패스 캐치 동작은 공을 받는 시간을 늘리고 공이 신체에 닿는 면적을 넓힘으로써 압력을 분산하여 이를 통해 신체의 각 부위에 가해지는 충격력을 감소시킨다.

> **Tip**
> **충격량**
> - 운동량에 영향을 주는 물리량인 힘과 작용시간을 곱한 값
> - 충격량 = 힘(충격력) × 작용시간

## 12 에너지  답 ③

물체의 운동상태에 따라 결정되는 운동에너지와 물체의 위치에 따라 정해지는 위치에너지의 합을 역학적 에너지라고 한다. 중력의 영향을 받으면서 운동하는 물체는 다른 외력이 작용하지 않는 한 역학적에너지는 보존된다. 따라서 철봉에 매달려 정지해 있는 경우는 역학적으로 일을 하지 않은 것이 된다.

> **Tip**
> **역학적 에너지 보존 법칙**
> 위치에너지와 운동에너지를 합하여 역학적 에너지라 하는데 중력의 영향을 받으면서 운동하는 물체는 다른 외력이 작용하지 않는 한 에너지의 총합은 일정하고 다만 각 에너지의 크기만 바뀌게 된다.

## 13 선운동의 운동역학적 분석  답 ①

마그누스 효과는 회전하는 물체가 유체(액체나 기체 등) 속을 지나갈 때 압력이 높은 쪽에서 낮은 쪽으로 휘어져 나가는 것을 말한다. 레인에서 회전하는 볼링공의 경우 유체 속이 아니므로 마그누스 효과로 보기엔 어렵다.

> **Tip**
> **마그누스 효과**
> - 회전 방향과 기류의 흐름이 반대인 곳에서는 기류의 흐름이 느려지고 기압이 상승
> - 회전 방향과 기류의 흐름이 같은 곳에서는 기류의 흐름이 빨라지고 기압이 하강

## 14 에너지  답 ③

위치에너지는 어떤 높이에 있는 물체가 가지는 에너지를 말한다. 운동에너지는 운동 중인 물체가 지니는 에너지이고, 역학적 에너지는 위치에너지와 운동 에너지의 합이다. 운동에너지는 스키점프 동작에서 스키점프대 이륙 직후부터 증가하다가 지면 착지 직전에 가장 크다.

> **Tip**
> **낙하하는 물체의 운동(공기 저항과 마찰 무시)**
>
> | 위치 | 최고점 | → | 지면 |
> |---|---|---|---|
> | 운동 에너지 | 최소 | 증가 | 최대 |
> | 위치 에너지 | 최대 | 감소 | 최소 |
> | 역학적 에너지 | | 동일 | |
> | 에너지 전환 | | 위치 에너지 → 운동 에너지 | |

## 15 각운동의 운동역학적 분석  답 ②

각속도가 일정하므로 알짜 토크가 0이고, 덤벨 컬 운동에 작용하는 중력에 의한 토크와 팔꿈치가 작용하는 힘에 의한 토크의 크기가 같다.

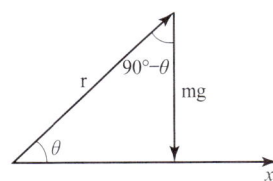

$\tau = rmg\sin(90° - \theta) = rmg\cos\theta$
$\cos\theta$값은 $\theta$가 0일 때 1로 가장 크고, 90°일 때 0으로 가장 작으므로 ② 그래프가 옳다.

## 16 인체의 구조적 특성  답 ④

3종 지레는 힘점이 받침점과 작용점(저항점) 사이에 있다. 인체 지레의 대부분은 3종 지레에 해당되어 운동의 범위와 속도 면에서 이득을 본다.

**【오답해설】**
① 지레에 가해진 힘과 작용힘의 관계 = $\dfrac{\text{작용된 힘}}{\text{가한 힘}} = \dfrac{\text{힘팔의 길이}}{\text{작용팔의 길이}}$ 이므로, 저항팔이 힘팔보다 긴 경우에는 역학적 이득이 1보다 작다.
② 1종 지레는 받침점이 작용점과 힘점 사이에 존재한다.
③ 2종 지레는 작용점이 받침점과 힘점 사이에 존재한다.

> **Tip**
>
> 힘팔과 작용팔
> - 힘팔 : 힘점에서 받침점까지의 거리
> - 작용팔 : 작용점에서 받침점까지의 거리

## 17 각운동의 운동역학적 분석  답 ②

관성모멘트란 외부의 회전력에 대해 물체의 운동 상태를 변화시키지 않으려는 저항 특성으로서, 외력이 없는 경우 관성모멘트와 각속도의 관계는 반비례한다. 회전축과 가까운 곳에 질량이 많이 분포해 있을수록 관성모멘트가 작아지므로 두 팔과 두 다리 모두 몸통 쪽으로 모으는 자세를 취했을 때 관성모멘트가 가장 작고, 따라서 각속도의 크기는 가장 크다. 반면, 다이빙 동작에서 몸을 펴면 관성모멘트가 증가하여 회전을 멈추게 된다.

## 18 선운동의 운동학적 분석  답 ③

투사거리=투사속도×체공시간=30m/s×2초=60m

## 19 일과 일률  답 ②

일률(power)은 단위시간당 수행한 일의 양, 즉 일의 빠르기를 나타내는 물리량으로서 일의 양을 작용 시간으로 나누어 구한다. 단위는 J/s, N·m/s, Watt를 사용한다.

## 20 인체 평형과 안정성  답 ③

일반적으로 기저면이 넓고, 무게중심이 기저면의 중앙과 가깝고, 무게중심의 높이가 낮을수록 안정성이 높아진다.

> **Tip**
>
> 인체 안정성의 결정 요인
>
> | 요인 | 안정적 | 불안정적 |
> |---|---|---|
> | 기저면 | 넓을수록 | 좁을수록 |
> | 무게중심의 높이 | 낮을수록 | 높을수록 |
> | 무게중심선과 기저면의 한계점 | 가까울수록 | 멀수록 |
> | 질량과 마찰력 | 클수록 | 적을수록 |

# 스포츠윤리

| 01 | 02 | 03 | 04 | 05 | 06 | 07 | 08 | 09 | 10 |
|---|---|---|---|---|---|---|---|---|---|
| ① | ③ | ① | ③ | ② | ② | ④ | ④ | ① | ① |
| 11 | 12 | 13 | 14 | 15 | 16 | 17 | 18 | 19 | 20 |
| ③ | ② | ② | ③ | ① | ② | ② | ③ | ④ | ④ |

## 01 스포츠맨십  답 ①

스포츠맨십은 스포츠 참여자 사이에서 규칙을 지키고 서로를 존중하자는 의미로 일반적 도덕규범을 통해 경쟁의 부정적인 요소를 억제하는 태도와 스포츠 경기에서 일반적인 윤리덕목을 지키고 강화하려는 정신을 강조한다. 따라서 패자에게 승리의 우월성을 과시하는 것은 스포츠맨십에 어긋나는 행위이다.

## 02 윤리이론  답 ③

결과론적 윤리관은 행동의 결과가 그 행동의 옳고 그름에 대해 판별하는 궁극적인 기준이 된다고 주장하며, 결과의 유용성만을 중시하거나 다수의 행복을 위해 규율의 적정성을 어기는 것을 허용하는 입장이다. 〈보기〉 중 이와 같은 윤리관에 해당하는 것은 ⓒ, ⓒ이다.

> **Tip**
>
> 결과론적 윤리체계
>
> | 특징 | 주어진 상황에서 그 행동을 했을 때 어떤 결과를 가져오는지 예상해보고 더 좋은 결과를 가져오는 쪽으로 행동하는 것이 옳다고 주장 |
> |---|---|
> | 한계 | • 결과의 유용성만을 중시하여 목적이 수단을 정당화하는 문제가 나타남<br>• 결과로 행위를 평가하기 때문에 정의의 문제가 소홀해질 수 있음<br>• 일반적인 사실로부터 도덕적인 당위를 추론하지 못할 수 있음 |

## 03 인종차별  답 ①

스포츠에 있어 인종차별은 특정 인종을 차별하거나 분리하는 것, 선수의 훌륭한 경기력을 노력이 아닌 생리학적·발생학적 요인에 의한 것으로 치부하는 것 등이 존재한다. 인종에 대한 고정관념 타파 및 평등에 대한 교육, 차별에 대한 처벌 강화 등을 통한 극복의 노력이 필요하다.

> **Tip**
>
> 스포츠 인종주의
> - 의미 : 스포츠에서 특정 인종을 차별하거나 분리하려는 것
> - 선수의 훌륭한 경기력을 노력이 아닌 생리학적·발생학적 요인에 인한 것으로 폄하
> - 인종차별 극복 방안
>   - 다른 인종에 대한 고정관념 타파
>   - 인종차별 극복과 관련된 교육
>   - 인종차별적 발언 및 행동을 할 경우의 처벌 강화
>   - 다양한 인종을 고려하고 존중하려는 노력이 필요

## 04 윤리이론    답 ③

덕윤리는 결과가 아닌 행위 그 자체가 도덕 규칙을 판단하기 위한 기준이 되는 것으로 의무·규칙 혹은 행위의 결과보다 도덕 행위자의 품성과 덕을 강조하는 윤리규범을 말한다. 스포츠를 덕윤리 관점으로 바라보면 '무엇이 올바른 행위인지'보다 '어떠한 행위를 하는 선수가 되어야 하는가'를 판단하는 데 더 주목한다.

> **Tip**
> **덕윤리 체계**
> - 결과가 아닌 행위 그 자체가 도덕 규칙을 판단하기 위한 기준
> - 행위의 시비를 결정하기 위해 도덕 법칙이 이용됨
> - 결과와 무관하게 의도가 도덕적이라면 도덕적이라고 봄

## 05 스포츠윤리의 이해    답 ②

스포츠윤리는 다른 윤리와 다르게 스포츠라는 특수한 상황에서 적용된다. 즉, 스포츠 상황에서 발생하는 윤리 문제를 해결하는 데 필요하다. 스포츠윤리의 목표는 스포츠인의 행위에서 요구되는 도덕적 원리와 덕목을 고찰하고, 도덕적 의미의 용어를 스포츠 환경에 적용할 때 그 기준과 방법에 대해 탐색하며, 스포츠 상황에서 행동과 목적의 옳고 그름을 결정할 수 있는 근본원리를 탐색하는 것이다.

## 06    답 ②

선의지란 타고난 성향에 의해서가 아니라 도덕규칙에 따라 행동하려는 의지로, 칸트는 선의지를 제외하고는 어떤 것도 무조건 옳지 않다고 주장하였다. 또한 목적은 결코 수단을 정당화할 수 없다고 하였다.

> **Tip**
> **칸트의 의무론**
> 진실을 말하는 것과 약속을 지키는 것은 우리가 따라야 할 올바른 원칙이다. 그러므로 거짓말을 하거나 약속을 어기는 것은 그러한 행위들이 설사 좋은 결과를 가져온다고 하더라도 옳지 않은 것이다. 여기서 의무론의 특징은 그것이 '도덕적 옳음'이 '결과적 좋음', 즉 행복의 증진과는 상관이 없다는 것이다.

## 07 유전자 조작    답 ④

스포츠에서의 유전자 도핑, 즉 유전자 조작은 선수의 노력 없이도 비약적인 운동 수행 능력의 향상을 이끌어내므로 선수의 노력은 그 의미가 퇴색되며, 결국 스포츠 사회에 무질서를 야기한다. 이와 더불어 인간의 존엄성 침해, 종의 정체성 혼란, 부작용 등의 이유로 금지되고 있다. 스포츠에서의 유전자 조작 방지를 위해서는 선수 개인의 윤리적 책임과 더불어 지속적인 도핑 검사 개발이 이루어지는 등의 노력이 필요하다.

> **Tip**
> **유전자 조작을 반대하는 이유**
>
> | | |
> |---|---|
> | 인간의 존엄성 침해 | • 인간의 본질을 망각하고 기술만능주의에 빠지게 함<br>• 스포츠 상황에서 노력은 하지 않고 결과에만 집착하게 함 |
> | 종의 정체성 혼란 | • 선수가 운동을 위해 인위적으로 만들어진 존재가 됨<br>• 종의 경계를 무너뜨리게 됨<br>• 인간 존재에 대한 혼란이 야기됨 |
> | 스포츠 사회 무질서 야기 | • 선수의 노력이 퇴색됨<br>• 스포츠가 지향하는 가치가 상실됨 |
> | 위험성 | 부작용 및 사망사고 발생 |

## 08 페어플레이    답 ④

평균적 정의란 누구에게나 공평하고 일관되게 분배하는 것으로, 개인 상호 간의 급부와 반대급부의 균형을 이루게 하는 것을 말한다. 일반적으로는 스포츠에서 동일한 골대의 규격을 적용하는 등의 평균적 정의가 적용된다.

**【오답해설】**

② 절차적 정의 : 결과보다 과정에 초점을 둔 정의로, 절차가 공정하면 그 결과도 공정한 것(시합 전 동전 뒤집기로 선·후공 결정)
③ 분배적 정의 : 각자에게 자신의 정당한 몫을 누릴 수 있게 하고 아무도 불만을 제기하지 않는 방식으로 분배함으로써 정의를 실현하는 것으로, 분배적 정의를 실현하기 위한 기준에는 절대적 평등, 업적, 능력, 필요 등이 있음(누진세)

> **Tip**
> **스포츠에서의 정의**
>
> | | |
> |---|---|
> | 평균적(형식적) 정의 | 누구에게나 공평하고 일관되게 분배하는 것 |
> | 분배적(실질적) 정의 | 필요, 업적, 환경 등을 고려하여 실질적으로 공정하게 분배하는 것 |
> | 결과적 정의 | 최종적으로 나타난 결과에 주목 |
> | 절차적 정의 | 절차가 공정하면 그 결과도 공정 |
> | 교정적 정의 | 잘못 혹은 피해에 대한 대응 |

## 09 윤리이론    답 ①

칸트의 의무론적 윤리체계에서는 인간이 스스로 도덕적 의지를 추구하여 행위에 있어 선의지를 중시하는 입장이다. 이러한 관점에서 의무론적 윤리체계는 도덕 규칙이 서로 어긋날 경우 사회 전체의 이익이 아닌 개인에 치우치기 쉽다는 한계를 지니기도 한다.

**【오답해설】**

② 소수나 개인보다 전체의 행복이나 다수의 이익을 중시하는 공리주의의 한계이다.
③ 행위의 옳고 그름 판별, 도덕적 행위의 규범적 속성에 대하여 그것의 결과에 따르는 결과론적 윤리체계의 한계이다.
④ 인간이 추구해야 할 목적을 달성하기 위해 윤리나 도덕이 필요하다는 목적론적 윤리체계의 한계이다.

## 10 스포츠 폭력 　답 ①

스포츠 상황에서의 '합법적 폭력'은 정해진 규칙 내에서 일어나는 허용된 폭력이라는 입장과 스포츠 상황이라 하더라도 폭력을 정당화할 수는 없다는 입장이 대응하는 양상으로 나타난다. 제시된 〈보기〉에서 '예진'은 스포츠에서 통제된 힘의 사용은 합법적 폭력으로서 신체의 탁월성을 가리는 스포츠의 한 형태로 허용이 가능하다는 입장이다. 반면, '승현'은 스포츠 상황에서의 폭력성이 규칙 내에서 이루어진다 하더라도 일상에서의 폭력과 다르지 않으며 따라서 스포츠 내에서의 폭력을 정당화할 수 없다는 입장이다.

### Tip
**격투스포츠의 윤리적 논쟁**

| 찬성 | • 규칙 안에서 일어나는 허용된 폭력<br>• 스포츠 상황에서의 폭력은 인간의 본능을 표현하는 것<br>• 신체의 탁월성을 가리는 스포츠의 한 형태 |
|---|---|
| 반대 | • 아무리 스포츠 상황이어도 폭력을 정당화할 수는 없음<br>• 이종격투기를 허용함으로써 더욱 폭력성이 강화된 스포츠 등장이 가능<br>• 폭력성을 목적으로 하여 훈련하는 것은 스포츠 가치에 맞지 않음 |

## 11 용기구와 생체공학기술 활용 　답 ③

야구의 압축배트, 최첨단 수영복 등은 신체의 탁월성을 겨루는 스포츠의 본질에 어긋나며 장비에 의존한 기록 단축을 야기한다는 이유에서 기록 향상에도 영향을 주게 되어 경기의 공정성을 약화시키는 요인이 된다.

## 12 스포츠경기의 목적 　답 ②

- 현준 : 공정시합에 관해 목표 달성을 위한 실질적인 내용보다 의식이나 절차 선례 관습 등에 집착하는 '형식주의'에 입각한 관점을 보여준다. 즉, 승부조작이라는 불공정 행위보다 경기 규칙을 우선시하는 것이다.
- 수연 : 사람에게 도덕적 감정을 갖게 하는 보편적인 도덕성·이성적 요소인 에토스(ethos)에 기반하여 공정시험에 관한 관점을 주장하고 있다. 스포츠에서 에토스는 형식주의적 성향이 강한 규칙의 단점을 보완해주는 역할로서 포괄적이며 관습적인 규범을 말한다. 이는 규칙과 더불어 페어플레이를 유지하는 축이 된다. 즉 수연은 인간이 가진 보편적인 도덕적·이성적 요소를 중요시하는 '비형식주의'에 입각한 입장을 내세우고 있다.

### Tip
**상대방 설득에 필요한 3가지(아리스토텔레스)**
- 로고스(이성) : 이성적·과학적인 것, 사고능력·이성 등의 의미
- 파토스(감성) : 감각적·신체적·예술적인 것으로 로고스와 대치되는 개념
- 에토스(도덕) : 사람에게 도덕적 감정을 갖게 하는 보편적인 도덕성·이성적 요소

## 13 윤리이론 　답 ②

㉠ 측은지심은 남을 불쌍하다고 여기는 타고난 착한 마음이다. 경기에서 부상을 당한 상대 선수를 걱정하는 마음은 측은지심에 해당한다.
㉡ 수오지심은 자신의 옳지 못함을 부끄러워하고, 남의 옳지 못함을 미워하는 마음이다. 공정한 경기를 행하지 못한 자신의 행위를 부끄러워 하는 마음은 수오지심이다.

【오답해설】
- 사양지심 : 겸손하여 남에게 사양할 줄 아는 마음
- 시비지심 : 옳음과 그름을 가릴 줄 아는 마음

## 14 장애차별 　답 ③

장애로 인해 스포츠 참여의 권리 및 기회를 비장애인과 동등하게 누리지 못하는 것을 스포츠 장애차별이라 한다. 장애 학생과 비장애 학생이 함께 체육수업에 참여할 수 있는 통합체육 프로그램은 장애 학생들에게는 체육수업에 참여할 기회를 제공하고, 비장애 학생들은 장애에 대한 편견을 없애는 효과를 얻을 수 있다. 장애차별을 개선하기 위해서는 장애인 선수를 비장애인과 구분하지 않고 동등한 대우를 해주어야 한다.

### Tip
**장애차별 없는 스포츠의 조건**
- 장애인을 위한 스포츠 시설 확충
- 장애인이 참여할 수 있는 스포츠 대회 개최
- 장애인을 위한 스포츠 종목 및 프로그램의 확대
- 장애인스포츠지도사 교육·양성
- 지속적으로 스포츠 활동에 참여할 수 있는 여건 제공
- 장애인의 스포츠 참여를 위한 재정적 지원

## 15 스포츠와 환경윤리 　답 ①

지속 가능한 스포츠 발달을 위해 자연환경을 훼손하는 건설을 반대하고 환경 오염의 피해를 최소화하려는 노력이 필요하다. 그러나 스포츠 시설의 개발 자체를 금지하는 것이 아니며 개발은 하되, 한정된 자원의 범위 내에서 지속 가능한 방법을 모색하는 것이 적절하다.

## 16 스포츠맨십 　답 ②

㉠ 스포츠맨십 : 스포츠 참여자 사이에서 규칙을 지키고 서로를 존중하자는 의미로 일반적 도덕규범을 통해 경쟁의 부정적인 요소를 억제하는 태도와 스포츠 경기에서 일반적인 윤리덕목을 지키고 강화하려는 정신을 강조한다.
㉡ 페어플레이 : 스포츠인이 지켜야 할 정정당당한 행위로서 규칙을 준수하고 경쟁자에 대한 배려까지 포함하는 개념이다.
㉢ 규칙준수 : 규칙의 존중, 스포츠맨십, 페어플레이를 통해 게임을 존중하는 것이다.

## 17  학생 선수의 인권   답 ②

「국민체육진흥법」 제18조의3(스포츠윤리센터의 설립) 제4항에 따르면 스포츠윤리센터의 정관에 기재할 사항은 대통령령으로 정한다.

> **Tip**
> **국민체육진흥법 제18조의3(스포츠윤리센터의 설립)**
> ① 체육의 공정성 확보와 체육인의 인권보호를 위하여 스포츠윤리센터를 설립한다.
> ② 스포츠윤리센터는 법인으로 한다.
> ③ 스포츠윤리센터는 다음 각 호의 사업을 한다. (생략)
> ④ 스포츠윤리센터의 운영, 이사회의 구성 및 권한, 임원의 선임, 감독 등 스포츠윤리센터의 정관에 기재할 사항은 대통령령으로 정한다.
> ⑤ 스포츠윤리센터의 장은 업무 수행에 필요하다고 인정될 때에는 문화체육관광부장관의 승인을 받아 관계 행정기관 소속 공무원이나 관계 기관·단체 소속 임직원의 스포츠윤리센터 파견 또는 지원을 요청할 수 있다.
> ⑥ 스포츠윤리센터가 아닌 자는 스포츠윤리센터 또는 이와 비슷한 명칭을 사용하지 못한다.
> ⑦ 스포츠윤리센터는 문화체육관광부장관이 감독한다. 이 경우 문화체육관광부장관은 스포츠윤리센터가 제3항 각 호의 사업을 독립적으로 수행할 수 있도록 필요한 시책을 강구하고 보장하여야 한다.
> ⑧ 스포츠윤리센터에 관하여 이 법에서 정한 것을 제외하고는 「민법」 중 재단법인에 관한 규정을 준용한다.

## 18  페어플레이   답 ③

스포츠 경기는 어느 한쪽으로 치우치지 않고 경기의 조건이 평등하게 유지되는 스포츠의 공정성 규칙을 준수해야 한다. 제시된 〈보기〉에서는 국제육상경기에 사용된 의족이 특정 참가자에게 유리할 수 있다는 기술적 불공정을 이유로 출전금지를 결정한 사례이다.

## 19  성차별   답 ④

성차별의 주요 원인으로 지나치게 남성성, 여성성을 강조하며 성 역할 고정관념을 강요하는 경우를 들 수 있다. 그러나 여성성을 해치는 스포츠에의 여성 참가를 옹호하는 것은 성차별의 원인으로 보기는 어렵다.

> **Tip**
> **스포츠 성차별의 주요 원인**
> - 성 역할 고정관념 : 스포츠의 제반 영역에서 여성의 참여를 제한하는 논리로서 기능
> - 전통적인 가부장적 이념의 만연 : 남성 선수 중심의 스포츠 발전, 여성 선수 스스로 수동적 역할을 담당
> - 대중 매체의 편향적 보도 : 남성 스포츠 중심 보도
> - 남성 스포츠 조직이 지배적 위치를 차지

## 20  심판의 윤리   답 ④

심판에게 필요한 윤리적 덕목 중 공정성은 어느 한쪽에 치우치지 않는 공정한 판정을 하는 것을 의미한다. 심판은 특정 팀에게 유리하게 편파 판정을 하여서는 아니 된다.

> **Tip**
> **심판의 도덕적 조건**
>
> | | |
> |---|---|
> | 공정성 | 어느 한쪽에 치우치지 않음 |
> | 청렴성 | 심판 매수 등의 시도가 있어도 그에 현혹되지 않음 |
> | 편견과 차별 배제 | 오심과 편파 판정 방지 |
> | 자율성 | 외부의 지시나 간섭을 단호히 뿌리칠 수 있음 |
> | 전문성 | 한 번 내린 판정은 번복하기 힘들기 때문에 오랜 경험과 훈련을 바탕으로 정확한 판정을 내려야 함 |

**내가 뽑은 원픽!** 최신 출제경향에 맞춘 최고의 수험서

# 2026
# 생활스포츠 지도사 필기

## 초단기완성 | 필수과목·구술족보

김효승 · 스포츠지도사연구소 공저

2급 전문 / 2급 생활 /
2급 장애인·유소년·노인스포츠지도사 대비

내가 뽑은 원픽!

최신 출제경향에 맞춘 최고의 수험서

# 2026
# 생활스포츠 지도사 필기

**초단기완성** | 필수과목·구술족보

김효승 · 스포츠지도사연구소 공저

2급

# 목 차

**2급 장애인·유소년·노인스포츠지도사** 필수과목

## PART 01 특수체육론

CHAPTER 01 특수체육의 개요 ... 6
CHAPTER 02 장애유형별 체육지도 전략 ... 31
출제예상문제 ... 63

## PART 02 유아체육론

CHAPTER 01 유아체육의 이해 ... 74
CHAPTER 02 유아기 운동발달 프로그램의 구성 ... 91
CHAPTER 03 유아 체육프로그램 교수 학습법 ... 96
출제예상문제 ... 104

## PART 03 노인체육론

CHAPTER 01 노화와 노화의 특성 ... 114
CHAPTER 02 노인의 운동 효과 ... 123
CHAPTER 03 노인 운동프로그램의 설계 ... 126
CHAPTER 04 질환별 프로그램 설계 ... 136
CHAPTER 05 지도자의 효과적인 지도 ... 143
출제예상문제 ... 147

## 최신 3개년 기출문제(필수과목)

| | |
|---|---|
| 2025년 필수과목 기출문제 | 156 |
| 2024년 필수과목 기출문제 | 170 |
| 2023년 필수과목 기출문제 | 184 |
| 2025년 필수과목 기출문제 정답 및 해설 | 198 |
| 2024년 필수과목 기출문제 정답 및 해설 | 206 |
| 2023년 필수과목 기출문제 정답 및 해설 | 215 |

## 부록 - 구술면접 족보 200선

| | |
|---|---|
| 생활체육론(공통) | 228 |
| 보디빌딩 | 231 |
| 축구 | 244 |
| 수영 | 254 |
| 태권도 | 262 |
| 배드민턴 | 273 |

## 최신 3개년 출제빈도표 (2025년~2023년)

| 구분 | | 2025년 | 2024년 | 2023년 |
|---|---|---|---|---|
| 특수체육의 개요 | 특수체육의 의미 | 1 | 1 | 4 |
| | 특수체육에서 사용하는 사정과 측정 도구 | 2 | 4 | 4 |
| | 특수체육 지도 전략 | 6 | 4 | 2 |
| 장애유형별 체육지도 전략 | 지적장애, 정서장애, 자폐성장애 등의 특성과 지도 전략 | 3 | 3 | 3 |
| | 시각장애 특성과 지도 전략 | 2 | 1 | 1 |
| | 청각장애 특성과 지도 전략 | 1 | 1 | 2 |
| | 지체장애, 뇌병변장애의 특성과 지도 전략 | 2 | 5 | 2 |
| | 주요 장애인스포츠와 올림픽 | 3 | 1 | 2 |

# PART 01

# 특수체육론

CHAPTER 01 　특수체육의 개요
CHAPTER 02 　장애유형별 체육지도 전략
출제예상문제

# CHAPTER 01 특수체육의 개요

## SECTION 01 특수체육의 의미

### 1. 특수체육의 개념과 정의

① **특수체육(Special Physical Education)** : 체육의 하위 분야로서 장애가 있거나 신체활동에 어려움이 있어 스포츠, 신체활동 등을 원활히 수행하는 데 어려움을 겪는(심동적 문제를 갖는) 사람들을 대상으로 하는 체육

② **특수체육의 특징** `2025 기출`
  ㉠ 독특한 요구를 충족시키기 위해 계획된 개별화 프로그램
  ㉡ 신체적 능력에 차이가 있는 학생들이 안전하게 스포츠를 경험할 수 있도록 함
  ㉢ 신체의 교정, 훈련, 치료 등의 전통적인 프로그램 계획 요소를 포함함
  ㉣ 장애인의 신체활동 참여 시 장애인의 주도성, 혁신성, 창의성 등의 능력 배양을 위해 스스로 권한을 신장시키는 임파워먼트(empowerment)를 강조

> **이해더하기**
>
> **특수체육(Adapted Physical Activity)**
> - 2001년 이후 SPE(Special Physical Education)와 APE(Adapted Physical Education)가 통합되어 APA(Adapted Physical Activity)로 사용
> - 평생에 걸쳐 나타나는 심동적 문제의 규정 및 해결을 위한 다학문적 지식으로 특수체육을 인지
> - 장애인의 신체활동을 돕기 위해 다양한 측면에서 접근하는 서비스 전달 체계로, 전문성과 연구 및 지식체계를 포함하는 광의의 개념
> ※ 정의적 문제와 인지적 문제는 특수체육의 하위 영역에서 다루는 목표로 설정됨

③ **특수체육의 목표** `2023 기출`
  ㉠ 정의적 목표 : 신체활동 참여를 통해 자아개념과 신체상을 강화하고 사회적 상호작용, 긍정적인 자기개념, 규칙 존중, 협동성 등을 습득·발달
  ㉡ 심동적 목표 : 기본적인 운동기술, 건강 및 운동체력, 게임 및 스포츠의 양식을 습득·발달

---

**QUIZ**
특수체육(APA)은 개인의 장애를 치료하는 데 주목적이 있다.
(○/×)
답 ×

**POINT 특수체육의 정의**
현재는 Special P.E보다는 A.P.E(Adapted Physical Education) 혹은 A.P.A(Adapted Physical Activity)를 사용하는 것이 일반적이다.

**기출 채우기**
특수체육의 목표 중 ( ) 목표는 스포츠를 통해 사회적 상호작용 능력과 긍정적인 자기개념, 협동성 등을 습득하고 발달시키는 것이다.
답 정의적

ⓒ 인지적 목표 : 신체활동 지식, 놀이 및 게임의 방법과 규칙을 아는 지식, 게임 및 스포츠의 전략 지식 등 다양한 신체활동을 안전하게 수행할 수 있는 지식을 습득

> **POINT**
>
> **블룸(B. Bloom)의 교육 목표 영역**
> - 정의적 : 긍정적 자아, 사회적 능력, 즐거움과 긴장 이완
> - 심동적 : 운동의 기술과 양식, 체력, 여가활동에 필요한 기술
> - 인지적 : 놀이와 게임 행동, 창조적 표현, 인지-운동기능과 감각통합

### 이해 더하기

**잔스마와 프랜치의 4L**
- 장애인스포츠와 관련된 긍정적인 변화를 위한 사회적 노력 4가지
- 각 방법을 의미하는 영문 첫 글자를 따서 "4L"로 지칭

| | |
|---|---|
| 새로운 지식을 위한 연구 (Literature) | 장애에 대한 무지에 대항하고 장애를 가진 사람에게 새로운 인식을 갖게 함 |
| 목표 성취를 위한 행동력 (Leverage, Lobbying) | 사회적 인식이 높지 않은 장애인과 직접적으로 관련 있는 사람들이 행하는 적극적인 행동 |
| 권리의 주장을 위한 소송 (Litigation) | 법적 투쟁을 통해 장애가 있는 사람의 권익을 보호하고 연구와 행동력이 가진 한계를 극복하는 것 |
| 실행을 보장하는 입법 (Legislation) | 특수체육의 변화를 주도하는 실질적인 해결방안으로서 법·제도의 제정, 개정, 수립 |

④ **특수체육의 유사 용어**

| | |
|---|---|
| 장애인체육 | 장애인을 대상으로 실시하는 전반적인 체육활동으로서 능동적 체육과 수동적 체육의 모든 활동을 의미 |
| 장애인스포츠 | 장애인을 위해 계획된 스포츠로서 일반적으로 경쟁스포츠를 의미 |
| 재활체육 | • 스포츠를 재활 수단으로 이용할 때의 용어<br>• 장애인 또는 장애인이 될 것으로 예상되는 사람의 신체적·정신적 기능 및 사회적 능력 향상을 위해 제공되는 스포츠<br>• 현재는 목적 및 방법의 불명확성으로 병원 및 복지관에서만 제한적으로 사용 |
| 장애인 신체활동 | 독특한 요구를 필요로 하는 사람들의 전 생애에 걸쳐 이루어지는 활동 |

## 2. 특수체육의 역사

① **특수체육의 시대별 변화**

| 구분 | 내용 |
|---|---|
| 제1시대<br>(선사시대~B.C. 500) | 장애인들의 운동과 신체기술을 발달시키거나 회복시키려는 노력이 없었던 시대 |
| 제2시대<br>(B.C. 500~A.D. 1500) | 그리스와 로마시대에 해당하는 시대로 운동의 역할이 강조되었으며 여러 질병의 치료에 운동이 활용됨 |
| 제3시대<br>(1500~1800) | 운동의 치료적 가치에 대한 관심이 증대되어 질병 치료에 있어 운동의 중요성이 강조되고 장애인에게 운동이 처방됨 |
| 근대 이후<br>(1800~현재) | 특수체육이 시작되고 교정체조가 개발·활용되었으며, 전상 장애인의 재활을 위한 수단으로서 스포츠가 보급됨 |

> **POINT**
>
> **특수체육 용어의 변화**
>
> 1900년대 초까지 의료체조로 불리다가 1930년까지 스포츠로의 전환, 1950년까지 교정체육, 1970년까지 특수체육(adapted physical education) 개념으로 발전해왔다. 현재까지는 평생 신체활동을 강조하는 개념으로 발전하여 2001년 특수체육(adapted physical activity)이란 용어를 공식적으로 사용하였다.

② 우리나라 특수체육의 발전 과정 [2024 기출]

| 구분 | 주요 사건 |
|---|---|
| 태동기<br>(1912~1987) | • 1912년 최초의 특수학교 설립 : 제생원 맹아부 체조 교과 개설<br>• 제1회 전국상이군경체육대회 개최(1967)<br>• 제1회 전국장애인체육대회 개최(1981) |
| 기반구축기<br>(1988~2004) | • 장애인복지행정으로부터 체육행정으로 전환<br>• 서울장애인올림픽 개최(1988)<br>• 장애인체육행정조직 창립 : 한국장애인복지체육회 설립(1989)<br>• 특수체육학의 정립 : 한국특수체육학회 창립(1990) |
| 도약기<br>(2005~현재) | • 국민체육으로서 장애인체육행정체계를 확립<br>• 국민체육진흥법 개정에 따른 대한장애인체육회 설립(2005)<br>• 평창동계스페셜올림픽(2013), 평창장애인동계올림픽(2018) 개최 |

### 기출 채우기
대한장애인체육회는 국민체육진흥법 개정에 따라 (　　　)년 설립되었다.
📖 2005

## 3. 장애인의 정의와 장애의 분류

① **장애인의 정의(장애인복지법 제2조)**
　㉠ 장애인 : 신체적·정신적 장애로 오랫동안 일상생활이나 사회생활에서 상당한 제약을 받는 자
　㉡ 장애의 종류

| 신체적 장애 | 주요 외부 신체 기능의 장애, 내부기관의 장애 등 |
|---|---|
| 정신적 장애 | 발달장애 또는 정신질환으로 발생하는 장애 |

### 이해더하기
**장애인 임파워먼트(empowerment)의 속성**
• 자결성 : 개인의 삶에 대한 적극적인 자기 결정, 운동과 재활 참여에 대한 선택권, 서비스 계획 및 조직에 대한 영향력 등
• 사회적 참여 : 다른 장애인에 대한 배려와 지시, 사회적 불공정에 대한 시정 요구 및 지지 활동 등에 대한 참여
• 개인적 유능감 : 긍정적인 자아 존중감 배양, 장애에 대한 수용, 통제에 대한 내재적인 승인

### POINT
**ICF에서의 장애** [2023 기출]

```
        Health condition
       (disorder or disease)
              │
   ┌──────────┼──────────┐
Body Functions  Activities  Participation
and Structures
   └──────────┼──────────┘
        ┌─────┴─────┐
   Environmental  Personal
     Factors      Factors
```

• 환경적인 요인들에 의해서도 누구나 장애인이 될 수 있음을 인식한다(강조가 아님).
• 장애를 유형별로 나누거나 기능에 따라 분류하기보다는 모든 사람을 대상으로 한 활동을 지향한다.
• 기능과 장애는 건강 상태와 개인적·환경적 요인들의 상호작용이다.
• 장애는 개인, 주변의 태도, 환경적 장벽 사이 상호작용의 결과이다.

② **장애의 분류(장애인복지법 시행규칙)**

| 대분류 | 중분류 | 소분류 | 내용 |
|---|---|---|---|
| 신체적 장애 | 외부 신체 기능 장애 | 지체장애 | 절단장애, 관절장애, 지체기능장애, 신체변형장애 중 하나에 해당하는 장애 정도 이상의 장애가 있다고 인정되는 사람 |
| | | 뇌병변장애 | 뇌성마비, 뇌손상, 뇌졸중 등 기질적 병변으로 인하여 보행이나 일상생활 동작 등에 상당한 제약을 받는 사람 |
| | | 시각장애 | 시력장애 혹은 시야결손장애가 있는 사람 |
| | | 청각장애 | 청력장애 또는 평형기능장애가 있는 사람 |
| | | 언어장애 | 음성 기능이나 언어 기능에 영속적으로 상당한 장애가 있는 사람 |
| | | 안면장애 | 안면 부위의 변형·기형으로 사회생활에 상당한 제약을 받는 사람 |
| | 내부 기관 장애 | 신장장애 | 신장의 기능장애로 일상생활에 상당한 제약을 받는 사람 |
| | | 심장장애 | 심장의 기능부전으로 일상생활에 상당한 제약을 받는 사람 |
| | | 호흡기장애 | 호흡기관의 만성적 기능부전으로 인한 호흡기능의 장애로 일상생활에 상당한 제약을 받는 사람 |
| | | 간장애 | 간의 만성적 기능부전과 그에 따른 합병증 등으로 인한 간기능의 장애로 일상생활에 상당한 제약을 받는 사람 |
| | | 장루·요루 장애 | 배변기능이나 배뇨기능의 장애로 인하여 일상생활에 상당한 제약을 받는 사람 |
| | | 뇌전증장애 | 뇌전증에 의한 뇌신경세포의 장애로 인하여 일상생활이나 사회생활에 상당한 제약을 받는 사람 |
| 정신적 장애 | | 지적장애 | 지능지수가 70 이하인 사람으로서 교육을 통한 사회적·직업적 재활이 가능한 사람 |
| | | 자폐성장애 | 소아기 자폐증, 비전형적 자폐증에 따른 언어·신체표현·자기조절·사회적응 기능 및 능력의 장애로 인하여 일상생활이나 사회생활에 상당한 제약을 받는 사람 |
| | | 정신장애 | 지속적인 양극성 정동장애, 조현병, 조현정동장애, 재발성 우울장애 등에 따른 감정조절·행동·사고 기능 및 능력의 장애로 인해 일상생활이나 사회생활에 상당한 제약을 받는 사람 |

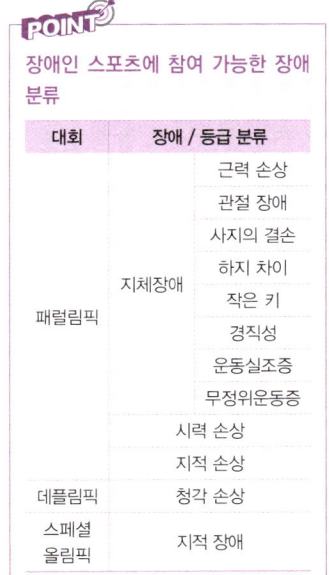

**POINT**

**장애인 스포츠에 참여 가능한 장애 분류**

| 대회 | 장애 / 등급 분류 | |
|---|---|---|
| 패럴림픽 | 지체장애 | 근력 손상 |
| | | 관절 장애 |
| | | 사지의 결손 |
| | | 하지 차이 |
| | | 작은 키 |
| | | 경직성 |
| | | 운동실조증 |
| | | 무정위운동증 |
| | 시력 손상 | |
| | 지적 손상 | |
| 데플림픽 | 청각 손상 | |
| 스페셜 올림픽 | 지적 장애 | |

**POINT**

**아스퍼거 증후군 특징**
- 자폐 스펙트럼 장애의 여러 임상 중 하나
- 유창한 말하기와 풍부한 어휘 능력
- 특정한 주제 혹은 사물에 강한 관심
- 사회적 관계 형성에 어려움을 겪음

**이해더하기**

**발달장애의 분류**
장애인복지법 시행령 제2조 별표1과 보건복지부의 장애 분류 방식에서는 '지적장애'와 '자폐성장애'를 발달장애로 분류하고 있다.

③ 장애인 차별 금지(장애인차별금지 및 권리구제 등에 관한 법률)
  ㉠ 법률상 규정된 차별
    - 장애인을 장애를 사유로 정당한 사유 없이 제한·배제·분리·거부 등에 의하여 불리하게 대하는 경우
    - 장애인에 대하여 형식상으로는 제한·배제·분리·거부 등에 의하여 불리하게 대하지 아니하지만 정당한 사유 없이 장애를 고려하지 아니하는 기준을 적용함으로써 장애인에게 불리한 결과를 초래하는 경우
    - 정당한 사유 없이 장애인에 대하여 정당한 편의 제공을 거부하는 경우
    - 정당한 사유 없이 장애인에 대한 제한·배제·분리·거부 등 불리한 대우를 표시·조장하는 광고를 직접 행하거나 그러한 광고를 허용·조장하는 경우
    - 장애인을 돕기 위한 목적에서 장애인을 대리·동행하는 자에 대하여 상기의 차별행위를 하는 경우
    - 보조견 또는 장애인보조기구 등의 정당한 사용을 방해하거나 보조견 및 장애인보조기구 등을 대상으로 불리한 대우를 표시·조장하는 광고를 행하거나 허용·조장하는 경우
  ㉡ 장애인의 체육활동을 위해 필요한 시설

| 구분 | | 시설 설치 내용 |
| --- | --- | --- |
| 공통 필수 | 편의시설 | • 「교통약자의 이동편의증진법 시행령」 별표2 제2호에 따른 매개시설<br>• 실내복도, 2층 이상일 경우 경사로 또는 승강기 등 내부시설<br>• 장애인용 화장실(대변기·소변기·세면대), 샤워실·탈의실 등 위생시설<br>• 점자블록, 유도 및 안내설비, 경보 및 피난시설 등 안내시설<br>• 관람석, 매표소 등 기타시설 |
| 실내 시설 | 수영장 | • 입수 편의를 위한 경사로·손잡이 등 입수보조시설<br>• 수영장과 연계된 탈의실 진입보조시설<br>• 탈의 및 샤워 보조기구<br>• 보조 휠체어 |
| | 실내체육관 | 좌식배구지주, 골볼(Goal ball) 골대 |
| 실외 시설 | 야외경기장 | 경기장 진입 시설 |
| | 생활체육공원 등 | 공원 내 체육시설 접근로 등 |

> **기출 채우기**
> 스포츠센터장이 시각장애인의 수영 강습 등록을 거부하는 경우, 장애인차별금지 및 권리구제 등에 관한 법률 제25조에서 금지하는 (        )에 해당한다.
> 답 제한·배제·분리·거부

> **이해 더하기**
> 미국 관보(Federal Register, 1977)가 정의한 체육  2023 기출
> • 건강과 운동 체력의 발달
> • 특수체육, 적응체육, 움직임교육, 운동발달을 포함
> • 수중활동, 무용, 개인과 집단의 게임과 스포츠에서의 기술 발달
> • 기본운동기술과 양식(fundamental motor skills and patterns)의 발달

## 4. 통합교육과 통합스포츠

① **통합교육(장애인 등에 대한 특수교육법)** : 특수교육대상자가 일반 학교에서 장애의 유형·정도에 따라 차별을 받지 않고 또래와 함께 개개인의 교육적 요구에 적합한 교육을 받는 것

② **통합교육의 변천**

| 연도 | 구분 | 내용 |
|---|---|---|
| 1900~1950년대 | 정상화 | • 스칸디나비아 반도 지역에서 최초로 시작된 철학<br>• 장애인들이 또래와 동일한 자유, 생활 선택, 상황 및 기회 등에 관한 권리를 가진다는 믿음에 기초 |
| 1950~1960년대 | 통합<br>(Integration) | 지적장애인을 대규모 시설로부터 가족 혹은 보다 작은 지역사회의 시설로 이동시키려는 운동으로서 광범위하게 수용됨 |
| 1970년대 | 제한환경의 최소화<br>(LRE ; Least Restrictive Environment) | • 미국의 장애인교육법에 명시된 개념으로 장애학생을 비장애학생과 최대한 통합하려는 것<br>• 학생의 장애가 매우 심하여 일반 학급에서의 교육 및 부가적 지원과 서비스가 만족스러운 방식으로 제공되지 못할 경우에만 분리된 교육이나 학교로 학생을 배치해야 한다는 개념 |
| 1980년대 | 주류화<br>(점진적 통합교육) | LRE에 기초한 개념으로서 장애학생들이 가능한 일반 학급 내에서 일반 학생들과 함께 교육 서비스를 받을 수 있도록 학교 프로그램을 재구조화하려는 노력의 표상 |
| 1990년대 초 | 통합<br>(Inclusion) | • 주류화와 유사하나 또래의 장애학생들을 일반 학급에 광범위하게 통합시키는 것<br>• 비분리를 출발점으로 함 |

③ **통합체육의 장단점**

| 장점 | • 비장애학생이 장애학생들에게 모범적 역할모델로서 작용<br>• 비장애학생이 장애학생을 존중하는 방법을 습득<br>• 장애학생은 체육활동을 통해 상호작용의 방법과 일상생활에 적응하는 방법을 배움<br>• 수행능력이 다양한 학생들의 통합을 통해 다방면에서 학교의 예산을 절감 |
|---|---|
| 단점 | • 통합체육을 위한 별도의 시설 및 특별한 도구의 준비와 교육 계획에 비용 및 시간이 소요<br>• 장애학생을 지도하기 위한 체육교사의 부족<br>• 대규모 수업 시행 시 장애학생들의 참여 거부가 나타날 수 있음<br>• 수행 능력의 정도가 다양한 장애학생들이 모여 있는 수업에서 스포츠 활동을 진행하는 것의 어려움 |

> **QUIZ**
> 최소제한환경(LRE)에 따르면 장애인은 비장애인과 함께 신체활동을 할 수 있다. (○/×)
> 답 ○

> **POINT**
> **장애 분류 모델**
>
> | 도덕모델 | 장애인에 대한 부정적인 사회적 태도를 나타내는 모델 |
> |---|---|
> | 자비모델 | 장애인에 대한 자비 또는 박애심을 추구하는 모델 |
> | 의학모델 | 개인의 신체적 결함으로 인식하고 치료의 대상으로 바라봄 |
> | 사회모델 | 장애 혹은 장애로 인한 차별의 원인을 사회 혹은 환경에서 찾으려 함 |
> | 경제모델 | 장애를 생산적인 활동에 참여하는 능력의 부재로 접근 |
> | 인권모델 | 장애 및 장애로 인한 차별을 인권적인 차원에서 접근 |

**기출 채우기**

( )은/는 장애의 구분 없이 경기 혹은 변형·일반스포츠에 교대 참여하는 것으로, 비장애인 선수와 함께 휠체어 선수가 마라톤에 참여하는 사례를 들 수 있다.

📖 일반 스포츠와 장애인 스포츠

④ **통합스포츠** : 위닉(J. Winnick)의 5단계 스포츠 통합 연속체

| 제한 정도에 따른 단계 | LRE | 기준 | 예 |
|---|---|---|---|
| 일반 스포츠<br>(Regular Sports) | 최소 ↑ | 규칙의 변형이나 보조 도구의 사용 없이 장애인 선수가 일반 스포츠에 통합적으로 참여 | 비장애인 100m 달리기 경기에 참여하는 인지장애 운동선수 |
| 편의를 제공한 일반 스포츠<br>(Regular Sports with Accommodation) | | 장애인을 위한 보조 도구가 필요하지만, 규칙의 변형 없이 통합적으로 참여 | 안내줄을 이용한 시각장애인의 볼링 |
| 일반 스포츠와 장애인 스포츠<br>(Regular Sports & Adapted Sports) | | 장애의 구분 없이 경기 혹은 변형·일반 스포츠 교대 참여 | 비장애인 선수와 마라톤에 참여하는 휠체어 선수 |
| 통합 환경의 장애인 스포츠<br>(Adapted Sports Integrated) | | 규칙의 변경 및 용·기구 사용을 통해 장애인과 비장애인이 함께 스포츠에 참여 | 휠체어농구에 참여하는 일반 대학선수 |
| 분리 환경의 장애인 스포츠<br>(Adapted Sports Segregated) | ↓ 최대 | 장애인이 비장애인과 완전히 분리되어 스포츠에 참여 | 장애 선수만 참여하는 스포츠(패럴림픽, 스페셜올림픽 등) |

**🔑 이해더하기**

장애인체육지도자의 연수 과정(「국민체육진흥법 시행령」 별표4)
- 1급 장애인스포츠지도사 : 스포츠 윤리, 선수 관리, 지도 역량, 코칭 실무, 스포츠 매니지먼트, 현장실습 및 사례 발표, 그 밖에 문화체육관광부장관이 필요하다고 인정하여 고시하는 사항
- 2급 장애인스포츠지도사 : 스포츠 윤리, 장애특성 이해, 지도 역량, 스포츠 매니지먼트, 현장실습, 그 밖에 문화체육관광부장관이 필요하다고 인정하여 고시하는 사항

**SECTION 02** 특수체육에서 사용하는 사정과 측정도구

## 1. 사정의 개념과 종류

① **사정**
  ㉠ 평가와 측정의 중간 개념으로서 교육적 의사결정에 필요한 자료를 수집하는 과정
  ㉡ 배치, 프로그램 계획 등에 관한 의사결정을 목적으로 한 자료 수집 및 해석의 과정
  ㉢ 양적 자료와 질적 자료를 모두 포함

**POINT**
- 검사 : 개인 또는 집단의 특정에 대한 수량적(양적) 자료를 산출하기 위한 질문이나 과제
- 측정 : 개인 또는 집단의 특정을 도구를 사용하여 수량화하는 일련의 과정
- 평가 : 검사 및 사정에서 수집된 자료에 근거하여 의미와 가치를 부여하는 것

② 사정의 분류

| 공식적 사정 | 특정 목적을 가지고 선택한 표준화된 검사 등을 사용하는 것 |
|---|---|
| 비공식적 사정 | 표준화된 절차보다는 행동 관찰 등 비표준화된 절차에 의한 것 |
| 직접사정 | 대상자와 직접적인 접촉을 통해 정보를 수집하는 것 |
| 간접사정 | 대상자에 대한 정보를 가족이나 보호자 등 주변인을 통해 수집하는 것 |

③ 측정평가의 종류

㉠ 표준화검사와 비표준화검사

| 표준화검사 | • 표준화된 절차에 따라 정보를 수집하는 방식<br>• 미리 작성된 검사지침서에서 제시하는 방법과 절차에 따라 검사를 실시<br>• 구성 요소나 실시 과정, 채점 방법, 결과의 해석 등이 구조적으로 제작된 검사 |
|---|---|
| 비표준화검사 | • 장애인의 특성에 맞추어 각 절차를 수정·보완하여 사용하는 방식<br>• 검사 항목이나 절차 등을 특정 장애의 특징에 맞추어 수정 |

㉡ 준거지향검사와 규준지향검사

| 준거지향검사 | • 준거(사전에 설정된 숙달기준)와 검사 대상자의 점수를 비교하여 특정 영역에서의 대상자의 수준에 대한 정보를 수집하는 검사<br>• 특정 기술 혹은 체력 등의 수준 파악에 용이함<br>• 프로그램의 계획 및 평가에 주로 사용<br>• 거의 유사한 난이도의 문항을 사용 |
|---|---|
| 규준지향검사 | • 규준(동일 특성을 가진 사람들의 점수 분포)과 검사 대상자의 점수를 비교하여 정보를 수집하는 검사<br>• 동일 집단 내에서의 상대적 위치 파악에 용이함<br>• 대상자의 선별과 진단, 배치 등에 사용<br>• 다양한 난이도의 문항을 사용 |

**이해더하기**

준거지향검사와 규준지향검사의 장단점

| 구분 | 장점 | 단점 |
|---|---|---|
| 준거지향 | • 항목의 수정이 유연하고 용이함<br>• 개인의 요구사항 충족에 적절함<br>• 개별적인 프로파일 제공이 가능 | • 또래와의 비교가 어려움<br>• 통계적으로 표준화된 검사가 적음<br>• 경험이 풍부한 검사자 필요 |
| 규준지향 | • 해석의 용이성과 측정의 단순성<br>• 검사 경험이 적은 검사자도 활용 가능<br>• 또래와의 비교가 가능 | • 융통성이 부족하고 수정이 어려움<br>• 지적 장애인을 위한 규준이 부족함<br>• IEP의 작성 및 프로그램 구성에는 활용도가 낮음 |

 **POINT**

특수체육 프로그램 서비스 전달 체계
2025 기출 2023 기출

프로그램 계획 → 사정 → 개별화 교육 계획 → 교수·코칭·상담 → 평가

**QUIZ**

평가는 장애인의 학습 정도와 프로그램의 효과를 확인하는 비연속적인 과정이다. (O/×)

답 ×

**QUIZ**

준거지향검사는 장애인의 운동수행 능력을 준거집단의 능력과 비교하는 검사이다. (O/×)

답 ×

ⓒ 결과중심사정과 과정중심사정

| 결과중심사정 | 검사 결과를 동일 집단과 비교함으로써 교육활동의 시작 시점을 파악하는 사정 |
|---|---|
| 과정중심사정 | • 대상자가 검사 혹은 환경과 상호작용하는 과정을 관찰하여 자료를 수집하는 사정<br>• 대상자의 능력이나 특수한 요구사항을 파악하기 위한 대안으로서 활용 가능 |

④ **평가의 양호도**
  ㉠ 객관도
    - 2명 이상의 관찰자에 의해 부여된 점수의 일치 정도
    - 관찰자에 의해 발생하는 오차가 객관도 분석의 주된 요소
  ㉡ 신뢰도
    - 측정의 결과가 오차 없이 나타나는 것
    - 반복이 가능하고 일관성 있는 측정 결과가 나오는지를 확인
  ㉢ 타당도
    - 측정하고자 하는 항목을 측정 도구가 정확하고 알맞게 측정하는지에 관한 정도
    - 종류

| 내용타당도 | 논리적 사고에 입각한 분석을 통해 판단하는 주관적 타당도 |
|---|---|
| 준거타당도 | 검사 혹은 평가도구가 다른 준거와 얼마나 관계가 있는지의 정도 |
| 구인타당도 | 주로 심리척도를 개발할 때 적용되는 타당도 |
| 안면타당도 | 피험자, 즉 비전문가 입장에서 볼 때 검사문항이 측정하고자 하는 것을 제대로 측정하고 있는지를 판단할 수 있는 정도 |

  ㉣ 실용도
    - 검사도구가 얼마나 경비·시간·노력을 적게 들이고 그 목적을 달성할 수 있는지를 나타내는 정도
    - 측정학적 특징이라기보다는 검사를 활용·이용할 때의 경제성·간편성·편의성의 문제

## 2. 장애인 대상 사정 및 평가 도구

① TGMD-2(Test of Gross Motor Development II)
  ㉠ 개요
    - 3~10세 아동의 대근운동기술 발달 수준을 검사하는 표준화된 검사 기구
    - 기본운동능력을 확인하는 도구로서 활용
    - 1985년 개발(TGMD)되어 2000년 개정(TGMD-2)됨

---

**기출 채우기**
어떤 검사 도구가 그 검사하고자 하는 항목을 정확하고 적절하게 측정하는지를 나타내는 것을 검사의 (　　　)(이)라고 한다.
🅰 타당도

**POINT**
• 내용타당도 : 검사문항의 타당도를 전문가가 판단
• 안면타당도 : 검사문항의 타당도를 피험자가 판단

**QUIZ**
TGMD-2는 5~15세 아동의 대근운동발달 수준을 검사하는 표준화된 검사 기구이다. (○/×)
🅰 ×

ⓒ 검사 종목

| 이동기술 | • Run<br>• Leap | • Gallop<br>• Horizontal jump | • Hop<br>• Slide |
|---|---|---|---|
| 물체조작기술 | • Strike a ball<br>• Kick | • Dribble<br>• Overhand throw | • Catch<br>• Underhand roll |

ⓓ 발달과정 단계에서의 대근운동 영역(Ulrich) **2024 기출**

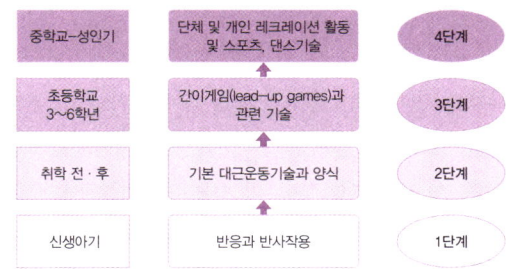

② TGMD-3(Test of Gross Motor Development Ⅲ) **2025 기출** **2024 기출**
  ㉠ 개요
   • 장애 여부와 상관없이 3~11세 아동을 대상으로 대근육운동기술 발달 수준을 검사하는 표준화된 검사 기구
   • 2014년부터 2017년까지 데이터 수집
   • 준거 및 규준지향검사로 사용될 수 있음
   • 각 검사항목의 수행 준거를 정확하게 수행하면 1점, 정확하게 수행하지 못하면 0점을 부여함
  ㉡ 검사 종목

| 이동기술 | • Run<br>• Skip | • Gallop<br>• Horizontal jump | • Hop<br>• Slide |
|---|---|---|---|
| 물체조작기술 | • Two-hand strike<br>• Catch<br>• Underhand throw | • One-hand strike<br>• Kick | • Dribble<br>• Overhand throw |

③ BPFT(Brockport Physical Fitness Test) **2025 기출**
  ㉠ 개요
   • 10~17세의 척수장애, 뇌성마비, 절단장애, 지적장애, 시각장애 아동 및 비장애아동을 대상으로 하는 건강관련 체력검사
   • 장애 유형 및 정도에 따라 검사 항목과 방법이 구분되어 있음
   • 필요한 장비 외에 다른 장비로 대체 가능
  ㉡ 검사 종목 : 심폐능력, 신체 조성, 근골격계 기능 등에 대해 장애 유형별 특성을 고려하여 총 27가지 항목으로 구성
  ㉢ 검사 절차 : 검사 전 프로파일 작성 → 검사 항목 선정 → 측정 → 준거점수와 비교·분석 → 결과에 대한 프로파일 작성 → 운동계획 작성

**POINT**
TGMD-2와 BPFT

| 검사<br>도구 | 검사<br>내용 | 항목 | 검사<br>분류 | 대상 |
|---|---|---|---|---|
| TGMD<br>-2 | 기본<br>운동<br>기술 | 12개 | 준거/<br>규준 | 3~<br>10세 |
| BPFT | 건강<br>관련<br>체력 | 27개 | 준거<br>지향 | 장애<br>및<br>일반<br>아동 |

> **기출 채우기**
>
> ( )은/는 다양한 장애유형 학생들의 건강관련 체력을 측정하고 평가하는 도구이다.
>
> 📖 PAPS−D

④ **PAPS−D** `2023 기출`

㉠ 개요
- 비장애학생을 대상으로 개발·시행된 PAPS 학생건강체력평가를 바탕으로 2013년 개발된 장애학생건강체력평가
- 학령기 장애인을 대상으로 개발된 검사이나, 다양한 장애유형에 걸쳐 건강관련 체력의 측정이 가능하여 장애인스포츠 현장에서도 유용하게 활용됨

㉡ 체력요인별 검사 종목

| 체력요인 | 체력검사 종목 |
|---|---|
| 심폐기능 | 폐활량, 휠체어 오래달리기, 6분 걷기, 페이서, 스텝 검사 |
| 근기능 | 윗몸 말아올리기, 악력, 무릎 대고 팔굽혀펴기, 휠체어 경사로 오르기, 암컬 |
| 유연성 | 종합유연성, 응용유연성, 앉아 윗몸 앞으로 굽히기, 등 뒤로 손 잡기 |
| 순발력 | 제자리 공 멀리 던지기, 제자리 멀리뛰기 |

⑤ **기타 검사도구** `2023 기출`

| 검사도구명 | 검사 내용 | 항목 | 검사 분류 | 대상 |
|---|---|---|---|---|
| BOTMP | 기본운동기술 및 특정운동기술 | 46개 | 규준지향 | 4.5~14.5세 |
| OSU-SIGMA | 기본운동기술 | 11개 | 준거지향 | 2.5~14세 |
| PDMS | • 기본운동기술 및 움직임 발달지표<br>• 대근운동기술 | 12개 | 준거/규준 | 출생~6세 |
| MDC | 영유아 움직임 발달지표 | 35개 | 준거지향 | 연령 미확정 |
| EMPDDC | 기본 움직임 기술과 자세 | 10개 | 준거지향 | 5세 이상 |
| Denver II | 유아 신체발달지표 및 기본움직임 기술 | 61개 | 규준지향 | 출생~6세 |
| GMPM | 영유아 움직임 발달지표 및 기본운동 기술 | 20개 | 준거지향 | 20세 미만 뇌성마비인 |
| MABCT | 기본운동기술 및 특정운동기술 | 32개 | 준거지향 | 4~12세 |
| AMPS | 운동기술의 숙련성 | 36개 | 준거지향 | 특정 대상 없음 |
| Fitnessgram | 건강관련 체력 | 13개 | 준거지향 | 일반 학령기 및 장애아동 |
| YMCA Youth Fitness Test | 건강관련 체력 | 5개 | 준거지향 | 6~17세 |

> 🔑 **이해더하기**
>
> **BOT−2(Bruininks−Oseretsky Test of Motor Proficiency−2)** `2025 기출`
>
> 이 평가 도구는 개인의 다양한 운동기술 능력을 평가하는 것으로 소근육과 대근육 운동기술을 평가하도록 구성되었으며 운동 손상의 진단을 뒷받침할 수 있다. 또한 아동들의 다양한 운동 장애와 발달장애를 평가한다.
> − 평가대상 : 만 4세 0개월~21세 11개월까지
> − 평가도구 : 설명서, 환자책자, 기록지투명한 점수판, 블록, 카드, 페그보드, 동전, 빨간 색연필, 셔틀블록, 과녁, 치료사 이젤, 평형대, 상자, 무릎깔개, 페그, 동전판, 가위, 줄, 테니스 공

⑥ 장애인 검사도구 사용 시 유의사항
  ㉠ 장애인스포츠 공식 검사도구들이 개발되어 있으나 모든 스포츠 영역에 적용 가능한 것은 아니며, 모든 장애인에게 적용할 수 있는 것도 아님
  ㉡ 지도자들은 일반 검사도구들을 수정·변형할 수 있는 인식과 능력 필요
  ㉢ 지도 내용 및 대상자에 맞추어 새로운 검사도구를 개발할 필요 있음
  ㉣ 장애인스포츠 분야에서 검사는 목표가 아닌 지도를 위한 과정이며, 타인과의 비교를 위한 것이 아니라 성취 수준의 파악을 위한 것임을 명심할 것

## 3. 과제의 분석과 활용

① 과제분석의 정의
  ㉠ 목적의 달성을 위해 세부적으로 과제를 나누거나 분류하여 좀 더 효과적으로 과제수행을 진행하는 준비과정
  ㉡ 장애인스포츠에서의 과제분석
    • 다양한 신체활동 과제에 대해 지도방법을 구체화하고 대상자의 수행 수준을 진단·평가할 수 있는 비공식적 사정도구의 제작을 가능케 함
    • 장애의 특성과 수준에 따른 현행 수행 수준을 파악하는 것이 필수적이므로 과제분석을 실시
    • 과제분석을 통해 지도 대상의 독특한 특성과 수준을 감안하여 구체적인 목표와 지도계획의 설정을 가능케 함

② 과제분석의 가치
  ㉠ 과제분석을 통해 얻은 세부 정보로 목표의 구체화 가능
  ㉡ 지도 내용을 세분화함으로써 단계적인 지도를 용이하게 함
  ㉢ 지도 과정이 끝났을 때 무엇이 평가되어야 하는지 예측할 수 있게 함

③ 과제분석의 유형
  ㉠ 동작중심 과제분석
    • 세부적인 움직임에 대해 단계적으로 지도할 때 적합한 방법
    • 대상 활동은 기초적이고 단순한 움직임으로서 하나의 과제활동으로 선정되는 것이 적합함
    • 구체화가 필요할 경우 신체 부위별로 나누어 진행

> **이해 더하기**
> 동작중심 과제분석 사례 : 공 받기 동작
> • 몸 앞으로 손을 내밀고 팔꿈치를 유연하게 구부려 준비한다.
> • 공을 받기 위해 팔을 앞으로 뻗는다.
> • 손만을 이용해 공을 받는다.

**QUIZ**
동작중심 과제분석은 영역중심 과제분석과 비교해 일반인을 대상으로 하는 스포츠 활동 지도 내용과 유사한 편이다. (○/×)
답 ×

**QUIZ**
유사활동중심 과제분석은 특정한 목표와 관련된 활동을 병렬식으로 분류하는 방법이다. (O/×)

답 O

ⓒ 유사활동중심 과제분석
- 체력 향상 활동과 같이 특정 기술 습득과 관련성이 적고, 목표 달성을 위한 다양한 방식의 활동이 필요할 때 적합한 방법
- 특정 목표와 관련된 활동을 병렬식으로 구분하며, 이를 어떤 단계로 배치할 것인가가 주요 고려 사항
- 아동의 성공 기회를 최대한 확보할 수 있는 활동들로 구성하는 것이 바람직함

**이해더하기**

유사활동중심 과제분석 사례 : 뇌병변 장애인의 하지 근력 및 근지구력 향상을 위한 활동
- 1단계 : 누운 상태로 무릎 굽혔다 펴기
- 2단계 : 누운 상태에서 발로 메디슨볼 밀어내기
- 3단계 : 누운 상태로 벽에 발을 붙이고 몸통 밀어내기
- 4단계 : 수중에서 발과 다리 휘젓기
- 5단계 : 지지물을 잡고 앉았다가 일어서기
- 6단계 : 앉은 상태에서 발로 공 밀거나 차기

ⓒ 영역중심 과제분석
- 경기 또는 게임과 같은 활동에서 체육이 갖는 목표를 중심으로 포괄적인 분류가 필요할 때 적합한 방법
- 종목을 통해 심동적·정의적·인지적 측면에서 추구해야 할 사항이나 지도해야 하는 사항을 구체화하기 위한 작업
- 동작중심 혹은 유사활동중심 과제분석에 비해 일반인의 스포츠 활동 지도 내용과 유사한 편

**이해더하기**

영역중심 과제분석 사례 : 축구 지도

| 축구 | 운동기술 영역 | 달리기, 두발점프, 차기, 드리블, 패스, 슛 등 |
|---|---|---|
| | 체력 영역 | 심폐능력, 하지 근력 및 지구력, 순발력, 조정력 등 |
| | 정의적 영역 | 협동심, 페어플레이, 희생정신, 사회성 등 |
| | 인지적 영역 | 경기 규칙, 전술, 신호 인식, 전략 등 |

**기출 채우기**
생태학적 과제분석은 학생의 운동기술이나 움직임의 수행에 영향을 미칠 수 있는 ( ) 요소도 고려하는 평가 방법이다.

답 환경

ⓔ 생태학적 과제분석
- 학생의 특성과 선호도를 고려하며, 동시에 운동기술이나 움직임의 수행에 영향을 줄 수 있는 환경요소도 고려하는 분석법
- 구성요소 : 수행자, 수행환경, 수행과제
- 대상 학생을 중심에 두고 체육 현장에서 실제적으로 평가하는 방법

- 인지적 · 정의적 · 심동적 발달을 위해 과제를 세분화
- 환경적 요인을 다양하고 심도 있게 다룰 때 주로 사용
- 계획된 운동기능을 정확히 수행하기 위해 용 · 기구 유형, 규칙, 활동의 속도 등의 파악뿐 아니라 학생이 안락한 환경에서 운동프로그램을 수행하는 행위 등을 관찰한 자료도 사용

> **POINT**
> 기능적 움직임의 생태학적 과제분석 모형 4단계
> 과제목표의 확인 → 선택 → 조작 → 지도

### 이해 더하기

생태학적 과제분석 사례 : 수영

| 단계 | 적용 내용 |
| --- | --- |
| 대상 | 오른팔에 절단이 있는 중학교 3학년 남학생 |
| 과제 | • 폭이 6m인 수영장에서 독립적으로 수영을 한다.<br>• 발차기, 횡영(sidestroke), 돌핀킥(dolphin kick)을 한다. |
| 준거 | • 질적 준거 : 스트로크의 효율성과 정확성<br>• 양적 준거 : 속도, 이동 거리, 공간 정확성, 시간 정확성 |
| 변인 | • 과제변인 : 부유기구 사용, 이동 거리, 이동 시간<br>• 환경변인 : 물의 깊이, 레인의 폭, 동료의 수 |
| 지도 | 개별적인 촉진(prompt)이나 강화, 필요한 경우 교정 피드백 등을 활용한 직접 교수(direct instruction) |

ⓜ 발달적 과제분석
- 운동기술의 수행에 영향을 미치는 변수들을 구분하고, 각 변수 내에서 난이도를 정해 나누는 방법
- 각 과제는 하나 혹은 그 이상의 변수에 초점을 맞추어 진행될 수 있으며, 학생의 발달 상황에 따라 다양한 난이도의 변수를 조합하여 과제를 제시함

### 이해 더하기

발달적 과제분석 사례 : 물건 잡기

| 난이도 | 환경 변수 | | | | | | 물체 속도 | 동작 속도 |
| --- | --- | --- | --- | --- | --- | --- | --- | --- |
| | 크기 | 모양 | 무게 | 질감 | 궤적 | 잡기 유형 | | |
| 쉬움 | 중간 | 원형 | 중간 | 거침 | 적당한 궤적 | 몸으로 받기 | 중간 | 변화 없음 |
| ↓ | 큼 | 타원형<br><br>사각형 | 가벼움 | 약간 거침 | 낮은 궤적 | 두 손으로 받기<br><br>한손 받기 : 오른손[주1] | 느림 | 느림<br><br>중간 |
| 어려움 | 작음 | 납작함 | 무거움 | 매끄러움 | 높은 궤적 | 한손 받기 : 왼손[주2] | 빠름 | 빠름 |

주1) 왼손잡이의 경우 왼손
주2) 왼손잡이의 경우 오른손

ⓑ 생체역학적 과제분석
- 운동기술의 수행을 위해 발생하는 관절의 운동, 근육군의 움직임, 근육의 조정 및 그에 의해 생성된 움직임이 외부의 물체에 가한 힘 등을 구분하여 과제를 분석하는 방법
- 과제는 변위와 속도, 가속도, 힘, 충격량, 운동량 등과 같은 것들을 다룸
- 성공적인 수행동작과 수행에 실패한 동작 간 생체역학적 요소의 차이를 비교하며 지도함

> **이해더하기**
>
> **생체역학적 과제분석 사례 : 농구의 자유투 동작**
> - 준비 단계 : 중간 위치에 한쪽 발을 위치시키고 다른 발은 어깨 넓이 정도로 벌림
> - 반동 동작 : 측면에서 보았을 때 무릎은 약 90°에 가깝게 굽히고 몸통은 약 50° 정도 기울어지도록 함
> - 슈팅 동작 : 공을 던지는 순간 어깨는 거의 천장과 수직을 유지하도록 약 140~150° 정도로 유지함

ⓢ 참조 준거에 의한 과제분석

| | |
|---|---|
| 규준참조평가 (상대평가) | • 개인이 얻은 점수나 측정치를 규준(norm)에 비추어 상대적인 서열에 의해 판단하는 평가<br>• 준거 혹은 목표의 도달 여부에는 관심이 없으며, 서열이나 상대적 위치를 부여하여 분류하는 것에 중심을 둠 |
| 준거참조평가 | • 준거에 비추어 학습자들이 무엇을 얼마큼 알고 있느냐에 관심을 두는 평가<br>• 과제의 영역과 준거가 가장 중요한 요소가 되며, 이때 준거는 교육목표를 설정할 때 도달하여야 하는 최저 기준이 됨 |
| 능력참조평가 | • 학생이 지니고 있는 능력에 비추어 얼마나 최선을 다하였느냐에 초점을 두는 평가 방법으로, 각 학생의 능력과 노력에 의하여 평가되는 것이 특징<br>• 특정 기능과 관련된 능력의 정확한 측정치에 의존하게 되므로 해당 능력에 제한되어 학습자의 수행을 해석하게 되는 한계가 있음<br>• 개인을 위주로 개별적 평가를 실시한다는 것이 장점 |
| 성장참조평가 | • 교육과정을 통하여 얼마나 성장하였느냐에 관심을 두는 평가<br>• 최종 성취 수준에 대한 관심보다는 초기 능력 수준에 비추어 얼마만큼 능력의 향상을 보였느냐를 강조하는 평가<br>• 학생들에게 학업 증진의 기회 부여와 개인화를 강조하는 특징을 지님 |

④ **과제분석의 활용**
  ㉠ 과제분석의 결과는 사정 기준으로도 활용 가능
  ㉡ 장애인 스포츠 분야의 공식 검사가 부재한 현재 상황에서 가장 현실적인 검사도구로 작용
  ㉢ 운동기술의 현실적 진단·평가를 가능케 함으로써 목표 설정 및 달성에 대한 구체적 근거를 제시

# SECTION 03 특수체육 지도 전략

## 1. 개별화 교육 프로그램(IEP ; Individual Education Program)

① **IEP의 정의와 필요성**
  ㉠ 개별화 교육 프로그램의 정의
    - 개별화 교육에 관련된 전반적인 프로그램 과정
    - 개별화 교육계획 및 그러한 계획을 문서화한 계획서
    - 법령에서 정의하는 개별화 교육(장애인 등에 대한 특수교육법): 각급학교의 장이 특수교육대상자 개인의 능력을 계발하기 위하여 장애유형 및 장애특성에 적합한 교육목표·교육방법·교육내용·특수교육 관련서비스 등이 포함된 계획을 수립하여 실시하는 교육
  ㉡ 개별화 교육 프로그램의 필요성
    - 개별 학생의 특성에 따른 교육의 보장을 위해 학습 내용이나 지도 목표 등이 개별 학생에 따라 특별히 설계된 IEP가 필수적
    - 부모와 학교 간의 의사소통 매개 수단으로서 활용 가능
    - 학생에게 필요한 것이 무엇인지, 그 필요에 적합한 서비스는 무엇이며 어떠한 결과를 기대할 수 있는지 예측을 가능케 함

② **IEP의 구성 요소** 2024 기출
  ㉠ 개별화 교육 대상자의 인적사항
  ㉡ 현재 수행 수준
  ㉢ 연간 목표와 장·단기 목표
  ㉣ 특수교육 서비스와 관련된 서비스 및 보조 서비스
  ㉤ 정규교과과정의 참여
  ㉥ 평가 방법의 변형
  ㉦ 서비스 계획
  ㉧ 전환 서비스에 대한 계획 및 준비

③ **IEP의 기능** 2023 기출
  ㉠ 관리도구 : 부모, 교사 및 행정가가 특정 학생에게 어떤 교육적 서비스와 관련 서비스를 시행하고 있는지를 파악할 수 있도록 함
  ㉡ 점검도구 : 서비스 제공의 효율성 및 자원 사용의 효과성 등을 점검
  ㉢ 평가도구 : 계획된 목표와 학생의 수행능력 향상이 어느 정도 일치하는지를 평가
  ㉣ 의사소통수단 : 부모와 학교 직원들 간 의사소통수단으로서의 기능을 하며, 의사결정 시 이들에게 동등한 참여 기회를 부여

---

**POINT**

**IEP의 법률적 근거** 2024 기출
- 장애인 등에 대한 특수교육법 제22조 : 각급학교의 장은 특수교육대상자의 교육적 요구에 적합한 교육을 제공하기 위하여 보호자, 특수교육교원, 일반교육교원, 진로 및 직업교육 담당 교원, 특수교육 관련서비스 담당 인력 등으로 개별화교육지원팀을 구성한다.
- 장애인 등에 대한 특수교육법 시행규칙 제4조 : 각급학교의 장은 법 제22조 제1항에 따라 매 학년의 시작일부터 2주 이내에 각각의 특수교육대상자에 대한 개별화교육지원팀을 구성하여야 한다.

**POINT**

**IEP의 목표 진술 3요소** 2025 기출
- 조건(condition) : 행동이 일어나길 바라는 상황 제시
- 기준(criterion) : 학습의 결과로서 나타나는 행동
- 행동(action) : 성취 수준이 목표에 달성했는가를 판단하는 기준

**기출 채우기**
계획된 목표와 학생의 진보가 어느 정도 일치하고 있는가를 확인하기 위한 기능은 (　　　)기능이다.
답 평가

### POINT
**프로그램 종류와 기능**
- 근거기반 프로그램(evidence-based program) : 연구를 통해 얻은 과학적 근거를 활용하여 프로그램을 진행하는 방법
- 사례기반 프로그램(case-based program) : 실생활의 상황과 사건의 결과를 바탕으로 새로운 사례의 결과를 예측하는 방법
- 과제지향 프로그램(task-oriented program) : 주로 의식적인 수준의 행동을 강조하고 집단역동을 활용하여 어떤 결과 또는 산물을 성공적으로 도출할 것인지에 초점을 두는 방법
- 위기관리 프로그램(risk-management program) : 위기의 발생을 예방하고, 위기가 발생하면 그 위기상황을 통제하면서 야기될 수 있는 피해의 범위를 최소화하고, 문제를 해결하기 위해 신속한 조치를 취하는 방법

### 이해더하기
**IEP의 개발 절차**
개별화 교육지원팀 구성 → 학습자의 현재 학습 수준 평가 → 평가 자료에 대한 종합 분석 → 학교 수준 교육과정에 따른 연간 지도 계획서 작성(연간 목표 설정) → 개별화 교육 실시 → 개별화 교육계획의 평가 및 수정·보완

④ **IEP의 적용 단계**

| | |
|---|---|
| 프로그램 계획 | • 전체적·포괄적인 프로그램의 계획<br>• 체육활동을 바람직한 방향으로 유도하기 위한 전반적인 원칙과 절차를 수립<br>• 프로그램의 목표 및 방향, 참여 대상 인원 및 대상자의 실태 등 프로그램의 시행에 필요한 전반적인 내용을 점검하는 단계<br>• 프로그램의 목표에는 조건과 기준, 행동 등이 포함되도록 함 |
| 현재 수행 수준 파악 | • 대상자들의 체력, 운동기술, 행동 등 전반적인 특성을 파악<br>• 심동적 영역뿐만 아니라 체육활동 참여에 영향을 미칠 수 있는 다양한 요인들을 포괄적으로 파악<br>• 타당성·신뢰성을 갖춘 검사도구와 평가척도를 사용(필요에 따라 직접 제작한 내용지향 검사도구 혹은 실제적 평가도 사용 가능)<br>• 정확한 운동수행 수준 파악을 위해서는 실제 상황에서의 평가가 유용함 |
| 구체적인 지도계획 및 프로그램 작성 | • 이전 단계에서 파악된 대상자의 현재 수행 수준을 바탕으로 프로그램의 목표와 부합하는 효과적인 프로그램을 작성<br>• 지도에 필요한 용구와 규칙 변형의 방법, 관련된 서비스, 보조인력의 활용 여부 및 방향 등을 명시할 것 |
| 실제 지도 | • 작성된 프로그램 계획을 바탕으로 하여 실제로 대상자를 지도하는 단계<br>• 지도자가 체육활동의 지도 원리 및 지침에 대해 자세히 파악하고 있어야 함<br>• 신체활동 영역을 지도하는 데 필요한 세부적인 지도지침 숙지 필요 |
| 평가 | • 프로그램의 효과와 대상자의 학습 성취도, 프로그램에 의한 향상 정도를 파악<br>• 평가를 통해 도출된 결과 자료는 새로운 프로그램의 계획 및 작성에 활용 |

⑤ **개별화 지도 전략** `2024 기출`

㉠ 과제카드
- 전반적인 개별화 학습도구의 일부분으로 활용
- 지도 대상자는 과제카드에 제시된 활동 관련 단어를 읽거나 기호를 해석한 후 적절한 체육활동에 참가

㉡ 또래교수 : 지도 과정에서 지도 대상자를 보조교사로 활용하는 방법

| 또래교수 유형 | 특징 |
|---|---|
| 일방 또래교수 | • 학습 전 훈련받은 또래교사는 멘토로, 장애학생은 멘티로 역할을 하며 지도하는 유형<br>• 중증 자폐, 지적장애, 시각장애, 퇴성마비장애 학생들의 지도에 효과적 |

### 기출 채우기
(　　　)은/는 지도자에 대한 참여자의 비율을 줄이는 효과가 있다.
답 또래교수

| 또래교수 유형 | 특징 |
|---|---|
| 양방/상호 또래교수 | • 장애학생과 비장애학생이 짝이 되어 번갈아 가며 멘토와 멘티의 역할을 하는 유형<br>• 경도 장애학생에게 가장 효과적 |
| 동급생 또래교수 | • 동급생 학생이 또래 교사가 되어 활동하는 유형으로 일방 또는 양방 또래교수에서 활용 가능<br>• 서로를 잘 알고 있다는 점이 장점으로 작용<br>• 초등학교 저학년이나 중증 장애학생에게는 효과가 거의 없음 |
| 상급생 또래교수 | • 지도 대상 학생보다 상급 학생이 멘토가 되어 활동하는 유형<br>• 동급생 또래교수에 비해 초등학교 저학년 및 중증 장애학생에게 더 효과적 |
| 전 학급 또래교수 | • 전 학급의 학생들이 짝이나 소집단을 구성, 각 학생들이 짝에게 촉구, 오류 수정 및 피드백을 제공하는 방법<br>• 수업 목표에 초점을 맞춘 과제카드를 활용하여 지도<br>• 전 학급의 모든 학생이 참여하므로 장애를 가졌다는 이유로 학습에서 제외되지 않는다는 장점<br>• 경도 장애학생에게 효과적 |

ⓒ 팀 티칭 : 두 명 이상의 지도자가 체육활동을 동시에 지도하는 협력교수의 일환

| 교대교수 | 2명의 지도자가 각각 다른 교육 내용을 가지고 한 집단을 2개의 모둠으로 나누어 활동의 절반씩 대상 학생들을 바꿔 가며 지도하는 방법 |
|---|---|
| 팀 티칭 | • 2명 또는 그 이상의 지도자가 동일한 학습 내용을 함께 지도하는 방법<br>• 지도자들은 교수 내용 영역에 대해 공동으로 책임을 짐 |

ⓔ 스테이션 교수
- 수업을 소단위로 나누어 기술을 연습할 수 있도록 순회하는 몇 개의 구역을 설치하고 활동하는 방법으로 실제학습시간(ALT : Academic Learning Time)이 증가하는 장점이 있음
- 운동기능이 낮은 대상자가 지도자와 효과적으로 상호작용할 수 있는 환경 조성이 가능하고 정서, 행동 및 자폐성 장애가 있는 대상자들의 경우 함께 이동하며 지도하는 것이 바람직함

ⓜ 증거기반 교수
- 장애학생들을 가르칠 때 임상적, 학문적으로 검증된 교수 전략을 사용하는 신뢰성 높은 교수전략으로 어떠한 방식으로 무엇을 가르칠 것인가에 대한 정보를 수집하는 과정
- 문제행동의 중재, 즉 중재반응모델의 핵심적인 구성 요소로 작용

ⓗ 불연속 교수 : 교사주도 방법으로서 자폐아동의 언어 및 의사소통지도를 위해 행동발생의 원리를 적용한 접근방법

ⓢ 교류식 교수 : 장애 학생의 성취 결과 측면에서 가장 효과적인 접근방법 중 하나로 주로 학습 장애가 있는 학생들을 대상으로 활용

**POINT**

**또래교수의 유형**
- 일방 또래교수
- 양방/상호 또래교수
- 동급생 또래교수
- 상급생 또래교수
- 전 학급 또래교수

**O/X QUIZ**

특수체육 지도의 효과 증진을 위해 임상적 또는 학문적으로 검증된 프로그램이나 지도 전략을 사용하는 방법은 교류식 교수이다. (O/×)

답 ×

### POINT ③ 기초이동 운동능력 　2025 기출

| 구분 | 내용 |
|---|---|
| 스키핑 (skipping) | 한쪽 발로 스텝과 가볍게 뛰는 것을 교대로 하는 것 |
| 리핑 (leaping) | 발로 몸을 지탱하면서 다른 한 발은 쭉 내밀어 앞으로 이동하는 동작 |
| 갤로핑 (galloping) | 한 발은 앞으로 걷고 다른 발은 달리 듯 빨리 끌어다 앞선 다리에 붙이는 동작 |
| 슬라이딩 (sliding) | 거의 몸을 눕히듯이 뛰어드는 동작으로 안전하게 도착하기 위해서 발끝, 머리, 손부터 미끄러져 들어감 |
| 호핑 (hopping) | 한 발로 도약해서 같은 발로 착지하는 동작 |

- ⓒ 보편적 교수 설계 : 건축에서 사용되었던 '보편적 설계'의 개념을 교수법에 도입한 것으로 '다양한 방식의 표상 제공', '다양한 방식의 행동과 표현 수단 제공', '다양한 방식의 학습 참여 제공'이라는 원리를 바탕으로 하는 방법
- ⓓ 활동 변형과 보조
  - 장애인을 지도할 때 장애인의 특성과 요구에 맞추어 학습 과제를 변경하여 수업하는 것
  - 촉구(보조)의 경우 종류와 정도를 체계적으로 구성하여 학생에게 제시하는 것이 중요

> **이해더하기**
>
> **촉구의 양**
>
> 적음 ──────────────────→ 많음
>
> | 언어적 신호 | 신체 제스처 | 적절한 과제 제시 | 모델링을 통한 시범 | 신체적 촉구 |
>
> **개별화전환계획(ITP ; Individualized Tansition Plan)** 2023
>
> 학교 졸업 후에도 지속적으로 체력이나 운동기술, 사회기술 등을 향상시킬 수 있도록 지역사회의 스포츠나 레크레이션, 레저 프로그램에 원활히 참여할 수 있는 기반을 조성해주는 것을 말한다. 학생들이나 부모가 어떠한 스포츠에 흥미를 가지고 있는지 인터뷰나 설문지를 통해 알아볼 필요가 있으며 더불어 지역에 있는 체육 시설이나 프로그램을 목록화 작업이 필요하다.
>
> **역주류화 수업(reverse mainstreaming)** 2025 기출
>
> 일반 학생들이 장애가 있는 학생들과 함께 수업에 참여하는 것을 말한다. 주류화는 일반 학생 수업에 장애가 있는 학생이 통합되는 형태인데 이와는 반대 개념이다. 역주류화를 이용한 수업 형태에서는 장애가 있는 학생들이 또래의 학생들과 상호작용하는 것이 중요하며, 이러한 상호작용은 장애 학생과 일반 학생 모두 서로에 대한 이해를 증진할 수 있는 기회가 되기 때문에 유익하다.

## 2. 체육활동 변형 전략 　2025 기출

① **의미** : 장애학생 지도 시 효과적인 스포츠 활동 유도를 위해 환경, 용기구, 규칙 등을 변형시켜 적용하는 전략

② **구분**

　㉠ 환경 변형

| 요소 | 사례 |
|---|---|
| 접근성 | • 장애학생들이 체육공간에 쉽게 접근할 수 있도록 거리상 접근성을 확보하여 시설 및 공공기관을 건축<br>• 출입구 경사로, 시각장애인용 보도블록 등 체육공간으로의 접근성 확보 |

| 요소 | 사례 |
|---|---|
| 안전성 | 넘어지거나 부딪혔을 때 안전한 부드러운 재질의 벽과 바닥, 안전장치가 설치된 출입문, 미끄러짐을 방지할 수 있는 통로, 긴급 대피 시 대피로 안내가 용이한 경고등 등 |
| 흥미성 | • 장애학생들의 흥미를 유발할 수 있는 사물의 배치<br>• 벽이나 바닥의 색깔, 창문 등을 다채롭게 꾸미는 것 |
| 효율성 | 음향시설이나 촬영기기, 냉난방시설, 공간의 넓이 등을 적절하게 고려 |

ⓒ 용기구 변형
- 개인의 특성과 활동 유형에 따라 개별 대상자에게 맞는 최적의 용기구를 제공
- 무조건적인 변형보다는 반드시 필요할 때에만 용기구의 변형을 제공하도록 할 것

**이해더하기**

**활동 유형 및 운동 유형별 사용 가능한 용기구**

| 활동 유형 | 운동 용기구 |
|---|---|
| 감각운동 | 풍선, 스카프, 촉감판, 모래, 타이어, 호각, 비누, 평균대, 공, 콩 주머니, 리본, 해먹, 튜브, 볼풀, 낙하산, 거울 등 |
| 이완운동 | 자신의 신체를 움직이는 경우가 대부분으로 다양한 리듬과 박자의 음악을 사용 |
| 체력운동 | 계단, 훌라후프, 줄넘기, 자전거, 도르래, 터널, 철봉, 메디신볼, 튜브, 구름다리, 역기, 스펀지 풀, 매트, 트램펄린 등 |
| 기본운동기술 | 이동운동기술 : 유아용 평균대, 훌라후프, 스쿠터, 줄넘기 줄, 보행용 바, 트램펄린 등 |
| | 조작운동기술 : 풍선, 비치볼, 콩 주머니, 공, 리본, 라켓 및 패들, 스틱, 굴렁쇠, 깡통, 야구 배트, 볼링핀 등 |

| 운동 유형 | 운동 용기구 |
|---|---|
| 리듬 및 표현운동 | 이동용 앰프, 리듬 스틱, 스카프, 줄, 리본, 각종 그림판, 음악, 방석 등 |
| 수중운동 | 다양한 형태의 공(비치볼, 고무공 등), 스틱, 분유통, 패들, 튜브, 킥판 등 |
| 야외활동 및 게임 | 낙하산, 줄다리기 줄, 다양한 경기용 공, 배트, 휴대용 앰프, 대형 풍선, 콩 주머니, 튜브, 타이어, 풍선, 네트, 훌라후프, 간이 골대, 시소, 각종 장애물, 자전거 등 |

ⓒ 규칙 변형
- 규칙 변형 시 원래의 활동과 유사한 맥락을 가지고 해당 활동의 본질이 손상되지 않도록 변형할 것
- 가능한 변형을 최소화하여 장애인이 활동에 적응할 수 있도록 할 것
- 참여자가 집중력을 잃거나 지루함, 좌절감 등을 느끼지 않도록 변형할 것

**QUIZ**

굴렁쇠, 리본, 볼링핀 등은 이동운동기술을 향상시키기 위한 프로그램에서 사용할 수 있는 용기구이다. (○/×)

답 ×

**QUIZ**

장애인의 신체활동 참여가 소극적일 경우 경기장의 규격을 좁혀서 적용한다. (○/×)

답 ○

- 참여를 극대화하는 방향으로 변형하고 규칙 변형에 있어 창의성과 임기응변 능력을 발휘할 것
- 참여자가 소극적일 경우 경기장의 규격을 좁혀 더 쉽게, 적극적으로 참여할 수 있도록 유도할 것

**이해더하기**

규칙 변형의 예

| 유형 | 사례 |
|---|---|
| 난이도의 조정 | • 축구 경기 시 손의 사용을 허용<br>• 배구 경기 시 원바운드를 허용 |
| 기술의 대체 | 축구에서 차기 대신 던지기를 허용 |
| 득점체계의 변형 | • 특정 학생의 득점 시 획득 점수 증가<br>• 득점 방식의 변경(1루 진루 시 득점) |
| 경기장 변형 | 배구경기를 배드민턴 코트에서 진행(경기장 규격의 변형) |

### 3. 특수체육에서의 행동관리

① **행동관리의 필요성** : 장애인스포츠지도사는 주어진 상황 속에서 장애가 있는 학습자에게 제공 가능한 가장 효과적이고 실용적인 행동관리 방법이 무엇인지 알고 이를 적재적소에 적용할 수 있어야 함

② **행동관리의 주요 이론**

| | |
|---|---|
| 행동주의 | • 학습을 경험의 결과로 나타나는 관찰 가능한 행동의 변화로 정의<br>• 인간의 행동은 학습 가능한 것이라고 주장<br>• 자극과 반응 간의 관계, 관계로 구성되는 체계에 초점 |
| 고전적 조건형성 | 어떤 사람이 본능적 혹은 반사적인 반응과 유사한 불수의적 정서반응 또는 생리적 반응을 일으키도록 하는 학습의 한 유형 |
| 조작적 조건형성 | • 관찰 가능한 반응이 행동 직후 따라오는 결과에 의해 빈도 및 지속 시간이 변화하는 것<br>• 장애인 스포츠 상황에서 참여자의 행동 관리에 직접적으로 사용됨 |
| A-B-C 모델 | 행동과 관련된 자극이 앞서 일어나고(Activating), 그 자극과 관련된 행동이 이어지며(Belief system), 그 행동에 따른 결과(Consequence) 혹은 부수적인 보상을 얻는 형태로 행동이 발생 |

**POINT**

**파블로프의 개**

개에게 먹이를 줄 때마다 종소리를 들려주는 것을 반복, 이후에는 먹이 없이 종소리만 들려주어도 개가 침을 흘리는 반응을 보이도록 한 실험으로 조작적 조건형성의 대표적인 사례이다.

### 이해더하기

**고전적 조건형성과 조작적 조건형성**

| 구분 | 고전적 조건형성 | 조작적 조건형성 |
| --- | --- | --- |
| 행동 | 불수의적, 정서적, 생리적 | 수의적(의도적) |
| 순서 | 자극 → 행동 | 행동 → 자극 |
| 예시 | 지도자의 친절함이 체육학습과 결합하면 학습자는 체육활동에서 긍정적인 정서를 획득 | 끝까지 포기하지 않는 학습자에 대해 칭찬이 주어지면 과제를 중도 포기하는 학습자들의 비율이 감소 |
| 학자 | 파블로프(Pavlov) | 스키너(Skinner) |

③ 기타 이론

| 교육심리적 접근법 | • 장애인스포츠 참여자의 자아존중감과 지도자와의 관계 강화에 중점을 두는 접근법<br>• 장애인스포츠 참여자의 문제 행동에 대해 스포츠 환경에 대처하는 부적절한 시도라고 인식시키는 방법 |
| --- | --- |
| 정신역학적 접근법 | 프로이트와 가장 밀접하게 관련되어 있는 접근법으로 정신분석, 상담 인터뷰, 놀이치료, 그룹요법과 같은 심리치료적 기법이 포함됨 |
| 생태학적 접근법 | • 환경 또는 생태계의 부조화가 문제행동을 야기한다는 가정에서 출발함<br>• 단순히 문제행동을 멈추는 것이 아니라 환경을 변화시켜 중재를 시도하는 접근법 |
| 생물기원학적 접근법 | 신경생리학적 기능 이상에 중점을 두고, 약물요법으로 행동의 수정 및 통제를 하는 것 |
| 인본주의적 접근법 | 생리적 욕구, 안전, 소속감, 자아실현의 인간 욕구가 단계적으로 나타난다는 자아실현 이론에 바탕을 둔 접근법 |
| 범주적 접근방법 | 집단을 유목화하여 접근하는 방법으로, 증상이나 행동의 특성에 따라 집단을 구분하고 각 유목의 질적인 차이를 강조하는 방법 |

### 이해더하기

**자기결정성(자결성)**

임파워먼트(empowerment)의 속성으로 장애인 스스로가 스포츠 활동을 선택하고 참여한다는 개념

④ 행동관리의 절차

㉠ 문제행동의 파악
㉡ 문제행동 발생 기초선 자료 파악
㉢ 효과적인 강화물 및 행동관리 방법 선정
㉣ 행동관리 시행 효과 관찰 및 평가
㉤ 행동관리에 사용된 강화물을 점차적으로 제거

---

**QUIZ**

장애인을 시각장애, 지적장애, 지체장애와 같이 조건에 따라 분류하고 지도하는 접근방법은 생물기원학적 접근법이다. (○/×)

답 ×

**기출 채우기**

문제행동이 무엇인지 파악한 후에는 문제행동의 기초선, 즉 빈도와 기간, ( ) 등을 파악해야 한다.

답 유형

⑤ 행동관리 기법 `2025 기출` `2024 기출`
  ㉠ 강화와 처벌

| 정적 강화 | 목표행동이 나타난 이후 특정한 후속자극을 제공함으로써 그 행동의 발생률, 강도 혹은 지속시간을 증가시키는 방법<br>예 숙제를 완료한 학생에게 그가 좋아하는 게임을 시켜 줌 |
|---|---|
| 부적 강화 | 원하지 않는 어떤 특정한 것(주로 혐오하는 상황이나 사물 등)을 제거해줌으로써 바람직한 행동의 강도와 빈도를 증가시키는 방법<br>예 정리정돈을 열심히 한 학생에게 매주 돌아오는 교실 청소를 1회 면제시켜 줌 |
| 정적 처벌 | 특정 반응이 일어날 확률을 줄이기 위해 원치 않는 자극을 제시<br>예 매번 지각하는 학생에게 지각할 때마다 벌금을 100원씩 걷음 |
| 부적 처벌 | 특정 반응이 일어날 확률을 줄이기 위해 대상이 원하는 자극을 제거<br>예 숙제를 하지 않고 컴퓨터만 하는 학생의 용돈을 줄임 |

  ㉡ 긍정적 행동의 증가를 위한 방법

| 칭찬 | 바람직한 행동에 대한 격려와 지지를 언어적 · 비언어적 방법으로 제공 |
|---|---|
| 토큰경제체제 | 긍정적 행동을 했을 때 특수한 강화물과 교환할 수 있는 토큰을 제공 |
| 프리맥 원리 | • 높은 확률로 일어나는 행동을 강화물로 사용하여 발생 확률이 적은 행동을 하도록 촉진하는 기법<br>• 대상자가 하고 싶어 하지 않는 과제를 완수했을 때 대상자가 하고 싶어 하는 행동을 하도록 허락함으로써 강화를 실현 |
| 촉진 | 과제 수행을 부모 혹은 지도자가 도와주는 방법 |
| 용암법 | 지원이나 도움(촉진, 강화물 등)을 점진적 · 체계적으로 제거하는 방법 |

  ㉢ 부정적 행동의 감소를 위한 방법

| 타임아웃 | 대상자가 문제행동을 일으켰을 때 대상자가 원하는 환경(정적 강화 환경)에서 일정 시간 퇴출시킴으로써 부정적 행동을 감소시키는 방법 |
|---|---|
| 과잉교정 | 문제행동의 결과를 대상자로 하여금 원상태로 복귀시키거나 원래의 상태보다 더 개선된 상태로 돌려놓게 함으로써 부정적 행동을 감소시키는 방법 |
| 소거 | 문제행동에 대한 강화 원인을 파악하고 그 원인을 제거하는 방법 |
| 벌 | 야단 혹은 처벌을 통해 문제행동을 제거하는 방법 |
| 체계적 둔감법 | • 대상자가 특정 행동의 수행에서 느끼는 불안 혹은 공포감을 점차 감소시키는 방법<br>• 공포를 일으키는 자극과 긍정적인 반응을 유발하는 자극을 함께 제시함으로써 불안 및 공포를 제어 |
| 반응대가 | 바람직하지 못한 행동을 했을 때 그 행동에 대한 대가로서 이미 보유하고 있던 정적 강화를 제거하는 방법 |

### 4. 체계적 지도 : 운동학습 촉진

① 운동기술 지도를 위한 환경 조성
  ㉠ 대상자 특성 : 연령, 체격, 성별, 사회 · 경제적 수준, 문화 수준 등

---

**POINT**

**체력운동의 원리** `2025 기출`

- 과부하의 원리 : 일상생활의 단순한 활동보다 강하게 운동한다.
- 점진성의 원리 : 조금씩 운동 강도 및 운동량을 늘린다.
- 전면성의 원리 : 여러 체력 요소를 고르게 운동한다.
- 반복성의 원리 : 같은 동작을 일정 시간 동안 반복한다.
- 개별성의 원리 : 개인의 체력 수준에 알맞게 운동한다.
- 계속성의 원리 : 운동을 장기간 규칙적으로 한다.
- 특수성의 원리 : 운동 목적에 맞는 운동 종목을 선택한다.

- ⓒ 지도 환경 : 실내·외 환경, 시설, 장비, 공간, 바닥 표면 상태, 조명 등
- ⓒ 학습 과제 : 교육 과정(유용성, 흥미성 등을 고려)

② 운동기술 학습과 지도원리 적용
- ⓐ 성장 및 성숙은 운동기술의 학습능력에 영향을 미침
- ⓑ 운동의 역학적, 생리학적 원리를 기반으로 기술지도 필요
- ⓒ 새로운 운동기술을 학습할 때에는 적절한 강화와 반복수행이 필요
- ⓓ 정서는 운동기술 학습과정에 영향을 미침
- ⓔ 주어진 과제에 대한 성공적 수행은 운동학습을 촉진함
- ⓕ 적절한 휴식에 의해 연습 구간을 분리하는 것은 운동학습을 촉진함
- ⓖ 완전 학습된 운동기술은 더욱 오래 지속됨

> **이해더하기**
>
> **발달적 접근법과 기능적 접근법**
>
> | 발달적 접근법 | 높은 수준의 운동기술 혹은 동작을 익히기 위해 하위 수준의 공작을 먼저 세부적으로 구분하여 학습하고, 이들을 조합하여 전체 동작을 학습하도록 하는 방법 |
> |---|---|
> | 기능적 접근법 | 발달적 접근법과 반대로 전체 동작을 먼저 가르친 후에 세부적인 동작들을 가르치는 방법 |

**QUIZ**
기능적 접근방법은 전체 동작을 먼저 가르친 후에 세부적인 동작들을 가르치는 지도 방법이다. (○/×)

답 ○

③ 중재반응 모델
- ⓐ 특별한 교육적 조치가 필요한 학생들을 확인하기 위해 사용되는 구조적 접근법
- ⓑ 현장에서 개별화 접근과 증거기반 교수가 점점 강조되는 상황에 맞추어 강조되는 접근법
- ⓒ 생애 초기부터 학생들의 학습 효과를 극대화하고 문제행동을 최소화할 수 있는 방식의 사정과 중재를 통합하는 접근법
- ⓓ 특별한 접근이 필요한 아동을 조기에 선별할 수 있을 뿐만 아니라 일반적인 발달을 보이는 동료들과 통합된 수업에서 학습 부진을 효과적으로 보완할 수 있다는 것이 장점

> **이해더하기**
>
> **운동 시 발작을 일으켰을 경우의 대응 방법**
> - 상해를 입지 않도록 몸을 부축해 천천히 자리에 눕히고 주변의 위험한 물건을 정리
> - 안경을 낀 환자의 경우 안경을 제거할 것
> - 발작 시간을 기록하고 발작이 3~4분간 지속되며 약해지지 않을 경우 119에 신고
> - 발작 중인 환자의 몸을 함부로 붙잡아 고정시키지 않도록 주의
> - 입에 이물질을 넣어서는 안 되며 질식 등을 방지하기 위해 고개는 옆으로 돌려줄 것
> - 발작이 끝난 후에는 환자가 휴식을 취할 수 있도록 하고 몸 상태를 확실히 파악할 것

**QUIZ**
운동 시 발작을 일으켰을 경우에는 발작 이후 즉시 심폐소생술을 실시해야 한다. (○/×)

답 ×

## 기출 채우기

RICE 요법 중 (　　) 단계에서는 탄력 붕대를 이용하여 압박을 주어 붓기를 완화한다.

🔁 압박

### 이해 더하기

**RICE 요법**

- 운동 중 발목을 삐는 등 근육에 손상을 입었을 때 즉시 시행할 수 있는 응급처치 방법
- 발목 부상 시 초기에는 RICE 요법으로 응급처치를 하고 심각한 부상이라면 반드시 병원을 방문하여 전문의의 치료를 받아야 함

| | |
|---|---|
| 안정 (Rest) | 부상 시 손상 부위를 최대한 움직이지 않고 활동을 최소화하는 단계 |
| 얼음찜질 (Ice) | 부상 후 24~72시간 동안 냉찜질을 통해 출혈과 붓기를 조절하는 단계 |
| 압박 (Compression) | 탄력 붕대를 이용하여 적절한 강도의 압박을 주어 붓기를 완화하는 단계. 붕대는 상해 부위에 맞도록 감싸 적절한 압박을 주되, 통증이 있을 정도의 단단함은 붓기 심화, 저림 등의 증상을 야기할 수 있으니 유의한다. |
| 환부 높임, 거상(Elevation) | 부상 부위를 심장보다 높게 올려 붓기를 완화하는 단계 |

# CHAPTER 02 장애유형별 체육지도 전략

**SECTION 01** 지적장애, 정서장애, 자폐성장애 등의 특성과 지도 전략

## 1. 지적장애

### ① 지적장애의 정의  `2025 기출` `2024 기출`

㉠ 용어의 변화 : 정신박약 → 정신지체 → 지적장애
㉡ 지적장애의 정의

| 장애인복지법 | 정신 발육이 항구적으로 지체되어 지적 능력의 발달이 불충분하거나 불완전하고 자신의 일을 처리하는 것과 사회생활에 적응하는 것이 상당히 곤란한 사람 |
|---|---|
| 장애인 등에 대한 특수교육법 | 지적 기능과 적응행동상의 어려움이 함께 존재하여 교육적 성취에 어려움이 있는 사람 |
| 미국지적·발달장애협회 (AAIDD) | • 지적 기능성과 개념적·실제적·사회적 적응기술로 표현되는 적응행동의 양 영역에서 유의하게 제한성을 보이는 장애이며, 나이는 18세 이전을 기준으로 함(2020)<br>• 2021년부터 기존 18세 이전을 기준으로 하던 나이를 22세 이전으로 수정함 |
| 세계보건기구(WHO) | 정신발달이 정지되거나 불완전한 상태로서 특히 발달기에 나타나는 지능의 장애 |

> **기출 채우기**
> AAIDD(2010)에서는 지적장애를 ( )세 이전에 시작되는 것으로 정의하고 있다.
> 답 18

> **POINT**
> **AAIDD의 지적장애 진단 연령 기준**
> • 11차 정의(2010) : 18세 이전
> • 12차 정의(2021) : 22세 이전

> **이해 더하기**
> **적응행동의 3가지 요인**
> 
> | 개념적 기술 | 언어와 문해 기술, 금전·시간·수개념, 자기 지시 |
> |---|---|
> | 실제적 기술 | 일상생활 활동, 직업기술, 금전 사용, 건강과 안전, 여행, 대중교통 이용, 일과 계획, 전화 사용 |
> | 사회적 기술 | 대인기술, 사회적 책임감, 자긍심, 순진성, 사회적 문제 해결, 규칙·법률 준수 |

### ② 지적장애의 발생 원인

㉠ 시기에 따른 원인

| 구분 | 원인 |
|---|---|
| 출생 전 | • 염색체 이상 예 다운증후군  • 수두증, 소두증<br>• 대사 이상 예 페닐케톤뇨증  • 산모의 질병 예 풍진<br>• 부모의 혈액형 부적합 예 Rh 인자<br>• 산모의 중독 예 흡연, 알코올 중독, 기타 약물 중독 |

| 구분 | 원인 | |
|---|---|---|
| 출생 시 | • 미숙아, 조숙아<br>• 난산 | • 저체중아 |
| 출생 후 | • 질병 예 뇌수막염, 뇌염<br>• 중독 예 납 함유 페인트 섭취 | • 발달상 지체, 환경 박탈<br>• 대사 장애 예 갈락토스혈증 |
| 복합적 | • 사고<br>• 종양<br>• 특발성 증상 | • 대뇌 산소 결핍<br>• 매독 |

ⓒ 병인학적 원인

| 구분 | 내용 |
|---|---|
| 다운증후군<br>(Down syndrome) | 상염색체(autosome) 이상에 의한 질환으로 정상적인 염색체 개수인 46개보다 1개가 많은 47개의 염색체를 가진 염색체 이상으로 인해 발생 |
| 페닐케톤뇨증<br>(PKU ; Phenylketonuria) | 유전자에 의한 단백질 대사 이상으로, 선천적인 대사 장애가 원인 |
| 약체 X 증후군<br>(Fragile X syndrome) | 다운증후군만큼 흔한 지적장애 원인으로, X염색체에서 발견되는 1개 이상의 유전자가 관여되어 발생 |
| 프라더-윌리 증후군<br>(Prader-Willi syndrome) | 부계로부터 유전되는 유전적 결함으로 인해 15번 염색체의 일부가 소실되어 발생 |

### POINT
**지적장애의 병인학적 원인**

| 다운증후군 | 염색체 개수 이상 |
|---|---|
| 페닐케톤뇨증 | 단백질 대사 이상 |
| 약체 X 증후군 | X염색체의 유전자 이상 |
| 프라더-윌리 증후군 | 15번 염색체 일부 소실 |

### 이해 더하기

**다운증후군 지적장애인의 신체적 특징** `2024 기출`
- 고관절이나 특히 무릎에 환축추 불안정(atlantoaxial instability)이 나타남
- 근육의 긴장도가 낮아 관절의 과신전이 일어나는 증상을 보임
- 탈골, 염좌 등의 부상 위험이 높으므로 근육 운동 시 지도사의 관리 필요
- 흔히 깔때기 모양 혹은 새가슴 모양의 가슴을 지님
- 1, 2번 경추 정렬 불량으로 척추가 휘어 있거나 고관절 탈구가 많음(척수손상에 주의)
- 다운증후군 중 30~50%는 선천적인 심장 결손이 나타남
- 다운증후군 중 약 10%는 위장계통에 이상이 나타남
- 대부분의 경우 청각장애 또는 근시가 나타남
- 당분을 조절하는 내당 기능이 약해 비만이 되기 쉽고 당뇨병 발생 빈도가 높음

③ **지적장애의 분류**

㉠ 지능검사 점수에 의한 분류

| 수준 | 지능검사 점수 |
|---|---|
| 경도 정신지체 | IQ 50~69 |
| 중등도 정신지체 | IQ 35~49 |
| 고도 정신지체 | IQ 20~34 |
| 최고도 정신지체 | IQ 20 미만 |

ⓒ 장애인복지법상의 분류(장애인복지법 시행규칙)

| 장애 정도 | 내용 |
|---|---|
| 장애의 정도가 심함 | 지능지수가 70 이하인 사람으로서 교육을 통한 사회적·직업적 재활이 가능한 사람 |

ⓒ AAIDD의 지원에 따른 분류

| 구분 | 지원 정도 |
|---|---|
| 간헐적 지원<br>(intermittent) | • 필요한 때에 기초한 지원<br>• 일회적 성격을 띠며 인생의 전환기(실직, 건강상의 심각한 위기상황 등)에 단기간의 지원이 필요 |
| 제한적 지원<br>(limited) | • 일정한 시간 동안 일관성 있게 지원<br>• 시간 제한적인 성격으로 확장적 지원보다는 인력과 비용이 적게 소요됨 |
| 확장적 지원<br>(extensive) | • 일부 환경(직장이나 가정)에서 정규적으로 이루어지는 자원<br>• 시간 제한 요소 없음 |
| 전반적 지원<br>(pervasive) | • 항구적인 고강도 지원으로 전반적인 모든 환경에서 지원을 제공<br>• 삶을 유지하는 데 필요한 지원을 의미하며 가장 많은 인력과 개입이 요구됨 |

④ **지적장애의 특성 및 지도 전략**

ⓘ 지적장애의 특성

| 분류 | 내용 |
|---|---|
| 인지행동 | • 낮은 인지 수준<br>• 주의력 결핍 및 기억력 결함(장기기억 및 단기기억 결함) |
| 사회적·감정적 | • 상황에 대한 부적절한 반응<br>• 상호작용 미숙<br>• 사회성 결여 |
| 신체적 | • 심동적 영역 차이<br>• 운동발달상의 지체<br>• 낮은 수준의 체력 및 운동수행능력 |

ⓒ 지적장애 지도 전략 `2025 기출` `2024 기출` `2023 기출`

- 운동수행의 발달 정도에 따라 꾸준히 지도할 것
- 현재수행능력의 세밀한 파악 후 지도할 것
- 안전지도 방안을 구체화할 것
- 언어지도, 시범지도, 직접지도 등을 적절히 활용할 것
- 간단한 단어 및 설명을 사용할 것
- 활동을 단순화하고 단순한 규칙의 놀이를 제공할 것
- 가능한 참여자 스스로가 자신의 활동을 결정할 수 있도록 할 것
- 운동기술의 습득, 파지, 전이가 이루어지고 있는지 수시로 점검할 것
- 주의를 집중할 수 있도록 관련된 단서를 제공할 것
- 직접지도 시 최소한의 신체접촉을 유지할 것

---

**QUIZ**
현재 장애인복지법에서는 지적장애를 장애 정도에 따라 3개의 등급으로 구분하고 있다. (○/×)
답 ×

**QUIZ**
확장적 지원은 일부 환경(직장, 가정 등)에서 정규적으로 이루어지는 지원으로 시간 제한 요소가 없다. (○/×)
답 ○

**기출 채우기**
지적장애인이 운동 수행 중 자해 행동을 할 경우 (　　　)을/를 통해 즉시 동작을 중단시킨다.
답 신체 구속

- 쉬운 과제에서 어려운 과제 순으로, 익숙한 과제에서 새로운 과제 순으로 과제를 제시할 것
- 다양한 감각적 단서를 제공(다감각적 접근법)할 것
- 과제의 난이도를 지나치게 낮추거나 변형하지 말 것
- 장애로 인해 운동 수행이 어려울 경우에만 규칙 및 장비 등을 변형할 것

## 2. 정서장애

### ① 정서장애의 정의

| | |
|---|---|
| 장애인 등에 대한 특수교육법 | • 지적·감각적·건강상의 이유로 설명할 수 없는 학습상의 어려움을 지닌 사람<br>• 또래나 교사와의 대인관계에 어려움이 있어 학습에 어려움을 겪는 사람<br>• 일반적인 상황에서 부적절한 행동이나 감정을 나타내어 학습에 어려움이 있는 사람<br>• 전반적인 불행감이나 우울증을 나타내어 학습에 어려움이 있는 사람<br>• 학교나 개인 문제에 관련된 신체적인 통증이나 공포를 나타내어 학습에 어려움이 있는 사람 |
| 미국장애인교육법 (IDEA) | 장기간 동안 학습에 뚜렷하게 불리한 영향을 주며, 이로 인해 기간, 정도, 교육적 수행에 부정적인 영향을 미치는 사람 |

### ② 정서장애의 발생 원인

| 구분 | 원인 |
|---|---|
| 생물학적 요인 | 유전적 이상, 신경학적 이상, 기질적 문제, 뇌기능 이상 및 뇌 손상, 신체적 질병, 영양 결핍, 정신생리학적 장애 등 |
| 가족 요인 | 병리적 가족관계 요인<br>예 부모의 이혼, 부정적 가족관계, 부모의 부재, 부모의 학대 및 폭력 등 |
| 문화적 요인 | 가족, 이웃, 주변 인물, 지역사회의 기대와 가치, 민족성, 사회 계층, 대인관계 등 |

### ③ 정서장애의 분류

| 구분 | 내용 |
|---|---|
| 교육학 및 심리학적 분류 | 행동장애, 품행장애, 성격장애로 분류 |
| 미국정신의학회의 분류 | 정신지체, 기질성 뇌증후군 및 다양한 기능장애-신경증적 행동, 인격장애, 심신증, 정신병적 행동으로 분류 |
| 소아정신과적 분류 | 정서장애, 신경장애, 정동장애로 분류 |

---

**QUIZ**

정서장애는 부모의 이혼이나 학대 등 환경적인 요인으로도 발생할 수 있다. (○/×)

답 ○

④ 정서장애의 특성 및 지도 전략 [2025 기출]

㉠ 정서장애의 특성

| 구분 | 내용 |
|---|---|
| 품행장애 | 사람들의 이목을 끌려는 행동, 탠트럼(tantrums), 싸움, 파괴, 타인을 귀찮게 하는 성향 |
| 사회화된 공격 | 조직적인 절도, 무단결석, 불량학생에 대한 추종, 불량조직 가담, 도덕적 가치와 법률에 대한 경시 |
| 주의력 문제 (미성숙) | 짧은 집중 시간, 나태함, 집중력 부족, 산만함, 무기력, 생각 없이 대답하는 경향 |
| 불안-회피 | • 품행장애와 반대되는 개념<br>• 과도한 자기-자각, 과민성, 일반적인 두려움, 불안, 우울감, 인식된 슬픔 |
| 정신병적 행동 | 과장해서 말하기, 어색한 표현, 엉뚱한 생각 등 |
| 운동 과잉 | 쉬지 않고 움직이며 편안하게 이완하지 못하는 것 |
| 과잉행동 | 활동의 양이 주어진 과제보다 지나치게 많아 쉬지 않고 움직이는 경우 |
| 산만성 | 주변 환경으로부터 쉽게 방해를 받거나 특정 과제에 주의를 기울이지 못하는 경우 |
| 충동성 | 사려 깊은 생각이나 목적 없이 일시적·즉흥적으로 일어나는 행동 |

### 이해 더하기

**주의력 결핍장애(ADHD)와 품행장애(CD)**

| | |
|---|---|
| ADHD | • 주로 학령기에 나타나나 성인들에게도 나타남<br>• 여아보다는 남아에게 더 많이 발생<br>• 동작이 서투르고 운동발달이 느림<br>• 과잉행동, 부주의, 충동성이 주요 특징<br>• 정확한 운동 조절과 타이밍에 결함<br>• 뇌 전두엽 및 그 연결망의 이상으로 억제력, 작업기억, 실행기능 등에 어려움 |
| CD | • 여자보다는 남자에게 더 많이 발생<br>• 사람이나 동물에 대한 공격성, 재산의 파괴, 사기 또는 도둑질, 심각한 규칙 위반 등의 행동 양상을 최소 6개월 이상 지속한 경우 |

㉡ 정서장애 지도 전략
- 문제행동이 발생하는 원인을 분석하고 그 원인이 되는 환경이나 상황을 제거할 것
- 긍정적인 행동이 발달할 수 있는 환경을 조성할 것
- 긍정적인 피드백을 제공해 바람직한 스포츠 참여행동을 지도할 것
- 처음에는 다른 사람들의 참여를 참관하게 하고, 일정 시간이 지난 후 비경쟁적인 자기향상 활동에 참여하도록 유도할 것

### POINT
**ADHD의 일반적 특징**
- 동작이 서투르고 운동발달이 느림
- 정확한 운동 조절과 타이밍에 결함이 나타남
- 뇌 전두엽 및 그 연결망의 이상으로 억제력, 작업기억, 실행기능 등에 어려움을 보임
- 한국 ADHD협회 DSM-5의 진단기준에 따르면 주의력 결핍, 과잉행동 또는 충동성 평가항목 중에서 6개 이상의 항목이 최소 6개월 이상 지속되어야 하고, 12세 이전에 증상이 있어야 한다고 함

### QUIZ
ADHD는 낮은 지능과 미숙한 적응행동으로 인해 지적장애로 분류된다. (○/×)

답 ×

- 모든 환경자극은 구조화된 환경 내에서 지도자의 통제하에 이루어지도록 할 것
- 스포츠를 통한 성공 경험을 할 수 있도록 환경을 조성할 것
- 개인운동보다는 다른 사람과 함께 어울릴 수 있는 집단운동을 제공하는 것이 바람직함
- 연령에 맞는 신체활동 프로그램에 적극적으로 참여하도록 유도할 것

### 3. 자폐성장애

① **자폐성장애의 정의**

| 장애인복지법 | 소아기 자폐증, 비전형적 자폐증에 따른 언어·신체표현·자기조절·사회적응 기능 및 능력의 장애로 인하여 일상생활이나 사회생활에 상당한 제약을 받아 다른 사람의 도움이 필요한 사람 |
|---|---|
| 장애인 등에 대한 특수교육법 | 사회적 상호작용과 의사소통에 결함이 있고, 제한적이고 반복적인 관심과 활동을 보임으로써 교육적 성취 및 일상생활 적응에 도움이 필요한 사람 |
| 미국자폐협회(ASA) | 일반적으로 생후 3년 이내에 나타나는 복잡한 발달장애로 두뇌의 정상적인 기능에 영향을 미침으로써 사회적 상호작용과 의사소통 기술영역에 어려움을 받은 사람 |

② **자폐성장애의 발생 원인**
　㉠ 자폐성장애를 포함한 전반적 발달장애에 대한 정확한 원인은 아직 밝혀지지 않은 상황
　㉡ 일부 학자들은 유전적 요인과 신경계 손상에 기인한 것이라고 주장
　㉢ 유전적 요인으로는 약체 X 증후군이 대표적

③ **자폐성장애의 유형별 진단기준**

| 구분 | 기준 |
|---|---|
| 아스퍼거 증후군 | • 다음 중 두 가지 이상 사회적 상호작용에 있어서의 질적인 결함<br>　- 표정, 눈 맞춤, 몸짓과 같은 비언어적 행동 사용에 있어 현저한 결함<br>　- 발달 수준에 적합한 또래관계 형성 실패<br>　- 자발적으로 타인과 기쁨, 관심, 성공을 나누지 못함<br>　- 사회적·정서적 반응의 상호교류 결여<br>• 다음 중 한 가지 이상에서 반복적이며 상동적인 행동 유형<br>　- 강도나 초점에 있어 비정상적인 한 가지 이상의 상동적·제한적 관심거리에 대한 집착<br>　- 특이하고 비효율적인 틀에 박힌 일이나 의례적인 행동에 집착<br>　- 상동적·반복적인 동작성 매너리즘<br>• 사회적, 작업적 또는 기능적으로 중요한 영역에 있어 의미 있는 결함이 원인이 되는 상태 |

---

**QUIZ**
자폐성장애는 약체 X 증후군과 같은 유전적 요인으로 인해 나타나는 것으로 확인되었다. (○/×)

답 ×

| 구분 | 기준 |
|---|---|
| 렛 장애 | • 48개월에서 5세 사이에 머리의 성장이 감소<br>• 상동적인 손 움직임의 발달과 함께 30개월에서 5세 사이에 습득한 손 기술 손실<br>• 사회 참여 제한<br>• 몸통의 움직임과 협응력이 미약<br>• 심동적 영역의 지체와 함께 표현 언어와 수용 언어 발달의 심각한 결함 |
| 소아기<br>붕괴성 장애 | • 적어도 생후 2년까지는 정상적인 발달이 나타남<br>• 2세 이전(향후 10세까지)에 습득한 기술에 있어 다음 영역에서 임상적으로 의미 있는 손실이 발생<br>  – 표현 언어 또는 수용 언어<br>  – 사회적 기술 또는 적응 행동<br>  – 배변 또는 배뇨 조절<br>  – 놀이, 운동 기술<br>• 다음 영역 가운데 적어도 두 가지 이상에서 비정상적인 모습이 발생<br>  – 사회적 상호작용의 결함<br>  – 의사소통 기술의 결함<br>  – 상동적 혹은 반복적인 동작성 매너리즘<br>• 전반적인 발달장애나 정신분열증으로는 잘 설명되지 않음 |
| 비전형 전반<br>발달장애 | • 상호 간의 사회적 상호작용, 언어적·비언어적 의사소통 기술 또는 상동행동 등의 발달에 있어 심각하고 전반적인 결함이 발생<br>• 전반적 발달장애나 정신분열증 또는 다른 인격장애의 진단 기준은 충족하지 않음 |

④ **자폐성장애의 특성 및 지도 전략** 2023 기출

㉠ 자폐성장애의 특성

| 구분 | 내용 |
|---|---|
| 지능 및 학습 | • 지적장애와 유사한 모습<br>• 기능적인 언어 발달의 문제<br>• 특정 학습 분야에서 뛰어난 암기력 및 기억력 |
| 행동 | • 다른 사람과 주변 환경에 무관심함<br>• 수면 및 음식 섭취에 곤란<br>• 상동행동 발생<br>• 상호작용능력 발달 지체 |
| 체력 | • 낮은 체력 및 운동기술 수준<br>• 운동기술의 지체와 서투른 움직임 |

㉡ 자폐성장애 지도 전략

- 소음과 활동에 저해되는 환경 관리
- 자극과 소리에 민감하게 반응하므로 적절한 지도방법 및 대처방안 적용
- 연속된 동작의 스포츠가 적합함
- 학습자의 행동을 언어로 설명
- 대인 및 개인활동으로 시작하여 협동놀이로 발전시키는 것을 권장
- 대상자가 선호하는 스포츠, 접하기 쉬운 스포츠를 우선적으로 선정
- 언어지시와 시각적 단서를 제공
- 언어적 단서보다 환경적 단서가 더욱 효과적일 수 있음

**POINT**

**서번트 증후군**
자폐증이나 지적장애를 가진 사람이 암산, 기억, 음악, 퍼즐 맞추기 등 특정 분야에서 매우 우수한 능력을 발휘하는 현상

**QUIZ**

자폐성장애의 스포츠 지도 시 협동놀이로 시작하여 대인이나 개인 활동으로 발전시키는 것이 권장된다.
(O/×)

답 ×

## SECTION 02 시각장애 특성과 지도 전략

### 1. 시각과 시각장애

① **시각의 개념**
   ㉠ 시각 : 눈을 통해 빛의 자극을 받아들이는 감각 작용 과정
   ㉡ 시력 : 두 개의 점을 두 개라고 판단하는 능력(=눈의 분해능)
   ㉢ 시기능 : 시각을 이용하여 과제를 수행하는 능력

> **이해더하기**
>
> **눈의 분해능**
> • 가까이 있는 두 개의 물체를 분리시켜 볼 수 있는 능력
> • 눈으로 두 개의 점을 보면서 두 개의 점으로 인식할 수 있는 능력
> • 상을 명확하고 뚜렷하게 보는 능력

**POINT 약시**
눈에 특별한 이상이나 기질적 질환이 없는데도 시기능이 저하되어 정상적인 교정시력이 나오지 않는 상태

**기출 채우기**
(     )은/는 눈을 통해 빛의 자극을 받아들이는 감각 작용 과정이다.
답 시각

② **시각장애의 정의**

| 장애인복지법 | • 나쁜 눈의 시력(공인된 시력표에 따라 측정된 교정시력)이 0.02 이하인 사람<br>• 좋은 눈의 시력이 0.2 이하인 사람<br>• 두 눈의 시야가 각각 주시점에서 10도 이하로 남은 사람<br>• 두 눈의 시야 2분의 1 이상을 잃은 사람 |
|---|---|
| 장애인 등에 대한 특수교육법 | 시각계의 손상이 심하여 시각기능을 전혀 이용하지 못하거나 보조공학기기의 지원을 받아야 시각적 과제를 수행할 수 있는 사람으로서 시각에 의한 학습이 곤란하여 특정의 광학기구·학습매체 등을 통하여 학습하거나 촉각 또는 청각을 학습의 주요 수단으로 사용하는 사람 |

**POINT 법적 맹**
시력 1.0(스넬렌 시력표 기준 6/60 혹은 20/200) 이하의 시력이거나 좋은 눈의 시야가 20° 이하로 감소한 상태

### 2. 시각장애의 발생 원인

| 구분 | | 내용 |
|---|---|---|
| 굴절<br>이상 | 근시 | 시각의 상이 망막보다 앞에 맺히는 경우로, 가까운 거리에 있는 물체는 명확히 볼 수 있으나 먼 거리에 있는 물체는 희미하게 보임 |
| | 원시 | 시각의 상이 망막보다 뒤에 맺히는 경우로, 가까운 거리에 있는 물체는 희미하게 보이나 먼 거리에 있는 물체는 명확히 보임 |
| | 난시 | 각막과 수정체의 표면이 매끄럽지 못해 망막에 맺힌 상이 흐려지거나 왜곡되는 경우로, 눈의 초점을 맞추는 것에 어려움이 있음 |
| | 노안 | 나이가 들면서 수정체가 딱딱해지거나 눈의 초점 조절을 통제하는 모양근이 약해져 초점을 조절하는 능력이 떨어지는 경우 |
| 각막 질환 | | 감염이나 상해, 알레르기 등으로 각막에 상처가 생겨 시력이 떨어지거나 빛이 왜곡되는 경우 예 원추각막 |
| 수정체 질환 | | 수정체가 탁해지면서 생기는 질환 예 백내장 |

**O/X QUIZ**
백내장은 시신경의 손상으로 인해 발생하는 대표적인 시각장애이다. (○/×)
답 ×

| 구분 | 내용 |
|---|---|
| 망막 질환 | 망막에 혈액이 제대로 공급되지 않거나 수용기에 질병이 생겨서 발생 예) 망막박리, 황반변성, 당뇨망막병증, 망막색소변성 등 |
| 시신경 질환 | 시신경에 손상이 생기거나 노화로 인해 발생하는 질환 예) 녹내장 |

## 3. 시각장애의 분류

### ① 기능적 분류

| 구분 | 내용 |
|---|---|
| 완전실명(전맹) | 시력이 전혀 없는 상태 |
| 광각 | 암실에서 광선을 인식할 수 있는 상태 |
| 수동 | 눈앞에서 손을 좌우로 움직일 때 이를 알아볼 수 있는 상태 |
| 지수 | 자기 앞 1m 전방에서 손가락 수를 셀 수 있는 상태 |
| 저시각 | • 일반 활자를 읽지 못할 수 있으나 시력으로 일상생활을 할 수 있는 상태<br>• 한계는 일정치 않으나 다각적으로 변화를 발견하지 못하는 시력 감퇴가 있는 상태 |

### ② WHO의 분류

| 구분 | 시력 정도 | 과제 수행 정도 |
|---|---|---|
| 정상 | 정상시력 또는 정상근접시력 | 특별한 도움 없이 과제 수행 가능 |
| 저시력 | 중등도 | 특별한 도움을 받으면 거의 정상적으로 과제 수행 가능 |
| 저시력 | 중도 | 도움을 받으면 속도, 정확도, 지속도가 낮은 수준에서 시각적 과제 수행 가능 |
| 저시력 | 최중도 | 시각 과제에서 전반적인 어려움이 있고, 섬세함을 요구하는 시각 과제 수행 불가능 |
| 맹 (또는 실명) | 실명근접시력 | 시력에 의존할 수 없으며 기본적으로 다른 잔존 감각에 의존해야 함 |
| 맹 (또는 실명) | 맹(또는 실명) | 시력이 전혀 없고 오로지 다른 잔존 감각에만 의존해야 함 |

> **QUIZ**
> WHO의 시각장애 분류에 따르면 '도움을 받으면 속도나 정확도, 지속도가 낮은 수준에서 시각적 과제 수행이 가능한 수준'은 중등도의 시력 정도이다. (○/×)
>
> 답 ×

### ③ 장애인복지법상의 분류

| 구분 | 내용 |
|---|---|
| 장애의 정도가 심함 | • 좋은 눈의 시력이 0.06 이하인 사람<br>• 두 눈의 시야가 각각 모든 방향에서 5도 이하로 남은 사람 |
| 장애의 정도가 심하지 않음 | • 좋은 눈의 시력이 0.2 이하인 사람<br>• 두 눈의 시야가 각각 모든 방향에서 10도 이하로 남은 사람<br>• 두 눈의 시야가 각각 정상 시야의 50% 이상 감소한 사람<br>• 나쁜 눈의 시력이 0.02 이하인 사람 |

④ 국제시각장애인경기연맹(IBSA)의 분류

| 구분 | 내용 |
|---|---|
| B1 | 명암 인식이 가능 또는 불가능하며, 가능하더라도 어느 방향이나 어느 거리에서든지 손의 형태를 인지하지 못함 |
| B2 | 손 모양을 알아볼 수 있는 정도에서부터 시력이 2m/60m이거나 단안 시야가 5도 미만 |
| B3 | 시력이 2m/60m 이상에서 6m/60m이거나 단안 시야가 5도 이상 20도 미만 |
| NOE | 시력이 6m/60m 이상이며 단안 시야가 20도 이상 |

⑤ 실명 시기에 따른 분류

| 구분 | 내용 |
|---|---|
| 선천성 | • 태어나면서, 또는 태어난 지 얼마 안 되어 시각장애가 발생<br>• 사물이나 장소에 대한 시각적 경험이 형성되어 있지 않음 |
| 후천성 | • 출생 이후 생활을 하다가 시각장애가 발생<br>• 어느 정도의 시각적 경험이 존재함 |

⑥ 장애 진행 정도에 따른 분류

| 구분 | 내용 |
|---|---|
| 급성 | 사고로 단번에 실명하는 경우와 같이 시각 장애 진행 정도가 급격한 경우 |
| 만성 | 시각 장애 진행이 장기간에 걸쳐 서서히 이루어지는 경우 |

## 4. 시각장애의 특성 및 지도 전략

① 시각장애의 특성

㉠ 영역별 특성

| 구분 | 주요 특성 |
|---|---|
| 인지적 특성 | • 지능과 학업성취가 또래에 비해 지체되어 있음<br>• 사물의 영속성, 인과관계, 공간개념, 신체개념 등의 개념 발달이 지체됨<br>※ 지능이나 개념 발달의 지체는 제한된 환경 경험이 주 원인 |
| 언어적 특성 | • 일반인보다 느리게 이야기함<br>• 일반인보다 크게 이야기하고 말할 때 음을 조절하지 못함<br>• 말하는 동안 억양, 몸짓, 표정, 입술 모양 등에 변화가 없음 |
| 행동 특성 | • 신체활동의 기회가 적고 혼자 있는 시간이 많아지면서 습관적인 행동이 나타남<br>• 바른 자세를 취하는 것이 어렵고 몸이 경직되어 있음 |
| 사회적 특성 | • 불안이나 공포, 긴장감이 일반인에 비해 높음<br>• 상호작용 부족으로 사회적 고립이 초래됨<br>• 사회적 관계의 시작 및 유지가 어려움<br>• 습관적이고 부적절한 행동으로 사회적 상호작용이 제한됨 |

ⓒ 신체활동상의(심동적) 특성

| 구분 | 주요 특성 |
|---|---|
| 운동발달 | 일반인과 대체로 유사하나, 일부 과정이 누락되거나 발달 속도가 지체됨 |
| 자세 | 발을 땅에 끌며 걷기, 앞으로 기울인 자세, 움츠린 어깨 등이 대표적 특징 |
| 체력 | 건강체력과 운동체력 영역에서 또래의 일반인보다 낮은 상태를 보임 |
| 운동기술 | • 운동기술 습득이 상대적으로 느리고 경우에 따라 질적으로 다른 패턴을 보임<br>• 소근운동기술보다 운동 반경이 큰 대근운동기술의 수행에 더 어려움을 보임 |
| 신체상 | 시각이 아닌 촉각, 청각, 운동감각 등을 활용하여 제한적으로 신체상을 형성 |
| 보행 | • 일반인에 비해 보행 속도가 느리고 보행 자세 및 방향성, 안정성에서 정확성이 떨어짐<br>• 걸을 때 보폭이 짧고 몸을 한쪽 방향으로 기울인 자세로 걸음 |

ⓒ 체력상의 특성

| 구분 | 주요 특성 |
|---|---|
| 심폐지구력 | 일반인과 비교하여 현저히 떨어지고 특히 남자의 경우 그 격차가 큼 |
| 신체조성 | 일반인보다 신장이 작고 피부두겹이 두껍거나 체지방률이 높음 |
| 근력 | 일반인에 비해 근력과 근지구력이 약함 |
| 유연성 | 상·하체 모든 부위에서 일반인에 비해 부족하며, 특히 하체 유연성이 상대적으로 더욱 부족함 |
| 평형성, 협응력, 민첩성 | 대체로 낮은 수행을 보이는데, 이는 성장기에 신체를 충분히 움직일 수 있는 경험이 부족하기 때문이며, 따라서 시지각 활용 동작이 많은 운동체력과제에서 더욱 어려움을 겪음 |

② **시각장애 지도 전략** `2025 기출` `2024 기출`

ⓐ 시각장애인 신체활동 지도 시 고려사항
- 방향정위 : 시각장애인이 특정 환경에서 주변에 있는 물체와의 관계를 파악하여 자신의 위치를 파악하는 과정
- 이동훈련 : 한 지점에서 다른 지점까지 이동하는 능력

| 구분 | 주요 특성 |
|---|---|
| 자기보호법 | 손을 앞으로 뻗어 손바닥이나 손등으로 자신의 신체를 보호하고 전면의 사물을 탐지하며 이동하는 방법 |
| 트레일링 | 벽이나 난간 등의 사물을 따라가면서 목표 지점까지 이동하는 방법 |

ⓒ 시각장애인 신체활동 지도 전략

| 구분 | 주요 특성 |
|---|---|
| 언어적 설명 | • 복잡하고 여러 가지 단서가 포함된 설명보다는 간단한 용어를 사용<br>• 한두 가지 단서를 포함한 피드백을 제공 |

**QUIZ**
시각장애인의 경우 소근운동기술보다는 대근운동기술의 수행에 더 어려움을 보인다. (O/×)

정답 O

**QUIZ**
시각장애인의 신체활동 지도에서는 지도자가 그에 맞는 보조기구의 사용 또는 언어적 설명, 시범 등을 적절하게 활용하여 수업하기 위해 시력 상실의 원인, 상실의 시기, 잔존 시력 정도 등을 미리 알고 있는 것이 좋다. (O/×)

정답 O

**기출 채우기**
저시력인 시각장애인의 스포츠지도 시 ( )을/를 최대한 활용하여 학습하도록 한다.

정답 잔존 시력

**POINT**
**전맹 지도 전략**
- Hand-on-method와 Braille-me-metod 활용
- 동작에 대한 이해도 상승을 위해 관절이 굽어지는 인체 모형 활용

**POINT**
**녹내장의 발생 원인**
- 두통, 눈의 통증, 구토 등의 증상이 나타날 수 있음
- 시야가 좁아져서 주변 상황에 대한 정보 습득이 어려움
- 안압이 높아지면서 시신경이 눌리거나, 혈액 공급이 원활하지 않아서 발생할 수 있음

| 구분 | 주요 특성 |
|---|---|
| 시범 | • 잔존시력의 정도 파악 후 핵심이 되는 움직임을 반복적으로 보여줌으로써 동작의 원리를 이해할 수 있도록 도움<br>• 언어적 설명을 병행하는 것이 효과적임 |
| 신체 보조 | • Hand-on-method : 지도자가 대상자의 손이나 팔을 잡고 함께 동작을 연습<br>• Braille-me-method : 대상자가 지도자나 동료의 신체를 만지거나 잡고 동작을 연습<br>• 신체 보조 제공 전 신체 접촉의 형태, 방법, 이유 등을 구체적으로 안내하여 대상자가 놀라지 않도록 할 것<br>• 대상자가 지도자와 성별이 다른 경우 신체 접촉에 주의를 기울일 것 |
| 시·청각 단서 활용 | • 청각 단서 : 주로 소리가 나는 기구를 활용<br>• 시각 단서 : 색의 대비, 활동 장소의 조도 조절 등의 방법을 활용 |

**이해 더하기**

**백내장과 녹내장 시각장애인 지도 시 참고 사항** 2023 기출

| 구분 | 내용 |
|---|---|
| 백내장 | • 지도할 때 빛이 들어오는 창문 앞에 서지 말 것<br>• 거리 조정이 가능하고 가감저항기를 가진 조명의 근거리에서 활동하게 할 것<br>• 콘택트 렌즈나 안경이 처방될 경우 반드시 착용하도록 할 것<br>• 조명이 바뀌면 잠시 동안 적응할 수 있는 시간을 줄 것<br>• 근거리 과제에서 원거리 과제로 바뀔 때는 휴식 시간을 주어 눈의 피로를 줄여줄 것 |
| 녹내장 | • 스트레스나 피로는 시각적 과제 수행에 부정적 영향을 미치므로 주의할 것<br>• 안압의 증가 여부나 통증 발생 여부를 주의 깊게 살필 것<br>• 약물치료가 처방될 경우 정기적으로 복용하도록 할 것<br>• 익숙하지 않은 장소로의 이동이 어려울 수 있으므로 참고할 것 |

ⓒ 신체활동 영역별 지도 전략

| 체력 요소 | 프로그램 내용 |
|---|---|
| 근력 및 근지구력 | • 콤비네이션 기구에서 중량 들기(기구 사용법을 익히기 위해 처음에는 중량 없이 실시한 후 조금씩 중량을 추가)<br>• 벽 밀기와 같은 등척성 운동<br>• 손을 사용하여 구름사다리 건너기<br>• 줄 오르내리기<br>• 팔굽혀펴기, 윗몸일으키기, 앉았다 일어서기 등과 같이 일상생활에서 쉽게 할 수 있는 동작들 |
| 심폐지구력 | • 제자리 달리기<br>• 고정자전거 타기<br>• 동료와 함께 장거리 달리기(시각장애인 마라톤)<br>• 조정 기계 운동<br>• 의자나 계단 오르내리기 운동 |

> **이해더하기**
>
> **텐덤 자전거(Tandem cycle)**
> - 2인승 자전거로 시각장애인을 위한 스포츠 참여 방법
> - 앞쪽에는 비장애인이 탑승하여 방향 전환 등을 담당
> - 뒤쪽에는 시각장애인이 탑승하여 페달을 밟음

**QUIZ**
텐덤 자전거는 시각장애인의 스포츠 참여를 위한 2인용 자전거로서, 뒤쪽에는 일반인이 탑승하여 방향 등을 말로 지시해 주고 앞쪽에서 시각장애인이 방향을 조작한다. (○/×)

답 ×

## SECTION 03 청각장애 특성과 지도 전략

### 1. 청각장애의 정의

| | | |
|---|---|---|
| 장애인 복지법 | 청력을 잃은 사람 | • 두 귀에 들리는 보통 말소리의 최대의 명료도가 50% 이하인 사람<br>• 두 귀의 청력을 각각 60db 이상 잃은 사람(40cm 이상의 거리에서 발성된 말소리를 듣지 못하는 사람)<br>• 한 귀의 청력을 80db 이상 잃고, 다른 귀의 청력을 40db 이상 잃은 사람 |
| | 평형기능에 장애가 있는 사람 | 평형기능의 감소로 두 눈을 뜨고 10m 거리를 직선으로 걸을 때 중앙에서 60cm 이상 벗어나고, 복합적인 신체운동이 어려운 사람 |
| 장애인 등에 대한 특수교육법 | | 청력 손실이 심하여 보청기를 착용해도 청각을 통한 의사소통이 불가능 또는 곤란한 상태이거나, 청력이 남아 있어도 보청기를 착용해야 청각을 통한 의사소통이 가능하여 청각에 의한 교육적 성취가 어려운 사람 |

**POINT**
**장애인복지법 시행령에서의 청각장애 판정 기준**
- 두 귀에 들리는 보통 말소리의 명료도 50% 이하
- 두 귀의 청력 손실이 각각 60db 이상
- 한 귀의 청력 손실이 80db 이상, 다른 귀의 청력 손실이 40db 이상
- 평형기능에 상당한 장애

**QUIZ**
평형기능의 감소로 10m 거리를 직선으로 걸을 때 중앙에서 60cm 이상 벗어나는 경우도 청각장애로 분류한다. (○/×)

답 ○

### 2. 청각장애의 원인

| 구분 | 내용 |
|---|---|
| 유전적 요인 | 유전, 모자 혈액형 불일치, 이경화증, 선천성 외이 기형, 전염병, 상해 등 |
| 환경적 요인 | 바이러스 감염, 중이염, 뇌막염, 소음, 외상, 약물중독 등 |

### 3. 청각장애의 분류

① **장애인복지법상의 분류**

| 구분 | | 내용 |
|---|---|---|
| 청력 손실 | 장애의 정도가 심함 | 두 귀의 청력을 각각 80db 이상 잃은 사람(귀에 입을 대고 큰소리로 말해도 듣지 못하는 사람) |
| | 장애의 정도가 심하지 않음 | • 두 귀에 들리는 보통 말소리의 최대의 명료도가 50% 이하인 사람<br>• 두 귀의 청력을 각각 60db 이상 잃은 사람(40cm 이상의 거리에서 발성된 말소리를 듣지 못하는 사람)<br>• 한 귀의 청력을 80db 이상 잃고, 다른 귀의 청력을 40db 이상 잃은 사람 |
| 평형기능 장애 | 장애의 정도가 심함 | 양측 평형기능의 소실로 두 눈을 뜨고 직선으로 10m 이상을 지속적으로 걸을 수 없는 사람 |
| | 장애의 정도가 심하지 않음 | 평형기능의 감소로 두 눈을 뜨고 10m 거리를 직선으로 걸을 때 중앙에서 60cm 이상 벗어나고, 복합적인 신체운동이 어려운 사람 |

② **청력 손실 시기에 따른 분류**

| 구분 | 내용 |
|---|---|
| 언어 전 청력 손실 | • 말을 하고 언어를 학습하는 시기(3~5세) 이전에 청력 손실이 발생한 경우<br>• 자발적인 언어 획득이나 타인과의 의미 있는 의사소통이 어려움 |
| 언어 후 청력 손실 | • 말과 언어를 이해한 후에 청력 손실이 발생한 경우<br>• 대부분 말을 하고 구두로 의사소통하는 능력을 지님<br>• 언어수용능력은 열악하나 언어표현능력은 대체로 유지함 |

③ **청각기관의 손상 부위에 따른 분류** `2023 기출`

| 구분 | 내용 |
|---|---|
| 전음성 난청 | • 청각 관련 신경 손상으로 인한 것이 아니며, 소리를 내이로 전달하는 외이와 중이에 있는 청각기관의 장애로 인해 청력이 손실된 형태<br>• 일반적으로 수술로 개선이 가능하며 구화 및 보청기 사용으로 일상생활이 가능<br>• 소리의 왜곡은 없이 청력의 감소 혹은 소실이 유발됨<br>• 일반적으로 후천성인 경우가 대부분 |
| 감음신경성 난청 | • 내이의 기형, 청신경의 기능 감소, 중추성 청각 기관의 질환 등 다양한 원인에 의해 발생하는 난청<br>• 외이에 전달된 소리를 전기적 신호로 바꾸어 청신경으로 전달하는 과정에 문제가 발생<br>• 저주파수대역보다 고주파수대역의 청력 손실이 큼<br>• 대부분 선천적인 기형이 원인이며, 약물 등을 통한 청력 개선이 어려우므로 인공와우 등의 시술이 필요함 |
| 혼합성 난청 | • 전음성 난청과 감음신경성 난청이 함께 나타나는 경우<br>• 구체적인 원인의 파악도 어려운 상태이며, 인공와우 시술 등으로도 청력의 확보가 어려움 |

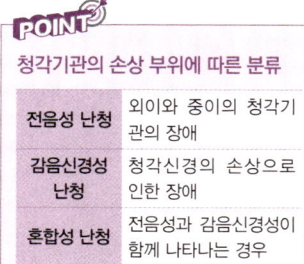

**POINT**

**청각기관의 손상 부위에 따른 분류**

| 전음성 난청 | 외이와 중이의 청각기관의 장애 |
|---|---|
| 감음신경성 난청 | 청각신경의 손상으로 인한 장애 |
| 혼합성 난청 | 전음성과 감음신경성이 함께 나타나는 경우 |

**QUIZ**

감음신경성 난청은 청각신경이 손상된 것이 아니라 소리를 외이에서 내이로 전달하는 과정상의 문제로 인해 발생하는 난청이다. (○/×)

×

④ 청각장애의 정도

| 구분 | 내용 |
|---|---|
| 경도<br>(26~40db) | • 일부 고주파수 대역에서 청력 손실<br>• 큰 소리의 말로 의사소통 가능<br>• 언어발달에 약간의 지체<br>• 20db 청력 손실은 청각장애로 간주하지 않음 |
| 중등도<br>(41~55db) | • 보청기를 착용하는 경우가 많음<br>• 사람의 입술 모양을 읽는 훈련이 필요<br>• 언어 습득과 발달 지체<br>• 구화를 통한 의사소통에 어려움이 많음 |
| 중도<br>(56~70db) | • 일반 학교에서 수업이 어려워 특수교육 지원이 필요<br>• 고성능 보청기나 인공와우를 착용하는 경우가 대부분<br>• 언어발달 지체로 인해 개별지도와 언어훈련이 필요함 |
| 최중도 혹은 고도<br>(71~90db) | • 선천성인 경우가 많음<br>• 언어발달 수준이 낮으며 어음명료도가 낮음<br>• 보청기 의존 불가 |
| 농<br>(91db 이상) | • 대부분 선천성으로 어음명료도와 변별력에 지체<br>• 소리에 의한 의사소통은 거의 불가능<br>• 인공와우 시술을 통해서도 청각 신호의 인지가 어려움 |

### 이해더하기

**청력 손실의 유형**

| 유형 | 특징 |
|---|---|
| 수평형 | 전 주파수에 걸쳐 비슷한 청력 손실이 나타나고, 소리가 전반적으로 작게 들림 |
| 저음장애형 | 저주파수의 청력 손실이 크고 고주파수의 청력 손실이 적은 경우로 주로 전음성 난청에서 많이 나타남 |
| 고음점경형 | 저주파수에서 고주파수로 올라감에 따라 청력 손실이 점점 커지는 형태로 노인성 난청에서 많이 나타남 |
| 고음급추형 | 저주파수의 청력 손실은 수평형이나 2,000Hz 이상의 대역에서는 급격한 형태로 난청의 초기 형태 |
| dip형 | 극히 제한된 주파수대의 청력 손실이 크고 다른 주파수대에서는 수평형의 그래프를 나타내는 형태로 직업성 난청의 초기 형태 |
| 곡형 | 중간 대역의 청력 손실이 크고 저주파수 및 고주파수의 청력 손실이 적음 |
| 산형 | 저주파수와 고주파수의 청력 손실이 크고 중간 대역의 청력 손실이 적은 경우로 혼합성 난청에서 많이 나타나는 형태 |
| 전농 | 저음역의 일부 주파수만 청력이 측정되고 다른 주파수는 잔존 청력이 거의 없는 형태 |

## 4. 청각장애의 특성 및 지도 전략 2025 기출

### ① 청각장애인과의 의사소통

| 구분 | 내용 |
| --- | --- |
| 언어발달 | • 청각장애인은 타인과 자신의 소리를 듣지 못해 언어발달에 지체가 나타남<br>• 옹알이의 출현 시기가 늦고 말의 명료성이 떨어지며 음소의 목록이 줄어듦<br>• 듣기와 말하기의 지체는 읽기와 쓰기의 지체로 이어짐<br>• 수화 습득 시에는 명사, 동사에 비해 형용사나 부사의 사용 빈도가 부족함 |
| 수화를 통한 의사소통 | • 비장애인들이 항상 수화를 배우지는 않으므로 의사소통에 어려움을 겪음<br>• 수화 통역사가 있더라도 가능한 청각장애인과 직접 대화하는 것이 바람직함 |
| 행동적·정서적 특성 | • 주변 환경을 과도하게 인식하고 자주 점검하는 습관이 충동적으로 나타남<br>• 주변의 이해와 의사소통의 부족으로 청각장애가 있는 동료들과만 어울리며, 이는 사회성의 결여로 이어짐<br>• 조기에 개입하여 또래와 상호작용할 수 있는 환경을 조성하는 것이 중요 |

### ② 청각장애의 영역별 특성

| 구분 | 내용 |
| --- | --- |
| 심동적 영역 | • 청각장애로 인한 체력기술이나 운동기술의 문제는 적음<br>• 출생 후 기본운동 습득 여부에 따라 심동적 영역의 완성도에 차이가 나타남 |
| 인지적 영역 | • 지능이나 인지에는 문제가 없으나 언어 발달의 미흡으로 학업 성취 수준이 일반인보다 낮은 경우가 많음<br>• 의사소통 및 표현 능력이 부족한 경우가 있음 |
| 정의적 영역 | • 의사소통의 어려움으로 인하여 일반인보다는 수화 사용 위주의 청각장애인들끼리 어울리려는 경향<br>• 대부분 자연스럽게 놀이의 기회를 갖지 못하며 이로 인해 사회성이 결여됨 |

### ③ 청각장애 지도 전략

㉠ 시각적 자료를 적극적으로 활용하고 수화 및 구화를 사용하도록 유도
㉡ 또래와 함께 참여하도록 권장
㉢ 메시지 전달 시 필요한 단어 동작을 사용하고 구화를 사용할 경우 조금 느리게 할 것
㉣ 지도 전 활동에 필요한 단서들을 미리 정확한 입모양과 큰 소리로 설명하고 추가 설명 시 종이에 글씨를 써서 설명할 것
㉤ 청각장애인은 개인종목의 경우 전 종목에, 단체 종목의 경우에도 대부분의 종목에 참여 가능
㉥ 팀 스포츠에서는 의사소통이 팀의 작전 및 전술에 영향을 주는데 이때는 빛이나 수화, 몸짓 등으로 의사소통을 하도록 지도
㉦ 활동 전 시설 및 기구의 사용법을 충분히 숙지할 수 있도록 지도
㉧ 스포츠 활동 참여 시 인공와우의 외부 장치를 제거하는 것이 바람직함
㉨ 수중 활동에 참가할 경우 인공와우의 외부장치나 보청기 등의 습기를 방지할 수 있도록 방수처리를 하거나 제거한 후 참가하도록 할 것

---

**QUIZ**
청각장애인이 수화를 습득할 경우 형용사나 부사에 비해 동사나 명사의 사용 빈도가 부족한 모습을 보인다. (○/×)
답 ×

**기출 채우기**
(   )장애인의 경우 타인과 자신의 소리를 듣지 못해 언어발달에 지체가 나타나므로 말의 명료성이 떨어지는데, 이를 바로 교정해주는 건 에티켓이 아니다.
답 청각

**기출 채우기**
인공와우 수술을 받은 청각장애인은 (   )을/를 유발할 수 있는 기구를 사용하지 않도록 해야 한다.
답 정전기

**QUIZ**
보청기를 착용한 청각장애인도 보청기를 착용한 채 수중 활동에 참여할 수 있다. (○/×)
답 ×

## 이해 더하기

**주요 체육 관련 수어 동작** `2024 기출` `2023 기출`

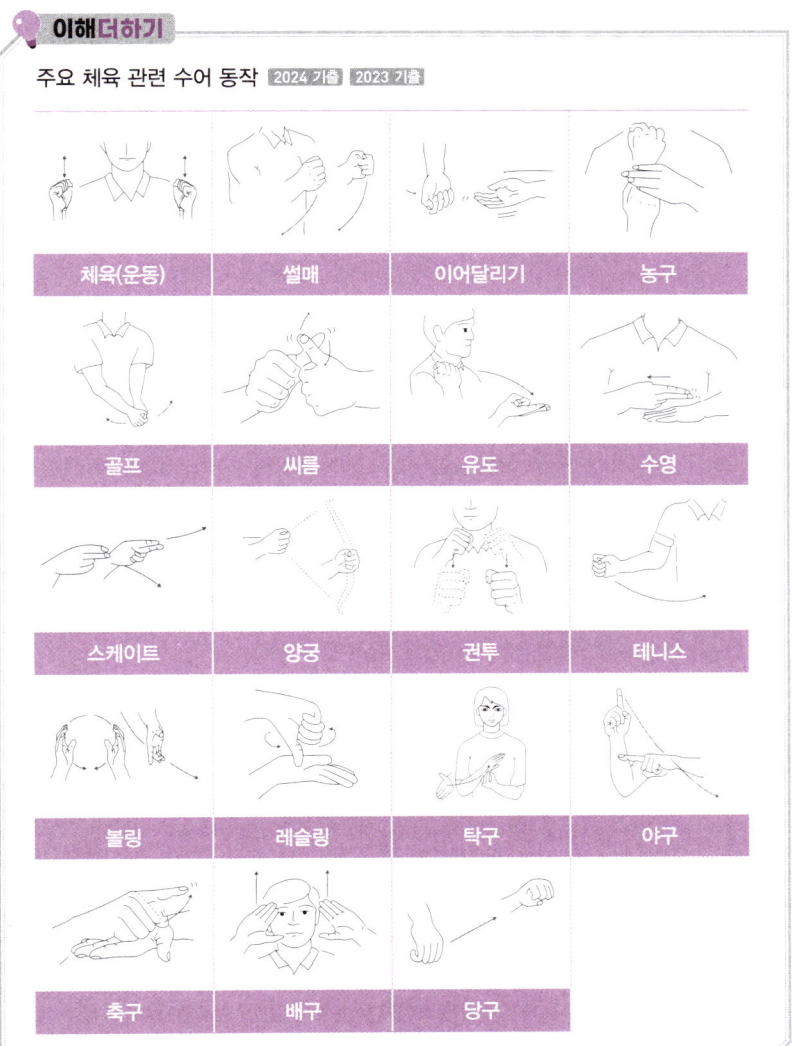

**기출 채우기**

두 주먹의 엄지를 펴서 그 끝이 위를 향하게 하여 약 5cm의 간격을 두고 서로 어긋나게 전후로 움직이는 동작은 (　　)을/를 의미하는 수어이다.

📖 달리기

### POINT
**기타 수어 동작** `2023 기출`

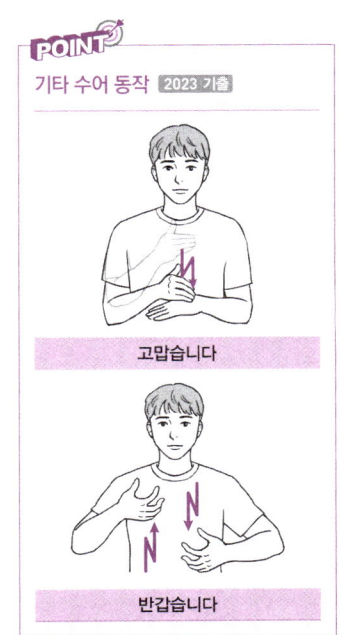

## SECTION 04 지체장애, 뇌병변장애의 특성과 지도 전략

### 1. 지체장애

① **지체장애의 정의**

| | |
|---|---|
| 장애인복지법 | • 한 팔, 한 다리 또는 몸통의 기능에 영속적인 장애가 있는 사람<br>• 한 손의 엄지손가락을 지골(손가락 뼈) 관절 이상의 부위에서 잃은 사람 또는 한 손의 둘째 손가락을 포함한 두 개 이상의 손가락을 모두 제1지골 관절 이상의 부위에서 잃은 사람<br>• 한 다리를 가로발목뼈 관절 이상의 부위에서 잃은 사람<br>• 두 발의 발가락을 모두 잃은 사람<br>• 한 손의 엄지손가락 기능을 잃은 사람 또는 한 손의 둘째 손가락을 포함한 한 손가락 두 개 이상의 기능을 잃은 사람<br>• 왜소증으로 키가 심하게 작거나 척추에 현저한 변형 또는 기형이 있는 사람<br>• 지체(肢體)에 위 어느 하나에 해당하는 장애 정도 이상의 장애가 있다고 인정되는 사람 |
| 장애인 등에 대한 특수교육법 | 기능·형태상 장애를 가지고 있거나 몸통을 지탱하거나 팔다리의 움직임 등에 어려움을 겪는 신체적 조건이나 상태로 인해 교육적 성취에 어려움이 있는 사람 |

② **지체장애의 원인**

㉠ 척수손상

| 구분 | 내용 |
|---|---|
| 회백수염 | • 소아마비라고도 하며, 폴리오 바이러스 감염에 의한 마비의 형태로서 척수의 운동세포에 영향<br>• 운동세포의 파괴 여부에 따라 마비가 영구적이거나 일시적으로 나타남<br>• 운동세포가 파괴된 경우 사지의 감각뿐만 아니라 장과 방광의 제어에도 영향 |
| 이분척추 | 태아가 자라는 처음 4주 동안 신경관이 완전히 닫히지 않아 생기는 선천적 결함<br>예 척수막 탈출증, 수막 탈출증, 잠재성 이분척추 등 |
| 척추편위 | • 구조적 혹은 비구조적으로 나타나는 척주에서의 측면 휨 현상<br>• 구조적 편위 : 정형외과적 손상과 관련된 것으로 영구적이거나 변화될 수 없도록 흉부에서 배열이 고정되는 경우<br>• 비구조적(기능적) 편위 : 발생요인의 제거를 통해 재조정되거나 연습 및 운동으로 치료가 가능한 경우<br>예 척추측만증, 척추전만증, 척추후만증 등 |

> **이해더하기**
>
> **척수 손상에 따른 기능적 활동** 2024 기출 2023 기출
> • 경추(C1~T1) 손상 : 사지마비
> • 경추 C4 이상 손상 : 운전 및 휠체어 이동 불가
> • 흉추 T6 이상 손상 : 보행 불가
> • 흉추(T2~T12) 및 요추 및 천추(L1~S4) 손상 : 양측하지마비

---

**QUIZ**
회백수염은 소아마비라고도 하는 증상으로 폴리오 바이러스에 의한 신경계의 감염으로 발생하는 증상이다. (○/×)

답 ○

**POINT**
**흉추 6번(T6)**
흉추 6번 손상 시 하지 사용이 불가하며, 휠체어를 사용한 스포츠에 참여 가능

ⓛ 절단장애
- 사지의 일부 혹은 전체가 제거되거나 잃은 상태로서 선천성과 후천성을 모두 포함

| | |
|---|---|
| 선천성 절단 | • 태아가 완전히 발달되지 못할 경우 초래됨<br>• 선천성 기형에 의해 발생되며 전체 혹은 부분적인 사지의 결손 |
| 후천성 절단 | • 질병, 종양, 외상 등으로 인해 발생<br>• 교통사고, 산업재해, 농기구 사용, 스포츠 활동 등으로 인해 발생하는 경우가 많음 |

- 사지결손의 부위 및 정도에 따라 9등급으로 분류(ISOD)

| 등급 | 내용 |
|---|---|
| A1 | 양측 무릎 관절 이상 절단(AK) |
| A2 | 편측 무릎 관절 이상 절단(Single AK) |
| A3 | 양측 무릎 관절 이하 절단(BK) |
| A4 | 편측 무릎 관절 이하 절단(Single BK) |
| A5 | 양측 팔꿈치 관절 이상 절단(AE) |
| A6 | 편측 팔꿈치 관절 이상 절단(Single AE) |
| A7 | 양측 팔꿈치 관절 이하 절단(BE) |
| A8 | 편측 팔꿈치 관절 이하 절단(Single BE) |
| A9 | 상지와 하지가 함께 절단 |

ⓒ 기타 장애 : 왜소증, 근이영양증, 소아 류마티스 관절염, 골형성부전증, 관절만곡증, 다발성경화증, 프리드리히 운동실조증, 중증근무력증 등

### 이해더하기

**근이영양증과 다발성경화증, 골형성부전증** 2024 기출

| | |
|---|---|
| 근이영양증 | • 디스트로핀(dystrophin)이라는 단백질이 결핍되어 발생하며, 여러 근육군의 퇴화가 서서히 진행되는 유전성 질환으로 호흡장애와 심장질환 등의 합병증을 유발함<br>• 대표적으로 듀이센형 근이영양증(Duchenne muscular dystrophy)과 베커형 근이영양증(Becker muscular dystrophy)으로 나뉨<br>• 듀이센형 근이영양증의 경우 근육 자체가 결합 조직이나 지방으로 대치되어 근육의 가성비대(pseudohypertrophy)가 출현하고 근력이 저하됨<br>• 듀이센형 근이영양증 환자의 경우 드물게 지능이 우수한 경우도 있지만, 일반적으로 경미한 지능 장애가 확인됨 |
| 다발성경화증 | 몸의 여러 곳에 동시다발적으로 염증이 발생하여 근육이 굳어지며 전반적인 무력감이 나타나는 질환 |
| 골형성부전증<br>(불완전골형성) | 골아세포가 불완전한 콜라겐을 생성하는 선천적 골질환으로 골(뼈)의 강도가 약해 특별한 이유 없이 쉽게 골절되는 유전성 희귀 질환 |

### 기출 채우기
여러 근육군의 퇴화가 서서히 진행되는 유전성 질환은 (　　　)이다.

답 근이영양증

### QUIZ
다발성경화증은 골아세포의 이상으로 불완전한 콜라겐을 생성하는 선천적 골질환이다. (○/×)

답 ×

> **QUIZ**
> 장애인복지법에서는 한 손의 중지와 약지, 소지를 모두 잃은 사람보다 한 손의 엄지와 검지를 잃은 사람의 장애 정도를 더 심하게 판단한다. (○/×)
>
> 답 ○

③ **지체장애의 분류**
  ㉠ 장애인복지법상의 분류

| 구분 | 정도 | 내용 |
| --- | --- | --- |
| 신체의 일부를 잃은 사람 | 장애의 정도가 심함 | • 두 손의 엄지손가락과 둘째 손가락을 잃은 사람<br>• 한 손의 모든 손가락을 잃은 사람<br>• 두 다리를 가로발목뼈 관절(Chopart's joint) 이상의 부위에서 잃은 사람<br>• 한 다리를 무릎 관절 이상의 부위에서 잃은 사람 |
| | 장애의 정도가 심하지 않음 | • 한 손의 엄지손가락을 잃은 사람<br>• 한 손의 둘째 손가락을 포함하여 두 손가락을 잃은 사람<br>• 한 손의 셋째 손가락, 넷째 손가락 및 다섯째 손가락을 모두 잃은 사람<br>• 한 다리를 발목발허리 관절(lisfranc joint) 이상의 부위에서 잃은 사람<br>• 두 발의 발가락을 모두 잃은 사람 |
| 관절 장애가 있는 사람 | 장애의 정도가 심함 | • 두 팔의 어깨 관절, 팔꿈치 관절, 손목 관절 중 2개 관절기능에 상당한 장애가 있는 사람<br>• 두 팔의 어깨 관절, 팔꿈치 관절, 손목 관절 모두의 기능에 장애가 있는 사람<br>• 두 손의 엄지손가락과 둘째 손가락의 관절기능에 현저한 장애가 있는 사람<br>• 한 손의 모든 손가락의 관절기능에 현저한 장애가 있는 사람<br>• 한 팔의 어깨 관절, 팔꿈치 관절, 손목 관절 중 2개 관절기능에 현저한 장애가 있는 사람<br>• 한 팔의 어깨 관절, 팔꿈치 관절, 손목 관절 모두의 기능에 상당한 장애가 있는 사람<br>• 두 다리의 엉덩 관절, 무릎 관절, 발목 관절 중 2개 관절기능에 현저한 장애가 있는 사람<br>• 두 다리의 엉덩 관절, 무릎 관절, 발목 관절 모두의 기능에 상당한 장애가 있는 사람 |
| | 장애의 정도가 심하지 않음 | • 한 손의 둘째 손가락을 포함하여 3개 손가락의 관절기능에 상당한 장애가 있는 사람<br>• 한 손의 엄지손가락의 관절기능에 상당한 장애가 있는 사람<br>• 한 손의 둘째 손가락을 포함하여 2개 손가락의 관절기능에 현저한 장애가 있는 사람<br>• 한 손의 셋째 손가락, 넷째 손가락, 다섯째 손가락 모두의 관절기능에 현저한 장애가 있는 사람<br>• 한 팔의 어깨 관절, 팔꿈치 관절, 손목 관절 모두의 기능에 장애가 있는 사람<br>• 한 팔의 어깨 관절, 팔꿈치 관절 또는 손목 관절 중 하나의 기능에 상당한 장애가 있는 사람<br>• 두 발의 모든 발가락의 관절 기능에 현저한 장애가 있는 사람<br>• 한 다리의 엉덩 관절, 무릎 관절, 발목 관절 모두의 기능에 장애가 있는 사람<br>• 한 다리의 엉덩 관절 또는 무릎 관절의 기능에 상당한 장애가 있는 사람<br>• 한 다리의 발목 관절의 기능에 현저한 장애가 있는 사람 |

| 구분 | 정도 | 내용 |
|---|---|---|
| 지체기능 장애가 있는 사람 | 장애의 정도가 심함 | • 두 팔의 기능에 상당한 장애가 있는 사람<br>• 두 손의 엄지손가락 및 둘째 손가락의 기능을 잃은 사람<br>• 한 손의 모든 손가락의 기능을 잃은 사람<br>• 한 팔의 기능에 현저한 장애가 있는 사람<br>• 한 다리의 기능을 잃은 사람<br>• 두 다리의 기능에 현저한 장애가 있는 사람<br>• 목뼈 또는 등·허리뼈의 기능을 잃은 사람 |
| | 장애의 정도가 심하지 않음 | • 한 팔의 기능에 상당한 장애가 있는 사람<br>• 한 손의 둘째 손가락을 포함하여 세 손가락의 기능에 상당한 장애가 있는 사람<br>• 한 손의 엄지손가락의 기능에 상당한 장애가 있는 사람<br>• 한 손의 둘째 손가락을 포함하여 두 손가락의 기능을 잃은 사람<br>• 한 손의 셋째 손가락, 넷째 손가락 및 다섯째 손가락 모두의 기능을 잃은 사람<br>• 두 발의 모든 발가락의 기능을 잃은 사람<br>• 한 다리의 기능에 상당한 장애가 있는 사람<br>• 목뼈 또는 등·허리뼈의 기능이 저하된 사람 |
| 신체 변형 등의 장애가 있는 사람 | 장애의 정도가 심하지 않음 | • 한 다리가 건강한 다리보다 5cm 이상 짧거나 건강한 다리 길이의 15분의 1 이상 짧은 사람<br>• 척추옆굽음증(척추측만증)이 있으며, 굽은 각도가 40도 이상인 사람<br>• 척추뒤굽음증(척추후만증)이 있으며, 굽은 각도가 60도 이상인 사람<br>• 성장이 멈춘 만 18세 이상의 남성으로서 신장이 145cm 이하인 사람<br>• 성장이 멈춘 만 16세 이상의 여성으로서 신장이 140cm 이하인 사람<br>• 연골무형성증으로 왜소증에 대한 증상이 뚜렷한 사람 |

ⓒ 패럴림픽에서의 분류

| 구분 | 내용 |
|---|---|
| 근력 손상 | 신체의 근력에 손상을 입은 장애로서 하지·사지 마비, 근위축증, 회색질척수염, 척추이분증 등 |
| 관절장애 | 신체의 가동범위를 결정하는 관절이 뻣뻣하거나 강직되어 굳어진 경우 |
| 사지 결손 | 선천성 기형으로 인한 사지의 결손 혹은 교통사고나 산업재해로 인한 사지 절단 |
| 하지 차이 | 양 다리 길이의 차이가 나는 사람으로서 키높이 구두 혹은 의료보조기구의 도움을 받아 걷는 경우 |
| 짧은 키 | 성장호르몬의 분비 미흡으로 신장이 152.4cm 이하인 경우(왜소증) |

> **QUIZ**
> 장애인복지법에 따르면 성장이 멈춘 만 19세 A씨(남성)의 키가 144.5cm인 경우 A씨는 지체장애인에 해당한다. (○/×)
> 답 ○

④ **지체장애의 특성과 지도 전략**
  ㉠ 지체장애의 영역별 특성

| 구분 | 내용 |
|---|---|
| 심동적 영역 | • 보행 가능 여부에 따라 신체의 움직임 및 관절의 가동 범위 등에 차이<br>• 체력 및 운동능력이 일반인에 비해 떨어지지만 장애 특성에 맞는 체육활동의 실시를 통해 운동능력 개선 가능 |
| 인지적 영역 | • 지능의 일반화가 어려우며, 인지적 능력을 평가하는 것은 바람직하지 않음<br>• 방향감각, 공간감각, 단어개념과 자기 자극 수용 등에 어려움을 겪음 |
| 정의적 영역 | • 일반인과 만날 수 있는 기회가 제한되어 대인관계 및 상호작용에 어려움<br>• 움직임과 이동이 자유롭지 못해 우울, 조울, 화나 분을 삭히는 경우가 있음 |

  ㉡ 지체장애의 원인별 특성

| 구분 | 특성 |
|---|---|
| 척수<br>손상 | • 좌업생활을 하게 되며, 지속적으로 운동을 하지 않으면 근육량이 감소하여 산소소비량 저하 및 작업기능 저하가 발생<br>• 방광과 소화기관의 조절 문제, 비정상적인 근수축, 골다공증, 비뇨기 감염, 배변 문제, 욕창, 근육의 경직, 근육 경련, 비효율적인 에너지 소비로 인한 비만 문제가 야기됨<br>• 손상 정도와 위치 등에 따라 신체 움직임과 관절의 가동 범위가 다르게 나타남<br>• 팔을 사용하기 힘든 척수장애인의 경우에는 중력을 사용하여 팔꿈치를 수동적으로 고정시켜 신전되도록 바깥쪽으로 어깨를 회전시키는 운동을 실시<br>• 하지에 마비가 있으나 어느 정도 근육을 사용할 수 있다면 잔존 근육을 이용하여 신체활동을 실시하거나 대체 방법을 사용하여 운동을 실시 |
| 절단<br>장애 | • 주로 절단된 사지의 기능을 대신하는 인공보장구를 착용<br>• 운동 시 보조기구를 적극적으로 활용하여 이를 능숙히 다룰 수 있도록 할 것<br>• 상지 절단장애인은 일상생활에 큰 지장이 없으며 하지 절단장애인에 비해 어려움이 적음<br>• 하지 절단장애인의 경우 근력이 거의 없어 보조기구의 적극적 사용이 필요<br>• 하지 절단장애는 활동량이 매우 낮아 산소소비량 및 근육량이 적고 유산소운동 능력도 낮음<br>• 운동 프로그램을 실시할 때에는 절단유형, 근력, 평형성, 관절의 가동범위, 피부 특성 등을 진단한 후 실시<br>• 절단장애인에게는 절단 부위의 근육과 다른 부위의 근육의 균형을 유지하기 위해 저항운동이 필요함 |
| 기타<br>장애 | • 기타 장애의 경우 근력 및 유연성 운동이 매우 중요<br>• 진행성 근육장애인의 경우 자신의 최대 저항 무게의 50%를 넘지 않도록 하여 근력운동을 실시<br>• 체력의 증진, 혹은 운동기술 습득을 위해 운동을 실시할 경우 유연성 운동으로 구성된 준비운동과 정리운동을 반드시 실시<br>• 소아 류마티스 관절염, 연골무형성증 등으로 관절의 가동 범위가 제한된 장애인은 가동 범위 촉진 운동을 매일 실시 |

**QUIZ**
척수손상으로 인한 지체장애인은 신경계의 기능 이상으로 인해 산소 소비량이 적어진다. (○/×)

답 ×

**POINT**
환상통증
• 절단된 부위에 느끼는 통증, 가려움, 쑤심
• 절단장애인의 50~80%가 겪는 증상
• 절단된 부위가 아직 남아 있는 것처럼 느낌

ⓒ 지체장애인과의 의사소통 및 상호작용 지침
- 지체장애인이 넘어진 경우 도움의 필요 여부를 먼저 묻고 도움을 요청할 때까지 기다릴 것
- 일상생활에서 사용하는 보조물이나 기술 등을 운동 상황에서도 유용하게 사용할 수 있는지 확인할 것
- 목발, 보행기, 보조기, 휠체어 등은 별도의 요청이 없는 한 활동구역 내에 보관할 것
- 휠체어 사용자의 경우 보조를 원할 때에만 보조를 제공할 것
- 기능을 제한하는 환경적 장벽들을 최소화할 것
- 모든 참가자들에게 성공, 새로운 경험, 도전 기회 등을 제공할 수 있는 프로그램을 실시할 것

ⓔ 지체장애인의 체육활동 시 보호와 예방 사항 **2024 기출**

| 상해·고려사항 | 예방 방법 |
| --- | --- |
| 연조직 | 준비운동과 정리운동 시 스트레칭을 하고 오래된 상해 부위에 보호용 커버를 사용 |
| 물집 | 손가락 테이핑을 사용하고 휠체어 사용자의 경우 보호용 커버를 사용 |
| 찰과상·열상 | 오래된 상해 부위에 보호용 커버를 사용 |
| 욕창 | • 체중을 자주 옮기고 수분을 흡수하는 의복을 착용<br>• 휠체어 이용자의 경우 1분 정도 좌석에서 엉덩이를 들어 올려 피부 압박을 감소시킬 것 |
| 체온 조절 | 흉추 6번 이상의 척추손상자는 신체가 외부 환경과 동일한 체온을 나타낼 수 있어 적절한 의복 착용과 보호가 필수적 |
| 자율신경계 반사기능 항진 | • 흉추 6번 이상의 척추손상자는 자율신경반사 부전증의 발생 가능성이 높음<br>• 혈압이 증가하고 심박수 감소하는 증상<br>• 무리한 운동으로 심박수를 높이는 것은 매우 위험하므로 즉시 운동을 중단해야 함<br>• 모든 척수손상자는 경기/운동 전 방광과 장을 비우도록 할 것 |
| 기립성저혈압 | • 기립성 저혈압 증상 발생 시 다시 앉거나 몸을 쪼그리는 식으로 자세를 낮추어 증상이 사라지도록 할 것<br>• 벽이 있을 경우 등을 기대어 앉도록 함 |

ⓜ 지체장애 지도 전략 **2023 기출**

| 구분 | 내용 |
| --- | --- |
| 언어적 지도 | • 간단한 단어를 사용<br>• 한 가지 의미를 가진 단어만 사용<br>• 한 번에 한 가지 지시만을 할 것<br>• 지시를 수행하기 전에 지시를 반복<br>• 구두 지시 후 과제의 시범을 보이거나 신체적으로 보조 |
| 시범 | • 참가자에게 적절한 수준의 시범을 자세하고 정확하게 제공<br>• 시범을 보일 때는 정확한 동작으로 천천히 제공하여 대상자가 이해할 수 있도록 할 것 |

**기출 채우기**

( )은/는 경추 6번 및 윗 부위의 손상 장애인에서 발생 가능성이 높으며, 이는 적절한 방광 및 장 관리, 피부관리 등을 통해 미리 예방할 수 있다.

답 자율신경 반사 이상

**QUIZ**

기립성 저혈압 증상이 발생할 경우 몸을 앞으로 숙이거나 서 있도록 조치해야 한다. (ㅇ/×)

답 ×

| 구분 | 내용 |
|---|---|
| 주의산만 요소 제거 | • 주의를 분산시킬 수 있는 요소들은 참여자의 뒤로 배치<br>• 실제 용기구를 사용하기 전까지는 용기구를 설치하지 않도록 할 것<br>• 체육활동 환경 내의 외부 소음이나 기타 물체를 제거<br>• 참여자에게 충분한 촉진신호와 강화를 제공할 것 |
| 난이도 수준 | • 운동능력의 개인차가 크므로 난이도를 달리하여 체육활동을 실시<br>• 개인 혹은 팀별 운동능력 수준을 고려하여 난이도를 결정할 것 |
| 동기유발 수준 | • 지체장애인의 경우 일반인에 비해 동기유발이 안 되므로 격려가 필요<br>• 칭찬, 특권 부여, 자유놀이, 토큰 강화와 같은 방법을 사용 |
| 응급처치 | • 지도자는 체육활동에서 대상자들을 수시로 확인하여 안전사고를 예방해야 함<br>• 안전사고 발생 시 행해야 할 응급처치 과정을 정확히 숙지하여 대처할 것 |

### 2. 뇌병변장애

① **뇌병변장애의 정의** : 뇌성마비, 외상성 뇌손상, 뇌졸중 등 뇌의 기질적 병변으로 인하여 발생한 신체적 장애로 보행이나 일상생활의 동작 등에 상당한 제약을 받는 사람

② **뇌병변장애의 분류**

㉠ 장애인복지법상의 분류

| 구분 | 내용 |
|---|---|
| 장애의 정도가 심함 | • 보행 또는 일상생활 동작이 상당히 제한된 사람<br>• 보행이 경미하게 제한되고 섬세한 일상생활 동작이 현저히 제한된 사람 |
| 장애의 정도가 심하지 않음 | 보행 시 절뚝거림을 보이거나 섬세한 일상생활 동작이 경미하게 제한된 사람 |

㉡ 패럴림픽에서의 분류 **2024 기출**

| 구분 | 내용 |
|---|---|
| 경직성 | • 근육의 수축근과 길항근 모두에서 경직이 나타나지만 수축근보다 길항근에서 경직이 더욱 강하게 나타남<br>• 움직임이 어려워 근력이 탄력성을 잃고 굳어지며, 신전반사가 거의 없고 최소한의 탄력성만을 가짐 |
| 운동실조성 | 소뇌가 손상을 입어 인체의 평형과 협응에 영향을 미치고 비정상적인 근육의 저긴장 상태를 갖게 되어, 걸을 때 팔과 다리 동작의 협응과 균형에 어려움을 보이며 서툰 운동동작을 보임 |
| 무정위운동증 | 목적성 운동을 조절하는 대뇌 중앙 기저핵 부분에 손상을 입고 사지가 목적 없이 불수의적으로 불규칙하게 움직이는 특성 |

③ **뇌성마비**

㉠ 뇌성마비의 정의 : 출생 시 또는 출생 후 2년 이내에 뇌 손상 혹은 결함으로 인하여 자세 및 움직임에 만성적 장애를 나타내는 비진행성 장애

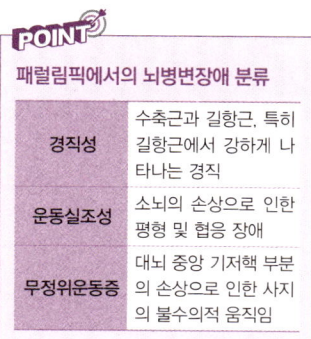

**POINT**

**패럴림픽에서의 뇌병변장애 분류**

| 경직성 | 수축근과 길항근, 특히 길항근에서 강하게 나타나는 경직 |
|---|---|
| 운동실조성 | 소뇌의 손상으로 인한 평형 및 협응 장애 |
| 무정위운동증 | 대뇌 중앙 기저핵 부분의 손상으로 인한 사지의 불수의적 움직임 |

ⓛ 뇌성마비의 분류
- 증상에 따른 분류

| 구분 | 내용 |
| --- | --- |
| 경증 | 일상생활 및 활동에 제한이 있거나 운동기능이 상실되지 않은 가벼운 정도 |
| 중증 | 운동하거나 말하는 데 어려움이 있으며 이동을 위해 보조기구가 필요 |
| 심증 | 혼자 이동하는 것이 곤란하여 전동휠체어 등 보조기구나 보조자가 반드시 필요 |

- 국소해부학적(사지마비 정도에 따른) 분류

| 구분 | 내용 |
| --- | --- |
| 단마비 | 하나의 팔 혹은 다리가 마비된 상태 |
| 편마비 | 몸 한쪽 수족이 마비된 상태로 하지보다는 상지가 심각 |
| 대마비 | 양쪽 다리가 마비된 상태로 대부분의 경직성 뇌성마비가 이에 해당함 |
| 삼지마비 | 팔다리 중 세 부분이 마비된 상태 |
| 사지마비 | 두 팔과 두 다리가 마비된 상태로, 경직성 및 무정위운동증에서 많이 나타남 |
| 양측마비 | 신체 양측 마비로, 상지보다는 하지의 마비가 심각 |
| 이중 편마비 | 몸의 양측에 마비를 보이나 한쪽이 더 심한 상태로, 하지보다는 상지가 심함 |

- 임상적(운동기능적) 분류

| 구분 | 내용 |
| --- | --- |
| 경직성 뇌성마비 | • 전체 뇌성마비의 50~60%를 차지<br>• 근육의 장력이 증가함에 따라 근육의 움직임이 둔화됨<br>• 근육의 과긴장 상태가 나타나는 증상으로 운동피질 손상의 원인 |
| 무정위운동증 뇌성마비 | • 전체 뇌성마비의 20% 정도를 차지<br>• 목적성 운동을 조절하는 대뇌 중앙 기저핵 부분의 손상으로 발생<br>• 사지가 목적 없이 불수의적으로 불규칙하게 움직임 |
| 운동실조성 뇌성마비 | • 전체 뇌성마비의 10% 정도를 차지<br>• 소뇌의 손상으로 인체의 평형과 협응에 영향을 미침<br>• 보통 아동이 걷기 시작할 때 발생 |
| 강직성 뇌성마비 | • 전체 뇌성마비의 약 2~4%를 차지<br>• 심한 정신지체를 동반함<br>• 움직임 자체가 없게 되어 근육이 탄력성을 잃고 굳어지며, 신전반사가 거의 없고 최소한의 탄력성만을 가지게 됨 |
| 진전성 뇌성마비 | • 전체 뇌성마비의 약 2%를 차지<br>• 율동적인 운동이나 순서에 입각한 운동을 할 때 불수의적으로 떠는 현상 |
| 혼합형 뇌성마비 | • 경직성과 무정위운동증의 특성이 중첩된 증상<br>• 중증 혹은 중복장애인이 많음 |

**QUIZ**

무정위운동증 뇌성마비는 전두엽 운동피질의 손상으로 인해 발생하며 사지의 불수의적인 움직임을 나타낸다. (○/×)

답 ×

**기출 채우기**

경직성 뇌성마비는 전체 뇌성마비의 50~60%를 차지하고, 근육의 (　　) 상태가 나타나는 증상으로 운동피질 손상이 원인이다.

답 과긴장

> **POINT**
> **CP-ISRA의 뇌성마비 분류**
> - 1~4등급 : 휠체어를 사용하여 이동 가능
> - 5~8등급 : 보조기를 사용하거나 단독으로 보행 가능

- 국제뇌성마비스포츠레크리에이션협회(CP-ISRA)의 기능적 분류

| 구분 | 내용 |
| --- | --- |
| 1등급 | 중증의 사지마비로 전동 휠체어를 사용하는 수준 |
| 2등급 | 근력의 기능이 극히 낮으며 휠체어에 의존하여 생활하는 수준 |
| 3등급 | 휠체어에 의존하여 일상생활을 하지만 보조기를 착용하고 걸을 수 있는 수준 |
| 4등급 | 기능적 근력이 양호한 하지마비로서 보조를 받아 걸을 수 있는 수준 |
| 5등급 | 보조기나 휠체어를 사용하여 경기에 참여할 수 있는 수준 |
| 6등급 | 심각할 정도의 삼지마비가 있으나 도움 없이 걸어서 이동할 수 있을 정도의 하지 기능 |
| 7등급 | 신체의 절반이 보통의 경련이 있으며 다리를 약간 절룩거리는 수준 |
| 8등급 | 불능 상태가 최소 정도로, 자유롭게 달리고 뛰어오를 수 있는 수준 |

ⓒ 뇌성마비의 특성
- 항경련제 복용 및 약물로 인한 부작용이 체육활동에서의 수행에 부정적 영향
- 대부분의 뇌성마비 아동들은 출생 시 뇌손상으로 인해 자신들이 원하는 일을 신체에 전달할 수 없으며, 특히 팔과 다리에 마비 증상이 나타남
- 언어장애, 정신지능 발육장애, 시각장애, 경련 및 발작, 청각장애, 감각장애, 감정 혼란, 학습능력의 감퇴 등이 동반됨
- 뇌손상으로 비정상적 반사 발달에 영향을 받게 되어 기본적인 움직임과 신체적 협응에 어려움이 있으며 이로 인해 가위 보행이 나타남

ⓔ 뇌성마비인과의 의사소통 및 상호작용 시 유의사항
- 뇌성마비는 수의적 운동제어에 영향을 미치는 신경학적 손상
- 신경계와 신호를 근육으로 전달하는 능력 등의 손상으로 운동발현 및 움직임에 손상
- 상해와 사후 처치 등과 관련된 단어판 및 기타 시각 자료를 활용
- 뇌성마비장애인은 의사소통의 속도가 느리고 내용의 이해도 어려워하므로 의사소통 시간을 충분히 제공할 것

④ **외상성 뇌손상**
ⓐ 정의 : 외부의 물리적인 힘에 의해 야기된 뇌의 손상으로 인해 신체적·인지적·행동적·정서적 기능의 손실이 발생하는 것
ⓑ 분류

| 구분 | 내용 |
| --- | --- |
| 개방형 | • 사고 또는 물체에 의한 충격으로 신체 외관상 상처가 발생한 경우<br>• 개방형일 경우 뇌손상의 발생 부위가 비교적 제한적 |
| 폐쇄형 | • 심한 흔들기, 무산소증, 뇌출혈 등의 원인으로 발생한 경우<br>• 일반적으로 뇌손상이 보다 심각하며, 뇌 신경섬유의 열상 또는 타박이 이에 해당 |

> **POINT**
> **외상성 뇌손상의 주요 원인**
> - 교통사고
> - 추락사고
> - 사물에 의한 상해
> - 학대
> - 스포츠에서의 상해
> - 경련 또는 의식불명

ⓒ 특성
- 주의력, 기억력, 정보처리 능력, 신경운동 속도, 언어의 구성, 판단 능력 등의 결손 발생
- 장기기억보다는 단기기억에 더 큰 문제를 나타내며, 언변이 어눌하고 마음에 있는 말을 즉흥적으로 구사함
- 자극에 대하여 일관되지 않고 부적절한 반응을 나타내거나, 지연된 반응
- 걸을 때 바르게 걷지 못하며, 지팡이나 크러치, 휠체어 등을 사용
- 일상생활에 필요한 이빨 닦기, 옷 입기, 음식 먹기 등 단순한 생활 기능에 어려움을 겪음

⑤ 뇌졸중
㉠ 정의 : 혈액순환의 장애로 인해 나타나는 뇌 조직의 손상으로, 혈관 내의 벽이 막혀 혈관이 손상을 입거나 혈액이 원활하게 이동하지 못하여 신경계통에 문제가 발생하는 것
㉡ 분류

| 구분 | 내용 |
| --- | --- |
| 출혈성<br>(뇌출혈) | • 동맥이 탄력을 잃거나 파열되어 나타나는 증상<br>• 혈액이 뇌 조직 내부와 주변에 흐르는 경우로, 가장 위험한 뇌졸중 가운데 하나 |
| 허혈성 | • 뇌의 조직에 혈액이 적절히 공급되지 않아 나타나는 증상<br>• 뇌동맥의 차단으로 동맥이 점차 좁아지거나 색전증(지방덩어리가 소동맥을 막는 증상)에 의해 동맥이 차단되어 발생<br>• 뇌의 산소 부족 증상이 일시적으로 나타나는 것을 일과성 뇌허혈증이라고 하며, 이는 주로 뇌졸중이 일어나기 전에 발생 |

㉢ 특성
- 언어 이해가 낮고, 기억 담당 뇌의 기억 중추가 손상을 입어 반복 동작이나 충동행동을 보임
- 자신의 능력을 과대평가하고, 불안정한 감정기복을 보임
- 뇌동맥의 문제로 인하여 신체의 우·좌반구에 부분·전체적인 마비 유발
- 뇌졸중의 위험 신호로는 한쪽의 팔과 다리 약화, 얼굴의 근력 약화 및 마비, 한쪽 눈의 갑작스러운 흐릿함, 갑작스런 언어 능력의 손실, 언어 이해의 어려움, 알 수 없는 두통, 넘어짐 등의 증상 등이 있음
- 협응력이 부족하고 자주 넘어지게 되므로 보호 방법의 숙지가 요구됨

> **QUIZ**
> 동맥의 손상은 없으나 동맥이 좁아지거나 차단되어 뇌의 조직에 혈액이 적절히 공급되지 않는 경우를 허혈성 뇌손상으로 분류한다.
> (O/X)
> 답 O

⑥ 뇌병변장애의 특성과 지도 전략

㉠ 뇌병변장애의 특성 **2024 기출**

| 구분 | 내용 |
|---|---|
| 심동적 영역 | • 뇌병변장애인은 원시반사(비대칭목경직반사)가 잔존해 보행 및 이동, 신체적 움직임 등에 어려움을 보임<br>• 유연성 및 관절가동범위가 떨어져 보행 시 넘어질 가능성이 있음 |
| 인지적 영역 | • 뇌 손상으로 인해 주의력, 기억력, 정보처리능력, 단어의 이해력 등에 어려움을 보임<br>• 단기 및 장기기억의 상실, 주의력과 집중력의 부족, 판단 부족 등이 나타날 수 있음 |
| 정의적 영역 | • 동기유발이 낮으며 신체상, 자기개념, 정서적 안정에 어려움을 보일 수 있음<br>• 일반인을 만날 기회가 적어 대인관계의 유지와 원활한 상호작용 등에 어려움을 보임 |

㉡ 뇌병변장애 지도 전략
- 근육과 제어 능력의 저하 방지 및 추가적인 손상 예방을 목표로 하는 프로그램을 제공
- 스포츠활동 시 안전한 바닥을 갖춘 시설이나 매트 등을 확보할 것
- 보행의 어려움과 과도한 근긴장으로 낙상 등의 위험이 있으므로 수중운동이 권장됨
- 대상자의 잔존능력을 확인하고 기본운동유형의 단계적 발달을 촉진시킬 것
- 신경의 손상으로 협응력, 평형성 등에 문제가 있으므로 넘어지는 법을 가르칠 것
- 동작에 대한 정확한 이해가 가능하도록 반복적인 학습을 제공할 것
- 성공적인 운동 경험을 할 수 있도록 하고 혼자 힘으로 운동에 참여하도록 유도할 것
- 개인별로 적절한 운동 환경을 조성하고 장애 유형에 맞는 활동을 실시할 것

## SECTION 05 주요 장애인스포츠와 올림픽

### 1. 지체장애인을 위한 스포츠 – 알파인

① 개요
㉠ 장애인들이 경기에 임할 수 있도록 일반 알파인 스키의 규칙을 정비하고 특별한 용구를 이용하여 행하는 경기
㉡ 일반 알파인 경기와 마찬가지로 회전, 활강, 대회전, 수퍼대회전 종목으로 나뉘며 각각 입식, 좌식, 시각장애의 3가지 영역으로 분류

---

**QUIZ**
뇌병변장애인은 보행의 어려움과 과도한 근긴장 등이 있어 낙상의 위험을 예방할 수 있는 수중운동이 권장된다. (O/X)
답 O

**기출 채우기**
뇌성마비 장애인의 근육 긴장 정도가 심할 경우 운동 시간을 (　) 설정해야 한다.
답 짧게

**POINT**
아웃리거
- 스키폴 끝에 플레이트 상단부를 부착한 형태
- 장애인스키에서 균형 유지를 위해 방향을 잡아주는 역할을 하는 장비

② 역사
  ㉠ 스위스에서 목발을 이용하여 처음 시작되었다고 전해짐
  ㉡ 당시 사용되었던 목발이 스키폴 끝에 플레이트 상단부를 부착한 현재의 아웃리거(outriggers)와 같은 장비로 발전

③ 경기규칙
  ㉠ 장애 등급의 정도에 따라 미리 페널티를 부여받은 상태로 경기를 진행
  ㉡ 시각장애인의 경우 가이드가 함께 경기에 임하며 회전 방향 등을 지시

## 2. 뇌성마비장애인을 위한 스포츠 - 보치아  2023 기출

① 개요
  ㉠ 공을 던져 표적구에 가까운 공의 점수를 합하여 승패를 겨루는 경기
  ㉡ 뇌성마비 중증 장애인 및 운동성 장애인만이 참여 가능한 종목

② 역사
  ㉠ 고대 그리스 시대의 공 던지기에서 유래한 것으로 여겨짐
  ㉡ 1982년 덴마크 국제경기에서 국제경기종목으로 부상
  ㉢ 1984년 뉴욕장애인올림픽대회, 1986년 Gits 국제경기, 1988년 서울장애인올림픽대회 등에서 정식 종목으로 채택

③ 경기 규칙
  ㉠ 표적구를 먼저 던져놓고 적색공과 청색공을 규칙에 의해 모두 던진 후 표적구에 가까운 공의 숫자가 점수가 됨
  ㉡ 규칙에 의한 엔드 후 점수의 합으로 승패를 결정
  ㉢ 남·여 구분이 없는 혼성 경기
  ㉣ 경기용 공은 적색과 청색 각 6개의 시합공과 백색의 표적구 1개로 구성
  ㉤ 공을 던지거나 굴리는 방법은 어떤 방법이든 가능하며, 공을 잡거나 던지는 것이 불가능할 경우 몸통을 이용해 굴리는 것도 가능
  ㉥ 경기에 참여하기 위해서는 휠체어뿐만 아니라 스쿠터 또는 침대형태(승인된 문서가 있는 경우)로 되어진 것도 사용 가능함
  ㉦ 선수는 경기보조자의 도움을 받을 수 있지만 선수가 공을 투구하는 동안 경기보조자는 휠체어를 밀거나 포인터를 조정해주는 등의 방법으로 선수의 투구를 돕는 신체접촉을 해서는 안 됨

## 3. 시각장애인을 위한 스포츠

① 쇼다운  2025 기출
  ㉠ 개요
    • 시각장애인을 위한 스포츠로 '에어하키' 또는 '탁구'로 표현되기도 함

> **기출 채우기**
> ( )은/는 시각장애인들 사이에서 '에어하키' 또는 '탁구'로 불리는 시각장애인을 위한 스포츠이다.
> 답 쇼다운

- 장비가 매우 저렴하고 경기 장소도 회의실 정도의 공간이면 충분해 시각장애인이 쉽게 시작할 수 있는 운동
- ⓒ 역사
  - 1977년 전맹이었던 캐나다인 조 루이스(Joe Lewis)가 시각장애인이 도움 없이 할 수 있는 경기로서 고안
  - 캐나다의 전맹 체육인 패트릭 요크(Patrick York)가 규정 및 기구 개선 작업에 함께함
  - 두 사람의 합세로 1980년 첫 번째 쇼다운 게임이 이루어짐
  - 국내에는 2015년 세계 서울시각장애인경기대회에 도입
- ⓒ 경기 규칙
  - 공을 배트로 쳐서 테이블 벽면에 부딪친 다음 테이블 중앙에 설치된 센터스크린 밑을 통과하여 상대편의 골포켓에 공을 넣으면 되는 방식
  - 한 골당 2점의 점수가 부여되고, 공이 센터스크린에 부딪히거나 테이블 밖으로 나가는 등 아웃 요건이 발생할 경우 상대 선수에게 1점이 부여됨
  - 한 선수가 상대 선수와 2점 이상의 점수 차로 11점 이상을 획득하면 승리
  - 통상 3세트로 이루어짐

② **골볼** 2023 기출
- ⓐ 개요
  - 실명한 퇴역 군인들의 재활을 위해 고안된 장애인용 팀 스포츠 경기
  - 소리 나는 공을 이용해 상대팀 골대에 볼을 넣는 경기
  - 시각장애인들에게 가장 비중 있는 엘리트 스포츠
- ⓑ 역사
  - 1946년에 호주인 한스 로렌체(Hanz Lorenzen)와 독일인 세프 라인들러(Sepp Reindle)가 고안
  - 1972년 하이델베르크 패럴림픽에서 시범종목으로 채택
  - 1976년 토론토 패럴림픽에서 정식종목으로 채택
  - 1978년 오스트리아에서 최초로 세계선수권대회 개최
- ⓒ 경기 규칙
  - 3인이 팀을 이루어 소리가 나는 공을 상대편의 골대에 넣는 경기
  - 경기자는 자신의 골 영역 내에 남아서 방어하거나 공격함
  - 한 골당 1점으로 볼이 골 라인을 완전히 통과하면 골로 인정됨
  - 본 경기에서 동점인 경우에 3분간 두 번의 연장전(골든 골)을 진행
  - 연장 득점이 없는 경우 페널티 드로우로 승부를 결정하며, 10점 이상 점수차가 벌어지면 승부가 선언됨

**QUIZ**
골볼은 시각장애인을 위해 고안된 스포츠로, 3인이 팀을 이루어 소리가 나는 공을 던져 소리가 나는 표적에 가까이 위치시키는 경기이다. (○/×)

답 ×

- 경기자는 볼의 위치와 움직임을 벨 소리로만 파악
- 경기는 전후반 12분으로 진행

## 4. 스페셜올림픽과 패럴림픽

① **스페셜올림픽**

㉠ 개요
- 정의 : 지적·자폐성장애인들을 위해 지속적인 스포츠훈련 기회를 제공하고 수시로 경기대회를 개최하여 참여시킴으로써 지적·자폐성장애인의 신체적 적응력을 향상시키고 생산적인 사회구성원으로서 인정받을 수 있도록 기여하는 국제적 운동
- 참가 자격 : 만 8세 이상의 지적장애인
- 종목

| | |
|---|---|
| 하계종목 | 수영, 육상, 배드민턴, 농구, 보체, 축구, 골프, 롤러스케이트, 탁구, 배구, 역도, 볼링, 크리켓*, 사이클, 승마, 기계체조, 리듬체조, 핸드볼, 유도, 카약, 넷볼*, 실외수영, 요트, 소프트볼, 테니스 |
| 동계종목 | 알파인, 크로스컨트리 스키, 스노보드, 스노슈잉, 쇼트트랙, 스피드스케이팅, 피겨스케이팅, 플로어하키 |

※ * 표시된 종목은 시범종목

> **이해더하기**
>
> **보체(bocce)** 2024 기출
> - 보치아에서 유래함
> - 경기장 크기 : 3.66m×18.29m(직사각형)
> - 공식 경기 : 단식 경기, 복식 경기, 팀 경기 등
> - 표적구(흰 공)를 던져 착지한 곳을 목표로 함
> - 한 팀당 4개의 공을 소유하고, 표적구에 가까이 던진 팀이 점수를 획득함

㉡ 등급 분류(디비저닝)
- 정의 : 선수들의 나이, 성별, 운동 능력에 따라 그룹을 나누어 본 경기를 진행하는 것
- 분류 단계

| 단계 | | 내용 |
|---|---|---|
| 1단계 | 성별 분류 | 남성과 여성으로 구분하되, 성별로 구분하여 경기를 진행할 수 없을 정도로 선수가 부족한 경우 혼성 경기를 진행 |
| 2단계 | 연령별 분류 | • 8~11세, 12~15세, 16~21세, 22~29세, 30세 이상으로 구분<br>• 특정 경기에서 연령별 구분이 불가능할 정도로 선수가 부족할 경우 혼합된 연령 구분이 허용되며, 가능한 비슷한 연령대로 구성 |

**기출 채우기**

스페셜올림픽은 기록별 분류에 의한 (　　　)이/가 적용되지만, 일부 경기에는 적용되지 않을 수도 있다.

답 10%의 법칙

| 단계 | | 내용 |
|---|---|---|
| 3단계 | 기록별 분류 (10% 법칙) | • 같은 조 내에서 가장 높은 기록과 가장 낮은 기록과의 차이가 10%를 초과하지 않도록 분류<br>• 10% 기준을 적용할 수 없을 때에는 15%까지 허용 가능<br>• 기록상 최상위 조와 최하위 조에서는 성별 또는 연령별 구분을 하지 않고 유사한 기록을 가진 선수들로 구성하는 예외 조항 적용 가능 |

- 규정 오용 방지 기준 : 결승 기록이 참가 신청 기록 혹은 예선 기록보다 15% 이상 상향될 경우 선수는 자동 탈락되며 참가상(리본)만 수여 가능

ⓒ 수상 방식
- 1~3등 : 올림픽과 마찬가지로 금메달, 은메달, 동메달 수여
- 4등 이하 : 4등 이하 모든 참가 선수에게 리본 수여

② **패럴림픽** `2025 기출`

㉠ 정의 : 신체적·감각적 장애가 있는 운동선수들이 참가하여 펼치는 올림픽경기대회

㉡ 참가 자격 : 지체장애, 지적장애, 뇌병변장애가 있는 선수

㉢ 종목

| 하계종목 | 양궁, 육상, 배드민턴, 보치아, 사이클, 승마, 시각 축구, 골볼, 유도, 카누, 파라트라이애슬론(장애인 철인 3종 경기), 역도(파워리프팅), 조정, 사격, 수영, 탁구, 태권도, 배구, 휠체어농구, 휠체어펜싱, 휠체어럭비, 휠체어테니스 등 |
|---|---|
| 동계종목 | 알파인스키, 바이애슬론, 크로스컨트리, 아이스하키, 스노보드, 휠체어컬링 등 |

**QUIZ**

패럴림픽에 참가할 수 있는 선수는 스페셜올림픽에도 참가할 수 있다.
(O/×)

답 ×

**이해더하기**

스페셜올림픽과 패럴림픽의 차이

| 구분 | 스페셜올림픽(Special Olympics) | 패럴림픽(Paralympics) |
|---|---|---|
| 개요 | 지적·발달장애인 선수를 위한 스포츠대회 | 신체장애 및 감각장애 선수를 위한 스포츠대회 |
| 참가 연령 | 만 8세 이상 모든 연령층 대상 | 종목에 따라 다양한 연령층 |
| 참가 자격 | 최소한의 경기력을 갖춘 누구나 모든 종목에 참가 가능 | 엘리트 선수만 참가 가능 |
| 시상 | 대회에 참가한 모든 선수들의 경기 결과 인정(메달 및 리본 시상) | 1, 2, 3등에게 금메달, 은메달, 동메달 수여 |
| 국제기구 | 국제스페셜올림픽위원회(SOI) | 국제패럴림픽위원회(IPC) |

# 출제예상문제

**2025 기출 유형**

**01** 〈보기〉에 해당하는 장애 유형의 체육활동 지도 방법으로 옳지 <u>않은</u> 것은?

**보기**
- 또래나 교사와의 대인관계에 어려움이 있어 학습에 어려움을 겪는 사람
- 일반적인 상황에서 부적절한 행동이나 감정을 나타내어 학습에 어려움이 있는 사람
- 전반적인 불행감이나 우울증을 나타내어 학습에 어려움이 있는 사람

① 문제행동이 발생하는 원인을 분석하고 그 원인이 되는 환경이나 상황을 제거한다.
② 긍정적인 행동이 발달할 수 있는 환경을 조성한다.
③ 모든 환경 자극은 구조화된 환경 내에서 지도자의 통제하에 이루어지도록 한다.
④ 다른 사람과 함께 어울리기 힘들기 때문에 집단운동보다는 개인운동을 제공하는 것이 바람직하다.

**해설** | 〈보기〉에 해당하는 장애 유형은 정서 장애이다. 정서 장애는 긍정적인 피드백을 제공해 바람직한 스포츠 참여 행동을 이끌어야 하며 개인 운동보다는 다른 사람과 함께 어울릴 수 있는 집단 행동을 제공하는 것이 바람직하다. 따라서 옳지 않은 것은 ④이다.

**02** 특수체육(Adapted Physical Activity)의 개념에 관한 설명으로 옳지 <u>않은</u> 것은?

① 신체활동의 참여에서 임파워먼트(empowerment)를 강조한다.
② 비장애인과 통합된 환경에서의 서비스 제공을 기본으로 한다.
③ 일생에 거쳐 나타나는 정의적 문제의 규정 및 해결을 위한 다문학적 지식체계이다.
④ 법률에 기초하여 서비스를 제공한다.

**해설** | 특수체육은 일생에 거쳐 나타나는 심동적 문제의 규정과 해결을 위한 총체적인 지식체계이다. 일반적으로 정의적 영역은 감정과 가치, 태도 등을 말하며 사회적 관계, 스포츠맨십, 페어플레이 정신 등이 이에 해당한다. 심동적 영역은 육체적인 능력, 즉 신체기능과 움직임의 발달을 말하며 기술, 신체능력, 운동기술 등이 이에 해당한다. 마지막으로 인지적 영역은 논리나 지식, 개념 등을 말하며, 이론, 용어, 개념, 규칙, 원리, 전략 등이 이에 해당한다.

**정답** 01 ④  02 ③

**2025 기출 유형**

**03** 다음 〈보기〉에서 설명하는 특수체육 수업 방식으로 적절한 것은?

> **보기**
> - 수업을 소단위로 나누어 기술을 연습할 수 있도록 순회하는 몇 개의 구역을 설치하고 활동하는 방법
> - 실제학습시간(ALT ; Academic Learning Time)이 증가하는 장점
> - 운동기능이 낮은 대상자가 지도자와 효과적으로 상호작용할 수 있는 환경 조성이 가능

① 또래 교수(peer tutoring)
② 협동학습(cooperative learning)
③ 스테이션 교수(station teaching)
④ 역주류화 수업(reverse mainstreaming)

**해설 |** 〈보기〉에서 설명하는 특수체육 수업 방식은 스테이션 교수(station teaching)이다. 이 수업은 여러 곳에 과제를 배치하고 돌아가며 학습하는 방식으로 운동기능이 낮은 대상자가 지도자와 효과적으로 상호작용할 수 있는 환경 조성이 가능하단 특징이 있다. 정서, 행동 및 자폐성 장애가 있는 대상자들의 경우 함께 이동하며 지도하는 것이 바람직하다.

**04** 〈보기〉에서 설명하는 시각장애 발생의 원인은?

> **보기**
> - 수정체가 탁해지면서 생기는 질환이다.
> - 한쪽 눈으로 봐도 사물이 두 개 겹쳐 보이는 증상이 발생한다.
> - 지도 시 빛이 들어오는 창문 앞에 서서 하지 않도록 한다.

① 녹내장          ② 황반변성
③ 백내장          ④ 원추각막

**해설 |** ① 녹내장 : 시신경에 손상이 생기거나 노화로 인해 발생
② 황반변성 : 망막에 혈액이 제대로 공급되지 않거나 수용기에 질병이 생겨서 발생
④ 원추각막 : 감염이나 상해, 알레르기 등으로 각막에 상처가 생겨 시력이 떨어지거나 빛이 왜곡됨

**2025 기출 유형**

**05** 다음 〈보기〉의 사례에서 알 수 있는 과제 분석 방법은 무엇인가?

> **보기**
> 농구의 자유투 동작
> - 준비 단계 : 중간 위치에 한쪽 발을 위치시키고 다른 발은 어깨 넓이 정도로 벌림
> - 반동 동작 : 측면에서 보았을 때 무릎은 약 90°에 가깝게 굽히고 몸통은 약 50° 정도 기울어지도록 함
> - 슈팅 동작 : 공을 던지는 순간 어깨는 거의 천장과 수직을 유지하도록 약 140~150° 정도로 유지함

① 발달적 과제분석
② 영역중심 과제분석
③ 생체역학적 과제분석
④ 참조 준거에 의한 과제분석

**해설 |** 〈보기〉의 사례에서 알 수 있는 과제분석 방법은 생체역학적 과제분석이다. 이 방법은 운동 기술의 수행을 위해 발생하는 관절의 운동, 근육군의 움직임, 근육의 조정 및 그에 의해 생성된 움직임이 외부의 물체에 가한 힘 등을 구분하여 과제를 분석하는 방법이다.

**2025 기출 유형**

**06** 〈보기〉에서 설명하는 시각장애인 스포츠 종목은?

> **보기**
> - 1946년에 호주인 한스 로렌첸(Hanz Lorenzen)와 독일인 세프 라인들러(Sepp Reindle)가 고안
> - 3인이 팀을 이루어 소리가 나는 공을 상대편의 골대에 넣는 경기
> - 경기자는 자신의 골 영역 내에 남아서 방어하거나 공격함

① 골볼            ② 보체
③ 쇼다운          ④ 텐핀 볼링

**해설 |** 골볼은 실명한 퇴역 군인들의 재활을 위해 고안된 장애인용 팀 스포츠 경기로 소리 나는 공을 이용해 상대팀 골대에 볼을 넣는 경기이다. 시각장애인들에게 가장 비중 있는 엘리트 스포츠로 3인이 팀을 이루어 소리가 나는 공을 상대편의 골대에 넣는 경기이며 한 골당 1점으로 볼이 골라인을 완전히 통과하면 골로 인정된다.

## 07
다음 〈보기〉의 세계보건기구(WHO)의 '기능, 장애, 건강에 대한 국제 분류(International Classification of Functioning, Disability, and Health ; ICF)'에 대한 설명 중 빈칸에 들어갈 수 없는 것은?

> **보기**
> 장애는 (　　　　)의 세 가지 영역 모두 또는 한 가지 영역에서 겪게 되는 어려움으로 발생하며, 개인적·환경적 요인들에 의해서도 영향을 받는다.

① 대인관계 능력　　② 활동
③ 신체 기능과 구조　　④ 참여

**해설** | 세계보건기구(WHO)는 '기능, 장애, 건강에 대한 국제 분류(ICF)'를 통하여 장애에 대해 설명하고 있는데, 여기서는 장애를 '신체 기능과 구조, 활동, 참여'의 세 가지 영역 모두 혹은 이 중 한 가지 영역에서 겪는 어려움으로 발생하며, 환경적 요인과 개인적 요인에 의해서도 영향을 받는다고 설명하였다.

## 08
준거지향검사에 대한 설명으로 옳지 않은 것은?

① 동일 특성을 가진 사람들의 점수 분포와 검사 대상자의 점수를 비교한다.
② 특정 기술이나 체력 등의 수준 파악에 용이하다.
③ 검사 결과는 프로그램의 계획이나 평가에 주로 활용된다.
④ 특정 영역에서의 대상자의 수준에 대한 정보를 수집하는 검사이다.

**해설** | '동일 특성을 가진 사람들의 점수 분포'를 '규준'이라 한다. 즉, ①은 규준지향검사에 대한 설명이다. 준거지향검사는 사전에 설정된 숙달기준(준거)와 검사 대상자의 점수를 비교한다.

**2025 기출 유형**

## 09
〈보기〉에서 설명하는 체력운동의 원리는?

> **보기**
> 줄넘기를 하기 힘들어하는 지적장애 학생을 위해 하루는 10개를 하게 하고 다음 날은 15개를 하게 하고 그 다음 날에는 20개를 하게 하였다.

① 다양성의 원리　　② 특수성의 원리
③ 전면성의 원리　　④ 점진성의 원리

**해설** | 체력운동의 원리에는 과부하의 원리, 점진성의 원리, 전면성의 원리 등이 있는데 〈보기〉에서 설명하는 체력운동의 원리는 점진성의 원리이다. 점진성의 원리는 조금씩 운동 강도 및 운동량을 늘리는 원리를 말한다.

**2025 기출 유형**

## 10
다음 〈보기〉에서 설명하는 특수체육 평가 도구는 무엇인가?

> **보기**
> - 10~17세의 척수장애, 뇌성마비, 절단장애, 지적장애, 시각장애 아동 및 비장애아동을 대상으로 하는 건강관련 체력검사
> - 장애 유형 및 정도에 따라 검사 항목과 방법이 구분되어 있음
> - 필요한 장비 외에 다른 장비로 대체 가능

① PDMS-2(Peabody Developmental Motor Scale-2)
② BPFT(Brockport Physical Fitness Test)
③ BOT-2(Bruininks-Oseretsky Test of Motor Proficiency-2)
④ PAPS-D(Physical Activity Promotion System for Students with Disabilities)

**해설** | 〈보기〉에서 설명하고 있는 특수체육 평가 도구는 BPFT(Brockport Physical Fitness Test)이다. 이 검사는 '검사 전 프로파일 작성 → 검사 항목 선정 → 측정 → 준거점수와 비교·분석 → 결과에 대한 프로파일 작성 → 운동계획 작성'의 절차로 진행되며 심폐능력, 신체 조성, 근골격계 기능 등에 대해 장애 유형별 특성을 고려하여 총 27가지 항목으로 구성된다.

**정답** 03 ③　04 ③　05 ③　06 ①　07 ①　08 ①　09 ④　10 ②

**11** 〈보기〉의 ㉠, ㉡에 들어갈 미국 지적 발달장애협회(AAIDD, 2021)의 지적장애 정의가 바르게 나열된 것은?

> **보기**
> - 나이는 ( ㉠ )을/를 기준으로 한다.
> - 표준화 검사를 통해 산출된 지능점수가 ( ㉡ ) 표준편차 이하이다.

|     | ㉠ | ㉡ |
|---|---|---|
| ① | 22세 이후 | $-2$ |
| ② | 22세 이전 | $2$ |
| ③ | 20세 이전 | $-2$ |
| ④ | 20세 이후 | $2$ |

**해설 |** AAIDD에서는 지적장애를 22세 이전에 시작되는 것으로 정의하며, 지능 지수 기준을 평균에서 $-2$ 표준편차 이하로 둔다.

**2025 기출 유형**

**12** 〈보기〉 중 대근운동발달검사 Ⅲ(TGMD-3)에 대한 설명으로 옳은 것으로 묶인 것은?

> **보기**
> ㉠ 3~11세 아동을 대상으로 한다.
> ㉡ 규준참조평가 도구로 사용할 수 없다.
> ㉢ 6가지의 이동기술 검사항목과 5가지의 공(ball) 기술 항목을 검사한다.
> ㉣ 각 검사항목의 수행 준거를 정확하게 수행하면 1점, 정확하게 수행하지 못하면 0점을 부여한다.
> ㉤ 대근육운동기술 발달 수준을 검사하는 표준화된 검사 기구이다.

① ㉠, ㉡, ㉢
② ㉠, ㉣, ㉤
③ ㉡, ㉢, ㉣
④ ㉢, ㉣, ㉤

**해설 |** ㉡ TGMD-3는 준거 및 규준지향검사로 사용될 수 있다.
㉢ 6가지의 이동기술 검사항목과 7가지의 물체조작기술 항목으로 이루어져 있다.

**13** 〈보기〉와 같은 평가 방법은?

> **보기**
>
> | 환경 | 잠실실내수영장 | 과제 | 샤워하기 |
> |---|---|---|---|
> | 세부환경 | 샤워실 | 수행자 | 지적장애인 |
>
> | 관찰 내용 | 반응 평가 ○ | 반응 평가 × |
> |---|---|---|
> | 1. 샤워실 출입문을 찾아서 들어간다. | ✓ | |
> | 2. 비어 있는 샤워기를 찾는다. | | ✓ |
> | 3. 다른 사람이 찾는 것을 보고 비어 있는 샤워기를 찾는다. | ✓ | |
> | 4. 비어 있는 샤워기로 다가간다. | ✓ | |
> | 5. 다른 사람의 소지품이 없는지 확인한다. | | ✓ |
>
> **평가결과**
> 1. 샤워실 출입문을 찾을 수 있다.
> 2. 비어 있는 샤워기를 찾아야 한다는 과제를 이해하지 못하고 있다.
> 3. 타인의 행동과 주변 환경에 대한 관찰을 통해서 비어 있는 샤워기를 찾을 수 있다.
> 4. 비워 있는 샤워기로 다가갈 수 있다.
> 5. 다른 사람의 소지품이 없는지 확인해야 한다는 것을 이해하지 못하고 있다.

① 근거기반실무
② 생태학적평가
③ 동작중심과제분석
④ 규준참조평가

**해설 |** 생태학적평가는 학생의 특성 및 선호도를 고려함과 동시에 움직임의 수행에 영향을 줄 수 있는 환경 요소도 고려하는 평가 방법이다.
① 근거기반실무 : 관습, 권위, 개인의 의견 혹은 관례 등이 아닌 연구를 통해 얻은 과학적 근거를 활용하여 실무를 진행하는 방법
③ 동작중심과제분석 : 목적의 달성을 위해 세부적 움직임을 단계적으로 구분하여 효과적으로 과제 수행을 진행하는 방법
④ 규준참조평가 : 개인이 얻은 점수 혹은 측정치를 규준(norm)에 비추어 상대적 서열에 의해 평가하는 방법

## 14 〈보기〉 중 또래교수의 특징만으로 묶인 것은?

**보기**

㉠ 지도자에 대한 참여자의 비율을 줄이는 효과가 있다.
㉡ 운동기능이 낮은 학생이 지도자와 효과적으로 상호작용할 수 있는 환경이 조성된다.
㉢ 장애학생의 성취 결과 측면에서 가장 효과적인 방법으로 여겨진다.
㉣ 장애학생과 비장애학생이 짝이 되어 번갈아 가며 멘토와 멘티의 역할을 한다.
㉤ 2명 또는 그 이상의 지도자가 동일한 학습 내용을 함께 지도하는 방법이다.

① ㉠, ㉡
② ㉠, ㉣
③ ㉡, ㉣
④ ㉢, ㉤

**해설** | 또래교수 전략은 지도 과정에서 지도 대상자를 보조교사로 활용하는 방법으로, 학생들이 번갈아 가며 멘토와 멘티의 역할을 하는 방식으로 실시된다. 지도자에 대한 참여자의 비율을 줄이는 효과가 있다. ㉡은 스테이션 교수, ㉢은 교류식 교수, ㉤은 팀 교수의 특징이다.

### 2025 기출 유형

## 15 척수장애인을 위한 스포츠지도 전략으로 적절하지 않은 것은?

① 자율신경 반사 이상의 위험에 대비하여 물 섭취를 금한다.
② 6번 흉추 이상의 손상을 입은 경우 즉시 운동을 중단한다.
③ 체온 조절을 위해 온도와 습도를 고려하여 적절한 환경을 만들어 준다.
④ 기립성 저혈압 병력을 미리 확인하여 지도한다.

**해설** | 척수장애인의 자율신경 반사 이상은 혈압의 증가와 심박수 감소 등의 증상을 일으키지만, 운동 전 방광과 장을 비움으로써 예방할 수 있다.

### 2025 기출 유형

## 16 〈보기〉의 사례와 관련 있는 행동관리 기법은?

**보기**

장애인 아동에게 축구를 지도하고 있는 지도사 K는 장애 아동 A에게 20분의 드리블 활동을 포기하지 않고 완수하면 10분간 A가 원하는 모래놀이 활동을 할 수 있도록 허락해주겠다고 이야기하였다.

① 토큰경제체제
② 촉진
③ 타임아웃
④ 프리맥 원리

**해설** | 프리맥 원리는 높은 확률로 일어나는 행동을 강화물로 사용하여 발생 확률이 적은 행동을 하도록 촉진하는 기법으로, 학생이 원하지 않는 과제를 완수했을 때 학생이 원하는 행동을 하도록 허락함으로써 강화를 실현한다.

## 17 다음 〈보기〉 중 개별화교육계획(IEP ; Individualized Education Program)의 목표 진술 3요소에 대한 연결로 옳은 것은?

**보기**

㉠ 행동이 일어나길 바라는 상황 제시
㉡ 학습의 결과로서 나타나는 행동
㉢ 성취 수준이 목표에 달성했는가를 판단하는 기준

| | ㉠ | ㉡ | ㉢ |
|---|---|---|---|
| ① | 기준 | 조건 | 행동 |
| ② | 행동 | 기준 | 조건 |
| ③ | 기준 | 행동 | 조건 |
| ④ | 조건 | 기준 | 행동 |

**해설** | ㉠ 조건 : 기구, 도구, 시설 등의 물리 환경적, 심리적 조건을 포함하여 '누가, 언제, 어디서, 무엇을, 왜, 어떻게'의 6하 원칙에 해당하는 조건을 선택하여 기술한다.
㉡ 기준 : 수행의 최종 결과로서 신체적인 움직임을 뜻하며, 객관적으로 측정·관찰이 가능하여야 한다.
㉢ 행동 : 행동의 지속과 정확성을 규정하는 것으로 동작 수행의 질을 결정한다.

**정답** 11 ① 12 ② 13 ② 14 ② 15 ① 16 ④ 17 ④

**18** 〈보기〉는 위닉의 스포츠 통합 연속체계 단계와 그 예시이다. ㉠, ㉡에 들어갈 용어로 바르게 묶인 것은?

> **보기**
> - ( ㉠ ) : 비장애인 100m 달리기 경기에 참여하는 인지장애 운동선수
> - ( ㉡ ) : 휠체어농구에 참여하는 일반 대학선수

| | ㉠ | ㉡ |
|---|---|---|
| ① | 일반 스포츠 | 통합 환경의 장애인 스포츠 |
| ② | 일반 스포츠 | 장애인 스포츠 |
| ③ | 통합스포츠 | 통합 환경의 장애인 스포츠 |
| ④ | 통합스포츠 | 장애인 스포츠 |

해설 | ㉠ 일반 스포츠는 규칙의 변형이나 보조도구의 사용 없이 장애인 선수가 일반 스포츠에 통합적으로 참여하는 스포츠이다.
㉡ 통합 환경의 장애인 스포츠는 규칙의 변경 및 용·기구 사용을 통해 장애인과 비장애인이 함께 스포츠에 참여한다.

**19** 장애인의 참여 촉진을 위한 규칙 변형 시 주의할 사항으로 옳지 않은 것은?

① 해당 활동의 본질이 손상되지 않도록 변형한다.
② 참여자가 집중력을 잃거나 지루함, 좌절감 등을 느끼지 않도록 변형한다.
③ 장애인이 활동에 적응할 수 있도록 최대한 많은 부분을 변형시킨다.
④ 참여를 극대화하는 방향으로 변형한다.

해설 | 장애인의 참여 촉진을 위한 규칙 변형 시 가능한 변형을 최소화하여 장애인이 활동에 적응할 수 있도록 해야 한다.

**2025 기출 유형**

**20** 다음 중 지체장애인과의 의사소통 및 상호작용 시의 지침으로 적절하지 않은 것은?

① 기능을 제한하는 환경적 장벽들을 최소화한다.
② 지체장애인이 넘어진 경우 즉시 도움을 주어 일어서게 한다.
③ 목발, 보행기, 보조기, 휠체어 등은 별도의 요청이 없는 한 활동구역 내에 보관한다.
④ 일상생활에서 사용하는 보조물이나 기술 등을 운동 상황에서도 유용하게 사용할 수 있는지 확인한다.

해설 | 지체장애인이 넘어진 경우에는 도움의 필요 여부를 먼저 물은 후 도움을 요청할 때까지 기다려야 한다. 따라서 ②는 지체장애인과의 의사소통 및 상호작용 시의 지침으로 적절하지 않다.

**2025 기출 유형**

**21** 〈보기〉에서 시각장애인에게 체육활동을 지도할 때 고려할 사항으로 옳은 것만을 모두 고른 것은?

> **보기**
> ㄱ. 간단한 용어를 사용하여 설명하기보다는 최대한 자세하고 복잡한 설명이 필요하다.
> ㄴ. 신체 보조 제공 전 신체 접촉의 형태, 방법, 이유 등을 구체적으로 안내하여 대상자가 놀라지 않도록 해야 한다.
> ㄷ. 잔존시력의 정도 파악 후 핵심이 되는 움직임을 반복적으로 보여줌으로써 동작의 원리를 이해할 수 있도록 돕는다.
> ㄹ. 대상자가 지도자와 성별이 다른 경우 신체 접촉에 주의를 기울여야 한다.

① ㄱ, ㄴ
② ㄴ, ㄷ
③ ㄱ, ㄴ, ㄹ
④ ㄴ, ㄷ, ㄹ

해설 | 시각장애인에게 체육활동을 지도할 때에는 복잡하고 여러 가지 단서가 포함된 설명보다는 간단한 용어를 사용해야 한다. 따라서 시각장애인에게 체육활동을 지도할 때의 고려할 사항으로 옳은 것은 ④이다.

## 22. 〈보기〉가 설명하는 장애유형에 관한 설명으로 옳지 않은 것은?

> **보기**
> - 21번 염색체가 삼염색체(trisomy 21)이다.
> - 의학적 문제(선천성 심장질환, 근시 등)가 있을 수 있다.
> - 인종, 국적, 종교, 사회적 지위 등과 관계없이 발생하는 보편성을 지니고 있다.

① 경추 정렬(atlantoaxial instability)의 문제 때문에 운동 참여 시 척수손상에 대해 특히 주의한다.
② 근육의 긴장도가 높아 탈골, 염좌 등의 부상 위험이 없어 자유로운 근력 운동이 가능하다.
③ 염색체 중 상염색체(autosome chromosome)에 문제가 있다.
④ 당분을 조절하는 내당 기능이 약하기 때문에 비만이 되기 쉽고 당뇨병 발생 빈도가 높다.

**해설 |** 〈보기〉는 다운증후군에 대한 설명이다. 다운증후군 지적장애인은 근육의 긴장도가 낮아 관절의 과신전이 일어나는 증상을 보이며 탈골, 염좌 등의 부상 위험이 높아 근육 운동 시 지도사의 관리가 필요하다.

## 23. 자폐성 장애인의 특성을 고려한 지도전략으로 옳지 않은 것은?

① 환경적 단서보다 언어적 단서가 더욱 효과적이다.
② 그림카드를 활용하여 시각적 단서를 제공한다.
③ 소음과 활동에 저해되는 환경을 관리한다.
④ 연속된 동작의 스포츠를 지도한다.

**해설 |** 자폐성장애를 지도할 때에는 언어적 단서보다 환경적 단서가 더욱 효과적이고, 그림카드를 활용한 시각적 단서를 제공하는 것이 좋다. 자극과 소리에 민감하게 반응하므로 적절한 지도방법 및 대처방안을 적용해야 한다.

**2025 기출 유형**

## 24. 〈보기〉의 ㉠, ㉡, ㉢에 해당하는 청각장애의 유형이 바르게 나열된 것은?

> **보기**
> - ( ㉠ ) : 외이에 전달된 소리를 전기적 신호로 바꿔 청신경으로 전달하는 과정에 문제가 발생하여 나타난다.
> - ( ㉡ ) : 구체적인 원인 파악도 어려운 상태이며, 인공와우 시술 등으로도 청력의 확보가 어려운 난청이다.
> - ( ㉢ ) : 소리를 내이로 전달하는 외이와 중이의 청각기관 장애로 인해 청력이 손실된 형태이다.

|   | ㉠ | ㉡ | ㉢ |
|---|---|---|---|
| ① | 전음성 | 감소성 | 감음신경성 |
| ② | 감음신경성 | 혼합성 | 전음성 |
| ③ | 전음성 | 감음신경성 | 혼합성 |
| ④ | 감음신경성 | 감소성 | 전음성 |

**해설 |** 소리를 청신경으로 전달하는 청각 관련 신경의 손상으로 발생하는 것이 감음신경성 난청이며, 혼합성 난청은 전음성과 감음신경성이 동시에 나타나는 것으로 인공와우 시술로도 청력의 확보가 어렵다. 또한 전음성 난청은 외이와 중이의 청각기관 장애로 청력이 손실된 형태이다.

**2025 기출 유형**

## 25. 스포츠를 처음 배우는 중도(重度) 지적장애인을 위한 지도 전략으로 옳지 않은 것은?

① 배구에서 배구공을 가볍고 큰 공으로 변형한다.
② 기본운동 기술을 높은 수준의 스포츠 기술로 변형한다.
③ 골프에서 골프공을 가볍고 큰 공으로 변형한다.
④ 평균대 위 걷기에서 안전바(safety bar)를 잡고 걷게 한다.

**해설 |** 지적장애인의 경우 운동발달상의 지체가 있어 낮은 수준의 체력과 운동수행능력을 보인다. 따라서 높은 수준의 운동은 삼가고 활동을 단순화하여 쉽고 간단한 설명으로 실제 동작을 보이는 것이 바람직하다. 공을 사용하는 스포츠는 공의 크기가 크고 가벼운 공으로 변형하고, 평균대 위 걷기에서는 안전바를 잡고 걷게 하는 등 안전에 유의하여 지도하여야 한다.

**정답** 18 ① 19 ③ 20 ② 21 ④ 22 ② 23 ① 24 ② 25 ②

26 행동관리 기법에서 강화와 처벌의 설명이 올바르지 않은 것은?

① 정적 강화 : 숙제를 완료한 학생에게 좋아하는 게임을 시켜 주는 것이다.
② 부적 강화 : 바람직한 행동의 증가를 위해 후속자극을 제거해주는 것이다.
③ 정적 처벌 : 특정 반응이 일어날 확률의 감소를 위해 원치 않는 자극을 제시하는 것이다.
④ 부적 처벌 : 숙제를 하지 않은 학생에게 벌금을 걷게 하는 것이다.

해설 | 부적 처벌은 특정 반응이 일어날 확률을 줄이기 위해 대상이 원하는 자극을 제거하는 것이다. 예시로 숙제를 하지 않은 학생에게 용돈을 줄이는 것으로 설명할 수 있다. ④는 정적 처벌에 해당한다.

27 〈보기〉에서 설명하는 뇌성마비의 유형으로 옳은 것은?

> 보기
> 전체 뇌성마비의 10% 정도를 차지하는 유형으로 보통 아동이 걷기 시작할 때 발생한다. 소뇌의 손상으로 인해 인체의 평형과 협응에 문제가 발생하여 나타나는 질환이다.

① 운동실조증 뇌성마비
② 강직성 뇌성마비
③ 무정위운동증 뇌성마비
④ 경련성 뇌성마비

해설 | 운동실조증 뇌성마비는 소뇌의 손상으로 인해 발생하며, 전체 뇌성마비의 10% 정도를 차지하는 질환이다.

**2025 기출 유형**

28 척수장애의 장애정도가 가장 심한 것은?

① 목뼈(경추, cervical vertebrae) 1번과 2번 사이 손상
② 목뼈(경추, cervical vertebrae) 6번과 7번 사이 손상
③ 등뼈(흉추, thoracic vertebrae) 1번과 2번 사이 손상
④ 등뼈(흉추, thoracic vertebrae) 11번과 12번 사이 손상

해설 | 척수는 손상 위치에 따라 해당 부위의 아래 방향으로 마비된다. 1번 경추(C1)가 손상된 경우 사지마비가 발생하여 운전 및 휠체어 이동이 불가하다.

**2025 기출 유형**

29 다음 〈보기〉에서 나타낸 수어의 제시어로 옳은 것은?

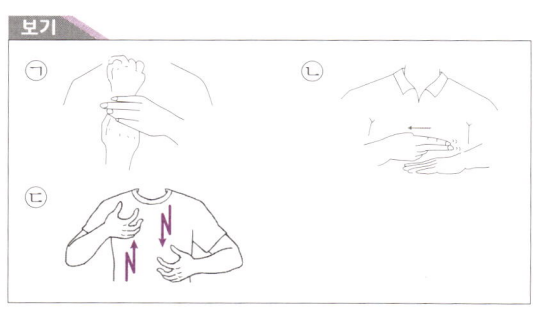

|   | ㉠ | ㉡ | ㉢ |
|---|---|---|---|
| ① | 농구 | 수영 | 반갑습니다 |
| ② | 씨름 | 테니스 | 고맙습니다 |
| ③ | 씨름 | 수영 | 반갑습니다 |
| ④ | 농구 | 테니스 | 고맙습니다 |

해설 | 수어에 의하면 ㉠은 농구, ㉡은 수영, ㉢은 반갑습니다의 표현이다.

**2025 기출 유형**

**30** 〈보기〉가 설명하는 스페셜올림픽의 종목은?

> **보기**
> - 경기장은 3.66m×18.29m 크기의 직사각형이다.
> - 공식 경기는 단식 경기, 복식 경기, 팀 경기 등이 있다.
> - 한 팀당 4개의 공을 소유하고, 표적구에 가까이 던진 팀이 점수를 획득하는 경기이다.

① 보체(bocce)
② 넷볼(netball)
③ 보치아(boccia)
④ 플로어볼(floorball)

**해설 |** 보치아에서 유래한 경기인 보체(bocce)에 대한 설명이다. 보체는 스페셜올림픽의 하계 종목 중 하나이다. 보치아는 패럴림픽 하계 종목 중 하나이며, 경기용 공은 적색과 청색 각 6개의 시합공과 백색의 표적구 1개로 구성된다.

**정답** 26 ④  27 ①  28 ①  29 ①  30 ①

**최신 3개년 출제빈도표 (2025년~2023년)**

| 구분 | 2025년 | 2024년 | 2023년 |
|---|---|---|---|
| 유아체육의 이해 | 12 | 7 | 10 |
| 유아기 운동발달 프로그램의 구성 | 4 | 6 | 5 |
| 유아 체육프로그램 교수 학습법 | 4 | 7 | 5 |

# PART 02

# 유아체육론

CHAPTER 01 　유아체육의 이해
CHAPTER 02 　유아기 운동발달 프로그램의 구성
CHAPTER 03 　유아 체육프로그램 교수 학습법
출제예상문제

# CHAPTER 01 유아체육의 이해

## SECTION 01 유아체육 관련 법 및 지침

### 1. 「영유아보육법」 및 교육 과정  `2024 기출` `2023 기출`

① 「영유아보육법」 제1장 제2조
- ㉠ "영유아"란 7세 이하의 취학 전 아동을 말한다.
- ㉡ "보육"이란 영유아를 건강하고 안전하게 보호·양육하고 영유아의 발달 특성에 맞는 교육을 제공하는 어린이집 및 가정양육 지원에 관한 사회복지서비스를 말한다.
- ㉢ "어린이집"이란 영유아의 보육을 위하여 이 법에 따라 설립·운영되는 기관을 말한다.
- ㉣ "보호자"란 친권자·후견인, 그 밖의 자로서 영유아를 사실상 보호하고 있는 자를 말한다.
- ㉤ "보육교직원"이란 어린이집 영유아의 보육, 건강관리 및 보호자와의 상담, 그 밖에 어린이집의 관리·운영 등의 업무를 담당하는 자로서 어린이집의 원장 및 보육교사와 그 밖의 직원을 말한다.

② 2022 개정 교육과정 성취기준(초등학교 3~4학년)

| | |
|---|---|
| 운동 | • 운동과 체력의 의미를 이해하고 관계를 파악한다.<br>• 기본 체력 운동의 방법과 절차를 익히며 자신의 수준에 맞는 운동을 시도한다.<br>• 운동과 건강의 의미를 이해하고 관계를 파악한다.<br>• 건강을 위한 바른 생활 습관을 이해하고 생활 속에서 규칙적으로 실천한다.<br>• 자신의 신체적 특징을 긍정적으로 인식하고 운동 계획을 세워 안전하게 활동한다.<br>• 운동과 건강한 생활 습관 형성에 적극적인 관심과 실천 의지를 나타낸다. |
| 스포츠 | • 스포츠의 의미와 유형을 파악한다.<br>• 기본 움직임 기술의 의미와 종류를 이해하고 스포츠와의 관계를 파악한다.<br>• 움직임 요소에 따른 기본 움직임 기술의 수행 방법을 파악하고 시도한다.<br>• 기본 움직임 기술을 연결한 복합적인 움직임 기술을 파악하고 시도한다.<br>• 기술형 스포츠에 적합한 기본 움직임 기술을 파악하고 시도한다.<br>• 전략형 스포츠에 적합한 기본 움직임 기술을 파악하고 시도한다.<br>• 생태형 스포츠에 적합한 기본 움직임 기술을 파악하고 시도한다.<br>• 움직임 기술을 자신감 있고 적극적으로 시도한다.<br>• 게임 활동에 최선을 다하고 규칙을 지킨다.<br>• 스포츠 활동을 할 수 있는 환경에 개방적이며, 적극적인 태도로 안전하게 스포츠 활동에 참여한다. |

---

**OX QUIZ**
「영유아보육법」 제1장 제2조에서 정의한 영유아는 7세 이하의 취학 전 아동을 말한다. (○/×)
답 ○

**기출 채우기**
WHO 신체활동 지침에 따르면 영유아의 경우 최소 ( )분 이상의 중·고강도 신체활동을 포함한 하루 ( )분 이상의 신체활동을 권장한다.
답 60, 180

**POINT 체육과 교육과정(2022) 신체활동 역량**
- 움직임 수행 역량 : 신체활동 형식에 적합한 움직임의 기능과 방법을 효율적, 심미적으로 발휘할 수 있는 능력
- 건강 관리 역량 : 체력 및 신체적, 정신적, 사회적 건강을 유지하고 증진하는 능력으로 체육과 내용 영역에서 학습한 신체활동을 일상생활에서 실천
- 신체활동 문화 향유 역량 : 다양한 신체활동 문화를 전 생애 동안 즐기며 타인과 상호작용할 수 있는 능력

| 표현 | • 표현 활동의 의미와 기본 움직임 기술과의 관계를 파악한다.<br>• 움직임 요소에 따른 기본 움직임 기술의 표현 방법을 파악하고 시도한다.<br>• 기본 움직임 기술을 활용하여 사물이나 자연을 모방하여 표현한다.<br>• 기본 움직임 기술을 활용하여 느낌이나 생각을 표현한다.<br>• 기본 움직임 기술을 리듬에 맞춰 표현한다.<br>• 기본 움직임 기술을 도구를 활용하여 표현한다.<br>• 움직임의 심미적 표현에 대한 호기심과 감수성을 나타낸다. |

## 2. 국립중앙의료원(2010) 신체활동 가이드라인

① 신체활동 가이드라인 개요
㉠ 건강한 삶을 누리려면 최대한 많이 움직여야 한다.
㉡ 운동량이 적었던 사람은 서서히 운동량을 늘려간다.
㉢ 개인의 건강상태에 따라 적절한 운동 목표를 세운다.
㉣ 영유아는 운동량을 스스로 조절하므로 안전한 놀이 공간을 제공한다.
㉤ 어린이와 청소년은 매일 1시간 이상 운동을 권장한다.
㉥ 성인은 매일 30분 이상의 유산소 운동과 매주 2회 이상 근력 운동을 한다.
㉦ 고령자는 일상생활에서 운동량을 최대한 늘리며 유연성을 강화시키고 균형감각을 유지하는 운동을 병행하는 것이 좋다.
㉧ 임산부는 평상시처럼 운동하되 과격한 운동은 피한다.
㉨ 장애인은 자신의 건강정도에 따른 적당한 운동을 적극적으로 한다.
㉩ 만성병환자는 질병에 따라 적절한 운동법을 처방받아 실천한다.

② 어린이·청소년 신체활동 권장사항
㉠ 성장기에 있는 어린이·청소년의 경우 큰 근육을 오래 사용하는 유산소운동과 팔굽혀펴기, 윗몸 일으키기, 역기 들기, 아령, 철봉, 평행봉, 암벽 타기 등의 근육강화운동과 발바닥에 충격이 가해지는 줄넘기, 점프, 달리기, 농구, 배구, 테니스 등의 뼈 강화운동을 일주일에 3일 이상 하는 것이 필요하다.
㉡ 인터넷, TV나 비디오 시청, 게임 등 앉아서 보내는 시간은 하루에 2시간 이내로 제한한다.

**국민체력100 유아기 체력측정**
• 건강체력
  - 심폐지구력 : 10m 왕복 오래달리기
  - 근력 : 상대악력
  - 근지구력 : 윗몸말아올리기
  - 유연성 : 앉아윗몸 앞으로 굽히기
• 운동체력
  - 민첩성 : 5m×4 왕복달리기
  - 순발력 : 제자리 멀리뛰기
  - 협응력 : 3×3 버튼누르기

국립중앙의료원(2010)에 의하면 어린이·청소년은 일주일에 3일 이상 유산소운동, 근육강화운동, 뼈 강화운동을 권장한다. (○/×)

답 ○

### 3. 「국민체육진흥법」 **2025 기출**

① **「국민체육진흥법」 제2조**
- ㉠ "체육"이란 운동경기·야외 운동 등 신체 활동을 통하여 건전한 신체와 정신을 기르고 여가를 선용하는 것을 말한다.
- ㉡ "전문체육"이란 선수들이 행하는 운동경기 활동을 말한다.
- ㉢ "생활체육"이란 건강과 체력 증진을 위하여 행하는 자발적이고 일상적인 체육 활동을 말한다.
- ㉣ "선수"란 경기단체에 선수로 등록된 자를 말한다.
- ㉤ "국가대표선수"란 대한체육회, 대한장애인체육회 또는 경기단체가 국제경기대회(친선경기대회는 제외한다)에 우리나라의 대표로 파견하기 위하여 선발·확정한 사람을 말한다.
- ㉥ "학교"란 「초·중등교육법」 제2조 및 「고등교육법」 제2조에 따른 학교를 말한다.
- ㉦ "체육지도자"란 학교·직장·지역사회 또는 체육단체 등에서 체육을 지도할 수 있도록 이 법에 따라 다음의 어느 하나에 해당하는 자격을 취득한 사람을 말한다.
  - 스포츠지도사
  - 건강운동관리사
  - 장애인스포츠지도사
  - 유소년스포츠지도사
  - 노인스포츠지도사

② **「국민체육진흥법 시행령」 제2조** : "유소년스포츠지도사"란 유소년(3세부터 중학교 취학 전까지를 말한다)의 행동양식, 신체발달 등에 대한 지식을 갖추고 유소년을 대상으로 체육을 지도하는 사람을 말한다.

---

**SECTION 02 | 유아기의 특징**

## 1. 유아체육의 개념과 효과

① **유아체육의 개념** : 신체활동을 통하여 유아의 성장 발달을 도와 신체적·정서적·사회적으로 완전한 전인적 인간을 만들기 위한 교육

② **유아체육의 효과**
- ㉠ 신체활동에 의한 성장과 발달을 통해 전인적 인간 육성을 지향
- ㉡ 집중력 저하를 고려한 놀이 중심의 신체활동과 지적활동을 병행함
- ㉢ 유아의 발육 발달과 성장을 돕는 것은 물론 인지적·정신적 사고활동에 도움을 줌

### 이해더하기

**유아체육의 목표**

| 신체 발달 | 키 성장, 대근육 및 소근육 발달, 체력 증진 |
|---|---|
| 건강 증진 | 규칙적인 신체활동으로 건강한 생활습관 |
| 안전 생활 | 도구, 위험한 장소에 대한 안전교육 |
| 운동능력 발달 | 기본운동기술 및 발달 단계에 따른 운동 기술 습득, 순발력, 근력, 유연성 등 운동능력 발달 |
| 사회성 발달 | 집단 활동을 통한 소속감과 협동심, 리더십 습득 |
| 정서 발달 | 표현 활동을 통한 내적 욕구 충족, 스트레스 해소 등 |
| 인지 능력 발달 | 다양한 신체활동 개념, 전략, 규칙 등을 인지하는 능력 발달 |

## 2. 유아기의 발달 특징 2023 기출

### ① 유아기 신체의 발달 특성

㉠ 양·질의 변화 : 신체적, 운동적, 인지적, 정서적 및 사회적 측면 등 인간의 모든 발달 측면에서 일어나며 서로에게 영향을 줌

| 양적인 변화 | 신장, 체중, 어휘력에서 보이는 변화와 같이 크기 또는 양의 변화 |
|---|---|
| 질적인 변화 | 지능의 본질이나 심리작용에서의 변화와 같이 본질, 구조 또는 조직상의 변화 |

㉡ 발달 속도는 일정하지 않음
㉢ 발달의 차이 : 9~14세 여아가 남아보다 성장률이 높음
㉣ 유아의 성장과 발달에 영향을 주는 요인 : 영양섭취, 운동과 손상, 질병과 기후 등

### ② 발달시기별 특징

| 신생아기 | • 출생 후 2~4주의 기간<br>• 머리가 신체 길이의 1/4을 차지 |
|---|---|
| 영아기 | • 출생 후 4주~2세까지의 기간<br>• 신체 길이가 빠르게 성장하고 피하조직이 크게 증가함<br>• 반사(reflex) : 신생·영아기에서 나타나는 가장 큰 특징으로 영아의 의지와 상관없이 나타나는 불수의적인 움직임 예 빨기, 찾기, 잡기 등 |
| 유아기 | • 2세 이후의 초기 아동기<br>• 성장 속도가 줄어드는 기간, 하지만 사춘기까지 꾸준한 속도를 유지함<br>• 다양한 움직임을 발달시키고 정교하게 만들 수 있는 시기<br>• 기본적인 운동능력 : 안정성 운동, 이동운동, 조작운동 |
| 아동기 | • 6~10세까지의 후기 아동기<br>• 감각체계와 운동체계의 조직화가 이루어지는 시기<br>• 정교해진 지각능력과 효율적인 감각운동기관의 기능으로 아동기 동안 협응성과 운동제어 향상에 큰 영향을 미치는 시기 |

### POINT 신체적 자기개념(self-concept)

- 자신의 신체에 대한, 전반적 생각 또는 개념으로 자신의 비만, 유연성, 근력 따위에 대한 생각 또는 개념
- 유아의 스포츠 참여는 신체적 능력에 대한 개념을 형성하는 데 도움을 줄 수 있음

### POINT 영유아기 뇌 발달 2023 기출

- 대뇌피질은 출생 이후에도 발달한다.
- 영유아기는 인간의 두뇌 성장 급등기로 뇌가 급속하게 발달되고 인지 발달도 많이 이뤄진다.
- 3세의 뇌 무게는 성인의 75% 정도이다.
- 6세경 뇌 무게는 성인의 90% 정도에 도달한다.

**발달시기별 특징**

- 신생아기 : 출생 후 2~4주의 기간으로 머리가 신체 길이의 1/4을 차지
- 영아기 : 출생 후 4주~2세까지의 기간으로 신체 길이가 빠르게 성장하고 피하조직이 크게 증가함
- 유아기 : 2세 이후의 초기 아동기로 다양한 움직임을 발달시키고 정교하게 만들 수 있는 시기
- 아동기 : 6~10세까지의 후기 아동기로 감각체계와 운동체계의 조직화가 이루어지는 시기

③ **발달주기별 연령**

| 제1충실기 | 2~4세 |
|---|---|
| 제1신장기 | 5~7세 |
| 제2충실기 | 8~12세(남), 8~10세(여) |
| 제2신장기 | 8~12세(남), 11~14세(여) |

### 3. 유아기 감각 및 인지적 발달 특징

① **감각의 발달** : 시각, 청각, 촉각, 후각, 미각 등의 발달
② **인지적 발달의 특징**

| 초기 아동기<br>(비논리적인 사고) | • 자기중심성 : 다른 사람의 관점을 수용하는 능력 제한<br>• 물활론 : 무생물을 생명과 의식이 있는 존재라고 믿는 것<br>• 중심화 : 한 가지 핵심적 요소에만 주목하고 관련된 다른 요소들은 무시하는 경향 |
|---|---|
| 후기 아동기 | • 관심의 지속시간이 점차 늘어남<br>• 뛰어난 상상력과 창조적인 생각을 보임<br>• 지적 호기심이 강하고 이유에 대해 알고 싶어 함 |

### 4. 유아기 정서적 발달의 특징

① 자기중심적이며 타인 역시 자신과 같은 생각을 할 것이라 생각함
② 신체 및 정신의 욕구와 충족을 중요시함
③ 새로운 상황을 마주하는 것이나 친숙함으로부터 오는 안정감을 상실하는 것을 두려워함

### 5. 유아기 사회적 발달의 특징

① 유아의 사회관계 집단은 가족집단, 또래집단, 학교집단으로 구성
② 유희적 만족을 추구하기 위한 집단
③ 자율성과 주도성이 나타나는 시기
④ 놀이를 통해 리더십 향상과 경쟁, 협동 등 사회적 사고의 기초가 발달되는 시기

## SECTION 03 유아기 운동발달 이론

### 1. 인지발달이론 : 피아제  [2025 기출] [2024 기출]

① 아동의 사고 발달 과정에 초점을 둔 이론
② 인간의 정신은 환경의 구조에 따라 인지구조를 재구성해 가며 발달한다고 주장
③ 인지발달 이론의 요소

| | |
|---|---|
| 도식 | 사고 또는 행동의 구조. 물리적·심리적 구조를 보다 높은 수준의 체계로 통합하는 것 |
| 동화 | 환경의 자극을 이해하고 그 자극을 자신이 이미 가지고 있는 도식이나 인지구조 속으로 받아들이는 과정 |
| 조절 | 기존의 도식이나 구조가 새로운 대상을 동화하는 데 적합하지 않을 때 그 새로운 대상에 맞도록 이미 가지고 있는 도식이나 구조를 바꾸는 것 |
| 적응 | 동화와 조절을 통해 균형이 이루어진 평형상태 |
| 조직화 | 유기체가 현재 가지고 있는 도식을 새롭고, 더욱 복잡한 도식으로 변화시키며 서로 다른 조직들에서 얻은 정보를 상호 연관 짓는 것 |
| 평형화 | 지적 발달을 위해 정보를 조직하고 적응하는 과정 |

④ 인지발달 단계

| 단계 | 시기 | 특징 |
|---|---|---|
| 감각운동기 | 출생~2세 | 신체 오감을 이용한 초기 인지활동, 자기중심적 |
| 전조작기 | 2~7세 | 언어가 급격히 발달, 상징적 사고의 증가, 물활론적 사고 |
| 구체적 조작기 | 7~11세 | 눈에 보이는 것에 한해 논리적 사고 가능, 보존 개념 획득, 서열화 |
| 형식적 조작기 | 11세 이후 | 추상적 사고와 체계적인 과학적 사고 가능 |

### 2. 정신분석이론 : 프로이트

① 성장 초기의 경험들이 그 개인의 인생 전 시기 동안 지속되는 특정 패턴을 만든다는 이론
② 인간의 정신을 의식과 전의식, 무의식으로 구분

| | |
|---|---|
| 의식 | 개인이 어느 순간에 인식하고 있는 감각, 지각, 경험, 기억 등의 모든 것 |
| 전의식 | 즉시 인식되지는 않으나 노력하면 인식할 수 있는 영역 |
| 무의식 | 욕구나 본능이 깊게 자리하고 있는 영역으로서 인식이 불가능한 영역 |

③ 성격의 구조를 원초아와 자아, 초자아로 나누고 이들의 균형을 주장

| | |
|---|---|
| 원초아 (id) | 출생 시부터 선천적으로 가지고 태어나는 인간의 생물학적·본능적 요소로 쾌락원칙에 의해 움직이며 반사적이고 일차적인 욕구의 충족을 목적으로 함 |

---

**기출 채우기**

유아의 다양한 경험을 토대로 동화, 조절, 평형화의 과정을 통해 도식이 발달되며, 조직화와 적응을 강조한 이론은 (　　　)이다.

답 피아제의 인지발달이론

**QUIZ**

인지발달 이론에서 조직화는 현재의 조직들이 서로 상호작용하며 효율적인 체계로 결합하여 더 복잡한 수준의 지적 구조를 이루는 과정이다. (O/X)

답 O

**POINT**

피아제의 인지발달 단계
- 감각운동기(출생~2세)
- 전조작기(2~7세)
- 구체적 조작기(7~11세)
- 형식적 조작기(11세 이후)

| | |
|---|---|
| 자아<br>(ego) | 외부의 현실과 초자아의 제한을 고려하여 욕구를 표현하고 만족시키는 정신기제로 의사결정을 하는 의식적인 요소 |
| 초자아<br>(superego) | 가장 마지막에 발달하는 성격구조로 사회규범과 기준이 내면화된 것이며, 흔히 양심 혹은 도덕성이라 부름 |

④ 연령에 따라 심리성적 발달 단계를 구분하였으며, 각 단계별로 리비도(성의 본능)가 집중되는 신체 부위가 달라짐

| 단계 | 시기 | 특징 |
|---|---|---|
| 구강기 | 0~1세 | 구강을 통하여 먹고 빨고 깨물고 삼키는 데서 성적 욕구를 충족시키는 시기 |
| 항문기 | 1~3세 | 배설물을 보유하거나 배출하는 데서 쾌감을 얻는 시기 |
| 남근기 | 3~5세 | 동성의 부모에 대해 질투를 느끼면서 이성의 부모에 대한 성적인 애정과 접근을 시도하는 시기 |
| 잠복기 | 6~11세 | 성적욕구가 철저히 억압되므로 이전 단계의 욕구를 잊게 되는 시기 |
| 생식기 | 12세 이후 | 잠복된 성적 에너지가 다시 분출하기 시작하고, 무의식에서 의식의 세계로 표현되며 충동을 현실적으로 수행할 수 있는 능력을 갖게 되는 시기 |

## 3. 성숙주의이론 : 게셀

① 유아의 발달을 돕기 위해서는 성인의 개입을 최소화하고 유아가 발달적 준비가 되었을 때, 자신의 발달수준에 적합한 활동을 스스로 선택해 활동해 나갈 수 있도록 기회를 제공해야 함
② 인간 개체가 성숙한 단계에 이르게 되는 결정적인 힘은 개체가 가진 유전적 요인이며, 발달은 유전적 요인에 전적으로 의존한다는 관점

## 4. 생태학적이론 : 브론펜브레너

① 최근 관심이 높은 생태학적 접근에서는 인간이 몸담고 있는 생태환경을 보다 체계적으로 구조화하고 이들 환경체계와 개인 간의 관계를 이해하는 것을 인간 발달의 주 과제로 삼음

② **생태학적 체계 모델**

| | |
|---|---|
| 미시체계<br>(microsystem) | • 아동발달에 직접적 영향을 미치는 환경 체계로 아동의 근접환경임<br>• 건강한 미시체계에서 유아는 환경을 구성하는 능동적인 존재<br>예 아동이 살고 있는 집의 크기, 가족, 친구, 학교 등 |
| 중간체계<br>(mesosystem) | • 미시체계들 간의 상호관계, 근접환경들 간의 관계<br>• 서로 다른 역할을 거의 동시에 수행<br>예 가정-유치원 관계, 형제 관계, 친구와의 관계 등 |

**기출 채우기**
유아기 발달이론 중 발달단계에 이르게 되는 결정적인 힘이 개체가 가진 유전적 요인에 전적으로 의존한다는 관점은 ( )에 해당한다.
답 성숙주의

**기출 채우기**
최근 대두되는 관점으로 인간이 생물로서 다양한 환경에 적응하는 것을 발달적 관점에서 연구한 이론은 ( )이다.
답 생태학적이론

| 외부체계<br>(exosystem) | • 아동이 직접 참여하지는 않지만 아동에게 영향을 미치는 사회적 환경(간접영향)<br>• 부모의 직업은 부모의 행동에 영향을 줄 것이고, 이것은 결국 자녀의 양육방식에도 영향을 미침<br>예 지역사회에서 기능하고 있는 사회의 주요기관, 부모의 직업, 방과 후 활동, 대중매체 등 |
|---|---|
| 거시체계<br>(macrosystem) | • 개인이 속한 각 문화 특유의 이념 및 제도의 일반적 형태로 법적, 정치적, 사회적, 교육적, 경제적 체계 등이 이에 속함<br>• 아동의 삶에 간접적이기는 하나 매우 강한 영향력을 발휘<br>예 미의 기준, 관습, 신념, 일상 생활습관 등 |

## 5. 상호작용이론(사회문화적이론) : 비고츠키  2024 기출

① 아동은 사회적 관계 속에서 개념이나 사실, 태도, 기술 등을 발달시킨다고 주장
② **근접발달영역** : 아동이 성인의 도움 없이 스스로 문제를 해결할 수 있는 현재의 발달 수준과 도움을 통해 문제를 해결할 수 있는 잠재적 발달 수준의 사이
③ **비계 설정** : 아동에게 복잡한 기능을 숙달할 수 있도록 성인이나 유능한 또래가 도움을 주는 과정
④ 대화는 근접발달영역에서 중요한 비계 설정 도구이며 언어는 아동의 사고발달에 필수적인 요소임

**근접발달영역**
현재의 발달 수준이 같더라도 근접발달영역은 개인에 따라 다를 수 있다는 것을 강조함

## 6. 심리사회발달이론 : 에릭슨  2025 기출  2023 기출

① 각 개인의 성격은 그가 형성하는 자기 자신과 타인의 관계에 따라 발달한다고 주장
② 성격발달은 인생 주기 전체를 통해 계속적으로 변화·발달하는 것
③ 인생 각 단계마다 새로운 사회적 상호작용의 수준을 필요로 함
④ **심리사회발달의 8단계**

| 위기(적응 대 부적응) | 주요 사회적 관계 | 내용 |
|---|---|---|
| 신뢰감 대 불신감<br>(0~1세) | 양육자 | (신뢰감) 일관성 있는 양육자의 사랑<br>(불신감) 양육자의 거부적 태도 |
| 자율성 대 수치심<br>(2~3세) | 부모 | (자율성) 언어를 습득하여 자기주장 표현<br>(수치심) 유아에게 무능감을 주는 엄격한 부모 |
| 주도성 대 죄책감<br>(4~5세) | 가족 | (주도성) 탐색의 자유 허용, 아동의 질문에 충실히 답하기<br>(죄책감) 아동의 활동의 제한 및 간섭, 아동의 질문에 불성실하게 답하기 |

**주도성 대 죄책감**
• 목표나 계획을 세워 성공하고자 노력하는 시기이다.
• 이동성이 커지면서 성인과 다를 바 없다는 사실을 자각한다.
• 아동은 의미 있는 놀잇감을 조작하면서 만족스러운 성취감을 경험한다.

| 위기(적응 대 부적응) | 주요 사회적 관계 | 내용 |
| --- | --- | --- |
| 근면성 대 열등감 (6~11세) | 이웃, 학교 | (근면성) 새로운 것을 학습할 기회를 부여받고, 성취한 것을 인정받는 경우<br>(열등감) 성취할 기회를 갖지 못한 경우, 결과에 대해 비난을 받는 경우 |
| 자아정체감 대 역할 혼미 (12~18세) | 또래집단, 리더십 모델 | (자아정체감) 자신의 존재 및 가치에 대한 인식<br>(역할 혼미) 신체적 불안감, 성역할과 직업선택의 불안정을 겪는 경우 |
| 친밀감 대 고립감 (18~30세) | 친구, 연인, 회사동료 | (친밀감) 타인과 친밀한 인간관계 형성 및 유지 경험<br>(고립감) 친밀한 관계 형성 실패를 겪는 경우 |
| 생산성 대 침체 (31~64세) | 노동의 분화와 가사분담 | (생산성) 자녀나 다음 세대의 지도과정에 참여하거나 타인과 사회를 위해 노력하는 과정에서 형성<br>(침체) 생산성을 발휘하지 못하는 경우 |
| 자아통합 대 절망 (65세 이후) | 인류 | (자아통합) 자신의 인생에 대해 만족함<br>(절망감) 인생을 후회하거나 죽음을 두려워함 |

## 7. 행동주의이론 : 스키너

① 인간에 대한 외부 환경의 영향력을 강조하며 관찰 가능하고 측정할 수 있는 인간의 행동을 연구하는 것
② 인간의 다양한 행동이 어떻게 학습되고 유지되며 수정될 수 있는지와 관련된 학습 이론에 관심을 가짐
③ 아동과 청소년의 행동이 어떻게 경험을 통해 획득되고 변화할 수 있는가에 대한 관점 제시
④ 인간의 행동이 학습되는 데 있어 강화와 처벌의 역할을 강조
⑤ **행동이론의 주요 개념**
　㉠ 강화 : 미래에 어떤 행동이나 반응이 일어날 확률을 증가시키는 것

| 정적 강화 | 어떤 행동을 한 후에 긍정적인 자극을 주는 것 |
| --- | --- |
| 부적 강화 | 어떤 행동을 한 후에 고통스러운 부적 자극이 종료되도록 하는 것 |

　㉡ 처벌 : 어떤 행동을 한 후에 불쾌한 자극을 제시함으로써 그 반응이 미래에 다시 발생할 확률을 낮추는 것

> **기출 채우기**
> 인간의 발달은 환경에 따른 훈련으로 이루어지고, 학습에 의한 긍정적 행동의 촉진을 강조하는 이론은 (　　　　)이다.
> 🖉 스키너의 행동주의이론

## 8. 사회학습이론 : 반두라  `2025 기출`

① 다른 사람들의 행동과 그 행동의 결과를 관찰함으로써 학습이 이루어진다고 주장
② 사회학습은 간접학습의 일종으로 관찰학습 또는 대리학습이라고 불림
③ 학습자는 자신과 관찰하는 모델 간에 유사점이 있다고 인식할 때 그 모델의 행동을 모방할 가능성이 높음

> **POINT**
> 사회학습이론의 사례
> • 아동은 주변 친구들의 운동기술을 관찰하여 자신의 운동기술 개발에 참고함
> • TV 속 선수의 포핸드스트로크 모습을 보고 흉내내며 치기 기술을 향상시킴

## 9. 인본주의이론 : 매슬로우

① 인간이 자신의 의지로 삶의 방향을 결정하고, 자신의 잠재력을 성취하기 위한 동기(욕구)를 가진다고 주장

② **욕구의 위계**

| | | |
|---|---|---|
| 7단계 | 자기실현 욕구 | 자아실현, 자신의 발전과 완성을 바라는 욕구 |
| 6단계 | 심미적 욕구 | 질서와 안정을 바라며 아름다움을 추구하는 욕구 |
| 5단계 | 인지적 욕구 | 지식과 기술, 구변 환경에 대한 호기심과 이해의 욕구 |
| 4단계 | 존중 욕구 | 내·외적으로 인정받고 사회적 지위의 확보를 원하는 욕구 |
| 3단계 | 소속 및 애정 욕구 | 타인과 관계를 맺으며 애정을 나누고자 하는 욕구 |
| 2단계 | 안전 욕구 | 신체의 위험 및 생리적 욕구의 박탈로부터 자유롭고자 하는 욕구 |
| 1단계 | 생리적 욕구 | 음식, 주거, 배설, 수면 등 삶을 유지하고자 하는 기초적인 욕구 |

> **POINT**
> **심미적 욕구와 인지적 욕구**
> 심미적 욕구와 인지적 욕구는 후기 학자들에 의해 추가된 욕구로, 본래의 욕구위계이론은 5단계로 되어 있음

## 10. 사회적놀이이론 : 파튼

① 사회적 놀이를 사회적 참여도에 따라 분류함

② **놀이 발달 단계**

| 구분 | 내용 |
|---|---|
| 비참여 행동 | 방을 둘러보거나 가만히 서 있거나 목적 없이 움직이는 행동 등으로 놀이에 참여하지 않음 |
| 방관자 행동 | • 다른 친구들의 놀이하는 것을 바라봄<br>• 특정 놀이 집단을 지켜보면서 말을 건네거나 질문을 하는 등 말을 주고받음 |
| 혼자, 단독놀이 | • 다른 친구와는 떨어져서 혼자서 놀이함<br>• 사회성이 발달되지 않아 자기중심적 사고를 하기 때문에 놀이 시 대화가 거의 없음 |
| 평행, 병행놀이 | • 단독놀이와 비슷하게 친구들과 상호작용하지 않고 혼자 놀이함<br>• 주변의 친구들과 동일한 놀이를 하지만 함께 놀이를 하지 않음 |
| 연합놀이 | • 다른 유아와 활동을 공유하며 놀이에 대해 이야기를 주고받거나 놀잇감을 빌려주기도 하지만 놀이 내용이 조직적으로 전개되진 않음<br>• 집단에 대한 관심보다는 자기가 원하는 대로 놀이하며 친구들과 놀이하는 형태 |
| 협동놀이 | • 집단 안에서 활발한 사회적 상호작용이 나타남<br>• 주로 5세 유아에게 볼 수 있는 형태로 놀이 주제나 목표 아래서 조직적·계획적으로 역할 분담 놀이가 진행됨 |

> **기출 채우기**
> 파튼은 ( )을/를 통해 사회적 놀이를 사회적 참여도에 따라 여섯 가지 형태로 분류하였다.
> 답 사회적놀이이론

> **QUIZ**
> 혼자(단독)놀기 단계는 다른 친구의 놀이를 지켜보며 가끔씩 구경하는 친구에게 말을 걸기도 한다. (o/x)
> 답 x

## 11. 도덕성발달이론 : 콜버그

① 도덕은 사회집단이 가지는 행동규범을 말하며, 도덕성은 개인의 주관적, 자율적 도덕의식을 의미함

> **기출 채우기**
> 
> ( )에서는 인간의 존엄성과 양심에 따라 자율적이고 독립적인 판단이 가능하다고 본다.
> 
> 📖 도덕성발달이론

② 인간의 도덕성 추론 능력의 발달이 인지적 발달과 연관되며, 발달의 순서는 모든 사람과 모든 문화에서 동일하게 나타난다고 봄
③ 피아제 도덕성 발달에 관한 이론을 청소년기와 성인기까지 확장한 이론
④ **도덕성 발달 단계**

　㉠ 인습 이전 단계 : 도덕성의 의미가 없음

| 처벌과 복종 지향 | • 벌의 회피를 위해 규칙을 준수함<br>• 옳고 그름의 판단 기준은 벌을 받음으로써 알게 됨 |
|---|---|
| 욕구충족을 위한 도덕성 | • 개인의 이익, 개인의 욕구를 바탕으로 옳고 그름을 판단함<br>• 물질적 이해타산에 집착하여 조금도 손해를 보지 않는 방향으로 행동함 |

　㉡ 인습단계 : 전통적 법의 준수를 위한 도덕성

| 정신적 승인을 위한 도덕성 | • 타인을 만족시키기 위한, 인정을 받기 위한 도덕성<br>• 도덕적 판단은 자기 주변의 다른 사람들의 공통적인 생각에 기초를 둠<br>• 고정된 관습에 엄격하게 얽매여 있기 때문에 융통성이 없고 경직되어 있음 |
|---|---|
| 법과 질서지향의 도덕성 | • 사회가 정해놓은 법률이나 규범이 도덕적 판단의 기준이 됨<br>• 법질서를 절대적으로 받아들여, 그 법이 잘못될 수도 있다는 생각은 하지 않음<br>• 법을 어긴 것에 대한 대가로 처벌을 받아야 한다고 가치판단이 이루어짐 |

　㉢ 인습 이후 단계 : 개인의 도덕원리에 의해 행동함

| 사회계약으로의 도덕성 | • 절대적인 규칙이란 없으며, 규칙은 항상 변화될 수 있음<br>• 법을 지키는 것도 중요하지만, 목적은 법을 이용하여 우리 모두의 이익을 추구하는 것임 |
|---|---|
| 보편적 원리 지향으로서의 도덕성 | • 본인 책임에 의해 행동을 하고 자신의 도덕적 원리에 의해 판단함<br>• 법이나 타인의 의견이 없어도 각자 개인의 양심에 따라 옳고 그름을 판단할 수 있음<br>• 개인의 존엄성, 양심, 보편적 원리로서의 도덕성이 옳고 그름을 판단하는 기준이 됨 |

## 12. 탐색과 놀이 : 훗트

① **탐색** : 이 물건의 속성은 무엇일까?(What does this object do?)
② **놀이** : 이 물건을 가지고 무엇을 할 수 있을까?(What can I do with this object?)
③ **탐색과 놀이의 구분**

| 구분 | 탐색 | 놀이 |
|---|---|---|
| 발생시기 | 놀이 이전에 나타남 | 탐색 이후에 일어남 |
| 상황 | 낯선 사물을 대할 때 | 친숙한 사물을 대할 때 |
| 목적 | 사물에 대한 정보 수집 | 자극 유발 |

| 구분 | 탐색 | 놀이 |
|---|---|---|
| 행동 | 전형적 행동 | 다양한 행동 |
| 기분 | 진지함 | 즐거움 |
| 심장박동률 | 작은 변화 | 많은 변화 |

## 13. 정보처리이론

① 외부 정보의 표상·조직, 기억과정을 통한 저장, 저장된 정보의 전환, 정보의 효율적 인출까지 일련의 정보처리 과정과 관련하여 인지발달을 설명

② **구성요소**

| 부호화 | 정보가 필요할 때 기억해 낼 수 있도록 다양한 방법을 통해 기록하는 과정 |
|---|---|
| 저장 | 정보를 기억 속에 저장하는 과정 |
| 인출 | 필요할 때 저장된 정보를 꺼내는 과정 |

③ **정보처리체계의 모델**

| 감각기억 | 정보를 매우 짧은 시간 동안 저장(시각기억은 약 1초, 청각기억은 약 2초) |
|---|---|
| 단기기억<br>(작업기억) | 매우 제한적인 용량 |
| 장기기억 | 거의 무한대의 용량 |

> **POINT**
> **정보처리이론**
> 외부 정보가 감각기관을 통해 인지되면 뇌는 정보를 저장·전환하여 행동으로 나타내는 산출과정을 거친다는 이론

## 14. 발달과업이론 : 하비거스트

① 각 발달 단계에서 개인이 획득해야 하는 행동적·정서적 과업을 체계적으로 제시하는 이론

② **주요 발달 과업**

| 1단계 유아기<br>(0~6세) | 걷기, 말하기, 배변 훈련 등을 배우며 기본적인 신체 기능을 습득하고, 옳고 그름을 구별하며 사회적·물리적 실체를 인식하고 모방을 통한 학습을 시작한다. |
|---|---|
| 2단계 아동기<br>(7~12세) | 읽기, 쓰기, 셈하기 같은 학문적 기술을 배우며, 또래와의 관계 및 독립심을 키우고, 자신에 대한 긍정적 태도와 도덕적 가치체계를 형성한다. |
| 3단계 청소년기<br>(13~18세) | 자아정체감을 형성하고, 사회적 역할을 준비하며, 성숙한 인간관계를 맺고 가치체계를 확립한다. 이성에 대한 이해와 부모로부터의 심리적 독립도 이루어진다. |
| 4단계 성인 초기<br>(19~30세) | 직업 선택과 준비, 배우자 선택 및 가족 형성, 성인으로서 책임을 수용하며 독립된 생활을 구축한다. |
| 5단계 성인 중기<br>(30~60세) | 직업과 사회생활을 통해 생산성을 유지하고, 자녀 양육 및 시민으로서의 사회적 책임을 다하며 삶의 의미를 지속적으로 재정립한다. |
| 6단계 성인 후기<br>(60세 이후) | 은퇴와 감소된 수입에 적응하고, 노화로 인한 신체 변화에 대처하며, 죽음을 준비하고 인생을 돌아보며 자아통합을 이루는 시기이다. |

## SECTION 04 　유아기 운동발달

### 1. 발달의 개요

① **발달**
  ㉠ 출생에서 사망에 이르기까지 진보적이고 계속적인 변화
  ㉡ 신체의 각 부분에 대한 형상의 변화와 각 부분의 기능적 통합

② **발달의 일반적 원리**
  ㉠ 성숙과 학습이 발달에 상호 영향을 미치며, 유아의 발달은 일정한 순서를 따름
  ㉡ 발달은 계속적인 과정이지만, 발달의 속도는 일정하지 않음
  ㉢ 유아 발달에는 최적기가 존재함
  ㉣ 발달은 연속적이며 점진적임
  ㉤ 발달은 분화, 통합적으로 이루어짐
  ㉥ 발달에는 개인차가 존재함

### 2. 유아기의 운동발달

① **유아기 운동발달의 특징**

| 1세 | • 혼자 걸을 수 있음<br>• 팔과 다리를 이용해 계단을 기어오름<br>• 리듬에 맞추어 몸을 움직임 |
|---|---|
| 2세 | • 신체를 다루는 기술이 발달하여 스스로 할 수 있는 것들이 많아짐<br>• 바닥에 놓인 공을 찰 수 있고, 넘어지지 않고 달릴 수 있음<br>• 혼자 계단을 올라감<br>• 배변훈련이 거의 이루어짐 |
| 3세 | • 짧은 시간 동안 외발로 설 수 있음<br>• 다리를 교대로 사용하며 혼자서 계단을 오르내릴 수 있음<br>• 세발자전거의 페달을 밟을 수 있음<br>• 공 던지기, 받기를 할 수 있음<br>• 신체의 움직임이 안정화되고 유연해져 속도 조절 가능<br>• 손가락 조작 기술이 발달하여 젓가락 사용 가능 |
| 4세 | • 30cm 높이에서 뛰어내릴 수 있음<br>• 낮은 장애물을 뛰어넘을 수 있음<br>• 앞으로 구를 수 있음<br>• 목표를 향해 물건을 던질 수 있음 |
| 5세 | • 철봉에 10초 정도 매달릴 수 있음<br>• 두 발로 자전거를 탈 수 있음<br>• 협응에 의한 전신운동이 가능 예 그물 오르기, 구름다리 건너기<br>• 갑작스러운 멈춤, 방향 전환이 가능 |
| 6세 | • 전진반응 속도가 향상됨<br>• 높은 수준의 연합놀이가 가능해지고 협응력이 향상됨 |

---

**POINT 발달, 성장, 성숙, 학습**
- 발달 : 인간의 신체적, 심리적, 사회요인 간에 상호작용을 통해 전 생애에 걸쳐 일어나는 성장, 성숙, 및 노화의 과정
- 성장 : 연령 증가에 따라 자연스럽게 발생하는 신체적 측면의 양적 변화
- 성숙 : 성장을 기초로 해서 나타나는 신체 내부의 생리적, 생화학적(유전, 호르몬)인 질적 변화
- 학습 : 외부 환경이나 경험에 의해 나타나는 지속적인 행동 변화

**POINT 유아기 운동기능의 특징**
- 운동기능은 양방에서 일방으로 발달하며, 양쪽 손발을 모두 사용하다가 점차 한쪽을 선택하여 발달하게 된다.
- 수평 동작에서 수직 동작으로 발달하는데, 걷거나 달리는 수평 동작을 학습한 후 수직으로 뛰어오르는 동작을 학습한다.

**기출 채우기**
운동 발달과 관련성이 높은 감각 체계는 (　　　), (　　　)이다.
답 시각 체계, 운동감각 체계

② 유아기 운동발달 단계(Gallahue의 움직임 발달 단계 모델)

2025 기출 | 2024 기출 | 2023 기출

| 반사 움직임 단계 | • 정보를 받아들이는 정보 수용 단계, 수용된 정보를 처리하며 초기 자발적 움직임이 일어나는 정보처리 단계<br>• 태아~4개월(정보 부호화 단계) → 4개월~1세(정보 해독 단계) |
|---|---|
| 초보 움직임 단계 | • 반사행동이 줄어들고 기본 움직임이 시작되는 단계<br>• 출생~1세(반사 억제 단계) → 1~2세(전제어 단계) |
| 기본 움직임 단계 | • 연령에 따라 점차 새로운 기능이 나타나면서 성숙되어 가는 단계<br>• 2~3세[입문(시작) 단계] → 4~5세(초보 단계) → 6~7세(성숙 단계) |
| 전문화된 움직임 단계 | • 운동동작을 서로 연관시켜 하나의 일관된 동작으로 완성하는 단계<br>• 7~10세(전환 단계) → 11~13세(적용 단계) → 14세 이상(전문화 단계) |

### 기출 채우기

갤러휴의 운동발달 단계 중 초보 움직임의 습득으로 전문화된 움직임을 위한 준비기간은 (        ) 단계이다.

▶ 기본 움직임

### 이해 더하기

**기본 움직임 단계 중 던지기 동작의 발달단계** 2023 기출

| 발단 단계 | 특징 | 동작 |
|---|---|---|
| 시작<br>(2~3세) | • 양발은 고정된 상태를 유지함<br>• 던지기를 준비하는 동안 양발을 이동하는 경우가 자주 있으나 특별한 목적은 없음 | |
| 초보<br>(4~5세) | • 체중은 명확하게 앞쪽으로 이동됨<br>• 던지는 팔과 같은 쪽의 다리를 앞으로 내밈 | |
| 성숙<br>(6~7세) | • 준비 움직임 동안 체중을 뒷발에 실음<br>• 체중이 이동하면서 반대 발이 앞으로 나아감 | |

### POINT

**기본 움직임 단계** 2025 기출

• 시작(2~3세) : 기본적인 운동능력을 형성하는 시기로 신체의 움직임이 자연스럽거나 능숙하지 못하다.
• 초보(4~5세) : 신체 협응력이 다소 향상되었으며, 신체 움직임은 대체로 조정할 수 있으나 여전히 움직임이 서투르고 유연성이 결여되어 있다.
• 성숙(6~7세) : 기본운동기술이 능숙하게 되고, 신체 협응력도 증가해 유아의 운동수행 능력이 발달된다.

### 기출 채우기

갤러휴의 운동발달 단계 중 움직임이 일상생활, 기본 스포츠 기술, 레크리에이션 분야 등에 응용되고 세련된 단계이 가능한 단계는 (        ) 단계이다.

▶ 전문화된 움직임

**갤러휴(D. Gallahue)의 2차원적 움직임 분류** 2025 기출

| 운동발달 단계 | 움직임 기술 | | |
|---|---|---|---|
| | 안정성 | 이동 | 조작 |
| 반사 움직임 단계 | • 직립반사<br>• 목 자세반사<br>• 몸통 자세반사 | • 기기반사<br>• 걷기반사<br>• 수영반사 | • 손바닥 파악반사<br>• 발바닥 파악반사<br>• 당김반사 |
| 초보 움직임 단계 | • 머리와 목 제어<br>• 지지 없이 앉기<br>• 서기 | • 포복하기<br>• 기기<br>• 직립하여 걷기 | • 내밀기<br>• 잡기<br>• 놓기 |
| 기본 움직임 단계 | • 한 발로 균형 잡기<br>• 축성 움직임 | • 걷기<br>• 달리기<br>• 깡충뛰기 | • 던지고 잡기<br>• 차기<br>• 치기 |
| 전문화된 움직임 단계 | • 체조의 평균대 연습하기<br>• 축구에서 골킥 막기 | • 100m 달리기 혹은 육상의 허들<br>• 사람 많은 거리에서 걷기 | • 축구에서 골킥하기<br>• 던진 공 치기 |

CHAPTER 01 유아체육의 이해

③ 운동기술의 발달 및 운동능력의 변화
  ㉠ 운동능력은 뇌에 가까운 부분부터 발달
  ㉡ 중심 부분에서 말초 부분으로 발달
  ㉢ 대근육-소근육 순으로 발달
  ㉣ 양방에서 일방으로 발달
  ㉤ 수평적 동작에서 수직적 동작으로 발달

### 이해더하기

**신생아기 반사의 종류** 2025 기출 2023 기출

| | |
|---|---|
| 빨기반사 | 입에 무언가 닿으면 무의식적으로 빠는 반응으로 영양 공급과 관련 있는 행동 |
| 모로반사 | • 아기 머리의 갑작스러운 위치 변화나 강한 소리·빛에 반응해 무엇인가 껴안으려고 하는 행동<br>• 신경적인 변이나 손상을 추측할 수 있음 |
| 바빈스키반사 | 발바닥을 간질일 때 발바닥을 모아 구부리는 행동 |
| 손바닥<br>파악반사 | 신생아의 손바닥에 손가락을 갖다 대거나 어떤 물건을 쥐여 주면 빼내기 힘들 정도로 꽉 붙잡는 행동 |
| 낙하산반사 | 몸통의 양쪽을 양손으로 붙들고 갑자기 떨어뜨리는 시늉을 하면, 영아가 자연적으로 양쪽 상지를 뻗어 얼굴의 상처가 나지 않게 하는 행동 |
| 당김반사 | 바로 누운 자세에서 팔을 잡고 끌어당겨 앉은 자세가 되게 할 경우 머리를 들지 못하고 팔을 굽히지 못하는 반사 |
| 비대칭<br>목경직반사 | • 누워있는 상태에서 머리를 한쪽 방향으로 돌리는 자극에 의해 출현하며 머리가 돌아간 방향과 같은 방향의 팔과 다리가 펴지는 행동<br>• 눈·손의 협응과 좌·우측 인식의 발달 수준을 추측할 수 있음 |
| 걷기반사 | 바로 세운 상태에서 표면에 발바닥이 닿는 자극에 의해 출현하는 반사 |

④ 유소년기 발달에 관한 검사 도구와 목적 2025 기출

| 검사명 | 목적 | 대상 | 비고 |
|---|---|---|---|
| TGMD-3 | 대근육 운동 기술 평가<br>(기초 움직임 기술 중심) | 3~10세 아동 | 발달 지연<br>선별에 사용 |
| BOTMP-2 | 대근·소근 운동 능력 및<br>협응력, 균형 등 평가 | 4~21세 | 세부적 운동 능력<br>분석 가능 |
| PDMS-2 | 유아기 운동 발달 평가 및 중재 계획 | 출생~5세 | 소근·대근<br>영역 포함 |
| K-DST | 전반적 발달(언어, 사회성 등)<br>선별, 부모 보고식 | 0~6세 | 국내 표준화된<br>선별도구 |

---

### POINT
**반사의 기능**
• 생존을 돕는다.
• 운동 행동을 진단한다.
• 미래의 움직임을 예측한다.
• 미래에 발현하는 수의적인 움직임을 자연스럽게 연습하게 한다.

### 기출 채우기
( )반사는 생후 4개월까지 유지되는 유형으로 머리가 돌아간 방향과 같은 방향의 팔과 다리가 펴지는 행동이다. 6개월 이후에도 지속적으로 나타날 경우 여러 기형적인 신체발달의 위험이 있다.

 비대칭목경직

### POINT
**대근운동발달검사**
• 대상 : 3~10세의 모든 유아·아동
• 검사 : 이동능력(달리기, 멀리뛰기, 슬라이드 등)과 조작능력(치기, 굴리기, 받기, 던지기 등)으로 구성되어 자세와 절차에 대한 평가가 이루어지며 검사가 진행됨

**이해더하기**

**발달과정 단계에서의 대근운동 영역(D. Ulrich)** 2025 기출

| 중학교~성인기 | 단체 및 개인 레크레이션 활동 및 스포츠, 댄스 기술 | 4단계 |
|---|---|---|
| 초등학교 3~6학년 | 간이게임(lead-up games)과 관련 기술 | 3단계 |
| 취학 전#후 | 대근운동기술과 패턴 | 2단계 |
| 신생아기 | 반응과 반사작용 | 1단계 |

## SECTION 05 유아기 건강과 운동

### 1. 유아기의 건강

① **정의** : 외부로부터의 장애를 받지 않고 유아의 심신이 조화로운 발육발달을 이루는 상태
② 건강한 신체의 발달은 유아의 운동기능을 원만히 해주고, 자신감과 사회적 관계 형성에 기여함

### 2. 유아기 신체건강 3요인

| 영양 | • 신체와 정신발달에 영향을 미침<br>• 부모의 영양지도가 필수<br>• 유아기 때부터 편식 습관을 들이지 않도록 주의 |
|---|---|
| 수면 | • 원초적 생리현상으로 건강과 밀접<br>• 수면부족은 울음, 짜증, 영양공급 거부 증세로 나타남<br>• 연령별 수면시간 : 영아는 오전, 오후 2회, 유아는 1회 정도의 낮잠이 필요 |
| 운동 | • 충분한 신체의 움직임은 깊은 수면을 유도함<br>• 에너지와 감정의 발산을 통해 정신적 건강에 유익한 영향<br>• 옥외의 신체활동으로 햇빛을 통해 피부 저항력을 기름 |

### 3. 유아운동의 권장지침

① 건강한 생활에 필요한 습관과 태도의 학습
② 안전한 생활에 필요한 습관과 태도의 학습
③ 여러 운동에 흥미를 갖고 진행

## 4. 유아기의 신체기능

| 신경기능 | • 5세 때 성인의 뇌 중량의 85% 정도로 발육이 이루어지나, 그 기능이 85% 발달했다고는 볼 수 없음<br>• 대뇌의 기능이 활발하지 않아 기본적인 걷기, 달리기, 뛰기 등만 가능 |
|---|---|
| 순환<br>호흡기능 | • 맥박수는 100~120회 정도(성인은 60~70회)<br>• 1회박출량은 성인에 비해 낮아 박출 횟수를 증가시켜 보완<br>• 안정 시 분당 호흡수는 출생 후 점차 줄어듦<br>• 안정 시 분당 심박수는 평균적으로 신생아가 4~5세 아동들보다 높음<br>• 유아기의 최대 심박수는 성인기에 비해 높음 |
| 호흡기능 | • 호흡수는 25~40회/분(성인은 16~18회/분)<br>• 유아의 경우 호흡수를 증가시킬 여유가 적음(호흡한계 40~50회/분) |
| 근기능 | • 유아의 경우 근력을 측정하기 어려운 부분이 있어 세밀하게 알아보기 어려움<br>• 성장함에 따라 근력이 증가하고 근섬유도 굵어짐<br>• 남성의 유연성은 사춘기 전후에 여성보다 빠르게 감소함 |

**QUIZ**

유아기 1회박출량은 성인기에 비해 높다. (O/×)

답 ×

# CHAPTER 02 유아기 운동발달 프로그램의 구성

**SECTION 01** 유아기 운동발달 프로그램

## 1. 유아기 운동발달 프로그램의 기본 원리 [2025 기출] [2024 기출] [2023 기출]

① **적합성 원리**
  ㉠ 민감기 : 인간의 특정 능력이나 기술을 발달시킬 수 있는 준비가 가장 잘 이루어지는 시기
  ㉡ 연령에 따라 민감기를 고려하여 적절한 운동이 적용되면 효과적이고 긍정적인 운동발달을 유도할 수 있음
  ㉢ 유아의 유전인자, 발육발달의 정도와 차이, 연령 등을 고려하여 운동 프로그램을 운영해야 함

② **방향성 원리**
  ㉠ 인간의 성장과 발달은 방향성을 지니므로 이를 고려해 적절한 운동을 하도록 구성함
  ㉡ 순서적 발달과정

  | 머리-발가락 원리 | 성장 발달에 따른 신체 비율을 비교하면 상체인 머리에서 몸통, 하체 순으로 발달하게 됨을 알 수 있음 |
  |---|---|
  | 중심-말초 원리 | 신체의 중심부에서 바깥쪽으로 발달이 진행됨 |
  | 대근육-소근육 원리 | 대근육에서 소근육 방향으로 발달 |

  ㉢ 방향성에는 개인차가 존재함

③ **안전성 원리**
  ㉠ 유아들의 일상생활 및 안전에 관한 사항들을 이해하고 사고를 예방하는 것
  ㉡ 유아는 신체 조정 능력이나 판단력이 미성숙하기 때문에 지도자는 안전에 관심을 기울여야 함
  ㉢ 유아 및 아동은 자신의 운동 능력을 과대평가하는 경향이 있음

④ **특이성 원리**
  ㉠ 개개인의 유전과 환경요인이 반영된 개인차를 고려하여 구성함
  ㉡ 신체활동 프로그램이 유아 성장·발달의 어떠한 영역에서 어떻게 영향을 미치는지 구체성을 가지고 개발·적용되어야 함

---

**POINT**

운동발달 프로그램의 기본 원리
- 적합성 원리
- 방향성 원리
- 특이성 원리
- 안전성 원리
- 다양성 원리
- 연계성 원리

**QUIZ**

영·유아기에는 말초신경이 먼저 발달한 다음 중추신경이 발달한다.
(O/X)

답 ×

**기출 채우기**

유아체육 프로그램의 기본 원리 중 ( )은/는 신체 조정 능력과 판단능력이 완전히 발달되지 않은 유아에게 우선적으로 고려해야 할 원리이다.

답 안전성의 원리

⑤ **다양성 원리**
  ㉠ 유아들은 지속적이고 계획적인 운동 프로그램의 종류를 경험하게 되므로 각 프로그램의 목표와 발전 방향을 계획해야 함
  ㉡ 유아는 집중력이 쉽게 떨어지고 쉽게 흥미를 잃기 때문에 재미와 다양한 경험을 제공해야 함

⑥ **연계성 원리**
  ㉠ 기초부터 향상까지 잘 조직된 프로그램을 구성해야 함
  ㉡ 신체발달뿐만 아니라 정서적·사회적 발달을 위한 교육 프로그램과의 연계성이 필요함
  ㉢ 간단한 활동에서 복잡한 활동, 쉬운 활동에서 어려운 활동으로 단계별 지도가 필요함

## 2. 유아기 운동발달 프로그램 요소

① **유아체육 프로그램 구성 시 고려사항**
  ㉠ 운동 빈도, 강도, 시간, 형태의 4가지 요소를 고려
  ㉡ 유아에게 가장 적합한 운동시간은 1회 수업 시 20~40분

② 평가와 피드백을 실시해야 함

③ **유아 운동의 연령별 특색**

**유아 운동의 연령별 특색**
- 1세 : 운동놀이의 시작 시기
- 2세 : 신체적 독립 시기
- 3세 : 획기적 성장, 일종의 완성기
- 4세 : 유아기 중 가장 발달이 왕성한 시기
- 5세 : 심신발달의 안정기, 유아기의 마무리 단계

| | |
|---|---|
| 1세 | • 운동놀이의 시작 시기, 생후 12개월은 걷기 시작하며 18개월은 달릴 수 있음<br>• 초기의 운동놀이는 사물을 밀고 끌고 다니는 행동<br>• 외계에 대한 적응을 위해 옥외 활동을 선호<br>• 주변 환경에 대한 인지 부족으로 인한 안전사고 발생에 유의 |
| 2세 | • 신체적 독립 시기로 운동기능이 현저히 발달하여 돌아다니기를 선호<br>• 운동놀이의 기회 부여를 통한 운동기능 향상과 에너지 발산을 통한 기분 안정<br>• 평형감각이 발달, 구르기를 좋아함<br>• 유아에게 활동의 시범과 격려, 정확한 동작의 지도가 필요 |
| 3세 | • 획기적 성장, 일종의 완성기<br>• 생활습관과 운동기능이 위태로운 단계를 넘어섬<br>• 사회성의 발달, 집단놀이 선호 |
| 4세 | • 유아기 중 가장 발달이 왕성한 시기<br>• 대뇌의 80%가 발달, 신체활동 원활<br>• 기능적 운동(예 공 던지기, 미끄럼 타기, 철봉 등)을 즐김 |
| 5세 | • 심신발달의 안정기, 유아기의 마무리 단계<br>• 운동이 숙달되는 시기<br>• 어른의 역할을 모방하는 놀이를 통해서 사회규칙과 질서 및 역할에 대한 인식이 발달하고 친구와 함께 활동하며 사회성이 향상됨 |

## 3. 유아기 운동의 형태  2025 기출  2023 기출

① **기본운동** : 안정성, 이동운동, 조작운동

  ㉠ 안정성 발달을 위한 균형 운동(비이동운동)

| 축을 중심으로 하는 안정성 운동 | 굽히기, 비틀기, 늘리기, 흔들기 등 |
|---|---|
| 정적, 동적 안정성 발달을 위한 운동 | 물구나무서기, 구르기, 멈추기 등 |

  ㉡ 이동 발달을 위한 운동(이동운동)

| 단일요소 이동운동 발달 | 걷기, 달리기, 점핑 등 |
|---|---|
| 복합요소 이동운동 발달 | 기어오르기, 슬라이딩, 레로핑, 스키핑 등 걷기나 뛰기 요소가 복합적으로 있는 동작 등 |

### 이해더하기

**움직임 분류 일차원 모델**  2025 기출

| 근육 | • 대근 운동 기술 : 큰 근육을 사용하는 움직임 예 걷기, 달리기, 점프<br>• 소근 운동 기술 : 작은 근육을 사용하는 섬세한 움직임 예 글씨쓰기, 공 잡기 |
|---|---|
| 시간적 연속성 | • 연속 운동 : 동작이 끊기지 않고 계속 이어지는 움직임 예 걷기, 달리기<br>• 불연속 운동 : 동작이 분명한 시작과 끝이 있는 동작 예 점프, 던지기<br>• 지속 운동 : 일정한 속도나 강도로 오랜 시간 반복하는 움직임 예 달리기 오래 하기, 자전거 타기 |
| 환경 | • 개방형 운동 기술 : 환경이 계속 변하여 이에 맞춰 움직임을 조절해야 함 예 축구, 야외 놀이<br>• 폐쇄형 운동 기술 : 환경이 일정하고 예측 가능 예 체조, 실내 놀이 |
| 기능 | • 안정 과제 : 제자리에서 균형 유지 등 몸을 고정시키는 과제 예 서 있기, 한 발로 서기<br>• 이동 과제 : 몸을 공간 내에서 이동시키는 과제 예 걷기, 달리기<br>• 기술조작 과제 : 도구를 이용하거나 조작하는 과제 예 공 던지기, 물건 잡기 |

  ㉢ 조작운동 발달을 위한 운동

| 소근조작운동 | 쓰기, 그리기, 자르기 등 |
|---|---|
| 대근조작운동 | 던지기, 차기, 치기 등 |
| 추진조작운동 | 굴리기, 던지기, 치기, 튀기기 등 |
| 흡수조작운동 | 잡기, 공 멈추기 등 |

② **지각운동발달의 구성요소**  2024 기출

  ㉠ 지각운동능력의 발달은 정신과 신체의 조절을 강화하고 결합
  ㉡ 지각운동의 과정

| 감각정보 입력 | 감각 양식(시각, 청각, 촉각, 운동감각)을 통한 자극 수용 |
|---|---|
| 감각 통합 | 수용된 감각 자극의 조직화, 기존 기억 정보와 통합 |
| 운동 해석 | 현재 정보와 기억 정보를 바탕으로 내적 운동 의사결정 |

---

### POINT
**기초이동 운동능력**

| 구분 | 내용 |
|---|---|
| 스키핑 (skipping) | 한쪽 발로 스텝과 가볍게 뛰는 것을 교대로 하는 것 |
| 리핑 (leaping) | 발로 몸을 지탱하면서 다른 한 발은 쭉 내밀어 앞으로 이동하는 동작 |
| 갤로핑 (galloping) | 한 발은 앞으로 걷고 다른 발은 달리 듯 빨리 끌어다 앞선 다리에 붙이는 동작 |
| 슬라이딩 (sliding) | 거의 몸을 눕히듯이 뛰어드는 동작으로 안전하게 도착하기 위해서 발끝, 머리, 손부터 미끄러져 들어감 |
| 호핑 (hopping) | 한 발로 도약해서 같은 발로 착지하는 동작 |

### 기출 채우기
기초이동 운동능력 중 ( )은/는 모든 구간에서 체중 이동이 자연스럽고 체중 이동이 이루어지는 동안 팔의 움직임이 줄어든다.
➡ 스키핑

### 기출 채우기
( )은/는 날아오거나 굴러오는 물체에 힘을 가해서 정지시키거나 속도를 줄이는 운동으로 잡기, 받기, 볼 멈추기 운동 등이 이에 포함된다.
➡ 흡수조작운동

> **QUIZ**
> 유아의 지각운동발달 요소 중 공간지각은 신체 각 부분의 명칭과 근육의 긴장과 이완을 이해한다.
> (○/×)
>
> 답 ×

| 움직임 활성화 | 움직임 실행 |
|---|---|
| 피드백 | 다양한 감각 양식에 대한 움직임 평가를 통한 새로운 주기의 시작 |

ⓒ 지각운동발달 프로그램 구성요소

| 지각운동요소 | 하위주제 | 프로그램 구성요소 |
|---|---|---|
| 신체지각 | • 신체명칭<br>• 신체모양<br>• 신체표현<br>• 신체범위 | • 신체 각 부분의 위치와 정의<br>• 신체의 모양과 위치<br>• 신체의 움직임에 대한 자각<br>• 느낌 표현의 전달자로서의 신체<br>• 근 긴장과 이완의 자각 |
| 공간지각 | • 위치<br>• 방향<br>• 거리<br>• 높이 | • 자신과 타인의 공간을 존중하는 인식<br>• 보통의 공간에서 안전하게 움직이기<br>• 움직임의 서로 다른 높이 이해하기<br>• 과제와 상황에 따라 움직이는 범위 조절하는 법 익히기 |
| 방향지각 | • 양측성<br>• 방향성 | • 서로 다른 방향을 인지하고 어떻게 방향을 전환하는지 익히기<br>• 서로 다른 대상을 지나가는 방법과 서로 다른 방법으로 이동하기 |
| 시간지각 | • 속도<br>• 리듬 | • 과거/현재/미래<br>• 오전/오후, 아침/점심/저녁<br>• 속도, 리듬에 맞춘 동작, 동시성을 발달시킬 수 있음 |
| 관계지각 | • 신체 부분 관계<br>• 사물과의 관계<br>• 사람 간의 관계 | • 둥글게/구부려서, 좁게/넓게, 비틀기, 대칭/비대칭 등<br>• 위/아래, 켜고/끄고, 가까이/멀리, 앞에서/뒤에서, 따라서/지나서, 가까워지고/멀어지고, 둘러싸기/주변에/나란히 등<br>• 이끌고/따라가고, 거울과 같이/어울리게, 일치/대비, 대중 속에 홀로/혼자/짝과 함께/단체로/그룹들 사이 등 |
| 움직임의 질 | • 균형<br>• 시간<br>• 힘<br>• 흐름 | • 균형(Balance) : 움직임에서 균형의 역할과 정적·동적 균형의 본질에 대한 이해<br>• 시간(Time) : 속도에 대한 식별과 움직임의 속도 증가 및 감소에 대한 이해<br>• 힘(Power) : 과제에서 요구하는 개인의 힘을 만들어 내거나 수정할 수 있는 능력<br>• 흐름(Flow) : 제한된 시간 또는 공간 속에서 움직임을 수행하거나 부드럽게 움직임을 연결하는 능력 |

> **이해더하기**
>
> **지각운동 중 방향지각의 예시**
>
> 지도사 : 오늘은 잡기 놀이를 해볼까요? 술래 친구가 정해지면 술래를 피해 달아나 보세요. 술래를 잘 피하면 어떻게 해야 할까요?
> 유　아 : 술래에게 안 잡히려고 빨리 도망가야 해요!
> 지도사 : 네! 맞았어요. 술래가 움직이는 걸 보고 술래의 앞쪽이나 뒤쪽, 술래의 <u>왼쪽이나 오른쪽으로 가면 잡히지 않고 도망갈 수 있어요.</u> 그럼 우리 모두 한번 해볼까요?
> 유　아 : 네!

## 4. 체력발달 구성요소 개념과 운동내용  `2025 기출` `2023 기출`

### ① 건강관련체력

| 체력요소의 구분 | 개념 | 활동 |
|---|---|---|
| 근력 · 근지구력 | • 근력 : 근육의 수축에 의해 생기는 근육의 힘<br>• 근지구력 : 작업이나 운동에 대한 근육 부하에 대하여 지속적, 반복적으로 힘을 낼 수 있는 능력 | 앉아서 등 밀기, 오리걸음, 팔굽혀펴기, 줄다리기, 팔씨름, 네발로 걷기 |
| 심폐지구력 | 심장, 폐 및 혈관계가 작동하여 전신의 조직에 산소와 영양분을 공급하고 운동을 지속하는 능력 | 수영, 자전거 타기, 오래 달리기, 계단 오르기 |
| 유연성 | 관절 주변의 골격 구조, 근육, 인대 및 건 등의 상태에 의해 결정되는 관절의 최대 가동 범위 | 다리 벌리기, 손목·발목 수축이완 운동, 발 들어 올리기, 어깨와 귀 닿기 |

### ② 수행관련체력

| 체력요소의 구분 | 개념 | 활동 |
|---|---|---|
| 순발력 | 순간적으로 최대한의 힘을 발휘할 수 있는 능력 | 높이뛰기, 멀리뛰기, 공 던지기, 무릎과 가슴 닿기 |
| 민첩성 | 자극에 대해 빠르게 반응하거나, 운동 방향을 변경, 신속하게 이동하는 능력 | 왕복 달리기, 가위바위보, 방향 바꾸기, 소리 듣고 움직이기 |
| 협응성 | 근육, 신경, 운동기관 등의 신체기관이 조화를 이루어 움직임을 이루는 능력 | 그림자놀이, 박수 치며 걷기, 몸으로 숫자 만들기 |
| 평형성 (균형성) | 움직이거나 정지한 상태에서 몸의 균형을 유지할 수 있는 능력 | 평균대 걷기, 한 발로 서기, 회전하며 중심 잡기, 징검다리 걷기 |

> **이해더하기**
>
> **퍼셀(M. Purcell)이 제시한 동작교육과정**  `2024 기출` `2023 기출`
> • 신체 인식 : 전신의 움직임, 신체 부분의 움직임, 신체 모양
> • 공간 인식 : 개인공간–일반공간, 방향, 수준, 범위, 경로
> • 노력 : 공간, 시간, 힘, 흐름
> • 관계 : 신체와 물체, 파트너/그룹, 기구·교수자료

---

**POINT**

**건강관련체력, 수행관련체력**
• 건강관련체력 : 근력·근지구력, 심폐지구력, 유연성
• 수행관련체력 : 순발력, 민첩성, 협응성, 평형성

**QUIZ**

스키핑 동작으로 뛴 높이를 측정하면 근지구력을 검사할 수 있다.
(○/×)

답 ×

**POINT**

**운동기술체력 요소와 운동능력**
• 협응력 : 상대방에게 공을 던지고 받는 능력
• 순발력 : 무릎을 펴고 몸을 앞으로 굽히는 능력

**체력 요소 검사 방법**
• 순발력 : 모둠발로 멀리 뛴 거리를 측정한다.
• 균형성 : 평균대 위에서 외발로 서 있는 시간을 측정한다.
• 민첩성 : 7m 거리를 왕복하여 달린 시간을 측정한다.

# CHAPTER 03 유아 체육프로그램 교수 학습법

> **SECTION 01** 유아체육 지도방법

## 1. 유아체육 교수방법 `2025 기출` `2024 기출`

① **직접-교사 주도적 교수법**
 ㉠ 유아가 무엇을, 언제, 어떻게 할 것인지를 교사가 모두 결정하여 가르치는 방법
 ㉡ 전체 학습자가 동시에 학습해야 할 경우 효과적임
 ㉢ 지시적 방법과 과제제시 방법으로 구분

| 지시적 방법 | • 시범보이기, 연습해보기, 일반적인 언급해주기, 보충설명과 시범 다시 보이기<br>• 체육활동의 주체자는 교사임 |
|---|---|
| 과제제시 방법 | • 유아의 활동은 교사가 정하지만 일부 유아의 의사결정이 허용됨<br>• 활동수준이 여러 가지 있음을 설명하고 시범보이기, 유아 자신의 수준을 선택하여 과제 연습하기<br>• 유아의 개별적 선택기회를 부여함 |

② **간접-유아 주도적 교수법**
 ㉠ 유아에게 활동이나 선택의 기회를 주는 방법
 ㉡ 유아 개개인의 흥미나 능력의 차이를 인정
 ㉢ 시범이나 설명 없이 유아가 원하는 활동과제 수행
 ㉣ 학습의 과정에 중점
 ㉤ 탐색적(탐구적) 방법과 안내-발견적 방법으로 구분

| 탐색적(탐구적) 방법 | • 학습의 결과보다는 과정에 중점을 둠<br>• 시범이나 언어적 설명이 없이 유아가 자신에게 적합하다고 생각하는 활동 과제를 수행<br>• 동작 과제나 질문을 제시하고 유아들이 제안한 다양한 해결방법을 인정하고 받아들이기 |
|---|---|
| 안내-발견적 방법 | • 동작을 위해 지도자나 또래의 활동을 관찰함으로써 과제수행 방법을 이해시키기<br>• 올바른 동작 방법을 제시하고 자유롭고 창의적으로 표현하게 하기 |

③ **유아-교사 상호 주도적·통합적 교수법**
 ㉠ 유아의 흥미와 교사 주도의 체계적 접근의 균형적인 방법
 ㉡ 유아에게 적절한 과제를 주고 지도자의 안내와 연습할 기회를 제공
 ㉢ 4단계 모형 : 도입 단계, 동작 습득 단계(안내-발견적 교수방법), 창의적 표현 단계, 평가 단계

---

**POINT**
**직접-교사 주도적 교수방법**
• 대 그룹 활동을 지도할 때 효과적
• 지시적 방법 : 교사의 시범과 설명이 주로 이루어짐
• 과제제시 방법 : 유아의 의사결정이 일부 허용됨

**QUIZ**
과제제시 방법은 동작을 위해 지도자나 또래의 활동을 관찰함으로써 과제수행 방법을 이해시킨다. (O/×)
답 ×

**POINT**
**간접-유아 주도적 교수방법**
• 유아에게 주도권을 부여하는 것에 초점을 두는 방식
• 탐색적(탐구적) 방법 : 시범이나 언어적 설명이 없이 유아가 자신에게 적합하다고 생각하는 활동과제 수행
• 안내-발견적 방법 : 유아는 또래나 교사의 동작을 관찰함으로써 과제 수행의 방법을 이해함

> **이해 더하기**
>
> 유아-교사 상호 주도적 · 통합적 교수법의 사례
> 지도자 : 제자리에서 공을 앞으로 멀리 던져볼까?
> 아동 : 어떻게 하면 공을 멀리 보낼 수 있어요?
> 지도자 : 공을 던지는 팔은 뒤로 하고 반대쪽 발은 앞으로 나가야 해.
> 아동 : 그럼 몸통도 같이 돌아가요. 손을 뒤로 많이 하니까 공이 더 멀리 가요.
> 지도자 : 멋진 걸 발견했구나!

④ 스테이션 교수 [2025 기출]

ㄱ. 교육목표나 내용에 따라 학생을 모둠으로 나눈 후 각 모둠에 교사가 위치하여 해당 주제를 가르치고 학생은 교육이 끝난 후 다음 장소로 옮겨감

ㄴ. 두 교사 간에는 서로 다른 내용을 가르침

ㄷ. 교사는 계속 한 곳에 머물러 있는 정거장과 같고 학생들은 목적한 바를 끝마치면 그 정거장을 지나가는 기차와 같다.

⑤ 게임수업 방법 [2025 기출]

| 기능중심 게임수업 | • 행동주의 이론에 기반한다.<br>• 교사 주도형 수업 방법이다.<br>• 기술(스킬) 숙달과 자동화에 중점을 둔다.<br>• 반복 연습을 통해 정확한 동작 수행한다.<br>• 주로 '무엇을, 어떻게 할 것인가(What&How)'에 초점을 둔다. |
|---|---|
| 이해중심 게임수업 | • 구성주의 이론에 기반한다.<br>• 게임 상황 속에서 인지적 사고와 전략적 의사결정 학습한다.<br>• 학생이 능동적으로 '왜(why)' 해야 하는지를 고민한다.<br>• 기술보다는 게임 이해 → 전략 → 기술의 순서로 진행한다.<br>• 실제 게임 맥락에서 배우기 때문에 문제 해결 능력과 전이 효과가 높다. |

⑥ 실제학습시간을 증가시키는 전략 [2023 기출]

ㄱ. 수업 전 미리 교구를 배치한다.
ㄴ. 대안적 출석점검 방법을 사용한다.
ㄷ. 주의집중 신호와 시작 신호를 만든다.
ㄹ. 설명은 간결하고 명확하게 한다.
ㅁ. 수업 관련 규칙을 점검한다.
ㅂ. 공공장소에 수업 규칙을 게시한다.
ㅅ. 이동, 대기 시간을 최소화한다.

## 2. 유아체육 지도 원리

| 놀이중심의 원리 | 지속적인 흥미를 유도하여 학습 능력을 높이도록 지도하는 원리 |
|---|---|
| 개별화의 원리 | 학습자의 성별, 연령, 체력 및 심리적 특성을 고려하여 지도해야 한다는 원리 |

> **QUIZ**
>
> 실제학습시간을 증가시키기 위해 동작에 대한 시범을 위해 오랜 시간을 할애한다. (○/×)
>
> 답 ×

> **기출 채우기**
>
> 유아체육의 지도 원리 중 ( )은/는 대근육 운동능력 중 안정과 이동의 기초운동기술, 협응과 균형의 운동능력, 공간과 방향의 지각능력 발달이 이루어지도록 해야 한다는 원리이다.
>
> 답 통합의 원리

| 생활중심의 원리 | 일상생활에서 신체활동 경험을 바탕으로 지도하는 원리 |
|---|---|
| 탐구학습의 원리 | 스스로 자신의 신체와 관련된 움직임의 기본적 개념을 탐구할 수 있도록 유도 |
| 반복학습의 원리 | 유아체육은 안정, 이동, 조작운동 등 3가지 기초운동의 반복학습을 반영 |
| 융통성의 원리 | 유아의 체력과 흥미, 등을 고려하여 융통성을 두어야 한다는 원리 |
| 통합의 원리 | 기초운동능력(안정, 이동), 운동능력(협응, 균형, 힘, 속도), 지각능력(공간, 신체, 방향, 시간)의 발달이 통합적으로 발달하도록 해야 한다는 원리 |

### 3. 유아체육 지도 방법

① **영아기 신체활동 운동프로그램 지도 방법**
  ㉠ 신체의 고른 발달 도모
  ㉡ 신체의 구조와 기능 학습
  ㉢ 엄마에 대한 친밀감을 갖게 함

② **유아의 기초체력 향상을 위한 운동프로그램 지도 방법**
  ㉠ 근지구력 향상 예) 한 발로 오래 뛰기
  ㉡ 평형성 향상 예) 눈 감고 한 발로 서기
  ㉢ 협응력·순발력 향상 예) 제자리 멀리뛰기
  ㉣ 유연성 향상 예) 다리 뻗고 앉아서 앞으로 굽히기

③ **유아의 지각발달을 위한 운동프로그램 지도 방법**
  ㉠ 신체의 각 부위 위치 알기
  ㉡ 신체의 각 부위 명칭 알기
  ㉢ 신체 부위의 중요성 알기

④ **유아의 공간지각 발달을 위한 운동프로그램 지도 방법**
  ㉠ 신체를 외부 공간으로 표현하는 능력 향상시키기
  ㉡ 신체가 공간에서 차지하는 비중 알기
  ㉢ 기초적인 운동능력 향상

⑤ **유아의 시각 발달을 위한 운동프로그램 지도 방법**
  ㉠ 신체의 기본 움직임 학습
  ㉡ 거리, 깊이, 높이 판단 능력
  ㉢ 형태를 재생하고 인식, 분별하는 능력

⑥ **유아의 청각 발달을 위한 운동프로그램 지도 방법**
  ㉠ 청각을 통한 명령에 적절한 반응
  ㉡ 유사한 소리를 구별할 수 있는 능력
  ㉢ 들은 이야기를 기억 및 재구성하는 능력

---

**지각발달을 위한 운동프로그램 지도 방법**
- 신체지각
  - 신체의 각 부위 위치, 명칭 알기
  - 신체부위의 중요성 알기
  - 신체의 기본 움직임 학습
- 공간지각
  - 신체가 공간에서 차지하는 비중 학습
  - 거리, 깊이, 높이 판단 능력
- 방향지각
  - 기초적인 운동능력 향상시킴
  - 그림자 만들기, 미로보행, 줄 따라 걷기
- 감각지각
  - 형태를 재생하고 인식, 분별하는 능력
  - 청각을 통한 명령에 적절한 반응

**유아기 운동프로그램 구성 시 고려 사항**
- 다양한 기본움직임 경험에 중점을 두고 구성
- 운동수행의 성공 빈도를 높일 수 있는 프로그램으로 구성
- 간단한 움직임에서 복잡한 움직임으로 진행되도록 구성

⑦ 유아의 사회학습능력 향상 운동프로그램 지도 방법
  ㉠ 부모가 하고 있는 여러 가지 일에 대한 이해
  ㉡ 바람직한 집단생활 태도를 배움
  ㉢ 여러 가지 직업에 대한 이해
  ㉣ 자기표현력 향상

> **이해더하기**
>
> 프로그램 단계별 지도내용
>
> | 도입단계 | 활동목표 제시와 참여 방법 안내, 질서 및 안전에 대한 강조 |
> |---|---|
> | 준비단계 | 신체 이상을 확인하고 적절한 준비운동을 실시함 |
> | 전개단계 | 안전하고 질서 있게 전개되도록 조성하고 개인차를 고려한 활동영역과 영역별 활동목표를 인식하며, 흥미를 지속적으로 가지도록 유도 |
> | 정리단계 | 적절한 정리운동과 생활지도 및 운동 시 상해 유무 확인 |

## 4. 유아체육 프로그램의 목표

① 다양한 신체활동을 통해 기본 운동기술을 이해할 수 있도록 해야 함
② 유아가 자신의 감정을 표현할 수 있는 기회를 제공해야 함
③ 지각과 동작 간의 협응 과정을 통해 지각운동기술을 발전시킬 수 있도록 해야 함

## 5. 유아체육 지도자의 역할과 유의점 [2025 기출]

① 유아체육 지도자의 역할
  ㉠ 활발한 신체활동을 포함한 놀이를 다양한 형태로 체험하도록 지도
  ㉡ 신체활동과 연관성 있는 놀이를 통해 신체발달을 촉진하도록 지도
  ㉢ 유아 신체활동을 통해 지적 발달과 정신적 건강, 정서적 안정감을 기를 수 있음
  ㉣ 놀이를 전개하는 과정에서 사회성의 발달을 꾀함
  ㉤ 호기심을 자극하고, 반응에 관심을 보이며 지도
  ㉥ 주제와 장소를 고려하여 적절한 장비 선택 후 지도
  ㉦ 권유형 언어를 사용하여 지도

② 유아체육 지도자의 유의점
  ㉠ 상시 안전사고에 대한 예방책과 주의 요구
  ㉡ 유아의 생리적·심리적·사회적 특성을 충분히 고려하여 운동 지도
  ㉢ 유아의 발달 수준에 적절한 내용을 단계적으로 계획하여 지도
  ㉣ 유아의 흥미나 능력에 맞는 활동과 자료 제공

> **POINT**
>
> **유아체육 프로그램 구성 과정**
>
> 자료수집 → 적용대상 선정 → 프로그램 작성 → 프로그램 지도와 평가 → 피드백

> **O×QUIZ**
>
> 3~4세 유아의 체육활동에서 지도자는 언어적 지시를 이해하지 못하는 유아에게 시범을 보여주는 안내자 역할을 해주어야 한다. (○/×)
>
> 답 ○

> **POINT**
>
> **유아의 심리적 특성을 고려한 지도법**
>
> • 차례를 오래 기다리지 않도록 함
> • 규칙과 약속을 잘 지킬 수 있도록 함
> • 활동이 정적 위주로 진행되지 않도록 함
> • 복잡한 운동을 지속적으로 반복하지 않음

## 6. 유아체육 지도자의 프로그램 지도 원칙 [2025 기출] [2024 기출]

① **유아의 가정과 긴밀한 연락을 유지**
  ㉠ 개인차가 심한 유아의 특성상 개인 교육의 배려가 필요
  ㉡ 활발한 신체운동의 특성상 가정과의 지속적인 연락을 통해 유아의 상태를 점검·보고해야 함

② **유아의 발달단계에 알맞은 지도가 필요함**
  ㉠ 유아의 현재 상태와 발달단계를 이해하고 지도해야 함
  ㉡ 유아의 생활 환경 등을 관찰하여 행동이나 태도를 지도해야 함
  ㉢ 유아의 발육발달에 대한 현상과 생활 경험을 파악하고 지도 적용

③ **다른 영역과의 관련** : 궁극적 유아교육의 목표를 염두에 두고 진행

④ **창의성 촉진** : 운동지도 시 여러 가지 형태와 양식의 경험을 통해 상상력과 창의력을 길러주어야 함

⑤ **건강관리**
  ㉠ 유아는 불안정하고 급격한 발육 상태에 있기 때문에 건강관리에 각별한 배려가 필요함
  ㉡ 개인차에 따른 적절한 운동부하 지도
  ㉢ 가정과 연락하여 건강 상태 파악 후 운동강도를 설정

⑥ **안전 관리** : 운동장, 놀이 시설을 항상 정비·점검해야 함

### 이해더하기

**미국스포츠·체육교육협회(NASPE)** [2024 기출] [2023 기출]

연령별로 적합한 운동을 통해 그때그때 필요한 특수운동 기능이 제대로 발달하게 되므로 다음과 같은 지도지침을 일부 언급하였다.
- 매일 최소 60분의 계획된 신체활동에 참여한다.
- 안전한 실내와 실외에서 대근육 활동을 한다.
- 수면시간을 제외하고는 60분 이상 눕거나 앉아있지 않도록 해야 한다.
- FITT
  - F(frequency) - 빈도 : 주당 운동을 수행해야 하는 일수를 설정
  - I(intensity) - 강도 : 목표로 하는 운동 강도 설정
  - T(time) - 시간 : 운동시간을 나타내며, 이것은 일반적으로 활동의 분단위로 설정
  - T(tpye) - 유형 : 운동의 형태 또는 종류 설정

---

### POINT — 유아체육 참여 증진 전략

- 즐거운 수업 만들기 : 흐름이 좋고, 흥미 있는 신체활동 수업은 유아를 움직이도록 자극
- 신체활동 시간을 증가시키는 전략
  - 움직임을 관찰하고 충분한 신체활동이 이루어지지 않으면 변형 필요
  - 유아가 제외되고, 활동에 참여하기 어려운 활동과 게임을 하지 않음
  - 지시는 간결하고, 명료하게 함
  - 활동에 참여하는 것에 대한 긍정적인 피드백 제공

### OX QUIZ

유아의 발달적 특성을 고려해 목표 설정이 없는 동일한 신체활동을 반복하여 지도한다. (○/×)
답 ×

### OX QUIZ

유아 운동프로그램 구성 시에는 남아와 영아의 흥미가 다르기 때문에 분리활동이 필요하다. (○/×)
답 ×

### POINT — 어린이·청소년 FITT

- 유산소 운동 : 재미있고 다양한 성장 발달에 적절한 운동. 매일 60분 이상 권고
- 저항 운동 : 신체활동은 구조화되지 않는 활동이나 구조화되고 적절하게 감독할 수 있는 활동으로 구성. 일주일에 3회 이상 60분 이상 권고
- 유연성 운동(뼈 강화 운동) : 달리기, 줄넘기, 테니스 같은 운동. 일주일에 3회 이상 60분 이상 권고

## SECTION 02 | 체육프로그램 지도를 위한 환경

### 1. 유아기 안전

① **신체적 발달** : 신경계의 기능이 미숙하고 경험 부족 및 학습 부족으로 인해 힘이나 속도를 가감하거나 억제하는 것이 서투름
② **심리적 발달** : 판단 능력이 미숙하고 현실과 공상을 혼동하여 위험한 행동을 흉내 냄
③ 유아들의 교육뿐만 아니라 주변 환경으로부터 유아를 보호할 수 있는 안전 관리가 필요

### 2. 유아체육 지도 환경  `2023 기출`

① **유아체육 지도 환경 원칙**

| 안전성 | 체육수업 간 환경의 안전성이 보장되지 않으면 유아의 건강을 해칠 수 있음 |
|---|---|
| 경제성 | 안전성과 직결되는 문제로, 견고함과 재료의 반영구적 특성 등을 고려하여 경제성이 있는 것을 선택해야 함 |
| 흥미성 | 호기심, 모험심 등을 표현할 수 있는 환경 조성은 체육활동에 대한 흥미와 적극적인 수업태도를 이끌 수 있음 |
| 효율성 (필요성) | • 유아 신체발달에 반드시 필요한 기구나 설비로 판단된다면 그 필요성을 인정하고 준비해야 함<br>• 수업 장소의 음향시설, 냉난방시설 등은 수업의 효과적인 진행을 위해 고려해야 함 |

**유아체육 지도 환경 원칙**
- 안전성
- 경제성
- 흥미성
- 효율성(필요성)

**유아체육 수업의 환경 구성**
- 흥미유발을 위해 다양한 교구를 사용함
- 대근육 운동 시 충격 흡수를 위해 안전매트를 깔아줌
- 필요한 경우에는 음향시설을 활용할 수 있음

② **실내·외 놀이 환경**

| 실내놀이 환경 | • 흥미영역은 수시로 변경할 수 있으며, 전체적으로는 1년에 4~5번 정도 위치를 바꿈<br>• 미술영역, 언어영역, 수·조작영역, 쌓기놀이 영역, 과학영역, 역할놀이 영역, 음률영역 등으로 구분 |
|---|---|
| 실외놀이 환경 | • 다양한 재료로 바닥을 구성하고, 햇볕이 드는 공간과 그늘진 공간을 확보하며 안전하게 구성<br>• 실내놀이실과 연결되도록 하여 유아가 쉽게 이동을 할 수 있도록 함<br>• 바닥 재료는 잔디, 자갈, 모래 등 다양하게 구성되는 것이 좋으며, 오르기 시설물이 있는 바닥은 유아의 안전을 위해 탄력성이 있는 바닥재를 설치하는 것이 적절함 |

**실내·외 지도 환경**
- 공간의 구성은 놀이 형태와 지속시간에 영향을 준다.
- 놀이 공간과 놀이 교구는 유아의 놀이에 영향을 미친다.
- 발달과 학습을 유도할 수 있는 환경을 의도적으로 구성해야 한다.

### 3. 교재와 교구

① **교재와 교구의 중요성**
　㉠ 교육의 내용과 질을 결정함
　㉡ 활동을 심화·확대시킴

ⓒ 언어, 신체 및 감각능력 발달 증진
ⓔ 협동심, 이해력, 양보, 사회성 등 발달 증진

② **교재와 교구 보관 시 고려사항**
ⓐ 교재와 교구를 보관할 독립된 방을 마련해야 함
ⓑ 보관할 수 있는 여러 형태의 교재와 교구장을 비치해야 함
ⓒ 분류 기준을 정해 교재와 교구 활용이 끝나면 뒤처리를 해야 함
ⓔ 교재와 교구의 목록을 작성하여 활용해야 함

## 4. 유아 운동기구(교구) 배치

① **운동기구(교구) 배치**

| 병렬식 배치 | • 대기 시간을 줄이고 유아들의 활동량을 늘릴 수 있는 방법<br>• 학기 초에 활용하면 유용함 |
|---|---|
| 순환식 배치 | • 수업 중 다양한 운동기구를 접할 수 있도록 유도하는 방법<br>• 유아들이 어느 정도 운동기구에 자신감이 붙으면 활용하는 것이 좋음 |
| 시각적 효과의 배치 | • 높낮이, 색채 등이 뚜렷하게 드러나도록 기구 배치<br>• 다양한 체험과 만족감을 줄 수 있음 |

② **운동기구 관리**
ⓐ 나무 재질의 유니바, 평균대는 지하에 두면 나무가 틀어질 수 있음
ⓑ 매트나 스펀지는 곰팡이가 쉽게 생길 수 있어 관리 필요
ⓒ 조립식 철봉 같은 도구는 분해하여 보관
ⓔ 자주 사용하지 않는 도구는 영유아의 손이 닿지 않는 곳에 보관

## 5. 유아 응급처치  2024 기출  2023 기출

① 유아기는 위험 상황에 대한 인지와 이해가 부족한 시기이므로 사고 발생의 위험도가 가장 높은 시기
② 사고를 미연에 방지하기 위한 예방교육 또한 중요하지만 의사가 오기 전까지 즉각적인 응급조치 방법을 숙지하고 있어야 함
③ **응급 시 행동요령 5단계**

| 응급상황 인지 | 위험요소와 상황에 대한 이해와 분석 |
|---|---|
| 도움 유무 결정 | 평소 응급상황에 대한 판단 기준 명료화 |
| 필요 시 응급기관 호출 | 신속하게 119에 도움 요청 |
| 부상자 진단 | 환자의 상태를 정확히 파악 |
| 응급처치 실시 | 응급처치가 필요하다고 판단되면 즉시 응급처치 실시 |

---

**QUIZ**
교구 배치 시 시각적 효과를 높인 교구 배치로 학습자의 시선을 분산해야 한다. (○/×)

답 ×

**POINT**
**유아가 외상으로 머리를 다쳤을 경우 나타나는 증상**
• 먹은 것을 내뿜듯이 토한다.
• 평소보다 잠의 양이 눈에 띄게 늘어난다.
• 평소와 달리 아이가 늘어지거나 칭얼거리며 보챈다.

④ 유아기에 발생하는 질환

| 구분 | | 내용 |
|---|---|---|
| 감기 | 증상 | 외부 바이러스로 인해 감염되며, 주로 코와 목구멍 근처인 인두에 염증이 발생한다. |
| | 치료 | 충분한 휴식과 수분과 영양을 충분히 섭취하고 주위를 쾌적하게 유지하는 것이 좋다. |
| 중이염 | 증상 | • 귀 고막 안쪽 중이에 세균이나 바이러스가 생긴다.<br>• 열이 나고 귀가 아프며 심하면 고름이 나오고 고막 안에 물이 차 소리가 잘 들리지 않을 수 있다. |
| | 치료 | 두통, 구토, 고열이 동반되는 경우 바로 병원으로 가는 것이 좋다. |
| 수두 | 증상 | • 바이러스로 인해 생기는 병으로 한번 걸리면 평생 면역이 생기게 된다.<br>• 가렵고 수포가 생기며 머리와 몸통에 먼저 나고 3~4일 안에 팔과 다리로 퍼져, 열과 복통, 기침이 동반된다. |
| | 치료 | 차가운 물에 담가주면 가려움을 줄여줄 수 있지만 병원 진료는 기본이며, 발열감이 있으면 바로 의사의 진료를 받는 것이 좋다. |
| 장염 | 증상 | 로타 바이러스에 의해 발생하는 장염으로 토하거나 설사, 열이 동반된다. |
| | 치료 | 바로 의사의 진료를 받아야 하고, 로타 장염 예방접종은 생후 2개월부터 가능하다. |
| 열성경련 | 증상 | 열이 심한 경우 의식이 없어지고 눈이 돌아가고 손발을 떨면서 뻣뻣해지는 증상이 나타난다. |
| | 치료 | • 우선 눕히고 옷을 벗긴 다음 열이 많이 나면 물수건을 닦아준다.<br>• 경기가 멎기를 기다렸다가 여유를 갖고 소아과에 데리고 간다. |
| 구토 | 증상 | 1살 이전의 분유를 먹는 아기가 토하는 증상이 나타난다. |
| | 치료 | 토하는 아기가 8시간 이상 소변을 보지 않거나 쳐져 힘들어한다면 의사의 진료를 받는 것이 좋다. |
| 화상 | 증상 | 뜨거운 물이나 음식에 의해 살이 데여 물집이 잡히는 증상이 나타난다. |
| | 치료 | 화상 부위를 차가운 물에 담그거나 흐르는 수돗물에 5~10분간 식혀준 후 바로 병원을 방문한다. |

**영유아 기도폐쇄**

- 영아는 1세 이하 혹은 2세라도 체중이 10kg 이하인 사람을 말하며, 기도폐쇄 응급처치법은 등 두드리기 5회, 흉부압박 5회, 입안의 이물질 제거가 권장된다.
- 등 두드리기 : 영아의 머리를 가슴보다 낮게 하고, 영아를 안은 팔을 허벅지에 고정시킨 뒤 손바닥으로 두드린다.
- 흉부압박 : 마찬가지로 머리를 가슴보다 낮게 하여 영아를 안은 팔을 무릎 위에 놓고 검지와 중지를 흉골에 올려놓고 압박을 시행한다.
- 영아의 구강 내 이물질을 확인하고 손에 닿는 것만 제거한다.
- 영아가 의식을 잃거나 이물이 배출되거나 힘차게 숨을 쉬거나 기침을 할 때까지 반복 시행한다.

# 출제예상문제

**01** 다음 중 유아체육의 목표로 옳지 않은 것은?

① 유아가 자신의 감정을 표현할 수 있는 기회를 제공한다.
② 다양한 신체활동을 통해 기본 운동기술을 이해할 수 있도록 한다.
③ 지각과 동작 간의 협응 과정을 통해 지각운동 기술을 발전시킬 수 있도록 한다.
④ 발달 과정에 따른 운동으로 원시반사를 소거시킬 수 있도록 한다.

해설 | 원시반사는 신생아기에 나타나 시간의 흐름에 따라 자연스럽게 소멸되는 반응으로, 원시반사의 소거는 유아체육 프로그램의 목표가 아니다.

**[2025 기출 유형]**

**02** 다음 중 「국민체육진흥법 시행령」의 유소년스포츠지도사에 대한 설명으로 옳지 않은 것은?

① 유소년은 3세부터 초등학교 취학 전까지를 말한다.
② 유소년스포츠지도사는 유소년을 대상으로 체육을 지도하는 사람이다.
③ 유소년스포츠지도사는 유소년의 행동양식, 신체 발달 등에 대한 지식을 갖춘다.
④ 유소년스포츠지도사는 정해진 자격 종목에 대하여 지도하는 사람이다.

해설 | 「국민체육진흥법 시행령」(2025) 제2조에 따르면 유소년은 3세부터 중학교 취학 전까지를 말한다.

**03** 초등체육 교육과정의 3~4학년군 성취기준에 대한 내용으로 옳지 않은 것은?

① 기본 움직임 기술을 연결한 복합적인 움직임 기술을 파악하고 시도한다.
② 표현 활동의 의미와 기본 움직임 기술과의 관계를 파악한다.
③ 자신의 신체적 특징을 부정적으로 인식하고 운동 계획을 세워 안전하게 활동한다.
④ 움직임의 심미적 표현에 대한 호기심과 감수성을 나타낸다.

해설 | 초등체육 교육과정의 3~4학년군 성취기준에 따르면 자신의 신체적 특징을 긍정적으로 인식하고 운동 계획을 세워 안전하게 활동한다.

**04** 〈보기〉에서 설명하는 인지발달 이론의 요소는?

**보기**
- 여러 요소(신체적 요소, 인지적 정보, 지각적 정보)들을 일관성 있고 논리적으로 상호 관련된 틀(인지구조) 속으로 체제화하고 결합하는 과정
- 현재의 조직들이 서로 상호작용하며 효율적인 체계로 결합하여 더 복잡한 수준의 지적 구조를 이루는 과정

① 동화(assimilation)
② 조절(accommodation)
③ 적응(adaptation)
④ 조직화(organization)

해설 | ① 동화 : 환경의 자극을 이해하고 그 자극을 자신이 이미 가지고 있는 도식이나 인지구조 속으로 받아들이는 과정
② 조절 : 기존의 도식이나 구조가 새로운 대상을 동화하는 데 적합하지 않을 때 그 새로운 대상에 맞도록 이미 가지고 있는 도식이나 구조를 바꾸는 것
③ 적응 : 동화와 조절을 통해 균형이 이루어진 평형상태

**05** 〈보기〉에서 설명하는 심리·성적 발달 단계는?

> **보기**
>
> 프로이트의 정신분석이론에 따르면 이 시기의 리비도가 과다하게 충족되거나 혹은 충족이 부족하여 고착이 발생하면 결벽증이 생기거나 혹은 거꾸로 과도하게 지저분해지는 증상이 발생할 수 있다.

① 항문기　　② 구강기
③ 남근기　　④ 생식기

해설 | 항문기는 1~3세에 나타나는 심리·성적 발달 단계로 배설의 경험을 통해 리비도를 충족하는 시기이다. 강압적인 배변 훈련 등 리비도의 충족에 문제가 생기면 고착 증세로 결벽증 혹은 과도하게 지저분해지는 증상이 나타날 수 있다.

**2025 기출 유형**

**06** 〈보기〉에서 설명하는 유아기 발달이론은?

> **보기**
>
> • 환경을 변화시켜 바람직한 행동을 형성한다.
> • 피드백을 통해 유아의 바람직한 행동을 촉진한다.

① 생태학적이론　　② 행동주의이론
③ 심리사회발달이론　　④ 상호작용이론

해설 | 〈보기〉는 행동주의이론에 대한 설명으로 아동의 환경이 신체적, 심리적 발달에 매우 중요함을 강조한다. 바람직한 행동을 증가시키고 바람직하지 않은 행동을 완화 혹은 소멸시키는 등의 피드백을 통해 유아의 바람직한 행동을 촉진할 수 있다고 보는 관점이다.
　① 생태학적이론 : 인간이 몸담고 있는 생태환경을 보다 체계적으로 구조화하고 이들 환경체계와 개인 간의 관계를 이해하는 관점
　③ 심리사회발달이론 : 각 개인의 성격은 그가 형성하는 자기 자신과 타인의 관계에 따라 발달한다는 관점
　④ 상호작용이론 : 아동은 사회적 관계 속에서 개념이나 사실, 태도, 기술 등을 발달시킨다는 관점

**2025 기출 유형**

**07** 갤러휴(D. Gallahue)의 2차원적 움직임 분류에서 이동 기술의 움직임 양식에 속하는 것은?

① 던지고 잡기
② 한 발로 균형 잡기
③ 축구에서 골킥 막기
④ 사람 많은 거리에서 걷기

해설 | ①, ③ 조작 기술의 움직임 양식에 속한다.
　　② 안정성 기술의 움직임 양식에 속한다.

**2025 기출 유형**

**08** 에릭슨의 심리사회발달 단계 중 3~6세에 나타나며 언어의 급속한 발달과 함께 목표를 세우고 놀잇감을 통해 만족스러운 성취감을 경험하는 단계는?

① 신뢰감 대 불신감
② 자율성 대 수치심
③ 주도성 대 죄책감
④ 친밀감 대 고립감

해설 | 주도성 대 죄책감은 3~6세의 아동에게 나타나며 목표나 계획을 세워 성공하고자 노력하는 시기이다. 이 시기의 아동은 의미 있는 놀잇감을 조작하면서 성취감을 경험한다.

**09** 유아기 건강체력 발달에 대한 특징으로 적절하지 않은 것은?

① 유아기는 대뇌의 기능이 활발하지 않아 걷기, 뛰기 등만 가능하다.
② 유아기의 맥박수는 100~120회 정도이다.
③ 유아기의 1회박출량은 성인에 비해 낮다.
④ 유아기의 최대 심박수는 성인기에 비해 낮다.

해설 | 유아기의 최대 심박수는 성인기에 비해 높다.

**정답**　01 ④　02 ①　03 ③　04 ④　05 ①　06 ②　07 ④　08 ③　09 ④

**2025 기출 유형**

**10** 〈보기〉에서 유아기 운동발달의 기본 움직임 중 신생아기에 나타나는 원시반사는?

> **보기**
> 아기가 머리의 갑작스러운 위치 변화를 감지하거나 강한 소리·빛에 반응해 무엇인가 껴안으려고 하는 행동이다.

① 빨기반사
② 바빈스키반사
③ 손바닥파악반사
④ 모로반사

해설 | 〈보기〉는 모로반사에 대한 설명으로 신생아기 때 보이는 원시반사의 종류이다.
　① 빨기반사 : 입에 무엇인가 닿으면 무의식적으로 빠는 반응
　② 바빈스키반사 : 발바닥을 간질일 때 발바닥을 모아 구부리는 반응
　③ 손바닥파악반사 : 신생아의 손바닥에 손가락이나 어떤 물건을 쥐어주면 빼기 힘들 정도로 꽉 붙잡는 반응

**2025 기출 유형**

**11** 유아의 기본운동에서 이동 발달을 위한 운동 중 복합요소 이동운동에 속하는 것은?

① 걷기
② 슬라이딩
③ 달리기
④ 점핑

해설 | 이동 발달을 위한 운동 중 복합요소 이동운동에는 기어오르기나 슬라이딩, 갤로핑, 스키핑 등이 있다.

**12** 지각운동과 요소를 연결한 것으로 옳지 않은 것은?

① 공간지각 : 몸을 구부려 훌라후프 통과하기
② 시간지각 : 박수 소리에 맞추어 리듬감 있게 점프하기
③ 방향지각 : 신호에 따라 오른쪽으로 회전하기
④ 움직임의 질 : 발끝으로 공을 세게 차기

해설 | 발끝을 이용해 공을 차는 행위는 신체의 움직임에 대한 지각, 즉 신체지각에 해당한다. 움직임의 질은 균형, 시간, 힘, 흐름과 관련된 지각이다.

**13** 조작운동과 그 발달을 위한 운동을 연결한 것으로 옳지 않은 것은?

① 소근조작 운동 : 그리기
② 추진조작 운동 : 굴리기
③ 흡수조작 운동 : 공 멈추기
④ 대근조작 운동 : 쓰기

해설 | 조작운동 발달을 위한 운동 중 대근조작 운동에는 던지기, 차기, 치기 등이 있다. 쓰기는 소근조작 운동에 해당한다.

**14** 유아기 운동발달의 방향성에 대한 특징으로 적절하지 않은 것은?

① 인간의 성장과 발달은 방향성을 지닌다.
② 소근육에서 대근육 방향으로 진행된다.
③ 신체의 중심부에서 바깥쪽으로 진행된다.
④ 상반신에서 하반신 순으로 발달한다.

해설 | 유아는 대근육에서 소근육 방향으로 발달한다.
　※ 방향성의 원리 : 머리-발가락 원리, 중심-말초 원리, 대근육-소근육 원리

**15** 〈보기〉에서 설명하는 지각운동발달은?

> **보기**
> • 서로 다른 방향을 인지하고 어떻게 방향을 전환하는지를 익힌다.
> • 서로 다른 대상을 지나가는 방법과 서로 다른 방법으로 이동하는 것을 익힌다.

① 방향지각운동
② 관계지각운동
③ 공간지각운동
④ 신체지각운동

해설 | 방향지각운동은 양측성과 방향성을 그 하위 주제로 하는 지각운동발달의 구성요소이다.

**2025 기출 유형**

**16** 〈보기〉가 설명하는 운동발달 프로그램의 기본 원리는?

> **보기**
> - 유아들의 일상생활 및 안전에 관한 사항들을 이해하고 사고를 예방함
> - 유아는 신체 조정 능력이나 판단력이 미성숙하기 때문에 지도자는 안전에 관심을 기울여야 함
> - 유아 및 아동은 자신의 운동 능력을 과대평가하는 경향이 있음

① 방향성의 원리
② 적합성의 원리
③ 다양성의 원리
④ 안전성의 원리

해설 | 유아기 운동발달 프로그램의 기본 원리로는 적합성 원리, 방향성 원리, 특이성 원리, 안전성 원리, 다양성 원리, 연계성 원리가 있으며 그중 안전성의 원리에 대한 설명이다.

**17** 〈보기〉에서 설명하는 유아의 기본움직임 발달단계의 순서로 바르게 나열된 것은?

> **보기**
> ㉠ 움직임의 수행이 역학적으로 효율성을 갖게 되어 협응과 제어가 향상된다.
> ㉡ 기본적인 움직임을 보이지만, 협응이 원활하지 않아 움직임이 매끄럽지 못하다.
> ㉢ 기본 움직임에 대한 제어와 협응이 향상되지만, 신체 사용이 비효율적이다.

① ㉠ → ㉢ → ㉡
② ㉠ → ㉡ → ㉢
③ ㉡ → ㉢ → ㉠
④ ㉢ → ㉠ → ㉡

해설 | ㉠ 성숙 단계(6~7세), ㉡ 시작 단계(2~3세), ㉢ 초보 단계(4~5세)이므로 발달단계의 순서는 '㉡ → ㉢ → ㉠'이다.

**18** 〈보기〉의 빈칸 안에 들어갈 알맞은 말은?

> **보기**
> (　　　　)은 기구를 몸 안쪽에서 바깥쪽으로 내보내는 움직임으로 굴리기, 던지기, 차기 등이 있다.

① 동적 안정성 운동
② 정적 안정성 운동
③ 흡수 조작 운동
④ 추진 조작 운동

해설 | 〈보기〉는 기구를 다루는 능력을 기르는 조작 운동 중 추진 조작 운동에 해당한다.
① 동적 안정성 운동 : 움직이면서 균형을 잡는 운동
② 정적 안정성 운동 : 움직이지 않고 균형을 잡는 운동
③ 흡수 조작 운동 : 외부에서 몸을 향해 들어오는 기구를 받는 움직임

**19** 다음 중 지각운동발달의 구성요소에 대한 설명으로 옳지 <u>않은</u> 것은?

① 신체 각 부분의 이름을 맞추는 것은 신체지각운동 능력이다.
② 정적·동적 균형의 본질에 대한 이해를 하는 것은 움직임의 질을 향상시키는 방법이다.
③ 신체를 구부리거나, 비틀기, 둥글게 마는 것은 관계지각운동 능력이다.
④ 보통의 공간에서 안전하게 움직이는 것은 방향지각운동 능력이다.

해설 | 보통의 공간에서 안전하게 움직이는 것은 공간지각운동 능력의 발전을 위한 운동이다.

**정답** 10 ④  11 ②  12 ④  13 ④  14 ②  15 ①  16 ④  17 ③  18 ④  19 ④

## 2025 기출 유형

**20** 유아의 체력 향상을 위한 운동프로그램 중 각 요소를 발달시키기 위한 활동을 연결한 것으로 옳지 않은 것은?

① 심폐지구력 – 자전거 타기
② 민첩성 – 왕복 달리기
③ 협응성 – 그림자놀이
④ 유연성 – 평균대 걷기

해설 | 평균대 걷기는 평형성을 발달시키기 위한 활동이다. 유연성은 다리 벌리기, 발 들어올리기, 어깨와 귀 닿기 등의 활동으로 발달시킬 수 있다.

**21** 〈보기〉 중 실제학습시간을 증가시키는 전략으로 옳은 것은?

> **보기**
> ㄱ. 주의집중 신호와 시작 신호를 만든다.
> ㄴ. 신체활동의 증가를 위해 교구는 영유아가 직접 배치한다.
> ㄷ. 동작에 대한 시범을 위해 오랜 시간을 할애한다.
> ㄹ. 대기 시간을 최소화한다.

① ㄱ, ㄴ　　② ㄱ, ㄹ
③ ㄴ, ㄹ　　④ ㄷ, ㄹ

해설 | ㄴ. 수업 전 미리 교구를 배치한다.
　　　ㄷ. 동작에 대한 시범은 간결하고 명확하게 한다.

## 2025 기출 유형

**22** ㉠, ㉡에 해당하는 교수–학습 방법을 바르게 나열한 것은?

| | |
|---|---|
| ㉠ | • 시범보이기, 연습해보기, 일반적인 언급해주기, 보충설명과 시범 다시 보이기<br>• 체육활동의 주체자는 교사임 |
| ㉡ | • 유아의 활동은 교사가 정하지만 일부 유아의 의사결정이 허용됨<br>• 활동수준이 여러 가지 있음을 설명하고 시범보이기, 유아 자신의 수준을 선택하여 과제 연습하기<br>• 유아의 개별적 선택기회를 부여함 |

　　　　㉠　　　　　　　㉡
① 안내 – 발견적 방법　　탐색적 방법
② 탐색적 방법　　안내 – 발견적 방법
③ 지시적 방법　　과제제시 방법
④ 과제제시 방법　　지시적 방법

해설 | 직접–교사 주도적 교수법은 지시적 방법과 과제제시 방법으로 구분된다. ㉠은 지시적 방법, ㉡은 과제제시 방법에 해당한다.

**23** 피아제(J. Piaget)가 제시한 인지발달 단계와 특징에 대한 설명으로 옳지 않은 것은?

① 감각운동기 : 2~7세 시기에 해당하며 상징적 사고가 증가한다.
② 전조작기 : 언어가 급격히 발달하며, 물활론적 사고가 나타난다.
③ 구체적 조작기 : 눈에 보이는 것에 한해 논리적 사고가 가능하다.
④ 형식적 조작기 : 추상적 사고와 체계적인 과학적 사고가 가능하다.

해설 | 전조작기에 대한 설명이다. 감각운동기는 출생~2세 시기에 해당하며 신체 오감을 이용한 초기 인지활동과 자기중심적 사고가 나타난다.

**2025 기출 유형**

**24** 〈보기〉 중 ㉠, ㉡에 들어갈 용어로 알맞게 짝지어진 것은?

> **보기**
> 유소년스포츠에는 게임수업 방법이 활용될 수 있다. ( ㉠ )은/는 행동주의에 근거하며, 기술을 자동화하기 위한 기능 숙달이 중심이다. ( ㉡ )은 '무엇을 할 것인가(what to do)'를 고민하며 인지적 학습이 선행된다.

| | ㉠ | ㉡ |
|---|---|---|
| ① | 이해중심 게임수업 (teaching games for understanding) | 기능중심 게임수업 (technical model) |
| ② | 학습자 설계 (child-designed) | 기능중심 게임수업 (technical model) |
| ③ | 이해중심 게임수업 (teaching games for understanding) | 학습자 설계 (child-designed) |
| ④ | 기능중심 게임수업 (technical model) | 이해중심 게임수업 (teaching games for understanding) |

해설 | ㉠ 기능중심 게임수업 : 행동주의 이론에 기반한 교사 주도형 수업 방법으로 기술(스킬) 숙달과 자동화에 중점을 둔다. 반복 연습을 통해 정확한 동작을 수행하며 '무엇을, 어떻게 할 것인가(What&How)'에 초점을 둔다.
㉡ 이해중심 게임수업 : 구성주의 이론에 기반한 수업 방법으로 게임 상황 속에서 인지적 사고와 전략적 의사결정을 학습한다. 학생이 능동적으로 '왜(why)' 해야 하는지를 고민하며, 실제 게임 맥락에서 배우기 때문에 문제 해결 능력과 전이 효과가 높다.

**25** 〈보기〉 중 유아체육 프로그램의 구성 과정을 순서대로 나열한 것은?

> **보기**
> ㄱ. 자료수집
> ㄴ. 프로그램 작성
> ㄷ. 피드백
> ㄹ. 프로그램 지도 및 평가
> ㅁ. 적용대상 선정

① ㄱ－ㅁ－ㄴ－ㄹ－ㄷ
② ㄱ－ㄴ－ㄹ－ㅁ－ㄷ
③ ㄴ－ㅁ－ㄱ－ㄹ－ㄷ
④ ㅁ－ㄱ－ㄴ－ㄹ－ㄷ

해설 | 유아체육 프로그램의 구성은 '자료수집 → 적용대상 선정 → 프로그램 작성 → 프로그램 지도와 평가 → 피드백'의 순으로 이루어진다.

**2025 기출 유형**

**26** 유아기 던지기 동작의 발달단계 중 시작 단계의 특징은?

① 양발을 고정된 상태를 유지한다.
② 체중은 명확하게 앞쪽으로 이동된다.
③ 체중이 이동하면서 반대 발이 앞으로 나아간다.
④ 던지는 팔과 같은 쪽의 다리를 앞으로 내민다.

해설 | ②, ④ 던지기 동작의 발달단계 중 초보 단계에 해당하는 특징이다.
③ 던지기 동작의 발달단계 중 성숙 단계에 해당하는 특징이다.

**정답** 20 ④  21 ②  22 ③  23 ①  24 ④  25 ①  26 ①

**27** 다음 중 유아체육 지도자의 프로그램 지도 원칙으로 옳은 것은?

① 유아의 가정과는 가능한 한 연락을 취하지 않도록 한다.
② 유아의 운동능력 발달에 있어 개인차는 크지 않으므로 활동 및 과제는 동일하게 제시한다.
③ 유아의 운동능력만을 지도하고 그 외의 행동이나 태도에는 관여하지 않는다.
④ 다른 영역과의 관련성을 염두에 두고 프로그램을 지도해야 한다.

해설 | ①, ② 유아는 개인차가 심하고 안전상의 문제가 발생하기 쉬우므로 가정과 긴밀한 연락을 유지해야 하며, 개인의 흥미와 능력에 맞게 활동을 제시해야 한다.
③ 유아의 생활환경 등을 관찰하여 행동 및 태도를 함께 지도해야 한다.

**28** 다음 중 유아의 신체적 자기개념(self-concept)에 관한 설명으로 적절한 것은?

① 신체적 자기개념은 단일 개념이다.
② 신체적 자기개념은 자기효능감과는 관련이 없다.
③ 스포츠 참여를 통한 성공경험과 스포츠유능감 간의 관련성은 없다.
④ 스포츠 참여는 신체적 능력에 대한 개념을 형성하는 데 도움을 준다.

해설 | 신체적 자기개념(self-concept)이란 자신의 신체에 대한, 전반적 생각 또는 개념으로 자신의 비만, 유연성, 근력 따위에 대한 생각 또는 개념을 뜻한다. 유아의 스포츠 참여는 신체적 능력에 대한 개념을 형성하는 데 도움을 줄 수 있다.

**29** 유아체육 프로그램을 구성할 때 고려해야 할 사항으로 옳지 않은 것은?

① 다양한 기본움직임을 경험할 수 있도록 이에 중점을 두고 구성한다.
② 유아 개개인의 발달 수준을 고려하지 않고 통일된 난이도의 기구를 활용한다.
③ 간단한 움직임에서 복잡한 움직임으로 순서대로 진행될 수 있도록 구성한다.
④ 유아의 운동수행 성공 경험 빈도를 높일 수 있도록 프로그램을 구성한다.

해설 | 유아체육 프로그램은 유아의 발달단계에 알맞은 지도가 필요하다. 기구나 도구를 획일적으로 제공해서는 안 되며, 유아마다 수준을 고려해 다양하게 조절해주는 것이 바람직하다.

**30** 유아운동 지도 시 교구배치 방법과 그 효과에 대한 설명으로 적절하지 않은 것은?

① 공간 활용성을 높인 교구배치로 안전사고를 예방한다.
② 시각적 효과를 높인 교구배치로 학습자에게 다양한 체험과 만족감을 줄 수 있다.
③ 순환식 교구배치로 대기시간을 줄여 실제학습 시간을 늘려준다.
④ 병렬식 교구배치로 학습자의 시선을 분산한다.

해설 | 병렬식 교구배치는 대기 시간을 줄이고 유아들의 활동량을 늘릴 수 있는 방법으로 학기 초에 활용하면 유용하다. 학습자들은 교구 사용을 반복 사용하면서 자신감을 가질 수 있다.

정답  27 ④  28 ④  29 ②  30 ④

## 최신 3개년 출제빈도표 (2025년~2023년)

| 구분 | 2025년 | 2024년 | 2023년 |
| --- | --- | --- | --- |
| 노화와 노화의 특성 | 5 | 8 | 7 |
| 노인의 운동 효과 | 4 | 2 | 3 |
| 노인 운동프로그램의 설계 | 4 | 5 | 6 |
| 질환별 프로그램 설계 | 3 | 4 | 2 |
| 지도자의 효과적인 지도 | 4 | 1 | 2 |

# PART 03

# 노인체육론

CHAPTER 01　노화와 노화의 특성
CHAPTER 02　노인의 운동 효과
CHAPTER 03　노인 운동프로그램의 설계
CHAPTER 04　질환별 프로그램 설계
CHAPTER 05　지도자의 효과적인 지도
출제예상문제

# CHAPTER 01 노화와 노화의 특성

> **SECTION 01** 노화의 개념

### 1. 노화에 대한 정의

① **노화의 개념**
  ㉠ 생물학적 자연현상으로 시간이 지남에 따라 신체가 겪게 되는 생물학적·심리적·사회적 변화의 포괄 개념
  ㉡ 나이가 들면서 발생하는 쇠퇴적인 변화 현상
  ㉢ 생체 효율이 떨어져 모든 생리적 기능이 감소하는 것
  ㉣ 노화의 속도 및 기능 저하의 정도에는 개인차가 있음
  ㉤ 신체적·심리적·사회적 발달과정은 사망에 이르기까지 지속

② **연령의 구분**
  ㉠ 연대기적 연령 : 생명의 잉태와 성장과정, 성년기를 거쳐 생리적으로 노화되어 사망에 이르는 과정
  ㉡ 기능적 연령 : 연령의 증가에 따라 인체의 생리적 기능(시·청각, 운동능력, 심리, 건강 상태)이 저하되는 과정

③ **기대수명과 건강수명** [2023 기출]

| | |
|---|---|
| 기대수명 | 출생자가 출생 직후부터 생존할 것으로 기대되는 평균 생존 연수를 말하므로 자살이나 교통사고로 인한 생존 기간은 계산에 포함되지 않음 |
| 평균수명 | 어떤 연령의 사람이, 평균해서 몇 년 살 수 있는가 하는 기대값으로 0세의 평균여명(平均餘命) |
| 건강수명 | • 평균수명에서 질병이나 부상으로 인해 활동하지 못한 기간을 뺀 기간<br>• '건강하게 살 것'으로 기대되는 평균 연수<br>• 2016년 기준 우리나라의 건강수명은 73세, 2023년 75세, 2040년 78세까지 연장 계획 |

### 2. 노화의 유형

① **생물학적 노화** [2025 기출] [2024 기출] [2023 기출]
  ㉠ 생물학적 퇴화과정이 생물학적 재생산과정을 능가하여 유기체에 퇴행적 변화가 일어나는 현상

---

**기출 채우기**
연령지표 중 연령과 성을 기준으로 한 기능적 체력과 관련이 있는 것은 (　　　)이다.
🅐 기능적 연령

**OX QUIZ**
건강수명은 0세 출생자가 앞으로 생존할 것으로 기대되는 평균 생존 연수를 말한다. (O/×)
🅐 ×

**POINT**
텔로미어(telomere)
• 세포의 분열수명을 제어
• 조로증(progeria)의 원인

ⓒ 생물학적 노화의 수준(Rowe, Kahn)

| 최적의 노화 | 타고난 긍정적인 유전적 발달프로그램에 긍정적 환경요인이 작용하여 질병이나 장애 상태에 이를 가능성이 매우 낮고, 신체적 기능 저하도 거의 없는 최소한의 노화 |
|---|---|
| 통상적 노화 | 긍정적 또는 중성적인 유전적 요인과 부정적 환경요인이 상호작용하여 만성질환과 기능 제한을 초래하지만, 질병이나 기능 제한의 정도가 심하지 않은 상태에 머물고 있는 노화 |
| 생리적 노화 | 부정적인 유전적 요인과 부정적 환경요인이 작용하여 심각한 수준의 만성질환과 장애를 초래하는 노화 |

**이해더하기**

**생물학적 노화의 특성**

| 보편성 | 노화에 따른 변화는 누구에게나 동일하게 나타남 |
|---|---|
| 내인성 | 노화는 질병이나 사고가 아닌 내적인 변화로 인해 나타남 |
| 쇠퇴성 | 노화는 궁극적으로 생물체의 죽음을 초래함 |
| 점진성 | 노화에 따른 변화는 연령의 증가에 따라 심해지며, 회복이 불가능함 |

② **심리적 노화**
  ㉠ 감각기능, 인지기능, 정서 및 정신기능, 성격 등의 심리 내적 측면과 심리 외적 측면의 상호작용에서의 퇴행, 유지 및 성숙을 동시에 내포하는 심리적 조절과정
  ㉡ 심리적 노화의 영역 : 감각기능, 지각 과정, 정서 및 정신기능, 자아의 발달과 성격 변화, 정신건강 및 정신적 장애

③ **사회적 노화**
  ㉠ 노년기로의 전환과 함께 나타나는 개인 수준의 사회적 상황 변화
  ㉡ 사회적 관계망과의 상호작용, 사회규범과 사회화, 그리고 지위와 역할 등의 변화

> **QUIZ**
> 기능적 연령은 가장 보편적인 연령 지표로 출생 이후 살아온 시간의 길이를 의미한다. (○/×)
> 답 ×

## 3. 노인의 구분

① **연대기적 연령에 따른 노인의 분류**

| 연소노인 (65~74세) | 사회에서 일을 하고 있으며 삶의 절정기에 위치한 노인 |
|---|---|
| 중고령노인 (75~84세) | 대부분 퇴직한 상태이며 건강 상태가 양호하고 취미 생활을 영위할 시간이 충분한 노인 |
| 고령노인 (85~99세) | 더 이상 일을 하는 것이 어렵고 신체적으로도 노쇠하여 질병에 걸린 경우가 많으며 가장 고단하고 약한 노인 |
| 초고령노인 (100세 이상) | 신체의 움직임이 거의 없고 인체의 기관과 조직이 더 이상 제대로 기능하지 않는 노인 |

② 노인 인구에 따른 사회 분류

| 고령화 사회 | 65세 이상의 노인 인구가 7%의 비중을 차지하는 사회 |
|---|---|
| 고령 사회 | 65세 이상의 노인 인구가 14%의 비중을 차지하는 사회 |
| 초고령화 사회 | 65세 이상의 노인 인구가 20%의 비중을 차지하는 사회 |

### 4. 노인에 대한 사회·문화적 인식

① 노인의 생활습관과 삶의 태도는 신체적·정신적 건강에 중요한 요인
② 유전인자는 물론 사회적 환경 또한 노화에 영향을 미침
③ 일반적으로 노인들은 의존성이 높아 돌봄과 보살핌이 필요(단, 모든 노인은 아님)
④ 고령화 사회가 되면 의료비와 부양비의 부담이 증가

## SECTION 02 | 노화와 관련된 이론

### 1. 생물학적 이론  [2025 기출] [2024 기출]

① **유전학적 이론** : 각 세포는 기록된 유전적 계획으로 분열 횟수가 정해져 있으며 이 세포 분열의 한계로 인해 노화가 발생한다고 보는 이론
② **손상이론** : 활성산소(자유기), 자외선, 기타 유해물질로 인해 세포가 손상되고 세포의 기능장애가 발생하며, 손상된 세포가 DNA와 단절되어 노화가 발생한다고 보는 이론
③ **점진적 불균형이론** : 신경내분비계의 세포들이 감소하여 호르몬 분비의 불균형이 발생하고, 그 결과 노화가 발생한다고 보는 이론
④ **교차결합이론** : 정상 상태에서는 서로 분리되어 있어야 하는 분자구조 사이에 화학적 반응에 의한 연결 띠가 형성되어 서로 엉키게 되고, 이로 인해 조직이 탄력성을 잃고 세포 간 영양소 및 화학적 물질 등의 교환을 방해함으로써 노화가 나타난다고 보는 이론
⑤ **사용마모이론** : 인간의 몸도 마치 기계와 같이 오랫동안 사용하면 기능이 약화되고 점차 퇴화가 일어나 이로 인해 노화가 나타난다고 보는 이론으로, 퇴행성관절염이나 오십견 등의 노인질환을 설명할 때 가장 적절한 이론
⑥ **신체적 변이이론** : 세포가 상해를 받으면 변이를 일으키고, 이렇게 변이를 일으킨 세포들이 축적됨으로써 노화가 일어난다고 보는 이론
⑦ **면역반응이론** : 나이가 들면서 인간의 면역체계에 결함이 발생, 제거해야 할 유해물질을 제거하지 못하여 체내에 축적되고 이로 인해 노화가 발생·촉진된다고 보는 이론

## 2. 심리학적 이론 `2024 기출` `2023 기출`

① 욕구단계이론(Maslow)
  ㉠ 인간의 욕구는 그 정도와 중요성에 따라 일련의 계층적 단계로 배열되며, 하위 단계의 욕구가 충족된 후에 그 상위 단계의 욕구를 의식·추구한다고 보는 이론
  ㉡ 욕구단계이론의 단계별 욕구

| 5단계 | 자기실현 욕구 | 자아실현, 자신의 발전과 완성을 바라는 욕구 |
|---|---|---|
| 4단계 | 존중 욕구 | 내·외적으로 인정받고 사회적 지위의 확보를 원하는 욕구 |
| 3단계 | 소속 및 애정 욕구 | 타인과 관계를 맺으며 애정을 나누고자 하는 욕구 |
| 2단계 | 안전 욕구 | 신체의 위험 및 생리적 욕구의 박탈로부터 자유롭고자 하는 욕구 |
| 1단계 | 생리적 욕구 | 음식, 주거, 배설, 수면 등 삶을 유지하고자 하는 기초적인 욕구 |

② 발달심리학 – 심리사회발달단계 이론(Erickson)
  ㉠ 성격발달은 총 8단계가 있고, 각 단계의 갈등과 위기가 잘 극복되어야 성공적인 인생이 될 수 있다고 보는 이론
  ㉡ 성격발달의 단계

| 1단계 : 0~1세<br>(신뢰 대 불신) | • 긍정적 결과 : 타인에게 신뢰를 가지며 자신의 요구를 해결할 것을 믿음<br>• 부정적 결과 : 타인을 신뢰하지 못하며 자신의 욕구가 충족되지 않을 것으로 여김 |
|---|---|
| 2단계 : 1~3세<br>(자율성 대 회의) | • 긍정적 결과 : 기본적인 일을 독자적으로 수행하는 능력에 자신감을 가짐<br>• 부정적 결과 : 자신감이 결여됨 |
| 3단계 : 3~5세<br>(주도성 대 죄책감) | • 긍정적 결과 : 새로운 것을 시도해도 좋다고 여김<br>• 부정적 결과 : 새로운 것을 시도하는 것이 두려우며 새로운 것을 시도했을 때의 실패 또는 비난을 두려워함 |
| 4단계 : 5~12세<br>(근면성 대 열등감) | • 긍정적 결과 : 보편적으로 기대되는 작업을 수행할 수 있다는 것에 대한 자부심을 느낌<br>• 부정적 결과 : 다른 또래들이 잘 해내는 것을 하지 못하는 것에 열등감을 느낌 |
| 5단계 : 12~18세<br>(자아정체감 대 역할혼돈) | • 긍정적 결과 : 자신이 누구인지, 어떤 삶을 살고자 하는지에 대한 느낌을 발달시킴<br>• 부정적 결과 : 자신의 역할에 혼돈을 느끼거나 부정적인 독자성을 수용함 |
| 6단계 : 청년기<br>(친근감 대 고립감) | • 긍정적 결과 : 친밀한 대인관계를 형성함<br>• 부정적 결과 : 친밀한 대인관계의 형성 혹은 유지에 어려움을 느낌 |
| 7단계 : 중년기<br>(창의력 대 침체성) | • 긍정적 결과 : 가족의 부양이나 직업의 유지 등 생산적인 상태<br>• 부정적 결과 : 비생산적인 상태를 유지함 |
| 8단계 : 노년기<br>(자아주체성 대 절망) | • 긍정적 결과 : 자신의 삶에 자부심과 만족을 느끼며 죽음을 위엄 있게 받아들임<br>• 부정적 결과 : 자신의 삶에서 달성해야 할 것을 달성하지 못했다고 느끼며 삶의 종말에 좌절감을 느낌 |

---

**QUIZ**
Erickson의 심리사회적 이론에서 노인의 발달과업은 '자아주체성 대 절망'이다. (○/×)

답 ○

**기출 채우기**
에릭슨의 심리사회발달단계이론에서 '친근감 대 고립감'은 (　　　)의 발달과업이다.

답 청년기(6단계)

> **기출 채우기**
>
> ( ) 이론에서 성공적 노화는 신체적, 정신적, 사회적 손실에 대한 적응력과 관련이 있으며, 기능적 능력의 향상을 통해 노화로 인한 손실을 보완하도록 도움을 준다.
>
> 답 선택적 적정화

③ 선택적 적정화 이론-SOC 모델(Baltes)
  ㉠ '보상을 수반한 선택적 강화'를 성공적 노화의 틀로 제시
  ㉡ 개인과 환경의 상호작용 과정에서 주어진 능력에 적합한 활동을 선택하여 보유한 기술을 최적화하고 결핍되는 것을 보완해 나갈 때 성공적인 노화를 경험한다고 보는 이론
  ㉢ 노화의 구분

  | | |
  |---|---|
  | 정상적 노화 | 신체적 또는 정신적 질병 없이 나이가 드는 것 |
  | 최적의 노화 | 발달이 멈추는 것이 아닌, 발달을 지속시키고 고령 친화적인 환경 아래에서 노화되는 것 |
  | 병리적 노화 | 병인과 질병 증상으로 인해 노화되는 것 |

  ㉣ 노년의 기능적 독립성 유지를 위한 행동적 생활 관리 전략
    • 삶의 최우선 영역(만족감, 통제력 등의 느낌을 주는 영역)에 초점을 맞출 것
    • 삶을 풍요롭게 하고 삶의 질 향상에 도움이 되는 자신의 기술과 재능을 최적화할 것
    • 목표 달성을 위해 자신 또는 타인의 개인적 전략 및 기술적 자산을 활용하여 신체적·정신적 손실을 보상받을 것

  > **이해 더하기**
  >
  > **선택적 적정화 이론 예시** 2023 기출
  > 85세의 마이클 조던은 노화로 인한 신체기능 저하로 더 이상 예전의 농구기량을 보여줄 수 없게 되었다. 농구를 계속하고 싶었던 마이클 조던은 다음과 같은 전략을 수립했다.
  > • 농구를 계속하기로 함
  > • 풀코트 대신 하프코트, 40분 정규시간 대신 20분만 뛰기로 함
  > • 동일한 연령대의 그룹과 경기하기로 함

④ 성공적 노화 이론(Rowe&Kahn)
  ㉠ 기존 연구가 노화에 영향을 미치는 외적 요인을 고려하지 않음으로써 노인 집단 내의 다양성을 간과하였다고 비판하며 제시한 모델
  ㉡ 노화의 3가지 요소 개념
    • 질병과 장애를 피해 가는 것
    • 높은 수준의 인지적 및 신체적 기능을 유지하는 것
    • 활기찬 인간관계 및 생산적 활동을 통해 삶에 대한 적극적 참여를 지속하는 것
  ㉢ 노화의 3가지 요소는 위계적 관계를 가지고 있으며, 질병 및 장애의 회피가 가장 우선적인 요소에 해당함
  ㉣ 노년기의 생산적인 역할에 초점을 맞추었다는 점에서 기존 이론과 대조적
  ㉤ 노년기의 기능과 생산성을 지나치게 강조하였다는 비판을 받음

> **POINT**
>
> **성공적 노화**
> • 높은 수준의 인지적, 신체적 기능을 유지하며 활기찬 인간관계 및 생산적 활동에 적극적으로 참여하는 것
> • 긍정적인 건강 습관, 올바른 생활 방식, 좋은 인간관계 등을 유지함

## 3. 사회학적 이론 [2025 기출]

### ① 발달과업이론(Havighurst)

㉠ 인간의 발달과정에는 각 단계마다 달성해야 할 과업이 존재

㉡ 그 시기의 과업이 성공적으로 이루어져야 다음 단계에서 요구하는 과업의 달성이 가능

㉢ 시기별 과업

| 시기 | 과업 |
| --- | --- |
| 영아 및 유아기 (0~5세) | • 걸음을 배우기 시작한다.<br>• 고체 음식물 먹기를 배운다.<br>• 말을 배우기 시작한다.<br>• 성차의 인식과 이에 따른 행동양식의 학습을 시작한다.<br>• 사회적·물리적 현실에 대한 간단한 개념이 형성된다.<br>• 부모, 형제자매, 타인들과의 긍정적 관계가 형성된다.<br>• 선악을 구별하고 양심을 발달시킨다. |
| 아동기 (6~12세) | • 놀이에 필요한 신체적 기능의 습득이 시작된다.<br>• 성장하는 개체로서 자기에 대한 건전한 태도를 발달시킨다.<br>• 친구 사귀는 방법을 배우기 시작한다.<br>• 읽기와 쓰기, 셈하기의 기초적인 기능을 발달시키기 시작한다.<br>• 일상생활에 필요한 개념을 발달시키기 시작한다.<br>• 양심, 도덕성, 가치척도 등을 발달시키기 시작한다.<br>• 인격적인 독립성을 성취한다.<br>• 사회 집단과 사회 제도에 대한 민주적 태도를 발달시키기 시작한다. |
| 청년기 (13~22세) | • 남녀 간의 더 새롭고 더 성숙한 관계를 이루기 시작한다(이성 간 교제).<br>• 남성 혹은 여성으로서의 역할을 감당한다.<br>• 자신의 체격을 인정하고 자신의 신체를 효과적으로 다룬다.<br>• 부모와 다른 성인으로부터 정서적으로 독립한다.<br>• 경제적인 독립의 확신을 얻는다.<br>• 직업의 선택 및 준비를 한다.<br>• 결혼과 가정생활을 준비한다.<br>• 민주시민으로서 사회적으로 필요한 지적 기능과 개념을 발달시키기 시작한다.<br>• 행동지표로서의 가치관과 윤리체계를 습득하기 시작한다. |
| 성인 초기 (22~30세) | • 배우자를 선정한다.<br>• 배우자와 함께 생활하는 방법을 배운다.<br>• 가정을 형성한다.<br>• 자녀를 양육하고 가정을 관리한다.<br>• 직업 적응을 배운다.<br>• 민주시민으로서 시민적 책임을 수행하는 것을 배운다.<br>• 적합한 사회적 집단을 형성한다. |
| 중년기 (30~55세) | • 성인으로서 사회적인 책임을 수행한다.<br>• 경제적인 표준을 확립하고 유지한다.<br>• 10대 자녀들을 훈육하고 조력을 제공한다.<br>• 성인다운 여가활동을 한다.<br>• 하나의 인격체로서 배우자와 건전한 관계를 유지한다.<br>• 중년기의 생리적 변화를 인정하고 이에 적응한다.<br>• 부모의 노년기 모습에 적응한다. |

| 시기 | 과업 |
|---|---|
| 노년기<br>(56세 이후~) | • 약해지는 체력과 건강에 적응한다.<br>• 은퇴와 수입 감소에 적응한다.<br>• 배우자의 사망에 적응한다.<br>• 자신의 동년배와 친밀한 관계를 재형성한다.<br>• 사회적 시민의 의무를 수행한다.<br>• 만족스러운 생활 환경을 조성한다. |

② **활동이론**
  ㉠ 일상적인 활동(정신적·신체적·사회적)을 지속하는 사람이 건강하게 노화한다고 보는 이론
  ㉡ 노화에 대한 사회학적 이론에서 가장 널리 인정받고 있는 이론
  ㉢ 노인의 사회활동 참여 정도가 높을수록 생활 만족도가 높아지며, 따라서 건강한 노화가 가능

③ **분리이론** : 노인은 사회적 역할과 상호작용의 감소로 사회로부터 분리된다는 이론

④ **지속성 이론(연속성 이론)**
  ㉠ 과거 자신의 역할 또는 책임을 비슷한 수준으로 유지하려고 하는 경향을 통해 성공적 노화를 이룰 수 있다는 이론
  ㉡ 건강한 생활습관, 인간관계 등을 가지고 있고 이를 유지해 왔기에 성공적인 노화가 가능하다고 주장함

⑤ **하위문화이론** : 노인 스스로 자아 인식과 사회적 독자성을 하위문화에 소속시킴으로써 유지하며, 공통된 문제 혹은 배경 등의 특성을 가진 노인들이 집단을 형성하고 공감대를 형성하여 빈번한 상호작용을 통해 그들 특유의 행동양식을 만들어낸다는 이론

⑥ **연령계층화이론** : 비슷한 시대를 살고 유사한 경험을 공유한 같은 연령층의 사람들이 계층적으로 타 연령층과 구별된다는 이론

⑦ **사회적 와해이론** : 일부 노인들에 대한 부정적 인식이 전체 노인들에 대한 부정적 인식으로 영향을 끼쳐 사회적 활동과 관계가 순환적으로 위축·와해된다는 이론

⑧ **현대화이론**
  ㉠ 노인의 지위는 현대화가 진행될수록 불명확해지고 낮아진다는 전제에서 출발한 이론
  ㉡ '건강기술의 발전, 경제적 기술의 발전, 대중교육의 확대, 도시화'라는 네 가지 영역의 구조적 변화로 노인의 개인적 역할 및 사회적 지위의 상실이 초래되며, 이로 인해 노인의 사회적 노화가 발생한다고 봄
  ㉢ 현대화 이전에는 모든 노인의 사회적 지위가 높았다는 것을 전제로 하고 있으며, 문화·인종·계층·성별 등의 차이가 노화에 미치는 영향을 무시한다는 비판을 받음

---

**QUIZ**
하비거스트(Havighurst)의 발달과업이론에서 노년기의 과업 중 하나는 배우자의 죽음에 대한 적응이다. (○/×)
답 ○

**QUIZ**
활동이론은 일상적 활동 중 신체적 활동을 지속하는 경우 건강하게 노화한다고 보는 이론이다. (○/×)
답 ×

**QUIZ**
하위문화이론에 따르면 공통된 특성을 가진 노인들이 집단을 형성하고 빈번한 상호작용을 함으로써 노인 특유의 행동양식을 만들어낸다. (○/×)
답 ○

# SECTION 03 | 노화에 따른 신체적·심리적·사회적 변화

## 1. 신체적 변화  2024 기출  2023 기출

① **심혈관계** : 최대산소섭취량 감소, 최대심박출량 감소, 최대심박수 감소, 혈압 상승, 미토콘드리아 수 감소, 혈관 경직도 증가, 동정맥산소차의 감소, 폐포 탄력성 감소, 흉곽 경직성 증가
② **근육** : 속근섬유 감소로 순발력 저하, 근육량 및 골밀도 감소(여성의 경우 폐경으로 인한 에스트로겐 감소), 근력 감소
③ **뼈대계(골격계)** : 관절의 가동성 감소, 평형성과 안정성 상실, 골다공증 발생
④ **신경계** : 감각 및 운동기능 약화, 인지기능 약화

> **이해더하기**
> **노화에 의한 신체의 운동생리학적 변화**
> - 근수축 속도의 저하 : 속근섬유의 비율 감소, 지근섬유의 비율 증가
> - 근력의 변화 : 근육량의 감소 발생, 60세 이후부터 평균 연 2%씩 감소
> - 지구력의 변화 : 최대산소섭취량의 감소
> - 체성분의 변화 : 체지방의 증가, 근육량 및 골질량 감소

## 2. 심리적·사회적 변화

① **심리적 변화**
  ㉠ 우울증 경향 및 소극적 성향 증가
  ㉡ 자주성 상실로 인한 의존성 및 조심성 증가
  ㉢ 성격이 과거지향적으로 변화하고 감정의 기복이 심해짐
  ㉣ 소외감과 고독감 증가
  ㉤ 이해력 저하

② **사회적 변화**
  ㉠ 사회적 지위 및 권위 하락
  ㉡ 사별 등으로 인한 사회적 고독감 발생
  ㉢ 대인관계 및 사회 참여도 감소
  ㉣ 경제적 능력의 약화

---

**기출 채우기**
노화로 인해 혈관 경직도가 (    )하고, 이는 심혈관계 질환의 위험성을 증가시킨다.
답 증가

**QUIZ**
대사작용의 산물인 활성산소의 증가가 여러 노화 관련 질환을 유발한다. (○/×)
답 ○

**POINT**
**노인의 낙상 위험 증가 요인**
 2023 기출
- 보폭의 감소
- 보행 속도의 감소
- 발목 가동성의 감소
- 자세 동요의 증가

### QUIZ

신체적 적정 상태의 노인은 행글라이딩이나 래프팅 등의 모험 스포츠 활동을 수행할 수 있다. (○/×)

답 ×

### POINT

페르브뤼헌과 예터(L. Verbrugge & A. Jette, 1994)의 장애과정 모델에서 장애에 이르는 과정 [2024 기출]

- 1단계 : 병리
- 2단계 : 손상
- 3단계 : 기능적 제한
- 4단계 : 장애

### 이해 더하기

**스피르두소(Spirduso)의 노인의 기능상태 범주 분류**

| 구분 | 내용 |
| --- | --- |
| 신체적 우수 | • 시니어 올림픽 선수 수준<br>• 고위험 · 파워 · 경쟁 스포츠 가능<br>　예) 행글라이딩, 역도, 축구, 래프팅 등 |
| 신체적 적정 | • 중등도의 신체활동 가능<br>• 모든 지구성 스포츠와 게임, 대부분의 취미활동 가능 |
| 신체적 독립 | • 매우 가벼운 신체활동 가능 예) 걷기, 정원 가꾸기 등<br>• 골프 및 사교댄스, 여행, 운전 등이 가능 |
| 신체적 허약 | • 가벼운 집안일이나 요리, 식료품 쇼핑 등 기본적 일상 활동이 가능<br>• 대부분의 활동 영역이 집안으로 한정됨 |
| 신체적 의존 | • 일부 기본적 일상 신체활동(걷기, 목욕, 옷 입기, 식사, 이동 등) 불가<br>• 가정 혹은 기관의 도움이 필요함 |

### 이해 더하기

**도구적 일상생활 활동과 일상생활 수행능력의 예시** [2024 기출]

- 도구적 일상생활 활동(IADL ; Instrumental Activities of Daily Living)
  - 돈관리
  - 전화걸기
  - 대중교통 이용하기
  - 집안일 하기
  - 쇼핑하기
  - 요리하기
- 일상생활 수행능력(ADL ; Activities of Daily Living)
  - 식사하기
  - 목욕하기
  - 옷 갈아입기
  - 화장실 사용하기

# CHAPTER 02 노인의 운동 효과

**SECTION 01** 운동의 개념과 역할

## 1. 운동의 개념

① **운동**
  ㉠ 특정한 목적을 가지고 계획적·구조적·반복적으로 수행하는 신체활동
  ㉡ 신체의 에너지와 칼로리를 연소시키는 자발적·계획적인 움직임과 그것을 구성하는 것
  ㉢ 체력의 향상과 유지를 위한 계획적인 신체활동
  ㉣ 에너지를 소모하는 골격근에 의해 이루어지며 건강과 삶의 질에 영향

② **체력**
  ㉠ 신체활동을 수행할 수 있는 기초 능력
  ㉡ 체력의 구분

| 방위체력 | • 외부 스트레스에 대해 적극적으로 신체를 방어하며 신체 활동을 유지하려고 하는 능력<br>• 스트레스 : 생리적, 물리·화학적, 생물학적, 정신적 |
|---|---|
| 행동체력 | • 적극적으로 활동하는 의지 행동을 포함하는 신체적 작업 능력<br>• 건강체력과 운동체력으로 구분<br>　- 건강체력 : 근력, 심폐지구력, 유연성, 근지구력, 신체조성<br>　- 운동체력 : 순발력, 민첩성, 평형성, 협응성, 스피드 |

  ㉢ 체력요소별 정의

| | | |
|---|---|---|
| 건강<br>체력 | 근력 | 근육이나 근조직이 한 번 수축할 때 발휘할 수 있는 힘 |
| | 근지구력 | 동일한 근수축 운동을 반복적으로 수행할 수 있는 능력 |
| | 심폐지구력 | 긴 시간 동안 지속적으로 전신활동을 수행할 수 있는 능력 |
| | 유연성 | 관절의 가동 범위를 넓힐 수 있는 능력 |
| 운동<br>체력 | 순발력 | 최대한 빠르고 멀리 신체를 이동시키는 능력 |
| | 민첩성 | 신체의 방향이나 자세를 짧은 시간 동안 재빠르게 바꿀 수 있는 능력 |
| | 평형성 | 신체의 균형을 유지하는 능력, 운동 중 신체 안정을 유지하는 능력 |
| | 교치성 | 근육과 신경계의 협응으로 정확한 동작을 수행하는 능력 |
| | 협응성<br>(조정력) | 신체의 각 부분을 효율적으로 통제하고 조정하여 원하는 동작을 수행할 수 있는 능력 |

---

**POINT**

**건강**
질병이나 손상이 없고 육체적·심리적·사회적으로 완전한 상태

**기출 채우기**

( )은/는 최대한 빠르고 멀리 신체를 이동시키는 능력을, ( )은/는 짧은 시간 동안 신체의 방향을 빠르게 전환하는 능력을 말한다.

🔑 순발력, 민첩성

## 2. 운동의 역할

① **신체적 역할** : 심혈관계 질환 및 비만 예방, 근골격계 강화, 대사성 질환 예방
② **사회적 역할** : 수명에 영향을 미침, 생활의 활력소 역할
③ **심리적 역할** : 자기 효능감, 자신감 향상, 신체활동을 통해 삶의 보람을 가짐
④ **인지적 역할** : 인지능력 향상

---

## SECTION 02 | 운동의 효과

### 1. 신체적(생리적) 효과  [2025 기출] [2024 기출] [2023 기출]

① **심혈관계** : 안정 시 호흡 빈도 및 심박수 감소, 폐활량 증가, 최대산소섭취량 증가, 심박출량 증가, 혈관 확장, 말초혈관 저항성 감소, LDL 콜레스테롤 감소, HDL 콜레스테롤 증가
② **근골격계** : 근육량 증가, 속근섬유 크기 증가, 체지방 감소, 근력 증가, 낙상 등의 부상 가능성 감소, 뼈의 강도 증가, 골다공증 예방, 인슐린 감수성 증가 및 인슐린 저항성 감소(당뇨병 예방 및 관리에 도움)

> **이해더하기**
>
> **인슐린 저항성과 인슐린 감수성**
>
> | 인슐린 저항성 | • 다양한 원인에 의해 인슐린의 기능이 떨어져 포도당 균형을 효과적으로 다루지 못하는 것<br>• 인슐린 저항성이 높을 경우 체내 포도당이 충분한데도 계속 인슐린을 만들어 췌장 베타세포(인슐린을 만드는 기관)의 기능 저하 및 손상을 야기함 |
> |---|---|
> | 인슐린 감수성<br>(민감성) | • 인슐린에 대한 생체의 감수성<br>• 동일한 인슐린 양에 대한 혈당 저하도로 표현<br>• 인슐린 감수성이 높을 경우 당뇨병의 예방 및 관리에 도움을 줌 |

③ **신경계** : 신경계 간 협응력 및 조직력 향상, 중추신경계의 반응시간 지연 완화

### 2. 심리적 효과

① 삶의 질 향상
② 베타엔돌핀과 세로토닌의 분비 증가로 스트레스와 불안 감소, 우울증 예방에 도움

---

**QUIZ**
노인의 운동 참여는 말초혈관의 저항성을 증가시킨다. (O/X)
답 ×

**기출 채우기**
규칙적인 운동은 인슐린 (    )을/를 감소시켜 당뇨병의 예방 및 관리에 도움을 준다.
답 저항성

**기출 채우기**
스트레스 및 불안 감소, 긍정적인 기분 전환, 우울증의 감소 등은 노인 운동의 (    ) 효과에 해당한다.
답 심리적

③ 장기적인 고독의 부정적 결과에 대처하는 데 도움
④ 뇌의 인지기능을 향상시켜 통제력 및 인지능력을 향상, 치매 예방에 도움

## 3. 사회적 효과 `2025 기출`

① 운동 그룹을 통해 새로운 사회적 네트워크를 형성
② 운동을 통해 사회적 역할을 유지하거나 새로운 역할을 습득
③ 규칙적인 활동을 유지함으로써 사회적 환경에 적극적으로 참여
④ 기존의 사회적·문화적 연결망을 확대·유지
⑤ 세대 간 교류의 기회를 얻음으로써 노화와 노인에 대한 고정관념을 타파

> **QUIZ**
> 노인의 운동 참여가 가지는 사회적 효과는 새로운 우정과 교류의 촉진, 새로운 운동기술의 습득, 세대 간의 교류 기회 확대 등이 있다. (○/×)
> 답 ×

### 이해더하기

**운동의 종류에 따른 효과** `2025 기출` `2023 기출`

| 유산소운동 | 동맥경직도 감소, 골격근의 모세혈관 밀도 증가, 인슐린 민감도 증가, 고밀도지단백콜레스테롤 증가, 심혈관계 기능 강화, 최대산소섭취량과 1회 박출량 증가, 분당 환기량 증가와 안정 시 호흡수 감소, 말초혈관의 저항 감소와 혈관 탄력성 증가 |
|---|---|
| 근력운동 | 근육 노화 예방, 약화된 근육의 회복, 속근섬유의 크기 증가, 근육량 증가 |
| 유연성운동 | 인대의 퇴화·경직 방지, 관절가동범위 향상 |
| 평형성운동 | 균형감각 증가, 낙상 위험 예방 |

# CHAPTER 03 노인 운동프로그램의 설계

SECTION 01 운동프로그램의 요소

### 1. 운동의 종류 [2025 기출] [2023 기출]

① 유산소 운동
　㉠ 신체의 대근육을 규칙적으로 움직임으로써 숨이 가빠지는 운동
　㉡ 준비운동 및 정리 운동으로도 실시
　㉢ 노인의 경우 달리기보다는 걷기 운동이 적합함
　㉣ 개인의 심폐기능 및 평형성을 반드시 고려

> **이해더하기**
> **노인의 바른 걷기 동작** [2023 기출]
> • 시선은 정면을 주시하되 좌우를 살펴야 한다.
> • 양 팔은 앞뒤로 자연스럽게 흔든다.
> • 착지는 뒤꿈치부터 한다.

② 근력(저항성) 운동
　㉠ 근력, 근지구력, 순발력 강화 운동 실시
　㉡ 노인의 경우 다리 근력의 저하가 심하므로 하지 근력 수준 유지를 위한 지속적인 하체 근력 운동 필요
　㉢ 준비운동을 철저히 하고 운동 간 휴식을 반드시 취할 것

③ 유연성 운동
　㉠ 신체의 안정성, 균형감각을 향상시키는 것이 가장 큰 목적
　㉡ 관절의 가동범위(ROM)를 늘려 부상 및 통증 예방 및 완화
　㉢ 탄성 스트레칭 및 과한 정적 스트레칭 금지

### 2. 운동의 강도

① 노인의 운동강도 설정
　㉠ 저강도에서 점차 운동 강도를 증가시키는 방식으로 설정
　㉡ 최대산소섭취량 기준 일반인의 50% 이상의 운동강도가 적절

---

**QUIZ**
운동경험이 없는 노인이 장기간 저항성 운동을 했을 때 근력과 체지방량이 증가한다. (○/×)

답 ○

② 운동강도 설정의 기준 [2023 기출]

| 최대심박수 | • [(220 - 연령)×운동강도(%)]<br>• 노인의 운동강도는 최대심박수의 60~80%가 적절 |
|---|---|
| 여유심박수 | • 여유심박수=분당 최대심박수 - 분당 안정시심박수<br>• 노인의 경우 여유심박수의 40~85%가 적절 |
| 대사당량<br>(MET ; Metabolic Equivalent of Task) | • 신체가 필요로 하는 산소의 양을 기준으로 적절한 유산소 운동강도를 설정하는 방법<br>• 노인의 최대운동량이 7METs이므로 2~3METs의 운동강도로 운동을 시작 |
| 운동자각도<br>(RPE ; Ratings of Perceived Exertion) | • 운동을 할 때 느끼는 주관적인 느낌을 6~20까지의 숫자 척도로 나타낸 운동강도<br>• 6은 운동 중 느끼는 가장 편안한 느낌, 20은 최대의 힘을 발휘할 때를 의미<br>• 12~14는 중강도에 해당하는 정도로 최대 운동 강도의 약 60%에 해당 |
| Karvonen 공식 | • 여유심박수(HRR ; Heart Rate Reserve)를 이용하여 목표심박수를 구하는 방법<br>• 목표심박수=여유심박수×운동강도+분당 안정시심박수<br>• 분당 최대심박수=220 - 나이 |

③ 운동강도 설정 시 유의사항
㉠ 노인의 신체 능력을 벗어난 운동강도 설정 금지
㉡ 과한 운동강도의 설정은 부상을 유발할 수 있으므로 주의
㉢ 적절한 부하량으로 제공

## SECTION 02 | 지속적 운동참여를 위한 동기유발 방법

### 1. 건강증진의 이론적 모형 [2024 기출]

① 건강신념모형
㉠ '신념'이 건강을 추구하는 행동에 중요한 역할을 한다고 보는 이론
㉡ 질병에 대한 지각된 취약성과 심각성을 개인이 인식하고 질병 예방을 위한 행동 가능성을 높이는 것을 목표로 하는 모형
㉢ 건강신념모형 요소

| 지각된 취약성(개연성) | 자신이 질병 및 장애에 취약함을 지각하는 것 |
|---|---|
| 지각된 심각성 | 질병 및 장애가 심각하다는 것을 지각하는 것 |
| 지각된 이점 | 건강을 증진하는 행동이 이득이 됨을 지각하는 것 |
| 지각된 장애성 | 건강 증진 행동에 장애가 되는 것을 지각하는 것 |
| 행동의 계기 | 건강행위를 실천하는 데 필요한 특정한 계기 등의 자극 |
| 자기효능감 | 주어진 행위가 어떤 결과를 이끌어낼 것이라는 개인의 기대 |

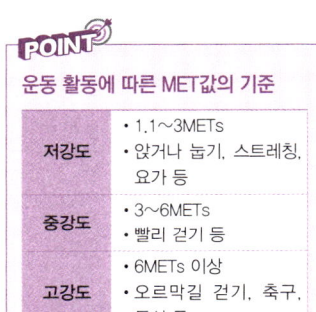

POINT
**운동 활동에 따른 MET값의 기준**

| 저강도 | • 1.1~3METs<br>• 앉거나 눕기, 스트레칭, 요가 등 |
|---|---|
| 중강도 | • 3~6METs<br>• 빨리 걷기 등 |
| 고강도 | • 6METs 이상<br>• 오르막길 걷기, 축구, 등산 등 |

**POINT**
범이론적모형 단계
'계획(고려) 이전, 계획(고려), 준비, 행동, 유지'의 5단계

**기출 채우기**
6개월 미만의 기간 동안 실제로 문제 극복을 위한 행동을 수행한 단계는 ( ) 단계이다.
🔑 행동

② **범이론적모형(행동변화단계모형)**
  ㉠ 개인의 행동 변화 과정 및 전략을 제시하는 이론
  ㉡ 행동변화단계

| 계획 이전 단계<br>(무의식 단계) | • 6개월 내에 행동을 변화시킬 의사가 없으며 문제를 인식하지 못하거나 간과하는 단계<br>• 변화 전략 : 행동 변화의 필요성을 인식시키기 위한 인지유도전략이 효과적 |
|---|---|
| 계획 단계<br>(의식 단계) | • 6개월 내 행동 변화를 할 의사가 있으나 구체적인 계획은 없는 단계<br>• 계획 단계에서 준비 단계로 넘어가지 못하는 경우가 많음<br>• 변화 전략 : 구체적 행동 계획을 독려하고 행동의 동기를 부여하는 전략 |
| 준비 단계 | • 1개월 이내에 행동으로 옮길 계획이 있으며 작은 행동 변화가 나타남<br>• 변화 전략 : 구체적 행동 계획 개발 등 전략행동실천교육이 효과적 |
| 행동 단계 | • 6개월 미만의 기간 동안 실제 문제 극복을 위한 행동을 수행한 단계<br>• 변화 전략 : 피드백, 문제 해결책 제시, 사회적 지지 등의 전략 |
| 유지 단계 | • 실천한 행동을 6개월 이상 지속적으로 유지하는 단계<br>• 변화 전략 : 사회적 지지, 추후 관리 등 |

  ※ 각 단계는 순차적으로 진행되는 것이 아니며, 동일 단계를 반복하거나 이전 단계로 돌아갈 수도 있음
  ㉢ 목표 설정, 피드백, 보상시스템과 같은 행동전략들이 신체활동 참여를 유지하는 데 도움

③ **건강증진모형**
  ㉠ 건강에 영향을 미치는 개인적·환경적 요인에 중점을 두고 관련 요인을 조사·분석하는 이론
  ㉡ 인간 행동에 대한 두 가지 이론적 근거

| 기대가치이론 | 개인은 가치 있다고 여기는 목표를 향해 행동함 |
|---|---|
| 사회인지이론 | 개인은 사회적 상황에서 발생하는 모델링과 지각된 자기효능감으로 인해 행동을 변화시킴 |

**POINT**
계획된 행동이론 도식
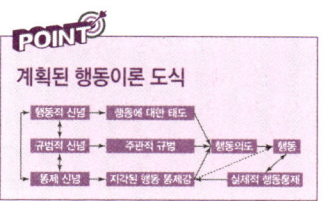

**기출 채우기**
계획된 행동이론은 합리적 행위 이론의 두 가지 요소에 ( )(이)라는 요소를 추가하여 발전시킨 이론이다.
🔑 지각된 행동 통제감

④ **계획된 행동이론** 2023 기출
  ㉠ 합리적 행위이론을 확장시킨 것으로 태도, 신념과 행동 간의 관계를 설명하는 이론
  ㉡ 주관적 규범과 지각된 행동 통제감, 행동에 대한 태도 등이 개인의 행동을 형성한다고 봄
  ㉢ 계획된 행동이론의 요소

| 주관적 규범 | 준거집단의 기대를 따르려는 동기 |
|---|---|
| 지각된 행동 통제감 | 행동 수행의 용이성과 장애에 대한 신념 |
| 행동에 대한 태도 | 행동의 결과에 대한 신념, 결과에 대한 가치 평가 |

⑤ **자기효능감이론(Bandura)**
  ㉠ 자기효능감이 개인의 행동 선택 및 추진에 영향을 미친다고 보는 이론
  ㉡ 자기효능감 : 자신이 어떠한 일을 잘 해낼 수 있다는 개인적 신념
  ㉢ 자기효능감에 영향을 미치는 4가지 요인

  | | |
  |---|---|
  | 성취 경험 | 목표 달성을 위한 시도에서의 성공과 실패 경험 |
  | 대리 경험 | 타인의 성공과 실패를 몇 번이나, 얼마나 절실하게 목격했는가의 경험 |
  | 언어적 설득 | 타인으로부터 무엇인가 잘 해낼 수 있다는 말을 들은 경험 |
  | 정서적 각성 | 불안, 좌절 등과 같은 정서적 반응과 그것을 적절히 조절하는 능력 |

  > **이해 더하기**
  > **자기효능감과 자기개념**
  > • 자기효능감 : 일정 수준의 수행을 성취할 수 있는 자신의 역량에 대한 판단
  > • 자기개념 : 자신에 대해 가지고 있는 모든 의견, 감정, 믿음

**QUIZ**
언어적 설득의 증진전략으로는 운동과 관련된 의사결정을 스스로 내리도록 하는 것이 있다. (O/×)
답 ×

⑥ **사회생태이론**
  ㉠ 인간과 환경을 서로 분리된 것이 아닌, 지속적 상호교류 속에서 존재하는 하나의 체계로 보는 이론
  ㉡ 인간의 행동 역시 환경 요소와의 교류를 통해 지속·발전·변화한다고 봄
  ㉢ 사회생태 이론의 환경

  | | |
  |---|---|
  | 사회적 환경 | • 관료조직 : 공식적 조직<br>• 사회적 관계망 : 비공식적 조직 |
  | 물리적 환경 | • 자연적 환경 : 기후 조건 및 지리적 조건 등<br>• 인위적 환경 : 건물, 교통시설, 대중매체 등 |
  | 공간과 시간 | • 공간 : 생활 영역과 거주 환경 등<br>• 시간 : 전 생애에 걸쳐 일어나는 변화와 사회역사적인 환경을 포함 |

  ㉣ 사회생태 이론의 체계

  | | |
  |---|---|
  | 미시체계<br>(microsystem) | • 인간이 가장 밀접하게 상호작용하는 사회적·물리적 환경<br>• 종교, 학교, 가족, 친구 등 주위의 사회적 관계망과 관련된 체계 |
  | 중간체계<br>(mesosystem) | • 미시체계들의 상호 관계를 포함한 환경과의 관계<br>• 개인을 포함한 둘 또는 그 이상의 미시체계 간의 연결 과정(학교생활, 가족생활, 종교생활 등의 상호작용) |
  | 외부체계<br>(exosystem) | • 인간이 직접 참여하지는 않으나 인간에게 영향을 미치는 환경<br>• 생활의 주요 요소이며 인간의 행동 발달에 영향을 미침<br>• 학교, 언론 기관, 정부 기관, 교통시설, 통신, 의료 기관 등 |
  | 거시체계<br>(macrosystem) | • 미시체계, 중간체계, 외부체계를 포함한 모든 요소에 개인이 살고 있는 문화적 요소까지 포함한 것<br>• 정치, 경제, 법규, 관습 등을 포함하며, 인간의 행동 발달에 큰 영향을 미침 |

## 2. 동기유발 및 목표설정 [2025 기출]

① **노인운동의 동기 유발 요소**
  ㉠ 신체적 건강 : 건강 증진을 통한 삶의 질 향상, 질병 위험의 감소
  ㉡ 정신적 건강 : 스트레스와 불안 감소, 정신건강의 향상, 치매 예방
  ㉢ 사회적 건강 : 사회적 교류 증가, 개인의 목표설정과 성취감으로부터 행복감 형성

② **목표 설정 시 고려 요소**
  ㉠ 구체성 : 운동시간, 강도, 빈도 등을 구체적으로 설정
  ㉡ 현실성 : 개인이 달성할 수 있는 수준의 현실적 목표 설정
  ㉢ 행동적 : 결과 지향적이 아닌 행동 지향적 목표 설정
  ㉣ 측정 가능성 : 달성 여부를 측정·판단할 수 있는 목표 설정

> **기출 채우기**
> 노인의 지속적인 운동참여를 위해서는 모험적인 목표보다는 ( )인 목표를 설정해야 한다.
> 답 현실적

> **O X QUIZ**
> 노인의 운동 목표 설정 시 시간, 횟수 등 결과 지향적인 목표를 설정해야 한다. (O/X)
> 답 X

### SECTION 03 | 운동권고 지침 및 운동방안

## 1. 노인 운동을 위한 트레이닝 원리 [2023 기출]

① **과부하의 원리** : 신체의 기관 혹은 조직의 향상을 위해서는 신체의 적응 능력 이상의 부하, 즉 익숙하지 않은 부하에 노출되어야 한다는 원리
② **가역성의 원리** : 과부하가 이루어지지 않거나 운동을 중지했을 때 운동능력이 빠르게 감소한다는 원리
③ **특수성의 원리** : 운동에서 얻을 수 있는 효과들은 그 운동의 유형과 연관되는 근육들에만 특별하게 적용된다는 원리
④ **기능관련성의 원리** : 일상생활에서 수행하는 동작들을 모방한 운동을 선택하여야 한다는 원리
⑤ **개별성의 원리** : 노인의 체력 및 능력에 맞추어 운동의 시간과 강도, 방법 등을 결정하여야 한다는 원리
⑥ **수용원리** : 특정 시간에 안전하다고 느끼는 범위를 넘어서지 않고 자신의 능력에 최대한 맞게 운동을 수행할 수 있도록 장려되어야 한다는 원리

> **기출 채우기**
> 운동 부위에 과부하가 이루어지지 않거나 운동을 중지했을 경우 그 운동 능력이 빠르게 감소한다는 원리를 ( )의 원리라고 한다.
> 답 가역성

> **O X QUIZ**
> 개별성의 원리는 노인의 건강 정도 및 체력 수준을 고려하여 운동 형태를 결정해야 한다는 것이다. (O/X)
> 답 O

## 2. 노인운동 교육 원리

| | |
|---|---|
| **자발성의 원리** | 노인의 흥미에 입각하여 자발성에 기초를 두어야 한다. |
| **경로의 원리** | 지도자가 학습자보다 낫다는 생각을 가져서는 안 되며, 노인 학습자의 경험을 인정하며 예우하는 자세를 가짐으로써 노인 학습자가 지도자로부터 존중받는 느낌을 받을 수 있도록 해야 한다. |

| | |
|---|---|
| 사제동행의 원리 | 지도자가 일방적으로 학습 계획을 세우는 것이 아니라, 지도자와 학습자 간 동등한 관계를 바탕으로 상호 간 합의 및 협동을 통해 학습 계획 및 실천을 하여야 한다. |
| 생활화의 원리 | 학습 내용이 노인의 실생활과 밀접히 관련되도록 한다. |
| 다양화의 원리 | 학습에 있어 단순한 암기 위주의 교육 방법보다는 만들기, 율동, 시청각 교육 등 다양한 활동을 이용하는 학습 방법을 모색한다. |
| 직관의 원리 | 사진이나 표본, 도표, 그래프, 슬라이드, 영상 등 시청각 자료를 최대한 활용함으로써 학습에 흥미를 느끼고 심화될 수 있도록 한다. |
| 개별화의 원리 | 지적 능력, 학력, 흥미, 성격, 경험, 건강 상태 등 개인 특성에 따라 학습 능력이 다르므로 가능한 적은 인원으로 구성된 학습집단을 만들고 개인의 욕구를 충족시킬 수 있는 학습 방법을 모색한다. |
| 경험의 원리 | 추상적인 강의보다는 노인이 가지고 있는 과거의 경험이나 현재 실생활과 직접 연결지어 배울 수 있는 학습 방법을 모색한다. |
| 사회화의 원리 | 학습의 일부가 사회와 관련되도록 하여 노인이 사회 활동에 참여하고 사회의 변화에 적응할 수 있도록 도움을 제공해야 한다. |

**기출 채우기**

노인운동 교육 원리 중 ( )는 학습하는 내용이 노인의 실생활과 밀접히 관련되도록 해야 한다는 원리이다.

답 생활화의 원리

## 3. 노인 신체활동 프로그램의 개요 및 구성

① 노화에 따른 체력 감소와 신체적 결함을 최소화하고 질병을 예방하기 위해 운동빈도, 운동강도, 운동시간, 운동양식을 고려한 노인 신체활동 프로그램을 구성하여야 함
② 개인에게 맞는 운동강도와 시간을 설정하여야 부상을 방지하고 효율적인 운동이 가능
③ 근지구력, 하체근력, 유연성 등의 개선을 통해 신체활동 능력을 높이는 것이 특히 중요
④ 노인은 낙상의 위험이 높으므로 10~15분의 평형성(안정성) 운동을 반드시 포함시킬 것

> **이해 더하기**
>
> 낙상 위험 노인을 위한 일반적인 운동지침
> - 저강도 운동에서 고강도 운동으로 진행
> - 발끝서기와 같은 자세유지 근육운동을 권장
> - 신경근운동과 함께 평형성 운동도 권장
> - 사회적 지원, 자기효능감과 같은 행동전략을 활용

**POINT**

**지도방법의 유형**
- 인지주의적 지도방법 : 능동적인 사고과정과 인지구조를 중시
- 행동주의적 지도방법 : 객관적 행동에 기준을 두어 외적이고 반응적인 학습결과를 중시

## 4. 노인 신체활동 권고 지침  2025 기출

① 세계보건기구의 65세 이상 노인 신체활동 권장 지침
  ㉠ 65세 이상 노인의 신체활동 : 여가시간을 활용한 운동, 걷기나 사이클처럼 이동하면서 하는 활동, 직장일, 집안일, 놀이, 게임, 스포츠 또는 계획된 운동 등이 포함됨

**QUIZ**

세계보건기구의 65세 이상 노인 신체활동 권장 지침에 따르면 65세 이상 노인은 일주일에 적어도 합계 150분 이상의 중등도 유산소 활동을 해야 한다. (○/×)

답 ○

ⓒ 심폐체력 및 근력, 뼈와 기능성 건강을 개선하고, 비전염성 질환, 우울증 및 인지 저하 위험을 감소시키기 위한 권고 지침
- 65세 이상의 노인은 일주일에 적어도 합계 150분 이상의 중등도 유산소 활동 또는 일주일에 적어도 75분 이상의 격렬한 유산소 활동을 하거나, 아니면 동등량의 중등도 내지 격렬한 활동을 함께 실시
- 유산소 활동은 적어도 10분 이상 지속되도록 실시
- 건강 유익을 더하기 위해서, 성인은 중등도의 유산소 활동을 일주일에 300분, 또는 격렬한 활동을 일주일에 150분으로 늘리거나, 아니면 동등량의 중등도 내지 격렬한 활동을 섞어서 실시
- 기동성이 낮은 이 연령대의 노인은 균형감각을 강화하고 낙상을 방지하는 신체활동을 1주일에 3일 이상 실시
- 근육 강화활동은 주요 근육을 포함하여 일주일에 2일 이상 실시
- 이 연령그룹의 노인이 건강 상태로 인해 권장량만큼의 신체활동을 할 수 없는 경우, 자기 컨디션에 맞게 신체활동을 실시

② ACSM(American College of Sport Medicine, 2022)의 노인 신체활동 권고 지침 `2025 기출` `2024 기출`

㉠ 유산소 운동

| 운동 빈도 (Frequency) | • 중강도 시 : 5일/주 이상<br>• 고강도 시 : 3일/주 이상<br>• 중·고강도 복합운동 시 : 3~5일/주 |
|---|---|
| 운동 강도 (Intensity) | • 중강도 시 : 5~6(RPE 10점 만점 기준)<br>• 고강도 시 : 7~8(RPE 10점 만점 기준) |
| 운동 시간 (Time) | • 중강도 시 : 30~60분/일(150~300분/주)<br>• 고강도 시 : 20~30분/일(60~90분/주)<br>※ 중·고강도 복합운동 시 시간 누적으로 하루 권장운동 충족 가능 |
| 운동 형태 (Type) | • 걷기 운동과 같이 근골격계에 과도한 스트레스를 주지 않는 운동<br>• 부하 운동에 취약한 이들의 경우 수중 운동이나 고정식 사이클 등이 권장됨 |

㉡ 저항성 운동

| 운동 빈도 (Frequency) | 2일/주 이상 |
|---|---|
| 운동 강도 (Intensity) | • 점진적 웨이트 트레이닝<br>- 초보자는 저강도(1RM의 40~50%)로 설정<br>- 점진적으로 중강도에서 고강도(1RM의 60~80%)로 진행<br>- 혹은 RPE 0~10 척도에서 중강도(5~6)와 고강도(7~8)<br>• 파워 웨이트 트레이닝 : 저강도에서 중강도(1RM의 30~60%) |
| 운동 시간 (Time) | • 점진적 웨이트 트레이닝<br>- 8~10종의 대근육군 운동<br>- 초보자는 10~15회 반복<br>- 1세트로 시작하여 8~12회 반복, 횟수의 1~3세트로 점진적으로 증가<br>• 파워 웨이트 트레이닝 : 빠른 속도로 6~10회 반복 횟수<br>※ 노화로 근력 감소가 매우 빠르게 진행되고, 근파워의 저하는 기능적 감소와 낙상 위험 증가와 관련이 있어서 노인들도 파워 웨이트 트레이닝을 통한 이점을 얻을 수 있음 |

**기출 채우기**

ACSM의 지침에 따르면, 노인을 대상으로 고강도의 유산소운동을 실시할 경우 운동 강도는 RPE 10점 만점 기준 (　　)점으로 설정하는 것이 적절하다.

답 7~8

**QUIZ**

ACSM의 2018년 가이드라인에 따르면 저항성 운동을 저강도로 실시할 경우 운동 강도를 1RM의 40~50% 정도로 설정해야 한다.

(○/×)

답 ○

| 운동 형태<br>(Type) | • 점진적 또는 파워 웨이트 트레이닝 프로그램<br>• 체중 부하 체조 운동<br>• 계단 오르기 등과 같이 대근육군을 사용하는 근력 강화 활동 |
|---|---|

ⓒ 유연성 운동

| 운동 빈도<br>(Frequency) | 2일/주 이상 |
|---|---|
| 운동 강도<br>(Intensity) | 근육의 긴장감 혹은 약간의 불편함을 느끼는 정도까지 스트레칭 |
| 운동 시간<br>(Time) | 스트레칭 상태를 30~60초간 유지 |
| 운동 형태<br>(Type) | • 각 근육군별로 정적 스트레칭으로 마무리되는 느린 움직임을 통해 유연성을 유지 혹은 증진시키는 모든 신체적 활동<br>• 급격한 탄성 스트레칭보다는 정적 스트레칭이 추천됨 |

### 이해 더하기

**스트레칭의 종류**

| 정적 스트레칭 | • 느리고(약 15~30초) 일정한 속도로 동작을 수행하는 스트레칭<br>• 일반적으로 가장 많이 행해지는 스트레칭<br>• 탄성 혹은 동적 스트레칭에 비해 안전해 노인, 특히 근골격계 질환을 겪고 있는 노인에게 효과적 |
|---|---|
| 동적 스트레칭 | • 하나의 신체 부위에서 다른 신체 부위로 자세를 반복적으로 바꾸어 관절가동범위를 점진적으로 증가시키는 방법<br>• 정적 스트레칭과 달리 빠른 동작으로 수행되나, 탄성 스트레칭과 같은 반동은 주지 않는 방법<br>• 일반적으로 스트레칭 후 수행될 스포츠 및 동작과 유사한 동작으로 수행<br>• 정적 스트레칭에 비해 협응력이 필요하여 수행에 주의를 요함 |
| 탄성 스트레칭 | • 스트레칭 동작의 마지막 범위에서 탄성을 이용해 동작에 반동을 주는 방법<br>• 근육을 한계점까지 늘리는 스트레칭으로 관절가동범위 전반에 걸쳐 많은 운동량 발생<br>• 운동 강도의 조절이 어려워 근육 또는 연부조직의 손상이 일어날 수 있어 주의를 요함 |
| 고유수용성 신경근<br>촉진(PNF) 스트레칭 | • 해당 근육군(muscle group)과 건(tendon)에 등척성 수축을 일으킨 후, 같은 근육군을 정적으로 스트레칭하는 방법<br>• '유지-이완', '수축-이완', '주동근 수축을 통한 유지-이완'의 세 가지 유형 |

> **QUIZ**
> 2.44m 왕복 걷기는 노인의 하지근 지구력을 검사하기 위한 항목이다.
> (○/×)
> 答 ×

## 5. 노인의 체력검사 및 운동프로그램 설계

① ACSM(American College of Sports Medicine, 2022)의 노인체력검사 (SFT ; Senior Fitness Test) 7종

㉠ 30초간 의자 앉았다 일어나기
㉡ 30초간 덤벨 들기
㉢ 의자에서 일어나 장애물(8ft) 돌아오기
㉣ 6분 걷기
㉤ 2분 제자리 걷기
㉥ 앉아 윗몸 앞으로 굽히기
㉦ 등 뒤로 손 닿기

**이해더하기**

노인체력검사 측정 항목별 일상생활 능력

| | | | |
|---|---|---|---|
| 하지근 지구력 | • 계단 오르기<br>• 욕조나 차에서 나오기<br>• 의자에서 일어서기 | 상지근 지구력 | • 집안일하기<br>• 식료품이나 물건 나르기 |
| 심폐 지구력 | • 걷기<br>• 계단 오르기<br>• 쇼핑, 관광 등을 하기 | 하체 유연성 | 욕조나 차에 들어가고 나오기 |
| 상체 유연성 | • 머리 감고 빗기<br>• 상의를 입고 벗기<br>• 차에서 안전벨트 매기 | 민첩성 및 동적평형성 | • 버스 좌석에서 앉아 있다가 정거장에서 내리기<br>• 일어서서 부엌 일 돌보기<br>• 전화 받기 |

> **기출 채우기**
> 욕실에서 머리 감기, 상의 입고 벗기, 차에서 안전벨트 매기 등은 ( )와/과 관련된 일상생활 능력이다.
> 答 상체유연성

② 국민체력 100 노인기초체력측정항목  `2024 기출` `2023 기출`

| 근기능 | 상지 | 상대악력 |
|---|---|---|
| | 하지 | 의자 앉았다 일어서기(회/30초) |
| 보행 및 동적 평형성 | | 의자에 앉아 3m 표적 돌아오기(초) |
| 유연성 | | 앉아 윗몸 앞으로 굽히기(cm) |
| 심폐지구력 | | 6분 걷기(m) |
| | | 2분 제자리 걷기 |
| 협응력 | | 8자 보행(초) |

> **이해 더하기**
> 
> **노인 운동검사 전 의사에게 의뢰가 필요한 징후 및 증상**
> - 가슴 통증이나 불편함
> - 빠르고 불규칙한 심장박동
> - 현기증이나 기절
> - 통증을 동반한 발목의 부종

③ **노인 운동프로그램 설계 시 유의사항**

㉠ 체력, 신체조건 등의 개인차가 크므로 운동 전 의학적 진단 및 운동부하검사, 체력진단 등을 실시

㉡ 심폐지구력, 근력, 유연성 등의 개선을 통해 신체활동능력을 높이는 데 중점을 둘 것

> **이해 더하기**
> 
> **유산소운동 지도 시 고려사항**
> - 체중부하운동이 어려운 노인의 경우 고정식 자전거를 활용
> - 운동강도는 운동자각도(RPE) 기준 '다소 힘들게' 정도로 설정
> - 운동속도는 초기에 최대한 느리게 하고 점진적으로 빠르게 설정
> - 운동은 한 번에 장시간 지속하는 것보다 휴식과 함께 체력 수준에 맞추어 실시
> - 점진적 유산소운동 참여 전 낙상 및 무릎 통증 방지를 위해 근력운동을 먼저 실시

**QUIZ**

노인에게 유산소운동을 지도할 때 운동속도는 초기에 최대한 빠르게 하고 점진적으로 느리게 하는 것이 안전하다. (○/×)

답 ×

**POINT**

**체중부하운동의 종류**
- 걷기
- 등산
- 스케이팅
- 테니스
- 윗몸일으키기
- 팔굽혀펴기
- 계단 오르기

# CHAPTER 04 질환별 프로그램 설계

SECTION 01 | 호흡·순환계 질환 운동프로그램

## 1. 심혈관계 질환  2025 기출  2024 기출

① 관상동맥성 심장질환(협심증, 심근경색 등)
  ㉠ 정의 : 관상동맥 중 하나 이상이 혈관경련이나 혈전 발생 등으로 좁아진 상태
  ㉡ 증상 : 가슴 통증, 현기증, 호흡곤란 등
  ㉢ 노인의 25% 정도가 증상을 보임
  ㉣ 운동프로그램
    • 가벼운 걷기나 매우 약한 저항의 실내자전거 등 낮은 강도의 유산소 운동
    • 운동강도는 낮은 강도로 설정하고 준비운동을 길게 한 후에 본 운동을 시작
    • 저항성 트레이닝은 관상동맥성 심장질환이 있는 노인들에게 유용함

② 뇌졸중
  ㉠ 정의 : 뇌기능에 부분적 또는 전체적으로 급속하게 발생한 장애가 상당 기간 이상 지속되는 것
  ㉡ 뇌출혈과 뇌경색으로 구분되며, 뇌출혈은 뇌졸중의 10% 정도를 차지
  ㉢ 증상 : 반신 마비, 감각 장애, 언어 장애, 시력 장애, 운동 실조, 의식 장애 등
  ㉣ 운동 시 주의사항
    • 마비된 쪽과 건강한 쪽을 함께 운동할 것
    • 상지는 어깨관절에서 손가락 방향 순으로, 하지는 허벅지에서 발끝 방향 순으로 운동
    • 우측 마비 노인의 경우 언어지시보다는 행동적 시범이 효과적임

---

**기출 채우기**
죽상동맥경화증은 (　　　)이/가 혈관의 내피에 침착하여 발생하는 질환이다.
답 콜레스테롤

**O×QUIZ**
뇌졸중 노인의 경우 마비가 나타나지 않은 쪽에 집중적으로 스트레칭 운동을 실시해야 한다. (O/×)
답 ×

**POINT 우측 마비와 언어 능력**
좌뇌에는 언어 중추가 위치하여, 좌뇌 손상으로 인한 우측 마비 발생 시 언어 능력이 함께 저하됨

ⓜ 운동프로그램

| 구분 | | 운동강도 | 운동시간 | 운동빈도 | 운동형태 |
|---|---|---|---|---|---|
| 질병 예방 | | 중·고강도 | 30분 이상 | 주 3회 이상 | 유산소 |
| 재활 | 부축이동가능 | 저강도 | 30~60분 | 매일 2회 | 보행운동, 관절운동 |
| | 보조기구사용 또는 부분독립보행 | 저·중강도 | 60분 | 매일 2회 | 보행운동, 자전거 타기, 수중운동 |
| | 완전독립보행 | 중강도 | 60분 | 주 3회 이상 | 유산소운동, 근력운동 |

③ 고지혈증(이상지질혈증)
   ㉠ 정의 : 혈액 내의 지방 성분이 정상보다 많은 상태
   ㉡ 원인 : 과도한 열량 섭취와 운동 부족
   ㉢ 운동프로그램
   • 하루 30~60분의 운동이 적절함
   • 유산소 운동으로 칼로리 소비량(적절 칼로리 소비량은 2,000kcal 이상)을 늘리도록 권장
   • 유산소 운동과 함께 저항성 운동, 유연성 운동을 병행하는 것을 권장
   • 유산소 운동은 중등도 강도(최대심박수의 50~70%)로 일주일에 5일 이상 실시
   • 운동량 증가 시 운동 강도보다는 운동 시간을 늘릴 것
   • 근력운동은 상체와 몸통 하체를 골고루 진행하며 일주일에 3회 정도(2~3세트)를 실시

> **기출 채우기**
> 이상지질혈증이 있는 노인의 경우 (　　　)의 강도로 유산소 운동을 하는 것이 권장된다.
> 🅰 중등도

**이해더하기**

콜레스테롤과 중성지방 수준의 분류(mg·dL⁻¹) (ACSM, 2022)
• Non-HDL-C
  - <130 : 바람직한 수준
  - 130~159 : 약간 높음
  - 160~189 : 경계선 수준
  - 190~219 : 높음
  - ≥220 : 매우 높음
• LDL-C
  - <100 : 바람직한 수준
  - 100~129 : 약간 높음
  - 130~159 : 경계선 수준
  - 160~189 : 높음
  - ≥190 : 매우 높음
• HDL-C
  - <40(남성) : 낮음
  - <50(여성) : 낮음
• 트리글리세라이드(Triglycerides)
  - <150 : 정상
  - 150~199 : 경계선 수준
  - 200~499 : 높음
  - ≥150 : 매우 높음

④ **고혈압**
  ㉠ 정의 : 혈압이 수축기 140mmHg, 이완기 90mmHg 이상인 경우
  ㉡ 원인 : 스트레스, 운동 부족, 비만, 잘못된 식습관 등
  ㉢ 다른 심혈관계 질환이나 뇌졸중 등의 합병증을 유발
  ㉣ 약물에 의한 심박수 및 심박출량 저하와 부정맥 발생에 유의
  ㉤ 운동프로그램
    - 운동강도는 최대산소섭취량의 40~60% 정도
    - 본운동 앞뒤로 5~10분 정도의 준비운동 및 정리운동 실시
    - 주 3회 이상, 1회 30~60분의 운동을 실시하며, 매일 운동하는 것을 권장
    - 운동형태는 심폐지구력운동, 근력운동(등척성운동 제외), 유연성 운동 등을 실시
  ㉥ 주의 : 발살바조작 등 혈압의 증가 요인을 피할 것

> **QUIZ**
> 심혈관계 질환자에게는 지속적인 등척성운동이 효과적이다. (○/×)
> 답 ×

### 이해 더하기

**성인을 위한 혈압의 분류기준과 관리(ACSM, 2022)**

- ACC/AHA 기준

| 혈압분류 | 정상 | 상승된 | 1단계 고혈압 | 2단계 고혈압 |
|---|---|---|---|---|
| 수축기 혈압 (mmHg) | <120 | 120~129 | 130~139 | ≥140 |
| 이완기 혈압 (mmHg) | <80 | <80 | 80~89 | ≥90 |
| 치료 권고 사항 (재평가) | 적절한 생활습관 장려 (매년) | 비약물적 치료 (3~6개월 간격) | • 10년 심혈관질환 위험도가 <10% : 건강한 생활습관 시작(3~6개월 간격)<br>• 10년 심혈관질환 위험도가 ≥10%이거나 중상경화성 심혈관질환, 당뇨 신장질환 : 생활습관 개선 및 약물치료(1개월 이내) | 비약물적 치료 및 혈압 강하제 (매월 추적 관찰) |

- JNC 기준

| 혈압분류 | 정상 | 고혈압 전 단계 | 고혈압 1단계 | 고혈압 2단계 |
|---|---|---|---|---|
| 수축기 혈압 (mmHg) | <120 | 120~139 | 140~159 | ≥160 |
| 이완기 혈압 (mmHg) | <80 | 80~89 | 90~99 | ≥100 |
| 치료 권고 사항 | 적절한 생활습관 장려 (매년) | 생활습관 개선 | 생활습관 개선과 혈압 강하제 | 생활습관 개선과 혈압 강하제 |

> **이해더하기**
>
> **발살바조작(Valsalva maneuver)**
> - 심호흡 후 입과 콧구멍을 막고 숨을 내뱉기 위하여 배에 힘을 주는 조작
> - 혈압의 증가를 야기하기 때문에 고혈압 노인은 발살바조작이 동반되는 저항성운동을 피해야 함

⑤ **당뇨병** `2024 기출`

㉠ 정의 : 인슐린의 분비량이 부족하거나 정상적인 기능이 이루어지지 않는 병

| 제1형 당뇨병 | 인슐린 분비능력이 없어서 발병 |
| --- | --- |
| 제2형 당뇨병 | 인슐린 분비능력의 저하와 저항성으로 인해 발병 |

㉡ 운동프로그램
- 운동강도는 낮은 강도에서 시작해 적절한 강도로 끌어올리며 운동빈도는 높을수록 유리
- 운동 시작 전의 혈당치는 250mg/dl 혹은 300mg/dl 이하
- 주 3~4회, 1회 20~60분의 심폐지구력 및 근력, 스트레칭 및 유연성운동 실시

㉢ 운동 시 주의사항 : 운동 전 반드시 당뇨 검사 실시

| 혈당 100mg/dl 이하 | 간단한 음식 섭취 |
| --- | --- |
| 혈당 100~250mg/dl | 안전한 운동 가능 |
| 혈당 250mg/dl 이상 | • 운동 연기, 소변 케톤검사 실시<br>• 케톤 검출 시 인슐린을 투여하여 혈당을 250mg/dl 이하로 저하시킨 후 운동을 실시 |

㉣ 운동 효과
- 인슐린의 민감성 향상과 인슐린의 저항성 감소로 안정적인 혈당 조절이 가능
- 체지방 및 죽상동맥경화 합병증 위험의 감소
- 골격근의 포도당 운반 능력이 증가하여 당뇨병의 예방 및 관리에 도움

⑥ **비만**

㉠ 정의 : 몸에 체지방이 과다하게 축적된 상태(단순히 체중이 많이 나가는 것이 아님)

㉡ 일반적인 비만 측정법

| 체질량지수(BMI) | 체중을 신장으로 두 번 나눈 값으로 비만을 판정 |
| --- | --- |
| 표준체중진단법 | 자신의 신장에서 100을 뺀 후 0.9를 곱해 표준체중을 산정. 자신의 실제 체중과 비교해 비만 정도를 판정 |

> **QUIZ**
>
> 당뇨병 노인의 경우 운동 전 반드시 혈당치를 확인하여야 하며, 혈당이 250mg/dl 이상일 경우 운동을 연기하고 케톤검사를 실시해야 한다. (○/×)
>
> 답 ○

> **기출 채우기**
>
> 비만 노인의 경우 관절의 부하를 줄여 통증 및 부상을 방지하기 위해 (　　　　)이/가 권장된다.
>
> 🗒 비체중부하운동

ⓒ 운동프로그램
- 심폐지구력운동과 근력운동을 함께 할 것
- 규칙적 유산소운동을 통해 체지방률을 감소시킬 것
- 체중부하운동보다는 비체중부하운동을 권장함(관절 통증 및 부상 방지)
- 운동강도는 최대심박수(HRmax)보다는 운동자각도(RPE)를 활용
- 주 3~5회, 1회 20분 이상의 심폐지구력, 근력, 유연성 운동

⑦ ACSM(American College of Sport Medicine, 2022)의 심혈관질환 위험요인 2024 기출

| 양성 위험요인 | 기준의 정의 |
|---|---|
| 연령 | 남성≥45세, 여성≥55세 |
| 가족력 | 부친 또는 형제 중 55세 이전에 모친 또는 자매 중 65세 이전에 심근경색, 관상동맥 혈관 재개통술 및 급사한 가족이 있음 |
| 흡연 | 현재 흡연자, 6개월 이내에 금연자 또는 간접흡연WK |
| 신체활동 | 중강도에서 고강도 신체활동이 최소 역치인 500~1,000MET · min · wk$^{-1}$ 또는 75~150min · wk$^{-1}$에 미달 |
| 비만 | • 체질량지수≥30kg · m$^{-2}$<br>• 허리둘레 남성＞102cm, 여성＞88cm |
| 혈압 | • 다른 시간대에서 2회 이상 측정한 평균 혈압 측정<br>• 수축기 혈압≥130mmHg<br>• 이완기 혈압≥80mmHg<br>• 항고혈압 약물 복용 |
| 지질 | • LDL-C≥130mg · dL$^{-1}$(3.37mmol · dL$^{-1}$)<br>• HDL-C 남성＜40mg · dL$^{-1}$(1.04mmol · dL$^{-1}$)<br>• HDL-C 여성＜50mg · dL$^{-1}$(1.30mmol · dL$^{-1}$)<br>• non-HDL-C 남성≥160mg · dL$^{-1}$(4.147mmol · dL$^{-1}$)<br>• 지질을 낮추는 약물 복용<br>• 총 혈청 콜레스테롤을 사용할 수 있다면 ≥200mg · dL$^{-1}$(5.18mmol · dL$^{-1}$) |
| 혈중포도당 | • 공복 시 혈당 글루코스≥100mg · dL$^{-1}$(5.5mmoll · dL$^{-1}$)<br>• 경구당부하검사에서 2시간 후 혈장 글루코스≥140mg · dL$^{-1}$(7.77mmoll · dL$^{-1}$)<br>• HoA1C≥5.7% |
| 음성 위험요인 | 기준의 정의 |
| HDL-C | ≥60mg · dL$^{-1}$(1.55mmol · dL$^{-1}$) |

## 2. 호흡계 질환 2024 기출

① 천식
ㄱ 정의 : 기도폐색 기관지염 등으로 기도의 반응성이 높아지는 호흡기 질병
ㄴ 운동프로그램
- 낮은 강도의 준비운동은 천식 발병의 위험을 줄이는 데 도움이 됨
- 목표심박수 50% 이하의 가벼운 심혈관계운동을 5~10분간 수행

ⓒ 운동 시 흡입기를 항상 휴대하도록 할 것

② **만성폐쇄성 폐질환**
  ㉠ 정의 : 기관지염, 폐기종 등의 질환
  ㉡ 호흡기 근육의 약화로 장애가 발생한 상태로서 호흡곤란, 기침, 가래 생성, 체중 감소 등의 증상이 나타남
  ㉢ 증상 개선을 위해서는 운동이 필수적
  ㉣ 운동프로그램
    - 호흡 효율 개선과 운동지구력 증대를 위한 유산소성 지구력운동에 초점
    - 걷기, 스태핑, 실내자전거, 요가 등을 권장
    - 미용체조, 댄스, 농구, 라켓운동 등은 피할 것

---

### SECTION 02 | 근골격계·신경계 질환 운동프로그램

## 1. 근골격계 질환  [2025 기출] [2024 기출]

① **골다공증**
  ㉠ 노화로 인해 골밀도가 낮아져 골절이 일어날 가능성이 높은 상태
  ㉡ 원인 : 유전적 요인, 폐경, 약물, 뼈 조직에 대한 부하량 감소 등
  ㉢ 골밀도가 지나치게 낮은 경우 부상의 위험이 크기 때문에 운동을 금지함
  ㉣ 운동프로그램
    - 과신전 운동에 주의하고 근력 수준에 적합한 체중부하운동과 저항성 근력운동을 실시
    - 체중부하운동이 불가능한 경우 수중 걷기 등 수중부하운동을 권장
    - 골다공증 노인은 긴 시간 동안 근력반복운동을 실행하는 데 어려움이 있으므로 짧은 시간 다양한 근육군을 사용하는 운동을 실시

② **관절염**  [2025 기출] [2023 기출]
  ㉠ 구분

| 퇴행성 관절염 | 관절을 오랫동안, 빈번하게 사용하여 관절 연골이 마모된 경우 |
|---|---|
| 류마티스 관절염 | 자가면역질환으로 인해 발생 |

  ㉡ 관절의 상해와 통증이 발생하지 않는 범위에서 운동을 실시하고 통증이 지속될 시 운동을 중단할 것(무릎관절에 충격이 큰 체중부하 운동 금지)
  ㉢ 운동 전 충분한 준비운동이 필요

---

**기출 채우기**
골다공증 환자에게는 체중부하운동이 불가능할 경우 (     )이 권장된다.
답 수중부하운동

**QUIZ**
고강도 점프운동은 골다공증 환자에게는 부상의 위험이 매우 높으므로 권장되지 않는다. (O/X)
답 O

**POINT**
**요통**
- 허리 부위에 통증이 발생하는 증상
- 장시간 계속 서 있는 것을 피함으로써 예방

ⓔ 운동프로그램
- 주 2~3회, 1회의 운동시간을 짧게 하여 저·중강도 운동을 실시
- 관절에 휴식을 주며 운동하고 운동 전후 냉·온찜질을 실시
- 운동강도는 통증의 정도를 고려하여 결정하고, 운동 시에도 통증 완화를 중시할 것

### 2. 신경계 질환

① **파킨슨병**
ㄱ 정의 : 도파민 신경세포의 소실로 인해 발생하는 신경계의 만성 진행성 퇴행성 질환
ㄴ 증상 : 동작의 둔화, 근육 경직, 자세 불안정, 균형감각 장애 등
ㄷ 운동프로그램
- 만성 진행성 질환으로 규칙적인 운동이 매우 중요
- 꾸준한 근력운동을 통해 체형 변화로 인한 부작용 지연이 가능
- 트레드밀보다는 앉은 자세에서 수행하는 유산소 운동이 권장됨

② **알츠하이머(치매)**
ㄱ 정의 : 치매를 일으키는 가장 흔한 퇴행성 뇌질환으로 서서히 발병하여 기억력을 포함한 인지기능의 악화가 점진적으로 진행되는 병
ㄴ 증상 : 인지기능 저하, 성격 변화, 초조행동, 우울증, 망상, 환각, 공격성 증가, 수면 장애 등
ㄷ 운동 지도 시 지속적인 격려와 응원이 필요
ㄹ 운동프로그램
- 중증 치매 노인의 경우 그룹운동보다는 개별운동이 효과적
- 흥미를 유발·유지시킬 수 있는 프로그램을 구성하되 최대한 단순하게 구성
- 걷기, 수영하기 등 규칙적인 유산소 운동은 뇌에 산소공급량을 증가시켜 신경세포를 활성화, 신체기능과 사고력·기억력을 향상시킴
- 일상생활의 동작과 운동을 결합하여 훈련
- 운동 시 지도자나 보호자를 반드시 동반할 것

---

**QUIZ**
파킨슨병은 신경전달물질인 도파민의 급속한 증가로 유발된다.
(O/X)
답 ×

**POINT**
노인의 단기기억 문제를 고려한 지도 방법
- 각자의 페이스로 동작을 수행하도록 한다.
- 동작을 단순화하여 반복적으로 시범을 보여준다.
- 동작의 속도와 방향을 단순하게 한다.
- 심상훈련을 활용한다.

# CHAPTER 05 지도자의 효과적인 지도

## SECTION 01 의사소통기술

### 1. 노인스포츠지도자의 지도 요소

① 수업 장소에 미리 도착하여 새 참여자를 파악하고 기존 참가자와의 상호교류 유도
② 운동프로그램 시작 전 분위기를 조성
③ 운동의 명칭을 소개하며 언어적·시각적 단서를 시범과 함께 제시
④ 어떤 운동을 왜 해야 하는지 이해할 수 있도록 운동의 목적을 설명하여 운동 동기를 증진
⑤ 신체 인식을 발달시킬 수 있도록 도움을 제공
⑥ 참가자 중심의 접근법을 선택
⑦ 지도 시 단어의 선택을 신중히 할 것
⑧ 사교적인 관계를 조성
⑨ 강압적이지 않은 편안한 분위기를 유지
⑩ 우호적인 운동 환경을 조성하여 신체적·사회적·정신적·정서적 등 총체적 웰빙을 지향

**기출 채우기**
노인에게 운동프로그램에 대해 설명할 때는 언어적 단서와 (    ) 단서를 모두 제공하여야 한다.
답 시각적

**POINT 지도자의 운동학습 원리**
- 시범
- 언어적 지도
- 언어적 암시
- 보강 피드백
- 연습환경 구축
- 자아존중감

### 2. 노인스포츠지도자의 지도 원칙

① 자발성을 중시할 것
② 일상적인 생활에 준하도록 할 것
③ 지역성을 중시할 것
④ 통합적인 프로그램을 제시할 것
⑤ 개인의 흥미를 중시할 것

### 3. 노인과의 의사소통  2025 기출  2023 기출

① **적절한 노인과의 의사소통 방법**
  ㉠ 가장 먼저 지도자 자신을 소개할 것
  ㉡ 노인에게는 존칭을 사용할 것
  ㉢ 천천히 이야기할 것

**기출 채우기**
노인과의 의사소통 시 노인의 이야기를 (    )하고 (    )하는 것이 중요하다.
답 공감, 경청

ⓔ 노인의 이야기를 경청하고 공감할 것
ⓜ 스킨십을 적절히 이용할 것
ⓗ 정보의 양이 과해지지 않도록 유의할 것

② **부적절한 노인과의 의사소통 방법**
ⓐ 어린아이를 대하듯 하지 말 것
ⓑ 큰 소리를 내어 이야기하지 말 것
ⓒ 노인에 대한 선입견으로 미루어 짐작하지 말 것

③ **기술 습득을 위한 효율적 전달 방법**
ⓐ 요점을 최소화하여 설명할 것
ⓑ 이해하기 쉬운 용어를 사용할 것
ⓒ 언어적 요소뿐만 아니라 시각적 이미지도 함께 활용할 것

### SECTION 02 | 노인운동 시 위험관리

**1. 노인운동 지도 시 유의점** 2025 기출

① 격렬한 경쟁은 가능한 피할 것
② 준비운동과 정리운동을 충분히 할 것
③ 참여자의 생활 습관과 조화를 이루며 운동할 수 있도록 할 것
④ 참가자의 욕구와 건강 상태, 장비 및 시설 등을 고려할 것
⑤ 운동 시 수분을 충분히 공급하도록 할 것
⑥ 운동 시 여유 있게 천천히 진행하고 운동 종료 후 충분한 휴식을 취하도록 할 것
⑦ 운동 시 사용 신체 부위를 인식하며 운동할 수 있도록 할 것

**2. 노인운동 시 안전관리** 2025 기출 2024 기출

① **실내 시설 안전관리**
ⓐ 시설의 응급 상황에 대한 계획을 세우고 이를 잘 보이는 곳에 게시할 것
ⓑ 운동 동선을 파악하여 운동 시설 및 장비를 안전하게 배치할 것
ⓒ 운동 장비의 사용 방법 및 사용 시 주의사항을 적절한 장소에 게시할 것
ⓓ 운동 시설 및 장비의 안전점검 일지를 매일 기록하고 이상 유무를 확인할 것

---

**POINT**

노인운동 시 준비운동의 효과
- 심장의 혈류량 증가
- 협응력의 향상
- 관절가동범위 증가
- 신체 반응시간 단축

**기출 채우기**

준비운동은 폐 혈류 저항을 (    ) 시켜 폐의 혈액 순환을 향상시킨다.

답 감소

② 야외 장소 및 환경 안전관리
  ㉠ 운동 장소에 위험한 물건 혹은 건강에 해로운 물질이 없는지 확인할 것
  ㉡ 고온 다습한 환경이나 저온 건조한 환경에서는 운동을 피할 것
  ㉢ 직사광선이 내려 쪼이는 곳이나 소란한 곳 등은 피할 것
  ㉣ 수중 운동 시 수온 및 수심 등을 확인하고 응급처치 대책을 숙지할 것

③ ACSM(American College of Sports Medicine)에서 제시한 노인의 건강/체력 시설 기준 및 지침
  ㉠ 어떠한 상황에서도 신속한 반응이 가능해야 하며 모든 직원이 알 수 있는 응급 대처 계획을 수립, 모든 직원을 대상으로 정기적인 응급 대처 훈련을 실시할 것
  ㉡ 운동프로그램에서의 안전을 위해 신체활동 프로그램 시작 전 각 참가자들을 선별할 것
  ㉢ 지도자가 전문적인 능력(CPR 및 응급처치 자격증 등)을 갖추고 있는지를 증명하도록 요구할 것
  ㉣ 장비의 사용법을 제시하고 장비 사용과 관련된 위험에 대해 경고할 것
  ㉤ 안전과 관련된 모든 법률과 규정, 규범을 준수할 것

④ 노인의 운동을 중지해야 하는 상황
  ㉠ 급격한 혈압 상승이 나타나는 경우
  ㉡ 호흡곤란의 발생으로 숨을 제대로 쉬지 못하는 경우
  ㉢ 하지 근육 등에 경련이 발생하여 운동 지속이 어려운 경우
  ㉣ 기타의 이유로 참여자가 운동 중단을 요청하는 경우
  ㉤ 심부전의 징후가 나타나는 경우
  ㉥ 고온 다습 혹은 추운 환경으로 운동 수행이 위험한 경우

### 3. 노인응급처치법

① 응급처치의 목적과 필요성
  ㉠ 응급처치 : 의료진이 도착하기 전에 생명을 구하기 위해 미리 의학적 방법으로 처치하는 것
  ㉡ 의료진의 도움을 받을 수 없을 때 생명을 구할 수 있음
  ㉢ 빠른 회복을 돕고 부작용을 방지함

② 응급처치 시 주의사항
  ㉠ 응급처치 전 환자의 진정을 위해 자신의 신분을 밝히고 신속하게 응급처치를 시행할 것
  ㉡ 2차 손상에 주의할 것
  ㉢ 응급처치 시 2차 감염 방지 등 자신의 안전도 확보할 것

**QUIZ**
노인운동 시 야외 환경 안전관리 항목으로는 '운동 동선을 파악하여 운동 시설 및 장비를 안전하게 배치할 것'이 있다. (○/×)
답 ×

**QUIZ**
운동 중 급격하게 혈압이 상승하는 경우 지도자는 운동을 즉시 중지시켜야 한다. (○/×)
답 ○

**기출 채우기**
노인이 의식을 잃고 맥박이 없을 경우 구급대원이 도착할 때까지 중단 없이 (     )을/를 실시해야 한다.
답 심폐소생술

**119 신고 시 전달 사항**
- 사고 위치
- 사고 경위
- 환자의 상태
- 환자 발견 장소 및 시간
- 응급처치의 실시 등 현재 상황
- 주변 환경 및 여건 등

③ **응급처치 방법 및 순서**
　㉠ 응급상황 인식
　㉡ 도움 여부 결정, 119에 신고(사고 위치와 경위, 환자의 상태, 주변 환경 상황 등을 전달)
　㉢ 전문적 치료가 실시되기 전까지(구급대원 도착 전까지) 응급처치 실시

> **이해더하기**
>
> **노인운동 중 응급상황 발생 시 처치 방법** 2023 기출
> - 의식 상실 : 심폐소생술 실시
> - 골절 : 무리하게 환자를 움직이지 말고 환자를 안정시킨 후 손상 부위를 고정
> - 척추 손상 : 구급대원 도착 시까지 환자를 함부로 움직이지 않도록 주의
> - 저혈당 : 액상과당 등 빠르게 흡수가 가능한 당분이 함유된 간식 혹은 음료를 섭취
> - 저체온증 : 환자를 따뜻한 곳으로 이동시키고 '서서히' 체온을 올릴 것
> - 심장질환 : 징후 발생 시 즉시 운동을 중지하고 환자를 긴급히 병원으로 이송
> - 완전한 기도 폐쇄 : 복부밀쳐올리기(하임리히법) 실시
> - 급성 손상 : PRICES 처치법 실시
>   - Protection(보호) : 추가적 손상 방지
>   - Rest(휴식) : 심리적 안정
>   - Ice(냉찜질) : 통증, 부종, 염증 감소
>   - Compression(압박) : 부종 감소
>   - Elevation(거상) : 부종 감소
>   - Stabilization(고정) : 근 경련 감소

## 4. 운동 전·중 자각증상 체크

① 지도자는 운동 전·중으로 노인의 상태를 파악하고, 그에 맞는 운동을 처방하거나 운동을 금지시켜야 하는 의무가 있음
② 운동 규정을 설정하고, 규칙적인 메디컬 체크가 이루어질 수 있도록 할 것
③ 노인의 의견을 적극 반영하여 운동을 처방할 것

# 출제예상문제

**노인체육론**

## 01 노화의 특성으로 적절하지 않은 것은?

① 노화는 시간이 지남에 따라 신체가 겪게 되는 변화 과정이다.
② 노화의 속도와 기능 저하의 정도는 개인차가 존재한다.
③ 생물학적 노화는 모든 사람에게 보편적으로 일어나는 것이다.
④ 생물학적 노화와 사회적 노화의 과정을 포괄하며, 심리적 노화는 포함하지 않는다.

해설 | 노화는 생물학적 노화, 심리적 노화, 사회적 노화의 과정을 모두 포괄하는 개념이다.

## 02 에릭슨(E. Erikson)의 심리사회발달 단계 중 노년기에 해당하는 요소로 옳은 것은?

① 신뢰 대 불신
② 자율성 대 회의
③ 친근감 대 고립감
④ 자아주체성 대 절망

해설 | 노년기에 해당하는 단계는 '자아주체성 대 절망'이다. 이 단계에서 노년은 자부심과 만족을 느끼면서 삶을 되돌아볼 수 있다.

**2025 기출 유형**

## 03 노인과의 원활한 의사소통 방법으로 옳지 않은 것은?

① 가장 먼저 지도자 자신을 소개한다.
② 천천히 이야기하고 정면에서 적절한 눈 맞춤을 하며 경청하는 자세를 보인다.
③ 친근감을 위해 반말을 사용한다.
④ 스킨십을 적절히 이용한다.

해설 | 노인과 원활한 의사소통을 위해 가장 먼저 지도자 자신을 소개하고, 노인에게는 존칭을 사용해야 한다. 또한 천천히 이야기하고 정면에서 적절한 눈맞춤을 하며 몸을 약간 기울여 경청하는 자세를 보인다. 스킨십을 적절히 이용하는 것도 좋다.

## 04 〈보기〉 중 운동(exercise)에 대한 개념으로 옳은 것은?

**보기**

ㄱ. 특정한 목적을 가지고 계획적·구조적·반복적으로 수행하는 신체활동
ㄴ. 골격근에 의해 에너지 소비가 이루어지는 신체의 움직임
ㄷ. 체력의 향상과 유지를 위한 계획적인 신체활동
ㄹ. 신체활동을 수행할 수 있는 기능적 특성

① ㄱ, ㄴ
② ㄱ, ㄷ
③ ㄴ, ㄷ
④ ㄷ, ㄹ

해설 | ㄴ. 신체활동에 대한 설명이다.
ㄹ. 체력에 대한 설명이다.

**정답** 01 ④  02 ④  03 ③  04 ②

**05** 노화와 관련된 생물학적 이론 중 〈보기〉에서 설명하는 이론은?

> **보기**
> 분자들 사이에 화학적 반응에 의한 연결 띠가 형성되어 분자들이 서로 엉키게 되고, 이로 인해 조직이 탄력성을 잃고 세포 간 영양소 및 화학적 물질 등의 교환을 방해함으로써 노화가 발생한다.

① 교차결합이론　　② 점진적 불균형이론
③ 손상이론　　　　④ 면역반응이론

**해설 |** 교차결합이론은 정상 상태에서는 서로 분리되어 있어야 하는 분자들이 서로 엉키게 되면서 노화가 나타난다고 보는 이론이다.

### 2025 기출 유형
**06** 〈보기〉는 생물학적 노화이론에 대한 설명이다. ㉠, ㉡에 들어갈 용어를 바르게 나열한 것은?

> **보기**
> • ( ㉠ ) : 신체기관도 기계처럼 오래 사용하면 기능이 약화되고 점차 퇴화가 일어나 이로 인해 노화가 나타난다고 보는 이론
> • ( ㉡ ) : 세포가 상해를 받으면 변이를 일으키고, 이러한 세포들이 축적됨으로써 노화가 일어난다고 보는 이론

|   | ㉠ | ㉡ |
|---|---|---|
| ① | 유전학적이론 | 사용마모이론 |
| ② | 사용마모이론 | 신체적변이이론 |
| ③ | 신체적변이이론 | 면역반응이론 |
| ④ | 점진적불균형이론 | 손상이론 |

**해설 |** ㉠ 사용마모이론 : 인간의 몸도 마치 기계와 같이 오랫동안 사용하면 기능의 약화와 퇴화가 일어난다고 보는 이론이다.
㉡ 신체적변이이론 : 세포의 변이로 인해 노화가 일어난다고 보는 이론이다.

**07** 다음 중 하비거스트(R. Havighurst)의 발달과업이론에서 노년기의 과업으로 적절하지 않은 것은?

① 은퇴 및 수입의 감소에 적응한다.
② 하나의 인격체로서 배우자와 건전한 관계를 유지한다.
③ 자신의 동년배와 친밀한 관계를 재형성한다.
④ 약해지는 체력과 건강 약화에 적응한다.

**해설 |** '하나의 인격체로서 배우자와 건전한 관계를 유지한다.'는 노년기가 아닌 중년기(30~55세)의 과업이다. 배우자와 관련한 노년기의 과제는 '배우자의 사망에 적응한다.'이다.

### 2025 기출 유형
**08** 노화와 관련된 사회학적 이론 중 〈보기〉에서 설명하는 이론으로 적절한 것은?

> **보기**
> 일상적인 활동(정신적·신체적·사회적)을 지속하는 사람은 건강하게 노화하며, 생활 만족도가 높아진다.

① 지속성이론　　② 현대화이론
③ 하위문화이론　　④ 활동이론

**해설 |** 활동이론은 일상적인 활동(정신적·신체적·사회적)을 지속하는 사람은 건강하게 노화하며, 생활 만족도가 높아진다고 보는 이론이다.

**09** 노화에 따른 생물학적 변화에 대한 설명으로 옳지 않은 것은?

① 근육량이 감소한다.
② 최대심박수가 감소한다.
③ 혈관 경직도가 감소한다.
④ 최대산소섭취량이 감소한다.

**해설 |** 노인의 연령이 높아질수록 근육량과 최대심박수, 최대산소섭취량은 감소하고 혈관 경직도는 증가한다. 혈관 경직도가 높을수록 심장병, 고혈압 등 심혈관계 질환으로 인한 위험의 발생 확률이 높아진다.

**10** 다음 중 노화로 인한 사회·심리적인 특성 변화로 적절하지 <u>않은</u> 것은?

① 사회적 지위와 권리가 하락한다.
② 사회로부터의 고립으로 인해 고독감과 우울증이 발생한다.
③ 건강의 쇠퇴, 경제력의 저하 등으로부터 유발되는 불안감이 악화된다.
④ 스포츠에 대한 참여가 감소하고, 감각기능과 운동기능이 약화된다.

해설 | 감각기능과 운동기능 등의 약화는 사회·심리적 변화가 아니라 신체적 변화에 해당한다.

**11** 반두라의 자기효능감 이론 중 〈보기〉에서 설명하는 이론의 변인으로 적절한 것은?

> **보기**
> 타인으로부터 무엇인가 잘 해낼 수 있다는 말을 듣게 하는 것

① 성공수행경험
② 간접경험
③ 언어적 설득
④ 정서적 상태

해설 | 반두라(A. Bandura)의 자기효능감 이론은 자기효능감이 개인의 행동 선택 및 추진에 영향을 미친다고 보는 이론이다. 언어적 설득의 증진전략으로는 타인으로부터 무엇인가 잘 해낼 수 있다는 말을 듣게 하는 것 등이 있다.

**2025 기출 유형**

**12** 〈보기〉에서 운동이 노인에게 미치는 생리적 효과로 옳은 것만을 모두 고른 것은?

> **보기**
> ㉠ 인슐린 저항성 증가
> ㉡ 뼈의 강도 증가
> ㉢ 속근섬유 크기 증가
> ㉣ 말초혈관 저항성 증가
> ㉤ 안정 시 심박수 감소
> ㉥ 고밀도지단백콜레스테롤(HDL-C) 감소

① ㉠, ㉡, ㉣
② ㉠, ㉢, ㉥
③ ㉡, ㉢, ㉤
④ ㉢, ㉣, ㉤

해설 | 운동을 통해 인슐린 저항성은 감소하고 인슐린 감수성은 증가한다. 또한 뼈의 강도와 속근섬유의 크기, 혈중 고밀도지단백콜레스테롤 농도 등은 증가하고, 말초혈관 저항성, 안정 시 심박수 등은 감소한다.

**13** 〈보기〉에서 체력요소별 정의로 바른 것만을 나열한 것은?

> **보기**
> ㉠ 근지구력 – 긴 시간 동안 지속적으로 전신활동을 수행할 수 있는 능력
> ㉡ 협응성 – 근육과 신경계의 협응으로 정확한 동작을 수행하는 능력
> ㉢ 순발력 – 최대한 빠르고 멀리 신체를 이동시키는 능력
> ㉣ 민첩성 – 신체의 방향이나 자세를 짧은 시간 동안 재빠르게 바꿀 수 있는 능력

① ㉠, ㉡
② ㉡, ㉢
③ ㉡, ㉣
④ ㉢, ㉣

해설 | ㉠ 긴 시간 동안 지속적으로 전신활동을 수행할 수 있는 능력은 심폐지구력이다.
㉡ 근육과 신경계의 협응으로 정확한 동작을 수행하는 능력은 교차성이다.

### 2025 기출 유형

**14** 노인이 운동참여를 통해 얻을 수 있는 사회적 효과로 적절하지 않은 것은?

① 세대 간 연결 기회를 제공하여 교류를 확대한다.
② 운동 그룹을 통해 새로운 사회적 네트워크를 형성한다.
③ 인슐린 감수성 증가로 당뇨병 예방 및 관리에 도움을 준다.
④ 운동을 통해 새로운 사회적 역할을 유지하거나 새로운 역할 부여에 도움이 된다.

해설 | 인슐린 감수성 증가로 당뇨병의 예방 및 관리에 도움을 주는 것은 운동참여를 통해 얻을 수 있는 신체적 이점에 해당한다.

**15** 노인의 균형감에 관한 설명으로 옳지 않은 것은?

① 시력 약화는 균형감을 떨어뜨린다.
② 의식적인 노력으로 균형감을 향상시킬 수 있다.
③ 체성감각 기능의 저하는 균형감을 떨어뜨린다.
④ 전정계 기능의 저하는 균형감을 향상시킨다.

해설 | 신체의 균형과 위치를 파악하여 평형감각을 담당하는 전정계 기능이 저하되면 균형감을 떨어뜨린다.

**16** 건강신념모형에서 건강신념행동을 구성하는 요소에 해당하지 않는 것은?

보기
운동을 전혀 하지 않던 김 할아버지는 고혈압 진단을 받은 후 의사와 상담하여 식단 조절 및 운동 계획을 세우고 다음 달부터 본격적인 운동을 시작할 예정이다.

① 지각된 심각성　② 지각된 장애성
③ 자기정체감　　④ 행동의 계기

해설 | 건강신념모형은 지각된 개연성, 지각된 심각성, 지각된 이익, 지각된 장애성, 행동의 계기, 자기효능감의 6가지 요소로 구성된다.

### 2025 기출 유형

**17** 노인 운동프로그램의 목표 설정 시 고려해야 할 사항으로 적절하지 않은 것은?

① 운동의 시간, 강도, 빈도 등을 구체적으로 설정한다.
② 개인이 달성할 수 있는 현실적인 목표를 설정한다.
③ 행동 지향적이 아닌 결과 지향적 목표를 설정한다.
④ 달성 여부를 측정·판단할 수 있는 목표를 설정한다.

해설 | 목표 설정 시 결과 지향적이 아닌 행동 지향적인 목표를 설정해야 한다(행동적). ①은 목표의 구체성, ②는 목표의 현실성, ④는 목표의 측정 가능성이다.

**18** 〈보기〉에 적용되는 트레이닝 원리는?

보기
올해 60세인 박 할아버지는 지난 6개월 동안 계단 오르내리기, 달리기 등의 운동을 꾸준히 실시하였다. 그 결과 하체의 근력이 크게 향상되었다. 그러나 상체 운동은 따로 하지 않은 탓인지 상체의 근력은 이전과 크게 달라지지 않았다.

① 특이성의 원리　② 가역성의 원리
③ 개별성의 원리　④ 기능관련성의 원리

해설 | 특이성의 원리란 운동에서 얻을 수 있는 효과들은 그 운동의 유형과 연관되는 근육들에만 특별하게 적용된다는 원리이다. 〈보기〉에서 박 할아버지는 하체 운동만을 꾸준히 하였고, 그 결과 근력 및 근지구력의 증가와 같은 운동의 효과는 하체 근육에만 특별하게 적용되었다.
② 가역성의 원리 : 신체 기관에 과부하가 이루어지지 않거나 혹은 운동을 중지할 경우 운동 능력이 빠르게 감소한다는 원리
③ 개별성의 원리 : 노인의 체력 및 능력에 맞추어 운동의 시간과 강도, 방법 등을 결정하여야 한다는 원리
④ 기능관련성의 원리 : 일상생활에서 수행하는 동작들을 모방한 운동을 선택하여야 한다는 원리

**2025 기출 유형**

**19** 〈보기〉에서 미국스포츠의학회(ACSM, 2022)의 노인을 위한 저항성 운동 지침으로 옳은 것만을 모두 고른 것은?

| 보기 | | |
|---|---|---|
| ㉠ | 운동 빈도 (Frequency) | • 중강도 시 5일/주<br>• 고강도 시 3일/주 |
| ㉡ | 운동 강도 (Intensity) | • 점진적 웨이트 트레이닝<br>  – 초보자는 저강도(1RM의 40~50%)로 설정<br>  – 점진적으로 중강도에서 고강도(1RM의 60~80%)로 진행<br>• 파워 웨이트 트레이닝 : 저강도에서 중강도(1RM의 30~60%) |
| ㉢ | 운동 시간 (Time) | • 점진적 웨이트 트레이닝<br>  – 8~10종의 대근육군 운동<br>  – 초보자는 10~15회 반복<br>  – 1세트로 시작하여 8~12회 반복, 횟수의 1~3세트로 점진적으로 증가<br>• 파워 웨이트 트레이닝 : 빠른 속도로 6~10회 반복 횟수 |
| ㉣ | 운동 형태 (Type) | • 점진적 또는 파워웨이트 트레이닝 프로그램<br>• 체중 부하 체조 운동<br>• 계단 오르기 등과 같이 대근육군을 사용하는 근력 강화 활동 |

① ㉠, ㉡, ㉣  
② ㉠, ㉡, ㉢  
③ ㉠, ㉢, ㉣  
④ ㉡, ㉢, ㉣

**해설** | ㉠ 저항성 운동의 운동빈도는 2일/주 이상으로 권장된다.
㉡ • 점진적 웨이트 트레이닝 시 초보자는 저강도(1RM의 40~50%)로 설정하고, 점진적으로 중강도에서 고강도(1RM의 60~80%)로 진행하거나 RPE 0~10 척도에서 중강도(5~6)와 고강도(7~8)로 한다.
• 파워 웨이트 트레이닝 시 저강도에서 중강도(1RM의 30~60%)로 한다.

**20** 〈보기〉의 빈칸에 들어갈 심박수(회/분)는?

**보기**

65세 남성 노인이 달리기 운동을 할 때, Karvonene(여유심박수, HRR) 공식을 활용한 목표심박수는 (　　　)이다. [분당 안정시심박수 70회, 여유심박수 60% 강도]

① 115　② 118　③ 121　④ 131

**해설** | Karvonen 공식을 이용하여 목표심박수를 구할 때의 공식은 '[(220－나이)－안정시심박수]×운동강도＋안정시심박수'이다('220－나이'는 최대심박수를 구하는 공식이다). 〈보기〉의 정보를 이 공식에 대입하면 [(220－65)－70]×0.6＋70＝121회/분이다.

**21** 노인체력검사(SFT ; Senior Fitness Test)에서 2분간 제자리 걷기를 통해 검사하는 기능은?

① 하지근지구력　② 민첩성  
③ 정적평형성　④ 심폐지구력

**해설** | 2분간 제자리 걷기는 6분 걷기와 함께 심폐지구력을 검사하기 위한 항목이다. 하지근지구력은 30초간 앉았다 일어나기를 통해, 민첩성은 2.44m 왕복 걷기로, 정적평형성은 눈 감고 외발 서기로 측정한다.

**2025 기출 유형**

**22** 관절염 노인의 신체활동 및 운동지침으로 옳지 않은 것은?

① 운동 시 느끼는 통증은 고려하지 않는다.
② 무릎관절에 충격이 적은 수중부하운동을 실시한다.
③ 특정 관절의 과사용을 피하기 위해 크로스 트레이닝을 실시한다.
④ 운동 전후에 냉찜질 또는 온찜질을 한다.

**해설** | 관절의 상해와 통증이 발생하지 않는 범위에서 운동을 실시하고, 통증이 지속될 경우 운동을 중단해야 한다.

**정답** 14 ③　15 ④　16 ③　17 ③　18 ①　19 ④　20 ③　21 ④　22 ①

**23** 고혈압 노인의 운동방법에 대한 일반적인 설명으로 적절하지 <u>않은</u> 것은?

① 운동강도는 최대산소섭취량의 40~60% 정도가 적절하다.
② 심폐지구력운동, 유연성운동, 등척성운동을 포함한 근력운동 등을 실시한다.
③ 발살바조작 등 혈압의 증가 요인을 피하도록 해야 한다.
④ 운동 시 약물에 의한 심박수 및 심박출량 저하와 부정맥의 발생에 유의한다.

**해설 |** 고혈압과 같은 심혈관계 질환자의 경우 지속적인 등척성 운동은 금기이므로 삼가도록 한다.

**24** 〈보기〉는 노인의 유연성 운동형태에 대한 설명이다. ㉠, ㉡에 들어갈 용어를 바르게 나열한 것은?

> **보기**
> - ( ㉠ ) : 약 15~30초의 느리고 일정한 속도로 스트레칭 동작을 수행하는 방법
> - ( ㉡ ) : 특정 근육군과 건에 등척성 수축을 일으킨 후, 같은 근육군을 정적으로 스트레칭하는 방법

| | ㉠ | ㉡ |
|---|---|---|
| ① | PNF스트레칭 | 동적스트레칭 |
| ② | 정적스트레칭 | PNF스트레칭 |
| ③ | 정적스트레칭 | 탄성스트레칭 |
| ④ | 동적스트레칭 | 탄성스트레칭 |

**해설 |** ㉠ 정적스트레칭은 느리고 일정한 속도로 동작을 수행하는 스트레칭으로 일반적으로 가장 많이 행해지는 스트레칭이며 노인에게 가장 안전하고 효과적인 스트레칭이다.
㉡ PNF스트레칭, 즉 고유수용성 신경근 촉진 스트레칭은 근육군 및 건에 등척성 수축을 일으킨 후 동일한 근육군을 정적으로 스트레칭하는 방법이다.

**25** 파킨슨병과 운동프로그램에 대한 설명으로 적절하지 <u>않은</u> 것은?

① 도파민 신경세포의 급격한 증가로 나타나는 퇴행성 질환이다.
② 동작의 둔화와 근육 경직, 균형감각의 장애 등이 나타난다.
③ 꾸준한 근력운동을 통해 체형 변화로 인한 부작용의 지연이 가능하다.
④ 트레드밀보다는 앉은 자세에서 수행하는 유산소운동이 권장된다.

**해설 |** 파킨슨병은 도파민 신경세포의 소실로 인해 발생하는 신경계의 만성 진행성 퇴행성 질환이다.

**2025 기출 유형**

**26** 노인운동 시 안전관리에 관한 지침에 해당하지 <u>않는</u> 것은?

① 고온 다습한 환경 혹은 저온 건조한 환경에서는 운동을 피한다.
② 운동 장비의 사용 방법 및 사용 시 주의사항을 적절한 장소에 게시한다.
③ 청각에 문제가 있는 노인의 경우 잘 들리지 않는 귀 쪽으로 큰 소리로 이야기한다.
④ 급격히 혈압이 상승하거나 호흡곤란으로 숨을 제대로 쉬지 못하는 경우 운동을 바로 중지한다.

**해설 |** 청각적 문제가 있는 노인이라면 상대적으로 잘 들리는 귀 쪽으로 큰 소리로 이야기하며 지도한다.

**2025 기출 유형**

**27** 노인 운동 지도 시 운동을 중지해야 하는 상황으로 옳지 않은 것은?

① 급격한 혈압 상승이 나타나는 경우
② 고온 다습 혹은 추운 환경으로 운동 수행이 위험한 경우
③ 호흡곤란의 발생으로 숨을 제대로 쉬지 못하는 경우
④ 운동 도중 약간의 근육통을 호소하는 경우

해설 | 급격한 혈압 변화, 호흡곤란, 경련, 심부전 징후, 환경적 위험 등은 운동을 즉시 중단해야 하는 중요한 징후이다. 반면, 운동 도중 약간의 근육통은 일반적인 생리적 반응일 수 있으며, 그 정도와 상황을 관찰하여 운동 강도를 조절하거나 휴식을 권장하면 된다. 따라서, 반드시 운동을 중지해야 하는 상황은 아니다.

**28** 운동 중 노인의 심정지 상황이 발생했을 때의 응급처치 방법으로 적절한 것은?

① 자동제세동기는 구급대원이 도착하기 전까지는 사용하지 않는다.
② 환자의 의식이 없을 경우 가장 먼저 심폐소생술을 실시한다.
③ 가슴압박은 구급대원이 도착할 때까지 중단 없이 실시한다.
④ 심폐소생술을 실시할 경우 반드시 인공호흡을 해 주어야 한다.

해설 | 심폐소생술, 특히 가슴압박은 환자의 의식이 돌아오지 않더라도 구급대원이 도착할 때까지 계속해서 중단 없이 실시해야 한다.
① 자동제세동기를 이용할 수 있을 경우 주의사항 등을 충분히 유의하여 사용한다.
② 환자의 의식이 없을 경우 가장 먼저 119에 신고하고 그 후 즉시 심폐소생술을 실시한다.
④ 심폐소생술을 실시할 때 인공호흡을 실시하지 못할 경우 가슴압박만을 실시해도 무방하다.

**29** 미국스포츠의학회(ACSM, 2022)가 제시한 관상동맥 질환의 위험인자와 그 내용으로 옳지 않은 것은?

① 흡연 : 과거 흡연 경험이 있는 경우
② 고혈압 : 수축기 혈압이 130mmHg 이상, 이완기 혈압이 80mmHg 이하인 경우
③ 비만 : BMI 30kg/m$^2$ 이상, 허리둘레는 남성 102cm 이상, 여성 88cm 이상
④ 가족력 : 심근경색, 관상동맥관 재개통술 및 급사한 가족이 있는 경우

해설 | 미국스포츠의학회(ACSM, 2022)가 제시한 관상동맥 질환의 위험인자 중 흡연은 '현재 흡연 혹은 금연한지 6개월 이내인 경우'이다.

**30** 〈보기〉 중 근골격계 질환이 있는 노인에게 적합하지 않은 운동을 모두 고른 것은?

**보기**

| ㉠ 줄넘기 | ㉡ 수영 |
| ㉢ 등산 | ㉣ 걷기 |
| ㉤ 테니스 | ㉥ 고정식 자전거 타기 |

① ㉠, ㉡, ㉢
② ㉠, ㉢, ㉤
③ ㉡, ㉤, ㉥
④ ㉢, ㉣, ㉥

해설 | 근골격계 질환이 있는 노인은 노화로 인해 골밀도가 낮아져 골절 등이 일어날 가능성이 높고 관절의 통증 등으로 관절 가동 범위도 줄어들어 있는 상태이다. 따라서 근골격 및 관절에 무리가 갈 수 있는 줄넘기나 테니스 등의 운동과 등산과 같이 낙상의 위험이 높은 운동도 피하는 것이 좋다.

정답 | 23 ② 24 ② 25 ① 26 ③ 27 ④ 28 ③ 29 ① 30 ②

# 최신 3개년 기출문제 (필수과목)

| 2025년 필수과목 기출문제
| 2024년 필수과목 기출문제
| 2023년 필수과목 기출문제
| 2025년 필수과목 기출문제 정답 및 해설
| 2024년 필수과목 기출문제 정답 및 해설
| 2023년 필수과목 기출문제 정답 및 해설

# 2025 필수과목 기출문제

**특수체육론**

**01** 특수체육에 관한 설명으로 옳지 않은 것은?

① 특별한 요구를 가진 사람들을 위해 프로그램을 변형한다.
② 장애인이 참여하는 체육으로 비장애인과 함께 하는 활동을 포함한다.
③ 신체활동 참여에서 장애인의 임파워먼트(empowerment)를 강조한다.
④ 학교체육 중심으로 생활체육이나 경쟁 스포츠 참여는 제한한다.

**02** 〈보기〉에 해당하는 장애 유형의 체육활동 지도 방법으로 옳지 않은 것은?

> **보기**
> • 지적 기능과 적응행동이 제한된다.
> • 쉽게 좌절하거나 동기 유발이 부족하다.
> • 주의 집중 시간이 짧고 단기 기억에 어려움이 있다.

① 복잡한 계획이 필요하고 과제가 자주 바뀌는 활동을 강조한다.
② 활동 초기에 학생의 개별적 특성을 파악하여 친밀감을 형성한다.
③ 학생이 흥미를 보이는 활동에서 시작하여 다양한 형태로 발전시킨다.
④ 과제 활동을 제한하는 행동을 파악하고 개별적인 행동관리 계획을 수립한다.

**03** 특수체육 수업 방식에 관한 설명으로 옳지 않은 것은?

① 또래 교수(peer tutoring) : 친구나 선배가 교사로 참여한다.
② 협동학습(cooperative learning) : 학생들이 팀이나 소집단으로 학습한다.
③ 스테이션 교수(station teaching) : 여러 곳에 과제를 배치하고 돌아가며 학습한다.
④ 역주류화 수업(reverse mainstreaming) : 교사와 학생이 역할을 바꿔가며 과제를 수행한다.

**04** 정서·행동장애 학생의 특성을 고려한 체육활동 지도 전략으로 적절하지 않은 것은?

① 주의를 분산시키는 자극을 최소화한다.
② 활동 규칙을 정하고 안전교육을 실시한다.
③ 환경을 구조화하고 예측이 가능한 과제를 제시한다.
④ 정서적 예민함을 고려하여 뉴스포츠와 경쟁 활동을 배제한다.

**05** 〈보기〉에서 설명하는 시각장애인 스포츠 종목은?

> **보기**
> • 시각 정보 없이 청각과 촉각을 활용하여 공의 위치와 방향을 파악한다.
> • 탁구대와 유사한 테이블 위에서 소리 나는 공을 배트로 쳐서 상대편 포켓에 넣는다.

① 골볼     ② 보체
③ 쇼다운   ④ 텐핀 볼링

## 06. 지체장애인에게 운동을 지도할 때 주의할 사항으로 옳지 않은 것은?

① 절단장애인의 절주 부위를 마사지하여 예민함을 감소시킨다.
② 절단장애인의 절주 부위 땀과 체액 분비물을 주기적으로 닦아 준다.
③ 척수손상 장애인에게 기립성 저혈압이 발생하면 고강도 근력운동으로 전환한다.
④ 척수손상 장애인의 과도한 체온 상승 예방을 위해 휴식을 취하고 수분을 섭취하게 한다.

## 07. 휠체어 스포츠의 경기 방법에 관한 설명으로 옳은 것은?

① 휠체어 농구 : 공을 잡고 4회까지 휠체어를 밀고 이동할 수 있다.
② 휠체어 럭비 : 한 팀은 남녀 구분 없이 4명이 경기에 출전할 수 있다.
③ 휠체어 컬링 : 팀원 중 한 사람이라도 투구하는 사람의 휠체어에 닿으면 안 된다.
④ 휠체어 테니스 : 투 바운드가 허용되나 두 번째 바운드가 코트를 벗어나면 실점한다.

## 08. 〈보기〉에서 설명하는 체력운동의 원리는?

> **보기**
> 달리기를 지루해하는 지적장애 학생을 위해 줄넘기와 달리기를 혼합하여 실시하고, 중간에 휴식을 적절히 제공하였다.

① 다양성의 원리　② 특수성의 원리
③ 전면성의 원리　④ 가역성의 원리

## 09. 특수체육 평가 도구에 관한 설명으로 옳은 것은?

① PDMS-2(Peabody Developmental Motor Scale-2) : 2~7세까지 운동 기술을 종합적으로 검사한다.
② BOT-2(Bruininks-Oseretsky Test of Motor Proficiency-2) : 2~10세까지 감각 운동과 기본 운동 기술을 검사한다.
③ PAPS-D(Physical Activity Promotion System for Students with Disabilities) : 심폐 기능, 근 기능, 유연성, 민첩성, 장애 수용 정도를 검사한다.
④ BPFT(Brockport Physical Fitness Test) : 장애 유형에 따라 항목별 검사 방법이 구분되며 최소 건강 기준과 권장 기준을 제시한다.

## 10. 그림의 순서대로 공 던지기를 지도하는 과정에 적용한 행동 관리 기법은?

> 던지기 자세를 설명하며 몸통과 팔꿈치를 잡고 교정함
> 
> 던지기 자세를 설명하고 시범으로 보여주며 연습하게 함
> 
> 언어 지시로만 던지기를 수행하게 함

① 용암법(fading)
② 과다 교정(overcorrection)
③ 행동 계약(behavior contract)
④ 프리맥 원리(Premack principle)

11. 표의 지침과 준거를 사용하는 검사 도구에 관한 설명으로 옳은 것은?

| 기술 | 지침 | 수행 준거 | 1차 | 2차 | 점수 |
|---|---|---|---|---|---|
| 두 손으로 정지된 공 치기 | • 배팅 티 위에 아동의 허리 높이로 공을 올려놓는다.<br>• 아동에게 공을 세게 치라고 지시한다. | 잘 쓰는 손을 위쪽에, 잘 안 쓰는 손은 아래쪽에 가도록 하여 배트를 잡는다. | | | |
| | | 아동이 잘 쓰지 않는 어깨와 엉덩이가 앞쪽으로 가도록 바라본다. | | | |
| | | 스윙하는 동안 어깨와 엉덩이를 회전시킨다. | | | |
| | | 잘 쓰지 않는 발을 공 쪽으로 내딛는다. | | | |
| | | 공을 쳐서 앞쪽으로 보낸다. | | | |

① 준거지향적 방식과 규준지향적 방식 모두 활용이 가능하다.
② 5가지 이동 운동 기술과 6가지 공(ball) 조작 운동 기술을 측정한다.
③ 수행 준거를 어느 정도 성취했느냐에 따라 1점 또는 2점을 부여한다.
④ 발달장애 아동을 위한 검사 도구로 관찰과 면담을 통해 운동능력을 평가한다.

12. 〈보기〉의 장애 유형에 관한 설명으로 옳은 것은?

> **보기**
> 중추신경계 손상에 의한 근육마비, 협응성 장애, 근육 약화, 기타 운동기능 장애를 보이는 비진행성 신경장애이다.

① 발작이 발생하면 움직임을 제한하고 곧바로 물을 마시게 한다.
② 단마비(monoplegia)는 양팔이나 양다리에 마비가 있는 경우이다.
③ 비정상적 반사 발달과 신체 협응의 어려움, 가위 보행을 보이는 경우가 많다.
④ 운동실조증(ataxia)은 대뇌 기저핵의 손상으로 불수의적 움직임과 머리 조절에 어려움을 보인다.

13. 그림은 특수체육 프로그램 서비스 전달 체계이다. ㉠~㉢에 들어갈 용어를 바르게 나열한 것은?

| | ㉠ | ㉡ | ㉢ |
|---|---|---|---|
| ① | 개별화교육계획 | 평가 | 지도·상담 |
| ② | 개별화교육계획 | 지도·상담 | 평가 |
| ③ | 지도·상담 | 평가 | 개별화교육계획 |
| ④ | 지도·상담 | 개별화교육계획 | 평가 |

**14** 〈보기〉가 설명하는 이동 운동 기술은?

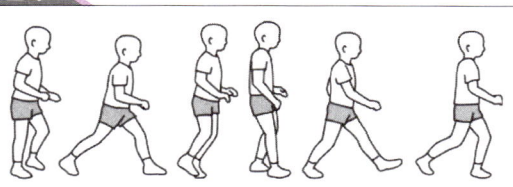

- 정면을 보고 서서 한 발을 다른 쪽 발 앞에 놓는다.
- 뒤쪽 발을 앞발 쪽으로 미끄러지듯 옮긴다.
- 그런 다음 앞쪽 발을 옮겨 놓는다.
- 양팔을 아래위로 움직이거나 교대로 움직인다.

① 호핑(hopping)
② 갤로핑(galloping)
③ 리핑(leaping)
④ 슬라이딩(sliding)

**15** 〈보기〉에서 청각장애인에게 체육활동을 지도할 때 고려할 사항으로 옳은 것만을 모두 고른 것은?

ㄱ. 체육관이나 운동장의 소음을 최소화한다.
ㄴ. 대화 중에 입을 가리거나 껌을 씹지 않는다.
ㄷ. 시범과 시각적 지도 단서를 활용하여 설명한다.
ㄹ. 공을 패스하기 전에 서로 눈을 맞추고 패스한다.

① ㄱ, ㄴ
② ㄱ, ㄴ, ㄷ
③ ㄱ, ㄴ, ㄹ
④ ㄱ, ㄴ, ㄷ, ㄹ

**16** 지적장애인을 위한 체육활동의 변형 방법으로 옳지 않은 것은?

① 배구 : 네트 높이를 낮춘다.
② 수영 : 레인의 폭을 축소한다.
③ 소프트볼 : 티 위에 공을 올려놓고 친다.
④ 줄넘기 : 양손에 각각 짧은 줄을 잡고 돌리며 점프한다.

**17** 장애학생 체육활동 지도를 위한 개별화교육프로그램(IEP)의 목표 진술 3요소가 아닌 것은?

① 행동(action)
② 기준(criterion)
③ 언어(language)
④ 조건(condition)

**18** 그림의 로고를 사용하는 국제장애인경기대회에 관한 설명으로 옳지 않은 것은?

① 창시자는 구트만(L. Guttmann)이다.
② 제1회 하계대회는 1960년 로마에서 개최되었다.
③ 주관 단체는 ISOD(International Sports Organization for the Disabled)이다.
④ 참가 대상은 척수손상, 절단 및 기타 장애, 뇌성마비, 시각장애, 지적장애이다.

**19** 장애인을 위한 체육활동 변형 방법에 관한 설명으로 적절하지 않은 것은?

① 참여를 유도하는 방향으로 변형한다.
② 활동의 본질을 변형하여 새로운 활동으로 구성한다.
③ 장애로 인한 참여 제한이 발생하지 않도록 변형한다.
④ 변형된 활동이 효과적이지 못하면 다시 수정하거나 보완한다.

20 저시력을 가진 시각장애인에게 체육활동을 지도할 때 고려할 사항으로 적절하지 않은 것은?

① 안전을 고려하여 모든 수행을 직접적으로 보조한다.
② 단순하고 명확하게 디자인된 시각 자료를 사용한다.
③ 활동 경계선을 쉽게 알 수 있도록 바닥에 테이프를 붙여 준다.
④ 운동 장비에 음향 신호를 추가하여 위치 파악이 쉽도록 돕는다.

## 유아체육론

01 기본운동기술 범주에서 안정성 기술에 속하는 움직임 양식(movement pattern)이 아닌 것은?

① 굽히기(bending)
② 스키핑(skipping)
③ 늘리기(stretching)
④ 직립 균형(upright balance)

02 다음 '움직임 분류' 일차원 모델에서 ㉠~㉣에 들어갈 용어가 바르게 나열된 것은?

| 움직임의 (㉠) | 움직임의 (㉡) | 움직임의 (㉢) | 움직임의 (㉣) |
|---|---|---|---|
| 대근 운동 기술 | 불연속 운동 기술 | 개방형 운동 기술 | 안정 과제 |
| 소근 운동 기술 | 연속 운동 기술 | 폐쇄형 운동 기술 | 이동 과제 |
| | 지속 운동 | | 기술조작 과제 |

|   | ㉠ | ㉡ | ㉢ | ㉣ |
|---|---|---|---|---|
| ① | 근육 | 환경 | 맥락 | 기능 |
| ② | 근육 | 시간적 연속성 | 환경 | 기능 |
| ③ | 의도 | 시간적 연속성 | 맥락 | 환경 |
| ④ | 기능 | 의도 | 시간적 연속성 | 근육 |

03 〈보기〉에서 건강 및 수행 관련 체력 요소에 관한 설명으로 옳은 것만을 모두 고른 것은?

보기
ㄱ. 평형성-신체의 자세를 유지하는 능력
ㄴ. 유연성-신체 내외의 자극에 대응하는 운동 능력
ㄷ. 민첩성-자극에 반응하여 속도·방향을 신속하게 전환하는 능력
ㄹ. 협응성-각각의 운동 체계와 다양한 감각 양식을 효율적인 운동 패턴으로 통합하는 능력

① ㄱ, ㄴ, ㄷ
② ㄱ, ㄴ, ㄹ
③ ㄱ, ㄷ, ㄹ
④ ㄴ, ㄷ, ㄹ

## 04 〈보기〉에서 설명하는 원시반사 유형에 관한 내용으로 옳지 않은 것은?

> **보기**
> - 출생 후 몸을 보호하는 데 필요한 반사 유형이다.
> - 신경적인 변이나 손상 예측에 사용되는 대표적인 반사이다.
> - 이 반사 유형이 비대칭적으로 나타날 경우 신경적인 변이나 손상을 추측할 수 있다.

① 시기 : 출생부터 4~7개월까지 나타난다.
② 반응 : 특정한 자극에 팔과 다리가 신전되며 팔을 벌리고 손가락을 편다.
③ 유발자극 : 놀라거나 아래로 떨어지는 자극에는 발생하지 않는다.
④ 기타 : 소멸 시기 이후에도 지속되면 감각운동 장애의 발생을 추측할 수 있다.

## 05 〈보기〉가 설명하는 운동발달 프로그램의 구성 원리는?

> **보기**
> - 유소년의 연령, 성별, 신체 특성의 변화와 순서를 고려해야 함
> - 유소년의 발달 단계를 고려하여 운동 프로그램을 계획하는 것이 중요함
> - 간단한 동작에서 복잡한 동작으로, 쉬운 활동에서 어려운 활동으로 지도해야 함

① 다양성의 원리   ② 안전성의 원리
③ 특이성의 원리   ④ 연계성의 원리

## 06 〈보기〉에서 설명하는 에릭슨(E. Erikson)의 심리사회발달 단계는?

> **보기**
> - 기초적인 인지 기술과 사회적 기술의 습득이 중요함
> - 소속된 사회, 문화를 습득하여 실수나 실패를 접하는 것이 중요함
> - 타인과 자신을 비교하여 긍정적, 부정적 경험을 할 수 있음

① 2단계(자율성 또는 수치심 발달)
② 3단계(주도성 또는 죄의식 발달)
③ 4단계(근면성 또는 열등감 발달)
④ 5단계(정체감 또는 역할혼미 발달)

**07** 하비거스트(R. Havighurst)의 발달 과제 이론에서 ㉠~㉢에 들어갈 내용을 바르게 나열한 것은?

| 발달 단계 | 1단계(0~6세) | 2단계(7~12세) | 3단계(13~18세) |
|---|---|---|---|
| 성취 과업 | 걷기 학습 | 개인적 독립심 획득 | 자신의 체격 수용 |
| | 옳고 그름을 구별하는 학습의 발달 | 일상 놀이에 필요한 신체적 기술의 학습 | 성숙한 관계 형성 및 사회적 역할 획득 |
| | ( ㉠ ) | ( ㉡ ) | ( ㉢ ) |

| | ㉠ | ㉡ | ㉢ |
|---|---|---|---|
| ① | 사회적·물리적 실체 묘사를 위한 개념 습득 | 자신에 대한 건전한 태도 확립 | 행동을 이끄는 가치 체계 획득 |
| ② | 자신에 대한 건전한 태도 확립 | 행동을 이끄는 가치 체계 획득 | 사회적·물리적 실체 묘사를 위한 개념 습득 |
| ③ | 일상생활에 필요한 개념 발달 | 자신에 대한 건전한 태도 확립 | 사회적·물리적 실체 묘사를 위한 개념 습득 |
| ④ | 사회적·물리적 실체 묘사를 위한 개념 습득 | 자신에 대한 건전한 태도 확립 | 일상생활에 필요한 개념 발달 |

**08** 그림에 제시된 동작의 시작 단계 특징으로 옳지 않은 것은?

〈치기 동작의 시작 단계〉

① 양발은 고정한다.
② 몸통 회전이 없다.
③ 엉덩이를 회전시킨다.
④ 팔꿈치를 완전히 굽힌다.

**09** 초보 움직임 시기의 '반사 억제 단계(reflexive inhibition stage)'에 관한 설명으로 옳지 않은 것은?

① 운동 피질의 발달과 특정 환경적 억제 요인의 감소 현상이 일어난다.
② 반사 억제 수준에서 수의적 움직임의 분화와 통합은 낮은 수준을 보인다.
③ 이 단계에 발생하는 수의적인 움직임들은 대부분 제어가 힘들고 정교함이 떨어진다.
④ 뇌하부 중추가 운동 피질보다 이전 단계에 비해 상대적으로 더 많이 발달하며 이 시기의 움직임 제어에 필수적으로 작용한다.

**10** 유소년기 발달에 관한 검사 도구와 목적의 연결이 옳지 <u>않은</u> 것은?

| | 검사 | 도구목적 |
|---|---|---|
| ① | TGMD-3 (Test of Gross Motor Development-3) | 신체, 언어, 인지, 적응 행동의 기능 발달 검사 |
| ② | BOTMP-2 (Bruininks-Oseretsky Test of Motor Proficiency-2) | 다양한 발달 문제의 진단 및 선별, 대근·소근운동 발달 검사 |
| ③ | PDMS-2 (Peabody Developmental Motor Scale-2) | 유아기 기본 운동 기술의 훈련 또는 개선 검사 |
| ④ | K-DST (Korean Denver Development Screening) | 발달에 문제가 있는 영유아를 선별하기 위한 부모 보고식 검사 |

**11** 〈보기〉에서 설명하는 모스턴과 애쉬워드(M. Mosston&S. Ashworth)의 교수-학습 전략(strategies)은?

> **보기**
> - 수업 시 공간과 장비의 제약을 보완해 줄 수 있다.
> - 학습자들이 서로 다른 과제들을 동시에 익히도록 하는 데 효과적이다.
> - 학습자들이 이미 배운 적이 있는 기술을 실행하거나 자신을 평가할 때 효과적이다.

① 스테이션 교수(station teaching)
② 동료 교수(peer teaching)
③ 협동 학습(cooperative learning)
④ 전술 게임(tactical games)

**12** 계획적인 유아체육 프로그램을 구성할 때 고려해야 할 사항으로 옳지 <u>않은</u> 것은?

① 유아의 참여가 어려운 게임은 되도록 배제한다.
② 프로그램 사전 계획 시 대상자 연령, 인원, 장소, 도구 등을 미리 파악한다.
③ 다양한 교보재와 활동 지시문을 활용해 유아가 스스로 순환하면서 활동하도록 유도한다.
④ 설치하는 기구는 유아 개개인의 다양한 발달 수준을 고려하지 않고 획일적으로 활용한다.

**13** 그림은 얼릭(D. Ulrich)이 제시한 대근운동발달의 시기와 단계이다. ㉠, ㉡에 들어갈 내용을 바르게 나열한 것은?

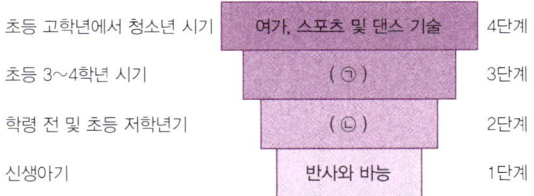

| | ㉠ | ㉡ |
|---|---|---|
| ① | 기본 대근운동 기술과 양식(patterns) | 리드-업(lead-up) 게임과 기술 |
| ② | 자세조절 기술 | 운동감각 지각(kinesthetic perception) |
| ③ | 운동감각 지각(kinesthetic perception) | 자세조절 기술 |
| ④ | 리드-업(lead-up) 게임과 기술 | 기본 대근운동 기술과 양식(patterns) |

**14** 〈보기〉는 「국민체육진흥법」(2024.10.31. 시행) 제2조의9 '유소년 스포츠지도사' 정의에 관한 내용이다. ㉠, ㉡에 들어갈 용어로 옳은 것은?

> **보기**
> '유소년 스포츠지도사'란 유소년의 (㉠), (㉡) 등에 대한 지식을 갖추고 제9조의6에 따른 자격 종목에 대하여 유소년을 대상으로 체육을 지도하는 사람을 말한다.

|   | ㉠ | ㉡ |
|---|---|---|
| ① | 행동양식 | 인지발달 |
| ② | 방관적 행동 | 신체발달 |
| ③ | 방관적 행동 | 인지발달 |
| ④ | 행동양식 | 신체발달 |

**15** ㉠, ㉡에 해당하는 교수-학습 방법을 바르게 나열한 것은?

> ㉠
> • 지도자가 다양한 동작 과제나 질문을 학습자에게 제시함
> • 지도자는 학습자가 제안한 해결 방법이 무엇이든 인정하고 받아들임
> • 학습의 결과가 아니라 학습 과정 그 자체에 우선적인 초점을 둠
>
> ㉡
> • 학습자의 구체적인 동작 경험을 위해 지도자나 또래의 활동을 관찰할 수 있는 기회를 제공함
> • 학습자가 여러 가지 방법을 사용할 수 있는 충분한 시간을 제공해야 함
> • 지도자는 계속해서 더 구체적인 질문을 하여 원하는 반응이 나오도록 유도함

|   | ㉠ | ㉡ |
|---|---|---|
| ① | 안내-발견적(guide-discovery) 방법 | 탐색적(exploratory) 방법 |
| ② | 탐색적(exploratory) 방법 | 학습자 설계(child-designed) |
| ③ | 탐색적(exploratory) 방법 | 안내-발견적(guide-discovery) 방법 |
| ④ | 학습자 설계(child-designed) | 안내-발견적(guide-discovery) 방법 |

**16** 갤러휴(D. Gallahue)의 움직임 기술 2차원 분류법에서 이동 기술의 움직임 양식에 속하지 <u>않는</u> 것은?

① 잡기(catching)
② 걷기(walking)
③ 달리기(running)
④ 점프하기(jumping)

**17** 유소년스포츠에서 활용될 수 있는 게임수업 방법과 설명의 연결이 옳지 <u>않은</u> 것은?

① 기능중심 게임수업(technical model) : 교사가 제시한 '왜(why)' 중심의 문제해결 수업을 진행한다.
② 기능중심 게임수업(technical model) : 행동주의에 근거하며, 기술을 자동화하기 위한 기능 숙달이 중심이다.
③ 이해중심 게임수업(teaching games for understanding) : '무엇을 할 것인가(what to do)'를 고민하며 인지적 학습이 선행된다.
④ 이해중심 게임수업(teaching games for understanding) : 구성주의 인식론에 근거하며, 게임에 대한 '이해'를 중심으로 문제해결 능력을 기른다.

**18** 유아기 걷기 동작의 기술 단계 분류에서 시작 단계의 특징은?

① 보폭이 커지고 안정된다.
② 발바닥 전체로 바닥과 접촉한다.
③ 팔 흔들기가 반사적으로 이루어진다.
④ 발끝이 바깥쪽으로 향하는 현상이 줄어든다.

**19** 피아제(J. Piaget)가 제시한 인지발달 단계와 특징의 연결이 옳지 <u>않은</u> 것은?

| 단계 | 특징 |
|---|---|
| ① 감각운동기 | 학습자는 감각경험과 움직임의 상호작용을 통하여 학습하게 된다. |
| ② 전조작기 | 활동적인 놀이를 통한 지적 실험으로 가역성을 갖게 된다. |
| ③ 구체적 조작기 | 보존개념이 형성되고 분류, 서열화 등의 수학적 조작능력이 나타난다. |
| ④ 형식적 조작기 | 인지적 과정을 통하여 추상적, 논리적, 체계적 사고를 할 수 있다. |

**20** 〈보기〉에서 설명하는 발달 이론은?

> **보기**
> - 직접 행동이 아니어도 사회적 상황에서 타인의 행동을 관찰하며 학습이 가능하다.
> - 유아 주변의 인물, 특히 부모의 언어 형태, 성역할, 사회적 행동을 모방한다.

① 비고츠키(L. Vygotsky)의 상호작용 이론
② 반두라(A. Bandura)의 사회학습 이론
③ 매슬로(A. Maslow)의 욕구위계 이론
④ 프로이드(S. Freud)의 정신분석 이론

## 노인체육론

**01** 활동이론을 옳게 설명한 것은?

① 활성산소의 증가가 노화를 촉진한다.
② 노화와 관련한 대표적 생물학적 이론이다.
③ 사회에서 점진적 역할 배제가 노화의 핵심이다.
④ 노인의 사회활동 참여 정도가 높을수록 생활 만족도가 높아진다.

**02** 근감소증(sarcopenia)에 관한 설명 중 옳지 <u>않은</u> 것은?

① 호흡근의 마비를 유발할 수 있다.
② 노화와 관련한 대표적인 증상 또는 질환이다.
③ 근위축(muscle atrophy)으로도 알려져 있다.
④ 유산소 능력, 골밀도, 인슐린 민감성 및 신진대사율 감소를 유발할 수 있다.

**03** 〈보기〉에서 생물학적 노화의 특성으로 옳은 것만 모두 고른 것은?

> **보기**
> ㄱ. 노화는 치료가 가능하다.
> ㄴ. 모든 사람에게 보편적으로 일어난다.
> ㄷ. 시간의 흐름에 따라 점진적으로 일어난다.
> ㄹ. 환경적 요인을 배제한 내재적 요인에 의해 발생한다.

① ㄱ, ㄹ
② ㄴ, ㄷ
③ ㄱ, ㄴ, ㄷ
④ ㄴ, ㄷ, ㄹ

**04** ⟨보기⟩에서 체중부하운동으로 옳은 것만 모두 고른 것은?

> **보기**
> ㄱ. 등산
> ㄴ. 스케이팅
> ㄷ. 테니스
> ㄹ. 고정식 자전거 타기
> ㅁ. 암 에르고미터(arm ergometer)
> ㅂ. 수영

① ㄱ, ㄴ, ㅁ  ② ㄱ, ㄴ, ㄷ
③ ㄷ, ㅁ, ㅂ  ④ ㄷ, ㄹ, ㅂ

**05** 노인의 운동 빈도에 관한 설명으로 옳지 <u>않은</u> 것은?

① 운동 빈도는 규칙적이어야 한다.
② 신체적으로 무리가 없는 경우 주 5일 이상도 권장된다.
③ 운동 의욕이 높은 노인의 경우 매일 강도 높은 운동이 권장된다.
④ 운동 효과와 피로도를 고려했을 때 주 3회 정도가 가장 적절하다.

**06** 만성질환 노인의 운동 효과로 옳지 <u>않은</u> 것은?

① 비만 노인의 체지방량이 감소하고 근육량은 유지되거나 증가된다.
② 골다공증 노인의 골밀도 감소가 개선되고 낙상과 골절이 예방된다.
③ 당뇨 노인의 혈당량이 감소하고 근육의 인슐린 민감성이 감소된다.
④ 퇴행성관절염 노인의 유연성이 향상되고 관절의 가동 범위가 증가된다.

**07** 뇌졸중 노인을 위한 운동 지도 시 고려해야 할 사항은?

① 우측마비 노인의 경우 언어지시보다 행동적 시범을 보인다.
② 마비가 없는 쪽에 집중적으로 스트레칭 운동을 실시하도록 한다.
③ 낙상 위험이 있으므로 균형감각과 기동성 향상을 위한 운동을 실시하지 않는다.
④ 장애 정도가 심한 노인의 경우 똑바로 선 상태에서 스텝핑 운동을 빠르게 하도록 한다.

**08** ⟨보기⟩에서 관절염 노인을 위한 운동 관련 설명으로 옳은 것만 모두 고른 것은?

> **보기**
> ㄱ. 체중부하운동을 실시한다.
> ㄴ. 운동 시 느끼는 통증은 고려하지 않는다.
> ㄷ. 운동 전후에 냉찜질 또는 온찜질을 한다.
> ㄹ. 수중운동 시 물의 온도는 29~32℃를 유지한다.
> ㅁ. 특정 관절의 과사용을 피하기 위해 크로스트레이닝을 실시한다.

① ㄱ, ㄴ, ㄷ  ② ㄴ, ㄹ, ㅁ
③ ㄷ, ㄹ, ㅁ  ④ ㄱ, ㄷ, ㄹ

**09** ⟨보기⟩에서 설명하는 노화 이론은?

> **보기**
> 통계에 따르면 전문체육인이 일반인에 비해 퇴행성관절염 발병률이 더 높다고 보고되고 있다. 그뿐만 아니라 전문체육 종목 중에서도 상대적으로 몸을 더 많이 사용하는 축구나 미식축구 선수들의 은퇴 시기가 골프, 야구 선수에 비해 빠른 것으로 나타났다.

① 면역반응이론  ② 교차결합이론
③ 세포노화이론  ④ 사용마모이론

**10** 〈보기〉의 ㉠, ㉡에 들어갈 용어로 옳은 것은?

> **보기**
> • ( ㉠ ) 길이가 감소하면서 노화가 일어난다.
> • 노화로 인한 대표적 관절 질환은 ( ㉡ )이다.

| | ㉠ | ㉡ |
|---|---|---|
| ① | 텔로미어 | 퇴행성 관절염 |
| ② | 글루코스 | 퇴행성 관절염 |
| ③ | 텔로미어 | 류마티스 관절염 |
| ④ | 글루코스 | 류마티스 관절염 |

**11** 노인 운동 시 준비운동과 정리운동의 이점에 관한 다음 표에서 ㉠, ㉡에 들어갈 용어로 옳은 것은?

| 준비운동 | 정리운동 |
|---|---|
| • 손상 위험 감소<br>• 움직이는 동작 범위 향상<br>• 사용되는 근육으로의 혈액 순환 ( ㉠ ) | • 체내 온도 감소<br>• 젖산 농도 감소<br>• 혈액의 카테콜아민 수치 ( ㉡ ) |

| | ㉠ | ㉡ |
|---|---|---|
| ① | 증가 | 증가 |
| ② | 증가 | 감소 |
| ③ | 감소 | 증가 |
| ④ | 감소 | 감소 |

**12** 〈보기〉의 노인 운동 지도 시 손상 방지 및 응급상황에 관한 안전관리 예방 지침 중 옳은 것만 모두 고른 것은?

> **보기**
> ㄱ. 운동 중에 적정한 실내 온도가 유지되는지 확인한다.
> ㄴ. 운동 시작 전에 모든 참여자에게 사전 검사를 하여 현재 상태를 파악한다.
> ㄷ. 실외 운동 시작 전에 모든 참여자에게 선글라스와 모자 등을 착용하도록 안내한다.
> ㄹ. 심장질환자의 경우 운동 전후 혈당을 확인하고, 저혈당에 대비해서 당 섭취가 가능한 간식을 준비한다.
> ㅁ. 운동 중 가슴 통증, 불규칙한 심박수, 호흡곤란, 현기증 등이 나타나면 곧바로 운동을 중단하고 병원으로 이동한다.

① ㄱ, ㄷ, ㄹ
② ㄴ, ㄹ, ㅁ
③ ㄱ, ㄴ, ㄷ, ㅁ
④ ㄱ, ㄴ, ㄷ, ㄹ, ㅁ

**13** 〈보기〉에서 설명하는 노화를 보는 관점은?

> **보기**
> 발테스(P.Baltes et al.)와 그 동료들은 노화를 손실(loss)과 이득(gain)이 함께 일어나는 과정이라고 하였다. 노화로 인해 신체적 기능 손실이 있는 반면에 경험으로 얻은 환경에 대한 적응력, 지혜와 같은 이득도 있다. 그들은 인간 발달을 두 단계로 나누었는데 첫 단계는 초기 발달 단계로 급속한 신체적 발달이 나타나고 이후의 단계에서는 신체적 발달은 더디나 환경에 적응하는 능력은 지속적으로 발달한다.

① 1차적 노화(primary aging)
② 2차적 노화(secondary aging)
③ 생태학적 발달(ecological development)
④ 전 생애적 발달(life-span development)

**14** 〈보기〉에서 청각적 문제가 있는 박 할아버지가 안전한 환경에서 효과적인 운동을 지도받기 위한 안전관리 지침 중 옳은 것만 모두 고른 것은?

> **보기**
> ㄱ. 운동 장소는 소음이 적은 조용한 곳을 선정한다.
> ㄴ. 운동 장소는 눈이 부실 정도로 조명을 밝게 한다.
> ㄷ. 운동 지도 시 잘 들리는 귀 쪽으로 가서 설명한다.
> ㄹ. 운동 지도 시 입술 모양이나 표정을 활용해 지도한다.
> ㅁ. 복잡한 운동 방법이나 기술을 설명할 때는 시범이나 사진과 같은 보조물을 활용한다.

① ㄱ, ㄴ, ㄷ  ② ㄴ, ㄹ, ㅁ
③ ㄴ, ㄷ, ㄹ, ㅁ  ④ ㄱ, ㄷ, ㄹ, ㅁ

**15** 노인의 평형성 향상 운동으로 옳지 않은 것은?

① 자기 체중을 이용한 한 발 들기

② 앉아서 허리 앞으로 구부리기

③ 일렬로 걷기

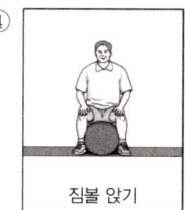
④ 짐볼 앉기

**16** 저항성 운동이 노인에게 미치는 효과로 옳지 않은 것은?

① 근육량 증가
② 혈중지질 증가
③ 인슐린 감수성 증가
④ 젖산에 대한 내성 증가

**17** 운동의 사회적 관계 형성에서 노인 운동 참여로 얻을 수 있는 사회적 효과로 옳지 않은 것은?

① 새로운 운동 기술을 습득한다.
② 새로운 친구를 만나 교류를 촉진한다.
③ 역할 유지 및 새로운 역할 부여에 도움이 된다.
④ 세대 간 연결 기회를 제공하여 교류를 확대한다.

**18** 노인의 지속적인 운동 참여를 위한 효과적인 목표의 특징과 실제 목표설정이 옳지 않은 것은?

| | 특징 | 실제 목표설정 |
|---|---|---|
| ① | 측정 가능한 | "나는 1년 동안 주 3회 1시간씩 걷기를 할 것이다." |
| ② | 구체적 | "나는 월, 수, 금요일 오전 10시 수영 수업에 참여할 것이다." |
| ③ | 현실적 | "나는 운동 참여를 통해 치매를 고칠 것이다." |
| ④ | 행동적 | "나는 주 3회 걷기와 주 2회 밴드 운동을 할 것이다." |

**19** 노인을 대상으로 한 운동 시 주의 사항으로 옳지 않은 것은?

① 평형성 운동 시 모든 균형의 이동은 천천히 그리고 신중하게 수행할 수 있도록 한다.
② 유산소 운동 시 과부하를 증가시키기 전에 최소 2주의 적응 기간을 준다.
③ 유연성 운동 시 정적 스트레칭은 효과를 위해 최대의 통증이 있을 때까지 신장할 수 있도록 실시한다.
④ 저항성 운동 시 부하를 사용하는 경우가 있기 때문에 운동 중의 노인들은 세심하게 감독하고 관찰한다.

**20** 효과적인 노인 운동 지도를 위한 노인스포츠지도사의 마음가짐으로 옳지 않은 것은?

① 친근함을 위해 반말을 사용해도 된다고 생각한다.
② 과제 해결을 위한 문제 의식과 사명감을 가지고 임해야 한다.
③ 노인 운동 참여자의 운동 몰입 및 지속을 끌어내는 마음가짐이 필요하다.
④ 기능 제한이 있는 노인에게는 처한 상황을 극복할 수 있게 조력자가 되어야 한다.

# 2024 필수과목 기출문제

## 특수체육론

**01** 장애인복지법(1989)에 근거하여 최초로 설립된 장애인 체육 행정 조직은?

① 대한장애인체육회
② 대한민국상이군경회
③ 한국장애인복지체육회
④ 한국소아마비아동특수보육협회

**02** 장애인스포츠지도사의 역할로 옳지 않은 것은?

① 장애인의 독특한 요구(unique needs)를 확인한다.
② 장애인의 기능 회복을 위한 치료 서비스를 제공한다.
③ 장애인에게 적합한 지도환경과 지도내용을 결정한다.
④ 스포츠와 관련된 과제, 환경 등을 장애인의 요구에 맞게 변형한다.

**03** 〈보기〉의 ㉠~㉣에 들어갈 용어를 옳게 나열한 것은?

보기
- ( ㉠ ) : 개인의 행동특성을 다양한 형태의 증거를 근거로 종합적으로 판단(예 배치)하는 과정
- ( ㉡ ) : 수집된 자료에 근거하여 가치 판단을 내리는 과정
- ( ㉢ ) : 행동특성을 수량화하는 과정
- ( ㉣ ) : 운동기술과 지식 등을 측정하기 위한 도구

|   | ㉠ | ㉡ | ㉢ | ㉣ |
|---|---|---|---|---|
| ① | 사정 | 평가 | 검사 | 측정 |
| ② | 평가 | 사정 | 측정 | 검사 |
| ③ | 사정 | 평가 | 측정 | 검사 |
| ④ | 평가 | 사정 | 검사 | 측정 |

**04** TGMD-3(Test of Gross Motor Development-3)에 대한 설명으로 옳은 것은?

① 3~6세 아동만을 대상으로 한다.
② 규준참조평가도구로 사용할 수 없다.
③ 6가지의 이동기술 검사항목과 5가지의 공(ball) 기술 항목을 검사한다.
④ 각 검사항목의 수행 준거를 정확하게 수행하면 1점, 정확하게 수행하지 못하면 0점을 부여한다.

**05** 미국 장애인교육법(IDEA, 1997)에서 요구하고 있는 개별화교육프로그램(IEP)의 필수 구성 요소가 아닌 것은?

① 부모의 동의
② 학생의 현재 수행 수준
③ 학생에게 정기적으로 통지하는 방법
④ 측정할 수 있고 구체적인 연간계획과 장기목표

**06** 〈보기〉에서 설명하는 원시반사(primitive reflex)는?

보기
- 누운 자세에서 머리를 좌우로 돌렸을 때 나타나는 반응이다.
- 뒤통수 쪽의 팔과 다리는 굽혀지고, 얼굴 쪽의 팔과 다리는 펴진다.
- 뇌성마비장애인은 반사가 사라지지 않고 남아 있다.

① 비대칭 긴장성 목반사
② 모로반사
③ 긴장성 미로 반사
④ 대칭성 긴장성 목반사

07 〈보기〉에서 설명하는 특수체육 수업방식은?

> **보기**
> 지도자는 효과적인 농구 수업을 위해 체육관의 각기 다른 구역에 여러 가지의 과제를 준비했다. 한 가지 과제에서 시작하여 주어진 활동을 마치거나 지도자가 신호하면 학습자들은 다음 과제의 수행장소로 이동한다. 지도자는 각각의 과제를 수행하는 곳을 돌며 도움이 필요한 학습자를 지도한다.

① 스테이션 수업
② 대그룹 수업
③ 협력학습 수업
④ 또래교수 수업

08 〈보기〉는 D. Ulrich(1985)이 제시한 대근운동발달 단계이다. ㉠에 들어갈 내용으로 옳은 것은?

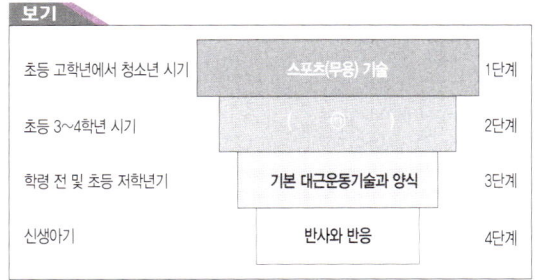

① 자세조절기술
② 물체 조작기술
③ 감각지각운동기술
④ 리드–업 게임과 기술

09 운동발달의 관점에서 조작성 운동양식에 관한 설명으로 옳지 않은 것은?

① 3세에는 몸으로 끌어안으며 공을 받는다.
② 2~3세에는 다리를 펴고 제자리에 서서 공을 찬다.
③ 2~3세에는 앞을 보고 상하 방향으로 공을 친다.
④ 4~5세에는 던지는 팔과 반대쪽 발을 앞으로 내밀며 공을 던진다.

10 T6(흉추 6번) 이상의 손상이 있는 선수의 체력운동 시 고려사항으로 옳지 않은 것은?

① 근육량이 적은 선수는 유산소 운동보다는 무산소 운동이 적절하다.
② 유산소 운동 중 젖산이 급격히 생성되므로 긴 휴식시간과 에너지원 보충이 필요하다.
③ 땀을 흘리는 피부 면적이 좁아 더위에서 운동하면 체온이 급격히 올라가는 것을 고려해야 한다.
④ 교감 신경에 손상이 있는 경우, 심박수를 운동과정과 회복과정 그리고 운동처방에 사용한다.

**11** 〈표〉의 ㉠~㉢에 해당하는 행동관리 기법을 바르게 나열한 것은?

| 성별(나이) | 남자(14세) | 장소 | 수영장 |
|---|---|---|---|
| 장애유형 | 지적장애 | 프로그램 | 수영하기 |
| 문제행동 | 멈춰 서서 친구 방해하기 ||||
| 상황 | 지도자 A : 한국(가명)이는 수영할 때 반복적으로 멈춰 서서 친구들을 방해해요. 그때마다 잘못된 행동이라고 지적을 해도 계속하네요.<br>지도자 B : 우선 ㉠ 문제행동이 발생하면 바로 일정 시간동안 물 밖에 있도록 하세요. 물과 좀 멀리요.<br>지도자 A : 알겠습니다. 한국이는 수중 활동을 좋아하고 물에 있으면 행복해하거든요.<br>지도자 B : 다른 기법도 있어요. ㉡ 문제행동을 했을 때 한국이에게 이미 주어진 정적강화물을 상실하게 하는 방법도 있어요. ㉠과 ㉡ 기법으로 문제행동의 빈도가 감소한다면, 큰 틀에서 ( ㉢ )이 됩니다. ||||

| | ㉠ | ㉡ | ㉢ |
|---|---|---|---|
| ① | 타임아웃 | 반응대가 | 부적 벌 |
| ② | 타임아웃 | 용암 | 정적 벌 |
| ③ | 소거 | 반응대가 | 정적 벌 |
| ④ | 소거 | 용암 | 부적 벌 |

**12** 미국지적장애및발달장애협회(AAIDD, 2021)의 지적장애 정의에 근거하여 〈보기〉의 ㉠~㉢에 들어갈 내용이 바르게 나열된 것은?

> **보기**
> - 표준화 검사를 통해 산출된 지능지수 점수가 ( ㉠ ) 표준편차 이하이다.
> - 적응행동의 ( ㉡ ) 기술은 식사, 옷 입기, 작업 기술, 건강과 안전, 일과 계획, 전화사용 등이 포함된다.
> - ( ㉢ ) 이전에 발생한다.

| | ㉠ | ㉡ | ㉢ |
|---|---|---|---|
| ① | −2 | 실제적 | 20세 |
| ② | −2 | 개념적 | 20세 |
| ③ | −2 | 실제적 | 22세 |
| ④ | −2 | 개념적 | 22세 |

**13** 〈보기〉가 설명하는 장애유형에 관한 설명으로 옳지 않은 것은?

> **보기**
> - 21번 염색체가 삼염색체(trisomy 21)이다.
> - 의학적 문제(선천성 심장질환, 근시 등)가 있을 수 있다.
> - 인종, 국적, 종교, 사회적 지위 등과 관계없이 발생하는 보편성을 지니고 있다.

① 염색체 중 상염색체(autosome chromosome)에 문제가 있다.
② 대부분 포만 중추의 문제로 저체중 발생 빈도가 매우 높다.
③ 근육의 저긴장성 때문에 지도자의 관리하에 근력 운동이 필요하다.
④ 경추 정렬(atlantoaxial instability)의 문제 때문에 운동 참여시 척수손상에 대해 특히 주의한다.

**14** 〈보기〉가 설명하는 스페셜올림픽의 종목은?

> **보기**
> - 경기장은 3.66m×18.29m 크기의 직사각형이다.
> - 공식 경기는 단식 경기, 복식 경기, 팀 경기 등이 있다.
> - 한 팀당 4개의 공을 소유하고, 표적구에 가까이 던진 팀이 점수를 획득하는 경기이다.

① 보체(bocce)
② 플로어볼(floorball)
③ 보치아(boccia)
④ 넷볼(netball)

**15** 〈표〉는 운동기능에 따른 뇌성마비의 분류체계이다. 〈표〉의 ㉠~㉢에 들어갈 내용을 바르게 나열한 것은?

| 구분 | 경직형 (spastic) | 운동실조형 (ataxia) | 무정위운동형 (athetoid) |
|---|---|---|---|
| 손상 부위 | · 운동피질 | · ( ㉠ ) | · ( ㉡ ) |
| 근 긴장도 | · 과긴장성 | · 저긴장성 | · 근 긴장의 급격한 변화 |
| 운동 특성 | · 관절 가동 범위의 제한<br>· 가위 보행 | · 평형성 부족<br>· 협응력 부족 | · ( ㉢ ) 움직임<br>· 머리 조절의 어려움 |

|   | ㉠ | ㉡ | ㉢ |
|---|---|---|---|
| ① | 소뇌 | 기저핵 | 불수의적 |
| ② | 기저핵 | 중뇌 | 수의적 |
| ③ | 소뇌 | 연수 | 불수의적 |
| ④ | 기저핵 | 소뇌 | 수의적 |

**16** 〈보기〉에 근거하여 밑줄 친 ㉠에 대한 지도전략으로 옳지 않은 것은?

> **보기**
> - 틀에 박힌 일이나 의례적인 행동에 집착한다.
> - 발달 수준에 맞게 친구 관계를 형성하지 못한다.
> - 지도자가 "공을 던져라"라고 지시하면, "공을 던져라"라는 말을 반복한다.
> - ㉠ 정해진 경로로 이동하지 않거나 시간이나 장소의 갑작스러운 변화에 저항한다.

① 체육활동에 대한 시각적 일과표를 제공한다.
② 체육활동을 일정한 규칙과 순서로 진행한다.
③ 지도할 때 그림 카드, 의사소통 보드 등을 활용한다.
④ 참여자의 선호도보다는 지도자의 의도대로 진행한다.

**17** 척수손상 장애인의 특성에 관한 지도자의 대처로 옳지 않은 것은?

① 욕창이 생기지 않도록 자세를 자주 바꾸게 한다.
② 기립성 저혈압의 경우 압박 스타킹을 착용하도록 한다.
③ 자율신경 반사이상(autonomic dysreflexia)이 발생할 때 고강도 순환운동으로 전환한다.
④ 운동 중에 과도하게 체온이 상승하는 것을 예방하기 위해 물을 분무해 주면서 휴식을 취하도록 한다.

18. 시각장애인의 지도전략으로 옳지 않은 것은?

① 스포츠 참여는 안전을 위해 개인 종목만 지도한다.
② 시범은 잔존시력 범위에서 보이면서 언어적 설명을 병행하는 것이 효과적이다.
③ 지도자는 지도할 때 시각장애인에게 신체 접촉의 형태, 방법, 이유 등을 구체적으로 안내한다.
④ 전맹의 경우 스포츠 동작에 대한 이해도를 높이기 위해 관절이 굽어지는 인체 모형을 사용할 수 있다.

19. 진행성 근이영양증(Muscular Dystrophy ; MD)에 관한 설명으로 옳지 않은 것은?

① 디스트로핀(dystrophin) 단백질 결손과 관련된 유전질환이다.
② 근위축은 규칙적인 근력 및 근지구력 운동으로 예방할 수 있다.
③ 듀센형(Duchenne MD) 장애인은 대부분 평균 이상의 지적 능력을 보인다.
④ 듀센형 장애인은 종아리 근육에 가성비대(pseudohypertrophy)가 나타난다.

20. 제시어와 〈보기〉의 수어 ㉠~㉢을 바르게 나열한 것은?

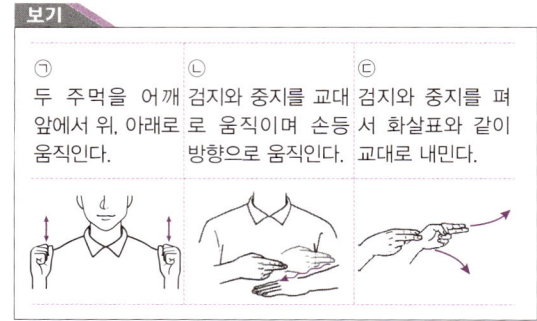

|   | 수영 | 운동 | 스케이트 |
|---|---|---|---|
| ① | ㉠ | ㉡ | ㉢ |
| ② | ㉠ | ㉢ | ㉡ |
| ③ | ㉡ | ㉠ | ㉢ |
| ④ | ㉢ | ㉠ | ㉡ |

## 유아체육론

**01** 효과적 학습경험 설계를 위한 유아체육 지도자의 교수전략으로 옳지 않은 것은?

① 각 유아에게 적합한 수준에서 연습할 수 있도록 개별화된 학습경험을 제공해야 한다.
② 유아의 실제학습시간(ALT)을 증가시킬 수 있는 환경을 조성해야 한다.
③ 유아의 능력 수준을 고려한 학습과제를 제공하고, 연습 시간을 최대한 확보해준다.
④ 새로운 기능 학습 시에는 수업 초반에 제시한 과제 수준을 일관되게 유지한다.

**02** 유아의 운동기술 연습 시 지도자의 적합한 시범으로 옳지 않은 것은?

① 시범에서 언어적 표현을 보다 많이 활용할 때 더 효과적이다.
② 시범은 추가적 학습단서(learning cue)와 함께 제공될 때 더 효과적이다.
③ 다양한 각도에서 이루어진 시범을 통해 정확한 정보를 제공한다.
④ 자주 실수하는 동작에 대해 반복적인 시범을 보여준다.

**03** 유아 신체활동의 내적 참여동기를 증진시키는 효과적 교수전략으로 옳지 않은 것은?

① 유아의 능력과 과제 난이도를 고려한 프로그램 제공을 통해 몰입을 돕는다.
② 학습과제 범위 내에서 유아에게 자율적 선택권을 부여한다.
③ 활동적으로 참여하는 유아를 격려하고 칭찬한다.
④ 프로그램 내 과제 수준을 동일하게 제공한다.

**04** 유아의 지각-운동 발달에 관한 설명으로 옳지 않은 것은?

① 유아기는 지각-운동 발달의 최적기이다.
② 지각이란 감각수용세포가 자극으로 들어온 정보를 뇌로 전달하는 것을 뜻한다.
③ 지각-운동 발달은 아동의 운동능력을 나타내는 중요 요소 중 하나이다.
④ 유아기의 지각-운동 학습경험이 많을수록 다양한 운동상황에 반응하는 적응력이 발달된다.

**05** 〈보기〉가 설명하는 것은?

> **보기**
> - 체온이 40℃ 이상으로 오른다.
> - 땀을 전혀 흘리지 않거나 과도하게 많이 흘린다.
> - 신체 내 열을 외부로 발산하지 못해 고체온 발생 및 중추신경계의 이상을 보인다.
> - 신속한 체온감소 조치와 병원 후송이 필요하다.

① 일사병  ② 열사병
③ 고체온증  ④ 열경련

**06** 〈보기〉의 ㉠~㉢에 해당하는 설명과 유아체육 프로그램의 구성원리가 올바르게 제시된 것은?

보기
- ㉠ 차기(kicking)의 개념 학습 후, 정지된 공에서 빠르게 움직이는 공의 순으로 수업을 설계한다.
- ㉡ 대근육 운동에서 소근육 운동으로 확장된 움직임 수업을 설계한다.
- ㉢ 발달 단계에 따른 민감기를 고려한 움직임 수업을 설계한다.

|   | ㉠ | ㉡ | ㉢ |
|---|---|---|---|
| ① | 연계성 | 전면성 | 특이성 |
| ② | 다양성 | 방향성 | 적합성 |
| ③ | 연계성 | 방향성 | 적합성 |
| ④ | 다양성 | 적합성 | 개별성 |

**07** 〈보기〉의 ㉠~㉢에 들어갈 용어가 바르게 제시된 것은?

보기

| ㉠ | • 일정 시기가 되면 자연히 발생되는 양적인 변화과정이다.<br>• 신장, 체중, 신경조직, 세포 증식의 확대에 의한 증가를 뜻한다. |
|---|---|
| ㉡ | • 신체, 운동, 심리적 측면에서 전 생애에 걸쳐 일어나는 체계적이고 연속적인 변화를 뜻한다.<br>• 변화하는 속도에는 개인차가 있으며, 상승적 변화뿐 아니라 하강적 변화도 포함한다. |
| ㉢ | • 기능을 더 높은 수준으로 발전할 수 있도록 하는 질적변화를 뜻한다.<br>• 신체적, 생리적 변화뿐 아니라 행동 변화까지 포함한다. |

|   | ㉠ | ㉡ | ㉢ |
|---|---|---|---|
| ① | 성숙 | 발달 | 성장 |
| ② | 발달 | 성숙 | 성장 |
| ③ | 성장 | 발달 | 성숙 |
| ④ | 발달 | 성장 | 성숙 |

**08** 〈보기〉는 대근운동발달검사-Ⅱ(Test of Gross Motor Development-Ⅱ; TGMD-Ⅱ)의 영역별 검사항목이다. ㉠, ㉡에 들어갈 항목이 바르게 연결된 것은?

보기

| 구분 | 영역 | 세부 검사항목 |
|---|---|---|
| 대근운동 기술 | 이동 기술 | 달리기, 제자리멀리뛰기, 외발뛰기(hop), ( ㉡ ), 립(leap), 슬라이드(slide) |
| | ( ㉠ ) 기술 | 공 던지기(over-hand throw), 공 받기, 공치기(striking), 공 차기, 공 굴리기, 공 튕기기(dribble) |

|   | ㉠ | ㉡ |
|---|---|---|
| ① | 안정성 | 갤롭(gallop) |
| ② | 물체 조작 | 피하기(dodging) |
| ③ | 안정성 | 피하기(dodging) |
| ④ | 물체 조작 | 갤롭(gallop) |

**09** 〈보기〉는 인지발달 관점에 따른 주요 이론의 내용이다. ㉠~㉣에 들어갈 용어가 바르게 제시된 것은?

보기

| 이론 | 발달단계 | 주요 개념 | 인지발달의 방향 |
|---|---|---|---|
| 인지발달 단계 이론 | 감각운동기 전조작기 구체적 조작기 ( ㉡ ) | ( ㉢ ) 동화 조절 | 내부 → 외부 |
| ( ㉠ ) | 연속적 발달단계 | 내면화 ( ㉣ ) 비계설정 | 외부 → 내부 |

|   | ㉠ | ㉡ | ㉢ | ㉣ |
|---|---|---|---|---|
| ① | 정보처리 이론 | 형식적 조작기 | 부호화 | 기억기술 |
| ② | 사회문화적 이론 | 형식적 조작기 | 평형화 | 근접발달영역 |
| ③ | 정보처리 이론 | 성숙적 조작기 | 부호화 | 근접발달영역 |
| ④ | 사회문화적 이론 | 성숙적 조작기 | 평형화 | 기억기술 |

**10** 반사 움직임 시기의 '정보 부호화 단계(information encoding stage)'에 대한 설명으로 옳지 않은 것은?

① 피질의 발달과 특정 환경적 억제 요인의 감소 현상이 일어난다.
② 태아기를 거쳐 생후 약 4개월까지 관찰될 수 있는 불수의적 움직임의 특징을 보인다.
③ 뇌 중추는 다양한 강도와 지속 시간을 가진 여러 자극에 대해 불수의적 반응을 유발할 수 있다.
④ 뇌하부 중추는 운동 피질보다 더 많이 발달하며 태아와 신생아의 움직임을 제어하는 데 필수적이다.

**11** 체육과 교육과정(2022)에서 추구하는 핵심적인 신체활동 역량의 내용이 아닌 것은?

① 움직임 수행 역량 : 운동, 스포츠, 표현 활동 과정에서 동작에 필요한 지식, 기능, 태도를 다양한 상황에 적용하며 발달한다.
② 건강 관리 역량 : 체육과 내용 영역에서 학습한 신체활동을 일상생활에서 실천하며 함양한다.
③ 신체활동 문화 향유 역량 : 각 신체활동 형식의 특성을 이해하고 인류가 축적한 문화적 소양을 내면화하여 공동체 속에서 실천하면서 길러진다.
④ 자기 주도성 역량 : 신체적으로 활동적인 삶을 사는 데 필요한 움직임을 다양한 환경에서 수행하고 적용함으로써 길러진다.

**12** 〈보기〉의 지도자별 교수 방법이 바르게 연결된 것은?

보기
A 지도자 : 콘을 지그재그로 통과하면서 드리블하는 시범을 보이고 따라 하게 유도한다. 실수하거나 느린 아이들은 지적하면서 동작을 수정해준다.
B 지도자 : 아이들이 개별적으로 볼을 가지고 놀면서 자유롭게 드리블을 하게 한다. 모든 공간을 쓸 수 있게 허용한다. 어떠한 신체 부위를 사용하든지 관여하지 않는다.
C 지도자 : 인사이드 드리블, 아웃사이드 드리블 등 다양한 유형의 기술을 시범 보인다. 이후에 아이들이 자신이 좋아하거나 잘하는 기술 위주로 자유롭게 선택하여 연습할 수 있도록 유도한다.
D 지도자 : 활동 전 아이들에게 어떻게 하면 콘을 건드리지 않고 드리블해 나갈 수 있을지를 질문한 후 실제 활동을 하게 한다. 이후 다양한 수준을 가진 아이들의 수행을 관찰하게 한다.

① A 지도자 : 탐색적(exploratory) 방법
② B 지도자 : 과제 중심 접근(task-oriented) 방법
③ C 지도자 : 지시적 교수법(command style teaching)
④ D 지도자 : 안내-발견적(guide-discovery) 방법

**13** 〈보기〉는 퍼셀(M. Purcell)이 제시한 동작교육과정에 관한 내용이다. ㉠~㉢에 해당하는 용어가 바르게 연결된 것은?

보기
• ( ㉠ ) : 전신의 움직임, 신체 부분의 움직임
• ( ㉡ ) : 수준, 방향
• ( ㉢ ) : 시간, 힘
• ( 관계 ) : 파트너/그룹, 기구·교수 자료

| | ㉠ | ㉡ | ㉢ |
|---|---|---|---|
| ① | 공간 인식 | 노력 | 신체 인식 |
| ② | 신체 인식 | 공간 인식 | 노력 |
| ③ | 노력 | 신체 인식 | 공간 인식 |
| ④ | 신체 인식 | 노력 | 공간 인식 |

**14** 〈보기〉는 인간행동의 '역학적 요인'이다. ㉠~㉢에 들어갈 용어가 바르게 연결된 것은?

> **보기**
> - 안정성 요인 : 중력 중심, 중력 선, ( ㉠ )
> - 힘을 가하는 요인 : 관성, ( ㉡ ), 작용/반작용
> - 힘을 받는 요인 : 표면적, ( ㉢ )

| | ㉠ | ㉡ | ㉢ |
|---|---|---|---|
| ① | 지지면 | 가속도 | 거리 |
| ② | 가속도 | 거리 | 지지면 |
| ③ | 지지면 | 거리 | 가속도 |
| ④ | 거리 | 가속도 | 지지면 |

**15** 〈표〉는 미국 스포츠 의학회(ACSM, 2022)의 '어린이와 청소년을 위한 FITT(빈도, 강도, 시간, 형태) 권고사항'이다. ㉠~㉢에 들어갈 용어가 바르게 연결된 것은?

| 구분 | 유산소 운동 | 저항 운동 | 뼈 강화 운동 |
|---|---|---|---|
| 형태 | 여러 가지 스포츠를 포함한 즐겁고 ( ㉠ )에 적절한 활동 | 신체활동은 ( ㉡ )되지 않은 활동이나 ( ㉡ )되고 적절하게 감독할 수 있는 활동으로 구성 | 달리기, 줄넘기, 농구, 테니스 등과 같은 활동 |
| 시간 | 하루 ( ㉢ ) 이상의 운동 시간이 포함되도록 함 | | |

| | ㉠ | ㉡ | ㉢ |
|---|---|---|---|
| ① | 기술 향상 | 분절화 | 60분 |
| ② | 성장 발달 | 분절화 | 40분 |
| ③ | 성장 발달 | 구조화 | 60분 |
| ④ | 기술 향상 | 구조화 | 40분 |

**16** 기본 움직임 과제들의 '기술 내 발달 순서(intraskill sequences)'에 관한 설명으로 옳지 않은 것은?

① 기본 움직임 패턴에서 신체 부위들의 발달 속도는 서로 다를 수 있다.
② 기본 움직임 기술의 습득 및 성숙은 과제·개인·환경 요인들에 영향을 받는다.
③ 움직임 기술의 발달 단계 구분은 움직임 패턴의 특수성이나 관찰자의 정교함에 영향을 받지 않는다.
④ 갤러휴(D. Gallahue)와 클렐랜드(F. Cleland)는 운동기술의 발달 순서에 대해 시작, 초보, 성숙으로 분류하였다.

**17** '국민체력100'에서 제시하는 유아기 체력측정에 관한 설명으로 옳은 것만을 모두 고른 것은?

> **보기**
> ㄱ. 체력측정은 건강체력과 운동체력 항목으로 나뉜다.
> ㄴ. 건강체력 측정의 세부항목으로는 10m 왕복 오래달리기, 상대악력, 윗몸말아올리기, 앉아윗몸앞으로굽히기 등이 있다.
> ㄷ. 운동체력 측정의 세부항목으로는 5m×4 왕복 달리기, 제자리멀리뛰기, 3×3 버튼누르기 등이 있다.

① ㄱ, ㄴ     ② ㄱ, ㄷ
③ ㄴ, ㄷ     ④ ㄱ, ㄴ, ㄷ

18. 유소년 운동프로그램 구성의 기본원리에 대한 설명으로 옳은 것만을 모두 고른 것은?

> 보기
> ㄱ. 가역성의 원리 : 운동을 중단하면 운동의 효과가 없어지므로 꾸준히 지속하는 것이 중요하다.
> ㄴ. 전면성의 원리 : 운동을 부상 없이 효과적으로 수행하기 위해서는 운동 강도 및 운동량을 점차적으로 증가시켜야 한다.
> ㄷ. 점진성의 원리 : 신체의 특정 부위에 치중하지 않고, 전신 운동을 통해 신체를 균형 있게 발달시킨다.
> ㄹ. 과부하의 원리 : 운동 강도가 일상적인 활동보다 높아야 체력이 증진된다.

① ㄱ, ㄹ
② ㄴ, ㄷ
③ ㄱ, ㄷ, ㄹ
④ ㄴ, ㄷ, ㄹ

19. <표>는 갤러휴(D. Gallahue)의 운동에 대한 2차원 모델이다. ㉠~㉢에 들어갈 내용이 바르게 연결된 것은?

| 운동발달 단계 | 움직인 과제의 의도된 기능 | | |
|---|---|---|---|
| | 안정성 | 이동 | 조작 |
| 반사 움직임 단계 | • 직립 반사 | • 걷기 반사 | ( ㉢ ) |
| 초보 움직임 단계 | ( ㉠ ) | • 포복하기 | • 잡기 |
| 기본 움직임 단계 | • 한발로 균형 잡기 | • 걷기 | • 던지기 |
| 전문화 움직임 단계 | • 축구 페널티 킥 막기 | ( ㉡ ) | • 야구 공치기 |

| | ㉠ | ㉡ | ㉢ |
|---|---|---|---|
| ① | 포복하기 | 축구 골킥하기 | 손바닥 파악반사 |
| ② | 머리와 목 제어 | 육상 허들 넘기 | 손바닥 파악반사 |
| ③ | 포복하기 | 육상 허들 넘기 | 목 가누기 반사 |
| ④ | 머리와 목 제어 | 축구 골킥하기 | 목 가누기 반사 |

20. <보기>의 동작에서 성숙단계로 발달하도록 지도하는 방법으로 적절하지 않은 것은?

> 보기
>
> 시작 단계의 드리블 동작

① 두 발을 벌리고, 내민 발의 반대편 손을 앞으로 내밀어 드리블하도록 지도한다.
② 허리 높이에서 몸통을 약간 앞으로 기울여 드리블하도록 지도한다.
③ 공을 튀길 때 손목 스냅을 이용하여 공을 바닥 쪽으로 밀어내도록 지도한다.
④ 공을 튀길 때 손바닥으로 공을 때리도록 지도한다.

## 노인체육론

**01** 노화에 따른 생리적 변화로 옳은 것은?

① 1회 박출량 증가
② 동·정맥산소차 감소
③ 근육의 산화능력 증가
④ 심장근육의 수축시간 감소

**02** 〈보기〉가 설명하는 노화이론은?

> **보기**
> 항체의 이물질에 대한 식별능력이 저하되어 이물질이 계속 체내에 있으면서 부작용을 일으켜 노화 촉진

① 유전적노화이론
② 교차연결이론
③ 사용마모이론
④ 면역반응이론

**03** 〈보기〉가 설명하는 노화의 특징은?

> **보기**
> • 노화는 신체기능에 부정적 영향을 미쳐 사망을 초래한다.
> • 나이가 들면서 신체기능이 더 좋아지면 노화가 아니다.

① 보편성
② 내인성
③ 점진성
④ 쇠퇴성

**04** 〈보기〉에서 설명하는 노인의 행동 변화 이론은?

> **보기**
> • 인간의 행동 변화는 환경의 영향, 개인의 내적 요인, 행동 요인에 영향을 받는다.
> • 자아효능감은 행동 변화와 밀접한 관련이 있다.
> • 운동지도자의 격려를 통해 지속적으로 운동프로그램에 참여한다.

① 지속성이론(continuity theory)
② 건강신념모형(health belief theory)
③ 사회인지이론(social cognitive theory)
④ 계획행동이론(planned behavior theory)

**05** 노인 폐질환에 관한 설명으로 옳지 <u>않은</u> 것은?

① 천식의 증상은 운동으로 악화되지 않는다.
② 만성폐쇄성폐질환자의 기도저항은 호흡근 약화를 초래한다.
③ 만성폐쇄성폐질환의 주요 증상은 호흡곤란, 가래, 만성적인 기침이다.
④ 천식 환자의 운동유발성기관지 수축은 추운 환경, 대기오염, 스트레스에 의해 촉발된다.

**06** 한국형 노인체력검사(국민체력 100)의 측정항목과 측정방법의 연결이 옳지 <u>않은</u> 것은?

|   | 측정 항목 | 측정방법 |
|---|---|---|
| ① | 협응력 | 8자 보행 |
| ② | 심폐지구력 | 6분 걷기 |
| ③ | 상지 근 기능 | 덤벨 들기 |
| ④ | 유연성 | 앉아 윗몸 앞으로 굽히기 |

**07** 노인의 생활 기능 분류에서 도구적 일상생활 활동(Instrumental Activities of Daily Living ; IADLs)에 해당하는 것은?

① 요리
② 목욕
③ 옷 입기
④ 화장실 사용

**08** 미국스포츠의학회(ACSM, 2022)가 제시한 노인의 운동지침으로 옳지 않은 것은?

① 유연성 운동 : 약간의 불편감이 느껴질 정도로 30~60초 동안의 정적 스트레칭
② 유산소 운동 : 중강도로 주 5일 이상 또는 고강도로 주 3일 이상의 대근육 운동
③ 파워 운동 : 빠른 속도로 1RM의 60% 이상의 고강도 근력운동을 10~14회 반복
④ 저항 운동 : 8~10종의 대근육군 운동, 초보자는 1RM의 40~50% 강도의 체중 부하운동

**09** 노인의 신체기능검사에 관한 설명으로 옳지 않은 것은?

① 6분 걷기 검사는 6분 동안 걸을 수 있는 최대거리(m)로 심폐지구력을 평가하고, 장거리 보행이나 계단 오르기 등의 일상생활 동작과 관련이 있다.
② 기능적 팔 뻗기 검사(FRT)는 균형을 잃지 않고 팔이 닿을 수 있는 최대거리를 측정하여 동적 평형성을 평가하고, 노인의 낙상 위험도 범주 분류에 사용된다.
③ 노인체력검사(SFT)의 어깨 유연성을 평가하는 '등 뒤에서 손 잡기' 검사는 머리 위로 옷을 벗거나, 자동차에서 안전벨트를 매는 동작과 관련된 항목이다.
④ 단기신체기능검사(SPPB)는 보행 속도, 균형능력 및 의자 앉았다 일어나기 시간의 점수를 합산하여 평가하고 점수가 높을수록 더 낮은 기능을 의미한다.

**10** 〈보기〉에서 〈표〉의 특성을 가진 노인의 운동처방에 관한 설명으로 옳은 것만을 모두 고른 것은? (단, ACSM, 2022 기준)

표

- 나이 : 68세
- 성별 : 남
- 흡연
- 신장 : 170cm
- 체중 : 65kg
- BMI : 22.5kg/m²
- 혈압 : SBP 129mmHg, DBP 88mmHg
- LDL-C : 123mg/dL, HDL-C : 41mg/dL
- 공복 시 혈당 : 98mg/dL
- 근력운동의 경험 없음
- 지난 3개월 동안 주 2회, 20분 정도의 천천히 걷기 운동
- 걷기 운동 시 별다른 신체적 증상 없으나 가끔 종아리 통증이 느껴짐

보기

ㄱ. 심혈관질환 위험요인의 양성 위험요인은 1개이다.
ㄴ. 선별알고리즘에 따라 중강도 운동 시 의료적 허가가 권장되지 않는다.
ㄷ. 운동자각도(10점 척도) 5~6의 빠르게 걷는 유산소 운동을 한다.
ㄹ. 1RM의 40~50%의 강도로 대근육군을 활용한 근력 강화운동을 한다.
ㅁ. 과체중이므로 체중감량을 위한 운동처방을 해야 한다.

① ㄱ, ㄴ, ㄷ
② ㄱ, ㄹ, ㅁ
③ ㄴ, ㄷ, ㄹ
④ ㄷ, ㄹ, ㅁ

**11** 페르브뤼헌과 예터(L. Verbrugge&A. Jette, 1994)의 장애과정 모델에서 장애에 이르는 과정을 옳게 나열한 것은?

① 손상 → 기능적 제한 → 병 → 장애
② 병 → 손상 → 기능적 제한 → 장애
③ 손상 → 병 → 기능적 제한 → 장애
④ 병 → 기능적 제한 → 손상 → 장애

**12** 에릭슨(Erikson, 1986)의 심리사회적 단계가 옳게 나열된 것은?

① 생산적 대 정체 → 자아 주체성 대 절망 → 친분 대 고독
② 친분 대 고독 → 생산적 대 정체 → 자아 주체성 대 절망
③ 자아 주체성 대 절망 → 생산적 대 정체 → 친분 대 고독
④ 생산적 대 정체 → 친분 대 고독 → 자아 주체성 대 절망

**13** 〈보기〉에서 설명하는 것은?

> 보기
> • 죽상동맥경화 병변이 특징인 질환이다.
> • 위험요인은 연령, 흡연, 고혈압, 당뇨병, 이상지질혈증이다.
> • 주요 증상은 체중부하 움직임 시 하지의 간헐적 파행이다.

① 뇌졸중(stroke)
② 근감소증(sarcopenia)
③ 신장질환(kidney disease)
④ 말초동맥질환(peripheral arterial disease)

**14** 노화에 따른 호흡계 변화로 옳은 것은?

① 잔기량의 감소
② 흉곽의 경직성 감소
③ 생리학적 사강의 감소
④ 호흡기 중추신경 활동에 대한 민감성 감소

**15** 〈보기〉에서 노인 당뇨병 환자의 운동 효과로 옳은 것만을 모두 고른 것은?

> 보기
> ㄱ. 인슐린 저항성 증가
> ㄴ. 체지방 감소
> ㄷ. 죽상동맥경화 합병증 위험 감소
> ㄹ. 인슐린 민감성 감소
> ㅁ. 골격근의 포도당 수송 능력 감소
> ㅂ. 당뇨병 전단계에서 제2형 당뇨병으로의 진행 예방

① ㄱ, ㄴ, ㅂ
② ㄴ, ㄷ, ㄹ
③ ㄴ, ㄷ, ㅂ
④ ㄹ, ㅁ, ㅂ

**16** 세계보건기구(World Health Organization)가 제시한 노인의 신체활동에 대한 심리적 단기 효과는?

① 이완(relaxation)
② 기술 획득(skill acquisition)
③ 인지 향상(cognitive improvement)
④ 운동제어와 수행(motor control and performance)

**17** 노화에 따른 인지기능 변화로 옳지 <u>않은</u> 것은?

① 유동성 지능의 감소
② 결정성 지능의 감소
③ 단기 기억력의 감소
④ 인지 처리 속도의 지연

**18** 노인의 근·골격계 질환에 관한 권장 운동으로 옳지 않은 것은?

① 골다공증 : 골밀도 증가를 위한 수영
② 관절염 : 관절 부담을 적게 주는 자전거 운동
③ 척추질환 : 단축된 결합조직을 이완시키는 유연성 운동
④ 근감소증 : 넘어짐을 예방하기 위한 체중부하 근력 운동

**19** <보기>에서 치매 노인에게 적합한 운동 형태로 옳은 것만을 모두 고른 것은?

> **보기**
> ㄱ. 계단 오르내리기
> ㄴ. 밴드를 이용한 저항 운동
> ㄷ. 물건 들고 안전하게 보행하기
> ㄹ. 대근육군을 사용하는 자전거 타기

① ㄱ, ㄴ, ㄷ, ㄹ
② ㄴ, ㄷ, ㄹ
③ ㄷ, ㄹ
④ ㄹ

**20** 노인 운동 시 위험관리에 관한 지침으로 옳은 것만을 모두 고른 것은?

> **보기**
> ㄱ. 신체활동 프로그램 시작 전에 신체적 기능에 따라 참여자들을 선별한다.
> ㄴ. 심정지 노인의 심폐소생술 시행 중에는 자동 심장충격기를 사용하지 않는다.
> ㄷ. 시각적 문제가 있는 경우 적절한 조명과 거울로 된 벽, 방향 표시를 한다.
> ㄹ. 청각적 문제가 있는 경우 잘 들리지 않는 귀 쪽으로 큰 소리로 이야기하며 지도한다.
> ㅁ. 심장질환의 징후인 가슴통증, 호흡곤란, 불규칙한 심박수가 나타나면 운동을 바로 중단한다.

① ㄱ, ㄴ, ㄹ
② ㄱ, ㄷ, ㅁ
③ ㄴ, ㄷ, ㅁ
④ ㄷ, ㄹ, ㅁ

# 2023 필수과목 기출문제

**특수체육론**

**01** 국제 기능 · 장애 · 건강 분류(International Classification Functioning, Disability and Health ; ICF)에 제시된 장애에 대한 개념적 특징이 아닌 것은?

① 환경적 요인에 의하여 누구나가 장애인이 될 수 있음을 강조한다.
② 유형과 정도가 같은 장애인들이 동일한 활동에 참여하도록 한다.
③ 기능과 장애는 건강 상태와 개인적·환경적 요인들의 상호작용이다.
④ 장애는 개인, 주변의 태도, 환경적 장벽 사이 상호작용의 결과이다.

**02** 〈보기〉에서 미국 관보(Federal Register, 1977)가 체육을 정의한 내용에 해당하는 것을 모두 고른 것은?

**보기**
㉠ 건강과 운동 체력의 발달
㉡ 특수체육, 적응체육, 움직임교육, 운동발달을 포함
㉢ 수중활동, 무용, 개인과 집단의 게임과 스포츠에서의 기술 발달
㉣ 기본 운동기술과 양식(fundamental motor skills and patterns)의 발달

① ㉠, ㉡
② ㉡, ㉢
③ ㉠, ㉢, ㉣
④ ㉠, ㉡, ㉢, ㉣

**03** 블룸(B. Bloom)이 분류한 교육 목표 영역에 따라 장기목표를 제시하고자 한다. 〈보기〉의 요인과 교육 목표 영역이 바르게 연결된 것은?

**보기**
㉠ 긍정적 자아, 사회적 능력, 즐거움과 긴장 이완
㉡ 운동의 기술과 양식, 체력, 여가활동에 필요한 기술
㉢ 놀이와 게임 행동, 창조적 표현, 인지-운동기능과 감각통합

|   | ㉠ | ㉡ | ㉢ |
|---|---|---|---|
| ① | 인지적 영역 | 정의적 영역 | 심동적 영역 |
| ② | 인지적 영역 | 심동적 영역 | 정의적 영역 |
| ③ | 정의적 영역 | 심동적 영역 | 인지적 영역 |
| ④ | 정의적 영역 | 인지적 영역 | 심동적 영역 |

**04** 개별화전환계획(Individualized Tansition Plan ; ITP)에 관한 설명으로 적절하지 않은 것은?

① 장애학생과의 인터뷰를 통해 신체활동 선호도를 알아본다.
② 지역사회 체육시설을 활용하여 사회적응기술을 가르친다.
③ 장애학생을 위한 신체활동 프로그램이 지역사회에도 있는지를 확인한다.
④ 장애학생의 현재 및 미래의 기대치를 논하기보다는 과거의 활동에 주안점을 둔다.

05 〈보기〉에서 설명하는 장애학생건강체력평가 (Physical Activity Promotion System for Student with Disabilities ; PAPS-D)에 해당하는 것은?

> **보기**
> 장애학생건강체력평가는 개인의 건강 체력이 동일 장애 조건을 가진 사람들 중 어느 정도인지에 대한 정보를 제공한다.

① 비형식적 검사   ② 비표준화 검사
③ 규준 참조 검사   ④ 준거 참조 검사

06 〈보기〉는 피바디 운동 발달 검사-2(Peabody Development Motor Scales-2 ; PDMS-2)의 평가영역이다. ㉠에 해당하는 것은?

> **보기**
> ㉠ (　　　　　)
> ㉡ 움켜쥐기
> ㉢ 시각-운동 통합
> ㉣ 비이동 운동
> ㉤ 이동 운동
> ㉥ 물체적 조작

① 반사   ② 손-발 협응
③ 달리기   ④ 블록 쌓기

07 갤러휴(D. Gallahue)와 오즈먼(J. Ozmun)이 제시한 운동 발달의 단계가 아닌 것은?

① 지각 운동   ② 기본 운동
③ 기초 운동   ④ 전문화된 운동

08 쉐릴(C. Sherrill)이 제시한 특수체육 서비스 전달체계의 실천요소에 대한 설명이 아닌 것은?

① 계획 : 개인의 요구는 물론 학교와 지역사회의 철학에 따라 적절한 체육의 목적을 설정하는 것을 의미한다.
② 사정 : 개인과 환경에 대한 검사, 측정, 평가로 구성되는 과정이다.
③ 교수/상담/지도 : 최적의 운동 수행을 도모하기 위해 심리·운동적 요소들을 변화시키는 과정이다.
④ 평가 : 장애인의 학습 정도와 프로그램의 효과를 확인하는 비연속적인 과정이다.

09 개별화교육계획(Individualized Education Program ; IEP)의 기능 중 〈보기〉의 설명에 해당하는 것은?

> **보기**
> 계획된 목표와 학생의 진보가 어느 정도 일치하고 있는가를 확인하기 위한 기능

① 의사소통 기능   ② 통합 기능
③ 평가 기능   ④ 관리 기능

10 〈보기〉의 ㉠~㉣을 블룸(B. Bloom)의 교육 목표 영역과 바르게 연결한 것은?

> **보기**
> ㉠ 지각(perception)
> ㉡ 가치화(valuing)
> ㉢ 반사적 운동(reflex movement)
> ㉣ 적용(application)

① 정의적 영역 : ㉡, ㉣
② 심동적 영역 : ㉠, ㉢
③ 인지적 영역 : ㉠, ㉡
④ 정의적 영역 : ㉢, ㉣

**11** 〈보기〉에서 설명하는 장애 유형은?

> **보기**
> ㉠ 또래 친구와 인사를 하거나 함께 놀지 않는다.
> ㉡ 출석을 불러도 반응하지 않거나 눈을 맞추지 않는다.
> ㉢ 비닐과 같은 특정 물건을 반복적으로 만지거나 냄새를 맡는 행동을 한다.
> ㉣ '공을 차'라고 지시했지만, 지시를 이해하지 못하고 '공을 차'라는 말만 반복한다.

① 청각장애
② 지적장애
③ 뇌병변장애
④ 자폐성장애

**12** 〈표〉에서 제시된 수업목표가 추구하는 지각운동 영역은?

| 프로그램 | 골볼 교실 | 장애 유형 | 시각 장애 | 장애 정도 | 1급 |
|---|---|---|---|---|---|
| 내용 | 참여를 위한 사전 교육 ||||||
| 목표 | • 자신의 포지션을 찾아갈 수 있다.<br>• 팀 벤치 에어리어를 찾아갈 수 있다.<br>• 상대 팀 골라인의 위치를 찾을 수 있다. ||||||

① 신체상(body image)
② 방향정위(orientation)
③ 신체 정렬(physical alignment)
④ 동측협응(ipsilateral coordination)

**13** 〈보기〉에서 설명하는 청각장애의 유형은?

> **보기**
> ㉠ 청력 손실이 60~70dB을 넘지 않는다.
> ㉡ 소리를 외이에서 내이로 전달하는 과정에서 문제가 생긴다.
> ㉢ 중이염, 고막 손상, 외이도 염증 등에 의해서 발생하기도 한다.
> ㉣ 후천적인 원인에 의해 발생하는 경우가 많으며, 보청기 착용의 효과가 좋다.

① 혼합성 난청(mixed hearing loss)
② 감소성 난청(reductive hearing loss)
③ 전음성 난청(conductive hearing loss)
④ 감각신경성 난청(sensorineural hearing loss)

**14** 〈표〉는 피아제(J. Piaget)가 제시한 인지발달단계에 따른 지도 목표를 기술한 것이다. 지도 목표가 적절한 것을 모두 고른 것은?

| 프로그램 | 축구 교실 | 장애 유형 | 지적 장애 | 장애 정도 | 1~3급 |
|---|---|---|---|---|---|
| 목적 | 슛과 패스 기술 익히기 |||||
| 인지발달단계 | 지도 목표 |||||
| 감각운동기 | ㉠ 다양한 종류의 공을 다루면서 공에 대한 도식이 형성되도록 한다. |||||
| 전 조작기 | ㉡ 공을 세워놓고 차기 기술을 지도한다. |||||
| 구체적 조작기 | ㉢ 공 차기를 슛과 패스로 구분하여 지도한다. |||||
| 형식적 조작기 | ㉣ 전략과 전술을 지도한다. |||||

① ㉠
② ㉠, ㉡
③ ㉠, ㉡, ㉢
④ ㉠, ㉡, ㉢, ㉣

**15** 〈표〉는 동호회 야구선수를 관찰한 기록이다. 관찰 내용에서 나타나는 장애 유형의 설명으로 옳지 <u>않</u>은 것은?

| 이름 | 홍길동 | 나이 | 만 42세 | 성별 | 남 |
|---|---|---|---|---|---|
| 날짜 | 2023년 4월 29일(토) | 장소 | 잠실야구장 | | |
| 관찰 내용 | 손과 발을 가만히 두지 못하고 여기저기 돌아다닌다. | | | | |
| | 대기타석에서 안절부절못하며 뛰어다닌다. | | | | |
| | 옆 선수에게 끊임없이 말을 한다. | | | | |
| | 코치의 질문이 끝나기도 전에 불쑥 말을 한다. | | | | |
| | 자신의 타격순서를 기다리지 못한다. | | | | |
| | 다른 선수의 연습 스윙을 방해하거나 참견한다. | | | | |

① 장애인복지법에서는 지적장애로 분류된다.
② 다양한 상황에서도 동일한 문제행동이 나타난다.
③ 주의력 결핍, 과잉행동 또는 충동성이 7세 이전에 나타난다.
④ 주의력 결핍, 과잉행동 또는 충동성의 평가항목 중에서 6개 이상의 항목이 최소 6개월 이상 지속된다.

**16** 〈보기〉에서 설명하는 시각장애 발생의 원인은?

> 보기
> ㉠ 두통, 눈의 통증, 구토 등의 증상이 나타날 수 있다.
> ㉡ 시야가 좁아져서 주변 상황에 대한 정보 습득이 어렵다.
> ㉢ 안압이 높아지면서 시신경이 눌리거나, 혈액 공급이 원활하지 않아서 발생할 수 있다.

① 백내장
② 녹내장
③ 황내장
④ 황반변성

**17** 제시어와 〈보기〉의 수어 ㉠~㉢을 바르게 연결한 것은?

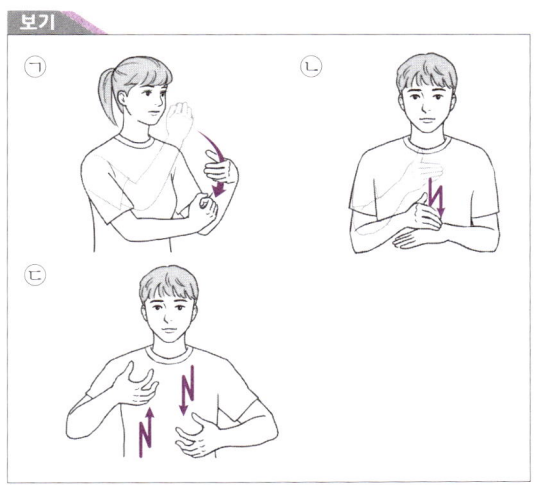

| | 반갑습니다 | 농구 | 고맙습니다 |
|---|---|---|---|
| ① | ㉡ | ㉠ | ㉢ |
| ② | ㉡ | ㉢ | ㉠ |
| ③ | ㉢ | ㉠ | ㉡ |
| ④ | ㉠ | ㉢ | ㉡ |

**18** 〈표〉의 FITT 구분에 따른 운동 계획 중에서 <u>틀린</u> 것은?

| 프로그램 | 건강관리 교실 | 장애 유형 | 지체장애 | 장애 정도 | 3급 |
|---|---|---|---|---|---|
| 운동 참여 경험 | 최근 3개월 동안 주 3회, 회당 30분씩 운동했다. |||||
| 의료적 문제 | 최근 종합검진에서 심혈관질환을 비롯한 의료적 문제가 없다고 진단받았다. |||||

| | FITT 구분 | 운동 계획 |
|---|---|---|
| ① | 빈도(Frequency) | 운동을 주 3회(월, 수, 금) 실시한다. |
| ② | 강도(Intensity) | 최대산소섭취량의 50% 수준으로 달리기한다. |
| ③ | 시간(Time) | 준비운동 10분, 본운동 20분, 정리운동 5분으로 구성한다. |
| ④ | 시도(Trial) | 본운동을 5회 반복한다. |

**19** 〈표〉는 척수손상 위치에 따라 휠체어농구 교실 참여가 가능한지를 결정한 내용이다. ㉠~㉢ 중에서 참여 가능 여부의 결정이 옳지 <u>않은</u> 것은?

| 프로그램 | 장애 유형 | 장애 정도 ||
|---|---|---|---|
| 휠체어농구 교실 | 척수장애 | 1~3급 ||
| 손상 위치 | 잠재적 능력을 고려한 참여 가능 여부 |||
| | 가능 | 불가능 ||
| ㉠ 흉추 1번~2번 사이 | | ○ ||
| ㉡ 흉추 2번~3번 사이 | ○ | ||
| ㉢ 흉추 11번~12번 사이 | ○ | ||
| ㉣ 흉추 12번~13번 사이 | ○ | ||

① ㉠  ② ㉡
③ ㉢  ④ ㉣

**20** 〈보기〉에서 보치아 경기규칙으로 옳은 것만을 모두 고른 것은?

> **보기**
> ㉠ 보치아의 세부 경기종목으로는 개인전, 2인조(페어), 단체전이 있다.
> ㉡ 공 1세트는 적색 구 6개, 청색 구 6개, 흰색 표적구 1개로 구성된다.
> ㉢ 경기에 참여하기 위해서는 반드시 휠체어를 사용해야 한다.
> ㉣ 보조자의 도움을 받아서 투구할 수 있다.

① ㉠  ② ㉠, ㉡
③ ㉠, ㉡, ㉢  ④ ㉠, ㉡, ㉢, ㉣

## 유아체육론

**01** 영유아기 뇌 발달에 대한 설명으로 옳지 않은 것은?

① 대뇌피질은 출생 이후에도 발달한다.
② 3세의 뇌 무게는 성인의 75% 정도이다.
③ 6세경 뇌 무게는 성인의 90% 정도에 도달한다.
④ 뇌는 영유아기까지 완만하게 발달하다 이후에는 급격히 발달한다.

**02** 영유아의 시지각(visual perception)에서 '형태(form)지각'에 대한 설명으로 옳지 않은 것은?

① 신생아는 형태를 지각할 수 있으며, 직선보다 곡선을 더 선호하는 것으로 알려졌다.
② 모양을 구별하고 여러 가지 양식들을 분간할 수 있는 능력이다.
③ 자신으로부터 대상이 떨어져 있는 거리를 판단하는 능력이다.
④ 생후 6개월경에 급속히 발달한 후에 정교해진다.

**03** 기본움직임기술(fundamental movement skills : FMS)과 움직임 양식과의 연결이 옳지 않은 것은?

① 조작 운동 : 굽히기(bending), 늘리기(stretching), 직립균형(upright balance)
② 조작 운동 : 때리기(striking), 튀기기(bouncing), 되받아치기(volleying)
③ 이동 운동 : 걷기(walking), 호핑(hopping), 스키핑(skipping)
④ 이동 운동 : 점핑(jumping), 갤로핑(galloping), 슬라이딩(sliding)

**04** 유아체육 지도환경 조성 원칙에 따른 내용이 옳지 않은 것은?

| 원칙 | 내용 |
|---|---|
| ① 흥미성 | 호기심, 모험심 등을 표현할 수 있는 지도환경 조성 |
| ② 안전성 | 부드러운 마감재나 바닥 재질, 공간의 벽 등을 고려한 지도환경 조성 |
| ③ 필요성 | 음향시설, 냉난방시설, 활동공간의 크기 등을 고려한 지도환경 조성 |
| ④ 경제성 | 설비나 용구로 인한 건강 저해나 활동의 위험성이 없도록 지도환경 조성 |

**05** 전문화된(specialized) 움직임 시기의 '적용(application) 단계'에 대한 설명으로 옳지 않은 것은?

① 특정 활동을 찾거나 기피하기 시작한다.
② 움직임 수행의 정확성과 더불어 양적 측면이 강조된다.
③ 다양한 과제, 개인, 환경 요인 등을 토대로 어떤 활동에 참여할 것인지를 결정한다.
④ 인지능력이 저하되고 경험 토대가 축소되면서 많은 것을 학습하기가 어려워진다.

## 06 〈보기〉에서 유소년 신체활동을 통한 자기개념(self-concept) 발달에 대한 설명으로 옳은 것을 모두 고른 것은?

**보기**
- ㉠ 움직임은 긍정적인 자기개념을 촉진시킬 수 있는 최상의 방법이다.
- ㉡ 유소년에게 용기를 북돋아 주고, 생활에 모험활동이 포함되도록 한다.
- ㉢ 자신들의 한계 내에서 합리적인 수행목표를 세울 수 있도록 도와준다.
- ㉣ 실패의 가능성을 높이고, 실패와 실패지향적 경험들을 많이 제공한다.

① ㉠  
② ㉠, ㉣  
③ ㉡, ㉢  
④ ㉡, ㉢, ㉣

## 07 〈보기〉의 ㉠~㉢에 들어갈 용어를 옳게 나열한 것은?

**보기**
- 피카(R. Pica)는 동작요소를 ( ㉠ ), 형태, ( ㉡ ), 힘, 흐름, 리듬으로 구성된다고 하였다.
- 퍼셀(M. Purcell)은 ( ㉠ ) 인식, 신체 인식, 노력, ( ㉢ ) 같은 동작요소에 대한 이해를 바탕으로 이를 응용영역에 적용시킬 수 있어야 한다고 하였다.

|   | ㉠ | ㉡ | ㉢ |
|---|---|---|---|
| ① | 공간 | 시간 | 관계 |
| ② | 저항 | 속도 | 무게 |
| ③ | 공간 | 관계 | 시간 |
| ④ | 무게 | 속도 | 저항 |

## 08 〈표〉의 ㉠, ㉡에 들어갈 기본움직임기술의 발달 단계를 바르게 제시한 것은?

| 단계 | ( ㉠ ) | ( ㉡ ) |
|---|---|---|
| 움직임 기술 | 물구나무서기 | 공 차기 |
| 설명 | • 삼각지지를 통한 물구나무서기 가능<br>• 일정하지 않은 균형점을 보이고, 간헐적으로 자세를 오랫동안 유지함<br>• 감각적으로 사지의 위치를 살피려고 노력함 | • 차기동작 동안 양팔 흔들기가 나타남<br>• 팔로우 스로우가 이루어지는 동안 몸통이 허리까지 굽혀짐<br>• 다리 스윙이 길어지고, 달리거나 껑충 뛰어서 공에 다가감 |

|   | ㉠ | ㉡ |
|---|---|---|
| ① | 시작 | 시작 |
| ② | 시작 | 성숙 |
| ③ | 초보 | 초보 |
| ④ | 초보 | 성숙 |

## 09 에릭슨(E. Erikson)이 제시한 심리사회발달 단계에 대한 내용의 연결이 적절하지 않은 것은?

|   | 단계 | 내용 |
|---|---|---|
| ① | 신뢰감 대 불신감 | 정체감을 확립하지 못한 경우 자신감을 가지지 못함 |
| ② | 자율성 대 수치·회의 | 근육 발달을 조절할 수 있으며 자기 주위를 탐색함 |
| ③ | 주도성 대 죄의식 | 목표나 계획을 세워 성공하고자 노력함 |
| ④ | 근면성 대 열등감 | 기초적인 인지 기술과 사회적 기술을 습득함 |

**10** ⟨보기⟩에서 동일한 유형의 반사(reflex)나 반응(reaction)인 것을 고른 것은?

> **보기**
> ㉠ 모로(Moro)
> ㉡ 당김(pull-up)
> ㉢ 목가누기(neck righting)
> ㉣ 바빈스키(Babinski)
> ㉤ 비대칭목경직(asymmetrical tonix neck)
> ㉥ 낙하산(parachute)

① ㉠, ㉡, ㉥  
② ㉠, ㉣, ㉤  
③ ㉡, ㉢, ㉣  
④ ㉡, ㉢, ㉤

**11** ⟨보기⟩에서 '영유아 기도폐쇄' 응급처치에 관한 설명으로 옳은 것을 모두 고른 것은?

> **보기**
> ㉠ 1세 미만의 경우 등 두드리기 및 흉부압박이 권장된다.
> ㉡ 의식이 없는 경우 혀에 의한 기도폐쇄가 있는지 확인한다.
> ㉢ 등 두드리기를 할 때 머리를 가슴보다 낮게 하고, 안은 팔을 허벅지에 고정시킨다.
> ㉣ 흉부를 압박할 때 등을 받치고 머리를 가슴보다 낮게 하여, 안은 팔을 무릎 위에 놓는다.

① ㉠, ㉡  
② ㉠, ㉢  
③ ㉡, ㉢, ㉣  
④ ㉠, ㉡, ㉢, ㉣

**12** ⟨표⟩에서 체력의 구분 및 요소, 검사방법의 연결이 옳은 것을 고른 것은?

| | 구분 | 체력요소 | 검사방법 |
|---|---|---|---|
| ㉠ | 건강체력 | 순발력 | 모둠 발로 멀리뛰기 |
| ㉡ | 건강체력 | 심폐지구력 | 셔틀런(페이서, PACER) |
| ㉢ | 운동체력 | 평형성 | 평균대 위에서 한발로 서기 |
| ㉣ | 건강체력 | 유연성 | 1분간 앉았다 일어나기 |

① ㉠, ㉢  
② ㉠, ㉣  
③ ㉡, ㉢  
④ ㉡, ㉣

**13** 초등체육 교육과정의 3~4학년군 성취기준에 대한 내용으로 옳지 않은 것은?

① 체력운동이나 스포츠활동보다 신체를 인식하고 움직이는 기초적인 이동운동을 한다.
② 기본 체력운동의 방법과 절차를 익히며 자신의 수준에 맞는 운동을 시도한다.
③ 기본 움직임 기술의 의미와 종류를 이해하고 스포츠와의 관계를 파악한다.
④ 움직임의 심미적 표현에 대한 호기심과 감수성을 나타낸다.

**14** 스포츠 기술에 반영된 조작 운동과 지각운동 구성요소의 연결이 옳은 것은?

| | 스포츠 기술 | 조작운동 | 지각운동 구성요소 |
|---|---|---|---|
| ① | 골프공 때리기, 축구공 차기 | 추진 | 안정 |
| ② | 농구 패스 잡기, 핸드볼 패스 잡기 | 추진 | 공간 |
| ③ | 티볼 펀팅, 탁구공 되받아치기 | 흡수 | 시간 |
| ④ | 축구 패스공 멈추기, 야구 공중볼 받기 | 흡수 | 공간 |

**15** 〈보기〉의 대화에서 ㉠, ㉡에 들어갈 유아체육 프로그램 기본원리와 교수방법은?

> **보기**
> A 지도자: 저는 수업에서 유아 간에 체력이나 소질 같은 개인차가 발생하는 부분이 늘 고민이었어요. 운동프로그램 구성을 위한 원리 같은 것이 있을까요?
> B 지도자: ( ㉠ )의 원리 같은 경우가 적용될 수 있을 것 같아요. 이 원리는 일반화된 특성뿐만 아니라 유전과 환경요인 같은 개인차를 고려하는 것을 말해요.
> A 지도자: 그렇다면 유아가 창의성 있게 자발적으로 참여하게 하는 지도방법은 어떤 것이 있을까요?
> B 지도자: ( ㉡ ) 방법이 효과적일 것 같아요. 이 방법은 유아 스스로의 실험과 문제해결, 자기 발견을 통해 학습이 일어나는 과정을 강조하는 방법이예요.

|   | ㉠ | ㉡ |
|---|---|---|
| ① | 특이성 | 탐색적(exploratory) |
| ② | 특이성 | 과제 중심 접근(task-oriented) |
| ③ | 연계성 | 탐색적(exploratory) |
| ④ | 연계성 | 과제 중심 접근(task-oriented) |

**16** 기본 움직임 기술에 대한 대근운동발달검사(TGMD)에서 검사항목과 수행기준이 적절하지 않은 것은?

|   | 기본움직임기술 | 검사항목 | 수행기준 |
|---|---|---|---|
| ① | 이동운동 | 달리기(15m) | 팔꿈치를 구부리고 팔과 다리는 엇갈려 움직인다. |
| ② | 이동운동 | 제자리멀리뛰기 | 던지는 팔의 반대쪽 발을 내딛으며 무게를 이동시킨다. |
| ③ | 조작 운동 | 던지기(over-hand throw) | 엉덩이와 어깨를 목표지점을 향하여 회전시킨다. |
| ④ | 조작 운동 | 공 차기 | 디딤발로 외발 뛰기를 하면서 차는 발을 길게 뻗는다. |

**17** 미국 질병통제예방센터(CDC)가 제시한 연령별 신체활동 가이드라인으로 옳지 않은 것은?

① 미취학 아동에게 성장과 발달을 위해 일정 시간 이상의 신체활동이 권장된다.
② 미취학 아동의 보호자는 제한적인 활동유형의 소근육 위주 놀이를 장려해야 한다.
③ 어린이와 청소년에게 매일 60분 이상의 중강도 신체활동을 장려해야 한다.
④ 어린이와 청소년들에게 연령에 적합하며, 즐겁고 다양한 신체활동에 참여할 수 있는 기회와 격려의 제공이 권장된다.

**18** 유치원 체육수업에서 실제학습시간(ALT)을 증가시킬 수 있는 공간 구성 전략으로 옳지 않은 것은?

① 유아의 호기심 및 모험심 등을 표현할 수 있는 환경 조성을 추구한다.
② 유아의 주의 집중을 위해 체육시설이나 기구를 효율적으로 배치한다.
③ 운동이 익숙해지는 시기에는 순환식보다 병렬식 위주로 기구를 배치한다.
④ 수업 중인 신체활동과 관련 없는 놀잇감 배치를 지양한다.

**19** ⟨표⟩는 미국스포츠의학회(ACSM)의 '어린이와 청소년을 위한 FITT(빈도, 강도, 시간, 형태) 권고사항'이다. ㉠~㉢에 들어갈 용어를 바르게 연결한 것은?

| 구분 | ( ㉠ ) 운동 | ( ㉡ ) 운동 | ( ㉢ ) 운동 |
|---|---|---|---|
| 빈도 | 고강도 운동을 최소 주 3일 이상 포함되도록 함 | 주 3일 이상 | 주 3일 이상 |
| 강도 | 중강도에서 고강도 | 체중 또는 8~15회 반복 가능한 무게 | 충격이나 기계적 부하와 같이 부하를 주는 신체활동이나 운동자극 |

|  | ㉠ | ㉡ | ㉢ |
|---|---|---|---|
| ① | 무산소 | 심폐체력 | 평형성 |
| ② | 유산소 | 저항 | 평형성 |
| ③ | 유산소 | 저항 | 뼈 강화 |
| ④ | 유산소 | 뼈 강화 | 저항 |

**20** 유소년 체육활동에서 체온조절과 관련된 내용으로 지도자가 고려해야 할 사항으로 옳지 않은 것은?

① 적당한 온도 및 습도가 유지된 환경을 조성해야 한다.
② 체온조절을 위해 가능한 더운 공간에서의 활동을 장려한다.
③ 더운 여름철의 체육 활동에는 적절한 수분 보충을 장려한다.
④ 유소년은 체육활동 시 성인에 비해 열을 빨리 획득하게 된다는 것을 인지한다.

## 노인체육론

**01** 기대수명(life expectancy)에 대한 설명으로 옳지 않은 것은?

① 나이가 증가함에 따라 변화한다.
② 기대수명과 평균수명은 동일한 개념이다.
③ 대부분의 나라에서 꾸준히 증가하고 있다.
④ 평균적으로 여성의 기대수명이 남성의 기대수명보다 높다.

**02** 무릎골관절염 노인의 운동을 지도할 때 고려사항으로 옳지 않은 것은?

① 저항성 운동할 때 통증을 유발하는 운동은 등척성 운동으로 대체할 수 있다.
② 불편함을 느끼기 시작하는 강도보다 낮은 강도로 운동을 시작한다.
③ 수중운동의 경우 물의 온도는 약 29~32°C를 권장한다.
④ 무릎관절에 충격이 큰 체중부하 운동을 권장한다.

**03** ⟨보기⟩에서 설명하는 운동 원리는?

> **보기**
> 노인스포츠지도사는 일상적인 환경에서의 움직임과 연관된 동작을 포함하는 운동프로그램을 설계하고 실행해야 한다.

① 기능 관련성 원리
② 난이도 원리
③ 점진성 원리
④ 과부하 원리

**04** 〈보기〉에서 설명하는 것은?

> **보기**
> - 노화와 관련한 대표적인 증상 또는 질환이다.
> - 근육 위축(muscle atrophy)으로도 알려져 있다.
> - 유산소 능력, 골밀도, 인슐린 민감성 및 신진대사율 감소를 유발할 수 있다.

① 근감소증(sarcopenia)
② 근이영양증(muscular dystrophy)
③ 루게릭병(amyotrophic lateral sclerosis)
④ 근육저긴장증(muscle hypotonia)

**05** 〈보기〉에서 체중부하운동을 모두 고른 것은?

> **보기**
> ㉠ 걷기　　　　　㉡ 등산
> ㉢ 고정식 자전거　㉣ 스케이트
> ㉤ 수영

① ㉠, ㉢
② ㉠, ㉡, ㉣
③ ㉡, ㉢, ㉣
④ ㉡, ㉢, ㉣, ㉤

**06** '국민체력 100'에서 제시한 노인 체력에 대한 측정 방법과 운동 방법의 연결이 옳지 않은 것은?

| | 체력 | 측정 방법 | 운동 방법 |
|---|---|---|---|
| ① | 동적 평형성 | 의자에 앉아 3m 표적 돌아오기 | 베개 등 다양한 지지면 위에서 균형 걷기 |
| ② | 유연성 | 앉아 윗몸 앞으로 굽히기 | 스트레칭 |
| ③ | 하지 근기능 | 30초간 의자에 앉았다가 일어서기 | 밴드 잡고 앉아서 다리 밀기 |
| ④ | 심폐지구력 | 8자 보행 | 고정식 자전거 타기 |

**07** 노인이 규칙적인 유산소운동을 통해 얻을 수 있는 효과로 옳지 않은 것은?

① 최대산소섭취량과 1회 박출량 증가
② 분당 환기량 증가와 안정 시 호흡수 감소
③ 말초혈관의 저항 감소와 혈관 탄력성 증가
④ 복부지방 감소와 안정 시 인슐린 분비의 증가

**08** 〈보기〉는 만성질환 노인의 운동 효과이다. ㉠~㉢에 들어갈 용어를 바르게 연결한 것은?

> **보기**
> - 비만 노인의 체지방량이 ( ㉠ )하고, 근육량은 유지 및 증가된다.
> - 당뇨 노인의 혈당량이 감소하고, 근육의 인슐린 민감성이 ( ㉡ )된다.
> - 골다공증 노인의 골밀도 ( ㉢ )가 개선되고, 낙상과 골절이 예방된다.

| | ㉠ | ㉡ | ㉢ |
|---|---|---|---|
| ① | 감소 | 증가 | 감소 |
| ② | 증가 | 증가 | 감소 |
| ③ | 감소 | 증가 | 증가 |
| ④ | 증가 | 감소 | 증가 |

**09** 운동프로그램의 원리 중 '특수성의 원리(specificity principle)'에 대한 설명으로 옳은 것은?

① 훈련 자극 및 강도를 지속적으로 증가시켜야 한다.
② 신체의 기능 향상을 위해서는 더 강한 부하를 주어야 한다.
③ 운동의 효과는 운동 중 사용한 특정 근육 및 부위에서 나타난다.
④ 노인의 개인 특성과 운동능력 및 체력 수준을 고려하여 운동 형태를 결정해야 한다.

**10** 건강한 노인의 걷기운동을 지도할 때 주의사항으로 옳지 않은 것은?

① 팔은 자연스럽게 앞뒤 교대로 흔들면서 걷게 한다.
② 안전한 보행을 위하여 앞꿈치, 발바닥, 뒤꿈치 지지순서로 걷게 한다.
③ 기립 안정성을 위해 배를 내밀지 않은 상태에서 허리를 바로 세우고 걷게 한다.
④ 발바닥 전체로 내딛거나 보폭을 너무 크게 하면 피로가 빨리 오고 발바닥에 통증이 발생하므로 주의시킨다.

**11** 〈보기〉에서 설명하는 노화와 관련된 유전인자는?

> 보기
> • 세포의 분열수명을 제어
> • 조로증(progeria)의 원인

① 마이오카인(myokine)
② 사이토카인(cytokine)
③ 글루코오스(glucose)
④ 텔로미어(telomere)

**12** 〈보기〉에서 설명하는 이론은?

> 보기
> 85세의 마이클 조던은 노화로 인한 신체기능 저하로 더 이상 예전의 농구 기량을 보여줄 수 없게 되었다. 농구를 계속하고 싶었던 마이클 조던은 다음과 같은 전략을 수립했다.
> • 농구를 계속하기로 함
> • 풀코트 대신 하프코트, 40분 정규시간 대신 20분만 뛰기로 함
> • 동일한 연령대의 그룹과 경기하기로 함

① 반두라(A. Bandura)의 자기효능감 이론
② 로우(J. Rowe)와 칸(R. Kahn)의 성공적 노화 이론
③ 펙(R. Peck)의 발달과업 이론
④ 발테스와 발테스(M. Baltes&P. Baltes)의 보상이 수반된 선택적 적정화 이론

**13** 〈보기〉의 ㉠, ㉡에 들어갈 내용을 바르게 연결한 것은?

> 보기
> • 폐경으로 인한 ( ㉠ ) 감소로 골다공증 위험 증가
> • 대사작용의 산물인 ( ㉡ )의 증가가 여러 노화 관련 질환 유발

|   | ㉠ | ㉡ |
|---|---|---|
| ① | 테스토스테론 | 활성산소 |
| ② | 테스토스테론 | 젖산 |
| ③ | 에스트로겐 | 활성산소 |
| ④ | 에스트로겐 | 젖산 |

**14** 〈보기〉에서 설명하는 행동 변화 이론 또는 모형은?

> **보기**
> - 자신의 신념(belief)과 행동(behavior)을 연결하는 이론
> - 구성 요인은 태도, 주관적 규범, 지각된 행동 통제, 의도, 행동통제인식

① 학습이론(learning theory)
② 건강신념모형(health belief model)
③ 계획행동이론(theory of planned behavior)
④ 행동변화단계모형(behavior change model)

**15** 〈보기〉에서 노인과의 원활한 의사소통 방법으로 옳은 것을 모두 고른 것은?

> **보기**
> ㉠ 참여자의 정면에 선다.
> ㉡ 시선을 한곳에 고정한다.
> ㉢ 적절한 눈맞춤을 한다.
> ㉣ 참여자를 향해 몸을 약간 기울인다.
> ㉤ 손은 계속 움직이며 손가락으로 지적한다.

① ㉠, ㉡
② ㉡, ㉤
③ ㉠, ㉢, ㉣
④ ㉠, ㉢, ㉣, ㉤

**16** 대사당량(METs)에 대한 설명으로 옳지 않은 것은?

① 안정 시 MET값은 연령에 따라 다르다.
② 중강도의 신체활동 기준은 3.0~6.0METs이다.
③ 노인의 유산소 운동 시 안전한 운동강도 설정 지표로 활용된다.
④ 1MET는 휴식상태에서 체중 1kg당 1분 동안 사용하는 산소량이다.

**17** 〈표〉는 노인이 운동할 때 응급상황에 대한 응급처치 방법과 목적을 제시한 것이다. ㉠~㉢에 들어갈 용어를 바르게 연결한 것은?

| 방법 | 목적 |
|---|---|
| ( ㉠ ) | 추가적 손상 방지 |
| Rest(휴식) | 심리적 안정 |
| Ice(냉찜질) | ( ㉡ ) |
| Compression(압박) | 부종 감소 |
| Elevation(거상) | 부종 감소 |
| Stabilization(고정) | ( ㉢ ) |

|   | ㉠ | ㉡ | ㉢ |
|---|---|---|---|
| ① | Posture (자세) | 근 경련 감소 | 마비 예방 |
| ② | Posture (자세) | 통증, 부종, 염증 감소 | 마비 예방 |
| ③ | Protection (보호) | 통증, 부종, 염증 감소 | 근 경련 감소 |
| ④ | Protection (보호) | 마비 예방 | 근 경련 감소 |

**18** 노화로 인한 낙상의 원인으로 옳은 것은?

① 보행속도의 증가
② 자세 동요의 감소
③ 발목의 발등굽힘 증가
④ 보폭이 좁은 오리걸음 패턴

**19** 노화로 인한 체력 저하에 대한 설명으로 옳지 않은 것은?

① 근력은 20대에 최대치를 이루고 그 후 점차적으로 저하된다.
② 순발력은 10대에 최대치를 이루고 근력에 비해 빠르게 저하된다.
③ 평형성은 20대에 최대치를 이루고 그 후 급속히 저하된다.
④ 지구력은 근력, 순발력에 비해 느리게 저하된다.

**20** 생물학적 노화의 특징으로 옳지 않은 것은?

① 노화로 인한 변화는 점진적이다.
② 모든 사람에게 보편적으로 나타난다.
③ 발달과 쇠퇴를 모두 포함하는 변화이다.
④ 환경적 요인을 배제한 내재적 요인에 의해 발생한다.

# 2025 필수과목 기출문제 정답 및 해설

## 특수체육론

| 01 | 02 | 03 | 04 | 05 | 06 | 07 | 08 | 09 | 10 |
|---|---|---|---|---|---|---|---|---|---|
| ④ | ① | ④ | ④ | ③ | ③ | ② | ① | ④ | ① |
| 11 | 12 | 13 | 14 | 15 | 16 | 17 | 18 | 19 | 20 |
| ① | ③ | ② | ② | ④ | ② | ③ | ③ | ② | ① |

### 01 특수체육의 특징    답 ④

특수체육은 장애인이 참여하는 체육으로 비장애인과 함께하는 활동을 포함한다. 또한 독특한 요구를 충족시키기 위해 개별화 프로그램을 지향하며 신체적 능력에 차이가 있는 학생들이 안전하게 스포츠를 경험할 수 있도록 한다. 장애인의 신체활동 참여 시 장애인의 주도성, 혁신성, 창의성 등의 능력을 배양하기 위해 스스로 권한을 신장시키는 임파워먼트를 강조한다. 따라서 특수체육에 관한 설명으로 적절하지 않은 것은 ④이다.

> **Tip**
> 장애인 임파워먼트(empowerment)의 속성
> - 자결성 : 개인의 삶에 대한 적극적인 자기 결정, 운동과 재활 참여에 대한 선택권, 서비스 계획 및 조직에 대한 영향력 등
> - 사회적 참여 : 다른 장애인에 대한 배려와 지시, 사회적 불공정에 대한 시정 요구 및 지지 활동 등에 대한 참여
> - 개인적 유능감 : 긍정적인 자아 존중감 배양, 장애에 대한 수용, 통제에 대한 내재적인 승인

### 02 지적장애 지도 전략    답 ①

〈보기〉에서 제시된 장애 유형은 지적장애에 해당한다. 이러한 유형을 지도할 때에는 간단한 단어를 사용하여 간단하게 설명하거나 운동수행의 발달 정도에 따라 꾸준하게 해야 한다. 또한 현재수행능력을 세밀하게 파악한 후 지도해야 하며 학생이 흥미를 보이는 활동에서 시작하여 다양한 형태로 발전시켜야 한다. 따라서 ①의 내용은 적절하지 않다.

> **Tip**
> 지적장애 지도전략
> - 운동수행의 발달 정도에 따라 꾸준히 지도할 것
> - 현재수행능력의 세밀한 파악 후 지도할 것
> - 안전지도 방안을 구체화할 것
> - 언어지도, 시범지도, 직접지도 등을 적절히 활용할 것
> - 간단한 단어 및 설명을 사용할 것
> - 활동을 단순화하고 단순한 규칙의 놀이를 제공할 것
> - 가능한 참여자 스스로가 자신의 활동을 결정할 수 있도록 할 것
> - 운동기술의 습득, 파지, 전이가 이루어지고 있는지 수시로 점검할 것
> - 주의를 집중할 수 있도록 관련된 단서를 제공할 것
> - 직접지도 시 최소한의 신체접촉을 유지할 것
> - 쉬운 과제에서 어려운 과제 순으로, 익숙한 과제에서 새로운 과제순으로 과제를 제시할 것
> - 다양한 감각적 단서를 제공(다감각적 접근법)할 것
> - 과제의 난이도를 지나치게 낮추거나 변형하지 말 것
> - 장애로 인해 운동 수행이 어려울 경우에만 규칙 및 장비 등을 변형할 것

### 03 특수체육 지도 전략    답 ④

역주류화 수업이란 일반 학생들이 장애가 있는 학생들과 함께 수업에 참여하는 것을 말하는데 장애가 있는 학생의 수업에 비장애 학생이 참여하는 수업형태이다. 따라서 교사와 학생이 역할을 바꿔가며 과제를 수행한다는 설명은 옳지 않다.

### 04 특수체육 지도 전략    답 ④

정서·행동 장애 학생의 체육활동을 지도할 때에는 개인운동보다는 다른 사람과 함께 어울릴 수 있는 집단운동을 제공하는 것이 바람직하며 연령에 맞는 신체활동 프로그램에 적극적으로 참여하도록 유도해야 한다. 또한 주의를 분산시키는 자극을 최소화하고 규칙을 정하여 안전 교육을 실시한다.

### 05 시각 장애인을 위한 스포츠    답 ③

쇼다운은 시각장애인을 위한 스포츠로 '에어하키' 또는 '탁구'로 표현되기도 한다. 장비가 매우 저렴하고 경기 장소도 회의실 정도의 공간이면 충분해 시각장애인이 쉽게 시작할 수 있는 운동으로 공을 배트로 쳐서 테이블 벽면에 부딪친 다음 테이블 중앙에 설치된 센터스크린 밑을 통과하여 상대편의 골포켓에 공을 넣으면 되는 스포츠이다.

> **Tip**
>
> **쇼다운**
> - 손보호장갑과 시각을 차단하는 고글을 착용한 뒤 길이가 긴 나무 배트로 소리가 나는 공을 쳐 상대편의 골 주머니에 넣으면 점수를 얻는 방식으로 진행되는 시각장애인 스포츠
> - 1977년 캐나다의 Joe Lewis라는 시각장애인에 의해 고안됨
> - 국내에서는 한국시각장애인스포츠연맹에서 2013년 9월 전국 7개소에 쇼다운테이블과 교실사업을 지원하면서 종목의 부흥이 시작됨
> - 경기규칙
>   - 각 선수는 2번 연속으로 서브할 수 있다.
>   - 한 선수가 상대편 선수를 상대로 2점 이상의 점수차로 11점 이상을 획득하면 승리
>   - 통상 3세트로 치러지며 각 세트 후에는 테이블 사이드를 바꾼다.

## 06 지체장애, 뇌병변장애의 특성과 지도 전략  답 ③

지체장애인에게 운동을 지도할 때 기립성 저혈압 증상 발생 시 다시 앉거나 몸을 쪼그리는 식으로 자세를 낮추어 증상이 사라지도록 해야 하며 벽이 있을 경우 등을 기대어 앉도록 해야 한다. 따라서 ③의 설명은 옳지 않다.

## 07 지체장애, 뇌병변장애의 특성과 지도 전략  답 ②

휠체어 럭비(영어: wheelchair rugby)는 장애인 선수를 위한 팀 스포츠이다. 원래 머더볼(murderball)이라고 불렸으며, 미국에서는 쿼드 럭비(quad rugby)로 알려져 있다. 휠체어 럭비는 주로 최대 12명의 선수로 구성된 두 팀이 경기를 진행한다. 각 팀에서 동시에 경기장에 있을 수 있는 선수는 4명으로 제한된다. 이는 혼성 스포츠로, 남성과 여성 선수들이 동일한 팀에서 경기한다.

【오답해설】
① 휠체어 농구에서는 휠체어를 2회 연속 밀기 전 공을 바닥에 튀기거나 패스해야 하며 3회 이상 밀면 '트레블링 반칙'이 선언된다.
④ 휠체어 테니스에서는 공을 두 번까지 튀기는 것이 인정된다.

## 08 체력운동의 원리  답 ①

다양성의 원리란 운동과 휴식, 강도, 트레이닝 방법 등을 다양하게 변경하여 흥미를 유발하는 것이다. 〈보기〉에서는 달리기를 지루해 하는 지적장애 학생을 위해 다양한 운동을 하게 하고 적절한 휴식을 제공하고 있으므로 '다양성의 원리'를 설명하고 있다고 볼 수 있다.

【오답해설】
② 특수성의 원리: 트레이닝이 적용된 근육동작, 부위, 형태 등에 따라 효과가 달라진다.
③ 전면성의 원리: 운동 기술을 계속 향상시켜 높은 운동의 성취감을 느낄 수 있도록 한다.
④ 가역성의 원리: 운동으로 인한 인체의 변화는 훈련을 중지하면 운동 전의 상태로 돌아간다.

## 09 특수체육 평가도구  답 ④

PDMS-2(Peabody Developmental Motor Scale-2)는 취학전 아동을 대상으로 대근육과 소근육 기능을 평가하고 반사행동, 균형, 시각, 협응력, 손에 쥐는 압력과 손기능 능력을 평가한다. BOT-2(Bruininks-Oseretsky Test of Motor Proficiency-2)는 4세에서부터 21세 11개월의 소아 청소년을 대상으로 하는 검사이다. PAPS-D(Physical Activity Promotion System for Students with Disabilities)는 장애가 있는 학생의 건강 관련 체력을 평가하는 것으로 검사 항목으로는 심폐지구력, 근력-근지구력, 유연성, 순발력, 체지방, 자세 평가, 자기 신체 평가가 있다.

> **Tip**
>
> **BPFT(Brockport Physical Fitness Test)**
> - 10~17세까지의 장애인은 물론 일반인에게도 적용할 수 있는 건강관련 체력검사 방법
> - 장애유형에 따른 항목별 검사방법을 구분
> - 연령대별 건강기준과 권장기준 확인 가능
> - 검사항목: 심폐능력, 신체조성, 유연성, 근력 및 지구력 등의 27개 항목

## 10 행동관리 기법  답 ①

용암법은 도움이나 촉진을 점차 줄여 나가며 학생 스스로 문제를 해결하도록 하는 행동관리 기법이다. 제시된 그림을 보면 처음에는 학습자의 몸통과 팔꿈치를 잡고 교정하면서 가르치다가 던지기 자세를 시범을 보인 후 연습하게 하고 그 다음에는 언어 지시로만 던지기를 수행하게 하는 것을 알 수 있다. 따라서 제시된 그림에서는 용암법이 쓰였음을 알 수 있다.

> **Tip**
>
> **용암법**
>
> 연속적으로 반복 행동을 시도하여 내담자의 반응에 도움이 되는 단서를 점진적으로 조절하여 이후에 단서 없이도 반응할 수 있게 하는 행동주의 치료에서 쓰이는 방법이다. 아이들이 처음 도형 그리기나 글자 쓰기를 배울 때 책에 있는 도형이나 글자를 '실선을 따라 그리기 – 점선을 따라 그리기 – 더 옅은 점선을 따라 그리기 – 안 보고 그리기'의 방식으로 습득해 나가는 것을 예로 들 수 있다.

## 11 장애인 대상 평가 도구  답 ①

문제에서 제시된 검사 도구는 TGMD-3(Test of Gross Motor Development Ⅲ)으로 운동 능력에 어려움이 있는 어린이를 식별하는 데 사용되는 표준 테스트이다. 3~11세 아동을 대상으로 하는 검사 도구이며 준거지향적 방식과 규준지향적 방식 모두 활용이 가능하다.

【오답해설】
② 6가지 이동 운동 기술과 7가지 공 조작 운동 기술을 측정한다.
③ 수행 준거를 어느 정도 성취했느냐에 따라 1점 또는 0점을 부여한다.
④ 장애 여부와 상관없이 3~11세 아동을 대상으로 대근육운동기술 발달 수준을 검사하는 표준화된 검사 기구이다.

## 12 뇌병변장애 ③

〈보기〉에서 제시된 장애 유형은 뇌병변장애 중 뇌성마비이다. 뇌성마비는 진행성은 아니지만 보행이나 이동의 문제가 청소년기나 성인기에 이를수록 심해질 수 있으며(위축되고 약해짐) 성장발육의 지연, 보행 및 운동장애, 근육의 경직성, 팔다리의 변형, 비자율적 근육 운동, 경련 및 지각장애 등의 문제가 발생할 수 있다.

## 13 특수체육에서 사용하는 사정과 측정도구 ②

특수체육 프로그램 서비스 전달체계는 프로그램 계획 → 사정 → 개별화교육계획 → 교수·상담·지도 → 평가의 순서로 진행된다. 따라서 ㉠은 개별화교육계획, ㉡은 지도·상담, ㉢은 평가가 들어가야 한다.

## 14 기초이동 운동능력 ②

갤로핑(galloping)은 한 발은 앞으로 걷고 다른 발은 달리듯 빨리 끌어다 앞선 다리에 붙이는 동작으로 〈보기〉에서 설명하는 운동 기술이다.

**【오답해설】**
① 호핑(hopping)은 한 발로 도약해서 같은 발로 착지하는 동작이다.
③ 리핑(leaping)은 발로 몸을 지탱하면서 다른 한 발은 쭉 내밀어 앞으로 이동하는 동작이다.
④ 슬라이딩(sliding)은 거의 몸을 눕히듯이 뛰어드는 동작으로 안전하게 도착하기 위해서 발끝, 머리, 손부터 미끄러져 들어가는 동작이다.

## 15 청각장애의 특성 및 지도 전략 ④

청각장애인을 지도할 때에는 시각적 자료를 적극적으로 활용하고 수화 및 구화를 사용하도록 유도하며 또래와 함께 참여하도록 권장한다. 또한 정확한 입모양과 큰 소리로 설명하고 추가 설명 시 종이에 글씨를 써서 설명해야 한다. 〈보기〉에 제시된 고려사항은 청각장애인 체육활동에서 고려될 사항으로 모두 옳다.

## 16 지적, 정서, 자폐성장애 등의 특성과 지도 전략 ②

수영 레인의 폭은 2.5m 정도(국제규격 경기시설)인데, 패럴올림픽에서도 똑같이 적용된다. 수영의 레인 폭을 축소하면 다른 레인의 사람과 부딪힐 우려가 있으므로 규격에 맞게 설치해야 한다.

## 17 개별화 교육 프로그램 ③

개별화 교육 프로그램의 목표 진술 3요소는 행동, 기준, 조건이다. 행동(action)은 성취 수준이 목표에 달성했는가를 판단하는 기준이며 기준(criterion)은 학습의 결과로 나타나는 행동을 말한다. 마지막으로 조건(condition)은 행동이 일어나길 바라는 상황의 제시이다.

---

**Tip**

**개별화 교육 프로그램(IEP ; Individual Education Program)**

- 법령에서 정의하는 개별화 교육(장애인 등에 대한 특수교육법) : 각급학교의 장이 특수교육대상자 개인의 능력을 계발하기 위하여 장애유형 및 장애특성에 적합한 교육목표·교육방법·교육내용·특수교육 관련서비스 등이 포함된 계획을 수립하여 실시하는 교육
- 개별화 교육 프로그램의 필요성
  - 개별 학생의 특성에 따른 교육의 보장을 위해 학습 내용이나 지도목표 등이 개별 학생에 따라 특별히 설계된 IEP가 필수적
  - 부모와 학교 간의 의사소통 매개 수단으로써 활용 가능
  - 학생에게 필요한 것이 무엇인지, 그 필요에 적합한 서비스는 무엇이며 어떠한 결과를 기대할 수 있는지 예측을 가능케 함

## 18 패럴림픽 ③

문제에서 제시된 로고를 사용하는 국제 장애인경기대회는 패럴림픽이다. 패럴림픽의 주관 단체는 국제 패럴림픽 위원회(IPC; International Paralympic Committee)이며 4년마다 개최된다.

## 19 체육활동 변형 전략 ②

체육활동을 변형하는 이유는 장애 학생 지도 시 효과적인 스포츠 활동을 유도하기 위해서이며 환경, 용구, 규칙 등을 변형시켜 적용한다. 따라서 활동의 본질을 변형하여 새로운 활동으로 구성한다는 설명은 적절하지 않다.

## 20 시각장애 지도 전략 ①

시각장애인의 신체활동을 지도할 때에는 잔존시력의 정도를 파악한 후 핵심이 되는 움직임을 반복적으로 보여줌으로써 동작의 원리를 이해할 수 있도록 한다. 또한 학생 스스로 움직임을 할 수 있도록 직접적으로 보조하는 것을 점차 줄여 나가야 한다. 따라서 ①은 시각장애인의 체육활동 지도 시 고려 사항으로 적절하지 않다.

## 유아체육론

| 01 | 02 | 03 | 04 | 05 | 06 | 07 | 08 | 09 | 10 |
|---|---|---|---|---|---|---|---|---|---|
| ② | ② | ③ | ③ | ④ | ③ | ① | ③ | ④ | ① |
| 11 | 12 | 13 | 14 | 15 | 16 | 17 | 18 | 19 | 20 |
| ① | ④ | ④ | ④ | ③ | ① | ① | ② | ② | ② |

### 01  유아기 운동발달 프로그램 　답 ②

기본움직임기술은 비이동 운동, 이동 운동, 조작 운동이 있다. 굽히기, 늘리기, 직립 균형은 비이동 운동이고 스키핑은 이동 운동이다.

**Tip**
**기본움직임기술**
- 비이동 운동(안정성) : 굽히기, 비틀기, 물구나무서기, 구르기, 멈추기 등
- 이동 운동 : 걷기, 달리기, 점핑, 갤로핑, 슬라이딩, 호핑 등
- 조작 운동 : 때리기, 튀기기, 되받아치기, 던지기 등

### 02  유아기 운동발달 프로그램 　답 ②

움직임 분류 일차원 모델은 움직임을 구성하는 여러 요소를 체계적으로 분류하는 이론으로 근육, 시간적 연속성, 환경, 기능에 따라 분류한다.

### 03  유아기 운동발달 프로그램 　답 ③

ㄴ. 유연성은 관절 주변의 골격 구조, 근육, 인대 및 건 등의 상태에 의해 결정되는 관절의 최대 가동 범위로 자극에 대해 빠르게 반응하거나, 운동 방향을 변경, 신속하게 이동하는 능력은 민첩성이다.

**Tip**
**건강관련체력, 수행관련체력**
- 건강관련체력 : 근력·근지구력, 심폐지구력, 유연성
- 수행관련체력 : 순발력, 민첩성, 협응성, 평형성

### 04  유아기 운동발달 　답 ③

모로반사에 대한 설명이다. 모로반사는 큰 소리나 신체 위치의 갑작스러운 변화에 의해 야기되는 신생아 반사로 등을 구부리고 손과 팔을 앞으로 뻗어 무엇인가를 잡으려는 것처럼 팔을 서로 감싸 안는 것이며 생후 4~6개월경 사라진다.

### 05  유아기 운동발달 프로그램 　답 ④

연계성 원리에 대한 설명이다. 유아기 운동발달 프로그램은 연계성 원리를 고려하여 기초부터 향상까지 잘 조직된 프로그램을 구성해야 하며, 신체발달뿐만 아니라 정서적·사회적 발달을 위한 교육 프로그램과의 연계성이 필요하다. 또한, 간단한 활동에서 복잡한 활동, 쉬운 활동에서 어려운 활동으로 단계별 지도가 필요하다.

**Tip**
**운동발달 프로그램의 기본 원리**
- 적합성 원리
- 특이성 원리
- 다양성 원리
- 방향성 원리
- 안전성 원리
- 연계성 원리

### 06  유아기 운동발달 이론 　답 ③

에릭슨의 심리사회발달 단계 중 4단계에 해당하는 내용이다. 해당 시기에 새로운 것을 학습할 기회를 부여받고, 성취한 것을 인정받는 경우 근면성이, 성취할 기회를 갖지 못하거나 결과에 대해 비난을 받는 경우 열등감이 발달한다.

**Tip**
**에릭슨의 심리사회발달 8단계**
- 1단계 : 신뢰감 대 불신감(0~1세)
- 2단계 : 자율성 대 수치심(2~3세)
- 3단계 : 주도성 대 죄책감(4~5세)
- 4단계 : 근면성 대 열등감(6~11세)
- 5단계 : 자아정체감 대 역할 혼미(12~18세)
- 6단계 : 친밀감 대 고립감(18~30세)
- 7단계 : 생산성 대 침체(31~64세)
- 8단계 : 자아통합 대 절망(65세 이후)

### 07  유아기 운동발달 이론 　답 ①

하비거스트는 인간의 생애를 6단계로 나누고, 시기별로 달성해야 할 발달 과업이 있다고 보았다. 1단계에서는 사회적·물리적 현실에 대한 간단한 개념이 형성되며, 2단계에서는 성장하는 개체로서 자기에 대한 건전한 태도를 발전시키고, 3단계에서는 행동지표로서의 가치관과 윤리체계를 습득하기 기작한다.

### 08  유아기 운동발달 　답 ③

기본 움직임 단계는 시작 → 초보 → 성숙으로 이루어진다. 엉덩이의 회전은 체중 이동과 몸통 회전이 조화를 이루는 성숙 단계의 특징이다. 시작 단계에서는 주로 팔 동작만으로 힘을 전달하려 하며, 하체는 거의 사용하지 않는다.

## 09 유아기 운동발달 　　답 ④

반사 억제 단계는 생후 약 0~1세 사이 시기로 초보 움직임 단계에 해당한다. 반사(reflex) 중심의 움직임에서 점차 수의적(voluntary) 움직임으로 전환되는 초기 발달 단계로 운동 피질(motor cortex)의 발달이 시작되며, 원시 반사들이 억제되고 수의 운동이 조금씩 나타난다. 뇌하부 중추가 더 발달하며 주요 제어 역할을 하는 것은 반사 운동 중심 시기의 특징이다.

## 10 유아기 운동발달 　　답 ①

TGMD-3은 대근육 운동 발달 평가에 중점을 둔 검사 도구로 기초 움직임 기술(달리기, 점프, 공 던지기 등)의 발달 정도를 평가하여 운동 발달 지연 여부를 판단한다. 언어, 인지, 적응 행동 기능 발달은 평가 대상이 아니다.

## 11 유아체육 지도방법 　　답 ①

스테이션 교수는 학습 공간을 여러 개의 스테이션(학습 장소)으로 나누고, 학습자들이 각 스테이션에서 서로 다른 과제를 수행하며 순환 학습하는 방법이다. 이 방식은 제한된 공간과 장비를 효율적으로 활용할 수 있어, 여러 과제를 동시에 다룰 수 있다. 또한, 학습자들이 이미 익힌 기술을 반복 연습하거나 자기 평가를 할 때도 효과적이다.

## 12 유아체육 지도방법 　　답 ④

유아체육 프로그램은 유아의 발달단계에 알맞은 지도가 필요하다. 기구나 도구를 획일적으로 제공해서는 안 되며, 유아마다 수준을 고려해 다양하게 조절해주는 것이 바람직하다.

## 13 유아기의 운동발달 　　답 ④

㉠에 들어갈 내용은 '리드-업(lead-up) 게임과 기술'이고, ㉡에 들어갈 내용은 '기본 대근운동 기술과 양식(patterns)'이다.

## 14 유아기 체육 관련 법 및 지침 　　답 ④

「국민체육진흥법 시행령」 제2조에 따르면 "유소년스포츠지도사"란 유소년(3세부터 중학교 취학 전까지를 말한다)의 ㉠ 행동양식, ㉡ 신체발달 등에 대한 지식을 갖추고 유소년을 대상으로 체육을 지도하는 사람을 말한다.

## 15 유아체육 지도방법 　　답 ③

㉠은 탐색적(exploratory) 방법, ㉡은 안내-발견적(guide-discovery) 방법에 대한 설명이다. 탐색적(탐구적) 방법은 시범이나 언어적 설명이 없이 유아가 자신에게 적합하다고 생각하는 활동과제 수행하고, 안내-발견적 방법은 유아는 또래나 교사의 동작을 관찰함으로써 과제수행의 방법을 이해한다.

## 16 유아기 운동발달 　　답 ①

갤러휴는 움직임 기술을 안정성 운동 기술, 이동 운동 기술, 조작 운동 기술로 구분하였다. 이동 운동 기술에 해당하는 것은 걷기, 달리기, 점프하기로 잡기는 조작 운동 기술에 해당한다.

**Tip**

**갤러휴의 움직임 기술**
- 안정성 운동 기술 : 정적·동적 움직임 상황에서 신체 균형을 강조한다.
- 이동 운동 기술 : 신체의 장소 이동을 강조한다.
- 조작 운동 기술 : 물체와 힘을 주고 받는 것을 강조한다.

## 17 육아체육 지도방법 　　답 ①

'왜(why)' 중심의 문제해결 수업은 이해중심 게임수업(TGFU)의 특징이다. 기능중심 게임수업은 '어떻게(how)' 잘 수행할 것인가에 초점을 둔다.

## 18 유아기 운동발달 　　답 ②

기본 움직임 단계 중 걷기 동작의 발달단계는 시작 → 초보 → 성숙으로 이루어진다. 시작 단계는 기본적인 운동능력을 형성하는 시기로 신체의 움직임이 자연스럽거나 능숙하지 못해 발바닥 전체로 바닥과 접촉한다.

## 19 유아기 운동발달 이론 　　답 ②

전조작기는 2~7세에 해당하며 언어가 급격히 발달한다. 상징적 사고가 증가하며 물활론적 사고가 가능하다.

## 20 유아기 운동발달 이론 　　답 ②

반두라의 사회학습이론에 대한 설명이다. 사회학습은 간접학습의 일종으로 관찰학습 또는 대리학습이라고 불린다. 학습자는 자신과 관찰하는 모델 간에 유사점이 있다고 인식할 때 그 모델의 행동을 모방할 가능성이 높다.

# 노인체육론

| 01 | 02 | 03 | 04 | 05 | 06 | 07 | 08 | 09 | 10 |
|----|----|----|----|----|----|----|----|----|----|
| ④ | ① | ④ | ② | ③ | ③ | ① | ③ | ④ | ① |
| 11 | 12 | 13 | 14 | 15 | 16 | 17 | 18 | 19 | 20 |
| ② | ③ | ④ | ④ | ② | ② | ① | ③ | ③ | ① |

## 01 노화와 관련된 이론    답 ④

활동이론은 일상적인 활동(정신적·신체적·사회적)을 지속하는 사람은 건강하게 노화하며, 생활 만족도가 높아진다고 보는 이론이다.

【오답해설】
① 손상이론 : 활성산소, 자외선, 기타 유해물질 등으로 인해 손상된 세포가 기능장애를 일으키고 DNA와 단절됨으로써 노화가 발생한다고 보는 이론
② 유전학적이론 : 노화 과정이 인체 세포 시계에 의해 조절되며, 특정 유전자에 의해 노화가 진행된다는 이론
③ 분리이론 : 노인은 사회적 역할 및 상호작용 등의 감소로 사회로부터 분리되며, 이것이 노화의 과정이라고 보는 이론

## 02 근골격계·신경계 질환 운동프로그램    답 ①

근감소증(sarcopenia)은 나이가 많아지면서 근육의 양, 근력, 근 기능이 모두 감소하는 질환이며 근육 위축이라고도 불린다. 근감소증 환자는 걸음걸이가 느려지고 근지구력이 떨어지며 일상생활이 어려워 다른 사람의 도움이 자주 필요하게 된다. 또한 골다공증, 낙상, 골절이 쉽게 발생하고, 근육의 혈액 및 호르몬 완충 작용이 줄어들어 기초대사량이 감소하고, 만성질환 조절이 어렵게 되며, 당뇨병과 심혈관 질환이 쉽게 악화될 수 있다.

## 03 노화의 개념    답 ④

생물학적 노화는 생물학적 퇴화과정이 생물학적 재생산과정을 능가하여 유기체에 퇴행적 변화가 일어나는 현상이다. 따라서, 'ㄱ. 노화는 치료가 가능하다.'는 생물학적 노화 개념과 어긋난다.

> **Tip**
> 
> **생물학적 노화**
> - 정의 : 생물학적 퇴화과정이 생물학적 재생산과정을 능가하여 유기체에 퇴행적 변화가 일어나는 현상
> - 특성
> 
> | 보편성 | 노화에 따른 변화는 누구에게나 동일하게 나타남 |
> |---|---|
> | 내인성 | 노화는 질병이나 사고가 아닌 내적인 변화로 인해 나타남 |
> | 쇠퇴성 | 노화는 궁극적으로 생물체의 죽음을 초래함 |
> | 점진성 | 노화에 따른 변화는 연령의 증가에 따라 심해지며, 회복이 불가능함 |

## 04 운동의 효과    답 ②

체중부하운동은 자신의 체중을 이용해 뼈와 근육에 자극을 주는 운동이다. 걷기, 등산, 스케이팅, 테니스, 윗몸일으키기, 팔굽혀펴기, 계단 오르기 등이 해당한다.

## 05 운동권고 지침 및 운동방안    답 ③

운동 의욕이 높더라도 매일 강도 높은 운동을 하는 것은 노인에게 부적절하다. 노인은 회복 능력이 낮고, 근골격계와 심혈관계에 부담이 크기 때문에 고강도 운동은 충분한 휴식과 번갈아가며 수행해야 한다.

## 06 운동의 효과    답 ③

당뇨 노인은 운동을 통해 인슐린 민감성 향상과 인슐린 저항성 감소로 안정적인 혈당 조절이 가능해지며, 당뇨병 예방 및 관리의 효과를 얻을 수 있다.

> **Tip**
> 
> **인슐린 저항성과 인슐린 감수성**
> 
> | 인슐린 저항성 | • 다양한 원인에 의해 인슐린의 기능이 떨어져 포도당 균형을 효과적으로 다루지 못하는 것<br>• 인슐린 저항성이 높을 경우 체내 포도당이 충분한데도 계속 인슐린을 만들어 췌장 베타세포(인슐린을 만드는 기관)의 기능 저하 및 손상을 야기함 |
> |---|---|
> | 인슐린 감수성 (민감성) | • 인슐린에 대한 생체의 감수성<br>• 동일한 인슐린 양에 대한 혈당 저하도로 표현<br>• 인슐린 감수성이 높을 경우 당뇨병의 예방 및 관리에 도움을 줌 |

## 07 호흡·순환계 질환 운동프로그램    답 ①

뇌졸중은 뇌에 혈액을 공급하는 혈관이 막히거나 터지면서 뇌에 손상이 생기며 반신 마비, 감각 장애, 언어 장애 등이 나타나는 질환이다. 우측마비 노인의 경우 언어지시보다 행동적 시범이 효과적이며, 마비된 쪽과 건강한 쪽을 함께 운동하는 것이 좋다. 또한, 상지는 어깨관절에서 손가락 방향 순으로, 하지는 허벅지에서 발끝 방향 순으로 운동해야 한다.

## 08 근골격계·신경계 질환 운동프로그램    답 ③

ㄱ. 관절염 노인의 경우 무릎관절에 충격이 적은 수중부하운동이나 비체중부하운동이 권장된다.
ㄴ. 관절의 상해와 통증이 발생하지 않는 범위에서 운동을 실시하고, 통증이 지속될 경우 운동을 중단하는 것이 좋다.

## 09 노화와 관련된 이론    답 ④

〈보기〉에서 설명하는 이론은 사용마모이론이다. 인간의 몸도 마치 기계와 같이 오랫동안 사용하면 기능이 약화되고 점차 퇴화가 일어나 이로

인해 노화가 나타난다고 보는 이론으로, 퇴행성관절염이나 오십견 등의 노인질환을 설명할 때 가장 적절하다.

【오답해설】
① 면역반응이론 : 나이가 들면서 인간의 면역체계에 결함이 발생하여 제거해야 할 유해물질을 제거하지 못해 체내에 유해물질이 축적되고 이로 인해 노화가 발생·촉진된다고 보는 이론
② 교차결합이론 : 정상 상태에서는 서로 분리되어 있어야 하는 분자구조 사이에 화학적 반응에 의한 연결 띠가 형성되어 서로 엉키게 되고, 이로 인해 조직이 탄력성을 잃고 세포 간 영양소 및 화학적 물질 등의 교환을 방해함으로써 노화가 나타난다고 보는 이론
③ 세포노화이론(유전학적이론 또는 텔로미어이론) : 노화 과정이 인체 세포 시계에 의해 조절되며, 특정 유전자에 의해 노화가 진행된다는 이론

## 10 노화의 개념 답 ①

㉠ 텔로미어는 염색체 말단부에 위치하는 5-TTAGGG-3 염기의 반복으로 이루어진 DNA이다. 염색체 말단의 유전정보를 복제하지 못하기 때문에 세포 분열에 따라 텔로미어 길이가 짧아지고 이로 인해 노화가 일어난다.
㉡ 퇴행성 관절염은 노화로 인한 대표적인 관절 질환으로 자가면역질환으로 인해 발병하는 류마티스 관절염과는 구분된다.

## 11 노인운동 시 위험관리 답 ②

준비운동은 본 운동 전에 체온을 높이고 근육을 신전시켜 손상 위험을 감소시키는 데 도움이 된다. 또한, 관절의 가동범위가 증가하며 신체 반응시간도 단축시킬 수 있다. 이로 인해 심장의 혈류량도 증가하여 사용되는 근육으로의 혈액 순환도 증가된다. 정리운동은 모든 운동을 끝내며 천천히 체내 온도를 감소시키는 역할을 하며, 젖산 농도와 혈액의 카테콜아민 수치도 감소시킬 수 있다.

## 12 노인운동 시 위험관리 답 ③

심장질환자의 경우 운동 전후 혈압, 심박수 등을 확인해야 한다. 운동 전후 혈당을 확인하고, 저혈당 대비 간식을 준비하는 것은 당뇨병 환자에 해당하는 지침이다.

> **Tip**
> 노인의 운동을 중지해야 하는 상황
> • 급격한 혈압 상승이 나타나는 경우
> • 호흡곤란의 발생으로 숨을 제대로 쉬지 못하는 경우
> • 하지 근육 등에 경련이 발생하여 운동 지속이 어려운 경우
> • 기타의 이유로 참여자가 운동 중단을 요청하는 경우
> • 심부전의 징후가 나타나는 경우
> • 고온 다습 혹은 추운 환경으로 운동 수행이 위험한 경우

## 13 노화와 관련된 이론 답 ④

발테스는 인간의 발달이 전 생에에 걸쳐 지속되며, 각 시기마다 손실과 이득이 동시에 일어난다고 주장했다. 따라서 노화도 신체 기능의 감소라는 손실이 일어나는 동시에 경험으로 얻은 환경에 대한 적응력, 지혜와 같은 이득도 함께 일어나는 것으로 보았다.

## 14 노인운동 시 위험관리 답 ④

청각적 문제가 있는 경우 소음이 적은 조용한 곳에서 운동을 진행하는 것이 권장되며, 상대적으로 잘 들리는 귀 쪽으로 가서 큰 소리로 설명하거나 입술 모양이나 표정을 활용해 지도해야 한다. 복잡한 운동 방법이나 기술에 대한 설명은 시범이나 사진과 같은 시각적 보조물을 활용하여 지도하는 것이 효과적이다.

【오답해설】
ㄴ. 눈이 부실 정도로 밝은 조명은 시각을 방해할 수 있으므로, 적절하지 않다.

## 15 운동프로그램의 요소 답 ②

평형성은 정적 평형성과 동적 평형성으로 구분된다. 동적 평형성을 증진시키기 위한 운동으로는 일렬로 걷기, 짐볼 앉기 등이 있다. 정적 평형성을 증진시키기 위한 운동으로는 자기 체중을 이용한 한 발 들기 등이 있다. 평형성은 정적 또는 동적 상황에서 인체의 무게중심을 공간 범위 내에서 유지하는 능력으로서 노인의 낙상 방지 등에 효과가 있다.

【오답해설】
② '앉아서 허리 앞으로 구부리기'는 유연성 운동에 해당한다.

## 16 운동의 효과 답 ②

저항성 운동을 통해 근육량 증가, 혈중지질 감소, 인슐린 감수성 증가, 젖산에 대한 내성 증가의 효과를 얻을 수 있다.

## 17 운동의 효과 답 ①

노인의 운동 참여가 가지는 사회적 효과는 새로운 우정과 교류의 촉진, 사회적 역할 유지 및 새로운 역할 습득, 세대 간의 교류 기회 확대 등이 있다. 새로운 운동 기술 습득은 신체적 효과에 가깝다.

> **Tip**
> 사회적 효과
> • 운동 그룹을 통해 새로운 사회적 네트워크를 형성
> • 운동을 통해 사회적 역할을 유지하거나 새로운 역할을 습득
> • 규칙적인 활동을 유지함으로써 사회적 환경에 적극적으로 참여
> • 기존의 사회적·문화적 연결망을 확대·유지
> • 세대 간 교류의 기회를 얻음으로써 노화와 노인에 대한 고정관념을 타파

## 18  지속적 운동참여를 위한 동기유발 방법  답 ③

운동 참여를 통해 치매를 고치는 것은 현실적으로 달성 불가능한 목표이므로, 옳지 않은 목표설정이다.

> **Tip**
> 
> **목표 설정 시 고려 요소**
> - 구체성 : 운동시간, 강도, 빈도 등을 구체적으로 설정
> - 현실성 : 개인이 달성할 수 있는 수준의 현실적 목표 설정
> - 행동적 : 결과 지향적이 아닌 행동 지향적 목표 설정
> - 측정 가능성 : 달성 여부를 측정·판단할 수 있는 목표 설정

## 19  운동권고 지침 및 운동방안  답 ③

노인을 대상으로 한 유연성 운동 시 근육의 긴장감 혹은 약간의 불편함을 느끼는 정도까지 스트레칭하는 것이 적절하다.

> **Tip**
> 
> **스트레칭의 종류**
> 
> | | |
> |---|---|
> | 정적 스트레칭 | • 느리고(약 15~30초) 일정한 속도로 동작을 수행하는 스트레칭<br>• 일반적으로 가장 많이 행해지는 스트레칭<br>• 탄성 혹은 동적 스트레칭에 비해 안전해 노인, 특히 근골격계 질환을 겪고 있는 노인에게 효과적 |
> | 동적 스트레칭 | • 하나의 신체 부위에서 다른 신체 부위로 자세를 반복적으로 바꾸어 관절가동범위를 점진적으로 증가시키는 방법<br>• 정적 스트레칭과 달리 빠른 동작으로 수행되나, 탄성 스트레칭과 같은 반동은 주지 않는 방법<br>• 일반적으로 스트레칭 후 수행될 스포츠 및 동작과 유사한 동작으로 수행<br>• 정적 스트레칭에 비해 협응력이 필요하여 수행에 주의를 요함 |
> | 탄성 스트레칭 | • 스트레칭 동작의 마지막 범위에서 탄성을 이용해 동작에 반동을 주는 방법<br>• 근육을 한계점까지 늘리는 스트레칭으로 관절가동범위 전반에 걸쳐 많은 운동량 발생<br>• 운동 강도의 조절이 어려워 근육 또는 연부조직의 손상이 일어날 수 있어 주의를 요함 |
> | 고유수용성 신경근 촉진(PNF) 스트레칭 | • 해당 근육군(muscle group)과 건(tendon)에 등척성 수축을 일으킨 후, 같은 근육군을 정적으로 스트레칭하는 방법<br>• '유지-이완', '수축-이완', '주동근 수축을 통한 유지-이완'의 세 가지 유형 |

## 20  의사소통기술  답 ①

노인 운동 지도 시에는 존칭을 사용해야 한다. 반말을 사용하는 것은 부적절한 의사소통 방법으로, 지도 시 단어의 선택을 신중히 하는 것이 중요하다.

# 2024 필수과목 기출문제 정답 및 해설

## 특수체육론

| 01 | 02 | 03 | 04 | 05 | 06 | 07 | 08 | 09 | 10 |
|---|---|---|---|---|---|---|---|---|---|
| ③ | ② | ③ | ④ | ③ | ① | ① | ①, ②, ③, ④ | ④ | ①, ④ |
| 11 | 12 | 13 | 14 | 15 | 16 | 17 | 18 | 19 | 20 |
| ① | ③ | ② | ① | ① | ①, ②, ③, ④ | ③ | ① | ②, ③ | ③ |

### 01 특수체육의 의미 　답 ③
장애인복지법에 근거하여 1989년 최초로 설립된 장애인 체육 행정 조직은 한국장애인복지체육회이다.

**【오답해설】**
① 국민체육진흥법 개정에 따라 2005년에 설립되었다.

### 02 특수체육 지도 전략 　답 ②
장애인의 기능 회복을 위한 치료 서비스를 제공하는 것은 장애인스포츠지도사의 역할이 아니다.

**【오답해설】**
① 특수체육은 장애인의 '독특한 요구(unique needs)'를 충족시키기 위해 계획된 개별화 프로그램이다.
③ 장애인스포츠지도사는 주어진 상황 속에서 장애가 있는 학습자에게 제공 가능한 가장 효과적이고 실용적인 행동관리 방법이 무엇인지 알고 이를 적재적소에 적용할 수 있어야 한다.
④ 장애인을 지도할 때 장애인의 특성과 요구에 맞추어 학습 과제를 변경하여 수업한다.

### 03 특수체육에서 사용하는 사정과 측정도구 　답 ③
㉠ 사정 : 평가와 측정의 중간 개념으로서 교육적 의사결정에 필요한 자료 수집 과정이자 배치, 프로그램 계획 등에 관한 의사결정을 목적으로 한 자료 수집 및 해석의 과정
㉡ 평가 : 검사 및 사정에서 수집된 자료에 근거하여 의미와 가치를 부여하는 것
㉢ 측정 : 개인 또는 집단의 특정을 도구를 사용하여 수량화하는 일련의 과정
㉣ 검사 : 개인 또는 집단의 특정에 대한 수량적(양적) 자료를 산출하기 위한 질문이나 과제

### 04 특수체육에서 사용하는 사정과 측정도구 　답 ④
① 3~11세 아동을 대상으로 한다.
② TGMD-3는 준거 및 규준지향검사로 사용할 수 있다.
③ 6가지의 이동기술 검사항목과 7가지의 물체조작기술 항목으로 이루어져있다.

### 05 특수체육 지도 전략 　답 ③
개별화교육프로그램(IEP)의 구성 요소로는 개별화 교육 대상자의 인적 사항, 현재 수행 수준, 연간 목표와 장·단기 목표, 특수교육 서비스와 관련된 서비스 및 보조 서비스, 정규교과과정의 참여, 평가 방법의 변형, 서비스 계획, 전환 서비스에 대한 계획 및 준비가 있다. 또한, IEP를 운영하기 위해선 보호자, 특수교육교원, 일반교육교원, 진로 및 직업교육 담당 교원, 특수교육 관련서비스 담당 인력 등으로 이루어진 개별화교육지원팀을 구성해야 한다.

### 06 지체장애, 뇌병변장애의 특성과 지도 전략 　답 ①
신생아기 반사의 종류 중 하나인 비대칭 긴장성 목반사(비대칭목경직반사)에 대한 설명이다.

**【오답해설】**
② 모로반사 : 신생아기 반사의 종류 중 하나로 아기 머리의 갑작스러운 위치 변화나 강한 소리·빛에 반응해 무엇인가 껴안으려고 하는 행동
③ 긴장성 미로 반사 : 머리가 신체 앞쪽으로 굽혀지면 몸과 다리가 굽혀지고, 머리가 신체 뒤쪽으로 펴지면 몸과 다리가 쭉 펴지는 행동
④ 대칭성 긴장성 목반사 : 고개를 숙였을 땐 팔이 구부러지고 다리는 펴지며, 고개를 뒤로 젖혔을 땐 팔이 펴지고 다리는 구부러지는 행동

### 07 특수체육 지도 전략 　답 ①
〈보기〉는 개별화 지도 전략 중 스테이션 교수에 대한 설명으로 수업을 소단위로 나누어 기술을 연습할 수 있도록 순회하는 몇 개의 구역을 설치하고 활동하는 방법이다.

> **Tip**
> **또래교수 수업**
> - 지도 과정에서 지도 대상자를 보조교사로 활용하는 방법
> - 유형 : 일방 또래교수, 양방/상호 또래교수, 동급생 또래교수, 상급생 또래교수, 전 학급 또래교수

## 08 특수체육에서 사용하는 사정과 측정도구   정답 ①, ②, ③, ④

해당 문제는 〈보기〉의 단계 순서가 역순으로 되어 전체 정답 처리되었다. ㉠에 들어갈 내용은 '④ 리드–업 게임과 기술'이다.

**Tip**

| 발달과정 단계에서의 대근운동 영역 | | |
|---|---|---|
| 중학교~성인기 | 단체 및 개인 레크리에이션 활동 및 스포츠, 댄스기술 | 4단계 |
| 초등학교 3~6학년 | 간이게임(lead–up games)과 관련 기술 | 3단계 |
| 취학 전·후 | 대근운동기술과 패턴 | 2단계 |
| 신생아기 | 반응과 반사작용 | 1단계 |

## 09 특수체육에서 사용하는 사정과 측정도구   정답 ④

4~5세에는 체중이 명확하게 앞쪽으로 이동되며 던지는 팔과 같은 쪽의 다리를 앞으로 내민다. 던지는 팔과 반대쪽 발을 앞으로 내밀며 공을 던지는 것은 6~7세의 발달 특징이다.
① 3세에는 공 던지기와 받기를 할 수 있다.
②, ③ 2~3세에는 기본적인 운동능력을 형성하는 시기로 신체의 움직임이 자연스럽거나 능숙하지 못하다. 공을 찰 때 양발은 고정된 상태를 유지한다.

## 10 지체장애, 뇌병변장애의 특성과 지도 전략   정답 ①, ④

흉추 6번 손상 시 하지 사용이 불가하며, 휠체어를 사용한 스포츠에 참여 가능하다.
① 흉추 6번 이상의 손상이 있는 경우 무산소 운동보다는 유산소 운동이 더 적합하다.
④ 흉추 6번 이상의 척추손상자는 자율신경반사 부전증의 발생 가능성이 높아 무리한 운동으로 심박수를 높이는 것은 매우 위험하다.

**Tip**

척수 손상에 따른 기능적 활동
- 경추(C1~T1) 손상 : 사지마비
- 경추 C4 이상 손상 : 운전 및 휠체어 이동 불가
- 흉추 T6 이상 손상 : 보행 불가
- 흉추(T2~T12) 및 요추 및 천추(L1~S4) 손상 : 양측하지마비

## 11 특수체육 지도 전략   정답 ①

㉠ 타임아웃 : 대상자가 문제행동을 일으켰을 때 대상자가 원하는 환경(정적 강화 환경)에서 일정 시간 퇴출시킴으로써 부정적 행동을 감소시키는 방법
㉡ 반응대가 : 바람직하지 못한 행동을 했을 때 그 행동에 대한 대가로서 이미 보유하고 있던 정적 강화를 제거하는 방법
㉢ 부적 벌 : 특정 반응이 일어날 확률을 줄이기 위해 대상이 원하는 자극을 제거

## 12 지적장애, 정서장애, 자폐성장애 등의 특성과 지도 전략   정답 ③

미국지적장애및발달장애협회(AAIDD, 2021)의 지적장애 정의에 따르면 지적 기능성과 개념적·실제적·사회적 적응기술로 표현되는 적응행동의 양 영역에서 유의하게 제한성을 보이는 장애이다. 나이는 22세 이전을 기준으로 하며 지능 지수 기준을 평균에서 –2 표준편차 이하로 둔다.

## 13 지적장애, 정서장애, 자폐성장애 등의 특성과 지도 전략   정답 ②

〈보기〉는 다운증후군에 대한 설명이다. 다운증후군 지적장애인은 당분을 조절하는 내당 기능이 약하기 때문에 비만이 되기 쉽고 당뇨병 발생 빈도가 높다.

## 14 주요 장애인스포츠와 올림픽   정답 ①

보치아에서 유래한 경기인 보체(bocce)에 대한 설명이다. 보체는 스페셜올림픽의 하계 종목 중 하나이다.

**Tip**

| 스페셜올림픽의 종목 | |
|---|---|
| 하계 종목 | 수영, 육상, 배드민턴, 농구, 보체, 축구, 골프, 롤러스케이트, 탁구, 배구, 역도, 볼링, 크리켓*, 사이클, 승마, 기계체조, 리듬체조, 핸드볼, 유도, 카약, 넷볼*, 실외수영, 요트, 소프트볼, 테니스 |
| 동계 종목 | 알파인, 크로스컨트리 스키, 스노보드, 스노슈잉, 쇼트트랙, 스피드스케이팅, 피겨스케이팅, 플로어하키 |

※ 표시된 종목은 시범종목

## 15 지체장애, 뇌병변장애의 특성과 지도 전략   정답 ①

㉠ 운동실조성 뇌성마비의 손상 부위는 소뇌로 인체의 평형과 협응에 영향을 미친다.
㉡ 무정위운동증 뇌성마비의 손상 부위는 대뇌 중앙 기저핵으로 목적성 운동을 조절하는 곳이다.
㉢ 무정위운동증 뇌성마비의 운동 특성은 사지가 목적 없이 불수의적으로 불규칙하게 움직이는 것이다.

## 16 지적장애, 정서장애, 자폐성장애 등의 특성과 지도 전략   정답 ①, ②, ③, ④

해당 문제는 ㉠ 문장을 해석하는 데 오류가 발생할 수 있어 전체 정답 처리 되었다. 〈보기〉 내 다른 문장들을 고려하였을 때 ㉠은 상동적·반복적인 동작성 매너리즘을 가지고 있는 아스퍼거 증후군에 대한 설명이다. 아스퍼거 증후군은 자폐성 장애 중 하나이다.
①, ③ 언어적 단서보다 환경적 단서가 더욱 효과적일 수 있으므로, 그림 카드나 의사소통 보드 등을 활용한 시각적 단서를 제공하는 것이 좋다.
② 연속된 동작의 스포츠를 지도하는 것이 적합하다.
④ 대상자가 선호하는 스포츠, 접하기 쉬운 스포츠를 우선적으로 선정한다.

### 17  지체장애, 뇌병변장애의 특성과 지도 전략  답 ③

흉추 6번 이상의 척수 손상자는 급격한 교감신경 반사 반응으로 인해 자율신경계 반사 기능 항진이 일어날 수 있다. 증상으로는 혈압의 증가와 심박수 감소가 있는데 무리한 운동으로 심박수를 높이는 것은 매우 위험하므로 즉시 운동을 중단해야 한다. 또한 자율신경계에 이상이 생겨 방광과 장의 운동 조절 능력이 저하되므로 경기/운동 전 방광 및 장을 비워야 한다.

### 18  시각장애 특성과 지도 전략  답 ①

시각장애인들을 위한 대표적인 팀 스포츠 경기로 골볼이 있다. 골볼은 소리 나는 공을 이용해 상대팀 골대에 볼을 넣는 경기이다. 따라서, 안전을 위해 개인 종목만 지도한다는 것은 옳지 않은 설명이다.

### 19  지체장애, 뇌병변장애의 특성과 지도 전략  답 ②, ③

근이영양증은 디스트로핀(dystrophin)이라는 단백이 결핍되어 발생하며, 여러 근육군의 퇴화가 서서히 진행되는 유전성 질환으로 호흡장애와 심장질환 등의 합병증을 유발한다. 대표적으로 듀이센형 근이영양증(Duchenne muscular dystrophy)과 베커형 근이영양증(Becker muscular dystrophy)으로 나뉜다.
② 유전성 질환으로 완치 및 예방이 어렵다.
③ 듀이센형 근이양증 환자 중 드물게 지능이 우수한 경우도 있지만, 일반적으로 경미한 지능 장애가 확인된다.

### 20  청각장애 특성과 지도 전략  답 ③

㉠ 체육(운동)을 나타내는 수어 동작이다.
㉡ 수영을 나타내는 수어 동작이다.
㉢ 스케이트를 나타내는 수어 동작이다.

## 유아체육론

| 01 | 02 | 03 | 04 | 05 | 06 | 07 | 08 | 09 | 10 |
|---|---|---|---|---|---|---|---|---|---|
| ④ | ① | ④ | ② | ② | ③ | ③ | ④ | ② | ① |
| 11 | 12 | 13 | 14 | 15 | 16 | 17 | 18 | 19 | 20 |
| ④ | ④ | ② | ① | ③ | ③ | ④ | ① | ② | ④ |

### 01  유아체육 지도방법  답 ④

효과적 학습경험 설계를 위한 유아체육 지도자는 유아의 발달 수준에 적절한 내용을 단계적으로 계획하여 지도해야 한다.

> **Tip**
>
> **유아체육 지도자의 역할**
> - 활발한 신체활동을 포함한 놀이를 다양한 형태로 체험하도록 지도
> - 신체활동과 연관성 있는 놀이를 통해 신체발달을 촉진하도록 지도
> - 유아 신체활동을 통해 지적 발달과 정신적 건강, 정서적 안정감을 기를 수 있음
> - 놀이를 전개하는 과정에서 사회성의 발달을 꾀함
> - 호기심을 자극하고, 반응에 관심을 보이며 지도
> - 주제와 장소를 고려하여 적절한 장비 선택 후 지도
> - 권유형 언어를 사용하여 지도

### 02  유아체육 지도방법  답 ①

유아의 운동기술 연습 시 지도자는 언어적 지시를 이해하지 못하는 유아에게 시범을 보여주는 안내자 역할을 해주어야 한다.

### 03  유아체육 지도방법  답 ④

유아 신체활동의 내적 참여동기를 증진시키려면 즐거운 수업을 만드는 것이다. 전체적인 수업의 흐름이 좋고, 흥미 있는 신체활동 수업은 유아를 움직이도록 자극한다. 프로그램 내 과제 수준을 동일하게 제공하는 것은 유아의 흥미를 떨어뜨리고, 발달 수준을 반영하지 않은 전략이다.

### 04  유아기 운동발달 프로그램  답 ②

유아의 지각-운동 발달에서 지각이란 뇌에 전달된 정보를 통합하고 해석하는 과정이다. 외부 환경이나 자신 내부로부터 주어진 자극을 수용기를 통해 받아들이고, 자극을 뇌로 전달하는 과정은 감각이다.

> **Tip**
> **지각-운동 발달의 과정**
> - 감각정보 입력 : 감각 양식(시각, 청각, 촉각, 운동감각)을 통한 자극 수용
> - 감각 통합 : 수용된 감각 자극의 조직화, 기존 기억 정보와 통합
> - 운동 해석 : 현재 정보와 기억 정보를 바탕으로 내적 운동 의사 결정
> - 움직임 활성화 : 움직임 실행
> - 피드백 : 다양한 감각 양식에 대한 움직임 평가를 통한 새로운 주기의 시작

## 05 체육 프로그램 지도를 위한 환경　답 ②

열사병은 과도한 고온 환경에 노출되거나 더운 환경에서 운동 등을 시행하면서 신체의 열 발산이 원활히 이루어지지 않아 체온이 40℃ 이상 상태가 되면서 발생하는 신체 이상을 말한다.

**【오답해설】**
① 일사병 : 고온의 환경 노출되어 심부 신체의 온도가 37℃에서 40℃ 사이로 상승하여, 적절한 심박출을 유지할 수 없으나 중추신경계의 이상은 없는 상태이다.
③ 고체온증 : 체온이 39~41℃이며, 체온조절중추의 기능부전이 발생한다.
④ 열경련 : 땀을 많이 흘려 땀에 포함된 수분과 염분이 과다 손실되면서 근육이 떨린다.

## 06 유아기 운동발달 프로그램　답 ③

㉠ 연계성 : 기초부터 향상까지 잘 조직된 프로그램을 구성해야 함
㉡ 방향성 : 인간의 성장과 발달은 방향성을 지니므로 이를 고려해 적절한 운동을 하도록 구성함
㉢ 적합성 : 연령에 따라 민감기를 고려하여 적절한 운동이 적용되면 효과적이고 긍정적인 운동발달을 유도할 수 있음

> **Tip**
> **운동발달 프로그램의 기본 원리**
> - 적합성 원리
> - 방향성 원리
> - 특이성 원리
> - 안전성 원리
> - 다양성 원리
> - 연계성 원리

## 07 유아기 운동발달 프로그램　답 ③

㉠ 성장 : 연령 증가에 따라 자연스럽게 발생하는 신체적 측면의 양적 변화이다.
㉡ 발달 : 인간의 신체적, 심리적, 사회요인 간에 상호작용을 통해 전 생애에 걸쳐 일어나는 성장, 성숙, 및 노화의 과정이다. 상승적인 변화뿐만 아니라 하강적인 변화도 포함된다.
㉢ 성숙 : 성장을 기초로 해서 나타나는 신체 내부의 생리적, 생화학적(유전, 호르몬)인 질적 변화이다. 경험과 훈련에 의해 발생하는 것은 아니다.

## 08 유아기 운동발달 프로그램　답 ④

㉠ 물체 조작 기술 : 대근운동기술은 이동 기술과 물체 조작 기술 영역으로 나뉜다.
㉡ 갤롭(갤로핑) : 한 발은 앞으로 걷고 다른 발은 달리 듯 빨리 끌어다 앞선 다리에 붙이는 동작으로 이동 기술에 해당한다.

> **Tip**
> **대근운동발달검사-Ⅱ 검사 종목**
> - 이동 기술 : 달리기, 갤로핑, 호핑, 리핑, 제자리멀리뛰기, 스키핑, 슬라이딩 등
> - 물체 조작 기술 : 치기, 튕기기, 받기, 차기 등

## 09 유아기 운동발달 이론　답 ②

- 인지발달단계이론(피아제) : 인지발달의 단계는 감각운동기, 전조작기, 구체적 조작기, 형식적 조작기로 나뉜다. 주요 개념은 동화, 조절, 평형화이다. 인지발달의 방향은 내부에서 외부이다.
- 사회문화적이론(비고츠키) : 발달의 단계는 구분된 단계로 설명하는 대신, 연속적인 변화의 흐름으로 이해하고 접근한다. 주요 개념은 내면화, 근접발달영역, 비계설정이다. 인지발달의 방향은 외부에서 내부이다.
따라서 ㉠ 사회문화적 이론, ㉡ 형식적 조작기, ㉢ 평형화, ㉣ 근접발달영역이 들어가는 것이 적절하다.

## 10 유아기 운동발달　답 ①

반사 움직임 시기 중 태아~4개월까지는 정보 부호화 단계, 4개월~1세까지는 정보 해독 단계에 해당한다. 정보 부호화 단계는 뇌와 신경계가 완전히 발달하지 않았기 때문에 불수의적 움직임이 나타나며, 이는 아기의 뇌와 신경계가 환경에 적응하고 있는 과정의 일부이다.

> **Tip**
> **유아기 운동발달 단계**
> - 반사 움직임 단계 : 정보를 받아들이는 정보 수용 단계, 수용된 정보를 처리하며 초기 자발적 움직임이 일어나는 정보처리 단계
> - 초보 움직임 단계 : 반사행동이 줄어들고 기본 움직임이 시작되는 단계
> - 기본 움직임 단계 : 연령에 따라 점차 새로운 기능이 나타나면서 성숙되어 가는 단계
> - 전문화된 움직임 단계 : 운동동작을 서로 연관시켜 하나의 일관된 동작으로 완성하는 단계

## 11 유아체육 관련 법 및 지침  답 ④

**체육과 교육과정(2022)에서 추구하는 삶은 세 가지 신체활동 역량**

- 움직임 수행 역량 : 신체활동 형식에 적합한 움직임의 기능과 방법을 효율적, 심미적으로 발휘할 수 있는 능력으로 운동, 스포츠, 표현 활동 과정에서 움직임에 필요한 지식, 기능, 태도를 다양한 상황에 적용하며 발달한다.
- 건강 관리 역량 : 체력 및 신체적, 정신적, 사회적 건강을 유지하고 증진하는 능력으로 체육과 내용 영역에서 학습한 신체활동을 일상생활에서 실천하고, 개인과 사회적 측면에서 건강을 저해하는 요소에 적극적으로 대처하며 함양된다.
- 신체활동 문화 향유 역량 : 다양한 신체활동 문화를 전 생애 동안 즐기며 타인과 상호작용할 수 있는 능력으로 각 신체활동 형식의 특성을 이해하고 인류가 축적한 문화적 소양을 내면화하여 공동체 속에서 실천하면서 길러진다.

## 12 유아체육 지도방법  답 ④

안내-발견적 방법은 동작을 위해 지도자나 또래의 활동을 관찰함으로써 과제수행 방법을 이해시키는 것을 말한다. 이는 D지도자의 방법과 일치한다.

**【오답해설】**
① 탐색적 방법 : 시범이나 언어적 설명 없이 유아가 자신에게 적합하다고 생각하는 활동 과제를 수행한다.
② 과제 중심 접근 방법 : 활동수준이 여러 가지 있음을 설명 및 시범을 보이고, 유아 자신의 수준을 선택하여 과제를 연습한다.
③ 지시적 교수법 : 시범보이기, 연습해보기, 일반적인 언급해주기, 보충 설명과 시범 다시 보이기 등을 통해 교사가 주체적으로 진행한다.

> **Tip**
> **유아체육 교수방법**
> - 직접-교사 주도적 교수법 : 지시적 방법, 과제제시 방법
> - 간접-유아 주도적 교수법 : 탐색적 방법, 안내-발견적 방법

## 13 유아기 운동발달 프로그램  답 ②

퍼셀은 동작요소를 신체 인식(전신의 움직임, 신체 부분의 움직임, 신체 모양), 공간 인식(개인공간-일반공간, 방향, 수준, 범위, 경로), 노력(공간, 시간, 힘, 흐름), 관계(신체와 물체 등)로 구분하였다.

## 14 체육프로그램 지도를 위한 환경  답 ①

㉠ 지지면 : 기저면을 뜻하며 어떤 물체나 인체가 지지하고 있는 표면과 접촉하고 있는 영역의 테두리로 안정성 요인에 해당한다.
㉡ 가속도 : 힘의 크기와 방향에 비례하며, 힘이 작용하는 방향으로 가속도도 발생한다.
㉢ 거리 : 힘의 세기는 거리의 제곱에 반비례하며, 힘을 받는 요인이다.

## 15 유아체육 지도방법  답 ③

미국 스포츠 의학회에 의하면 어린이와 청소년을 위한 FITT(빈도, 강도, 시간, 형태)는 다음과 같다.

- 유산소 운동 : 재미있고 다양한 성장 발달에 적절한 운동으로, 매일 60분 이상 권고
- 저항 운동 : 체계적/비체계적 방법으로 구조화되지 않는 활동으로, 일주일에 3회 이상 60분 이상 권고
- 유연성 운동(뼈 강화 운동) : 달리기, 줄넘기, 테니스 같은 운동으로, 일주일에 3회 이상 60분 이상 권고

## 16 유아기 운동발달  답 ③

기본 움직임은 연령에 따라 점차 새로운 기능이 나타나면서 성숙되어 가는 단계를 말한다. 따라서 움직임 패턴의 특수성이나 관찰자의 정교함에 영향을 받는다.

> **Tip**
> **기본 움직임**
> - 시작(2~3세) : 기본적인 운동능력을 형성하는 시기로 신체의 움직임이 자연스럽거나 능숙하지 못하다.
> - 초보(4~5세) : 신체 협응력이 다소 향상되었으며, 신체 움직임은 대체로 조정할 수 있으나 여전히 움직임이 서투르고 유연성이 결여되어 있다.
> - 성숙(6~7세) : 기본운동기술이 능숙하게 되고, 신체 협응력도 증가해 유아의 운동수행 능력이 발달된다.

## 17 유아체육 관련 법 및 지침  답 ④

ㄱ. 체력 측정은 건강체력(심폐지구력, 근력, 근지구력, 유연성), 운동체력(민첩성, 순발력, 협응력)으로 나뉜다.
ㄴ. 건강체력 측정의 세부항목은 10m 왕복 오래달리기(심폐지구력), 상대악력(근력), 윗몸말아올리기(근지구력), 앉아윗몸 앞으로 굽히기(유연성) 등이 있다.
ㄷ. 운동체력 측정의 세부항목으로는 5m×4 왕복 달리기(민첩성), 제자리멀리뛰기(순발력), 3×3 버튼누르기(협응력) 등이 있다.

## 18 유아기 운동발달 프로그램  답 ①

**【오답해설】**
ㄴ. 전면성의 원리 : 신체의 모든 기관과 체력 요소를 고르게 발달시킬 수 있도록 계획하고 실천하는 것이 좋다.
ㄷ. 점진성의 원리 : 운동으로 인한 신체 기관의 발달은 서서히 이루어지기 때문에 운동의 강도나 시간을 점진적으로 증가시키는 것이 좋다.

### 19  유아기 운동발달  답 ②

㉠ 머리와 목 제어 : 초보 움직임 단계는 반사행동이 줄어들고 기본 움직임이 시작되는 단계이다.
㉡ 육상 허들 넘기 : 전문화 움직임 단계로 운동동작을 서로 연관시켜 하나의 일관된 동작으로 완성하는 단계이다.
㉢ 손바닥 파악반사 : 반사 움직임 단계로 정보를 받아들이는 정보 수용 단계이다.

### 20  유아기 운동발달  답 ④

기본운동기술이 능숙하게 되고, 신체 협응력도 증가하게 되면 유아의 운동수행 능력이 성숙단계로 발달하므로 그에 맞게 지도해야 한다. 손바닥으로 공을 때리도록 지도하는 것은 이미 드리블 동작에서 수행된 능력이므로 적절하지 않다.

## 노인체육론

| 01 | 02 | 03 | 04 | 05 | 06 | 07 | 08 | 09 | 10 |
|---|---|---|---|---|---|---|---|---|---|
| ② | ④ | ④ | ③ | ① | ③ | ① | ③ | ④ | ③ |
| 11 | 12 | 13 | 14 | 15 | 16 | 17 | 18 | 19 | 20 |
| ② | ② | ④ | ④ | ③ | ① | ② | ① | ①, ②, ③, ④ | ② |

### 01  노화에 따른 신체적·심리적·사회적 변화  답 ②

노화로 인한 생리적 변화로는 최대산소섭취량 감소, 폐의 탄력성과 호흡기 근력의 저하, 동·정맥산소차의 감소, 수축기 및 이완기 혈압수치의 상승 등이 있다.

### 02  노화와 관련된 이론  답 ④

〈보기〉는 면역반응이론에 대한 설명으로, 나이가 들면서 인간의 면역체계에 결함이 발생하여 제거해야 할 유해물질을 제거하지 못해 체내에 유해물질이 축적되고 이로 인해 노화가 발생·촉진된다고 보는 이론이다.

【오답해설】
① 유전적(노화) 이론 : 노화 과정이 인체 세포 시계에 의해 조절되며, 특정 유전자에 의해 노화가 진행된다는 이론
② 교차결합이론 : 정상 상태에서는 서로 분리되어 있어야 하는 분자구조 사이에 화학적 반응에 의한 연결 띠가 형성되어 서로 엉키게 되고, 이로 인해 조직이 탄력성을 잃고 세포 간 영양소 및 화학적 물질 등의 교환을 방해함으로써 노화가 나타난다고 보는 이론
③ 사용마모이론 : 인간의 몸도 마치 기계와 같이 오랫동안 사용하면 기능이 약화되고 점차 퇴화가 일어나 이로 인해 노화가 나타난다고 보는 이론으로, 퇴행성관절염이나 오십견 등의 노인질환을 설명할 때 가장 적절한 이론

### 03  노화의 개념  답 ④

생물학적 노화는 생물학적 퇴화과정이 생물학적 재생산과정을 능가하여 유기체에 퇴행적 변화가 일어나는 현상이다. 〈보기〉는 노화의 특징 중 쇠퇴성에 대한 설명으로, 노화는 궁극적으로 생물체의 죽음을 초래한다.

【오답해설】
① 보편성 : 노화에 따른 변화는 누구에게나 동일하게 나타난다는 특징이 있다.
② 내인성 : 노화는 질병이나 사고가 아닌 내적인 변화로 인해 나타난다는 특징이 있다.
③ 점진성 : 노화에 따른 변화는 연령의 증가에 따라 심해지며, 회복이 불가능하다는 특징이 있다.

> **Tip**
>
> **생물학적 노화**
> - 정의 : 생물학적 퇴화과정이 생물학적 재생산과정을 능가하여 유기체에 퇴행적 변화가 일어나는 현상
> - 특성
>
> | 보편성 | 노화에 따른 변화는 누구에게나 동일하게 나타남 |
> |---|---|
> | 내인성 | 노화는 질병이나 사고가 아닌 내적인 변화로 인해 나타남 |
> | 쇠퇴성 | 노화는 궁극적으로 생물체의 죽음을 초래함 |
> | 점진성 | 노화에 따른 변화는 연령의 증가에 따라 심해지며, 회복이 불가능함 |

## 04 지속적 운동참여를 위한 동기유발 방법 답 ③

〈보기〉는 사회인지이론에 대한 설명으로 새로운 것을 배울 때 인지 과정의 중요성을 강조하며 개인적 특성과 환경, 행동이 상호작용하며 개인의 행위가 변화한다는 이론이다. 행동의 변화 요소로 지각된 자기 효능감을 강조한다.

【오답해설】
① 지속성이론 : 노화의 사회학적 이론으로, 과거 자신의 역할이나 책임을 비슷한 수준으로 유지하려고 하는 경향을 통해 성공적인 노화를 이룰 수 있다고 보는 이론
② 건강신념모형 : 건강에 대한 신념이 건강 행위에 영향을 끼친다는 이론으로 행동 수행 과정을 수정요인, 개인의 믿음, 행동으로 구분하고, 건강 행위 결정에서 '지각'을 중시함
④ 계획행동이론 : 합리적 행동이론에는 포함되지 않은 '지각된 행동통제감'의 개념을 추가하여 확장한 이론

> **Tip**
>
> **건강증진의 이론적 모형**
> - 건강신념모형 : 신념이 건강을 추구하는 행동에 중요한 역할을 한다고 보는 이론으로 요소에는 지각된 취약성, 지각된 심각성, 지각된 이점, 지각된 장애성, 행동의 계기, 자기효능감이 있다.
> - 범이론적모형 : 개인의 행동 변화 과정 및 전략을 제시하는 이론으로 행동변화단계는 '계획 이전 단계 → 계획 단계 → 준비 단계 → 행동 단계 → 유지단계'로 구분된다.
> - 건강증진모형 : 건강에 영향을 미치는 개인적·환경적 요인에 중점을 두고 관련 요인을 조사·분석하는 이론으로 인간 행동에 대한 이론적 근거로 기대가치이론과 사회인지이론이 있다.
> - 계획된 행동 이론 : 합리적 행위이론을 확장시킨 것으로 태도, 신념과 행동 간의 관계를 설명하는 이론으로 요소로는 주관적 규범, 지각된 행동 통제감, 행동에 대한 태도가 있다.
> - 자기효능감이론 : 자기효능감이 개인의 행동 선택 및 추진에 영향을 미친다고 보는 이론으로 영향을 미치는 요인으로는 성취 경험, 대리 경험, 언어적 설득, 정서적 설득이 있다.

## 05 호흡·순환계 질환 운동프로그램 답 ①

천식은 기도폐색 기관지염 등으로 기도의 반응성이 높아지는 호흡기 질병이다. 천식 환자가 강도 높은 운동 시 호흡이 빨라지는 데 이는 천식을 악화시킬 수 있으므로 운동을 한다면 낮은 강도의 준비운동이 적합하다.

## 06 운동권고 지침 및 운동방안 답 ③

한국형 노인체력검사(국민체력 100)에 따르면 근 기능을 측정을 위해 상지는 상대악력을, 하지는 의자 앉았다 일어서기(회/30초)를 진행한다.

## 07 노화에 따른 신체적·심리적·사회적 변화 답 ①

목욕, 옷 입기, 화장실 사용은 일상생활 수행능력(ADL ; Activities of Daily Living)에 해당한다.

> **Tip**
>
> **도구적 일상생활 활동과 일상생활 수행능력의 예시**
> - 도구적 일상생활 활동(IADLs ; Instrumental Activities of Daily Living)
>   - 돈관리
>   - 전화걸기
>   - 대중교통 이용하기
>   - 집안일 하기
>   - 쇼핑하기
>   - 요리하기
> - 일상생활 수행능력(ADL ; Activities of Daily Living)
>   - 식사하기
>   - 목욕하기
>   - 옷 갈아입기
>   - 화장실 사용하기

## 08 운동권고 지침 및 운동방안 답 ③

미국스포츠의학회(ACSM, 2022)에 따르면 노인이 저강도에서 고강도로 근력 운동을 할 경우 1RM의 30~60%의 강도로 하며, 빠른 속도로 6~10회 반복하는 것이 좋다.

## 09 운동권고 지침 및 운동방안 답 ④

단기신체기능검사는 보행 속도, 균형 능력 및 의자에 앉았다 일어나기 총 3가지의 기능을 평가하는 방법으로 각각의 기능이 좋을수록 높은 점수를 취득하기 때문에 합산 점수가 높을수록 더 좋은 기능을 가졌다고 볼 수 있다.

## 10  운동권고 지침 및 운동방안 답 ③

ㄱ. 〈표〉에서 주어진 남성의 심혈관질환 위험요인의 양성 위험요인에 해당하는 것은 나이, 흡연, 신체활동 부족이다.
ㅁ. ACSM에 따르면 남성의 경우 BMI가 30kg/m² 이상인 경우에 과체중으로 보기 때문에 〈표〉에서 주어진 남성은 과체중이 아니다.

## 11  노년기의 장애과정 답 ②

페르브뤼헌과 예터의 장애과정모델은 장애에 이르는 과정을 '병리 → 손상 → 기능적 제한 → 장애' 4단계로 구분하였다.

## 12  노화와 관련된 이론 답 ②

에릭슨의 심리사회적 단계 이론 8단계
- 신뢰 대 불신(0~1세)
- 자율성 대 회의(1~3세)
- 주도성 대 죄책감(3~5세)
- 근면성 대 열등감(6~12세)
- 자아정체감 대 역할혼돈(13~18세)
- 친근감 대 고립감(젊은 성인)
- 창의력 대 침체성(중년 성인)
- 자아주체성 대 절망(노년기)

## 13  호흡·순환계 질환 운동프로그램 답 ④

〈보기〉는 말초동맥질환에 대한 설명으로, 심장 혹은 뇌에 피를 공급해주는 동맥 외에 기타 동맥이 좁아져 혈류 흐름의 이상이 생기는 현상이다. 위험 요인으로는 고령, 흡연, 고혈압 등이 있으며 운동을 할 때 근육 내로 혈액 공급이 원활하지 못해 간헐적 하지 파행증이라는 근육통이 발생하는 것이 주요 증상이다.

【오답해설】
① 뇌졸중은 뇌에 혈액을 공급하는 혈관이 막히거나 터지면서 뇌에 손상이 생기는 현상이다. 연령, 당뇨병, 흡연, 가족력 등이 원인이며 편측마비, 언어장애, 시각장애 그리고 알 수 없는 두통과 심한 어지러움증이 주요 증상이다.
② 근감소증은 나이가 많아지면서 근육의 양, 근력, 근 기능이 모두 감소하는 질환으로 근육 위축이라고도 불린다. 노화, 운동량 부족 등이 원인이며 걸음걸이가 늦어지고 근지구력이 떨어지며 일상생활의 어려움, 하지 무력감 등이 발생한다.
③ 신장질환은 신장기능이 떨어지면서 발생하는 현상으로 피로감, 식욕 감퇴, 신체 부종 증가, 빈뇨 등의 증상이 발생한다.

## 14  노화에 따른 신체적·심리적·사회적 답 ④

노화가 진행될수록 폐의 탄력성이 떨어지면서 호흡기 중추신경 활동에 대한 민감성이 감소된다. 이로 인해 산소 요구량의 증가로 작은 움직임으로도 숨 가쁨이 발생할 수 있다.

【오답해설】
①, ② 노화가 진행될수록 폐에 남아있는 공기(폐의 잔기량)가 증가하며 폐활량은 감소하고 흉곽의 경직성이 증가한다.
③ 건강한 폐는 해부학적 사강과 생리학적 사강의 크기의 차이가 없으나 노화가 진행되면서 폐의 형태학적인 변화로 인해 생리학적 사강이 증가한다.

## 15  운동의 효과 답 ③

【오답해설】
ㄱ. 인슐린의 저항성이 감소하여 원활한 혈당 조절이 가능해진다.
ㄹ. 인슐린 민감성이 높아져 적은 인슐린의 양으로도 포도당을 충분히 받아들인다.
ㅁ. 골격근의 포도당 운반 능력이 증가하여 당뇨병의 예방 및 관리에 도움이 된다.

## 16  운동의 효과 답 ①

노화가 진행되면서 노인이 겪는 심리적인 변화로는 감각기능과 정신기능의 저하, 긴장감 증가 등이 있다. 운동은 이러한 심리적 노화를 해결하는 데 중요한 역할을 한다. 특히, 단기적인 효과로 긴장을 이완시켜 준다.

## 17  노화와 관련된 이론 답 ②

레이몬드 카텔(Raymond Bernard Cattell)은 인간 지능의 일반요인을 유동성 지능과 결정성 지능으로 분류하였으며, '유동성 지능'은 선천적인 정신 능력을 말하고 '결정성 지능'은 경험과 문화 등을 통해 습득되는 후천적인 능력을 말한다. 또한 인간의 연령이 증가하면서 유동적 지능은 감소하지만 결정적 지능은 증가한다고 주장하였으며 이를 투자 이론이라고 명명하였다.

## 18  근골격계·신경계 질환 운동프로그램 답 ①

골다공증이 있는 노인에게 좋은 운동으로는 뼈에 적당한 자극을 주는 가벼운 체조나 걷기, 자전거 타기 등이 있다. 수영은 심폐지구력을 향상시킬 수 있는 운동이다.

## 19  근골격계·신경계 질환 운동프로그램 답 ①, ②, ③, ④

〈보기〉에서 ㄱ~ㄹ 모두 치매 노인에게 적합한 운동 형태이다.

## 20 노인운동 시 위험관리  답 ②

**【오답해설】**
ㄴ. 자동 심장충격기는 정상적인 호흡과 반응이 없는 심정지 환자에게만 사용한다.
ㄹ. 청각적 문제가 있는 노인이라면 상대적으로 잘 들리는 귀 쪽으로 큰 소리로 이야기하며 지도한다.

# 2023 필수과목 기출문제 정답 및 해설

## 특수체육론

| 01 | 02 | 03 | 04 | 05 | 06 | 07 | 08 | 09 | 10 |
|---|---|---|---|---|---|---|---|---|---|
| ①, ② | ④ | ③ | ④ | ③ | ① | ① | ④ | ③ | ② |
| 11 | 12 | 13 | 14 | 15 | 16 | 17 | 18 | 19 | 20 |
| ④ | ② | ③ | ④ | ①, ③ | ② | ③ | ④ | ① | ② |

### 01 특수체육의 의미    답 ①, ②

ICF에서 제시한 장애에 대한 개념을 살펴보면 환경적인 요인들에 의해서도 누구나 장애인이 될 수 있음을 인식(강조가 아님)하고, 장애를 유형별로 나누거나 기능에 따라 분류하기보다는 모든 사람을 대상으로 한 활동을 지향한다.

### 02 특수체육의 의미    답 ④

미국은 학교에서 배우고 있는 여러 교과목 중에서 유일하게 체육(physical education)에 대해서만 법으로 정의하고 있다. 미국의 학교 교육에서의 체육이란 체력, 기본 운동 기술과 양식, 그리고 수상 스포츠, 무용, 개인 및 단체 스포츠 등의 기술의 발달을 의미한다. 또한 체육은 특수체육(special physical education, adapted physical education), 움직임교육(movement education), 운동발달(motor development) 등을 포함하는 용어이다. 이는 체력, 기본 운동기술, 스포츠 기술의 발달을 의미하며, 체력은 건강 체력과 운동 체력, 기본 운동기술은 비이동 운동·이동 운동·조작운동, 그리고 스포츠 종목의 기술 등을 발달시킨다.

> **Tip**
> **체육을 구성하는 발달 내용별 요소**
> - 건강 체력 : 근력, 심폐 지구력, 유연성, 체지방 등
> - 운동 체력 : 순발력, 협응성, 평형성, 민첩성, 스피드 등
> - 비이동 운동 : 비틀기, 돌리기, 굽히기, 펴기, 흔들기, 서기, 밀기, 당기기 등
> - 이동 운동 : 걷기, 달리기, 뜀뛰기, 호핑, 갤로핑, 스키핑, 피하기, 구르기 등
> - 조작 운동 : 차기, 치기, 던지기, 받기, 굴리기, 잡기, 모으기 등
> - 스포츠 기술 : 스포츠 종목별 기초 운동, 복합 운동, 경기 기술 등

### 03 특수체육의 의미    답 ③

㉠ 정의적 영역 : 신체활동 참여를 통해 자아개념과 신체상을 강화하고 사회적 상호작용, 긍정적인 자기개념, 규칙 존중, 협동성 등을 습득·발달
㉡ 심동적 영역 : 기본적인 운동기술, 건강 및 운동체력, 게임 및 스포츠의 양식을 습득·발달
㉢ 인지적 영역 : 신체활동 지식, 놀이 및 게임의 방법과 규칙을 아는 지식, 게임 및 스포츠의 전략 지식 등 다양한 신체활동을 안전하게 수행할 수 있는 지식을 습득

### 04 특수체육 지도 전략    답 ④

개별화전환계획은 학교 졸업 후에도 지속적으로 체력이나 운동기술, 사회기술 등을 향상시킬 수 있도록 지역사회의 스포츠나 레크리에이션, 레저 프로그램에 원활히 참여할 수 있는 기반을 조성해주는 것을 말한다. 학생들이나 부모가 인터뷰나 설문지를 통해 어떠한 스포츠에 흥미를 가지고 있는지 확인해 볼 필요가 있으며 더불어 지역에 있는 체육 시설이나 프로그램을 목록화하는 작업이 필요하다.

### 05 특수체육에서 사용하는 사정과 측정도구    답 ③

PAPS-D 검사는 비장애학생을 대상으로 개발·시행된 PAPS 학생건강체력평가를 바탕으로 2013년 개발된 장애학생건강체력평가이다. PAPS-D 검사에서는 각각의 체력검사가 지향하는 바에 따라 건강 수준 여부를 확인할 수 있는 준거 참조 기준과 상대적인 체력 수준을 확인할 수 있는 규준 참조 기준을 모두 확인할 수 있다. 〈보기〉의 내용은 상대적 위치를 제시하고 있으므로 규준 참조 검사에 해당한다.

### 06 특수체육에서 사용하는 사정과 측정도구    답 ①

PDMS-2 검사는 유아기 대근 운동 및 소근 운동 기능의 훈련 또는 개선을 위한 심층적 평가를 말한다. 다음 6개의 검사 항목을 통해 소근 운동, 대근 운동, 총 운동 등의 지수를 산출하여 운동발달의 정도를 평가한다.
- 반사 : 환경에 자동으로 반응하는 아동의 능력 측정(출생 후 11개월 유아에게 실시)
- 움켜쥐기 : 한 손으로 물건을 잡는 능력, 양 손의 손가락을 조절하며 사용하는 능력 측정
- 시각-운동 통합 : 시각적 지각 기술을 통해 물체 도달 및 쥐기, 모양 복사와 같은 복잡한 눈-손 조정 과제를 수행하는 능력 측정
- 비이동 운동 : 무게 중심을 조절하고 평형성 유지하며 신체를 제어하는 능력 측정
- 이동 운동 : 이동하는 아동의 능력 측정
- 물체 조작 운동 : 공 또는 물체를 조작할 수 있는 능력 측정(12개월 이상 아동에게 실시)

## 07 특수체육에서 사용하는 사정과 측정도구 답 ①

갤러휴와 오즈먼은 인간의 출생 후 생애 주기에 따라 운동발달과 제어에 일정한 순서가 있다고 제시했다. 반사 움직임, 초보 움직임, 기본 움직임, 전문화된 움직임의 순서이며 지각운동은 여기에 해당하지 않는다.

## 08 특수체육에서 사용하는 사정과 측정도구 답 ④

특수체육 프로그램 서비스 전달체계는 프로그램 계획 → 사정 → 개별화교육계획 → 교수·상담·지도 → 평가의 순서로 진행된다. 이때 평가는 끝이 아닌 이전 단계를 연속적으로 효과를 확인하는 과정이므로 비연속적인 것은 아니다.

**Tip**
**특수교육 프로그램 서비스 전달체계**
- 프로그램 계획 : 개인의 요구는 물론 학교와 지역사회의 철학에 따라 적절한 체육의 목적을 설정하는 것을 의미
- 사정 : 개인과 환경에 대한 검사, 측정, 평가로 구성되는 과정
- 개별화교육계획 : 장애로 인한 발달상의 차이로 인해 단일 교육과정으로는 개인의 필요를 충족시키기 어렵기에 개인의 발달에 적합한 교육 프로그램을 계획하고 시행하는 것을 의미
- 교수/상담/지도 : 최적의 운동 수행을 도모하기 위해 심리·운동적 요소들을 변화시키는 과정
- 평가 : 학습 정도와 프로그램의 효과를 확인하는 연속적인 과정

## 09 특수체육 지도 전략 답 ③

개별화교육계획은 개인의 능력을 계발하기 위해 장애유형 및 특성에 적합한 교육목표, 교육방법, 교육내용, 특수교육 관련 서비스 등이 포함된 계획을 수립하여 실시하는 교육을 말한다. 이때 계획된 목표와 학생의 수행능력 향상이 어느 정도 일치하는지를 확인하기 위한 기능은 평가 기능에 해당한다.

**Tip**
**IEP의 기능**
- 관리도구 : 부모, 교사 및 행정가가 특정 학생에게 어떤 교육적 서비스와 관련 서비스를 시행하고 있는지를 파악할 수 있도록 함
- 점검도구 : 서비스 제공의 효율성 및 자원 사용의 효과성 등을 점검
- 평가도구 : 계획된 목표와 학생의 수행능력 향상이 어느 정도 일치하는지를 평가
- 의사소통 수단 : 부모와 학교 직원들 간 의사소통 수단으로서의 기능을 하며, 의사결정 시 이들에게 동등한 참여 기회를 부여

## 10 특수체육의 의미 답 ②

블룸의 교육 목표 영역은 심동적, 정의적, 인지적 영역이 있다. 그중 심동적 영역(psychomotor domain)은 인간의 조작적 기능·운동 기능·신경 근육의 발달 정도나 숙련 정도, 신체의 운동 기능을 사용하고 조절하는 능력과 관련된 행동 능력을 의미한다. 신체와 관련된 대부분의 운동 기능·신경 근육과 관련된 기능 및 지각 활동 등이 모두 여기에 포함된다. 즉, ㉠, ㉢이 심동적 영역에 해당한다.

**【오답해설】**
㉡ 정의적 영역(affective domain) : 어떤 일에 단순히 주의를 기울이는 것에서부터 복잡하면서도 내면적으로 일관성 있는 인격·양심에 이르기까지 넓은 범위로서, 인간의 흥미·태도·감상·가치관·감정·신념 등에 관련되는 특성을 포함한다.
㉣ 인지적 영역(cognitive domai) : 지식, 이해력, 적용력, 분석력, 종합력, 문제 해결력, 논리적 사고력, 비판적 사고력, 창의력, 평가 능력 등과 같이 하위 정신 기능부터 고등 정신까지 정신 능력에 해당하는 모든 지적 행동 특성을 포함한다.

## 11 자폐성장애의 특성과 지도 전략 답 ④

〈보기〉에서 '인사하거나 함께 놀지 않는다', '반응하지 않거나 눈을 맞추지 않는다', '반복적인 행동', '특정 언어 말 반복' 등은 자폐성 장애의 특징이다.

**【오답해설】**
① 청각장애 : 두 귀에 들리는 보통 말소리의 최대의 명료도가 50% 이하인 사람
② 지적장애 : 정신 발육이 항구적으로 지체되어 지적 능력의 발달이 불충분하거나 불완전하고 자신의 일을 처리하는 것과 사회생활에 적응하는 것이 상당히 곤란한 사람
③ 뇌병변장애 : 뇌성마비, 외상성 뇌손상, 뇌졸중 등 뇌의 기질적 병변으로 인하여 발생한 신체적 장애로 보행이나 일상생활의 동작 등에 상당한 제약을 받는 사람

## 12 주요 장애인스포츠와 올림픽 답 ②

방향정위는 시각장애인이 주위 환경을 이해하여 자신의 현재 위치와 이동하고자 하는 방향을 알기 위한 과정이다. 따라서 주어진 목표는 방향정위 영역을 나타낸 것이다.

**【오답해설】**
① 신체상(body image) : 신체상은 신체에 대하여 갖는 느낌이나 태도로서, 자신의 신체 부위와 기능에 대한 만족의 정도
③ 신체 정렬(physical alignment) : 신체 내부의 중심을 잃지 않고 기능하는 정렬된 지각과 인지
④ 동측협응(ipsilateral coordination) : 신체의 같은 쪽의 효율적인 동작 패턴을 위해 개별 운동 시스템을 통합하는 것

> **Tip**
>
> **골볼**
> - 실명한 퇴역 군인들의 재활을 위해 고안된 장애인용 팀 스포츠 경기
> - 소리 나는 공을 이용해 상대팀 골대에 볼을 넣는 경기
> - 시각장애인들에게 가장 비중 있는 엘리트 스포츠

### 13  청각장애 특성과 지도 전략  답 ③

전음성 난청은 청각 관련 신경 손상으로 인한 것이 아니며, 소리를 내이로 전달하는 외이와 중이에 있는 청각기관의 장애로 인해 청력이 손실된 형태이다. 일반적으로 수술로 개선이 가능하며 구화 및 보청기 사용으로 일상생활이 가능하다.

【오답해설】
① 혼합성 난청(mixed hearing loss) : 전음성 난청과 감음신경성 난청이 함께 나타나는 경우로 구체적인 원인의 파악이 어려운 상태이며, 인공와우 시술 등으로도 청력의 확보가 어려움
④ 감각신경성 난청(sensorineural hearing loss) : 내이의 기형, 청신경의 기능 감소, 중추성 청각 기관의 질환 등 다양한 원인에 의해 발생하는 난청이며, 외이에 전달된 소리를 전기적 신호로 바꾸어 청신경으로 전달하는 과정에 문제가 발생함

### 14  지적장애 특성과 지도 전략  답 ④

피아제의 인지발달 단계는 다음과 같다.
- 감각운동기(0~2세) : 신체 오감을 이용한 초기 인지활동을 한다.
- 전조작기(2~7세) : 언어가 급격히 발달하고, 상징적 사고가 증가하므로 리듬, 댄스 등 평행놀이와 연합 놀이를 한다.
- 구체적 조작기(7~11세) : 눈에 보이는 것에 한해 논리적 사고가 가능하고 언어와 활동이 좀 더 정교화된다.
- 형식적 조작기(11세 이후) : 논리적 사고 과정을 사용할 수 있는 능력이 증가한 것으로 추상적 개념을 이해하고, 사고하고 문제를 해결하는 데 구체적인 사물이 없어도 추상적 개념을 활용할 수 있다.

따라서 ㉠~㉣의 목표는 모두 적절하다.

### 15  ADHD 특성과 지도 전략  답 ①, ③

주어진 〈표〉에서 야구선수는 주의력 결핍, 과잉행동, 충동성 등의 행동으로 보아 ADHD(주의력결핍 및 과잉행동장애)로 관찰된다. ADHD는 장애인복지법에 명시되어 있지 않은 장애이다. 한국 ADHD협회 DSM-5의 진단기준에 따르면 ADHD는 적어도 2군데 이상에서 증상이 보이며, 주의력 결핍, 과잉행동 또는 충동성 평가항목 중에서 6개 이상의 항목이 최소 6개월 이상 지속되어야 하고, 12세 이전에 있어야 한다고 한다.

> **Tip**
>
> **ADHD의 진단기준(DSM-5;APA, 2013)**
> - 부주의함 그리고/또는 과잉행동-충동성의 지속적인 패턴이 기능 또는 발달을 방해하며 1)과 2) 중 적어도 하나 이상에 해당되어야 함
>   1) 부주의함(inattention) : 다음 중 적어도 6개 이상의 증상이 적어도 6개월 이상 지속되어야 하며, 이러한 증상이 발달 수준에 맞지 않고 사회적, 학업적/직업적 활동에 직접적으로 부정적인 영향을 미쳐야 함
>      1. 학업이나 일, 혹은 다른 활동을 할 때 세밀하게 주의 집중을 하지 못하거나 부주의하여 실수를 자주 함
>      2. 과제 또는 놀이를 할 때 지속적인 주의 집중에 자주 어려움이 있음
>      3. 다른 사람이 앞에서 말할 때 자주 잘 귀기울여 듣지 않는 것처럼 보임
>      4. 지시에 따라서 학업이나 집안일 또는 자신이 해야 할 일을 자주 끝내지 못함
>      5. 과제나 활동을 체계적으로 하는 데 자주 어려움이 있음
>      6. 공부나 과제와 같이 지속적인 정신적 노력이 필요한 활동을 자주 피하거나 싫어하거나 하지 않으려고 저항함
>      7. 과제나 활동을 하는 데 필요한 것들을 자주 잃어버림
>      8. 자주 외부 자극에 의해 쉽게 산만해짐
>      9. 일상적인 일을 자주 잊어버림
>   2) 과잉행동(Hyperactivity)/충동성(Impulsivity) : 다음 중 적어도 6개 이상의 증상이 적어도 6개월 이상 지속되어야 하며, 이러한 증상이 발달 수준에 맞지 않고 사회적, 학업적/직업적 활동에 직접적으로 부정적인 영향을 미쳐야 함
>      1. 가만히 앉아 있지 못하고 손발을 움직이는 등의 행동을 자주 보임
>      2. 수업시간 또는 가만히 앉아 있어야 하는 상황에서 자주 일어나 돌아다님
>      3. 자주 상황에 맞지 않게 과도하게 뛰어다니거나 기어오름
>      4. 조용히 하는 놀이나 오락활동에 참여하는 데 자주 어려움이 있음
>      5. 자주 쉬지 않고 움직이거나, 모터가 달려서 움직이는 것처럼 행동함
>      6. 자주 말을 너무 많이 함
>      7. 자주 질문이 끝나기도 전에 대답을 불쑥 해버림
>      8. 자주 차례를 기다리지 못함
>      9. 자주 다른 사람을 방해하거나 참견함
> - 몇 가지의 부주의 또는 과잉행동-충동성 증상이 12세 이전에 나타남
> - 몇 가지의 부주의 또는 과잉행동-충동성 증상이 두 가지 또는 그 이상의 환경에서 존재함(예 가정, 학교나 직장, 친구들 또는 친척들과의 관계, 다른 활동)
> - 증상이 사회적·학업적 또는 직업적 기능의 질을 방해하거나 감소시킨다는 명확한 증거가 있음
> - 조현병, 기타 정신장애 경과 중에만 발생되지 않으며 다른 정신질환(예 기분장애, 불안장애, 해리장애, 성격장애, 물질중독 또는 금단)으로 더 잘 설명되지 않음

## 16  시각장애 특성과 지도 전략  답 ②

녹내장은 안압 상승으로 인한 시신경의 손상으로 인해 발생한다. 안압이 상승하면서 시력 감소, 두통, 구토, 충혈 등의 증상이 나타날 수 있다.

**【오답해설】**
① 백내장 : 수정체 혼탁의 위치와 정도, 범위에 따라 다양한 정도의 시력 감소가 나타난다. 한쪽 눈으로 봐도 사물이 두 개로 겹쳐 보이는 증상이 나타날 수 있으며, 수정체의 중심부가 딱딱해져 수정체의 굴절률이 증가하면 근시 상태가 되므로 근거리가 이전보다 잘 보이게 될 수 있다.
④ 황반변성 : 망막의 노화에 의해서 발생하는 변성으로 사물이 구부러져 보이는 증상이 있다.

## 17  청각장애 특성과 지도 전략  답 ③

한국수어사전에 의하면 ㉠은 '농구', ㉡은 '고맙습니다' ㉢은 '반갑습니다'라는 의미이다.

## 18  지체장애 특성과 지도 전략  답 ④

FITT에서 마지막 T는 유형을 의미하는 Type에 해당한다. 즉 유산소성 운동을 할지, 저항성 운동을 할지, 근력 운동을 할지 등을 선택하거나, 지루함을 줄이기 위해 두 가지 이상의 운동을 선택하는 것을 말한다.

> **Tip**
>
> FITT
> - F(frequency)-빈도 : 주당 운동을 수행해야 하는 일수를 설정
> - I(intensity)-강도 : 목표로 하는 운동 강도 설정
> - T(time)-시간 : 운동시간을 나타내며, 이것은 일반적으로 활동의 분 단위로 설정
> - T(type)-유형 : 운동의 형태 또는 종류 설정

## 19  지체장애 특성과 지도 전략  답 ①

휠체어농구의 경우 정도의 차이는 있지만 상반신 사용이 가능한 운동이다. 흉추 1번~2번 사이 손상인 경우 하반신의 마비는 있을 수 있지만 상반신에 대한 움직임이 완전히 불가능한 것은 아니므로 참여가 가능하다.

## 20  주요 장애인스포츠와 올림픽  답 ②

보치아는 뇌성마비 중증 장애인 및 운동성 장애인만이 참여 가능한 종목으로 공을 던져 표적구에 가까운 공의 점수를 합하여 승패를 겨루는 경기이다. 보치아의 세부 경기종목으로는 개인전, 2인조(페어), 단체전이 있고, 공 1세트는 적색 구 6개, 청색 구 6개, 흰색 표적구 1개로 구성된다. 경기에 참여하기 위해서는 휠체어뿐만 아니라 스쿠터 또는 침대 형태(승인된 문서가 있는 경우)로 된 것도 사용 가능하다. 선수는 경기보조자의 도움을 받을 수 있다. 다만 선수가 공을 투구하는 동안 경기보조자는 휠체어를 밀거나 포인터를 조정해주는 등의 방법으로 선수의 투구를 돕는 신체접촉을 해서는 안 된다.

> **Tip**
>
> **보치아 경기 방법**
>
> 표적구를 먼저 던져놓고 적색공과 청색공을 규칙에 의해 모두 던진 후 표적구에 가까운 공의 숫자가 점수가 되며 규칙에 의한 엔드 후 이 점수의 합으로 승패를 결정한다. 경기는 남·여 구분이 없는 혼성 경기로서, 두 사이드로 구성되며 풀리그 방식으로 진행된다. 경기용 공은 적색과 청색 각 6개의 시합공과 백색의 표적구 1개로 구성된다. 공을 던지거나 굴리는 방법은 어떤 방법으로든 가능하며, 공을 잡거나 던지기가 불가능할 경우 홈통을 이용하여 굴려서 경기할 수도 있다.

## 유아체육론

| 01 | 02 | 03 | 04 | 05 | 06 | 07 | 08 | 09 | 10 |
|----|----|----|----|----|----|----|----|----|----|
| ④ | ③ | ① | ④ | ④ | ③ | ① | ④ | ① | ② |
| 11 | 12 | 13 | 14 | 15 | 16 | 17 | 18 | 19 | 20 |
| ④ | ③ | ① | ④ | ① | ② | ② | ③ | ③ | ② |

### 01 유아기의 특징    답 ④

영유아기는 인간의 두뇌 성장 급등기로 뇌가 급속하게 발달되고 인지발달도 많이 이뤄진다. 출생 시 신생아의 두뇌 무게는 성인의 약 1/4 정도이다. 생후 약 6개월에는 성인 두뇌 무게의 약 50%이며, 3세경에는 약 75%이고 6세경에는 약 90% 정도에 도달한다.

### 02 유아기의 특징    답 ③

시지각은 눈으로 유입되는 주위 자극을 받아들이고 자신의 경험에 비추어 적절히 행동반응을 만들어 내는 과정이다. 형태지각은 영유아가 형태를 식별하고 색깔 변별력은 다소 떨어지지만 직선보다는 곡선, 규칙적인 형태보다는 불규칙적인 형태 등을 선호한다. ③은 공간지각에 해당한다.

### 03 유아기 운동발달 프로그램    답 ①

기본움직임기술은 비이동 운동, 이동 운동, 조작 운동이 있다. 조작 운동은 쓰기, 그리기, 던지기, 차기, 굴리기, 튀기기, 잡기, 공 멈추기 등이 있다.

> **Tip**
> 기본움직임기술
> - 비이동 운동(안정성) : 굽히기, 비틀기, 물구나무서기, 구르기, 멈추기 등
> - 이동 운동 : 걷기, 달리기, 점핑, 갤로핑, 슬라이딩, 호핑 등
> - 조작 운동 : 때리기, 튀기기, 되받아치기, 던지기 등

### 04 체육프로그램 지도를 위한 환경    답 ④

유아체육 지도환경 조성 원칙에는 안전성, 경제성, 흥미성, 효율성이 있다. 경제성은 안정성과 직결되는 문제로, 견고함과 재료의 반영구적 특성을 고려한 지도환경을 조성해야 한다. 건강 저해나 활동의 위험성이 없도록 지도환경 조성하는 것은 안전성과 관련이 있다.

> **Tip**
> 유아체육 지도환경 조성 원칙
>
> | | |
> |---|---|
> | 흥미성 | 호기심, 모험심 등을 표현할 수 있는 환경 조성은 체육활동에 대한 흥미와 적극적인 수업태도를 이끌 수 있음 |
> | 안전성 | 체육수업 간 환경의 안정성이 보장되지 않으면 유아의 건강을 해칠 수 있음 |
> | 필요성 | 수업 장소의 음향시설, 냉난방시설 등은 수업의 효과적인 진행을 위해 고려해야 함 |
> | 경제성 | 안정성과 직결되는 문제로, 견고함과 재료의 반영구적 특성 등을 고려하여 경제성이 있는 것을 선택해야 함 |

### 05 유아기 운동발달    답 ④

전문화된 움직임 중 적용 단계는 11~13세에 주로 보인다. 이 시기는 숙련되고 효율적인 움직임과 협응력이 발달된 단계이며 흥미에 따라 스포츠를 선택하며 정확성과 더불어 양적 측면이 강조된다. ④는 성인기(후기)에 보여지는 모습으로 운동 수행 능력이 감소한다.

> **Tip**
> 갤라휴의 운동발달단계
> - 반사적 움직임-태아기 : 본능적 수행, 눈, 손 잡기 등
> - 초보적 움직임-영아기 : 기어다니기, 걷기, 잡기 등
> - 기초 움직임-유아기 : 운동능력이 빠르게 발달, 던지기, 차기, 굽히기 등
> - 전문화된 움직임-아동기 : 효율적 움직임, 동작연결, 협응력 상승, 스포츠 참여 시기
> - 성장과 세련 단계-청소년기 : 남녀 운동 수행능력 차이, 사회문화적 영향
> - 퇴보단계-성인기 : 운동 수행 능력 감소

### 06 유아기의 특징    답 ③

신체활동을 통한 자기개념이란 자신의 신체에 대한, 전반적 생각 또는 개념으로 자신의 비만, 유연성, 근력 등에 대한 생각이다. 운동을 통해 개인의 신체 능력을 높임으로써 신체에 대한 자아에 긍정적 변화를 일으키고 건전한 성격 발달에 영향을 끼친다. 따라서 ⓒ, ⓒ가 이에 해당한다.

### 07 유아기 운동발달 프로그램    답 ①

- 피카는 동작활동을 문장구조에 비유하면서 동작 기술은 동사, 동작 요소는 부사에 해당한다고 했다. 동작 요소는 공간, 시간, 힘, 흐름, 형태, 리듬으로 구성된다고 했다.
- 퍼셀은 동작요소를 신체 인식(전신의 움직임, 신체 부분의 움직임, 신체 모양), 공간 인식(개인공간-일반공간, 방향, 수준, 범위, 경로), 노력(공간, 시간, 힘, 흐름), 관계(신체와 물체 등)로 구분하였다.

따라서 ㉠ 공간, ㉡ 시간, ㉢ 관계가 들어간다.

## 08  답 ④

기본움직임기술의 발단 단계는 시작, 초보, 성숙이 있다.
- 시작 : 첫 움직임이 나타나므로 비교적 미숙하고 비협응적이다.
- 초보 : 협응력, 자연스러운 수행 능력이 발달하고 통제력도 증가한다.
- 성숙 : 움직임이 통합되고 정확하고 효율적으로 발달하게 된다.

주어진 〈표〉의 설명에 따르면 ㉠은 초보, ㉡은 성숙에 해당한다.

## 09  유아기 운동발달 이론  답 ①

에릭슨의 심리사회발달 단계에 의하면 신뢰감 대 불신감은 일관성 있는 양육자의 사랑을 느끼지 못할 경우 양육자에 대한 거부적 태도가 나타난다. 정체감을 확립하지 못한 경우 자신감을 가지지 못하는 것은 자아정체감 대 역할 혼미 단계에서 나타난다.

### Tip
**에릭슨의 심리사회발달 단계**
- 신뢰감 대 불신감(0~1세)
  (신뢰감) 일관성 있는 양육자의 사랑
  (불신감) 양육자의 거부적 태도
- 자율성 대 수치심(2~3세)
  (자율성) 언어를 습득하여 자기주장 표현
  (수치심) 유아에게 무능감을 주는 엄격한 부모
- 주도성 대 죄책감(4~5세)
  (주도성) 탐색의 자유 허용, 아동의 질문에 충실히 답하기
  (죄책감) 아동의 활동의 제한 및 간섭, 아동의 질문에 불성실하게 답하기
- 근면성 대 열등감(6~11세)
  (근면성) 새로운 것을 학습할 기회를 부여받고, 성취한 것을 인정받는 경우
  (열등감) 성취할 기회를 갖지 못한 경우, 결과에 대해 비난을 받는 경우
- 자아정체감 대 역할 혼미(12~18세)
  (자아정체감) 자신의 존재 및 가치에 대한 인식
  (역할 혼미) 신체적 불안감, 성 역할과 직업 선택의 불안정을 겪은 경우
- 친밀감 대 고립감(18~30세)
  (친밀감) 타인과 친밀한 인간관계 형성 및 유지 경험
  (고립감) 친밀한 관계 형성 실패를 겪는 경우
- 생산성 대 침체(31~64세)
  (생산성) 자녀나 다음 세대의 지도과정에 참여하거나 타인과 사회를 위해 노력하는 과정에서 형성
  (침체) 생산성을 발휘하지 못하는 경우
- 자아통합 대 절망(65세 이후)
  (자아통합) 자신의 인생에 대해 만족함
  (절망감) 인생을 후회하거나 죽음을 두려워함

## 10  유아기 운동발달  답 ②

반사는 생존과 직결된 생존반사와 생존과 관련없이 일정 기간이 지나면 사라지는 원시반사로 구분할 수 있다.
- 생존반사 : 빨기반사, 당김반사, 낙하산반사, 버티기반사, 삼킴반사, 하품반사 등
- 원시반사 : 모로반사, 놀람반사, 탐색반사, 바빈스키반사, 비대칭목경직반사 등

### Tip
**반사의 종류**
- 모로(Moro) : 아기 머리의 갑작스러운 위치 변화나 강한 소리·빛에 반응해 무엇인가 껴안으려고 하는 행동
- 당김(pull-up) : 바로 누운 자세에서 팔을 잡고 끌어당겨 앉은 자세가 되게 할 경우 머리를 들지 못하고 팔을 굽히지 못하는 반사
- 바빈스키(Babinski) : 발바닥을 간질일 때 발바닥을 모아 구부리는 행동
- 비대칭목경직(asymmetrical tonix neck) : 누워있는 상태에서 머리를 한쪽 방향으로 돌리는 자극에 의해 출현하며 머리가 돌아간 방향과 같은 방향의 팔과 다리가 펴지는 행동
- 낙하산(parachute) : 몸통의 양쪽을 양손으로 붙들고 갑자기 떨어뜨리는 시늉을 하면, 영아가 자연적으로 양쪽 상지를 뻗어 얼굴의 상처가 나지 않게 하는 행동

## 11  체육프로그램 지도를 위한 환경  답 ④

영아는 1세 이하 혹은 2세라도 체중이 10kg 이하인 사람을 말하며, 기도폐쇄 응급처치법은 등 두드리기 5회, 흉부압박 5회, 입안의 이물질 제거가 권장된다. 등 두드리기를 할 경우 영아의 머리를 가슴보다 낮게 하고, 영아를 안은 팔을 허벅지에 고정시킨 뒤 손바닥으로 두드린다. 흉부압박을 할 경우 마찬가지로 머리를 가슴보다 낮게 하여 영아를 안은 팔을 무릎 위에 놓고 검지와 중지를 흉골에 올려놓고 압박을 시행한다. 마지막으로 영아의 구강 내 이물질을 확인하고 손에 닿는 것만 제거한다. 이 과정을 영아가 의식을 되찾거나, 이물이 배출되거나, 힘차게 숨을 쉬거나, 기침을 할 때까지 반복 시행한다.

## 12  유아기 운동발달 프로그램  답 ③

체력은 건강체력과 운동체력으로 구분된다. 건강체력은 근력·근지구력, 심폐지구력, 유연성이 있고, 운동체력은 순발력, 민첩성, 협응성, 평행성(균형성)이 있다.

【오답해설】
㉠ 순발력은 운동체력이다.
㉣ 1분간 앉았다 일어나기는 근력·근지구력의 검사방법이다.

> **Tip**
>
> **체력의 구분**
>
> - 건강체력
>
> | 근력·근지구력 | 1분간 앉았다 일어나기, 팔굽혀펴기 |
> |---|---|
> | 심폐지구력 | 오래달리기, 수영, 자전거 타기 |
> | 유연성 | 다리 벌리기, 어깨와 귀 닿기 |
>
> - 운동체력
>
> | 순발력 | 높이뛰기, 멀리뛰기, 공 던지기 |
> |---|---|
> | 민첩성 | 왕복 달리기, 방향 바꾸기, 소리듣고 움직이기 |
> | 협응성 | 그림자놀이, 박수치며 걷기 |
> | 평형성(균형성) | 평균대 걷기, 한발로 서기 |

## 13  유아체육 관련 법 및 지침  답 ①

2022년 개정 교육과정 초등학교(3~4학년군) 성취기준은 다음과 같다.
- 운동 : 운동과 체력의 의미를 이해하고 관계를 파악한다. 기본 체력 운동의 방법과 절차를 익히며 자신의 수준에 맞는 운동을 시도한다.
- 스포츠 : 기본 움직임 기술의 의미와 종류를 이해하고 스포츠와의 관계를 파악한다. 움직임 요소에 따른 기본 움직임 기술의 수행 방법을 파악하고 시도한다.
- 표현 : 표현 활동의 의미와 기본 움직임 기술과의 관계를 파악한다. 움직임의 심미적 표현에 대한 호기심과 감수성을 나타낸다.

## 14  유아기 운동발달 프로그램  답 ④

조작운동에서 추진은 굴리기, 던지기, 치기, 튀기기 등이고, 흡수는 잡기, 공 멈추기 등이 있다. 지각운동의 구성요소 중 공간은 상황에 따라 움직임의 범위 조절하는 법 익히기, 시간은 속도를 빠르고 느리게 하기 등에 따라 학습할 수 있다.

> **Tip**
>
> **지각운동발달 프로그램 구성요소**
>
> | 신체지각 | • 신체 움직임에 대한 지각 운동<br>• 근 긴장과 이완의 지각 |
> |---|---|
> | 공간지각 | • 움직임의 서로 다른 높이<br>• 낮게, 높게, 멀리, 가까이 |
> | 방향지각 | 서로 다른 방향을 인지하고 어떻게 방향을 전환하는지 |
> | 시간지각 | • 리듬에 맞춘 동작<br>• 빠르게, 느리게, 갑작스럽게, 천천히 |
> | 관계지각 | • 신체를 구부려서, 둥글게<br>• 사물이나 다른 사람과 위, 아래, 가까이, 멀리 |
> | 움직임의 질 | 균형, 속도에 대한 식별 |

## 15  유아체육 지도방법  답 ①

㉠ 특이성 : 개개인의 유전과 환경요인이 반영된 개인차를 고려하여 유아체육 프로그램을 구성한다.
㉡ 탐색적 방법 : 학습의 결과보다는 과정에 중점을 두어, 시범이나 언어적 설명이 없이 유아가 자신에게 적합하다고 생각하는 활동 과제를 수행한다.

【오답해설】
- 연계성 : 기초부터 향상까지 잘 조직된 프로그램을 구성해야 한다. 신체발달뿐만 아니라 정서적·사회적 발달을 위한 교육 프로그램과의 연계성이 필요하다.
- 과제 중심 접근 : 유아의 활동은 교사가 정하지만 일부 유아의 의사결정이 허용된다. 활동수준이 여러 가지 있음을 설명하고 시범보이기, 유아 자신의 수준을 선택하여 과제 연습하기 등이 있다.

## 16  유아기 운동발달 프로그램  답 ②

제자리멀리뛰기는 팔을 앞뒤로 흔들다가 뛰는 순간에 무릎을 굽혔다 펴면서 반동을 준다. 뛰는 순간 만세를 부르듯이 팔을 앞으로 들어 올려 머리 위로 쭉 펴면서 뛰어오른다. 상체를 숙이고 무릎을 가슴 쪽으로 끌어당기며 착지한다.

## 17  유아체육 관련 법 및 지침  답 ②

미국 질병통제예방센터(CDC)에 의하면 미취학 아동의 보호자는 아이에게 친구들과 활동을 선택할 수 있는 더 많은 자유를 주는 것이 좋다. 다른 아이들과 노는 것은 아이가 나눔과 우정의 가치를 배우는 데 도움이 될 수 있다.

## 18  유아체육 지도방법  답 ③

실제학습시간을 증가시키기 위해서 수업 전 미리 교구를 배치하고, 유아의 호기심을 불러일으킬 수 있는 환경을 조성한다. 운동이 어느 정도 익숙해지는 시기에는 이동과 대기 시간을 최소화하기 위해 순환식으로 배치하는 것이 좋다.

## 19  유아체육 관련 법 및 지침  답 ③

㉠ 유산소 : 고강도 운동을 최소 주 3일 이상 중강도에서 고강도로 진행하는 것이 좋다. 하이킹, 달리기, 수영 등이 포함되며 성장발달에 적절한 활동이다.
㉡ 저항 : 주 3일 이상 체중을 저항으로 사용하거나 8~15회 최대한 반복하는 것이 좋다. 줄다리기나 팔굽혀펴기 및 윗몸일으키기 등이 포함된다.
㉢ 뼈 강화 : 주 3일 이상 충격 또는 근력 발현을 통해 중증도에서 강하게 뼈에 부하를 주는 데 중점을 둔 다양한 활동을 하는 것이 좋다. 줄넘기, 농구, 저항트레이닝 등이 포함된다.

> **Tip**
> 어린이와 청소년을 위한 FITT(빈도, 강도, 시간, 형태) 권고사항
>
> | 구분 | 유산소 운동 | 저항 운동 | 뼈 강화 운동 |
> |---|---|---|---|
> | 빈도 | 고강도 운동을 최소 주 3일 이상 포함 | 주 3일 이상 | 주 3일 이상 |
> | 강도 | 중강도에서 고강도 | 체중을 저항으로 사용하거나 8~15회 최대한 반복 | 충격 또는 근력 발현을 통해 중증도에서 강하게 뼈에 부하를 주는 데 중점을 둔 다양한 활동 |
> | 시간 | 하루 60분 이상의 운동시간에 포함 | | |
> | 형태 | 술래잡기/달리기 게임, 하이킹/활기차게 걷기, 줄넘기, 뛰어넘기, 농구, 테니스 등 | 근육 강화 신체활동은 구조화되지 않은 활동(놀이터 기구에서 놀기, 나무 오르기 등)이나 구조화되고 적절하게 감독할 수 있는 활동(팔굽혀펴기, 윗몸일으키기 등) | 달리기, 줄넘기, 농구, 테니스, 저항트레이닝 등 |

## 20 체육프로그램 지도를 위한 환경 　답 ②

유소년 체육활동 시 가능한 더운 공간에서 활동하면 체온이 너무 올라가기 때문에 여름에는 시원한 공간에서, 겨울에는 따뜻한 공간 등에서 활동하여 체온유지가 되도록 해야 한다.

# 노인체육론

| 01 | 02 | 03 | 04 | 05 | 06 | 07 | 08 | 09 | 10 |
|---|---|---|---|---|---|---|---|---|---|
| ② | ④ | ① | ① | ② | ④ | ④ | ① | ③ | ② |
| 11 | 12 | 13 | 14 | 15 | 16 | 17 | 18 | 19 | 20 |
| ④ | ④ | ③ | ③ | ③ | ① | ③ | ④ | ③ | ③ |

## 01 노화의 개념 　답 ②

기대수명은 출생자가 출생 직후부터 생존할 것으로 기대되는 평균 생존 연수를 말하므로 자살이나 교통사고로 인한 생존 기간은 계산에 포함되지 않는다. 평균수명은 어떤 연령의 사람이 평균해서 몇 년 살 수 있는가에 대한 기댓값으로 0세의 평균여명(平均餘命)을 말하므로 둘의 개념이 동일하다고 보기 어렵다.

## 02 근골격계·신경계 질환 운동프로그램 　답 ④

무릎골관절염인 경우 관절의 상해와 통증이 발생하지 않는 범위에서 운동을 실시하고 통증이 지속될 시 운동을 중단하는 것이 좋다. 운동시간을 짧게 하고 저·중강도 운동을 실시하여 무릎관절에 충격이 적은 운동을 권장한다.

## 03 운동권고 지침 및 운동방안 　답 ①

기능 관련성 원리는 일상생활에서 수행하는 동작들을 모방한 운동을 선택하여야 한다는 것을 말한다.

【오답해설】
② 난이도 원리 : 운동이 개인의 고유의 능력에 맞게 난이도를 제공해야 하지만 이것을 넘지 않아야 한다는 원리
③ 점진성 원리 : 신체가 적응하는 시기에 맞추어 점진적으로 난이도를 증가시킨다는 원리(노인 체육과는 맞지 않음)
④ 과부하 원리 : 신체의 기관 혹은 조직의 향상을 위해서는 신체의 적응 능력 이상의 부하, 즉 익숙하지 않은 부하에 노출되어야 한다는 원리

## 04 근골격계·신경계 질환 운동프로그램 　답 ①

근감소증은 나이가 많아지면서 근육의 양, 근력, 근 기능이 모두 감소하는 질환이며 근육 위축이라고도 불린다. 근감소증 환자는 걸음걸이가 늦어지고 근지구력이 떨어지며 일상생활이 어렵고 다른 사람의 도움이 자주 필요하게 된다. 또한 골다공증, 낙상, 골절이 쉽게 발생하고, 근육의 혈액 및 호르몬 완충 작용이 줄어들어 기초대사량이 감소하고, 만성질환 조절이 어렵게 되며, 당뇨병과 심혈관 질환이 쉽게 악화될 수 있다.

【오답해설】
② 근이영양증(muscular dystrophy) : 점진적인 근육 약화가 특징이며, 일반적인 증상으로는 걷기 어려움, 척추의 뚜렷한 만곡, 잦은 낙상 등이 있다. 특히 하반신에 근육 기형이 나타날 수도 있다.

③ 루게릭병(amyotrophic lateral sclerosis) : 뇌와 척수의 운동신경세포가 손상되면서 근육의 움직임을 조절할 수 없는 질병으로, 근육이 약해지고 위축되는 증상으로 시작하여 호흡곤란, 구강 및 인후 문제, 인지기능 장애 등을 유발한다.

④ 근육저긴장증(muscle hypotonia) : 본인의 의지와 무관하게 지속적으로 비정상적인 자세를 취하거나 근육이 비틀어지는 이상 운동 현상이 나타나는 신경학적 질환이다. 잦은 눈 깜박임, 눈꺼풀의 경련, 글씨를 몇 줄 쓴 후 필적이 나빠지는 경향, 말을 할 때 목이 조이는 듯한 느낌, 특히 피곤할 때 목이 자꾸 한쪽으로 돌아가거나 당겨지는 현상이 나타난다.

## 05  운동의 효과  답 ②

체중부하운동은 자신의 체중을 이용해 뼈와 근육에 자극을 주는 운동이다. 걷기, 등산, 스케이트, 윗몸 일으키기, 팔굽혀펴기, 계단 오르기 등이 이에 해당한다.

【오답해설】
ⓒ, ⓜ 유산소 운동에 해당한다.

## 06  운동권고 지침 및 운동방안  답 ④

국민체력 100에 의하면 8자 보행은 협응력을 측정하는 방법에 해당한다. 여기서 8자 보행은 발가락 끝을 밖으로 하고 배가 튀어나온 것처럼 허리를 내밀고 보행하는 것을 말한다.

### Tip

| 국민체력 100 노인기초체력측정항목 | |
|---|---|
| 근기능 | • 상지 : 상대악력<br>• 하지 : 의자 앉았다 일어서기(회/30초) |
| 보행 및 동적 평형성 | 의자에 앉아 3m 표적 돌아오기(초) |
| 유연성 | 앉아서 윗몸 앞으로 굽히기(cm) |
| 심폐지구력 | • 6분 걷기(m)<br>• 2분 제자리 걷기 |
| 협응력 | 8자 보행(초) |

## 07  운동의 효과  답 ④

노인의 유산소운동 활동 시간은 젊은 성인과 비슷해도 되지만, 운동 강도는 낮아야 한다. 규칙적으로 유산소운동을 하게 되면 근력이 향상되고 뼈의 질량이 증가한다. 또한 최대산소섭취량과 1회 박출량이 증가하고, 산소 운반능력과 산소이용능력이 향상되며 분당 환기량 또한 증가된다. 인슐린 민감성과 신경전달 기능이 향상되고 반응시간, 신경조절 기능을 변화시켜 협응력이 향상된다.

## 08  운동의 효과  답 ①

비만 노인의 경우 운동을 통해 체지방량이 감소하고 근육량은 유지 또는 증가된다. 당뇨 노인의 경우 운동을 통해 혈당량이 감소하고 근육과 인슐린 민감성이 증가된다. 다만 운동 전 반드시 당뇨 검사를 실시하는 것이 좋다. 골다공증 노인의 경우 운동을 통해 골밀도 감소를 방지하며 낙상과 골절을 예방한다. 지나치게 골밀도가 낮은 경우에는 부상의 위험이 크기 때문에 운동을 금지하는 것이 바람직하다.

## 09  운동권고 지침 및 운동방안  답 ③

특수성의 원리는 운동에서 얻을 수 있는 효과들은 그 운동의 유형과 연관되는 근육들에만 특별하게 적용된다는 것이다.

【오답해설】
①, ② 과부하의 원리
④ 개별성의 원리

## 10  운동프로그램의 요소  답 ②

노인의 올바른 걷기운동을 할 때 시선은 정면을 주시하되 좌우를 살펴야 한다. 양 팔은 앞뒤로 자연스럽게 흔들고, 착지는 뒤꿈치부터 한다.

## 11  노화의 개념  답 ④

텔로미어는 염색체 말단부에 위치하는 5-TTAGGG-3 염기의 반복으로 이루어진 DNA이다. 염색체 말단의 유전정보를 복제하지 못하기 때문에 세포 분열에 따라 텔로미어 길이가 짧아지고 일정 길이 이하로 짧아진 경우 더 이상 세포 분열이 일어나지 않는 상태로 유지되거나 세포가 죽는다. 즉, 선천적으로 짧은 텔로미어를 갖고 태어나면 조로증의 원인이 될 수 있다.

【오답해설】
① 마이오카인(myokine) : 운동 시 근수축이 일어나면서 분비량이 증가하는데, 뇌의 다양한 부위에 신호전달 분자를 통해 필요한 메시지를 전달하는 호르몬이다.
② 사이토카인(cytokine) : 면역세포로부터 분비되는 단백질 면역조절제로, 세포의 증식, 분화, 세포 사멸, 상처 치료 등에 관여한다.
③ 글루코오스(glucose) : 포도당을 형성하는 당분의 일종이며 탄수화물 대사의 중심 화합물로 산소가 없는 상태에서 에탄올 등으로 발효될 수 있다.

## 12 노화와 관련된 이론  답 ④

발테스와 발테스의 보상이 수반된 선택적 적정화 이론은 개인과 환경의 상호작용 과정에서 주어진 능력에 적합한 활동을 선택하여 보유한 기술을 최적화하고 결핍되는 것을 보완해 나갈 때 성공적인 노화를 경험한다고 본다. 이들은 성공적인 노화이론으로 'SOC 모델'을 제시했다.

- 선택(Selection) : 주어진 환경 속에서 개인의 생활 목표에 대한 기회와 기능, 역할의 범위를 고려해 활동의 양과 질 및 종류를 선택
- 적정화(Optimization) : 다양한 수단과 방법으로 개인이 선택한 목표와 영역을 최대한 달성하는 일
- 보상(Compensation) : 활동의 제약과 질병으로 인한 손실을 최소화하면서 주위의 지원을 활용하여 지속적인 성장을 이루어 나가는 것

【오답해설】
① 반두라(A. Bandura)의 자기효능감 이론 : 과제를 끝마치고 목표에 도달할 수 있는 자신의 능력에 대한 스스로의 평가를 가리킨다.
② 로우(J. Rowe)와 칸(R. Kahn)의 성공적 노화 이론 : 노화의 3가지 요소는 질병과 장애를 피해 가는 것, 높은 수준의 인지적 및 신체적 기능을 유지하는 것, 활기찬 인간관계 및 생산적 활동을 통해 삶에 대한 적극적 참여를 지속하는 것이라고 제시했다.
③ 펙(R. Peck)의 발달과업 이론 : 에릭슨의 인간발달이론을 제시하면서 중년기 이후의 발달과업을 제시했다. 각각의 단계에서 심리적 과제나 적응이 있고 개인에 따라 각기 다른 순서로 단계를 밟아 나아간다.

## 13 노화에 따른 신체적·심리적·사회적 변화  답 ③

- 여성의 경우 폐경으로 인해 '에스트로겐'(여성 호르몬)의 양이 급격하게 감소하게 되면서 뼈를 파괴시키는 세포의 활성도가 높아지면서 골다공증의 위험이 증가한다.
- 대사작용의 산물인 '활성산소'는 노화와 각종 질병의 원인이다. 다만 적정량의 활성산소는 면역 기능에 반드시 필요하다. 활성산소가 증가하면 황산화력은 줄어들어, 노화 관련 질환이 유발된다.

【오답해설】
- 테스토스테론 : 남성 호르몬
- 젖산 : 운동 후 근육에서 발생하며 근육통의 원인이 되는 피로 물질

## 14 지속적 운동참여를 위한 동기유발 방법  답 ③

계획행동이론은 합리적 행위이론을 확장시킨 것으로 태도, 신념과 행동 간의 관계를 설명하는 이론이며, 주관적 규범과 지각된 행동 통제감, 행동에 대한 태도 등이 개인의 행동을 형성한다고 본다.

【오답해설】
① 학습이론(learning theory) : 어떤 행동이 왜 지속되는지 또는 중단되는지에 대하여 설명해 주는 이론
② 건강신념모형(health belief model) : 질병에 대한 지각된 취약성과 심각성을 개인이 인식하고 질병 예방을 위한 행동 가능성을 높이는 것을 목표로 하는 모형
④ 행동변화단계모형(behavior change model) : 개인의 행동 변화 과정 및 전략을 제시하는 모형

## 15 의사소통기술  답 ③

노인과 원활한 의사소통을 위해 가장 먼저 지도자 자신을 소개하고, 노인에게는 존칭을 사용해야 한다. 또한 천천히 이야기하고 정면에서 적절한 눈맞춤을 하며 몸을 약간 기울여 경청하는 자세를 보인다. 스킨십을 적절히 이용하는 것도 좋다.

## 16 운동프로그램의 요소  답 ①

대사당량(METs)은 신체가 안정 상태를 유지하는 데 필요한 산소량을 의미한다. 휴식 중 우리 몸은 1분당 체중 1kg에 대하여 3.5ml의 산소를 섭취하고 이를 1MET이라고 표현한다. 안정 시 MET값은 몸무게, 시간에 따라 달라질 수 있다. 보통 저강도 활동의 경우 1.1~3MET, 중강도 활동은 3~6MET, 고강도 활동은 6MET 이상이 기준이다. MET값을 통해 적절한 유산소 운동강화를 설정하는 것이 좋다.

### Tip
**운동 활동에 따른 MET값의 기준**

| | |
|---|---|
| 저강도 | • 1.1~3MET<br>• 앉거나 눕기, 스트레칭, 요가 등 |
| 중강도 | • 3~6MET<br>• 빨리 걷기 등 |
| 고강도 | • 6MET 이상<br>• 오르막길 걷기, 축구, 농구, 등산, 테니스 등 |

## 17 노인운동 시 위험관리  답 ③

㉠ 응급상황 발생 시 적절한 처치와 보호를 통해 고통을 덜어주고 추가적인 손상을 방지할 수 있다.
㉡ 냉찜질은 심한 부종과 통증을 완화시켜 주고, 손상 부위의 체온을 낮추고 혈류 공급을 제한한다.
㉢ 고정은 골절 부위가 더 이상 움직이지 않게 하여 근육 경련을 감소시킬 수 있다.

## 18 노화에 따른 신체적·심리적·사회적 변화  답 ④

노화로 인한 낙상의 원인은 보폭의 감소, 보행 속도의 감소, 자세 동요의 증가, 발목 가동성의 감소 등이 있다.

## 19 노화에 따른 신체적·심리적·사회적 변화  답 ③

노화로 인해 전반적이 체력이 저하되고 이로 인해 삶의 질도 낮아지게 된다. 평형성은 신체가 공간에서 정적 또는 동적 자세를 취함에 있어 올바른 위치 지각과 그곳에서의 올바른 실현 능력을 말하며, 20대에 최대치를 이루고 남녀 모두 단조로운 감속적 저하가 진행된다.

## 20 노화의 개념  답 ③

생물학적 노화는 생물학적 퇴화과정이 생물학적 재생산과정을 능가하여 유기체에 퇴행적 변화가 일어나는 현상이다. 노화는 궁극적으로 생물체의 죽음을 초래하므로 발달과 쇠퇴를 모두 포함하는 변화는 아니다.

**Tip**

**생물학적 노화의 특징**

| | |
|---|---|
| 보편성 | 노화에 따른 변화는 누구에게나 동일하게 나타남 |
| 내인성 | 노화는 질병이나 사고가 아닌 내적인 변화로 인해 나타남 |
| 쇠퇴성 | 노화는 궁극적으로 생물체의 죽음을 초래함 |
| 점진성 | 노화에 따른 변화는 연령의 증가에 따라 심해지며, 회복이 불가능함 |

# 구술면접 족보 200선

| 생활체육론(공통)
| 보디빌딩
| 축구
| 수영
| 태권도
| 배드민턴

생활스포츠지도사

# 생활체육론(공통)

**01** 생활체육의 정의와 목적을 말해보세요.

> 생활체육은 국민 삶의 질 향상으로 **여가시간**이 늘어나면서 나타난 각 개인의 **자발적 참여의지**에 따른 다양한 **체육활동**입니다. 그 목적은 **자발성, 개별성, 창조성, 다양성, 사회성**이 있습니다.

**02** 생활체육의 필요성 5가지를 말해보세요.

> 생활체육의 필요성은 **신체활동의 기회 제공, 우울증 및 공격성의 해소, 원만한 사회생활 유도, 건전한 사회적 풍토 조성 기여, 공동체의식의 강화** 등이 있습니다.

**03** 생활체육 프로그램의 기획 단계에 대해 말해보세요.

> 생활체육 프로그램은 프로그램 기획의 **목적 이해**, 참가자의 **요구 조사**, 프로그램의 **목표 설정**, 프로그램의 **계획**, 그리고 프로그램의 **실행**과 **평가** 순으로 기획됩니다.

**04** 생활체육지도자의 역할 5가지를 말해보세요.

> 생활체육지도자의 역할로는 **효율적인 지도 방법 개발, 프로그램의 개발, 재정 관리, 사고 예방 및 시설 관리, 생활체육 연구 활동** 등이 있습니다.

**05** 생활체육지도자가 갖춰야 할 자질과 덕목에 대해 말해보세요.

생활체육지도자가 갖춰야 할 자질과 덕목으로는 **의사전달 능력, 투철한 사명감, 활달하고 강인한 성격, 도덕적 품성, 칭찬의 미덕, 공정성 그리고 자기 통제력** 등을 들 수 있습니다.

**06** 생활체육 지도 시 주의사항 5가지에 대해 말해보세요.

생활체육 지도 시 **시간을 준수**해야 하고, **복장에 유의**해야 하며, 모든 사람을 **평등하게 대우**해야 합니다. 그리고 **적절한 언어를 사용**해야 하고, **긍정적으로 대화**해야 합니다.

**07** 생활체육 프로그램 계획 시 포함되어야 할 요인을 5가지 이상 말해보세요.

생활체육 프로그램 계획 시에는 생활체육 **참가자**, 생활체육 **지도자**, 생활체육 **장소 및 시설**, 생활체육 **재정**, 생활체육활동 **종목**, 생활체육 **홍보**, 생활체육활동의 **안정성** 등의 요인이 포함되어야 합니다.

**08** 생활체육 지도의 목표를 5가지 이상 말해보세요.

하나, **탐구 능력 향상**은 생활체육 지도자는 새롭고 다양한 체육 활동의 가치를 창출함으로써 참가자로 하여금 탐구 감각을 기를 수 있도록 촉진하는 것입니다.
둘, **건강 증진**은 생활체육 지도자는 참가자의 신체적, 정신적, 사회적 건강을 유지 및 증진시키는 데 기여해야 한다는 것입니다.
셋, **사회관계 촉진**은 생활체육 지도자는 참가자 간에 원만한 유대관계를 유지하도록 도와주는 한편, 궁극적으로 보다 바람직한 사회성을 함양하도록 유도해야 한다는 것입니다.
넷, **지적 성장**은 생활체육 지도자는 참가자에게 새로운 경험, 호기심 충족, 그리고 새로운 도전의 기회에 대한 욕구를 자연스럽게 충족시킬 수 있도록 도와주어야 한다는 것입니다.
다섯, **의사결정 능력과 독립심 배양**은 자연친화적 야외 체육활동을 통해 자율적 행동과 외부 환경에 대한 적응력, 그리고 독립심을 기를 수 있도록 하는 것입니다.

생활체육의 기능을 생리적, 심리적, 사회적 측면으로 구분하여 말해보세요.

생리적 기능 측면에서 생활체육은 심장병이나 고혈압 등 **성인병 예방과 치료**에 도움이 됩니다.
심리적 기능 측면에서 생활체육은 일반적으로 긴장, 공격성 및 좌절과 같은 파괴 본능을 안전하면서도 효과적으로 방출하기 위한 수용력을 가지고 있습니다. 즉, **긴장 및 갈등의 해소**에 도움이 됩니다. 또한, 체육활동은 강한 연대의식, 우애, 소속감, 친밀감의 감정을 유발시킬 수 있습니다.
사회적 기능 측면에서 생활체육은 사회 구성원에게 그 **사회의 생활 원리와 조화를 이루어 행동하며 살아가도록 사회화**시키는 기능이 있습니다. 또한, 각기 다른 개성과 이해를 지닌 이질적인 **개인을 공동체로 융화하여 화합**시키는 기능을 지니고 있습니다.

 스포츠 폭력에 대해서 말해보세요.

스포츠 폭력은 스포츠와 관련된 시간·공간·관계 속에서 일어나는 구타, 상해 등 신체적 폭력과 모욕, 협박, 따돌림, 강요와 같은 정서적인 폭력 모두를 의미합니다. 또한 지도자와 선수, 동료나 선후배 선수 사이에서 발생하는 폭력뿐 아니라 스포츠를 매개로 함께 활동하는 기관 책임자, 자원봉사자, 행정 담당자 사이에서 발생하는 폭력도 포함합니다.

# 보디빌딩

※ 관련 규정은 변동될 수 있으니 시험 전 협회 홈페이지에서 확인하세요.

| 규정 | 40점 | 협회최신규정, 종목소개(운영, 규정, 진행), 스포츠 인권, 생활체육 개요 |
| --- | --- | --- |
| 지도방법 | 40점 | 웨이트 트레이닝, 과학적 지도방법, 규정포즈, 응급처치 |
| 태도 | 20점 | 자세, 신념 |

**01** 보디빌딩 복장 규정에 대해 말해보세요.

남성은 **대둔근 3/4**을 가리며 전면은 덮어 가리고 측면은 최소 1cm인 투명하지 않은 **단색 트렁크**를 착용해야 합니다. 여성 또한 **대둔근 3/4**을 가리는 무늬가 없는 단색 비키니를 착용합니다.

**02** 복장 규정 위반사항에 대해 말해보세요.

**주요 부위와 엉덩이 라인만 가리는 트렁크**는 출전 불가이며, **결혼반지를 제외**한 팔찌, 목걸이 등 **액세서리와 인공모조품**은 착용할 수 없습니다. 임플란트나 액상주사로 **근육이나 신체를 변형**하는 것 또한 엄격한 위반행위입니다.

**03** 시합 무대의 포즈대 규격에 대해 말해보세요.

포즈대는 **무대 중앙**에 위치해야 하며, **길이는 최소 6m, 넓이는 1m 50cm, 높이는 60cm**입니다.

**04** 남자 경기 규정 포즈 7가지에 대해 말해보세요.

> 남자 경기 규정 포즈 7가지는 **프론트 더블 바이셉스, 프론트 렛 스프레드, 사이드 체스트, 백 더블 바이셉스, 백 렛 스프레드, 사이드 트라이셉스, 업도미널 앤 타이**입니다.

**05** 여자 경기 규정 더블 포즈 4가지를 말해보세요.

> 여자 경기 규정 포즈 4가지는 **프론트 포즈, 사이드 체스트, 백 더블 포즈, 사이드 트라이셉스**입니다.

**06** 심판 자격의 취득제한을 말해보세요.

> **당해 연도 선수로 등록한 자, 선수로 활동 중 도핑방지규정 위반으로 제재를 받은 자**는 심판자격을 취득할 수 없고, **도핑방지규정 위반 징계 만료 후 5년 이상 경과**해야 심판자격을 취득할 수 있습니다. 다만 영구제명 선수는 심판자격을 취득할 수 없습니다.

**07** 심판 유지 및 부활하는 방법에 대해 말해보세요.

> 심판자격의 유지를 희망하는 심판의 경우 자격 취득 후 **4년에 한 번씩 재교육**을 받아야 합니다. 재교육을 이수하지 않아 자격을 상실한 자는 자격 **상실 기간에 비례하는 소정의 추가 강습비 납부 및 재교육**을 통해 동일 자격을 득할 수 있습니다. 징계로 인해 자격이 정지된 심판은 징계 해제 후 **3년이 경과한 뒤에 재교육**을 통하여 2급 심판 자격을 득할 수 있습니다.

**08** 자동제세동기의 사용법에 대해 말해보세요.

자동제세동기의 전원을 켜고, **상체를 노출시킨 후 우측 쇄골 아래쪽에 패드를 부착**합니다. 또 다른 패드는 **좌측 유두 바깥쪽 아래의 겨드랑이 중앙선에 부착**합니다. 패드에 연결된 선을 기계에 꽂으면, 기계에서 자동으로 심장리듬 분석 중이라는 말이 나옵니다. 이때 심장 분석에 오류가 나지 않도록 환자에게 닿지 않게 합니다. 제세동 버튼을 누르면 환자에게 제세동을 위한 전기충격이 가해지게 되고, 이 **버튼을 누르기 전 주변 사람들에게 환자와 떨어지도록 주의**를 주어야 합니다.

**09** 도핑규정 위반 사항에 대해 말해보세요.

도핑규정 위반이란 선수가 **경기력 향상**을 목적으로 금지된 약물을 사용하여 **도핑 테스트 결과 양성 반응**이 나타나는 경우를 말하며, 해당 선수는 **임시자격정지** 등과 해당 경기에 관련된 모든 것이 몰수되고 도핑 규정 위반 사항이 홈페이지에 **공개**됩니다.

**10** 도핑면책사유에 대해 말해보세요.

**금지약물이 치료목적 외에 경기력 향상에 영향이 없는 경우, 금지약물을 사용하지 않으면 심각한 손상이 있는 경우, 금지약물 외에 다른 대체 치료제가 없을 경우**를 말합니다.

**11** 도핑방지규정 위반 시 선수지원요원 중 코치의 벌금 1, 2, 3차 금액을 말해보세요.

코치의 경우 1차 위반 시 **200만원 및 자격정지**, 2차 위반 시 **400만원 및 자격정지**, 3차 적발 시 **퇴출**당합니다.

**12** 도핑방지 위반 시 일반부 벌금 1, 2, 3차 금액을 말해보세요.

일반부의 경우 1차 위반 시 **400만원**, 2차 위반 시 **1,000만원**, 3차 위반 시 **1,500만원**에 해당하는 과징금을 부과합니다.

**13** 의도하지 않은 도핑에 대해 말해보세요.

의도하지 않은 도핑은 **선수의 부주의나 실수**로 도핑 테스트 결과 양성 반응이 나오는 것입니다. 병의 치료 과정에 사용된 **의약품**에 의해 검출될 수 있으므로 각별한 주의가 필요합니다.

**14** 컬러링에 대한 규정을 말해보세요.

지워질 수 있는 탄이나 태닝로션, 핫스터프, 그리고 광택이나 윤이 나는 황금빛의 사용은 금지됩니다. 단, 예선 24시간 전에 사용한 인공착색이나 셀프 태닝 제품은 허용됩니다.

**15** 성희롱 예방 메뉴얼을 말해보세요.

과도한 신체 접촉을 피해야 하며, 운동 지도 중 상대가 불쾌함을 느낄 경우 즉시 해당 행위를 중단해야 합니다. 또한 음담패설이나 성적인 행동을 금해야 하고, 운동 지도 외에 성적인 행동을 해서는 안 됩니다.

**16** 응급처치 시 일반적인 주의사항을 말해보세요.

응급상황 발생 시 환자의 **의식을 확인**한 후 반드시 **특정인을 지목**해서 **119**에 전화해 달라고 부탁해야 합니다. 응급처치 시에는 **2차 손상에 주의**하고 응급처치 전 **자신의 신분**을 밝힙니다. 만약 화상을 입은 경우 **화상 부위에 붙어 있는 옷 등은 제거하지 않습니다**. 쇼크 상태 환자의 경우 위장 운동이 저하되어 있을 수 있으므로 **물이나 먹을 것을 주지 않도록 합니다**.

**17** 의식이 없는 환자의 응급처치에 대해 말해보세요.

환자의 의식이 없는 경우 즉시 **119에 신고**하고, 환자의 기도를 확보한 후에 벨트나 단추를 풀어 **구조대원이 도착하기 전까지 심폐소생술을 실시**해야 합니다.

**18** 의식이 있는 환자의 응급처치에 대해 말해보세요.

환자나 목격자에게 **상황을 물어 파악**한 후 **환자 상태에 따라** 추가 처치를 하거나 119에 신고합니다. 예를 들어 의식이 있는 상태로 기도가 막혀 있는 경우에는 기침을 유도하고, 말을 할 수 없을 때는 119 신고 후 하임리히법을 실시해야 합니다.

**19** 응급처치의 필요성에 대해 말해보세요.

응급환자에게 응급처치는 **생명과 직결**되는 중요한 사항입니다. 환자의 **사망과 2차 부상을 방지**하는 중요 조치이므로 응급상황 시 신속한 조치와 올바른 응급처치가 반드시 필요합니다.

**20** 출혈 시 응급처치를 말해보세요.

내출혈인 경우 **다리를 들어 보온**을 한 후 환자의 맥박과 호흡, 의식 등을 체크합니다. 외출혈인 경우 **해당 부위를 소독한 뒤 심장보다 높게 위치**하도록 하여 혈류량을 낮추고 쇼크 상태를 예방합니다.

**21** 흉부압박법에 대해 말해보세요.

흉부압박법은 심폐소생술의 한 방법으로 단단한 바닥에 환자를 눕히고 **양측 젖꼭지를 연결한 선과 흉골이 만나는 지점**에 손깍지를 끼어 **팔이 바닥과 수직**을 이루게 한 후 체중을 이용하여 **분당 100~120회** 속도로 강하고 빠르게 압박하는 방법입니다. 흉부압박법은 119 구급대가 도착할 때까지 **멈추지 않고** 실시해야 합니다.

**22** 준비운동의 필요성과 효과에 대해 말해보세요.

준비운동은 본 운동에 대비해 **체온을 높이고 근육을 신전시켜 운동 상해를 방지**할 수 있으므로 본 운동 전 반드시 실시되어야 합니다. 또한 준비운동을 통해 **관절의 가동범위를 안전하고 더 크게 확보**할 수 있습니다. 걷기나 스트레칭이 대표적인 준비운동입니다.

**23** 보디빌딩에 맞는 영양섭취 계획에 대해 말해보세요.

총 칼로리 섭취량을 늘리고 **양질의 식품을 하루 5~6끼로 나누어 꾸준히 섭취**합니다. 이때 **탄수화물, 단백질, 지방의 비율은 5:3:2** 정도이며, 비타민과 미네랄도 충분히 섭취해야 합니다. 경우에 따라 보충제를 활용할 수도 있습니다.

**24** 보디빌더 초보자에게 가장 중요한 것에 대해 말해보세요.

과도한 욕심으로 무리하게 운동에 참여하지 말고, **운동, 영양, 휴식**의 세 가지 중요한 요소에 대한 이해가 선행되어야 합니다. 운동 시에는 웨이트 머신을 이용해 **운동 상해의 위험을 최소한**으로 줄이는 것이 좋습니다.

**25** 우리 몸에서 가장 큰 근육 3가지와 그 운동법을 말해보세요.

우리 몸에서 가장 큰 근육은 **대둔근과 대흉근, 대퇴근** 등을 들 수 있습니다. 대둔근은 **스쿼트**를 통해, 대흉근은 **벤치프레스**를 통해, 대퇴근은 **레그프레스**를 통해 발달시킬 수 있습니다.

**26** 허벅지근육의 종류를 말해보세요.

허벅지를 이루는 근육으로는 **허벅술굴곡근, 대퇴이두근, 대퇴사두근, 대퇴직근**이 있습니다.

**27** 프리웨이트 운동과 머신 운동의 차이를 말해보세요.

프리웨이트 운동은 **협응력의 향상**과 **미세근육의 성장**이 가능하고, **가동범위가 넓어** 넓은 범위의 운동이 가능합니다. 다만 **부상의 위험**이 높아 정확한 자세가 요구됩니다. 반면 머신 운동은 **운동 시의 편의성과 안정성**이 높지만 가동범위가 고정적이기 때문에 **운동 범위가 제한적**입니다.

**28** 슈퍼세트를 말해보세요.

슈퍼세트는 **주동근과 길항근**, 즉 서로 반대되는 역할의 근육을 **1세트로 묶어서 쉬지 않고 실시**하는 운동법입니다.

**29** 트라이 세트 훈련법을 말해보세요.

트라이 세트 훈련법은 **한 부위에 대한 3가지 운동을 1세트로** 묶어서 휴식 없이 실시하는 것입니다.

**30** 디센딩 세트에 대해 설명해보세요.

디센딩 세트는 **무게를 점진적으로 낮추며 진행하는 운동법**으로 세트가 진행될수록 점차 무게를 낮추어 진행하는 방법입니다. 드롭 세트와 혼동될 수 있지만 드롭 세트는 실패 지점 혹은 실패 지점 직전까지 첫 세트를 실시한 후 휴식 없이 무게를 줄여 가며 실시한다는 점에서 차이가 있습니다.

**31** 피라미드식 훈련 원칙에 대해 말해보세요.

피라미드식 훈련법은 **운동상해를 예방하기 위한 트레이닝 방법**으로 **낮은 중량에서 높은 중량으로** 중량을 점차적으로 높이고, 그에 따라 반복 횟수를 줄이는 트레이닝법입니다.

**32** 1RM에 대해 말해보세요.

1RM은 한 번에 최대의 노력으로 중량의 저항에 대항하여 발휘할 수 있는 능력, 즉 **근육의 최대 능력**을 의미합니다. 웨이트 트레이닝 시 운동 강도의 기준으로 많이 활용됩니다.

**33** 근비대를 위해 적절한 운동부하는 1RM의 몇 %인지 말해보세요.

근비대를 목적으로 한다면 운동부하는 대략 **1RM의 75~85% 강도**로 시행하며, 횟수는 6~12회의 반복, 휴식은 30~90초가 적절합니다.

**34** 단순관절, 복합관절 운동에 대해 말해보세요.

단순관절 운동은 레그익스텐션과 같이 한 동작에 **한 가지 관절과 하나의 근육이 쓰이는 운동**입니다. 반면 복합관절 운동은 스쿼트와 같이 **한 가지 동작에 여러 관절과 근육이 쓰이는 운동**을 말합니다.

**35** 근섬유의 종류에 대해 말해보세요.

근섬유는 크게 지근(적근)과 속근(백근)으로 나뉩니다. 지근(적근)은 **어두운 적색**을 띠는데, 느린 경련 섬유로 **수축이 느리며 유산소성 운동에서 주로 사용**됩니다. 속근(백근)은 **흰색의 근육**으로 강한 자극에 재빠른 반응을 보이며 **무산소성 운동에서 주로 사용**됩니다.

**36** 단축성 수축과 신장성 수축에 대해 말해보세요.

단축성 수축은 **근육이 수축하는 동안 길이가 짧아지는 수축**으로 외부의 저항보다 근육의 힘이 크고 신체가 중력 혹은 외부의 힘과 반대로 움직일 때 사용됩니다. 반면 신장성 수축은 **근육이 수축하는 동안 길이가 길어지는 수축**이며, 중력 또는 외부의 힘보다 근육의 힘이 작고 **중력이나 외부의 힘 방향으로 신체의 움직임을 감속시키거나 멈출 때 사용**됩니다.

**37** 오버트레이닝을 정의하고 이를 극복하는 방법을 말해보세요.

오버트레이닝은 **운동의 강도나 양이 개인의 회복능력보다 초과되는 것**을 말하며, 일반적으로는 **과도한 훈련**을 의미하지만 정확히는 훈련의 양과 강도는 물론이고 **휴식과 영양의 결핍까지 포함**하는 개념입니다. 자신에게 적합한 수준의 운동을 실시하고 운동 후 **근육에 충분한 휴식과 영양 공급을 실시**함으로써 극복할 수 있습니다.

**38** 본인이 오버트레이닝이란 것을 알 수 있는 방법을 말해보세요.

오버트레이닝을 할 경우 **피로감, 무기력, 의욕의 상실** 등과 함께 근력의 저하가 발생합니다. 또한 **식욕 저하**와 **몸살 증상**을 느끼기도 합니다.

**39** 유산소 운동 시 주로 사용되는 에너지원에 대해 말해보세요.

유산소 운동은 **산소가 충분히 공급되는 상태에서 행해지는 중등 강도의 운동**을 말하며, 이때 주로 활용하는 에너지원은 **지방**입니다.

**40** 유산소 운동의 필요성과 효과는 무엇인지 말해보세요.

유산소 운동은 고혈압, 협심증, 심근경색 등 **심혈관 질환 위험을 감소**시키고 당뇨, 비만 등 **성인병에 대한 예방** 효과를 가집니다. 또한 심폐기능을 강화시켜 **근력운동의 수행 능력도 향상**시킵니다. 더불어 우울증이나 불안감의 해소 등 **심리적인 문제를 해결**하는 데에도 도움을 줍니다.

**41** 저항운동의 필요성과 효과는 무엇인지 말해보세요.

저항운동은 **근력을 증가**시켜 **체력을 향상**시킵니다. 또한 **근육의 형성**을 유도하고 근육 손실을 억제하며, **골밀도를 증가**시키고 뼈와 인대, 힘줄을 튼튼하게 만들어 줍니다. 저항운동을 통해 근육량을 늘려 **기초대사량을 높이는 것**은 비만을 예방하고 해소하는 데 매우 중요하며, 비만으로 인해 발생할 수 있는 **성인병의 예방**에도 도움을 줍니다.

**42** 운동 시 고원현상에 대해 말해보세요.

운동 시 고원현상이란 **어느 수준까지 증가하던 학습 효과**가 피로, 권태, 흥미의 상실 등 **생리적 혹은 심리적 요인**으로 더 이상 발전하지 않고 **정체되어 있는 현상**을 말합니다.

**43** 웨이트 트레이닝 시의 호흡법을 말해보세요.

웨이트 트레이닝 시에는 근육이 수축할 때 숨을 내쉬고 근육이 이완할 때 숨을 들이쉬는 호흡법이 가장 일반적인 방법입니다.

**44** 웨이트 트레이닝 운동의 생리학적 효과를 말해보세요.

웨이트 트레이닝을 통해 **근육량이 증대**되고 근육이 강해지며 **근지구력이 증대**됩니다. 또한 운동을 통해 자극을 받은 뼈의 세포 생성이 활발해져 **골밀도가 증가**합니다. 웨이트 트레이닝으로 근육의 양이 증가하면 **기초대사량이 높아져** 비만과 기타 **성인병의 예방**에도 도움을 줍니다.

**45** 근비대를 목적으로 하는 경우 운동 사이의 적절한 휴식시간을 말해보세요.

근비대를 목적으로 할 경우 일반적으로 **1분~1분 30초 정도**의 휴식이 가장 적절합니다. 다만 이는 개인의 체력, 컨디션, 운동 부위 등에 따라 달라질 수 있습니다.

**46** 치팅에 대해 말해보세요.

치팅은 웨이트 트레이닝에서 동작의 반복이 힘들 때 **몸의 반동을 이용**하여 동작을 2~3회 더 실시하는 방법입니다. 일반적으로 **세트의 마지막**에만 사용하며, 벤치프레스나 스쿼트의 경우 **부상 위험**이 높아 권장하지 않습니다. 특히 일반인의 경우 잘못된 자세를 취하게 될 확률이 높기 때문에 치팅을 하지 않도록 하는 것이 좋습니다.

**47** ATP-PC 시스템에 대해 말해보세요.

ATP-PC 시스템은 운동 시작 직후 유동 ATP가 고갈되었을 때 **근세포 내에 저장되어 있는 PC를 분해하며 ATP를 재합성**하는 **무산소성** 에너지 시스템입니다.

**48** 단백질 섭취 시기와 그 이유를 말해보세요.

> 단백질의 섭취 시기는 개인차가 있지만 **운동이 끝난 직후 1시간 이내**로 알려져 있습니다. 이때가 **동화작용이 가장 활발한 시기**이기 때문입니다.

**49** 동화작용과 이화작용에 대해 말해보세요.

> 동화작용은 섭취한 영양소를 이용하여 **단백질 등의 복잡한 화합물을 합성하는 과정**이며, 이화작용은 이와 반대로 체내에 존재하는 고분자 화합물, 즉 단백질이나 지방 등을 분해하여 보다 단순 분자와 **에너지를 생성하는 과정**을 말합니다.

**50** 강제 반복 횟수법에 대해 말해보세요.

> 강제 반복 횟수법은 운동 실시 후 더 이상 동작을 반복할 수 없을 때 운동 강도를 낮추지 않고 **보조자의 도움을 받아 동작을 1~2회 더 반복**하는 운동법입니다. 부상 위험이 큰 훈련 테크닉이므로 숙련된 보조자나 지도자가 없다면 실시하지 않는 것이 좋습니다.

# 축구

※ 관련 규정은 변동될 수 있으니 시험 전 협회 홈페이지에서 확인하세요.

| 규정 | 40점 | 시설/도구, 경기운영, 반칙/페널티, 최신규정 |
| --- | --- | --- |
| 지도방법 | 40점 | 도구, 기술, 지도방법 |
| 태도 | 20점 | 질문이해, 내용표현(목소리), 자세·신념, 복장·용모 |

**01** 축구경기장의 규격을 말해보세요.

**축구장의 넓이는 길이가 최소 90m~최대 120m, 너비가 최소 45~90m이며, 모든 선의 폭은 12cm를 넘지 않아야** 합니다. 골에어리어는 각 골 포스트의 안쪽에서 코너 쪽으로 5.5m되는 곳에 골라인과 직각이 되도록 경기장 안쪽으로 5.5m의 길이가 되게 선을 긋고 그 선의 끝을 골라인과 평행이 되게 연결시키면 이 선들과 골라인으로 둘러싼 지역이 골 에어리어가 됩니다. 페널티 에어리어는 각 골 포스트의 안쪽에서 코너 쪽으로 16.5m되는 곳에 골 라인과 직각이 되도록 경기장 안쪽으로 16.5m의 길이가 되게 선을 긋고, 그 끝을 골라인과 평행이 되게 연결하면 이 선들과 골라인으로 둘러싼 지역이 **페널티 에어리어**가 됩니다. 페널티 에이리어 안골 포스트 중앙에서 11m되는 지점에 페널티 마크를 표시하고 페널티 아크는 페널티 마크 중앙에서 9.15m인 원호를 페널티 에어리어 밖에 그립니다. 코너 아크는 각 코너 플랙 포스트에서 반지름이 1m인 1/4원을 경기장 안쪽에 그린 것입니다. 골대의 양 포스트 거리는 7.32m이고 지면에서 크로스바의 높이는 2.44m이며, **골포스트와 크로스바의 폭과 두께는 12cm를 초과해서는 안 되고 색은 흰색**이어야 합니다.

**02** 골키퍼 퇴장 시 대체 선수에 대해 말해보세요.

골키퍼가 퇴장당할 시에는 교체명단에 골키퍼가 있는 경우에는 **필드에 있는 선수와 교체**를 시켜줍니다. 만약 교체명단에 없거나 교체명단에 골키퍼가 있지만 교체카드를 모두 사용했을 시에는 **필드 플레이어 선수 중 한 명이 골키퍼를 대신**하게 됩니다.

**03** 선수 교체 절차를 말해보세요.

선수 교체는 **경기가 중단되었을 때만 가능**합니다. 선수 교체 요청이 있을 경우 부심은 주심에게 교체 요청 신호를 보내고, 교체 선수는 **교체되는 선수가 경기장 밖으로 나올 때까지** 기다렸다가 선수가 나오면 경기장 안으로 들어갑니다. 이때 교체 선수는 중앙선으로 나오지 않아도 무방합니다. 교체가 완전히 이루어지지 않았을 경우 경기를 재개할 수 없으며, 교체 선수가 나오지 않을 경우는 경기를 계속합니다. 만약 교체가 휴식 시간에 이루어졌을 경우 경기 시작 **킥오프** 전에 교체를 진행합니다.

**04** 일시적 퇴장 시간에 대해 말해보세요.

일시적 퇴장의 시간은 **전체 플레이 시간의 10~15%**이어야 합니다. 이 시간은 선수가 경기장을 나간 후에 다시 **경기가 재개될 때부터 시작**하며 일시적 퇴장 시간이 끝나면 선수는 인플레이 중 **주심의 허락하에 터치라인에서 복귀**할 수 있습니다. 주심은 선수가 언제 복귀할 수 있는지에 대한 최종 결정권을 가집니다.

**05** 마그누스 효과에 대해 말해보세요.

마그누스 효과는 물체가 회전하면서 유체 속을 지나갈 때 **압력이 높은 쪽에서 낮은 쪽으로 휘어지면서 나가는 현상**을 말합니다. 축구 경기에서 스핀킥을 찼을 때 공이 휘어지는 것이 대표적인 예입니다.

**06** 4-4-2 포메이션에 대해 말해보세요.

4-4-2는 **수비가 강해서 안정적인 플레이**를 보여주고 오프사이드가 생긴 이후로 **안정적인 윙 플레이가 가능**하다는 장점이 있으나 투톱이라 역습을 제외한 중앙 돌파가 힘들고 윙 플레이 실패 후 자칫하면 **기습적 역습**을 당할 수 있습니다.

3-5-2 포메이션에 대해 말해보세요.

> 수비수 3명에 미드필더 5명, 공격수 2명을 두는 전술로 **중앙 지향적인 공격**에 강하며 **미드필더를 공격형-수비형-윙백으로 다양하게 활용**할 수 있습니다. 측면 공격과 수비에서 미드필더의 많은 활동이 필요하며, 중앙에 많은 선수가 배치되어 **공간을 효율적으로 활용하기 어려운** 포메이션입니다.

 4-3-3 포메이션에 대해 말해보세요.

> 수비수 4명과 공격수 3명 사이에 3명의 미드필더를 배치하고 이들이 **공격과 수비 모두에 관여**하며 게임메이커로서의 역할을 할 수 있도록 하는 포메이션입니다. 양쪽에 포진한 수비수들이 오버랩을 시도할 때 미드필더로 하여금 빈 공간을 대신 막게 하여 **수비에 안정**을 기할 수 있습니다.

 4-2-3-1 포메이션에 대해 말해보세요.

> 최근 가장 많이 사용하는 포메이션으로 미드필더 지역에서 볼 소유를 원활하게 할 수 있으나 공격 상황 시 한 명의 공격수가 쉽게 고립될 수 있고, 수비가 강한 반면 공격은 단조로울 수 있는 포메이션입니다.

 3-4-3 포메이션에 대해 말해보세요.

> 3-4-3은 **미드필더가 강해 압박수비**를 할 수 있고 공격이 쓰리톱이라 윙 플레이 및 중앙공격이 가능하다는 장점이 있으나 **포백 체제의 포메이션**에 자칫하면 대량 실점을 당할 수도 있는 단점이 있습니다.

**11** 오프사이드 위치와 반칙에 대한 규정에 대해 설명해보세요.

> 선수가 그의 상대편 골 라인에 볼과 최종의 두 번째 상대편보다 더 가까이 있을 때 오프사이드 위치가 됩니다. 패스를 하기 위해 볼을 킥하는 순간 오프사이드 위치에 있는 선수가 플레이에 간섭하거나, 상대편을 방해하거나, 그 위치에 있으면서 이득을 얻을 때 반칙이 됩니다. 그러나 만일 경기자가 골킥, 스로인, 코너킥 상황에서 직접 볼을 받았을 때는 반칙이 아닙니다.

**12** 경고성 반칙과 퇴장성 반칙을 각각 3가지 이상 말해보세요.

> 경고성 반칙은 반 스포츠적 행위, 말 또는 행동으로 항의, 지속적으로 경기 규칙을 위반, 경기 재개를 지연시킨 경우, 스로인 또는 프리킥, 코너킥 드롭볼 등으로 경기를 재개할 때 요구된 거리를 지키지 않을 경우, 주심의 허락없이 필드 안으로 입장 재입장 또는 의도적으로 경기장을 떠난 경우, 주심의 리뷰 구역(RRA)으로 들어온 경우, 과도하게 리뷰신호(TV 스크린)를 한 경우 조치를 취할 수 있습니다.
> 퇴장성 반칙은 심한 반칙 플레이의 경우, 난폭한 행위의 경우, 다른 사람을 깨물거나 침을 뱉은 경우, 고의적으로 볼을 핸들링하여 상대팀의 득점 또는 명백한 득점기회를 저지시킨 경우, 상대가 골을 향하여 움직이고 있을 때 프리킥 또는 페널티 킥으로 처벌하여야 할 반칙을 하여 명백한 득점 기회를 저지시킨 경우, 공격적, 모욕적 또는 욕설적인 언어를 사용하거나 제스처를 한 경우, 한 경기에서 2회의 옐로우 카드를 받은 경우, 비디오 운영실(VOR)에 들어온 경우 조치를 취할 수 있습니다.

**13** 골킥의 규정을 말해보세요.

> 골킥 시 볼이 인플레이 된 후 다른 선수가 터치하기 전에 그 볼을 다시 키커가 터치했을 때는 **위반이 일어난 지점에서 상대 팀의 간접프리킥으로 판정**합니다. 만약 볼이 인플레이 된 후 다른 선수가 터치하기 전에 키커가 핸드볼을 범했을 때는 **위반이 일어난 지점에서 상대 팀의 직접프리킥으로 판정**합니다. 다만 페널티에어리어 안에서 키커가 핸드볼을 범했을 때는 **상대팀의 페널티킥으로 판정**합니다.

**14** 킥오프의 규정을 말해보세요.

킥오프 시 양 팀 선수는 하프라인을 기준으로 **자기 진영**에 머물러야 하고, 상대 팀 선수는 **센터마크에서 최소 9.15m** 떨어져 있어야 합니다. 예전에는 키커가 볼을 반드시 **앞쪽**으로 차야 했기 때문에 이를 잡거나 뒤로 내줄 상대 선수가 필요했지만, 2016년 3월 국제 축구 평의회에서 **규칙을 개정**하여 앞뿐만 아니라 **다른 방향**으로도 찰 수 있게 되었으며 한 명으로도 킥오프가 가능해졌습니다.

**15** 축구에서 9.15m에 대해 말해보세요.

키커가 아무리 공을 세게 차도 축구공은 **120km/h** 내외의 속도로 날아갑니다. 그런데 이 속도로 날아가는 공은 정확히 **9.15m 지점에서부터 속도가 현저히 줄어듭니다.** 이러한 원리를 이용하여 프리킥 또는 코너킥 상황에서 수비벽을 서는 선수들을 9.15m 지점에 위치하도록 함으로써 **선수를 보호**하고 있습니다.

**16** 축구 기본장비 외에 가볍고 부드러운 물질로 만들어진 머리보호대, 안면보호대, 무릎과 팔 보호대와 같은 보호장비는 착용이 가능합니다. 골키퍼 모자와 스포츠 안경도 마찬가지로 허용되는데, 머리에 쓰는 물건을 착용할 때 그 장비의 조건에 대하여 아는 대로 말해보세요.

속바지 타이즈를 착용할 경우 **하의의 주색상이나 하의의 끝단의 색과 같아야** 합니다. 머리에 쓰는 물건은 **검은색이거나 상의의 주색상과 같아야** 하고(같은 팀은 동일한 색상의 장비) 전형적인 선수 장비의 모습을 갖추어야 하며 **상의와 붙어있지 않아야** 합니다. 또한 장비를 착용한 선수나 다른 선수들에게 **위험을 주지 않아야** 하며(목 주위의 개폐장치) **장비 표면에 튀어나온 부분이 없어야** 합니다.

**17** 선수 장비 교환 시 경기장 복귀에 대해 말해보세요.

경기가 진행 중인 상황이더라도 **부심의 장비 확인**을 거친 후 **주심의 승인**이 있으면 경기장에 들어갈 수 있습니다.

**18** 선수에게 필요한 3대 영양소를 말해보세요.

선수에게 필요한 3대 영양소는 **탄수화물, 단백질, 지방**입니다. 운동선수는 균형 잡힌 식단을 섭취함으로써 영양을 충족하고 최상의 컨디션을 유지할 수 있습니다.

**19** 쿨링 브레이크 제도에 대해 설명해보세요.

쿨링 브레이크는 2014년 브라질 월드컵부터 도입된 제도로, **체감지수 32도** 이상에서 경기가 진행될 경우 **선수를 보호**하기 위해 경기 도중 **물을 마시고 열을 식힐 수 있는 휴식시간**을 주는 것을 말합니다. 심판의 재량에 따라 **전·후반 각각 3분 정도**의 휴식을 제공할 수 있습니다.

**20** 스로인의 규정에 대해 말해보세요.

스로인을 할 때는 발이 **터치라인 위 또는 밖**에 있어야 하며 두 손을 이용해 볼을 머리 뒤로 넘겨 던져야 합니다. 이때 상대 팀 선수들은 스로인이 행해지는 지점에서 **최소 2m 이상** 떨어져 있어야 하고, 스로인을 한 선수는 다른 선수가 공을 터치하기 전에는 **그 볼을 다시 터치할 수 없습니다**. 만약 이를 위반했을 경우 위반이 일어난 지점에서 상대 팀에게 간접프리킥을 부여하며, 스로인하는 선수를 부당하게 방해하는 상대 팀 선수에게는 경고가 주어집니다.

**21** 응급상황에서 환자가 의식이 있는 경우 대처방법을 말해보세요.

가장 먼저 **환자를 안정**시키고 골절이 있을 경우는 부목을 이용하여 **골절 부위를 고정**합니다. 만약 출혈이 있을 경우는 적절한 방법으로 **지혈**해야 합니다.

**22** 응급상황에서 환자의 호흡이 불안정하고 의식이 없는 경우 대처방법을 말해보세요.

가장 먼저 **119에 신고**하고 환자의 의식이 돌아오거나 구급대가 도착할 때까지 **심폐소생술**(흉부압박 30회 후 인공호흡 2회를 반복)을 실시해야 합니다.

**23** VAR 시스템에 대해 설명해보세요.

VAR은 영문으로 Video Assistant Referees를 뜻하며, 비디오 보조 심판으로 **축구 경기에서 비디오 판독 전담 부심이 모니터를 통해 영상을 보며 주심의 판정을 돕는 시스템**입니다. 경기장에 **12대 이상의 카메라를 설치**하고 다양한 각도에서 경기 과정을 녹화합니다. **주심이 신청하거나 부심이 주심에게 요청할 때만 비디오 판독을 할 수 있으며, 경기 결과에 직접적으로 영향을 주는 골, 페널티킥, 퇴장, 신원오인 등 네 가지 경우에만 판독을 실시합니다.** 2명의 부심과 영상관리자 1명이 영상실에서 비디오 판독을 담당하며, **최종 판정은 주심**이 내립니다.

**24** 속공과 속공의 지도 방법에 대해 말해보세요.

속공은 우리 팀이 **수비 위주로 플레이**하다가 우리 팀 진영에서 볼을 빼앗았을 때 **빠른 역습으로 공격을 전개하는 것**입니다. 지도 방법은 공격수들은 공간 침투, 미드필더들은 스루패스, 수비수들은 롱패스를 위주로 연습하도록 합니다.

**25** 추가 부심의 역할을 말해보세요.

볼 전체가 골 라인을 넘어가는지 확인, 어느 팀이 골킥 또는 코너킥을 할 권리가 있는지 확인합니다. 주심의 시야 밖에서 **불법 행위**나 기타 사건이 발생하는지 확인, 페널티 킥에서 골키퍼가 볼이 킥되기 전에 **골라인을 벗어나 움직였는지 또한 볼이 골 라인을 넘었는지** 등도 확인합니다.

**26** 직·간접프리킥이 주어지는 상황을 각각 5가지 이상 말해보세요.

직접프리킥은 상대를 차거나 차려고 시도했을 때, 상대를 걸거나 걸려고 시도했을 때, 상대에게 뛰어 덤벼들었을 때, 상대를 차지했을 때, 상대를 때리거나 때리려고 시도했을 때, 상대를 밀었을 때, 상대를 태클하거나 도전했을 때, 다른 사람을 깨물거나 침을 뱉었을 때, 상대를 붙잡았을 때, 핸드볼 반칙을 했을 때(자신의 페널티 내에 있는 골키퍼는 제외), 신체 접촉을 통해 상대를 방해했을 때 주어집니다.

간접프리킥은 시간이 초과하였을 때, 손으로 잡고 있던 볼을 방출시킨 후 다른 경기자가 터치하기 전에 그의 손으로 볼을 다시 터치했을 때, 팀 동료가 고의적으로 킥하여 준 볼을 손으로 터치했을 때, 팀 동료가 행한 스로인을 직접 받은 후 손으로 볼을 터치했을 때, 위험한 태도로 플레이할 때, 손에서 볼을 방출시키려는 골키퍼를 방해했을 때, 신체접촉 없이 상대의 진행을 방해할 때, 판정에 항의하거나 공격적 모욕적 욕설이 담긴 언어 또는 몸짓을 사용하거나 언어적인 반칙행위를 할 때, 규칙에 언급되어 있지는 않지만 경고 또는 퇴장을 주기 위해 경기를 중단하는 반칙을 범했을 때 주어집니다.

**27** ABBA 페널티킥 방식에 대해 말해보세요.

기존의 패널티킥 방식은 ABAB의 순서대로 한 팀이 차면 다음 팀이 차는 방식이었으나 이 방식은 먼저 차는 쪽이 유리한 결과를 가져온다는 지적이 많았고, 실험 결과 실제로 먼저 차는 쪽의 승률이 60%로 나타났습니다. 이에 유럽축구연맹이 **새로운 방식의 승부차기 룰**을 시험 도입하여 **ABBAABBAAB의 순서**로 킥을 하게 되었고, 이를 ABBA 승부차기 혹은 아바 승부차기라고 부릅니다.

**28** 골라인 테크놀로지에 대해 말해보세요.

골라인 테크놀로지는 여러 대의 **초고속 카메라**를 사용하여, 공이 골라인을 넘어가면 즉시 주심이 착용하고 있는 손목시계로 **골이라는 신호와 함께 득점시간을 알려주는 기술**을 말합니다.

**29** 인사이드 패스 지도법을 말해보세요.

인사이드 패스는 축구 경기에서 가장 많이 사용되는 중요한 패스입니다. 지도 시 먼저 공이 **발 안쪽**에 접촉한다는 인식을 하도록 하고, **발목을 수직으로 고정**한 뒤 자세 훈련을 해야 합니다. 서는 발에 중심을 싣고 발의 안쪽을 이용하도록 하며, 이때 차는 발은 **지면과 평행**하도록 해야 합니다. 처음에는 **공이 뜨기 쉽기 때문에 그 점을 주의**해서 지도해야 합니다.

**30** 드리블 훈련 내용을 간단하게 말해보세요.

**항상 고개를 들고, 몸의 밸런스를 유지**하는 데 초점을 둡니다. 볼을 소유하는 드리블을 할 때는 **다리를 벌려 안정적인 자세**를 만들어야 하며, 수비수 위치를 파악하면서 빈 공간으로 드리블을 할 수 있는 훈련 프로그램을 실시합니다.

**31** 볼 컨트롤 훈련 내용을 간단하게 말해보세요.

볼을 컨트롤하기 전에 **공간을 만들어야** 합니다. 볼을 터치하는 순간에는 리드미컬하게 반응할 수 있어야 **퍼스트 터치가 간결**해집니다. 제자리에 서서 볼을 컨트롤하는 것보다는 **볼을 지속적으로 이동시키면서 컨트롤**을 해야 수비수들의 압박에서 벗어나는 데 유리합니다.

**32** 축구의 신체적 효과와 심리적 효과를 말해보세요.

축구의 신체적 효과로는 축구의 기술 연마 과정을 통한 **근지구력, 심폐지구력, 순발력, 민첩성, 협응력의 향상과 하체 근력의 강화**를 들 수 있습니다. 심리적 효과로는 여러 사람이 팀을 이루어 경기를 하는 특성으로 인해 **협동심, 책임감, 희생정신 등이 발달**하여 **사회성 향상**에 도움을 준다는 점이 있습니다.

**33** 축구에 적용되는 작용과 반작용의 예를 말해보세요.

축구에서 공을 찰 때 발에 충격이 느껴지는 것은 공을 차기 위해 공에 가한 힘과 그에 대한 반작용으로 발에 가해지는 힘을 느끼는 것입니다. 또한 선수 간 몸싸움을 할 때 상대 선수를 밀어내는 힘만큼 자신에게도 반작용으로 인한 힘이 가해지게 됩니다.

**34** 축구를 통해 얻을 수 있는 효과를 말해보세요.

축구를 통한 효과 중 신체적 효과로는 **근지구력**과 **심폐지구력** 향상, **협응력**과 **조직력**, **응집력**의 향상, 기술 습득을 통한 **민첩성** 및 **순발력**의 향상 등이 있고, 심리·사회적 효과로는 단체 활동을 통한 **인간관계의 개선** 및 **사회성 발달** 등이 있습니다.

**35** 경기 시작 전에 심판이 선수를 퇴장시키는 상황에 대해 설명해보세요.

심판은 **경기 시작 전이라도** 선수가 중대한 문제를 일으켰다고 판단될 경우 해당 선수에 대한 **퇴장 조치**를 내릴 수 있습니다. 이 경우 해당 선수는 **경기에 출전할 수 없음**은 물론, 해당 경기의 엔트리에 **퇴장당한 선수를 대신할 새로운 선수를 추가할 수도 없게** 됩니다.

# 수영

※ 관련 규정은 변동될 수 있으니 시험 전 협회 홈페이지에서 확인하세요.

| 규정 | 40점 | 시설/도구, 경기운영 |
| --- | --- | --- |
| 지도방법 | 40점 | 도구, 스트로크, 지도대상별 지도방법 |
| 태도 | 20점 | 질문이해, 내용표현(목소리), 자세·신념, 복장·용모 |

**01** FINA에 대해 말해보세요.

> FINA는 Federation Internationale de Natation의 약자로 **국제수영연맹**을 의미하며 **1908년 런던 올림픽 때 창립**되었고 현재 **본부는 스위스**에 위치해 있습니다.

**02** 국제 규격에 맞는 수영장의 시설 및 환경을 말해보세요.

> 국제 규격의 수영장은 길이 50m, 폭 21m, 수심 1.8m 이상이며 레인은 8개 이상, 각 레인의 폭은 2.5m이고 1레인과 8레인의 바깥쪽 공간은 0.5m 이상이어야 합니다. 스타트대의 높이는 수면에서 50~57cm이고, 넓이는 50×50cm입니다. 잠영 한계인 15m 수면 위에 줄을 쳐서 표시해야 하고, 배영 턴 5m 지점에는 깃발로 표시해야 합니다.

**03** 수온이 낮을 때와 높을 때의 영향에 대해 말해보세요.

> 수영 시 적정 수온은 **24~26도**이며 수온이 이보다 낮으면 **호흡이 힘들고 근육이 수축**되어 부상의 위험이 있습니다. 반대로 수온이 높으면 **물의 밀도가 낮아져** 사람의 **부력이 줄어들게** 되고 수영하기에 적절하지 않게 됩니다.

**04** 심판의 임무에 대해 말해보세요.

심판장은 진행 중인 경기와 관련된 **모든 항의의 판정**을 내리고, 옷을 탈의시키고 출발시키는 임무를 맡습니다. 또한 규칙 위반 시 **실격의 권한**을 쥐고 있습니다.
출발 심판은 **출발이 준비된 시점**부터 통제 권한을 가지며, **출발 지연과 부정행위 및 출발 정당성**을 판단합니다.
반환 심판의 경우 각 풀의 양 끝 모든 레인에 배치되어 **터치 및 마지막 팔 젓기 규칙 위반 여부, 바퀴 수 랩 카드 전시** 등의 역할을 하며, 마지막 왕복 거리 **5m**를 남겨둔 시점에서는 **종이나 호루라기로 신호**를 줍니다.
영법 심판의 경우 풀 양쪽에 위치하여 **영법과 규칙을 잘 지키는지 확인하고 턴을 관찰**합니다.
착순 심판의 경우 종료 라인을 잘 볼 수 있는 지점과 일직선상의 높은 곳에 위치하여 **종료 후 선수들의 등위를 결정하고 보고**합니다.
계시원의 경우 배정된 선수의 기록을 **1/100초까지 기록**, 시간을 카드에 적어 주심에게 전달합니다.

**05** 개인혼영에 대해 말해보세요.

개인혼영은 **한 사람이 접영, 배영, 평영, 자유형의 순서로 200m 또는 400m를 역영**하는 경기종목으로 IM(Individual Medley)이라고도 부릅니다.

**06** 경영 영법의 종류와 방법을 말해보세요

자유형(크롤)은 **전신을 뻗어** 저항이 적은 유선형 자세를 취한 채로 양팔은 끊임없이 번갈아 움직이고 다리는 **수중에서 상하로** 움직이는 영법입니다. 후방 발차기를 통해 끊임없이 추진력을 얻을 수 있습니다.
배영은 **누워 뜬 자세**로 얼굴이 수면 밖에 나와 있습니다. 자유형과 마찬가지로 양 팔을 번갈아서 움직이고 양 다리는 추진력을 생성합니다.
평영은 **수면과 수평**을 이루어 개구리처럼 **양팔과 두 발을 오므렸다가 펴는 것을 반복**하는 영법입니다. 호흡은 한 동작당 한 번씩 합니다.
접영은 **엎드린 자세**로 헤엄치는 방법으로서 돌고래처럼 **허리의 상하 진동**과 함께 발등으로 물을 세게 차면서 그 반동으로 상체를 일으켜 **양팔을 나비처럼 휘젓는 영법**입니다.

**07** 경영 스타트의 종류와 방법에 대해 말해보세요.

그랩 스타트는 양발을 나란히 어깨 넓이 정도로 벌리고 **발가락을 스타트대 끝에 걸어** 도약을 준비합니다. 양손은 양발 사이나 발 바깥에 원하는 곳에 둡니다. **손-머리-몸통-다리 순**으로 입수하는데, 입수 시 손에서 발까지 하나의 점에 입수하도록 합니다. 입수 후에는 유선형 자세를 취합니다.

크라우칭 스타트는 **앞에 놓인 발의 발가락을 스타트대 앞 모서리에 걸고 다른 한 발은 뒤쪽에 놓는 자세**입니다. 손은 자연스럽게 스타트 대 앞을 잡고 출발 신호와 함께 스타트대를 강하게 밀면서 나아갑니다.

**배영 스타트는 양손을 어깨 넓이로 벌려 스타트대 바를 잡고 무릎을 굽혀 양 발을 풀 벽에 대어 준비**합니다. 출발 신호와 함께 머리를 뒤로 젖히고 발로 풀 벽을 강하게 밀어 점프합니다. 이때 양 손을 빠르게 머리 위로 넘기고 등을 젖혀 몸을 아치 모양으로 만들어 입수합니다.

**08** 모든 영법에 공통으로 해당하는 실격 사유를 말해보세요.

영법을 불문하고 스타트 잠영 시 **15m 지점까지 머리가 물 위로 나오지 않은 경우**, 혹은 **로프를 잡거나 당기는 경우**에는 실격으로 처리됩니다.

**09** 자유형(크롤)의 실격 사유를 말해보세요.

자유형의 경우 잠시 서 있는 것은 가능하나, **서서 걸어가거나 뛰면 실격**입니다. 터치나 턴은 몸의 어느 부분으로 하여도 무방합니다.

**10** 접영의 실격 사유를 말해보세요.

스타트나 역영 중 다리를 엇갈리게 하는 **자유형의 킥을 차는 경우 실격**입니다. 역영 중에는 반드시 양 팔을 동시에 돌려야 하며, **한 팔씩 교대로 돌리는 경우**에는 실격 처리됩니다. 턴이나 터치를 할 때는 **양손이 수평이 되도록 하여 동시에 터치**해야 합니다.

**11** 배영의 실격 사유를 말해보세요.

스타트 시 **발이 물 밖으로 나오는 경우** 실격입니다. 스타트 잠영 후에는 반드시 **한 손으로 나와야** 하고, 터치 시에는 **배면(누운) 자세**에서 **터치**해야 합니다. 다만 실수로 머리로 터치하는 것은 무방합니다. 역영 중 엎드려 **등을 보이고 2 스트로크 이상 진행**하면 **실격**입니다.

**12** 평형의 실격 사유를 말해보세요.

스타트나 턴 시 **접영 웨이브킥**이 한 번 허용되는데, 이를 **두 번 이상 할 경우 실격**입니다. 양 손을 동시에 돌리는 것이 아니라 **한 손씩 교대로 돌리는 경우**, 혹은 양 다리의 개구리 발차기가 **번갈아 진행되면 실격**입니다. 턴이나 터치를 할 때는 **양손이 수평이 되도록 하여 동시에 터치**해야 합니다.

**13** 수영경기에서 예선을 한 후 결승 경기 레인 순서를 말해보세요.

예선 순위에 따라 1등은 4레인, 2등은 5레인, 3등은 3레인, 4등은 6레인, 5등은 2레인, 6등은 7레인, 7등은 1레인, 8등은 8레인에 올라갑니다(**4-5-3-6-2-7-1-8**).

**14** 영법 중 가장 빠른 영법, 느린 영법을 말해보세요.

**자유형**은 수면과 수평으로 움직이기 때문에 **저항이 가장 적고**, 한 팔씩 번갈아 사용하면서 팔의 궤도를 몸의 중심 쪽에 가깝게 그려 **속도가 가장 빠른 영법**입니다. 반대로 **평영**은 다른 영법들과 달리 킥을 옆으로 돌려차기 때문에 **저항이 가장 많이 발생**하고 스트로크를 할 때 물을 반만 밀고 가슴 앞으로 가져와야 하며 잠영 시 저항을 덜 받는 동작인 돌핀킥을 1회밖에 찰 수 없기 때문에 **가장 느린 영법**입니다.

**15** 영법 중 가장 힘든 영법과 그 이유를 말해보세요.

> **접영**은 양쪽 팔과 다리를 동시에 사용하여 **압도적인 추진력**을 낼 수 있지만, 그만큼 **동작이 크고 역동적으로 움직여야 하기 때문**에 체력소모가 가장 큰 영법입니다.

**16** 수영 중 상해를 입었을 경우 처치법을 말해보세요.

> 수영 중 상해를 입었을 경우 **RICE 요법**을 행해야 합니다. RICE는 **휴식(Rest)-냉찜질(Ice)-압박(Compress)-높임(Elevate)**의 순으로 이루어지는 처치법입니다.

**17** 익수자 발견 시 조치 방법을 말해보세요.

> 익수자 발견 시 즉시 **119에 신고**하고 큰 소리로 **주변에 도움을 요청**하며 **부이(뜨는 물체)나 줄, 끈 등을 던져줘야** 합니다. 이때 **직접 입수**하여 익수자를 구하려는 행동은 **위험한 행동**이므로 삼가야 합니다.

**18** 익수자 구조 후 응급처치방법을 말해보세요.

> **익수자의 상태와 현장 상황을 확인**하고 주변 사람 중 특정인을 지목하여 **119 신고 요청**을 한 뒤에 익수자의 **호흡과 맥박을 확인**합니다. 의식이 없을 경우 **인공호흡과 심폐소생술을 실시**합니다.

**19** 수영장에서 발생하는 안전사고를 말해보세요.

수영장은 바닥이 미끄러워 **낙상** 등이 발생할 확률이 높고, 이로 인해 **뇌진탕** 등이 유발될 수도 있습니다. 준비운동을 제대로 하지 않고 갑자기 입수할 경우 **심장마비**가 일어날 수도 있으며, 맨발로 운동을 하기 때문에 **틈새에 발이 끼이는 사고**도 일어날 수 있습니다. 장시간 물속에 있을 경우 **저체온증**이 발생하기도 합니다.

**20** 준비운동의 효과에 대해 말해보세요.

준비운동은 본운동에 앞서 근육을 활성화시킴으로써 **상해 및 부상을 예방**하고 **관절의 가동범위**를 높여주며 **효소 기능을 촉진**시키고 **혈류를 증가**시킵니다. 또한 **근육의 산소 유용성**을 높이고 경기 상황일 경우 **경기에 대한 심리적 적응**을 돕는 효과가 있습니다.

**21** 식후 수영 가능 시간을 말해보세요.

**식후 1~2시간**이 지난 후에 수영을 하는 것이 좋습니다.

**22** 탈수증상에 대해 말해보세요.

탈수는 체내의 수분 부족 현상으로 **갈증, 설사, 경련, 무기력증** 등의 증상이 발생합니다.

**23** 수영의 특징 및 효과를 말해보세요.

수영은 전신운동으로 **신체를 고르게 발달**시키며, 유산소운동으로 **지구력, 근력, 유연성 및 심폐지구력**을 높여줍니다. 부력으로 인해 체중부하가 적어 장애인, 노약자, 비만인 등의 운동 부담이 적고, 재활 훈련과 다이어트에도 도움을 줍니다. 수압의 영향으로 **호흡근이 발달**하고 **폐활량**이 커지며 **심장 기능이 강화**됩니다. 단시간의 운동으로도 **에너지 소모가 많은 운동**이면서도 **운동의 강도를 조절**하기가 쉽습니다.

**24** 수영 초보자의 지도 순서를 말해보세요.

수영을 처음 배우는 초보자의 경우 연령과 성별, 나이, 운동 목적에 따라 **난이도와 강도를 조절**합니다. 그리고 **물과 친해지는 방법, 호흡법, 물에 뜨기, 발차기, 손동작, 콤비네이션**의 순서로 지도합니다.

**25** 돌핀킥에 대해 말해보세요.

돌핀킥은 본래 **접영에 사용되는 기술**이었으나, 현재는 **스타트 직후 혹은 턴을 한 후 추진력을 얻기 위한 기술**로 적용되고 있습니다. 잠수 상태에서 두 다리를 붙이고 허리와 무릎의 반동을 이용해 아래, 위로 흔들며 킥을 하는 동작으로, **돌고래의 헤엄 동작과 유사**하여 돌핀킥이라는 이름이 붙었습니다. 물살의 저항을 덜 받아 **빠른 추진이 가능**한 동작입니다.

**26** 사이드턴, 플립턴에 대해 말해보세요.

사이드턴은 **옆으로 회전**하는 턴을 말하고, 플립턴(퀵턴)은 **몸을 90도로 회전**하는 턴입니다.

**27** 롤오버턴에 대해 말해보세요.

롤오버턴이란 **배영**으로 오다가 턴 깃발이나 벽면을 확인하고 **몸을 90도로 회전**하여 마지막 스트로크를 하면서 **플립턴**으로 턴하는 방법입니다.

**28** 스컬링에 대해 말해보세요.

스컬링은 수면 위에서 여러 가지 연기를 할 수 있도록 **몸이 물에 뜨게 하거나, 그 위치에 정지하고 있도록 하는 동작**입니다.

**29** 저항의 종류를 말해보세요.

저항은 크게 네 가지로 구분합니다.
표면저항은 수영 중에 몸이 앞으로 나아가는 움직임에 의해 **몸의 전면에서 물결이 발생하면서 전진을 방해하는 저항**을 말합니다.
견인저항은 수영을 할 때 몸의 후방에서 생기는 소용돌이 모양 역류에 의해 **몸이 후방으로 끌어당겨지는 저항**을 말합니다.
마찰저항은 **수중에서 인체의 표면에 작용하는 저항**으로 몸의 굴곡, 피부 마찰, 수영복, 머리카락 등 신체와 물 분자 간의 마찰로 발생하는 저항입니다.
형태저항은 수영 동작에서 **몸의 형태가 변하면서 저항을 받게 되는 것**으로 몸의 수평을 유지하지 않으면 저항이 증가합니다.

**30** 부력의 의미 및 종류를 말해보세요.

부력은 **유체 속**에 있는 정지 물체가 유체로부터 받는 **중력과 반대 방향의 힘**입니다. 부력은 크게 세 가지로 분류되는데 양성부력은 **물체가 뜨려는 성질**, 음성부력은 **물체가 가라앉으려는 성질**, 중성부력은 물체가 물과 비중이 비슷하여 **뜨지도 가라앉지도 않는 상태**를 말합니다.

# 태권도

※ 관련 규정은 변동될 수 있으니 시험 전 협회 홈페이지에서 확인하세요.

| 규정 | 40점 | 국기원 심사규칙의 시험 종목별 적용<br>세계태권도연맹과 대한태권도협회 겨루기 · 품새 경기 규칙의 시험 종목별 적용 |
| --- | --- | --- |
| 지도방법 | 40점 | 시험 종목별 지도대상의 개념 및 특성 이해, 시험 종목별 지도방법 |
| 태도 | 20점 | 질문이해, 내용표현(목소리), 자세 · 신념, 복장 · 용모 |

## 01 승단 심사 시의 지정 품새와 필수 품새를 말해보세요.

필수 품새는 **자기 수련상 최고 난도**의 품새를 말하며, **1단 승단은 8장, 2단 승단은 고려**가 있습니다. 지정 품새는 그 외의 품새 중 **추첨을 하여 나온 품새**를 말합니다.

## 02 경기장의 규격을 말해보세요.

경기장은 **10m×10m 이상 12m×12m 이하** 규격의 장애물이 없는 수평이여야 하고, 탄력성이 있고 미끄럽지 않은 매트로 합니다.

## 03 경기장 색상에 대해 말해보세요.

경기장 색상은 반사가 심하지 않고 경기자나 관중에게 시각적 피로를 주지 않는 종류로서 경기자의 도복, 용구를 비롯한 경기지역 내 제한 색상의 배색도 고려되어야 합니다.

**04** 주심의 임무를 말해보세요.

주심은 **경기의 주도권**을 가지며 **경기를 채점하지는 않고, 승패의 선언, 감점선언, 퇴장선언**을 합니다. 또한 규정에 따라 판정권을 독자적으로 행사할 수 있고, 언제라도 득·감점에 이의가 있으면 부심을 소집하여 협의할 수 있습니다.

**05** 부심의 임무를 말해보세요.

부심은 **득점이라고 인정되면 즉시 채점**하고 주심이 의견을 물었을 때 자신의 소견을 진술할 수 있습니다. 또한 득·감점에 대하여 조정이 필요하다고 판단이 되면 주심에게 손을 들어 경기를 중단하고, 주·부심이 협의 판정을 할 수 있지만 벌칙에 대한 사항은 오로지 주심이 판단합니다.

**06** 선수의 위치를 말해보세요.

경기의 시작과 종료 시 선수는 제1외곽선과 평행한 경기장 중심으로부터 각 **1m** 떨어진 위치에 자리합니다.

**07** 주심의 위치를 말해보세요.

주심은 경기장 중심으로부터 제3외곽선 쪽으로 **1.5m** 거리의 위치에 자리합니다.

**08** 태권도 경기의 진행 방법을 말해보세요.

**선수 호출, 신체 및 복장 점검, 선수 입장, 경연 및 경기진행 절차, 선수퇴장** 순으로 진행됩니다.

**09** 경기에 임하는 선수의 복장에 대해 말해보세요.

**공인된 도복 및 보호구를 착용**해야 하며 보호구 및 보호대 미착용이나 장비 변경 및 변형 시 **출전을 금지**하지만 이는 대표자회의에서 조정할 수 있습니다. 도복 **상의 끝선은 팔목, 하의 끝선은 발목을 기준**으로 합니다. 도복 착용 시 **매듭에서부터 띠의 길이는 30cm(±5cm)**로 합니다.

**10** 보호용품에 대해 말해보세요.

보호용품은 **국기원에서 지정한 일반 보호대(전자 보호대 제외)**로 하며 경기에 임하는 모든 선수는 몸통보호대를 제외하고 경기에 필요한 개인용구를 **개인이 지참**해야 합니다. 이때 개인용구는 **낭심보호대(남), 가슴보호대(여), 머리보호대, 팔다리보호대, 손발보호대, 마우스피스** 등이 있습니다.

**11** 마우스피스의 착용에 대해 말해보세요.

마우스피스의 색깔은 **흰색 혹은 투명한 색**으로 제한하며, 어떤 경우에도 **반드시 착용**해야 합니다.

**12** 딛기에 대해 말해보세요.

딛기는 상대방과의 **거리 조절 및 공격과 방어동작 수행**을 위해, **발을 여러 곳으로 움직이거나 방향을 바꾸는 동작**을 말합니다. 태권도에서 이루어지는 발의 모든 움직임을 포함하며, '내딛기, 돌아딛기, 모딛기, 물러딛기, 옆딛기, 제자리딛기' 등으로 활용합니다.

**13** 겨루기 허용 부위를 말해보세요.

겨루기에서 몸통 부위는 **몸통 호구로 보호되는 부위**를 말하며, 손기술과 발기술의 공격이 허용되지만 척추 부분은 공격할 수 없습니다. 머리는 **발기술에 의한 공격만 허용**됩니다.

**14** 겨루기에서 득점 부위를 말해보세요.

겨루기에서 **1점**은 몸통부위 주먹공격 또는 상대 선수가 1회의 감점 선언을 받음으로써 얻는 경우, **2점**은 몸통부위 발공격, **3점**은 머리부위를 공격한 발기술, **4점**은 몸통부위를 몸의 회전을 이용해 공격한 발기술(추가 점수 2점 포함), **5점**은 머리부위를 몸의 회전을 이용해 공격한 발기술(추가점수 2점 포함)이 있습니다.

**15** 겨루기에서 일반호구 사용 시 득점 부위를 말해보세요.

일반호구 사용 시 몸통보호대에 청홍색으로 표시된 부위(등 부위 제외)와 머리보호대 아래 끝선으로부터 머리부위 전체가 득점 부위입니다.

**16** 겨루기에서 금지 행위 3가지 이상 말해보세요.

겨루기에서 한계선 밖으로 나가는 행위, 넘어지는 행위, 선수가 경기를 회피하거나 지연시키는 행위, 상대를 잡거나 끼거나 혹은 미는 행위, 넘어진 상대를 공격하는 행위 등은 금지 행위입니다.

**17** 겨루기 경기의 승패판정에 대하여 말해보세요.

> 겨루기 경기의 승패 판정으로는 **주심직권승, 최종점수승, 점수차승, 골든포인트승, 우세승, 기권승, 실격승, 반칙승** 등이 있습니다.

**18** 품새의 평가요소를 말해보세요.

> 품새는 **완성도**(품새 완결, 정확성, 공방목표, 자세의 굴신), **숙련도**(속도의 완급, 몸의 중심 이동, 힘의 강유, 기의 집중, 기합), **품위**(예절, 태도, 도복) 등을 평가합니다.

**19** 품새의 경기시간에 대해 말해보세요.

> 공인 품새는 1개 품새 시 **90초 이내**, 경기 품새는 **120초 이내**, 자유 품새는 **90초 이상 100초 이내**입니다.

**20** 공인 품새 경기의 채점기준을 말해보세요.

> 공인 품새 경기에서는 **정확도 4점**, **표현력 6점**으로 배점합니다. 정확도 항목에는 기본동작, 각 품새별 세부 동작, 균형을 보고, 표현력 항목에서는 속도와 힘, 조화, 기의 표현을 세부 기준 항목으로 봅니다.

**21** 공인 품새에서 감점요인에 대해 말해보세요.

**0.1점 감정 사항**은 동작의 시각이나 중간 과정이 잘못 되었을 경우, 이중동작을 하였을 경우, 사용부위의 표현이 적절하지 않았을 경우, 목표점을 벗어났을 경우 등이 있습니다. 또한 **0.3 감점 사항**은 품새의 규정어 없는 동작을 하였거나 규정동작을 하지 않았을 경우, 시선이 잘못 되었을 경우, 경기 중 동작을 3초 이상 일시 정지하였을 경우, 일시 정지 후 처음부터 다시 하는 경우(0.6점 감점) 등이 있습니다.

**22** 자유 품새 경기의 채점기준을 말해보세요.

자유품새 경기에서는 **기술력 6점**, **연출력 4점**으로 배점합니다. 기술력 항목에서는 발차기 난이도, 동작의 정확도 및 품새의 완성도를 보고, 연출력 항목에서는 창의성, 조화, 기의 표현, 음악 및 안무를 세부 기준 항목으로 봅니다.

**23** 자유 품새의 감점요인에 대해 말해보세요.

경기시간을 미달 또는 초과하는 경우나 경기장 경계선을 넘을 경우 최종 점수에서 **0.3점 감점**합니다. 또한 경기 중 범서기, 뒷굽이, 학다리서기를 시연하지 않았을 경우 각 서기당 **0.3점 감점**합니다.

**24** 자유 품새의 벌칙(실격)에 대해 말해보세요.

개인전 출전선수가 선수 등록된 부와 다른 부로 출전한 경우, 단체전의 경우 소속 선수의 불참으로 인해 단체 구성이 미달될 경우, 경기 시간 내에 경기장 입장을 못 한 경우 실격합니다.

**25** 태권도의 정신을 말해보세요.

태권도의 정신은 **예의와 염치, 인내, 극기, 백절불굴**입니다. 예의는 사람이 살아가면서 **지켜야 할 도리**, 염치는 **청렴**하고 **깨끗**하여 부끄러움을 아는 마음, 인내는 **역경**을 딛고 견디어 **어려운 일을 이겨내는 힘**, 극기는 자신의 **욕심을 의지로 눌러 이기는 정신**, 백절불굴은 백 번을 찍어도 굳세게 견디어 **조금도 굽히지 않는 강한 정신**을 말합니다.

**26** 태권도 지도자의 의미를 말해보세요.

태권도 지도자는 수련생이 태권도를 보다 즐겁고 효율적으로 배우고, 학습을 통해 성장하는 것을 도와주는 방법을 발견할 수 있도록 **교육적인 경험을 계획하여 가르치는 사람**입니다. 신체적, 적극적, 사회적으로 **완성된 인간**을 길러내는 것을 목적으로 삼아야 합니다.

**27** 선수 간의 협동심을 만들어주기 위한 지도자의 역할에 대해 말해보세요.

지도자는 팀의 **관리자**로서 **선수 상호 간의 응집력**을 높여주어야 합니다. 응집력에는 과제응집력이 대표적인데, 과제응집력은 선수들이 **서로의 목표 또는 공동 목표를 달성하기 위하여** 열심히 운동하는 것을 말합니다.

**28** 기본준비서기에 대해 설명해보세요.

기본준비서기는 태권도의 기술 수행 전 **신체의 긴장을 풀고 호흡을 조절하며 정신을 집중하는 자세**입니다. 기본준비서기는 대부분의 **품새를 시작하기 전에 취하는 준비자세**로서 모아서기에서 왼발을 한발 넓이로 벌려 나란히서기로 만든 후 두 손을 편 상태에서 명치 앞까지 끌어올린 후 숨을 내쉬며 두 주먹을 단전 앞으로 이동시키며 취하는 자세입니다.

**29** 유연성과 스트레칭이 경기에 미치는 영향에 대해 말해보세요.

유연성이란 인체의 하나 또는 복수의 관절과 근육에 연계된 관절을 둘러싼 근육이 최대한 어느 범위까지 움직일 수 있는가를 나타내는 능력을 말합니다. 유연성의 크기는 관절의 가동범위에 의해서 결정되며 **유연성이 높아질수록 특정 동작범위 내에서의 재빠른 피하기, 발차기, 거리조절 등의 기능이 향상**됩니다. 또한 스트레칭은 **부상을 방지하고 신체의 움직임을 극대화**할 수 있으며 이에 따라 경기력을 향상시킬 수 있습니다.

**30** 상대가 뒷발 앞으로 끌어 돌려차기 공격 시 대처해야 할 지도요령을 말해보세요.

뒷발 앞으로 끌어 돌려차기 공격 시 **제자리에서 뛰어 뒤차기로 반격**할 수 있습니다. 이때 요령은 제자리에서 뛰어오름과 동시에 시선은 상대를 보며 뒷발을 접어 올려 뒤차기를 실시하는 것입니다. 최대한 짧은 원을 그리듯 순간적으로 동작을 수행해야 하며 몸은 공격 방향을 향하여 반듯하게 세워야 합니다.

**31** 공격기술 중 찌르기에 대해서 말해보세요.

찌르기는 **손끝으로 상대방의 급소를 가격하는 기술**을 말합니다. 지르기 기술과 움직임은 같지만 사용 부위를 손끝과 같이 **면적이 좁은 부위를 활용**해서 상대방의 급소에 강한 충격을 전달 할 수 있는 기술입니다. **세워찌르기, 옆어찌르기, 젖혀찌르기 등**이 있습니다.

**32** 공격기술 중 꺾기에 대해서 설명해보세요.

꺾기란 **상대방의 관절을 누르거나 비틀어서 움직이지 못하게 만드는 기술**입니다. 가까운 거리에서 **상대방에게 잡혔을 때나 잡았을 때 활용**하며 손목, 팔굽, 어깨, 발목, 무릎 등의 **관절을 가동범위 이상으로 누르거나 비틀어서 제압**하는 기술입니다.

**33** 공격기술 중 찍기에 대해서 말해보세요.

찍기는 **모둠손끝으로 목표물을 짧게 가격하는 기술**입니다. **다섯 손가락의 첫마디를 모아 단단하게 만든 다음 손끝으로 휘둘러 치는 기술**로서 내려찍기, 안찍기, 앞찍기 등이 있습니다.

**34** 공격기술 중 지르기의 지도요령에 대하여 말해보세요.

지르기는 **주먹으로 목표물을 가격하는 기술**로 지르기는 치기에 비해 묵직하고 둔중한 특징이 있습니다. 주먹, 편주먹, 집게주먹, 밤주먹 등으로 상대방의 급소를 가격하는 기술로서 주먹지르기, 젖혀지르기, 돌려지르기, 뒤지르기, 당겨지르기 등으로 활용됩니다. **몸통의 회전력을 이용하면서 팔꿈치를 뻗어** 주먹을 일직선으로 움직여 목표를 밀어 쳐야 하며, 주먹을 장골능에 붙여 척추, 가슴, 견갑골, 목, 팔의 주관절에 이르기까지 **자연스럽게 일직선으로 뻗어 치는 동작을 통해 힘을 전달**합니다. 앞서기, 앞굽이 자세에서 **시선, 몸의 중심선, 주먹 끝을 일치시킴으로서 힘을 극대화**시킬 수 있습니다.

**35** 공격기술 중 치기의 지도요령에 대하여 말해보세요.

치기는 팔굽을 굽혔다 펴거나, 굽힌 채로 **몸의 회전력을 이용하여 목표물을 가격**하는 기술로서 **지르기, 찌르기, 찍기를 제외한 손으로 하는 모든 공격기술**입니다. 선운동과 원운동의 복합운동으로 목표를 끊어 치는 동작이며, **지르기에 비해 신속**한 특징이 있습니다. 손의 모양과 연관된 **힘의 발휘 방식을 주어진 상황에 따라 다양하게 변화**시키는 수련을 할 수 있습니다.

**36** 공격기술 중 차기의 지도요령에 대하여 말해보세요.

차기는 **자신의 앞에 있는 상대방을 발로 가격하여 제압하기 위한 기술로서 무릎을 굽히거나 펴는 힘, 또는 다리를 휘두르는 힘으로 공격**하는 기술입니다. 앞차기와 돌려차기, 반달차기, 옆차기, 뒤차기 등이 있습니다. 앞차기는 앞에 있는 목표물을 가격하는 기술로서 **발등이나 앞축, 또는 뒤축으로 상대방의 턱이나 명치, 복부 등을 가격하는 기술**입니다. 일반적인 앞차기는 **무릎을 접었다 펴며 목표물을 향해 곧게 뻗어 차는 기술**을 뜻하나, 때에 따라서는 아래에서 위로 턱이나 낭심 등을 올려 찰 수도 있으며, 상대방과의 거리 간격을 유지하기 위해 밀어 찰 수도 있습니다.

옆차기는 **몸을 옆으로 틀며 목표물을 가격하는 차기 기술**입니다. 발날, 뒤축 등으로 상대방의 얼굴이나 가슴 등을 가격하는 기술로서, 일반적인 옆차기는 몸을 옆으로 틀 때 **무릎을 접었다 펴며 목표물을 향해 곧게 뻗어 차는 기술**을 뜻하나, 경우에 따라서는 상대방과의 거리 유지를 위해 밀어 찰 수도 있습니다.

뒤차기는 **무릎을 접어 올려 뒤로 뻗으며 목표물을 가격하는 차기 기술**입니다. 뒤축으로 상대방의 몸통, 턱을 가격하는 기술로서 일반적으로 상대방이 자신의 앞에 있을 때에는 **몸을 뒤로 돌리면서 차는 기술**을 뜻하고 있으나, 상황에 따라서는 제자리에서 뒤에 있는 목표물을 향해 곧게 뻗어 찰 수도 있습니다.

**37** 공격기술 중 돌려차기의 지도요령에 대하여 말해보세요.

돌려차기는 **발을 안쪽으로 돌리며 목표물을 가격하는 기술**입니다. 축이 되는 발을 틀며 엉덩이를 완전히 넣어주어 앞축, 또는 발등으로 상대방의 얼굴이나 몸통 등을 가격합니다. 일반적인 돌려차기는 **앞축**으로 상대방의 관자놀이, 늑골, 명치 등을 찰 때 활용되나, 겨루기 경기나 차기 연습을 할 때에는 사용 부위의 면적을 넓혀 부상을 방지하고 득점을 얻고자 **발등을 사용**합니다.

**38** 방어기술 중 내려막기(아래막기)의 지도요령을 말해보세요.

내려막기는 **상대방의 공격을 위에서 아래로 내려 막는 기술**입니다. 상대방이 자신의 복부나 낭심 등을 공격하여 올 때, 바깥팔목이나 손날 등을 사용하여 가슴 위에서부터 낭심 아래로 내려 막습니다.

**39** 방어기술 중 몸통막기(안막기)의 지도요령을 말해보세요.

몸통막기는 **몸의 바깥쪽에서 안쪽으로 막는 기술**입니다. 상대방이 자신의 앞쪽에서 정면을 공격하여 올 때 바깥팔목이나 손날 등을 사용하여 몸의 바깥쪽에서 안쪽으로 상대의 공격을 막습니다.

**40** 방어기술 중 얼굴막기(올려막기)의 지도요령을 말해보세요.

얼굴막기는 **상대방이 자신의 얼굴을 정면에서 공격하거나 위에서 내려칠 때 올려 막는 기술**입니다. 바깥팔목이나 손날 등을 사용하여 상대방의 공격을 막아낸 후 막는 손을 비스듬히 하여 상대의 공격이 흘러내리게 만들어 충격을 완화시킵니다.

생활스포츠지도사

# 배드민턴

※ 관련 규정은 변동될 수 있으니 시험 전 협회 홈페이지에서 확인하세요.

| 규정 | 40점 | 시설/도구, 경기규칙, 반칙/페널티, 심판규정 |
|---|---|---|
| 지도방법 | 40점 | 단식전술, 복식전술, 지도방법 |
| 태도 | 20점 | (질문이해, 내용표현(목소리), 자세·신념, 복장·용모) 체육지도자 자질, 지도철학, 윤리, 품성, 자신감, 표현력 |

**01** 올림픽 경기장의 높이는 얼마인지 말해보세요.

플로어에서 전체 코트 위의 **천장 적정 높이는 12m(최소 9m 이상)**가 되어야 하며, 이때 높이는 코트 위 대들보나 기타 장애물이 전혀 없는 순수 자유 공간의 높이를 말합니다.

**02** 경기장의 온도에 대해 말해보세요.

경기장 온도는 **섭씨 18도에서 30도 사이**여야 합니다.

**03** 배드민턴 경기의 인원 구성에 따른 구분 방법을 말해보세요.

배드민턴 경기는 **남녀 단식과 복식** 그리고 **혼합복식**으로 나누어지며 **단식은 양편 각 1명씩, 복식은 양편 각 2명씩** 조를 이루어 경기합니다.

**04** 배드민턴의 스코어 규정에 대해 말해보세요.

> 배드민턴은 **3판 2선승제**를 원칙으로 하며 한 게임은 **21점**을 선취한 편이 승리합니다. **20:20 동점**인 경우 **2점을 연속하여 득점**한 편이 승리하며 **29:29**인 경우 **30점에 먼저 도달한 편**이 승리합니다.
> 초등부의 경우 **17점**을 먼저 선취한 편이 승리하고, **16:16**인 경우 2점을 연속하여 득점한 편이, **24:24**인 경우 **25점**에 먼저 도달한 편이 승리합니다.

**05** 경기의 연속적 진행 규칙에 대해 말해보세요.

> 경기의 연속적 진행 규칙은 **최초의 서비스부터 경기가 끝날 때까지 경기가 연속적으로 행해져야 한다는 규칙**입니다. 다만 각 게임 중 한쪽 편이 11점에 먼저 도달할 경우 60초 이내의 휴식이, 1게임과 2게임 사이, 2게임과 3게임 사이에 120초 이내의 인터벌이 허용됩니다.

**06** 코트 변경에 대해 말해보세요.

> **첫 번째 게임 종료 후와 세 번째 게임 시작 전**에 코트를 변경하며, 세 번째 게임을 할 경우 한쪽 편이 **11점을 선취했을 때** 코트를 변경합니다.

**07** 반칙으로 판정되는 상황에 대해 말해보세요.

> 서비스가 올바르지 못할 경우, 서버가 서비스하는 도중 셔틀을 치지 못하고 헛스윙했을 경우, 경기 중 셔틀이 코트 밖에 떨어지거나 네트 밑 혹은 네트 사이로 통과했을 경우, 선수의 라켓 혹은 네트 이외의 다른 곳에 셔틀이 닿을 경우, 셔틀이 네트를 넘어오기 전에 네트를 넘어 셔틀을 치거나 헛쳤을 경우(단, 셔틀이 네트를 넘어왔을 경우 셔틀을 치고 라켓이 상대편 코트로 넘어가는 것은 허용됨), 라켓이나 선수의 몸이 네트에 닿았을 경우, 셔틀을 연속적으로 두 번 이상 쳤을 경우 반칙으로 판정됩니다.

**08** 레트(경기 중단 및 무효)에 대해 말해보세요.

레트는 **예기치 못한 우발적인 사고가 발생하여 경기가 중단될 때 선언**됩니다. 레트가 선언될 경우 바로 전에 서비스한 선수의 서브권은 그대로 유효하며, 그 선수가 다시 서비스합니다. 리시버가 준비되지 않은 상황에서 서비스하거나, 경기 중 다른 코트로부터 셔틀이 들어와 경기를 방해할 경우 등이 해당합니다.

**09** 서비스 고정 높이제에 대해 설명해보세요.

서비스 고정 높이제는 서버가 서비스를 할 때 **라켓으로 셔틀을 치는 순간 셔틀 전체가 코트의 바닥으로부터 1.15m 이하에 위치해야 한다는 규정**입니다. 서비스의 높이를 개별 선수의 갈비뼈 아래로 규정했던 기존의 규정이 경기에서 공정하게 적용되기 어렵다는 비판이 이어지면서 세계배드민턴연맹이 새롭게 선택한 제도이며, **2018년 3월부터 국내 대회를 포함한 대부분의 경기에 적용**되고 있습니다.

**10** 서비스 코트 에러에 대해 말해보세요.

서비스 코트 에러는 **서비스나 리시브를 잘못된 순서로 하거나 잘못된 서비스 코트에서 했을 경우**를 말하며, 이 에러는 그 다음 서비스가 이뤄지기 전까지 발견되어야 인정됩니다. 서비스 코트 에러가 발견되면 그 **에러는 정정되고 당시 점수는 그대로 유지**됩니다.

**11** 네트의 높이를 말해보세요.

규정된 네트 양쪽 사이드 기둥의 높이는 **1.55m**이고, 중앙의 네트 높이는 **1.524m**입니다.

**12** 배드민턴 코트의 크기에 대해 말해보세요.

코트의 라인 폭은 **4cm**, 코트의 대각선 길이는 **14.723m**, 코트와 코트 사이의 거리는 **최소 2m**입니다.

**13** 셔틀콕의 무게와 편차의 이유를 말해보세요.

규정된 셔틀콕의 무게는 **4.74~5.5g**입니다. 무게에 편차가 나타나는 이유는 **온도나 습도, 고도**에 따라 무게가 달라지기 때문입니다.

**14** 라켓의 규정에 대해 말해보세요.

라켓의 프레임은 핸들 부분을 포함해 전체 길이가 **680mm**, 전체 폭은 **230mm**를 넘어서는 안 되며, 스트링 부분의 전체 길이는 **280mm**, 넓이는 **220mm** 이내이어야 합니다.

**15** 배드민턴 경기 시 에티켓에 대해 말해보세요.

경기 시작 전과 후에 **상대방과 파트너에게 인사**를 해야 합니다. 경기 시 **클럽에서 규정하는 셔틀콕 혹은 동일한 수준의 셔틀곡을 사용**해야 합니다. 경기에 참가할 때는 항상 새 셔틀콕을 가지고 참가해야 하며, 만약 한 번 사용하였으나 상태가 양호한 콕일 경우 **사전 동의**를 구해야 합니다. 콕은 **상대방이 보고 있을 때 네트 위로 상대방이 받기 좋게** 넘겨주어야 하고, 바닥에 떨어진 콕은 **먼저 움직여 콕을 주워서** 넘겨줍니다. 우리 편 파트너에게 콕을 줄 때도 **라켓에 받쳐주거나 손으로 건네주어야** 합니다.

**16** 배드민턴 중 발생할 수 있는 운동 상해와 예방 방법을 말해보세요.

배드민턴 중 발생할 수 있는 운동 상해로 가장 흔한 것은 엘보우와 건염, 발목염좌 등이 있습니다. 엘보우는 주로 라켓스포츠를 즐기는 사람들이 **반복적인 충격으로 팔꿈치 주변의 인대가 파열되어 발병**합니다. 이를 예방하기 위해서는 평소 **팔꿈치의 무리한 운동을 삼가고 운동 전후에는 반드시 스트레칭**을 해야 합니다. 만약 팔꿈치의 반복적인 사용이 불가피한 경우에는 **충분한 휴식**을 취해야 합니다. **테이핑**을 통해 팔꿈치를 보호할 수도 있습니다.

건염은 **손을 머리 위로 올려 사용하는 운동**을 할 때 많이 발생합니다. 어깨에 **무리한 하중이 불균형하게 가해졌을 때** 어깨 및 팔에 염증이 생기게 됩니다. 이를 예방하기 위해서는 운동 전 **어깨 관절의 가동성을 확보하는 준비운동**을 충분히 하고 어깨 관절을 무리하게 사용하는 운동은 피하는 것이 좋습니다.

발목염좌는 **높이 뛰거나 방향을 급하게 바꿔야 하는 운동**을 하는 사람들에게 쉽게 발생하는 상해입니다. 이를 방지하기 위해서는 운동 전 **스트레칭을 통해 발목 근육의 긴장을 완화**시켜야 합니다. **테이핑**을 통해 발목을 보호할 수도 있습니다.

**17** 배드민턴의 운동 효과를 말해보세요.

배드민턴은 유산소성 운동으로서 **체력 증진**에 도움이 되며, 달리기, 도약, 몸의 회전 및 굴곡과 신전으로 이루어진 전신운동이므로 **팔, 다리, 복근 등의 근육을 발달**시킵니다. 네트를 가운데 두고 신체적인 접촉이 이루어지지 않는 운동이므로 **신사적인 인간성의 함양**에 도움을 주며, 적은 인원으로 언제 어디서나 쉽게 할 수 있어 **원만한 인간관계를 형성**하는 등 **사회성 함양**에 도움이 됩니다.

**18** 배드민턴 기본자세의 지도 요령에 대해 말해보세요.

우선 양 발은 **어깨 너비** 정도로 벌리도록 합니다. 그 후 신체의 중심을 낮추기 위해 **무릎을 약간 구부립니다**. 이때, 빠른 움직임을 위해 **발 앞쪽에 체중이 실리도록** 하며, 발뒤꿈치는 **바닥에 닿지 않도록** 합니다.
라켓은 가볍게 쥐고, 손목은 리스트 콕을 유지합니다. 라켓을 든 팔과 반대쪽 팔을 **가슴 앞쪽으로 들어 삼각형 구도**를 만들어 주어야 합니다. 마지막으로 상대로부터 시선을 떼지 않도록 합니다.

**19** 서비스 동작의 지도법을 말해보세요.

> 서버와 리시버는 양편 **서비스 코트 안**에 **대각선**으로 서야 하며 셔틀이 라켓과 접촉하는 순간에 셔틀의 전체가 **코트 바닥으로부터 1.15m 이하**에 있어야 합니다. 서버가 셔틀을 치는 그 순간에 **라켓의 샤프트는 아래쪽 방향**을 향하고 있어야 하고, 서버의 라켓 움직임은 서비스 시작부터 서비스가 넘어갈 때까지 **앞으로 향하는 움직임**이 계속되어야 합니다. 서비스 시 셔틀은 **리시버의 코트 안**에 떨어져야 합니다.

**20** 서비스 폴트의 사례를 한 가지 이상 이야기해보세요.

> 서비스 폴트는 핸드 오버와 풋 폴트, 이중 동작, 베이스 오버, 웨이스트 오버 등이 있습니다. 핸드 오버는 서비스를 넣는 순간 **라켓의 헤드가 손목과 비슷하거나 높은 상황**을 말합니다. 서비스 시에는 라켓의 헤드가 반드시 **손목보다 낮게 위치**하여야 합니다.
> 풋 폴트는 서비스를 넣는 사람의 두 발 중 어느 하나가 **라인을 밟거나 한쪽 발을 들거나 끄는 경우**입니다. 단 두 발을 까치발로 하여 서비스하는 것은 무방합니다.
> 이중 동작은 서비스를 넣기 위하여 라켓을 뒤로 빼었다가 **라켓을 급선회하여 방향을 속이거나 두 팔을 동시에 움직이는 행위 또는 뒤로 뺀 라켓을 정지하는 행위**를 말합니다. 라켓을 뒤로 빼는 순간을 서브가 개시된 시점으로 보기 때문에 이러한 동작을 서비스 폴트로 간주합니다.
> 베이스 오버는 서비스를 넣을 때 **셔틀콕의 아래 부분이 아닌 셔틀콕의 날개와 콕 하단부를 동시에 맞추거나 깃털부를 맞추는 것**입니다.
> 웨이스트 오버는 서비스하는 순간 **타점이 서버의 배꼽보다 위에 위치하는 경우**입니다. 다만 현재는 서비스 고정 높이제가 적용되고 있으므로 **서브 시 셔틀 전체가 코트 바닥으로부터 1.15m 이하에 위치**하도록 해야 하며, 이를 어길 경우 폴트로 선언됩니다.

**내가 뽑은 원픽!** 최신 출제경향에 맞춘 최고의 수험서

# 2026 생활스포츠지도사 필기 2급

시험 직전 5점 더하기
**최신 기출 키워드**

### 목차

01 스포츠사회학 ·········· 2
02 스포츠교육학 ········· 9
03 스포츠심리학 ······· 16
04 한국체육사 ········· 23
05 운동생리학 ·········· 30
06 운동역학 ············ 37
07 스포츠윤리 ········· 42
08 특수체육론 ········· 47
09 유아체육론 ·········· 54
10 노인체육론 ·········· 61

# 01 스포츠사회학

**핵심 키워드**  상징적 상호작용론, 준거집단이론, 교육적 순기능, 미디어 기술 발달, 미디어의 보급 및 확산, 세대 간 이동, 세대 내 이동, 계층 이동, 낙인이론, 베블런의 유한계급론, 투민의 스포츠 계층

## ■ 스포츠사회학의 연구 영역

| 구분 | 내용 |
| --- | --- |
| 거시적 영역 | • 기능 : 가치, 이데올로기 및 신념의 전달, 스포츠와 정치의 관계 등<br>• 종교 : 종교와 스포츠를 통한 의식의 체험 등<br>• 교육 : 학업 성취와 스포츠, 학교에 대한 스포츠의 영향 등<br>• 사회계층 : 계층 이동 요인으로서의 스포츠 등<br>• 성 : 스포츠에서의 성적 차이 및 불평등 |
| 미시적 영역 | • 상호작용 : 소집단의 특성과 구성, 구조 및 효율성 등<br>• 지도자론 : 효율적인 지도자의 유형, 지도자의 위치와 배출 방안 등<br>• 사회화 : 스포츠 참가의 동인, 스포츠 참가의 결과 등<br>• 사기 및 공격, 비행 : 승리와 사기의 관계, 관중의 폭력행위 |
| 전문적 영역 | • 학문적 적법성 : 스포츠사회학의 연구 및 연구방법에 대한 이론 제시<br>• 스포츠의 본질적 정체 : 구조기능주의, 갈등주의, 비판이론 및 상징적 상호작용론과 같은 사회학적 이론의 적용 등 |

## ■ 스포츠의 기능

| 구분 | 내용 |
| --- | --- |
| 순기능 | • 사회성 함양 기능 : 스포츠 참여를 통해 바람직한 인격 형성 및 훌륭한 시민정신 함양 등이 가능<br>• 사회화 기능(사회 통합 기능) : 격리된 개인을 결집력 있는 집단 속으로 통합<br>• 사회 정화 기능(정서적 동화 기능) : 스포츠 참여를 통해 스트레스 및 잉여 에너지 분출 |
| 역기능 | • 대중 통제 기능 : 지배계급에 의해 형성된 가치관과 사회규범을 내면화함<br>• 스포츠 소외(신체소외 기능) : 승리지상주의적 이념으로 승리를 위해 신체를 도구화함<br>• 스포츠 상업주의 : 지나친 상업주의로 인한 스포츠의 본질적 · 놀이적 성격의 퇴화<br>• 국수주의와 국군주의의 팽창 : 국제스포츠에서의 경쟁을 통해 국수주의적 고립정책 및 국군주의적 성향 유발 |

## ■ 스포츠와 사회이론

| | |
|---|---|
| 구조기능 이론 | 사회가 본질적으로 상호 관련되고 상호 의존적인 제도로 구성되어 있으며, 전체 사회 안정에 기여하고 있다고 보는 이론 |
| 갈등이론 | 사회의 본질을 경쟁과 갈등 관계로 보고 사회를 희소자원을 두고 경쟁하는 사람들의 집합체로 규정 |
| 비판이론 | 사회를 각자의 이익을 위해 타인과 끊임없이 경쟁하는 장으로 규정 |
| 준거집단이론 | • 규범집단 : 가족과 같이 규범을 설정하고 가치관을 형성시켜 개인에게 행동 지침을 제공하는 집단<br>• 비교집단 : 특정 역할 수행의 기능적인 의미를 제시하는 집단으로서 역할모형을 의미함<br>• 청중집단 : 특별한 주목을 받지는 않지만 그들의 가치와 태도에 부합하도록 행동하려는 집단으로, 친구가 대표적인 청중집단 |

## ■ 스포츠의 정치적 속성 예시

| | |
|---|---|
| 대표성 | 소속 조직 대표, 상징, 충성심, 슬로건, 응원가 |
| 권력투쟁 | 선수와 구단주 간, 리그 간, 조직 간, 성차별 |
| 상호의존성 | 국가홍보와 혜택, 군복무 면제, 연금, 조세 감면, 정경유착 |
| 긴장관계 | 외교적 관계, 외교적 항의, 외교적 승인 |
| 보수성 | 현존 질서 유지, 애국의식 향상, 정치체계 강화 |

## ■ 국제정치에서의 스포츠 역할

| | |
|---|---|
| 외교적 도구 | 스포츠 팀 간의 친선경기 등을 통한 적대국과의 외교적 관계 개선 또는 기존 동맹국과의 관계 유지·발전 도모 |
| 이데올로기 및 체제 선전의 수단 | 경쟁 원리로 인해 스포츠는 특정 국가 혹은 정치 체제의 대리전적 성격을 지님 |
| 국위선양 | 선수와 국가의 동일시를 통해 세계에 자국의 명성을 높이는 수단으로 활용 |
| 국제 이해 및 평화 | 자국우월주의 혹은 민족중심주의와 같은 극우적 배타사상의 감소 |
| 외교적 항의 | 국제적 갈등 상황에서 스포츠 경기를 통한 항의의사 전달 |
| 갈등 및 전쟁의 촉매 | 국제 관계에서 각국의 이해와 관련된 갈등 및 전쟁의 촉매 역할 |

## ■ 올림픽 경기의 정치화 요인

| | |
|---|---|
| 민족주의 심화 | 국가 간의 경쟁을 심화시키고 올림픽 경기에서의 정치화 현상을 심화시키는 요인 |
| 상업주의 팽창 | 스포츠를 경제 규모의 확대를 위한 수단 혹은 상업적 이익 추구를 위한 도구로 이용 |
| 정치권력의 강화 보상 | 정치권력이 스포츠를 국력 과시 및 외교 수단 등으로 활용 |

## ■ 상업주의와 스포츠의 변화

### 1. 스포츠의 상업화 조건

| | |
|---|---|
| 자본주의적 시장경제의 형성 | 스포츠와 관련된 경제적 보상체계의 형성·발달 |
| 인구 밀도가 높은 대도시 | 스포츠 관련 흥행 성공 가능성 상승 |
| 자본의 집중 | 대규모 경기 기반 시설물의 유치 및 유지에 용이 |
| 소비문화의 발전·장려 | 스포츠를 통한 소비 촉진 |

### 2. 스포츠 본질의 변화

| | |
|---|---|
| 아마추어리즘의 퇴조 | 국가주의와 상업주의의 대두, 금전적·물질적 이익을 추구하는 프로스포츠의 발달이 원인 |
| 스포츠의 직업화 | 스포츠를 재정적·물질적 보상을 받기 위한 생계유지 수단으로 선택 |

### 3. 상업주의에 의한 스포츠의 변화

| | |
|---|---|
| 구조의 변화 | 규칙과 제도, 프로그램의 구성 변화<br>예) 경기 시간의 조정, 광고 시간 삽입을 위한 작전타임 증가 등 |
| 내용의 변화 | • 경기 자체보다 세속적인 경기 외적 사실을 중시<br>• 관중이 심미적 가치보다는 영웅적 가치 선호·중시 |
| 스포츠 조직의 변화<br>(비즈니스 모델링) | • 대중매체, 팀, 구단주 등 경제적 후원자의 목적 영위를 위한 쇼(Show)로서 스포츠 이벤트가 운영<br>• 중계방송, 치어리더 등 재정적 이익 창출을 위한 경기 외의 흥미 요소 중시 |
| 스포츠 정신의 변화 | • 스포츠가 순수한 놀이에서 노동으로 변화<br>• 무리한 리그 운영과 승리지상주의 팽배(아마추어리즘의 퇴조) |

## ■ 프로스포츠에서 시행되는 제도

| | |
|---|---|
| 보류조항<br>(Reserve clause) | 일정 기간 선수들의 자유로운 계약과 이적을 막음으로써 과도한 연봉 상승을 방지하고 구단을 안정적으로 운영하기 위해 도입된 제도 |
| 자유계약제도<br>(Free Agent) | 선수가 일정 기간 자신이 속한 팀에서 활동한 뒤 다른 팀과 자유롭게 계약을 맺어 이적할 수 있도록 하는 제도 |
| 웨이버<br>(Waiver) | • 프로스포츠 구단 등에서 선수에 대한 권리를 포기하는 것<br>• 소속 선수를 일방적으로 방출하면서, 일정 기간 동안 다른 팀에 해당 선수를 데려갈 의향이 있는지를 묻는 것 |
| 최저연봉제<br>(Minimum salary) | 선수에게 지급해야 하는 최저연봉을 규정함으로써 신인 선수와 같은 무명 선수들도 기본적인 생활이 가능하도록 하기 위한 제도 |
| 샐러리 캡<br>(Salary cap) | • 한 구단에 소속된 전체 선수의 연봉 총액 상한선을 규정하는 제도<br>• 선수들의 지나친 몸값 상승, 구단의 적자 운영을 방지 |

| 트레이드(Trade) | 구단이 선수와 선수 혹은 선수와 금전을 교환하는 행위 |
|---|---|
| 드래프트 | 팀 간 전력을 평준화시키기 위해 전년도 성적의 역순대로 돌아가면서 선수를 선발하는 제도 |

■ 스포츠의 교육적 기능

| 순기능 | • 전인 교육 : 학업활동 격려, 사회화 촉진, 정서 순환<br>• 사회 통합 : 학교 내 통합, 학교와 지역사회 통합<br>• 사회 선도 : 여권 신장, 장애인의 적응력 배양, 평생 체육의 장려 |
|---|---|
| 역기능 | • 교육 목표의 결핍 : 승리지상주의, 참여 기회 제한, 성차별<br>• 편협한 인간 육성 : 독재적 지도, 비인간적 훈련<br>• 부정행위의 조장 : 스포츠 상업화, 위선과 착취, 일탈 조장 |

■ 학원스포츠의 문화적 특성

| 승리지상주의 문화 | 스포츠에 참가함으로써 얻는 다양한 가치가 경시되고 오직 승리만이 강조되는 것 |
|---|---|
| 군사주의 문화 | 엄격한 규율에 따라 생활함으로써 개인의 자율성이 제한되고 결국 타율적으로 살게 되는 것 |
| 섬 문화 | 집단 외부와 격리되어 배타적이고 폐쇄적인 관계망을 형성, 집단 문화와 복종 문화 등 집단 외부와 구분되는 문화적 특성을 지니는 것 |
| 신체소외 문화 | 선수 개인이 승리 추구 수단이나 이윤 추구의 수단으로 전락해 버리는 것 |

■ 매체 스포츠의 유형

| 핫 매체 스포츠 | • 정적 스포츠, 개인 스포츠<br>• 기록 스포츠, 공격 · 수비가 구분된 스포츠<br>예 수영, 야구, 태권도, 역도, 요트, 스키, 육상, 테니스, 체조, 빙상, 사격 등 |
|---|---|
| 쿨 매체 스포츠 | • 동적 스포츠, 팀 스포츠<br>• 득점 스포츠, 공격 · 수비의 구분이 어려운 스포츠<br>예 경마, 농구, 배구, 축구, 핸드볼, 럭비, 미식축구, 아이스하키 등 |

■ 대중매체 이론

| 개인차 이론 | 소비자가 개인의 독특한 심리적 욕구의 만족을 위해 미디어를 이용한다고 가정 |
|---|---|
| 사회범주 이론 | 스포츠의 소비 형태가 성별 · 연령 · 사회 계층 · 교육 수준 등의 특정 범주에 따라 차이가 있다는 사실에 근거함 |
| 사회관계 이론 | 비공식적 사회관계가 개인이 미디어의 메시지에 반응하는 태도를 수정하도록 하는 중요한 역할을 담당한다고 봄 |
| 문화규범 이론 | 미디어가 현존하는 사상이나 가치를 선택적으로 제시하고 강조하며, 소비자는 이러한 규범에 따라 자신의 생각이나 행동을 취한다고 주장 |

## ■ 스포츠미디어의 이데올로기

| | |
|---|---|
| 자본주의 | 미디어가 물질만능주의와 소비주의 전달의 기능 |
| 젠더 | 스포츠를 통한 여성에 대한 고정관념 강화 |
| 영웅 | 소수의 스타들을 부각시켜 엘리트주의 문화 조장 |
| 국가주의 | 국제 스포츠 이벤트에서의 승리를 이용하여 자국의 정치·경제적 우월성 등을 강조하도록 보도 |
| 민족주의 | 스포츠를 통해 민족의 우수성을 강조하고 홍보하는 방향으로 보도 |
| 개인주의 | 팀 스포츠임에도 불구하고 팀 전체가 아닌 특정 선수만을 중점적으로 보도 |

## ■ 스포츠와 미디어의 상호관계

| | |
|---|---|
| 스포츠가 미디어에 미치는 영향 | 미디어의 보급 및 확산에 기여, 미디어 기술의 발달에 기여, 미디어 콘텐츠 제공, 미디어의 이윤 증대에 기여 |
| 미디어가 스포츠에 미치는 영향 | 스포츠 인구 증가에 기여, 경기 환경(규칙, 일정, 용구)의 변화에 영향, 스포츠 기술의 향상에 기여, 스포츠의 상업화, 새로운 스포츠 종목 창출에 기여 |

## ■ 스포츠 저널리즘과 관련된 용어

| | |
|---|---|
| 옐로 저널리즘<br>(Yellow journalism) | • 독자를 끌어들이기 위해 선정적이고 비도덕적인 기사들을 과도하게 취재·보도하는 경향<br>• 특정 선수 혹은 감독의 사생활을 의도적으로 파헤치거나 관계자를 웃음거리로 만드는 등의 기사를 보도하는 관행 |
| 팩 저널리즘<br>(Pack journalism) | 취재 방법이나 시각 등이 독창성이 없고 획일적이어서 개성이 없는 보도 |
| 이에나 저널리즘<br>(Hyena journalism) | 권력이나 정치적인 영향력이 있는 사람에게는 무관심하고 힘 없는 사람, 영향력을 잃은 사람만을 집중적으로 매도하는 보도 |
| 뉴 저널리즘<br>(New journalism) | 기존 저널리즘이 취해 왔던 속보성, 객관성의 관념을 거부하고 소설 작가의 기법을 적용하여 사건과 상황에 대한 표현을 독자에게 실감나게 전달하는 보도 |

## ■ 사회계층 이론과 형성과정

| | |
|---|---|
| 지위의 분화 | 효과적인 기능 수행을 위해 각 영역에서 역할을 부여받는 행위 |
| 지위의 서열화 | • 개인의 특성과 능력에 따라 서열을 형성하는 행위<br>• 역할의 분화에 의한 지위의 상호비교가 가능 |
| 평가 | 가치나 유용성 정도에 따라 상이한 각 위치에 지위를 적절하게 배열하는 것 |
| 보수 부여 | 분화 및 서열화되고 평가가 완료된 지위에 대한 보수의 배분 행위 |

## ■ 스포츠사회화 이론

| | |
|---|---|
| 사회학습이론 | 사회화를 위한 학습방법을 강화, 코칭, 관찰학습의 3가지로 구분 |
| 역할이론 | 개인은 사회적 구조 내에서 사회적 지위에 따라 그 지위에 기대되는 행위를 하고자 하며, 이 과정에서 사회화가 이루어짐 |
| 준거집단이론 | • 규범집단 : 규범을 설정하고 가치관을 형성시켜 개인에게 행동의 지침을 제공하는 집단<br>• 비교집단 : 특정 역할 수행의 기능적인 의미를 제시해주는 집단(역할 모형)<br>• 청중집단 : 특정 개인의 특별한 주목을 받지는 않으나 그들의 가치와 태도에 부합하도록 행동하려는 집단(친구) |

## ■ 스포츠 참가의 형태

| | |
|---|---|
| 일상적 참가 | 스포츠 활동에 정기적으로 참가하고 개인의 생활과 스포츠 활동이 조화로운 상태 |
| 주기적 참가 | 일정 간격을 유지한 채 스포츠에 지속적으로 참가하는 상태 |
| 일탈적 참가 | • 일차적 일탈 : 자신의 직업을 등한시하거나 포기하고 스포츠 활동에 모든 시간을 소비하는 스포츠 중독 상태<br>• 이차적 일탈 : 경기 결과에 내기를 걸고 스포츠 관람을 탐닉하는 상태 |
| 참가 중단<br>(포기 · 비참가) | 스포츠 역할에 전혀 참가하지 않았거나 과거 스포츠 활동에 참여했었으나 기회의 제한, 관심의 부족, 스포츠로 인한 불쾌한 경험 등으로 인해 현재는 참가하지 않고 있는 상태 |

## ■ 스포츠와 사회화

| | |
|---|---|
| 스포츠 재사회화 | 스포츠 활동에 다시 참가하여 스포츠로의 사회화가 다시 시작하는 것<br>예 테니스 지도자가 되어 초등학교에서 테니스를 가르치게 되었다. |
| 스포츠로의 사회화 | 스포츠에 참가하는 활동 그 자체를 의미하며, 이러한 경험으로 영향을 받아 스포츠에 대한 개입 수준을 증가 · 감소시키는 것<br>예 부모님의 권유로 테니스를 배우게 되었다. |
| 스포츠를 통한<br>사회화 | 스포츠 참가와 활동을 통하여 가치나 역할, 태도를 학습해 가는 과정<br>예 테니스 참여를 통해 사회성, 준법정신이 강한 선수가 되었다. |
| 스포츠 탈사회화 | 지속적으로 스포츠 활동을 하던 사람이 중간에 포기하거나 아예 그만둠으로써 지속적인 스포츠 참여에서 이탈하는 일<br>예 무릎인대 손상으로 테니스 선수생활을 그만두었다. |

## ■ 스포츠 일탈 이론

| 구조기능이론 | 일탈이 규범을 재확인함으로써 현존하는 사회 질서 유지에 기여 |
|---|---|
| 갈등이론 | 사회의 불평등하고 모순적인 시스템이 갈등의 원인이라고 봄 |
| 차별교제이론 | 일탈을 개인의 심리적 차이가 아닌 일탈적 행동을 장려하는 환경적 요인을 통해 학습되는 것으로 봄 |
| 낙인이론 | 사회 구성원들에게 일탈자로 낙인되었기 때문에 일탈 행동을 한다는 이론 |
| 아노미이론 | • 동조 : 합법적 수단으로 문화적 목표를 달성<br>• 혁신 : 금지된 수단으로 문화적 목표를 달성<br>• 의례 : 합법적 수단으로 살아가는 유형<br>• 도피 : 문화적 목표와 제도적 수단 모두 포기하는 유형<br>• 반항 : 새로운 목표·수단을 추구하는 유형 |
| 사회통제이론 | 일탈을 저지르지 않는 이유를 행동과 욕구가 내적·외적 요소에 따라 통제되기 때문이라고 봄 |
| 문화전달이론 | 특정 지역의 지속적인 일탈행위를 설명하려는 이론 |

## ■ 관중폭력 발생 이론

| 전염이론 | 팀에 대한 관중의 동일시 정도에 따라 선수들의 폭력 행동이 관중들의 폭력 행위로 이어지기도 함 |
|---|---|
| 수렴이론 | 개인이 평소 지니고 있던 잠재적 본성을 군중 속의 익명성을 바탕으로 표출한다는 이론 |
| 사회문화적 맥락의 이해 | 인종 문제, 역사적 영토 문제, 사회적 불평등 문제 등 다양한 사회 문화적 문제가 공론화된 장소에서 벌어지는 스포츠 경기는 단순한 경기 이상의 의미를 지님 |
| 관중의 환경과 관중들의 역학관계 | 관중의 성, 연령, 사회계층, 경기에 부여하는 중요도, 팀과의 역사적 관계, 관중통제 조건, 음주 여부 등의 다양한 요소들이 복합적으로 작용하여 관중들의 폭력 행위에 영향을 미침 |

## ■ 스포츠 세계화의 동인

| 제국주의 | 스포츠는 제국주의 시대 서구 열강에 의해 전 세계로 전파 |
|---|---|
| 민족주의 | 스포츠는 민족이란 정체성을 명확히 확인시키고 민족이란 경계에 속한 사람들을 하나로 결속시켜 '민족 형성'에 결정적 영향을 미침 |
| 종교 | 건강하고 강인한 남성성과 기독교 행동주의가 결합되어 스포츠가 내포하는 협동, 희생, 건강, 페어플레이 등의 가치를 강조 |
| 기술의 진보 | 교통, 통신, 미디어 등의 고도로 발전된 테크놀로지는 스포츠의 세계화에 결정적 영향 |

# 02 스포츠교육학

**핵심 키워드** 국민체육진흥법, 학교체육진흥법, 학교스포츠클럽 대회 운영 방식, 포괄형, 이해 중심 게임 모형, 체계적 관찰 방법, 게임 수행 평가 도구, 전문체육 전문인의 핵심 역량 개발

## ■ 학교체육진흥법

| | | |
|---|---|---|
| 목적 | | 학생의 체육활동 강화 및 학교운동부 육성 등 학교체육 활성화에 필요한 사항을 정함으로써 학생들이 건강하고 균형 잡힌 신체와 정신을 가질 수 있도록 하는 데 기여함 |
| 정의 | 학교체육 | 학교에서 학생을 대상으로 이루어지는 체육활동 |
| | 학교운동부 | 학생선수로 구성된 학교 내 운동부 |
| | 학생선수 | 학교운동부에 소속되어 운동하는 학생이나 체육단체에 등록되어 선수로 활동하는 학생 |
| | 학교스포츠클럽 | 체육활동에 취미를 가진 같은 학교의 학생으로 구성되어 학교가 운영하는 스포츠클럽 |
| | 학교운동부지도자 | 학교에 소속되어 학교운동부를 지도·감독하는 사람 |
| | 스포츠강사 | 초등학교에서 정규 체육수업 보조 및 학교스포츠클럽을 지도하는 체육전문강사 |

## ■ 국민체육진흥법

| | | |
|---|---|---|
| 정의 | 전문체육 | 선수들이 행하는 운동경기 활동 |
| | 생활체육 | 건강과 체력 증진을 위해 행하는 자발적이고 일상적인 체육 활동 |
| | 체육지도자 | 학교·직장·지역사회 또는 체육단체 등에서 체육을 지도할 수 있도록 이 법에 따라 다음 스포츠지도사, 건강운동관리사, 장애인스포츠지도사, 유소년스포츠지도사, 노인스포츠지도사 중 어느 하나에 해당하는 자격을 취득한 사람 |
| 체육진흥을 위한 조치 | 지방 체육의 진흥 | • 지방자치단체는 그 행정구역 단위로 연 1회 이상 체육대회를 직접 개최하거나 체육단체로 하여금 이를 개최하도록 지원해야 함<br>• 지방자치단체는 직장인 체육대회를 연 1회 이상 개최해야 함 |
| | 학교 체육의 진흥 | 학생의 체력 증진과 체육 활동 육성에 필요한 조치를 마련해야 함 |

| 체육진흥을 위한 조치 | 직장 체육의 진흥 | • 대통령령으로 정하는 직장에는 직장인의 체력 증진과 체육 활동 지도·육성을 위해 체육지도자를 두어야 함<br>• 공공기관 중 대통령령으로 정하는 기관과 직장에는 한 종목 이상의 운동경기부를 설치·운영하고 체육지도자를 두어야 함 |
|---|---|---|

■ **스포츠기본법**

| | | |
|---|---|---|
| 정의 | 스포츠 | 건강한 신체를 기르고 건전한 정신을 함양하며 질 높은 삶을 위하여 자발적으로 행하는 신체활동을 기반으로 하는 사회문화적 행태를 말하며, 국민체육진흥법 제2조제1호에 따른 체육을 포함 |
| | 전문스포츠 | 국민체육진흥법 제2조제4호에 따른 선수(이하 "선수"라 한다)가 행하는 스포츠 활동 |
| | 생활스포츠 | 건강과 체력 증진을 위하여 행하는 자발적이고 일상적인 스포츠 활동 |
| | 장애인스포츠 | 장애인이 참여하는 스포츠 활동(생활스포츠와 전문스포츠를 포함한다) |
| | 학교스포츠 | 학교(유아교육법 제2조제2호에 따른 유치원, 초·중등교육법 제2조 및 고등교육법 제2조에 따른 학교를 말한다. 이하 같다)에서 이루어지는 스포츠 활동(학교과정 외의 스포츠 활동과 국민체육진흥법 제2조제8호에 따른 운동경기부의 스포츠 활동 |
| | 스포츠산업 | 스포츠와 관련된 재화와 서비스를 통하여 부가가치를 창출하는 산업 |
| | 스포츠클럽 | 회원의 정기적인 체육활동을 위하여 스포츠클럽법 제6조에 따라 등록을 하고 지역사회의 체육활동 진흥을 위하여 운영되는 법인 또는 단체 |

■ **체육지도사 배치기준(체육시설법 시행규칙)**

| 체육시설업의 종류 | 규모 | 배치인원 |
|---|---|---|
| 골프장업 | • 골프코스 18홀 이상 36홀 이하<br>• 골프코스 36홀 초과 | 1명 이상<br>2명 이상 |
| 스키장업 | • 슬로프 10면 이하<br>• 슬로프 10면 초과 | 1명 이상<br>2명 이상 |
| 요트장업 | • 요트 20척 이하<br>• 요트 20척 초과 | 1명 이상<br>2명 이상 |
| 조정장업 | • 조정 20척 이하<br>• 조정 20척 초과 | 1명 이상<br>2명 이상 |
| 카누장업 | • 카누 20척 이하<br>• 카누 20척 초과 | 1명 이상<br>2명 이상 |
| 빙상장업 | • 빙판면적 1,500제곱미터 이상 3,000제곱미터 이하<br>• 빙판면적 3,000제곱미터 초과 | 1명 이상<br>2명 이상 |
| 승마장업 | • 말 20마리 이하<br>• 말 20마리 초과 | 1명 이상<br>2명 이상 |

| 체육시설업의 종류 | 규모 | 배치인원 |
|---|---|---|
| 수영장업 | • 수영조 바닥면적이 400제곱미터 이하인 실내 수영장<br>• 수영조 바닥면적이 400제곱미터를 초과하는 실내 수영장 | 1명 이상<br>2명 이상 |
| 체육도장업 | • 운동전용면적 300제곱미터 이하<br>• 운동전용면적 300제곱미터 초과 | 1명 이상<br>2명 이상 |
| 골프연습장업 | • 20타석 이상 50타석 이하<br>• 50타석 초과 | 1명 이상<br>2명 이상 |
| 체력단련장업 | • 운동전용면적 300제곱미터 이하<br>• 운동전용면적 300제곱미터 초과 | 1명 이상<br>2명 이상 |

■ **스포츠지도를 위한 교육모형**

### 1. 직접교수모형

| | |
|---|---|
| 모형의 주제 | 교사가 수업의 리더 역할을 수행 |
| 개요 | • 지도자 중심의 의사 결정, 지도자 주도적 참여 형태<br>• 학습자는 지도자의 관리하에 가능한 많은 연습<br>• 지도자는 학습자의 연습을 관찰, 높은 비율의 긍정적·교정적 피드백을 제공 |
| 지도계획 시 주안점 | • 시간에 구애받지 않고 수업 내용을 계획, 유연하게 수업 조정 가능<br>• 학습자에게 다양한 방법으로 과제를 제시, 가능하면 교수 매체를 이용<br>• 수시로 학습자 중심 평가 실시, 학습자 스스로 가능한 학습 과제를 정하도록 할 것 |
| 학습평가 | 공식적·비공식적 평가를 통해 학습자를 수시로 평가 |
| 학습영역의 우선순위 | 심동적 > 인지적 > 정의적 |

※ 심동적=신체능력, 인지적=지식, 정의적=가치

### 2. 개별화지도모형

| | |
|---|---|
| 모형의 주제 | 수업 진도는 학습자가 결정, 가능한 빨리, 필요한 만큼 천천히 |
| 개요 | • 학습자들이 미리 계획된 과제의 계열성에 따라 자신에게 맞는 속도로 학습<br>• 학습자에게 제공되는 학습 자료에는 수업 운영 정보, 과제 제시, 과제 구조, 수행 기준, 오류 분석 등이 포함 |
| 지도계획 시 주안점 | • 사전에 전체 학습 내용을 계획하고 범위를 설정할 것<br>• 미디어 등 다양한 방법을 통해 과제 제시<br>• 학습자의 대기 시간을 없애거나 최소화 |
| 학습평가 | 학습자가 정해진 수행 기준에 따라 과제를 완수하는 것 자체가 평가 |
| 학습영역의 우선순위 | 심동적 > 인지적 > 정의적 |

## 3. 협동학습모형

| 모형의 주제 | 서로를 위해 서로 함께 배우기 |
|---|---|
| 개요 | • 귀인이론에 기초한 교수 전략<br>• 지도자에 의한 과제 제시 없음<br>• 학습자 중심으로 학습 진도가 제시, 과제가 주어진 후에는 각 팀에서 과제가 전개 |
| 지도계획 시 주안점 | • 운동기능, 수준, 지적 능력, 인종, 성별, 창의성, 리더십 등을 고려하여 가능한 다양한 특성을 갖도록 팀을 구성<br>• 높은 수준의 학습 목표를 설정하게 하고 이를 이루기 위해 전략을 선택하게 할 것<br>• 평가 전략은 학습자 및 팀의 협동을 모니터링할 수 있는 방법을 포함 |
| 학습평가 | • 심동적 학습에 중점을 둔 과제 : 기능 검사, 필기 검사 등의 전통적 방법<br>• 인지적 학습에 중점을 둔 과제 : 실제 평가 및 대안 평가(내용 및 평가 도구를 직접 제작) |
| 학습영역의 우선순위 | • 심동적 학습에 중점을 둔 과제 : 정의적 > 심동적 > 인지적<br>• 인지적 학습에 중점을 둔 과제 : 정의적 > 인지적 > 심동적 |

## 4. 스포츠교육모형

| 모형의 주제 | 유능하고 박식하며 열정적인 스포츠인으로 성장하기 |
|---|---|
| 개요 | • 학습자에게 실제적이고 교육적으로 풍부한 스포츠 경험 제공<br>• 실제 스포츠에 참여함으로써 스포츠가 가지고 있는 다양한 가치 달성<br>• 스포츠교육 모형의 6가지 요소 : 시즌, 팀 소속, 공식 경기, 결승전 행사, 기록 보존, 축제화 |
| 지도계획 시 주안점 | • 학습자가 감당할 수 있는 정도의 의사결정권과 책임 부여<br>• 학습자 스스로 다양한 역할을 선택·수행할 수 있도록 하여 동기 유발 강화<br>• 팀 선정 시 학습자의 여러 가지 개인적 특성을 고려하여 균등한 배치 |
| 학습평가 | • 선수로서 갖춰야 할 기능, 지식, 전술 등에 대한 평가<br>• 비선수로서 맡은 임무에 대한 올바른 지식과 임수 수행에 대한 평가 |
| 학습영역의 우선순위 | 선수 : 심동적 > 인지적 > 정의적<br>심판·기록자 등 : 인지적 > 정의적 > 심동적 |

## 5. 동료교수모형

| 모형의 주제 | 나는 너를, 너는 나를 지도한다. |
|---|---|
| 개요 | • 학습자가 서로 도와 가며 배우는 상호작용적인 학습<br>• 각 학습자는 조를 구성, 학습자와 개인교사의 역할을 담당<br>• 지도자는 개인교사에게 과제와 과제 구조 정보를 제시, 개인교사는 학습자에게 이를 전달하고 관찰 및 피드백을 제공 |

| 지도계획 시 주안점 | • 개인교사와 학습자를 함께 평가<br>• 개인교사에 대한 지도자의 기대를 분명하게 제시 |
|---|---|
| 학습평가 | 개인교사에게 평가 목적으로 적합한 관찰 체크리스트 제공 |
| 학습영역의 우선순위 | • 학습자 : 심동적 > 인지적 > 정의적 · 사회적<br>• 개인교사 : 인지적 > 정의적 · 사회적 > 심동적 |

## 6. 탐구수업모형

| 모형의 주제 | 문제 해결자로서의 학습자 |
|---|---|
| 개요 | • 지도자는 일련의 질문을 이용, 학습자의 사고를 자극하고 다양한 신체활동으로 교사의 질문에 대한 답을 유도<br>• 움직임 교육, 교육적 게임, 기술 주제 등을 통해 학습자의 지적 능력 개발 |
| 지도계획 시 주안점 | • 내용의 전개는 학생이 높은 수준의 신체적 · 인지적 수행 능력을 보일 때 행함<br>• 지도자는 가능한 많은 질문을 하되 답은 제공하지 않고 학습자가 스스로 찾도록 유도 |
| 학습평가 | • 지도자의 질문에 답하는 학습자를 관찰, 이에 근거한 비공식적 평가<br>• 퀴즈, 기능검사, 활용검사 등 공식적 · 전통적 평가 |
| 학습영역의 우선순위 | 인지적 > 심동적 > 정의적 |

## 7. 전술게임모형(이해중심 게임수업모형)

| 모형의 주제 | 이해중심의 게임 지도 |
|---|---|
| 개요 | • 게임을 통해 게임 수행에 필요한 전술적 지식 및 게임 지능을 습득<br>• 모의 활동은 반드시 정식 게임을 대표하여야 하며 전술 기능 개발에 초점을 맞출 수 있도록 과장된 상황을 제공<br>• 게임의 분류 : 영역침범형, 네트형(벽면형), 필드형, 표적형 |
| 수업활동 | • 스크리미지 : 게임을 진행하는 도중 티칭 모멘트가 발생하면 게임을 멈추고 전략과 전술을 지도하는 수업<br>• 리드-업 게임 : 각종 구기의 원형을 쉽게 배울 수 있게 개량하여 구기 운동에 흥미를 불러일으키고 팀워크와 체력 단련을 기하고자 하는 게임<br>• 변형게임 : 학습자의 발달 단계에 따라 더 나은 경쟁과 전략의 활용 기회를 위해 다양한 방법으로 게임을 변형 |
| 지도계획 시 주안점 | • 교육의 내용은 게임이 아닌 전술적 문제에 근거<br>• 게임 형식은 가능한 단순하면서도 실제 게임과 유사하도록 설정 |
| 학습평가 | • 전술적 결정을 내리고 수행하는 학습자의 능력에 초점을 맞출 것<br>• 게임 진행을 관찰함으로써 이루어지는 실제적 평가 |
| 학습영역의 우선순위 | 인지적 > 심동적 > 정의적 |

## 8. 개인적·사회적 책임감모형

| 모형의 주제 | 통합 전이, 권한의 위임, 교사-학생의 관계 |
|---|---|
| 개요 | • 학생 자신과 타인에 대한 책임을 어떻게 져야 하는지 그 방법을 연습하고 배우는 기회 제공<br>• 책임감과 신체활동은 별개의 학습 성과가 아닌 동시에 추구·성취되어야 하는 요소 |
| 지도계획 시 주안점 | 언제나 학습자 개인의 현행 수준을 파악하고 가장 많이 일어나는 수준에 맞춰 수업활동을 계획 |
| 학습평가 | 적절한 의사소통과 행동을 통해 책임감 수준의 향상도를 보여야 함 |

## 9. 하나로수업모형

| 기본개념 | 학교 내에서 배운 것들이 학교 밖 일상생활에서도 실제적으로 활용되며 그 반대도 그대로 적용 |
|---|---|
| 수업목표 | • 스포츠를 게임과 문화로 구분하여 이해<br>• 게임으로서의 스포츠는 '할 수 있게', 문화로서의 스포츠는 '알 수 있게' 되는 것 |
| 수업내용 | 해당 스포츠의 정신, 안목, 전통을 이해·체득하도록 수업 진행 |
| 수업방법 | • 직접교수활동 : 내용의 기법적 차원을 가르치기 위한 교사의 수업 행동<br>• 간접교수활동 : 교사의 직접교수활동 과정에서 간접적으로 전이되는 요소들 |
| 수업평가 | • 접합식 평가 : 각 과제들의 수행 정도를 합산하여 총합 계산, 평가<br>• 통합식 평가 : 하나의 틀 속에서 학생의 체험 정도를 모두 찾아내 평가 |

### ■ 체육수업 지도원리

| 개별성의 원리 | 개인차를 고려한 다양한 수준별 지도 |
|---|---|
| 효율성의 원리 | 적절한 교수 학습 환경을 구성하여 효율적인 학습 목표 성취 |
| 적합성의 원리 | 지도자의 창의적인 지도활동의 선정과 활용 |
| 통합성의 원리 | 교수·학습 내용의 다양화와 신체활동의 총체적 체험 |

### ■ 모스턴 교수 피드백 분류

| 가치 피드백 | 긍정이나 부정 표현 피드백으로 상황에 따라 구체적, 비구체적으로 세분화 |
|---|---|
| 교정 피드백 | 동작 수정에 대한 피드백으로 과다한 사용은 학생에게 부정적인 영향을 미칠 수 있음 |
| 중립(사실) 피드백 | 행동 모니터를 위한 피드백, 정의적 영역과 관련된 피드백으로 토의, 논쟁 상황에 사용 |
| 불분명 피드백 | 해석의 오류를 일으킬 수 있는 피드백으로 학습자에게 불분명한 단서 제공 |

## ■ 모스턴 교수 스타일 특성

| 모사(A~E) | 발견과 창조(F~K) |
|---|---|
| • 주로 교사가 의사결정권을 가지고 있으며 학생의 모방, 모사가 일어남<br>• 기본적 기능의 습득, 전통과 문화 유지, 암기, 지식의 재생산 | • 주로 학습자가 의사결정권을 가지고 있으며, 학생의 발견과 창조가 일어남<br>• 합리적 사고를 통한 문제해결능력 함양, 개념의 발견과 창조, 창의성 |

| 유형 | 설명 | 유형 | 설명 |
|---|---|---|---|
| 지시형(A) | 지도자가 모든 사항을 결정, 학습자는 지시대로 따르는 것 | 유도발견형(F) | 새로운 주제를 소개할 때 유용한 스타일로 학습자의 흥미와 궁금증을 유발 |
| 연습형(B) | 피드백이 주어진 기억·모방 과제를 학습자가 개별적으로 연습하는 것 | 수렴발견형(G) | 미리 정해져 있는 정확한 반응을 수렴적 과정을 통해 발견하는 것 |
| 상호학습형(C) | 학습자 두 명이 짝을 지어 과제를 수행하고 지도자는 교과내용을 결정, 관찰자에게 피드백 제공 | 확산발견형(H) | 구체적인 인지 작용을 통해 특정 문제 혹은 상황에 대한 확산적인 반응을 발견하는 것 |
| | | 자기설계형(I) | 특정 문제·쟁점의 해결을 위한 학습 구조의 발견에 대한 독립성 확립이 특징 |
| 자기점검형(D) | 학습자는 과제를 독립적으로 수행하고 평가 기준에 따라 자신의 과제 수행을 점검 | 자기주도형(J) | 학습자가 주도적으로 학습을 설계, 이에 대한 책임과 경험 역시 학습자가 주도함 |
| 포괄형(E) | 학습자는 필요에 따라 과제 수준을 수정하고 평가 기준에 맞춰 자신의 수행 점검 | 자기학습형(K) | 학습에 대한 학습자의 개인적인 열망 및 개별적인 학습 집착력에 한정하는 것 |

## ■ 평가

| | |
|---|---|
| 유형 | • 수행평가 : 실제 스포츠활동 상황에서 참여자가 아는 것과 할 수 있는 것을 평가하는 방법<br>• 진단평가 : 교육 프로그램 실시 이전에 학습자의 수준 및 상태를 파악하기 위한 평가<br>• 형성평가 : 교육 프로그램 운영 중 이뤄지는 과정 중심의 평가<br>• 총괄평가 : 주어진 학습과정을 끝마친 후 학습목표의 달성도를 측정하기 위한 평가 |
| 목적 | • 학습자의 운동수행 참여 및 향상 동기 촉진<br>• 학습자의 학습상태와 학습지도에 관한 정보 제공<br>• 학습지도 및 관리운영의 효율성을 위한 집단 편성<br>• 교사의 교육방법 또는 교육과정의 적절성 확인<br>• 교육 목표에 따른 학습 진행 상태 점검 및 지도활동 조정 |

# 03 스포츠심리학

**핵심 키워드** 고원현상, 루틴, 추동이론, 체계적 둔감화, 본능이론, 심상, 동기, 사회적 태만, 질문지 측정법, 맥락간섭의 양, 무관심 단계의 운동 실천 전략, 모노아민 가설

## ■ 스포츠심리학의 연구 영역과 역할

| 구분 | 영역 | 역할 |
| --- | --- | --- |
| 응용스포츠심리학 | 성격, 동기, 지도력, 불안, 집단응집, 사회적 촉진, 심리기술훈련, 관중의 효과 등 | 스포츠 상황에서 인간 행동을 분석하고 예측하기 위해 심리학의 다양한 방법 및 원리를 제공 |
| 운동제어 | 정보처리이론, 운동제어이론, 운동의 법칙, 반사와 운동제어 등 | 효과적인 기술을 효율적으로 습득시킬 수 있는 방안 제시 |
| 운동학습 | 운동행동모형, 운동학습과정, 운동기억, 피드백, 전이, 연습의 법칙 등 | 스포츠 현장에서 나타나는 선수의 잘못된 행동, 동작의 수정 방안 제시 |
| 운동발달 | 유전과 경험, 발달의 원리, 운동기능발달, 학습 및 수행 적정연령, 노령화 | 선수의 성장과 발육을 돕는 훈련 프로그램 제시 |
| 건강운동심리학 | 운동참가동기, 운동심리적 효과, 운동 관련 이상심리 등 | 스포츠 활동에 지속적으로 참여하기 위한 방법과 운동을 통한 심리적 효과 등을 연구 |

## ■ 운동수행 관련 이론

| 힉-하이먼 법칙 | 반응 시간과 자극-반응 대안 간의 관계를 나타내는 법칙 |
| --- | --- |
| 피츠의 법칙 | 운동의 정확성을 많이 요구할수록 운동 수행 속도는 하락 |
| 반복수정모델 | 전체 움직임을 구성하는 하위 움직임은 전체 이동거리에 대해 항상 일정한 비율로 나타남을 가정 |
| 임펄스 가변성 이론 | • 임펄스 : 근육 수축을 통해 생성된 힘이 신체를 움직이는 데 사용된 양<br>• 힘 가변성과 시간 가변성이 임펄스 가변성 값을 결정<br>• 임펄스 가변성이 운동의 정확성을 좌우함(가변성이 클수록 정확성은 낮아짐) |

## ■ 운동제어체계 관련 이론

| 일반화된<br>운동 프로그램 이론 | 특정한 환경적 요구에 적응하기 위하여 움직임의 형태를 조절하는 데 관여하는 두 매개변수에 의해 운동 프로그램이 바뀌게 된다는 이론 |
|---|---|
| 도식이론 | 빠른 움직임은 개방회로이론으로, 느린 움직임은 폐쇄회로이론으로 설명하는 이론 |
| 다이나믹시스템이론 | 인간의 운동행동은 환경, 유기체, 과제에 의해 제한되며, 이러한 요소 간의 상호작용 속에서 운동을 생성한다는 이론 |
| 생태학적 이론 | 환경정보에 대한 지각과 운동 동작의 관계를 강조한 이론 |

## ■ 피드백

| 내재적 피드백<br>(감각적 피드백) | • 수행자의 감각에 의한 피드백<br>• 운동 수행 자체에 내재하여 자동적으로 발생하는 정보 |
|---|---|
| 외재적 피드백<br>(보강적 피드백) | • 수행자의 감각이 아닌 외부에서 주어지는 정보<br>• 타인 혹은 지도자에게 받는 정보로서 언어적 · 비언어적 방법을 통해 제공됨<br>• 영상자료 : 비디오, 컴퓨터 등 영상 매체를 활용해 주어지는 구체적 정보<br>• 바이오피드백 : 근육활동 수준, 관절 위치 등 생체의 신경 · 생리상태 등을 감지하고 수치화하여 제공되는 피드백<br>• 언어적 보강자료 : 수행과 관련하여 언어적으로 제공되는 정보 |

## ■ 운동기술 연습 유형

| 분류 기준 | 연습법 | 과제 제시 방법 |
|---|---|---|
| 연습과제의 분할 | 전습법 | 한 가지의 과제를 전체적으로 제시 |
| | 분습법 | 한 가지의 과제를 하위 단위로 나누어 제시 |
| 연습과제의<br>제시 순서 | 구획(분단)연습 | 과제를 순차적으로 제시<br>예 드리블 20분 연습 후 슛 동작 20분 연습 |
| | 무선연습 | 과제를 무작위로 제시<br>예 차례가 돌아올 때마다 무작위로 드리블 혹은 슛을 연습 |
| 연습시간의 배분 | 집중연습 | 연습시간을 휴식시간보다 상대적으로 길게 배분 |
| | 분산연습 | 연습시간을 휴식시간보다 상대적으로 짧게 배분 |

## ■ 분습법의 요소

| 분절화 | 전체 과제를 특정 시 · 공간적 영역으로 나누어 연습한 후 각 기술이 일정 수준에 도달하면 전체 기술로 결합하여 연습하는 방법 |
|---|---|
| 단순화 | 과제 수행 시 과제 요소를 줄여 기술 수행의 난도 및 복잡성을 낮추는 방법 |
| 부분화 | 과제에 포함되는 하위 요소를 하나 혹은 둘 이상으로 분리하여 각각 연습하는 방법 |

## ■ 운동발달의 기본 가정

- 인간의 전 생애에 걸쳐 일정한 순서로, 연속적으로 진행되는 과정
- 발달의 속도와 범위에는 개인차가 존재함
- 운동발달의 민감기 또는 결정적 시기가 존재함
- 환경적 맥락의 영향을 받음

## ■ 운동발달 단계(Gallahue)

| 단계 | 시기 | 특징 |
|---|---|---|
| 반사운동 단계 | 신생아기(출생~1세) | 불수의적인 움직임이 나타남 |
| 기초 단계 | 유아기(1~2세) | 반사운동단계가 사라지고 수의적인 움직임이 나타남 |
| 기본 움직임 단계 | 아동기(2~6세) | 기본적인 움직임의 능력이 나타남 |
| 스포츠 기술 단계 | 초등학생 | 동작의 협응력이 발달하여 각각의 움직임 동작을 하나의 동작으로 만듦 |
| 성장과 세련 단계 | 청소년기 | 운동발달이 가장 급격히 나타나는 단계 |
| 최고 수행 단계 | 성인 초기(20~30세) | 최상의 운동수행력 및 학습력을 나타냄 |
| 퇴보 단계 | 성인 후기(30세~) | 운동학습 습득 속도의 감소로 운동수행이 감소함 |

## ■ 성격측정 질문지법

| 다면적 인성검사 (MMPI) | 미네소타 대학에서 개발한 검사로 현재는 총 567개 문항 14개 척도로 구성된 MMPI-2를 활용 |
|---|---|
| MBTI 검사 | 감각, 직관, 사고, 감정의 4가지 기능유형을 외향성과 내향성의 2가지 태도유형으로 분류하여 총 16가지 성격 유형으로 구분하는 검사 |
| 16PF 검사 | 커텔(Cattell)의 성격 특성 이론에 근거하여 16가지 성격 요인을 측정할 수 있도록 개발된 검사 |
| 성격 5요인 검사 | 개방성, 성실성, 신경증, 외향성, 우호성 등의 다섯 가지 차원으로 구분된 질문을 통해 성격을 측정 |
| EPI 검사 | 내향성과 외향성, 안정성과 불안정성이라는 2가지 차원으로 성격을 측정하는 검사 |
| 한국판 성격차원 검사 | 신경증적 경향성, 정신병적 경향성 등 허위성을 측정하는 검사 |

## ■ 경쟁불안과 경기력 관계 이론

| | |
|---|---|
| 욕구이론 | 운동수행의 결과가 경쟁 과정이나 경기불안 원인으로부터 발생된 불안의 정도 또는 각성수준과 비례하여 증가한다는 이론 |
| 적정수준이론 | 불안이 증가할수록 수행은 그에 비례하여 증진되며 적정 수준의 각성 상태까지 운동수행이 극대화되다가 과각성 상태가 되면 수행은 저하된다는 이론 |
| 최적수행지역이론 | 선수 개인마다 불안 기준이 다르고 최적수행지역에 도달하기 위한 각성 수준도 개인마다 차이가 있다는 이론 |
| 다차원적 불안이론 | 불안을 인지적 불안(운동수행에 부정적)과 신체 불안(운동수행에 긍정적)으로 구분하여 설명하는 이론 |
| 전환이론 | 불안(각성) 수준의 해석 방법에 따라 유쾌와 불쾌의 정서가 결정된다는 이론 |
| 카타스트로피이론 | 생리적 각성과 인지적 불안의 상호작용에 따라 운동수행 수준이 결정된다고 보는 이론 |
| 심리에너지이론 | 불안을 긍정적으로 해석하면 운동수행에 긍정적인 영향을, 부정적으로 해석하면 부정적인 영향을 미친다고 보는 이론 |

## ■ 성취목표성향이론

| | |
|---|---|
| 과제목표성향 | • 비교의 준거가 자신에게 있음<br>• 타인과의 비교보다는 자신의 기술 향상에 더 많은 관심을 둠<br>• 자신의 노력에 귀인<br>• 새로운 과제에 대해 개방적이고 모험적인 태도와 높은 수준의 성취도를 보임 |
| 자기목표성향 | • 비교의 준거가 타인에게 있음<br>• 타인과 자신을 비교하고 타인에 대해 승리하는 데 관심을 둠<br>• 자신의 능력에 귀인<br>• 쉬운 과제를 주로 선택하고 새로운 것에 도전하려는 의지가 부족하며 낮은 수준의 성취도를 보임 |

## ■ 자기결정성이론

- 정의 : 개인의 행동이 스스로 동기부여되고 스스로 결정된다는 것에 초점을 둠
- 기본적 심리욕구

| | |
|---|---|
| 자율성 | 본인의 선택으로 자신의 행동이나 향후 계획을 결정할 수 있는 감정 |
| 유능성 | 자신의 수준에 맞는 과제를 수행함으로써 본인이 유능함을 지각하고자 하는 감정 |
| 관계성 | 타인과의 안정적 교제나 관계에서의 조화를 이루는 것에서 느끼는 안정성 |

- 동기의 유형

| 구분 | | | 내용 |
|---|---|---|---|
| 내적 동기 | | 지식 습득 | 무엇인가를 알고자 하는 동기 |
| | | 과제 성취 | 무엇인가를 성취하고자 하는 동기로서 유능성의 체험이 목표 |
| | | 자극 체험 | 몰입, 최상 수행 경험 등 좋은 기분을 추구하는 동기 |
| 외적 동기 | 통제적 | 외적 규제 | 외적 보상을 받거나 처벌을 피하기 위한, 타인의 강요에 의한 행동 |
| | | 내적(의무감) 규제 | 죄책감이나 불안과 같은 심리적 압력에 의한 행동 |
| | 자율적 | 확인 규제 | 개인적으로 설정한 목표 성취를 위한 행동 |
| | | 통합 규제 | 자기 정체성과 행동이 일치하여 갈등이 없는 상태 |
| 무동기 | | 능력 부족 | 과제, 행동 등을 수행할 능력이 없는 경우 |
| | | 전략 미흡 | 어떤 전략이 과제의 결과에 아무런 영향을 미치지 못하는 경우 |
| | | 노력 회피 | 과제의 수행이 과도하게 힘들어 노력하지 않는 경우 |
| | | 무기력 신념 | 과제의 성취가 너무 벅차 무기력에 빠지는 경우 |

■ 인지평가이론

- 정의 : 행동을 일으키거나 조절하는 외적 사건이 동기에 미치는 효과를 기술
- 도식

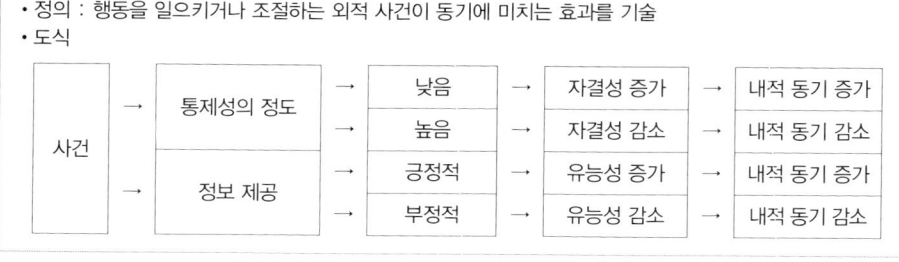

■ Weiner의 귀인 요소 분류

| 구분 | 귀인 요소 | | | |
|---|---|---|---|---|
| | 능력 | 노력 | 운 | 과제 난이도 |
| 내적 · 외적 | 내적 | 내적 | 외적 | 외적 |
| 안정적 · 불안정적 | 안정적 | 불안정적 | 불안정적 | 안정적 |
| 통제 가능 · 불가능 | 통제 불가능 | 통제 가능 | 통제 불가능 | 통제 불가능 |

## ■ 자기효능감 향상 요인

| 과거의 성공 경험 | 과거의 성공 경험이 많을수록 자기효능감이 향상 |
|---|---|
| 대리(간접) 경험 | 자신과 유사한 수준의 선수가 성공하는 것을 보면 자신도 해낼 수 있다는 생각을 갖게 됨 |
| 언어적(사회적) 설득 | 선수 주변의 가족, 감독, 코치, 동료, 선·후배 등이 선수에게 좋은 경기 수행을 해낼 수 있다는 말을 함으로써 자기효능감의 고취가 가능 |
| 생리·정서적 각성 | 선수의 신체적·정서적 상태가 향상되면 자기효능감이 향상 |

## ■ 심상의 이론

| 심리신경근이론 | 심상을 하는 동안 뇌와 근육에는 실제 동작을 할 때와 거의 동일한 자극이 발생 |
|---|---|
| 상징학습이론 | 심상을 통해 어떤 동작을 부호로 만들어 그 동작을 잘 이해하거나 자동화하도록 만듦 |
| 심리·생리적 정보처리이론 | 심상은 상상해야 할 상황 조건인 자극 전제와 행동 반응, 심리 반응, 생리 반응 등 심상의 결과로 일어나는 반응 전제로 구성됨 |

## ■ 주의와 주의집중

### 1. 정의

| 주의 | 개인이 관심을 기울이려는 대상을 선정하는 능력 |
|---|---|
| 주의집중 | 운동 수행에 필요한 정보만을 받아들이고 필요 없는 정보는 배제시키는 것 |

### 2. 주의의 유형

| 광의-외적 | 상황에 대한 재빠른 평가 |
|---|---|
| 광의-내적 | 많은 정보를 한 번에 분석하고 계획 |
| 협의-외적 | 하나 또는 두 개의 단서에 주의 집중 |
| 협의-내적 | 수행에 대한 정신적인 연습 및 정서 조절 |

## ■ 사회적 태만의 발생 요인

| 할당전략 | 혼자일 때 최대의 노력을 발휘하기 위해 집단 속에서는 에너지를 절약하는 전략 |
|---|---|
| 최소화전략 | 가능한 최소의 노력을 들여 일을 성취하려는 전략 |
| 무임승차전략 | 집단 상황에서 타인의 노력에 편승하여 그 혜택을 받기 위해 자신의 노력을 줄이는 전략 |
| 반무임승차전략 | 무임승차전략을 사용하는 구성원으로 인해 자신도 노력을 줄이는 전략 |

- **처벌**

| | |
|---|---|
| 정적 처벌 | 특정 반응이 일어날 확률을 줄이기 위해 원치 않는 자극을 제시 |
| 부적 처벌 | 특정 반응이 일어날 확률을 줄이기 위해 대상이 원하는 자극을 제거 |
| 와인버그와 굴드의 바람직한 처벌 행동 지침 | • 동일규칙위반-동일 처벌의 일관성<br>• 사람이 아닌 행동 처벌<br>• 처벌 규정 제정 시 선수의 의견 반영<br>• 신체활동을 처벌로 사용하지 않음<br>• 개인감정 처벌 안 됨<br>• 연습 상황의 실수는 처벌 안 됨<br>• 창피를 주지 않음<br>• 단호한 처벌 필요 |

- **운동의 심리·생리적 효과 이론**

| | |
|---|---|
| 열발생 가설 | 운동으로 인한 체온 상승으로 뇌에서 근육 이완 명령을 내려 편안함을 느낌 |
| 주의분리 가설 | 일상적 생활패턴과 분리되어 적절한 불안과 생리적 활성화가 나타난다는 가설 |
| 모노아민 가설 | 모노아민의 분비를 증가시켜 정서에 변화를 일으킨다고 보는 가설 |
| 뇌변화 가설 | 운동으로 인해 대뇌피질에 혈관의 밀도가 증가, 뇌구조 및 기능에 긍정적인 변화를 일으킨다는 가설 |
| 생리적 강인함 가설 | 스스로에게 스트레스를 규칙적으로 가하는 것이 반복되면서 스트레스에 견디고 대처하는 능력이 향상되어 정서적으로 안정된다는 가설 |
| 사회심리적 가설 | 운동을 하면 기분이 좋아질 것이라고 기대하기 때문에 위약효과(플라시보 효과)가 발생하여 심리적인 효과를 얻게 된다는 가설 |

# 04 한국체육사

**핵심 키워드**  사관(史觀), 구당서, 물적 사료, 부족국가 신체활동, 화랑도, 과거제도, 교육기관, 민속놀이, 활인심방, 국제스포츠대회, 남북체육교류, 체육단체, 체육 정책

## ■ 체육사 연구

### 1. 체육사

| 정의 | 고대에서부터 오늘날까지 체육의 변천 모습을 돌이켜보고, 각 시대의 체육관이나 그 방법 등에 관련된 시대적·사회적 배경 등을 사(史)적으로 연구하는 분야 |
|---|---|
| 의의 | 인간의 역사를 이해하고 나아가 삶의 풍요를 가져다주기 위함 |

### 2. 체육사 연구방법(사료)

| 물적 사료 | 유물 | 기구, 도구, 유골, 예술품, 생활용품 등 |
|---|---|---|
| | 유적 | 건물, 성곽, 거주지, 분묘 등 |
| 기록 사료 | 문헌 사료 | 고문헌, 고문서, 금석문 등 |
| | 구전 사료 | 민요, 전설, 시가, 회고담 등 |

## ■ 선사–삼국시대 제천행사

| 고구려–동맹 | 매년 10월에 전부족이 한 자리에 모여 국정을 의논하고 시조인 주몽신과 생모 하백녀의 제사를 지냄 |
|---|---|
| 부여–영고 | |
| 동예–무천 | 한 해 농사를 마무리하는 추수가 끝나면 하늘에 감사하는 행사 |
| 신라–가배 | |

## ■ 삼국시대

### 1. 삼국시대 체육

| 수렵(狩獵) | 사냥 활동으로 군사 활동 또는 여가 활동으로 함 |
|---|---|
| 격구(擊毬) | 말을 타고 숟가락처럼 생긴 막대기로 공을 쳐서 상대방의 문에 넣는 놀이로 무관 및 귀족 자제들의 치마(馳馬) 훈련의 일종 |

| 축국(蹴鞠) | 가죽주머니에 겨, 털, 공기를 넣어 만든 공을 발로 차던 공차기 놀이로 오늘날의 제기차기 또는 축구와 유사함 |
|---|---|
| 석전(石戰) | 한 부락 혹은 한 지방의 동편과 서편으로 나뉘어 서로에게 돌팔매질을 하여 어느 한 편이 달아나면 지는 놀이 |
| 방응(放鷹) | 사나운 매를 길들여 꿩이나 새를 사냥하는 일종의 수렵으로 고대사회에서 공통적으로 나타나는 생존활동이자 놀이 |
| 마상재(馬上才) | 달리는 말 위에서 여러 가지 동작을 보이는 경기로 군사훈련의 목적으로 실시 |
| 저포(樗蒲) | 윷가락 같이 만든 다섯 개의 나무를 던져 승부를 다투는 놀이 |
| 풍연(風鳶) | 연날리기 |
| 투호(投壺) | 일정한 거리에 항아리를 놓고 화살을 던져 넣는 오락 |
| 도판희(跳板戲) | 널뛰기의 다른 이름으로 여성들이 즐기던 축제 형식의 유희와 오락 |
| 사희(柶戲) | 정월 초하루에서 보름까지 윷이라는 놀이도구를 사용하여 남녀노소 누구나 어울려 즐기면서 노는 놀이로 척사(擲柶), 척사희(擲柶戲), 사희(柶戲) 등으로도 불림. 부여의 사출도(四出道)라는 관직명에서 유래되었으며 오늘날의 윷놀이와 유사 |

## 2. 화랑도

| 의의 | 인격의 도야와 신체의 단련을 아우르는 심신일여사상을 바탕으로 함 |
|---|---|
| 목적 | • 통일전쟁을 위한 건강한 신체의 인재양성<br>• 세속오계를 바탕으로 충성 보국하는 문무겸비의 인재 양성<br>※ 세속오계 : 사군이충, 사친이효, 교우이신, 임전무퇴, 살생유택 |

### ■ 고려시대

### 1. 고려시대 무예

| 수박(手搏) | 겨루기 형식의 투기 스포츠 |
|---|---|
| 궁술(弓術) | 활은 중요한 무기이자 교육활동의 한 분야로 여겨짐(고구려의 경당, 신라의 궁전법) |
| 마술(馬術) | 말을 타고 여러 가지 자세나 기예를 보여주는 것 |

### 2. 고려시대 체육

① 귀족사회

| 격구(擊毬) | • 페르시아의 폴로가 격구의 기원<br>• 귀족사회에서 격구가 성행하면서 종합문화 공간의 성격을 띔<br>• 군사 훈련 및 연무 수단으로, 동시에 귀족들의 오락 및 여가 활동 수단으로서 무예적 요소와 유희적 요소를 동시에 지님<br>• 특수 계층만 참여가 가능했던 점과 그 사치성이 격구의 폐단으로 꼽힘 |
|---|---|

| 방응(放鷹) | • 매를 놓아 사냥을 하는 것으로 고려시대에 매우 성행함<br>• 체계적 관리체제 : 충렬왕의 응방, 응방도감 등 설치<br>• 사냥과 연계되어 무예의 훈련, 체력 및 용맹성을 기르기 위한 수단 |
|---|---|
| 투호(投壺) | • 항아리에 화살을 던져 넣는 놀이로 삼국통일 이전부터 소개 · 계승<br>• 왕실과 귀족사회에서 성행함 |

② 서민사회

| 씨름 | 각저, 상박, 각력 등으로 불리며 지속적으로 전래된 놀이 |
|---|---|
| 추천(秋韆) | • 주로 단오에 행해진 그네타기 놀이로 여성들의 유희로서 성행<br>• 서민뿐 아니라 귀족도 즐겼던 민속놀이 |
| 풍연(風鳶) | 삼국시대부터 이어져 오던 연날리기로 군사적 목적을 가지고 있었음 |
| 석전(石戰) | 한 부락 혹은 한 지방의 동편과 서편으로 나뉘어 서로에게 돌팔매질을 하여 어느 한 편이 달아나면 지는 놀이 |
| 축국 | 오늘날의 제기차기 또는 축구와 흡사한 형태의 놀이 |
| 기타 신체 활동 | 주사위 던지기, 바둑, 죽마, 척초희(풀 던지기) 등 |

■ 조선시대

1. 조선시대 무예서적

| 무예제보 | 한교가 편찬한 우리나라에서 가장 오래된 무예서 |
|---|---|
| 무예신보 | 사도세자의 명으로 '무예제보'를 보완해 편찬된 무예서 |
| 무예도보통지 | 정조 때 만들어진 무예서로 무예제보(6기)와 무예신보(19기)를 합쳐 24가지 기예를 그림과 함께 편찬한 무예서 |

2. 조선시대 체육

① 귀족사회

| 편사 | 5인 이상이 팀을 이루어 활을 겨루는 단체전 |
|---|---|
| 격구 | 오늘날의 하키와 같은 형태의 스포츠로 귀족들 사이에서 행해진 스포츠 |
| 활인심방 | 명나라의 활인심을 이황이 필사하여 저술한 건강 지침서이자 의료서적으로 맨손체조법 등을 수록 |

② 서민사회

| 장치기 | 긴 막대기를 쳐서 상대편 문 안에 공을 넣는 경기 |
|---|---|
| 석전 | 돌이나 몽둥이를 들고 싸우는 집단적 민속놀이 |
| 씨름 | 삼국시대부터 지금까지 행하여지고 있는 대표적인 민속 스포츠 |
| 추천 | 그네뛰기를 말하며 단오절에 가장 많이 행해짐 |

### 3. 조선시대 교육제도

| 성균관 | 고려시대 국자감과 같은 기능을 수행하는 국립대학격의 유학교육기관 |
|---|---|
| 훈련원 | 무인의 양성을 위한 공식적 교육기관으로 무예의 연습과 병서의 강습을 담당 |
| 사정 | 활터에 세운 정자를 말하는 것으로 무사들이 평소 무과를 준비하고 훈련하는 교육기관 |
| 과거제도(무과) | • 초시, 복시, 전시<br>• 3년에 1회 보는 정시와 비정기 시험으로 구성<br>• 무예와 강서로 시험<br>• 병조와 훈련원에서 관할 |

## ■ 개화기

### 1. 개화기의 학교체육

| 동래무예학교 | 무예교육 |
|---|---|
| 원산학사 | 우리나라 최초의 근대 학교로 무예반을 두어 병서와 사격을 가르침 |
| 배재학당 | 과외활동으로 근대스포츠 실시 |
| 이화학당, 경신학교 | 정규교육과정에 체조 채택 |
| 교육입국조서 | • 고종이 새로운 교육 제도의 필요성을 인식하고 반포한 조서<br>• 교육의 기회가 전국민으로 확대됨 |
| 대성학교 | 체조와 운동회를 실시하고 국권회복운동의 일환으로 안창호가 설립함 |

### 2. 개화기 학교체육의 전개

| 근대 체육의 태동기<br>(1876~1884) | • 무예학교와 원산학사의 정규 교육과정에 무예 체육 포함<br>• 외세의 침입에 대응하기 위한 무사의 입학생 수 증대 |
|---|---|
| 근대 체육의 수용기<br>(1885~1904) | • 기독교계 사립학교와 관립학교의 정규 교과과정에 체조 과목이 편성<br>• 운동회 및 체육 동호회의 활동 활성화<br>• 배재학당, 이화학당, 경신학당 등 설립<br>• 관립 외국어학교 설립과 황성 기독교청년회 조직으로 서구 스포츠 유입<br>• 관립·공립학교에서도 근대적인 교육과 체육 실시 |
| 근대 체육의 정립기<br>(1905~1910) | • 기독교계 사립학교를 비롯, 일반학교체계에 학교체조, 병식체조, 유희 등이 필수교과로 지정<br>• 1905년 을사조약의 체결로 대한제국의 교육제도를 대대적으로 개편<br>• 체조가 정식 교과목으로 채택 |

## 3. 개화기의 체육단체의 결성

| | |
|---|---|
| 대한체육구락부 | 한국 최초의 근대적인 체육단체 |
| 황성기독교청년운동부 | 개화기에 가장 활발한 활동을 한 단체 |
| 대한국민체육회 | 병식체조의 창시자인 노백린이 세운 단체로 국민의 교육을 강조한 단체 |
| 대동체육구락부 | 사회진화론적 자강론을 입각하여 체육의 가치를 국가의 부강과 존폐의 근간으로 인식 |
| 무도기계체육부(1908) | 우리나라 최초의 기계체조 단체로 당시 무관 학교장이던 이희두와 학무국장 윤치오에 의하여 조직된 단체이며 군인 체육 기관의 효시 |
| 회동구락부(1908) | 탁지부 관리들이 친목 도모를 위해 조직하였으며 최초로 연식 정구를 도입 |
| 청강체육부(1910) | 최성희, 성희, 신완식 등이 조직한 단체로 정례적으로 축구 시합을 함 |

## 4. 근대 스포츠의 도입과 보급

| | |
|---|---|
| 야구 | YMCA 선교사인 질레트에 의해 황성기독교청년회 회원들에게 지도한 것이 시초 |
| 농구 | YMCA의 복음사업으로 보급, 질레트에 의해 소개됨 |
| 축구 | 구기 종목 중 최초로 도입된 서구 근대 스포츠 |
| 체조 | 1895년 한성사범학교의 교과목으로 정식 채택 |
| 수영 | 1898년 무관학교 칙령에 의해 체계적인 수영 실시 |
| 유도 | 무관학교의 무도기계체육부에 유술이라는 이름의 정규 교과목으로 도입 |

■ **일제강점기**

### 1. 일제강점기 학교체육의 전개

| | |
|---|---|
| 조선교육령 공포의 체육<br>(1911~1914) | 체육의 자주성 박탈과 우민화 교육, 민족주의 체육활동의 통제 |
| 체조교수요목 제정과 개정기의 체육<br>(1914~1927) | 병식체조를 교련으로 이관 분리하여 민족주의 체육이 말살, 학교체육이 필수가 됨 |
| 체육교수요목 개편기의 체육<br>(1927~1941) | 체조 중심에서 유희·스포츠 중심으로 변경, 학교경기는 사회체육으로 이어져 민족의식을 고취함 |
| 체육 통제기의 체육<br>(1941~1945) | 전시동원체제에 맞는 학제로 개편하여 체육이 군사화, 각종 체육 경기가 완전 통제됨 |

## 2. 일제강점기 체육 활동

| | |
|---|---|
| YMCA | • 1903년 '황성기독교청년회'라는 명칭으로 창설, 근대 서구 스포츠를 도입·보급함<br>• 강건한 기독교주의와 민족주의 사상을 바탕으로 함 |
| 조선체육회 | • 1920년 창설되어 일본의 조선체육협회에 대응<br>• 첫 사업으로 제1회 전조선야구대회 개최<br>• 조선의 스포츠에 대한 관심 제고와 근대 스포츠 도입에 큰 공헌 |
| 관서체육회 | • 1925년 평양 기독교 청년회관에서 결성<br>• 전조선빙상대회(1월)를 비롯한 대회를 개최<br>• 민족주의적 성격의 단체로 1934년 조선총독부가 발표한 '축구통제령'에 대한 반대 투쟁 실시 |
| 청년회 체육활동 | • 1920년대에는 전국적으로 조직된 수많은 청년단이 존재<br>• 반일 민족운동단체의 성격 |

## ■ 광복 이후의 체육

### 1. 정권기의 스포츠

| | |
|---|---|
| 이승만 정권 | • 최초로 제14회 런던 하계올림픽에 출전<br>• 조선체육회가 대한체육회로 변경<br>• 한국전쟁으로 제1회 아시안게임과 제31회 전국체육대회 무산 |
| 박정희 정권 | • 한국 스포츠 문화가 급속도로 발달하여 스포츠 혁명으로 불림<br>• '체력은 국력'이란 슬로건으로 국민재건조 개정<br>• 국민체육진흥법 공포<br>• 태릉선수촌 완공 및 대한체육회관 개관<br>• 학생들의 기초체력을 향상시키기 위해 체력장 제도 실시 |
| 전두환, 노태우 정권 | • 대중 스포츠 중심으로 전환<br>• 프로축구 및 야구 출범<br>• 국군체육부대의 창설<br>• '호돌이 계획'이라 불리는 국민생활체육진흥 3개년 종합계획을 추진하기 위해 국민생활체육협의회 창설 |

### 2. 국제스포츠대회 참가

① 하계올림픽경기대회

| | |
|---|---|
| 1948년 런던올림픽경기대회 | 태극기를 들고 'KOREA'라는 이름으로 첫 참가 |
| 1952년 헬싱키올림픽경기대회 | 한국전쟁 중 참가하여 올림픽에 대한 열정을 보임 |
| 1976년 몬트리올올림픽경기대회 | 첫 올림픽 금메달 획득(양정모-레슬링) |
| 1984년 로스엔젤레스올림픽경기대회 | 우리나라 여성 최초로 금메달 획득(서향순-양궁) |
| 1988년 서울올림픽경기대회 | 한국 첫 올림픽대회를 서울에서 개최, 종합 4위의 성적 거둠 |

| 1992년 바르셀로나올림픽경기대회 | 광복 후 최초로 마라톤에서 금메달 획득(황영조) |
|---|---|
| 2000년 시드니올림픽경기대회 | 남한과 북한의 선수가 최초로 동시에 입장, 태권도 정식종목 채택 |

② 동계올림픽경기대회

| 1948년 제5회 스위스 생모리츠 동계올림픽경기대회 | 태극기를 들고 'KOREA'라는 이름으로 동·하계 합쳐 첫 올림픽 경기 대회 참가 |
|---|---|
| 1992년 알베르빌 동계올림픽경기대회 | 동계 첫 금메달 획득(김기훈 – 쇼트트랙) |
| 2018년 평창 동계올림픽경기대회 | 한국 첫 동계올림픽 개최 |

③ 아시안게임

| 1954년 제2회 마닐라 아시아경기대회 | 제2회 아시아경기대회부터 참가 |
|---|---|
| 1986년 서울아시아경기대회 | 한국 첫 아시아경기대회 개최 |
| 2002년 부산아시아경기대회 | 북한 선수단과 응원단 참가 |
| 2014년 인천아시아경기대회 | 북한 고위급 인사 방문 |

## 3. 2002년 제17회 한국·일본 월드컵

- 국제스포츠 중 두 개의 나라에서 처음 공동개최한 대회(한국과 일본이 공동 개최)
- 아시아에서 열린 첫 월드컵
- 한국은 4강에 진출
- 붉은악마 등 한국의 길거리 응원은 국민 문화축제의 장

## 4. 주요 스포츠인

| 박봉식 | 1948년 런던올림픽경기대회에 출전한 첫 여성 원반 던지기 선수 |
|---|---|
| 박신자 | 1967년 세계여자농구선수권대회에 출전해 최우수 선수로 선정 |
| 조오련 | 제6회, 제7회 아시아경기대회에서 수영 종목 400M, 1,500M 2관왕 2연패, 2008년 독도 33바퀴 회영(回泳) |
| 김연아 | 2010년 밴쿠버동계올림픽경기대회에 출전해 피겨 스케이팅 금메달 획득 |

# 05 운동생리학

**핵심 키워드**  체력의 구분, 해당과정, ATP, 근방추, 골지건기관, 부교감신경, 근절, 근섬유, 운동단위, 근육수축, 산소-헤모글로빈 해리 곡선, 심장·혈관·혈액의 구조와 기능, 혈류, 고지 환경

## ■ 체력의 구분

| 방위체력 | 신체적 요소 | 온도조절, 면역, 적응 |
|---|---|---|
| | 정신적 요소 | 정신적 스트레스에 대한 저항력 |
| 행동체력 | 건강체력 | 근력, 근지구력, 심폐지구력, 유연성, 신체조성 |
| | 운동체력 | 순발력, 민첩성, 평형성, 협응력, 스피드, 반응속도 |

## ■ 운동훈련의 원리

| 특이성의 원리 | 운동의 효과는 운동 중에 사용된 근육이나 신체기관에만 특이(특정)하게 나타난다는 원리 |
|---|---|
| 과부하의 원리 | 신체의 기관 혹은 조직의 향상을 위해서는 신체의 적응 능력 이상의 부하, 즉 익숙하지 않은 부하에 노출되어야 한다는 원리 |
| 개별성의 원리 | 체력의 수준에 따라 개개인이 각각 다른 트레이닝 양을 처방해야 한다는 원리 |
| 점증부하의 원리 | 운동상해 없이 트레이닝 효과를 극대화하기 위해서는 부하를 점진적으로 올려야 한다는 원리 |
| 가역성의 원리 | 과부하가 이루어지지 않거나 운동을 중지하면 빠르게 감소한다는 원리 |
| 다양성의 원리 | 운동이 지루하고 단조로우면 동기저하와 운동능력 향상에 방해를 가져올 수 있으므로 다양한 훈련 방법을 구성해야 한다는 원리 |

## ■ 에너지 대사와 운동

### 1. 대사과정

| 동화작용 | 작은 분자를 단백질이나 핵산처럼 더 크고 복잡한 분자로 변환하는 과정, 에너지의 흡수 반응 |
|---|---|
| 이화작용 | 큰 분자를 더 작은 분자로 분해하는 과정, 에너지의 발생 반응 |

2. ATP 생성에 따른 에너지 시스템

| 구분 | ATP-PCr 시스템 | 해당과정 시스템 | 유산소 시스템 |
|---|---|---|---|
| 음식·화학적 연료 | 크레아틴염 | 글리코겐 | 글리코겐, 지방, 단백질 |
| 산소 사용 여부 | × | × | ○ |
| 반응 속도 | 가장 빠름 | 빠름 | 느림 |
| 상대적 ATP 생성량 | 매우 적음 | 매우 적음 | 많음 |

3. 운동강도에 따른 대사

| 고강도 운동(단시간) | ATP-PCr 시스템 > 해당과정 시스템 > 유산소 시스템 |
|---|---|
| | 에너지원 : 탄수화물 > 지방 |
| 저강도 운동(장시간) | 유산소 시스템 > 해당과정 시스템 > ATP-PCr 시스템 |
| | 에너지원 : 지방 > 탄수화물 |

4. 트레이닝에 대한 대사적 적응

| 유산소 | • 모세혈관 밀도 증가, 미토콘드리아 산화 능력 및 미오글로빈 수 증가<br>• 포도당 절약, 유리지방산 동원, 산소 소비량 감소 |
|---|---|
| 무산소 | • 속근섬유 비율의 증가, 근비대, 미토콘드리아 수와 크기 증가<br>• 골밀도 향상, 근섬유당 모세혈관 밀도 증가 |

■ 에너지 기질의 특성

| 탄수화물 | • 신체에서 가장 빠르게 에너지 공급에 사용되는 연료<br>• 1g당 약 4kcal의 에너지 방출<br>• 에너지 공급, 중추신경(뇌, 척수)의 에너지원, 지방 대사를 가동하는 에너지원 |
|---|---|
| 지방 | • 1g당 약 9kcal의 에너지 방출<br>• 높은 효율의 에너지 공급원 및 에너지 저장고, 장기 보호, 체온 조절 |
| 단백질 | • 1g당 4kcal의 에너지 방출<br>• 세포 및 신체조직 구조 형성과 합성, 혈장 단백질과 호르몬 합성, 에너지 공급, 체내 수분량 조절, 산 염기 평형 조절 |

■ 자극 전달성

| 전기적 시냅스 | • 시냅스 간극을 통한 이온 전달<br>• 이웃한 세포에게만 빠르게 전달, 양방향 전달 |
|---|---|
| 화학적 시냅스 | • 분비된 신경전달물질(예 아세틸콜린)은 수용기와 결합하고 이온통로가 열리면서 활동전위가 발생되어 신경 자극의 전달이 지속됨<br>• 전달 속도 느림, 단일 방향 전달 |

## ■ 중추신경계

| 대뇌 | | 고등 정신 활동, 감각기능, 연합기능 |
|---|---|---|
| 간뇌 | 시상 | 감각 조절 중추로 운동 조절에 중요한 역할 |
| | 시상하부 | 자율신경계 조절 |
| | 뇌하수체 | 신경호르몬을 분비, 다른 기관에서의 호르몬 분비 조절 |
| 소뇌 | | 신체 평형 및 자세 조정, 운동 조절 |
| 뇌간 | | 호흡과 심혈관계를 조절하는 주요 자율 조절 중추, 근긴장 유지, 골격근 기능 조절 |
| 연수 | | 심박동, 호흡 및 소화 운동 등 생명 유지에 필요한 기능 조절 |
| 척수 | | 뇌와 말초신경 사이의 자극과 명령을 전달, 반사작용의 중추(무릎반사 등) |

## ■ 말초신경계

### 1. 감각신경(구심성)

| 관절수용기 | 관절의 각도, 관절의 가속도, 압력에 의한 변형을 중추신경계에 전달 |
|---|---|
| 근방추 | 근육의 과도한 신장(길이)을 억제 |
| 골지건기관 | 근육의 과도한 수축 억제 |

### 2. 운동신경(원심성)

| 체성신경 | | 대뇌의 지배를 받고, 자세와 운동 조절 |
|---|---|---|
| 자율신경 | 교감신경 | 위급한 상황이나 몸의 급격한 변화 상황에 대처하기 위한 반응 |
| | 부교감신경 | 안정화된 상태로 교감신경의 반대 작용 |

## ■ 운동유발성 근육경직(EAMCs)

- 근육 과부하와 과사용에 의한 피로가 쌓이거나 좋지 않은 컨디션으로 인해 발생
- 높은 발한(피부의 땀샘에서 땀이 분비되는 현상)을 나타내는 운동선수들에게 전해질, 특히 나트륨과 염소의 불균형에 의해 발생
- 발생하기 쉬운 근육을 규칙적으로 스트레칭 필요
- 필요시 운동 강도와 양, 시간을 감소시킴
- 수분과 전해질의 균형, 탄수화물 저장량 유지

## ■ 근섬유의 유형

| 구분 | 지근섬유<br>1형(Type I) | 속근섬유<br>2a형(Type II), 2b형(Type II) |
|---|---|---|
| 수축 속도 | 느리다 | 빠르다 |
| 파워 | 약하다 | 강하다 |
| 미토콘트리아 | 많다 | 적다 |
| 피로도에 대한 저항 | 높다 | 낮다 |
| 혈관 | 발달 | 덜 발달 |
| 지구력 | 높다 | 낮다 |
| 주 에너지대사 | 유산소성 | 무산소성 |
| 에너지효율 | 높다 | 낮다 |
| 근섬유 굵기 | 가늘다 | 굵다 |
| 해당 능력 | 낮다 | 높다 |
| 운동 시 변화 | 미토콘트리아가 늘지만 부피 성장은 느림 | 부피 위주 성장 |
| 역할 | 장시간 느린 운동(마라톤) | 단기간 빠른 운동(100m 단거리) |

## ■ 근육의 수축 형태

| 등척성 수축 | 근섬유의 길이와 관절각의 변화 없이 장력 발생 |
|---|---|
| 등장성 수축 | • 근육의 길이와 관절각의 변화를 통한 수축으로 근력과 함께 신경계 적응도 유도<br>• 신장성(원심성) 수축 : 근육이 늘어나는 수축, 속도가 빠를수록 최대 힘 생성<br>• 단축성(구심성) 수축 : 근육이 짧아지는 수축, 속도가 느릴수록 최대 힘 생성 |
| 등속성 수축 | 관절각이 일정한 속도로 축소 |

## ■ 근육 수축의 단계

| 안정 단계 | 액틴과 마이오신이 약한 결속 상태이거나 결속되지 않는 안정된 단계 |
|---|---|
| 자극과 결합 단계 | 운동뉴런을 통해 신경흥분이 신경·근접합부에 도달해 근육 내의 안정 시 전압이 깨지고 근육 활동전압이 생성, 이후 신경종말의 소포에 저장되어 있던 아세틸콜린이 분비되면 근형질세망으로부터 칼슘이 나와 액틴과 마이오신의 결합을 만들어 냄 |
| 수축 단계 | 액틴과 결합된 마이오신 머리에서 ADP, Pi로 방출되며 액틴이 마이오신으로 미끄러져 들어가 근육이 짧아지며 근수축이 발생 |
| 재충전 단계 | 마이오신 머리에 ATP가 재충전되면서 더 큰 수축을 위해 액틴과 마이오신의 결합이 풀리고, 둘의 재결합을 위한 에너지 및 수축 순환이 가능 |
| 이완 단계 | 신경자극이 아예 중지되면 마이오신과 액틴과의 반응은 일어나지 않고 근섬유는 이완상태로 다시 돌아감 |

## ■ 내분비선과 주요 호르몬

| 내분비선 | 호르몬 | 주요 기능 |
|---|---|---|
| 뇌하수체 전엽 | 성장 호르몬 | 성장(근육, 뼈)과 대사 기능 촉진, 단백질 합성 유도 |
| 뇌하수체 전엽 | 갑상샘(갑상선) 자극호르몬 | 갑상샘을 자극하여 티록신 분비 촉진 |
| 뇌하수체 후엽 | 항이뇨호르몬 | 신장의 수분 재흡수 촉진을 통해 체내 수분량 조절 |
| 뇌하수체 후엽 | 옥시토신 | 분만 시 자궁 수축을 촉진하고 모유 분비를 촉진하며 양성 피드백이 일어남 |
| 갑상선 | 티록신 | 체내 물질대사 촉진, 세포호흡을 촉진시켜 당을 분해하고 체온을 증가시킴 |
| 갑상선 | 칼시토닌 | 혈중 칼슘 농도 저하시킴, 부갑상샘에서 나오는 파라토르몬과 길항작용 |
| 부신수질 | 에피네프린 (아드레날린) | 글리코겐 분해 촉진, 지방조직 및 근육의 지방 분해 촉진, 심박출량 증가, 부신수질호르몬의 80% 차지 |
| 부신수질 | 노르에피네프린 (노르아드레날린) | 지방조직 및 근육의 지방 분해 촉진, 세동맥과 세정맥 수축(혈압 상승) |
| 부신수질 | 카테콜아민 | 에피네프린과 노르에피네프린, 이들 각각의 전구체인 도파민을 통틀어 지칭하는 것 |
| 부신피질 | 코티졸 | 탄수화물·지방·단백질 대사 조절, 혈중 글루코스 농도 상승, 혈당 조절 |
| 부신피질 | 알도스테론 | 신장에서 $Na^+$ 재흡수를 촉진해 수분 및 혈당량 조절 |
| 췌장 | 인슐린 | • 혈당량이 높아지면 포도당을 글리코겐으로 저장시켜 혈당량을 낮춤<br>• 글루카곤과 길항작용을 함 |
| 췌장 | 글루카곤 | 혈당량이 낮아지면 글리코겐을 포도당으로 분해하여 혈당량을 높임 |
| 신장 | 에리스로포에틴 (에리트로포에틴) | 골수에서의 적혈구 생산 촉진 |

## ■ 운동에 대한 호르몬의 반응

| 구분 | 운동 시 반응 | 운동 후 반응 |
|---|---|---|
| 코티졸 | 고강도 운동 시 증가 | 현저한 증가 없음 |
| 카테콜아민 | 증가 | 동일 부하 시 더 조금 증가 |
| 인슐린 | 감소 | 휴식 시 감소 |
| 글루카곤 | 지속운동 시 증가 | 동일 부하 시 더 조금 증가 |

## ■ 폐용적, 폐용량의 구성

| 구분 | | 정의 |
|---|---|---|
| 폐용적 | 1회 호흡량(TV) | 안정 시 1회 흡입 또는 호출되는 공기량 |
| | 예비흡기량(IRV) | 안정 흡식에서 최대로 흡입할 수 있는 공기량 |
| | 예비호기량(ERV) | 안정 호식에서 최대로 호식할 수 있는 공기량 |
| | 잔기량(RV) | 호흡을 통해 폐 속의 공기를 내보낸 후에도 폐 속에 남아 있는 공기량 |
| 폐용량 | 흡기량 | 정상 호흡 시 최대 흡입량 |
| | 기능적 잔기량 | 평상호흡에서 1회 호흡량(VT)을 내보낸 후 폐 속에 남아 있는 공기량 |
| | 폐활량 | 공기를 최대한 들이마신 후 최대한 내보낼 수 있는 공기량 |
| | 총폐활량 | 공기를 최대한 흡입하였을 때 폐 속에 있는 공기량 |

## ■ 운동에 따른 호흡계의 반응과 적응

### 1. 반응

| 구분 | 안정 상태 | 최대하 운동 상태 | 최대 운동 상태 |
|---|---|---|---|
| 호흡 수 | 감소 | 감소 | 증가 |
| 분당 환기량 | 일정 | 일정 | 증가 |
| 1회 호흡량 | 일정 | 일정 | 증가 |
| 폐용량 | 일정 | 일정 | 일정 |
| 동정맥 산소 차 | 증가 | 증가 | 증가 |

### 2. 적응

| 산소 운반 | • 혈액에 들어간 산소의 대부분은 헤모글로빈과의 화학적 결합 형태(산화헤모글로빈, $HbO_2$)로 운반<br>• 헤모글로빈이 없으면 체조직이 필요로 하는 산소량을 공급하기 위해 막대한 양의 혈액을 순환시켜야 함 |
|---|---|
| 이산화탄소 운반 | • 이산화탄소는 세포의 대사 결과로 발생하며 혈액에 의해 폐포까지 운반<br>• 혈액에 물리적으로 용해되어 운반되는 양은 산소와 마찬가지로 극소량(약 10%) |

## ■ 1회박출량, 심박수, 심박출량

| 1회박출량 | • 한 번의 수축으로 심실에서 방출되는 혈액량<br>• 확장기말 용적-수축기말 용적 |
|---|---|
| 심박수 | 1분 동안의 심장의 박동수 |
| 심박출량 | 심장 수축에 의해 1분간 펌프되는 혈액량 |

## ■ 산소-헤모글로빈 해리 곡선

| 우측으로 이동 | pH 감소, PCO$_2$ 증가, 온도 상승 |
|---|---|
| 좌측으로 이동 | pH 증가, PCO$_2$ 감소, 온도 하강 |

## ■ 운동에 따른 순환계의 반응과 적응

### 1. 반응

| 혈류 | 혈류의 재분배, 세동맥 수준에서 국부 혈류량의 조절, 정맥환류량 증가 |
|---|---|
| 혈압 | 심박수의 증가에 따른 혈류 속도의 증가로 혈압 상승 |
| 혈액 | 혈장량 증가, 적혈구 양 증가 |

### 2. 적응

| 구분 | 안정 상태 | 최대하 운동 상태 | 최대 운동 상태 |
|---|---|---|---|
| 1회박출량 | 증가 | 증가 | 증가 |
| 심박출량 | 증가 | 변화 없음 | 증가 |
| 심박수 | 감소 | 감소 | 변화가 없거나 감소 |

## ■ 고온, 저온환경

| 고온환경 | 운동 수행 | • 운동 중 심부온도의 항정상태(steady state) 도달 불가능<br>• 체온이 높아지는 증상에 의해 수행력 제한<br>• 운동 중 증발에 의한 근혈류량 감소 |
|---|---|---|
| | 순응 반응 | • 혈장량 증가<br>• 피부 혈류량 증가<br>• 열 충격 단백질 생성 증가 |
| 저온환경 | 운동 수행 | • 신경이 전달되는 비율 감소<br>• 피부 혈관의 수축에 의한 피부 혈류량 감소<br>• 피부의 열 손실 차단 |
| | 순응 반응 | • 오한이 시작되는 평균 피부온도 감소<br>• 대사와 관련된 호르몬 분비량의 증가로 대사적 열 생성 증가<br>• 열을 생성하는 능력이 증가됨 |

## ■ 고지환경

| 생리적 반응 | • 산소분압 감소로 동맥혈의 산화헤모글로빈 포화도 감소<br>• 산소 공급 능력 제한에 따른 심박수 증가<br>• 환기량의 증가에 따른 호흡기 수분 손실 발생<br>• 무산소적 에너지 동원 증가, 젖산 생성 증가 |
|---|---|
| 운동반응 | • 폐환기량 증가<br>• 동맥혈 산화헤모글로빈 포화도는 크게 감소하거나 변화를 보이지 않음<br>• 최대산소섭취량의 감소(고도에 비례)로 유산소 운동능력 감소 |

# 06 운동역학

**핵심 키워드**　운동역학의 목적, 운동의 종류, 인체 평형과 안정성, 선운동의 운동역학적 분석, 각운동의 운동역학적 분석, 일과 일률, 에너지, 운동기술 분석 개요, 동작분석

## ■ 운동역학

### 1. 학문 분야

| | |
|---|---|
| 정역학 | 작용하는 힘의 관계가 평형을 이룬 상태를 분석 대상으로 하는 학문 분야 |
| 동역학 | 작용하는 힘들 사이의 평형이 깨진 상태를 분석 대상으로 하는 학문 분야 |
| 운동학 | 공간 혹은 시간을 고려하여 움직임을 기술하는 학문 분야로 운동의 변위, 속도, 각도, 각속도 등을 분석 |
| 운동역학 | 운동을 유발하거나 변화시키는 원인인 힘에 대해 연구하는 학문 분야 |

### 2. 운동역학의 목적

- 효율적인 동작 수행을 통한 운동 수행력 향상
- 운동 시 상해의 원인 파악 및 예방을 통한 안전성 확보
- 경기력 향상을 위한 스포츠 관련 장비의 개발

## ■ 해부학적 자세와 방향 용어

### 1. 방향 용어

| | |
|---|---|
| 앞(배쪽, Ventral) | 앞 |
| 뒤(등쪽, Dorsal) | 뒤 |
| 위(머리쪽, Cranial) | 머리와 가까운 것 혹은 머리를 향하는 것 |
| 아래(꼬리쪽, Caudal) | 발에 가까운 것 혹은 발을 향하는 것 |
| 안쪽(내측, Medial) | 인체의 중심선과 가까운 위치 및 방향 |
| 가쪽(외측, Lateral) | 인체의 중심선에서 먼 위치 및 방향 |
| 몸쪽(근위, Proximal) | 사지의 부착이 몸체에 가까운 방향 및 위치 |
| 먼쪽(원위, Distal) | 사지의 부착이 몸체에 먼 방향 및 위치 |
| 얕은(표층, Superficial) | 신체의 외부표면으로부터 가까이 있는 것 |
| 깊은(심층, Deep) | 신체의 외부표면으로부터 멀리 떨어져 있는 것 |

## 2. 해부학적 평면

| | | |
|---|---|---|
| 이마면(Sagittal plane) | 인체의 전후로 형성되어 몸을 좌우로 나누는 평면 | |
| 시상면(Frontal plane) | 인체의 좌우로 형성되어 몸을 앞뒤로 나누는 평면 | |
| 수직면(Transverse plane) | 인체의 수직축에 대해 수직으로 형성되어 몸을 상하로 나누는 평면 | |
| 대각면(Diagonal plane) | 몸을 한쪽 어깨 끝에서 대각선 방향으로 나눈 면 | |

### ■ 관절운동의 종류

| | |
|---|---|
| 시상면-이마축 | • 굽힘 : 관절을 형성하는 뼈들이 이루는 각이 감소하는 동작<br>• 폄 : 관절을 형성하는 뼈들이 이루는 각이 증가하는 동작<br>• 과다폄 : 해부학적 위치를 넘을 정도의 관절 각도가 증가하는 동작<br>• 발등굽힘 : 발등을 정강이 뼈 방향으로 움직이는 동작<br>• 발바닥굽힘 : 발등을 정강이 뼈로부터 멀어지도록 움직이는 동작 |
| 이마면-시상축 | • 모음 : 신체 중심선으로 가까워지는 동작<br>• 벌림 : 신체 중심선에서 멀어지는 동작<br>• 안쪽번짐 : 발의 엄지발가락 쪽을 드는 동작<br>• 가쪽번짐 : 발의 새끼발가락 쪽을 드는 동작<br>• 올림 : 어깨를 위로 올리는 동작<br>• 내림 : 어깨를 아래로 내리는 동작 |
| 가로면-수직축 | • 돌림 : 축을 중심으로 분절이 회전하는 동작<br>• 엎침 : 손바닥을 아래로 돌리는 동작<br>• 뒤침 : 손바닥을 위로 돌리는 동작 |

### ■ 인체 운동과 안정성

| 요인 | 안정적 | 불안정적 |
|---|---|---|
| 기저면 | 넓을수록 | 좁을수록 |
| 무게중심의 높이 | 낮을수록 | 높을수록 |
| 무게중심선과 기저면의 한계점 | 가까울수록 | 멀수록 |
| 질량과 마찰력 | 클수록 | 작을수록 |

### ■ 인체 지레

| | |
|---|---|
| 1종 지레 | 받침점(축)이 저항점과 힘점 사이에 존재하며 역학적 이점이 1보다 크거나 작은 것 모두 가능 |
| 2종 지레 | 저항점이 받침점(축)과 힘점 사이에 존재하며 역학적 이점은 1보다 큼 |
| 3종 지레 | 힘점이 받침점(축)과 저항점 사이에 존재하며 역학적 이점은 없으나 운동의 범위와 속도 면에서 이점이 있음. 인체 지레의 대부분은 3종 지레에 해당 |

## ■ 스칼라와 벡터

| 스칼라량 | • 방향이 없이 크기만 존재하는 값<br>• 거리, 길이, 넓이, 온도, 시간, 질량, 속력, 에너지 등 |
|---|---|
| 벡터량 | • 크기와 방향이 모두 존재하는 값<br>• 변위, 속도, 가속도, 힘, 운동량, 충격량, 전기장, 자기장, 각운동량 등 |

## ■ 속력과 속도

| 속력 | 물체가 얼마나 빠르게 움직이고 있는지를 나타내는 스칼라량 |
|---|---|
| 속도 | 단위시간 동안 물체가 이동한 변위로, 빠르기를 나타내는 벡터량 |
| 가속도 | 속도가 단위시간 동안 얼마나 변했는지를 나타내는 벡터량 |

## ■ 포물선 운동

### 1. 수평성분과 수직성분

| 수직성분 | • 중력의 영향을 받음(수직 하방으로 $9.8m/s^2$의 중력가속도가 작용)<br>• 투사체의 최대 높이를 결정(수직속도는 포물선의 최고점에서 $0m/s$) |
|---|---|
| 수평성분 | • 공기저항을 고려하지 않을 경우 외력의 영향이 없음(등가속도가 $0m/s^2$)<br>• 투사체의 이동 거리를 결정 |

### 2. 투사거리 결정 요인

- 투사각도
- 투사속도 : 수직속도와 수평속도의 합력
- 투사높이 : 투사높이가 a만큼 높으면 투사거리도 a만큼 길어짐
  ※ 투사거리 = 투사속도 × 체공시간

## ■ 힘의 종류

| 근력 | 근육의 수축에 의해 발생하는 힘 |
|---|---|
| 중력 | 지구가 물체를 지구 중심으로 끌어당기는 힘($9.8m/s^2$의 가속도) |
| 마찰력 | 물체가 어떤 면과 접촉하여 운동할 때 그 물체의 운동을 방해하는 힘 |
| 부력 | 중력에 대항해 유체로부터 위 방향으로 받는 힘 |
| 항력 | 유체 속 물체의 운동 방향에 대해 반대 방향으로 작용하는 힘 |
| 양력 | 유체 속 물체의 운동 방향에 대해 수직 방향으로 작용하는 힘 |
| 마그누스 힘 | 회전하는 물체가 유체 속을 지나갈 때 압력이 높은 쪽에서 낮은 쪽으로 휘어져 나가는 힘 |

- **마찰력의 종류**

| 정지마찰력 | 정지해 있는 물체에 작용하는 마찰력으로 크기는 항상 외력과 같음 |
|---|---|
| 최대정지마찰력 | 정지해 있던 물체가 막 움직이기 시작하는 순간의 마찰력 |
| 운동마찰력 | 물체가 표면 위를 미끄러질 때 작용하는 마찰력 |
| 굴림마찰력 | 표면 위에서 굴러가는 공이나 바퀴 등이 물체나 표면의 변형 등에 의해 굴러가는 방향의 반대 방향으로 받게 되는 힘 |

- **선운동량과 충격량**

| 운동량 | • 운동하고 있는 물체가 가지는 벡터 물리량<br>• 운동량$(\vec{P})$=질량$(m)$×속도$(\vec{v})$ |
|---|---|
| 충격량 | • 운동량에 영향을 주는 물리량인 힘과 작용시간을 곱한 값<br>• 충격량$(\vec{I})$=충격력$(\vec{F})$×작용시간$(\Delta t)$ |

- **탄성충돌의 분류**

| 완전 탄성충돌(반발계수 1) | 충돌 물체 상호 간의 충돌 전후 상대 속도가 같은 경우 |
|---|---|
| 불완전 탄성충돌<br>(반발계수 0<n<1) | 충돌에 의해 물체가 일시적으로 변형된 후 다시 충돌 전의 상태로 복원되는 경우 |
| 완전 비탄성충돌(반발계수 0) | 충돌 후에 서로 분리되지 않는 경우 |

- **관성모멘트의 결정 요인**

| 질량 | 물체의 질량이 클수록 회전에 대한 저항도 큼 |
|---|---|
| 질량 분포 | 회전축으로부터 먼 곳에 질량이 더 많이 분포할수록 관성모멘트도 증가함 |
| 회전 반경 | 질량×회전 반경$^2$ |

- **각운동량의 보존과 전이**

| 각운동량 보존 | 회전운동을 하고 있는 물체에 외력이 작용하지 않는다면 해당 물체의 각운동량의 크기와 방향은 변하지 않는 것 |
|---|---|
| 각운동량 전이 | 각운동량이 일정할 때 신체 일부가 각운동량을 생성하면 신체의 나머지 부분이 전체 각운동량을 일정하게 맞추기 위해 그것을 보상하게 되는 원리 |

- **구심력과 원심력**

| 구심력 | 원운동을 하는 물체가 원의 궤도를 벗어나지 않고 운동하게 하는 힘 |
|---|---|
| 원심력 | 구심력과 방향이 반대이며 크기가 같은 힘 |

## ■ 일과 일률

| | |
|---|---|
| 일 | 물체에 힘이 작용하는 동안 물체에 작용한 힘 또는 물체가 전달한 에너지 |
| 일률 | 단위시간당 수행한 일의 양 혹은 일의 빠르기 |

## ■ 역학적 에너지

| | |
|---|---|
| 위치에너지 | • 어떤 높이에 있는 물체가 가지는 에너지<br>• 위치에너지=질량×중력가속도×높이 |
| 탄성에너지 | • 저장에너지의 한 형태로, 변형된 물체가 본래의 형상으로 돌아가는 과정에서 탄성력이 발생시키는 에너지<br>• 탄성에너지=$\frac{1}{2}$×탄성계수×변형된 길이$^2$ |
| 운동에너지 | • 운동 중인 물체가 지니는 에너지<br>• 선운동의 운동에너지=$\frac{1}{2}$×질량×속도$^2$<br>• 각운동의 운동에너지=$\frac{1}{2}$×질량×회전축으로부터의 거리$^2$×각속도$^2$ |

## ■ 운동학적 분석과 운동역학적 분석

| | |
|---|---|
| 운동학적 분석 | • 운동의 형태를 관찰·분석<br>• 양적 변화 : 변위, 속도, 가속도, 각속도, 방향, 위치, 인체중심, 무게중심 등 |
| 운동역학적 분석 | • 운동을 일으키는 힘을 분석<br>• 질적 변화 : 외력(중력, 마찰력, 지면반력), 내력(근모멘트, 근육·인대활동), 토크, 역학적 에너지 |

## ■ 동작분석

### 1. 영상분석

| | |
|---|---|
| 2차원 영상분석 | 단일평면상에서 일어나는 인체 움직임을 분석 |
| 3차원 영상분석 | 2대 이상의 카메라를 사용하여 인체 운동을 공간적으로 분석 |

### 2. 근전도분석

| | |
|---|---|
| 표면전극 | 피부 표면에 전극을 부착하여 근전도를 측정하는 방식 |
| 침습전극 | 바늘 혹은 가는 전선을 근육에 직접 삽입하여 심층 근육이나 운동 단위 수준에서 근전도를 측정 |

# 07 스포츠윤리

**핵심 키워드**: 윤리이론, 페어플레이, 성차별, 장애차별, 스포츠와 환경윤리, 스포츠와 동물윤리, 스포츠 폭력, 도핑, 학생 선수의 인권, 심판의 윤리, 스포츠조직의 윤리경영

## ■ 도덕, 윤리, 선

| | |
|---|---|
| 도덕 | • 행해야 할 도리와 그것을 알고 실천하는 행동<br>• 관습적, 개인적, 주관적<br>• 당위의 규범 |
| 윤리 | • 한 집단에서 조화롭게 생활하기 위해 필요한 사람 사이의 지켜야 할 도리<br>• 도리 · 도덕을 지킬 필요성에 대해 논함 |
| 선 | • 사람다운 도리를 하는 것<br>• 윤리 · 도덕이 선으로 표현됨<br>• '착하다'라는 뜻과 '나쁘다'의 반의어로도 사용 |

## ■ 사실판단과 가치판단

| | |
|---|---|
| 사실판단 | • 객관적 사실의 진위 여부로 증명되는 판단<br>• 참 · 거짓의 판단 대상 |
| 가치판단 | • 어떤 대상의 의의나 중요성에 대한 주관적 판단<br>• 좋고 · 나쁨, 옳음 · 그름의 판단 대상 |

## ■ 레스트의 도덕성 구성요소

| | |
|---|---|
| 도덕적 민감성 | 특정 상황 속에서 도덕적 이슈를 자각하고 자신의 행동이 타인에게 미칠 영향을 미리 상상해보는 요소 |
| 도덕적 판단 | • 문제 해결을 위한 경로들이 정당하고 정의로운지 판단하는 요소<br>• 가능한 행동 중에서 가장 도덕적인 행동이 무엇인지 판단 |
| 도덕적 동기화 | 도덕적 가치를 경제적, 사회적, 종교적 가치보다 우선시하는 요소 |
| 도덕적 품성 및 실행력 | • 도덕적 행동을 표출하기 위해 용기를 잃지 않고 유혹에 굴복하지 않으며 도덕적 목표를 지켜내는 요소<br>• 생각을 실행으로 옮기는 요소 |

## ■ 윤리 이론

### 1. 주요 이론

| | |
|---|---|
| 결과론적 | 주어진 상황에서 그 행동을 했을 때 어떤 결과를 가져오는지 예상해보고 더 좋은 결과를 가져오는 쪽으로 행동하는 것이 옳다고 주장 |
| 목적론적 | 인간이 추구해야 할 어떤 근본적인 목적이 존재하고 그 목적을 달성하기 위해 윤리나 도덕이 필요함 |
| 공리주의 | 어떤 행위의 옳고 그름은 그 행위가 인간의 이익과 행복을 늘리는 데 얼마나 기여하는가 하는 유용성과 결과에 따라 결정됨 |
| 의무론적 | • 결과가 아닌 행위 그 자체가 도덕 규칙을 판단하기 위한 기준<br>• 행위의 시비를 결정하기 위해 도덕 법칙이 이용됨<br>• 결과와 무관하게 의도가 도덕적이라면 도덕적이라고 봄 |

### 2. 동양사상과 윤리체계

| | | |
|---|---|---|
| 유교 | 공자 | • 사회 혼란이 도덕적 타락에서 기인한다고 봄<br>• 자신을 이기고 예로 돌아가는 것이 인의 실천이라고 주장<br>• 인(仁) : 타고난 내면적인 도덕성<br>• 예(禮) : 인의 외면적 표출<br>• 충(忠)과 서(恕) : 인의 구체적인 행동으로 충(忠)은 윗 사람에게 정성을 다해 한 마음으로 모신다는 뜻이고, 서(恕)는 내가 원하지 않는 바를 남에게도 하지 말라는 것<br>• 정명(正名) : 각 주체의 역할과 행위가 실현되어야 함<br>• 예시예종(禮始禮終) : 예로 시작해 예로 끝남<br>• 절차탁마(切磋琢磨) : 학문과 기계, 덕행 등을 끊임없이 갈고 닦음<br>• 극기복례(克己復禮) : 자기의 감정, 욕심, 충동 따위를 이성적 의지로 억제하고 예의에 어그러지지 않도록 행동함 |
| | 맹자 | • 사람의 본성은 선하다고 봄(성선설)<br>• 측은지심, 수오지심, 사양지심, 시비지심의 사단을 통해 인, 의, 예, 지를 실현할 수 있다고 봄 |
| 불교 | | 모든 존재는 원인과 조건에 의해 이루어지고, 모든 현상은 서로 연관이 있다는 연기적 세계관 |
| 도교 | 노자 | • 상선약수 : 최고의 선은 물과 같음<br>• 이상적인 삶은 자연 그대로의 상태인 무위자연으로 돌아가 인위를 거부하고 자연의 섭리대로 사는 것 |
| | 장자 | 자연과 내가 하나 되는 경지인 물아일체를 이상적 경지라 주장 |

### 3. 그 밖의 윤리설

| | |
|---|---|
| 정의론(롤스) | 자유와 기회, 소득과 부, 인간적 존엄성 등은 기본적으로 평등하게 배분되어야 함 |
| 사회윤리<br>(니부어) | 개인적으로 매우 도덕적인 사람들조차도 자기가 속한 집단의 이익과 관련될 경우에는 비도덕적으로 변함 |

| 가치윤리<br>(셸러) | | 윤리는 지용성, 분할향유 가능성, 근거성, 만족의 깊이, 독립성 5가지의 기준을 통해 가치를 평가·서열화할 수 있다고 주장 |
|---|---|---|
| 책임윤리 | 베버 | 예측 불가능한 결과까지 책임질 필요는 없다고 주장 |
| | 요나스 | 예견하기 어려운 결과에 대해서도 책임을 가져야 함 |
| 배려윤리 | 나딩스 | 배려하는 사람에게 배려받는 사람이 응답할 때 배려가 완성 |
| | 길리건 | 남성은 권리와 의무, 정의의 원리를 중시하지만 여성은 개별적인 관계, 특히 배려를 중시함 |

■ 아곤과 아레테

| 아곤 | 스포츠에서의 목표를 이루고 경쟁에서 승리하는 것과 같은 결과를 중시 |
|---|---|
| 아레테 | 스포츠에서의 탁월성을 중시, 노력과 과정을 중시 |

■ 상대방 설득에 필요한 3가지(아리스토텔레스)

| 로고스(이성) | 이성적·과학적인 것, 사고능력·이성 등의 의미 |
|---|---|
| 파토스(감성) | 감각적·신체적·예술적인 것으로 로고스와 대치되는 개념 |
| 에토스(도덕) | 사람에게 도덕적 감정을 갖게 하는 보편적인 도덕성·이성적 요소 |

■ 스포츠맨십과 페어플레이

| 스포츠맨십 | 스포츠 참여자 사이에서 규칙을 지키고 서로를 존중하는 것 |
|---|---|
| 페어플레이 | 스포츠인이 지켜야 할 정정당당한 행위로서 경쟁자에 대한 배려를 포함 |

■ 규칙의 유형

1. 구성적 규칙, 규제적 규칙

| 구성적 규칙 | • 경기장 크기, 복장, 승부의 방법 등 경기 운영 방식을 결정하는 문제를 다루는 규칙<br>• 구성적 규칙이 위반될 경우 경기 자체가 성립(구성)되지 않음 |
|---|---|
| 규제적 규칙 | • 결과를 달성하기 위해 필요한 공정한 경기를 규정하는 것이나 선수를 보호하는 성격의 규칙<br>• 규제적 규칙이 위반되어도 경기 자체는 성립 |

2. 형식적 규칙, 비형식적 규칙

| 형식적 규칙 | 경기 규칙에 명시되어 있는 것만을 경기 규칙으로 보는 견해 |
|---|---|
| 비형식적 규칙 | 경기마다 규칙뿐 아니라 관습이라고 하는 윤리적인 면도 규칙에 포함시키려는 견해 |

## ■ 스포츠 공정성의 정의

| | |
|---|---|
| 평균적(형식적) 정의 | • 같은 것은 같게<br>• 누구에게나 공평하고 일관되게 분배하는 것<br>예 투표권, 법 앞의 평등, 양 팀에 동일한 골대의 규격 적용 |
| 분배적 정의 | • 같은 것은 같게, 다른 것은 다르게<br>• 필요, 업적, 환경 등을 고려하여 실질적으로 공정하게 분배하는 것<br>예 상속세, 누진세 |
| 결과적 정의 | • 최종적으로 나타난 결과에 주목<br>• 행복의 총량이 클수록 정의로운 분배<br>예 공리주의 |
| 절차적 정의 | • 결과보다 과정에 초점을 맞춘 정의<br>• 절차가 공정하면 그 결과도 공정<br>예 홈&어웨이 경기, 시합 전 동전 뒤집기로 선·후공 결정 |
| 교정적 정의 | • 잘못 혹은 피해에 대한 대응<br>• 일반적으로 가장 흔히 쓰이는 '정의'의 의미 |

## ■ 스포츠와 불평등

| | |
|---|---|
| 성차별 | 여성의 스포츠 참여 기회와 권리를 제한하거나 불이익을 주는 제반 행위 |
| 인종차별 | 스포츠에서 특정 인종을 차별하거나 분리하려는 것 |
| 장애차별 | 장애로 인해 스포츠 참여의 권리 및 기회를 동등하게 누리지 못하는 것 |

## ■ 스포츠와 환경윤리

| | |
|---|---|
| 인간중심주의 | • 인간이 이익을 얻기 위해 자연을 보호함<br>• 환경보호의 당위성을 자연의 도구적 가치에서 찾는 입장 |
| 자연중심주의<br>(생태중심주의) | • 자연환경의 고유한 가치를 보존해야 한다는 입장<br>• 현실적으로 기존 시설을 최대한 활용할 것을 제시하는 입장 |

## ■ 스포츠와 환경윤리학

| | |
|---|---|
| 생태윤리(테일러) | • 모든 생명체는 평등한 관계임을 주장<br>• 생태윤리를 위해 불침해(비상해)의 규칙, 불간섭의 규칙, 신뢰의 규칙, 보상적 정의의 규칙 4가지 의무를 주장 |
| 심층적 생태주의(네스) | 인간은 모든 자연적 존재들과 상호평등한 관계 속에서 공생할 때 큰 자아를 실현할 수 있다고 주장 |
| 대지윤리(레오폴드) | 존재하는 생명공동체인 대지를 도덕의 대상으로 주장 |
| 환경윤리(베르크) | • 인간에게만 본질적 가치를 부여하고, 이외의 존재에는 도구적 가치관을 부여<br>• 인간이 환경을 지켜야 하는 이유는 인간을 위해서라고 주장 |

## ■ 스포츠와 종차별주의

| 종차별주의 | • 자신의 종을 위해 다른 종의 이익에 배타적 태도를 보이는 것<br>• 스포츠에서 동물들이 도구화되고 있는 상황 |
|---|---|
| 반종차별주의 | • 쾌락 및 고통을 인지하는 능력에 따라 이익을 동등하게 분배 및 대우<br>• 대상에는 동물만이 아닌 식물도 포함 |

## ■ 스포츠와 동물윤리

| 경쟁 도구로 이용되는 동물 | • 사육사 및 관리자에 대한 윤리교육을 통해 윤리의식 강화가 필요<br>• 동물들의 고통을 최소화해야 함 |
|---|---|
| 유희 도구로 이용되는 동물 | • 인간의 생존을 위해 필요하지 않기 때문에 재고가 필요<br>• 문화로서 정착된 경우, 동물을 대하는 데 있어서 이익 동등 고려의 원칙 준수 |
| 연구 도구로 이용되는 동물 | 선수들의 경기력 향상을 위한 실험에서 사용됨 |

## ■ 스포츠와 폭력

| 선수 간의 폭력 | 승리지상주의로 인해 상대팀에 대한 폭력 상황 발생 |
|---|---|
| 심판에 대한 폭력 | 판정에 불만을 갖고 심판에게 폭력을 가함 |
| 관중폭력 | • 신체 접촉이 많은 종목일수록 관중 폭력 발생 가능성이 증가<br>• 경기의 성격, 라이벌 의식, 배타적 응원 문화 등이 주된 원인 |

## ■ 도핑

| 의미 | 스포츠에서 운동 수행력 향상 및 승리를 목적으로 약물 혹은 심리적 처치를 하는 것 |
|---|---|
| 원인 | • 선수 또는 동물의 수행능력 향상을 위한 것<br>• 상대와의 경쟁에서 승리하기 위함<br>• 경기에 참가하고 싶은 지나친 욕구 때문<br>• 물질적 보상이 동기가 되기 때문 |
| 문제점 | • 스포츠의 본질인 공정성을 훼손<br>• 동기의식 및 목표의 상실 등을 일으킬 수 있음 |
| 해결 방안 | • 스포츠 윤리에 대해 지속적으로 교육해 바른 가치관을 형성<br>• 도핑의 심각성과 부작용, 규제 등에 대해 교육하여 사고를 방지함 |

## ■ 최저학력제도

| 의미 | • 학생 선수들에게 수업을 들을 기회 제공<br>• 최저성적기준을 제시하고 이를 충족시키지 못하는 학생 선수에게는 불이익 부여 |
|---|---|
| 목적 | • 운동선수로서 은퇴 후의 삶을 준비하는 데 도움<br>• 당연히 학생 선수에게 필요한 것 |

# 08 특수체육론

**핵심 키워드**  특수체육의 정의, 국제 기능·장애·건강 분류, 평가도구, 개별화교육프로그램(IEP), 장애인스포츠, 특수체육 지도전략, 지적장애 지도전략, 자폐성장애 지도전략, 다운증후군, 흉추 손상, 시각장애 지도전략, 청각장애 지도전략

## ■ 특수체육의 개념과 정의

### 1. 특수체육의 목표

| | |
|---|---|
| 정의적 목표 | 신체활동 참여를 통해 자아개념과 신체상을 강화하고 사회적 상호작용, 긍정적인 자기개념, 규칙 존중, 협동성 등을 습득·발달 |
| 심동적 목표 | 기본적인 운동기술, 건강 및 운동체력, 게임 및 스포츠의 양식을 습득·발달 |
| 인지적 목표 | 신체활동 지식, 놀이 및 게임의 방법과 규칙을 아는 지식, 게임 및 스포츠의 전략 지식 등 다양한 신체활동을 안전하게 수행할 수 있는 지식을 습득 |

### 2. 특수체육의 유사 용어

| | |
|---|---|
| 장애인체육 | 장애인을 대상으로 실시하는 전반적인 체육활동으로서 능동적 체육과 수동적 체육의 모든 활동을 의미 |
| 장애인스포츠 | 장애인을 위해 계획된 스포츠로서 일반적으로 경쟁스포츠를 의미 |
| 재활체육 | • 스포츠를 재활 수단으로 이용할 때의 용어<br>• 장애인 또는 장애인이 될 것으로 예상되는 사람의 신체적·정신적 기능 및 사회적 능력 향상을 위해 제공되는 스포츠 |
| 장애인 신체활동 | 독특한 요구를 필요로 하는 사람들의 전 생애에 걸쳐 이루어지는 활동 |

## ■ 프로그램 종류와 기능

| | |
|---|---|
| 근거기반 프로그램 | 연구를 통해 얻은 과학적 근거를 활용하여 프로그램을 진행하는 방법 |
| 사례기반 프로그램 | 실생활의 상황과 사건의 결과를 바탕으로 새로운 사례의 결과를 예측하는 방법 |
| 과제지향 프로그램 | 주로 의식적인 수준의 행동을 강조하고 집단역동을 활용하여 어떤 결과 또는 산물을 성공적으로 도출할 것인지에 초점을 두는 방법 |
| 위기관리 프로그램 | 위기의 발생을 예방하고, 위기가 발생하면 그 위기상황을 통제하면서 야기될 수 있는 피해의 범위를 최소화하고, 문제를 해결하기 위해 신속한 조치를 취하는 방법 |

## ■ 준거지향검사와 규준지향검사

| 준거지향검사 | 준거(사전에 설정된 숙달기준)와 검사 대상자의 점수를 비교하여 특정 영역에서의 대상자의 수준에 대한 정보를 수집하는 검사 |
|---|---|
| 규준지향검사 | 규준(동일 특성을 가진 사람들의 점수 분포)과 검사 대상자의 점수를 비교하여 정보를 수집하는 검사 |

## ■ 장애인 대상 사정 및 평가 도구

| 검사도구명 | 검사 내용 | 항목 | 검사 분류 | 대상 |
|---|---|---|---|---|
| TGMD-2 | 기본운동기술 | 12개 | 준거/규준 | 3~10세 |
| BPFT | 건강관련체력 | 27개 | 준거지향 | 장애 및 일반 아동 |
| BOTMP | 기본운동기술 및 특정운동기술 | 46개 | 규준지향 | 4.5~14.5세 |
| OSU-SIGMA | 기본운동기술 | 11개 | 준거지향 | 2.5~14세 |
| PDMS | • 기본운동기술 및 움직임 발달지표<br>• 대근운동기술 | 12개 | 준거/규준 | 출생~6세 |
| MDC | 영유아 움직임 발달지표 | 35개 | 준거지향 | 연령 미확정 |
| EMPDDC | 기본 움직임 기술과 자세 | 10개 | 준거지향 | 5세 이상 |
| GMPM | 영유아 움직임 발달지표 및 기본운동기술 | 20개 | 준거지향 | 20세 미만 뇌성마비인 |
| MABCT | 기본운동기술 및 특정운동기술 | 32개 | 준거지향 | 4~12세 |
| AMPS | 운동기술의 숙련성 | 36개 | 준거지향 | 특정대상 없음 |

## ■ 과제분석 유형

| 동작중심 | 세부적인 움직임에 대해 단계적으로 지도할 때 적합한 방법 |
|---|---|
| 유사활동중심 | 특정 기술 습득과 관련성이 적고 목표 달성을 위한 다양한 방식의 활동이 필요할 때 적합한 방법 |
| 영역중심 | 경기 또는 게임과 같은 활동에서 체육이 갖는 목표를 중심으로 포괄적인 분류가 필요할 때 적합한 방법 |
| 생태학적 | 학생의 특성과 선호도를 고려하며, 동시에 운동기술이나 움직임의 수행에 영향을 줄 수 있는 환경요소도 고려하는 분석법 |
| 발달적 | 운동기술의 수행에 영향을 미치는 변수들을 구분하고, 각 변수 내에서 난이도를 정해 나누는 방법 |
| 생체역학적 | 운동기술 수행을 위해 발생하는 관절의 운동, 근육군의 움직임·조정 및 그에 의해 생성된 움직임이 외부 물체에 가한 힘 등을 구분하여 과제를 분석하는 방법 |

■ 개별화 교육 프로그램(IEP)의 적용 단계

| 프로그램 계획 | • 전체적·포괄적인 프로그램의 계획<br>• 체육활동을 바람직한 방향으로 유도하기 위한 전반적인 원칙과 절차를 수립 |
|---|---|
| 현재 수행수준 파악 | • 대상자들의 체력, 운동기술, 행동 등 전반적인 특성을 파악<br>• 타당성·신뢰성을 갖춘 검사도구와 평가척도를 사용(필요에 따라 직접 제작한 내용지향 검사도구 혹은 실제적 평가도 사용 가능) |
| 구체적인 지도계획 및 프로그램 작성 | 이전 단계에서 파악된 대상자의 현재 수행 수준을 바탕으로 프로그램의 목표와 부합하는 효과적인 프로그램을 작성 |
| 실제 지도 | 작성된 프로그램 계획을 바탕으로 하여 실제로 대상자를 지도하는 단계 |
| 평가 | 프로그램의 효과와 대상자의 학습 성취도, 프로그램에 의한 향상 정도를 파악 |

■ 개별화 지도 전략

| 과제카드 | 대상자가 과제카드에 제시된 활동 관련 단어를 읽거나 기호를 해석한 후 적절한 체육활동에 참가 |
|---|---|
| 또래교수 | 지도 과정에서 지도 대상자를 보조교사로 활용하는 방법 |
| 팀 티칭 | 두 명 이상의 지도자가 체육활동을 동시에 지도하는 협력교수의 일환 |
| 스테이션 교수 | 수업을 소단위로 나누어 기술을 연습할 수 있도록 순회하는 몇 개의 구역을 설치하고 활동하는 방법 |
| 증거기반 교수 | 장애학생들을 가르칠 때 임상적, 학문적으로 검증된 교수 전략을 사용하는 신뢰성 높은 교수전략 |
| 보편적 교수 설계 | 건축에서 사용되었던 '보편적 설계'의 개념을 교수법에 도입한 것 |

■ 규칙 변형

- 원래의 활동과 유사한 맥락을 가지고 해당 활동의 본질이 손상되지 않도록 변형
- 가능한 변형을 최소화하여 장애인이 활동에 적응할 수 있도록 할 것
- 참여자가 집중력을 잃거나 지루함, 좌절감 등을 느끼지 않도록 변형
- 참여를 극대화하는 방향으로 변형하고 창의성과 임기응변 능력을 발휘할 것

■ 행동관리 기법

1. 강화와 처벌

| 정적 강화 | 목표행동이 나타난 이후 특정한 후속자극을 제공함으로써 그 행동의 발생률, 강도 혹은 지속시간을 증가시키는 방법 |
|---|---|
| 부적 강화 | 원하지 않는 어떤 특정한 것(주로 혐오하는 상황이나 사물 등)을 제거해줌으로써 바람직한 행동의 강도와 빈도를 증가시키는 방법 |

| | |
|---|---|
| 정적 처벌 | 특정 반응이 일어날 확률을 줄이기 위해 원치 않는 자극을 제시 |
| 부적 처벌 | 특정 반응이 일어날 확률을 줄이기 위해 대상이 원하는 자극을 제거 |

## 2. 긍정적 행동의 증가를 위한 방법

| | |
|---|---|
| 칭찬 | 바람직한 행동에 대한 격려와 지지를 언어적·비언어적 방법으로 제공 |
| 토큰경제체제 | 긍정적 행동을 했을 때 특수한 강화물과 교환할 수 있는 토큰을 제공 |
| 프리맥 원리 | 높은 확률로 일어나는 행동을 강화물로 사용하여 발생 확률이 적은 행동을 하도록 촉진하는 기법 |
| 촉진 | 과제 수행을 부모 혹은 지도자가 도와주는 방법 |
| 용암법 | 지원이나 도움(촉진, 강화물 등)을 점진적·체계적으로 제거하는 방법 |

## 3. 부정적 행동의 감소를 위한 방법

| | |
|---|---|
| 타임아웃 | 대상자가 문제행동을 일으켰을 때 대상자가 원하는 환경(정적 강화 환경)에서 일정 시간 퇴출시킴으로써 부정적 행동을 감소시키는 방법 |
| 과잉교정 | 문제행동의 결과를 대상자로 하여금 원상태로 복귀시키거나 원래의 상태보다 더 개선된 상태로 돌려놓게 함으로써 부정적 행동을 감소시키는 방법 |
| 소거 | 문제행동에 대한 강화 원인을 파악하고 그 원인을 제거하는 방법 |
| 벌 | 야단 혹은 처벌을 통해 문제행동을 제거하는 방법 |
| 체계적 둔감법 | 공포를 일으키는 자극과 긍정적인 반응을 유발하는 자극을 함께 제시함으로써 불안 및 공포를 제어 |

■ **지적장애 지도전략**

- 운동수행의 발달 정도에 따라 꾸준히 지도할 것
- 언어지도, 시범지도, 직접지도 등을 적절히 활용할 것
- 간단한 단어 및 설명을 사용할 것
- 활동을 단순화하고 단순한 규칙의 놀이를 제공할 것
- 운동기술의 습득, 파지, 전이가 이루어지고 있는지 수시로 점검할 것
- 쉬운 과제에서 어려운 과제 순으로, 익숙한 과제에서 새로운 과제 순으로 과제를 제시할 것
- 다양한 감각적 단서를 제공(다감각적 접근법)할 것
- 장애로 인해 운동 수행이 어려울 경우에만 규칙 및 장비 등을 변형할 것

■ **정서장애 지도전략**

- 문제행동이 발생하는 원인을 분석하고 그 원인이 되는 환경이나 상황을 제거할 것
- 긍정적인 피드백을 제공해 바람직한 스포츠 참여행동을 지도할 것
- 처음에는 다른 사람들의 참여를 참관하게 하고 일정 시간이 지난 후 비경쟁적인 자기향상 활동에 참여하도록 유도할 것

- 모든 환경자극은 구조화된 환경 내에서 지도자의 통제하에 이루어지도록 할 것
- 스포츠를 통한 성공 경험을 할 수 있도록 환경을 조성할 것
- 개인운동보다는 다른 사람과 함께 어울릴 수 있는 집단운동을 제공하는 것이 바람직함

■ **자폐성장애 지도전략**

- 소음과 활동에 저해되는 환경 관리
- 자극과 소리에 민감하게 반응하므로 적절한 지도방법 및 대처방안을 적용할 것
- 학습자의 행동을 언어로 설명할 것
- 대인 및 개인활동으로 시작하여 협동놀이로 발전시키는 것이 권장됨
- 대상자가 선호하는 스포츠, 접하기 쉬운 스포츠를 우선적으로 선정할 것
- 언어적 단서보다 환경적 단서가 더욱 효과적일 수 있음

■ **시각장애인 신체활동 지도 전략**

| | |
|---|---|
| 언어적 설명 | 복잡하고 여러 가지 단서가 포함된 설명보다는 간단한 용어를 사용 |
| 시범 | 잔존시력의 정도 파악 후 핵심이 되는 움직임을 반복적으로 보여줌으로써 동작의 원리를 이해할 수 있도록 도움 |
| 신체 보조 | • Hand-on-method : 지도자가 대상자의 손이나 팔을 잡고 함께 동작을 연습<br>• Braille-me-method : 대상자가 지도자나 동료의 신체를 만지거나 잡고 동작을 연습<br>• 신체 보조 제공 전 미리 알려주어 대상자가 놀라지 않도록 할 것 |
| 시·청각 단서 활용 | • 청각 단서 : 주로 소리가 나는 기구를 활용<br>• 시각 단서 : 색의 대비, 활동 장소의 조도 조절 등의 방법을 활용 |

■ **청각기관의 손상 부위에 따른 청각장애 분류**

| | |
|---|---|
| 전음성 | 소리를 내이로 전달하는 외이와 중이에 있는 청각기관의 장애로 인해 청력이 손실된 형태 |
| 감음신경성 | 외이에 전달된 소리를 전기적 신호로 바꾸어 청신경으로 전달하는 과정에 문제가 발생 |
| 혼합성 | 전음성 난청과 감음신경성 난청이 함께 나타나는 경우 |

■ **청각장애 지도전략**

- 시각적 자료를 적극적으로 활용하고 수화 및 구화를 사용하도록 유도
- 메시지 전달 시 필요한 단어 동작을 사용하고 구화를 사용할 경우 조금 느리게 할 것
- 활동 전 시설 및 기구의 사용법을 충분히 숙지할 수 있도록 지도
- 스포츠 활동 참여 시 인공와우의 외부 장치를 제거하는 것이 바람직함
- 수중 활동에 참가할 경우 인공와우의 외부 장치나 보청기 등의 습기를 방지할 수 있도록 방수처리를 하거나 제거한 후 참가하도록 할 것

## ■ 지체장애의 원인

### 1. 척수손상

| | |
|---|---|
| 회백수염 | 소아마비라고도 하며, 폴리오 바이러스 감염에 의한 마비의 형태 |
| 이분척추 | 태아가 자라는 처음 4주 동안 신경관이 완전히 닫히지 않아 생기는 선천적 결함 |
| 척추편위 | 구조적 혹은 비구조적으로 나타나는 척주에서의 측면 휨 현상 |

### 2. 기타 장애

| | |
|---|---|
| 근이영양증 | 여러 근육군의 퇴화가 서서히 진행되는 유전성 질환으로 호흡장애와 심장질환 등의 합병증을 유발하는 질환 |
| 다발성경화증 | 몸의 여러 곳에 동시다발적으로 염증이 발생하여 근육이 굳어지며 전반적인 무력감이 나타나는 질환 |
| 골형성부전증 (불완전골형성) | 골아세포가 불완전한 콜라겐을 생성하는 선천적 골질환으로 골(뼈)의 강도가 약해 특별한 이유 없이 쉽게 골절되는 유전성 희귀 질환 |

## ■ 척수 손상에 따른 기능적 활동

- 경추(C1~T1) 손상 : 사지마비
- 경추 C4 이상 손상 : 운전 및 휠체어 이동 불가
- 흉추 T6 이상 손상 : 보행 불가
- 흉추(T2~T12) 및 요추 및 천추(L1~S4) 손상 : 양측하지마비

## ■ 지체장애인의 체육활동 시 보호와 예방 사항

| | |
|---|---|
| 연조직 | 준비운동과 정리운동 시 스트레칭을 하고 오래된 상해 부위에 보호용 커버를 사용 |
| 물집 | 손가락 테이핑을 사용하고 휠체어 사용자의 경우 보호용 커버를 사용 |
| 찰과상·열상 | 오래된 상해 부위에 보호용 커버를 사용 |
| 욕창 | • 체중을 자주 옮기고 수분을 흡수하는 의복을 착용<br>• 휠체어 이용자의 경우 1분 정도 좌석에서 엉덩이를 들어 올려 피부 압박을 감소시킬 것 |
| 체온 조절 | 흉추 6번 이상의 척추손상자는 신체가 외부 환경과 동일한 체온을 나타낼 수 있어 적절한 의복 착용과 보호가 필수적 |
| 자율신경계 반사기능 항진 | • 흉추 6번 이상의 척추손상자는 자율신경반사 부전증의 발생 가능성이 높음<br>• 모든 척수손상자는 경기 전 방광을 비우고 방광과 혈압 등을 체크할 것 |
| 기립성 저혈압 | 기립성 저혈압 증상 발생 시 다시 앉거나 몸을 쪼그리는 식으로 자세를 낮추어 증상이 사라지도록 할 것 |

## ■ 뇌성마비의 임상적 분류

| 경직성 | • 근육의 장력이 증가함에 따라 근육의 움직임이 둔화<br>• 근육의 과긴장 상태가 나타나는 증상으로 운동피질 손상의 원인 |
|---|---|
| 무정위운동증 | • 목적성 운동을 조절하는 대뇌 중앙 기저핵 부분의 손상으로 발생<br>• 사지가 목적 없이 불수의적으로 불규칙하게 움직임 |
| 운동실조증 | 소뇌의 손상으로 인체의 평형과 협응에 영향을 미침 |
| 강직성 | • 심한 정신지체를 동반함<br>• 움직임 자체가 없게 되어 근육이 탄력성을 잃고 굳어지며, 신전반사가 거의 없고 최소한의 탄력성만을 가지게 됨 |
| 진전성 | 율동적인 운동이나 순서에 입각한 운동을 할 때 불수의적으로 떠는 현상 |
| 혼합형 | 경직성과 무정위운동증의 특성이 중첩된 증상 |

## ■ 뇌병변장애 지도전략

- 근육과 제어 능력의 저하 방지 및 추가적인 손상 예방을 목표로 하는 프로그램을 제공
- 보행의 어려움과 과도한 근긴장으로 낙상 등의 위험이 있으므로 수중운동을 권장함
- 대상자의 잔존능력을 확인하고 기본운동유형의 단계적 발달을 촉진시킬 것
- 신경의 손상으로 협응력, 평형성 등에 문제가 있으므로 넘어지는 법을 가르칠 것
- 성공적인 운동 경험을 할 수 있도록 하고 혼자 힘으로 운동에 참여하도록 유도할 것

## ■ 주요 장애인스포츠

- 지체장애인을 위한 스포츠 – 알파인
  - 장애 등급의 정도에 따라 미리 페널티를 부여받은 상태로 경기를 진행
  - 시각장애인의 경우 가이드가 함께 경기에 임하며 회전 방향 등을 지시
- 뇌성마비장애인을 위한 스포츠 – 보치아
  - 표적구를 먼저 던져놓고 적색공과 청색공을 규칙에 의해 모두 던진 후 표적구에 가까운 공의 숫자가 점수가 됨
  - 경기용 공은 적색과 청색 각 6개의 시합공과 백색의 표적구 1개로 구성
  - 경기에 참여하기 위해서는 휠체어뿐만 아니라 스쿠터 또는 침대형태(승인된 문서가 있는 경우)로 되어진 것도 사용 가능함
  - 선수는 경기보조자의 도움을 받을 수 있지만 선수가 공을 투구하는 동안 경기보조자는 휠체어를 밀거나 포인터를 조정해주는 등의 방법으로 선수의 투구를 돕는 신체접촉을 해서는 안 됨
- 시각장애인을 위한 스포츠 – 쇼다운, 골볼
  - 쇼다운 : 공을 배트로 쳐서 테이블 벽면에 부딪친 다음 테이블 중앙에 설치된 센터스크린 밑을 통과하여 상대편의 골포켓에 공을 넣으면 되는 방식
  - 골볼 : 3인이 팀을 이루어 소리가 나는 공을 상대편의 골대에 넣는 경기

# 09 유아체육론

**핵심 키워드**  발달이론, 지각-운동발달, 기본움직임 발달단계, 전문화된 움직임, 유아 질환, 대근운동 발달검사, 인지발달단계, 교육과정, 동작교육과정, FITT, 국민체력100

## ■ 유아체육의 목표

| 신체 발달 | 키 성장, 대근육 및 소근육 발달, 체력 증진 |
|---|---|
| 건강 증진 | 규칙적인 신체활동으로 건강한 생활습관 |
| 안전 생활 | 도구, 위험한 장소에 따른 안전교육 |
| 운동능력 발달 | 기본운동기술 및 발달 단계에 따른 운동 기술 습득, 순발력, 근력, 유연성 등 운동능력 발달 |
| 사회성 발달 | 집단 활동을 통한 소속감과 협동심, 리더십 습득 |
| 정서 발달 | 표현 활동을 통한 내적 욕구 충족, 스트레스 해소 등 |
| 인지 능력 발달 | 다양한 신체활동 개념, 전략, 규칙 등을 인지하는 능력 발달 |

## ■ 유아기 운동발달 이론

### 1. 인지발달이론 : 피아제

| 도식 | 사고 또는 행동의 구조, 물리적·심리적 구조를 보다 높은 수준의 체계로 통합하는 것 |
|---|---|
| 동화 | 환경의 자극을 이해하고 그 자극을 자신이 이미 가지고 있는 도식이나 인지구조 속으로 받아들이는 과정 |
| 조절 | 기존의 도식이나 구조가 새로운 대상을 동화하는 데 적합하지 않을 때 그 새로운 대상에 맞도록 이미 가지고 있는 도식이나 구조를 바꾸는 것 |
| 적응 | 동화와 조절을 통해 균형이 이루어진 평형상태 |
| 조직화 | 유기체가 현재 가지고 있는 도식을 새롭고, 더욱 복잡한 도식으로 변화시키며, 서로 다른 조직들에서 얻은 정보를 상호 연관 짓는 것 |

| 단계 | 시기 | 특징 |
|---|---|---|
| 감각운동기 | 출생~2세 | 신체 오감을 이용한 초기 인지활동, 자기중심적 |
| 전조작기 | 2~7세 | 언어가 급격히 발달, 상징적 사고의 증가, 물활론적 사고 |
| 구체적 조작기 | 7~11세 | 눈에 보이는 것에 한해 논리적 사고 가능, 보존 개념 획득, 서열화 |
| 형식적 조작기 | 11세 이후 | 추상적 사고와 체계적인 과학적 사고 가능 |

## 2. 정신분석이론 : 프로이트

| 단계 | 시기 | 특징 |
|---|---|---|
| 구강기 | 0~1세 | 구강을 통하여 먹고 빨고 깨물고 삼키는 데서 성적 욕구를 충족시키는 시기 |
| 항문기 | 1~3세 | 배설물을 보유하거나 배출하는 데서 쾌감을 얻는 시기 |
| 남근기 | 3~5세 | 동성의 부모에 대해 질투를 느끼면서 이성의 부모에 대한 성적인 애정과 접근을 시도하는 시기 |
| 잠복기 | 6~11세 | 성적욕구가 철저히 억압되므로 이전 단계의 욕구를 잊게 되는 시기 |
| 생식기 | 12세 이후 | 잠복된 성적 에너지가 다시 분출하기 시작하고, 무의식에서 의식의 세계로 표현되어 현실적으로 수행할 수 있는 능력을 갖게 되는 시기 |

## 3. 성숙주의이론 : 게젤

- 유아의 발달을 돕기 위해서는 성인의 개입을 최소화하고 유아가 발달적 준비가 되었을 때 자신의 발달수준에 적합한 활동을 스스로 선택해 활동해 나갈 수 있도록 기회를 제공
- 인간 개체가 성숙한 단계에 이르게 되는 결정적인 힘은 개체가 가진 유전적 요인이며, 발달은 유전적 요인에 전적으로 의존한다는 관점

## 4. 생태학적이론 : 브론펜브레너

| 미시체계 (microsystem) | • 아동발달에 직접적 영향을 미치는 환경 체계로 아동의 근접환경임<br>• 건강한 미시체계는 유아는 환경을 구성하는 능동적인 존재 |
|---|---|
| 중간체계 (mesosystem) | • 미시체계들 간의 상호관계, 근접환경들 간의 관계<br>• 서로 다른 역할을 거의 동시에 수행 |
| 외부체계 (exosystem) | • 아동이 직접 참여하지는 않지만 아동에게 영향을 미치는 사회적 환경<br>• 부모의 직업은 부모의 행동에 영향을 줄 것이고 이것은 자녀의 양육방식에도 영향을 미침 |
| 거시체계 (macrosystem) | • 개인이 속한 각 문화적 특유의 이념 및 제도의 일반적 형태로 법적, 정치적, 사회적, 교육적, 경제적 체계 등이 이에 속함<br>• 아동의 삶에 간접적이기는 하나 매우 강한 영향력을 발휘 |

## 5. 심리사회발달이론 : 에릭슨

- 각 개인의 성격은 그가 형성하는 자기 자신과 타인의 관계에 따라 발달한다고 주장
- 성격발달은 인생 주기 전체를 통해 계속적으로 변화 · 발달하는 것
- 인생 각 단계마다 새로운 사회적 상호작용의 수준을 필요로 함
    - 신뢰감 대 불신감(0~1세)
    - 자율성 대 수치심(2~3세)
    - 주도성 대 죄책감(4~5세)
    - 근면성 대 열등감(6~11세)
    - 자아정체감 대 역할 혼미(12~18세)
    - 친밀감 대 고립감(18~30세)
    - 생산성 대 침체(31~64세)
    - 자아통합 대 절망(65세 이후)

## 6. 인본주의이론(욕구의 위계) : 메슬로우

| 5단계 | 자기실현 욕구 | 자아실현, 자신의 발전과 완성을 바라는 욕구 |
|---|---|---|
| 4단계 | 존중 욕구 | 내·외적으로 인정받고 사회적 지위의 확보를 원하는 욕구 |
| 3단계 | 소속 및 애정 욕구 | 타인과 관계를 맺으며 애정을 나누고자 하는 욕구 |
| 2단계 | 안전 욕구 | 신체의 위험 및 생리적 욕구의 박탈로부터 자유롭고자 하는 욕구 |
| 1단계 | 생리적 욕구 | 음식, 주거, 배설, 수면 등 삶을 유지하고자 하는 기초적인 욕구 |

## 7. 행동주의이론 : 스키너

- 아동과 청소년의 행동이 어떻게 경험을 통해 획득되고 변화할 수 있는가에 대한 관점 제시
- 인간의 행동이 학습되는 데 있어 강화와 처벌의 역할을 강조

| 강화 | 미래에 어떤 행동이나 반응이 일어날 확률을 증가시키는 것 | |
|---|---|---|
| | 정적 강화 | 어떤 행동을 한 후에 긍정적인 자극을 주는 것 |
| | 부적 강화 | 어떤 행동을 한 후에 고통스러운 부적 자극이 종료되도록 하는 것 |
| 처벌 | 어떤 행동을 한 후에 불쾌한 자극을 제시함으로써 그 반응이 미래에 다시 발생할 확률을 낮추는 것 | |

## 8. 사회적놀이이론 : 파튼

| 비참여 행동 | 방을 둘러보거나 가만히 서 있거나 목적 없이 움직이는 행동 등으로 놀이에 참여하지 않음 |
|---|---|
| 방관자 행동 | 특정 놀이 집단을 지켜보면서 말을 건네거나 질문을 하는 등 말을 주고받음 |
| 혼자, 단독놀이 | 다른 친구와는 떨어져서 혼자서 놀이함 |
| 평행, 병행놀이 | 주변의 친구들과 동일한 놀이를 하지만 함께 놀이를 하진 않는다. |
| 연합놀이 | 집단에 대한 관심보다는 자기가 원하는 대로 놀이하며 친구들과 놀이하는 형태 |
| 협동놀이 | 놀이 주제나 목표 아래서 조직적·계획적으로 역할 분담 놀이가 진행됨 |

## 9. 탐색과 놀이 : 훗트

| 구분 | 탐색 | 놀이 |
|---|---|---|
| 발생시기 | 놀이 이전에 나타남 | 탐색 이후에 일어남 |
| 상황 | 낯선 사물을 대할 때 | 친숙한 사물을 대할 때 |
| 목적 | 사물에 대한 정보 수집 | 자극 유발 |
| 행동 | 전형적 행동 | 다양한 행동 |
| 기분 | 진지함 | 즐거움 |
| 심장박동률 | 작은 변화 | 많은 변화 |

## ■ 유아기 운동발달 단계(갤라휴)

| 반사 움직임 단계 | 정보를 받아들이는 정보수용단계, 수용된 정보를 처리하며 초기 자발적 움직임이 일어나는 정보처리 단계 |
|---|---|
| 초보 움직임 단계 | 반사행동이 줄어들고 기본 움직임이 시작되는 단계 |
| 기본 움직임 단계 | 연령에 따라 점차 새로운 기능이 나타나 성숙되어 가는 단계 |
| 전문화된 움직임 단계 | 운동동작을 서로 연관시켜 하나의 일관된 동작을 완성하는 단계 |

## ■ 신생아기 반사

| 빨기반사 | 입에 무언가 닿으면 무의식적으로 빠는 반응으로 영양 공급과 관련 있는 행동 |
|---|---|
| 모로반사 | 아기 머리의 갑작스러운 위치 변화나 강한 소리·빛에 반응해 무엇인가 껴안으려고 하는 행동 |
| 바빈스키반사 | 발바닥을 간질일 때 발바닥을 모아 구부리는 행동 |
| 손바닥 파악반사 | 신생아의 손바닥에 손가락을 갖다 대거나 어떤 물건을 쥐어 주면 빼내기 힘들 정도로 꽉 붙잡는 행동 |
| 낙하산반사 | 몸통의 양쪽을 양손으로 붙들고 갑자기 떨어뜨리는 시늉을 하면 영아가 자연적으로 양쪽 상지를 뻗혀 얼굴에 상처가 나지 않게 하는 행동 |
| 당김반사 | 바로 누운 자세에서 팔을 잡고 끌어당겨 앉은 자세가 되게 할 경우, 머리를 들지 못하고 팔을 굽히지 못하는 반사 |
| 비대칭목경반사 | 누워있는 상태에서 머리를 한쪽 방향으로 돌리는 자극에 의해 출현하며 머리가 돌아간 방향과 같은 방향의 팔과 다리가 펴지는 행동 |
| 걷기반사 | 바로 세운 상태에서 표면에 발바닥이 닿는 자극에 의해 출현하는 반사 |

## ■ 유아기의 신체기능

| 신경기능 | 대뇌의 기능이 활발하지 않아 기본적인 걷기, 달리기, 뛰기 등만 가능 |
|---|---|
| 순환호흡기능 | • 맥박수는 100~120회 정도(성인은 60~70회)<br>• 1회박출량은 성인에 비해 낮아 박출 횟수를 증가시켜 보완<br>• 유아기의 최대 심박수는 성인기에 비해 높음 |
| 호흡기능 | • 호흡수는 25~40회/분(성인은 16~18회/분)<br>• 유아의 경우 호흡수를 증가시킬 여유가 적음(호흡한계 40~50회/분) |
| 근기능 | 성장함에 따라 근력이 증가하고 근섬유도 굵어짐 |

## ■ 유아기 운동발달 프로그램의 기본 원리

| 적합성 | 유아의 유전인자, 발육발달의 정도와 차이, 연령 등을 고려하여 운동프로그램을 운영해야 함 |
|---|---|
| 방향성 | 상체에서 하체 순으로 발달, 신체의 중심부에서 바깥쪽으로 발달, 대근육에서 소근육 방향으로 발달 |
| 안전성 | 유아들의 일상생활 및 안전에 관한 사항들을 이해하고 사고를 예방하는 것 |
| 특이성 | 신체활동 프로그램이 유아 성장·발달의 어떠한 영역에서 어떻게 영향을 미치는지 구체성을 가지고 개발·적용되어야 함 |
| 다양성 | 유아들은 지속적이고 계획적인 운동 프로그램의 종류를 경험하게 되므로 각 프로그램의 목표와 발전 방향을 계획해야 함 |
| 연계성 | 기초부터 향상까지 잘 조직된 프로그램을 구성해야 함 |

## ■ 유아기의 기본운동

### 1. 비이동운동

| 축을 중심으로 하는 안정성 운동 | 굽히기, 비틀기, 늘리기, 흔들기 등 |
|---|---|
| 정적, 동적 안정성 발달을 위한 운동 | 물구나무서기, 구르기, 멈추기 등 |

### 2. 이동운동

| 단일요소 이동운동 발달 | 걷기, 달리기, 점핑 등 |
|---|---|
| 복합요소 이동운동 발달 | 기어오르기, 슬라이딩, 레로핑, 스키핑, 리핑 등 |

### 3. 조작운동

| 소근 조작 운동 | 쓰기, 그리기, 자르기 등 |
|---|---|
| 대근 조작 운동 | 던지기, 차기, 치기 등 |
| 추진 조작 운동 | 굴리기, 던지기, 치기, 튀기기 등 |
| 흡수 조작 운동 | 잡기, 공 멈추기 등 |

## ■ 지각운동발달 프로그램 구성요소

| 시간지각 | 과거/현재/미래, 아침/점심/저녁, 오전/오후 등 속도와 리듬에 맞춘 동적, 동시성 발달 |
|---|---|
| 신체지각 | 신체 각 부분의 위치와 정의, 신체의 움직임에 대한 지각 |
| 공간지각 | 자신과 타인의 공간을 존중하는 인식, 움직임의 서로 다른 높이 이해하기 |
| 방향지각 | 서로 다른 방향을 인지하고 어떻게 방향을 전환하는지 익히기 |

| | |
|---|---|
| 관계지각 | 둥글게/구부려서, 가까이/멀리 등 신체 부분과 사물, 사람과의 관계에 대한 지각 |
| 움직임의 질 | 균형의 움직임 속도에 대한 식별, 과제에서 요구하는 힘 만들어 내기, 제한된 시간이나 공간 속에서 움직임을 수행할 수 있는 능력 익히기 |

■ **체력발달**

**1. 건강관련체력**

| 체력요소의 구분 | 개념 | 활동 |
|---|---|---|
| 근력 · 근지구력 | • 근력 : 근육의 수축에 의해 생기는 근육의 힘<br>• 근지구력 : 운동에 대한 근육 부하에 대하여 지속적 · 반복적으로 힘을 낼 수 있는 능력 | 앉아서 등 밀기, 오리걸음, 팔굽혀펴기, 줄다리기 등 |
| 심폐지구력 | 심장, 폐 및 혈관계가 작동하여 전신의 조직에 산소와 영양분을 공급하고 운동을 지속하는 능력 | 수영, 자전거 타기, 오래달리기, 계단 오르기 등 |
| 유연성 | 관절의 최대 가동 범위 | 다리 벌리기, 손목 · 발목 수축이완 운동 등 |

**2. 수행관련체력**

| 체력요소의 구분 | 개념 | 활동 |
|---|---|---|
| 순발력 | 순간적으로 최대한의 힘을 발휘할 수 있는 능력 | 높이뛰기, 멀리뛰기, 공 던지기 등 |
| 민첩성 | 자극에 대해 빠르게 반응하거나, 운동 방향을 변경, 신속하게 이동하는 능력 | 왕복 달리기, 가위바위보, 방향 바꾸기 등 |
| 협응성 | 근육, 신경, 운동기관 등의 신체기관이 조화를 이루어 움직임을 이루는 능력 | 그림자놀이, 박수 치며 걷기 등 |
| 평형성 | 움직이거나 정지한 상태에서 몸의 균형을 유지할 수 있는 능력 | 평균대 걷기, 한 발로 서기 등 |

■ **유아체육 교수방법**

| | |
|---|---|
| 직접-교사 주도적 교수법 | 유아가 무엇을, 언제, 어떻게 할 것인지를 교사가 모두 결정하여 가르치는 방법으로 전체 학습자가 동시에 학습해야 할 경우 효과적 |
| 간접-유아 주도적 교수법 | • 유아에게 활동이나 선택의 기회를 주는 방법<br>• 시범이나 설명 없이 유아가 원하는 활동과제 수행 |
| 유아-교사 상호 주도적 · 통합적 교수법 | • 유아의 흥미와 교사 주도의 체계적 접근의 균형적인 방법<br>• 유아에게 적절한 과제를 주고 지도자는 안내와 연습할 기회를 제공 |

## 유아체육 지도 원리

| | |
|---|---|
| 놀이중심의 원리 | 지속적인 흥미를 유도하여 학습 능력을 높이도록 지도하는 원리 |
| 개별화의 원리 | 개별 지도, 집단 지도 등 어느 경우를 막론하고 학습자의 성별, 연령, 건강, 체력 및 심리적 특성을 고려하여 지도하는 원리 |
| 생활중심의 원리 | 일상생활에서 신체활동 경험을 바탕으로 지도해야 한다는 원리 |
| 탐구학습의 원리 | 유아가 스스로 자신의 신체와 관련된 움직임의 기본적 개념을 탐구·발견할 수 있도록 유도 |
| 반복학습의 원리 | 유아체육은 안정, 이동, 조작운동 등 3가지 기초운동 반복학습을 반영해야 한다는 원리 |
| 융통성의 원리 | 유아의 체력과 흥미, 활동시간 등을 고려하여 융통성을 두어야 한다는 원리 |
| 통합의 원리 | 기초운동능력(안정, 이동), 운동능력(협응, 균형, 힘, 속도), 지각능력(공간, 신체, 방향, 시간)의 발달이 통합적으로 발달 |

## 유아체육 지도자

| | |
|---|---|
| 역할 | • 활발한 신체활동을 포함한 놀이를 다양한 형태로 체험하도록 지도<br>• 신체활동과 연관성 있는 놀이를 통해 신체 발달을 촉진하도록 지도 |
| 유의점 | • 상시 안전사고에 대한 예방책과 주의 요구<br>• 유아의 생리적·심리적·사회적 특성을 충분히 고려하여 운동 지도<br>• 유아의 발달 수준에 적절한 내용을 단계적으로 계획하여 지도 |

## 유아체육 지도 환경

| | |
|---|---|
| 안전성 | 체육수업 간 환경의 안정성이 보장되지 않으면 유아의 건강을 해칠 수 있음 |
| 경제성 | 안정성과 직결되는 문제로, 견고함과 재료의 반영구적 특성 등을 고려하여 경제성이 있는 학습 도구를 선택해야 함 |
| 흥미성 | 호기심, 모험심 등을 표현할 수 있는 환경 조성은 체육활동에 대한 흥미와 적극적인 수업태도를 이끌 수 있음 |
| 효율성(필요성) | 유아 신체 발달에 반드시 필요한 기구나 설비로 판단된다면 그 필요성을 인정하고 준비해야 함 |

## 운동기구(교구) 배치

| | |
|---|---|
| 병렬식 배치 | • 대기 시간을 줄이고 유아들의 활동량을 늘릴 수 있는 방법<br>• 학기 초에 활용하면 유용함 |
| 순환식 배치 | • 수업 중 다양한 운동기구를 접할 수 있도록 유도하는 방법<br>• 유아들이 어느 정도 운동기구에 자신감이 붙으면 활용하는 것이 좋음 |
| 시각적 효과의 배치 | • 높낮이, 색채 등이 뚜렷하게 드러나도록 가구 배치<br>• 다양한 체험과 만족감을 줄 수 있음 |

# 10 노인체육론

**핵심 키워드**  노화와 관련된 생리적·사회적·심리적 이론, 호흡계 변화 및 질환, 일상생활 수행능력, 건강증진의 이론, 신체기능검사, 국민체력 100, 운동효과, ACSM, 인지기능, 심장제세동기

## ■ 노화

| | |
|---|---|
| 개념 | 생물학적 자연현상으로 시간이 지남에 따라 신체가 겪게 되는 생물학적 · 심리적 · 사회적 변화의 포괄 개념 |
| 유형 | • 생물학적 : 생물학적 퇴화 과정이 생물학적 재생산 과정을 능가하여 유기체에 퇴행적 변화가 일어나는 현상<br>• 심리적 : 심리 내적 측면과 심리 외적 측면의 상호작용에서의 퇴행, 유지 및 성숙을 동시에 내포하는 심리적 조절 과정<br>• 사회적 : 노년기로의 전환과 함께 나타나는 개인 수준의 사회적 상황 변화 |

## ■ 노화와 관련된 이론

### 1. 생물학적 이론

| | |
|---|---|
| 유전학적 이론 | 각 세포는 기록된 유전적 계획으로 분열 횟수가 정해져 있으며 이 세포 분열의 한계로 인해 노화가 발생한다고 보는 이론 |
| 손상이론 | 활성산소(자유기), 자외선, 기타 유해물질로 인해 세포가 손상되고 DNA와 단절되어 노화가 발생한다고 보는 이론 |
| 점진적 불균형이론 | 신경내분비계의 세포들이 감소하여 호르몬 분비의 불균형이 발생하고, 그 결과 노화가 발생한다고 보는 이론 |
| 교차결합이론 | 분자구조 사이에 화학적 반응에 의한 연결 띠가 형성되어 서로 엉켜 조직이 탄력성을 잃고 세포 간 영양소 및 화학적 물질 등의 교환을 방해함으로써 노화가 나타난다고 보는 이론 |
| 사용마모이론 | 인간의 몸도 마치 기계와 같이 오랫동안 사용하면 기능이 약화되고 점차 퇴화가 일어나 이로 인해 노화가 나타난다고 보는 이론 |
| 신체적 변이이론 | 세포가 상해를 받으면 변이를 일으키고, 이렇게 변이를 일으킨 세포들이 축적됨으로써 노화가 일어난다고 보는 이론 |
| 면역반응이론 | 제거해야 할 유해물질을 제거하지 못하여 체내에 유해물질이 축적되고 이로 인해 노화가 발생 · 촉진된다고 보는 이론 |

## 2. 심리학적 이론 – 욕구단계이론(Maslow)

| 5단계 | 자기실현 욕구 | 자아실현, 자신의 발전과 완성을 바라는 욕구 |
|---|---|---|
| 4단계 | 존중 욕구 | 내·외적으로 인정받고 사회적 지위의 확보를 원하는 욕구 |
| 3단계 | 소속 및 애정 욕구 | 타인과 관계를 맺으며 애정을 나누고자 하는 욕구 |
| 2단계 | 안전 욕구 | 신체의 위험 및 생리적 욕구의 박탈로부터 자유롭고자 하는 욕구 |
| 1단계 | 생리적 욕구 | 음식, 주거, 배설, 수면 등 삶을 유지하고자 하는 기초적인 욕구 |

## 3. 사회학적 이론

| 활동이론 | 일상생활 활동(정신적, 신체적)을 지속하는 사람은 건강하게 늙는다는 이론 |
|---|---|
| 분리이론 | 노인은 사회적 역할과 상호작용의 감소로 사회로부터 분리된다는 이론 |
| 지속성 이론<br>(연속성 이론) | 과거 자신의 역할 또는 책임을 비슷한 수준으로 유지하려는 경향을 통해 성공적 노화를 이룰 수 있다는 이론 |
| 하위문화이론 | 노인 스스로 자아 인식과 사회적 독자성을 하위문화에 소속시킴으로써 그들 특유의 행동양식을 만들어낸다는 이론 |
| 연령계층화이론 | 비슷한 시대를 살고 유사한 경험을 공유한 같은 연령층의 사람들이 계층적으로 타 연령층과 구별된다는 이론 |
| 사회적 와해이론 | 일부 노인들에 대한 부정적 인식이 전체 노인들에 대한 부정적 인식으로 영향을 끼쳐 사회적 활동과 관계가 순환적으로 위축·와해된다는 이론 |

■ 체력의 구분

| 방위체력 | 외부 스트레스에 대해 적극적으로 신체를 방어하며 신체 활동을 유지하려고 하는 능력 |
|---|---|
| 행동체력 | • 건강체력 : 근력, 심폐지구력, 유연성, 근지구력<br>• 운동체력 : 순발력, 민첩성, 평형성, 교치성, 협응성, 스피드 |

■ 노인의 운동강도 설정

| 최대심박수 | 노인의 운동강도는 최대심박수의 60~80%가 적절 |
|---|---|
| 여유심박수 | 노인의 경우 여유심박수의 40~85%가 적절 |
| 대사당량 | • 신체가 필요로 하는 산소의 양을 기준으로 적절한 유산소 운동강도를 설정하는 방법<br>• 노인의 최대운동량이 7METs이므로 2~3METs의 운동강도로 운동을 시작 |
| 운동자각도 | • 운동을 할 때 느끼는 주관적인 느낌을 6~20까지의 숫자 척도로 나타낸 운동강도<br>• 6은 운동 중 느끼는 가장 편안한 느낌, 20은 최대의 힘을 발휘할 때를 의미 |

## ■ 운동목표 설정 시 고려 요소

| 구체성 | 운동시간, 강도, 빈도 등을 구체적으로 설정 |
|---|---|
| 현실성 | 개인이 달성할 수 있는 수준의 현실적 목표 설정 |
| 행동적 | 결과 지향적이 아닌 행동 지향적 목표 설정 |
| 측정 가능성 | 달성 여부를 측정·판단할 수 있는 목표 설정 |

## ■ 노인 운동을 위한 트레이닝 원리

| 과부하의 원리 | 신체의 기관 혹은 조직의 향상을 위해서는 신체의 적응 능력 이상의 부하, 즉 익숙하지 않은 부하에 노출되어야 한다는 원리 |
|---|---|
| 가역성의 원리 | 과부하가 이루어지지 않거나 운동을 중지했을 때 운동능력이 빠르게 감소한다는 원리 |
| 특수성의 원리 | 운동에서 얻을 수 있는 효과들은 그 운동의 유형과 연관되는 근육들에만 특별하게 적용된다는 원리 |
| 기능관련성의 원리 | 일상생활에서 수행하는 동작들을 모방한 운동을 선택하여야 한다는 원리 |
| 개별성의 원리 | 자신의 체력 및 능력에 맞추어 운동의 시간과 강도, 방법 등을 결정하여야 한다는 원리 |
| 수용원리 | 특정 시간에 안전하다고 느끼는 범위를 넘어서지 않고 자신의 능력에 최대한 맞게 운동을 수행할 수 있도록 장려되어야 한다는 원리 |

## ■ 노인운동 교육 원리

| 자발성의 원리 | 노인의 흥미에 입각하여 자발성에 기초를 두어야 함 |
|---|---|
| 경로의 원리 | 노인 학습자의 경험을 인정하며 예우하는 자세를 가짐으로써 노인 학습자가 지도자로부터 존중받는 느낌을 받을 수 있도록 해야 함 |
| 사제동행의 원리 | 지도자와 학습자 간 동등한 관계를 바탕으로 상호 간 합의 및 협동을 통해 학습 계획 및 실천을 하여야 함 |
| 생활화의 원리 | 학습 내용이 노인의 실생활과 밀접히 관련되는 것이 되도록 함 |
| 다양화의 원리 | 단순 암기 위주의 교육 방법보다는 만들기, 시청각 교육 등 다양한 활동을 이용하는 학습 방법을 모색함 |
| 직관의 원리 | 시청각 자료를 최대한 활용함으로써 학습에 흥미를 느끼고 심화될 수 있도록 함 |
| 개별화의 원리 | 개인 특성에 따라 학습 능력이 다르므로 개인의 욕구를 충족시킬 수 있는 학습 방법을 모색함 |
| 경험의 원리 | 노인이 가지고 있는 과거의 경험이나 현재 실생활과 직접 연결지어 배울 수 있는 학습 방법을 모색함 |
| 사회화의 원리 | 학습의 일부가 사회와 관련되도록 하여 노인이 사회 활동에 참여하고 사회의 변화에 적응할 수 있도록 도움을 제공함 |

## ■ 국민체력 100 노인기초체력측정항목

| 근기능 | • 상지 : 상대악력<br>• 하지 : 의자 앉았다 일어서기(회/30초) |
|---|---|
| 보행 및 동적 평형성 | 의자에 앉아 3m 표적 돌아오기(초) |
| 유연성 | 앉아서 윗몸 앞으로 굽히기(cm) |
| 심폐지구력 | • 6분 걷기(m)<br>• 2분 제자리 걷기 |
| 협응력 | 8자 보행(초) |

## ■ 근골격계 · 신경계 질환 운동프로그램

| 근골격계 | 골다공증 | 과신전 운동에 주의하고 근력 수준에 적합한 체중부하운동과 저항성 근력 운동을 실시 |
|---|---|---|
| | 관절염 | 관절에 휴식을 주며 운동하고 운동 전후 냉 · 온찜질을 실시 |
| 신경계 | 파킨슨병 | 만성 진행성 질환으로 규칙적인 운동이 매우 중요 |
| | 알츠하이머(치매) | 중증 치매 노인의 경우 그룹운동보다는 개별운동이 효과적 |

## ■ 노인의 운동을 중지해야 하는 상황

- 급격한 혈압 상승이 나타나는 경우
- 호흡곤란의 발생으로 숨을 제대로 쉬지 못하는 경우
- 하지 근육 등에 경련이 발생하여 운동 지속이 어려운 경우
- 심부전의 징후가 나타나는 경우

## ■ 응급상황 발생 시 처치 방법

| 의식 상실 | 심폐소생술 실시 |
|---|---|
| 골절 | 환자를 안정시킨 후 손상 부위를 고정 |
| 척추 손상 | 구급대원 도착 시까지 환자가 움직이지 않도록 주의 |
| 저혈당 | 액상과당 등 빠르게 흡수가 가능한 당분이 들어간 간식 섭취 |
| 저체온증 | 환자를 따뜻한 곳으로 이동시켜 서서히 체온을 올릴 것 |
| 심장질환 | 발생 즉시 운동을 중지하고 병원으로 이송 |

**21** 스매시에 대해 설명해보세요.

> 스매시는 배드민턴에서 가장 공격적인 스트로크로 크게 **풀 스매시**와 **하프 스매시**로 구분합니다. 풀 스매시는 높이 떠오른 셔틀콕을 **강한 힘과 스피드로 상대 코트에 내려치는 기술**로, 타구 순간 **자신의 힘을 100% 싣는 것이 중요**합니다. 어깨와 허리, 손목의 힘을 일치시켜 스윙해야 하며, 타구 순간 손목의 스냅을 이용해 **밑으로 내리 꽂듯이** 내려쳐야 합니다.
> 하프 스매시는 풀 스매시보다는 기술적인 면이 강조되는 기술로, **60~70%의 힘만을 이용해 짧고 빠른 백스윙과 순간적인 손목 스냅으로 셔틀콕을 치는 기술**입니다. 타구 순간 손목을 이용해 **빠르게 끊어서 치는 것**이 하프 스매시의 핵심입니다. 코트 앞쪽에 셔틀콕을 떨어뜨릴 수 있어 상대의 허점을 찌를 수 있고, 공격 후 수비로의 전환도 빠르게 할 수 있다는 장점이 있습니다. 상대에게 공격권을 주어서는 안 될 때, 혹은 상대의 동작 리듬을 빼앗을 때 주로 사용합니다.

**22** 단식 경기에서 서비스와 리시브 코트에 대해 설명해보세요.

> 서버가 **포인트를 얻지 못했거나 점수가 짝수인 경우는 우측** 서비스 코트에서 서비스하고 **우측에서 리시브**합니다. **점수가 홀수인 경우는 좌측** 서비스 코트에서 서비스하고 **좌측에서 리시브합니다.**

**23** 단식과 복식 경기에서 서비스와 리시브 코트에 대해 말해보세요.

> 경기에서 서버가 포인트를 얻지 못하였을 경우나 혹은 짝수의 포인트를 취했을 때는 각각 **우측 서비스 코트로부터 서비스하고, 우측에서 리시브**합니다. 홀수의 포인트를 취했을 경우에는 각각 **좌측 서비스 코트로부터 서비스하고 좌측에서 리시브**합니다.

**24** 서브의 종류를 말해보세요.

서브는 크게 포핸드 서브와 백핸드 서브로 구분합니다. 포핸드 서브는 주로 **단식경기**에서 사용되며 **셔틀콕을 높이 멀리 쳐서 서비스 라인 깊숙이 떨어지게 하는 방법**입니다. 반면 백핸드 서브는 주로 복식경기에서 사용되며 **컨트롤이 용이하고 정확도가 높아** 선수들뿐만 아니라 동호인들도 많이 사용하는 방법입니다.

**25** 그립의 종류에 대해 말해보세요.

가장 대표적인 그립은 **이스턴 그립과 웨스턴 그립, 백핸드 그립**의 세 가지가 있습니다. 이스턴 그립은 **라켓 면을 세운 상태로 그립을 악수하듯이 잡는 방법**입니다. 웨스턴 그립은 **라켓 면이 바닥을 보는 상태로 그립을 잡는 방법**입니다. 마지막으로 백핸드 그립은 **팔각면의 손잡이에서 넓은 면에 엄지를 대고 검지를 당겨주어 잡는 방법**입니다.

**26** 랠리 포인트의 서비스 방식을 말해보세요.

랠리 포인트에서는 서브권이 양쪽으로 한 번씩 주어지며, 서브권 쪽이 해당 랠리에서 득점하면 **서브권의 변동 없이** 자리만 바뀐 상태로 계속 서브할 수 있는 방식으로 진행됩니다. 점수가 **홀수일 때는 왼쪽에서 서비스**하고, **짝수일 때는 오른쪽에서 서비스**합니다.

**27** 하이클리어의 지도 방법을 말해보세요.

하이클리어 시에는 우선 오른발을 뒤쪽으로 옮기면서 **체중을 오른발**에 둡니다. 상체는 가볍게 뒤로 젖히고 오른쪽 팔꿈치와 어깨를 뒤쪽으로 당기며 **왼쪽 어깨는 네트 방향으로** 향하게 합니다. **왼손은 날아오는 셔틀콕의 방향을 가리키고, 오른손은 등 뒤로** 합니다. 그리고 중심을 이동하면서 **가능한 높은 위치에서 타점을** 맞추고, **손목의 스냅을 이용**하여 타구합니다. 이때 타점의 위치는 **머리보다 약간 뒤쪽**에서 이루어지도록 해야 합니다.

**28** 백핸드 클리어의 지도 방법을 말해보세요.

먼저 사이드 스텝을 이용하여 뒤쪽으로 두 번 스텝을 내딛은 후에 **오른발을 크게 내딛으며 상체를 왼쪽으로 돌립니다**. 그 후 라켓을 든 팔을 **몸 안에 넣는다는 느낌으로 팔꿈치를 안으로** 넣습니다. 이때 팔꿈치의 각도는 **포핸드 자세와 비슷하게 유지**해야 합니다. 타구 시 팔꿈치의 각도를 유지한 상태에서 팔꿈치를 바로 펴 준다는 느낌으로 타구하고 이때 **체중은 오른발에** 싣도록 합니다. 임팩트 순간 **손목만 짧고 빠르게 움직여 스윙**할 수 있도록 합니다.

**29** 드롭의 지도 방법을 말해보세요.

오른발과 오른팔을 뒤로 당기고 **체중을 오른발에** 둡니다. 그리고 중심을 **오른발에서 왼발로 옮기면서** 스윙합니다. 이때 **최대한 힘을 빼야 합니다**. 셔틀콕을 **만지듯이 가볍게** 친다고 생각하면 도움이 됩니다.

**30** 스매시의 지도 방법을 말해보세요.

네트를 향하여 **측면**으로 서고, **중심을 오른발로 이동**합니다. 오른쪽 팔꿈치와 어깨를 뒤로 당기고 **라켓은 등 뒤로** 합니다. 점프 후 **허리, 팔, 손목 스냅의 힘을 이용하여 높은 위치에서 임팩트**합니다. 이때 타점의 위치는 **머리보다 앞쪽**에 위치하도록 합니다. 팔로 스루는 가능한 짧게 하고, 재빨리 준비자세로 돌아오도록 합니다. 스매시 동작 시 팔꿈치는 충분히 펴도록 하고, 손목의 스냅을 이용할 수 있도록 연습해야 합니다.

**31** 푸시의 지도 방법을 말해보세요.

한발을 **앞으로 크게 내딛고**, 라켓을 머리 위로 합니다. 백스윙은 **짧게** 하고, 손목의 스냅을 약간 주어 **끊어 치듯이** 타구합니다. 이때 타점이 **네트보다 낮지 않게** 해야 합니다.

**32** 포핸드 드라이브의 지도 방법을 말해보세요.

오른발을 약간 앞쪽으로 내딛으며 라켓을 **어깨에 메듯이** 들어 올립니다. **백스윙은 가능한 짧게** 하고, 팔꿈치로 리드하면서 **높은 위치에서 끊어 치듯이 임팩트**합니다. 팔로 스루는 가능한 짧게 해야 합니다.

**33** 백핸드 드라이브의 지도 방법을 말해보세요.

**오른팔과 어깨를 왼쪽 뒤로** 약간 돌립니다. **백스윙은 가능한 짧게** 하고, **스탠스는 크게** 취합니다. 타점은 **몸의 앞쪽에 위치**하도록 하고, 손목의 스냅을 이용하여 **끊어 치도록** 합니다. 팔로 스루는 짧게 합니다.

**34** 포핸드 헤어핀의 지도 방법을 말해보세요.

라켓을 **세워 잡고 앞으로 이동**하며, **오른발과 오른팔을 셔틀 쪽으로** 뻗습니다. 그리고 팔꿈치와 손목의 힘을 빼고 **라켓을 셔틀 아래로 밀어 넣듯이** 가볍게 칩니다. 다음 동작으로 즉시 전환할 수 있도록 **완벽한 풋워크**가 이루어져야 합니다.

**35** 백핸드 헤어핀의 지도 방법을 말해보세요.

오른발을 왼쪽, 즉 **셔틀콕이 낙하하는 방향으로 내딛고 몸을 왼쪽으로** 돌립니다. 그리고 **오른쪽 팔꿈치를 구부려서 라켓을 몸의 왼쪽으로 당겼다가** 뻗습니다. 임팩트 시에는 **체중이 오른발에 걸리게 라켓을 들어 올린다는 기분으로** 임팩트합니다.

# 스포츠지도사 자격 검정 답안지

# 스포츠지도사 자격 검정 답안지

# 스포츠지도사 자격 검정 답안지

## 2026 생활스포츠지도사 2급 필기
## 초단기완성

| | |
|---|---|
| 초 판 발 행 | 2017년 04월 25일 |
| 개정9판1쇄 | 2025년 10월 15일 |
| 저 자 | 김효승 · 스포츠지도사연구소 |
| 발 행 인 | 정용수 |
| 발 행 처 | ㈜예문아카이브 |
| 주 소 | 경기도 파주시 광인사길 79 4층 |
| T E L | 031) 955-0550 |
| F A X | 031) 955-0660 |
| 등 록 번 호 | 제2016-000240호 |
| 정 가 | 33,000원 |

- 이 책의 어느 부분도 저작권자나 발행인의 승인 없이 무단 복제하여 이용할 수 없습니다.
- 파본 및 낙장은 구입하신 서점에서 교환하여 드립니다.

홈페이지 http://www.yeamoonedu.com

ISBN 979-11-6386-507-0  [13690]

2026

# 생활스포츠
## 지도사 필기

**초단기완성** | 필수과목·구술족보

2급

내가 뽑은 원픽!
최신 출제경향에 맞춘 최고의 수험서

www.yeamoonedu.com